Department of Economic and Social Development, Statistical Division

Département du développement économique et social, Division de statistique

1991

Demographic Yearbook
Annuaire démographique

Forty-third issue / Quarante-troisième édition

United Nations / Nations Unies
New York, 1992

NOTE

Symbols of United Nations documents are composed of capital letters combined with figures. Mention of such a symbol indicates a reference to a United Nations document.

General disclaimer

(a) The designations used in this publication have been provided by the competent authorities. Those designations and the presentation of material in this publication do not imply the expression of any opinion whatsoever on the part of the Secretariat of the United Nations concerning the legal status of any country, territory, city or area or of its authorities, or concerning the delimitation of its frontiers or boundaries.

(b) Where the designation "country or area" appears in the headings of tables, it covers countries, territories, cities or areas.

NOTE

Les cotes des documents de l'Organisation des Nations Unies se composent de lettres majuscules et de chiffres. La simple mention d'une cote dans un texte signifie qu'il s'agit d'un document de l'Organisation.

Déni de responsabilité

a) Les appellations utilisées dans cette publication ont été fournies par les autorités compétentes. Ces appellations et la présentation des données qui figurent dans cette publication n'impliquent de la part du Secrétariat de l'Organisation des Nations Unies aucune prise de position quant au statut juridique des pays, territoires, villes ou zones ou de leurs autorités, ni quant au tracé de leurs frontières ou limites.

b) L'appellation "pays ou zone" figurant dans les titres des rubriques des tableaux désigne des pays, des territoires, des villes ou des zones.

ST/ESA/STAT/SER.R/21

UNITED NATIONS PUBLICATION
Sales No. E/F.92.XIII.1

PUBLICATION DES NATIONS UNIES
Numéro de vente : E/F.92.XIII.1

Inquiries should be directed to:
PUBLISHING DIVISION
- UNITED NATIONS
NEW YORK, N.Y. 10017

Adresser toutes demandes de renseignements à la :
DIVISION DES PUBLICATIONS
NATIONS UNIES
NEW YORK, N.Y. 10017

ISBN

92-1-051080-1

Special topics of the Demographic Yearbook series: 1948 – 1991

Sujets spéciaux des diverses éditions de l'Annuaire démographique: 1948 – 1991

Year Année	Sales No. Numéro de vente	Issue—Edition	Special topic—Sujet spécial
1948	49.XIII.1	First—Première	General demography—Démographie générale
1949–50	51.XIII.1	Second—Deuxième	Natality statistics—Statistiques de la natalité
1951	52.XIII.1	Third—Trosième	Mortality statistics—Statistiques de la mortalité
1952	53.XIII.1	Fourth—Quatrième	Population distribution—Répartition de la population
1953	54.XIII.1	Fifth—Cinquième	General demography—Démographie générale
1954	55.XIII.1	Sixth—Sixième	Natality statistics—Statistiques de la natalité
1955	56.XIII.1	Seventh—Septième	Population censuses—Recensement de population
1956	57.XIII.1	Eighth—Huitième	Ethnic and economic characteristics of population— Caractéristiques ethniques et économiques de la population
1957	58.XIII.1	Ninth— Neuvième	Mortality statistics— Statistiques de la mortalité
1958	59.XIII.1	Tenth— Dixième	Marriage and divorce statistics— Statistiques de la nuptialité et de la divortialité
1959	60.XIII.1	Eleventh— Onzième	Natality statistics— Statistiques de la natalité
1960	61.XIII.1	Twelfth— Douzième	Population trends— L'évolution de la population
1961	62.XIII.1	Thirteenth— Treizième	Mortality statistics— Statistiques de la mortalité
1962	63.XIII.1	Fourteenth— Quatorzième	Population census statistics I— Statistiques des recensements de population I
1963	64.XIII.1	Fifteenth— Quinzième	Population census statistics II— Statistiques des recensements de population II
1964	65.XIII.1	Sixteenth— Seizième	Population census statistics III— Statistiques des recensements de population III
1965	66.XIII.1	Seventeenth— Dix—septième	Natality statistics— Statistiques de la natalité
1966	67.XIII.1	Eighteenth— Dix—huitième	Mortality statistics I— Statistiques de la mortalité I
1967	E/F.68.XIII.1	Nineteenth— Dix—neuvième	Mortality statistics II— Statistiques de la mortalité II
1968	E/F.69.XIII.1	Twentieth— Vingtième	Marriage and divorce statistics— Statistiques de la nuptialité et de la divortialité
1969	E/F.70.XIII.1	Twenty—first— Vingt et unième	Natality statistics— Statistiques de la natalité
1970	E/F.71.XIII.1	Twenty—second— Vingt—deuxième	Population trends— L'évolution de la population
1971	E/F.72.XIII.1	Twenty—third— Vingt—troisième	Population census statistics I— Statistiques des recensements de population I
1972	E/F.73.XIII.1	Twenty—fourth— Vingt—quatrième	Population census statistics II— Statistiques des recensements de population II
1973	E/F.74.XIII.1	Twenty—fifth— Vingt—cinquième	Population census statistics III— Statistiques des recensements de population III
1974	E/F.75.XIII.1	Twenty—sixth— Vingt—sixième	Mortality statistics— Statistiques de la mortalité
1975	E/F.76.XIII.1	Twenty—seventh— Vingt—septième	Natality statistics— Statistiques de la natalité
1976	E/F.77.XIII.1	Twenty—eighth— Vingt—huitième	Marriage and divorce statistics— Statistiques de la nuptialité et de la divortialité
1977	E/F.78.XIII.1	Twenty—ninth— Vingt—neuvième	International Migration Statistics—Statistiques des migration internationales
1978	E/F.79.XIII.1	Thirtieth— Trentième	General tables— Tableaux de caractè général
1978	E/F.79.XIII.8	Special issue— Edition spéciale	Historical supplement— Supplément rétrospectif
1979	E/F.80.XIII.1	Thirty—first— Trente et unième	Population census statistics— Statistiques des recensements de population

Special topics of the Demographic Yearbook series: 1948 – 1991

Sujets spéciaux des diverses éditions de l'Annuaire démographique: 1948 – 1991

Year Année	Sales No. Numéro de vente	Issue—Edition	Special topic—Sujet spécial
1980	E/F.81.XIII.1	Thirty—second— Trente—deuxième	Mortality statistics— Statistiques de la mortalité
1981	E/F.82.XIII.1	Thirty—third— Trente—troisième	Natality statistics— Statistiques de la natalité
1982	E/F.83.XIII.1	Thirty—fourth Trente—quatrième	Marriage and divorce statistics— Statistiques de la nuptialité et de la divortialité
1983	E/F.84.XIII.1	Thirty—fifth Trente—cinquième	Population census statistics I— Statistiques des recensements de population I
1984	E/F.85.XIII.1	Thirty—sixth Trente—sixième	Population census statistics II— Statistiques des recensements de population II
1985	E/F.86.XIII.1	Thirty—seventh— Trente—septième	Mortality statistics— Statistiques de la mortalité
1986	E/F.87.XIII.1	Thrity—eighth— Trente—huitième	Natality statistics— Statistiques de la natalité
1987	E/F.88.XIII.1	Thirty—ninth— Trente—neuvième	Household composition – Les éléments du ménage
1988	E/F.89.XIII.1	Fortieth— Quarantième	Population census statistics – Statistiques des recensement de population
1989	E/F.90.XIII.1	Forty—first— Quarente et unième	International Migration Statistics—Statistiques des migration internationales
1990	E/F.91.XIII.1	Forty—second— Quarente—deuxième	Marriage and divorce statistics— Statistiques de la nuptialité et de la divortialité
1991	E/F.92.XIII.1	Forty—third Quarente—troisième	General tables— Tableaux de caractè général
1991	E/F.92.XIII.8	Special issue— Edition spéciale	Population ageing and the situation of elderly persons— Vieillissement de la population et situation des personnes agées

CONTENTS – TABLE DES MATIERES

v

EXPLANATION OF SYMBOLS

Category not applicable..	..
Data not available..	...
Magnitude zero...	—
Magnitude not zero, but less than half of unit employed.........................	0 and/or 0.0
Marked break in series is indicated by a vertical bar............................	I
Provisional..	*
United Nations estimate...	x
Data tabulated by year of registration rather than occurrence....................	+
Based on less than specified minimum..	◆
Relatively reliable data..	Roman type
Data of lesser reliability..	Italics

EXPLICATION DES SIGNES

Sans objet...	..
Données non disponibles..	...
Néant..	—
Chiffre inférieur à la moitié de l'unité employée.................................	0 et/ou 0.0
Un trait vertical dans la colonne indique une discontinuité notable dans la série...	I
Données provisoires..	*
Estimations des Nations Unies..	x
Données exploitées selon l'année de l'enregistrement et non l'année de l'événement..	+
Rapport fondé sur un nombre inférieur à celui spécifié.............................	◆
Données relativement sûres...	Caractères romains
Données dont l'exactitude est moindre..	Italiques

INTRODUCTION

The Demographic Yearbook is a comprehensive collection of international demographic statistics, prepared by the Statistical Division of the United Nations. The Demographic Yearbook 1991, which features a special issue on population ageing the situation of elderly persons is the forty—third in a series published by the United Nations.

Through the co—operation of national statistical services, official demographic statistics are presented for about 216 countries or areas throughout the world. Estimates prepared by the United Nations Population Division, Department of Economic and Social Development of the United Nations, have been used in certain instances to supplement official statistics. The use of United Nations estimates has made it possible to present tables giving summary data for all countries or areas of the world using 1990 as a common year of reference.

The tables in this issue of the Yearbook are presented in two volumes. This volume contains the general tables giving a world summary of basic demographic statistics, followed by tables presenting statistics on the size distribution and trends in population, natality, foetal mortality, infant and maternal mortality, general mortality, nuptiality and divorce. Throughout the Yearbook, data are shown by urban/rural residence in many of the tables.

The Technical Notes on the Statistical Tables are to assist the reader in using the tables. A cumulative index, found at the end of the Yearbook, is a guide to the subject matter, by years covered, in all forty—three issues. The sales numbers of previous issues and a listing of the special topics featured in each issue are shown on pages iii and iv.

To commemorate the thirtieth anniversary of the publication of the Demographic Yearbook, a special edition entitled the Demographic Yearbook: Historical Supplement was issued in 1979. The Historical Supplement presents time series on population size, age, sex and urban/rural residence, natality, mortality and nuptiality as well as selected derived measures concerning these components of population change for a 30—year time period, 1948–1978. The first issue of the Yearbook, the Demographic Yearbook 1948, included many of the same tables showing annual data for the period 1932 to 1947. Therefore, the Historical Supplement, in particular when used jointly with the Demographic Yearbook 1948, can furnish a wealth of historical international demographic data.

In June 1984, the Population and Vital Statistics Report: 1984 Special Supplement was published. The Special Supplement updates several data series presented in the Demographic Yearbook: Historical Supplement; in particular, population estimates and a summary of vital statistics rates, population by age, sex and urban/ural residence as reported in the 1970 and 1980 round of population censuses and age –specific birth and death rates.

INTRODUCTION

L'Annuaire démographique est un recueil de statistiques démographiques internationales qui est établi par la Division de statistique de l'Organisation des Nations Unies. L'Annuaire de 1991, qui a une édition spéciale sur le vieiellissement de la population et situation des personnes âgées est le quarante—troisième d'une série que publie l'ONU.

Grâce à la coopération des services nationaux de statistique, il a été possible de faire figurer dans la présente édition des statistiques démographiques officielles pour environ 216 pays ou zones du monde entier. Dans certains cas, pour compléter les statistiques officielles, on a utilisé des estimations établies par la Division de la population du Département du développement economique et sociale de l'ONU. Grâce à ces estimations, on a pu présenter des tableaux contenant des données récapitulatives pour l'ensemble des pays ou zones du monde entier, avec 1990 pour année de référence.

Dans la présente édition de l'Annuaire, les tableaux sont présentés en deux volumes. Le présent volume contient les tableaux de caractere général qui donnent un aperçu mondial des statistiques démographiques de base, puis des tableux qui présentent des statistiques sur la dimension, la répartition et les tendances de la population, la natalité, la mortalité foetale, la mortalité infantile et la mortalité liée à la maternité, la mortalité générale, la nuptialité et la divortialité. Dans l'ensemble de l'Annuaire, des donnée classées selon la résidence (urbaine/rurale) sont présentées dans un grand nombre de tableaux.

Les Notes techniques sur les tableaux statistiques sont destinées à aider le lecteur. A la fin de l'Annuaire, un index cumulatif donne des renseignements sur les matières traitées dans chacune des quarante—et—trois éditions et sur les années sur lesquelles portent les données. Les numéros de vente des éditions antérieures et une liste des sujets spéciaux traités dans les différentes éditions apparaissent en page iii et iv.

A l'occasion du trentième anniversaire de l'Annuaire démographique, une édition spéciale intitulée Annuaire démographique : Supplément rétrospectif a été publiée en 1979. Ce supplément rétrospectif présente des séries chronologiques sur la dimension de la population, l'âge, le sexe et la résidence urbaine/rurale, la natalité, la mortalité et la nuptialité ainsi que quelques mesures indirectes concernant les changements de population pour une période de 30 années (1948–1978). L'Annuaire démographique 1948, qui était la première édition, comprenait beaucoup de tableaux semblables présentant des données annuelles couvrant la période 1932–1947. De ce fait, le Supplément rétrospectif, utilisé conjointement avec l'Annuaire de 1948, pourra fournir des données démographiques internationales de grande valeur historique.

En juin 1984, le Rapport sur la population et les statistiques de l'état civil : Supplément spécial de 1984, été publié. Cette édition spéciale est une mise à jour de plusieurs séries présentées dans l'Annuaire démographique : Supplément historique; notamment, les estimations concernant la population et une récapitulacion des taux démographiques, la répartition de la population par âge, sexe et résidence urbaine/rurale telle qu'elle ressort des cycles de recensements de population, de 1970 et de 1980, et les taux de natalité et de mortalité par âge.

The Demographic Yearbook is one of a co—ordinated and interrelated set of publications issued by the United Nations and the specialized agencies and designed to supply basic statistical data for demographers, economists, public—health workers and sociologists. Under the co—ordinated plan, the Demographic Yearbook is the international source of demographic statistics. Some of the data assembled for it are reprinted in the publications of the World Health Orgnization — in particular in the World Health Statistics Annual — to make them more readily accessible to the medical and public—health professions.

In addition, the World Health Organization publishes annually compilations of deaths by cause, age and sex, detailed statistics on selected causes of death, information on cases of deaths from notifiable diseases and other data of medical interest, which supplement the Demographic Yearbook tables. Both the Demographic Yearbook and the World Health Organization publications should be used when detailed figures on the full range of internationally assembled statistics on these subjects are required.

Data shown in this issue of the Demographic Yearbook are available on magnetic tape at a cost of $320.00.

In addition, several series of data shown in this and earlier issues of the Yearbook and stored in the Demographic Yearbook Data Base are available at a cost of $150.00 each as follows:

—population by age, sex, marital status 1948—1990 and by urban/rural residence: 1972—1990

—births by age of mother and legitimacy: 1948—1990 and by urban/rural residence: 1972—1990

—population by age and sex: each census and mid—year estimates: 1948—1990 and by urban/rural residence: 1972—1990

—deaths by age and sex: 1948—1989 and by urban/rural residence: 1972—1990

L'Annuaire démographique s'intègre dans un ensemble de publications complémentaires que font paraître l'Organisation des Nations Unies et les institutions spécialisées et qui ont pour objet de fournir des statistiques de base aux démographes, aux économistes, aux spécialistes de la santé publique et aux sociologues. Conformément au plan de coordination, l'Annuaire démographique constitue la source internationale des statistiques démographiques. Certaines des données qui y sont rassemblées sont reproduites dans les publications de l'Organisation mondiale de la santé — notamment dans l'Annuaire des statistiques sanitaires mondiales — afin qu'elles soient plus accessibles au corps médical et aux agents de la santé publique.

En outre, l'Organisation mondiale de la santé publie chaque année des statistiques des décès selon la cause, l'âge et le sexe, des séries détaillées sur les décès imputables à certaines causes, des données sur les cas de maladies à déclaration obligatoire et sur les décès dus à ces maladies, ainsi que d'autres statistiques d'intérêt médical qui viennent compléter les tableaux de l'Annuaire démographique. L'Annuaire démographique et les publications de l'Organisation mondiale de la santé doivent être consultés concurremment si l'on veut connaître, dans tout leur détail, les statistiques rassemblées dans ces domaines sur le plan international.

Il est possible de se procurer sur bande magnétique, moyennant le paiement d'une somme 320 dollars les données recueillies dans le présent Annuaire démographique.

De même, plusieurs séries de données figurant dans le présent Annuaire et dans les précédents et stockées dans la Base de données de l'Annuaire démographique sont en vente au prix de 150 dollars, il s'agit des séries suivantes:

—population selon l'âge, le sexe et l'état matrimonial: 1948—1990 et selon la résidence urbaine/rurale: 1972—1990

—naissances selon l'âge de la mère, la légitimité: 1948—1990 et selon la résidence urbaine/rurale: 1972—1990

—population selon l'âge et le sexe: pour chaque recensement et pour chaque estimation au milieu de l'année: 1948—1989 et selon la résidence urbaine/rurale: 1972—1990

—décès selon l'âge et le sexe: 1948—1990 et selon la résidence urbaine/rurale: 1972—1990

TECHNICAL NOTES ON THE STATISTICAL TABLES

1. GENERAL REMARKS

1.1 Arrangement of Technical Notes

These Technical Notes are designed to give the reader relevant information for using the statistical tables. Information pertaining to the Yearbook in general is presented in sections dealing with various geographical aspects and population and vital statistics data. The following section which refers to individual tables includes a description of the variables, remarks on the reliability of the data, limitations, coverage and information on the presentation of earlier data. When appropriate, details on computation of rates, ratios or percentages are presented.

1.2 Arrangement of tables

The tables are presented in two volumes. This volume contains the general tables. The special topic tables appear as a special supplement to the Yearbook and are presented in a separate volume. The special issue which contains basic population and vital statistics for a 40–year period as well as household/family statistics and statistics on disability, is being issued to present statistics on population ageing and the situation of elderly persons.

Tables are arranged according to subject matter and are shown in the table of contents under the appropriate subheadings. Since the numbering of the tables does not correspond exactly to those in previous issues, the reader is advised to use the index which appears at the end of this book to find data in earlier issues.

1.3 Source of data

The statistics presented in the Demographic Yearbook are official data unless otherwise indicated. The primary source of data for the Yearbook is a set of questionnaires sent annually and monthly to about 220 national statistical services and other appropriate government offices. Data forwarded on these questionnaires are supplemented, to the extent possible, by data taken from official national publications and by correspondence with the national statistical services. In the interest of comparability, rates, ratios and percentages have been calculated in the Statistical Division of the United Nations, except for the life table functions and a few exceptions in the rate tables, which have been appropriately noted. The methods used by the Statistical Division to calculate these rates and ratios are described in the Technical Notes for each table. The populations used for these computations are those published in this or previous issues of the Yearbook.

In cases when data in this issue of the Demographic Yearbook differ from those published in earlier issues of the Demographic Yearbook or related publications, statistics in this issue may be assumed to reflect revisions received in the Statistical Division of the United Nations by 31 March 1992. It should be noted that, in particular, data shown as provisional are subject to further revision.

1.4 Changes appearing in this issue

1.4.1 Presentation of data

Information regarding recent name changes for various countries or areas is shown in section 2.3.2.

NOTES TECHNIQUES SUR LES TABLEAUX STATISTIQUES

1. REMARQUES D'ORDRE GENERAL

1.1 Ordonnance des Notes techniques

Les Notes techniques ont pour but de donner au lecteur tous les renseignements dont il a besoin pour se servir des tableaux statistiques. Les renseignements qui concernent l'Annuaire en général sont présentés dans des sections portant sur diverses considérations géographiques, sur la population et sur les statistiques de natalité et de mortalité. Dans la section suivante, les tableaux sont commentés chacun séparément et, à propos de chacun d'eux, on trouvera une description des variables ainsi que des indications sur la fiabilité, les insuffisances et la portée des données, et sur les données publiées antérieurement. Des détails sont fournis également, le cas échéant, sur le mode de calcul des taux, quotients ou pourcentages.

1.2 Ordonnance des tableaux

Les tableaux sont présentés en deux volumes. Le présent volume contient les tableaux généraux. Les tableaux portant sur le sujet spécial sont publiés dans un volume distinct, qui constitue l'édition spécial. Cet édition spéciale, qui contient des données de base sur la population et sur les statistiques de l'état civil pour une période de 40 années, et aussi les statistiques des ménages et les familles et les statistiques des incapacités, est publiée à présenter les données sur la vieillissement de la population et sur la situation des personnes âgées.

Les tableaux sont présentés par sujet et figurent dans la table des matières sous les rubriques correspondantes. Comme la numérotation des tableaux ne correspond pas exactement à celle des éditions précédentes, il est recommandé au lecteur de se reporter à l'index qui figure à la fin du présent ouvrage pour trouver données publiées dans les précédentes éditions.

1.3 Origine des données

Sauf indication contraire, les statistiques présentées dans l'Annuaire démographique sont des données officielles. Elles sont fournies essentiellement par des questionnaires qui sont envoyés, annuellement ou mensuellement, à environ 220 services nationaux de statistique et autres services gouvernementaux compétents. Les données communiquées en réponse à ces questionnaires sont complétées, dans toute la mesure possible, par des données tirées de publications nationales officielles et des renseignements communiqués par les services nationaux de statistique dans leur correspondance avec l'ONU. Pour que les données soient comparables, les taux, rapports et pourcentages ont été calculés au Division de statistique de l'ONU, 0 excepté les paramètres des tables de mortalité et quelques cas dans les tableaux relatifs aux taux, qui ont été dûment signalés en note. Les méthodes suivies par la Division de statistique pour le calcul des taux et rapports sont décrites dans les Notes techniques relatives à chaque tableau. Les chiffres de population utilisés pour ces calculs sont ceux qui figurent dans la présente édition de l'Annuaire ou qui ont paru dans des éditions antérieures.

Chaque fois que l'on constatera des différences entre les données du présent volume et celles des éditions antérieures de l'Annuaire démographique, ou de certaines publications apparentées, on pourra en conclure cas dans les statistiques publiées cette année sont des chiffres révisés communiqués au Division de statistique avant le 31 mars 1992. On notera en particulier que les chiffres présentés comme provisoires pourront être révisés eux aussi.

1.4 Modifications introduites dans la présente édition

1.4.1 Présentation des données

On trouvera dans la section 2.3.2 des informations sur les changements récemment apportés aux noms de divers pays ou zones.

2. GEOGRAPHICAL ASPECTS

2.1 Coverage

Geographical coverage in the tables of this Yearbook is as comprehensive as possible. Data are shown for as many individual countries or areas as provide them. Table 3 is the most comprehensive in geographical coverage, presenting data on population and surface area for every country or area with a population of at least 50 persons. Not all of these countries or areas appear in subsequent tables. In many cases the data required for a particular table are not available. In general, the more detailed the data required for any table, the fewer the number of countries or areas that can provide them.

In addition, with the exception of three tables, rates and ratios are presented only for countries or areas reporting at least a minimum number of relevant events. The minimums are explained in the Technical Notes for the individual tables. The three exceptions, in which rates for countries or areas are shown regardless of the number of events on which they were based, are tables 4, 9, and 18, presenting a summary of vital statistics rates, crude birth rates, and crude death rates, respectively.

Except for summary data shown for the world and by macro regions and regions in tables 1 and 2, all data are presented on the national level. In some cases when these have not been available, sub–national statistics, those for particular ethnic groups or for certain geographical segments of a country or area, have been shown and footnoted accordingly. These data are not presented as representative of national–level statistics but as an index of the availability of statistics.

2.2 Territorial composition

In so far as possible, all data, including time series data, relate to the territory within 1991 boundaries. Exceptions to this are footnoted in individual tables. Additionally, in table 3, recent changes and other relevant clarifications are elaborated.

Data relating to the People's Republic of China generally include those for Taiwan Province in the field of statistics relating to population, surface area, natural resources, natural conditions such as climate, etc. In other fields of statistics, they do not include Taiwan Province unless otherwise stated. Therefore in this publication, the data published under the heading "China" include those for Taiwan Province.

Through accession of the German Democratic Republic to the Federal Republic of Germany with effect from 3 October 1990, the two German States have united to form one sovereign State. As from the date of unification, the Federal Republic of Germany acts in the United Nations under the designation of "Germany". All data shown which pertain to Germany prior to 3 October 1990 are indicated separately for the Federal Republic of Germany and the former German Democratic Republic based on their respective boundaries at the time indicated.

2.3 Nomenclature

Because of space limitations, the country or area names listed in the tables are generally the commonly employed short titles in use in the United Nations as of 31 March 1992, [1] the full titles being used only when a short form is not available.

2. CONSIDERATIONS GEOGRAPHIQUES

2.1 Portée

La portée géographique des tableaux du présent Annuaire est aussi complète que possible. Des données sont présentées sur tous les pays ou zones qui en ont communiquées. Le tableau 3, le plus complet, contient des données sur la population et la superficie de chaque pays ou zone ayant une population d'au moins 50 habitants. Ces pays ou zones ne figurent pas tous dans les tableaux suivants. Dans bien des cas, les données requises pour un tableau particulier n'étaient pas disponibles. En général, le nombre de pays ou zones qui peuvent fournir des données est d'autant plus petit que les données demandées sont plus détaillées.

De plus, sauf dans trois tableaux, les taux et rapports ne sont présentés que pour les pays ou zones ayant communiqué des chiffres correspondant à un nombre minimal de faits considérés. Les minimums sont indiqués dans les Notes techniques relatives à chacun des tableaux. Les trois tableaux faisant exception, où les taux pour les pays ou zones sont présentés quel que soit le nombre de faits sur lequel ils se fondent, sont les tableaux 4, 9 et 18, où figurent respectivement des données récapitulatives sur les taux démographiques, les taux bruts de natalité et les taux bruts de mortalité.

A l'exception des données récapitulatives présentées dans les tableaux 1 et 2 pour le monde, les grandes régions et les régions, toutes les données se rapportent aux pays. Lorsqu'il n'existait pas de chiffres nationaux, on a fait figurer des statistiques partielles portant sur des groupes ethniques particuliers ou sur certaines composantes géographiques d'un pays ou d'une zone, et on a signalé ces cas en note au bas des tableaux. Ces données ne se veulent pas représentatives sur le plan national et ne sont présentées que comme indice des données disponibles.

2.2 Composition territoriale

Autant que possible, toutes les données, y compris les séries chronologiques, se rapportent au territoire de 1991. Les exceptions à cette règle sont signalées en note au bas des tableaux. De plus, les changements intervenus récemment et d'autres précisions intéressantes figurent au tableau 3.

Les données relatives à la République populaire de Chine comprennent en général celles de la province de Taiwan concernant la population, la superficie, les ressources naturelles, les conditions naturelles telles que le climat, etc. Dans d'autres domaines statistiques, elles ne comprennent pas les données relatives à la province de Taiwan, sauf indication contraire. Dans la présente publication, les données figurant sous la rubrique "Chine" comprennent donc les données relatives à la province de Taiwan.

En vertu de l'adhésion de la République démocratique allemande à la République fédérale d'Allemagne, prenant effet le 3 octobre 1990, les deux Etats allemands se sont unis pour former un seul Etat souverain. A compter de la date de l'unification, la République fédérale d'Allemagne est désigné à l'ONU sous le nom d'"Allemagne". Toutes les données se rapportant à l'Allemagne avant le 3 octobre figurent dans deux rubriques séparées basées sur les territoires respectifs de la République fédérale d'Allemagne et l'ancienne République démocratique allemande selon la période indiquée.

2.3 Nomenclature

Pour gagner de la place, on a jugé commode de nommer en général dans les tableaux les pays ou zones par les désignations abrégées couramment utilisées par les Nations Unies au 31 mars 1992 [1], les désignations complètes n'étant utilisées que lorsqu'il n'existait pas de forme abrégée.

2.3.1 Order of presentation

Countries or areas are listed in English alphabetical order within the following continents: Africa, North America, South America, Asia, Europe and Oceania. The presentation of data for the former USSR is shown in section 2.3 below.

The designations employed and the presentation of the material in this publication were adopted solely for the purpose of providing a convenient geographical basis for the accompanying statistical series. The same qualification applies to all notes and explanations concerning the geographical units for which data are presented.

2.3.2 Recent name changes

The following change in country name appears for the first time in this issue of the Yearbook:

Former Listing	Current Listing
USSR	In Asia
	Armenia
	Azerbaijan
	Georgia
	Kazakhstan
	Kyrgyzstan
	Tajikistan
	Turkmenistan
	Uzbekistan
	In Europe
	Belarus
	Estonia
	Latvia
	Lithuania
	Rep. of Moldova
	Russian Federation
	Ukraine
	Former USSR

2.4 Surface Area Data

Surface area data, shown in tables 1 and 3, represent the total surface area, comprising land area and inland waters (assumed to consist of major rivers and lakes) and excluding only polar regions and uninhabited islands. The surface area given is the most recent estimate available. All are presented in square kilometres, a conversion factor of 2.589988 having been applied to surface areas originally reported in square miles.

2.3.1 Ordre de présentation

Les pays ou zones sont classés dans l'ordre alphabétique anglais et regroupés par continent comme ci—après : Afrique, Amérique du Nord, Amérique du Sud, Asie, Europe et Océanie.

Les appellations employées dans la présente édition et la présentation des données qui y figurent n'ont d'autre objet que de donner un cadre géographique commode aux séries statistiques. La même observation vaut pour toutes les notes et précisions fournies sur les unités géographiques pour lesquelles des données sont présentées.

2.3.2 Récents changements d'appellation

Le changement suivant dans l'appellation d'un pays figure pour la première fois dans la présente édition de l'Annuaire :

Appellation antérieure	Nouvelle appellation
URSS	Dans Asie
	Arménie
	Azerbaïdjan
	Géorgie
	Kazakhstan
	Kirghizistan
	Tadjikistan
	Turkménistan
	Uzbékistan
	Dans Europe
	Bélarus
	Estonie
	Lettonie
	Lithuanie
	Rép. de Moldova
	Féd. Russe
	Ukraine
	Ancienne URSS

2.4 Superficie

Les données relatives à la superficie qui figurent dans les tableaux 1 et 3 représentent la superficie totale, c'est—à—dire qu'elles englobent les terres émergées et les eaux intérieures (qui sont censées comprendre les principaux lacs et cours d'eau) à la seule exception des régions polaires et des îles inhabitées. Les données relatives à la superficie correspondent aux chiffres estimatifs les plus récents. Les superficies sont toutes exprimées en kilomètres carrés; les chiffres qui avaient été communiqués en miles carrés ont été convertis à l'aide d'un coefficient de 2,589988.

For the first time in the 1990 questionnaires, information on the surface area of cities and urban agglomerations was reported. Data for 00 countries or areas are shown in table 8 on page 00.

2.4.1 Comparability over time

Comparability over time in surface area estimates for any given country or area may be affected by improved surface area estimates, increases in actual land surface by reclamation, boundary changes, changes in the concept of "land surface area" used or a change in the unit of measurement used. In most cases it was possible to ascertain the reason for a revision but, failing this, the latest figures have nevertheless generally been accepted as correct and substituted for those previously on file.

2.4.2 International comparability

Lack of international comparability between surface area estimates arises primarily from differences in definition. In particular, there is considerable variation in the treatment of coastal bays, inlets and gulfs, rivers and lakes. International comparability is also impaired by the variation in methods employed to estimate surface area. These range from surveys based on modern scientific methods to conjectures based on diverse types of information. Some estimates are recent while others may not be. Since neither the exact method of determining the surface area nor the precise definition of its composition and time reference is known for all countries or areas, the estimates in table 3 should not be considered strictly comparable from one country or area to another.

3. POPULATION

Population statistics, that is, those pertaining to the size, geographical distribution and demographic characteristics of the population, are presented in a number of tables of the Demographic Yearbook.

Data for countries or areas include population census figures, estimates based on results of sample surveys (in the absence of a census), postcensal or intercensal estimates and those derived from continuous population registers. In the present issue of the Yearbook, the latest available census figure of the total population of each country or area and mid—year estimates for 1985 and 1991 are presented in table 3. Mid—year estimates of total population for 10 years are shown in table 5 and mid—year estimates of urban and total population by sex for 10 years are shown in table 6. The latest available data on population by age, sex and urban/rural residence are given in table 7. The latest available figures on the population of capital cities and of cities of 100 000 and more inhabitants are presented in table 8.

Summary estimates of the mid—year population of the world, macro regions and regions for selected years and of its age and sex distribution in 1990 are set forth in tables 1 and 2, respectively.

Pour le premier fois dans les questionnaires de 1990, les données relatives à la superficie des villes et des agglomérations urbaines étaient communiquées. Les chiffres pour 00 pays ou zones sont présentés à tableau 8 en page 00.

2.4.1 Comparabilité dans le temps

La comparabilité dans le temps des estimations relatives à la superficie d'un pays ou d'une zone donnés peut être affectée par la révision des estimations antérieures de la superficie, par des augmentations effectives de la superficie terrestre — dues par exemple à des travaux d'assèchement —, par des rectifications de frontières, par des changements d'interprétation du concept de "terres émergées", ou par l'utilisation de nouvelles unités de mesure. Dans la plupart des cas, il a été possible de déterminer la raison de ces révisions; toutefois, lorsqu'on n'a pas pu le faire, on a néanmoins remplacé les anciens chiffres par les nouveaux et on a généralement admis que ce sont ces derniers qui sont exacts.

2.4.2 Comparabilité internationale

Le défaut de comparabilité internationale entre les données relatives à la superficie est dû essentiellement à des différences de définition. En particulier, la définition des golfes, baies et criques, lacs et cours d'eau varie sensiblement d'un pays à l'autre. La diversité des méthodes employées pour estimer les superficies nuit elle aussi à la comparabilité internationale. Certaines données proviennent de levés effectués selon des méthodes scientifiques modernes; d'autres ne représentent que des conjectures reposant sur diverses catégories de renseignements. Certains chiffres sont récents, d'autres pas. Comme ni la méthode de calcul de la superficie ni la composition du territoire et la date à laquelle se rapportent les données ne sont connues avec précision pour tous les pays ou zones, les estimations figurant au tableau 3 ne doivent pas être considérées comme rigoureusement comparables d'un pays ou d'une zone à l'autre.

3. POPULATION

Les statistiques de la population, c'est—à—dire celles qui se rapportent à la dimension, à la répartition géographique et aux caractéristiques démographiques de la population, sont présentées dans un certain nombre de tableaux de l'Annuaire démographique.

Les données concernant les pays ou les zones représentent les résultats de recensements de population, des estimations fondées sur les résultats d'enquêtes par sondage (s'il n'y a pas eu recensement), des estimations postcensitaires ou intercensitaires, ou des estimations établies à partir de données tirées des registres de population permanents. Dans la présente édition de l'Annuaire, le tableau 3 présente pour chaque pays ou zone le chiffre le plus récent de la population totale au dernier recensement et des estimations établies au milieu de l'année 1985 et de l'année 1991. Le tableau 5 contient des estimations de la population totale au milieu de chaque année pendant 10 ans, et le tableau 6 des estimations de la population urbaine et de la population totale, par sexe, au milieu de chaque année pendant 10 ans. Les dernières données disponibles sur la répartition de la population selon l'âge, le sexe et la résidence (urbaine/rurale) sont présentées dans le tableau 7. Les derniers chiffres disponibles sur la population des capitales et des villes de 100 000 habitants ou plus sont présentés dans le tableau 8.

Les tableaux 1 et 2 présentent respectivement des estimations récapitulatives de la population du monde, des grandes régions et des régions en milieu d'année, pour diverses années, ainsi que des estimations récapitulatives, pour 1990, de cette population répartie selon l'âge et le sexe.

The statistics on total population, population by age, sex and urban/rural distribution are used in the calculation of rates in the Yearbook. Vital rates by age and sex were calculated using data which appear in table 7 in this issue or the corresponding tables of previous issues of the Demographic Yearbook.

3.1 Sources of variation of data

The comparability of data is affected by several factors, including (1) the definition of the total population, (2) the definitions used to classify the population into its urban/rural components, (3) difficulties relating to age reporting, (4) the extent of over–enumeration or under–enumeration in the most recent census or other source of bench–mark population statistics and (5) the quality of population estimates. These five factors will be discussed in some detail in sections 3.1.1 to 3.2.4 below. Other relevant problems are discussed in the Technical Notes to the individual tables. Readers interested in more detail, relating in particular to the basic concepts of population size, distribution and characteristics as elaborated by the United Nations, should consult the Principles and Recommendations for Population and Housing Censuses. [2]

3.1.1 Total population

The most important impediment to comparability of total populations is the difference between de facto and de jure population. A de facto population should include all persons physically present in the country or area at the reference date. The de jure population, by contrast, should include all usual residents of the given country or area, whether or not they were physically present there at the reference date. By definition, therefore, a de facto total and a de jure total are not entirely comparable.

Comparability of even two ostensibly de facto totals or of two ostensibly de jure totals is often affected by the fact that, simple as the two concepts appear, strict conformity to either of them is rare. To give a few examples, some so–called de facto counts do not include foreign military, naval and diplomatic personnel present in the country or area on official duty, and their accompanying family members and servants; some do not include foreign visitors in transit through the country or area or transients on ships in harbour. On the other hand, they may include such persons as merchant seamen and fishermen who are out of the country or area working at their trade.

On a utilisé pour le calcul des taux les statistiques de la population totale et de la population répartie selon l'âge, le sexe et la résidence (urbaine/rurale). Les taux démographiques selon l'âge et le sexe ont été calculés à partir des données qui figurent dans le tableau 7 de la présente édition ou dans les tableaux correspondants de précédentes éditions de l'Annuaire démographique.

3.1 Sources de variation des données

Plusieurs facteurs influent sur la comparabilité des données : 1) la définition de la population totale, 2) les définitions utilisées pour distinguer entre population urbaine et population rurale, 3) les difficultés liées aux déclarations d'âge, 4) l'étendue du surdénombrement ou du sous–dénombrement dans le recensement le plus récent ou dans une autre source de statistiques de référence sur la population, et 5) la qualité des estimations relatives à la population. Ces cinq facteurs sont analysés en quelques détails dans les sections 3.1.1 à 3.2.4 ci–après. D'autres questions seront traitées dans les Notes techniques relatives à chaque tableau. Pour plus de précisions concernant, notamment, les concepts fondamentaux de dimension, de répartition et de caractéristiques de la population qui ont été élaborés par les Nations Unies, le lecteur est prié de se reporter aux Principes et recommandations concernant les recensements de la population et l'habitation [2].

3.1.1 Population totale

Le facteur qui fait le plus obstacle à la comparabilité des données relatives à la population totale est la différence qui existe entre population de fait et population de droit. La population de fait comprend toutes les personnes présentes dans le pays ou la zone à la date de référence, tandis que la population de droit comprend toutes les personnes qui résident habituellement dans le pays ou la zone, qu'elles y aient été ou non présentes à la date de référence. La population totale de fait et la population totale de droit ne sont donc pas rigoureusement comparables entre elles par définition.

Même lorsqu'on veut comparer deux totaux qui se rapportent manifestement à des populations de fait ou deux totaux qui se rapportent manifestement à des populations de droit, on risque souvent de faire des erreurs pour cette raison que, aussi simples que ces concepts puissent paraître, il est rare qu'ils soient appliqués strictement. Pour citer quelques exemples, certains comptages qui sont censés porter sur la population de fait ne tiennent pas compte du personnel militaire, naval et diplomatique étranger en fonction dans le pays ou la zone, ni des membres de leurs familles et de leurs domestiques les accompagnant; certains autres ne comprennent pas les visiteurs étrangers de passage dans le pays ou la zone ni les personnes à bord de navires ancrés dans les ports. En revanche, il arrive que l'on compte des personnes, inscrits maritimes et marins pêcheurs par exemple, qui, en raison de leur activité professionnelle, se trouvent hors du pays ou de la zone de recensement.

The de jure population figure presents even more opportunity for lack of comparability because it depends in the first place on the concept of a "usual resident", which varies from one country or area to another and is, in any case, difficult to apply consistently in a census or survey enumeration. For example, civilian aliens temporarily in a country or area as short—term workers may officially be considered residents after a stay of a specified period of time or they may be considered as non—residents throughout the duration of their stay; at the same time, the same persons may be officially considered as residents or non—residents of the country or area from which they came, depending on the duration and/or purpose of their absence. Furthermore, regardless of the official treatment, individual respondents may apply their own interpretation of residence in responding to the inquiry. In addition, there may be considerable differences in the accuracy with which countries or areas are informed about the number of their residents temporarily out of the country or area.

So far as possible, the population statistics presented in the tables of the Yearbook are de facto. Figures not otherwise qualified may, therefore, be assumed to have been reported by countries or areas as de facto. Those reported as de jure are identified as such. In an effort to overcome, to the extent possible, the effect of the lack of strict conformity to either the de facto or the de jure concept given above, significant exceptions are footnoted when they are known. It should be remembered, however, that the necessary detailed information has not been available in many cases. It cannot, therefore, be assumed that figures not thus qualified reflect strict de facto or de jure definitions.

A possible source of variation within the statistics of a single country or area may arise from the fact that some countries or areas collect information on both the de facto and the de jure population in, for example, a census, but prepare detailed tabulations for only the de jure population. Hence, even though the total population shown in table 3 is de facto, the figures shown in the tables presenting various characteristics of the population, for example, urban/rural distribution, age and sex, may be de jure. These de jure figures are footnoted when known.

3.1.2 Urban/rural classification

International comparability of urban/rural distributions is seriously impaired by the wide variation among national definitions of the concept of "urban". The definitions used by individual countries or areas are shown at the end of table 6, and their implications are discussed in the Technical Notes for that table.

3.1.3 Age distribution

The classification of population by age is a core element of most analysis, estimation and projection of population statistics. Unfortunately, age data are subject to a number of sources of error and non—comparability. Accordingly, the reliability of age data should be of concern to nearly all users of these statistics.

Les risques de disparités sont encore plus grands quand il s'agit de comparer des populations de droit, car ces comparaisons dépendent au premier chef de la définition de la "résidence habituelle", qui varie d'un pays ou d'une zone à l'autre et qu'il est, de toute façon, difficile d'appliquer uniformément pour le dénombrement lors d'un recensement ou d'une enquête. Par exemple, les civils étrangers qui se trouvent temporairement dans un pays ou une zone comme travailleurs à court terme peuvent officiellement être considérés comme résidents après un séjour d'une durée déterminée, mais ils peuvent aussi être considérés comme non—résidents pendant toute la durée de leur séjour; ailleurs, ces mêmes personnes peuvent être considérées officiellement comme résidents ou comme non—résidents du pays ou de la zone d'où ils viennent, selon la durée et, éventuellement, la raison de leur absence. Qui plus est, quel que soit son statut officiel, chacun des recensés peut, au moment de l'enquête, interpréter à sa façon la notion de résidence. De plus, les autorités nationales ou de zones ne savent pas toutes avec la même précision combien de leurs résidents se trouvent temporairement à l'étranger.

Les chiffres de population présentés dans les tableaux de l'Annuaire représentent, autant qu'il a été possible, la population de fait. Sauf indication contraire, on peut supposer que les chiffres présentés ont été communiqués par les pays ou les zones comme se rapportant à la population de fait. Les chiffres qui ont été communiqués comme se rapportant à la population de droit sont identifiés comme tels. Lorsqu'on savait que les données avaient été recueillies selon une définition de la population de fait ou de la population de droit qui s'écartait sensiblement de celle indiquée plus haut, on l'a signalé en note, de manière à compenser dans toute la mesure possible les conséquences de cette divergence. Il ne faut pas oublier néanmoins qu'on ne disposait pas toujours de renseignements détaillés à ce sujet. On ne peut donc partir du principe que les chiffres qui ne sont pas accompagnés d'une note signalant une divergence correspondent exactement aux définitions de la population de fait ou de la population de droit.

Il peut y avoir hétérogénéité dans les statistiques d'un même pays ou d'une même zone dans le cas des pays ou zones qui, bien qu'ils recueillent des données sur la population de droit et sur la population de fait à l'occasion d'un recensement, par exemple, ne font une exploitation statistique détaillée des données que pour la population de droit. Ainsi, tandis que les chiffres relatifs à la population totale qui figurent au tableau 3 se rapportent à la population de fait, ceux des tableaux qui présentent des données sur diverses caractéristiques de la population — résidence (urbaine/rurale), âge et sexe, par exemple — peuvent ne se rapporter qu'à la population de droit. Lorsqu'on savait que les chiffres se rapportaient à la population de droit, on l'a signalé en note.

3.1.2 Résidence (urbaine/rurale)

L'hétérogénéité des définitions nationales du terme "urbain" nuit sérieusement à la comparabilité internationale des données concernant la répartition selon la résidence. Les définitions utilisées par les différents pays ou zones sont reproduites à la fin du tableau 6, et leurs incidences sont examinées dans les Notes techniques relatives à ce même tableau.

3.1.3 Répartition par âge

La répartition de la population selon l'âge est un paramètre fondamental de la plupart des analyses, estimations et projections relatives aux statistiques de la population. Malheureusement, ces données sont sujettes à un certain nombre d'erreurs et difficilement comparables. C'est pourquoi pratiquement tous les utilisateurs de ces statistiques doivent considérer ces répartitions avec la plus grande circonspection.

3.1.3.1 Collection and compilation of age data

Age is the estimated or calculated interval of time between the date of birth and the date of the census, expressed in completed solar years. [3] There are two methods of collecting age data. The first is to obtain the date of birth for each member of the population in a census or survey and then to calculate the completed age of the individual by substracting the date of birth from the date of enumeration. [4] The second method is to record the individuals completed age at the time of the census, that is to say, age at last birthday.

The recommended method is to calculate age at last birthday by subtracting the exact date of birth from the date of the census. Some places, however, do not use this method but instead calculate the difference between the year of birth and the year of the census. Classifications of this type are footnoted whenever possible. They can be identified to a certain extent by a smaller than expected population under one year of age. However, an irregular number of births from one year to the next or age selective omission of infants may obscure the expected population under one year of age.

3.1.3.2 Errors in age data

Errors in age data may be due to a variety of causes, including ignorance of correct age; reporting years of age in terms of a calendar concept other than completed solar years since birth, [5] carelessness in reporting and recording age; a general tendency to state age in figures ending in certain digits (such as zero, two, five and eight); a tendency to exaggerate length of life at advanced ages; possibly subconscious aversion to certain numbers and wilful misrepresentations arising from motives of an economic, social, political or purely personal character. These reasons for errors in reported age data are common to most investigations of age and to most countries or areas, and they may impair comparability to a marked degree.

As a result of the above-mentioned diffculties, the age-sex distribution of population in many countries or areas shows irregularities which may be summarized as follows : (1) a deficiency in number of infants and young children, (2) a concentration at ages ending with zero and five (that is, 5, 10, 15, 20...), (3) a preference for even ages (for example, 10, 12, 14...) over odd ages (for example, 11, 13, 15...), (4) unexpectedly large differences between the frequency of males and females at certain ages, and (5) unaccountably large differences between the frequencies in adjacent age groups. Comparison of identical age-sex cohorts from successive censuses, as well as study of the age-sex composition of each census, may reveal these and other inconsistencies, some of which in varying degree are characteristic of even the most modern censuses.

3.1.3.1 Collecte et exploitation des données sur l'âge

L'âge est l'intervalle de temps déterminé par calcul ou par estimation qui sépare la date de naissance de la date du recensement et qui est exprimé en années solaires révolues [3]. Les données sur l'âge peuvent être recueillies selon deux méthodes : la première consiste à obtenir la date de naissance de chaque personne à l'occasion d'un recensement ou d'un sondage, puis à calculer l'âge en années révolues en soustrayant la date de naissance de celle du dénombrement [4], la seconde consiste à enregistrer l'âge en années révolues au moment du recensement, c'est-à-dire l'âge au dernier anniversaire.

La méthode recommandée consiste à calculer l'âge au dernier anniversaire en soustrayant la date exacte de la naissance de la date du recensement. Toutefois, on n'a pas toujours recours à cette méthode; certains pays ou zones calculent l'âge en faisant la différence entre l'année du recensement et l'année de la naissance. Lorsque les données sur l'âge ont été établies de cette façon, on l'a signalé chaque fois si possible en note au bas des tableaux. On peut d'ailleurs s'en rendre compte dans une certaine mesure, car les chiffres dans la catégorie des moins d'un an sont plus faibles qu'ils ne devraient l'être. Cependant, un nombre irrégulier de naissances d'une année à l'autre ou l'omission de certains âges parmi les moins d'un an peut fausser les chiffres de la population de moins d'un an.

3.1.3.2 Erreurs dans les données sur l'âge

Les causes d'erreurs dans les données sur l'âge sont diverses : on peut citer notamment l'ignorance de l'âge exact, la déclaration d'années d'âge correspondant à un calendrier différent de celui des années solaires révolues depuis la naissance [5], la négligence dans les déclarations et dans la façon dont elles sont consignées, la tendance générale à déclarer des âges se terminant par certains chiffres tels que 0, 2, 5 ou 8, la tendance, pour les personnes âgées, à exagérer leur âge, une aversion subconsciente pour certains nombres, et les fausses déclarations faites délibérément pour des motifs d'ordre économique, social, politique ou simplement personnel. Les causes d'erreurs mentionnées ci-dessus, communes à la plupart des enquêtes sur l'âge et à la plupart des pays ou zones, peuvent nuire sensiblement à la comparabilité.

A cause des difficultés indiquées ci-dessus, les répartitions par âge et par sexe de la population d'un grand nombre de pays ou de zones comportent des irrégularités qui sont notamment les suivantes : 1) erreurs par défaut dans les groupes d'âge correspondant aux enfants de moins d'un an et aux jeunes enfants; 2) polarisation des déclarations sur les âges se terminant par les chiffres 0 ou 5 (c'est-à-dire 5, 10, 15, 20...); 3) prépondérance des âges pairs (par exemple 10, 12, 14...) au détriment des âges impairs (par exemple 11, 13, 15...); 4) écart considérable et surprenant entre le rapport masculin/féminin à certains âges; 5) différences importantes et difficilement explicables entre les données concernant des groupes d'âge voisins. En comparant les statistiques fournies par des recensements successifs pour des cohortes identiques d'âge et de sexe et en étudiant la répartition par âge et par sexe de la population à chaque recensement, on peut déceler l'existence de ces incohérences et de quelques autres, un certain nombre d'entre elles se retrouvant à des degrés divers même dans les recensements les plus modernes.

3.1.3.3 Evaluation of accuracy

To measure the accuracy of data by age on the evidence of irregularities in 5—year groups, an index was devised for presentation in the Demographic Yearbook 1949—1950. [6] Although this index was sensitive to various sources of inaccuracy in the data, it could also be affected considerably by real fluctuations in past demographic processes. It could not, therefore, be applied indiscriminately to all types of statistics, unless certain adjustments were made and caution used in the interpretation of results.

The publication of population statistics by single years of age in the Demographic Yearbook 1955 made it possible to apply a simple, yet highly sensitive, index known as Whipple's Index, or the Index of Concentration, [7] the interpretation of which is relatively free from consideration of factors not connected with the accuracy of age reporting. More refined methods for the measurement of accuracy of distributions by single year of age have been devised, but this particular index was selected for presentation in the Demographic Yearbook on the basis of its simplicity and the wide use it has already found in other sources.

Whipple's Index "is obtained by summing the age returns between 23 and 62 years inclusive and finding what percentage is borne by the sum of the returns of years ending with 5 and 0 to one—fifth of the total sum. The results would vary between a minimum of 100, representing no concentration at all, and a maximum of 500, if no returns were recorded with any digits other than the two mentioned." [8]

The index is applicable to all age distributions for which single years are given at least to the age of 62, with the following exceptions: (1) where the data presented are the result of graduation, no irregularity is scored by Whipple's Index, even though the graduated data may still be affected by inaccuracies of a different type; (2) where statistics on age have been derived by reference to the year of birth, and tendencies to round off the birth year would result in an excessive number of ages ending in odd numbers, the frequency of age reporting with terminal digits 5 and 0 is not an adequate measure of their accuracy.

Using statistics for both sexes combined, the index has now been computed for all the single—year age distributions in table 26 of the 1988 Yearbook from censuses held between 1976 and 1988, with the exception of those excluded on the criteria set forth above. The ratings achieved by 76 such distributions can be found on pages 19 to 20 of the Demographic Yearbook 1988.

Although Whipple's Index measures only the effects of preferences for ages ending in 5 and 0, it can be assumed that such digit preference is usually connected with other sources of inaccuracy in age statements and the index can be accepted as a fair measure of the general reliability of the age distribution. [9]

3.2 Methods used to indicate quality of published statistics

3.1.3.3 Evaluation de l'exactitude

Pour déterminer, sur la base des anomalies relevées dans les groupes d'âge quinquennaux, le degré d'exactitude des statistiques par âge, on avait mis au point un indice spécial [6] pour l'Annuaire démographiqe 1949—1950. Cet indice était sensible à l'influence des différents facteurs qui limitent l'exactitude des données et il n'échappait pas non plus à celle des véritables fluctuations démographiques du passé. On ne pouvait donc l'appliquer indistinctement à tous les types de données à moins d'effectuer les ajustements nécessaires et de faire preuve de prudence dans l'interprétation des résultats.

La publication dans l'Annuaire démographique 1955 de statistiques de la population par année d'âge a permis d'utiliser un indice simple, mais très sensible, connu sous le nom d'indice de Whipple ou indice de concentration [7], dont l'interprétation échappe pratiquement à l'influence des facteurs sans rapport avec l'exactitude des déclarations d'âge. Il existe des méthodes plus perfectionnées pour évaluer l'exactitude des répartitions de population par année d'âge, mais on a décidé de se servir ici de cet indice à cause de sa simplicité et de la large utilisation dont il a déjà fait l'objet dans d'autres publications.

L'indice de Whipple "s'obtient en additionnant les déclarations d'âge comprises entre 23 et 62 ans inclusivement et en calculant le pourcentage des âges déclarés se terminant par 0 ou 5 par rapport au cinquième du nombre total de déclarations. Les résultats varient entre un minimum de 100, s'il n'y a aucune concentration, et un maximum de 500, si aucun âge déclaré ne se termine par un chiffre autre que 0 et 5" [8].

Cet indice est applicable à toutes les répartitions par âge pour lesquelles les années d'âge sont données au moins jusqu'à 62 ans, sauf dans les cas suivants : 1) lorsque les données présentées ont déjà fait l'objet d'un ajustement, l'indice de Whipple ne révèle aucune irrégularité bien que des inexactitudes d'un type différent puissent fausser ces données; 2) lorsque les statistiques relatives à l'âge sont établies sur la base de l'année de naissance et que la tendance à arrondir l'année de naissance se traduit par une fréquence excessive des âges impairs, on ne peut utiliser la méthode reposant sur les déclarations d'âge se terminant par 5 et 0 pour évaluer l'exactitude des données recueillies.

A partir de chiffres relatifs à l'ensemble des deux sexes, on a calculé cet indice pour toutes les répar titions par année d'âge du tableau de l'édition de 1988 de l'Annuaire démographique sur la base des recensements effectués entre 1976 et 1988, à l'exception de celles que l'on a écartées pour les motifs indiqués plus haut. L'édition de 1988 de l'Annuaire démographique (p. 19 à 20) donne une évaluation de l'exactitude des déclarations d'âge.

Bien que l'indice de Whipple ne mesure que les effets de la préférence pour les âges se terminant par 50 et 0, il semble que l'on puisse admettre qu'il existe généralement certains liens entre préférence et d'autres sources d'inexactitudes dans les déclarations d'âge, de telle sorte que l'on peut dire qu'il donne une assez bonne idée de l'exactitude de la répartition par âge en général, non seulement dans les données de recensements [9].

3.2 Méthodes utilisées pour indiquer la qualité des **statistiques publiées**

To the extent possible, efforts have been made to give the reader an indication of reliability of the statistics published in the Demographic Yearbook. This has been approached in several ways. Any information regarding a possible under–enumeration or over–enumeration, coming from a postcensal survey, for example, has been noted in the footnotes to table 3. [10] Any deviation from full national coverage, as explained in section 2.1 under Geographical Aspects, has also been noted. In addition, national statistical offices have been asked to evaluate the estimates of total population they submit to the Statistical Division of the United Nations.

3.2.1 Quality code for total population estimates

As early as the second issue of the Yearbook, that is, the Demographic Yearbook 1949–1950, a code was developed to describe the manner in which the estimates of total population were constructed. This code has subsequently been modified and expanded. The present code was instituted in 1958, and it is structured to take into account four elements which have been recognized as affecting the reliability of population estimates: (1) the nature of the base measurement of the population, (2) the time elapsed since the last measurement, (3) the method of time adjustment by which the base figure was brought up to date, and (4) the quality of the time adjustment. The revised code is thus composed of four parts, namely, the nature of the base data, their recency, the nature of the time adjustment, and its quality. [11] The symbols of the code are listed below:

Part I. Nature of base data (capital letter)
A Complete census of individuals.
B Sample survey.
C Partial census or partial registration of individuals.
D Conjecture.
...Nature of base data not determined.

Part II. Recency of base data (subscript numeral following capital letter)
Numeral indicates time elapsed (in years) since establishment of base figure.

Part III. Method of time adjustment (lower–case letter)
a Adjustment by continuous population register.
b Adjustment based on calculated balance of births, deaths and migration.
c Adjustment by assumed rate of population increase.
d No adjustment : base figure held constant at least two consecutive years.
... Method of time adjustment not determined.

Part IV. Quality of adjustment for types a and b (numeral following letter a or b)
1. Population balance adequately accounted for.
2. Adequacy of accounting for population balance not determined but assumed to be adequate.
3. Population balance not adequately accounted for.

Quality of adjustment for type c (numeral following letter c)
1. Two or more censuses taken at decennial intervals or less.
2. Two or more censuses taken, but latest interval exceeds a decennium.
3. One or no census taken.

In addition to these four points, it would have been desirable to consider the probable error in the base measurement of the population. However, this has not been possible as an indication of it is so rarely available.

On a cherché dans toute la mesure possible à donner au lecteur une indication du degré de fiabilité des statistiques publiées dans l'Annuaire démographique. On a, pour ce faire, procédé de diverses façons. Chaque fois que l'on savait, grâce par exemple à une enquête postcensitaire, qu'il y avait eu sous–dénombrement ou surdénombrement, on l'a signalé en note au bas du tableau 3 [10]. Ainsi qu'on l'a indiqué dans la section 2.1 sous la rubrique "Considérations géographiques", chaque fois que les données ne portaient pas sur la totalité du pays, on l'a également signalé en note. De plus, les services nationaux de statistique ont été priés de fournir une évaluation des estimations de la population totale qu'ils communiquaient au Division de statistique de l'ONU.

3.2.1 Codage qualitatif des estimations de la population totale

Dès la deuxième édition de l'Annuaire, c'est–à–dire dans l'Annuaire démographique de 1949–1950, on a introduit un code indiquant la manière dont les estimations de la population totale sont établies. Ce code a, par la suite, été modifié et développé. Le code actuel, établi en 1958, est conçu de manière à tenir compte de quatre éléments dont on a admis qu'ils influent sur la fiabilité des estimations de la population : 1) la nature du chiffre de population qui sert de base; 2) le temps écoulé depuis qu'il a été établi; 3) la méthode d'ajustement chronologique ayant servi à mettre à jour le chiffre de base; 4) la qualité de l'ajustement chronologique. Le code révisé se compose donc de quatre éléments, à savoir la nature des données de base, leur âge, la méthode d'ajustement chronologique et la qualité de cet ajustement [11]. Voici quels sont les signes conventionnels du code :

Premier élément. Nature des données de base (lettre majuscule)
A Recensement complet.
B Enquête par sondage.
C Recensement ou enregistrement partiel.
D Estimations conjecturales.
...Nature des données de base inconnue.

Deuxième élément. Age des données de base (indice numérique accompagnant la majuscule)
Dans chaque cas, l'indice représente le nombre d'années écoulées depuis l'établissement des données de base.

Troisième élément. Méthode d'ajustement chronologique (lettre minuscule)
a Ajustement d'après un registre de population permanent.
b Ajustement d'après l'équation de concordance (balance des naissances, des décès et de la migration nette).
c Ajustement d'après un taux d'accroissement présumé de la population.
d Pas d'ajustement : base constante pour au moins deux années consécutives.
... Méthode d'ajustement inconnue.

Quatrième élément. Qualité de l'ajustement pour les types a et b (chiffres accompagnant la lettre a ou b)
1. Balance démographique sûre.
2. Balance démographique de qualité inconnue mais supposée sûre.
3. Balance démographique non sûre.

Qualité de l'ajustement pour le type c (chiffre accompagnant la lettre c)
1. Au moins deux recensements, à intervalle de dix ans ou moins.
2. Au moins deux recensements, l'intervalle entre les deux derniers étant de plus de dix ans.
3. Un ou aucun recensement.

En plus de ces quatre éléments, il eut été souhaitable d'étudier la probabilité d'erreur dans le chiffre de population pris pour base. Cela n'a toutefois pas été possible, car il est rare que l'on dispose d'indications à ce sujet.

3.2.2 Treatment of estimates of total population

On the basis of the quality code assessments, the latest official total population estimates are classified as "reliable" or "less reliable" by the Statistical Division of the United Nations. "Reliable" data are set in roman type while "less reliable" data are set in italics. Two criteria are used in establishing reliability.

To begin with, reliable estimates can be defined in terms of the "nature of base data". Reliable estimates are those having their origin in a population census (coded A); those based on a sample survey representing the majority of the population (coded B); and, provided the total population is under 1 000 persons, those obtained by annual administrative counting of population (coded C).

A second criterion of reliability is the "method of time adjustment". Time adjustment by the population—register method (coded a), or by the balancing equation method (coded b), is considered reliable, provided the components of the adjusting factors are adquately accounted for. Reliable accounting is defined for this purpose as combinations of (a) and (b) with (1) or (2). Less reliable time adjustment includes updating by assumed rates of population growth (coded c), no updating (coded d), and method unknown (coded...).

Population estimates which are considered reliable are those which are classified as reliable according to the nature of the base data and in addition are considered reliable on the basis of the method of time adjustment. These estimates are shown in roman type. Estimates which are considered less reliable are shown in italics.

3.2.3 Treatment of time series of population estimates

When a series of mid—year population estimates are presented, the same indication of quality is shown for the entire series as was determined for the latest estimate. The quality is indicated by the type face employed.

No attempt has been made to split the series even though it is evident that in cases where the data are now considered reliable, in earlier years, many may have been considerably less reliable than the current classification implies. Thus it will be evident that this method over—states the probable reliability of the time series in many cases. It may also understate the reliability of estimates for years immediately preceding or following a census enumeration.

3.2.2 Traitement des estimations de la population totale

Se fondant sur les évaluations de la qualité des données, la Division de statistique de l'ONU classe les dernières estimations officielles de la population totale comme "sûres" ou "moins sûres". Les données "sûres" sont imprimées en caractères romains alors que les données "moins sûres" sont imprimées en italique. Deux critères permettent de déterminer la fiabilité des estimations.

Tout d'abord, les estimations sûres peuvent être définies du point de vue de la "nature des données de base". On peut définir comme sûres les estimations fondées sur un recensement de population (codées A); celles qui reposent sur une enquête par sondage représentant la majorité de la population (codées B); et, à condition que la population totale soit inférieure à 1 000, celles qui résultent d'un comptage administratif annuel de la population (codées C).

Un deuxième critère de fiabilité est la "méthode d'ajustement chronologique". L'ajustement chronologique d'après un registre de population (codé a) ou d'après l'équation de concordance (codé b) est jugé "sûr" à condition toutefois qu'il ait été dûment tenu compte des composantes du facteur d'ajustement. On considère qu'il n'en est ainsi que lorsque les lettres a et b sont combinées avec les chiffres 1 ou 2. L'ajustement chronologique est jugé "moins sûr" dans les cas suivants : ajustement d'après un taux d'accroissement présumé de la population (codé c), pas d'ajustement (codé d) et méthode d'ajustement inconnue (codé...).

Les estimations de la population qui sont considérées comme sûres sont celles qui sont classées comme telles selon la nature des données de base et qui sont en outre considérées comme sûres d'après la méthode d'ajustement chronologique. Ces estimations sont imprimées en caractères romains. Les estimations considérées moins sûres sont imprimées en italique.

3.2.3 Traitement des séries chronologiques d'estimations de la population

En ce qui concerne les séries d'estimations de la population en milieu d'année, on considère que la qualité de la série tout entière est la même que celle de la dernière estimation. La qualité de la série est indiquée par le caractère d'imprimerie utilisé.

On n'a pas cherché à subdiviser les séries, mais il est évident que les données qui sont jugées sûres actuellement n'ont pas toutes le même degré de fiabilité et que, pour les premières années, nombre d'entre elles étaient peut—être bien moins sûres que la classification actuelle ne semble l'indiquer. Ainsi, il apparaît clairement que cette méthode tend, dans bien des cas, à surestimer la fiabilité probable des séries chronologiques. Elle peut aussi sous—estimer la fiabilité des estimations pour les années qui précèdent ou qui suivent immédiatement un recensement.

3.2.4 Treatment of estimated distributions by age and other demographic characteristics

Estimates of the age—sex distribution of population may be constructed by two major methods: (1) by applying the specific components of population change to each age—sex group of the population as enumerated at the time of the census and (2) by distributing the total estimated for a postcensal year proportionately according to the age—sex structure at the time of the census. Estimates constructed by the latter method are not published in the Demographic Yearbook.

Among published, estimated age—sex distributions are categorized as "reliable" or "less reliable" according to the method of construction established for the latest estimate of total mid—year population. Hence, the quality designation of the total figure, as determined by the code, is considered to apply also to the whole distribution by age and sex, and the data are set in italic or roman type, as appropriate, on this basis alone. Further evaluation of detailed age structure data has not been undertaken to date.

4. VITAL STATISTICS

For purposes of the Demographic Yearbook, vital statistics have been defined as statistics of live birth, death, foetal death, marriage and divorce.

In this volume of the 1991 Yearbook, only general tables dealing with natality, nuptiality and divorce are presented. The tables on mortality appear under three headings: Foetal Mortality, Infant and Maternal Mortality and General Mortality.

4.1 Sources of variation of data

Most of the vital statistics data published in this Yearbook come from national civil registration systems. The completeness and the accuracy of the data which these systems produce vary from one country or area to another. [12]

The provision for a national civil registration system is not universal, and in some cases, the registration system covers only certain vital events. For example, in some countries or areas only births and deaths are registered. There are also differences in the effectiveness with which national laws pertaining to civil registration operate in the various countries or areas. The manner in which the law is implemented and the degree to which the public complies with the legislation determine the reliability of the vital statistics obtained from the civil registers.

It should be noted that some statistics for marriage and divorce are obtained from sources other than civil registers. For example, in some countries or areas, the only source for data on marriages is church registers. Divorce statistics, on the other hand, are obtained from court records and/or civil registers according to national practice. The actual compilation of these statistics may be the responsibility of the civil registrar, the national statistical office or other government offices.

3.2.4 Traitement des séries estimatives selon l'âge et d'autres caractéristiques démographiques

Des estimations de la répartition de la population par âge et par sexe peuvent être obtenues selon deux méthodes principales : 1) en appliquant les composantes spécifiques du mouvement de la population, pour chaque groupe d'âge et pour chaque sexe, à la population dénombrée lors du recensement; et 2) en répartissant proportionnellement le chiffre total estimé pour une année postcensitaire d'après la composition par âge et par sexe au moment du recensement. Les estimations obtenues par la seconde méthode ne sont pas publiées dans l'Annuaire démographique.

Les séries estimatives selon l'âge et le sexe qui sont publiées sont classées en deux catégories, "sûres" ou "moins sûres", selon la méthode retenue pour le plus récent calcul estimatif de la population totale en milieu d'année. Ainsi, l'appréciation de la qualité du chiffre total, telle qu'elle ressort des signes de code, est censée s'appliquer aussi à l'ensemble de la répartition par âge et par sexe, et c'est sur cette seule base que l'on décide si les données figureront en caractères italiques ou romains. On n'a pas encore procédé à une évaluation plus poussée des données détaillées concernant la composition par âge.

4. STATISTIQUES DE L'ETAT CIVIL

Aux fins de l'Annuaire démographique, on entend par statistiques de l'état civil les statistiques des naissances vivantes, des décès, des morts foetales, des mariages et des divorces.

Dans le présent volume de l'Annuaire 1991, on n'a présenté que les tableaux généraux sur la natalité, la mortalité, la nuptialité et la divortialité. Les tableaux consacrés à la mortalité sont groupés sous les trois rubriques suivantes: mortalité foetale, mortalité infantile et mortalité liée à la maternité, et mortalité générale.

4.1 Sources de variations des données

La plupart des statistiques de l'état civil publiées dans le présent Annuaire sont fournies par les systèmes nationaux d'enregistrement des faits d'état civil. Le degré d'exhaustivité et d'exactitude de ces données varie d'un pays ou d'une zone à l'autre [12].

Il n'existe pas partout de système national d'enregistrement des faits d'état civil et, dans quelques cas, seuls certains faits sont enregistrés. Par exemple, dans certains pays ou zones, seuls les naissances et les décès sont enregistrés. Il existe également des différences quant au degré d'efficacité avec lequel les lois relatives à l'enregistrement des faits d'état civil sont appliquées dans les divers pays ou zones. La fiabilité des statistiques tirées des registres d'état civil dépend des modalités d'application de la loi et de la mesure dans laquelle le public s'y soumet.

Il est à signaler qu'en certains cas les statistiques de la nuptialité et de la divortialité sont tirées d'autres sources que les registres d'état civil. Dans certains pays ou zones, par exemple, les seules données disponibles sur la nuptialité sont tirées des registres des églises. Les statistiques de la divortialité sont en outre, suivant la pratique suivie par chaque pays, tirées des actes des tribunaux et/ou des registres d'état civil. L'officier de l'état civil, le service national de statistique ou d'autres administrations publiques peuvent être chargés d'établir ces statistiques.

As well as these factors, others affecting the international comparability of vital statistics are much the same as those which must be considered in evaluating the variations in other population statistics. Differences in statistical definitions of vital events, differences in geographical and ethnic coverage of the data and diverse tabulation procedures— all these may influence comparability.

In addition to vital statistics from civil registers, some vital statistics published in the Yearbook are official estimates. These estimates are frequently from sample surveys. As such, their comparability may be affected by the national completeness of reporting in household surveys, non–sampling and sampling errors and other sources of bias. Estimates prepared by the Population Division of the United Nations Secretariat have been used in certain instances to supplement official data. Both official national supplement official data. Both official and United Nations estimates are noted when they appear in tables.

Readers interested in more detailed information on standards for vital statistics should consult the Principles and Recommendations for a Vital Statistics System. [13] The Handbook of Vital Statistics Methods Volumes I: Legal, Organizational and Technical Aspects and II: Review of national practices [14] published in connection with it, provide detailed information on the sources of error in vital statistics data and the application of recommendations to national systems.

The Handbook of Household Surveys [15] provides information on collection and evaluation of data on fertility, mortality and other vital events collected in household surveys.

4.1.1 Statistical definitions of events

An important source of variation lies in the statistical definition of each vital event. The Demographic Yearbook attempts to collect data on vital events, using the standard definitions put forth in paragraph 46 of Principles and Recommendations for a Vital Statistics System. These are as follows:

4.1.1.1 LIVE BIRTH is the complete expulsion or extraction from its mother of a product of conception, irrespective of the duration of pregnancy, which after such separation breathes or shows any other evidence of life such as beating of the heart, pulsation of the umbilical cord, or definite movement of voluntary muscles, whether or not the umbilical cord has been cut or the placenta is attached; each product of such a birth is considered live–born regardless of gestational age.

4.1.1.2 DEATH is the permanent disappearance of all evidence of life at any time after live birth has taken place (postnatal cessation of vital functions without capability of resuscitation). This definition therefore excludes foetal deaths.

4.1.1.3 FOETAL DEATH is death prior to the complete expulsion or extraction from its mother of a product of conception, irrespective of the duration of pregnancy; the death is indicated by the fact that after such separation the foetus does not breathe or show any other evidence of life, such as beating of the heart, pulsation of the umbilical cord, or definite movement of voluntary muscles. Late foetal deaths are those of twenty–eight or more completed weeks of gestation. These are synonymous with the events reported under the pre–1950 term stillbirth.

Les autres facteurs qui influent sur la comparabilité internationale des statistiques de l'état civil sont à peu près les mêmes que ceux qu'il convient de prendre en considération pour interpréter les variations observées dans les statistiques de la population. La définition des faits d'état civil aux fins de statistique, la portée des données du point de vue géographique et ethnique ainsi que les méthodes d'exploitation des données sont autant d'éléments qui peuvent influer sur la comparabilité.

En plus des statistisques tirées des registres d'état civil, l'Annuaire présente des statistiques de l'état civil qui sont des estimations officielles nationales, fondées souvent sur les résultats de sondages. Aussi leur comparabilité varie–t–elle en fonction du degré d'exhaustivité des déclarations recueillies lors d'enquêtes sur les ménages, des erreurs d'échantillonnage ou autres, et des distorsions d'origines diverses. Dans certains cas, les données officielles ont été complétées par des estimations établies par la Division de la population du Secrétariat de l'Organisation des Nations Unies. Les estimations officielles nationales et celles établies par l'ONU sont signalées en note au bas des tableaux où elles figurent.

Pour plus de précisions au sujet des normes applicables aux statistiques de l'état civil, le lecteur pourra se reporter aux Principes et recommandations pour un système de statistiques de l'état civil [13]. Le Manuel de statistique de l'état civil Volume I: Legal, Organizational and Technical Aspects et Volume II: etude des pratiques nationales [14] qui était publié en liaison avec ce document donne des précisions sur les sources d'erreurs dans les statistiques de l'état civil et sur l'application des recommandations aux systèmes nationaux.

Le "Handbook of Household Surveys" [15] fournit des informations sur la collecte et sur l'évaluation des s données statistiques sur des événements démographiques (fécondité, mortalité etc.) recueillies au cours des enquêtes sur les familles.

4.1.1 Définition des faits d'état civil aux fins de la statistique

Une cause importante d'hétérogénéité dans les données est le manque d'uniformité des définitions des différents faits d'état civil. Aux fins de l'Annuaire démographique, il est recommandé de recueillir les données relatives aux faits d'état civil en utilisant les définitions établies au paragraphe 46 des Principes et recommandations pour un système de statistiques de l'état civil. Ces définitions sont les suivantes :

4.1.1.1 La NAISSANCE VIVANTE est l'expulsion ou l'extraction complète du corps de la mère, indépendamment de la durée de la gestation, d'un produit de la conception qui, après cette séparation, respire ou manifeste tout autre signe de vie, tel que battement de coeur, pulsation du cordon ombilical ou contraction effective d'un muscle soumis à l'action de la volonté, que le cordon ombilical ait été coupé ou non et que le placenta soit ou non demeuré attaché; tout produit d'une telle naissance est considéré comme " enfant né vivant".

4.1.1.2 Le DECES est la disparition permanente de tout signe de vie à un moment quelconque postérieur à la naissance vivante (cessation des fonctions vitales après la naissance sans possibilité de réanimation). Cette définition ne comprend donc pas les morts foetales.

4.1.1.3 La MORT FOETALE est le décès d'un produit de la conception lorsque ce décès est survenu avant l'expulsion ou l'extraction complète du corps de la mère, indépendamment de la durée de la gestation; le décès est indiqué par le fait qu'après cette séparation le foetus ne respire ni ne manifeste aucun signe de vie, tel que battement de coeur, pulsation du cordon ombilical ou contraction effective d'un muscle soumis à l'action de la volonté. Les morts foetales tardives sont celles qui sont survenues après 28 semaines de gestation ou plus. Il n'y a aucune différence entre ces "morts foetales tardives" et les faits dont l'ensemble était désigné, avant 1950, par le terme mortinalité.

ABORTION is defined, with reference to the woman, as any interruption of pregnancy before 28 weeks of gestation with a dead foetus. There are two major categories of abortion: spontaneous and induced. Induced abortions are those initiated by deliberate action undertaken with the intention of terminating pregnancy; all other abortions are considered as spontaneous.

4.1.1.4 MARRIAGE is the act, ceremony or process by which the legal relationship of husband and wife is constituted. The legality of the union may be established by civil, religious, or other means as recognized by the laws of each country.

4.1.1.5 DIVORCE is a final legal dissolution of a marriage, that is, that separation of husband and wife which confers on the parties the right to remarriage under civil, religious and/or other provisions, according to the laws of each country.

4.1.2 Problems relating to standard definitions

A basic problem affecting international comparability of vital statistics is deviation from standard definitions of vital events. An example of this can be seen in the cases of live births and foetal deaths. [16] In some countries or areas, an infant must survive for at least 24 hours before it can be inscribed in the live–birth register. Infants who die before the expiration of the 24–hour period are classified as late foetal deaths and, barring special tabulation procedures, they would not be counted either as live births or as deaths. Similarly, in several other countries or areas, those infants who are born alive but who die before registration of their birth are also considered as late foetal deaths.

Unless special tabulation procedures are adopted in such cases, the live–birth and death statistics will both be deficient by the number of these infants, while the incidence of late foetal deaths will be increased by the same amount. Hence the infant mortality rate is under estimated. Although both components (infant deaths and live births) are deficient by the same absolute amount, the deficiency is proportionately greater in relation to the infant deaths, causing greater errors in the infant mortality rate than in the birth rate.

Moreover, the practice exaggerates the late foetal death ratios. Some countries or areas make provision for correcting this deficiency (at least in the total frequencies) at the tabulation stage. Data for which the correction has not been made are indicated by footnote whenever possible.

Par référence à la femme, l'AVORTEMENT se définit comme "toute interruption de grossesse qui est survenue avant 28 semaines de gestation et dont le produit est un foetus mort". Il existe deux grandes catégories d'avortement : l'avortement spontané et l'avortement provoqué. L'avortement provoqué a pour origine une action délibérée entreprise dans le but d'interrompre une grossesse. Tout autre avortement est considéré comme spontané.

4.1.1.4 Le MARIAGE est l'acte, la cérémonie ou la procédure qui établit un rapport légal entre mari et femme. L'union peut être rendue légale par une procédure civile ou religieuse, ou par toute autre procédure, conformément à la législation du pays.

4.1.1.5 Le DIVORCE est la dissolution légale et définitive des liens du mariage, c'est–à–dire la séparation de l'époux et de l'épouse qui confère aux parties le droit de se remarier civilement ou religieusement, ou selon toute autre procédure, conformément à la législation du pays.

4.1.2 Problèmes posés par les définitions établies

Les variations par rapport aux définitions établies des faits d'état civil sont le facteur essentiel qui nuit à la comparabilité internationale des statistiques de l'état civil. Un exemple en est fourni par le cas des naissances vivantes et celui des morts foetales [16]. Dans certains pays ou zones, il faut que le nouveau–né ait vécu 24 heures pour pouvoir être inscrit sur le registre des naissances vivantes. Les décès d'enfants qui surviennent avant l'expiration des 24 heures sont classés parmi les morts foetales tardives et, en l'absence de méthodes spéciales d'exploitation des données, ne sont comptés ni dans les naissances vivantes ni dans les décès. De même, dans plusieurs autres pays ou zones, les décès d'enfants nés vivants et décédés avant l'enregistrement de leur naissance sont également comptés dans les morts foetales et tardives.

A moins que des méthodes spéciales aient été adoptées pour l'exploitation de ces données, les statistiques des naissances vivantes et des décès ne tiendront pas compte de ces cas, qui viendront en revanche accroître d'autant le nombre des morts foetales tardives. Le résultat le plus important est que le taux de mortalité infantile s'en trouvera sous–estimé. Bien que les éléments constitutifs du taux (décès d'enfants de moins d'un an et naissances vivantes) accusent exactement la même insuffisance en valeur absolue, les lacunes sont proportionnellement plus fortes pour les décès de moins d'un an, ce qui cause des erreurs plus importantes dans les taux de mortalité infantile.

En plus cette pratique augmente les rapports de mortinatalité. Quelques pays ou zones effectuent, au stade de la mise en tableau, les ajustements nécessaires pour corriger ce défaut (du moins dans les fréquences totales). Lorsqu'il n'a pas été effectué d'ajustement, les notes l'indiquent chaque fois que possible.

The definitions used for marriage and divorce also present problems for international comparability. Unlike birth and death, which are biological events, marriage and divorce are defined only in terms of law and custom and as such are less amenable to universally applicable statistical definitions. They have therefore been defined for statistical purposes in general terms referring to the laws of individual countries or areas. Laws pertaining to marriage and particularly to divorce, vary from one country or area to another. With respect to marriage, the most widespread requirement relates to the minimum age at which persons may marry but frequently other requirements are specified. When known the minimum legal age at which marriage can occur with parental consent is given in Table 26 showing marriages by age of groom and age of bride. Laws and regulations relating to the dissolution of marriage by divorce range from total prohibition, through a wide range of grounds upon which divorces may be granted, to the granting of divorce in response to a simple statement of desire or intention by husbands in accordance with Islamic law in some countries or areas.

4.1.3 Fragmentary geographical or ethnic coverage

Ideally, vital statistics for any given country or area should cover the entire geographical area and include all ethnic groups. In fact, however, fragmentary coverage is not uncommon. In some countries or areas, registration is compulsory for only a small part of the population, limited to certain ethnic groups, for example. In other places there is no national provision for compulsory registration, but only municipal or state ordinances which do not cover the entire geographical area. Still others have developed a registration area which comprises only a part of the country or area, the remainder being excluded because of inaccessibility or because of economic and cultural considerations that make regular registration a practical impossibility.

4.1.4 Tabulation procedures

4.1.4.1 By place of occurrence

Vital statistics presented on the national level relate to the de facto, that is, the present—in—area population. Thus, unless otherwise noted, vital statistics for a given country or area cover all the events which occur within its present boundaries and among all segments of the population therein. They may be presumed to include events among nomadic tribes and aborigines, and among nationals and aliens. When known, deviations from the present—in—area concept are footnoted.

Les définitions du mariage et du divorce posent aussi un problème du point de vue de la comparabilité internationale. Contrairement à la naissance et au décès, qui sont des faits biologiques, le mariage et le divorce sont uniquement déterminés par la législation et la coutume et, de ce fait, il est moins facile d'en donner une définition statistique qui ait une application universelle. A des fins statistiques, ces concepts ont donc été définis de manière générale par référence à la législation de chaque pays ou zone. La législation relative au mariage, et en particulier au divorce, varie d'un pays ou d'une zone à l'autre. En ce qui concerne le mariage, l'âge de nubilité est la condition la plus fréquemment requise mais il arrive souvent que d'autres conditions soient exigées. Lorsqu'il est connu, l'âge minimum auquel le mariage peut avoir lieu avec le consentement des parents est indiqué au tableau 26, où sont présentés les mariages selon l'âge de l'époux et de l'épouse. Les lois et règlements relatifs à la dissolution du mariage par le divorce vont de l'interdiction absolue, en passant par diverses conditions requises pour l'obtention du divorce, jusqu'à la simple déclaration, par l'époux, de son désir ou de son intention de divorcer, requise par la loi islamique en vigueur dans certains pays ou zones.

4.1.3 Portée géographique ou ethnique restreinte

En principe, les statistiques de l'état civil devraient s'étendre à l'ensemble du pays ou de la zone auxquels elles se rapportent et englober tous les groupes ethniques. En fait, il n'est pas rare que les données soient fragmentaires. Dans certains pays ou zones, l'enregistrement n'est obligatoire que pour une petite partie de la population, certains groupes ethniques seulement, par exemple. Dans d'autres, il n'existe pas de disposition qui prescrive l'enregistrement obligatoire sur le plan national, mais seulement des règlements ou décrets des municipalités ou des Etats, qui ne s'appliquent pas à l'ensemble du territoire. Il en est encore autrement dans d'autres pays ou zones où les autorités ont institué une zone d'enregistrement comprenant seulement une partie du territoire, le reste étant exclu en raison des difficultés d'accès ou parce qu'il est pratiquement impossible, pour des raisons d'ordre économique ou culturel, d'y procéder à un enregistrement régulier.

4.1.4 Exploitation des données

4.1.4.1 Selon le lieu de l'événement

Les statistiques de l'état civil qui sont présentées pour l'ensemble du territoire national se rapportent à la population de fait ou population présente. En conséquence, sauf indication contraire, les statistiques de l'état civil relatives à un pays ou zone donné portent sur tous les faits survenus dans l'ensemble de la population, à l'intérieur des frontières actuelles du pays ou de la zone en cause. On peut donc considérer qu'elles englobent les faits d'état civil survenus dans les tribus nomades et parmi les aborigènes ainsi que parmi les ressortissants du pays et les étrangers. Des notes signalent les exceptions lorsque celles—ci sont connues.

Urban/rural differentials in vital rates for some countries may vary considerably depending on whether the relevant vital events were tabulated on the basis of place of occurrence or place of usual residence. For example, if a substantial number of women residing in rural areas near major urban centres travel to hospitals or maternity homes located in a city to give birth, urban fertility and neo–natal and infant mortality rates will usually be higher (and the corresponding rural rates will usually be lower) if the events are tabulated on the basis of place of occurrence rather than on the basis of place of usual residence. A similar process will affect general mortality differentials if substantial numbers of persons residing in rural areas use urban health facilities when seriously ill.

4.1.4.2 By date of occurrence versus by date of registration

In so far as possible, the vital statistics presented in the Demographic Yearbook refer to events which occurred during the specified year, rather than to those which were registered during that period. However, a considerable number of countries or areas tabulate their vital statistics not by date of occurrence, but by date of registration. Because such statistics can be very misleading, the countries or areas known to tabulate vital statistics by date of registration are identified in the tables by a plus symbol(+). Since complete information on the method of tabulating vital statistics is not available for all countries or areas, tabulation by date of registration may be more prevalent than the symbols on the vital statistics tables would indicate.

Because quality of data is inextricably related to delay in registration, it must always be considered in conjunction with the quality code description in section 4.2.1 below. Obviously, if registration of births is complete and timely (code C), the ill effects of tabulating by date of registration, are, for all practical purposes, nullified. Similarly, with respect to death statistics, the effect of tabulating by date of registration may be minimized in many countries or areas in which the sanitary code requires that a death must be registered before a burial permit can be issued, and this regulation tends to make registration prompt. With respect to foetal death, registration is usually made at once or not at all. Therefore, if registration is prompt, the difference between statistics tabulated by date of occurrence and those tabulated by date of registration may be negligible. In many cases, the length of the statutory time period allowed for registering various vital events plays an important part in determining the effects of tabulation by date of registration on comparability.

Pour certains pays, les écarts entre les taux démographiques pour les zones urbaines et pour les zones rurales peuvent varier très sensiblement selon que les faits d'état civil ont été exploités sur la base du lieu de l'événement ou du lieu de résidence habituelle. Par exemple, si un nombre appréciable de femmes résidant dans des zones rurales à proximité de grands centres urbains vont accoucher dans les hôpitaux ou maternités d'une ville, les taux de fécondité ainsi que les taux de mortalité néo–natale et infantile seront généralement plus élevés pour les zones urbaines (et par conséquent plus faibles pour les zones rurales) si les faits sont exploités sur la base du lieu de l'événement et non du lieu de résidence habituelle. Le phénomène sera le même dans le cas de la mortalité générale si un bon nombre de personnes résidant dans des zones rurales font appel aux services de santé des villes lorsqu'elles sont gravement malades.

4.1.4.2 Selon la date de l'événement ou la date de l'enregistrement

Autant que possible, les statistiques de l'état civil figurant dans l'Annuaire démographique se rapportent aux faits survenus pendant l'année considérée et non aux faits enregistrés au cours de ladite année. Bon nombre de pays ou zones, toutefois, exploitent leurs statistiques de l'état civil selon la date de l'enregistrement et non selon la date de l'événement. Comme ces statistiques risquent d'induire gravement en erreur, les pays ou zones dont on sait qu'ils établissent leurs statistiques d'après la date de l'enregistrement sont identifiés dans les tableaux par un signe (+). On ne dispose toutefois pas pour tous les pays ou zones de renseignements complets sur la méthode d'exploitation des statistiques de l'état civil et les données sont peut–être exploitées selon la date de l'enregistrement plus souvent que ne le laisserait supposer l'emploi des signes.

Etant donné que la qualité des données est inextricablement liée aux retards dans l'enregistrement, il faudra toujours considérer en même temps le code de qualité qui est décrit à la section 4.2.1 ci–après. Evidemment, si l'enregistrement des naissances est complet et effectué en temps voulu (code C), les effets perturbateurs de cette méthode seront pratiquement annulés. De même, en ce qui concerne les statistiques des décès, les effets de cette méthode pourront bien souvent être réduits au minimum dans les pays ou zones où le code sanitaire subordonne la délivrance du permis d'inhumer à l'enregistrement du décès, ce qui tend à hâter l'enregistrement. Quant aux morts foetales, elles sont généralement déclarées immédiatement ou ne sont pas déclarées du tout. En conséquence, si l'enregistrement se fait dans un délai très court, la différence entre les statistiques établies selon la date de l'événement et celles qui sont établies selon la date de l'enregistrement peut être négligeable. Dans bien des cas, la durée des délais légaux accordés pour l'enregistrement des faits d'état civil est un facteur dont dépend dans une large mesure l'incidence sur la comparabilité de l'exploitation des données selon la date de l'enregistrement.

With respect to marriage and divorce, the practice of tabulating data by date of registration does not generally pose serious problems. In many countries or areas marriage is a civil legal contract which, to establish its legality, must be celebrated before a civil officer. It follows that for these countries or areas registration would tend to be almost automatic at the time of, or immediately following, the marriage ceremony. Because the registration of a divorce in many countries or areas is the responsibility solely of the court or the authority which granted it, and since the registration record in such cases is part of the records of the court proceedings, it follows that divorces are likely to be registered soon after the decree is granted.

On the other hand, if registration is not prompt vital statistics by date of registration will not produce internationally comparable data. Under the best circumstances, statistics by date of registration will include primarily events which occurred in the immediately preceding year; in countries or areas with less well-developed systems, tabulations will include some events which occurred many years in the past. Examination of available evidence reveals that delays of up to many years are not uncommon for birth registration, though the majority are recorded between two to four years after birth. As long as registration is not prompt, statistics by date of registration will not be internationally comparable either among themselves or with statistics by date of occurrence.

It should also be mentioned that lack of international comparability is not the only limitation introduced by date-of-registration tabulation. Even within the same country or area, comparability over time may be lost by the practice of counting registrations rather than occurrences. If the number of events registered from year to year fluctuates because of ad hoc incentives to stimulate registration, or to the sudden need, for example, for proof of (unregistered) birth or death to meet certain requirements, vital statistics tabulated by date of registration are not useful in measuring and analysing demographic levels and trends. All they can give is an indication of the fluctuations in the need for a birth, death or marriage certificate and the work-load of the registrars. Therefore statistics tabulated by date of registration may be of very limited use for either national or international studies.

4.2 Methods used to indicate quality of published vital Statistics

En ce qui concerne le mariage et le divorce, la pratique consistant à exploiter les statistiques selon la date de l'enregistrement ne pose généralement pas de graves problèmes. Le mariage étant, dans de nombreux pays ou zones, un contrat juridique civil qui, pour être légal, doit être conclu devant un officier de l'état civil, il s'ensuit que dans ces pays ou zones l'enregistrement se fait à peu près automatiquement au moment de la cérémonie ou immédiatement après. Comme dans de nombreux pays ou zones le tribunal ou l'autorité qui a prononcé le divorce est seul habilité à enregistrer cet acte, et comme l'acte d'enregistrement figure alors sur les registres du tribunal l'enregistrement suit généralement de peu le jugement.

En revanche, si l'enregistrement n'a lieu qu'avec un certain retard, les statistiques de l'état civil établies selon la date de l'enregistrement ne sont pas comparables sur le plan international. Au mieux, les statistiques par date de l'enregistrement prendront surtout en considération des faits survenus au cours de l'année précédente; dans les pays ou zones où le système d'enregistrement n'est pas très développé, il y entrera des faits datant de plusieurs années. Il ressort des documents dont on dispose que des retards de plusieurs années dans l'enregistrement des naissances ne sont pas rares, encore que, dans la majorité des cas, les retards ne dépassent pas deux à quatre ans. Tant que l'enregistrement se fera avec retard, les statistiques fondées sur la date d'enregistrement ne seront comparables sur le plan international ni entre elles ni avec les statistiques établies selon la date de fait d'état civil.

Il convient également de noter que l'exploitation des données selon la date de l'enregistrement ne nuit pas seulement à la comparabilité international le des statistiques. Même à l'intérieur d'un pays ou d'une zone, le procédé qui consiste à compter les enregistrements et non les faits peut compromettre la comparabilité des chiffres sur une longue période. Si le nombre des faits d'état civil enregistrés varie d'une année à l'autre (par suite de l'application de mesures destinées spécialement à encourager l'enregistrement ou par suite du fait que, tout d'un coup, il est devenu nécessaire, par exemple, de produire le certificat d'une naissance ou décès non enregistré pour l'accomplissement de certaines formalités), les statistiques de l'état civil établies d'après la date de l'enregistrement ne permettent pas de quantifier ni d'analyser l'état et l'évolution de la population. Tout au plus peuvent-elles montrer les fluctuations qui se sont produites dans les conditions d'exigibilité du certificat de naissance, de décès ou de mariage et dans le volume de travail des bureaux d'état civil. Les statistiques établies selon la date de l'enregistrement peuvent donc ne présenter qu'une utilité très réduite pour des études nationales ou internationales.

4.2 Méthodes utilisées pour indiquer la qualité des statistiques de l'état civil qui sont publiées

The quality of vital statistics can be assessed in terms of a number of factors. Most fundamental is the completeness of the civil registration system on which the statistics are based. In some cases, the incompleteness of the data obtained from civil registration systems is revealed when these events are used to compute rates. However, this technique applies only where the data are markedly deficient, where they are tabulated by date or occurrence and where the population base is correctly estimated. Tabulation by date of registration will often produce rates which appear correct, simply because the numerator is artificially inflated by the inclusion of delayed registrations and, conversely; rates may be of credible magnitude because the population at risk has been underestimated. Moreover, it should be remembered that knowledge of what is credible in regard to levels of fertility, mortality and nuptiality is extremely scanty for many parts of the world, and borderline cases, which are the most difficult to appraise, are frequent.

4.2.1 Quality code for vital statistics from registers

On the Demographic Yearbook annual "Questionnaire on vital statistics" national statistical offices are asked to provide their own estimates of the completeness of the births, deaths, late foetal deaths, marriages and divorces recorded in their civil registers.

On the basis of information from the questionnaires, from direct correspondence and from relevant official publications, it has been possible to classify current national statistics from civil registers of birth, death, infant death, late foetal death, marriage and divorce into three broad quality categories, as follows:

C: Data estimated to be virtually complete, that is, representing at least 90 per cent of the events occurring each year.

U: Data estimated to be incomplete, that is, representing less than 90 per cent of the events occurring each year.

...: Data for which no specific information is available regarding completeness.

These quality codes appear in the first column of the tables which show total frequencies and crude rates (or ratios) over a period of years for live births (table 9), late foetal deaths (table 12), infant deaths (table 15), deaths (table 18), marriages (table 23), and divorces (table 25).

The classification of countries or areas in terms of these quality codes may not be uniform. Nevertheless, it was felt that national statistical offices were in the best position to judge the quality of their data. It was considered that even the very broad categories that could be established on the basis of the information at hand would provide useful indicators of the quality of the vital statistics presented in this Yearbook.

La qualité des statistiques de l'état civil peut être évaluée sur la base de plusieurs facteurs. Le facteur essentiel est la complétude du système d'enregistrement des faits d'état civil d'après lequel les statistiques sont établies. Dans certains cas, on constate que les données tirées de l'enregistrement ne sont pas complètes lorsqu'on les utilise pour le calcul des taux. Toutefois, cette observation est valable uniquement lorsque les statistiques présentent des lacunes évidentes, qu'elles sont exploitées d'après la date de l'événement et que l'estimation du chiffre de population pris pour base est exacte. L'exploitation des données d'après la date de l'enregistrement donne souvent des taux qui paraissent exacts, tout simplement parce que le numérateur est artificiellement gonflé par suite de l'inclusion d'un grand nombre d'enregistrements tardifs; inversement, il arrive que des taux paraissent vraisemblables parce que l'on a sous−évalué la population exposée au risque. Il ne faut pas oublier, en outre, que les renseignements dont on dispose sur les taux de fécondité, de mortalité et de nuptialité normaux dans un grand nombre de régions du monde sont extrêmement sommaires et que les cas limites, qui sont les plus difficiles à évaluer, sont fréquents.

4.2.1 Codage qualitatif des statistiques tirées des registres de l'état civil

Dans le "Questionnaire relatif au mouvement de la population" de l'Annuaire démographique qui leur est présenté chaque année, les services nationaux de statistique sont priés de donner leur propre évaluation du degré de complétude des données sur les naissances, les décès, les décès d'enfants de moins d'un an, les morts foetales tardives, les mariages et les divorces figurant dans leurs registres d'état civil.

D'après les renseignements directement fournis par les gouvernements ou tirés des questionnaires ou de publications officielles pertinentes, il a été possible de classer les statistiques courantes de l'enregistrement des faits d'état civil (naissances, décès, décès d'enfants de moins d'un an, morts foetales tardives, mariages et divorces) en trois grandes catégories, selon leur qualité :

C : Données jugées pratiquement complètes, c'est−à−dire représentant au moins 90 p. 100 des faits d'état civil survenant chaque année.

U : Données jugées imcomplètes, c'est−à−dire représentant moins de 90 p. 100 des faits survenant chaque année.

... : Données dont le degré de complétude ne fait pas l'objet de renseignements précis.

Ces codes de qualité figurent dans la première colonne des tableaux qui présentent, pour un nombre d'années déterminé les chiffres absolus et les taux (ou rapports) bruts concernant les décès naissances vivantes (tableau 9), les morts foetales tardives tardives (tableau 12), décès d'enfants de moins d'un an (tableau 15), les décès (tableau 18), les marriages (tableau 23) et les divorces (tableau 25).

La classification des pays ou zones selon ces codes de qualité peut ne pas être uniforme. On a estimé néanmoins que les services nationaux de statistique étaient les mieux placés pour juger de la qualité de leurs données. On a pensé que les catégories que l'on pouvait distinguer sur la base des renseignements disponibles, bien que très larges, donneraient cependant une indication utile de la qualité des statistiques de l'état civil publiées dans l'Annuaire.

In the past, the bases of the national estimates of completeness were usually not available. In connection with the Demographic Yearbook 1977, countries were asked, for the first time, to provide some indication of the basis of their completeness estimates. They were requested to indicate whether the completeness estimates reported for registered live births, deaths, and infant deaths were prepared on the basis of demographic analysis, dual record checks or some other specified method. Relatively few countries or areas have so far responded to this new question; therefore, no attempt has been made to revise the system of quality codes used in connection with the vital statistics data presented in the Yearbook. It is hoped that, in the future, more countries will be able to provide this information so that the system of quality codes used in connection with the vital statistics data presented in the Yearbook may be revised.

Among the countries or areas indicating that the registration of live births was estimated to be 90 per cent or more complete (and hence classified as C in table 9), the following countries or areas provided information on the basis of this completeness estimate:

(a) Demographic analysis — Argentina, Australia, Canada, Chile, Czechoslovakia, Egypt, French Guiana, Guadeloupe, Guernsey, Iceland, Ireland, Island of Mauritius, Israel, Kuwait, Puerto Rico, Rodrigues, Romania, San Marino, Singapore, Switzerland and United States.
(b) Dual record check — Bahamas, Barbados, Bulgaria, Cook Islands, Cuba, Denmark, Fiji, Finland, France, French Guiana, Greece, Guam, Guadeloupe, Guernsey, Iceland, Isle of Man, Japan Maldives, New Zealand, Peninsular Malaysia, Northern Marianas, Saint Kitts and Nevis, Saint Lucia, Sri Lanka, Sweden, Switzerland, Tokelau, Uruguay and Venezuela.
(c) Other specified methods — Belgium, Bermuda, Cayman Islands, Czechoslovakia, Germany, Greenland, Iceland, Japan, Luxembourg, Netherlands, Norway, Poland and Singapore.

Among the countries or areas indicating that the registration of deaths was estimated to be 90 per cent or more complete (and hence classified as C in table 18), the following countries provided information on the basis of this estimate.

(a) Demographic analysis — Argentina, Australia, Canada, Chile, Cuba, Czechoslovakia, Egypt, French Guiana, Guadeloupe, Guernsey, Iceland, Ireland, Island of Mauritius, Israel, Kuwait, Puerto Rico, Rodrigues, Romania, San Marino, Singapore, Switzerland and United States.
(b) Dual record check — Bahamas, Bulgaria, Cook Islands, Cuba, Czechoslovakia, Denmark, Fiji, Finland, France, Greece, Greenland, Guam, Guernsey, Iceland, Isle of Man, Maldives, New Zealand, Northern Ireland, Northern Marianas, Saint Kitts and Nevis, Saint Lucia, Sri Lanka, Sweden, Switzerland, Tokelau and Uruguay.
(c) Other specified methods — Belgium, Bermuda, Cayman Islands, Czechoslovakia, England and Wales, Germany, Iceland, Ireland, Japan, Luxembourg, Netherlands, Norway, Poland and Singapore.

Dans le passé, les bases sur lesquelles les pays évaluaient l'exhaustivité de leurs données n'étaient généralement pas connues. Pour l'Annuaire démographique 1977, les pays ont été priés, pour la première fois, de donner des indications à ce sujet. On leur a demandé d'indiquer si leurs estimations du degré d'exhaustivité des données d'enregistrement des naissances vivantes, des décès et de la mortalité infantile reposaient sur une analyse démographique, un double contrôle des registres ou d'autres méthodes qu'ils devaient spécifier. Relativement peu de pays ou zones ont jusqu'à présent répondu à cette nouvelle question; on n'a donc pas cherché à réviser le système de codage qualitatif utilisé pour les statistiques de l'état civil présentées dans l'Annuaire. Il faut espérer qu'à l'avenir davantage de pays pourront fournir ces renseignements afin que le système de codage qualitatif employé pour les statistiques de l'état civil présentées dans l'Annuaire puisse être révisé.

Sur les pays ou zones qui ont estimé à 90 p. 100 ou plus le degré d'exhaustivité de leur enregistrement des naissances vivantes (classé C dans le tableau 9), les pays ou zones suivants ont fourni les indications ci–après touchant les bases sur lesquelles leur estimation reposait :

(a) Analyse démographique — Argentine, Australie, Canada, Chili, Cuba, Egypte, Etats–Unis, Guadeloupe, Guernesey, Guyane française, Ile Maurice, Irlande, Islande, Israël, Koweît, Porto Rico, Rodrigues, Roumanie, Saint–Marin, Singapour, Suisse et Tchécoslovaquie.
(b) Double contrôle des registres — Bahamas, Barbade Bulgarie, Cuba, Czechoslovakia, Danemark, Fidji, Finlande, France, Guadeloupe, Guernsesey, Guyane française, Grèce, Guam, Ile de Man, Iles Cook, Iles Mariannes septentrionales, Islande, Malaisie péninsular, Maldives, Nouvelle–Zélande, Saint–Kitts–et–Nevis, Sainte–Lucie, Sri Lanka, Suède, Suisse , Tokélaou, Uruguay et Venezuela.
(c) Autre méthode spécifiée — Allemagne, Belgique, Bermudes, Groenland, Iles Caimanes, Islande, Japon, Luxembourg, Norvège, Pays–Bas, Pologne, Singapour et Tchécoslovaquie.

Sur les pays ou zones qui ont estimé à 90 p. 100 ou plus le degré d'exhaustivité de leur enregistrement des décès (classé C dans le tableau 18), les pays ou zones suivants donné des indications touchant la base de cette estimation :

(a) Analyse démographique — Argentine, Australie, Canada, Chili, Cuba, Egypte, Etats–Unis, Guadeloupe, Guernesey, Guyane française, Ile Maurice, Islande, Israël, Egypte, Etats–Unis, Gue Koweît, Porto Rico, Rodrigues, Roumanie, Saint–Marin, Singapour, Suisse et Tchécoslovaquie.
(b) Double contrôle des registres — Bahamas, Bulgarie, Cuba, Danemark, Fidji, Finlande, France, Grèce, Groenland, Guadeloupe, Guam, Guernesey, Guyane française, Ile de Man, Iles Mariannes septentrionales, Islande, Maldives, Nouvelle Zélande, Saint–Kitts–et–Nevis, Saint–Lucie, Sri Lanka, Suède, Suisse Tokélaou, Tcécoslovaquie et Uruguay.
(c) Autre méthode spécifiée — Allemagne, Belgique, Bermudes, Iles Caîmanes, Islande, Japon, Luxembourg, Norvège, Pays–Bas, Pologne, Singapour et Tchécoslovaquie.

Among the countries or areas indicating that the registration of infant deaths was estimated to be 90 per cent or more complete (and hence classified as C in table 15), the following countries or areas provided information on the basis of this estimate:

(a) Demographic analysis — Argentina, Australia, Canada, Chile, Cuba, Czechoslovakia, Egypt, England and Wales, Iceland, Ireland Island of Mauritius, Israel, Kuwait, Puerto Rico, Rodrigues, Romania, San Marino, Singapore, Sri Lanka, Switzerland and United States.
(b) Dual record check — Bahamas, Bulgaria, Cook Islands, Cuba, Czechoslovakia, Cuba, Denmark, Fiji, Finland, France, Greece, Greenland, Guam, Guernsey, Iceland, Isle of Man, Japan, Maldives, New Zealand, Northern Marianas, Saint Kitts and Nevis, Saint Lucia, Sweden, Switzerland, Tokelau and Uruguay.
(c) Other specified methods — Belgium, Bermuda, Cayman Islands, Czechoslovakia, Germany, Iceland, Japan, Luxembourg, Netherlands, Northern Ireland, Norway, Poland and Singapore.

4.2.2 Treatment of vital statistics from registers

On the basis of the quality code described above, the vital statistics shown in all tables of the Yearbook are treated as either reliable or unreliable. Data coded C are considered reliable and appear in roman type. Data coded U or ... are considered unreliable and appear in italics. Although the quality code itself appears only in certain tables, the indication of reliability (that is, the use of italics to indicate unreliable data) is shown on all tables presenting vital statistics data.

In general, the quality code for deaths shown in table 18 is used to determine whether data on deaths in other tables appear in roman or italic type. However, some data on deaths by cause are shown in italics in tables 17 and 21 when it is known that the quality, in terms of completeness, differs greatly from the completeness of the registration of the total number of deaths. In cases when the quality code in table 18 does not correspond with the type face used in tables 17 and 21 relevant information regarding the completeness of cause-of-death statistics is given in a footnote.

The same indication of reliability used in connection with tables showing the frequencies of vital events is also used in connection with tables showing the corresponding vital rates. For example, death rates computed using deaths from a register which is incomplete or of unknown completeness are considered unreliable and appear in italics. Strictly speaking, to evaluate vital rates more precisely, one would have to take into account the accuracy of population data used in the denominator of these rates. The quality of population data is discussed in section 3.2 of the Technical Notes.

Sur les pays ou zones qui ont estimé à 90 p. 100 ou plus le degré d'exhaustivité de leur enregistrement des décès à moins d'un an classé C dans le tableau 15), les pays ou zones suivant ont donné des indications touchant la base de cette estimation :

(a) Analyse démographique — Anglettere et Galles, Argentine, Australie, Canada, Chili, Cuba, Egypte, Etats-Unis, Ile Maurice, Irlande, Islande, Israël, Koweît, Porto Rico, Rodrigues, Roumanie, Saint-Marin, Singapour, Sri Lanka, Suisse et Tchécoslovaquie.

(b) Double contrôle des registres — Bahamas, Bulgarie, Cuba, Danemark, Fidji, Finlande, France, Grèce, Groenland, Guam, Guernesey, Ile de Man, Iles Cook, Iles Mariannes septentrionales, Islande, Japon Maldives, Nouvelle Zélande, Saint-Kitts-et-Nevis, Saint-Lucie, Suède, Suisse, Tchécoslovaquie, Tokélaou, et Uruguay.

(c) Autre méthode spécifiée — Allemagne, Belgique, Bermudes, Iles Caîmanes, Irlande du Nord, Islande, Japon, Luxembourg, Norvège, Pays-Bas, Pologne, Singapour et Tchécoslovaquie.

4.2.2 Traitement des statistiques tirées des registres d'état civil

Dans tous les tableaux de l'Annuaire, on a indiqué le degré de fiabilité des statistiques de l'état civil en se fondant sur le codage qualitatif décrit ci-dessus. Les statistiques codées C, jugées sûres, sont imprimées en caractères romains. Celles qui sont codées U ou ..., jugées douteuses, sont reproduites en italique. Bien que le codage qualitatif proprement dit n'apparaisse que dans certains tableaux, l'indication du degré de fiabilité (c'est-à-dire l'emploi des italiques pour désigner les données douteuses) se retrouve dans tous les tableaux présentant des statistiques de l'état civil.

En général, le code de qualité pour les décès indiqué au tableau 18 sert à déterminer si, dans les autres tableaux, les données relatives aux décès apparaissent en caractères romains ou en italique. Toutefois, certaines données sur les décès selon la cause figurent en italique dans les tableaux 17 et 21 lorsqu'on sait que leur degré d'exhaustivité diffère grandement de celui du nombre total des décès. Dans les cas où le code de qualité du tableau 18 ne correspond pas aux caractères utilisés dans les tableaux 17 et 21, les renseignements concernant l'exhaustivité des statistiques des décès selon la cause sont indiqués en note à la fin du tableau.

On a utilisé la même indication de fiabilité dans les tableaux des taux démographiques et dans ceux des fréquences correspondantes. Par exemple, les taux de mortalité calculés d'après les décès figurant sur un registre incomplet ou d'exhaustivité indéterminée sont jugés douteux et apparaissent en italique. Au sens strict, pour évaluer de façon plus précise les taux démographiques, il faudrait tenir compte de la précision des données sur la population figurant au dénominateur dans les taux. La qualité des données sur la population est étudiée à la section 3.2 des Notes techniques.

It should be noted that the indications of reliability used for infant mortality rates, maternal mortality rates and late foetal death ratios (all of which are calculated using the number of live births in the denominator) are determined on the basis of the quality codes for infant deaths, deaths and late foetal deaths respectively. To evaluate these rates and ratios more precisely, one would have to take into account the quality of the live–birth data used in the denominator of these rates and ratios. The quality codes for live births are shown in table 9 and described more fully in the text of the Technical Notes for that table.

4.2.3 Treatment of time series of vital statistics from registers

The quality of a time series of vital statistics is more difficult to determine than the quality of data for a single year. Since a time series of vital statistics is usually generated only by a system of continuous civil registration, it was decided to assume that the quality of the entire series was the same as that for the latest year's data obtained from the civil register. The entire series is treated as described in section 4.2.2 above. That is, if the quality code for the latest registered data is C, the frequencies and rates for earlier years are also considered reliable and appear in roman type. Conversely, if the latest registered data are coded as U or ... then data for earlier years are considered unreliable and appear in italics. It is recognized that this method is not entirely satisfactory because it is known that data from earlier years in many of the series were considerably less reliable than the current code implies.

4.2.4 Treatment of estimated vital statistics

In addition to data from vital registration systems, estimated frequencies and rates also appear in the Demographic Yearbook. Estimated rates include both official estimates and those prepared by the Population Division of the United Nations Secretariat. These rates are usually ad hoc estimates which have been derived either from the results of a sample survey or by demographic analysis. Estimated frequencies and rates have been included in the tables because it is assumed that they provide information which is more accurate than that from existing civil registration systems. By implication, therefore, they are also assumed to be reliable and as such they are not set in italics. Estimated frequencies and rates continue to be treated in this manner even when they are interspersed in a time series with data from civil registers.

In tables showing the quality code, the code applies only to data from civil registers. If a series of data for a country or area contains both data from a civil register and estimated data, then the code applies only to the registered data. If only estimated data are shown, then the symbol (..) is shown.

Il convient de noter que, pour les taux de mortalité infantile, les taux de mortalité liée à la maternité et les rapports de morts foetales tardives (calculées en utilisant au dénominateur le nombre de naissances vivantes), les indications relatives à la fiabilité sont déterminées sur la base des codes de qualité utilisés pour les décès d'enfants de moins d'un an, les décès totaux et les morts foetales tardives, respectivement. Pour évaluer ces taux et rapports de façon plus précise, il faudrait tenir compte de la qualité des données relatives aux naissances vivantes, utilisées au dénominateur dans leur calcul. Les codes de qualité pour les naissances vivantes figurent au tableau 9 et sont décrits plus en détail dans les Notes techniques se rapportant à ce tableau.

4.2.3 Traitement des séries chronologiques de statistiques tirées des registres d'état civil

Il est plus difficile de déterminer la qualité des séries chronologiques de statistiques de l'état civil que celle des données pour une seule année. Etant donné qu'une série chronologique de statistiques de l'état civil ne peut généralement avoir pour source qu'un système permanent d'enregistrement des faits d'état civil, on a arbitrairement supposé que le degré d'exactitude de la série tout entière était le même que celui de la dernière tranche annuelle de données tirées du registre d'état civil. La série tout entière est traitée de la manière décrite à la section 4.2.2 ci–dessus : lorsque le code de qualité relatif aux données d'enregistrement les plus récentes est C, les fréquences et les taux relatifs aux années antérieures sont eux aussi considérés comme sûrs et figurent en caractères romains. Inversement, si les données d'enregistrement les plus récentes sont codées U ou ..., les données des années antérieures sont jugées douteuses et figurent en italique. Cette méthode n'est certes pas entièrement statisfaisante, car les données des premières années de la série sont souvent beaucoup moins sûres que le code actuel ne l'indique.

4.2.4 Traitement des estimations fondées sur les statistiques de l'état civil

En plus des données provenant des systèmes d'enregistrement des faits d'état civil, l'Annuaire démographique contient aussi des estimations — fréquences et taux. Les taux estimés sont soit officiels, soit calculés par la Division de la population du Secrétariat de l'ONU. Ils sont en général calculés spécialement à partir des résultats d'un sondage ou par analyse démographique. Si des estimations — fréquences et taux — figurent dans les tableaux, c'est parce que l'on considère qu'elles fournissent des renseignements plus exacts que les systèmes existants d'enregistrement des faits d'état civil. En conséquence, elles sont également jugées sûres et ne sont donc pas indiquées en italique, et cela même si elles sont entrecoupées, dans une série chronologique de données tirées des registres d'état civil.

Dans les tableaux qui indiquent le code de qualité, ce code ne s'applique qu'aux données tirées des registres d'état civil. Si une série pour un pays ou une zone renferme à la fois des données tirées d'un registre d'état civil et des données estimatives, le code ne s'applique qu'aux données d'enregistrement. Si seules des données estimatives apparaissent, le symbole ".." est utilisé.

4.3 Cause of death

Statistics on deaths classified according to underlying cause of death are shown in several tables of the Demographic Yearbook. In order to promote international comparability of cause of death statistics, the World Health Organization organizes and conducts an international Conference for the revision of the International Classification of Diseases (ICD) on a regular basis in order to insure that the Classification is kept current with the most recent clinical and statistical concepts. Although revisions provide an up–to–date version of the ICD, such revisions create several problems related to the comparability of cause of death statistics. The first is the lack of comparability over time that inevitably accompanies the use of a new classification. The second problem affects comparability between countries or areas because countries may adopt the new classification at different times. The more refined the classification becomes, the greater is the need for expert clinical diagnosis of cause of death. In many countries or areas few of the deaths occur in the presence of an attendant who is medically trained, i.e. most deaths are certified by a lay attendant. Because the ICD contains many diagnoses that cannot be identified by a non–medical person, the ICD does not always promote international comparability particularly between countries or areas where the level of medical services differs widely.

To provide readers some guidance in the use of statistics on cause of death, the following section gives a brief history of the International Classification of Diseases (ICD), compares classification of the 1975 (ninth) revision with that of the 1965 (eighth) revision, compares the tabulation lists used in the Demographic Yearbook from the eighth and ninth revisions and finally presents some of the recommendations on maternal mortality, perinatal mortality and lay reporting of cause of death.

The history of the International Classification of Diseases may be traced to classifications proposed by William Farr and Marc d'Espine. In 1855, a classification of 138 rubrics proposed by these two authors was adopted by the first International Statistical Congress. According to the main principle for developing this classification, diseases were grouped by anatomical site. Subsequently, Jacques Bertillon revised this classification taking into account the classifications used in England, Germany and Switzerland. The International Statistical Institute (the successor to the International Statistical Congress) adopted it in 1893 and strongly encouraged its use by member countries in order to promote international comparability in cause of death statistics. Under the direction of the French government, the first international Conference for the Revision of the Bertillon, or International, Classification of Causes of Death was held in Paris in 1900. From then on a revision Conference was held during each decade in order to update this Bertillon classification.

This early work established that the axis of the International Classification of Diseases (ICD), as it has become known, refers to aetiology rather than manifestation. The major goals of the decennial revision of the ICD are to promote international comparability in cause of death statistics while maintaining a classification which uses current levels of medical knowledge as the criteria for including specific detailed codes or rubrics.

4.3 Causes de décès

Plusieurs tableaux de l'Annuaire démographique présentent les décès classés par cause. Pour assurer la comparabilité internationale des statistiques des causes de décès, l'Organisation mondiale de la santé organise régulièrement des conférences internationales de révision de la Classification internationale des maladies (CIM) et veille ainsi à l'aligner, au fur et à mesure, sur les progrès les plus récents de la médecine clinique et de la statistique. Bien que ces révisions aboutissent à l'élaboration d'une version actualisée de la CIM, elle pose plusieurs problèmes de comparabilité des statistiques des causes de décès. Le premier de ces problèmes tient au manque de comparabilité dans le temps, qui accompagne inévitablement la mise en oeuvre d'une classification nouvelle. Le deuxième est celui de la comparabilité entre pays ou zones, car les différents pays peuvent adopter la classification nouvelle à des époques différentes. Plus la classification se précise, plus il faut s'appuyer sur un diagnostic clinique compétent des causes de décès. Dans beaucoup de pays ou zones, il est rare que les décès se produisent en présence d'un témoin possédant une formation médicale, c'est-à-dire que le certificat de décès est le plus souvent établi par un témoin non qualifié médicalement. Comme la CIM offre de nombreux diagnostics qu'il est impossible d'établir si l'on n'a pas de formation en médecine, elle ne favorise pas toujours la comparabilité internationale, notamment entre pays ou zones où la qualité des services médicaux est très différente.

Pour donner au lecteur une certaine idée de l'utilisation des statistiques établies selon la cause de décès, les paragraphes qui suivent donnent un aperçu de la Classification internationale des maladies (CIM), comparent la Classification de 1975 (9e révision) avec celle de 1965 (8e révision), comparent les tableaux présentés dans l'Annuaire démographique entre la huitième et la neuvième révision, et exposent enfin un certain nombre de recommandations concernant la mortalité liée à la maternité, la mortalité périnatale et la déclaration des causes de décès par des personnes non qualifiées.

Le Classification internationale des maladies remonte à celles qui ont été proposées par William Farr et Marc d'Espine. En 1855, ces deux auteurs ont proposé une classification en 138 rubriques, adoptée ensuite par le premier Congrès international de statistique. Cette classification reposait essentiellement sur un regroupement des maladies selon leur site anatomique. Par la suite, Jacques Bertillon l'a modifiée en tenant compte des nomenclatures utilisées en Angleterre, Allemagne et Suisse. L'Institut international de statistique, qui avait succédé au Congrès international de statistique, a adopté la proposition de Bertillon en 1893 et en a vivement encouragé l'usage par les pays membres, afin d'assurer la comparabilité internationale des statistiques des causes de décès. Sous l'égide du Gouvernement français, la première Conférence internationale pour la révision de la Classification internationale des causes de décès, dite Classification Bertillon, s'est tenue à Paris en 1900. Ensuite, une conférence de révision a eu lieu tous les dix ans afin de mettre à jour la classification Bertillon.

Ces premiers travaux ont fait apparaître que la Classification internationale des maladies (CIM), nom qu'elle portait désormais, s'appuyait sur l'étiologie des maladies plutôt que sur leurs symptômes. Les buts principaux de la révision décennale de la CIM sont de favoriser la comparabilité internationale des statistiques des causes de décès, tout en conservant une classification qui s'appuie sur le niveau contemporain des connaissances médicales comme critère d'inclusion des codes ou de rubriques spécifiques dans la classification.

Following several revisions, the Sixth Decennial Revision Conference held in 1948 under the auspices of the World Health Organization, which had earlier been given responsibility for the revision of the classification, marked a milestone in international co—operation in vital and health statistics by defining the concept of underlying cause of death, by expanding the content of the classification to include both mortality and morbidity, and by initiating a programme of international co—operation in vital and health statistics. Although subsequent revisions have changed the ICD in a variety of ways, cause of death statistics since the sixth revision are characterized by continuity.

The 1975 (ninth) revision is the latest revision of the ICD. In general the changes created in the ninth revision do not create major discrepancies in the cause of death statistics shown in the Demographic Yearbook for several reasons: first, the structure of the classification itself is similar for both the eighth and ninth revision; and secondly, the tabulation list developed from the ninth revision was designed to maximize comparability with List B from the eighth revision. [17] Each of these is discussed in greater detail below.

Like earlier revisions, the chapters of the ninth revision consist of three digit codes which have undergone only limited change since the previous revision. In the interest of greater specificity, however, more detail is provided in the ninth revision by additional fourth and sometimes fifth digits to the codes. [18] As before the three digit codes identify aetiology of disease. Although manifestation of disease may also be identified with the ninth revision for the first time, it is not used to code cause of death. Chapter one contains infectious and contagious diseases, chapter two refers to all neoplasms, and chapter three to endocrine, nutritional and metabolic diseases and immunity disorders. The remaining chapters group diseases according to anatomical site affected except for the final chapters which refer to mental disorders: complications of pregnancy, childbirth and the puerperium; congenital anomalies; and conditions originating in the perinatal period. Finally, an entire chapter is devoted to signs, symptoms and ill—defined conditions.

Within chapters, however, the changes vary from minor to major. In the chapters dealing with infectious and parasitic diseases, diseases of the blood and blood forming organs, mental disorders, diseases of the digestive system, diseases of the skin and subcutaneous tissues and congenital anomalies. The changes are minor. Major changes were made in the structure of chapters dealing with the nervous system and sense organs, complications of pregnancy, childbirth and puerperium, certain causes of perinatal morbidity and mortality and diseases of the musculoskeletal system and connective tissues.

Until 1975 the Manual of the International Statistical Classification of Diseases, Injuries and Cause of Death contained not only the classification scheme used to code cause of death but also tabulation lists derived from the scheme itself. Since cause of death classifications may be needed for a variety of uses, several tabulation lists in varying degrees of detail were recommended. Although frequently criticized for not being flexible, the use of these lists by many countries or areas has served to promote international comparability in the statistics on cause of death.

A la suite de plusieurs révisions, la Sixième conférence décennale de révision, qui s'est tenue en 1948 sous les auspices de l'Organisation mondiale de la santé — récemment chargée de réviser la classification —, a marqué une étape historique dans la coopération internationale pour l'établissement des statistiques de l'état civil et de la santé, en définissant le concept de cause initiale du décès, en élargissant la classification à la morbidité, et en inaugurant un programme de coopération internationale dans le domaine des statistiques de l'état civil et de la santé. Bien que les révisions ultérieures aient modifié la CIM à bien des égards, les statistiques des causes de décès sont caractérisées, depuis la sixième révision, par leur continuité.

La neuvième révision, de 1975, est la dernière qu'ait connue la CIM. En général, les modifications qui y ont été introduites n'influencent pas profondément les statistiques des causes de décès qui figurent dans l'Annuaire démographique, et cela pour plusieurs raisons. En premier lieu, le cadre de la Classification est le même selon la huitième et la neuvième révision; en second lieu, la présentation statistique résultant de la neuvième révision a été conçue de façon à assurer une comparabilité maximale avec la liste B de la huitième révision [17]. Chacun de ces points est analysé ci—après.

Comme les révisions antérieures, la neuvième se fonde sur un code à trois chiffres qui n'a subi que des modifications limitées par rapport à celui de la huitième révision. Toutefois, afin d'aboutir à plus de précision, la neuvième révision donne plus de détails en ajoutant au code parfois un quatrième et parfois un cinquième chiffre [18]. Comme précédemment, le code à trois chiffres se réfère à l'étiologie des maladies. Bien que les symptômes des maladies apparaissent quelquefois dans la neuvième révision pour la première fois, ils ne servent pas pour la codification des causes de décès. Le chapitre premier concerne les maladies infectieuses et contagieuses, le chapitre 2 l'ensemble des néoplasmes, et le chapitre 3 les maladies du système endocrinien, de la nutrition et du métabolisme, ainsi que les affections immunitaires. Enfin, les autres chapitres groupent les maladies selon leur site anatomique, à l'exception des dernières qui concernent les affections mentales, les complications de la grossesse, de l'accouchement et des suites de couches; les anomalies congénitales et les affections de la période périnatale. Enfin, un chapitre entier est consacré aux manifestations, symptômes et affections mal définis.

Dans le cadre de chacun des chapitres, par contre, les modifications peuvent être mineures ou importantes. Ainsi, dans les chapitres consacrés aux maladies infectieuses et parasitaires, aux maladies du sang et des organes hématopoïétiques, aux affections mentales, aux maladies du système digestif, aux maladies du tissu cutané et sous—cutané et aux anomalies congénitales, les modifications sont mineures. Les modifications importantes ont été apportées à la présentation des chapitres consacrés au système nerveux et aux organes sensoriels, aux complications de la grossesse, de l'accouchement et des suites de couches, à certaines causes de morbidité et de mortalité périnatales et aux maladies du système ostéomusculaire et du tissu conjonctif.

Jusqu'en 1975, le Manuel de la Classification statistique internationale des maladies, traumatismes et causes de décès contenait non seulement le système de classification utilisé pour coder les causes de décès, mais également des tables construites à partir de ce système. Comme une classification des causes de décès peut se révéler nécessaire à divers usages, le Manuel recommandait plusieurs présentations plus ou moins détaillées. Bien qu'on lui ait fréquemment reproché de manquer de flexibilité, l'utilisation de ces listes par de nombreux pays ou zones a permis de développer la comparabilité internationale des statistiques des causes de décès.

Comparison of the Abbreviated Mortality Lists from the Eighth and Ninth Revisions of the International Classification of Diseases Used to Code Cause of Death.

Eighth Revision (List B) [19]

All Causes (000–E999)

B 1 Cholera (000)
B 2 Typhoid fever (001)
B 3 Bacillary dysentery and amoebiasis (004, 006)
B 4 Enteritis and other diarrhoeal diseases (008, 009)
B 5 Tuberculosis of respiratory system (010–012)
B 6 Other tuberculosis, including late effects (013–019)
B 7 Plague (020)
B 8 Diphtheria (032)
B 9 Whooping cough (033)
B10 Streptococcal sore throat and scarlet fever (034)
B11 Meningococcal infection (036)
B12 Acute poliomyelitis (040–043)
B13 Smallpox (050)
B14 Measles (055)
B15 Typhus and other rickettsioses (080–083)
B16 Malaria (084)
B17 Syphilis and its sequelae (090–097)
B18 All other infective and parasitic diseases (Remainder of 000–136)
B19 Malignant neoplasms, including neoplasms of lymphatic and haematopoietic tissue (140–209)
B20 Benign neoplasms and neoplasms of unspecified nature (210–239)
B21 Diabetes mellitus (250)
B22 Avitaminoses and other nutritional deficiency (260–269)
B23 Anaemias (280–285)
B24 Meningitis (320)
B25 Active rheumatic fever (390–392)
B26 Chronic rheumatic heart disease (393–398)
B27 Hypertensive disease (400–404)
B28 Ischaemic heart disease (410–414)
B29 Other forms of heart disease (420–429)
B30 Cerebrovascular disease (430–438)
B31 Influenza (470–474)
B32 Pneumonia (480–486)
B33 Bronchitis, emphysema and asthma (490–493)
B34 Peptic ulcer (531–533)
B35 Appendicitis (540–543)
B36 Intestinal obstruction and hernia (550–553, 560)
B37 Cirrhosis of liver (571)
B38 Nephritis and nephrosis (580–584)
B39 Hyperplasia of prostate (600)
B40 Abortion (640–645)
B41 Other complications of pregnancy, childbirth and the puerperium. Delivery without mention of complication (630–639, 650–678)
B42 Congenital anomalies (740–759)
B43 Birth injury, difficult labour and other anoxic and hypoxic conditions (764–768, 772–776)
B44 Other causes of perinatal mortality (760–763, 769–771, 773–775, 777–779)
B45 Symptoms and ill–defined conditions (780–796)
B46 All other diseases (Remainder of 240–738)
BE47 Motor vehicle accidents (E810–E823)
BE48 All other accidents (E800–E807, E825–E949)
BE49 Suicide and self–inflicted injuries (E950–E959)
BE50 All other external causes (E960–E999)

Ninth Revision (Adapted Mortality List) [20]

All Causes (001–E999)

AM 1 Cholera (001)
AM 2 Typhoid fever (002.0)
AM 3 Other intestinal infectious diseases (Remainder of 001–009)
AM 4 Tuberculosis (010–018)
AM 5 Whooping cough (033)
AM 6 Meningococcal infection (036)
AM 7 Tetanus (037)
AM 8 Septicaemia (038)
AM 9 Smallpox (050)
AM10 Measles (055)
AM11 Malaria (084)
AM12 All other infectious and parasitic diseases (Remainder of 001–139)
AM13 Malignant neoplasm of stomach (151)
AM14 Malignant neoplasm of colon (153)
AM15 Malignant neoplasm of rectum, rectosigmoid junction and anus (154)
AM16 Malignant neoplasm of trachea, bronchus and lung (162)
AM17 Malignant neoplasm of female breast (174)
AM18 Malignant neoplasm of cervix uteri (180)
AM19 Leukaemia (204–208)
AM20 All other malignant neoplasms (Remainder of 140–208)
AM21 Diabetes mellitus (250)
AM22 Nutritional marasmus (261)
AM23 Other protein–calorie malnutrition (262, 263)
AM24 Anaemias (280–285)
AM25 Meningitis (320–322)
AM26 Acute rheumatic fever (390–392)
AM27 Chronic rheumatic heart disease (393–398)
AM28 Hypertensive disease (401–405)
AM29 Acute myocardial infarction (410)
AM30 Other ischaemic heart diseases (411–414)
AM31 Cerebrovascular disease (430–438)
AM32 Atherosclerosis (440)
AM33 Other diseases of circulatory system (Remainder of 390–459)
AM34 Pneumonia (480–486)
AM35 Influenza (487)
AM36 Bronchitis, emphysema and asthma (490–493)
AM37 Ulcer of stomach and duodenum (531–533)
AM38 Appendicitis (540–543)
AM39 Chronic liver disease and cirrhosis (571)
AM40 Nephritis, nephrotic syndrome and nephrosis (580–589)
AM41 Hyperplasia of prostate (600)
AM42 Abortion (630–639)
AM43 Direct obstetric causes (640–646, 651–676)
AM44 Indirect obstetric causes (647, 648)
AM45 Congenital anomalies (740–759)
AM46 Birth trauma (767)
AM47 Other conditions originating in the perinatal period (760–766, 768–779)
AM48 Signs, symptoms and ill–defined conditions (780–799)
AM49 All other diseases (Remainder of 001–799)
AM50 Motor vehicle traffic accidents (E810–E819)
AM51 Accidental falls (E880–E888)
AM52 All other accidents, and adverse effects (Remainder of E800–E949)
AM53 Suicide and self–inflicted injury (E950–E959)
AM54 Homicide and injury purposely inflicted by other persons (E960–E969)
AM55 Other violence (E970–E999)

Comparaison entre les listes abrégées de mortalité de la huitième et de la neuvième révision de la classification internationale des maladies, employées pour classer les causes de décès.

Liste B   Huitième révision [19]

Toutes Causes (000–E999)

B 1 Choléra (000)
B 2 Fièvre typhoïde (001)
B 3 Dysenterie bacillaire et amibiase (004, 006)
B 4 Entérites et autres maladies diarrhéiques (008, 009)
B 5 Tuberculose de l'appareil respiratoire (010–012)
B 6 Autres formes de tuberculose et leurs séquelles (013–019)
B 7 Peste (020)
B 8 Diphtérie (032)
B 9 Coqueluche (033)
B10 Angine à streptocoques et scarlatine (034)
B11 Infections à méningocoques (036)
B12 Poliomyélite aiguë (040–043)
B13 Variole (050)
B14 Rougeole (055)
B15 Typhus et autres rickettsioses (080–083)
B16 Paludisme (084)
B17 Syphilis et ses séquelles (090–097)
B18 Toutes autres maladies infectieuses et parasitaires (le reste de 000–136)
B19 Tumeurs malignes, y compris les tumeurs des tissus lymphatiques et hématopoïétiques (140–209)
B20 Tumeurs bénignes et tumeurs de nature non précisée (210–239)
B21 Diabète sucré (250)
B22 Avitaminoses et autres états de carence (260–269)
B23 Anémies (280–285)
B24 Méningite (320)
B25 Rhumatisme articulaire aigu (390–392)
B26 Cardiopathies rhumatismales chroniques (393–398)
B27 Maladies hypertensives (400–404)
B28 Maladies ischémiques du coeur (410–414)
B29 Autres formes de cardiopathies (420–429)
B30 Maladies cérébro–vasculaires (430–438)
B31 Grippe (470–474)
B32 Pneumonie (480–486)
B33 Bronchite, emphysème et asthme (490–493)
B34 Ulcère de l'estomac et du duodénum (531–533)
B35 Appendicite (540–543)
B36 Occlusion intestinale et hernie (550–553, 560)
B37 Cirrhose du foie (571)
B38 Néphrite et néphrose (580–584)
B39 Hypertrophie de la prostate (600)
B40 Avortements (640–645)
B41 Autres complications de la grossesse, de l'accouchement et des suites de couches. Accouchement sans mention de complication (630–639, 650–678)
B42 Anomalies congénitales (740–759)
B43 Lésions obstétricales, accouchements dystociques et autres états anoxémiques et hypoxémiques (764–768, 772, 776)
B44 Autres causes de mortalité périnatale (760–763, 769–771, 773–775, 777–779)
B45 Symptômes et états morbides mal définis (780–790)
B46 Toutes autres maladies (le reste de 240–738)
BE47 Accidents de véhicule à moteur (E810–E823)
BE48 Tous autres accidents (E800–807, E825–E949)

BE49 Suicide et lésions faites volontairement à soi–même
BE50 All other external causes (E960–E999)

Liste adaptée de causes de mortalité [20]
Neuvième révision
Toutes causes (001–E999)

AM 1 Choléra (001)
AM 2 Fièvre typhoïde (002.0)
AM 3 Autres maladies infectieuses intestinales (Restant de 001–009)
AM 4 Tuberculose (010–018)
AM 5 Coqueluche (033)
AM 6 Infections à méningocoques (036)
AM 7 Tétanos (037)
AM 8 Septicémie (038)
AM 9 Variole (050)
AM10 Rougeole (055)
AM11 Paludisme (084)
AM12 Autres maladies infectieuses et parasitaires (Restant de 001–139)
AM13 Tumeur maligne de l'estomac (151)
AM14 Tumeur maligne du gros intestin (153)
AM15 Tumeur maligne du rectum et du canal anal (154)
AM16 Tumeur maligne de la trachée, des bronches et du poumon (162)
AM17 Tumeur maligne du sein (174)
AM18 Tumeur maligne du col de l'utérus (180)
AM19 Leucémie (204–208)
AM20 Autres tumeurs malignes (Restant de 140–208)
AM21 Diabète sucré (250)
AM22 Marasme nutritionnel (261)
AM23 Autres malnutritions protéo–caloriques (262, 263)
AM24 Anémies (280–285)
AM25 Méningites (320–322)
AM26 Rhumatisme articulaire aigu (390–392)
AM27 Cardiopathies rhumatismales chroniques (393–398)
AM28 Maladies hypertensives (401–405)
AM29 Infarctus aigu du myocarde (410)
AM30 Autres myocardiopathies ischémiques (411–414)
AM31 Maladies cérébro–vasculaires (430–438)
AM32 Athérosclérose (440)
AM33 Maladies des autres parties de l'appareil circulatoire (Restant de 390–459)
AM34 Pneumonie (480–486)
AM35 Grippe (487) (Restant de 390–459)
AM36 Bronchite, emphysème et asthme (490–493)
AM37 Ulcère de l'estomac et du duodénum (531–533)
AM38 Appendicite (540–543)
AM39 Maladies chroniques et cirrhose du foie (571)
AM40 Néphrite, syndrome néphrotique et néphrose (580–589)
AM41 Hyperplasie de la prostate (600)
AM42 Avortements (630–639)
AM43 Causes obstétricales directes (640–646, 651–676)
AM44 Causes obstétricales indirectes (647–648)
AM45 Anomalies congénitales (740–759)
AM46 Traumatisme obstétrical (767)
AM47 Autres affections dont l'origine se situe dans la période périnatale (760–766, 768–779)

AM48 Symptômes, signes et états morbides mal définis (780–799)
AM49 Autres maladies (Restant de 001–799)
AM50 Accident de véhicule à moteur sur la voie publique (E810–E819)
AM51 Chute accidentelle (E880–E888)
AM52 Autres accidents et effets adverses (Restant de E800–E949)
AM53 Suicide (E950–E959)
AM54 Homicide (E960–E969)
AM55 Autres violences (E970–E999)

Although great care was taken in the ninth revision to maintain the same structure of the chapters used previously, so as to minimize the discontinuity previously created by revising the ICD, in order to promote flexibility the tabulation lists recommended previously were not adopted. Instead, the Basic Tabulation List (BTL) was adopted with the intention of enabling each country or area to adapt it to its unique needs by adopting an appropriate list of categories. One limitation of the Basic Tabulation List for use in the Demographic Yearbook is that it does not contain a set of mutually exclusive categories whose totals add to the sum of all deaths. Therefore, residual categories do not exist separately. They may be obtained only by subtracting the sum of a group of categories from the total. In order to remedy this shortcoming, the World Health Organization and the United Nations collaborated in developing an abbreviated mortality list of causes of death derived from the three—digit codes in the ninth revision. Known as the Adapted Mortality List, the major objective used in the development of this list was to ensure the greatest degree of comparability with the List B from the eighth revision. The Adapted Mortality List, consisting of 55 categories, in combination with the abbreviated list of the eighth revision, List B, is shown in the preceding pages.

Reflecting the similarity between the eighth and ninth revisions of the ICD itself, the Adapted Mortality List from the ninth revision does not differ extensively from List B from the eighth revision. A comparable level of detail was maintained for certain infectious and parasitic diseases such as cholera, typoid fever, whooping cough, meningococcal infection, smallpox, measles and malaria. Another area of similarity exists among the following diseases which are listed separately in both revisions: pneumonia; influenza; bronchitis; emphysema and asthma; ulcer of the stomach and duodenum; appendicitis; chronic liver disease and cirrhosis; nephritis, nephrotic syndrome and nephroses; and hyperplasia of prostate.

However, care should be exercised in comparing trends by cause of death because in some instances the level of detail differs between the revisions. Changes in the location of infectious and parasitic diseases between the eighth and ninth revisions may adversely affect the comparability of several cause categories shown in table 21. For example, the three digit categories included in causes of death due to tuberculosis (B5 and B6) in the eighth revision differ from AM4 in the ninth revision. In the eighth revision, these categories included late effects of tuberculosis, while in the ninth revision the same late effects were not assigned to this cause. Therefore a comparison of B5 and B6 with AM4 would lead incorrectly to the conclusion that deaths due to tuberculosis were decreasing, since some conditions leading to a diagnosis of death due to tuberculosis under the rules of the eighth revision would be attributed to other causes under the ninth revision.

Il est exact que l'on s'est efforcé, dans la neuvième révision, de conserver aux chapitres la même structure, de façon à réduire au minimum les discontinuités résultant des révisions antérieures, mais les listes recommandées auparavant n'ont pas été adoptées. On a retenu, au contraire, la Liste de base (BTL) dans l'intention de permettre à chaque pays ou zone de l'adapter à ses besoins propres. Or, l'emploi de la Liste de base dans l'Annuaire démographique est limité pour une part du fait qu'elle ne contient pas de catégories exclusives. On n'y trouve donc pas de catégories résiduelles. Celles—ci ne peuvent être constituées qu'en retranchant du total la somme d'un groupe de catégories. Pour remédier à cette insuffisance, l'Organisation mondiale de la santé et l'Organisation des Nations Unies ont collaboré à l'élaboration d'une liste abrégée de causes de mortalité, tirée de celle à trois chiffres de la neuvième révision. Cette liste, dite adaptée, avait surtout pour but d'assurer la plus grande comparabilité possible avec la liste B de la huitième révision. La Liste adaptée des causes de mortalité, composée de 55 catégories, est donnée à la page précédente en regard de la liste B abrégée de la huitième révision.

La Liste adaptée des causes de mortalité, dérivée de la neuvième révision, ne diffère pas beaucoup de la liste B de la huitième révision, dès lors que ces deux révisions sont très semblables l'une à autre. On y a conservé un niveau semblable de détail dans le cas de certaines maladies infectieuses ou parasitaires telles que le choléra, la fièvre typhoïde, la coqueluche, les infections à méningocoques, la variole, la rougeole et le paludisme. On retrouve une même similarité entre les maladies suivantes, qui sont distinguées dans les deux révisions [[[[umonie, grippe, bronchite, emphysème et asthme, ulcères de l'estomac et du duodénum, appendicite, hépatites chroniques et cirrhoses, néphrites, syndromes néphrotiques et néphroses, enfin hyperplasie de la prostate.

Toutefois, il faut agir avec circonspection lorsque l'on compare les tendances de la mortalité par cause de décès car, dans certains cas, le détail diffère d'une révision à l'autre. Les modifications du site des maladies infectieuses ou parasitaires, intervenues entre la huitième et neuvième révision, peuvent nuire à la comparabilité de plusieurs catégories de causes de décès du tableau 21. Par exemple, les catégories à trois chiffres des décès par tuberculose (B5 et B6) dans la huitième révision diffèrent de la catégorie AM4 de la neuvième révision. Dans la huitième révision, ces catégories comprenaient les effets tardifs de la tuberculose, alors que dans la neuvième ces effets n'ont pas été attribués à la même cause. C'est pourquoi une comparaison des statistiques B5 et B6 avec celles de la catégorie AM4 amènerait fallacieusement à conclure que les effets tardifs de la tuberculose ont diminué d'incidence, tandis que certaines affections conduisant à un diagnostic de décès par tuberculose en vertu de la huitième révision seraient attribuées à d'autres causes dans le contexte de la neuvième révision.

In addition, neoplasms are shown in greater detail in the ninth revision than the eighth. In the ninth revision malignant neoplasms of the stomach, of the colon, the rectum, rectosigmoid junction and anus, of the trachea, bronchus and lung, of the female breast, of the cervix uteri and leukaemia are shown separately whereas in the eighth revision all malignant neoplasms were grouped together (B19). Therefore to obtain comparable statistics on deaths from malignant neoplasms for a country or area which reports in terms of both the eighth and ninth revisions, the user could add causes AM13 through AM20 from the ninth revision to obtain comparable causes to B19 from the eighth revision. Nutritional deficiencies are also handled differently in the two revisions. Avitaminosis and nutritional deficiencies (B22) in the eighth revision are classified in the adapted mortality list as nutritional marasmus (AM22) and other protein—caloric malnutrition (AM23). A single category of other intestinal infections was created from bacillary dysentery and amoebiasis (B3) and enteritis and other diarrhoeal diseases (B4).

Particular care should be devoted to use of residual categories, which may contain different causes of death in the two revisions. For example, the residual category of infectious and parasitic diseases, B18 and AM12 in the eighth and ninth revisions, respectively, is not identical in the two revisions. For example, in the ninth revision this residual category includes plague, diphtheria, scarlet fever, polio, typhus and syphilis which were listed separately in the eighth revision.

Finally, signs, symptoms and ill—defined conditions are coded to B45 and AM48 in the eighth and ninth revision, respectively. If more than 25 per cent of deaths reported in a country or area are coded to signs, symptoms and ill—defined conditions, the data are considered unreliable for the purposes of the Demographic Yearbook. In such instances, deaths by cause are not included in table 21, since it is not possible to determine whether the distribution of known causes is biased by such a large unknown category.

4.3.1 Maternal mortality

According to the ninth revision, "Maternal death is defined as the death of a woman while pregnant or within 42 days of termination of pregnancy, irrespective of the duration and the site of the pregnancy, from any cause related to or aggravated by the pregnancy or its management but not from accidental or incidental causes.

" Maternal deaths should be subdivided into direct and indirect obstetric deaths. Direct obstetric deaths are those resulting from obstetric complications of the pregnant state (pregnancy, labour and puerperium) from interventions, omissions, incorrect treatment, or from a chain of events resulting from any of the above. Indirect obstetric deaths are those resulting from previous existing disease or disease that developed during pregnancy and which was not due to direct obstetric causes, but which was aggravated by physiologic effects of pregnancy".

Au surplus, les néoplasmes sont plus détaillés dans la neuvième révision que dans la huitième. Dans la neuvième révision, la leucémie et les tumeurs malignes de l'estomac, du côlon, du rectum, du canal anal et de l'anus, de la trachée, des bronches et du poumon, du sein et du col de l'utérus figurent séparément les uns des autres, tandis que, dans la huitième révision, toutes les tumeurs malignes étaient regroupées (B19). C'est pourquoi, pour obtenir des statistiques comparables des décès par tumeurs malignes dans un pays ou une zone qui présente ses statistiques à la fois selon la huitième et la neuvième révision, l'utilisateur peut faire la somme des causes AM13 à AM20 de la neuvième révision pour obtenir les causes comparables de la catégorie B19 de la huitième révision. Les carences nutritives font également l'objet, dans les deux révisions, d'un traitement différent. Les avitaminoses et les carences nutritives (B22) de la huitième révision sont classées, dans la liste adaptée des causes de mortalité, comme marasmes nutritionels (AM22) et autres états de malnutrition protéo—caloriques (AM23). La catégorie des infections instestinales diverses a été créée par regroupement des dysenteries bacillaires et amibiases (B3) avec les entérites et autres maladies diarrhéiques (B4).

Il convient de veiller particulièrement à l'affectation des catégories résiduelles, qui peuvent être différentes dans les deux révisions. Par exemple, les maladies infectieuses et parasitaires, B18 et AM12 dans les huitième et neuvième révisions respectivement, ne sont pas les mêmes d'une révision à l'autre. Dans la neuvième, elles comprennent la peste, la diphtérie, la scarlatine, la poliomyélite, le typhus et la syphilis, qui apparaissent séparément dans la huitième révision.

Enfin, les manifestations, symptômes et affections mal définies apparaissent respectivement, dans la huitième et la neuvième révision, sous B45 et AM48. Si plus de 25 p. 100 des décès signalés dans un pays ou une zone sont codés sous la rubrique manifestations, symptômes et affections mal définies, les données sont considérées comme douteuses dans l'Annuaire démographique. Alors, les décès par cause ne figurent pas dans tableau 21, car il n'est pas possible de déterminer si la répartition des causes connues est faussée par l'existence d'une catégorie "inconnue" aussi importante.

4.3.1 Mortalité maternelle

D'après la neuvième révision de la CIM, "la mortalité maternelle se définit comme le décès d'une femme survenu au cours de la grossesse ou dans une délai de 42 jours après sa terminaison, quelle qu'en soit la durée et la localisation, pour une cause quelconque déterminée ou aggravée par la grossesse ou les soins qu'elle a motivés, mais ni accidentelle ni fortuite".

"Les morts maternelles se répartissent en deux groupes: 1) Décès par cause obstétricale directe ... qui résultent de complications obstétricales (grossesse, travail et suites de couches), d'interventions, d'omissions, d'un traitement incorrect ou d'un enchaînement d'événements de l'un quelconque des facteurs ci—dessus. 2) Décès par cause obstétricale indirecte ... qui résultent d'une maladie préexistante ou d'une affection apparue au cours de la grossesse, sans qu'elles soit due à des causes obstétricales directes, mais qui a été aggravée par les effets physiologiques de la grossesse".

Following the definition of a maternal death shown above, the Demographic Yearbook includes deaths due to abortion (B40) and deaths due to other complications of pregnancy, childbirth and the puerperium and delivery without mention of complication (B41) when cause of death is classified according to the eighth revision. When the ninth revision is used, maternal deaths are the sum of deaths due to abortion (AM42), direct obstetric causes (AM43) and indirect obstetric causes (AM44).

A further recommendation by the ninth revision conference proposed that maternal death rates be expressed per 1 000 live births rather than per 1 000 women of childbearing age in order to estimate more accurately the risk of maternal death. Although births do not represent an unbiased estimate of pregnant women, this figure is more reliable than other estimates since it is impossible to determine the number of pregnant women and live births are more accurately registered than live births plus foetal deaths.

4.3.2 Perinatal mortality

The definition of perinatal death was recommended by the Study Group on Perinatal Mortality set up by the World Health Organization. The International Conference for the Eighth Revision of the International Classification of Diseases adopted the recommendation that the perinatal period be defined "as extending from the 28th week of gestation to the seventh day of life". Noting that several countries considered as late foetal deaths any foetal death of 20 weeks or longer gestation, the Conference agreed to accept a broader definition of perinatal death which extends from the 20th week of gestation to the 28th day of life. This alternative definition was believed to promote more complete registration of events between 28 weeks of gestation and the end of the first 6 days of life. In 1975, the Ninth Revision Conference recommended the collection of perinatal mortality statistics by use of a standard perinatal death certificate according to a definition which not only includes a minimum length of gestation but also minimum weight and length criteria.

In table 19 of the 1985 Demographic Yearbook and previous issues of the Yearbook that included perinatal mortality statistics, the definition of perinatal deaths used is the sum of late foetal deaths (foetal deaths of 28 or more weeks of gestation) and infant deaths within the first week of life. In addition, in order to standardize the definition and eliminate differences due to national practice, the figures on perinatal death are calculated in the Statistical Division for inclusion in the Demographic Yearbook. Contrary to the recommendations of the Ninth Revision Conference, the perinatal mortality rate is calculated per 1 000 live births in order to minimize the effect of limited foetal death registration on the magnitude of the denominator.

Considérant la définition ci—dessus de la mortalité maternelle, l'Annuaire démographique y inclut les décès par avortement (B40) et les décès imputables à d'autres complications de la grossesse, de l'accouchement et des suites de couches, sans mention de complications (B41) lorsque la cause de décès est classée selon la huitième révision. Sur la base de la neuvième révision, la mortalité maternelle constitue la somme des décès par avortement (AM42), des décès d'origine obstétricale directe (AM43) et des décès d'origine obstétricale indirecte (AM44).

La neuvième révision recommande également que les taux de mortalité maternelle soient exprimés sur la base de 1 000 naissances vivantes plutôt que sur celle de 1 000 femmes en âge de reproduire, afin d'aboutir à une évaluation plus exacte du risque de mortalité maternelle. Bien que les naissances ne permettent pas d'évaluer sans distorsion le nombre des femmes enceintes, leur nombre est plus sûr que d'autres estimations car il est impossible d'évaluer le nombre des femmes enceintes, et le nombre des naissances vivantes est plus exactement enregistré que celui des naissances vivantes et des morts foetales.

4.3.2 Mortalité périnatale

La définition de la mortalité périnatale a été recommandée par le Groupe d'étude sur la mortalité périnatale, constitué par l'Organisation mondiale de la santé. La Conférence internationale pour la huitième révision de la Classification internationale des maladies a adopté la recommandation selon laquelle la période périnatale devait être définie comme suit : "période comprise entre la vingt—huitième semaine de gestation et la septième journée de vie". Considérant que plusieurs pays comptaient comme mort foetale tardive toute mort foetale intervenue 20 semaines ou plus après le début de la gestation, la Conférence a décidé d'accepter aussi une définitions plus large de la mortalité périnatale qui s'étend de la vingtième semaine de la gestation à la vingt—huitième journée de vie. Cette deuxième définition devait en principe permettre l'enregistrement plus complet des morts foetales intervenus entre la vingt—huitième semaine de gestation et la fin des six premières journées de la vie. En 1975, la Conférence chargée de la neuvième révision a recommandé que les statistiques de la mortalité périnatale s'appuient sur un certificat de mortalité périnatale standardisé, fondé sur une définition qui prévoit non seulement une durée minimale de gestation, mais également un minimum de poids et de taille.

Dans le tableau 19 de l'Annuaire démographique 1985 et dans les éditions antérieures de l'Annuaire où figuraient des statistiques sur la mortalité périnatale, la définition de mortalité périnatale s'appuie sur la somme des morts foetales tardives (mortalité foetale au terme de 28 semaines de gestation ou plus) et de la mortalité infantile dans la première semaine de vie. De plus, afin de normaliser la définition et d'éliminer les différences dues aux pratiques nationales, les chiffres de la mortalité périnatale sont calculés par la Division de statistique aux fins d'inclusion dans l'Annuaire démographique. Contrairement aux recommandations de la neuvième conférence de révision, le taux de mortalité périnatale avait été calculé sur 1 000 naissances vivantes, afin de minimiser l'effet des insuffisances d'enregistrement des morts foetales sur le dénominateur de la fraction.

4.3.3 Medical certification and lay reporting

In many countries or areas a sizeable fraction of the deaths may be registered by non—medical personnel. In order to improve the reporting of cause of death in these cases, the Ninth Revision Conference recommended that: "The World Health Organization should become increasingly involved in the attempts made by the various developing countries for collection of morbidity and mortality statistics through lay or paramedical personnel; organize meetings at regional level for facilitating exchange of experiences between the countries currently facing this problem so as to design suitable classification lists with due consideration to national differences in terminology; assist countries in their endeavour to establish or expand the system of collection of morbidity and mortality data through lay or paramedical personnel. [21]

DESCRIPTION OF TABLES

Table 1

Table 1 presents for the world, macro regions and regions estimates of the order of magnitude of population size, rates of population increase, crude birth and death rates, surface area and population density.

Description of variables: Estimates of world population by macro regions and by regions are presented for 1950, 1960 and each fifth year, 1965 to 1985, and for 1990 and 1991. Average annual percentage rates of population growth, the crude birth and crude death rates are shown for the period 1985 to 1991. Surface area in square kilometres and population density estimates relate to 1991.

All population estimates and rates presented in this table were prepared by the Population Division of the United Nations Secretariat and have been published in World Population Prospects 1990 (ST/ESA/SER.A/120).

The scheme of regionalization used for the purpose of making these estimates is described on page 00. Although some continental totals are given, and all can be derived, the basic scheme presents eight macro regions that are so drawn as to obtain greater homogeneity in sizes of population, types of demographic circumstances and accuracy of demographic statistics.

Five of the eight macro regions are further subdivided into 20 regions. These are arranged within macro regions; these together with Northern America, Eastern Asia and the former USSR, which are not subdivided, make a total of 22 regions. In addition to these 22 regions, population totals, surface area and density only are shown for America and for Asia. The population totals have been derived by the Statistical Division by summing the relevant macro regions estimated by the Population Division.

4.3.3 Certificats médicaux et déclarations de témoins non qualifiés

Dans bien des pays et zones, une bonne partie des décès sont déclarés par des personnes sans formation médicale. Afin d'améliorer la déclaration des causes de décès dans ces cas, la neuvième conférence de révision a recommandé que l'Organisation mondiale de la santé prenne "une part croissante à l'action entreprise par divers pays en voie de développement pour la collecte de données statistiques de morbidité et de mortalité par du personnel non professionnel ou paramédical", qu'elle organise "au niveau régional des réunions visant à faciliter un échange d'expériences entre les pays qui doivent actuellement faire face à ce problème, de manière à mettre au point des listes de classification appropriées, compte dûment tenu des différences de terminologie entre les pays" et qu'elle aide "les pays à mettre en place ou à développer le système de collecte de données de morbidité et de mortalité à l'aide d'un personnel non professionnel ou paramédical" [21].

DESCRIPTION DES TABLEAUX

Tableau 1

Le tableau 1 donne, pour l'ensemble du monde, les grandes régions géographiques, des estimations de l'ordre de grandeur de la population, les taux d'accroissement démographique, les taux bruts de natalité et de mortalité, la superficie et la densité de peuplement.

Description des variables : Des estimations de la population mondiale par "grandes régions" et par "régions géographiques" sont présentées pour 1950 et à intervalle quinquennal de 1965 à 1985, ainsi que pour 1990 et 1991. Les taux annuels moyens d'accroissement de la population et les taux bruts de natalité et de mortalité portent sur la période 1985 à 1991. Les indications concernant la superficie exprimée en kilomètres carrés et l'ordre de grandeur de la densité de population se rapportent à 1991.

Toutes les estimations de population et les taux de natalité, taux de mortalité et taux annuels d'accroissement de la population qui sont présentés dans ce tableau ont été établis par la Division de la population du Secrétariat de l'ONU et ont été publiés dans World Population Prospects 1990 (ST/ESA/SER.A/120).

La classification géographique utilisée pour établir ces estimations est exposée à la page 00. Bien que l'on ait donné certains totaux pour les continents (tous les autres pouvant être calculés), on a réparti le monde en huit grandes régions qui ont été découpées de manière à obtenir une plus grande homogénéité du point de vue des dimensions de population, des types de situation démographique et de l'exactitude des statistiques démographiques.

Cinq de ces huit grandes régions ont été subdivisées en 20 régions. Celles—ci ont été classées à l'intérieur de chaque grande région. Avec l'Amérique septentrionale, l'Asie orientale et l'ancienne URSS, qui n'ont pas été subdivisées, on arrive à un total de 22 régions. En plus de ces 22 régions, pour l'Amérique et l'Asie, on a présenté des totaux pour la population, la superficie et la densité seulement. Les totaux de la population proviennent de la Division de statistique du Secrétariat de l'ONU et sont obtenus en additionnant les chiffres des grandes régions qui ont été estimés par la Division de la population du Secrétariat de l'ONU.

The distinction of Eastern Asia and South Asia as separate macro regions was dictated largely by the size of their populations. The macro regions of Northern America and Latin America were distinguished, rather than the conventional continents of North America and South America, because population trends in the middle American mainland and the Caribbean region more closely resemble those of South America than those of America north of Mexico. Data for the traditional continents of North and South America can be obtained by adding Central America and Caribbean region to Northern America and deducting them from Latin America. Latin America has somewhat wider limits than it would if defined only to include Spanish–speaking, French–speaking and Portuguese–speaking countries.

The average annual percentage rates of population growth were calculated by the Population Division of the United Nations Secretariat, using an exponential rate of increase.

Crude birth and crude death rates are expressed in terms of the average annual number of births and deaths, respectively, per 1 000 mid–year population. These rates are estimated.

Surface area totals were obtained by summing the figures for individual countries or areas shown in table 3.

Computation: Density, calculated by the Statistical Division of the United Nations, is the number of persons in the 1990 total population per square kilometre of total surface area.

Reliability of data: With the exception of surface area, all data are set in italic type to indicate their conjectural quality.

Limitations: Being derived in part from data in table 3, the estimated orders of magnitude of population and surface area are subject to all the basic limitations set forth in connection with table 3. Likewise, the rates of population increase and density indexes are affected by the limitations of the original figures. However, it may be noted that, in compiling data for regional and macro region totals, errors in the components may tend to compensate each other and the resulting aggregates may be somewhat more reliable than the quality of the individual components would imply.

Because of their estimated character, many of the birth and death rates shown should also be considered only as orders of magnitude, and not as measures of the true level of natality or mortality. Rates for 1985–1990 are based on the data available as of 1990, the time when the estimates were prepared, and much new information has been taken into account in constructing these new estimates. As a result they may differ from earlier estimates prepared for the same years and published in previous issues of the Yearbook.

It should be noted that the United Nations estimates that appear in this table are from the same series of estimates which also appear in tables 2, 3, 4, 5, 9, 15, 18, and 22 of this Yearbook.

La distinction entre l'Asie orientale et l'Asie méridionale parmi les grandes régions a été dictée principalement par la dimension de leurs populations. On a distingué comme grandes régions l'Amérique septentrionale et l'Amérique latine, au lieu des continents classiques (Amérique du Nord et Amérique du Sud), parce que les tendances démographiques dans la partie continentale de l'Amérique centrale et dans la région des Caraïbes se rapprochent davantage de celles de l'Amérique du Sud que de celles de l'Amérique au nord du Mexique. On obtient les données pour les continents traditionnels de l'Amérique du Nord et de l'Amérique du Sud en extrayant des données relatives à l'Amérique latine les données concernant l'Amérique centrale et les Caraïbes, et en les regroupant avec celles relatives à l'Amérique septentrionale. L'Amérique latine ainsi définie a par conséquent des limites plus larges que celles des pays ou zones de langues espagnole, portugaise et française qui constituent l'Amérique latine au sens le plus strict du terme.

Les taux annuels moyens d'accroissement de la population ont été calculés par la Division de la population du Secrétariat de l'ONU, qui a appliqué à cette fin un taux d'accroissement exponentiel.

Les taux bruts de natalité et de mortalité représentent respectivement le nombre annuel moyen de naissances et de décès par millier d'habitants en milieu d'année. Ces taux sont estimatifs.

La superficie totale a été obtenue en faisant la somme des superficies des pays ou zones du tableau 3.

Calculs : La densité, calculée par la Division de statistique de l'ONU, est égale au rapport de l'effectif total de la population en 1990 à la superficie totale exprimée en kilomètres carrés.

Fiabilité des données : A l'exception des données concernant la superficie, toutes les données sont reproduites en italique pour en faire ressortir le caractère conjectural.

Insuffisance des données : Les estimations concernant l'ordre de grandeur de la population et la superficie reposent en partie sur les données du tableau 3; elles appellent donc toutes les réserves fondamentales formulées à propos de ce tableau. Les taux d'accroissement et les indices de densité de la population se ressentent eux aussi des insuffisances inhérentes aux données de base. Toutefois, il est à noter que, lorsqu'on additionne des données par territoire pour obtenir des totaux régionaux et par grandes régions, les erreurs qu'elles comportent arrivent parfois à s'équilibrer, de sorte que les agrégats obtenus peuvent être un peu plus exacts que chacun des éléments dont on est parti.

Vu leur caractère estimatif, un grand nombre des taux de natalité et de mortalité du tableau 1 doivent être considérés uniquement comme des ordres de grandeur et ne sont pas censés mesurer exactement le niveau de la natalité ou de la mortalité. On s'est fondé pour établir les taux de 1985–1990 sur les données dont on disposait en 1990, date à laquelle les nouvelles estimations ont été établies, et beaucoup d'éléments nouveaux sont alors intervenus dans le calcul de celles–ci. C'est pourquoi il se peut qu'elles s'écartent d'estimations antérieures portant sur ces mêmes années et publiées dans de précédentes éditions de l'Annuaire.

Il y a lieu de noter que les estimations du Secrétariat de l'ONU qui sont reproduites dans ce tableau appartiennent à la même série d'estimations que celles qui figurent dans les tableaux 2, 3, 4, 5, 9, 15, 18, et 22 de la présente édition de l'Annuaire.

The limitations related to surface area data are described in the Technical Notes for table 3. Because surface area totals were obtained by summing the figures for individual countries or areas shown in table 3, they exclude places with a population of less than 50, for example, uninhabited polar areas.

In interpreting the population densities, one should consider that some of the regions include large segments of land that are uninhabitable or barely habitable, and density values calculated as described make no allowance for this, nor for differences in patterns of land settlement.

Coverage: Data for 22 regions are presented.

Les Notes techniques relatives au tableau 3 indiquent les insuffisances des données de superficie. Parce que les totaux des superficies ont été obtenus en additionnant les chiffres pour chaque pays ou zones, qui apparaissent dans le tableau 3, ils ne comprennent pas les lieux où la population est de moins de 50 personnes, tels que les régions polaires inhabitées.

Pour interpréter les valeurs de la densité de population, il faut tenir compte du fait qu'il existe dans certaines des régions de vastes étendues de terres inhabitables ou à peine habitables, et que les chiffres calculés selon la méthode indiquée ne tiennent compte ni de ce fait ni des différences de dispersion de la population selon le mode d'habitat.

Portéé : Les données présentées concernent 22 régions.

Composition of macro regions and component regions set forth in table 1
Composition des grandes régions considérées au tableau 1 et des régions qui en font partie

AFRICA – AFRIQUE

Eastern Africa – Afrique orientale

British Indian Ocean
   Territory – Territoire
   Britannique de
   l'Océan Indien
Burundi
Comoros – Comores
Djibouti
Ethiopia – Ethiopie
Kenya
Madagascar
Malawi
Mauritius – Maurice
Mozambique
Réunion
Rwanda
Seychelles
Somalia – Somalie
Uganda – Ouganda
United Rep. of Tanzania –
   Rép. Unie de Tanzanie
Zambia – Zambie
Zimbabwe

Middle Africa – Afrique centrale

Angola
Cameroon – Cameroun
Central African Republic –
   République centrafricaine
Chad – Tchad
Congo
Equatorial Guinea –
   Guinée équatoriale
Gabon
Sao Tome and Principe –
   Sao Tomé–et–Principe
Zaire

Northern Africa – Afrique septentrionale

Algeria – Algérie
Egypt – Egypte
Libyan Arab Jamahiriya –
   Jamahiriya arabe libyenne
Morocco – Maroc
Sudan – Soudan
Tunisia – Tunisie
Western Sahara –
   Sahara Occidental

Southern Africa – Afrique méridionale

Botswana
Lesotho
Namibia – Namibie
South Africa –
   Afrique du Sud
Swaziland

Western Africa – Afrique occidentale

Benin – Bénin
Burkina Faso
Cape Verde – Cap–Vert
Côte d'Ivoire
Gambia – Gambie
Ghana
Guinea – Guinée
Guinea–Bissau –
   Guinée–Bissau
Liberia – Libéria
Mali
Mauritania – Mauritanie
Niger
Nigeria – Nigéria
St. Helena –
   Sainte–Hélène
Senegal – Sénégal
Sierra Leone
Togo

LATIN AMERICA – AMERIQUE LATINE

Caribbean – Caraïbes

Anguilla
Antigua and Barbuda –
   Antigua–et–Barbuda
Aruba
Bahamas
Barbados – Barbade
British Virgin Islands –
   Iles Vierges
   britanniques
Cayman Islands –
   Iles Caïmanes
Cuba
Dominica – Dominique
Dominican Republic –
   République dominicaine
Grenada – Grenade
Guadeloupe
Haiti
Jamaica – Jamaique
Martinique
Montserrat
Netherlands Antilles –
   Antilles néerlandaises
Puerto Rico – Porto Rico
St. Kitts–Nevis –
   Saint–Kitts–et–Nevis
Saint Lucia – Sainte–Lucie
St. Vincent and the
   Grenadines –
   Saint–Vincent–et–Grenadines
Trinidad and Tobago –
   Trinité–et–Tobago
Turks and Caicos Islands –
   Iles Turques et Caiques
United States Virgin
   Islands – Iles Vierges
   américaines

Central America – Amérique centrale

Belize
Costa Rica

El Salvador
Guatemala
Honduras
Mexico – Mexique
Nicaragua
Panama

South America – Amérique du Sud

Argentina – Argentine
Bolivia – Bolivie
Brazil – Brésil
Chile – Chili
Colombia – Colombie
Ecuador – Equateur
Falkland Islands (Malvinas)–
   Iles Falkland (Malvinas)
French Guiana –
   Guyane Française
Guyana
Paraguay
Peru – Pérou
Suriname
Uruguay
Venezuela

NORTHERN AMERICA – AMERIQUE SEPTENTRIONALE

Bermuda – Bermudes
Canada
Greenland – Groenland
St. Pierre and Miquelon –
   Saint–Pierre–et–Miquelon
United States – Etats–Unis

ASIA – ASIE

Eastern Asia – Asie Orientale

China – Chine
Hong Kong – Hong–kong
Japan – Japon
Korea – Corée
Korea, Dem. People's Rep.
   of – Corée, rép.
   populaire dém. de
Korea, Republic of–
   Corée, République de
Macau – Macao
Mongolia – Mongolie

Southern Asia – Asie méridionale

Afghanistan
Bangladesh
Bhutan – Bhoutan
India – Inde
Iran (Islamic Republic of –
   Rép. islamique d')
Maldives

Composition of macro regions and component regions set forth in table 1
Composition des grandes régions considérées au tableau 1 et des régions qui en font partie

Southern Asia – Asie méridionale

Nepal – Népal
Pakistan
Sri Lanka

South Eastern Asia – Asie méridionale orientale

Brunei Darussalam –
　Brunéi Darussalam
Cambodia – Cambodge
East Timor – Timor oriental
Indonesia – Indonésie
Lao People's Dem. Rep. –
　Rép. Dém.
　populaire Lao
Malaysia – Malaisie
Myanmar
Philippines
Singapore – Singapour
Thailand – Thaïlande
Viet Nam

Western Asia – Asie occidentale

Bahrain – Bahreïn
Cyprus – Chypre
Gaza Strip (Palestine) –
　Zone de Gaza (Palestine)
Iraq
Israel – Israël
Jordan – Jordanie
Kuwait – Koweït
Lebanon – Liban
Oman
Qatar
Saudi Arabia –
　Arabie saoudite
Syrian Arab Republic –
　République arabe
　syrienne
Turkey – Turquie
United Arab Emirates –
　Emirats Arabes Unis
Yemen – Yémen

EUROPE

Eastern Europe – Europe orientale

Bulgaria – Bulgarie
Czechoslovakia –
　Tchécoslovaquie
Hungary – Hongrie
Poland – Pologne
Romania – Roumanie

Northern Europe – Europe septentrionale

Channel Islands –
　Iles Anglo–Normandes
Denmark – Danemark
Faeroe Islands –
　Iles Féroé
Finland – Finlande
Iceland – Islande
Ireland – Irlande
Isle of Man – Ile de Man
Norway – Norvège
Sweden – Suède
United Kingdom – Royaume–Uni

Southern Europe – Europe méridionale

Albania – Albanie
Andorra – Andorre
Gibraltar
Greece – Grèce
Holy See –
　Saint–Siège
Italy – Italie
Malta – Malte
Portugal
San Marino – Saint–Marin
Spain – Espagne
Yugoslavia – Yougoslavie

Western Europe – Europe occidentale

Austria – Autriche
Belgium – Belgique
France
Germany
Liechtenstein
Luxembourg
Monaco
Netherlands – Pays–Bas
Switzerland – Suisse

OCEANIA – OCEANIE

Australia and New Zealand – Australie et Nouvelle Zélande

Australia – Australie
Christmas Island –
　Ile Christmas
Cocos (Keeling) Islands –
　Iles des Cocos (Keeling)
New Zealand –
　Nouvelle–Zélande
Norfolk Island – Ile Norfolk

Melanesia – Melenésie

Fiji – Fidji
New Caledonia –
　Nouvelle–Calédonie
Papua New Guinea –
　Papouasie–Nouvelle–
　Guinée
Solomon Islands – Iles Salomon
Vanuatu

Micronesia – Micronésie

Canton and Enderbury
　Islands – Iles Canton
　et Enderbury
Guam
Johnston Island –
　Ile Johnson
Kiribati
Marshall Island –
　Iles Marshall
Micronesia, Federated
　States of
Micronésie, Etats
　fédérative de
Midway Islands – Iles Midway
Nauru
Northern Mariana Islands –
　Iles Mariannes
　septentrionales
Pacific Islands (Palau) –
　Iles du Pacifique (Palau)
Wake Island – Ile de Wake

Polynesia – Polynésie

American Samoa –
　Samoa américaines
Cook Islands – Iles Cook
French Polynesia –
　Polynésie française
Niue – Nioué
Pitcairn
Samoa
Tokelau – Tokélaou
Tonga
Tuvalu
Wallis and Futuna Islands –
　Iles Wallis et Futuna

FORMER UNION OF SOVIET SOCIALIST REPUBLICS
ANCIENNE UNION DES REPUBLIQUES SOCIALISTES SOVIETIQUES

Armenia – Arménie
Azerbaijan – Azerbaidjan
Belarus – Bélarus
Estonia – Estonie
Georgia – Georgie
Kazakhstan
Kyrgyzstan – Kirghizistan
Latvia – Lettonie
Lithuania – Lituanie
Rep. of Moldova – Rép. de Moldova
Russian Federation – Féd. de Russe
Tajikistan – Tadjikistan
Turkmenistan – Turkménistan
Ukraine
Uzbekistan – Ouzbékistan

Table 2

Table 2 presents estimates of population and the percentage distribution, by age and sex and sex ratio for all ages, for the world, macro regions and regions for 1990.

Description of variables: All population estimates presented in this table were prepared by the Population Division of the United Nations Secretariat. These estimates have been published (using more detailed age groups) in World Population Prospects 1990 (ST/ESA/SER.A/120).

The scheme of regionalization used for the purpose of making these estimates is described on page 00 and discussed in detail in the Technical Notes for table 1.

Age groups presented in this table are: under 15 years, 15–64 years and 65 years and over.

Sex ratio refers to the number of males per 100 females of all ages.

Using the Population Division estimates, the percentage distributions and the sex ratios which appear in this table have been calculated by the Statistical Division of the United Nations.

Reliability of data: All data are set in italic type to indicate their conjectural quality.

Limitations: The data presented in this table are from the same series of estimates, prepared by the Population Division of the United Nations Secretariat, presented in table 1. They are subject to the same general limitations as discussed in the Technical Notes for table 1.

In brief, because of their estimated character, these distributions by broad age groups and sex should be considered only as orders of magnitude. However, it may be noted that, in compiling data for regional and macro region totals, errors in the components may tend to compensate each other and the resulting aggregates may be somewhat more reliable than the quality of the individual components would imply.

In addition, data in this table are limited by factors affecting data by age. These factors are described in the Technical Notes for table 7. Because the age groups presented in this table are so broad, these problems are minimized.

It should be noted that the United Nations Secretariat estimates that appear in this table are from the same series of estimates which also appear in tables 1, 3, 4, 5, 9, 15, 18 and 22 of this Yearbook.

Coverage: Data for 22 regions are presented.

Tableau 2

Ce tableau fournit, pour l'ensemble du monde, les grandes régions et les régions, des estimations de la population pour 1990 ainsi que sa répartition en pourcentage selon l'âge et le sexe, et le rapport de masculinité tous âges.

Description des variables : Toutes les données figurant dans ce tableau ont été établies par la Division de la population du Secrétariat de l'ONU et ont été publiées dans World Population Prospects 1990 (ST/ESA/SER.A/120).

La classification géographique utilisée pour établir ces estimations est exposée à la page 00 et analysée en détail dans les Notes techniques relatives au tableau 1.

Les groupes d'âge présentés dans ce tableau sont définis comme suit : moins de 15 ans, de 15 à 64 ans et 65 ans et plus.

Le rapport de masculinité représente le nombre d'individus de sexe masculin pour 100 individus de sexe féminin sans considération d'âge.

Les pourcentages et les rapports de masculinité qui sont présentés dans ce tableau ont été calculés par la Division de statistique de l'ONU d'après des estimations établies par la Division de la population.

Fiabilité des données : Toutes les données figurant dans ce tableau sont reproduites en italique pour en faire ressortir le caractère conjectural.

Insuffisance des données : Les données de ce tableau appartenant à la même série d'estimations, établie par la Division de la population du Secrétariat de l'ONU, que celles qui figurent au tableau 1 appellent également toutes les réserves formulées dans les Notes techniques relatives au tableau 1.

Sans entrer dans le détail, il convient de préciser que les données relatives à la répartition par grand groupe d'âge et par sexe doivent, en raison de leur caractère estimatif, être considérées uniquement comme des ordres de grandeur. Toutefois, il est à noter que, lorsqu'on additionne des données par territoire pour obtenir des totaux régionaux et par grandes régions, les erreurs qu'elles comportent arrivent parfois à s'équilibrer, de sorte que les agrégats obtenus peuvent être un peu plus exacts que chacun des éléments dont on est parti.

En outre, les données figurant dans ce tableau présentent un caractère d'insuffisance en raison des facteurs influant sur les données par âge. Ces facteurs sont décrits dans les Notes techniques relatives au tableau 7. Ces problèmes sont cependant minimisés du fait de l'étendue des groupes d'âge présentés dans ce tableau.

Il y a lieu de noter que les estimations du Secrétariat de l'ONU qui sont reproduites dans ce tableau appartiennent à la même série d'estimations que celles qui figurent dans les tableaux 1, 3, 4, 5, 9, 15, 18 et 22 de la présente édition de l'Annuaire.

Portée : Les données présentées concernent 22 régions.

Table 3 presents for each country or area of the world the total, male and female population enumerated at the latest population census, estimates of the mid–year total population for 1985 and 1991, the average annual exponential rate of increase (or decrease) for the period 1985 to 1991, and the surface area and the population density for 1991.

Description of variables: The total, male and female population is, unless otherwise indicated, the de facto (present–in–area) population enumerated at the most recent census for which data are available. The date of this census is given. Unless otherwise indicated, population census data are the results of a nation–wide enumeration. If, however, a nation–wide enumeration has never taken place, the results of a sample survey, essentially national in character, are presented. Results of surveys referring to less than 50 per cent of the total territory or population are not included.

Mid–year population estimates refer to the de facto population on 1 July. In some areas the mid–year population has been calculated by the Statistical Division of the United Nations as the mean of two year–end official estimates. Mid–year estimates, calculated in this manner, are assumed to be sufficiently similar to official estimates for the population on 1 July; they, therefore, have not been footnoted.

Mid–year estimates of the total population are those provided by national statistical offices, unless otherwise indicated. As needed, these estimates are supplemented by mid–year population estimates prepared by the Population Division of the United Nations Secretariat [22] when, for example, official mid–year estimates of the total population either are not available or have not been revised to take into account the results of a recent population census or sample survey. The United Nations Secretariat estimates are identified with a superscript (x) and are based on data available in 1991 including census and survey results, taking into account the reliability of base data as well as available fertility, mortality, and migration data.

The policy of using United Nations Secretariat estimates is designed to produce comparable mid–year estimates for population for 1985 and 1991 which are not only in accord with census and survey results shown in this table but also with estimates for prior years shown in table 5. Unrevised official estimates as well as results of censuses or surveys and estimates for dates other than the mid–year have been eliminated in favour of the United Nations Secretariat consistent mid–year estimates.

Surface area, expressed in square kilometres, refers to the total surface area, comprising land area and inland waters (assumed to consist of major rivers and lakes) and excluding only polar regions and uninhabited islands. Exceptions to this are noted. Surface areas, originally reported in square miles, have been converted to square kilometres using a conversion factor of 2.589988.

Ce tableau indique pour chaque pays ou zone du monde la population totale selon le sexe d'après les derniers recensements effectués, les estimations concernant la population totale au milieu de l'année 1985 et de l'année 1991, le taux moyen d'accroissement annuel exponentiel positif ou négatif) pour la période allant de 1985 à 1991, ainsi que la superficie et la densité de population en 1991.

Description des variables : Sauf indication contraire, la population masculine et féminine totale est la population de fait ou population présente dénombrée lors du dernier recensement dont les résultats sont disponibles. La date de ce recensement est indiquée. Sauf indication contraire, les données de recensement fournies résultent d'un dénombrement de population à l'échelle nationale. S'il n'y a jamais eu de dénombrement général, ce sont les résultats d'une enquête par sondage à caractère essentiellement national qui sont indiqués. Il n'est pas présenté de résultats d'enquêtes portant sur moins de 50 p. 100 de l'ensemble du territoire ou de la population.

Les estimations de la population en milieu d'année sont celles de la population de fait au 1er juillet. Dans certains cas, la Division de statistique de l'ONU a obtenu ces estimations en faisant la moyenne des estimations officielles portant sur la fin de deux années successives. Les estimations de la population en milieu d'année ainsi établies sont jugées suffisamment proches des estimations officielles de la population au 1er juillet pour n'avoir pas à faire l'objet d'une note.

Sauf indication contraire, les estimations de la population totale en milieu d'année sont celles qui ont été communiquées par les services nationaux de statistique. On les a complétées le cas échéant par des estimations de la population en milieu d'année établies par la Division de la population du Secrétariat de l'ONU [22], par exemple lorsque l'on ne possédait pas d'estimations officielles de la population totale en milieu d'année ou lorsque celles dont on disposait n'avaient pas été rectifiées pour tenir compte des résultats d'un récent recensement ou enquête par sondage. Les estimations du Secrétariat de l'ONU, qui sont affectées du signe (x), sont fondées sur les données disponibles en 1991, y compris les résultats de recensements ou d'enquêtes et compte tenu de la fiabilité des données de base ainsi que des données de fécondité, de mortalité et de migration disponibles.

L'utilisation d'estimations établies par le Secrétariat de l'ONU a pour objet d'obtenir pour 1985 et 1991 des estimations de la population en milieu d'année qui se prêtent à la comparaison et qui soient compatibles non seulement avec les résultats de recensements ou d'enquêtes reproduits dans ce tableau, mais aussi avec les estimations relatives aux années précédentes qui figurent au tableau 5. On a renoncé aux estimations officielles non rectifiées, ainsi qu'aux résultats de recensements ou d'enquêtes et aux estimations se rapportant à des dates autres que le milieu de l'année, pour leur substituer les estimations établies de façon homogène pour le milieu de l'année par le Secrétariat de l'ONU.

La superficie — exprimée en kilomètres carrés — représente la superficie totale, c'est–à–dire qu'elle englobe les terres émergées et les eaux intérieures (qui sont censées comprendre les principaux lacs et cours d'eau) à la seule exception des régions polaires et de certaines îles inhabitées. Les exceptions à cette règle sont signalées en note. Les indications de superficie initialement fournies en miles carrés ont été transformées en kilomètres carrés au moyen d'un coefficient de conversion de 2,589988.

Computation: The annual rate of increase is the average annual percentage rate of population growth between 1985 and 1991, computed using the mid–year estimates (unrounded) presented in this table using an exponential rate of increase.

Although mid–year estimates presented in this table appear only in thousands, unrounded figures, when available, have been used to calculate the rates of population increase. It should be noted that all United Nations Secretariat estimates used to calculate these rates are rounded.

Density is the number of persons in the 1991 total population per square kilometre of total surface area.

Reliability of data: Each country or area has been asked to provide information on the method it has used in preparing the official mid–year population estimates shown in this table. Information referring to the 1991 estimates has been coded and appears in the column entitled "Type". The four elements of the quality code which appear in this column relate to the nature of the base data, the recency of the base data, the method of time adjustment and the quality of that adjustment, respectively. This quality code is explained in detail in section 3.2.1 of the Technical Notes. It should be noted briefly here, however, that the codes (A) and (B) refer to estimates which are based on complete census enumerations and sample surveys, respectively. Code (C) refers to estimates based on a partial census of partial registration of individuals while code (D) refers to conjecture. The figures which appear as the second element in the quality code indicate the number of years elapsed since the reference year of the base data.

This quality code is the basis of determining which mid–year estimates are considered reliable. In brief, reliable mid–year population estimates are those which are based on a complete census (or a sample survey) and have been adjusted by a continuous population register or adjusted on the basis of the calculated balance of births, deaths and migration. Mid–year estimates of this type are considered reliable and appear in roman type. Mid–year estimates which are not calculated on this basis are considered less reliable and are shown in italics. Estimates for years prior to 1991 are considered reliable or less reliable on the basis of the 1991 quality code and appear in roman type or in italics, accordingly.

In addition, census data and sample survey results are considered reliable and, therefore, appear in roman type.

Rates of population increase which were calculated using population estimates considered less reliable, as described above, are set in italics rather than roman type.

Calculs : Le taux d'accroissement annuel est le taux annuel moyen de variation (en pourcentage) de la population entre 1985 et 1991, calculé à partir des estimations en milieu d'année (non arrondies) qui figurent dans le tableau utilisant le taux exponentiel d'accroissement.

Bien que les estimations en milieu d'année ne soient exprimées qu'en milliers dans ce tableau, on a utilisé chaque fois qu'on le pouvait des chiffres non arrondis pour calculer les taux d'accroissement de la population. Il convient de signaler que toutes les estimations du Secrétariat de l'ONU qui ont servi à ces calculs ont été arrondies.

La densité est égale au rapport de l'effectif total de la population en 1991 à la superficie totale, exprimée en kilomètres carrés.

Fiabilité des données : Il a été demandé à chaque pays ou zone de donner des indications sur la méthode utilisée pour établir les estimations officielles de la population en milieu d'année, telles qu'elles apparaissent dans ce tableau. Les indications concernant les estimations pour 1991 ont été codées et figurent dans la colonne intitulée "Type". Les quatre éléments de codage qualitatif qui apparaissent dans cette colonne concernent respectivement la nature des données de base, leur caractère plus ou moins récent, la méthode d'ajustement chronologique employée et la qualité de cet ajustement. Ce codage qualitatif est exposé en détail à la section 3.2.1 des Notes techniques. Il faut toutefois signaler brièvement ici que les lettres de code (A) et (B) désignent respectivement des estimations établies sur la base de dénombrements complets et d'enquêtes par sondage. La lettre de code (C) désigne des estimations fondées sur un recensement partiel ou sur un enregistrement partiel des individus, tandis que la lettre de code (D) indique qu'il s'agit d'estimations conjecturales. Le chiffre qui constitue le deuxième élément du codage qualitatif représente le nombre d'années écoulées depuis l'année de référence des données de base.

Ce codage qualitatif est destiné à servir de base pour déterminer les estimations en milieu d'année qui sont considérées sûres. En résumé, sont sûres les estimations de la population en milieu d'année qui sont fondées sur un recensement complet (ou sur une enquête par sondage) et qui ont été ajustées en fonction des données fournies par un registre de population permanent ou en fonction de la balance établie par le calcul des naissances, des décès et des migrations. Les estimations de ce type sont considérées comme sûres et apparaissent en caractères romains. Les estimations en milieu d'année dont le calcul n'a pas été effectué sur cette base sont considérées comme moins sûres et apparaissent en italique. Les estimations relatives aux années antérieures à 1991 sont jugées plus ou moins sûres en fonction du codage qualitatif de 1991 et indiquées, selon le cas, en caractères romains ou en italique.

En outre, les données de recensements ou les résultats d'enquêtes par sondage sont considérés comme sûrs et apparaissent par conséquent en caractères romains.

Les taux d'accroissement de la population, calculés à partir d'estimations jugées moins sûres d'après les normes décrites ci–dessus, sont indiqués en italique plutôt qu'en caractères romains.

All surface area data are assumed to be reliable and therefore appear in roman type. Population density data, however, are considered reliable or less reliable on the basis of the reliability of the 1991 population estimates used as the numerator.

Limitations: Statistics on the total population enumerated at the time of the census, estimates of the mid—year total population and surface area data are subject to the same qualifications as have been set forth for population and surface area statistics in sections 3 and 2.4 of the Technical Notes, respectively.

Regarding the limitations of census data, it should be noted that although census data are considered reliable, and therefore appear in roman type, the actual quality of census data varies widely from one country or area to another. When known, an estimate of the extent of over—enumeration or under—enumeration is given. In the case of sample surveys, a description is given of the population covered.

A most important limitation affecting mid—year population estimates is the variety of ways in which they have been prepared. As described above, the column entitled "Type" presents a quality code which provides information on the method of estimation. The first element of the quality code refers to the type of base data used to prepare estimates. This may give some indication of the confidence which may be placed on these estimates. Other things being equal, estimates made on the basis of codes "A" or "B" are better than estimates made on the basis of codes "C" or "D". However, no distinction has been made with respect to the quality of these base data. Another indicator of quality may be obtained from the second element of the quality code which provides information on the recency of the base data used in preparing estimates.

It is important to keep in mind that information used to prepare these codes may be inadequate or incomplete in some cases. These codes, once established, may not always reflect the most current estimating procedures used by individual countries or areas.

It should be emphasized that, as an assessment of the reliability of some of the small populations, the codes are quite inadequate. This is so because some small populations are estimated by methods not easily classifiable by the present scheme, and others are disproportionately affected by the frequent arrival and departure of migrants, visitors, and so forth, with consequent relatively large variations between de facto and de jure population.

Because the reliability of the population estimates for any given country or area is based on the quality code for the 1991 estimate, the reliability of estimates prior to 1991 may be overstated.

The mid—year estimates prepared by the Population Division of the United Nations Secretariat, used to supplement official data in this table, have the advantage of being prepared by a consistent methodology. However, it is very important to note that, among countries or areas, the actual amount of data and the quality of those data upon which the estimates were based vary considerably.

Toutes les données de superficie sont présumées sûres et apparaissent par conséquent en caractères romains. En revanche, les données relatives à la densité de la population sont considérées plus ou moins sûres en fonction de la fiabilité des estimations de 1991 ayant servi de numérateur.

Insuffisance des données : Les statistiques portant sur la population totale dénombrée lors d'un recensement, les estimations de la population totale en milieu d'année et les données de superficie appellent les mêmes réserves que celles qui ont été respectivement formulées aux sections 3 et 2.4 des Notes techniques à l'égard des statistiques relatives à la population et à la superficie.

S'agissant de l'insuffisance des données obtenues par recensement, il convient d'indiquer que, bien que ces données soient considérées comme sûres et apparaissent par conséquent en caractères romains, leur qualité réelle varie considérablement d'un pays ou d'une région à l'autre. Lorsqu'on possédait les renseignements voulus, on a donné une estimation du degré de surdénombrement ou de sous—dénombrement. Dans le cas des enquêtes par sondage, une description de la population considérée est fournie.

Les estimations de la population en milieu d'année appellent une réserve très importante en ce qui concerne la diversité des méthodes employées pour les établir. Comme il a été indiqué précédemment, un codage qualitatif porté dans la colonne intitulée "Type" renseigne sur la méthode d'estimation employée. Le premier élément de codage se rapporte à la nature des données de base utilisées pour établir les estimations. Cela peut donner une idée du degré de confiance qu'on peut accorder à ces estimations. Toutes choses égales d'ailleurs, les estimations assorties des lettres de code "A" ou "B" sont plus sûres que celles qui sont accompagnées des lettres de code "C" ou "D". Il n'a cependant pas été établi de distinction quant à la qualité de ces données de base. On peut également se faire une idée de la valeur des estimations d'après le deuxième élément de codage qualitatif qui renseigne sur le caractère plus ou moins récent des données de base qui ont servi à l'établissement de ces estimations.

Il importe de ne pas oublier que les informations utilisées pour le codage sont parfois inexactes ou insuffisantes. Une fois établis, les codes ne reflètent pas toujours les méthodes d'estimation les plus couramment employées dans les différents pays ou zones considérés.

Il convient de souligner que le codage n'offre pas un moyen satisfaisant d'évaluer la fiabilité des données concernant certaines populations peu nombreuses. Il en est ainsi parce que certaines estimations de populations peu nombreuses sont établies par des méthodes qui ne se prêtent pas à ce codage et que l'effectif d'autres populations peu nombreuses subit de violentes fluctuations en raison de la fréquence des entrées et sorties de migrants, de visiteurs, etc., ce qui se traduit par des écarts relativement importants entre population de fait et population de droit.

La fiabilité des estimations de la population d'un pays ou zone quelconque reposant sur le codage qualitatif des estimations de 1991, il se peut que la fiabilité des estimations antérieures à 1991 soit surévaluée.

Les estimations en milieu d'année établies par la Division de la population du Secrétariat de l'ONU, utilisées pour suppléer les données officielles aux fins de ce tableau, présentent l'avantage d'avoir été effectuées selon une méthodologie homogène. Il importe cependant de noter que le volume de données effectivement disponibles et la qualité de celles à partir desquelles les estimations ont été établies varient considérablement d'un pays ou d'une zone à l'autre.

Percentage rates of population growth are subject to all the qualifications of the population estimates mentioned above. In some cases, they admittedly reflect simply the rate calculated or assumed in constructing the estimates themselves when adequate measures of natural increase and net migration were not available. [23] For small populations, an error up to approximately 0.5 may be introduced by chance alone. Despite their shortcomings, these rates do provide a useful index for studying population change and, used with proper precautions, they can be useful also in evaluating the accuracy of vital and migration statistics.

Because no indication in the table is given to show which of the mid—year estimates are rounded and which are not, the rates calculated on the basis of these estimates may be much more precise in some cases than in others.

With respect to data on population density, it should be emphasized that density values are very rough indexes, inasmuch as they do not take account of the dispersion or concentration of population within countries or areas nor the proportion of habitable land. They should not be interpreted as reflecting density in the urban sense nor as indicating the supporting power of a territory's land and resources.

Coverage: Population by sex, rate of population increase, surface area and density are shown for 227 countries or areas with a population of 50 or more.

Table 4

Table 4 presents, for each country or area of the world, basic vital statistics including in the following order: live births, crude birth rate, deaths, crude death rate and rate of natural increase, infant deaths and infant mortality rate, the expectation of life at birth by sex. In addition, the total fertility rate and marriages, the crude marriage rate, divorces and the crude divorce rate are shown.

Description of variables: The vital events and rates shown in this table are defined [24] as follows:

LIVE BIRTH is the complete expulsion or extraction from its mother of a product of conception, irrespective of the duration of pregnancy, which after such separation breathes or shows any other evidence of life such as beating of the heart, pulsation of the umbilical cord, of definite movement of voluntary muscles, whether or not the umbilical cord has been cut or the placenta is attached; each product of such a birth is considered live—born regardless of gestational age.

DEATH is the permanent disappearance of all evidence of life at any time after live birth has taken place (post—natal cessation of vital functions without capability of resuscitation). This definition therefore excludes foetal deaths.

Infant deaths are deaths of live—born infants under one year of age.

Les taux d'accroissement en pourcentage appellent toutes les réserves mentionnées plus haut à propos des estimations concernant la population. Dans certains cas, ils représentent seulement le taux qu'il a fallu calculer ou présumer pour établir les estimations elles—mêmes lorsqu'on ne disposait pas de mesures appropriées de l'accroissement naturel et des migrations nettes [23]. Lorsqu'il s'agit de populations peu nombreuses, l'erreur fortuite peut atteindre à elle seule jusqu'à plus ou moins 0,5. Malgré leurs imperfections, ces taux fournissent des indications intéressantes pour l'étude du mouvement de la population et, utilisés avec les précautions nécessaires, ils peuvent également servir à évaluer l'exactitude des statistiques de l'état civil et des migrations.

Rien dans le tableau ne permettant de déterminer si telle ou telle estimation en milieu d'année a été arrondie ou non, il se peut que les taux calculés à partir de ces estimations soient beaucoup plus précis dans certains cas que dans d'autres.

En ce qui concerne les données relatives à la densité de population, il convient de souligner que les valeurs de cette densité ne constituent que des indices très approximatifs, car elles ne tiennent compte ni de la dispersion ou de la concentration de la population à l'intérieur des pays ou zones, ni de la proportion du territoire qui est habitable. Il ne faut donc y voir d'indication ni de la densité au sens urbain du terme ni du chiffre de population que seraient capables de supporter les terres et les ressources naturelles du territoire considéré.

Portée : L'effectif de la population par sexe, le taux d'accroissement de la population, la superficie et la densité de population sont indiqués pour 227 pays ou zones ayant une population de 50 habitants au moins.

Tableau 4

Le Tableau 4 présente, pour chaque pays ou zone du monde, des statistiques de base de l'état civil comprenant, dans l'ordre, les naissances vivantes, le taux brut de natalité, les décès, le taux brut de mortalité et le taux d'accroissement naturel de la population, les décès d'enfants de moins d'un an et le taux de mortalité infantile et l'espérance de vie à la naissance par sexe. En outre, l'indice synthetique de fécondité et les marriages, le taux brut de nuptialité, les divorces et le taux brut de divortialité sont indiqué.

Description des variables : Les faits d'état civil utilisés aux fins du calcul des taux présentés dans ce tableau sont définis comme suit [24]:

La NAISSANCE VIVANTE est l'expulsion ou l'extraction complète du corps de la mère, indépendamment de la duré de la gestation, d'un produit de la conception qui, après cette séparation, respire ou manifeste tout autre signe de vie, tel que battement de coeur, pulsation du cordon ombilical ou contraction effective d'un muscle soumis à l'action de la volonté, que le cordon ombilical ait été coupé ou non et que le placenta soit ou non demeuré attaché; tout produit d'une telle naissance est considéré comme "enfant né vivant".

Le DECES est la disparition permanente de tout signe de vie à un moment quelconque postérieur à la naissance vivante (cessation des fonctions vitales après la naissance sans possibilité de réanimation). Cette définition ne comprend donc pas les morts foetales.

Il convient de préciser que les chiffres relatifs aux décès d'enfants de moins d'un an se rapportent aux naissances vivantes.

Expectation of life at birth is defined as the average number of years of life for males and females if they continued to be subject to the same mortality experienced in the year(s) to which these life expectancies refer.

The total fertility rate is the average number of children that would be born alive to a hypothetical cohort of women if, throughout their reproductive years, the age—specific fertility rates for the specified year remained unchanged.

MARRIAGE is the act, ceremony or process by which the legal relationship of husband and wife is constituted. The legality of the union may be established by civil, religious, or other means as recognized by the laws of each country.

DIVORCE is a final legal dissolution of a marriage, that is, that separation of husband and wife which confers on the parties the right to remarriage under civil, religious and/or other provisions, according to the laws of each country.

Crude birth rates and crude death rates presented in this table are calculated using the number of live births and the number of deaths obtained from civil registers. These civil registration data are used only if they are considered reliable (estimated completeness of 90 per cent or more). If, however, registered births or deaths for any given country or area are less than 90 per cent complete, then estimated rates are also presented. First priority is given to estimated rates provided by the individual countries or areas. If suitable official estimated rates are not available, or if rates are only available for years prior to 1980, then rates prepared by the Population Division of the United Nations Secretariat [25] are presented. It should be noted that in the case of some small countries or areas for which civil registration is estimated to be less than 90 per cent complete, and for which no estimated rates are available, rates calculated using these data are presented. These rates appear in italics.

Similarly, total fertility rates and infant mortality rates presented in this table are calculated using the number of live births and the number of infant deaths obtained from civil registers. If, however, the registration of births or infant deaths for any given country or area is estimated to be less than 90 per cent complete, then official estimated rates are presented when possible. If no suitable estimated total fertility rates or infant mortality rates are available, rates calculated using unreliable vital statistics are presented and are shown in italics. If available, total fertility rates and infant mortality rates estimated by the Population Division of the United Nations Secretariat [26] are presented in place of unreliable vital rates.

L'espérance de vie à la naissance est le nombre moyen d'années de vie que peuvent escompter les individus du sexe masculin et du sexe féminin s'ils continuent d'être soumis aux mêmes conditions de mortalité que celles qui existaient pendant les années auxquelles se rapportent les valeurs indiquées.

L'indice synthétique de fécondité représente le nombre moyen d'enfants que mettrait au monde une cohorte hypothétique de femmes qui seraient soumises, toute au long de leur vie, aux mêmes conditions de fécondité par âge que celles auxquelles sont soumises les femmes, dans chaque groupe d'âge, au cours d'une année ou d'une periode donnée.

Le MARIAGE est l'acte, la cérémonie ou la procédure qui établit un rapport légal entre mari et femme. L'union peut être rendue légale par une procédure civile ou religieuse, ou par toute autre procédure, conformément à la législation du pays.

Le DIVORCE est la dissolution légale et définitive des liens du mariage, c'est—à—dire la séparation de l'époux et de l'épouse qui confère aux parties le droit de se remarier civilement ou religieusement, ou selon toute autre procédure, conformément à la législation du pays.

Les taux bruts de natalité et de mortalité présentés ont été établis sur la base du nombre de naissances vivantes et du nombre de décès inscrits sur les registres de l'état civil. Ces données n'ont été utilisées que lorsqu'elles étaient considérées comme sûres (degré estimatif de complétude égal ou supérieur à 90 p. 100). Toutefois, lorsque les données d'enregistrement relatives aux naissances ou aux décès ne sont pas complètes à 90 p. 100 au moins pour un pays ou zone quelconque, on a fait figurer des taux estimatifs. La priorité est alors accordée aux taux estimatifs fournis par les pays ou zones concernés. A défaut de taux estimatifs officiels appropriés, ou au cas où les taux se rapportent à une anée avant 1980, on a fait figurer des taux estimatifs établis par la Division de la population du Secrétariat de l'ONU [25]. Il y a lieu de noter que, dans le cas de certains petits pays ou zones pour lesquels les données de l'état civil n'étaient pas considérées complètes à 90 p. 100 au moins et pour lesquels on ne disposait pas de taux estimatifs, on a fait figurer des taux établis à partir des données en cause. Ces taux sont indiqués en italique.

De même, les indices synthétiques de fécondité et les taux de mortalité infantile présentés dans ce tableau ont été établis à partir du nombre de naissances vivantes et du nombre de décès d'enfants de moins d'un an inscrits sur les registres de l'état civil. Toutefois, lorsque les données relatives aux naissances ou aux décès d'enfants de moins d'un an pour un pays ou zone quelconque n'étaient pas considérées complètes à 90 p. 100 au moins, on a fait figurer, chaque fois que possible, les taux estimatifs officiels. Lorsque des indices synthétiques estimatifs officiels appropriés ne sont pas disponibles, on a fait figurer en italique des indices établis à partir des statistiques de l'état civil jugées douteuses. A défaut de l'indice synthétique de fécondité et de taux de mortalité infantile estimatifs officiels appropriés, on a fait figurer des taux estimatifs établis par la Division de la population de l'ONU [26].

The expectation—of—life values are those provided by the various national statistical offices. If official data are not available or if data are only available for years prior to 1980, then estimates of these values prepared by the United Nations Secretariat [27] are included. These are indicated by footnote.

Marriage and divorce rates presented in this table are calculated using data from civil registers of marriage and statistics obtained from court registers and/or civil registers of divorce according to national practice, respectively.

Rate computation: The crude birth, death, marriage and divorce rates are the annual number of each of these vital events per 1 000 mid—year population.

Total fertility rates are the sum of age—specific fertility rates. The standard method of calculating the total fertility rate is the sum the age—specific fertility rates. However, if the rates used are fertility rates for 5—year age groups, they must be multiplied by 5. The total fertility rates have been calculated by the Statistical Office of the United Nations unless otherwise noted. When the basic official data with which to calculate these rates have not been available, estimates prepared by the Population Division of the United Nations Secretariat [28] have been included; these are indicated by footnotes.

Infant mortality rates are the annual number of deaths of infants under one year of age per 1 000 live births (as shown in table 20) in the same year.

Rates of natural increase are the difference between the crude birth rate and the crude death rate. It should be noted that the rates of natural increase presented here may differ from the population growth rates presented in table 3 as rates of natural increase do not take net international migration into account while population growth rates do.

Rates which appear in this table have been calculated by the Statistical Division of the United Nations unless otherwise noted. The exceptions include official estimated rates, many of which were based on sample surveys, and rates estimated by the Population Division of the United Nations Secretariat.

Rates calculated by the Statistical Division of the United Nations presented in this table have not been limited to those countries or areas having a minimum number of events in a given year. However, rates based on 30 or fewer live births, infant deaths, marriages or divorces are identified by the symbol (◆).

Reliability of data: Rates calculated on the basis of registered vital statistics which are considered unreliable (estimated to be less than 90 per cent complete) appear in italics. Estimated rates, either those prepared by the individual countries or areas or those prepared by the Population Division of the United Nations Secretariat, have been presented whenever possible in place of rates calculated using unreliable vital statistics.

Les valeurs de l'espérance de vie ont été fournies par les divers services nationaux de statistique. Toutefois, lorsqu'on ne disposait pas de données officielles ou au cas où les taux données se rapportent à une année avant 1980, on a fait figurer des valeurs estimatives établies par le Secrétariat de l'ONU. Ces valeurs sont signalées en note [27].

Les taux de nuptialité et de divortialité présentés dans ce tableau ont été respectivement calculés à partir des données des registres de l'état civil pour les mariages et de statistiques fournies par les greffes des tribunaux ou les registres de l'état civil pour les divorces, selon la pratique des différents pays.

Calcul des taux : Les taux bruts de natalité, de mortalité, de nuptialité et de divortialité représentent le nombre annuel de chacun de ces faits d'état civil pour 1 000 habitants au milieu de l'année considérée.

Les indices synthétiques de fécondité sont les sommes des taux de fécondité par âge. La méthode standard de calculer l'indice synthétique de fécondité est l'addition des taux de fecondité par âge simple. Au cas où les taux sont des taux de fécondité par groupe d'âge quinquennale il faut les multipliés par 5. Sauf indication contraire, les indices synthétiques de fécondité ont été calculés par la Division de statistique del'ONU. Lorsqu'on ne disposait pas des données officielles de base nécessaires pour les calculer, on a fait figurer les chiffres estimatifs établis par la Division de la population du Secrétariat de l'ONU [28]. Quand tel était le cas, on l'a signalé en note au bas du tableau.

Les taux de mortalité infantile représentent le nombre annuel de décès d'enfants de moins d'un an pour 1 000 naissances vivantes (fréquences du tableau 20) survenues pendant la même année.

Le taux d'accroissement naturel est égal à la différence entre le taux brut de natalité et le taux brut de mortalité. Il y a lieu de noter que les taux d'accroissement naturel indiqués dans ce tableau peuvent différer des taux d'accroissement de la population figurant dans le tableau 3, les taux d'accroissement naturel ne tenant pas compte des taux nets de migration internationale, alors que ceux—ci sont inclus dans les taux d'accroissement de la population.

Sauf indication contraire, les taux figurant dans ce tableau ont été calculés par la Division de statistique de l'ONU. Les exceptions comprennent les taux estimatifs officiels, dont bon nombre ont été établis sur la base d'enquêtes par sondage et les taux estimatifs établis par la Division de la population du Secrétariat de l'ONU.

Les taux calculés par la Division de statistique de l'ONU qui sont présentés dans ce tableau ne se rapportent pas aux seuls pays ou zones où l'on a enregistré un certain nombre minimal d'événements au cours d'une année donnée. Toutefois, les taux qui sont fondés sur 30 naissances vivantes ou moins, décès d'enfants de moins d'un an, décès, mariages ou divorces, sont indentifiés par le signe (◆).

Fiabilité des données : Les taux établis sur la base des statistiques de l'état civil enregistrées qui sont jugées douteuses (degré estimatif de complétude inférieur à 90 p. 100) sont indiqués en italique. Chaque fois que possible, à la place de taux établis sur la base de statistiques de l'état civil jugées douteuses, on a fait figurer des taux estimatifs établis par les pays ou zones concernés ou par la Division de la population du Secrétariat de l'ONU.

The designation of vital statistics as being either reliable or unreliable is discussed in general in section 4.2 of the Technical Notes. The Technical Notes for tables 9, 15, 18, 23 and 25 provide specific information on reliability of statistics on live births, infant deaths, deaths, marriages and divorces, respectively.

Rates of natural increase which were calculated using crude birth rates and crude death rates considered unreliable, as described above, are set in italics rather than roman type.

Since the expectation—of—life values shown in this table come either from official life tables or from estimates prepared at the United Nations Secretariat, they are all considered to be reliable.

Limitations: Statistics on marriages, divorces, births, deaths and infant deaths are subject to the same qualifications as have been set forth for vital statistics in general in section 4 of the Technical Notes and in the Technical Notes for individual tables presenting detailed data on these events (table 9, live births; table 15, infant deaths; table 18, deaths; table 23, marriages and table 25, divorces.

In assessing comparability it is important to take into account the reliability of the data used to calculate these rates, as discussed above.

It should be noted that the crude rates are particularly affected by the age—sex structure of the population. Infant mortality rates, and to a much lesser extent crude birth rates and crude death rates, are affected by the variation in the definition of a live birth and tabulation procedures.

Because this table presents data for the latest available year, reference dates vary from one country or area to another. It should also be noted that the reference date within a given country or area may not be the same for all the rates presented. These factors should be kept in mind when making comparisons.

Also, because this table presents data in a summary form, symbols which appear in other tables are not presented here due to lack of space. Provisional data are not so indicated, and rates based on vital events which are tabulated on the basis of date of registration; rather than date of occurrence, are not so designated. For information on these aspects, the reader should consult the more detailed vital statistics tables in this Yearbook.

Coverage: Vital statistics rates, natural increase rates and expectation of life are shown for 217 countries or areas.

Data for ethnic or geographical segments of the population are included in the absence of national figures. These data are not presented as representative of national—level statistics but as an index of the availability of statistics

Le classement des statistiques de l'état civil en tant que sûres ou douteuses est présenté sur le plan général à la section 4.2 des Notes techniques. Les Notes techniques relatives aux tableaux 9, 15, 18, 23 et 25 donnent respectivement des indications spécifiques sur la fiabilité des statistiques des naissances vivantes, des décès d'enfants de moins d'un an, des décès, des mariages et des divorces.

Les taux d'accroissement naturel calculés à partir de taux bruts de natalité et de taux bruts de mortalité jugés douteux d'après les normes mentionnées plus haut sont indiqués en italique plutôt qu'en caractères romains.

Etant donné que les valeurs de l'espérance de vie figurant dans ce tableau proviennent soit de tables officielles de mortalité, soit d'estimations établies par le Secrétariat de l'ONU, elles sont toutes présumées sûres.

Insuffisance des données : Les statistiques des mariages, divorces, naissances, décès et décès d'enfants de moins d'un an appellent toutes les réserves qui ont été faites à propos des statistiques de l'état civil en général à la section 4 des Notes techniques et dans les Notes techniques relatives aux différents tableaux présentant des données détaillées sur ces événements (tableau 9, naissances vivantes; tableau 15, décès d'enfants de moins d'un an; tableau 18, décès, tableau 23, mariages et tableau 25, divorces. naissances vivantes).

Pour évaluer la comparabilité des divers taux, il importe de tenir compte de la fiabilité des données utilisées pour calculer ces taux, comme il a été indiqué précédemment.

Il y a lieu de noter que la structure par âge et par sexe de la population influe de façon particulière sur les taux bruts. Le manque d'uniformité dans la définition des naissances vivantes et dans les procédures de mise en tableaux influe sur les taux de mortalité infantile et, à moindre degré, sur les taux bruts de natalité et les taux bruts de mortalité.

Les données présentées dans ce tableau correspondant à la dernière année pour laquelle on possède des renseignements, les dates de référence varient d'un pays ou d'une zone à l'autre. Il y a lieu de noter également que la date de référence dans tel ou tel pays ou zone peut ne pas être la même pour tous les taux présentés. Ces facteurs doivent être présents à l'esprit lorsqu'on fait des comparaisons.

De même, comme ce tableau présente des données sous forme résumée, on a omis, en raison du manque de place, les symboles qui apparaissent dans d'autres tableaux. Les données provisoires ne sont pas signalées comme telles, pas plus que les taux établis à partir de faits d'état civil mis en tableaux sur la base de leur date d'enregistrement et non de la date à laquelle ils sont survenus. Pour de plus amples renseignements sur ces aspects, le lecteur est invité à se reporter aux tableaux de statistiques de l'état civil de caractère plus détaillé qui figurent dans le présent Annuaire.

Portée :Les taux démographiques, les taux d'accroissement naturel et les valeurs de l'espérance de vie sont indiqués pour 217 pays ou zones.

Lorsqu'il n'existait pas de chiffres nationaux, on a fait figurer des chiffres portant sur des groupes ethniques ou géographiques. Ces données ne se veulent pas représentatives sur le plan national et ne sont présentées que comme indice des statistiques disponibles.

Table 5

Table 5 presents estimates of mid–year population for as many years as possible between 1982 and 1991.

Description of variables: Mid–year population estimates refer to the de facto population on 1 July.

Unless otherwise indicated, all estimates relate to the population within present geographical boundaries. Major exceptions to this principle have been explained in footnotes. On the other hand, the disposition of certain major segments of population (such as armed forces) has been indicated, even though this disposition does not strictly constitute disagreement with the standard.

In some cases the mid–year population has been calculated by the Statistical Division of the United Nations as the mean of two year–end official estimates. Mid–year estimates, calculated in this manner, are assumed to be sufficiently similar to official estimates for the population on 1 July; they, therefore, have not been footnoted.

Mid–year estimates of the total population are those provided by national statistical offices, unless otherwise indicated. As needed, these estimates are supplemented by mid–year population estimates prepared by the Population Division of the United Nations Secretariat [29] when, for example, official mid–year estimates of the total population are either not available or have not been revised to take into account the results of a recent population census sample survey. The United Nations Secretariat estimates are identified with a superscript (x) and are based on data available in 1988 including census and survey results, taking into account the reliability of available base data as well as available fertility, mortality, and migration data.

The policy of using United Nations Secretariat estimates is designed to produce comparable mid–year estimates for population for the period 1982 to 1991 which are in accord with census and survey results shown in table 3. Unrevised official estimates as well as results of censuses or surveys and estimates for dates other than the mid–year have been eliminated in favour of the United Nations Secretariat consistent mid–year estimates.

All figures are presented in thousands. The data have been rounded by the Statistical Office of the United Nations.

Reliability of data: Population estimates are considered to be reliable or less reliable on the basis of the quality code for the 1990 estimates shown in table 3. In brief, reliable mid–year population estimates are those which are based on a complete census (or on a sample survey) and have been adjusted by a continuous population register or adjusted on the basis of the calculated balance of births, deaths and migration. Reliable mid–year estimates appear in roman type. Mid–year estimates which are not calculated on this basis are considered less reliable and are shown in italics. Estimates for years prior to 1991 are considered reliable or less reliable on the basis of the 1991 quality code and appear in roman type or in italics accordingly.

Tableau 5

Le tableau 5 présente des estimations de la population en milieu d'année pour le plus grand nombre possible d'années entre 1982 et 1991.

Description des variables : Les estimations de la population en milieu d'année sont celles de la population de fait au 1er juillet.

Sauf indication contraire, toutes les estimations se rapportent à la population présente sur le territoire actuel des pays ou zones considérés. Les principales exceptions à cette règle sont expliquées en note. On a aussi indiqué le traitement de certains groupes importants (tels que les militaires), même si ce traitement ne constitue pas à proprement parler une exception à la règle.

Dans certains cas, la Division de statistique de l'ONU a évalué la population en milieu d'année en faisant la moyenne des estimations officielles portant sur la fin de deux années successives. Les estimations en milieu d'année ainsi établies sont jugées suffisamment proches des estimations officielles de la population au 1er juillet pour ne pas avoir à faire l'objet d'une note.

Sauf indication contraire, les estimations de la population totale en milieu d'année sont celles qui ont été communiquées par les services nationaux de statistique. On les a complétées le cas échéant par des estimations de la population en milieu d'année établies par la Division de la population du Secrétariat de l'ONU [29], par exemple lorsqu'on ne possédait pas d'estimations officielles de la population totale en milieu d'année ou lorsque celles dont on disposait n'avaient pas été rectifiées en tenant compte des résultats d'un récent recensement ou enquête par sondage. Les estimations établies par le Secrétariat de l'ONU qui sont précédées du signe (x) sont fondées sur les données disponibles en 1988, y compris les résultats de recensements ou d'enquêtes et compte tenu de la fiabilité des données de base ainsi que des données de fécondité, de mortalité et de migration disponibles.

L'utilisation d'estimations établies par le Secrétariat de l'ONU a pour objet d'obtenir, pour la période allant de 1982 à 1991, des estimations de la population en milieu d'année qui se prêtent à la comparaison et qui soient compatibles avec les résultats de recensements ou d'enquêtes qui figurent au tableau 3. On a renoncé aux estimations officielles non rectifiées ainsi qu'aux résultats de recensements ou d'enquêtes et aux estimations se rapportant à des dates autres que le milieu de l'année, pour leur substituer les estimations établies de façon homogène pour le milieu de l'année par le Secrétariat de l'ONU.

Tous les chiffres sont exprimés en milles. Les données ont été arrondies par la Division de statistique de l'ONU.

Fiabilité des données : Les estimations de la population sont considérées comme sûres ou moins sûres en fonction du codage qualitatif des estimations de 1990 figurant au tableau 3. En résumé, sont sûres les estimations de la population en milieu d'année qui sont fondées sur un recensement complet (ou sur une enquête par sondage) et qui ont été ajustées en fonction des données fournies par un registre de population permanent ou en fonction de la résultante calculée des naissances, décès et migrations. Les estimations en milieu d'année sont considérées comme sûres et apparaissent en caractères romains. Les estimations en milieu d'année dont le calcul n'a pas été effectué sur cette base sont considérées comme moins sûres et apparaissent en italique. Les estimations relatives aux années antérieures à 1991 sont jugées sûres ou moins sûres en fonction du codage qualitatif de 1991 et indiquées, selon le cas, en caractères romains ou en italique.

Limitations: Statistics on estimates of the mid—year total population are subject to the same qualifications as have been set forth for population statistics in general in section 3 of the Technical Notes.

A most important limitation affecting mid—year population estimates is the variety of ways in which they have been prepared. The quality code for the 1991 estimates, presented in table 3, and the Technical Notes for table 3 deal with the subject in detail. In brief, these estimates are affected by the accuracy and recency of the census, if any, on which estimates are based and by the method of time adjustment. However, the policy of replacing out—of—line estimates and scattered census results by an internally consistent series of mid—year estimates constructed by the Population Division of the United Nations Secretariat should increase comparability.

Because the reliability of the population estimates for any given country or area is based on the quality code for the 1991 estimate, the reliability of estimates prior to 1991 may be overstated.

The mid—year estimates prepared by the Population Division of the United Nations Secretariat, used to supplement official data in this table, have the advantage of being prepared by a consistent methodology. However, it is very important to note that, among countries or areas, the actual amount of data and the quality of those data upon which the estimates were based vary considerably.

International comparability of mid—year population estimates is also affected because some of these estimates refer to the de jure, and not the de facto, population. Individual cases, when known, are footnoted. The difference between the de facto and the de jure population is discussed at length in section 3.1.1 of the Technical Notes.

Coverage: Estimates of the mid—year population are shown for 224 countries or areas, with a population of 1 000 or more.

Data for ethnic or geographical segments of the population are included in the absence of national figures. These data are not presented as representative of national—level statistics but as an index of the availability of statistics.

Earlier data: Estimates of mid—year population have been shown in previous issues of the Demographic Yearbook. For information on specific years covered, readers should consult the Index.

Insuffisance des données : Les statistiques concernant les estimations de la population totale en milieu d'année appellent toutes les réserves qui ont été faites à la section 3 des Notes techniques à propos des statistiques de la population en général.

Les estimations de la population en milieu d'année appellent aussi une réserve très importante en ce qui concerne la diversité des méthodes employées pour les établir. Le codage qualitatif des estimations de 1991 figurant dans le tableau 3 et les Notes techniques relatives au même tableau éclairent cette question en détail. En résumé, la qualité de ces estimations dépend de l'exactitude et du caractère plus ou moins récent des résultats de recensement sur lesquels elles reposent éventuellement et de la méthode d'ajustement chronologique employée. Quoi qu'il en soit, la méthode consistant à remplacer les estimations divergentes et les données de recensement fragmentaires par des séries cohérentes d'estimations en milieu d'année établies par la Division de la population du Secrétariat des Nations Unies devrait assurer une meilleure comparabilité.

La fiabilité des estimations de la population d'un pays ou zone quelconque reposant sur le codage qualitatif des estimations de 1991, il se peut que la fiabilité des estimations antérieures à 1991 soit surévaluée.

Les estimations en milieu d'année, établies par la Division de la population du Secrétariat de l'ONU, utilisées pour suppléer les données officielles aux fins de ce tableau, ont l'avantage d'avoir été effectuées selon une méthodologie homogène. Il importe cependant de noter que le volume de données effectivement disponibles et la qualité de celles à partir desquelles les estimations ont été établies varient considérablement d'un pays ou d'une région à l'autre.

La comparabilité internationale des estimations de la population en milieu d'année se ressent également du fait que certaines de ces estimations se réfèrent à la population de droit et non à la population de fait. Les cas de ce genre, lorsqu'ils étaient connus, ont été signalés en note. La différence entre la population de fait et la population de droit est expliquée en détail à la section 3.1.1 des Notes techniques.

Portée : Des estimations de la population en milieu d'année sont présentées pour 224 pays ou zones ayant une population de 1 000 habitants ou plus.

Lorsqu'il n'existait pas de chiffres nationaux, on a fait figurer des chiffres portant sur des groupes ethniques ou géographiques. Ces données ne se veulent pas représentatives sur le plan national et ne sont présentées que comme indice des statistiques disponibles.

Données publiées antérieurement : Des estimations de la population en milieu d'année ont été publiées dans des éditions antérieures de l'Annuaire démographique. Pour plus de précisions concernant les années pour lesquelles ces données ont été publiées, se reporter à l'Index.

Table 6

Table 6 presents urban and total population by sex for as many years as possible between 1982 and 1991.

Tableau 6

Le tableau 6 présente des données sur la population urbaine et la population totale selon le sexe pour le plus grand nombre possible d'années entre 1982 et 1991.

Description of variables: Data are from nation–wide population censuses or are estimates, some of which are based on sample surveys of population carried out among all segments of the population. The results of censuses are identified by a (C) following the date in the stub; sample surveys are further identified by footnotes; other data are generally estimates.

Data refer to the de facto population; exceptions are footnoted.

Estimates of urban population presented in this table have been limited to countries or areas for which estimates have been based on the results of a sample survey or have been constructed by the component method from the results of a population census or sample survey. Distributions which result when the estimated total population is distributed by urban/rural residence according to percentages in each group at the time of a census or sample survey are not acceptable and they have not been included in this table.

Urban is defined according to the national census definition. The definition for each country is set forth at the end of this table.

Percentage computation: Percentages urban are the number of persons defined as "urban" per 100 total population.

Reliability of data: Estimates which are believed to be less reliable are set in italics rather than in roman type. Classification in terms of reliability is based on the method of construction of the total population estimate as shown in table 3 and discussed in the Technical Notes for that table.

Limitations: Statistics on urban population by sex are subject to the same qualifications as have been set forth for population statistics in general, as discussed in section 3 of the Technical Notes.

The basic limitations imposed by variations in the definition of the total population and in the degree of under–enumeration are perhaps more important in relation to urban/rural than to any other distributions. The classification by urban and rural is affected by variations in defining usual residence for purposes of sub–national tabulations. Likewise, the geographical differentials in the degree of under–enumeration in censuses affect the comparability of these categories throughout the table.

The distinction between de facto and de jure population is also very important with respect to urban/rural distributions. The difference between the de facto and the de jure population is discussed at length in section 3.1.1 of the Technical Notes.

A most important and specific limitation, however, lies in the national differences in the definition of urban. Because the distinction between urban and rural areas is made in so many different ways, the definitions have been included at the end of this table. The definitions are necessarily brief and, where the classification as urban involves administrative civil divisions, they are often given in the terminology of the particular country or area. As a result of variations in terminology, it may appear that differences between countries or areas are greater than they actually are. On the other hand, similar or identical terms (for example, town, village, district) as used in different countries or areas may have quite different meanings.

Description des variables : Les données sont tirées de recensements de la population ou sont des estimations fondées, dans certains cas, sur des enquêtes par sondage portant sur tous les secteurs de la population. Les résultats de recensement sont indiqués par la lettre (C) placée après la date dans la colonne de gauche du tableau; les enquêtes par sondage sont en outre signalées en note; toutes les autres données sont en général des estimations.

Les données se rapportent à la population de fait; les exceptions étant signalées en note.

Les estimations de la population urbaine qui figurent dans ce tableau ne concernent que les pays ou zones pour lesquels les estimations se fondent sur les résultats d'une enquête par sondage ou ont été établies par la méthode des composantes à partir des résultats d'un recensement de la population ou d'une enquête par sondage. Les répartitions selon la résidence (urbaine/rurale) obtenues en appliquant à l'estimation de la population totale les pourcentages enregistrés pour chaque groupe lors d'un recensement ou d'une enquête par sondage ne sont pas acceptables et n'ont pas été reproduites dans ce tableau.

Le sens donné au terme "urbain" est censé être conforme aux définitions utilisées dans les recensements nationaux. La définition pour chaque pays figure à la fin du tableau.

Calcul des pourcentages : Les pourcentages urbains représentent le nombre de personnes définies comme vivant dans des "régions urbaines" pour 100 personnes de la population totale.

Fiabilité des données : Les estimations considérées comme moins sûres sont indiquées en italique plutôt qu'en caractères romains. Le classement du point de vue de la fiabilité est fondé sur la méthode utilisée pour établir l'estimation de la population totale qui figure dans le tableau 3 (voir explications dans les Notes techniques relatives à ce même tableau).

Insuffisance des données : Les statistiques de la population urbaine selon le sexe appellent toutes les réserves qui ont été faites à la section 3 des Notes techniques à propos des statistiques de la population en général.

Les limitations fondamentales imposées par les variations de la définition de la population totale et par les lacunes du recensement se font peut–être sentir davantage dans la répartition de la population en urbaine et rurale que dans sa répartition suivant toute autre caractéristique. C'est ainsi que la classification en population urbaine ou population rurale est affectée par des différences de définition de la résidence habituelle utilisée pour l'exploitation des données à l'échelon sous–national. Pareillement, les différences de degré de sous–dénombrement suivant la zone géographique, à l'occasion des recensements, influent sur la comparabilité de ces deux catégories dans l'ensemble du tableau.

La distinction entre population de fait et population de droit est également très importante du point de vue de la répartition de la population en urbaine et rurale. Cette distinction est expliquée en détail à la section 3.1.1 des Notes techniques.

Toutefois, la difficulté la plus caractérisée provient du fait que les pays ou zones ne sont pas d'accord sur la définition du terme urbain. La distinction entre les régions urbaines et les régions rurales varie tellement que les définitions utilisées ont été reproduites à la fin de ce tableau. Les définitions sont forcément brèves et, lorsque le classement en "zone urbaine" repose sur des divisions administratives, on a souvent identifié celles–ci par le nom qu'elles portent dans le pays ou zone considéré. Par suite des variations dans la terminologie, les différences entre pays ou zones peuvent sembler plus grandes qu'elles ne le sont réellement. Mais il se peut aussi que des termes similaires ou identiques, tels que ville, village ou district, aient des significations très différentes suivant les pays ou zones.

It will be seen from an examination of the definitions that they fall roughly into three major types: (1) classification of certain size localities as urban; (2) classification of administrative centres of minor civil divisions as urban and the remainder of the division as rural; and (3) classification of minor civil divisions on a chosen criterion which may include type of local government, number of inhabitants or proportion of population engaged in agriculture.

Places with as few as 400 inhabitants are considered urban in Albania, while in Austria the lower limit is 5 000 persons. In Bulgaria, urban refers to localities legally established as urban regardless of size; in Israel, it implies predominantly non–agricultural centres; in Sweden, it is built–up areas with less than 200 metres between houses. The lack of strict comparability is immediately apparent.

The designation of areas as urban or rural is so closely bound up with historical, political, cultural, and administrative considerations that the process of developing uniform definitions and procedures moves very slowly. Not only do the definitions differ one from the other, but, in fact, they may no longer reflect the original intention of distinguishing urban from rural. The criteria once established on the basis of administrative subdivisions (as most of these are) become fixed and resistant to change. For this reason, comparisons of time–series data may be severely affected because the definitions used become outdated. Special care must be taken in comparing data from censuses with those from sample surveys because the definitions of urban used may differ.

Despite their shortcomings, however, statistics of urban and rural population are useful in describing the diversity within the population of a country or area. The definition of urban/rural areas is based on both qualitative and quantitative criteria that may include any combination of the following: size of population, population density, distance between built–up areas, predominant type of economic activity, conformity to legal or administrative status and urban characteristics such as specific services and facilities. [30] Although statistics classified by urban/rural areas are widely available, no international standard definition appears to be possible at this time since the meaning differs from one country or area to another. The urban/rural classification of population used here is reported according to the national definition, as indicated in a footnote to this table and described in detail in the Technical Notes for table 2 of the Historical Supplement. [31] Thus, the differences between urban and rural characteristics of the population, though not precisely measured, will tend to be reflected in the statistics.

Coverage: Urban and total population by sex are shown for 107 countries or areas.

Data for ethnic or geographical segments of the population are included in the absence of national figures. These data are not presented as representative of national–level statistics but as an index of the availability of statistics.

On constatera, en examinant les définitions adoptées par les différents pays ou zones, qu'elles peuvent être ramenées à trois types principaux : 1) classification des localités de certaines dimensions comme urbaines; 2) classification des centres administratifs de petites circonscriptions administratives comme urbains, le reste de la circonscription étant considéré comme rural; 3) classification des petites divisions administratives selon un critère déterminé, qui peut être soit le type d'administration locale, soit le nombre d'habitants, soit le pourcentage de la population exerçant une activité agricole.

Sont considérées comme urbaines en Albanie des localités de 400 habitants à peine, alors qu'en Autriche les agglomérations ne sont reconnues comme telles que lorsque leur population atteint 5 000 personnes au moins. En Bulgarie, les localités urbaines sont celles qui possèdent juridiquement le statut urbain, quelle que soit l'importance de leur population; en Israël, les centres urbains sont ceux de caractère essentiellement non agricole; en Suède, ce sont les zones bâties où les maisons sont espacées de moins de 200 mètres. Le manque de comparabilité apparaît immédiatement.

La distinction entre régions urbaines et régions rurales est si étroitement liée à des considérations d'ordre historique, politique, culturel et administratif que l'on ne peut progresser que très lentement vers des définitions et des méthodes uniformes. Non seulement les définitions sont différentes les unes des autres, mais on n'y retrouve parfois même plus l'intention originale de distinguer les régions rurales des régions urbaines. Lorsque la classification est fondée, en particulier, sur le critère des circonscriptions administratives (comme la plupart le sont), elle a tendance à devenir rigide avec le temps et à décourager toute modification. Pour cette raison, la comparaison des données appartenant à des séries chronologiques risque d'être gravement faussée du fait que les définitions employées sont désormais périmées. Il faut être particulièrement prudent lorsqu'on compare des données de recensements avec des données d'enquêtes par sondage, car il se peut que les définitions du terme urbain auxquelles ces données se réfèrent respectivement soient différentes.

Malgré leurs insuffisances, les statistiques urbaines et rurales permettent de mettre en évidence la diversité de la population d'un pays ou d'une zone. La distinction urbaine/rurale repose sur une série de critères qualitatifs aussi bien que quantitatifs, dont, en combinaisons variables: effectif de la population, densité de peuplement, distance entre îlots d'habitations, type prédominant d'activité économique, statut juridique ou administratif, et caractéristiques d'une agglomération urbaine, c'est–à–dire services publics et équipements collectifs [30]. Bien que les statistiques différenciant les zones urbaines des zones rurales soient très généralisées, il ne paraît pas possible pour le moment d'adopter une classification internationale type de ces zones, vu la diversité des interprétations nationales. La classification de la population en urbaine ou rurale retenue ici est celle qui correspond aux définitions nationales, comme l'indique une note au tableau, et selon le détail exposé dans les Notes techniques au tableau 2 du Supplément rétrospectif [31]. On peut donc dire que si les contrastes entre la population rurale et la population urbaine ne sont pas mesurés de façon précise ils se reflètent néanmoins dans les statistiques.

Portée : Des statistiques de la population urbaine et de la population totale selon le sexe sont présentées pour 107 pays ou zones.

Lorsqu'il n'existait pas de chiffres nationaux. on a fait figurer des chiffres portant sur des groupes ethniques ou géographiques. Ces données ne se veulent pas représentatives sur le plan national et ne sont présentées que comme indice des statistiques disponibles.

Table 7

Table 7 presents population by age, sex and urban/rural residence for the latest available year between 1982 and 1991.

Description of variables: Data in this table either are from population censuses or are estimates some of which are based on sample surveys. Data refer to the de facto population unless otherwise noted.

The reference date of the census or estimate appears in the stub of the table. The results of censuses are identified by a "(C)" following the date. In general, the estimates refer to mid—year (1 July).

Age is defined as age at last birthday, that is, the difference between the date of birth and the reference date of the age distribution expressed in completed solar years. The age classification used in this table is the following: under 1 year, 1–4 years, 5–year groups through 80–84 years, and 85 years and over and age unknown.

The urban/rural classification of population by age and sex is that provided by each country or area; it is presumed to be based on the national census definitions of urban population that have been set forth at the end of table 6.

Estimates of population by age and sex presented in this table have been limited to countries or areas for which estimates have been based on the results of a sample survey or have been constructed by the component method from the results of a population census or sample survey. Distributions which result when the estimated total population is distributed by age and sex according to percentages in each age—sex group at the time of a census or sample survey are not acceptable, and they have not been included in this table.

Reliability of data: Estimates which are believed to be less reliable are set in italics rather than in roman type. Classification in terms of reliability is based on the method of construction of the total population estimate as shown in table 3 and discussed in the Technical Notes for that table. No attempt has been made to take account of age—reporting accuracy, the evaluation of which has been described in section 3.1.3 of the Technical Notes.

Tableau 7

Le tableau 7 présente des données sur la population selon l'âge, le sexe et la résidence (urbaine/rurale) pour la dernière année disponible entre 1982 et 1991.

Description des variables : Les données de ce tableau sont tirées de recensements de la population, ou bien sont des estimations fondées, dans certains cas, sur des enquêtes par sondage. Sauf indication contraire, elles se rapportent à la population de fait.

La date de référence du recensement ou de l'estimation figure dans la colonne de gauche du tableau. Les données de recensement sont identifiées par la lettre "C" placée après la date. En général, les estimations se rapportent au milieu de l'année (1er juillet).

L'âge désigne l'âge au dernier anniversaire, c'est-à-dire la différence entre la date de naissance et la date de référence de la répartition par âge exprimée en années solaires révolues. La classification par âge utilisée dans ce tableau est la suivante : moins d'un an, 1 à 4 ans, groupes quinquennaux jusqu'à 80 à 84 ans, 85 ans et plus et une catégorie âge inconnu.

La classification par zones urbaines et rurales de la population selon l'âge et le sexe est celle qui est fournie par chaque pays ou zone; cette classification est présumée fondée sur les définitions utilisées dans les recensements nationaux de la population urbaine, qui sont reproduites à la fin du tableau 6.

Les estimations de la population selon l'âge et le sexe qui figurent dans ce tableau ne concernent que les pays ou zones pour lesquels les estimations se fondent sur les résultats d'une enquête par sondage ou ont été établies par la méthode des composantes à partir des résultats d'un recensement de la population ou d'une enquête par sondage. Les répartitions par âge et par sexe obtenues en appliquant à l'estimation de la population totale les pourcentages enregistrés pour les divers groupes d'âge pour chaque sexe lors d'un recensement ou d'une enquête par sondage ne sont pas acceptables et n'ont pas été reproduites dans ce tableau.

Fiabilité des données : Les estimations considérées comme moins sûres sont indiquées en italique plutôt qu'en caractères romains. Le classement du point de vue de la fiabilité est fondé sur la méthode utilisée pour établir l'estimation de la population totale qui figure dans le tableau 3 (voir explications dans les Notes techniques relatives à ce même tableau). On n'a pas tenu compte des inexactitudes dans les déclarations d'âge, dont la méthode d'évaluation est exposée à la section 3.1.3 des Notes techniques.

Limitations: Statistics on population by age and sex are subject to the same qualifications as have been set forth for population statistics in general and age distributions in particular, as discussed in sections 3 and 3.1.3, respectively, of the Technical Notes.

Comparability of population data classified by age and sex is limited in the first place by variations in the definition of total population, discussed in detail in section 3 of the Technical Notes, and by the accuracy of the original enumeration. Both of these factors are more important in relation to certain age groups than to others. For example, under-enumeration is known to be more prevalent among infants and young children than among older persons. Similarly, the exclusion from the total population of certain groups which tend to be of selected ages (such as the armed forces) can markedly affect the age structure and its comparability with that for other countries or areas. Consideration should be given to the implications of these basic limitations in using the data.

In addition to these general qualifications are the special problems of comparability which arise in relation to age statistics in particular. Age distributions of population are known to suffer from certain deficiencies which have their origin in irregularities in age reporting. Although some of the irregularities tend to be obscured or eliminated when data are tabulated in five-year age groups rather than by single years, precision still continues to be affected, though the degree of distortion is not always readily seen. [32]

Another factor limiting comparability is the age classification employed by the various countries or areas. Age may be based on the year of birth rather than the age at last birthday, in other words, calculated using the day, month and year of birth. Distributions based on the year of birth only are footnoted when known.

The absence of frequencies in the unknown age group does not necessarily indicate completely accurate reporting and tabulation of the age item. It is often an indication that the unknowns have been eliminated by assigning ages to them before tabulation, or by proportionate distribution after tabulation.

As noted in connection with table 5, intercensal estimates of total population are usually revised to accord with the results of a census of population if inexplicable discontinuities appear to exist. Postcensal age-sex distributions, however, are less likely to be revised in this way. When it is known that a total population estimate for a given year has been revised and the corresponding age distribution has not been, the age distribution is shown as provisional. Distributions of this type should be used with caution when studying trends over a period of years though their utility for studying age structure for the specified year is probably unimpaired.

Insuffisance des données : Les statistiques de la population selon l'âge et le sexe appellent les mêmes réserves que celles qui ont été respectivement formulées aux sections 3 et 3.1.3 des Notes techniques à l'égard des statistiques de la population en général et des répartitions par âge en particulier.

La comparabilité des statistiques de la population selon l'âge et le sexe est limitée en premier lieu par le manque d'uniformité dans la définition de la population totale (voir explications à la section 3 des Notes techniques) et par les lacunes des dénombrements. L'influence de ces deux facteurs varie selon les groupes d'âge. Ainsi, le dénombrement des enfants de moins d'un an et des jeunes enfants comporte souvent plus de lacunes que celui des personnes plus âgées. De même, l'exclusion du chiffre de la population totale de certains groupes de personnes appartenant souvent à des groupes d'âge déterminés, par exemple les militaires, peut influer sensiblement sur la structure par âge et sur la comparabilité des données avec celles d'autres pays ou zones. Il conviendra de tenir compte de ces facteurs fondamentaux lorsqu'on utilisera les données du tableau.

Outre ces difficultés d'ordre général, la comparabilité pose des problèmes particuliers lorsqu'il s'agit des données par âge. On sait que les répartitions de la population selon l'âge présentent certaines imperfections dues à l'inexactitude des déclarations d'âge. Certaines de ces anomalies ont tendance à s'estomper ou à disparaître lorsqu'on classe les données par groupes d'âge quinquennaux et non par années d'âge, mais une certaine imprécision demeure, même s'il n'est pas toujours facile de voir à quel point il y a distorsion [32].

Le degré de comparabilité dépend également de la classification par âge employée dans les divers pays ou zones. L'âge retenu peut être défini par date exacte (jour, mois et année) de naissance ou par celle du dernier anniversaire. Lorsqu'elles étaient connues, les répartitions établies seulement d'après l'année de la naissance ont été signalées en note à la fin du tableau.

Si aucun nombre ne figure dans la colonne réservée aux âges inconnus, cela ne signifie pas nécessairement que les déclarations d'âge et l'exploitation des données par âge aient été tout à fait exactes. C'est souvent une indication que l'on a attribué un âge aux personnes d'âge inconnu avant la mise en tableau ou que celles-ci ont été réparties proportionnellement entre les différents groupes après cette opération.

Comme on l'a indiqué à propos du tableau 5, les estimations intercensitaires de la population totale sont d'ordinaire rectifiées d'après les résultats des recensements de population si l'on constate des discontinuités inexplicables. Les données postcensitaires concernant la répartition de la population par âge et par sexe ont toutefois moins de chance d'être rectifiées de cette manière. Lorsqu'on savait qu'une estimation de la population totale pour une année donnée avait été rectifiée mais non la répartition par âge correspondante, cette dernière a été indiquée comme ayant un caractère provisoire. Les répartitions de ce type doivent être utilisées avec prudence lorsqu'on étudie les tendances sur un certain nombre d'années, quoique leur utilité pour l'étude de la structure par âge de la population pour l'année visée reste probablement entière.

The comparability of data by urban/rural residence is affected by the national definitions of urban and rural used in tabulating these data. When known, the definitions of urban used in national population censuses are presented at the end of table 6. As discussed in detail in the Technical Notes for table 6, these definitions vary considerably from one country or area to another.

Coverage: Population by age and sex is shown for 158 countries or areas. Of these distributions, 42 are census results, and 116 are other types of estimates.

Data are presented by urban/rural residence for 81 countries or areas.

Data for ethnic or geographical segments of the population are included in the absence of national figures. These data are not presented as representative of national–level statistics but as an index of the availability of statistics.

Earlier data: Population by age, sex and urban/rural residence has been shown in previous issues of the Demographic Yearbook. Data included in this table update the series for each available year since 1948 shown in table 3 of the Historical Supplement. In addition, the Population and Vital Statistics Report: 1984 Special Supplement presents population by age and sex for each census reported during the period 1965 and 1983. For information on additional years covered, readers should consult the Index. Data in machine–readable form: Data shown in this table are available in magnetic tape at a cost of US$150 for all available years as shown below:

Total	1948–1991
Urban/rural	1972–1991

Table 8

Table 8 presents population of capital cities and cities of 100 000 and more inhabitants for the latest available year.

Description of variables: Since the way in which cities are delimited differs from one country or area to another, efforts have been made to include in the table not only data for the so–called city proper but also those for the urban agglomeration, if such exists.

City proper is defined as a locality with legally fixed boundaries and an administratively recognized urban status which is usually characterized by some form of local government.

Urban agglomeration has been defined as comprising the city or town proper and also the suburban fringe or thickly settled territory lying outside of, but adjacent to, the city boundaries.

La comparabilité des données selon la résidence (urbaine/rurale) peut être limitée par les définitions nationales des termes "urbain" et "rural" utilisées pour la mise en tableaux de ces données. Les définitions du terme "urbain" utilisées pour les recensements nationaux de population ont été présentées à la fin du tableau 6 lorsqu'elles étaient connues. Comme on l'a précisé en détail dans les Notes techniques relatives au tableau 6, ces définitions varient très sensiblement d'un pays ou d'une zone à l'autre.

Portée : Des statistiques de la population selon l'âge et le sexe sont présentées pour 158 pays ou zones. De ces séries de données, 42 sont des résultats de recensement, et 116 sont des estimations postcensitaires.

La répartition selon la résidence (urbaine/rurale) et indiquée pour 81 pays ou zones.

Lorsqu'il n'existait pas de chiffres nationaux, on a fait figurer des chiffres portant sur des groupes ethniques ou géographiques. Ces données ne se veulent pas représentatives sur le plan national et ne sont présentées que comme indice des statistiques disponibles.

Données publiées antérieurement : Des statistiques de la population selon l'âge, le sexe et la résidence (urbaine/rurale) ont été présentées dans des éditions antérieures de l'Annuaire démographique. Les données présentées dans le tableau 7 mettent à jour les séries existant par année depuis 1948 et qui figurent au tableau 3 du Supplément rétrospectif. En plus, le Rapport de statistiques de la population et de l'état civil : Supplément spécial 1984 présente des données pour la population selon l'âge et le sexe pour chaque recensement entre 1965 et 1983. Les années additionnelles sont indiquées dans l'Index.
Données sur support magnétique: Il est possible de se procurer sur bande magnétique, moyennant de paiement d'une somme $150 les données dans ce tableau pour tous les années disponibles suivantes:

Total	1948–1991
Urbain/rural	1972–1991

Tableau 8

Le tableau 8 présente des données sur la population des capitales et des villes de 100 000 habitants et plus pour la dernière année disponible.

Description des variables : Etant donné que les villes ne sont pas délimitées de la même manière dans tous les pays ou zones, on s'est efforcé de donner, dans ce tableau, des chiffres correspondant non seulement aux villes proprement dites, mais aussi, le cas échéant, aux agglomérations urbaines.

On entend par villes proprement dites les localités qui ont des limites juridiquement définies et sont administrativement considérées comme villes, ce qui se caractérise généralement par l'existence d'une autorité locale.

L'agglomération urbaine comprend, par définition, la ville proprement dite ainsi que la proche banlieue, c'est–à–dire la zone fortement peuplée qui est extérieure, mais contiguë aux limites de la ville.

In addition, for some countries or areas, the data relate to entire administrative divisions known, for example, as shi or municipios which are composed of a populated centre and adjoining territory, some of which may contain other quite separate urban localities or be distinctively rural in character. For this group of countries or areas the type of civil division is given in a footnote, and the figures have been centred in the two columns as an indication that they refer to units which may extend beyond an integrated urban locality but which are not necessarily urban agglomerations.

Where possible the surface area of the city or urban agglomeration is shown at the end of the table.

City names are presented in the original language of the country or area in which the cities are located. In cases where the original names are not in the Roman alphabet, they have been romanized. Cities are listed in English alphabetical order.

Capital cities are shown in the table regardless of their population size. The names of the capital cities are printed in capital letters. The designation of any specific city as a capital city is done solely on the basis of the designation as reported by the country or area.

For other cities, the table covers those with a population of 100 000 and more. The 100 000 limit refers to the urban agglomeration, and not to the city proper, which may be smaller.

The reference date of each population figure appears in the stub of the table. Estimates are identified by an (E) following the date. Estimates based on results of sample surveys and city censuses as well as those derived from other sources are identified by footnote.

Reliability of data: Specific information is generally not available on the method of constructing population estimates on their reliability for cities or urban agglomerations presented in this table. Nevertheless, the principles used in determining the reliability of the data are the same as those used for the total population figures.

Data from population censuses, sample surveys and city censuses are considered to be reliable and, therefore, set in roman type. Other estimates are considered to be reliable or less reliable on the basis of the reliability of the 1990 estimate of the total mid–year population. The criteria for reliability are explained in detail in the Technical Notes for table 3 and in section 3.2.1 of the Technical Notes. In brief, mid–year population estimates are considered reliable if they are based on a complete census (or a sample survey), and have been adjusted by a continuous population register or adjusted on the basis of the calculated balance of births, deaths, and migration.

En outre, dans certains pays ou zones, les données se rapportent à des divisions administratives entières, connues par exemple sous le nom de shi ou de municipios, qui comportent une agglomération et le territoire avoisinant, lequel peut englober d'autres agglomérations urbaines tout à fait distinctes ou être de caractère essentiellement rural. Pour ce groupe de pays ou zones, le type de division administrative est indiqué en note, et les chiffres ont été centrés entre les deux colonnes, de manière à montrer qu'il s'agit d'unités pouvant s'étendre au–delà d'une localité urbaine intégrée sans constituer nécessairement pour autant une agglomération urbaine.

On trouvera à la fin du tableau la superficie de la ville ou agglomération urbaine chaque fois que possible.

Les noms des villes sont indiqués dans la langue du pays ou zone où ces villes sont situées. Les noms de villes qui ne sont pas à l'origine libellés en caractères latins ont été romanisés. Les villes sont énumérées dans l'ordre alphabétique anglais.

Les capitales figurent dans le tableau quel que soit le chiffre de leur population et leur nom a été imprimé en lettres majuscules. Ne sont indiquées comme capitales que les villes ainsi désignées par le pays ou zone intéressé.

En ce qui concerne les autres villes, le tableau indique celles dont la population est égale ou supérieure à 100 000 habitants. Ce chiffre limite s'applique à l'agglomération urbaine et non à la ville proprement dite, dont la population peut être moindre.

La date de référence du chiffre correspondant à chaque population figure dans la colonne de gauche du tableau. Les estimations sont indiquées par la lettre (E) placée après la date. Lorsqu'on savait que les estimations étaient fondées sur les résultats d'enquêtes par sondage ou de recensements municipaux ou étaient tirées d'autres sources, on l'a indiqué en note.

Fiabilité des données : On ne possède généralement pas de renseignements précis sur la méthode employée pour établir les estimations de la population des villes ou agglomérations urbaines présentées dans ce tableau ni sur la fiabilité de ces estimations. Toutefois, les critères utilisés pour déterminer la fiabilité des données sont les mêmes que ceux qui ont été appliqués pour les chiffres de la population totale.

Les données provenant de recensements de la population, d'enquêtes par sondage ou de recensements municipaux sont jugées sûres et figurent par conséquent en caractères romains. D'autres estimations sont considérées comme sûres ou moins sûres en fonction du degré de fiabilité attribué aux estimations de la population totale en milieu d'année pour 1990. Ces critères de fiabilité sont expliqués en détail dans les Notes techniques relatives au tableau 3, ainsi qu'à la section 3.2.1 des Notes techniques. En résumé, sont considérées comme sûres les estimations de la population en milieu d'année qui sont fondées sur un recensement complet (ou une enquête par sondage) et qui ont été ajustées en fonction des données fournies par un registre de population permanent ou en fonction de la balance, établie par le calcul des naissances, des décès et des migrations.

Limitations: Statistics on the population of capital cities and cities of 100 000 and more inhabitants are subject to the same qualifications as have been set forth for population statistics in general as discussed in section 3 of the Technical Notes.

International comparability of data on city population is limited to a great extent by variations in national concepts. Although an effort is made to reduce the sources of non–comparability somewhat by presenting the data in the table in terms of both city proper and urban agglomeration, many serious problems of comparability remain.

Data presented in the "city proper" column for some countries represent an urban administrative area legally distinguished from surrounding rural territory, while for other countries these data represent a commune or similar small administrative unit. In still other countries such administrative units may be relatively extensive and thereby include considerable territory beyond the urban centre itself.

City data are also especially affected by whether the data are expressed in terms of the de facto or de jure population of the city as well as variations among countries in how each of these concepts is applied. With reference to the total population, the difference between the de facto and de jure population is discussed at length in section 3.1.1 of the Technical Notes.

Data on city populations based on intercensal estimates present even more problems than census data. Comparability is impaired by the different methods used in making the estimates and by the lack of precision possible in applying any given method. For example, it is far more difficult to apply the component method of estimating population growth to cities than it is to entire countries.

Births and deaths occurring in the cities do not all originate in the population present in or resident of that area. Therefore, the use of natural increase to estimate the probable size of the city population is a potential source of error. Internal migration is a second estimating component which cannot be measured with accuracy in many areas. Because of these factors, estimates in this table may be less valuable in general and in particular limited for purposes of international comparison.

City data, even when set in roman type, are often not as reliable as estimates for the total population of the country or area.

Furthermore, because the sources of these data include censuses (national or city), surveys and estimates, the years to which they refer vary widely. In addition, because city boundaries may alter over time, comparisons of data for different years should be carried out with caution.

Insuffisance des données : Les statistiques portant sur la population des capitales et des villes de 100 000 habitants et plus appellent toutes les réserves qui ont été faites à la section 3 des Notes techniques à propos des statistiques de la population en général.

La comparabilité internationale des données portant sur la population des villes est compromise dans une large mesure par la diversité des définitions nationales. Bien que l'on se soit efforcé de réduire les facteurs de non–comparabilité en présentant à la fois dans le tableau les données relatives aux villes proprement dites et celles concernant les agglomérations urbaines, de nombreux et graves problèmes de comparabilité n'en subsistent pas moins.

Pour certain pays, les données figurant dans la colonne intitulée "ville proprement dite" correspondent à une zone administrative urbaine juridiquement distincte du territoire rural environnant, tandis que pour d'autres pays ces données correspondent à une commune ou petite unité administrative analogue. Pour d'autres encore, les unités administratives en cause peuvent être relativement étendues et comporter par conséquent un vaste territoire au–delà du centre urbain lui–même.

L'emploi de données se rapportant tantôt à la population de fait, tantôt à la population de droit, ainsi que les différences de traitement de ces deux concepts d'un pays à l'autre influent particulièrement sur les statistiques urbaines. En ce qui concerne la population totale, la différence entre population de fait et population de droit est expliquée en détail à la section 3.1.1 des Notes techniques.

Les statistiques des populations urbaines qui sont fondées sur des estimations intercensitaires posent encore plus de problèmes que les données de recensement. Leur comparabilité est compromise par la diversité des méthodes employées pour établir les estimations et par le manque possible de précision dans l'application de telle ou telle méthode. La méthode des composantes, par exemple, est beaucoup plus difficile à appliquer en vue de l'estimation de l'accroissement de la population lorsqu'il s'agit de villes que lorsqu'il s'agit de pays entiers.

Les naissances et décès qui surviennent dans les villes ne correspondent pas tous à la population présente ou résidente. En conséquence, des erreurs peuvent se produire si l'on établit pour les villes des estimations fondées sur l'accroissement naturel de la population. Les migrations intérieures constituent un second élément d'estimation que, dans bien des régions, on ne peut pas toujours mesurer avec exactitude. Pour ces raisons, les estimations présentées dans ce tableau risquent dans l'ensemble d'être peu fiables et leur valeur est particulièrement limitée du point de vue des comparaisons internationales.

Même lorsqu'elles figurent en caractères romains, il arrive souvent que les statistiques urbaines ne soient pas aussi sûres que les estimations concernant la population totale du pays ou zone en cause.

De surcroît, comme ces statistiques proviennent aussi bien de recensements (nationaux ou municipaux) que d'enquêtes ou d'estimations, les années auxquelles elles se rapportent sont extrêmement variables. Enfin, comme les limites urbaines varient parfois d'une époque à une autre, il y a lieu d'être prudent lorsque l'on compare des données se rapportant à des années différentes.

Coverage: Cities are shown for 208 countries or areas. Of these 102 show the capital only while 106 show the capital and one or more cities which, according to the latest census or estimate, had a population of 100 000 or more.

Data for ethnic or geographical segments of the population are included in the absence of national figures. These data are not presented as representative of national–level statistics but as an index of the availability of statistics.

Earlier data: Population of capital cities and cities with a population of 100 000 or more have been shown in previous issues of the Demographic Yearbook. For information on specific years covered, readers should consult the Index.

Portée : Ce tableau fournit des données sur la population des villes de 208 pays ou zones. Pour 102 d'entre eux, seule est indiquée la population de la capitale, tandis que pour 106 on a indiqué celle de la capitale et d'une ou plusieurs villes comptant, d'après le dernier recensement ou la dernière estimation, 100 000 habitants ou plus.

Lorsqu'il n'existait pas de chiffres nationaux. on a fait figurer des chiffres portant sur des groupes ethniques ou géographiques. Ces données ne se veulent pas représentatives sur le plan national et ne sont présentées que comme indice des statistiques disponibles.

Données publiées antérieurement : Des statistiques de la population des capitales et des villes de 100 000 habitants ou plus ont été présentées dans des éditions antérieures de l'Annuaire démographique. Pour plus de précisions concernant les années pour lesquelles ces données ont été publiées, se reporter à l'Index.

Table 9

Table 9 presents live births and crude live–birth rates by urban/rural residence for as many years as possible between 1987 and 1991.

Description of variables : Live birth is defined as the complete expulsion or extraction from its mother of a product of conception, irrespective of the duration of pregnancy, which after such separation, breathes or shows any other evidence of life such as beating of the heart, pulsation of the umbilical cord, or definite movement of voluntary muscles, whether or not the umbilical cord has been cut or the placenta is attached; each product of such a birth is considered live–born regardless of gestational age. [33]

Statistics on the number of live births are obtained from civil registers unless otherwise noted. For those countries or areas where civil registration statistics on live births are considered reliable (estimated completeness of 90 per cent or more) the birth rates shown have been calculated on the basis of registered live births. However, for countries or areas where civil registration of live births is non–existent or considered unreliable (estimated completeness of less than 90 per cent or of unknown completeness), estimated rates are presented whenever possible instead of the rates based on the registered births. These estimated rates are identified by a footnote. Officially estimated rates using well–defined estimation procedures and sources whether based on census or sample survey data are given first priority. If such estimates are not available, rates estimated by the Population Division of the United Nations Secretariat are presented.

The urban–rural classification of births is that provided by each country or area; it is presumed to be based on the national census definitions of urban population that have been set forth at the end of table 6.

Rate computation : Crude live–birth rates are the annual number of live births per 1 000 mid–year population.

Tableau 9

Le tableau 9 présente des données sur les naissances vivantes et les taux bruts de natalité selon la résidence (urbaine/rurale) pour le plus grande nombre d'années possible entre 1987 et 1991.

Description des variables : La naissance vivante est l'expulsion ou l'extraction complète du corps de la mère, indépendamment de la durée de gestation, d'un produit de la conception qui, après cette séparation, respire ou manifeste tout autre signe de vie, tel que battement de coeur, pulsation du cordon ombilical ou contraction effective d'un muscle soumis à l'action de la volonté, que le cordon ombilical ait été coupé ou non et que le placenta soit ou non demeuré attaché; tout produit d'une telle naissance est considéré comme ''enfant né vivant'' [33].

Sauf indication contraire, les statistiques du nombre de naissances vivantes sont établies sur la base des registres de l'état civil. Pour les pays ou zones où les statistiques tirées de l'enregistrement des naissances vivantes par les services de l'état civil sont jugées sûres (complétude estimée à 90 p. 100 ou plus), les taux de natalité indiqués ont été calculés d'après les naissances vivantes enregistrées. En revanche, pour les pays ou zones où l'enregistrement des naissances vivantes par les services de l'état civil n'existe pas ou est de qualité douteuse (complétude estimée à moins de 90 p. 100 ou degré de complétude inconnu), on a présenté, autant que possible, des taux estimatifs et non des taux fondés sur les naissances enregistrées. Lorsque tel était le cas, on l'a signalé en note au bas du tableau. On a retenu en priorité les taux estimatifs officiels établis d'après des méthodes d'estimation et des sources bien définies, qu'il s'agisse de données de recensement ou de résultats d'enquêtes par sondage. Lorsqu'on ne disposait pas d'estimation de ce genre, on a présenté les taux estimatifs établis par la Division de la population du Secrétariat de l'ONU.

La classification des naissances selon la résidence (urbaine/rurale) est celle qui a été fournie par chaque pays ou zone; il faut en conclure qu'elle repose sur les définitions de la population urbaine utilisées pour les recensements nationaux telles qu'elles sont reproduites à la fin du tableau 6.

Calcul des taux : Les taux bruts de natalité représentent le nombre annuel de naissances vivantes pour 1 000 habitants au milieu de l'année.

Rates by urban/rural residence are the annual number of live births, in the appropriate urban and rural category, per 1 000 corresponding mid-year population.

Rates presented in this table have not been limited to those countries or areas having a minimum number of live births in a given year. However, rates based on 30 or fewer live births are identified by the symbol (◆).

These rates, unless otherwise noted, have been calculated by the Statistical Division of the United Nations.

In addition, some rates have been obtained from sample surveys, from analysis of consecutive population census results, and from the application of the "reverse-survival" method, which consists of increasing the number of children of a given age group recorded in a census or sample survey, by a life-table survival coefficient, so as to estimate the number of births from which these children are survivors. To distinguish them from civil registration data, estimated rates are identified by a footnote.

Reliability of data : Each country or area has been asked to indicate the estimated completeness of the live births recorded in its civil register. These national assessments are indicated by the quality codes C, U and ... that appear in the first column of this table.

C indicates that the data are estimated to be virtually complete, that is, representing at least 90 per cent of the live births occurring each year, while U indicates that data are estimated to be incomplete, that is, representing less than 90 per cent of the live births occurring each year. The code ... indicates that no information was provided regarding completeness.

Data from civil registers which are reported as incomplete or of unknown completeness (coded U or...) are considered unreliable. They appear in italics in this table. When data so coded are used to calculate rates, the rates also appear in italics.

These quality codes apply only to data from civil registers. If a series of data for a country or area contains both data from a civil register and estimated data from, for example, a sample survey, then the code applies only to the registered data. If only estimated data are presented, the symbol .. is shown instead of the quality code. For more information about the quality of vital statistics data in general, and the information available on the basis of the completeness estimates in particular, see section 4.2 of the Technical Notes.

Limitations : Statistics on live births are subject to the same qualifications as have been set forth for vital statistics in general and birth statistics in particular as discussed in section 4 of the Technical Notes.

Les taux selon la résidence (urbaine/rurale) représentent le nombre annuel de naissances vivantes, classées selon la catégorie urbaine ou rurale appropriée pour 1 000 habitants au milieu de l'année.

Les taux présentés dans ce tableau ne se rapportent pas aux seuls pays où l'on a enregistré en certain nombre minimal de naissances vivantes au cours d'une année donnée. Toutefois, les taux qui sont fondés sur 30 naissances vivantes ou moins sont identifiés par le signe (◆).

Ces taux, sauf indication contraire, ont été calculés par la Division de statistique de l'ONU.

En outre, certains taux ont été obtenus à partir des résultats d'enquêtes par sondage, par l'analyse des données de recensements consécutifs et par la méthode de la projection rétrospective, qui consiste à accroître le nombre d'enfants d'un groupe d'âge donné enregistré lors d'un recensement ou d'une enquête par sondage, en appliquant le coefficient de survie d'une table de mortalité de manière à estimer le nombre de naissances de la cohorte dont ces enfants sont les survivants. Pour les distinguer des données qui proviennent des registres de l'état civil, ces taux estimatifs ont été identifiés par une note au bas du tableau.

Fiabilité des données : Il a été demandé à chaque pays ou zone d'indiquer le degré estimatif de complétude des données sur les naissances vivantes figurant dans ses registres d'état civil. Ces évaluations nationales sont désignées par les codes de qualité "C", "U", et "..." qui apparaissent dans la première colonne du tableau.

Le lettre "C" indique que les données sont jugées à peu près complètes, c'est-à-dire qu'elles représentent au moins 90 p. 100 des naissances vivantes survenues chaque année; la lettre "U" indique que les données sont jugées incomplètes, c'est-à-dire qu'elles représentent moins de 90 p. 100 des naissances vivantes survenues chaque année. Le signe "..." indique qu'aucun renseignement n'a été fourni quant à la complétude des données.

Les données provenant des registres de l'état civil qui sont déclarées incomplètes ou dont le degré de complétude n'est pas connu (et qui sont affectées de la lettre "U" ou du signe "...") sont jugées douteuses. Elles apparaissent en italique dans le présent tableau. Lorsque ces données sont utilisées pour calculer des taux, ces taux apparaissent eux aussi en italique.

Ces codes de qualité ne s'appliquent qu'aux données tirées des registres de l'état civil. Si une série de données pour un pays ou une zone contient à la fois des données provenant des registres de l'état civil et des estimations calculées, par exemple, sur la base d'enquêtes par sondage, le code s'applique uniquement aux données d'enregistrement. Si l'on ne présente que des données estimatives, le signe ".." est utilisé à la place du code de qualité. Pour plus de précisions sur la qualité des données reposant sur les statistiques de l'état civil en général, voir la section 4.2 des Notes techniques, qui fournit aussi des renseignements fondés sur les estimations de complétude.

Insuffisance des données : Les statistiques des naissances vivantes appellent toutes les réserves qui ont été faites à propos des statistiques de l'état civil en général et des statistiques des naissances en particulier (voir explications données à la section 4 des Notes techniques).

The reliability of data, an indication of which is described above, is an important factor in considering the limitations. In addition, some live births are tabulated by date of registration and not by date of occurrence; these have been indicated by a (+). Whenever the lag between the date of occurrence and date of registration is prolonged and, therefore, a large proportion of the live—birth registrations are delayed, birth statistics for any given year may be seriously affected.

Another factor which limits international comparability is the practice of some countries or areas not to include in live—birth statistics infants who were born alive but died before the registration of the birth or within the first 24 hours of life, thus underestimating the total number of live births. Statistics of this type are footnoted.

In addition, it should be noted that rates are affected also by the quality and limitations of the population estimates which are used in their computation. The problems of under—enumeration or over—overenumeration and, to some extent, the differences in definition of total population have been discussed in section 3 of the Technical Notes dealing with population data in general, and specific information pertaining to individual countries or areas is given in the footnotes to table 3. In the absence of official data on total population, United Nations estimates of mid—year population have been used in calculating some of these rates.

The rates estimated from the results of sample surveys are subject to possibilities of considerable error as a result of omissions in reporting of births, or as a result of erroneous reporting of events occurred outside the reference period. However, rates estimated from sample surveys do have an outstanding advantage, and that is the availability of a built—in and strictly corresponding population base. The accuracy of the birth rates estimated by the "reverse—survival" method is affected by several factors, the most important of which are the accuracy of the count of children in the age groups used and errors in the survival coefficients.

It should be emphasized that crude birth rates—like crude death, marriage and divorce rates—may be seriously affected by the age—sex structure of the populations to which they relate. Nevertheless, they do provide simple measure of the level of and changes in natality.

The comparability of data by urban/rural residence is affected by the national definitions of urban and rural used in tabulating these data. It is assumed, in the absence of specific information to the contrary, that the definitions of urban and rural used in connection with the national population census were also used in the compilation of the vital statistics for each country or area. However, the possiblity cannot be excluded that, for a given country or area, the same definitions of urban and rural are not used for both the vital statistics data and the population census data. When known, the definitions of urban used in national population censuses are presented at the end of table 6. As discussed in detail in the Technical Notes for table 6, these definitions vary considerably from one country or area to another.

La fiabilité des données, au sujet de laquelle des indications ont été fournies plus haut, est un facteur important. Il faut également tenir compte du fait que, dans certains cas, les données relatives aux naissances vivantes sont exploitées selon la date de l'enregistrement et non la date de l'événement; ces cas ont été identifiés par le signe (+). Là où le décalage entre l'événement et son enregistrement est grand, c'est—à—dire là où une forte proportion des naissances vivantes fait l'objet d'un enregistrement tardif, les statistiques des naissances vivantes pour une année donnée peuvent être sérieusement faussées.

Un autre facteur qui nuit à la comparabilité internationale est la pratique de certains pays ou zones qui consiste à ne pas inclure dans les statistiques des naissances vivantes les enfants nés vivants mais décédés avant l'enregistrement de leur naissance ou dans les 24 heures qui ont suivi la naissance, pratique qui conduit à sous—estimer le nombre total de naissances vivantes. Quand tel était le cas, on l'a signalé en note au bas du tableau.

Il convient de noter par ailleurs que l'exactitude des taux dépend également de la qualité et des insuffisances des estimations de population qui sont utilisées pour leur calcul. Le problème des erreurs par excès ou par défaut commises lors du dénombrement et, dans une certain mesure, le problème de l'hétérogénéité des définitions de la population totale ont été examinés à la section 3 des Notes techniques relative à la population en général; des indications concernant les différents pays ou zones sont données en note au bas du tableau 3. Lorsqu'il n'existait pas de chiffres officiels sur la population totale, ce sont les estimations de la population en milieu d'année, établies par le Secrétariat de l'ONU, qui ont servi pour le calcul des taux.

Les taux estimatifs fondés sur les résultats d'enquêtes par sondage comportent des possiblilités d'erreurs considérables dues soit à des omissions dans les déclarations, soit au fait que l'on a déclaré à tort des naissances survenues en réalité hors de la période considérée. Toutefois, les taux estimatifs fondés sur les résultats d'enquêtes par sondage présentent un gros avantage: le chiffre de population utilisé comme base est, par définition, connu rigoureusement correspondant. L'exactitude des taux de natalité estimés selon la méthode de la projection rétrospective dépend de plusieurs facteurs, dont les principaux sont l'exactitude du dénombrement des enfants des groupes d'âge utilisés et les erreurs dans les coefficients de survie.

Il faut souligner que les taux bruts de natalité, de même que les taux bruts de mortalité, de nuptialité et de divortialité, peuvent varier très sensiblement selon la structure par âge et par sexe de la population à laquelle ils se rapportent. Ils offrent néanmoins un moyen simple de mesurer le niveau et l'évolution de la natalité.

La comparabilité des données selon la résidence (urbaine/rurale) peut être limitée par les définitions nationales des termes "urbain" et "rural" utilisées pour la mise en tableaux de ces données. En l'absence d'indications contraires, on a supposé que les définitions des termes "urbain" et "rural" pour le recensement national de la population avaient été utilisées dans les deux cas. Les définitions du terme "urbaine" pour les recensements nationaux de population ont été présentées à la fin du tableau 6 lorsqu'elles étaient connues. Comme on l'a précisé en détail dans les Notes techniques relatives au tableau 6, ces définitions varient très sensiblement d'un pays ou d'une zone à l'autre.

In addition to problems of comparability, vital rates classifced by urban/rural residence are also subject to certain special types of bias. If, when calculating vital rates, different definitions or urban are used in connection with the vital events and the population data and if this results in a net difference between the numerator and denominator of the rate in the population at risk, then the vital rates would be biased. Urban/rural differentials in vital rates may also be affected by whether the vital events have been tabulated in terms of place of occurrence or place of usual residence. This problem is discussed in more detail in section 4.1.4.1 of the Technical Notes.

Coverage : Live births are shown for 145 countries or areas. Data are presented by urban/rural residence for 56 countries or areas.

Crude live—birth rates are shown for 207 countries or areas. Rates are presented by urban/rural residence for 46 countries or areas.

Data for ethnic or geographical segments of the population are included in the absence of national figures. These data are not presented as being representative of national—level statistics but as an index of the availability of statistics.

Earlier data : Live births and crude live birth rates have been shown in each issue of the Demographic Yearbook. Data included in this table update the series covering a period of years as follows :

Issue	Years covered
1986	1967–1986
1981	1962–1981
Historical Supplement	1948–1977

For further information on years covered prior to 1948, readers should consult the Index.

Table 10

Table 10 presents live births by age of mother, sex and urban/rural residence for the latest available year.

Description of variables : Age is defined as age at last birthday, that is, the difference between the date of birth and the date of the occurrence of the event, expressed in completed solar years. The age classification used in this table is the following : under 15 years, 5—year age groups through 45–49 years, 50 years and over, and age unknown.

The urban/rural classification of births is that provided by each country or area; it is presumed to be based on the national census definitions of urban population that have been set forth at the end of table 6.

Outre ces problèmes de comparabilité, les taux démographiques classés selon la résidence (urbaine/rurale) sont également sujets à certains types particuliers d'erreurs. Si, lors du calcul de ces taux, des définitions différentes du terme "urbain" sont utilisées pour classer les faits d'état civil et les données relatives à la population et s'il en résulte une différence nette entre le numérateur et le dénominateur pour le taux de la population exposée au risque, les taux démographiques s'en trouveront faussés. La différence entre ces taux pour les zones urbaines et rurales pourra aussi être faussée selon que les faits d'état civil auront été classés d'après le lieu de l'événement ou le lieu de résidence habituelle. Ce problème est examiné plus en détail à la section 4.1.4.1 des Notes techniques.

Portée : Le tableau 9 présente des statistiques des naissances vivantes pour 145 pays ou zones. Les répartitions selon la résidence (urbaine/rurale) intéressent 56 pays ou zones.

Le tableau 9 présente également des taux bruts de natalité pour 207 pays ou zones. Les taux selon la résidence (urbaine/rurale) intéressent 46 pays ou zones.

Lorsqu'il n'existait pas de chiffres nationaux, on a fait figurer des chiffres portant sur des groupes ethniques ou géographiques. Ces données ne se veulent pas représentatives sur le plan national et ne sont présentées que comme indice des statistiques disponibles.

Données publiées antérieurement : Des données sur les naissances vivantes et des taux bruts de natalité ont été présentés dans chaque édition de l'Annuaire démographique. Les données présentées dans ce tableau mettent à jour les périodes d'années suivantes :

Edition	Années considérées
1986	1967–1986
1981	1962–1981
Supplément rétrospectif	1948–1977

Pour plus de précisions concernant les années antérieur à 1948, on reportera à l'Index.

Tableau 10

Le tableau 10 présente des données sur les naissances vivantes selon l'âge de la mère, le sexe de l'enfant et la résidence (urbaine/rurale) pour la dernière année disponible.

Description des variables : L'âge désigne l'âge au dernier anniversaire, c'est–à–dire la différence entre la date de naissance et la date de l'événement exprimée en années solaires révolues. La classification par âge utilisée dans ce tableau comprend les catégories suivantes : moins de 15 ans, groupes quinquennaux jusqu'à 45 à 49 ans, 50 ans et plus, et âge inconnu.

La classification des naissances selon la résidence (urbaine/rurale) est celle qui a été fournie par chaque pays ou zone; il faut en conclure qu'elle repose sur les définitions de la population urbaine utilisées pour les recensements nationaux, telles qu'elles sont reproduites à la fin du tableau 6.

Reliability of data : Data from civil registers of live births which are reported as incomplete (less than 90 per cent completeness) or of unknown completeness are considered unreliable and are set in italics rather than in roman type. Table 9 and the Technical Notes for that table provided more detailed information on the completeness of live–birth registration. For more information about the quality of vital statistics data in general, and the information available on the basis of the completeness estimates in particular, see section 4.2 of the Technical Notes.

Limitations : Statistics on live births by age of mother are subject to the same qualifications as have been set forth for vital statistics in general and birth statistics in particular as discussed in section 4 of the Technical Notes.

The reliability of the data, an indication of which is described above, is an important factor in considering the limitations. In addition, some live births are tabulated by date of registration and not by date of occurrence; these have been indicated by a (+). Whenever the lag between the date of occurrence and date of registration is prolonged and, therefore, a large proportion of the live–birth registrations are delayed, birth statistics for any given year may be seriously affected.

Another factor which limits international comparability is the practice of some countries or areas not to include in live–birth statistics infants who were born alive but died before the registration of the birth or within the first 24 hours of life, thus underestimating the total number of live births. Statistics of this type are footnoted.

Because these Statistics are classified according to age, they are subject to the limitations with respect to accuracy or age reporting similar to those already discussed in connection with section 3.1.3 of the Technical Notes. The factors influencing inaccurate reporting may be somewhat dissimilar in vital statistics (because of the differences in the method of taking a census and registering a birth) but, in general, the same errors can be oberserved.

The absence of frequencies in the unknown age group does not necessarily indicate completely accurate reporting and tabulation of the age item. It is often an indication that the unknowns have been eliminated by assigning ages to them before tabulation, or by proportionate distribution after tabulation.

On the other hand, large frequencies in the unknown age category may indicate that a large proportion of the births are illegitimate, the records for which tend to be incomplete in so far as characteristics of the parents are concerned.

Another limitation of age reporting may result from calculating age of mother at birth of child (or at time of registration) from year of birth rather than from day, month and year of birth. Information on this factor is given in footnotes when known.

Fiabilité des données : Les données sur les naissances vivantes provenant des registres de l'état civil qui sont déclarées incomplètes (degré de complétude inférieur à 90 p. 100) ou dont le degré de complétude n'est pas connu sont jugées douteuses et apparaissent en italique et non en caractères romains. Le tableau 9 et les Notes techniques se rapportant à ce tableau présentent des renseignements plus détaillés sur le degré de complétude de l'enregistrement des naissances vivantes. Pour plus de précisions sur la qualité des données reposant sur les statistiques de l'état civil en général, voir la section 4.2 des Notes techniques, qui fournit aussi des renseignements fondés sur les estimations de complétude.

Insuffisance des données : Les statistiques des naissances vivantes selon l'âge de la mère appellent toutes les réserves qui ont été faites à propos des statistiques de l'état civil en général et des statistiques de naissances en particulier (voir explications à la section 4 des Notes techniques).

La fiabilité des données, au sujet de laquelle des indications ont été fournies plus haut, est un facteur important. Il faut également tenir compte du fait que, dans certains cas, les données relatives aux naissances vivantes sont exploitées selon la date de l'enregistrement et non la date de l'événement; ces cas ont été identifiés par le signe "+". Là où le décalage entre l'événement et son enregistrement est grand, c'est–à–dire où une forte proportion des naissances vivantes fait l'objet d'un enregistrement tardif, les statistiques des naissances vivantes pour une année donnée peuvent être sérieusement faussées.

Un autre facteur qui nuit à la comparabilité internationale est la pratique de certains pays ou zones qui consiste à ne pas inclure dans les statistiques des naissances vivantes les enfants nés vivants mais décédés avant l'enregistrement de leur naissance ou dans les 24 heures qui ont suivi la naissance, pratique qui conduit à sous–estimer le nombre total de naissances vivantes. Quand tel était le cas, on l'a signalé en note au bas du tableau.

Comme ces statistiques sont classées selon l'âge, elles appellent les mêmes réserves concernant l'exactitude des déclarations d'âge que celles dont il a déjà été fait mention dans la section 3.1.3 des Notes techniques. Dans le cas des statistiques de l'état civil, les facteurs qui interviennent à cet égard sont parfois un peu différents, étant donné que le recensement et l'enregistrement des naissances se font par des méthodes différentes, mais, d'une manière générale, les erreurs observées sont les mêmes.

Si aucun nombre ne figure dans la colonne réservée aux âges inconnus, cela ne signifie pas nécessairement que les déclarations d'âge et l'exploitation des données par âge aient été tout à fait exactes. C'est souvent une indication que l'on a attribué un âge aux personnes d'âge inconnu avant l'exploitation des données ou que celles–ci ont été réparties proportionnellement entre les différents groupes après cette opération.

D'autre part, lorsque le nombre des personnes d'âge inconnu est important, cela peut signifier que la proportion de naissances illégitimes est élevée, étant donné qu'en pareil cas l'acte de naissance ne contient pas toutes les caractéristiques concernant les parents.

Les déclarations par âge peuvent comporter des distorsions, du fait que l'âge de la mère au moment de la naissance d'un enfant (ou de la déclaration de naissance) est donné par année de naissance et non par date exacte (jour, mois et année). Des renseignements à ce sujet sont fournis en note chaque fois que faire se peut.

When birth statistics are tabulated by date of registration rather than by date of occurrence, the age of the mother will almost always refer to the date of registration rather than to the date of birth of the child. Hence, in those countries or areas where registration of births is delayed, possibly for years, statistics on births by age of mother should be used with caution.

In a few countries, data by age refer to confinements (deliveries) rather than to live births causing under—estimation in the event of a multiple birth. This practice leads to lack of strict comparability, both among countries or areas relying on this practice and between data shown in this table and table 9. A footnote indicates the countries in which this practice occurs.

The comparability of data by urban/rural residence is affected by the national definitions of urban and rural used in tabulating these data. It is assumed, in the absence of specific information to the contrary, that the definitions of urban and rural used in connection with the national population census were also used in the compilation of the vital statistics for each country or area. However, the possibility cannot be excluded that, for a given country or area, the same definitions of urban and rural are not used for both the vital statistics data and the population census data. When known, the definitions of urban used in national population censuses are presented at the end of table 6. As discussed in detail in the Technical Notes for table 6, these definitions vary considerably from one country or area to another.

Coverage : Live births by age of mother are shown for 128 countries or areas. Cross—classification by sex of child is shown for 96 countries or areas. Data are presented by urban/rural residence for 61 countries or areas.

Data for ethnic or geographic segments of the population are included in the absence of national figures. These data are not presented as being representative of national—level statistics but as an index of the availability of statistics.

Earlier data : Live births by age of mother have been shown for the latest available year in each issue of the Yearbook. Data included in this table update the series covering period of years as follows :

Issue	Years covered
1986	1977–1985
1981	1972–1980
Historical Supplement	1948–1977

Il convient de noter que, lorsque les statistiques de la natalité sont établies selon la date de l'enregistrement et non celle de l'événement, l'âge de la mère représente presque toujours son âge à la date de l'enregistrement et non à la date de la naissance de l'enfant. Ainsi, dans les pays ou zones où l'enregistrement des naissances est tardif — le retard atteignant souvent plusieurs années —, il faut utiliser avec prudence les statistiques de naissances selon l'âge de la mère.

Dans quelques pays, la classification par âges se réfère aux accouchements, et non aux naissances vivantes, ce qui conduit à un sous—dénombrement en cas de naissances gémellaires. Cette pratique est une cause d'incomparabilité, à la fois entre pays ou zones où elle a cours, et entre les données du tableau 10 et celles du tableau 9. Les pays qui la suivent sont indiqués en note.

La comparabilité des données selon la résidence (urbaine/rurale) peut être limitée par les définitions nationales des termes ''urbain'' et ''rural'' utilisés pour la mise en tableaux de ces données. En l'absence d'indications contraires, on a supposé que les définitions des termes ''urbain'' et ''rural'' pour le recensement national de la population avaient été utilisées aussi pour l'établissement des statistiques de l'état civil pour chaque pays ou zone. Toutefois, on ne peut exclure la possibilité que, pour un pays ou zone donné, les mêmes définitions des termes ''urbain'' et ''rural'' n'aient pas été utilisées dans les deux cas. Les définitions du terme ''urbain'' pour les recensements nationaux de population ont été présentées à la fin du tableau 6 lorsqu'elles étaient connues. Comme on l'a précisé en détail dans les Notes techniques relatives au tableau 6, ces définitions varient très sensiblement d'un pays ou d'une zone à l'autre.

Portée : Le tableau 10 présente des données sur les naissances vivantes classées selon l'âge de la mère pour 128 pays ou zones. Des répartitions selon le sexe de l'enfant sont présentées pour 96 pays ou zones. Les répartitions selon la résidence (urbaine/rurale) intéressent 61 pays ou zones.

Lorsqu'il n'existait pas de chiffres nationaux, on a fait figurer des chiffres portant sur des groupes ethniques ou géographiques. Ces données ne se veulent pas représentatives sur le plan national et ne sont présentées que comme indice des statistiques disponibles.

Données publiées antérieurement : Des statistiques des naissances vivantes selon l'âge de la mère ont été présentées pour la dernière année disponible dans chaque édition de l'Annuaire démographique. Les données présentées dans ce tableau mettent à jour les périodes d'années suivantes :

Editions	Années considérées
1986	1977–1985
1981	1972–1980
Supplément rétrospectif	1948–1977

For further information on years covered prior to 1948, readers should consult the Index.

Pour plus de précision sur les années antérieur à 1948, on se reportera à l'index.

Data in machine—readable form: Data shown in this table are available in magnetic tape at a cost of US$150 for all available years as shown below:

Données sur support magnétique: Il est possible de se procurer sur bande magnétique, moyennant de paiement d'une somme $150 les données dans ce tableau pour tous les années disponibles suivantes:

| Total | 1948—1991 |
| Urban/rural | 1972—1991 |

| Total | 1948—1991 |
| Urbain/rural | 1972—1991 |

Table 11

Table 11 presents live—birth rates specific for age of mother and urban/rural residence for the latest available year.

Description of variables : Age is defined as age at last birthday, that is, the difference between the date of birth and the date of the occurrence of the event, expressed in completed solar years. The age classification used in this table is the following : under 20 years, 5—year age groups through 40—44 years, and 45 years and over.

The urban/rural classification of births is that provided by each country or area; it is presumed to be based on the national census definitions of urban population that have been set forth at the end of table 6.

Rate computation : Live—birth rates specific for age of mother are the annual number of births in each age group (as shown in table 10) per 1 000 female population in the same age group.

Birth rates by age of mother and urban/rural residence are the annual number of live births that occurred in a specific age—urban/rural group (as shown in table 10) per 1 000 females in the corresponding age—urban/rural group.

Since relatively few births occur to women below 15 or above 50 years of age, birth rates for women under 20 years of age and for those 45 years of age and over are computed on the female population aged 15—19 and 45—49, respectively. Similarly, the rate for women of "All ages" is based on all live births irrespective of age of mother, and is computed on the female population aged 15—49 years. This rate for "All ages" is known as the general fertility rate.

Births to mothers of unknown age have been distributed proportionately in accordance with births to mothers of known age by the Statistical Division of the United Nations prior to calculating the rates. However, distributions in which 10 per cent or more of the births were in the unknown—age category before allocation are identified in footnotes.

The population used in computing the rates is estimated or enumerated distributions of females by age. First priority was given to an estimate for the mid—point of the same year (as shown in table 7), second priority to census returns of the year to which the births referred, and third priority to an estimate for some other point of time in the year.

Tableau 11

Le tableau 11 présente des taux des naissances vivantes selon l'âge de la mère et selon la résidence (urbaine/rurale) pour la dernière année disponible.

Description des variables : L'âge désigne l'âge au dernier anniversaire, c'est-à-dire la différence entre la date de naissance et la date de l'événement, exprimée en années solaires révolues. La classification par âge utilisée dans le tableau 11 comprend les catégories suivantes : moins de 20 ans, groupes quinquennaux jusqu'à 40 à 44 ans, et 45 et plus.

La classification des naissances selon la résidence (urbaine/rurale) est celle qui a été fournie par chaque pays ou zone; il faut en conclure qu'elle repose sur les définitions de la population urbaine utilisées pour les recensements nationaux, telles qu'elles sont reproduites à la fin du tableau 6.

Calcul des taux : Les taux des naissances vivantes selon l'âge de la mère représentent le nombre annuel de naissances dans chaque groupe d'âge (fréquences du tableau 10) pour 1 000 femmes des mêmes groupes d'âge.

Les taux de natalité selon l'âge de la mère et la résidence (urbaine/rurale) représentent le nombre annuel de naissances vivantes intervenues dans un groupe d'âge donné dans la population urbaine ou rurale (comme il est indiqué au tableau 10) pour 1 000 femmes du groupe d'âge correspondant dans la population urbaine ou rurale.

Etant donné que le nombre de naissances parmi les femmes de moins de 15 ans ou de plus de 50 ans est relativement peu élevé, les taux de natalité parmi les femmes âgées de moins de 20 ans et celles de 45 ans et plus ont été calculés sur la base des populations féminines âgées de 15 à 19 ans et de 45 à 49 ans, respectivement. De la même façon, le taux pour les femmes de "tous âges" est fondé sur la totalité des naissances vivantes, indépendamment de l'âge de la mère et ce chiffre est rapporté à l'effectif de la population féminine âgée de 15 à 49 ans. Ce taux "tous âges" est le taux global de fécondité.

Les naissances pour lesquelles l'âge de la mère était inconnu ont été réparties par la Division de statistique de l'ONU, avant le calcul des taux, suivant les proportions observées pour celles où l'âge de la mère était connu. Les distributions dans lesquelles 10 p. 100 ou plus des naissances totales étaient classées dans la catégorie d'âge inconnu avant d'avoir été réparties entre les autres ont été signalées en note au bas du tableau.

Les chiffres de population utilisés pour le calcul des taux proviennent de dénombrements ou de répartitions estimatives de la population féminine selon l'âge. On a utilisé de préférence les estimations de la population au milieu de l'année considérée selon les indications du tableau 7; à défaut, on s'est contenté des données censitaires se rapportant à l'année des naissances et, si ces données manquaient également, d'estimations établies pour une autre date de l'année.

Rates presented in this table have been limited to those for countries or areas having at least a total of 100 live births in a given year. Moreover, rates specific for individual sub-categories based on 30 or fewer births are identified by the symbol (◆).

Reliability of data : Rates calculated using data from civil registers of live births which are reported as incomplete (less than 90 per cent completeness) or of unknown completeness are considered unreliable and are set in italics rather than in roman type. Table 9 and the Technical Notes for that table provide more detailed information on the completeness of live-birth registration. For more information about the quality of vital statistics data in general, and the information available on the basis of the completeness estimates in particular, see section 4.2 of the Technical Notes.

Limitations : Rates shown in this table are subject to all the same limitations which affect the corresponding frequencies and are set forth in the Technical Notes for table 10.

These include differences in the completeness of registration, the treatment of infants who were born alive but died before the registration of the birth or within the first 24 hours of life, the method used to determine age of mother and the quality of the reported information relating to age of mother. In addition, some rates are based on births tabulated by date of registration and not by date of occurrence; these have been indicated by a (+). The effect of including delayed registration on the distribution of births by age of mother may be noted in the age-specific fertility rates for women at older ages. In some cases, high age-specific rates for women aged 45 years and over may reflect age of mother at registration of birth and not fertility at these older ages.

The method of distributing the unknown ages is open to some criticism because of the fact that the age-of-mother distribution for legitimate births is known to differ from that for illegitimate births and that the proportion of births for which age of mother is unknown is higher among illegitimate births than it is among legitimate births.

The comparability of data by urban/rural residence is affected by the national definitions of urban and rural used in tabulating these data. It is assumed, in the absence of specific information to the contrary, that the definitions of urban and rural used in connection with the national population census were also used in the compilation of the vital statistics for each country or area. However, the possibility cannot be excluded that, for a given country or area, the same definitions of urban and rural are not used for both the vital statistics data and the population census data. When known, the definitions of urban used in national population censuses are presented at the end of table 6. As discussed in detail in the Technical Notes for table 6, these definitions vary considerably from one country or area to another.

Les taux présentés dans ce tableau ne concernent que les pays ou zones où l'on a enregistré un total d'au moins 100 naissances vivantes dans une année donnée. Les taux relatifs à des sous-catégories qui sont fondés sur 30 naissances ou moins sont identifiés par le signe (◆).

Fiabilité des données : Les taux établis à partir de données sur les naissances vivantes provenant des registres de l'état civil sont déclarées incomplètes (degré de complétude inférieur à 90 p. 100) ou dont le degré de complétude n'est pas connu sont jugés douteux et apparaissent en italique et non en caractères romains. Le tableau 9 et les Notes techniques se rapportant à ce tableau présentent des renseignements plus détaillés sur le degré de complétude l'enregistrement des naissances vivantes. Pour plus de précisions sur la qualité des données reposant sur les statistiques de l'état civil en général, voir la section 4.2 des Notes techniques, qui fournit aussi des renseignements fondés sur les estimations de complétude.

Insuffisance des données : Les taux du tableau 11 appellent les mêmes réserves que les fréquences correspondantes; voir à ce sujet les explications données dans les Notes techniques relatives au tableau 10.

Leurs imperfections tiennent notamment au degré de complétude de l'enregistrement, au classement des données relatives aux enfants nés vivants mais décédés avant l'enregistrement de leur naissance ou dans les 24 heures qui ont suivi la naissance, à la méthode utilisée pour déterminer l'âge de la mère et à l'exactitude des renseignements fournis sur l'âge de la mère. En outre, dans certains cas, les données relatives aux naissances sont exploitées selon la date de l'enregistrement et non selon la date de l'événement; ces cas ont été identifiés par le signe "+". On peut se rendre compte, d'après les taux relatifs aux groupes d'âge les plus avancés, des conséquences que peut avoir l'inclusion, dans les statistiques des naissances selon l'âge de la mère, des naissances enregistrées tardivement. Dans certains cas, il se peut que des taux élevés pour le groupe d'âge 45 ans et plus traduisent non pas le niveau de la fécondité de ce groupe d'âge, mais l'âge de la mère au moment où la naissances a été enregistrée.

La méthode de répartition des âges inconnus prête, dans une certaine mesure, à la critique, parce qu'on sait que la répartition selon l'âge de la mère est différente pour les naissances légitimes et pour les naissances illégitimes et que la proportion des naissances pour lesquelles l'âge de la mère est inconnu est plus forte dans le cas des naissances illégitimes.

La comparabilité des données selon la résidence (urbaine/rurale) peut être limitée par les définitions nationales des termes "urbain" et "rural" utilisées pour la mise en tableaux de ces données. En l'absence d'indications contraires, on a supposé que les définitions des termes "urbain" et "rural" utilisées pour le recensement national de la population avaient été utilisées aussi pour l'établissement de statistiques de l'état civil pour chaque pays ou zone. Toutefois, on ne peut exclure la possibilité que, pour un pays ou zone donné, les mêmes définitions des termes "urbain" et "rural" n'aient pas été utilisées dans deux cas. Les définitions du terme "urbain" utilisées pour les recensements nationaux de population ont été présentées à la fin du tableau 6 lorsqu'elles étaient connues. Comme on l'a précisé en détail dans les Notes techniques relatives au tableau 6, ces définitions varient très sensiblement d'un pays ou d'une zone à l'autre.

In addition to problems of comparability, vital rates classified by urban/rural residence are also subject to certain special types of bias. If, when calculating vital rates, different definitions of urban are used in connection with the vital events and the population data and if this results in a net difference between the numerator and denominator of the rate in the population at risk, then the vital rates would be biased. Urban/rural differentials in vital rates may also be affected by whether the vital events have been tabulated in terms of place of occurrence or place of usual residence. This problem is discussed in more detail in section 4.1.4.1 of the Technical Notes.

Coverage : Live—birth rates specific for age of mother are shown for 111 countries or areas. Rates are presented by urban/rural residence for 44 countries or areas.

Data for ethnic or geographical segments of the population are included in the absence of national figures. These data are not presented as being representative of national—level statistics but as an index of the availability of statistics.

Earlier data : Live—birth rates specific for age of mother have been shown for the latest available year in each issue of the Yearbook. Data included in this table update the series covering a period of years as follows :

Issue	Years covered
1986	1977–1985
1981	1972–1980
Historical Supplement	1948–1977

Table 12

Table 12 presents late foetal deaths and late foetal—death ratios by urban/rural residence for as many years as possible between 1986 and 1990.

Description of variables : Late foetal deaths are foetal deaths [34] of 28 or more completed weeks of gestation. Foetal deaths of unknown gestational age are included with those 28 or more weeks.

Statistics on the number of late foetal deaths are obtained from civil registers unless otherwise noted.

The urban/rural classification of late foetal deaths is that provided by each country or area; it is presumed to be based on the national census definitions of urban population that have been set forth at the end of table 6.

Ratio computation : Late foetal—death ratios are the annual number of late foetal deaths per 1 000 live births (as shown in table 9) in the same year. The live—birth base was adopted because it is assumed to be more comparable from one country or area to another than the combination of live births and foetal deaths.

Outre ces problèmes de comparabilité, les taux démographiques classés selon la résidence (urbaine/rurale) sont également sujets à certains types particuliers d'erreurs. Si, lors du calcul de ces taux, des définitions différentes du terme ''urbain'' sont utilisées pour classer les faits d'état civil et les données relatives à la population et s'il en résulte une différence nette entre le numérateur et le dénominateur pour le taux de la population exposée au risque, les taux démographiques s'en trouveront faussés. La différence entre ces taux pour les zones urbaines et rurales pourra aussi être faussée selon que les faits d'état civil auront été classés d'après le lieu de l'événement ou le lieu de résidence habituelle. Ce problème est examiné plus en détail à la section 4.1.4.1 des Notes techniques.

Portée : Le tableau 11 présente des taux des naissances vivantes selon l'âge de la mère pour 111 pays ou zones. Les taux selon la résidence (urbaine/rurale) intéressent 44 pays ou zones.

Lorsqu'il n'existait pas de chiffres nationaux, on a fait figurer des chiffres portant sur des groupes ethniques ou géographiques. Ces données ne se veulent pas représentatives sur le plan national et ne sont présentées que comme indice des statistiques disponibles.

Données publiées antérieurement : Des taux des naissances vivantes selon l'âge de la mère ont déjà été publiés pour la dernière année disponible dans chaque édition de l'Annuaire démographique. Les données présentées dans ce tableau mettent à jour les périodes d'années suivantes :

Edition	Années considérées
1986	1977–1985
1981	1972–1980
Supplément rétrospectif	1948–1977

Tableau 12

Le tableau 12 présente des données sur les morts foetales tardives et des rapports de mortinatalité selon la résidence (urbaine/rurale) pour le plus grand nombre d'années possible entre 1986 et 1990.

Description des variables : Par mort foetale tardive, on entend décès d'un foetus [34] survenu après 28 semaines complètes de gestation au moins. Les morts foetales pour lesquelles la durée de la période de gestation n'est pas connue sont comprises dans cette catégorie.

Sauf indication contraire, les statistiques du nombre de morts foetales tardives sont établies sur la base des registres de l'état civil.

La classification des morts foetales tardives selon la résidence (urbaine/rurale) est celle qui a été fournie par chaque pays ou zone; il faut en conclure qu'elle repose sur les définitions de la population urbaine utilisées pour les recensements nationaux, telles qu'elles sont reproduites à la fin du tableau 6.

Calcul des rapports : Les rapports de mortinatalité représentent le nombre annuel de morts foetales tardives pour 1 000 naissances vivantes (telles qu'elles sont présentées au tableau 9) survenues pendant la même année On a pris pour base de calcul les naissances vivantes parce qu'on pense qu'elle sont plus facilement comparables d'un pays ou d'une zone à l'autre que la combinaison des naissances vivantes et des morts foetales.

Ratios by urban/rural residence are the annual number of late foetal deaths, in the appropriate urban or rural category, per 1 000 corresponding live births (as shown in table 9).

Ratios presented in this table have been limited to those for countries or areas having at least a total of 1 000 late foetal deaths in a given year. Moreover, ratios specific for individual sub–categories based on 30 or fewer late foetal deaths are identified by the symbol (◆).

These ratios have been calculated by the Statistical Division of the United Nations.

Reliability of data : Each country or area has been asked to indicate the estimated completeness of the late foetal deaths recorded in its civil register. These national assessments are indicataed by the quality codes, C, U and ... that appear in the first column of this table.

C indicates that the data are estimated to be virtually complete, that is, representing at least 90 per cent of the late foetal deaths occurring each year, while U indicates that data are estimated to be incomplete, that is, representing less than 90 per cent of the late foetal deaths occurring each year. The code ... indicates that no information was provided regarding completeness.

Data from civil registers which are reported as incomplete or of unknown completeness (coded U or ...) are considered unreliable. They appear in italics in this table. When data so coded are used to calculate ratios, the ratios also appear in italics.

For more information about the quality of vital statistics data in general, see section 4.2 of the Technical Notes

Limitations : Statistics on late foetal deaths are subject to the same qualifications as have been set forth for vital statistics in general and foetal–death statistics in particular as discussed in section 4 of the Technical Notes.

The reliability of the data, an indication of which is described above, is a very important factor. Of all vital statistics, the registration of foetal deaths is probably the most incomplete.

Variation in the definition of foetal deaths, and in particular late foetal deaths, also limits international comparability. The criterion of 28 or more completed weeks of gestation to distinguish late foetal deaths is not universally used; some countries or areas use different durations of gestation or other criteria such as size of the foetus. In addition, the difficulty of accurately determining gestational age further reduces comparability. However, to promote comparability, late foetal deaths shown in this table are restricted to those of at least 28 or more completed weeks of gestation. Wherever this is not possible a footnote is provided. Data shown in this table may differ from those included in previous issues of the Demograhic Yearbook.

Les rapports selon la résidence (urbaine/rurale) représentent le nombre annuel de morts foetales tardives, classées selon la catégorie urbaine ou rurale appropriée pour 1 000 naissances vivantes (telles qu'elles sont présentées au tableau 9) survenues dans la population correspondante.

Les rapports présentés dans le tableau 12 ne concernent que les pays ou zones où l'on a enregistré un total d'au moins 1 000 morts foetales tardives dans une année donnée. Les rapports relatifs à des sous–catégories qui sont fondés sur 30 morts foetales tardives ou moins sont identifiés par le signe (◆).

Sauf indication contraire, ces rapports ont été calculés par la Division de statistique de l'ONU.

Fiabilité des données : Il a été demandé à chaque pays ou zone d'indiquer le degré estimatif de complétude des données sur les morts foetales tardives figurant dans ses registres d'état civil. Ces évaluations nationales sont désignées par les codes de qualité "C", "U", et "..." qui apparaissent dans la première colonne du tableau.

La lettre "C" indique que les données sont jugées à peu près complètes, c'est–à–dire qu'elles représentent au moins 90 p. 100 des morts foetales tardives survenues chaque année; la lettre "U" indique que les données sont jugées incomplètes, c'est–à–dire qu'elles représentent moins de 90 p. 100 des morts foetales tardives survenues chaque année. Le signe "..." indique qu'aucun renseignement n'a été fourni quant à la complétude des données.

Les données provenant des registres de l'état civil qui sont déclarées incomplètes ou dont le degré de complétude n'est pas connu (et qui sont affectées de la lettre "U" ou du signe "...") sont jugées douteuses. Elles apparaissent en italique dans le présent tableau. Lorsque ces données sont utilisées pour calculer des rapports, ces rapports apparaissent eux aussi en italique.

Pour plus de précisions sur la qualité des données reposant sur les statistiques de l'état civil en général, voir la section 4.2 des Notes techniques.

Insuffisance des données : Les statistiques des morts foetales tardives appellent toutes les réserves qui ont été faites à propos des statistiques de l'état civil en général et des statistiques des morts foetales en particulier (voir explication figurant à la section 4 des Notes techniques).

La fiabilité des données, au sujet de laquelle des indications ont été fournies plus haut, est facteur très important. Les statistiques des morts foetales sont probablement les moins complètes de toutes les statistiques de l'état civil.

L'hétérogénéité des définitions de la mort foetales et, en particulier, de la mort foetale tardive nuit aussi à la comparabilité internationale des données. Le critère des 28 semaines complètes de gestation au moins n'est pas universellement utilisé; certains pays ou zones utilisent des critères différents pour la durée de la période de gestation ou d'autres critères tels que la taille du foetus. Pour faciliter les comparaisons, les morts foetales tardives considérées ici sont exclusivement celles qui sont survenues au terme de 28 semaines de gestation au moins. Les exceptions sont signalées en note. Il se peut que les données de ce tableau diffèrent de celles des éditions antérieures de l'Annuaire démographique.

Another factor introducing variation in the definition of late foetal deaths is the practice by some countries or areas of including in late foetal-death statistics infants who were born alive but died before the registration of the birth or within the first 24 hours of life, thus overestimating the total number of late foetal deaths. Statistics of this type are footnoted.

In addition, late foetal-death ratios are subject to the limitations of the data on live births with which they have been calculated. These have been set forth in the Technical Notes for table 9.

Regarding the computation of the ratios, it must be pointed out that when late foetal deaths and live births are both underregistered, the resulting ratios may be of quite reasonable magnitude. As a matter of fact, for the countries or areas where live-birth registration is poorest, the late foetal-death ratios may be the largest, effectively masking the completeness of the base data. For this reason, possible variations in birth-registration completeness — as well as the reported completeness of late foetal deaths — must always be borne in mind in evaluating late foetal-death ratios.

In addition to the indirect effect of live-birth under-registration, late foetal-death ratios may be seriously affected by date-of-registration tabulation of live births. When the annual number of live births registered and reported fluctuates over a wide range due to changes in legislation or to special needs for proof of birth on the part of large segments of the population, then the late foetal-death ratios will fluctuate also, but inversely. Because of these effects, data for countries or areas known to tabulate live births by date of registration should be used with caution unless it is also known that statistics by date of registration approximate those by date of occurrence.

Finally, it may be noted that the counting of live-born infants as late foetal deaths, because they died before the registration of the birth or within the first 24 hours of life, has the effect of inflating the late foetal-death ratios unduly by decreasing the birth denominator and increasing the foetal-death numerator. This factor should not be overlooked in using data from this table.

The comparability of data by urban/rural residence is affected by the national definitions of urban and rural used in tabulating these data. It is assumed, in the absence of specific information to the contrary, that the definitions of urban and rural used in connection with the national population census were also used in the compilation of the vital statistics for each country or area. However, the possibility cannot be excluded that, for a given country or area, the same definitions of urban and rural are not used for both the vital statistics data and the population census data. When known, the definitions of urban used in national population censuses are presented at the end of table 6. As discussed in detail in the Technical Notes for table 6, these definitions vary considerably from one country or area to another.

Un autre facteur d'hétérogénéité dans la définition de la mort foetale tardive est la pratique de certains pays ou zones qui consiste à inclure dans les statistiques des morts foetales tardives les enfants nés vivants mais décédés avant l'enregistrement de leur naissance ou dans les 24 heures qui ont suivi la naissance, pratique qui conduit à surestimer le nombre total des morts foetales tardives. Quand tel était le cas, on l'a signalé en note au bas du tableau.

Les rapports de mortinatalité appellent en outre toutes les réserves qui ont été fourmulées à propos des statistiques des naissances vivantes qui ont servi à leur calcul. Voir à ce sujet les Notes techniques relatives au tableau 9.

En ce qui concerne le calcul des rapports, il convient de noter que, si l'enregistrement est défectueux à la fois pour les morts foetales tardives et pour les naissances vivantes, les rapports de mortinatalité peuvent être tout à fait raisonnables. En fait, c'est parfois pour les pays ou zones où l'enregistrement des naissances vivantes laisse le plus à désirer que les rapports de mortinatalité sont les plus élevés, ce qui masque l'incomplétude des données de base. Aussi, pour porter un jugement sur la qualité des rapports de mortinatalité, il ne faut jamais oublier que la complétude de l'enregistrement des naissances — comme celle de l'enregistrement des morts foetales tardives — peut varier sensiblement.

En dehors des effets indirects des lacunes de l'enregistrement des naissances vivantes, il arrive que les rapports de mortinatalité soient sérieusement faussés lorsque l'exploitation des données relatives aux naissances se fait d'après la date de l'enregistrement. Si le nombre des naissances vivantes enregistrées vient à varier notablement d'une année à l'autre par suite de modifications de la législation ou parce que des groupes importants de la population ont besoin de posséder une attestation de naissance, les rapports de mortinatalité varient également, mais en sens contraire. Il convient donc d'utiliser avec prudence les données des pays ou zones où les statistiques sont établies d'après la date de l'enregistrement, à moins qu'on ne sache aussi que les données exploitées d'après la date de l'enregistrement diffèrent peu de celles qui sont exploitées d'après la date de l'événement.

Enfin, on notera que l'inclusion parmi les morts foetales tardives des décès d'enfants nés vivants qui sont décédés avant l'engistrement de leur naissance ou dans les 24 heures qui ont suivi la naissance conduit à des rapports de mortinatalité exagérés parce que le dénominateur (nombre de naissances) se trouve alors diminué et le numérateur (morts foetales) augmenté. Il importe de ne pas négliger ce facteur lorsqu'on utilise les données du présent tableau.

La comparabilité des données selon la résidence (urbaine/rurale) peut être limitée par les définitions nationales des termes "urbain" et "rural" utilisées pour la mise en tableaux de ces données. En l'absence d'indications contraires, on a supposé que les définitions des termes "urbain" et "rural" utilisées pour le recensement national de la population avaient été utilisées aussi pour l'établissement des statistiques de l'état civil pour chaque pays ou zone. Toutefois, on ne peut exclure la possibilité que, pour un pays ou zone donné, les mêmes définitions des termes "urbain" et "rural" n'aient pas été utilisées dans les deux cas. Les définitions du terme "urbain" utilisées pour les recensements nationaux de population ont été présentées à la fin du tableau 6 lorsqu'elles étaient connues. Comme on l'a précisé en détail dans les Notes techniques relatives au tableau 6, ces définitions varient très sensiblement d'un pays ou d'une zone à l'autre.

Urban/rural differentials in late foetal—death ratios may also be affected by whether the late foetal deaths and live births have been tabulated in terms of place of occurrence or place of usual residence. This problem is discussed in more detail in section 4.1.4.1 of the Technical Notes.

Coverage : Late foetal deaths are shown for 77 countries or areas. Data are presented by urban/rural residence for 25 countries or areas.

Late—foetal—death ratios shown for 28 countries or areas. Ratios are presented by urban/rural residence of 12 countries or areas.

Data for ethnic or geographical segments of the population are included in the absence of national figures. These data are not presented as being representative of national—level statistics but as an index of the availability of statistics.

Earlier data : Late foetal deaths and late foetal—death ratios have been shown in each issue of the Demographic Yearbook beginning with the 1951 issue. For information on specific years covered, readers should consult the index.

Table 13

Table 13 presents legally induced abortions for as many years as possible between 1982 and 1990.

Description of variables : Abortion appears in the International Classification of Diseases, 1965 Revision, [35] in two places : (a) as a disease or cause of death of a woman [36] and (b) as a cause of death of the foetus [37]. It is defined, with reference to the woman, as any interruption of pregnancy before 28 weeks of gestation with a dead foetus [38]. There are two major categories of abortion : spontaneous and induced. Induced abortions are those initiated by deliberate action undertaken with the intention of terminating pregnancy; all other abortions are considered as spontaneous. [39]

The induction of abortion is subject to governmental regulation in most, if not all, countries or areas. This regulation varies from complete prohibition in some countries or areas to abortion on request, with services provided by governmental health authorities, in others. More generally, governments have attempted to define the conditions under which pregnancy may lawfully be terminated, and have established procedures for authorizing abortion in individual cases. [40]

Legally induced abortions are further classified according to the legal grounds on which induced abortion may be performed. A code shown next to the country or area name indicates the grounds on which induced abortion is legal in that particular country or area, the meanings of which are shown below :

a   Continuance of pregnancy would involve risk to the life of the pregnant woman greater than if the pregnancy were terminated.

La différence entre les rapports de mortinatalité pour les zones urbaines et rurales pourra aussi être faussée selon que les morts foetales tardives et les naissances vivantes auront été classées d'après le lieu de l'événement ou le lieu de la résidence habituelle. Ce problème est examiné plus en détail à la section 4.1.4.1 des Notes techniques.

Portée : Ce tableau présente des données sur les morts foetales tardives pour 77 pays ou zones. Les répartitions selon la résidence (urbaine/rurale) intéressent 25 pays ou zones.

Ce tableau présente également des données sur les rapports de mortinatalité pour 28 pays ou zones. Les rapports ventilés selon la résidence (urbaine/rurale) intéressent 12 pays ou zones.

Lorsqu'il n'existait pas de chiffres nationaux, on a fait figurer des chiffres portant sur des groupes ethniques ou géographiques. Ces données ne se veulent pas représentatives sur le plan national et ne sont présentées que comme indice des statistiques disponibles.

Données publiées antérieurement : Des statistiques des morts foetales tardives et des rapports de mortinatalité ont été publiées dans toutes les éditions de l'Annuaire démographique à partir de celle de 1951. Pour plus de précisions concernant les années pour lesquelles ces données ont été publiées, on se reportera à l'index.

Tableau 13

Ce tableau présente des données sur les avortements provoqués pour des raisons légales pour le plus grand nombre d'années possible entre 1982 et 1990.

Description des variables : Le terme avortement apparaît à deux reprises dans la Classification internationale des maladies, Révision 1965 [35] : a) comme maladie ou cause de décès de la femme [36], et b) comme cause de décès du foetus [37]. Il est défini, en ce qui concerne la femme, comme toute interruption d'une grossesse avant la 28e semaine avec présence d'un foetus mort [38]. L'avortement peut être spontané ou provoqué. L'avortement provoqué est celui qui résulte de manoeuvres délibérées entreprises dans le dessein d'interrompre la grossesse; tous les autres avortements sont considérés comme spontanés [39].

L'interruption délibérée de la grossesse fait l'objet d'une réglementation officielle dans la plupart des pays ou zones, sinon dans tous. Cette réglementation va de l'interdiction totale à l'autorisation de l'avortement sur demande, pratiqué par des services de santé publique. Le plus souvent, les gouvernements se sont efforcés de définir les circonstances dans lesquelles la grossesse peut être interrompue licitement et de fixer une procédure d'autorisation [40].

Les interruptions légales de grossesse sont également classées selon le motif d'autorisation. Une indication codée, en regard du pays ou de la zone, signale les motifs d'autorisation de l'avortement, comme ci—après :

a   La non—interruption de la grossesse comporterait, pour la vie de la femme enceinte, un risque plus grave que celui de l'avortement;

b Continuance of pregnancy would involve risk of injury to the physical health of the pregnant woman greater than if the the pregancy were terminated.

c Continuance of pregnancy would involve risk of injury to the mental health of the pregnant woman greater if the pregnancy were terminated.

d Continuance of pregnancy would involve risk of injury to mental or physical health of any existing children of the family greater than if the pregnancy were terminated.

e There is a substantial risk that if the child were born it would suffer from such physical or mental abnormalities as to be seriously handicapped.

f Other

The focus of the present table is on abortion as a social, rather than physiological, event. Differences among countries or areas in definition and in record–keeping would seem to preclude the collection of abortion data on any internationally comparable basis if abortion were defined solely in physiological terms. By restricting coverage to events that have been induced, the table minimizes any distortion arising either from differences in definition or from differences in accuracy and comprehensiveness of the records kept concerning spontaneous foetal loss. By further restricting coverage to events performed under legal auspices, the table at least reduces (if it does not eliminate altogether) the likelihood of distortion arising from any reluctance to report the occurrence of such a procedure.

Reliability of data : Unlike data on live births and foetal deaths, which are generally collected through systems of vital registration, data on abortion are collected from a variety of sources. Because of this, the quality specification, showing the completeness of civil registers, which is presented for other tables, does not appear here.

Limitations : With regard to the collection of information on abortions, a variety of sources are used, but hospital records are the most common source of information. [41] This obviously implies that most cases which have no contact with hospitals are missed. Data from other sources are probably also incomplete. The data in the present table are limited to legally induced abortions which, by their nature, might be assumed to be more complete than data on all induced abortions.

Coverage : Legally induced abortions are shown for 41 countries or areas.

Earlier data : Legally induced abortions have been shown previously in all issues of the Demographic Yearbook since the 1971 issue.

Table 14

Table 14 presents legally induced abortions by age and number of previous live births of women for the latest available year.

b La non–interruption de la grossesse comporterait, pour la santé physique de la femme enceinte, un risque plus grave que celui de l'avortement;

c La non–interruption de la grossesse comporterait, pour la santé mentale de la femme enceinte, un risque plus grave que celui de l'avortement.

d La non–interruption de la grossesse comporterait, pour la santé mentale ou physique d'un enfant déjà né dans la famille, un risque plus grave que celui de l'avortement.

e L'enfant né à terme courrait un risque substantiel de souffrir d'anomalies physiques ou mentales entraînant pour lui un grave handicap;

f Autres motifs.

Le tableau 13 cherche à présenter l'avortement comme un fait social plutôt que physiologique. Etant donné les différences qui existent entre les pays ou zones, quant à la définition du terme ''avortement'' et au comptage des cas, il paraît impossible, en partant d'une définition purement physiologique, d'obtenir des données permettant la moindre comparaison internationale. Comme la portée du tableau est limitée aux seuls avortements provoqués, on réduit au minimum les déformations qui résulteraient de différences de définition ou d'exhaustivité des enregistrements des pertes foetales spontanées. Comme, de surcroît, il n'est question que des avortements légaux, les possibilités de distorsion qu'entraînerait l'hésitation à déclarer les avortements effectivement pratiqués sont réduites, sinon éliminées.

Fiabilité des données : A la différence des données sur les naissances vivantes et les morts foetales, qui proviennent généralement des registres d'état civil, les données sur l'avortement sont tirées de sources diverses. Aussi ne trouve–t–on pas ici une évaluation de la qualité des données, semblable à celle qui indique, pour les autres tableaux, le degré d'exhaustivité des données de l'état civil.

Insuffisance des données : En ce qui concerne les renseignements sur l'avortement, un grand nombre de sources sont utilisées [41], mais les relevés hospitaliers constituent la source la plus fréquente d'information. Il s'ensuit que la plupart des cas qui ne passent pas par les hôpitaux sont ignorés. Les données d'autres sources sont sans doute également incomplètes. Les données du tableau 13 se limitent aux avortements provoqués pour raisons légales dont on peut supposer, en raison de leur nature même, que les statistiques sont plus complètes que les données concernant l'ensemble des avortements provoqués.

Portée : Ce tableau présente des données sur les avortements provoqués pour raisons légales concernant 41 pays ou zones.

Données publiées antérieurement : Des statistiques des avortements provoqués pour raisons légales ont déjà été publiées dans toutes les éditions de l'Annuaire démographique depuis celle de 1971.

Tableau 14

Ce tableau présente des données sur les avortements provoqués pour des raisons légales, selon l'âge de la mère et le nombre de naissances vivantes antérieures, pour la dernière année pour laquelle ces données existent.

Description of variables: Abortion appears in the International Classification of Diseases, 1965 Revision, [42] in two places: (a) as a disease or cause of death of a woman [43] and (b) as a cause of death of a foetus. [44] It is defined, with reference to the woman, as any interruption of pregnancy before 28 weeks of gestation with a dead foetus. [45] There are two major categories of abortion: spontaneous and induced. Induced abortions are those initiated by deliberate action undertaken with the intention of terminating pregnancy; all other abortions are considered as spontaneous. [46] The Technical Notes for table 12 provide more detailed information on the classification of legally induced abortion.

Age is defined as age at last birthday, that is, the difference between the date of birth and the date of the occurrence of the event, expressed in completed solar years. The age classification used in this table is the following: under 15 years, 5–year age groups through 45–49 years 50 years and over, and age unknown.

Except where otherwise indicated, eight categories are used in classifying the number of previous live births: 0 through 5, 6 or more live births, and, if required, number of live births unknown.

The focus of the present table is on abortion as a social, rather than physiological, event. Differences among countries or areas in definition and in record–keeping would seem to preclude the collection of abortion data on any internationally comparable basis if abortion were defined solely in physiological terms. By restricting coverage to events that have been induced, the table avoids any distortion arising either from differences in definition or from differences in accuracy and comprehensiveness of the records kept concerning spontaneous foetal loss. By further restricting coverage to events performed under legal auspices, the table at least reduces (if it does not eliminate altogether) the likelihood of distortion arising from any reluctance to report the occurrence of such a procedure.

Reliability of data: Unlike data on live births and foetal deaths, which are generally collected through systems of vital registration, data on abortion are collected from a variety of sources. Because of this, the quality specification, showing the completeness of civil registers, which is presented for other tables, does not appear here.

Limitations: With regard to the collection of information on abortions, a variety of sources are used, but hospital records are the most common source of information. [47] This obviously implies that most cases which have no contact with hospitals are missed. Data from other sources are probably also incomplete. The data in the present table are limited to legally induced abortions which, by their nature, might be assumed to be more complete than data on all induced abortions.

In addition, deficiencies in reporting of age and number of previous live births of the woman, differences in the method used for obtaining the age of the woman, and the proportion of abortions for which age or previous live births of the woman are unknown must all be taken into account in using these data.

Coverage: Legally induced abortions by age and number of previous live births of women are shown for 26 countries or areas.

Descriptions des variables : Le terme avortement apparaît à deux reprises dans la Classification internationale des maladies, Révision 1965 [42]: a) comme maladie ou cause de décès de la femme [43], et b) comme maladie ou cause de décès du foetus [44]. Il est défini, en ce qui concerne la femme, comme toute interruption d'une grossesse avant la 28e semaine avec présence d'un foetus mort [45]. L'avortement peut être spontané ou provoqué. L'avortement provoqué est celui résulte de manoeuvres délibérées enterprises dans le dessein d'interrompre la grossesse; tous les autres avortements sont considérés comme spontanés [46]. Les Notes techniques au tableau 12 donnent plus de détails concernant la classification des avortements légaux.

L'âge est l'âge au dernier anniversaire, c'est–à–dire la différence entre la date de naissance et la date de l'avortement, exprimée en années solaires révolues. La classification par âge utilisée dans ce tableau est la suivante : moins de 15 ans, groupes quinquennaux jusqu'à 45 à 49 ans, 50 ans et plus, et âge inconnu.

Sauf indication contraire, les naissances vivantes antérieures sont classées dans les huit catégories suivantes : 0 à 5 naissances vivantes, 6 naissances vivantes ou plus et, le cas échéant, nombre de naissances vivantes inconnu.

Le tableau 14 cherche à présenter l'avortement comme un fait social plutôt que physiologique. Etant donné les différences qui existent entre les pays ou zones quant à la définition du terme et au comptage des cas, il paraît impossible, en partant d'une définition purement physiologique, d'obtenir des données permettant la moindre comparaison internationale. Comme la portée du tableau est limitée aux seuls avortements provoqués, on évite les déformations qui résulteraient de différences de définition ou de différences dans la précision ou l'exhaustivité des enregistrements des pertes foetales spontanées. Comme, de surcroît, il n'est question que des avortements légaux, les possibilités de distorsion qu'entraînerait l'hésitation à déclarer les avortements effectivement pratiqués sont réduites, sinon éliminées.

Fiabilité des données : A la différence des données sur les naissances vivantes et les morts foetales, qui proviennent généralement des registres d'état civil, les données sur l'avortement sont tirées de sources diverses. Aussi ne trouve–t–on pas ici une évaluation de la qualité des données semblable à celle qui indique, pour les autres tableaux, le degré d'exhaustivité des données de l'état civil.

Insuffisances des données : En ce qui concerne les renseignements sur l'avortement, un grand nombre de sources sont utilisées [47], mais les relevés hospitaliers constituent la source la plus fréquente d'information. Il s'ensuit que la plupart des cas qui ne passent pas par les hôpitaux sont ignorés. Les données d'autres sources sont sans doute également incomplètes. Les données du tableau 49 se limitent aux avortements provoqués pour raisons légales, dont on peut supposer, en raison de leur nature même, que les statistiques sont plus complètes ques les données concernant l'ensemble des avortements provoqués.

En outre, on doit tenir compte, lorsqu'on utilise ces données, des erreurs de déclaration de l'âge de la mère et du nombre des naissances vivantes précédentes, de l'hétérogénéité des méthodes de calcul de l'âge de la mère et de la proportion d'avortements pour lesquels l'âge de la mère ou le nombre des naissances vivantes ne sont pas connus.

Portée : Ce tableau présente des données sur les avortements provoqués pour raisons légales, selon l'âge de la mère et le nombre des naissances vivantes antérieures, pour 26 pays ou zones.

Data for ethnic or geographic segments of the population are included in the absence of national figures. These data are not presented as being representative of national—level statistics but as an index of the availability of statistics.

Earlier data: Legally induced abortions by age and previous live births of women have been shown previously in most issues of the Demographic Yearbook since the 1971 issue. For information on specific years covered, readers should consult the Index.

Table 15

Table 15 presents infant deaths and infant mortality rates by urban/rural residence for as many years as possible between 1987 and 1991.

Description of variables: Infant deaths are deaths of live—born infants under one year of age.

Statistics on the number of infant deaths are obtained from civil registers unless otherwise noted. Infant mortality rates are, in most instances, calculated from data on registered infant deaths and registered live births where civil registration is considered reliable (estimated completeness of 90 per cent or more). However, for countries or areas where civil registration of infant deaths is non—existent or considered unreliable (estimated completeness of less than 90 per cent or of unknown completeness), estimated rates are presented whenever possible instead of the rates based on the registered infant deaths. These estimated rates are identified by a footnote. Rates based on estimates provided by national statistical offices using well—defined estimation procedures and sources, whether based on census or sample survey data, are given first priority. If such rates are not available, rates estimated by the Population Division of the United Nations Secretariat are presented.

The urban/rural classification of infant deaths is that provided by each country or area; it is presumed to be based on the national census definitions of urban population that have been set forth at the end of table 6.

Rate computation: Infant mortality rates are the annual number of deaths of infants under one year of age per 1 000 live births (as shown in table 9) in the same year.

Rates by urban/rural residence are the annual number of infant deaths, in the appropriate urban or rural category, per 1 000 corresponding live births (as shown in table 9).

Rates presented in this table have been limited to those for countries or areas having at least a total of 100 infant deaths in a given year. Moreover, rates specific for individual sub—categories based on 30 or fewer infant deaths are identified by the symbol (◆).

Lorsqu'il n'existait pas de chiffres nationaux, on a fait figurer des chiffres portant sur des groupes ethniques ou géographiques. Ces données ne se veulent pas représentatives sur le plan national et ne sont présentées que comme indice des statistiques disponibles.

Données publiées antérieurement : Des statistiques des avortements provoqués pour raisons légales, selon l'âge de la mère et le nombre de naissances vivantes antérieures, figurent déjà dans la plupart des éditions de l'Annuaire démographique depuis celle de 1971. Pour plus de précisions concernant les années pour lesquelles ces données ont été publiées, on se reportera à l'Index.

Tableau 15

Ce tableau présente des données sur les décès d'enfants de moins d'un an et des taux de mortalité infantile selon la résidence (urbaine/rurale) pour le plus grand nombre d'années possible entre 1987 et 1991.

Description des variables : Les chiffres relatifs aux décès d'enfants de moins d'un an se rapportent aux naissances vivantes.

Sauf indication contraire, les statistiques du nombre de décès d'enfants de moins d'un an sont établies sur la base des registres de l'état civil. Dans la plupart des cas, le taux de mortalité infantile sont calculés à partir des statistiques des décès enregistrés d'enfants de moins d'un an et des naissances vivantes enregistrées où l'enregistrement de l'état civil est jugé sûr (exhaustivité estimée à 90 p. 100 ou plus). En revanche, pour les pays ou zones où l'enregistrement des décès d'enfants de moins d'un an par les servives de l'état civil n'existe pas ou est de qualité douteuse (exhaustivité estimée à moins de 90 p. 100 ou inconnue), on a présenté, autant que possible, des taux estimatifs et non des taux fondés sur les décès d'enfants de moins d'un an enregistrés. Lorsque tel était le cas, on l'a signalé en note au bas du tableau. On a retenu en priorité les estimations officielles établies d'après des méthodes et des sources bien définies, qu'il s'agisse de données de recensement ou de résultats d'enquêtes par sondage. Lorsqu'on ne disposait pas d'estimations de ce genre, on a présenté les taux estimatifs établis par la Division de la population du Secrétariat de l'ONU.

La classification des décès d'enfants de moins d'un an selon la résidence (urbaine/rurale) est celle qui a été fournie par chaque pays ou zone; il faut en conclure qu'elle repose sur les définitions de la population urbaine utilisées pour les recensements nationaux, telles qu'elles sont reproduites à la fin du tableau 6.

Calcul des taux : Les taux de mortalité infantile représentent le nombre annuel de décès d'enfants de moins d'un an pour 1 000 naissances vivantes (fréquences du tableau 9) survenues pendant la même année.

Les taux selon la résidence (urbaine/rurale) représentent le nombre annuel de décès d'enfants de moins d'un an, classés selon la catégorie urbaine ou rurale appropriée pour 1 000 naissances vivantes survenues dans la population correspondante (fréquences du tableau 9).

Les taux présentés dans ce tableau se rapportent aux seuls pays ou zones où l'on a enregistré un total d'au moins 100 décès d'enfants de moins d'un an au cours d'une année donnée. Les taux relatifs à des sous—catégories qui sont fondés sur un nombre égal ou inférieur à 30 décès d'enfants âgés de moins d'un an sont identifiés par le signe (◆).

These rates, unless otherwise noted, have been calculated by the Statistical Division of the United Nations.

In addition, some rates have been obtained from other sources, including analytical estimates based on census or survey data. To distinguish them from civil registration data, estimated rates are identified by a footnote.

Reliability of data: Each country or area has been asked to indicate the estimated completeness of the infant deaths recorded in its civil register. These national assessments are indicated by the quality codes (C), (U) and (...) that appear in the first column of this table.

C indicates that the data are estimated to be virtually complete, that is, representing at least 90 per cent of the infant deaths occurring each year, while U indicates that data are estimated to be incomplete, that is, representing less than 90 per cent of the infant deaths occurring each year. The code (...) indicates that no information was provided regarding completeness.

Data from civil registers which are reported as incomplete or of unknown completeness (coded U or ...) are considered unreliable. They appear in italics in this table. When data so coded are used to calculate rates, the rates also appear in italics.

These quality codes apply only to data from civil registers. If a series of data for a country or area contains both data from a civil register and estimated data from, for example, a sample survey, then the code applies only to the registered data. If only estimated data are presented, the symbol (..) is shown instead of the quality code. For more information about the quality of vital statistics data in general, and the information available on the basis of the completeness estimates in particular, see section 4.2 of the Technical Notes.

Limitations: Statistics on infant deaths are subject to the same qualifications as have been set forth for vital statistics in general and death statistics in particular as discussed in section 4 of the Technical Notes.

Sauf indication contraire, ces taux ont été calculés par la Division de statistique de l'ONU.

En outre, des taux ont été obtenus d'autres sources; ils proviennent notamment d'estimations analytiques fondées sur des résultats de recensements ou d'enquêtes. Pour les distinguer des données qui proviennent des registres de l'état civil, ces taux estimatifs ont été identifiés par une note à la fin du tableau.

Fiabilité des données : Il a été demandé à chaque pays ou zone d'indiquer le degré estimatif de complétude des données sur les décès d'enfants de moins d'un an figurant dans ses registres d'état civil. Ces évaluations nationales sont désignées par les codes de qualité (C), (U) et (...) qui apparaissent dans la première colonne du tableau.

La lettre (C) indique que les données sont jugées à peu près complètes, c'est—à—dire qu'elles représentent au moins 90 p. 100 des décès d'enfants de moins d'un an survenus chaque année; la lettre (U) indique que les données sont jugées incomplètes, c'est—à—dire qu'elles représentent moins de 90 p. 100 des décès d'enfants de moins d'un an survenus chaque année. Le signe (...) indique qu'aucun renseignement n'a été fourni quant à la complétude des données.

Les données provenant des registres de l'état civil qui sont déclarées incomplètes ou dont le degré de complétude n'est pas connu (et qui sont affectées de la lettre (U) ou du signe (...) sont jugées douteuses. Elles apparaissent en italique dans le présent tableau. Lorsque ces données sont utilisées pour calculer des taux, ces taux apparaissent eux aussi en italique.

Ces codes de qualité ne s'appliquent qu'aux données tirées des registres de l'état civil. Si une série de données pour un pays ou une zone contient à la fois des données provenant des registres de l'état civil et des estimations calculées, par exemple, sur la base d'enquêtes par sondage, le code s'applique uniquement aux données d'enregistrement. Si l'on ne présente que des données estimatives, le signe (..) est utilisé à la place du code de qualité. Pour plus de précisions sur la qualité des données reposant sur les statistiques de l'état civil en général, voir la section 4.2 des Notes techniques, qui fournit aussi des renseignements fondés sur les estimations de complétude.

Insuffisance des données : Les statistiques des décès d'enfants de moins d'un an appellent toutes les réserves qui ont été faites à propos des statistiques de l'état civil en général et des statistiques des décès en particulier (voir explications à la section 4 des Notes techniques).

The reliability of the data, an indication of which is described above, is an important factor in considering the limitations. In addition, some infant deaths are tabulated by date of registration and not by date of occurrence; these have been indicated by a (+). Whenever the lag between the date of occurrence and date of registration is prolonged and, therefore, a large proportion of the infant–death registrations are delayed, infant–death statistics for any given year may be seriously affected.

Another factor which limits international comparability is the practice of some countries or areas not to include in infant–death statistics infants who were born alive but died before the registration of the birth or within the first 24 hours of life, thus underestimating the total number of infant deaths. Statistics of this type are footnoted.

The method of reckoning age at death for infants may also introduce non–comparability. If year alone, rather than completed minutes, hours, days and months elapsed since birth, is used to calculate age at time of death, many of the infants who died during the eleventh month of life and some of those who died at younger ages will be classified as having completed one year of age and thus be excluded from the data. The effect would be to underestimate the number of infant deaths. Information on this factor is given in footnotes when known. Reckoning of infant age is discussed in greater detail in the Technical Notes for table 16.

In addition, infant mortality rates are subject to the limitations of the data on live births with which they have been calculated. These have been set forth in the Technical Notes for table 9.

Because the two components of the infant mortality rate, infant deaths in the numerator and live births in the denominator, are both obtained from systems of civil registration, the limitations which affect live–birth statistics are very similar to those which have been mentioned above in connection with the infant–death statistics. It is important to consider the reliability of the data (the completeness of registration) and the method of tabulation (by date of occurrence or by date of registration) of live–birth statistics as well as infant–death statistics, both of which are used to calculate infant mortality rates. The quality code and use of italics to indicate unreliable data presented in this table refer only to infant deaths. Similarly, the indication of the basis of tabulation (the use of the symbol (+) to indicate data tabulated by date of registration) presented in this table also refers only to infant deaths. Table 9 provides the corresponding information for live births.

If the registration of infant deaths is more complete than the registration of live births, then infant mortality rates would be biased upwards. If, however, the registration of live births is more complete than registration of infant deaths, infant mortality rates would be biased downwards. If both infant deaths and live births are tabulated by registration, it should be noted that deaths tend to be more promptly reported than births.

Le fiabilité des données, au sujet de laquelle des indications ont été fournies plus haut, est un facteur important. Il faut également tenir compte du fait que, dans certains cas, les données relatives aux décès d'enfants de moins d'un an sont exploitées selon la date de l'enregistrement et non la date de l'événement; ces cas ont été identifiés par le signe (+). Là où le décalage entre l'événement et son enregistrement est grand, c'est–à–dire où une forte proportion des décès d'enfants de moins d'un an fait l'objet d'un enregistrement tardif, les statistiques des décès d'enfants de moins d'un an pour une année donnée peuvent être sérieusement faussées.

Un autre facteur qui nuit à la comparabilité internationale est la pratique de certains pays ou zones qui consiste à ne pas inclure dans les statistiques des décès d'enfants de moins d'un an les enfants nés vivants mais décédés avant l'enregistrement de leur naissance ou dans les 24 heures qui ont suivi la naissance, pratique qui conduit à sous–estimer le nombre total de décès d'enfants de moins d'un an. Quand tel était le cas, on l'a signalé en note à la fin du tableau.

Les méthodes suivies pour calculer l'âge au moment du décès peuvent également nuire à la comparabilité des données. Si l'on utilise à cet effet l'année seulement, et non pas les minutes, heures, jours et mois qui se sont écoulés depuis la naissance, de nombreux enfants décédés au cours du onzième mois qui a suivi leur naissance et certains enfants décédés encore plus jeunes seront classés comme décédés à un an révolu et donc exclus des données. Cette pratique conduit à sous–estimer le nombre de décès d'enfants de moins d'un an. Les renseignements dont on dispose sur ce facteur apparaissent en note à la fin du tableau. La question du calcul de l'âge au moment du décès est examinée plus en détail dans les Notes techniques se rapportant au tableau 16.

Les taux de mortalité infantile appellent en outre toutes les réserves qui ont été formulées à propos des statistiques des naissances vivantes qui ont servi à leur calcul. Voir à ce sujet les Notes techniques relatives au tableau 9.

Les deux composantes du taux de mortalité infantile — décès d'enfants de moins d'un an au numérateur et naissances vivantes au dénominateur — étant obtenues à partir des registres de l'état civil, les statistiques des naissances vivantes appellent des réserves presque identiques à celles qui ont été formulées plus haut à propos des statistiques des décès d'enfants de moins d'un an. Il importe de prendre en considération la fiabilité des données (complétude de l'enregistrement) et le mode d'exploitation (selon la date de l'événement ou selon la date de l'enregistrement) dans le cas des statistiques des naissances vivantes tout comme dans le cas de celles des décès d'enfants de moins d'un an, puisque les unes et les autres servent au calcul des taux de mortalité infantile. Dans le présent tableau, le code de qualité et l'emploi de caractères italiques pour signaler les données moins sûres ne concernent que les décès d'enfants de moins d'un an. L'indication du mode d'exploitation des données (emploi du signe (+) pour identifier les données exploitées selon la date de l'enregistrement) concerne aussi des enfants de moins d'un an exclusivement. Le tableau 9 fournit les renseignements correspondants pour les naissances vivantes.

Si l'enregistrement des décès d'enfants de moins d'un an est plus complet que l'enregistrement des naissances vivantes, les taux de mortalité infantile seront entachés d'une erreur par excès. En revanche, si l'enregistrement des naissances vivantes est plus complet que l'enregistrement des décès d'enfants de moins d'un an, les taux de mortalité infantile seront entachés d'une erreur par défaut. Si les décès d'enfants de moins d'un an et les naissances vivantes sont exploités selon la date de l'enregistrement, il convient de ne pas perdre de vue que les décès sont, en règle générale, déclarés plus rapidement que les naissances.

Infant mortality rates may be seriously affected by the practice of some countries or areas not to consider infants who were born alive but died before the registration of the birth or within the first 24 hours of life as a live birth and subsequent infant death. Although this practice results in both the number of infant deaths in the numerator and the number of live births in the denominator being underestimated, its impact is greater on the numerator of the infant mortality rate. As a result this practice causes infant mortality rates to be biased downwards.

Infant mortality rates will also be underestimated if the method of reckoning age at death results in an underestimation of the number of infant deaths. This point has been discussed above.

Because all of these factors are important, care should be taken in comparing and rank ordering infant mortality rates.

With respect to the method of calculating infant mortality rates used in this table, it should be noted that no adjustment was made to take account of the fact that a proportion of the infant deaths which occur during a given year are deaths of infants who were born during the preceding year and hence are not taken from the universe of births used to compute the rates. However, unless the number of live births or infant deaths is changing rapidly, the error involved is not important. [48]

Estimated rates based directly on the results of sample surveys are subject to considerable error as a result of omissions in reporting infant deaths or as a result of erroneous reporting of those which occurred outside the period of reference. However, such rates do not have the advantage of having a ''built—in'' and corresponding base.

The comparability of data by urban/rural residence is affected by the national definitions of urban and rural used in tabulating these data. It is assumed, in the absence of specific information to the contrary, that the definitions of urban and rural used in connection with the national population census were also used in the compilation of the vital statistics for each country or area. However, the possibility cannot be excluded that, for a given country or area, the same definitions of urban and rural are not used for both the vital statistics data and the population census data. When known, the definitions of urban used in national population censuses are presented at the end of table 6. As discussed in detail in the Technical Notes for table 6, these definitions vary considerably from one country or area to another.

Urban/rural differentials in infant mortality rates may also be affected by whether the infant deaths and live births have been tabulated in terms of place of occurence or place of usual residence. This problem is discussed in more detail in section 4.1.4.1 of the Technical Notes.

Les taux de mortalité infantile peuvent être gravement faussés par la pratique de certains pays ou zones qui consiste à ne pas classer dans les naissances vivantes et ensuite dans les décès d'enfants de moins d'un an les enfants nés vivants mais décédés soit avant l'enregistrement de leur naissance, soit dans les 24 heures qui ont suivi la naissance. Cette pratique conduit à sous—estimer aussi bien le nombre des décès d'enfants de moins d'un an, qui constitue le numérateur, que le nombre des naissances vivantes, qui constitue le dénominateur, mais c'est pour le numérateur du taux de mortalité infantile que la distorsion est la plus marquée. Ce système a pour effet d'introduire une erreur par défaut dans les taux de mortalité infantile.

Les taux de mortalité infantile seront également sous—estimés si la méthode utilisée pour calculer l'âge au moment du décès conduit à sous—estimer le nombre de décès d'enfants de moins d'un an. Cette question a été examinée plus haut.

Tous ces facteurs sont importants et il faut donc en tenir compte lorsqu'on compare et classe les taux de mortalité infantile.

En ce qui concerne la méthode de calcul des taux de mortalité infantile utilisée dans ce tableau, il convient de noter qu'il n'a pas été tenu compte du fait qu'une partie des décès survenus pendant une année donnée sont des décès d'enfants nés l'année précédente et ne correspondent donc pas à l'univers des naissances utilisé pour le calcul des taux. Toutefois, l'erreur n'est pas grave, à moins que le nombre des naissances vivantes ou des décès d'enfants de moins d'un an ne varie rapidement [48].

Les taux estimatifs fondés directement sur les résultats d'enquêtes par sondage comportent des possibilités d'erreurs considérables dues soit à des omissions dans les déclarations de décès d'enfants de moins d'un an, soit au fait que l'on a déclaré à tort des décès survenus en réalité hors de la période considérée. Mais ils présentent aussi un avantage puisque le chiffre des naissances vivantes utilisé comme base est connu par définition et rigoureusement correspondant.

La comparabilité des données selon la résidence (urbaine/rurale) peut être limitée par les définitions nationales des termes ''urbain'' et ''rural'' utilisées pour la mise en tableaux de ces données. En l'absence d'indications contraires, on a supposé que les définitions des termes ''urbain'' et ''rural'' utilisées pour le recensement national de la population avaient été utilisées aussi pour l'établissement des statistiques de l'état civil pour chaque pays ou zone. Toutefois, on ne peut exclure la possibilité que, pour un pays ou zone donné, les mêmes définitions des termes ''urbain'' et ''rural'' n'aient pas été utilisées dans les deux cas. Les définitions du terme ''urbain'' utilisées pour les recensements nationaux de population ont été présentées à la fin du tableau 6 lorsqu'elles étaient connues. Comme on l'a précisé en détail dans les Notes techniques relatives au tableau 6, ces définitions varient très sensiblement d'un pays ou d'une zone à l'autre.

La différence entre les taux de mortalité infantile pour les zones urbaines et rurales pourra aussi être faussée selon que les décès d'enfants de moins d'un an et les naissances vivantes auront été classés d'après le lieu de l'événement ou le lieu de résidence habituelle. Ce problème est examiné plus en détail à la section 4.1.4.1 des Notes techniques.

Coverage: Infant deaths are shown for 127 countries or areas. Data are presented by urban/rural residence for 51 countries or areas.

Infant mortality rates are shown for 161 countries or areas. Rates are presented by urban/rural residence for 47 countries or areas.

Data for ethnic or geographical segments of the population are included in the absence of national figures. These data are not presented as being representative of national–level statistics but as an index of the availability of statistics.

Earlier data: Infant deaths and infant mortality rates have been shown in previous issues of the Demographic Yearbook. For information on specific years covered, readers should consult the Index.

Portée : Ce tableau présente des données sur les décès d'enfants de moins d'un an pour 127 pays ou zones. Les données sont classées selon la résidence (urbaine/rurale) pour 51 pays ou zones.

Ce tableau présente également des taux de mortalité infantile pour 161 pays ou zones. Les taux sont classés selon la résidence (urbaine/rurale) pour 47 pays ou zones.

Lorsqu'il n'existait pas de chiffres nationaux, on a fait figurer des chiffres portant sur des groupes ethniques ou géographiques. Ces données ne se veulent pas représentatives sur le plan national et ne sont présentées que comme indice des statistiques disponibles.

Données publiées antérieurement : Des statistiques des décès d'enfants de moins d'un an et des taux de mortalité infantile ont déjà été présentées dans des éditions antérieures de l'Annuaire démographique. Pour plus de précisions concernant les années pour lesquelles ces données ont été publiées, on se reportera à l'Index.

Table 16

Table 16 presents infant deaths and infant mortality rates by age, sex and urban/rural residence for the latest available year.

Description of variables: Age is defined as hours, days and months of life completed, based on the difference between the hour, day, month and year of birth and the hour, day, month and year of death. The age classification used in this table is the following: under 1 day, 1–6 days, 7–27 days, 28–364 days, and age unknown.

The urban/rural classification of infant deaths is that provided by each country or area; it is presumed to be based on the national census definitions of urban population that have been set forth at the end of table 6.

Rate computation: Infant mortality rates by age and sex are the annual number of deaths of infants under one year of age by age and sex per 1 000 live births by sex (as shown in table 9) in the same year.

Infant mortality rates by age, sex and urban/rural residence are the annual number of infant deaths that occurred in a specific age–sex–urban/rural group per 1 000 live births in the corresponding sex–urban/rural group (as shown in table 9).

The denominator for all of these rates, regardless of age of infant at death, is the number of live births by sex (and by urban/rural residence if appropriate).

Infant deaths of unknown age are included only in the rate for under one year of age. Deaths of unstated sex are included in the rate for the total and hence these rates, shown in the first column of the table, should agree with the infant mortality rates shown in table 15. Discrepancies are explained in footnotes.

Rates presented in this table have been limited to those for countries or areas having at least a total of 1 000 infant deaths in a given year. Moreover, rates specific for individual sub–categories based on 30 or fewer infant deaths are identified by the symbol (◆).

Tableau 16

Ce tableau présente des données sur les décès d'enfants de moins d'un an et des taux de mortalité infantile selon l'âge, le sexe et la résidence (urbaine/rurale) pour la dernière année disponible.

Description des variables : L'âge est exprimé en heures, jours et mois révolus et est calculé en retranchant la date de la naissance (heure, jour, mois et année) de celle du décès (heure, jour, mois et année). La classification par âge utilisée dans ce tableau est la suivante : moins d'un jour, 1 à 6 jours, 7 à 27 jours, 28 à 364 jours et âge inconnu.

La classification des décès d'enfants de moins d'un an selon la résidence (urbaine/rurale) est celle qui a été fournie par chaque pays ou zone; il faut en conclure qu'elle repose sur les définitions de la population urbaine utilisées dans le cadre des recensements nationaux, telles qu'elles sont reproduites à la fin du tableau 6.

Calcul des taux : Les taux de mortalité infantile selon l'âge et le sexe représentent le nombre annuel de décès d'enfants de moins d'un an selon l'âge et le sexe pour 1 000 naissances vivantes d'enfants du même sexe (fréquences du tableau 9) survenues au cours de l'année considérée.

Les taux de mortalité infantile selon l'âge, le sexe et la résidence (urbaine/rurale) représentent le nombre annuel de décès d'enfants de moins d'un an intervenus dans un groupe d'âge donné dans la population urbaine ou rurale du sexe masculin ou féminin (fréquences du tableau 9) pour 1 000 naissances vivantes intervenues dans la population urbaine ou rurale du même sexe.

Le dénominateur de tous ces taux, quel que soit l'âge de l'enfant au moment du décès, est le nombre de naissances vivantes selon le sexe (et selon la résidence (urbaine/rurale), le cas échéant).

Il n'est tenu compte des décès d'enfants d'âge "inconnu" que pour le calcul du taux relatif à l'ensemble des décès de moins d'un an. Les décès d'enfants de sexe inconnu étant compris dans le numérateur des taux concernant le total, ces taux, qui figurent dans la première colonne du tableau 16, devraient concorder avec les taux de mortalité infantile du tableau 15. Les divergences sont expliquées en note.

Les taux présentés dans ce tableau ne concernent que les pays ou zones où l'on a enregistré un total d'au moins 1 000 décès d'enfants de moins d'un an au cours d'une année donnée. Les taux relatifs à des sous–catégories qui sont fondés sur un nombre égal ou inférieur à 30 décès d'enfants âgés de moins d'un an sont identifiés par le signe (◆).

Reliability of data: Data from civil registers of infant deaths which are reported as incomplete (less than 90 per cent completeness) or of unknown completeness are considered unreliable and are set in italics rather than in roman type. Rates calculated using these data are also set in italics. Table 15 and the Technical Notes for that table provide more detailed information on the completeness of infant death registration. For more information about the quality of vital statistics data in general, and the information available on the basis of the completeness estimates in particular, see section 4.2 of the Technical Notes.

Limitations: Statistics on infant deaths by age and sex are subject to the same qualifications as have been set forth for vital statistics in general and death statistics in particular as discussed in section 4 of the Technical Notes.

The reliability of the data, an indication of which is described above, is an important factor in considering the limitations. In addition, some infant deaths are tabulated by date of registration and not by date of occurrence; these have been indicated by a ($+$). Whenever the lag between the date of occurrence and date of registration is prolonged and, therefore, a large proportion of the infant–death registrations are delayed, infant–death statistics for any given year may be seriously affected.

Another factor which limits international comparability is the practice of some countries or areas not to include in infant–death statistics infants who were born alive but died before the registration of the birth or within the first 24 hours of life, thus underestimating the total number of infant deaths. Statistics of this type are footnoted. In this table in particular, this practice may contribute to the lack of comparability among deaths under one year, under 28 days, under one week and under one day.

Variation in the method of reckoning age at the time of death introduces limitations on comparability. Although it is to some degree a limiting factor throughout the age span, it is an especially important consideration with respect to deaths at ages under one day and under one week (early neonatal deaths) and under 28 days (neonatal deaths). As noted above, the recommended method of reckoning infant age at death is to calculate duration of life in minutes, hours and days, as appropriate. This gives age in completed units of time. In some countries or areas, however, infant age is calculated to the nearest day only, that is, age at death for an infant is the difference between the day, month and year of birth and the day, month and year of death. The result of this procedure is to classify as deaths at age one day many deaths of infants dying before they have completed 24 hours of life. The under–one–day class is thus understated while the frequency in the 1–6–day age group is inflated.

Fiabilité des données : Les données sur les décès d'enfants de moins d'un an provenant des registres de l'état civil qui sont déclarées incomplètes (degré de complétude inférieur à 90 p. 100) ou dont le degré de complétude n'est pas connu sont jugées douteuses et apparaissent en italique et non en caractères romains. Les taux calculés à partir de ces données apparaissent eux aussi en italique. Le tableau 15 et les Notes techniques se rapportant à ce tableau présentent des renseignements plus détaillés sur le degré de complétude de l'enregistrement des décès d'enfants de moins d'un an. Pour plus de précisions sur la qualité des données reposant sur les statistiques de l'état civil en général, voir la section 4.2 des Notes techniques, qui fournit aussi des renseignements fondés sur les estimations de complétude.

Insuffisance des données : Les statistiques des décès d'enfants de moins d'un an selon l'âge et le sexe appellent toutes les réserves qui ont été formulées à propos des statistiques de l'état civil en général et des statistiques des décès en particulier (voir explications à la section 4 des Notes techniques).

La fiabilité des données, au sujet de laquelle des indications ont été fournies plus haut, est un facteur important. Il faut également tenir compte du fait que, dans certains cas, les données relatives aux décès d'enfants de moins d'un an sont exploitées selon la date de l'enregistrement et non la date de l'événement; ces cas ont été identifiés par le signe ($+$). Là où le décalage entre l'événement et son enregistrement est grand, c'est–à–dire où une forte proportion des décès d'enfants de moins d'un an fait l'objet d'un enregistrement tardif, les statistiques des décès d'enfants de moins d'un an pour une année donnée peuvent être sérieusement faussées.

Un autre facteur qui nuit à la comparabilité internationale est la pratique de certains pays ou zones qui consiste à ne pas inclure dans les statistiques des décès d'enfants de moins d'un an les enfants nés vivants mais décédés soit avant l'enregistrement de leur naissance, soit dans les 24 heures qui ont suivi la naissance, pratique qui conduit à sous–estimer le nombre total de décès d'enfants de moins d'un an. Lorsqu'on savait que ce facteur était intervenu, on l'a signalé en note. Dans ce tableau en particulier, ce système peut contribuer au défaut de comparabilité des données concernant les décès d'enfants de moins d'un an, de moins de 28 jours, de moins d'une semaine et de moins d'un jour.

Le manque d'uniformité des méthodes suivies pour calculer l'âge au moment du décès nuit également à la comparabilité des données. Ce facteur influe dans une certaine mesure sur les données relatives à la mortalité à tous les âges, mais il a des répercussions particulièrement marquées sur les statistiques des décès de moins d'un jour et de moins d'une semaine (mortalité néo–natale précoce) ainsi que sur celles des décès de moins de 28 jours (mortalité néo–natale). Comme on l'a dit, l'âge d'un enfant de moins d'un an à son décès est calculé, selon la méthode recommandée, en évaluant la durée de vie en minutes, heures et jours, selon le cas. L'âge est ainsi exprimé en unités de temps révolues. Toutefois, dans certains pays ou zones, l'âge de ces enfants n'est calculé qu'en jours, c'est–à–dire que l'âge au décès est calculé en retranchant la date de la naissance (jour, mois et année) de celle du décès (jour, mois et année). Il s'ensuit que de nombreux décès survenus dans les vingt–quatre heures qui suivent la naissance sont classés comme décès d'un jour. Dans ces conditions, les données concernant les décès de moins d'un jour sont entachées d'une erreur par défaut et celles qui se rapportent aux décès de 1 à 6 jours d'une erreur par excès.

A special limitation on comparability of neonatal (under 28 days) deaths is the variation in the classification of infant age used. It is evident from the footnotes in the tables that some countries or areas continue to report infant age in calendar, rather than lunar-month (4-week or 28-day), periods.

Failure to tabulate infant deaths under 4 weeks of age in terms of completed days introduces another source of variation between countries or areas. Deaths classified as occurring under one month usually connote deaths within any one calendar month; these frequencies are not strictly comparable with those referring to deaths within 4 weeks or 27 completed days. Other differences in age classification will be evident from the table.

In addition, infant mortality rates by age and sex are subject to the limitations of the data on live births with which they have been calculated. These have been set forth in the Technical Notes for table 9. These limitations have also been discussed in the Technical Notes for table 15.

In addition, it should be noted that infant mortality rates by age are affected by the problems related to the practice of excluding infants who were born alive but died before the registration of the birth or within the first 24 hours of life from both infant-death and live-birth statistics and the problems related to the reckoning of infant age at death. These factors, which have been described above, may affect certain age groups more than others. In so far as the numbers of infant deaths for the various age groups are underestimated or overestimated, the corresponding rates for the various age groups will also be underestimated or overestimated. The younger age groups are more likely to be underestimated than other age groups; the youngest age group (under one day) is likely to be the most seriously affected.

The comparability of data by urban/rural residence is affected by the national definitions of urban and rural used in tabulating these data. It is assumed, in the absence of specific information to the contrary, that the definitions of urban and rural used in connection with the national population census were also used in the compilation of the vital statistics for each country or area. However, the possibility cannot be excluded that, for a given country or area, the same definitions of urban and rural are not used for both the vital statistics data and the population census data. When known, the definitions of urban used in national population censuses are presented at the end of table 6. As discussed in detail in the Technical Notes for table 6, these definitions vary considerably from one country or area to another.

Urban/rural differentials in infant mortality rates may also be affected by whether the infant deaths and live births have been tabulated in terms of place of occurrence or place of usual residence. This problem is discussed in more detail in section 4.1.4.1 of the Technical Notes.

Coverage: Infant deaths by age and sex are shown for 102 countries or areas. Data are presented by urban/rural residence for 3 countries or areas.

La comparabilité des données relatives à la mortalité néo-natale (moins de 28 jours) est influencée par un facteur spécial : l'hétérogénéité de la classification par âge utilisée pour les enfants de moins d'un an. Les notes figurant au bas des tableaux montrent que, dans un certain nombre de pays ou zones, on continue d'utiliser le mois civil au lieu du mois lunaire (4 semaines ou 28 jours).

Lorsque les données relatives aux décès de moins de 4 semaines ne sont pas exploitées sur la base de l'âge en jours révolus, il existe une nouvelle cause de non-comparabilité internationale. Les décès de "moins de 1 mois" sont généralement ceux qui se produisent au cours d'un mois civil; les taux calculés sur la base de ces données ne sont pas strictement comparables à ceux qui sont établis à partir des données concernant les décès survenus pendant 4 semaines ou 27 jours révolus. Le tableau 16 montre que la classification des âges présente d'autres différences.

Les taux de mortalité infantile selon l'âge et le sexe appellent en outre toutes les réserves qui ont été formulées à propos des statistiques des naissances vivantes qui ont servi à leur calcul. Voir à ce sujet les Notes techniques relatives aux tableaux 9. Ces insuffisances ont également été examinées dans les Notes techniques relatives au tableau 15.

Il convient de signaler aussi que les taux de mortalité infantile selon l'âge se ressentent des problèmes dus à la pratique qui consiste à n'inscrire ni dans les statistiques des décès d'enfants de moins d'un an ni dans celles des naissances vivantes des enfants nés vivants mais décédés soit avant l'enregistrement de leur naissance, soit dans les 24 heures qui ont suivi la naissance, et des problèmes que pose le calcul de l'âge de l'enfant au moment du décès. Ces facteurs, qui ont été décrits plus haut, peuvent fausser plus les statistiques pour certains groupes d'âge que pour d'autres. Si le nombre des décès d'enfants de moins d'un an pour chaque groupe d'âge est sous-estimé (ou surestimé), les taux correspondants pour chacun de ces groupes d'âge seront eux aussi sous-estimés (ou surestimés). Les risques de sous-estimation sont plus grands pour les groupes les plus jeunes; c'est pour le groupe d'âge le plus jeune de tous (moins d'un jour) que les données risquent de présenter les plus grosses erreurs.

La comparabilité des données selon la résidence (urbaine/rurale) peut être limitée par les définitions nationales des termes "urbain" et "rural" utilisés pour la mise en tableaux de ces données. En l'absence d'indications contraires, on a supposé que les définitions des termes "urbain" et "rural" utilisées pour le recensement national de la population avaient été utilisées aussi pour l'établissement des statistiques de l'état civil pour chaque pays ou zone. Toutefois, on ne peut exclure la possibilité que, pour un pays ou zone donné, les mêmes définitions des termes "urbain" et "rural" n'aient pas été utilisées dans les deux cas. Les définitions du terme "urbain" utilisées pour les recensements nationaux de population ont été présentées à la fin du tableau 6 lorsqu'elles étaient connues. Comme on l'a précisé en détail dans les Notes techniques relatives au tableau 6, ces définitions varient très sensiblement d'un pays ou d'une zone à l'autre.

La différence entre les taux de mortalité infantile pour les zones urbaines et rurales pourra aussi être faussée selon que les décès d'enfants de moins d'un an et les naissances vivantes auront été classés d'après le lieu de l'événement ou le lieu de résidence habituelle. Ce problème est examiné plus en détail à la section 4.1.4.1 des Notes techniques.

Portée : Ce tableau présente des données sur les décès d'enfants de moins d'un an selon l'âge et le sexe pour 102 pays ou zones. Les données sont classées selon la résidence (urbaine/rurale) pour 3 pays ou zones.

Infant mortality rates by age and sex are shown for 47 countries or areas. Rates are presented by urban/rural residence for 2 countries or areas.

Data for ethnic or geographical segments of the population are included in the absence of national figures. These data are not presented as being representative of national–level statistics but as an index of the availability of statistics.

Earlier data: Infant deaths and infant mortality rates by age and sex have been shown in previous issues of the Demographic Yearbook. For information on specific years covered, readers should consult the Index.

Table 17

Table 17 presents maternal deaths and maternal mortality rates for as many years as possible between 1981 and 1990.

Description of variables: Maternal deaths are defined for the purposes of the Demographic Yearbook as those caused by deliveries and complications of pregnancy, childbirth and the puerperium. These deaths are those classified as B40 and B41 in the "Abbreviated list of 50 causes for tabulation of mortality" [49] in the International Classification of Diseases, 1965 (eighth) revision, or as AM42, AM43 and AM44 in the "Adapted Mortality List" of 55 causes derived from the International Classification of Diseases, 1975 (ninth) revision. [50]

Maternal deaths classified according to the 1965 and 1975 revisions are essentially identical since cause B40 from the 1965 revision and AM42 from the 1975 revision are both deaths from abortion and cause B41 from the 1965 revision was divided into two parts, AM43 and AM44, in the 1975 revision. Nevertheless, because the data in this table cover a period of years in which most countries or areas used the 1965 revision, the symbol (1) has been used to separate the earlier data which correspond to the 1965 definition from the later data corresponding to the 1975 definition.

For further information on the definition of maternal mortality from the 1965 and 1975 revisions, see section 4.3 of the Technical Notes.

Statistics on maternal death presented in this table have been limited to countries or areas which meet all of the following three criteria: first, that cause–of–death statistics are either classified by or convertible to the 1965 or 1975 lists mentioned above; secondly, that at least a total of 1 000 deaths (for all causes combined) occurred in a given year; and thirdly, that within this distribution the total number of deaths classified as due to ill–defined causes as shown in the table in section 4.3 does not exceed 25 per cent of deaths from all causes.

Rate computation: Maternal mortality rates are the annual number of maternal deaths per 100 000 live births (as shown in table 9) in the same year.

Ce tableau présente également des taux de mortalité infantile selon l'âge et le sexe pour 47 pays ou zones. Les données sont classées selon la résidence (urbaine/rurale) pour 2 pays ou zones.

Lorsqu'il n'existait pas de chiffres nationaux, on a fait figurer des chiffres portant sur des groupes ethniques ou géographiques. Ces données ne se veulent pas représentatives sur le plan national et ne sont présentées que comme indice des statistiques disponibles.

Données publiées antérieurement : Des statistiques des décès d'enfants de moins d'un an et des taux de mortalité infantile selon l'âge et le sexe ont déjà été présentées dans des éditions antérieures de l'Annuaire démographique. Pour plus de précisions concernant les années pour lesquelles ces données ont été publiées, on se reportera à l'Index.

Tableau 17

Ce tableau présente des statistiques et des taux de mortalité liée à la maternité pour le plus grand nombre d'années possible entre 1981 et 1990.

Description des variables : Aux fins de l'Annuaire démographique, les décès liés à la maternité s'entendent des décès entraînés par l'accouchement ou les complications de la grossesse, de l'accouchement et des suites de couches. Ces causes de décès sont rangées sous les rubriques B40 et B41 de la "Liste de 50 rubriques pour la mise en tableaux des causes de mortalité" [49] de la Classification internationale des maladies, révision de 1965 (huitième révision) et dans les rubriques AM42, AM43 et AM44 de la Liste adaptée de 55 causes de mortalité, dérivée de la neuvième révision (1975) de la Classification [50].

La classification des décès liés à la maternité selon les révisions de 1965 et 1975 sont pratiquement identiques, puisque les rubriques B40 (1965) et AM42 (1975) se réfèrent l'une et l'autre à l'avortement et que la rubrique B41 (1965) a été subdivisée en AM43 et AM44 en 1975. Néanmoins, comme les données du tableau concernant certaines années où la plupart des pays ou zones utilisaient la Révision de 1965, on a utilisé le signe (1) pour distinguer les données les plus anciennes, qui correspondent à la définition de 1965, de celles plus récentes qui correspondent à la définition de 1975.

Pour plus de précisions concernant les définitions de la mortalité liée à la maternité dans les révision 1965 et 1975, se reporter à la section 4.3 des Notes techniques.

Les statistiques de mortalité liée à la maternité présentées dans ce tableau ne se rapportent qu'aux pays ou zones pour lesquels les trois critères suivants sont réunis : premièrement, le classement des statistiques des décès selon la cause doit être conforme à la liste de 1965 ou à celle de 1975, mentionnées plus haut, ou convertible aux catégories de cette liste; deuxièmement, le nombre total des décès (pour toutes les causes réunies) intervenus au cours d'une année doit être au moins égal à 1 000; troisièmement, à l'intérieur de cette répartition, le nombre total des décès dus à des causes mal définies selon le tableau de la section 4.3 ne doit pas dépasser 25 p. 100 du nombre des décès pour toutes causes.

Calcul des taux : Les taux de mortalité liée à la maternité représentent le nombre annuel de décès dus à la maternité pour 100 000 naissances vivantes (fréquences du tableau 9)) de la même année.

As noted above, rates (as well as frequencies) presented in this table have been limited to those countries or areas having a total of at least 1 000 deaths from all causes in a given year and have also been limited to those not having more than 25 per cent of all deaths classified as due to ill–defined causes. Moreover, rates based on 30 or fewer maternal deaths shown in this table are identified by the symbol (◆).

Reliability of data: Data from civil registers of deaths which are reported as incomplete (less than 90 per cent completeness) or of unknown completeness are considered unreliable and are set in italics rather than in roman type. Rates calculated using these data are also set in italics. Table 18 and the Technical Notes for that table provide more detailed information on the completeness of death registration. For more information about the quality of vital statistics data in general, and the information available on the basis of the completeness estimates in particular, see section 4.2 of the Technical Notes.

In general the quality code for deaths shown in table 18 is used to determine whether data on deaths in other tables appear in roman or italic type. However, some data on deaths by cause are shown in italics in this table when it is known that the quality, in terms of completeness, differs greatly from the completeness of the registration of the total number of deaths. In cases when the quality code in table 18 does not correspond with the type face used in this table, relevant information regarding the completeness of cause–of–death statistics is given in a footnote.

Limitations: Statistics on maternal deaths are subject to the same qualifications that have been set forth for vital statistics in general and death statistics in particular as discussed in section 4 of the Technical Notes.

The reliability of the data, an indication of which is described above, is an important factor in considering the limitations. In addition, some deaths are tabulated by date of registration and not by date of occurrence; these have been indicated by a (+). Whenever the lag between the date of occurrence and the date of registration is prolonged and a large proportion of the death registrations are, therefore, delayed, death statistics for any given year may be seriously affected.

In addition, maternal–death statistics are subject to all the qualifications relating to cause–of–death statistics. These have been set forth in section 4 of the Technical Notes.

Although cause–of–death statistics may be reported in terms of the 1965 revision for some years and in terms of the 1975 revision for other years, comparability of maternal–death statistics is not affected because deaths due to abortion (B40 and AM42) are identical and other complications (B41) are equivalent to AM43 and AM44 combined.

Comme il est indiqué ci–dessus, les taux et les fréquences présentés dans ce tableau ne concernent que les pays ou zones où l'on a enregistré un total d'au moins 1 000 décès pour toutes causes dans l'année, dont 25 p. 100 au maximum de décès dus à des causes mal définies. Enfin, les taux fondés sur 30 décès de la maternité ou moins sont identifiés à l'aide du signe (◆).

Fiabilité des données : Les données sur les décès provenant des registres d'état civil qui sont déclarées incomplètes (degré d'exhaustivité inférieur à 90 p. 100) ou dont le degré d'exhaustivité n'est pas connu sont jugées douteuses et apparaissent en italique et non en caractères romains. Les taux calculés à partir de ces données apparaissent eux aussi en italique. Le tableau 18 et les Notes techniques se rapportant à ce tableau présentent des renseignements plus détaillés sur le degré d'exhaustivité de l'enregistrement des décès. Pour plus de précisions sur la qualité des statistiques de l'état civil en général, et sur les estimations de l'exhaustivité en particulier, voir la section 4.2 des Notes techniques.

En général, le code de qualité des données sur les décès indiqué au tableau 18 sert à déterminer si, dans les autres tableaux, les données de mortalité apparaissent en caractères romains ou italiques. Toutefois, certaines données sur les décès selon la cause figurent en italique dans le présent tableau lorsqu'on sait que leur exhaustivité diffère grandement de celle des données sur le nombre total des décès. Dans les cas où le code de qualité du tableau 18 ne correspond pas aux caractères utilisés dans le présent tableau, les renseignements concernant le degré d'exhaustivité des statistiques des décès selon la cause sont indiqués en note à la fin du tableau.

Insuffisance des données : Les statistiques de la mortalité liée à la maternité appellent toutes les réserves qui ont été formulées à propos des statistiques de l'état civil en général et des statistiques de mortalité en particulier (voir explications à la section 4 des Notes techniques).

La fiabilité des données, au sujet de laquelle des indications ont été fournies plus haut, est un facteur important en l'occurrence. Il faut également tenir compte du fait que, dans certains cas, les données relatives aux décès sont classées par date d'enregistrement et non par date de décès; ces cas ont été identifiés par le signe (+). Lorsque le décalage entre le décès et son enregistrement est grand, c'est–à–dire qu'une forte proportion des décès fait l'objet d'un enregistrement tardif, les statistiques des décès de l'année peuvent être sérieusement faussées.

En outre, les statistiques de la mortalité à la maternité appellent les mêmes réserves que les statistiques des causes de décès exposées à la section 4 des Notes techniques.

Le fait que les statistiques par causes de décès se réfèrent pour certaines années à la révision de 1965 et pour d'autres à la révision de 1975 n'influe pas sur la comparabilité des statistiques de la mortalité maternelle, puisque les décès consécutifs à un avortement (B40 et AM42) sont comptés de la même façon et que les autres complications (B41) équivalent à la somme de AM43 et AM44.

Maternal mortality rates are subject to the limitations of the data on live births with which they have been calculated. These have been set forth in the Technical Notes for table 9.

The calculation of the maternal mortality rates based on the total number of live births approximates the risk of dying from complications of pregnancy, childbirth or puerperium. Ideally this rate should be based on the number of women exposed to the risk of pregnancy, in other words, the number of women conceiving. Since it is impossible to know how many women have conceived, the total number of live births is used in calculating this rate.

Coverage: Maternal deaths are shown for 72 countries or areas and maternal mortality rates are shown for 67 countries or areas.

Data for ethnic or geographical segments of the population are included in the absence of national figures. These data are not presented as being representative of national—level statistics but as an index of the availability of statistics.

Earlier data: Maternal deaths and maternal mortality rates have been shown in previous issues of the Demographic Yearbook. For information on specific years covered, the reader should consult the Index.

Previous issues of the Demographic Yearbook have shown maternal deaths and maternal death rates. In issues prior to 1975, these rates were calculated using the female population rather than live births. Therefore maternal mortality rates published since 1975 are not comparable to the earlier maternal death rates.

Table 18

Table 18 presents deaths and crude death rates by urban/rural residence for as many years as possible between 1987 and 1991.

Description of variables: Death is defined as the permanent disappearance of all evidence of life at any time after live birth has taken place (post—natal cessation of vital functions without capability of resuscitation). [51]

Statistics on the number of deaths are obtained from civil registers unless otherwise noted. For those countries or areas where civil registration statistics on deaths are considered reliable (estimated completeness of 90 per cent or more), the death rates shown have been calculated on the basis of registered deaths. However, for countries or areas where civil registration of deaths is non—existent or considered unreliable (estimated completeness of less than 90 per cent or of unknown completeness), estimated rates are presented whenever possible instead of the rates based on the registered deaths. These estimated rates are identified by a footnote. Rates based on estimates provided by national statistical offices using well—defined estimation procedures and sources, whether based on census or sample survey data, are given first priority. If such rates are not available, rates estimated by the Population Division of the United Nations Secretariat are presented.

Les taux de mortalité liée à la maternité appellent également toutes les réserves formulées à propos des statistiques des naissances vivantes qui ont servi à leur calcul. Voir à ce sujet les Notes techniques relatives au tableau 9.

En prenant le nombre total des naissances vivantes comme base pour le calcul des taux de mortalité, on obtient une mesure approximative de la probabilité de décès dus aux complications de la grossesse, de l'accouchement et des suites de couches. Idéalement, ces taux devraient être calculés sur la base du nombre de femmes exposées au risque de grossesse, soit, en d'autres termes, sur la base du nombre de femmes qui conçoivent. Etant donné qu'il est impossible de connaître le nombre de femmes ayant conçu, c'est le nombre total de naissances vivantes que l'on utilise pour calculer ces taux.

Portée : Ce tableau présente des statistiques de la mortalité liée à la maternité (nombre de décès) pour 72 pays ou zones et les taux correspondants pour 67 pays ou zones.

Lorsqu'il n'existait pas de chiffres nationaux, on a fait figurer des chiffres portant sur des groupes ethniques ou subdivisions géographiques; ces données ne se veulent pas représentatives sur le plan national et ne sont présentées que comme indice des données disponibles.

Données publiées antérieurement : Des statistiques des décès liés à la maternité (nombre de décès et taux) figurent déjà dans des éditions antérieures de l'Annuaire démographique. Pour plus de précisions concernant les années pour lesquelles ces données ont été publiées, on se reportera à l'Index.

Le même type de statistiques figurait aussi dans des éditions plus anciennes, mais, avant 1975, les taux étaient calculés sur la base de la population féminine et non sur celle du nombre de naissances vivantes. Ils ne sont donc pas comparables à ceux qui figurent dans les cinq dernières éditions.

Tableau 18

Le tableau 18 présente des données sur le nombre des décès et des taux bruts de mortalité selon la résidence (urbaine/rurale) pour le plus grand nombre d'années possible entre 1987 et 1991.

Description des variables : Le décès est défini comme la disparition permanente de tout signe de vie à un moment quelconque postérieur à la naissance vivante (cessation des fonctions vitales après la naissance sans possibilité de réanimation) [51].

Sauf indication contraire, les statistiques du nombre de décès sont établies sur la base des registres d'état civil. Pour les pays ou zones où l'enregistrement des décès par les services de l'état civil sont jugées sûres (exhaustivité estimée à 90 p. 100 ou plus), les taux de mortalité ont été calculés d'après les décès enregistrés. En revanche, pour les pays ou zones où l'enregistrement des décès par les services de l'état civil n'existe pas ou est de qualité douteuse (exhaustivité estimée à moins de 90 p. 100 ou inconnue), on a présenté, autant que possible, des taux estimatifs et non des taux fondés sur les décès enregistrés. Lorsque tel était le cas, on l'a signalé en note au bas du tableau. On a retenu en priorité des taux d'après des estimations établies d'après des méthodes et des sources bien définies provenant des services nationaux de statistiques, qu'il s'agisse de données de recensement ou de résultats d'enquêtes par sondage. Lorsqu'on ne disposait pas de taux de ce genre, on a présenté les taux estimatifs établis par la Division de la population du Secrétariat de l'ONU.

The urban/rural classification of deaths is that provided by each country or area; it is presumed to be based on the national census definitions of urban population that have been set forth at the end of table 6.

Rate computation: Crude death rates are the annual number of deaths per 1 000 mid–year population.

Rates by urban/rural residence are the annual number of deaths, in the appropriate urban or rural category, per 1 000 corresponding mid–year population.

Rates presented in this table have not been limited to those countries or areas having a minimum number of deaths in a given year. However, rates based on 30 or fewer deaths are identified by the symbol (◆).

These rates, unless otherwise noted, have been calculated by the Statistical Division of the United Nations.

In addition, some rates have been obtained from other sources, including analytical estimates based on census or survey data.

Reliability of data: Each country or area has been asked to indicate the estimated completeness of the deaths recorded in its civil register. These national assessments are indicated by the quality codes C, U and ... that appear in the first column of this table.

C indicates that the data are estimated to be virtually complete, that is, representing at least 90 per cent of the deaths occurring each year, while U indicates that data are estimated to be incomplete, that is, representing less than 90 per cent of the deaths occurring each year. The code (...) indicates that no information was provided regarding completeness.

Data from civil registers which are reported as incomplete or of unknown completeness (code U or ...) are considered unreliable. They appear in italics in this table. When data so coded are used to calculate rates, the rates also appear in italics.

These quality codes apply only to data from civil registers. If a series of data for a country or area contains both data from a civil register and estimated data from, for example, a sample survey, then the code applies only to the registered data. If only estimated data are presented, the symbol (..) is shown instead of the quality code. For more information about the quality of vital statistics data in general, and the information available on the basis of the completeness estimates in particular, see section 4.2 of the Technical Notes.

Limitations: Statistics on deaths are subject to the same qualifications as have been set forth for vital statistics in general and death statistics in particular as discussed in section 4 of the Technical Notes.

The reliability of the data, an indication of which is described above, is an important factor in considering the limitations. In addition, some deaths are tabulated by date of registration and not by date of occurrence; these have been indicated by a (+). Whenever the lag between the date of occurrence and date of registration is prolonged and, therefore, a large proportion of the death registrations are delayed, death statistics for any given year may be seriously affected.

La classification (urbaine/rurale) des décès est celle qui a été fournie par chaque pays ou zone; il est donc présumé qu'elle repose sur les définitions de la population urbaine utilisées pour les recensements nationaux, qui sont reproduites à la fin du tableau 6.

Calcul des taux : Les taux bruts de mortalité représentent le nombre annuel de décès pour 1 000 habitants en milieu d'année.

Les taux selon la résidence (urbaine/rurale) représentent le nombre annuel de décès, classés selon la catégorie urbaine ou rurale appropriée, pour 1 000 habitants en milieu d'année.

Les taux de ce tableau ne concernent pas seulement les pays ou zones où l'on a enregistré un minimum de décès dans une année donnée. Toutefois, les taux fondés sur 30 décès ou moins sont identifiés à l'aide du signe (◆).

Sauf indication contraire, ces taux ont été calculés par la Division de statistique de l'ONU.

En outre, des taux ont été obtenus d'autres sources, notamment à partir d'estimations analytiques fondées sur des résultats de recensements ou de sondages.

Fiabilité des données : Il a été demandé à chaque pays ou zone d'indiquer le degré estimé d'exhaustivité des données sur les décès figurant dans ses registres d'état civil. Ces évaluations nationales sont désignées par les codes de qualité C, U et ... qui apparaissent dans la première colonne du tableau.

La lettre C indique que les données sont jugées à peu près complètes, c'est–à–dire qu'elles représentent au moins 90 p. 100 des décès survenus chaque année; la lettre U indique que les données sont jugées incomplètes, c'est–à–dire qu'elles représentent moins de 90 p. 100 des décès survenus chaque année. Le signe (...) indique qu'aucun renseignements n'a été fourni quant à l'exhaustivité des données.

Les données provenant des registres d'état civil qui sont déclarées incomplètes ou dont le degré d'exhaustivité n'est pas connu (code U ou ...) sont jugées douteuses. Elles apparaissent en italique dans le présent tableau. Lorsque ces données sont utilisées pour calculer des taux, ces taux apparaissent eux aussi en italique.

Ce code de qualité ne s'applique qu'aux données tirées des registres d'état civil. Si une série de données pour un pays ou zone contient à la fois des données provenant de ces registres et des estimations calculées, par exemple sur la base d'enquêtes par sondage, le code s'applique uniquement aux données de l'état civil. Si l'on ne présente que des données estimatives, le signe (..) est utilisé à la place du code de qualité. Pour plus de précisions sur la qualité des données d'état civil en général, et sur les estimations de l'exhaustivité en particulier, voir la section 4.2 des Notes techniques.

Insuffisance des données : Les statistiques de la mortalité totale appellent toutes les réserves qui ont été faites à propos des statistiques de l'état civil en général et des statistiques des décès en particulier (voir explications à la section 4 des Notes techniques).

La fiabilité des données, au sujet de laquelle des indications ont été fournies plus haut, est un facteur important en l'occurrence. Il faut également tenir compte du fait que, dans certains cas, les décès sont classés par date d'enregistrement et non par date effective; ces cas ont été identifiés par le signe (+). Lorsque le décalage entre le décès et son enregistrement est grand, c'est–à–dire qu'une forte proportion des décès fait l'objet d'un enregistrement tardif, les statistiques des décès dans l'année peuvent être sérieusement faussées.

As a rule, however, delays in the registration of deaths are less common and shorter than in the registration of live births.

International comparability in mortality statistics may also be affected by the exclusion of deaths of infants who were born alive but died before the registration of the birth or within the first 24 hours of life. Statistics of this type are footnoted.

In addition, it should be noted that rates are affected also by the quality and limitations of the population estimates which are used in their computation. The problems of under—enumeration or over—enumeration and, to some extent, the differences in definition of total population have been discussed in section 3 of the Technical Notes dealing with population data in general, and specific information pertaining to individual countries or areas is given in the footnotes to table 3. In the absence of official data on total population, United Nations estimates of mid—year population have been used in calculating some of these rates.

Estimated rates based directly on the results of sample surveys are subject to considerable error as a result of omissions in reporting deaths or as a result of erroneous reporting of those which occurred outside the period of reference. However, such rates do have the advantage of having a "built—in" and corresponding base.

It should be emphasized that crude death rates — like crude birth, marriage and divorce rates — may be seriously affected by the age—sex structure of the populations to which they relate. Nevertheless, they do provide a simple measure of the level and changes in mortality.

The comparability of data by urban/rural residence is affected by the national definitions of urban and rural used in tabulating these data. It is assumed, in the absence of specific information to the contrary, that the definitions of urban and rural used in connection with the national population census were also used in the compilation of the vital statistics for each country or area. However, the possibility cannot be excluded that, for a given country or area, the same definitions of urban and rural and not used for both the vital statistics data and the population census data. When known, the definitions of urban used in national population censuses are presented at the end of table 6. As discussed in detail in the Technical Notes for table 6, these definitions vary considerably from one country or area to another.

En règle générale, toutefois, les décès sont enregistrés beaucoup plus rapidement que les naissances vivantes, et les longs retards sont rares.

Un autre facteur qui nuit à la comparabilité internationale des statistiques de la mortalité est la pratique qui consiste à ne pas y inclure les enfants nés vivants mais décédés avant l'enregistrement de leur naissance ou dans les 24 heures qui ont suivi la naissance. Quand tel était le cas, on l'a signalé en note à la fin du tableau.

Il convient de noter par ailleurs que l'exactitude des taux dépend également de la qualité et des insuffisances des estimations de la population qui sont utilisées pour leur calcul. Le problème des erreurs par excès ou par défaut commises lors du dénombrement et, dans une certains mesure, le problème de l'hétérogénéité des définitions de la population totale ont été examinés à la section 3 des Notes techniques, relative à la population en général; des indications concernant les différents pays ou zones sont données en note au bas du tableau 3. Lorsqu'il n'existait pas de chiffres officiels de la population totale, ce sont les estimations de la population en milieu d'année établies par le Secrétariat de l'ONU qui ont servi pour le calcul des taux.

Les taux estimatifs fondés directement sur les résultats d'enquêtes par sondage comportent des possiblités d'erreurs considérables dues soit à des omissions dans les déclarations des décès, soit au fait que l'on a déclaré à tort des décès survenus en réalité hors de la période considérée. Toutefois, ces taux présentent un avantage : le chiffre de population utilisé comme base est connu par définition et rigoureusement correspondant.

Il faut souligner que les taux bruts de mortalité, de même que les taux bruts de natalité, de nuptialité et de divortialité, peuvent varier très sensiblement selon la composition par âge et par sexe de la population à laquelle ils se rapportent. Ils offrent néanmoins un moyen simple de mesurer le niveau et l'évolution de la mortalité.

La comparabilité des données selon la résidence (urbaine/rurale) peut être limitée par les définitions nationales des termes "urbain" et "rural" utilisées pour le classement de ces données. En l'absence d'indications contraires, on a supposé que les définitions des termes "urbain" et "rural" utilisées pour le recensement national de la population l'avaient été aussi pour l'établissement des statistiques de l'état civil dans chaque pays ou zone. Toutefois, on ne peut exclure la possibilité que, pour un pays ou une zone, les mêmes définitions n'aient pas été utilisées dans les deux cas. Les définitions du terme "urbain" utilisées pour les recensements nationaux de population ont été indiquées à la fin du tableau 6 lorsqu'elles étaient connues. Comme on l'a précisé en détail dans les Notes techniques relatives au tableau 6, ces définitions varient très sensiblement d'un pays ou zone à l'autre.

In addition to problems of comparability, vital rates classified by urban/rural residence are also subject to certain special types of bias. If, when calculating vital rates, different definitions of urban are used in connection with the vital events and the population data and if this results in a net difference between the numerator and denominator of the rate in the population at risk, then the vital rates would be biased. Urban/rural differentials in vital rates may also be affected by whether the vital events have been tabulated in terms of place of occurrence or place of usual residence. This problem is discussed in more detail in section 4.1.4.1 of the Technical Notes.

Coverage: Deaths are shown for 143 countries or areas. Data are presented by urban/rural residence for 60 countries or areas.

Crude death rates are shown for 202 countries or areas. Rates are presented by urban/rural residence for 47 countries or areas.

Data for ethnic or geographical segments of the population are included in the absence of national figures. These data are not presented as being representative of national–level statistics but as an index of the availability of statistics.

Earlier data: Deaths and crude death rates have been shown in each issue of the Demographic Yearbook. Data included in this table update the series covering a period of years as follows :

Issue	Years covered
1985	1976–1985
1980	1971–1980
Historical Supplement	1948–1977

Table 19

Table 19 presents deaths by age, sex and urban/rural residence for the latest available year.

Description of variables: Age is defined as age at last birthday, that is, the difference between the date of birth and the date of the occurrence of the event, expressed in completed solar years. The age classification used in this table is the following: under 1 year, 1–4 years, 5–year age groups through 80–84 years, 85 years and over, and age unknown.

The urban/rural classification of deaths is that provided by each country or area; it is presumed to be based on the national census definitions of urban population that have been set forth at the end of table 6.

Outre ces problèmes de comparabilité, les taux démographiques classés selon la résidence urbaine ou rurale sont également sujets à certaines distorsions particulières. Si, lors du calcul de ces taux des définitions différentes du terme "urbain" sont utilisées pour classer les faits d'état civil et les données relatives à la population, et s'il en résulte une différence nette entre le numérateur et le dénominateur pour le taux de la population exposée au risque, les taux démographiques s'en trouveront faussés. La différence entre ces taux pour les zones urbaines et rurales pourra aussi être faussée selon que les faits d'état civil auront été classés d'après le lieu où ils se sont produits ou le lieu de résidence habituelle. Ce problème est examiné plus en détail à la section 4.1.4.1 des Notes techniques.

Portée : Ce tableau présente les statistiques des décès pour 143 pays ou zones. Les répartitions selon la résidence (urbaine/rurale) concernent 60 pays ou zones.

Ce tableau présente également des taux bruts de mortalité pour 202 pays ou zones. Des taux selon la résidence (urbaine/rurale) sont fournis pour 47 pays ou zones.

Lorsqu'il n'existait pas de chiffres nationaux, on a fait figurer des chiffres portant sur des groupes ethniques ou des subdivisions géographiques. Ces données ne se veulent pas représentatives sur le plan national, et ne sont présentées que comme indice des données disponibles.

Données publiées antérieurement : Des statistiques de décès et des taux bruts de mortalité figurent dans chaque édition de l'Annuaire démographique. Les données présentées dans ce tableau mettent à jour les périodes d'années suivantes :

Edition	Années considérées
1985	1976–1985
1980	1971–1980
Supplément rétrospectif	1948–1977

Tableau 19

Le tableau 19 présente des données sur les décès selon l'âge, le sexe et la résidence (urbaine/rurale) pour la dernière année disponible.

Description des variables : L'âge est l'âge au dernier anniversaire, c'est–à–dire la différence entre la date de naissance et la date du décès, exprimée en années solaires révolues. La classification par âge est la suivante : moins d'un an, 1 à 4 ans, groupes quinquennaux jusqu'à 80 à 84 ans, 85 ans et plus, et âge inconnu.

La classification des décès selon la résidence (urbaine/rurale) est celle qui a été fournie par chaque pays ou zone; il est donc présumé qu'elle repose sur les définitions de la population urbaine utilisées pour les recensements nationaux, qui sont reproduites à la fin du tableau 6.

Reliability of data: Data from civil registers of deaths which are reported as incomplete (less than 90 per cent completeness) or of unknown completeness are considered unreliable and are set in italics rather than in roman type. Table 18 and the Technical Notes for that table provide more detailed information on the completeness of death registration. For more information about the quality of vital statistics data in general, and the information available on the basis of the completeness estimates in particular, see section 4.2 of the Technical Notes.

Limitations: Statistics on deaths by age and sex are subject to the same qualifications as have been set forth for vital statistics in general and death statistics in particular as discussed in section 4 of the Technical Notes.

The reliability of the data, an indication of which is described above, is an important factor in considering the limitations. In addition, some deaths are tabulated by date of registration and not by date of occurrence; these have been indicated by a (+). Whenever the lag between the date of occurrence and date of registration is prolonged and, therefore, a large proportion of the death registrations are delayed, death statistics for any given year may be seriously affected.

As a rule, however, delays in the registration of deaths are less common and shorter than in the registration of live births.

Another factor which limits international comparability is the practice of some countries or areas not to include in death statistics infants who were born alive but died before the registration of the birth or within the first 24 hours of life, thus underestimating the number of deaths under one year of age. Statistics of this type are footnoted.

Because these statistics are classified according to age, they are subject to the limitations with respect to accuracy of age reporting similar to those already discussed in connection with section 3.1.3 of the Technical Notes. The factors influencing inaccurate reporting may be somewhat dissimilar in vital statistics (because of the differences in the method of taking a census and registering a death) but, in general, the same errors can be observed.

The absence of frequencies in the unknown age group does not necessarily indicate completely accurate reporting and tabulation of the age item. It is often an indication that the unknowns have been eliminated by assigning ages to them before tabulation, or by proportionate distribution after tabulation.

International comparability of statistics on deaths by age is also affected by the use of different methods to determine age at death. If age is obtained from an item that simply requests age at death in completed years or is derived from information on year of birth and death rather than from information on complete date (day, month and year) of birth and death, the number of deaths classified in the under—one—year age group will tend to be reduced and the number of deaths in the next age group will tend to be somewhat increased. A similar bias may affect other age groups but its impact is usually negligible. Information on this factor is given in the footnotes when known.

Fiabilité des données : Les données sur les décès provenant des registres d'état civil qui sont déclarées incomplètes (degré d'exhaustivité inférieur à 90 p. 100) ou dont le degré d'exhaustivité n'est pas connu sont jugées douteuses et apparaissent en italique et non en caractères romains. Le tableau 18 et les Notes techniques s'y rapportant présentent des renseignements plus détaillés sur le degré d'exhaustivité de l'enregistrement des décès. Pour plus de précisions sur la qualité des statistiques de l'état civil en général, et l'exhaustivité en particulier, voir la section 4.2 des Notes techniques.

Insuffisance des données : Les statistiques des décès selon l'âge et le sexe appellent les mêmes réserves que les statistiques de l'état civil en général et les statistiques de mortalité en particulier (voir explications à la section 4 des Notes techniques).

La fiabilité des données, au sujet de laquelle des indications ont été fournies plus haut, est un facteur important en l'occurrence. Il faut également tenir compte du fait que, dans certains cas, les données relatives aux décès sont classées par date d'enregistrement et par date effective; ces cas ont été identifiés par le signe (+). Lorsque le décalage entre le décès et son enregistrement est grand, c'est—à—dire qu'une forte proportion des décès fait l'objet d'un enregistrement tardif, les statistiques des décès de l'année peuvent être sérieusement faussées.

En règle générale, toutefois, les décès sont enregistrés beaucoup plus rapidement que les naissances vivantes, et les longs retards sont rares.

Un autre facteur qui nuit à la comparabilité internationale est la pratique de certains pays ou zones qui consiste à ne pas inclure dans les statistiques des décès les enfants nés vivants mais décédés avant l'enregistrement de leur naissance ou dans les 24 heures qui ont suivi la naissance, pratique qui conduit à sous—évaluer le nombre de décès à moins d'un an. Quand tel était le cas, on l'a signalé en note à la fin du tableau.

Comme ces statistiques sont classées selon l'âge, elles appellent les mêmes réserves concernant l'exactitude des déclarations d'âge que celles dont il a été fait mention dans la section 3.1.3 des Notes techniques. Dans le cas des données d'état civil, les facteurs qui interviennent à cet égard sont parfois un peu différents, étant donné que le recensement et l'enregistrement des décès se font par des méthodes différentes, mais, d'une manière générale, les erreurs observées sont les mêmes.

Si aucun nombre ne figure dans la colonne réservée aux âges inconnus, cela ne signifie pas nécessairement que les déclarations d'âge et le classement par âge sont tout à fait exacts. C'est souvent une indication que les personnes d'âge inconnu se sont vu attribuer un âge avant la répartition ou ont été réparties proportionnellement aux effectifs connus après cette opération.

Le manque d'uniformité des méthodes suivies pour obtenir l'âge au moment du décès nuit également à la comparabilité internationale des données. Si l'âge est connu, soit d'après la réponse à une simple question sur l'âge du décès en années révolues, soit d'après l'année de la naissance et l'année du décès, et non d'après des renseignements concernant la date exacte (année, mois et jour) de la naissance et du décès, le nombre de décès classés dans la catégorie "moins d'un an" sera entaché d'une erreur par défaut et le chiffre figurant dans la catégorie suivante d'une erreur par excès. Les données pour les autres groupes d'âge pourront être entachées d'une distorsion analogue, mais ses répercussions seront généralement négligeables. Ces imperfections, lorsqu'elles étaient connues, ont été signalées en note à la fin du tableau.

The comparability of data by urban/rural residence is affected by the national definitions of urban and rural used in tabulating these data. It is assumed, in the absence of specific information to the contrary, that the definitions of urban and rural used in connection with the national population census were also used in the compilation of the vital statistics for each country or area. However, the possibility cannot be excluded that, for a given country or area, the same definitions of urban and rural are not used for both the vital statistics data and the population census data. When known, the definitions of urban used in national population censuses are presented at the end of table 6. As discussed in detail in the Technical Notes for table 6, these definitions vary considerably from one country or area to another.

Coverage: Deaths by age and sex are shown for 127 countries or areas. Data are presented by urban/rural residence for 50 countries or areas.

Data for ethnic or geographical segments of the population are included in the absence of national figures. These data are not presented as being representative of national–level statistics but as an index of the availability of statistics.

Earlier data: Deaths by age and sex have been shown for the latest available year in each issue of the Yearbook since the 1955 issue. Data included in this table update the series covering a period of years as follows:

Issue	Years covered
1985	1976–1984
1980	1971–1979
Historical Supplement	1948–1977

Data have been presented by urban/rural residence in each regular issue of the Yearbook since the 1967 issue.

Data in machine–readable form: Data shown in this table are available in magnetic tape at a cost of US$150 for all available years as shown below:

Total	1948–1991
Urban/rural	1972–1991

Table 20

Table 20 presents death rates specific for age, sex and urban/rural residence for the latest available year.

La comparabilité des données selon la résidence (urbaine/rurale) peut être limitée par les définitions nationales des termes "urbain" et "rural" utilisées pour le classement de ces données. En l'absence d'indications contraires, on a supposé que les définitions des termes "urbain" et "rural" utilisées pour le recensement national de la population l'avaient été aussi pour l'établissement des statistiques de l'état civil dans chaque pays ou zone. Toutefois, on ne peut exclure la possibilité que, pour un pays ou une zone, les mêmes définitions n'aient pas été utilisées dans les deux cas. Les définitions du terme "urbain" utilisées pour les recensements nationaux de population ont été indiquées à la fin du tableau 6 lorsqu'elles étaient connues. Comme on l'a précisé en détail dans les Notes techniques relatives au tableau 6, ces définitions varient très sensiblement d'un pays ou zone à l'autre.

Portée : Ce tableau présente des données sur les décès selon l'âge et le sexe pour 127 pays ou zones. Des données selon la résidence (urbaine/rurale) sont présentées pour 50 pays ou zones.

Lorsqu'il n'existait pas de chiffres nationaux, on a fait figurer des chiffres portant sur des groupes ethniques ou des subdivisions géographiques. Ces données ne se veulent pas représentatives sur le plan national et ne sont présentées que comme indice des données disponibles.

Données publiées antérieurement : Des statistiques des décès selon l'âge et le sexe ont été présentées, pour la dernière année où il en existait, dans chaque édition de l'Annuaire démographique depuis celle de 1955. Les données présentées dans ce tableau mettent à jour les périodes d'années suivantes :

Edition	Années considérées
1985	1976–1984
1980	1971–1979
Supplément rétrospectif	1948–1977

Des données selon la résidence (urbaine/rurale) ont été présentées dans toutes les éditions courantes de l'Annuaire depuis celle de 1967.

Données sur support magnétique: Il est possible de se procurer sur bande magnétique, moyennant de paiement d'une somme $150 les données dans ce tableau pour tous les années disponibles suivantes:

Total	1948–1991
Urbain/rural	1972–1991

Tableau 20

Le tableau 20 présente des taux de mortalité selon l'âge et le sexe et selon la résidence (urbaine/rurale) pour la dernière année disponible.

Description of variables: Age is defined as age at last birthday, that is, the difference between the date of birth and the date of the occurrence of the event, expressed in completed solar years. The age classification used in this table is the following: under 1 year, 1–4 years, 5–year age groups through 80–84, and 85 years and over.

The urban/rural classification of deaths is that provided by each country or area; it is presumed to be based on the national census definitions of urban population that have been set forth at the end of table 6.

Rate computation: Death rates specific for age and sex are the annual number of deaths in each age–sex group (as shown in table 19) per 1 000 population in the same age–sex group.

Death rates by age, sex and urban/rural residence are the annual number of deaths that occurred in a specific age–sex–urban/rural group (as shown in table 19) per 1 000 population in the corresponding age–sex–urban/rural group.

Deaths at unknown age and the population of unknown age were disregarded except as they formed part of the death rate for all ages combined.

It should be noted that the death rates for infants under one year of age in this table differ from the infant mortality rates shown elsewhere, because the latter are computed per 1 000 live births rather than per 1 000 population.

The population used in computing the rates is estimated or enumerated distributions by age and sex. First priority was given to an estimate for the mid–point of the same year (as shown in table 7), second priority to census returns of the year to which the deaths referred and third priority to an estimate for some other point of time in the year.

Rates presented in this table have been limited to those for countries or areas having at least a total of 1 000 deaths in a given year. Moreover, rates specific for individual sub–categories based on 30 or fewer deaths are identified by the symbol (◆).

Reliability of data: Rates calculated using data from civil registers of deaths which are reported as incomplete (less than 90 per cent completeness) or of unknown completeness are considered unreliable and are set in italics rather than in roman type. Table 18 and the Technical Notes for that table provide more detailed information on the completeness of death registration. For more information about the quality of vital statistics data in general, and the information available on the basis of the completeness estimates in particular, see section 4.2 of the Technical Notes.

Limitations: Rates shown in this table are subject to all the same limitations which affect the corresponding frequencies and are set forth in the Technical Notes for table 19.

Description des variables : L'âge est l'âge au dernier anniversaire, c'est–à–dire la différence entre la date de naissance et la date du décès, exprimée en années solaires révolues. La classification par âge est la suivante : moins d'un an, 1 à 4 ans, groupes quinquennaux jusqu'à 80 à 84 ans, et 85 ans et plus.

La classification des décès selon la résidence (urbaine/rurale) est celle qui a été fournie par chaque pays ou zone; il est donc présumé qu'elle repose sur les définitions de la population urbaine utilisées pour les recensements nationaux, qui sont reproduites à la fin du tableau 6.

Calcul des taux : Les taux de mortalité selon l'âge et le sexe représentent le nombre annuel de décès survenus pour chaque sexe et chaque groupe d'âge (fréquences du tableau 19) pour 1 000 personnes du même groupe.

Les taux de mortalité selon l'âge, le sexe et la résidence (urbaine/rurale) représentent le nombre annuel de décès intervenus dans un groupe d'âge et de sexe donnés dans la population urbaine ou rurale (fréquences du tableau 19) pour 1 000 personnes du même groupe dans la population urbaine ou rurale.

On n'a pas tenu compte des décès à un âge inconnu ni de la population d'âge inconnu, sauf dans les taux de mortalité pour tous les âges combinés.

Il convient de noter que, dans ce tableau, les taux de mortalité des groupes de moins d'un an sont différents des taux de mortalité infantile qui figurent dans d'autres tableaux, ces derniers ayant été établis pour 1 000 naissances vivantes et non pour 1 000 habitants.

Les chiffres de population utilisés pour le calcul des taux proviennent de dénombrements ou de répartitions estimatives de la population selon l'âge et le sexe. On a utilisé de préférence les estimations de la population en milieu d'année selon les indications du tableau 7; à défaut, on s'est contenté des données censitaires se rapportant à l'année du décès et, si ces données manquaient également, d'estimations établies pour une autre date de l'année.

Les taux présentés dans le tableau 14 ne se rapportent qu'aux pays ou zones où l'on a enregistré un total d'au moins 1 000 décès dans l'année. Les taux relatifs à des sous–catégories, qui sont fondés sur 30 décès ou moins, sont identifiés à l'aide du signe (◆).

Fiabilité des données : Les taux calculés à partir de données sur les décès provenant des registres d'état civil qui sont déclarées incomplètes (degré d'exhaustivité inférieur à 90 p. 100) ou dont le degré d'exhaustivité n'est pas connu sont jugés douteux et apparaissent en italique et non en caractères romains. Le tableau 18 et les Notes techniques s'y rapportant présentent des renseignements plus détaillés sur le degré d'exhaustivité de l'enregistrement des décès. Pour plus de précisions sur la qualité des statistiques de l'état civil en général, et sur les estimations d'exhaustivité en particulier, voir la section 4.2 des Notes techniques.

Insuffisance des données : Les taux de ce tableau appellent les mêmes réserves que les fréquences correspondantes; voir à ce sujet les explications données dans les Notes techniques se rapportant au tableau 19.

These include differences in the completeness of registration, the treatment of infants who were born alive but died before the registration of the birth or within the first 24 hours of life, the method used to determine age at death and the quality of the reported information relating to age at death. In addition, some rates are based on deaths tabulated by date of registration and not by date of occurrence; these have been indicated by a (+).

The problem of obtaining precise correspondence between deaths (numerator) and population (denominator) as regards the inclusion or exclusion of armed forces, refugees, displaced persons and other special groups is particularly difficult where age–specific death rates are concerned. In cases where it was not possible to achieve strict correspondence, the differences in coverage are noted. Male rates in the age range 20 to 40 years may be especially affected by this non–correspondence, and care should be exercised in using these rates for comparative purposes.

It should be added that even when deaths and population do correspond conceptually, comparability of the rates may be affected by abnormal conditions such as absence from the country or area of large numbers of young men in the military forces or working abroad as temporary workers. Death rates may appear high in the younger ages, simply because a large section of the able–bodied members of the age group, whose death rates under normal conditions might be less than the average for persons of their age, is not included.

Also, in a number of cases the rates shown here for all ages combined differ from crude death rates shown elsewhere, because in this table they are computed on the population for which an appropriate age–sex distribution was available, while the crude death rates shown elsewhere may utilize a different population. The population by age and sex might refer to a census date within the year rather than to the mid–point, or it might be more or less inclusive as regards ethnic groups, armed forces and so forth. In a few instances, the difference is attributable to the fact that the rates in this table were computed on the mean population whereas the corresponding rates in other tables were computed on an estimate for 1 July. Differences of these types are insignificant but, for convenience, they are not in the table.

The comparability of data by urban/rural residence is affected by the national definitions of urban and rural used in tabulating these data. It is assumed, in the absence of specific information to the contrary, that the definitions of urban and rural used in connection with the national population census were also used in the compilation of the vital statistics for each country or area. However, the possibility cannot be excluded that, for a given country or area, the same definitions of urban and rural are not used for both the vital statistics data and the population census data. When known, the definitions of urban used in national population censuses are presented at the end of table 6. As discussed in detail in the Technical Notes for table 6, these definitions vary considerably from one country or area to another.

Leurs imperfections tiennent notamment aux différences d'exhaustivité de l'enregistrement, au classement des enfants nés vivants mais décédés avant l'enregistrement de leur naissance ou dans les 24 heures qui ont suivi la naissance, à la méthode utilisée pour obtenir l'âge au moment du décès, et à la qualité des déclarations concernant l'âge au moment du décès. En outre, dans certains cas, les données relatives aux décès sont classées par date d'enregistrement et non par date effective; ces cas ont été identifiés par le signe (+).

S'agissant des taux de mortalité par âge, il est particulièrement difficile d'établir une correspondance exacte entre les décès (numérateur) et la population (dénominateur) du fait de l'inclusion ou de l'exclusion des militaires, des réfugiés, des personnes déplacées et d'autres groupes spéciaux. Dans les cas où il n'a pas été possible d'y parvenir tout à fait, des notes indiquent les différences de portée des données de base. Les taux de mortalité pour le sexe masculin dans les groupes d'âge de 20 à 40 ans peuvent être tout particulièrement influencés par ce manque de correspondance, et il importe d'être prudent lorsqu'on les utilise dans des comparaisons.

Il convient d'ajouter que, même lorsque population et décès correspondent, la comparabilité des taux peut être compromise par des conditions anormales telles que l'absence du pays ou de la zone d'un grand nombre de jeunes gens qui sont sous les drapeaux ou qui travaillent à l'étranger comme travailleurs temporaires. Il arrive ainsi que les taux de mortalité paraissent élevés parmi la population jeune simplement parce qu'on a laissé de côté un grand nombre d'hommes valides de ces groupes d'âge pour lesquels le taux de mortalité pourrait être, dans des conditions normales, inférieur à la moyenne observée pour les personnes du même âge.

De même, les taux indiqués pour tous les âges combinés diffèrent dans plusieurs cas des taux bruts de mortalité qui figurent dans d'autres tableaux, parce qu'ils se rapportent à une population pour laquelle on disposait d'une répartition par âge et par sexe appropriée, tandis que les taux bruts de mortalité indiqués ailleurs peuvent avoir été calculés sur la base d'un chiffre de population totale différent. Ainsi, il est possible que les chiffres de population par âge et par sexe proviennent d'un recensement effectué dans l'année et non au milieu de l'année, et qu'ils se différencient des autres chiffres de population en excluant ou incluant certains groupes ethniques, les militaires, etc. Quelquefois, la différence tient à ce que les taux de ce ont été calculés sur la base de la population moyenne, alors que les taux correspondants des autres tableaux reposent sur une estimation au 1er juillet. Les écarts de cet ordre sont insignifiants, mais on les a signalés dans le tableau à toutes fins utiles.

La comparabilité des données selon la résidence (urbaine/rurale) peut être limitée par les définitions nationales des termes "urbain" et "rural" utilisées pour le classement de ces données. En l'absence d'indications contraires, on a supposé que les définitions des termes "urbain" et "rural" utilisées pour le recensement national de la population l'avaient été aussi pour l'établissement des statistiques de l'état civil dans chaque pays ou zone. Toutefois, on ne peut exclure la possibilité que, pour un pays ou une zone, les mêmes définitions n'aient pas été utilisées dans les deux cas. Les définitions du terme "urbain" pour les recensements nationaux de population ont été indiquées à la fin du tableau 6 lorsqu'elles étaient connues. Comme on l'a précisé en détail dans les Notes techniques relatives au tableau 6, ces définitions varient très sensiblement d'un pays ou zone à l'autre.

In addition to problems of comparability, vital rates classified by urban/rural residence are also subject to certain special types of bias. If, when calculating vital rates, different definitions of urban are used in connection with the vital events and the population data and if this results in a net difference between the numerator and denominator of the rate in the population at risk, then the vital rates would be biased. Urban/rural differentials in vital rates may also be affected by whether the vital events have been tabulated in terms of place of occurrence or place of usual residence. This problem is discussed in more detail in section 4.1.4.1 of the Technical Notes.

Coverage: Death rates specific for age and sex are shown for 85 countries or areas. Rates are presented by urban/rural residence for 35 countries or areas.

Data for ethnic or geographical segments of the population are included in the absence of national figures. These data are not presented as being representative of national—level statistics but as an index of the availability of statistics.

Earlier data: Death rates specific for age and sex have been shown for the latest available year in many of the issues of the Yearbook since the 1955 issue. Data included in this table update the series shown in the Yearbook and in the recently issued Population and Vital Statistics Report: Special Supplement covering a period of years as follows:

Issue	Years covered
1985	1976–1984
1980	1971–1979
Historical Supplement	1948–1977

Table 21

Table 21 presents deaths and death rates by cause for the latest available year.

Description of variables: Causes of death are all those diseases, morbid conditions or injuries which either resulted in or contributed to death and the circumstances of the accident or violence which produced any such injuries. [52]

The underlying cause of death, rather than direct or intermediate antecedent cause, is the one recommended as the main cause for tabulation of mortality statistics. It is defined as (a) the disease or injury which initiated the train of events leading directly to death, or (b) the circumstances of the accident or violence which produced the fatal injury. [53]

Outre ces problèmes de comparabilité, les taux démographiques classés selon la résidence urbaine ou rurale sont également sujets à certaines distorsions particulières. Si, lors du calcul de ces taux, des définitions différentes du terme ''urbain'' sont utilisées pour classer les faits d'état civil et les données relatives à la population, et s'il en résulte une différence nette entre le numérateur et le dénominateur pour le taux de la population considérée, les taux démographiques s'en trouveront faussés. La différence entre ces taux pour les zones urbaines et rurales pourra aussi être faussée selon que les faits d'etat civil auront été classés d'après le lieu où ils se sont produits ou le lieu de résidence habituelle. Ce problème est examiné plus en détail à la section 4.1.4.1 des Notes techniques.

Portée : Ce tableau présente des taux de mortalité selon l'âge et le sexe pour 85 pays ou zones. Des taux selon la résidence (urbaine/rurale) sont présentés pour 35 pays ou zones.

Lorsqu'il n'existait pas de chiffres nationaux, on a fait figurer des chiffres portant sur des groupes ethniques ou des subdivisions géographiques. Ces données ne se veulent pas représentatives sur le plan national, et ne sont présentées que comme indice des données disponibles.

Données publiées antérieurement : Des taux de mortalité selon l'âge et le sexe pour la dernière année où ils étaient connus figurent dans beaucoup d'éditions de l'Annuaire depuis celle de 1955. Les données présentées dans ce tableau mettent à jour les séries présentées dans l'Annuaire démographique et dans le Rapport de statistiques de la population et de l'état civil: Supplément spécial 1984 qui couvrent les périodes d'années suivantes :

Edition	Années considérées
1985	1976–1984
1980	1971–1979
Supplément rétrospectif	1948–1977

Tableau 21

Le tableau 21 présente des statistiques et des taux de mortalité selon la cause, ainsi que les pourcentages de décès, pour la dernière année disponible.

Description des variables : Les causes de décès sont toutes les maladies, états morbides ou traumatismes qui ont abouti ou contribué au décès et les circonstances de l'accident ou de la violence qui ont entraîné ces traumatismes [52].

La cause initiale de décès, plutôt que la cause directe du décès, est recommandée pour les statistiques de la mortalité. La cause initiale de décès est définie comme : a) la maladie ou le traumatisme qui a déclenché l'évolution morbide conduisant directement au décès, ou b) les circonstances de l'accident ou de la violence qui ont entraîné le traumatisme mortel [53].

The table is divided into two parts, A and B. Part A shows deaths and death rates classified according to the "Adapted Mortality List" derived from the classification recommended by the International Conference for the Ninth Revision of the International Classification of Diseases. [54] The 1975 (ninth) revision is known or assumed to have been used by all of the countries or areas for which data are included in part A. Part B is devoted to data classified according to the "Abbreviated List of 50 causes for tabulation of mortality" recommended by the 1965 (eighth) revision Conference. [55] The two–part presentation is used because the ninth revision does not provide a classification which conforms directly to the eighth revision. The use of the ninth revision began during 1979 in a limited number of countries. Now 67 countries or areas included in this table report cause of death according to the ninth revision. For the years between 1971 and 1978, all countries report cause–of–death statistics according to the eighth revision. The classification of cause of death shown in the stub of this table is referred to only in terms of the list numbers due to space limitations.

The full titles of each of the 50 causes of death from the eighth revision and the 55 causes of death used in the ninth revision (and the corresponding numbers referring to the 3– and 4– digit codes from the International Classification of Diseases) appear in the table shown in section 4.3 of the Technical Notes. This section discusses the International Classification of Diseases with particular references to the similarities and differences between the eighth and ninth revisions.

Statistics on cause of death presented in this table have been limited to countries or areas which meet all of the following three criteria: first, that statistics are either classified by, or convertible to, the 1965 or 1975 Lists mentioned above; secondly, that at least a total of 1 000 deaths (for all causes combined) occurred in a given year; and thirdly, that within this distribution the total number of deaths classified as due to ill–defined causes (B45, AM48) does not exceed 25 per cent of deaths from all causes. The third criterion is based on the premise that if 25 per cent of the deaths have been coded as due to ill–defined causes, frequencies in the other cause groups in the Classification must be understated to a marked degree. The limit has been placed deliberately high to exclude all poor data. Moreover, it must be admitted that this criterion fails to consider the equally indicative percentages in the residual category, all other diseases (B46 in the eighth revision or AM49 in the ninth revision), which often accounts for an inordinately large proportion of the whole.

Rate computation: In part A, for cause groups AM1 through AM16, AM19 through AM40, AM45 and AM48 through AM55, rates are the annual number of deaths in each cause group reported for the year per 100 000 corresponding mid–year population. The other cause groups, for which the population more nearly approximates the population at risk, are specified below: rates for AM17 and AM18 (Malignant neoplasm of female breast and Malignant neoplasm of cervix uteri) are computed per 100 000 female population 15 years and over; rates for AM41 (Hyperplasia of prostate) are computed per 100 000 male population 50 years and over; and rates for AM42 (Abortion), AM43–AM44 (Direct and indirect obstetric causes), AM46 (Birth trauma) and AM47 (Other conditions originating in the perinatal period) are computed per 100 000 total live births in the same year.

Le tableau est divisé en deux parties, A et B. La Partie A présente le nombre et le taux des décès selon la cause, classés selon la "Liste adoptée des causes de mortalité" derivée de la classification recommandée par la Conférence internationale pour la Classification des Maladies [54]. La neuvième révision (1975) à été utilisé, par tous les pays ou zones pour lasquelles les statistiques présentées dans la Partie A. La Partie B présente des données classées selon la "Liste abregé de 50 rubriques pour la mise en tableaux des causes de mortalitée", recommandée par la Conférence de la huitième révision (1965) [55]. Il a fallu présenter le tableau en deux parties parce que la classification utilisée dans la révision de 1975 ne correspond pas exactement à celle de 1965. Un petit nombre de pays ou zones ont commencé à utiliser la neuvième révision en 1979. Maintenant 67 pays ou zones considérés ici ont présenté leurs statistiques des causes de décès selon la neuvième révision. Pour les années 1971 à l978, tous les pays ou zones ont utilisé la huitième révision. La nomenclature des causes de décès figurant dans la première colonne du tableau ne reproduit que les numéros de rubrique, faute d'espace.

Le titre complet de chacune des 50 causes de décès de la huitième révision et des 55 causes retenues dans la neuvième révision (ainsi que les numéros du code à 3 et 4 chiffres de la Classification internationale des maladies) figure dans le tableau incorporé dans la section 4.3 des Notes techniques, où il est question de la Classification internationale et plus particulièrement des similitudes et différences entre les huitième et neuvième révisions.

Les statistiques des causes de décès présentées dans ce tableau ne se rapportent qu'aux pays ou zones pour lesquels les trois critères suivants sont réunis : premièrement, le classement des statistiques des décès selon la cause doit être conforme à la liste de 1965 ou à celle de 1975 mentionnées plus haut, ou convertible aux catégories de cette liste; deuxièmement, le nombre total des décès (pour toutes les causes réunies) intervenus au cours d'une année donnée doit être au moins égal à 1 000, et; troisièmement, à l'intérieur de cette répartition, le nombre total des décès dus à des causes mal définies (B45 ou AM48) ne doit pas dépasser 25 p. 100 du nombre des décès pour toutes les causes. Le troisième critère est fondé sur l'argument suivant : si 25 p. 100 des décès sont classés comme dus à des causes mal définies, les chiffres relatifs aux autres causes de la Liste doivent être sensiblement inférieurs à la réalité. Le seuil a été délibérément placé haut afin d'exclure toutes les données de qualité médiocre. De plus, il faut admettre que ce critère ne s'étend pas aux pourcentages, tout aussi indicatifs, de la catégorie résiduelle "Toutes autres maladies" (B46 dans la huitième révision, AM49 dans la neuvième), qui groupe souvent une proportion exceptionnellement forte du nombre total des décès.

Calcul des taux : Dans la Partie A, les taux correspondant aux catégories AM1 à AM16, AM19 à AM40, AM45 et AM48 à AM55 représentent le nombre annuel de décès signalés dans chaque groupe, pour l'année, dans une population de 100 000 personnes en millier d'années. Les taux correspondant aux autres catégories de causes correspondent aux populations les plux semblables à la population exposée. Les taux correspondant aux catégories AM17 et AM18 (tumeurs malignes du sein et tumeurs malignes du col de l'utérus) sont calculés sur une population de 100 000 femmes de 15 ans ou plus. Les taux correspondant à la catégorie AM41 (hyperplasie de la prostate) sont calculés sur une population de 100 000 personnes de sexe masculin âgées de 50 ans ou plus, et les taux pour la catégorie AM42 (avortements), les catégories AM43 et AM44 (causes obstétricales directes et indirectes). la catégorie AM46 (traumatisme obstétrical) et enfin la catégorie AM47 (autres affections dont l'origine se situe dans la période périnatale) sont calculés sur 100 000 naissances vivantes de la même année.

In part B, for cause groups B1 through B38, B42 and B45 through BE50, rates are the annual number of deaths in each cause group reported for the year per 100 000 corresponding mid—year population. The other cause groups, a population which more nearly approximates the population at risk of death is used, as specified below: rates for B39 (Hyperplasia of prostate) are computed per 100 000 male population 50 years and over; rates for B40 (Abortion) are computed per 100 000 total live births, rates for B41 (Other complications of pregnancy, childbirth and the puerperium and delivery without mention of complication) are computed per 100 000 total live births in the same year; and rates for B43 (Birth injury, difficult labour and other anoxic and hypoxic conditions) and B44 (Other causes of perinatal mortality) are computed per 100 000 total live births in the same year.

As noted above, rates (as well as frequencies) presented in this table have been limited to those countries or areas having a total of at least 1 000 deaths from all causes in a given year and have also been limited to those not having more than 25 per cent of all deaths classified as due to ill—defined causes (B45 or AM48). In certain cases death rates by cause have not been calculated because the population data needed for the denominator are not available. This may arise in either of two situations. First, no data on population at risk are available. Second, cause—of—death statistics are available for only a limited portion of the country and it is not possible to identify births or population at risk for that limited geographic area. The same situation arises when data on deaths by cause are limited to medically certified deaths and when those medically certified deaths do not comprise a substantial portion of all deaths for the country or area, in which case no rates are calculated. Moreover, rates based on 30 or fewer deaths shown in this table are identified by the symbol (◆).

Reliability of data: Data from civil registers of deaths which are reported as incomplete (less than 90 per cent completeness) or of unknown completeness are considered unreliable and are set in italics rather than in roman type. Rates calculated using these data are also set in italics. Table 18 and the Technical Notes for that table provide more detailed information on the completeness of death registration. For more information about the quality of vital statistics data in general, and the information available on the basis of the completeness estimates in particular, see section 4.2 of the Technical Notes.

In general, the quality code for deaths shown in table 18 is used to determine whether data on deaths in other tables appear in roman or italic type. However, some data on deaths by cause are shown in italics in this table when it is known that the quality, in terms of completeness, differs greatly from the completeness of the registration of the total number of deaths. In cases when the quality code in table 18 does not correspond with the type—face used in this table, relevant information regarding the completeness of cause—of—death statistics is given in a footnote.

Limitations: Statistics on deaths by cause are subject to the same qualifications as have been set forth for vital statistics in general and death statistics in particular as discussed in section 4 of the Technical Notes.

Dans la Partie B, les taux correspondant aux catégories de causes B1 à B38, B42 et B45 à BE50 représentent le nombre annuel de décès attribués à chaque catégorie de causes, dans l'année, pour 100 000 habitants en millieu d'anné. Dans les autres catégories de causes, on s'est fondé sur les populations les plus semblables de la population exposée, comme on le verra plus loin, . Les taux correspondant à la catégorie B39 (hypertrophie de la prostate) sont calculés sur 100 000 personnes de sexe masculin âgées de 50 ans ou plus. Les taux correspondant à B40 (avortements) sont calculés sur 100 000 naissances vivantes, les taux pour la catégorie B41 (autres complications de la grossesse, de l'accouchement et des suites de couches et accouchement sans mention de complication) sont calculés sur 100 000 naissances vivantes de la même année, enfin les taux correspondant à la catégorie B43 (lésions obstétricales, accouchements dystociques et autres états anoxémiques et hypoxémiques) et à la catégorie B44 (autres causes de mortalité périnatale) sont calculés sur 100 000 naissances vivantes de la même année.

Comme on l'a dit, les taux et les nombres figurant dans ce tableau ne concernent que les pays ou zones où l'on a relevé 1 000 décès de toutes causes dans l'année, ainsi que 25 p. 100 au plus de décès imputés à une cause mal définie (B45 ou AM48). Dans certains cas, on n'a pas calculé les taux de mortalité selon la cause car l'on ne disposait pas des informations sur la population qui étaient nécessaires pour déterminer le dénominateur. Cela peut se présenter dans deux cas. Dans le premier, on n'a pas d'informations sur la population exposée au risque. Dans le second, il n'existe de statistique selon les causes de décès que pour une partie limitée du pays, et il n'est pas possible de s'informer particulièrement les naissances ou sur la population exposée dans cette région géographique limitée. Le même cas se présente lorsque les données concernant les décès selon la cause ne se rapportent qu'aux décès médicalement certifiés et lorsque ces décès représentent pas une fraction importante de l'ensemble des décès dans le pays ou la zone; alors, il n'a pas été calculé de taux. De plus, les taux calculés sur la base de 30 décès ou moins, qui sont indiqués dans le tableau, sont identifiées par le signe. (◆).

Fiabilité des données : Les données sur les décès provenant des registres d'état civil qui sont déclarées incomplètes (degré d'exhaustivité inférieur à 90 p. 100) ou dont le degré d'exhaustivité n'est pas connu sont jugées douteuses et apparaissent en italique et non en caractères romains. Les taux calculés à partir de ces données apparaissent eux aussi en italique. Le tableau 18 et les Notes techniques se rapportant à ce tableau présentent des renseignements plus détaillés sur le degré d'exhaustivité de l'enregistrement des décès. Pour plus de précisions sur la qualité des statistiques de l'état civil en général, et sur les estimations de l'exhaustivité en particulier, voir la section 4.2 des Notes techniques.

En général, le code de qualité des données sur les décès indiqué au tableau 18 sert à déterminer si, dans les autres tableaux, les données de mortalité apparaissent en caractères romains ou en italique. Toutefois, certaines données sur les décès selon la cause figurent en italique dans le présent tableau lorsqu'on sait que leur exhaustivité diffère grandement de celle des données sur le nombre total des décès. Dans les cas où le code de qualité du tableau 18 ne correspond pas aux caractères utilisés dans le présent tableau, les renseignements concernant le degré d'exhaustivité des statistiques des décès selon la cause sont indiqués en note à la fin du tableau.

Insuffisance des données : Les statistiques des décès selon la cause appellent toutes les réserves qui ont été faites à propos des statistiques de l'état civil en général et des statistiques de mortalité en particulier (voir explications à la section 4 des Notes techniques).

The reliability of the data, an indication of which is described above, is an important factor in considering the limitations. In addition, some deaths are tabulated by date of registration and not by date of occurrence; these have been indicated by a (+). Whenever the lag between the date of occurrence and date of registration is prolonged and, therefore, a large proportion of the death registrations are delayed, death statistics for any given year may be seriously affected.

In considering cause—of—death statistics it is important to take account of the differences among countries or areas in the quality, availability, and efficiency of medical services, certification procedures, and coding practices. In most countries or areas, when a death is registered and reported for statistical purposes, the cause of death is required to be stated. This statement of cause may have several sources: (1) If the death has been followed by an autopsy, presumably the "true" cause will have been discovered; (2) If an autopsy is not performed but the decedent was treated prior to death by a medical attendant, the reported cause of death will reflect the opinion of that physician based on observation of the patient while he was alive; (3) If, on the other hand, the decedent has died without medical attendance, his body may be examined (without autopsy) by a physician who, aided by the questioning of persons who saw the patient before death, may come to a decision as to the probable cause of death; (4) Still another possibility is that a physician or other medically trained person may question witnesses without seeing the decedent and arrive at a diagnosis; (5) Finally, there is the case where witnesses give the cause of death without benefit of medical advice or questioning. These five possible sources of information on cause of death constitute in general five degrees of decreasing accuracy in reporting.

Serious difficulties of comparability may stem also from differences in the form of death certificate being used, an increasing tendency to enter more than one cause of death on the certificate and diversity in the principles by which the primary or underlying cause is selected for statistical use when more than one is entered. [56]

Differences in terminology used to identify the same disease also result in lack of comparability in statistics. These differences may arise in the same language in various parts of one country or area, but they are particularly troublesome between different languages. They arise even in connection with the medically certified deaths, but they are infinitely more varied and obscure in causes of death reported by lay persons. This problem of terminology and its solution are receiving attention by the World Health Organization.

Coding problems, and problems in interpretation of rules, arise constantly in using the various revisions of the International Statistical Classification of Diseases, Injuries and Causes of Death. Lack of uniformity between countries or areas in these interpretations and in adapting rules to national needs results in lack of comparability which can be observed in the statistics. It is particularly evident in causes which are coded differently according to the age of the decedent, such as pneumonia, diarrhoeal diseases and others. Changing interpretations and new rules can also introduce disparities into the time series for one country or area. Hence, large increases or decreases in deaths reported from specified diseases should be examined carefully for possible explanations in terms of coding practice, before they are accepted as changes in mortality.

La fiabilité des données, au sujet de laquelle des indications ont été fournies plus haut, est un facteur important en l'occurrence. Il faut également tenir compte du fait que, dans certains cas, les données relatives aux décès sont classées par date d'enregistrement et non par date effective; ces cas ont été identifiés par le signe (+). Lorsque le décalage entre le décès et son enregistrement est grand, c'est—à—dire qu'une forte proportion des décès fait l'objet d'un enregistrement tardif, les statistiques des décès de l'année peuvent être sérieusement faussées.

Lorsqu'on étudie les statistiques des causes de décès, il importe de tenir compte des différences existant entre pays ou zones du point de vue de la qualité, de l'accessibilité et de l'efficacité des services médicaux, ainsi que des méthodes d'établissement des certificats de décès et des procédés de codage. Dans la plupart des pays ou zones, lorsqu'un décès est enregistré et déclaré aux fins de statistique, le bulletin établi doit mentionner la cause du décès. Or, la déclaration de la cause peut émaner de plusieurs sources : 1) si le décès a été suivi d'une autopsie, il est probable qu'on en aura décelé la cause "véritable"; 2) s'il n'y a pas eu d'autopsie, mais si le défunt avait reçu, avant sa mort, les soins d'un médecin, la déclaration de la cause du décès reflétera l'opinion de ce médecin, fondée sur l'observation du malade alors qu'il vivait encore; 3) si, au contraire, le défunt est mort sans avoir reçu de soins médicaux, il se peut qu'un médecin examine le corps (sans qu'il soit fait d'autopsie), auquel cas il pourra, en questionnant les personnes qui ont vu le malade avant sa mort, se former une opinion sur la cause probable du décès; 4) il se peut encore que, sans voir le corps, un médecin ou une autre personne de formation médicale interroge des témoins et arrive ainsi à un diagnostic; 5) enfin, il y a le cas où de simples témoins indiquent une cause de décès sans l'avis d'un médecin. A ces cinq sources de renseignements possibles correspondent généralement cinq degrés décroissants d'exactitude des données.

La comparabilité est aussi parfois très difficile à assurer par suite des différences existant dans la forme des certificats de décès utilisés, de la tendance croissante à indiquer plus d'une cause de décès sur le certificat, et de la diversité des principes régissant le choix de la cause principale ou initiale à retenir dans les statistiques quand le certificat indique plus d'une cause [56].

Les différences entre les termes utilisés pour désigner la même maladie compromettent aussi la comparabilité des statistiques. On en rencontre parfois d'une région à l'autre d'un même pays ou d'une même zone où toute la population parle la même langue, mais elles sont particulièrement gênantes lorsque plusieurs langues interviennent. Ces différences soulèvent des difficultés même quand les décès sont certifiés par un médecin, mais elles sont infiniment plus grandes et plus difficiles à éclaircir lorsque la cause du décès est indiquée par de simples témoins. L'Organisation mondiale de la santé s'emploie à étudier et à résoudre ce problème de terminologie.

En outre, des problèmes de codage et d'interprétation des règles se posent constamment lorsqu'on utilise les diverses révisions de la Classification statistique internationale des maladies, traumatismes et causes de décès. Les pays ou zones n'interprètent pas ces règles de manière uniforme et ne les adaptent pas de la même façon à leurs besoins; la comparabilité s'en ressent, comme le montrent les statistiques. Cela est particulièrement vrai pour les causes comme la pneumonie et les maladies diarrhéiques et autres, qui sont codées différemment selon l'âge du défunt. Les changements d'interprétation et l'adoption de nouvelles règles peuvent aussi introduire des divergences dans les séries chronologiques d'un même pays ou d'une même zone. En conséquence, il convient d'examiner attentivement les cas où le nombre de décès attribués à des maladies déterminées s'accroît ou diminue fortement, pour s'assurer, avant de conclure à une évolution de la mortalité, que le changement n'est pas dû à la méthode de codage.

Further limitations of statistics by cause of death result from the periodic revision of the International Classification of Diseases. Each country or area reporting cause–of–death statistics in this table used either the 1965 or 1975 revision, a comparison of which is shown in Section 4.3 of the Technical Notes. In addition to the qualifications explained in footnotes, particular care must be taken in using distributions with relatively large numbers of deaths attributed to ill–defined causes (B45 or AM48) or the all–other–causes group (B46 or AM49). Large frequencies in the two categories may indicate that cause of death among whole segments of the population has been undiagnosed, and the distribution of known causes in such cases is likely to be quite unrepresentative of the situation as a whole.

The possibility of error being introduced by the exclusion of deaths of infants who were born alive but died before the registration of the birth or within the first 24 hours of life should not be overlooked. These infant deaths are incorrectly classified as late foetal deaths. In several countries or areas, tabulation procedures have been devised to separate these pseudo–late–foetal deaths from true late foetal deaths and to incorporate them into the total deaths, but even in these cases there is no way of knowing the cause of death. Such distributions are footnoted.

For a further detailed discussion of the development of statistics of causes of death and the problems involved, see chapter II of the Demographic Yearbook 1951.

Coverage: Deaths and death rates by cause are shown for 74 countries or areas (70 in part A and 4 in part B).

Data for ethnic or geographical segments of the population are included in the absence of national figures. These data are not presented as being representative of national–level statistics but as an index of the availability of statistics.

Earlier data: Deaths and death rates by cause have been shown in previous issues of the Demographic Yearbook. For information on specific years covered, readers should consult the Index.

Table 22

Table 22 presents expectation of life at specified ages for each sex for the latest available year.

Description of variables: Expectation of life is defined as the average number of years of life which would remain for males and females reaching the ages specified if they continued to be subjected to the same mortality experienced in the year(s) to which these life expectancies refer.

The table shows life expectancy according to an abridged life table or a complete life table as reported by the country. Values from complete life tables are shown in this table only when a more recent abridged life table is not available.

D'autres irrégularités statistiques, s'agissant des causes de décès, résultent des révisions périodiques de la Classification internationale des maladies. Tous les pays ou zones qui ont présenté des statistiques reprises dans ce tableau ont utilisé soit la révision de 1965, soit celle de 1975, qui sont comparées dans la section 4.3 des Notes techniques. Outre les réserves expliquées dans les notes, il faudra interpréter avec beaucoup de prudence les répartitions comportant un nombre relativement élevé de décès attribués à des causes mal définies ou inconnues (B45 ou AM48) ou au groupe "Toutes autres maladies" (B46 ou AM49). Si les chiffres donnés pour ces deux catégories sont importants, c'est sans doute parce que les décès survenus dans des groupes entiers de la population n'ont fait l'objet d'aucun diagnostic; en pareil cas, il est probable que la répartition des causes connues est loin de donner une vue exacte de la situation d'ensemble.

Il ne faut pas négliger non plus le risque d'erreur que peut présenter l'exclusion des enfants nés vivants mais décédés avant l'enregistrement de leur naissance, ou dans les 24 heures qui ont suivi la naissance. Ces décès sont classés à tort dans les morts foetales tardives. Dans plusieurs pays ou zones, les méthodes d'exploitation permettent de différencier ces pseudo–morts foetales tardives des morts foetales tardives véritables et de les ajouter au nombre total des décès, mais, là encore, il est impossible de connaître la cause du décès. Ces répartitions sont signalées en note.

Pour un exposé plus détaillé de l'évolution des statistiques des causes de décès et des problèmes qui se posent, voir le chapitre II de l'Annuaire démographique 1951.

Portée : Ce tableau présente des statistiques des décès selon la cause (nombre et taux) pour 74 pays ou zones 70 dans la Partie A et 4 dans la Partie B).

Lorsqu'il n'existait pas de chiffres nationaux, on a fait figurer des chiffres portant sur des groupes ethniques ou des subdivisions géographiques. Ces données ne se veulent pas représentatives sur le plan national, et ne sont présentées que comme indice des données disponibles.

Données publiées antérieurement : Des statistiques des décès selon la cause (nombre et taux) figurent déjà dans des éditions antérieures de l'Annuaire démographique. Pour plus de précisions concernant les années pour lesquelles ces données ont été publiées, se reporter à l'Index.

Tableau 22

Le tableau 22 présente les espérances de vie à des âges déterminés, pour chaque sexe, pour la dernière année disponible.

Description des variables : L'espérance de vie est le nombre moyen d'années restant à vivre aux personnes du sexe masculin et du sexe féminin atteignant les âges indiqués si elles continuent d'être soumises aux mêmes conditions de mortalité que celles qui existaient pendant les années auxquelles se rapportent les valeurs considérées.

Dans le tableau figurent les espérances de vie calculées, selon une table de mortalité abrégée ou une table de mortalité complète, par le pays même. On ne trouve dans le tableau des chiffres calculés à partir de tables de mortalité complètes que lorsqu'il n'en existe pas sur la base de tables de mortalité plus récentes abrégées.

Male and female expectations are shown separately for selected ages beginning at birth (age 0) and proceeding with ages 1, 2, 3, 4, 5, 10, 15, 20, 25, 30, 35, 40, 45, 50, 55, 60, 65, 70, 75, 80 and 85 years.

Life expectancy is shown with two decimals regardless of the number of digits provided in the original computation.

The data come mainly from the official life tables of the countries or areas concerned. Where official data are lacking, estimates of life expectancy at birth, prepared by the Population Division of the United Nations Secretariat, are included. These estimates have been prepared by use of the techniques described in the United Nations Manual on Methods of Estimating Basic Demographic Measures from Incomplete Data [57] and the application of assumed rates of gain in life expectancy based on model life tables [58] and other information. United Nations estimates are identified in the table by footnotes.

Life table computation: From the demographic point of view, a life table is regarded as a theoretical model of a population which is continuously replenished by births and depleted by deaths. The model gives a complete picture of the mortality experience of a population based on the assumption that the theoretical cohort is subject, throughout its existence, to the age—specific mortality rates observed at a particular time. Thus levels of mortality prevailing at the time a life table is constructed are assumed to remain unchanged into the future until all members of the cohort have died.

The starting point for the calculation of life—table values is usually the computation of death rates for the various age groups. From these rates other functions are derived, and from the latter functions survival ratios are derived, expressing the proportion of persons, among those who survive to a given age, who live on and attain the next age level.

The functions of the life table are calculated in the following sequence: (1) mx, the death rate among persons of a given age, x; (2) qx, the probability of dying within a given age interval, (3) lx, the number of survivors to a specific age from an assumed initial number of births; (4) Lx, the number of years lived collectively by those survivors within the given age interval; (5) Tx, person—years lived by a hypothetical cohort from age x and onward; and (6) eox, the expectation of life of an individual of given age.

In all these symbols, the suffix "x" denotes age. It denotes either the lower limit of an age group or the entire age group, depending on the nature of the function. In standard usage a subscript "n" preceeds each of these functions. In a complete life table n is 1 and is frequently omitted. In an abridged life table by five—year age groups, "n" becomes 5.

The life—table death rate, qx, expresses the probability that an individual about to enter an age group will die before reaching the upper limit of that age group. In many instances the value shown is 1 000qx. For a complete life table, 1 000q10 = 63.0 is interpreted to mean that of 1 000 persons reaching age 10, 63 will die before their eleventh birthday. From an abridged life table 1 000q10 = 63 is interpreted to mean that of 1 000 persons reaching age 10, only 63 die before their fifteenth birthday.

Les chiffres sont présentés séparément pour chaque sexe à partir de la naissance (âge 0) et pour les âges suivants : 1, 2, 3, 4, 5, 10, 15, 20, 25, 30, 35, 40, 45, 50, 55, 60, 65, 70, 75, 80 et 85 ans.

Les espérances de vie sont chiffrées à deux décimales, indépendamment du nombre de celles qui figurent dans le calcul initial.

Ces données proviennent surtout des tables officielles de mortalité des pays ou zones auxquels elles se rapportent. Toutefois, là où il n'existait pas de données officielles, on a présenté des estimations concernant l'espérance de vie à la naissance établies par la Division de la population du Secrétariat de l'ONU. Ces estimations ont été calculées à l'aide des techniques mentionnées dans le Manuel des Nations Unies sur les méthodes permettant d'estimer les mesures démographiques fondamentales à partir de données incomplètes [57] et en appliquant des taux hypothétiques de gain d'espérance de vie fondés sur des tables types de mortalité [58] et sur d'autres renseignements. Les estimations de l'ONU sont signalées en note à la fin du tableau.

Calcul des tables de mortalité : Du point de vue démographique, les tables de mortalité sont considérées comme des modèles théoriques représentant une population constamment reconstituée par les naissances et réduite par les décès. Ces modèles donnent un aperçu complet de la mortalité d'une population, reposant sur l'hypothèse que chaque cohorte théoriquement distinguée connaît, pendant toute son existence, la mortalité par âge observée à un moment donné. Les mortalités correspondant à l'époque à laquelle sont calculées les tables de mortalité sont ainsi censées demeurer inchangées dans l'avenir jusqu'au décès de tous les membres de la cohorte.

Le point de départ du calcul des tables de mortalité consiste d'ordinaire à calculer les taux de mortalité des divers groupes d'âges. A partir de ces taux, on détermine d'autres paramètres, puis, à partir de ces paramètres, des quotients de survie mesurant la proportion de personnes, parmi les survivants jusqu'à un âge donné, qui atteignent le palier d'âge suivant.

Les paramètres des tables de mortalité sont calculés dans l'ordre suivant : 1) mx, taux de mortalité des individus d'un âge donné x; 2) qx, probabilité de décès entre deux âges donnés; 3) lx, nombre de survivants jusqu'à un âge donné à partir d'un nombre initial supposé de naissances; 4) Lx, nombre d'années vécues collectivement par les survivants du groupe d'âges considérés; 5) Tx, nombre d'années personne vécues par la cohorte hypothétique à partir de l'âge x, enfin , 6) espérance de vie d'une personne d'âge donné.

Dans tous ces symboles, l'indice (x) désigne l'âge, c'est–à–dire soit la limite inférieure d'une fourchette d'âges, soit le groupe d'âges dans son entier, selon la nature du paramètre. Normalement, un "n" précède chacun de ces paramètres. Dans les tables de mortalité complètes, n = 1 et on l'omet fréquemment. Dans les tables de mortalité abrégées par groupes quinquennaux, "n" devient 5.

Le taux de mortalité actuariel, qx exprime la probabilité qu'a un individu sur le point d'accéder à un groupe d'âges de mourir avant d'avoir atteint la limite supérieure de la fourchette des âges de ce groupe. Dans beaucoup de cas, la valeur retenue est 1 000 qx. Dans les tables de mortalité complètes, 1 000 q10 = 63,0 signifie que, sur 1 000 personnes atteignant l'âge 10,63 décéderont avant leur onzième anniversaire. Dans les tables de mortalité abrégées, 1 000 q10 = 63 signifie que, sur 1 000 personnes atteignant l'âge 10, 63 seulement décéderont avant leur quinzième anniversaire.

The number of survivors to the given exact age is symbolized by lx, where the suffix "x" indicates the lower limit of each age group. In most life tables, 100,000 births are assumed and the lx function shows how many of the 100,000 reach each age.

Expectation of life, ex, is defined as the average number of years of life which would remain for males and females reaching the ages specified if they continued to be subjected to the same mortality experienced in the year(s) to which these life expectancies refer. [59]

Reliability of data: Since the values shown in this table come either from official life tables or from estimates prepared at the United Nations, they are all considered to be reliable. With regard to the values taken from official life tables, it is assumed that, if necessary, the basic data (population and deaths classified by age and sex) have been adjusted for deficiencies before their use in constructing the life tables.

Limitations: Expectation—of—life values are subject to the same qualifications as have been set forth for population statistics in general and death statistics in particular, as discussed in sections 3 and 4, respectively, of the Technical Notes.

Perhaps the most important specific qualifications which can be set forth in connection with expectation—of—life values is that they must be interpreted strictly in terms of the underlying assumption that surviving cohorts are subjected to the age—specific mortality rates of the period to which the life table refers.

Coverage: Expectation of life at specified ages for each sex is shown for 183 countries or areas.

Data for ethnic or geographical segments of the population are included in the absence of national figures. These data are not presented as being representative of national—level statistics but as an index of the availability of statistics.

Earlier data: Expectation of life at specified ages for each sex has been shown in previous issues of the Demographic Yearbook. Data included in this table update the series covering a period of years as follows:

Issues	Years covered
Historical Supplement	1948–1977
1948	1896–1947

Table 23

Table 23 presents number of marriages and crude marriage rates by urban/rural residence for as many years as possible between 1987 and 1991.

Le nombre de survivants jusqu'à l'âge exact donné est représenté par lx, où l'indice "x" indique la limite inférieure de chaque groupe d'âges. Dans la plupart des tables de mortalité, on se base sur 100 000 naissances et le paramètre lx indique le nombre de survivants de cette cohorte de 100 000 qui atteint chaque âge.

L'espérance de vie ex se définit comme le nombre moyen d'années de survie des hommes et des femmes qui ont atteint les âges indiqués, au cas où leur cohorte continuerait d'être soumise à la même mortalité que dans l'année ou les années auxquelles se réfère l'espérance de vie [59].

Fiabilité des donnés : Etant donné que les chiffres figurant dans ce tableau proviennent soit de tables officielles de mortalité, soit d'estimations établies par l'ONU, elles sont toutes présumées sûres. En ce qui concerne les chiffres tirés de tables officielles de mortalité, on suppose que les données de base (effectif de la population et nombre de décès selon l'âge et le sexe) ont été ajustées, en tant que de besoin, avant de servir à l'établissement de la table de mortalité.

Insuffisance des données : Les espérances de vie appellent les mêmes réserves que celles qui ont été formulées à propos des statistiques de la population en général et des statistiques de mortalité en particulier (voir explications aux sections 3 et 4, respectivement, des Notes techniques).

La principale réserve à faire au sujet des espérances de vie est peut—être que, lorsqu'on interprète les données, il ne faut jamais perdre de vue que, par hypothèse, les cohortes de survivants sont soumises, pour chaque âge, aux conditions de mortalité de la période visée par la table de mortalité.

Portée : Ce tableau présente les espérances de vie à des âges déterminés pour chaque sexe, pour 183 pays ou zones.

Lorsqu'il n'existait pas de chiffres nationaux, on a fait figurer des chiffres portant sur des groupes ethniques ou des subdivisions géographiques. Ces données ne se veulent pas représentatives sur le plan national et ne sont présentées que comme indice des données disponibles.

Données publiées antérieurement : Des espérances de vie à des âges déterminés pour chaque sexe figurent déjà dans des éditions antérieures de l'Annuaire démographique. Les données présentées dans ce tableau mettent à jour les périodes d'années suivantes :

Editions	Années considérées
Supplément rétrospectif	1948–1977
1948	1896–1947

Tableau 23

Le tableau 23 présente des données sur les mariages et les taux bruts de nuptialité selon la résidence (urbaine/rurale) pour le plus grand nombre possible d'années entre 1987 et 1991.

Description of variables: Marriage is defined as the act, ceremony or process by which the legal relationship of husband and wife is constituted. The legality of the union may be established by civil, religious, or other means as recognized by the laws of each country. [60]

Marriage statistics in this table, therefore, include both first marriages and remarriages after divorce, widowhood or annulment. They do not, unless otherwise noted, include resumption of marriage ties after legal separation. These statistics refer to the number of marriages performed, and not to the number of persons marrying.

Statistics shown are obtained from civil registers of marriage. Exceptions, such as data from church registers, are identified in the footnotes.

The urban/rural classification of marriages is that provided by each country or area; it is presumed to be based on the national census definitions of urban population which have been set forth at the end of table 6.

Rate computation: Crude marriage rates are the annual number of marriages per 1 000 mid–year population.

Rates by urban/rural residence are the annual number of marriages, in the appropriate urban or rural category, per 1 000 corresponding mid–year population.

Rates presented in this table have been limited to those for countries or areas having at least a total of 100 marriages in a given year. Moreover, rates based on 30 or fewer marriages are identified by the symbol (◆).

These rates, unless otherwise noted, have been calculated by the Statistical Division of the United Nations.

Reliability of data: Each country or area has been asked to indicate the estimated completeness of the number of marriages recorded in its civil register. These national assessments are indicated by the quality codes C, U and ... that appear in the first column of this table.

C indicates that the data are estimated to be virtually complete, that is, representing at least 90 per cent of the marriages occurring each year, while U indicates that data are estimated to be incomplete, that is, representing less than 90 per cent of the marriages occurring each year. The code (...) indicates that no information was provided regarding completeness.

Data from civil registers which are reported as incomplete or of unknown completeness (coded U or ...) are considered unreliable. They appear in italics in this table. When data so coded are used to calculate rates, the rates also appear in italics.

These quality codes apply only to data from civil registers. For more information about the quality of vital statistics data in general, see section 4.2 of the Technical Notes.

Description des variables : Le mariage désigne l'acte, la cérémonie ou la procédure qui établit un rapport légal entre mari et femme. L'union peut être rendue légale par une procédure civile ou religieuse, ou par toute autre procédure, conformément à la législation du pays [60].

Les statistiques de la nuptialité présentées dans ce tableau comprennent donc les premiers mariages et les remariages faisant suite à un divorce, un veuvage ou une annulation. Toutefois, sauf indication contraire, elles ne comprennent pas les unions reconstituées après une séparation légale. Ces statistiques se rapportent au nombre de mariages célébrés, non au nombre de personnes qui se marient.

Les statistiques présentées reposent sur l'enregistrement des mariages par les services de l'état civil. Les exceptions (données tirées des registres des églises, par exemple) font l'objet d'une note au bas du tableau.

La classification des mariages selon la résidence (urbaine/rurale) est celle qui a été fournie par chaque pays ou zone; il faut en conclure qu'elle repose sur les définitions de la population urbaine utilisées pour les recensements nationaux telles qu'elles sont reproduites à la fin du tableau 6.

Calcul des taux : Les taux bruts de nuptialité représentent le nombre annuel de mariages pour 1 000 habitants au milieu de l'année.

Les taux selon la résidence (urbaine/rurale) représentent le nombre annuel de mariages, classés selon la catégorie urbaine ou rurale appropriée, pour 1 000 habitants au milieu de l'année.

Les taux de ce tableau ne se rapportent qu'aux pays ou zones où l'on a enregistré un total d'au moins 100 mariages dans une année donnée. De plus, les taux calculés sur la base de 30 mariages ou moins, qui sont indiqués dans le tableau sont identifiés par le signe (◆).

Sauf indication contraire, ces taux ont été calculés par la Division de statistique de l'ONU.

Fiabilité des données : Il a été demandé à chaque pays ou zone d'indiquer le degré estimatif de complétude des données sur les mariages figurant dans ses registres d'état civil. Ces évaluations nationales sont désignées par les codes de qualité C, U et ... qui apparaissent dans la première colonne du tableau.

La lettre (C) indique que les données sont jugées à peu près complètes, c'est–à–dire qu'elles représentent au moins 90 p. 100 des mariages survenus chaque année; la lettre (U) indique que les données sont jugées incomplètes, c'est–à–dire qu'elles représentent moins de 90 p. 100 des mariages survenus chaque année. Le signe (...) indique qu'aucun renseignement n'a été fourni quant à la complétude des données.

Les données provenant des registres de l'état civil qui sont déclarées incomplètes ou dont le degré de complétude n'est pas connu (et qui sont affectées de la lettre (U) ou du signe (...) sont jugées douteuses. Elles apparaissent en italique dans le présent tableau. Lorsque ces données sont utilisées pour calculer des taux, ces taux apparaissent eux aussi en italique.

Ces codes de qualité ne s'appliquent qu'aux données tirées des registres de l'état civil. Pour plus de précisions sur la qualité des données reposant sur les statistiques de l'état civil en général, voir la section 4.2 des Notes techniques.

Limitations: Statistics on marriages are subject to the same qualifications which have been set forth for vital statistics in general and marriage statistics in particular as discussed in section 4 of the Technical Notes.

The fact that marriage is a legal event, unlike birth and death which are biological events, has implications for international comparability of data. Marriage has been defined, for statistical purposes, in terms of the laws of individual countries or areas. These laws vary throughout the world. In addition, comparability is further limited because some countries or areas compile statistics only for civil marriages although religious marriages may also be legally recognized; in others, the only available records are church registers and, therefore, the statistics do not relate to marriages which are civil marriages only.

Because in many countries or areas marriage is a civil legal contract which, to establish its legality, must be celebrated before a civil officer, it follows that for these countries or areas registration would tend to be almost automatic at the time of, or immediately following, the marriage ceremony. This factor should be kept in mind when considering the reliability of data, described above. For this reason the practice of tabulating data by date of registration does not generally pose serious problems of comparability as it does in the case of birth and death statistics.

As indicators of family formation, the statistics on the number of marriages presented in this table are bound to be deficient to the extent that they do not include either customary unions, which are not registered even though they are considered legal and binding under customary law, or consensual unions (also known as extra–legal or de facto unions). In general, low marriage rates over a period of years are an indication of high incidence of customary or consensual unions. This is particularly evident in Africa and Latin America.

In addition, it should be noted that rates are affected also by the quality and limitations of the population estimates which are used in their computation. The problems of under–enumeration or over–enumeration and, to some extent, the differences in definition of total population have been discussed in section 3 of the Technical Notes dealing with population data in general, and specific information pertaining to individual countries or areas is given in the footnotes to table 3. In the absence of official data on total population, United Nations estimates of mid–year population have been used in calculating some of these rates.

As will be seen from the footnotes, strict correspondence between the numerator of the rate and the denominator is not always obtained; for example, marriages among civilian and military segments of the population may be related to civilian population. The effect of this may be to increase the rates or, if the population is larger than that from which the marriages are drawn, to decrease them, but, in most cases, it is probably negligible.

Insuffisance des données : Les statistiques des mariages appellent toutes les réserves qui ont été formulées à propos des statistiques de l'état civil en général et des statistiques de la nuptialité en particulier (voir explications figurant à la section 4 des Notes techniques).

Le fait que le mariage soit un acte juridique, à la différence de la naissance et du décès, qui sont des faits biologiques, a des répercussions sur la comparabilité internationale des données. Aux fins de la statistique, le mariage est défini par la législation de chaque pays ou zone. Cette législation varie d'un pays à l'autre. La comparabilité est limitée en outre du fait que certains pays ne réunissent des statistiques que pour les mariages civils, bien que les mariages religieux y soient également reconnus par la loi; dans d'autres, les seuls relevés disponibles sont les registres des églises et, en conséquence, les statistiques ne rendent pas compte des mariages exclusivement civils.

Le mariage étant, dans de nombreux pays ou zones, un contrat juridique civil qui, pour être légal, doit être conclu devant un officier d'état civil, il s'ensuit que dans ces pays ou zones l'enregistrement se fait à peu près automatiquement au moment de la cérémonie ou immédiatement après. Il faut tenir compte de cet élément lorsqu'on étudie la fiabilité des données, dont il est question plus haut. C'est pourquoi la pratique consistant à exploiter les données selon la date de l'enregistrement ne pose généralement pas les graves problèmes de comparabilité auxquels on se heurte dans le cas des statistiques des naissances et des décès.

Les statistiques relatives au nombre des mariages présentées dans ce tableau donnent une idée forcément trompeuse de la formation des familles, dans la mesure où elles ne tiennent compte ni des mariages coutumiers, qui ne sont pas enregistrés bien qu'ils soient considérés comme légaux et créateurs d'obligations en vertu du droit coutumier, ni des unions consensuelles (appelées également unions non légalisées ou unions de fait). En général, un faible taux de nuptialité pendant un certain nombre d'années indique une proportion élevée de mariages coutumiers ou d'unions consensuelles. Le cas est particulièrement manifeste en ce qui concerne l'Afrique et l'Amérique latine.

Il convient de noter par ailleurs que l'exactitude des taux dépend également de la qualité et des insuffisances des estimations de population qui sont utilisées pour leur calcul. Le problème des erreurs par excès ou par défaut commises lors du dénombrement et, dans une certaine mesure, le problème de l'hétérogénéité des définitions de la population totale ont été examinés à la section 3 des Notes techniques relative à la population en général; des indications concernant les différents pays ou zones sont données en note au bas du tableau 3. Lorsqu'il n'existait pas de chiffres officiels sur la population totale, ce sont les estimations de la population en milieu d'année, établies par le Secrétariat de l'ONU, qui ont servi pour le calcul des taux.

Comme on le constatera d'après les notes, il n'a pas toujours été possible, pour le calcul des taux, d'obtenir une correspondance rigoureuse entre le numérateur et le dénominateur. Par exemple, les mariages parmi la population civile et les militaires sont parfois rapportés à la population civile. Cela peut avoir pour effet d'accroître les taux; au contraire, si la population de base englobe un plus grand nombre de personnes que celle dans laquelle les mariages ont été comptés, les taux seront plus faibles, mais, dans la plupart des cas, il est probable que la différence sera négligeable.

It should be emphasized that crude marriage rates — like crude birth, death and divorce rates — may be seriously affected by age–sex–marital structure of the population to which they relate. Like crude divorce rates they are also affected by the existing distribution of population by marital status. Nevertheless, crude marriage rates do provide a simple measure of the level and changes in marriage.

The comparability of data by urban/rural residence is affected by the national definitions of urban and rural used in tabulating these data. It is assumed, in the absence of specific information to the contrary, that the definitions of urban and rural used in connection with the national population census were also used in the compilation of the vital statistics for each country or area. However, the possibility cannot be excluded that, for a given country or area, the same definitions of urban and rural are not used for both the vital statistics data and the population census data. When known, the definitions of urban used in national population censuses are presented at the end of table 6. As discussed in detail in the Technical Notes for table 6, these definitions vary considerably from one country or area to another.

In addition to problems of comparability, marriage rates classified by urban/rural residence are also subject to certain special types of bias. If, when calculating marriage rates, different definitions of urban are used in connection with the vital events and the population data, and if this results in a net difference between the numerator and denominator of the rate in the population at risk, then the marriage rates would be biased. Urban/rural differentials in marriage rates may also be affected by whether the vital events have been tabulated in terms of place of occurrence or place of usual residence. This problem is discussed in more detail in section 4.1.4.1 of the Technical Notes.

Coverage: Marriages are shown for 127 countries or areas. Data are presented for urban/rural residence for 32 countries or areas.

Crude marriage rates are shown for 122 countries or areas. Rates are presented for urban/rural residence for 23 countries or areas.

Data for ethnic or geographic segments of the population are included in the absence of national figures. These data are not presented as being representative of national–level statistics but as an index of the availability of statistics.

Earlier data: Marriages and crude marriage rates have been shown in each issue of the Demographic Yearbook. For information on specific years covered, readers should consult the Index.

Table 24

Table 24 presents the marriages by age of groom and age of bride for the latest available year.

Il faut souligner que les taux bruts de nuptialité, de même que les taux bruts de natalité, de mortalité et de divortialité, peuvent varier sensiblement selon la structure par âge et par sexe de la population à laquelle ils se rapportent. Tout comme les taux bruts de divortialité, ils dépendent également de la répartition de la population selon l'état matrimonial. Les taux bruts de nuptialité offrent néanmoins un moyen simple de mesurer la fréquence et l'évolution des mariages.

La comparabilité des données selon la résidence (urbaine/rurale) peut être limitée par les définitions nationales des termes "urbain" et "rural" utilisées pour la mise en tableaux de ces données. En l'absence d'indications contraires, on a supposé que les définitions des termes "urbain" et "rural" utilisées pour le recensement national de la population avaient été utilisées pour l'établissement des statistiques de l'état civil pour chaque pays ou zone. Toutefois, on ne peut exclure la possibilité que, pour un pays ou zone donné les mêmes définitions des termes "urbain" et "rural" n'aient pas été utilisées dans les deux cas. Les définitions du terme "urbain" pour les recensements nationaux de population ont été présentées à la fin du tableau 6 lorsqu'elles étaient connues. Comme on l'a précisé en détail dans les Notes techniques relatives au tableau 6, ces définitions varient très sensiblement d'un pays ou d'une zone à l'autre.

Outre ces problèmes de comparabilité, les taux de nuptialité classés selon la résidence urbaine ou rurale sont également sujets à certains types particuliers d'erreurs. Si, lors du calcul de ces taux, des définitions différentes du terme "urbain" sont utilisées pour classer les faits d'état civil et les données relatives à la population, et s'il en résulte une différence nette entre le numérateur et le dénominateur pour le taux de la population exposée au risque, les taux de nuptialité s'en trouveront faussés. La différence entre ces taux pour les zones urbaines et rurales pourra aussi être faussée selon que les faits d'état civil auront été classés d'après le lieu de l'événement ou le lieu de résidence habituelle. Ce problème est examiné plus en détail à la section 4.1.4.1 des Notes techniques.

Portée : Ce tableau présente des données sur le nombre des mariages pour 127 pays ou zones. Les répartitions selon la résidence (urbaine/rurale) intéressent 32 pays ou zones.

Ce tableau présente des taux bruts de nuptialité pour 122 pays ou zones. Les répartitions selon la résidence (urbaine/rurale) intéressent 23 pays ou zones.

Lorsqu'il n'existait pas de chiffres nationaux, on a fait figurer des chiffres portant sur des groupes ethniques ou géographiques. Ces données ne se veulent pas représentatives sur le plan national, et ne sont présentées que comme indice des statistiques disponibles.

Données publiées antérieurement : Des données sur le nombre des mariages ont été présentées dans chaque édition de l'Annuaire démographique. Pour plus de précisions concernant les années pour lesquelles des données ont été publiées, se reporter à l'Index.

Tableau 24

Le tableau 24 tableau présente des statistiques des mariages classés selon l'âge de l'époux et selon l'âge de l'épouse pour la dernière année disponible.

Description of variables: Marriages [61] include both first marriages and remarriages after divorce, widowhood or annulment. They do not, unless otherwise noted, include resumption of marriage ties after legal separation.

Age is defined as age at last birthday, that is, the difference between the date of birth and the date of the occurrence of the event, expressed in completed solar years. The age classification used in this table is the following: under 15 years, 5-year age groups through 55-59, 60 years and over, and age unknown. The same classification is used for both grooms and brides.

To aid in the interpretation of data this table also provides information on the legal minimum age for marriage for grooms and the corresponding age for brides. Information is not available for all countries and, even for those for which data are at hand, there is confusion as to what is meant by "minimum age for marriage". In some cases, it appears to mean "age below which marriage is not valid without consent of parents or other specified persons"; in others, it is the "age below which valid marriage cannot be performed, irrespective of consent". Beginning in 1986, the countries or areas providing data on marriages by age of bride and groom were requested to specify "the minimum legal age at which marraige with parental consent can occur". The minimum age shown in this table comes primarily from responses to this request.

Reliability of data : Data from civil registers of marriages which are reported as incomplete (less than 90 per cent completeness) or of unknown completeness are considered unreliable and are set in italics rather than in roman type. Table 23 and the Technical Notes for that table provide more detailed information on the completeness of marriage registration. For more information about the quality of vital statistics data in general, see section 4.2 of the Technical Notes.

Limitations : Statistics on marriages by age of groom and age of bride are subject to the same qualifications as have been set forth for vital statistics in general and marriage statistics in particular as discussed in Section 4 of the Technical Notes.

The fact that marriage is a legal event, unlike birth and death which are biological events, has implications for international comparability of data. Marriage has been defined, for statistical purposes, in terms of the laws of individual countries or areas. These laws vary throughout the world. In addition, comparability is further limited because some countries or areas compile statistics only for civil marriages although religious marriages may also be legally recognized; in others, the only available records are church registers and, therefore, the statistics do not relate to marriages which are civil marriages only.

Because in many countries or areas marriage is a civil legal contract which, to establish its legality, must be celebrated before a civil officer, it follows that for these countries or areas registration would tend to be almost automatic at the time of, or immediately following, the marriage ceremony. This factor should be kept in mind when considering the reliability of data, described above. For this reason the practice of tabulating data by date of registration does not generally pose serious problems of comparability as it does in the case of birth and death statistics.

Description des variables : La notion de mariage [61] recouvre les premiers mariages et les remariages faisant suite à un divorce, un veuvage ou une annulation. Toutefois, sauf indication contraire, elle ne comprend pas les unions reconstituées après une séparation légale.

L'âge désigne l'âge au dernier anniversaire, c'est-à-dire la différence entre la date de naissance et la date de l'événement, exprimée en années solaires révolues. Le classement par âge utilisé dans le tableau 24 comprend les groupes suivants : moins de 15 ans, groupes quinquennaux jusqu'à 55 à 59 ans, 60 ans et plus, et âge inconnu. On a adopté la même classification pour les deux sexes.

Pour faciliter l'interprétation des données, ce tableau indique aussi l'âge minimal légal de nubilité pour le sexe masculin et pour le sexe féminin. On n'a pas à ce sujet de données pour tous les pays et, même lorsqu'on en possède, une certaine confusion subsiste sur ce qu'il faut entendre par "âge minimum du mariage". Dans certains cas, il semble qu'o; s'agisse de "l'âge au-dessous duquel le mariage n'est pas valide sans le consentement des parents ou d'autres personnes autorisées"; dans d'autres, ce serait "l'âge au-dessous duquel le mariage ne peut pas être valide, même avec le consentement des personnes responsables". A partir de 1986, il a été demandé aux pays ou zones qui fournissent des données sur les mariages selon l'âge de l'épouse et de l'époux de préciser l'âge de nubilité, à savoir l'âge minimum auquel le mariage peur avoir lien avec le consentement des parents". Les chiffres d'âge minimum qui apparaissent dans le tableau proviennent principalement de renseignements communiqués en réponse à cette demande.

Fiabilité des données : Les données sur les mariages provenant des registres de l'état civil qui sont déclarées incomplètes (degré de complétude inférieur à 90 p. 100) ou dont le degré de complétude n'est pas connu sont jugées douteuses et apparaissent en italique et non en caractères romains. Le tableau 23 et les Notes techniques s'y rapportant présentent des renseignements plus détaillés sur le degré de complétude de l'enregistrement des mariages. Pour plus de précisions sur la qualité des données reposant sur les statistiques de l'état civil en général, voir la section 4.2 des Notes techniques.

Insuffisance des données : Les statistiques des mariages selon l'âge de l'époux et selon l'âge de l'épouse appellent toutes les réserves qui ont été faites à propos des statistiques de l'état civil en général et des statistiques de la nuptialité en particulier (voir explications à la section 4 des Notes techniques).

Le fait que le mariage soit un acte juridique, à la différence de la naissance et du décès, qui sont des faits biologiques, a des répercussions sur la comparabilité internationale des données. Aux fins de la statistique, le mariage est défini par la législation de chaque pays ou zone. Cette législation varie d'un pays à l'autre. La comparabilité est limitée en outre du fait que certains pays ne réunissent des statistiques que pour les mariages civils, bien que les mariages religieux y soient également reconnus par la loi; dans d'autres, les seuls relevés disponibles sont les registres des églises et, en conséquence, les statistiques ne rendent pas compte des mariages exclusivement civils.

Le mariage étant, dans de nombreux pays ou zones, un contrat juridique civil qui, pour être légal, doit être conclu devant un officier d'état civil, il s'ensuit que, dans ces pays ou zones, l'enregistrement se fait à peu près automatiquement au moment de la cérémonie ou immédiatement après. Il fait tenir compte de cet élément lorsqu'on étudie la fiabilité des données, dont il est question plus haut. C'est pourquoi la pratique consistant à exploiter les données selon la date de l'enregistrement ne pose généralement pas les graves problèmes de comparabilité auxquels on se heurte dans le cas des statistiques des naissances et des décès.

Because these statistics are classified according to age, they are subject to the limitations with respect to accuracy of age reporting similar to those already discussed in connection with Section 3.1.3 of the Technical Notes. It is probable that biases are less pronounced in marriage statistics, because information is obtained from the persons concerned and since marriage is a legal act, the participants are likely to give correct information. However, in some countries or areas, there appears to be an abnormal concentration of marriages at the legal minimum age for marriage and at the age at which valid marriage may be contracted without parental consent, indicating perhaps an overstatment in some cases to comply with the law.

Aside from the possibility of age misreporting, it should be noted that marriage patterns at younger ages, that is, for ages up to 24 years, are indeed influenced to a large extent by laws regarding the minimum age for marriage. Information on legal minimum age for both grooms and brides is included in this table.

Factors which may influence age reporting particularly at older ages include an inclination to understate the age of bride in order that it may be equal to or less than that of the groom.

The absence of frequencies in the unknown age group does not necessarily indicate completely accurate reporting and tabulation of the age item. It is often an indication that the unknowns have been eliminated by assigning ages to them before tabulation, or by proportionate distribution after tabulation.

Another age—reporting factor which must be kept in mind in using these data is the variation which may result from calculating age at marriage from year of birth rather than from day, month and year of birth. Information on this factor is given in footnotes when known.

Coverage : Marriages by age of groom and age of bride are shown for 91 countries or areas.

Data for ethnic or geographic segments of the population are included in the absence of national figures. These data are not presented as being representative of national—level statistics but as an index of the availability of statistics.

Earlier data : Marriages by age of groom and age of bride have been shown for the latest available year in most issues of the Demographic Yearbook. In addition, issues, including those featuring marriage and divorce statistics, have presented data covering a period of years. For information on the years covered, readers should consult the Index.

Comme ces statistiques sont classées selon l'âge, elles appellent les mêmes réserves concernant l'exactitude des déclarations d'âge que celles dont il a déjà été fait mention dans la section 3.1.3 des Notes techniques. Il est probable que les statistiques de la nuptialité sont moins faussées par ce genre d'erreur, car les renseignements sont donnés par les intéressés eux—mêmes, et, comme le mariage et un acte juridique, il y a toutes chances pour que leurs déclarations soient exactes. Toutefois, dans certains pays ou zones, il semble y avoir une concentration anormale des mariages à l'âge minimal légal de nubilité ainsi qu'à l'âge auquel le mariage peut être valablement contracté sans le consentement des parents, ce qui peut indiquer que certains déclarants se vieillissent pour se conformer à la loi.

Outre la possibilité d'erreurs dans les déclarations d'âge, il convient de noter que la législation fixant l'âge minimal de nubilité influe notablement sur les caractéristiques de la nuptialité pour les premiers âges, c'est-à-dire jusqu'à 24 ans. Le tableau 25 indique l'âge minimal légal de nubilité pour les époux et les épouses.

Parmi les facteurs pouvant exercer une influence sur les déclarations d'âge, en particulier celles qui sont faites par des personnes plus âgées, il faut citer la tendance à diminuer l'âge de l'épouse de façon qu'il soit égal ou inférieur à celui de l'époux.

Si aucun nombre ne figure dans la colonne réservée aux âges inconnus, cela ne signifie pas nécessairement que les déclarations d'âge et l'exploitation des données par âge aient été tout à fait exactes. C'est souvent une indication que l'on a attribué un âge aux personnes d'âge inconnu avant l'exploitation des données ou que celles—ci ont été réparties proportionnellement entre les différents groupes après cette opération.

Il importe de ne pas oublier non plus, lorsqu'on utilisera ces données, que l'on calcule parfois l'âge des conjoints au moment du mariage sur la base de l'année de naissance seulement et non d'après la date exacte (jour, mois et année) de naissance. Des renseignements à ce sujet sont fournis en note chaque fois que faire se peut.

Portée : Ce tableau présente des statistiques des mariages selon l'âge de l'époux et selon l'âge de l'épouse pour 91 pays ou zones.

Lorsqu'il n'existait pas de chiffres nationaux, on a fait figurer des chiffres portant sur des groupes ethniques ou géographiques. Ces données ne se veulent pas représentatives sur le plan national et ne sont présentées que comme indice des statistiques disponibles.

Données publiées antérieurement : Des statistiques des mariages selon l'âge de l'époux et selon l'âge de l'épouse ont été présentées pour la dernière année disponible dans la plupart des éditions de l'Annuaire démographique. En outre, des éditions, y compris celles dont le sujet spécial était les statistiques de la nuptialité et de la divortialité, ont présenté des données qui portaient sur les périodes d'années. Pour plus de précisions concernant les années pour lesquelles ces données ont été publiées, on se reportera à l'Index.

Table 25

Table 25 presents number of divorces and crude divorce rates for as many years as possible between 1987 and 1991.

Tableau 25

Le tableau 25 présente des statistiques des divorces pour le plus grand nombre d'années possible entre 1987 et 1991.

Description of variables: Divorce is defined as a final legal dissolution of a marriage, that is, that separation of husband and wife which confers on the parties the right to remarriage under civil, religious and/or other provisions, according to the laws of each country. [62]

Unless otherwise noted, divorce statistics exclude legal separations which do not allow remarriage. These statistics refer to the number of divorces granted, and not to the number of persons divorcing.

Divorce statistics are obtained from court records and/or civil registers according to national practice. The actual compilation of these statistics may be the responsibility of the civil registrar, the national statistical office or other government offices.

Rate computation: Crude divorce rates are the annual number of divorces per 1 000 mid-year population.

Rates presented in this table have been limited to those for countries or areas having at least a total of 100 divorces in a given year.

These rates, unless otherwise noted, have been calculated by the Statistical Division of the United Nations.

Reliability of data: Each country or area has been asked to indicate the estimated completeness of the divorces recorded in its civil register. These national assessments are indicated by the quality codes C, U and ... that appear in the first column of this table.

C indicates that the data are estimated to be virtually complete, that is, representing at least 90 per cent of the divorces occurring each year, while U indicates that data are estimated to be incomplete, that is, representing less than 90 per cent of the divorces occurring each year. The code (...) indicates that no information was provided regarding completeness.

Data from civil registers which are reported as incomplete or of unknown completeness (coded U or ...) are considered unreliable. They appear in italics in this table. When data so coded are used to calculate rates, the rates also appear in italics.

These quality codes apply only to data from civil registers. For more information about the quality of vital statistics data in general, see section 4.2 of the Technical Notes.

Limitations: Statistics on divorces are subject to the same qualifications as have been set forth for vital statistics in general and divorce statistics in particular as discussed in section 4 of the Technical Notes.

Description des variables : Le divorce est la dissolution légale et définitive des liens du mariage, c'est-à-dire la séparation de l'époux et de l'épouse qui confère aux parties le droit de se remarier civilement ou religieusement, ou selon toute autre procédure, conformément à la législation du pays [62].

Sauf indication contraire, les statistiques de la divortialité n'englobent pas les séparations légales qui excluent un remariage. Ces statistiques se rapportent aux jugements de divorce prononcés, non aux personnes divorcées.

Les statistiques de la divortialité sont tirées, selon la pratique suivie par chaque pays, des actes des tribunaux et/ou des registres de l'état civil. L'officier d'état civil, les services nationaux de statistique ou d'autres services gouvernementaux peuvent être chargés d'établir ces statistiques.

Calcul des taux : Les taux bruts de divortialité représentent le nombre annuel de divorces enregistrés pour 1 000 habitants au milieu de l'année.

Les taux de ce tableau ne se rapportent qu'aux pays ou zones où l'on a enregistré un total d'au moins 100 divorces dans une année donnée.

Sauf indication contraire, ces taux ont été calculés par la Division de statistique de l'ONU.

Fiabilité des données : Il a été demandé à chaque pays ou zone d'indiquer le degré estimatif de complétude des données sur les divorces figurant dans ses registres d'état civil. Ces évaluations nationales sont désignées par les codes de qualité (C), (U) et (...) qui apparaissent dans la première colonne du tableau.

La lettre (C) indique que les données sont jugées à peu près complètes, c'est-à-dire qu'elles représentent au moins 90 p. 100 des divorces survenus chaque année; la lettre (U) indique que les données sont jugées incomplètes, c'est-à-dire qu'elles représentent moins de 90 p. 100 des divorces survenus chaque année. Le signe (...) indique qu'aucun renseignement n'a été fourni quant à la complétude des données.

Les données provenant des registres de l'état civil qui sont déclarées incomplètes ou dont le degré de complétude n'est pas connu (et qui sont affectées de la lettre (U) ou du signe (...) sont jugées douteuses. Elles apparaissent en italique dans le présent tableau. Lorsque ces données sont utilisées pour calculer des taux, ces taux apparaissent eux aussi en italique.

Ces codes de qualité ne s'appliquent qu'aux données tirées des registres de l'état civil. Pour plus de précision sur la qualité des données reposant sur les statistiques de l'état civil en général, voir la section 4.2 des Notes techniques.

Insuffisance des données : Les statistiques des divorces appellent toutes les réserves qui ont été formulées à propos des statistiques de l'état civil en général et des statistiques de divortialité en particulier (voir explications figurant à la section 4 des Notes techniques).

Divorce, like marriage, is a legal event, and this has implications for international comparability of data. Divorce has been defined, for statistical purposes, in terms of the laws of individual countries or areas. The laws pertaining to divorce vary considerably from one country or area to another. This variation in the legal provision for divorce also affects the incidence of divorce, which is relatively low in countries or areas where divorce decrees are difficult to obtain.

Since divorces are granted by courts and statistics on divorce refer to the actual divorce decree, effective as of the date of the decree, marked year–to–year fluctuations may reflect court delays and clearances rather than trends in the incidence of divorce. The comparability of divorce statistics may also be affected by tabulation procedures. In some countries or areas annulments and/or legal separations may be included. This practice is more common for countries or areas in which the number of divorces is small. Information on this practice is given in the footnotes when known.

Because the registration of a divorce in many countries or areas is the responsibility solely of the court or the authority which granted it, and since the registration record in such cases is part of the records of the court proceedings, it follows that divorces are likely to be registered soon after the decree is granted. For this reason the practice of tabulating data by date of registration does not generally pose serious problems of comparability as it does in the case of birth and death statistics.

As noted briefly above, the incidence of divorce is affected by the relative ease or difficulty of obtaining a divorce according to the laws of individual countries or areas. The incidence of divorce is also affected by the ability of individuals to meet financial and other costs of the court procedures. Connected with this aspect is the influence of certain religious faiths on the incidence of divorce. For all these reasons, divorce statistics are not strictly comparable as measures of family dissolution by legal means. Furthermore, family dissolution by other than legal means, such as separation, is not measured in statistics for divorce.

For certain countries or areas there is or was no legal provision for divorce in the sense used here, and therefore no data for these countries or areas appear in this table.

In addition, it should be noted that rates are affected also by the quality and limitations of the population estimates which are used in their computation. The problems of under–enumeration or over–enumeration, and, to some extent, the differences in definition of total population, have been discussed in section 3 of the Technical Notes dealing with population data in general, and specific information pertaining to individual countries or areas is given in the footnotes to table 3. In the absence of official data on total population, United Nations estimates of mid–year population have been used in calculating some of these rates.

Le divorce est, comme le mariage, un acte juridique, et ce fait influe sur la comparabilité internationale des données. Aux fins de la statistique, le divorce est défini par la législation de chaque pays ou zone. La législation sur le divorce varie considérablement d'un pays ou d'une zone à l'autre, ce qui influe aussi sur la fréquence des divorces qui est relativement faible dans les pays ou zones où le jugement de divorce est difficile à obtenir.

Comme les divorces sont prononcés par les tribunaux et que les statistiques de la divortialité se rapportent aux jugements de divorce proprement dits qui prennent effet à la date où ces jugements sont rendus, il se peut que des fluctuations annuelles accusées traduisent le rythme plus ou moins rapide auquel les affaires sont jugées plutôt que l'évolution de la fréquence des divorces. Les méthodes d'exploitation des données peuvent aussi influer sur la comparabilité des statistiques de la divortialité. Dans certains pays ou zones, ces statistiques peuvent comprendre les annulations et/ou les séparations légales. C'est fréquemment le cas, en particulier dans les pays ou zones où les divorces sont peu nombreux. Lorsqu'ils sont connus, des renseignements à ce propos sont indiqués dans une note au bas du tableau.

Comme dans de nombreux pays ou zones, le tribunal ou l'autorité qui a prononcé le divorce est seul habilité à enregistrer cet acte, et, comme l'acte d'enregistrement figure alors sur les registres du tribunal, l'enregistrement suit généralement de peu le jugement. C'est pourquoi la pratique consistant à exploiter les données selon la date de l'enregistrement ne pose généralement pas les graves problèmes de comparabilité auxquels on se heurte dans le cas des statistiques des naissances et des décès.

Comme on l'a brièvement mentionné ci–dessus, la fréquence des divorces est fonction notamment de la facilité relative avec laquelle la législation de chaque pays ou zone permet d'obtenir le divorce. La fréquence des divorces dépend également de la capacité des intéressés à supporter les frais de procédure. A cet égard, il convient de citer aussi l'influence de certaines religions sur la fréquence des divorces. Pour toutes ces raisons, les statistiques de divortialité ne sont pas rigoureusement comparables et ne permettent pas de mesurer exactement la fréquence des dissolutions légales de mariages. De plus, les statistiques de la divortialité ne rendent pas compte des cas de dissolution extrajudiciaire du mariage, comme la séparation.

Dans certains pays ou zones, il n'existe ou il n'existait pas de législation sur le divorce selon l'acceptation retenue aux fins du présent tableau, si bien qu'on n'y trouve aucune indication pour ces pays ou zones.

Il convient de noter par ailleurs que l'exactitude des taux dépend également de la qualité et des insuffisances des estimations de population qui sont utilisées pour leur calcul. Le problème des erreurs par excès ou par défaut commises lors du dénombrement et, dans une certaine mesure, le problème de l'hétérogénéité des définitions de la population totale ont été examinés à la section 3 des Notes techniques relatives à la population en général; des indications concernant les différents pays ou zones sont données en note au bas du tableau 3. Lorsqu'il n'existait pas de chiffres officiels sur la population totale, ce sont les estimations de la population en milieu d'année, établies par le Secrétariat de l'ONU, qui ont servi pour le calcul des taux.

As will be seen from the footnotes, strict correspondence between the numerator of the rate and the denominator is not always obtained; for example, divorces among civilian plus military segments of the population may be related to civilian population. The effect of this may be to increase the rates or, if the population is larger than that from which the divorces are drawn, to decrease them but, in most cases, it is probably negligible.

As mentioned above, data for some countries or areas may include annulments and/or legal separations. This practice will affect the comparability of the crude divorce rates. For example, inclusion of annulments in the numerator of the rates produces a negligible effect on the rates, but inclusion of legal separations may have a measurable effect on the level.

It should be emphasized that crude divorce rates—like crude birth, death and marriage rates—may be seriously affected by age—sex structure of the populations to which they relate. Like crude marriage rates, they are also affected by the existing distribution of the population by marital status. Nevertheless, crude divorce rates do provide a simple measure of the level and changes in divorce.

Coverage: Divorces are shown for 103 countries or areas.

Crude divorce rates are shown for 91 countries or areas.

Data for ethnic or geographical segments of the population are included in the absence of national figures. These data are not presented as being representative of national—level statistics but as an index of the availability of statistics.

Earlier data: Divorces have been shown in previous issues of the Demographic Yearbook. The earliest data, which were for 1935, appeared in the 1951 issue. For information on specific years covered, readers should consult the Index.

Comme on le verra dans les notes, il n'a pas toujours été possible, pour le calcul des taux, d'obtenir une correspondance rigoureuse entre le numérateur et le dénominateur. Par exemple, les divorces parmi la population civile et les militaires sont parfois rapportés à la population civile. Cela peut avoir pour effet d'accroître les taux; au contraire, si la population de base englobe un plus grand nombre de personnes que celle dans laquelle les divorces ont été comptés, les taux seront plus faibles, mais, dans la plupart des cas, il est probable que la différence sera négligeable.

Comme il est indiqué plus haut, les données fournies pour certains pays ou zones peuvent comprendre les annulations et/ou les séparations légales. Cette pratique influe sur la comparabilité des taux bruts de divortialité. Par exemple, l'inclusion des annulations dans le numérateur a une influence négligeable, mais l'inclusion des séparations légales peut avoir un effet appréciable sur le niveau du taux.

Il faut souligner que les taux bruts de divortialité, de même que les taux bruts de natalité, de mortalité et de nuptialité, peuvent varier sensiblement selon la structure par âge et par sexe. Comme les taux bruts de nuptialité, ils peuvent également varier du fait de la répartition de la population selon l'état matrimonial. Les taux bruts de divortialité offrent néanmoins un moyen simple de mesurer la fréquence et l'évolution des divorces.

Portée : Ce tableau présente des statistiques des divorces pour 103 pays ou zones.
Ce tableau présente des taux bruts de divortialité pour 91 pays ou zones.

Lorsqu'il n'existait pas de chiffres nationaux, on a fait figurer des chiffres portant sur des groupes ethniques ou géographiques. Ces données ne se veulent pas représentatives sur le plan national et ne sont présentées que comme indice des statistiques disponibles.

Données publiées antérieurement : Des statistiques des divorces ont déjà été présentées dans des éditions antérieures de l'Annuaire démographique. Les plus anciennes, qui portaient sur 1935, ont été publiées dans l'édition de 1951. Pour plus de précisions concernant les années pour lesquelles ces données ont été publiées, on se reportera à l'Index.

FOOTNOTES

[1] For a listing of the majority of these, see "Names of Countries and Adjectives of Nationality" (United Nations document ST/CS/SER.F/317 and Corr. 1–2.

[2] Unites Nations publication, Sales No. E.80.XVII.8.

[3] Principles and Recommendations for Population and Housing Censuses, para. 2.88 (ST/ESA/STAT/SER.M/67.

[4] Alternatively if a population register is used, completed ages are calculated by substracting the date of birth of individuals listed in the register from a reference date to which the age data pertain.

[5] A source of non–comparability may result from differences in the method of reckoning age, for example, the Western versus the Eastern or, as it is usually known, the English versus the Chinese system. By the latter, a child is regarded as one year old at birth and his age advances one year at each Chinese New Year. The effect of this system is most obvious at the beginning of the age span where the frequencies in the under–one–year category are markedly understated. The effect on higher age groups is not so apparent. Distributions constructed on this basis are often adjusted before publication, but the possibility of such aberrations should not be excluded when census data by age are compared.

[6] In this index, differences were scored from expected values of ratios between numbers of either sex in the same age group, and numbers of the same sex in adjoining age groups. In compounding the score, allowance had to be made for certain factors such as the effects of past fluctuations in birth rates, of heavy war casualties, and of the smallness of the population itself. A detailed description of the index, with results of its application to the data presented in the 1949–1950 and 1951 issues of the Demographic Yearbook, is furnished in Population Bulletin, No. 2 (United Nations publication, Sales No. 52.XIII.4), pp. 59–79. The scores obtained from statistics presented in the Demographic Yearbook 1952 are presented in that issue, and the index has also been briefly explained in that issue, as well as those of 1953 and 1954.

[7] United States, Bureau of Census, Thirteenth Census ... vol. I (Washington, D.C., U.S. Government Printing Office), pp. 291–192.

[8] J.T. Marten, Census of India, 1921, vol. I, part I (Calcutta, 1924), pp. 126–127.

[9] United Nations publication Sales No. E/F.80.XIII.1, pp.13–14).

[10] For further discussion, see Demographic Yearbook 1962 (United Nations publication, Sales No. 63.XIII.1) chap. 1.

[11] For detailed explanation of the content of each category of the code, see Demographic Yearbook 1964 (United Nations publication, Sales No. 65.XIII.1).

NOTES

[1] Pour une liste de la plupart d'entre eux, voir "Names of countries and adjectives of nationality" (document des Nations Unies ST/CS/SER.F/317 et Corr. 1 et 2).

[2] Publication des Nations Unies, numéro de vente : F.80.XVII.8.

[3] Principes et recommandations concernant les recensements de population, par. 2.88 (ST/ESA/STAT/SER.M/67.

[4] Lorsqu'on utilise un registre de la population, on peut également calculer l'âge en années révolues en soustrayant la date de naissance de chaque personne inscrite sur le registre de la date de référence à laquelle se rapportent les données sur l'âge.

[5] L'emploi de méthodes différentes de calcul de l'âge, par exemple la méthode occidentale et la méthode orientale, ou, comme on les désigne plus communément, la méthode anglaise et la méthode chinoise, représente une cause de non–comparabilité. Selon la méthode chinoise, on considère que l'enfant est âgé d'un an à sa naissance et qu'il avance d'un an à chaque nouvelle année chinoise. Les répercussions de cette méthode sont très apparentes dans les données pour le premier âge : les données concernant les enfants de moins d'un an sont nettement inférieures à la réalité. Les effets sur les chiffres relatifs aux groupes d'âge suivants sont moins visibles. Les séries ainsi établies sont souvent ajustées avant d'être publiées, mais il ne faut pas exclure la possibilité d'aberrations de ce genre lorsqu'on compare des données censitaires sur l'âge.

[6] Dans cet indice, on déterminait les différences à partir des rapports prévus de masculinité dans un groupe d'âge et dans les groupes d'âge adjacents. Il fallait pour cela tenir compte de l'influence de facteurs tels que les mouvements passés des taux de natalité, les pertes de guerre élevées et, le cas échéant, le faible effectif de la population. On trouvera dans le Bulletin démographique no. 2 (publication des Nations Unies, numéro de vente : 52.XIII.4), p. 64 à 87, un exposé détaillé sur cet indice ainsi que les résultats de son application aux données présentées dans les éditions de 1949–1950 et de 1951 de l'Annuaire démographique. On a fait les mêmes calculs sur les statistiques publiées dans l'Annuaire démographique 1952 et les résultats obtenus sont indiqués dans cette édition de l'Annuaire, qui, comme celles de 1953 et de 1954, donne de brèves explications sur l'indice en question.

[7] United States Bureau of the Census, Thirteenth Census ..., vol. I (Washington, D.C., U.S. Government Printing Office), p. 291 à 292.

[8] J.T. Marten, Census of India, 1921, vol. I, partie I (Calcutta, 1924), p. 126 et 127.

[9] Publication des Nations Unies, numéro de vente : E/F.X III.1, p.82.

[10] Pour plus de détails, voir l'Annuaire démographique 1962 (publication des Nations Unies, numéro de vente : 63.XIII.1), chap. premier.

[11] On trouvera des explications plus complètes du contenu de chaque catégorie du code dans l'Annuaire démographique 1964 (publication des Nations Unies, numéro de vente : 65.XIII.1).

[12] For an analysis of the regional availability of birth and death statistics, see Population Bulletin of the United Nations, No. 6 (United Nations publication, Sales No. 62.XIII.2) and Population Bulletin of the United Nations, No. 7 (United Nations publication, Sales No. 64.XIII.2).

[13] United Nations publication, Sales No. E.73.XVII.9.

[14] United Nations publication, Sales No. E.84.VII.11 and Vol. I.

[15] United Nations publication, Sales No. E.83.VII.13.

[16] For more information on historical and legal background on the use of differing definitions of live births and foetal deaths, comparisons of definitions used as of 1 January 1950, and evaluation of the effects of these differences on the calculation of various rates, see Handbook of Vital Statistics Methods, chap. IV.

[17] World Health Organization, Manual of the International Classification of Diseases, Injuries and Causes of Death 1965 Revision vol.1 (Geneva, 1967).

[18] Other innovations in the ninth revision which do not apply directly in coding cause of death statistics are discussed in World Health Organization, WHO Chronicle vol. 32, No. 6 (Geneva, 1978), pp. 219–225.

[19] World Health Organization, Manual of the International Statistical Classification of Diseases, Injuries and Causes of Death, 1965 Revision Vol. I (Geneva, 1967). pp.445–446.

[20] The Adapted Mortality List is derived from the Basic Tabulation List shown in World Health Organization, Manual of the International Statistical Classification of Diseases, Injuries and Causes of Death, 1975 revision vol. I (Geneva, 1977), pp. 745–755.

[21] World Health Organization, Manual of the International Statistical Classification of Diseases, Injuries and Causes of Death, 1975 Revision vol. I (Geneva, 1977), p. xix.

[22] Source : World Population Prospects 1990. (ST/ESA/SER.A/120).

[23] Demographic Yearbook, 1956, p. 13.

[24] Principles and Recommendations for Vital Statistics System (United Nations Publications, Sales No. E.73.XVII.9), para. 46.

[25] Source : World Population Prospects as assessed in 1990, (ST/ESA/SER.A/120).

[26] Ibid.

[27] Ibid.

[28] Ibid.

[29] Ibid.

[12] Pour une analyse des statistiques régionales disponibles sur la natalité et la mortalité, voir le Bulletin démographique des Nations Unies no. 6 (publication des Nations Unies, numéro de vente : 62.XIII.2), et le Bulletin démographique des Nations Unies no. 7 (publication des Nations Unies, numéro de vente : 64.XIII.2).

[13] Publication des Nations Unies, numéro de vente : F.73.XVII.9.

[14] Publication des Nations Unies, numéro de vente: E.84.XVII.11 et vol. I.

[15] Publication des Nations Unies, numéro de vente: E.83.XVII.13.

[16] Pour plus de précisions au sujet des considérations historiques et juridiques auxquelles se rattachent les différentes définitions utilisées des naissances vivantes et des morts foetales, pour une comparaison des définitions utilisées depuis le 1er janvier 1950 et pour une évaluation des effets de ces différences de définition sur le calcul de divers taux, voir le Manuel de statistique de l'état civil chap. IV.

[17] Organisation mondiale de la santé, Manuel de la Classification statistique internationale des maladies, traumatismes et causes de décès, Révision 1965, vol. I (Genève, 1967).

[18] D'autres innovations introduites dans la neuvième révision, et qui ne s'appliquent pas directement au codage des statistiques de causes de décès, sont exposées dans : Chronique de l'OMS vol. 32, no. 6 Genève, 1968), p. 219 à 225.

[19] Organisation mondiale de la santé, Manuel de la classification statistique internationale des maladies, traumatismes et causes de décès, Révision 1965, vol. I (Genève, 1967).

[20] Organisation mondiale de la santé, Manuel de la classification statistique internationale des maladies, traumatismes et causes de décès, Révision 1975, vol. I (Genève, 1977).

[21] Organization mondiale de la santé, Manuel de la classification statistique internationale des maladies, traumatismes et causes de décès, Revision 1975, vol. I (Genève, 1977), p. XVIII.

[22] Source : Le perspectives d'avenir de la population mondiale évaluées 1990 (ST/ESA/SER.A/120).

[23] Voir Annuaire démographique 1956, p. 74.

[24] Principes et recommandations pour un système de statistiques de l'état civil (publication des Nations Unies, numéro de vente : F.73.XVII.9), par. 46.

[25] Source : Les perspectives d'avenir de la population mondiale, évaluées en 1990 (ST/ESA/SER.A/120).

[26] Ibid.

[27] Ibid.

[28] Ibid.

[29] Ibid.

[30] For further information, see Social and Demographic Statistics : Classifications of size and type of Locality and Urban/Rural Areas, (United Nations Publication, E/CN.3/55/29 July 1980).

[31] Demographic Yearbook: Historical Supplement (United Nations Publication, Sales No. E/F.79.XIII.8), pp. 14–20.

[32] For further information, see Manual IV : Methods of Estimating Basic Demographic Measures from Incomplete Data (United Nations publication, Sales No. E.67.XIII.2).

[33] Principles and Recommendations for a Vital Statistics System, para 46(1).

[34] For definition, see section 4.1.1.3 of the Technical Notes.

[35] The definition of legally induced aboirtion was not altered in the Manual of the International Statistical Classification of Deseases, Injuries, and Causes of Death, 1975 Revision. For further information about the International Classification of Diseases see section 4.3 of the Technical Notes.

[36] World Health Organization, Manual of the International Statistical Classification of Diseases, Injuries, and Causes of Death, 1965 Revision, vol. I (Geneva, 1967), p.243.

[37] Ibid., p.298.

[38] Ibid., p.243.

[39] Principles and Recommendations for a Vital Statistics System, para. 46(3).

[40] Ibid.

[41] World Health Organization, World Health Statistics Report, vol. 22, No. I (Geneva 1969) pp. 38–42.

[42] The definition of legally induced abortion was not altered in the Manual of the International Statistical Classifi cation of Diseases, Injuries and Causes of Death, 1975 Revision. For further information about the International Classification of Diseases see section 4.3 of the Technical Notes.

[43] World Health Organization, Manual of the International Statistical Classifi cation of Diseases, Injuries and Causes of Death, 1965 Revision, vol. 1 (Genava, 1967), p. 243.

[44] Ibid., p. 198.

[45] Ibid., p. 243.

[46] Principles and Recommendations for a Vital Statistics System, para. 46(3).

[47] World Health Organization, World Health Statistics Report, Vol. 22, No. 1 (Geneva, 1969), pp. 38–42.

[30] Pour plus de précisions, voir Statistiques sociales et démographiques : Classification par type et taille de localité et par régions urbaines et rurales (publication des Nations Unies, E/CN.3/551, 29 juillet 1980).

[31] Annuaire démographique, Supplément rétrospectif (publication des Nations Unies, numéro de vente : E/F.79.XIII.8), p. 46 à 53.

[32] Pour plus de renseignements, voir Méthodes permettant d'estimer les mesures démographiques fondamentales établies à partir de données incomplètes — manuel IV (publication des Nations Unies, numéro de vente : F.67.XIII.2).

[33] Principes et recommandations pour un système de statistiques de l'état civil, par. 46(1).

[34] Voir définition à la section 4.1.1.3 des Notes techniques.

[35] La définition de l'avortement pour raison légale n'a pas été modifiée dans le Manuel de la Classification statistique internationale des maladies, traumatismes et causes de décès, Révision 1975. Pour plus de détails à ce sujet, voir la section 4.3 des Notes techniques.

[35] Organisation mondiale de la santé, Manuel de la Classification statistique internationale des maladies, traumatismes et causes de décès, Révision 1965, vol. I (Genève, 1967), p. 249.

[37] Ibid., p.313.

[38] Ibid., p.249.

[39] Principes et recommandations pour un système de statistiques de l'état civil, par. 46(3).

[40] Ibid.

[41] Organisation mondiale de la santé, Rapport de statistiques sanitaires mondiales, vol. 22, no. 1 (Genève, 1969), p. 38 à 42.

[42] La définition de l'avortement pour raison légale n'a pas été modifiée dans le Manuel de la Classifacion statistique internationale des maladies, traumatismes et causes de décès, Révision 1975. Pour de détails à ce sujet, voir la section 4.3 des Notes techniques.

[43] Organisation mondiale de la santé, Manuel de la Classifacion statistique internationale des maladies, traumatismes et causes de décès, Révision 1965, vol. 1 (Genève, 1967), p. 249.

[44] Ibid., p. 313.

[45] Ibid., p. 249.

[46] Principes et recommandations pour un système de statistiques de l'état civil, par. 46(3).

[47] Organisation mondiale de la santé, Report de statistiques sanitaires mondiales, vol. 22, no. 1 (Genève, 1969), p. 38 à 42.

[48] For more a more detailed discussion of the problem, see W.P.D. Logan, "The measurement of infant mortality", Population Bulletin of the United Nations No. 2 (United Nations publications, Sales No. 53.XII.8), pp. 30–67.

[49] World Health Organization, Manual of the International Statistical of Classification of Diseases, Injuries and Causes of Death vol. I, (Geneva, 1967), pp. 445–446.

[50] The "The Adapted Mortality List" is derived from the Basic Tabulation List shown in World Health Orgnization, Manual of the International Statistical Classification of Diseases, Injuries and Causes of Death vol. I (Geneva, 1977), pp. 745–755.

[51] Principles and Recommendations for for a Vital Statistics System, para. 46(2).

[52] The definition recommended for cause of death is identical in World Health Organization, Manual of the International Classification of Diseases, Injuries, and Causes of Death, 1965 Revision vol. I (Geneva, 1967) p. 469 and in World Health Organization, Manual of the International Statistical Classification of Diseases, Injuries, and Causes of Death, 1975 Revision vol. I (Geneva, 1977), p. 763.

[53] Ibid.

[54] World Health Organization, Manual of the International Statistical Classification of Diseases, Injuries and Causes of Death, 1975 Revision vol. I (Geneva, 1977).

[55] World Health Organization, Manual of the International Statistical Classification of Diseases, Injuries and Causes of Death, 1965 Revision vol. I (Geneva, 1967).

[56] World Health Organization, Bulletin, Supp. 4, Comparability of Statistics of Causes of Death According to the Fifth and Sixth Revisions of the International List (Geneva, 1952).

[57] Manuals on Methods of Estimating Population, Manual IV : Methods of Estimating Basic Demographic Measures from Incomplete Data (United Nations publication, Sales No. 67.XIII.2).

[58] Manuals on Methods of Estimating Population. Manual III : Methods for Population Projections by Age and Sex (United Nations publication, Sales No. 56.XII.3); Coale, A.J. and Demeny, Paul, Regional Model Life Tables and Stable Population, Princeton University Press. 1966).

[59] For further information on the construction and interpretation of life tables to refer to Manuals on Methods of of Estimating Population Manual III : Methods for Population Projections by Age and Sex (United Nations publications, Sales No. 56.XIII.3).

[60] Principles and Recommendations for a Vital Statistics System, para. 46(4).

[61] For definition, see section 4.1.1.4 of the Technical Notes.

[62] Principles and Recommendations for a Vital Statistics System, para 46 (4).

[48] Pour un exposé critique plus détaillé sur le problème, voir W.P.D. Logan, "Mesure de la mortalité infantile", Bulletin démographique des Nations Unies, no. 2 (publication des Nations Unies, numéro de vente : F.52.XIII.8), p. 32 à 72.

[49] Voir Organisation mondiale de la santé, Manuel de la Classification statistique internationale des maladies, traumatismes et causes de décès, vol. I (Genève, 1967).

[50] La liste adaptée de mortalité est dérivée de la Liste de base pour la mise en tableaux présentée dans le Manuel de la Classification internationale des maladies, traumatismes et causes de décès, O.M.S., vol. I (révision de 1975), Genève, 1977, p. 753 à 764.

[51] Principes et recommandations pour un système de statistiques de l'état civil, par. 46(2).

[52] La définition recommandée est la même dans : Organisation mondiale de la santé, Manuel de la Classification statistique internationale des maladies, traumatismes et causes de décès, Révision 1965, vol. I (Genève, 1967), p. 493, et dans : Organisation mondiale de la santé, Manuel de la Classification internationale des maladies, traumatismes et causes de décès, Révision 1975, vol. I (Genève, 1977), p. 771.

[53] Ibid.

[54] Organisation mondiale de la santé, Manuel de la Classification statistique internationale des maladies, traumatismes et causes de décès, Révision 1975, vol. I (Genève, 1977).

[55] Organisation mondiale de la santé, Manuel de la Classification statistique internationale des maladies, traumatismes et causes de décès, Révision 1965, vol. I (Genève, 1967).

[56] Organisation mondiale de la santé, Bulletin, Supplément no. 4, Comparabilité des statistiques des causes de décès selon la cinquième et la sixième révision de la Nomenclature internationale (Genève, 1952).

[57] Manuel sur les méthodes d'estimation de la population — Manuel IV (publication des Nations Unies, numéro de vente : 67.XIII.2).

[58] Manuels sur les méthodes d'estimation de la population — Manuel III, Méthodes de projections démographiques par sexe et par âge (publication des Nations Unies, numéro de vente : 56.XIII.3); Coale, A.J. et Demeny, Paul, Regional Model Life Tables and Stable Population (Princeton, Princeton University Press, 1966).

[59] Pour plus de précision concernant l'établissement et l'interprétation des tables de mortalité, voir : Manuels sur les méthodes d'estimation de la population — Manuel III : méthodes de projections démographique par sexe et par âge (publication des Nations Unies, numéro de vente : 56.XIII.3).

[60] Principes et recommandations pour un système de statistiqu es de l'état civil, par. 46(4).

[61] Pour la définition, voir la section 4.1.1.4 des Notes techniques.

[62] Principes et recommandations pour un système de statistiques de l'etat civil, par. 46(5).

1. Population, rate of increase, birth and death rates, surface area and density for the world, macro regions and regions: selected years
Population, taux d'accroissement, taux de natalité et taux de mortalité, superficie et densité pour l'ensemble du monde, les grandes régions et les régions géographiques: diverses années

(See notes at end of table. – Voir notes à la fin du tableau.)

Macro regions and regions / Grandes régions et régions	Population Mid–year estimates / Estimations au milieu de l'année (millions)								Annual rate of increase Taux d'accroissement annuel %	Birth rate Taux de natalité (0/00)	Death rate Taux de mortalité (0/00)	Surface area (km²) Superficie (km²) (000's)	Density [1] Densité [1]
	1950	1960	1970	1975	1980	1985	1990	1991	1985–90	1985–90	1985–90	1991	1991
WORLD TOTAL – ENSEMBLE DU MONDE	2 516	3 020	3 698	4 079	4 448	4 851	5 292	5 385	1.7	27	10	136255	39
AFRICA – AFRIQUE	222	279	362	413	477	553	642	662	3.0	45	15	30305	22
Eastern Africa – Afrique orientale	65	82	108	124	144	168	197	203	3.2	49	16	6 354	32
Middle Africa – Afrique centrale	26	32	40	45	52	60	70	73	3.0	45	16	6 613	11
Northern Africa–Afrique septentrionale	52	65	83	94	107	123	141	144	2.6	38	11	8 525	17
Southern Africa–Afrique méridionale	16	20	26	29	32	36	41	42	2.4	34	10	2 675	16
Western Africa – Afrique occidentale	63	81	105	122	141	165	194	200	3.2	48	17	6 138	33
LATIN AMERICA AMERIQUE LATINE	166	218	286	323	363	404	448	457	2.1	29	7	20535	22
Caribbean – Caraïbes	17	20	25	27	29	31	34	34	1.5	25	8	235	145
Central America – Amérique centrale	37	50	70	81	93	105	118	120	2.3	31	6	2 481	48
South America – Amérique du Sud	112	147	191	215	241	268	297	302	2.0	28	8	17819	17
NORTHERN AMERICA [2] – AMERIQUE SEPTENTRIONALE [2]	166	199	226	239	252	265	276	278	0.8	15	9	21962	13
ASIA [3][4] – ASIE [3][4]	1 377	1 668	2 102	2 354	2 583	2 835	3 113	3 171	1.9	28	9	27582	115
Eastern Asia [3] – Asie Orientale [3]	671	792	987	1 097	1 176	1 249	1 336	1 354	1.3	20	7	11763	115
Southern Asia – Asie méridionale	481	596	754	849	948	1 070	1 201	1 229	2.3	35	12	6 781	181
South Eastern Asia – Asie mériodionale orientale	182	225	287	324	360	401	445	454	2.0	30	9	4 493	101
Western Asia [4] – Asie Occidentale [4]	42	56	74	85	99	115	132	135	2.8	36	9	4 545	30
EUROPE [3][4]	393	425	460	474	484	492	498	500	0.2	13	11	4 933	101
OCEANIA [2] – OCEANIE [2]	12.6	15.8	19.3	21.2	22.8	24.6	26.5	26.9	1.5	19	8	8 536	3
Australia and New Zealand – Australie et Nouvelle Zélande	10.1	12.7	15.4	16.7	17.8	19.0	20.3	20.5	1.3	15	8	7 985	3
Melanesia – Mélanésie	2.1	2.6	3.3	3.7	4.2	4.7	5.3	5.4	2.3	34	11	541	10
Micronesia – Micronésie	0.2	0.2	0.3	0.3	0.3	0.3	0.4	0.4	1.6	27	7	3	128
Polynesia – Polynésie	0.2	0.3	0.4	0.4	0.5	0.5	0.5	0.6	1.5	34	5	7	80
Former USSR – L'ancienne URSS	180	214	243	254	266	278	289	291	0.8	18	11	22402	13

GENERAL NOTES

Unless otherwise specified all figures are estimates of the order of magnitude and are subject to a substantial margin of error; all data except for surface area are therefore set in italics. For composition of macro regions and regions and for method of construction of estimates, see Technical Notes, page 30.

FOOTNOTES

1   Population per square kilometre of surface area. Figures are merely the quotients of population divided by surface area and are not to be considered as either reflecting density in the urban sense or as indicating the supporting power of a territory's land and resources.
2   Hawaii, a state of the United States of America, is included in Northern America rather than Oceania.
3   Excluding the former USSR, shown separately.
4   The European portion of Turkey is included in Western Asia rather than Europe.

NOTES GENERALES

Sauf indication contraire, tous les chiffres sont des estimations de l'ordre de grandeur comportant une assez grande marge d'erreur; toutes les données à l'exception de celles relatives à la "superficie" sont de ce fait en italique. Pour la composition des grandes régions et la méthodes utilisée afin d'établir les estimations, voir Notes tecniques, page 30.

NOTES

1   Habitants per kilomètre carré. Il s'agit simplement du quotient calculé en divisant la population par la superficie et n'est pas considéré comme indiquant la densité au sens urbain du mot ni l'effectif de population que les terres et les ressources du territoire sont capables de nourrir.
2   Hawaii, un Etat des Etats–Unis d'Amérique, est compris en Amérique septentrionale plutôt qu'en Océanie.
3   Non compris l'ancienne URSS, qui fait l'objet d'une rubrique distincte.
4   La partie européenne de la Turquie est comprise en Asie Occidentale plutôt qu'en Europe.

2. Estimates of population and its percentage distribution, by age and sex and sex ratio for all ages for the world, macro regions and regions: 1990

(See notes at end of table.)

Macro regions and regions	Population (in millions – en millions)											
	Both sexes – Les deux sexes				Male – Masculin				Female – Féminin			
	All ages Tous âges	–15	15–64	65+	All ages Tous âges	–15	15–64	65+	All ages Tous âges	–15	15–64	65+
WORLD TOTAL	5 292	1 710	3 254	328	2 664	875	1 650	139	2 628	835	1 605	188
AFRICA	642	289	334	19	319	146	165	9	323	144	169	11
Eastern Africa	197	93	99	5	97	47	49	2	99	46	50	3
Middle Africa	70	32	36	2	35	16	18	1	35	16	18	1
Northern Africa	141	58	77	5	71	30	39	2	70	28	38	3
Southern Africa	41	16	24	2	20	8	12	1	21	8	12	1
Western Africa	194	91	98	5	96	45	48	2	98	45	50	3
LATIN AMERICA	448	161	266	21	224	81	132	10	225	79	134	12
Caribbean	34	11	21	2	17	5	10	1	17	5	11	1
Central America	118	46	68	4	59	23	34	2	59	22	34	2
South America	297	105	177	15	148	53	88	7	149	52	89	8
NORTHERN AMERICA [1]	276	59	182	34	135	30	91	14	141	29	92	20
ASIA [2][3]	3 113	1 023	1 934	156	1 593	527	994	72	1 520	497	939	83
Eastern Asia [2]	1 336	344	908	84	683	177	469	37	652	166	439	47
Southern Asia	1 201	463	688	49	620	239	356	25	580	224	332	24
South Eastern Asia	445	163	264	17	222	83	131	8	223	80	133	10
Western Asia [3]	132	53	74	5	68	27	39	2	64	26	35	3
EUROPE [2][3]	498	98	334	67	243	50	167	26	255	48	167	41
OCEANIA [1]	26.5	7.0	17.1	2.4	10.1	3.6	8.7	1.0	13.2	3.4	8.4	1.4
Australia and New Zealand	20.3	4.5	13.6	2.2	10.1	2.3	6.9	0.9	10.2	2.2	6.7	1.3
Melanesia	5.3	2.1	3.0	0.1	2.7	1.1	1.6	0.1	2.6	1.0	1.4	0.1
Micronesia	0.4	0.1	0.2	0.0	0.2	0.0	0.1	0.0	0.2	0.1	0.1	0.0
Polynesia	0.6	0.2	0.3	0.0	0.3	0.1	0.1	0.0	0.3	0.1	0.1	0.0
Former USSR	289	73	187	28	137	38	92	8	152	36	96	20

GENERAL NOTES

All figures are estimates of the order of magnitude and are subject to a substantial margin of error; all data are therefore set in italics. For composition of macro regions and regions and for method of construction of estimates, see Technical Notes, page 35.

FOOTNOTES

[1] Hawaii, a state of the United States of America, is included in Northern America rather than Oceania.
[2] Excluding the former USSR, shown separately.
[3] The European portion of Turkey is included with Western Asia rather than Europe.

2. Estimations de la population et pourcentage de répartition selon l'âge et le sexe et rapport de masculinité pour l'ensemble du monde, les grandes régions et les régions géographiques: 1990

(Voir notes à la fin du tableau.)

Both sexes – Les deux sexes				Per cent – Pourcentage Male – Masculin				Female – Féminin				Sex ratio (Males per 100 females of all ages) Rapport de masculinité (Hommes pour 100 femmes de tous âges)	Grandes régions et régions
All ages Tous âges	–15	15–64	65+	All ages Tous âges	–15	15–64	65+	All ages Tous âges	–15	15–64	65+		
100	32	61	6	100	33	62	5	100	32	61	7	101	**ENSEMBLE DU MONDE**
100	45	52	3	100	46	52	3	100	44	52	3	99	**AFRIQUE**
100	47	50	3	100	48	50	2	100	46	50	3	98	Afrique orientale
100	45	52	3	100	46	51	3	100	45	52	3	98	Afrique centrale
100	41	55	4	100	42	55	3	100	41	55	4	102	Afrique septentrionale
100	38	58	4	100	39	58	3	100	38	58	5	98	Afrique mériodionale
100	47	51	3	100	47	50	2	100	46	51	3	99	Afrique occidentale
100	36	59	5	100	36	59	4	100	35	60	5	100	**AMERIQUE LATINE**
100	31	62	5	100	32	62	6	100	31	63	7	99	Caraïbes
100	39	58	6	100	39	57	3	100	38	58	4	100	Amérique centrale
100	35	60	4	100	36	60	5	100	35	60	5	99	Amérique du Sud
100	21	66	12	100	22	67	10	100	20	65	14	95	**AMERIQUE SEPTENTRIONALE** [1]
100	33	62	5	100	33	62	5	100	33	62	5	105	**ASIE** [2] [3]
100	26	68	6	100	26	69	5	100	26	67	7	105	Asie Orientale [2]
100	39	57	4	100	39	57	4	100	39	57	4	107	Asie méridionale
100	37	59	4	100	37	59	4	100	36	60	4	99	Asie méridionale orientale
100	40	56	4	100	40	57	3	100	41	55	4	106	Asie occidentale
100	20	67	13	100	21	69	11	100	19	65	16	95	**EUROPE** [2] [3]
100	27	64	9	100	27	65	8	100	26	64	10	101	**OCEANIE** [1]
100	22	67	11	100	23	68	9	100	22	66	13	99	Australie et Nouvelle Zélande
100	40	57	3	100	40	57	3	100	41	57	3	107	Melanésie
100	38	58	4	100	38	58	4	100	38	58	4	105	Micronésie
100	43	53	4	100	44	53	4	100	42	54	4	102	Polynésie
100	25	65	10	100	27	67	6	100	24	63	13	90	**L'ancienne URSS**

NOTES GENERALES

Tous les chiffres sont des estimations de grandeur comportant une assez grande marge d'erreur, toutes les données sont de ce fait en italique. Pour le composition des grandes régions et la méthode utilisée afin d'établir les estimations, voir Notes techniques, page 35.

NOTES

1 Hawaii, un Etat des Etats–Unis d'Amérique, est compris en Amérique septentrionale plutôt qu'en Océanie.
2 Non compris l'ancienne URSS, qui fait l'objet d'une rubrique distincte.
3 La partie européenne de la Turquie est comprise en Asie Occidentale plutôt qu'en Europe.

3. Population by sex, rate of population increase, surface area and density

Population selon le sexe, taux d'accroissement de la population, superficie et densité

(See notes at end of table. – Voir notes à la fin du tableau.)

Continent and country or area / Continent et pays ou zone	Latest census – dernier recensement (in units – en unités) Date	Both sexes Les deux sexes	Male Masculin	Female Féminin	Mid – year estimates Estimations au milieu de l'année (in thousand–en milliers) 1985	1991	Type[1] 1991	Annual rate of increase Taux d' accrois– sement annuel 1985–91 (%)	Surface area Superfi– cie (km²) 1991	Density Densité 1991[2]
AFRICA—AFRIQUE										
Algeria – Algérie [3]	20–IV–87	23 038 942	...	...	21 850	x25 660	A4 c1	2.7	2 381 741	11
Angola [4]	15–XII–70	5 646 166	2 943 974	2 702 192	x8 754	x10 303	A21 c1	2.7	1 246 700	8
Benin – Bénin	20–III–79	3 331 210	1 596 939	1 734 271	4 041	*4 889	A12 c3	3.2	112 622	43
Botswana	14–VIII–91	*1 325 291	...	...	1 088	*1 348	A10 c1	3.6	581 730	2
British Indian Ocean Territory – Territoire Britannique de l'Océan Indien [5]	([6])	([6])	([6])	([6])	x2	x2	D26 d	0.0	78	26
Burkina Faso	10–XII–85	7 964 705	3 833 237	4 131 468	7 886	*9 242	A6 c3	2.6	274 000	34
Burundi	16–VIII–79	4 114 135	1 988 292	2 125 843	4 718	*5 620	A12 c3	2.9	27 834	202
Cameroon – Cameroun	IV–87	*10 493 655	...	...	10 166	x12 239	A15 c3	3.1	475 442	26
Cape Verde – Cap–Vert	2–VI–80	289 027	131 266	157 761	333	x382	A11 c1	2.3	4 033	95
Central African Republic – Rép. centrafricaine	8–XII–75	2 054 610	985 224	1 069 386	2 608	x3 127	A16 c3	3.0	622 984	5
Chad – Tchad	1963–1964	[7] 3 254 000	...	...	x5 018	*5 819	B28 c3	2.5	1 284 000	5
Comoros – Comores	15–IX–80	[8] 385 890	167 089	168 061	x463	x570	A11 c3	3.5	2 235	255
Congo	22–XII–84	1 843 421	...	...	x1 939	x2 346	A7 c3	3.2	342 000	7
Côte d'Ivoire	30–IV–75	6 709 600	3 474 750	3 234 850	x9 933	x12 464	A16 c3	3.8	322 463	39
Djibouti	1960–1961	81 200	...	...	430	[9] x421	A31 d	([10])	23 200	18
Egypt – Egypte	18–IX–86	48 254 238	24 709 274	23 544 964	46 473	*54 688	A5 c1	2.7	1 001 449	55
Equatorial Guinea – [11] Guinée équatoriale	4–VII–83	300 000	144 760	155 240	x312	*356	A8 c3	2.2	28 051	13
Ethiopia – Ethiopie	9–V–84	*42 169 203	*21 018 900	*21 150 303	44 255	*53 383	A7 c3	3.1	1 221 900	44
Gabon	8–X–60	448 564	211 350	237 214	x985	x1 212	A31 c3	3.5	267 667	5
Gambia – Gambie	15–IV–83	687 817	342 134	345 683	x745	x884	A8 c1	2.9	11 295	78
Ghana	11–III–84	12 296 081	6 063 848	6 232 233	12 717	x15 509	A7 c1	3.3	238 533	65
Guinea – Guinée [12]	4–II–83	*4 533 240	...	...	4 661	x5 931	A8 c3	4.0	245 857	24
Guinea–Bissau – Guinée–Bissau	16–IV–79	753 313	362 589	390 724	869	x984	A12 c1	2.1	36 125	27
Kenya	24–VIII–89	*21 400 000	...	...	20 333	[9] *25 905	A12 c2	([10])	580 367	45
Lesotho	12–IV–86	*1 447 000	...	...	1 503	x1 826	A15 c3	3.2	30 355	60
Liberia – Libéria	1–II–84	*2 101 628	...	...	2 189	*2 705	A7 c3	3.5	111 369	24
Libyan Arab Jamahiriya – Jamahiriya arabe libyenne	31–VII–84	*3 637 488	*1 950 152	*1 687 336	3 363	[9] x4 712	A7 c3	([10])	1 759 540	3
Madagascar	1–I–75	7 603 790	3 805 288	3 798 502	9 985	*11 493	A17 c3	2.3	587 041	20
Malawi	1–IX–87	7 982 607	3 880 100	4 102 507	7 059	*8 556	A4 c3	3.2	118 484	72
Mali	1–IV–87	[3] 7 696 348	[3] 3 760 711	[3] 3 935 637	8 206	x9 507	A4 c3	([10])	1 240 192	8
Mauritania – Mauritanie	5–IV–88	[13] 1 864 236	[13] 923 175	[13] 941 061	1 766	*2 036	A14 c3	2.4	1 025 520	2
Mauritius – Maurice	30–VI–72	851 334	426 122	425 212	1 021	x1 094	A19 b1	1.2	2 040	536
Island of Mauritius – Ile Maurice	11–VII–83	966 863	481 368	485 495	985	*1 070	A8 b1	1.4	1 865	574
Rodrigues	11–VII–83	33 082	16 552	16 530	35	...	..	...	104	...
Others – Autres [14]	30–VI–72	366	272	94	...	...	..	...	71	...
Morocco – Maroc	3–IX–82	20 419 555	...	...	x22 025	x25 698	A9 c2	2.6	446 550	58
Mozambique [12]	1–VIII–80	11 673 725	5 670 484	6 003 241	13 810	x16 084	A11 c1	2.5	801 590	20
Namibia – Namibie	6–IV–91	*1 401 711	*680 927	*720 784	x1 518	x1 837	A21 c3	3.2	824 292	2
Niger	10–V–88	*7 249 596	...	...	x6 608	x7 984	A3 c3	3.2	1 267 000	6
Nigeria – Nigéria	XI–91	*88 514 501	*44 544 531	*43 969 970	95 690	x112 163	A28 c2	2.6	923 768	121
Réunion [3]	15–III–90	597 828	294 256	303 572	546	x608	A9 b3	1.8	2 510	242
Rwanda	15–VIII–91	*7 164 994	*3 487 189	*3 677 805	x6 102	x7 491	A13 c3	3.4	26 338	284
St. Helena ex. dep. – Sainte–Hélène sans dép.	22–II–87	5 644	2 769	2 875	6	x7	A4 b3	1.9	122	57
Ascension	31–XII–78	849	608	241	...	...	..	...	88	...
Tristan da Cunha	31–XII–88	297	...	...	...	...	..	...	104	...
Sao Tome and Principe – Sao Tomé–et–Principe	15–VIII–81	96 611	48 031	48 580	108	x124	A10 c1	2.3	964	129
Senegal – Sénégal	27–V–88	*6 928 405	...	...	6 547	x7 533	A2 c3	2.3	196 722	38
Seychelles	17–VIII–87	68 598	34 125	34 473	65	*68	A14 b2	0.7	455	149
Sierra Leone [12]	15–XII–85	*3 515 812	*1 746 055	*1 769 757	x3 665	x4 260	A6 c1	2.5	71 740	59
Somalia – Somalie	1986–1987	*7 114 431	*3 741 664	*3 372 767	x6 370	x7 691	A16 c3	3.1	637 657	12
South Africa – Afrique du Sud [12]	5–III–85	[15] 23 385 645	[15] 11 545 282	[15] 11 840 363	x31 569	x36 070	A6 c1	2.2	1 221 037	30

106

3. Population by sex, rate of population increase, surface area and density (continued)

Population selon le sexe, taux d'accroissement de la population, superficie et densité (suite)

(See notes at end of table. – Voir notes à la fin du tableau.)

Continent and country or area / Continent et pays ou zone	Latest census – dernier recensement (in units – en unités)				Mid – year estimates Estimations au milieu de l'année (in thousand–en milliers)			Annual rate of increase Taux d'accrois- sement annuel 1985–91 (%)	Surface area Superfi- cie (km²) 1991	Density Densité 1991 [2]
	Date	Both sexes Les deux sexes	Male Masculin	Female Féminin	1985	1991	Type [1] 1991			
AFRICA—AFRIQUE (Cont.–Suite)										
Sudan – Soudan	1–II–83	20 594 197	10 512 884	10 081 313	x21 822	x25 941	A8 c3	2.9	2 505 813	10
Swaziland	25–VIII–86	681 059	321 579	359 480	638	x817	A5 c1	4.1	17 364	47
Togo	22–XI–81	2 703 250	...	...	x3 028	x3 643	A10 c1	3.1	56 785	64
Tunisia – Tunisie	30–III–84	6 966 173	3 547 315	3 418 858	7 261	x8 362	A7 c1	2.4	163 610	51
Uganda – Ouganda	12–I–91	*16 582 674	*8 124 800	*8 457 900	x15 647	x19 517	A11 c1	3.7	235 880	83
United Rep. of Tanzania – Rép.–Unie de Tanzanie	26–VIII–78	17 512 611	8 587 086	8 925 525	21 733	⁹x28 359	A13 c3	(¹⁰)	945 087	30
Tanganyika	26–VIII–78	17 036 498	8 350 492	8 686 006	21 162	...	..	...	942 626	...
Zanzibar	26–VIII–78	476 113	236 594	239 519	571	...	..	...	2 461	...
Western Sahara – Sahara Occidental [16]	31–XII–70	76 425	43 981	32 444	x155	x183	A21 c1	2.8	266 000	1
Zaire – Zaïre	1–VII–84	29 916 800	14 543 800	15 373 000	30 981	*36 672	A7 c3	2.8	2 344 858	16
Zambia – Zambie	20–VIII–90	*7 818 447	*3 975 083	*3 843 364	6 725	⁹x8 780	A11 c1	(¹⁰)	752 618	12
Zimbabwe	18–VIII–82	7 608 432	...	...	8 379	x10 019	A9 c1	3.0	390 759	26
AMERICA, NORTH— AMERIQUE DU NORD										
Anguilla	...	...	...	...	x7	x7	..	0.0	96	73
Antigua and Barbuda – Antigua–et–Barbuda	7–IV–70	65 525	31 054	34 471	76	x76	A21 b1	0.1	440	173
Aruba [3]	1–II–81	60 312	29 340	30 972	61	x59	A10 b1	-0.6	193	306
Bahamas	2–V–90	254 685	123 507	131 178	232	x258	A11 b1	1.8	13 878	19
Barbados – Barbade	2–V–90	*257 082	...	...	253	x255	A11 b1	0.2	430	593
Belize	12–V–80	145 353	...	...	166	*194	A11 c1	2.6	22 965	8
Bermuda – Bermudes	12–V–80	67 761	33 621	34 140	¹⁷56	¹⁷61	A11 b1	1.5	53	1 155
British Virgin Islands – Iles Vierges britanniques	12–V–80	11 697	...	...	12	x13	A11 b1	1.5	153	85
Canada [3]	3–VI–86	25 309 330	12 485 650	12 823 680	25 165	*26 992	A5 b1	1.2	9 976 139	3
Cayman Islands – Iles Caïmanes [3]	15–X–89	25 355	12 372	12 983	21	x26	A12 c1	3.3	259	100
Costa Rica [3]	10–VI–84	2 416 809	1 208 216	1 208 593	2 642	*3 064	A7 b2	2.5	51 100	60
Cuba	11–IX–81	9 723 605	4 914 873	4 808 732	10 098	*10 736	A10 b1	1.0	110 861	97
Dominica – Dominique	7–IV–81	74 625	...	...	80	x83	A10 b1	0.7	751	111
Dominican Republic – Rép. dominicaine	12–XII–81	5 647 977	2 830 295	2 817 682	6 416	x7 321	A10 c1	2.2	48 734	150
El Salvador	28–VI–71	3 554 648	1 763 190	1 791 458	4 856	x5 376	A20 b1	1.7	21 041	256
Greenland – Groenland [3]	26–X–76	49 630	26 856	22 774	53	x56	A15 a1	0.9	2 175 600	–
Grenada – Grenade [18]	30–IV–81	89 088	42 943	46 145	91	⁹x84	A10 b1	(¹⁰)	344	244
Guadeloupe [3] [19]	9–III–82	327 002	160 112	166 890	349	x345	A9 b1	-0.2	1 705	202
Guatemala [12]	26–III–81	6 054 227	3 015 826	3 038 401	7 963	x9 467	A10 b2	2.9	108 889	87
Haiti – Haïti [3]	30–VIII–82	5 053 792	2 448 370	2 605 422	5 865	*6 625	A9 c3	2.0	27 750	239
Honduras	V–88	4 248 561	2 110 106	2 138 455	4 372	*5 265	A17 c1	3.1	112 088	47
Jamaica – Jamaïque	8–VI–82	2 205 507	1 079 640	1 125 867	2 311	*2 366	A9 b1	0.4	10 990	215
Martinique [3]	15–III–90	*359 579	*173 876	*185 703	337	⁹x343	A1 b1	(¹⁰)	1 102	311
Mexico – Mexique [3]	12–III–90	*81 140 922	*39 878 536	*41 262 386	77 938	*87 836	A1 b1	2.0	1 958 201	45
Montserrat	12–V–80	11 932	...	...	12	x12	A11 b1	0.2	102	118
Netherlands Antilles [3] [12] [20] Antilles néerlandaises	1–II–81	171 620	82 808	88 812	x181	x189	A10 c1	0.7	800	236
Nicaragua [3]	20–IV–71	1 877 952	921 543	956 409	3 272	*3 999	A20 b3	3.3	130 000	31
Panama	13–V–90	*2 329 329	*1 178 790	*1 150 539	2 180	*2 466	A11 c1	2.1	75 517	33
Puerto Rico – Porto Rico [21]	1–IV–90	*3 522 039	...	...	3 283	*3 605	A1 b1	1.6	8 897	405

3. Population by sex, rate of population increase, surface area and density (continued)

Population selon le sexe, taux d'accroissement de la population, superficie et densité (suite)

(See notes at end of table. – Voir notes à la fin du tableau.)

Continent and country or area Continent et pays ou zone	Latest census – dernier recensement (in units – en unités) Date	Both sexes Les deux sexes	Male Masculin	Female Féminin	Mid – year estimates Estimations au milieu de l'année (in thousand–en milliers) 1985	1991	Type [1] 1991	Annual rate of increase Taux d' accrois- sement annuel 1985–91 (%)	Surface area Superfi- cie (km[2]) 1991	Density Densité 1991 [2]
AMERICA,NORTH— (Cont.–Suite) AMERIQUE DU NORD										
Saint Kitts and Nevis – Saint–Kitts–et–Nevis	12–V–80	44 224	...	...	44	x44	A11 b1	0.0	261	169
Saint Lucia –Sainte–Lucie [12]	12–V–80	115 153	...	...	137	x153	A11 b1	1.8	622	246
St. Pierre and Miquelon – Saint–Pierre–et–Miquelon	9–III–82	6 037	2 981	3 056	x6	x6	A9 d	0.0	242	25
St. Vincent and the Grenadines – Saint– Vincent–et–Grenadines [22]	12–V–80	97 914	...	...	109	x117	A11 b1	1.1	388	302
Trinidad and Tobago – Trinité–et–Tobago	1–V–90	*1 234 388	*618 050	*616 338	1 178	*1 253	A1 b1	1.0	5 130	244
Turks and Caicos Islands – Iles Turques et Caïques	12–V–80	7 435	3 602	3 833	x9	x10	A11 d	1.8	430	23
United States – Etats–Unis [23]	1–V–90	*248 709 873	...	...	238 492	*252 688	A1 b1	1.0	9 809 431	26
United States Virgin Islands – Iles Vierges américaines [21]	1–IV–80	96 569	46 204	50 365	109	x118	A11 c1	1.3	342	345
AMERICA,SOUTH— AMERIQUE DU SUD										
Argentina – Argentine	15–V–91	*32 608 560	*15 968 854	*16 639 706	30 331	*32 713	A11 c1	1.3	2 766 889	12
Bolivia – Bolivie [12]	29–IX–76	4 613 486	2 276 029	2 337 457	6 429	*7 612	A15 c3	2.8	1 098 581	7
Brazil – Brésil [24]	1–IX–80	121 148 582	60 298 897	60 849 685	135 564	*153 322	A11 c1	2.1	8 511 965	18
Chile – Chili	21–IV–82	11 329 736	5 553 409	5 776 327	12 122	*13 386	A9 b1	1.7	756 945	18
Colombia – Colombie [25]	15–X–85	27 837 932	13 777 700	14 060 232	28 624	[9]x33 613	A6 b3	([10])	1 138 914	30
Ecuador – Equateur [26]	25–XI–90	9 648 189	4 796 412	4 851 777	9 378	*10 851	A9 b3	2.4	283 561	38
Falkland Is.(Malvinas) [27] [28] Iles Falkland (Malvinas)	16–XI–86	1 878	994	884	x2	x2	A5 d	0.0	12 173	–
French Guiana – Guyane Française [3]	9–III–82	73 012	38 448	34 564	90	x102	A9 c1	2.0	90 000	1
Guyana	12–V–80	758 619	375 841	382 778	x790	x800	A11 b1	0.2	214 969	4
Paraguay	11–VII–82	3 029 830	1 521 409	1 508 421	3 693	*4 397	A9 c2	2.9	406 752	11
Peru – Pérou [12] [24]	12–VII–81	17 005 210	8 489 867	8 515 343	19 417	*21 998	A10 c2	2.1	1 285 216	17
Suriname	1–VII–80	352 041	173 083	178 958	x383	x429	A11 c2	1.9	163 265	3
Uruguay [12]	23–X–85	2 955 241	1 439 021	1 516 220	3 008	*3 112	A6 b3	0.6	177 414	18
Venezuela [24]	20–X–90	*18 105 265	*9 004 717	*9 100 548	17 317	*20 226	A10 c1	2.6	912 050	22
ASIA—ASIE										
Afghanistan	23–VI–79	[29]13 051 358	[29]6 712 377	[29]6 338 981	18 136	[29]16 430	A12 c3	([10])	652 090	25
Armenia – Arménie	12–I–89	[3] 3 304 776	[3] 1 619 308	[3] 1 685 468	3 339	...	..	...	29 800	...
Azerbaijan –Azerbaïdjan	12–I–89	[3] 7 021 178	[3] 3 423 793	[3] 3 597 385	6 661	...	..	...	86 600	...
Bahrain – Bahreïn	5–IV–81	350 798	204 793	146 005	425	*516	A10 c1	3.3	678	762
Bangladesh [12]	6–III–81	87 119 965	44 919 191	42 200 774	99 434	x118 745	A10 c1	3.0	143 998	825
Bhutan – Bhoutan	XI–69	1 034 774	...	...	x1 362	x1 551	A22 c3	2.2	47 000	33
Brunei Darussalam – Brunéi Darussalam [12] [30]	26–VIII–81	192 832	102 942	89 890	222	x273	A10 c2	3.5	5 765	47
Cambodia – Cambodge [31]	17–IV–62	5 728 771	2 862 939	2 865 832	x7 284	x8 442	A29 c3	2.5	181 035	47
China – Chine [32]	1–VII–90	116 017 381	...	...	x1059522	x1155795	A9 c3	1.4	9 596 961	120
Cyprus – Chypre [3]	30–IX–76	612 851	306 144	306 707	665	*710	A15 b2	1.1	9 251	77
East Timor–Timor oriental	31–X–90	747 750	386 939	360 811	x659	x752	A11 c1	2.2	14 874	51
Georgia – Géorgie	12–I–89	[3] 5 400 841	[3] 2 562 040	[3] 2 838 801	5 218	...	..	...	69 700	...
Hong Kong – Hong–kong [33]	11–III–86	5 395 997	2 772 464	2 623 533	5 456	x5 912	A5 b2	1.3	[34] 1 045	5 657
India – Inde [35]	1–III–91	*844 324 222	*437 805 805	*406 518 417	750 859	*849 638	A10 c1	2.1	3 287 590	258
Indonesia – Indonésie [36]	31–X–90	179 321 641	89 448 235	89 873 406	164 630	x187 765	A11 c1	2.2	1 904 569	99
Iran (Islamic Republic of – Rép. islamique d')	22–IX–86	49 445 010	25 280 961	24 164 049	47 820	*55 762	A5 c1	2.6	1 648 000	34
Iraq	17–X–87	16 335 199	8 395 889	7 939 310	15 585	x19 581	A4 c1	3.8	438 317	45
Israel – Israël [3] [37]	4–VI–83	4 037 620	2 011 590	2 026 030	4 233	*4 975	A8 b1	2.7	21 056	236
Japan – Japon [38]	1–X–90	*123 611 167	*60 696 724	*62 914 443	120 837	*123 921	A6 b1	0.4	377 801	328
Jordan – Jordanie [39]	10–XI–79	[40] 2 100 019	[40] 1 086 591	[40] 1 013 428	x3 407	x4 145	A12 b3	3.3	97 740	42
Kazakhstan	12–I–89	[3] 16 464 464	[3] 7 974 004	[3] 8 490 460	15 935	...	..	...	2 717 300	...

3. Population by sex, rate of population increase, surface area and density (continued)

Population selon le sexe, taux d'accroissement de la population, superficie et densité (suite)

(See notes at end of table. – Voir notes à la fin du tableau.)

Continent and country or area / Continent et pays ou zone	Latest census – dernier recensement (in units – en unités)				Mid – year estimates Estimations au milieu de l'année (in thousand—en milliers)			Annual rate of increase Taux d' accrois- sement	Surface area Superfi- cie (km²)	Density Densité
	Date	Both sexes Les deux sexes	Male Masculin	Female Féminin	1985	1991	Type[1] 1991	annuel 1985–91 (%)	1991	1991[2]
ASIA—ASIE (Cont.–Suite)										
Korea, Dem. People's Rep. of – Corée, rép. populaire dém. de	1–V–1944	...	...	...	x19 888	x22 193 D28 c3		1.8	...	...
Korea, Republic of— Corée, Rép. de [12 41]	1–XI–85	40 448 486	20 243 765	20 204 721	40 806	*43 268 A6 c1		1.0	99 016	437
Kuwait – Koweït	21–IV–85	1 697 301	965 297	732 004	1 712	x2 101 A6 c1		3.4	17 818	118
Kyrgyzstan – Kirghizistan	12–I–89	[3] 4 257 755	[3] 2 077 623	[3] 2 180 132	4 009	... ..		...	198 500	...
Lao People's Dem. Rep. – Rép. dém. populaire Lao	1–III–85	*3 584 803	*1 757 115	*1 827 688	x3 594	x4 262 A6 c3		2.8	236 800	18
Lebanon – Liban [42]	15–XI–70	[43] 2 126 325	[43] 1 080 015	[43] 1 046 310	x2 668	x2 745 B21 c3		0.5	10 400	264
Macau – Macao [44]	16–III–81	247 826	127 650	120 176	392	x497		4.0	16	31063
Malaysia – Malaisie	10–VI–80	13 136 109	6 588 756	6 547 353	15 681	x18 333 A11 c2		2.6	329 749	56
Maldives	25–III–85	180 088	93 482	86 606	184	*223 A6 c1		3.2	298	748
Mongolia – Mongolie	5–I–89	*2 043 400	...	...	1 878	x2 250 A2 c1		3.0	1 566 500	1
Myanmar	31–III–83	[3] 35 307 913	[3] 17 518 255	[3] 17 789 658	38 541	x42 561 A8 c2		1.7	676 578	63
Nepal – Népal [3]	22–VI–81	15 022 839	7 695 336	7 327 503	16 687	x19 605 A10 c1		2.7	140 797	139
Oman [4]	...	...	...	...	x1 242	x1 559 ..		3.8	212 457	7
Pakistan [45]	1–III–81	84 253 644	44 232 677	40 020 967	96 180	*115 524 A10 c1		3.1	796 095	145
Palestine [46]	18–XI–31	1 035 821	[47] 524 268	[47] 509 028		... ...		..		
Gaza Strip – Zone de Gaza [48]	14–XI–67	356 261	172 511	183 750	...	... ..		..	378	...
Philippines [3]	1–V–90	*60 684 887	...	...	54 668	*62 868 A11 c2		2.3	300 000	210
Qatar	16–III–86	*369 079	*247 852	*121 227	x299	x381 A5 c3		4.0	11 000	35
Saudi Arabia – Arabie saoudite	9–IX–74	*7 012 642	...	...	x11 595	x14 691 A17 c3		3.9	2 149 690	7
Singapore – Singapour [49]	30–VI–90	2 705 115	...	...	2 558	*2 763 A1 b2		1.3	618	4 471
Sri Lanka	17–III–81	14 846 750	7 568 253	7 278 497	15 842	*17 240 A10 c1		1.4	65 610	263
Syrian Arab Republic – République arabe [50] syrienne	7–IX–81	9 046 144	4 621 852	4 424 292	10 267	x12 993 A10 c1		3.9	185 180	70
Tajikistan – Tadjikistan	12–I–89	[3] 5 092 603	[3] 2 530 245	[3] 2 562 358	4 574	... ...		...	143 100	...
Thailand – Thaïlande	1–IV–90	54 532 300	27 031 200	27 501 100	51 580	*56 923 A11 c1		1.6	513 115	111
Turkey – Turquie	20–X–85	50 664 458	25 671 975	24 992 483	50 231	*60 777 A6 c1		3.2	779 452	78
Turkmenistan – Turkménistan	12–I–89	[3] 3 522 717	[3] 1 735 179	[3] 1 787 538	3 230	... ..		...	488 100	...
United Arab Emirates – Emirats arabes unis [51]	15–XII–80	1 043 225	720 360	322 865	x1 349	x1 629 A11 c3		3.1	83 600	19
Uzbekistan – Ouzbékistan	12–I–89	[3] 19 810 077	[3] 9 784 156	[3] 10 025 921	18 231	... ..		...	447 400	...
Viet Nam	1–IV–89	*64 411 713	*31 336 568	*33 075 145	x59 902	x68 183 A2 c3		2.2	331 689	206
Yemen – Yémen Former Dem. Yemen – Ancienne Yémen dém.	29–III–88	2 345 266	1 184 359	1 160 907	2 164	*2 755 A3 c3		4.0	332 968	8
Former Yemen Arab Rep. – Ancienne Yémen rép. arabe [3]	1–II–86	9 274 173	4 647 310	4 626 863	x7 621	x9 547 A5 c3		3.8	195 000	49
EUROPE										
Albania – Albanie	12–IV–89	*3 182 400	*1 638 900	*1 543 500	2 957	*3 301 A2 b1		1.8	28 748	115
Andorra – Andorre	XI–54	5 664	...	...	45	58 A37 c3		4.3	453	127
Austria – Autriche [3]	12–V–81	7 555 338	3 572 426	3 982 912	7 555	*7 823 A10 b1		0.6	83 853	93
Belarus – Bélarus	12–I–89	[3] 10 151 806	[3] 4 749 324	[3] 5 402 482	9 999	... ..		..	207 600	...
Belgium – Belgique [3]	1–III–81	9 848 647	4 810 349	5 038 298	9 858	x9 844 A10 b1		–0.0	30 519	323
Bulgaria – Bulgarie	4–XII–85	8 948 388	4 430 061	4 518 327	8 960	*8 982 A6 b1		0.0	[52] 110 912	81

3. Population by sex, rate of population increase, surface area and density (continued)

Population selon le sexe, taux d'accroissement de la population, superficie et densité (suite)

(See notes at end of table. – Voir notes à la fin du tableau.)

Continent and country or area	Population								Surface area	Density
	Latest census – dernier recensement (in units – en unités)			Mid – year estimates Estimations au milieu de l'année (in thousand–en milliers)				Annual rate of increase Taux d' accroissement	Superficie (km²)	Densité
Continent et pays ou zone	Date	Both sexes Les deux sexes	Male Masculin	Female Féminin	1985	1991	Type[1] 1991	annuel 1985–91 (%)	1991	1991[2]

EUROPE (Cont.–Suite)										
Channel Islands – Iles Anglo–Normandes	23–III–86	135 694	65 610	70 084	133	*143	A5 b1	1.2	195	733
Guernsey – Guernesey [53]	21–IV–91	58 867	28 297	30 570	53	*59	A0 b1	1.7	78	755
Jersey	12–III–89	82 809	40 086	42 723	79	*84	A2 b1	0.9	116	725
Czechoslovakia – Tchécoslovaquie	1–XI–80	15 283 095	7 441 160	7 841 935	15 499	*15 583	A11 b1	0.1	127 876	122
Denmark – Danemark [3] [54]	1–I–81	5 123 989	2 528 225	2 595 764	5 114	x5 148	A10 a1	0.1	43 077	120
Estonia – Estonie	12–I–89	[3] 1 565 662	[3] 731 392	[3] 834 270	1 519	...	..	..	45 100	...
Faeroe Islands – Iles Féroé [3]	22–IX–77	41 969	21 997	19 972	46	x47	A14 b1	0.5	1 399	34
Finland – Finlande [3]	31–XII–90	4 998 478	2 426 204	2 572 274	4 902	*5 029	A1 b1	0.4	3 381 445	15
France [55] [56]	5–III–90	[57]56 556 000	...	...	55 170	*57 049	A1 b1	0.6	551 500	103
Germany – Allemagne [58]	...	...	...	...	77 619	...	..	..	...	...
Germany, Federal Rep. of – Allemagne, République fédérale d' [3]	25–V–87	61 077 042	29 322 923	31 754 119	60 975	*64 120	A4 b1	0.8	248 577	258
Former German Democratic Republic – Ancienne République démocratique allemande [3]	31–XII–81	16 705 635	7 849 112	8 856 523	16 644	x16 214	A10 b2	–0.4	108 333	150
Gibraltar [59]	9–XI–81	29 616	14 992	14 624	29	x30	A10 b1	0.8	6	5 000
Greece – Grèce	17–III–91	[60]*10 269 074	...	...	[61]9 934	[61]x10 063	A10 b2	0.2	131 990	76
Holy See – Saint–Siège	30–IV–48	890	548	342	1	x1	D3 d	5.0	[62]0	...
Hungary – Hongrie	1–I–90	10 374 823	4 984 904	5 389 919	10 579	*10 344	A11 b1	–0.4	93 032	111
Iceland – Islande [3]	1–XII–70	204 930	103 621	101 309	241	*258	A21 a1	1.1	103 000	3
Ireland – Irlande	13–IV–86	3 540 643	1 769 690	1 770 953	3 540	*3 523	A5 b2	–0.1	70 284	50
Isle of Man – Ile de Man	6–IV–86	64 282	30 782	33 500	63	*70	A5 b1	1.8	588	119
Italy – Italie	25–X–81	56 556 911	27 506 354	29 050 557	[3] 57 141	[9]x57 052	A10 b1	([10])	301 268	189
Latvia – Lettonie	12–I–89	[3] 2 666 567	[3] 1 238 806	[3] 1 427 761	2 594	...	..	..	64 500	...
Liechtenstein	2–XII–80	25 215	...	...	27	x28	A11 b1	0.7	160	175
Lithuania – Lituanie	12–I–89	[3] 3 674 802	[3] 1 738 953	[3] 1 935 849	3 545	*3 741	A2 b1	0.9	65 200	57
Luxembourg [3]	31–III–81	364 602	177 869	186 733	367	x373	A10 b2	0.3	2 586	144
Malta – Malte [63]	16–XI–85	345 418	169 832	175 586	336	*357	A6 b2	1.0	315 591	1
Monaco [3]	4–III–82	27 063	12 598	14 465	x27	x28	A9 c1	0.6	[64]1	28000
Netherlands – Pays–Bas [3]	28–II–71	13 060 115	...	...	14 484	*15 065	A20 a1	0.7	40 844	369
Norway – Norvège [3]	1–XI–80	4 091 132	2 027 083	2 064 049	4 153	*4 262	A11 a1	0.4	323 895	13
Poland – Pologne [65]	6–XII–88	37 878 641	18 464 373	19 414 268	37 203	*38 244	A3 b1	0.5	323 250	118
Portugal [66]	16–III–81	9 833 014	4 737 715	5 096 299	9 904	*10 582	A10 b1	1.1	92 389	115
Republic of Moldova – République de Moldova	12–I–89	[3] 4 335 360	[3] 2 063 192	[3] 2 272 168	4 214	*4 363	A2 b1	0.6	33 700	129
Romania – Roumanie	5–I–77	21 559 910	10 626 055	10 933 855	22 725	*23 193	A14 b2	0.3	237 500	98
Russian Federation – Fédération Russe [67]	12–I–89	[3]147 021 869	[3] 68 713 869	[3] 78 308 000	143 585	...	..	..	17 075 400	...
San Marino – Saint–Marin	30–XI–76	19 149	9 654	9 495	22	x23	A15 a2	0.5	61	377
Spain – Espagne	1–III–81	37 746 260	18 529 764	19 216 496	38 474	*39 025	A10 c1	0.2	504 782	77
Svalbard and Jan Mayen Islands – Svalbard et Ile Jan–Mayen [68]	1–XI–60	3 431	2 545	886	...	...	..	..	62 422	...
Sweden – Suède [3]	1–XI–85	8 360 178	4 128 367	4 231 811	8 350	*8 635	A6 a1	0.6	449 964	19
Switzerland – Suisse [3]	2–XII–80	6 365 960	3 114 812	3 251 148	6 470	*6 791	A11 b1	0.8	41 293	164
Ukraine	12–I–89	[3] 51 704 000	[3] 23 959 000	[3] 27 745 000	50 917	...	..	..	603 700	...
United Kingdom – Royaume–Uni [69]	21–IV–81	55 678 079	27 030 383	28 647 696	56 618	x57 367	A10 b1	0.2	244 100	235
Yugoslavia – Yougoslavie [3]	31–III–81	22 424 687	11 083 768	11 340 919	23 124	*23 928	A10 b1	0.6	255 804	94

3. Population by sex, rate of population increase, surface area and density (continued)

Population selon le sexe, taux d'accroissement de la population, superficie et densité (suite)

(See notes at end of table. – Voir notes à la fin du tableau.)

Continent and country or area	Population							Annual rate of increase	Surface area	Density
	Latest census – dernier recensement (in units – en unités)			Mid – year estimates Estimations au milieu de l'année (in thousand–en milliers)				Taux d' accrois– sement	Superfi– cie (km²)	Densit é
Continent et pays ou zone	Date	Both sexes Les deux sexes	Male Masculin	Female Féminin	1985	1991	Type [1] 1991	annuel 1985–91 (%)	1991	1991 [2]

OCEANIA—OCEANIE										
American Samoa – [21] Samoa américaines	1–IV–80	32 297	16 384	15 913	36	x38 A11 b1		1.1	199	191
Australia – Australie [12]	30–VI–86	15 602 156	7 768 313	7 833 843	15 788	*17 336 A5 b1		1.6	7 713 364	2
Christmas Island – Ile Christmas	30–VI–81	2 871	1 918	953	2	... ..		..	135	...
Cocos (Keeling) Islands – Iles des Cocos (Keeling)	30–VI–81	555	298	257	1	... ..		..	14	...
Cook Islands – Iles Cook [70]	1–XII–86	17 614	9 188	8 426	18	x18 A5 b1		0.3	236	76
Fiji – Fidji	31–XII–86	715 375	362 568	352 807	697	x776 A5 b1		1.8	18 274	42
French Polynesia – [71] Polynésie française	6–IX–88	188 814	98 345	90 469	174	x212 A8 c1		3.3	4 000	53
Guam [21]	1–IV–80	105 979	55 321	50 658	x113	x119 A11 b1		0.9	541	220
Kiribati [72]	9–V–85	63 883	...	...	x62	x66 A6 c1		1.0	726	91
Marshall Islands – Iles Marshall	13–X–88	43 380	...	...	39	*48 A3 c1		3.6	...	...
Micronesia, Federated States of, – Micronésie, Etats fédérés de	...	...	...	...	x88	x101 ..		2.3	5	20200
Nauru	22–I–77	7 254	...	...	x8	x9 A14 d		2.0	21	429
New Caledonia – Nouvelle–Calédonie [73]	4–IV–89	164 173	83 862	80 311	151	x170 A2 c1		1.9	18 575	9
New Zealand – Nouvelle–Zélande [74]	4–III–86	3 307 083	1 638 354	1 668 729	3 247	*3 380 A5 b1		0.7	270 986	12
Niue – Nioué	29–X–86	2 531	...	...	3	x3 A5 d		1.3	260	12
Norfolk Is. – Ile Norfolk	30–VI–86	2 367	1 170	1 197	...	... ..		..	36	...
Northern Mariana Islands – Iles Mariannes septentrionales	...	...	...	...	20	x22 ..		1.5	...	...
Pacific Islands (Palau) – Iles du Pacifique (Palaos	...	...	...	...	x15	x17 ..		2.1	...	...
Papua New Guinea – Papouasie–Nouvelle– Guinée [75]	22–IX–80	3 010 727	1 575 672	1 435 055	3 337	*3 772 A11 c3		2.0	462 840	8
Pitcairn	31–XII–90	52	...	...	...	... ..		..	5	...
Samoa	3–XI–81	156 349	81 027	75 322	x162	x169 A10 c1		0.7	2 831	60
Solomon Islands – Iles Salomon [76]	23–XI–86	285 176	147 972	137 204	x272	x330 A5 c1		3.2	28 896	11
Tokelau – Tokélaou	1–X–82	1 552	751	801	...	... ..		..	12	...
Tonga	28–XI–86	94 649	47 611	47 038	97	x94 A5 c1		–0.5	747	126
Tuvalu	27–V–79	*7 300	...	...	x8	x9 A12 c1		2.0	26	346
Vanuatu	16–V–89	142 419	73 384	69 035	136	x163 A2 c1		3.1	12 189	13
Wallis and Futuna Islands – Iles Wallis et Futuna	15–II–83	12 408	6 266	6 142	x14	x18 A8 c1		4.2	200	90

GENERAL NOTES

Unless otherwise indicated, figures refer to de facto (present–in–area) population for present territory; surface area estimates include inland waters. For method of evaluation and limitations of data, see Technical Notes, page 36.

FOOTNOTES

Italics: estimates which are less reliable.
* Provisional.
x Estimate prepared by the Population Division of the United Nations.

1 For explanation of code, see page 10.
2 Population per square kilometre of surface area in 1991. Figures are merely the quotients of population divided by surface area and are not to be considered either as reflecting density in the urban sense or as indicating the supporting power of a territory's land and resources.
3 De jure population.
4 Including the enclave of Cabinda.
5 Comprising Chagos Archipelago (formerly dependency of Mauritius).
6 Census of Chagos Archipelago taken 30 June 1962 gave total population of 747 persons.
7 Estimate for de jure African population based on results of a sample survey covering 5 per cent of the population in 549 rural villages and 10 per cent of the population in 10 urban communes and a complete enumeration of the population of Fort–Archambault, Doba, Moundou, Koumra, Bongor and Abeche. Including estimates of 100 000 for Fort–Lamy enumerated in 1962, and 630 000 for other areas not covered by survey.
8 Including an estimated figure of 50 740 for the island of Mayotte, not covered by the census.
9 Estimate not in accord with the latest census and/or the latest estimate.

10 Rate not computed because of apparent lack of comparability between estimates shown for 1985 and 1991.
11 Comprising Bioko (which includes Pagalu) and Rio Muni (which includes Corisco and Elobeys).
12 Mid–year estimates have been adjusted for under–enumeration, estimated as follows:

	Percentage adjustment	Adjusted census total
Australia	1.8	...
Bangladesh	3.1	*89 949 000
Bolivia	6.99	...
Brunei Darussalam	1.06	...
Guatemala	13.7	...
Guinea	...	...
Korea, Republic of	1.9	...
Mozambique	3.8	...
Netherlands Antilles	2.0	...
Peru	...	...
Saint Lucia	7.24	...
Sierra Leone	10.0	*3 002 426
South Africa	...	...
Uruguay	2.6	...

13 Including an estimate of 224 095 for nomad population.
14 Comprising the islands of Agalega and St. Brandon.
15 Excluding Bophuthatswana, Ciskei, Transkei and Venda.
16 Comprising the Northern Region (former Saguia el Hamra) and Southern Region (former Rio de Oro).
17 De jure population, but excluding persons residing in institutions.
18 Including Carriacou and other dependencies in the Grenadines.

NOTES GENERALES

Sauf indication contraire, les chiffres relatifs à la population se rapportent à la population de fait présente du territoire actuel; les estimations de superficie comprennent les eaux intérieures. Pour la méthode d'évaluation et les insuffisances des données, voir Notes techniques, page 36.

NOTES

Italiques: estimations moins sûres.
* Données provisoires.
x Estimation établie par la Division de la population de l'Organisation des Nations Unies.

1 Pour l'explication du code, voir la page 10.
2 Nombre d'habitants au kilomètre carré en 1991. Il s'agit simplement du quotient du chiffre de la population divisé par celui de la superficie: il ne faut pas y voir d'indication de la densité au sens urbain du terme ni de l'effectif de population que les terres et les ressources du territoire sont capables de nourrir.
3 Population de droit.
4 Y compris l'enclave de Cabinda.
5 Comprend l'archipel de Chagos (ancienne dépendance de Maurice).
6 Le recensement de la population de l'archipel de Chagos au 30 juin 1962 a donné comme population totale
7 Estimation pour la population de droit africaine fondée sur les résultats d'une enquête par sondage ayant porté sur 5 p. 100 de la population de 549 villages ruraux et 10 p. 100 de la population de 10 communes urbaines et sur un dénombrement complet de la population de Fort–Archambault, Doba, Moundou, Koumra, Bongor et Abeche. Y compris une estimation de 100 000 pour Fort–Lamy, dénombrées en 1962, et de 630 000 pour d'autres régions sur qui l'enquête n'a pas porté.
8 Y compris un chiffre estimés à 50 740 pour l'île de Mayotte, non couverte par le recensement.
9 L'estimation ne s'accorde avec le dernier recensement, et /ou avec la dernière estimation.

10 On n'a pas calculé le taux parce que les estimations pour 1985 et 1991 ne paraissent pas comparables.
11 Comprend Bioko (qui comprend Pagalu) et Rio Muni (qui comprend Corisco et Elobeys).
12 Les estimations au milieu de l'année tiennent compte d'un ajustement destiné à compenser les lacunes du dénombrement. Les données de recensement ne tiennent pas compte de cet ajustement. En voici le détail:

	Ajustement (en pourcentage)	Chiffre de recensement ajusté
Australie	1,8	...
Bangladesh	3,1	*89 940 000
Bolivie	6,99	...
Brunéi Darussalam	1,06	...
Guatemala	13,7	...
Guinée	...	...
Corée, Rép. de	1,9	...
Mozambique	3,8	...
Antilles néerlandaises	2,0	...
Pérou	...	...
Sainte–Lucie	7,24	...
Sierra Leone	10,0	*3 002 426
Afrique du Sud	...	...
Uruguay	2,6	...

13 Y compris une estimation de 224 095 personnes pour la population nomade.
14 Y compris les îles Agalega et Saint–Brandon.
15 Non compris Bophuthatswana, Ciskei, Transkei et Venda.
16 Comprend la région septentrionale (ancien Saguia–el–Hamra) et la région méridionale (ancien Rio de Oro).
17 Population de droit, mais non compris les personnes dans les institutions.
18 Y compris Carriacou et les autres dépendances du groupe des îles Grenadines.

3. Population by sex, rate of population increase, surface area and density

Population selon le sexe, taux d'accroissement de la population, superficie et densité

FOOTNOTES (continued)	NOTES (suite)

19 Including dependencies: Marie—Galante, la Désirade, les Saintes, Petite—Terre, St. Barthélemy and French part of St. Martin.

20 Comprising Bonaire, Curaçao, Saba, St. Eustatius and Dutch part of St. Martin.

21 De jure population, but including armed forces in the area.

22 Including Bequia and other islands in the Grenadines.

23 De jure population, but excluding civilian citizens absent from country for extended period of time. Census figures also exclude armed forces overseas.

24 Excluding Indian jungle population.

25 Mid—year estimates for 24 October.

26 Excluding nomadic Indian tribes.

27 Excluding dependencies, of which South Georgia (area 3 755 km2) had an estimated population of 499 in 1964 (494 males, 5 females). The other dependencies namely, the South Sandwich group (surface area 337 km2) and a number of smaller islands, are presumed to be uninhabited.

28 A dispute exists between the governments of Argentina and the United Kingdom of Great Britain and Northern Ireland concerning sovereignty over the Falkland Islands (Malvinas).

29 Excluding nomad population.

30 Excluding transients afloat.

31 Excluding foreign diplomatic personnel and their dependants.

32 This total population of China, as given in the communiqué of the State Statistical Bureau releasing the major figures of the census, includes a population of 6 130 000 for Hong Kong and Macau.

33 Comprising Hong Kong island, Kowloon and the New (leased) Territories.

34 Land area only. Total including ocean area within administrative boundaries is 2 916 km2.

35 Including data for the Indian—held part of Jammu and Kashmir, the final status of which has not yet been determined.

36 Figures provided by Indonesia including East Timor, shown separately.

37 Including data for East Jerusalem and Israeli residents in certain other territories under occupation by Israeli military forces since June 1967.

38 Comprising Hokkaido, Honshu, Shikoku, Kyushu. Excluding diplomatic personnel outside the country and foreign military and civilian personnel and their dependants stationed in the area.

39 Including military and diplomatic personnel and their families abroad, numbering 933 at 1961 census, but excluding foreign military and diplomatic personnel and their families in the country, numbering 389 at 1961 census. Also including registered Palestinian refugees number 654 092 and 722 687 at 30 June 1963 and 31 May 1967, respectively.

40 Excluding data for Jordanian territory under occupation since June 1967 by Israeli military forces.

41 Excluding alien armed forces, civilian aliens employed by armed forces, foreign diplomatic personnel and their dependants and Korean diplomatic personnel and their dependants outside the country.

42 Excluding Palestinian refugees in camps.

43 Based on results of sample survey.

44 Comprising Macau City and islands of Taipa and Coloane.

45 Excluding data for Jammu and Kashmir, the final status of which has not yet been determined, Junagardh, Manavadar, Gilgit and Baltistan.

46 Former mandated territory administered by the United Kingdom until 1948.

47 Excluding United Kingdom armed forces, numbering 2 507.

---

19 Y compris les dépendances: Marie—Galante, les Saintes, Petite—Terre, Saint—Barthélemy et la partie française de Saint—Martin.

20 Comprend Bonaire, Curaçao, Saba, Saint—Eustache et la partie néederlandaise de Saint—Martin.

21 Population de droit, mais y compris les militaires en garnison sur le territoire.

22 Y compris Bequia et des autres îles dans les Grenadines.

23 Population de droit, mais non compris les civils hors du pays pendant une période prolongée. Les chiffres de recensement ne comprennent pas également les militaires à l'étranger.

24 Non compris les Indiens de la jungle.

25 Estimations au milieu de l'années pour le 24 Octobre.

26 Non compris les tribus d'Indiens nomades.

27 Non compris les dépendances, parmi lesquelles figure la Georgie du Sud (3 755 km2) avec une population estimée à 499 personnes en 1964 (494 du sexe masculin et 5 du sexe féminin). Les autres dépendances, c'est—à—dire le groupe des Sandwich de Sud (superficie: 337 km2) et certaines petites—îles, sont présumées inhabitées.

28 La souveraineté sur les îles Falkland (Malvinas) fait l'objet d'un différend entre le Gouvernement argentin et le Gouvernement du Royaume—Uni de Grande—Bretagne et d'Irlande du Nord.

29 Non compris la population nomade.

30 Non compris les personnes de passage à bord des navires.

31 Non compris le personnel diplomatique étranger et les membres de leur famille les accompagnant.

32 Le chiffre indiqué pour la population totale de la Chine, qui figure dans le communiqué du Bureau du statistique de l'Etat publiant les principaux chiffres du recensement, comprennent la population de Hong—kong et Macao qui s'élève à 6 130 000 personnes.

33 Comprend les îles de Hong—kong, Kowloon et les Nouveaux Territoires (à bail).

34 Superficie terrestre seulement. La superficie totale, qui comprend la zone maritime se trouvant à l'intérieur des limites administratives, est de 2 916 km2.

35 Y compris les données pour la partie du Jammu et du Cachemire occupée par l'Inde dont le statut définitif n'a pas encore été déterminé.

36 Les chiffres fournis par l'Indonesie comprennent le Timor oriental, qui fait l'objet d'une rubrique distincte.

37 Y compris les données pour Jérusalem—Est et les résidents israéliens dans certains autres territoires occupés depuis juin 1967 par les forces armées israéliennes.

38 Comprend Hokkaido, Honshu, Shikoku, Kyushu. Non compris le personnel diplomatique hors du pays, les militaires et agents civils étrangers en poste sur le territoire et les membres de leur famille les accompagnant.

39 Y compris les militaires et le personnel diplomatique à l'étranger et les membres de leur famille les accompagnant, au nombre de 933 personnes au recensement de 1961, mais non compris les militaires et le personnel diplomatique étrangers sur le territoire et les membres de leur famille les accompagnant, au nombre de 389 personnes au recensement de 1961. Y compris également les réfugiés de Palestine immatriculés: 654 092 au 30 juin 1963 et 722 687 au 31 may 1967.

40 Non compris les données pour le territoire jordanien occupé depuis juin 1967 par les forces armées israéliennes.

41 Non compris les militaires étrangers, les civils étrangers employés par les forces armées, le personnel diplomatique étranger et les membres de leur famille les accompagnant et le personnel diplomatique coréen hors du pays et les membres de leur familles les accompagnant.

42 Non compris les réfugiés de Palestine dans les camps.

43 D'après les résultats d'une enquête par sondage.

44 Comprend la ville de Macao et les îles de Taipa et de Colowane.

45 Non compris les données pour le Jammu et le Cachemire, dont le statut définitif n'a pas encore été déterminé, le Junagardh, le Manavadar, le Gilgit et le Baltistan.

46 Ancien territoire sous mandat administré par le Royaume—Uni jusqu'à 1948.

47 Non compris les forces armées du Royaume—Uni au nombre de 2 507 personnes.

3. Population by sex, rate of population increase, surface area and density

Population selon le sexe, taux d'accroissement de la population, superficie et densité

| FOOTNOTES (continued) | NOTES (suite) |

48 Comprising that part of Palestine under Egyptian administration following the Armistice of 1949 until June 1967, when it was occupied by Israeli military forces.

49 Excluding transients afloat and non–locally domiciled military and civilian services personnel and their dependants and visitors, numbering 5 553, 5 187 and 8 895 respectively at 1980 census.

50 Including Palestinian refugees numbering 193 000 on 1 July 1977.

51 Comprising 7 sheikdoms of Abu Dhabi, Dubai, Sharjah, Ajaman, Umm al Qaiwain, Ras al Khaimah and Fujairah, and the area lying within the modified Riyadh line as announced in October 1955.

52 Excluding surface area of frontier rivers.

53 Including dependencies: Alderey, Brechou, Herm, Jethou, Lithou and Sark Island.

54 Excluding Faeroe Islands and Greenland.

55 Excluding Overseas Departments, namely French Guiana, Guadeloupe, Martinique and Réunion, shown separately.

56 De jure population, but excluding diplomatic personnel outside the country and including foreign diplomatic personnel not living in embassies or consulates.

57 Excluding military personnel stationed outside the country who do not have a personal residence in France.

58 All data shown pertaining to Germany prior to 3 October 1990 are indicated separately for the Federal Republic of Germany and the former German Democratic Republic based on their respective territories at the time indicated. See explanatory notes on data pertaining to Germany on page 4.

59 Excluding armed forces.

60 Including armed forces stationed outside the country, but excluding alien armed forces stationed in the area.

61 Including armed forces stationed outside the country, but including alien armed forces stationed in the area.

62 Surface area is 0.44 km2.

63 Including Gozo and Comino Islands and civilian nationals temporarily outside the country.

64 Surface area is 1.49 km2.

65 Excluding civilian aliens within the country, but including civilian nationals temporarily outside the country.

66 Including the Azores and Madeira Islands.

67 Including the Balearic and Canary Islands, and Alhucemas, Ceuta, Chafarinas, Melilla and Penon de Vélez de la Gomera.

68 Inhabited only during the winter season. Census data are for total population while estimates refer to Norwegian population only. Included also in the de jure population of Norway.

69 Excluding Channel Islands and Isle of Man, shown separately.

70 Excluding Niue, shown separately, which is part of Cook Islands, but because of remoteness is administered separately.

71 Comprising Austral, Gambier, Marquesas, Rapa, Society and Tuamotu Islands.

72 Including Christmas, Fanning, Ocean and Washington Islands.

73 Including the islands of Huon, Chesterfield, Loyalty, Walpole and Belep Archipelago.

74 Including Campbell and Kermadec Islands (population 20 in 1961, surface area 148 km2) as well as Antipodes, Auckland, Bounty, Snares, Solander and Three Kings island, all of which are uninhabited. Excluding diplomatic personnel and armed forces outside the country, the latter numbering 1 936 at 1966 census; also excluding alien armed forces within the country.

75 Comprising eastern part of New Guinea, the Bismarck Archipelago, Bougainville and Buka of Solomon Islands group and about 600 smaller islands.

76 Comprising the Solomon islands group (except Bougainville and Buka which are included with Papua New Guinea shown separately), Ontong, Java, Rennel and Santa Cruz Islands.

48 Comprend la partie de la Palestine administrée par l'Egypt depuis l'armistice de 1949 jusqu'en juin 1967, date laquelle elle a été occupée par les forces armées israéliennes.

49 Non compris les personnes de passage à bord de navires, les militaires et agents civils non résidents et les membres de leur famille les accompagnant, et les visiteurs, soit: 5 553, 5 187 et 8 895 personnes respectivement au recensement de 1980.

50 Y compris les réfugiés de Palestine au nombre de 193 000 au 1er juillet 1977.

51 Comprend les sept cheikhats de Abou Dhabi, Dabai, Ghârdja, Adjmân, Oumm–al–Quiwaïn, Ras al Khaïma et Foudjaïra, ainsi que la zone délimitée par la ligne de Riad modifiée comme il a été annoncé en octobre 1955.

52 Non compris la surface des cours d'eau frontières.

53 Y compris les dépendances: Aurigny, Brecqhou, Herm, Jethou, Lihou et l'île de Sercq.

54 Non compris les îles Féroé et le Groenland.

55 Non compris les départements d'outre–mer, c'est–à–dire la Guyane française, la Guadeloupe, la Martinique et la Réunion, qui font l'objet de rubriques distinctes.

56 Population de droit, non compris le personnel diplomatique hors du pays et y compris le personnel diplomatique étranger qui ne vit pas dans les ambassades ou les consulats.

57 Non compris les militaires en garnison hors du pays et sans résidence personnelle en France.

58 Toutes les données se rapportant à l'Allemagne avant le 3 octobre 1990 figurent dans deux rubriques séparées basées sur les territoires respectifs de la République fédérale d'Allemagne et l'ancienne République démocratique allemande selon la période indiquée. Voir les notes explicatives sur les données concernant l'Allemagne à la page 4.

59 Non compris les militaires.

60 Y compris les militaires en garnison hors du pays, mais non compris les militaires étrangers en garnison sur le territoire.

61 Y compris les militaires en garnison hors du pays, mais y compris les militaires étrangers en garnison sur le territoire.

62 Superficie: 0,44 km2.

63 Y compris les îles de Gozo et de Comino et les civils nationaux temporairement hors du pays.

64 Superficie: 1,49 km2.

65 Non compris les civils étrangers dans le pays, mais y compris les civils nationaux temporairement hors du pays.

66 Y compris les Açores et Madère.

67 Y compris les Baléares et les Canaries, Al Hoceima, Ceuta, les îles Zaffarines, Melilla et Penon de Vélez de la Gomera.

68 N'est habitée pendant la saison d'hiver. Les données de recensement se rapportent à la population totale, mais les estimations ne concernent que la population norvégienne, comprise également dans la population de droit de la Norvège.

69 Non compris les îles Anglo–Normandes et l'île de Man, qui font l'objet de rubriques distinctes.

70 Non compris Nioué, qui fait l'objet d'une rubrique distincte et qui fait partie des îles Cook, mais qui, en raison de son éloignement, est administrée séparément.

71 Comprend les îles Australes, Gambier, Marquises, Rapa, de la Société et Tuamotou.

72 Y compris les îles Christmas, Fanning, Océan et Washington.

73 Y compris les îles Huon, Chesterfield, Loyauté et Walpole, et l'archipel Belep.

74 Y compris les îles Campbell et Kermadec (20 habitants en 1961, superficie: 148 km2) ainsi que les îles Antipodes, Auckland, Bounty, Snares, Solander et Three Kings, qui sont toutes inhabitées. Non compris le personnel diplomatique et les militaires hors du pays, ces derniers au nombre de 1 936 au recensement de 1966; non compris également les militaires étrangers dans le pays.

75 Comprend l'est de la Nouvelle–Guinée, l'archipel Bismarck, Bougainville et Buka (ces deux dernières du groupe des Salomon) et environ 600 îlots.

76 Comprend les îles Salomon (à l'exception de Bougainville et de Buka dont la population est comprise dans celle de Papouasie–Nouvelle Guinée qui font l'objet d'une rubrique distincte), ainsi que les îles Ontong, Java, Rennel et Santa Cruz.

4. Vital statistics summary and expectation of life at birth: latest available year

(See notes at end of table.)

Continent and country or area / Continent et pays ou zone	Year Année	Live births / Naissances vivantes Number Nombre	Rate Taux	Deaths / Décès Number Nombre	Rate Taux (000s)	Natural increase Accroisse ment naturel	Year Année	Infant deaths Décès d'enfants de moins d'un an Number Nombre	Rate Taux (000s)
AFRICA—AFRIQUE									
1 Algeria – Algérie	1985–90	...	[1] 35.5	...	[1] 8.3	[1] 27.2	1985–90	...	[1] 74.0
2 Angola [1]	1985–90	...	47.2	...	20.2	27.0	1985–90	...	137.0
3 Benin – Bénin [1]	1985–90	...	49.2	...	19.3	29.9	1985–90	...	90.0
4 Botswana	1985–90	...	[1] 48.5	...	[1] 11.6	[1] 36.9	1985–90	...	[1] 67.0
5 Burkina Faso [1]	1985–90	...	47.1	...	18.4	28.7	1985–90	...	138.0
6 Burundi [1]	1985–90	...	47.6	...	17.9	29.7	1985–90	...	119.0
7 Cameroon – Cameroun [1]	1985–90	...	47.5	...	14.9	32.6	1985–90	...	94.0
8 Cape Verde – Cap–Vert	1985	12 639	37.9	2 735	8.2	29.7	1985	863	68.3
9 Central African Republic – Rép. centrafricaine [1]	1985–90	...	45.5	...	17.8	27.7	1985–90	...	104.0
10 Chad – Tchad [1]	1985–90	...	44.2	...	19.5	24.7	1985–90	...	132.0
11 Comoros – Comores [1]	1985–90	...	47.5	...	13.0	34.5	1985–90	...	99.0
12 Congo [1]	1985–90	...	46.1	...	14.6	31.5	1985–90	...	73.0
13 Côte d'Ivoire [1]	1985–90	...	49.9	...	14.5	35.4	1985–90	...	96.0
14 Djibouti [1]	1985–90	...	46.5	...	17.8	28.7	1985–90	...	122.0
15 Egypt – Egypte	1988	1 912 765	37.9	427 018	8.5	29.5	1988	82 837	43.3
16 Equatorial Guinea – Guinée équatoriale	1985–90	...	[1] 43.8	...	[1] 19.6	[1] 24.2	1985–90	...	[1] 127.0
17 Ethiopia – Ethiopie [1]	1985–90	...	48.6	...	20.7	27.9	1985–90	...	137.0
18 Gabon [1]	1985–90	...	39.4	...	16.8	22.6	1985–90	...	103.0
19 Gambia – Gambie [1]	1985–90	...	47.4	...	21.4	26.0	1985–90	...	143.0
20 Ghana [1]	1985–90	...	44.4	...	13.1	31.3	1980	4 650	20.2
21 Guinea – Guinée [1]	1985–90	...	51.0	...	22.0	29.0	1985–90	...	145.0
22 Guinea–Bissau – Guinée–Bissau	1985–90	...	[1] 42.9	...	[1] 23.0	[1] 19.9	1985–90	...	[1] 151.0
23 Kenya [1]	1985–90	...	47.0	...	11.3	35.7	1985–90	...	72.0
24 Lesotho [1]	1985–90	...	40.8	...	12.4	28.4	1985–90	...	100.0
25 Liberia – Libéria [1]	1985–90	...	47.3	...	15.8	31.5	1985–90	...	142.0
26 Libyan Arab Jamahiriya – Jamahiriya arabe libyenne	1985–90	...	[1] 44.0	...	[1] 9.4	[1] 34.6	1985–90	...	[1] 82.0
27 Madagascar [1]	1985–90	...	45.8	...	14.0	31.8	1985–90	...	120.0
28 Malawi	1985–90	...	[1] 56.3	...	[1] 20.6	[1] 35.7	1985–90	...	[1] 150.0
29 Mali	1987 [2]	375 117	48.7	96 221	12.5	36.2	1987 [2]	26 731	71.3
30 Mauritania – Mauritanie [1]	1985–90	...	46.2	...	19.0	27.2	1985–90	...	127.0
31 Mauritius – Maurice [1]	1985–90	...	18.6	...	6.4	12.2	1985–90	...	23.0
32 Island of Mauritius – Ile Maurice	1991	22 197	20.7	7 027	6.6	14.2	1991	410	18.5
33 Rodrigues	1990	803	21.2	177	4.7	16.6	1990	28	34.9
34 Morocco – Maroc [1]	1985–90	...	35.5	...	9.8	25.7	1985–90	...	82.0
35 Mozambique [1]	1985–90	...	45.0	...	18.5	26.5	1985–90	...	141.0
36 Namibia – Namibie [1]	1985–90	...	44.0	...	12.1	31.9	1985–90	...	106.0
37 Niger [1]	1985–90	...	51.7	...	20.4	31.3	1985–90	...	135.0
38 Nigeria – Nigéria [1]	1985–90	...	48.5	...	15.6	32.9	1985–90	...	105.0
39 Réunion	1990	13 911	23.5	3 172	5.4	18.1	1990	94	6.0
40 Rwanda	1985–90	...	[1] 51.2	...	[1] 17.2	[1] 34.0	1985–90	...	[1] 122.0
41 St. Helena ex. dep. – Sainte–Hélène sans dép.	1990	65	9.3	35	5.0	4.3	1990	2	♦ 30.8
42 Ascension	1981	15	♦ 14.6	2	♦ 2.0	♦ 12.7	1980	1	♦ 200.0
43 Tristan da Cunha	1991	4	♦ 13.8	1	♦ 3.4	♦ 10.4	1991	–	
44 Sao Tome and Principe – Sao Tomé–et–Principe	1989	4 047	35.0	1 179	10.2	24.8	1989	291	71.9
45 Senegal – Sénégal [1]	1985–90	...	45.5	...	17.7	27.8	1985–90	...	87.0
46 Seychelles	1991	1 708	25.1	542	8.0	17.1	1991	22	♦ 12.0
47 Sierra Leone [1]	1985–90	...	48.2	...	23.4	24.8	1985–90	...	154.0
48 Somalia – Somalie [1]	1985–90	...	50.1	...	20.2	29.9	1985–90	...	132.0
49 South Africa – Afrique du Sud [1]	1985–90	...	32.1	...	9.9	22.2	1985–90	...	72.0
50 Sudan – Soudan [1]	1985–90	...	44.6	...	15.8	28.8	1985–90	...	108.0
51 Swaziland	1985–90	...	[1] 46.8	...	[1] 12.5	[1] 34.3	1985–90	...	[1] 118.0
52 Togo [1]	1985–90	...	44.7	...	14.1	30.6	1985–90	...	94.0
53 Tunisia – Tunisie	1985–90	...	[1] 31.1	...	[1] 7.3	[1] 23.8	1985–90	...	[1] 52.0
54 Uganda – Ouganda [1]	1985–90	...	52.2	...	15.6	36.6	1985–90	...	103.0
55 United Rep. of Tanzania – Rép.–Unie de Tanzanie [1]	1985–90	...	50.5	...	14.0	36.5	1985–90	...	106.0

4. Aperçu des statistiques de l'état civil et espérance de vie à la naissance: dernière année disponible

(Voir notes à la fin du tableau.)

Year(s) Année(s)	Expectation of life at birth Espérance de vie à la naissance		Year Année	Fertility Fécondité	Marriages Mariages			Divorces			
	Male Masculin	Female Féminin			Year Année	Number Nombre	Rate Taux (000s)	Year Année	Number Nombre	Rate Taux (000s)	
1983	61.57	63.32	1985–90	[1] 5.430	1985	123 688	5.7	...	...	...	1
1985–90	42.90	46.10	1985–90	6.390	...	...	...	...	...	...	2
1985–90	44.40	47.60	1985–90	7.100	...	...	...	...	...	...	3
1981	52.32	59.70	1981	7.070	1981	3 972	4.2	...	...	...	4
1985–90	45.60	48.90	1985–90	6.500	...	...	...	...	...	...	5
1985–90	45.90	49.20	1985–90	6.790	...	...	...	...	...	...	6
1985–90	51.00	54.00	1985–90	6.900	...	...	...	...	...	...	7
1979–81	58.95	61.04	1985	4.605	...	...	...	...	...	...	8
1985–90	46.00	51.00	1985–90	6.190	...	...	...	...	...	...	9
1985–90	43.90	47.10	1985–90	5.890	...	...	...	...	...	...	10
1985–90	53.50	54.50	1985–90	7.030	...	...	...	...	...	...	11
1985–90	50.10	55.30	1985–90	6.290	...	...	...	...	...	...	12
1985–90	50.80	54.20	1985–90	7.410	...	...	...	...	...	...	13
1985–90	45.40	48.70	1985–90	6.600	...	...	...	...	...	...	14
1985–90	[1] 57.80	[1] 60.30	1988	4.400	1986	405 830	8.5	1986	68 735	1.4	15
1981	44.86	47.78	1983	5.550	...	...	...	...	...	...	16
1985–90	42.40	45.60	1985–90	6.780	...	...	...	...	...	...	17
1985–90	49.90	53.20	1985–90	4.990	...	...	...	...	...	...	18
1985–90	41.40	44.60	1985–90	6.500	...	...	...	...	...	...	19
1985–90	52.20	55.80	1985–90	6.390	...	...	...	...	...	...	20
1985–90	42.00	43.00	1985–90	7.000	...	...	...	...	...	...	21
1985–90	[1] 39.90	[1] 43.10	1985–90	[1] 5.790	1981	100	0.1	...	...	...	22
1985–90	56.50	60.50	1985–90	7.000	...	...	...	...	...	...	23
1985–90	51.50	60.50	1985–90	5.790	...	...	...	...	...	...	24
1985–90	52.00	54.00	1985–90	6.800	...	...	...	...	...	...	25
1985–90	[1] 59.10	[1] 62.50	1985–90	[1] 6.870	1988	16 989	4.5	1988	2 264	0.6	26
1985–90	52.00	55.00	1985–90	6.600	...	...	...	...	...	...	27
1982	40.20	43.30	1985–90	[1] 7.600	...	...	...	...	...	...	28
1976 [2]	44.91	49.66	1985–90	[1] 7.100	...	...	...	...	...	...	29
1985–90	44.40	47.60	1985–90	6.500	...	...	...	...	...	...	30
1985–90	66.40	71.70	1985–90	2.000	...	...	...	...	...	...	31
1988–90	65.01	72.96	1990	2.251	1991	11 295	10.6	1990	692	0.7	32
1981–85	64.47	68.95	1989	3.099	1990	173	4.6	...	...	...	33
1985–90	59.10	62.50	1985–90	4.820	...	...	...	...	...	...	34
1985–90	44.90	48.10	1985–90	6.390	...	...	...	...	...	...	35
1985–90	55.00	57.50	1985–90	6.090	...	...	...	...	...	...	36
1985–90	42.90	46.10	1985–90	7.100	...	...	...	...	...	...	37
1985–90	48.80	52.20	1985–90	6.900	...	...	...	...	...	...	38
1985–90	[1] 67.00	[1] 75.30	1990	2.360	1990	3 831	6.5	1990	753	1.3	39
1978	45.10	47.70	1985–90	[1] 8.290	1982	14 313	2.6	...	...	...	40
...	...	...	...	...	1986	29	♦ 4.5	1986	6	♦ 0.9	41
...	...	...	...	...	1981	3	♦ 2.9	...	...	...	42
...	...	...	...	...	1988	1	♦ 3.3	...	...	...	43
...	...	...	...	...	1988	49	0.4	...	...	...	44
1985–90	46.30	48.30	1985–90	6.500	...	...	...	...	...	...	45
1981–85	65.26	74.05	1990	2.730	1991	931	13.7	1991	86	1.3	46
1985–90	39.40	42.60	1985–90	6.500	...	...	...	...	...	...	47
1985–90	43.40	46.60	1985–90	6.600	...	...	...	...	...	...	48
1985–90	57.50	63.50	1985–90	4.480	...	...	...	...	...	...	49
1985–90	48.60	51.00	1985–90	6.440	...	...	...	...	...	...	50
1976	42.90	49.50	1985–90	[1] 6.500	1986	2 243	3.4	...	...	...	51
1985–90	51.30	54.80	1985–90	6.580	...	...	...	...	...	...	52
1985–90	[1] 64.90	[1] 66.40	1989	3.001	1990	55 612	6.9	1989	12 695	1.6	53
1985–90	49.40	52.70	1985–90	7.300	...	...	...	...	...	...	54
1985–90	51.30	54.70	1985–90	7.100	...	...	...	...	...	...	55

(See notes at end of table.)

Continent and country or area Continent et pays ou zone	Year Année	Live births Naissances vivantes		Deaths Décès		Natural increase Accroisse ment naturel	Year Année	Infant deaths Décès d'enfants de moins d'un an	
		Number Nombre	Rate Taux	Number Nombre	Rate Taux (000s)			Number Nombre	Rate Taux (000s)
AFRICA—AFRIQUE (Cont.–Suite)									
1 Zaire – Zaïre [1]	1985–90	...	45.6	...	14.2	31.4	1985–90	...	83.0
2 Zambia – Zambie	1985–90	...	[1] 51.1	...	[1] 13.7	[1] 37.4	1985–90	...	[1] 80.0
3 Zimbabwe [1]	1985–90	...	41.7	...	10.3	31.4	1985–90	...	66.0
AMERICA,NORTH— AMERIQUE DU NORD									
4 Anguilla	1985	177	25.3	73	10.4	14.9	1985	6	◆ 33.9
5 Antigua and Barbuda – Antigua–et–Barbuda	1987	1 094	13.1	364	4.4	8.7	1985	29	◆ 24.4
6 Aruba	1988	949	15.6	335	5.5	10.1	...	...	...
7 Bahamas	1990	4 868	19.2	1 149	4.5	14.7	1990	128	26.3
8 Barbados – Barbade	1989	4 015	15.7	2 277	8.9	6.8	1989	36	9.0
9 Belize	1991	6 033	31.1	691	3.6	27.5	1991	91	15.1
10 Bermuda – Bermudes	1990	895	14.8	445	7.3	7.4	1990	7	◆ 7.8
11 British Virgin Islands – Iles Vierges britanniques	1989	244	19.5	77	6.1	13.3	1988	7	◆ 29.5
12 Canada	1991	411 910	15.3	196 050	7.3	8.0	1990	2 766	6.8
13 Cayman Islands – Iles Caïmanes	1990	490	17.9	120	4.4	13.6	1990	3	◆ 6.1
14 Costa Rica	1990	81 939	27.4	11 366	3.8	23.6	1990	1 250	15.3
15 Cuba	1991	173 896	16.2	70 967	6.6	9.6	1991	1 854	10.7
16 Dominica – Dominique	1988	1 731	21.3	424	5.2	16.1	1990	30	◆ 18.4
17 Dominican Republic – Rép. dominicaine	1985–90	...	[1] 31.3	...	[1] 6.8	[1] 24.5	1985–90	...	[1] 65.0
18 El Salvador	1985–90	...	[1] 36.3	...	[1] 8.5	[1] 27.8	1985–90	...	[1] 64.0
19 Greenland – Groenland	1989	1 210	21.8	455	8.2	13.6	1989	26	◆ 21.5
20 Grenada – Grenade	1979	2 664	24.5	739	6.8	17.7	1979	41	15.4
21 Guadeloupe	1986	6 374	17.9	2 238	6.3	11.6	1986	98	15.4
22 Guatemala	1988	341 382	39.3	64 837	7.5	31.9	1988	15 892	46.6
23 Haiti – Haïti [1]	1985–90	...	36.2	...	13.2	23.0	1985–90	...	97.0
24 Honduras	1985–90	...	[1] 39.8	...	[1] 8.1	[1] 31.7	1985–90	...	[1] 69.0
25 Jamaica – Jamaïque	1990	59 606	24.6	12 174	5.0	19.6	1984	758	13.2
26 Martinique	1990	6 437	17.8	2 220	6.1	11.7	1990	46	7.1
27 Mexico – Mexique	1985–90	...	[1] 29.0	...	[1] 5.8	[1] 23.2	1985–90	...	[1] 43.0
28 Montserrat	1986	200	16.8	123	10.3	6.5	1986	1	◆ 5.0
29 Netherlands Antilles – Antilles néerlandaise	1990	3 602	18.9	1 217	6.4	12.5	1989	22	◆ 6.3
30 Nicaragua	1985–90	...	[1] 41.8	...	[1] 8.0	[1] 33.8	1985–90	...	[1] 62.0
31 Panama	1985–90	...	[1] 26.7	...	[1] 5.2	[1] 21.5	1985–90	...	[1] 23.0
32 Puerto Rico – Porto Rico	1990	66 555	18.5	26 148	7.3	11.2	1990	983	14.8
33 Saint Kitts and Nevis – Saint–Kitts–et–Nevis	1988	944	21.3	465	10.5	10.8	1989	22	◆ 22.2
34 Saint Lucia – Sainte–Lucie	1989	3 159	21.3	816	5.5	15.8	1989	56	17.7
35 St. Pierre and Miquelon – Saint–Pierre–et–Miquelon	1983	81	13.5	25	◆ 4.2	9.3	1981	1	◆ 9.2
36 St. Vincent and the Grenadines – Saint– Vincent–et–Grenadines	1986	2 708	24.5	655	5.9	18.5	1988	55	21.7
37 Trinidad and Tobago – Trinité–et–Tobago	1989	25 072	20.7	8 213	6.8	13.9	1989	255	10.2
38 Turks and Caicos Islands – Iles Turques et Caïques	1980	214	28.9	15	◆ 2.0	26.8	1982	5	◆ 24.5
39 United States – Etats–Unis	1991	4 111 000	16.3	2 165 000	8.6	7.7	1991	36 500	8.9
40 United States Virgin Islands – Iles Vierges américaines [1]	1991	2 511	22.3	535	4.5	17.8	1991	52	20.7

4. Aperçu des statistiques de l'état civil et espérance de vie à la naissance: dernière année disponible (suite)

(Voir notes à la fin du tableau.)

Year(s) Année(s)	Expectation of life at birth — Espérance de vie à la naissance		Year Année	Fertility Fécondité	Year Année	Marriages Mariages		Year Année	Divorces		
	Male Masculin	Female Féminin				Number Nombre	Rate Taux (000s)		Number Nombre	Rate Taux (000s)	
1985–90	50.30	53.70	1985–90	6.090	...	...	...	...	...	...	1
1980	50.36	52.46	1985–90	[1] 7.200	...	...	...	...	...	...	2
1985–90	56.50	60.10	1985–90	5.790	...	...	...	...	...	...	3
...	...	...	...	...	1985	101	13.8	1985	6	♦ 0.9	4
1972–78	68.30	75.40	...	...	1985	262	3.5	1986	22	♦ 0.3	5
...	...	...	1985	2.474	1988	390	6.4	1988	196	3.2	6
1980	67.15	72.46	1987	1.598	1990	2 182	8.6	1989	275	1.1	7
1980	69.85	71.78	1989	5.200	1989	2 047	8.0	1989	416	1.6	8
1980	68.81	76.28	1990	1.758	1991	1 202	6.2	1991	95	0.5	9
...	...	...	...	...	1990	907	15.0	1989	172	2.9	10
...	...	...	1988	1.932	1988	176	14.2	1988	9	♦ 0.7	11
1985–87	73.02	79.79	1989	1.768	1989	190 640	7.3	1989	80 716	3.1	12
...	...	...	1990	3.800	1990	274	10.0	1990	91	3.3	13
1985–90	72.40	77.00	1990	3.200	1990	22 703	7.6	1990	3 282	1.1	14
1986–87	72.74	76.34	1988	1.870	1991	161 160	15.0	1991	43 488	4.1	15
...	...	...	...	...	...	...	...	...	...	...	16
1985–90	[1] 63.90	[1] 68.10	1980	5.552	1985	21 301	3.3	1985	7 808	1.2	17
1985	50.74	63.89	1986	3.965	1989	20 787	4.0	1989	2 239	0.4	18
1981–85	60.40	66.30	1989	2.361	1989	396	7.1	1989	132	2.4	19
...	...	...	...	...	1979	360	3.3	1979	21	♦ 0.2	20
1975–79	66.40	72.40	1985	2.579	1986	1 692	4.8	1986	511	1.4	21
1979–80	55.11	59.43	1985	5.879	1988	46 155	5.3	1988	1 614	0.2	22
1985–90	53.10	56.40	1985–90	4.990	...	...	...	...	...	...	23
1985–90	[1] 61.90	[1] 66.10	1981	5.881	1983	19 875	4.9	1983	1 520	0.4	24
1985–90	[1] 70.40	[1] 74.80	1985–90	[1] 2.650	1990	13 037	5.4	1989	672	0.3	25
1975	67.00	73.50	1987	2.100	1990	1 572	4.3	1990	264	0.7	26
1979	62.10	66.00	1985	4.157	1990	633 424	7.4	1990	54 012	0.6	27
...	...	...	1982	1.623	1986	40	3.4	...	...	...	28
1981	71.13	75.75	...	...	1990	1 267	6.7	1990	409	2.1	29
1990	64.80	67.71	1985–90	[1] 5.500	1987	11 703	3.3	1990	866	0.2	30
1985–90	70.15	74.10	1989	2.815	1990	12 467	5.2	1989	1 872	0.8	31
1988	70.17	78.53	1989	2.300	1990	33 080	9.2	1990	13 695	3.8	32
1988	65.87	70.98	1988	2.840	...	...	...	...	...	...	33
1986	68.00	74.80	1986	3.823	1989	396	2.7	1989	44	0.3	34
...	...	...	...	...	1983	37	6.2	1983	11	♦ 1.8	35
...	...	...	1980	3.873	1986	425	3.8	1980	19	♦ 0.2	36
1980–85	66.88	71.62	1989	2.418	1989	6 794	5.6	1989	1 075	0.9	37
1989	71.80	78.60	1989	2.019	1980	39	5.3	1980	10	♦ 1.3	38
					1991	2 371 000	9.9	1991	1 187 000	4.7	39
...	...	...	...	...	1991	2 855	24.2	1991	332	2.8	40

4. Vital statistics summary and expectation of life at birth: latest available year (continued)

(See notes at end of table.)

Continent and country or area / Continent et pays ou zone	Year Année	Live births / Naissances vivantes Number Nombre	Rate Taux	Deaths / Décès Number Nombre	Rate Taux	Natural increase Accroissement naturel (000s)	Year Année	Infant deaths / Décès d'enfants de moins d'un an Number Nombre	Rate Taux (000s)
AMERICA,SOUTH— AMERIQUE DU SUD									
1 Argentina – Argentine	1990	699 926	21.7	255 996	7.9	13.7	1990	17 564	25.1
2 Bolivia – Bolivie	1975	...	³ 46.6	...	³ 18.0	³ 28.6	1985–90	...	¹ 110.0
3 Brazil – Brésil	1985–90	...	¹ 28.6	...	¹ 7.9	¹ 20.7	1985–90	...	¹ 63.0
4 Chile – Chili	1990	292 146	22.2	78 434	6.0	16.2	1990	4 915	16.8
5 Colombia – Colombie	1985–90	...	¹ 27.4	...	¹ 6.1	¹ 21.3	1985–90	...	¹ 40.0
6 Ecuador – Equateur	1985–90	...	¹ 32.9	...	¹ 7.4	¹ 25.5	1985–90	...	¹ 63.0
Falkland Islands (Malvinas)—									
7 Iles Falkland (Malvinas)	1988	18	♦ 7.5	28	♦ 11.7	♦ –4.2	1981	–	–
French Guiana –									
8 Guyane Française	1986	2 392	25.2	491	5.2	20.0	1986	53	22.2
9 Guyana ¹	1985–90		26.9	...	7.8	19.1	1985–90	...	56.0
10 Paraguay	1985–90	...	¹ 34.8	...	¹ 6.6	¹ 28.2	1985–90	...	¹ 42.0
11 Peru – Pérou	1990	734 000	34.1	186 000	8.6	25.4	1990	80 700	109.9
12 Suriname	1982	11 295	31.0	2 377	6.5	24.5	1986	270	26.5
13 Uruguay	1990	56 514	18.3	30 588	9.9	8.4	1990	1 152	20.4
14 Venezuela	1989	529 015	28.0	84 761	4.5	23.5	1989	12 322	23.3
ASIA—ASIE									
15 Afghanistan ¹	1985–90	...	49.3	...	23.0	26.3	1985–90	...	172.0
16 Armenia – Arménie	1989	75 250	22.9	20 853	6.3	16.5	1989	1 534	20.4
17 Azerbaijan – Azerbaïdjan	1989	181 631	25.6	44 016	6.2	19.4	1989	4 749	26.1
18 Bahrain – Bahreïn	1985–90	...	¹ 28.4	...	¹ 3.8	¹ 24.6	1985–90	...	¹ 16.0
19 Bangladesh	1985–90	...	¹ 42.2	...	¹ 15.5	¹ 26.7	1985–90	...	¹ 119.0
20 Bhutan – Bhoutan ¹	1985–90	...	38.3	...	16.8	21.5	1985–90	...	128.0
Brunei Darussalam –									
21 Brunéi Darussalam	1989	6 926	27.8	827	3.3	24.5	1989	62	9.0
22 Cambodia – Cambodge ¹	1985–90	...	41.4	...	16.6	24.8	1985–90	...	130.0
23 China – Chine ¹	1985–90	...	21.2	...	6.7	14.5	1985–90	...	32.0
24 Cyprus – Chypre	1991	13 216	18.6	6 238	8.8	9.8	1991	140	10.6
25 East Timor—Timor oriental ¹	1985–90	...	43.8	...	21.5	22.3	1985–90	...	166.0
26 Georgia – Géorgie	1989	91 138	16.7	47 077	8.6	8.1	1989	1 787	19.6
27 Hong Kong – Hong–kong	1990	67 911	11.7	28 688	4.9	6.8	1990	417	6.1
28 India – Inde	1985–90	...	⁴ 29.9	...	⁴ 9.6	20.3	1990	...	⁴ 80.0
29 Indonesia – Indonésie	1985–90	...	¹ 28.6	...	¹ 9.4	¹ 19.2	1985–90	...	¹ 75.0
Iran (Islamic Republic of –									
30 Rép. islamique d')	1974–75	...	⁵ 42.5	...	⁵ 11.5	⁵ 31.0	1974–75	...	⁵ 108.1
31 Iraq	1985–90	...	¹ 42.6	...	¹ 7.8	¹ 34.8	1985–90	...	¹ 69.0
32 Israel – Israël ⁷	1990	103 349	22.2	28 960	6.2	16.0	1990	994	9.6
33 Japan – Japon	1991	1 223 186	9.9	829 523	6.7	3.2	1991	5 416	4.4
34 Jordan – Jordanie	1985–90	...	¹ 38.9	...	¹ 6.4	¹ 32.5	1985–90	...	¹ 44.0
35 Kazakhstan	1989	382 269	23.0	126 378	7.6	15.4	1989	9 949	26.0
Korea, Dem. People's Rep. of – Corée, rép.									
36 populaire dém. de ¹	1985–90	...	23.5	...	5.4	18.1	1985–90	...	28.0
Korea, Republic of—									
37 Corée, République	1989 ⁸	613 240	14.5	230 207	5.4	9.0	1985–90	...	¹ 25.0
38 Kuwait – Koweït	1987	52 412	28.0	4 113	2.2	25.8	1986	841	15.6
39 Kyrgyzstan – Kirghizistan	1989	131 508	30.4	31 156	7.2	23.2	1989	4 258	32.4
Lao People's Dem. Rep. – Rép. dém.									
40 populaire Lao ¹	1985–90	...	45.1	...	16.9	28.2	1985–90	...	110.0
41 Lebanon – Liban ¹	1985–90	...	31.7	...	8.7	23.0	1985–90	...	48.0
42 Macau – Macao	1989	7 568	16.9	1 516	3.4	13.5	1990	51	7.4
43 Malaysia – Malaisie	1990	497 522	28.0	83 244	4.7	23.3	1990	6 618	13.3
Peninsular Malaysia –									
44 Malaisie Péninsulaire	1989	374 290	26.2	69 707	4.9	21.3	1989	4 948	13.2
45 Sabah	1986	51 410	40.4	5 114	4.0	36.4	1986	1 089	21.2
46 Sarawak	1986	41 702	27.5	5 184	3.4	24.1	1986	426	10.2
47 Maldives	1988	8 237	41.2	1 526	7.6	33.6	1990	242	33.3
48 Mongolia – Mongolie	1985–90	...	¹ 36.1	...	¹ 8.8	¹ 27.3	1985–90	...	¹ 68.0
49 Myanmar ¹	1985–90	...	30.6	...	9.7	20.9	1985–90	...	70.0
50 Nepal – Népal	1985–90	...	¹ 39.6	...	¹ 14.8	¹ 24.8	1985–90	...	¹ 128.0
51 Oman ¹	1985–90	...	45.6	...	7.8	37.8	1985–90	...	40.0
52 Pakistan ⁶	1988	3 194 926	30.3	852 341	8.1	22.2	1988	344 058	107.7
53 Philippines	1985–90	...	¹ 33.2	...	¹ 7.7	¹ 25.5	1985–90	...	¹ 45.0
54 Qatar	1990	11 022	22.7	871	1.8	20.9	1985–90	...	¹ 31.0

4. Aperçu des statistiques de l'état civil et espérance de vie à la naissance: dernière année disponible (suite)

Voir notes à la fin du tableau.)

Year(s) Année(s)	Expectation of life at birth Espérance de vie à la naissance		Year Année	Fertility Fécondité	Marriages Mariages			Divorces			
	Male Masculin	Female Féminin			Year Année	Number Nombre	Rate Taux (000s)	Year Année	Number Nombre	Rate Taux (000s)	
1980–81	65.48	72.70	1988	2.945	1990	186 337	5.8	...	...	...	1
1985–90	¹ 50.90	¹ 55.40	1985–90	¹ 6.060	1980	26 990	4.8	...	...	...	2
1985–90	¹ 62.30	¹ 67.60	1985–90	¹ 3.400	1989	827 928	5.6	1989	66 070	0.4	3
1985–90	68.05	75.05	1990	2.660	1990	98 702	7.5	1990	6 048	0.5	4
1980–85	63.39	69.23	1985–90	¹ 3.130	1986	70 350	2.4	...	...	...	5
1985	63.39	67.59	1985	4.650	1989	62 996	6.0	1989	5 663	0.5	6
...	...	...	...	...	1981	11	♦ 5.9	1981	7	♦ 3.8	7
...	...	...	...	...	1986	332	3.5	1986	34	0.4	8
1985–90	60.40	66.10	1985–90	2.770	...	...	...	...	...	...	9
1980–85	64.42	68.51	1985–90	¹ 4.580	1987	17 741	4.5	...	...	...	10
1990	62.93	66.58	1992	3.970	1982	109 200	6.0	...	...	...	11
1985–90	¹ 66.40	¹ 71.30	1985–90	¹ 2.970	1980	2 371	6.7	1980	373	1.1	12
1984–86	68.43	74.88	1990	2.330	1988	21 528	7.0	1988	6 376	2.1	13
1985	66.68	72.80	1989	3.300	1989	111 970	5.9	1989	21 876	1.2	14
1985–90	41.00	42.00	1985–90	6.900	...	...	...	...	...	...	15
1989	69.00	74.70	1989	2.611	1989	27 257	8.3	1989	4 134	1.3	16
1989	66.60	74.20	1989	2.761	1989	71 874	10.1	1989	11 436	1.6	17
1986–91	66.83	69.43	1985–90	¹ 4.140	1990	2 942	5.8	1990	590	1.2	18
1988	56.91	55.97	1985–90	¹ 5.530	1988	1 183 710	11.3	...	...	...	19
1985–90	48.60	47.10	1985–90	5.530	...	...	...	...	...	...	20
1981	70.13	72.69	1989	3.121	1989	1 783	7.2	1989	190	0.8	21
1985–90	47.00	49.90	1985–90	4.710	...	...	...	...	...	...	22
1985–90	68.00	70.90	1985–90	2.450	...	...	...	...	...	...	23
1985–89	73.92	78.33	1989	2.339	1991	7 000	9.9	1991	300	0.4	24
1985–90	41.60	43.40	1985–90	5.410	...	...	...	...	...	...	25
1989	68.10	75.70	1989	2.136	1989	38 288	7.0	1989	7 358	1.4	26
1989	74.25	80.05	1989	1.229	1990	47 168	8.1	1990	5 551	1.0	27
1981–85	55.40	55.67	1988	⁴ 4.000	...	...	...	...	...	...	28
1985–90	¹ 58.50	¹ 62.00	1989	3.380	1986	1 249 034	7.4	1986	131 886	0.8	29
1976	⁶ 55.75	⁶ 55.04	1985–90	¹ 5.220	1989	458 708	8.5	1989	33 943	0.6	30
1985–90	¹ 63.00	¹ 64.80	1985–90	¹ 6.350	1988	145 885	8.5	1981	1 476	0.1	31
1989	74.56	78.10	1990	3.016	1990	32 500	7.0	1990	6 000	1.3	32
1990	75.86	81.81	1989	1.572	1991	742 281	6.0	1990	157 608	1.3	33
1985–90	¹ 64.20	¹ 67.80	1989	6.150	1976	15 773	5.7	1976	2 638	0.9	34
1989	63.90	73.10	1989	2.812	1989	165 380	10.0	1989	45 772	2.8	35
1985–90	66.20	72.70	1985–90	2.500	...	...	...	...	...	...	36
1989	66.92	74.96	1990	1.700	1989	309 872	7.3	1989	32 474	0.8	37
1985–90	¹ 71.20	¹ 75.40	1986	4.034	1989	11 051	5.4	1989	2 987	1.5	38
1989	64.30	72.40	1989	3.808	1989	41 790	9.7	1989	8 231	1.9	39
1985–90	47.00	50.00	1985–90	6.690	...	...	...	...	...	...	40
1985–90	63.10	67.00	1985–90	3.790	...	...	...	...	...	...	41
1988	75.01	80.26	1988	1.502	1989	1 728	3.9	1989	70	0.2	42
1985–90	¹ 67.50	¹ 71.60	1985–90	¹ 4.000	...	...	...	...	...	...	43
1990	69.46	73.85	1990	3.328	1988	44 904	3.2	...	...	...	44
...	...	...	1986	3.363	...	...	...	...	...	...	45
...	...	...	...	...	...	...	...	...	...	...	46
1985	62.20	59.48	...	...	1981	5 428	34.4	1981	4 010	25.4	47
1985–90	¹ 60.00	¹ 62.50	1985–90	¹ 5.000	1989	15 600	7.5	1989	1 000	0.5	48
1978	58.93	63.66	1985–90	4.020	...	...	...	...	...	...	49
1981	50.88	48.10	1985–90	¹ 5.940	...	...	...	...	...	...	50
1985–90	62.20	65.80	1985–90	7.170	...	...	...	...	...	...	51
1976–78	59.04	59.20	1988	6.486	...	...	...	...	...	...	52
1989	62.50	66.10	1985–90	¹ 4.330	1989	302 109	5.0	...	...	...	53
1985–90	¹ 66.90	¹ 71.80	1985–90	¹ 5.640	1990	1 370	2.8	1990	359	0.7	54

(See notes at end of table.)

Continent and country or area Continent et pays ou zone	Year Année	Live births Naissances vivantes		Deaths Décès		Natural increase Accroisse ment naturel (000s)	Year Année	Infant deaths Décès d'enfants de moins d'un an	
		Number Nombre	Rate Taux	Number Nombre	Rate Taux			Number Nombre	Rate Taux (000s)
ASIA—ASIE (Cont.–Suite)									
Saudi Arabia –									
1 Arabie saoudite [1]	1985–90	...	42.1	...	7.6	34.5	1985–90	...	71.0
2 Singapore – Singapour	1991	49 159	17.8	13 876	5.0	12.8	1991	269	5.5
3 Sri Lanka	1989	357 964	21.3	104 590	6.2	15.1	1988	6 658	19.4
Syrian Arab Republic – République arabe									
4 syrienne	1985–90	...	[1] 44.6	...	[1] 7.0	[1] 37.6	1985–90	...	[1] 48.0
5 Tajikistan – Tadjikistan	1989	200 430	38.7	33 395	6.4	32.3	1989	8 673	43.3
6 Thailand – Thaïlande	1990	...	[8] 20.4	...	[8] 6.0	[8] 14.4	1990	...	[8] 38.8
7 Turkey – Turquie	1989 [8]	1 482 144	26.1	422 964	7.5	18.7	1989 [8]	93 629	63.2
Turkmenistan – 8 Turkménistan	1989	124 992	34.9	27 609	7.7	27.2	1989	6 847	54.8
United Arab Emirates – 9 Emirats arabes unis [1]	1985–90	...	22.8	...	3.8	19.0	1985–90	...	26.0
Uzbekistan – 10 Ouzbékistan	1989	668 807	33.3	126 862	6.3	26.9	1989	25 459	38.1
11 Viet Nam	1985–90	...	[1] 31.8	...	[1] 9.5	[1] 22.3	1985–90	...	[1] 64.0
12 Yemen – Yémen	1990	577 781	51.2	239 001	21.2	30.0	1990	76 267	132.0
Former Dem. Yemen – 13 Ancienne Yémen dém. [1]	1985–90	...	47.3	...	15.8	31.5	1985–90	...	120.0
Yemen – Yémen Former Yemen Arab Rep. – Ancienne Yémen 14 rép. arabe [1]	1985–90	...	53.6	...	16.1	37.5	1985–90	...	120.0
EUROPE									
15 Albania – Albanie	1989	78 862	24.7	18 168	5.7	19.0	1989	2 432	30.8
16 Andorra – Andorre	1991	674	11.7	217	3.8	7.9	1991	1	♦ 1.5
17 Austria – Autriche	1991	93 815	12.0	82 896	10.6	1.4	1991	699	7.5
18 Belarus – Bélarus	1989	153 449	15.0	103 479	10.1	4.9	1989	1 835	12.0
19 Belgium – Belgique	1988	118 764	12.0	104 551	10.6	1.4	1991	1 062	8.4
20 Bulgaria – Bulgarie	1991	95 910	10.7	110 423	12.3	-1.6	1991	1 624	16.9
Channel Islands – 21 Iles Anglo–Normandes	1991	1 794	12.5	1 500	10.5	2.1	1991	12	♦ 6.7
22 Guernsey – Guernesey	1991	737	12.5	614	10.4	2.1	1991	7	♦ 9.5
23 Jersey	1991	1 057	12.6	886	10.5	2.0	1991	5	♦ 4.7
Czechoslovakia – 24 Tchécoslovaquie	1991	207 969	13.3	178 919	11.5	1.9	1991	2 382	11.5
25 Denmark – Danemark	1990	63 554	12.4	60 979	11.9	0.5	1991	484	7.5
26 Estonia – Estonie	1990	22 308	14.2	19 530	12.4	1.8	1990	276	12.4
Faeroe Islands – 27 Iles Féroé	1989	933	19.7	371	7.8	11.9	1989	15	16.1
28 Finland – Finlande	1991	65 680	13.1	49 271	9.8	3.3	1989	382	6.0
29 France	1991	759 000	13.3	526 000	9.2	4.1	1991	5 500	7.2
30 Germany – Allemagne [9]	1989	880 459	11.2	903 441	11.5	-0.3	1989	6 582	7.5
Germany, Federal Rep. of– Allemagne, République 31 fédérale d'	1991	719 470	11.2	701 552	10.9	0.3	1990	5 076	7.0
Former German Democratic Republic – Ancienne République 32 démocratique allemande	1989	198 922	12.0	205 711	12.4	-0.4	1989	1 508	7.6
33 Gibraltar	1990	531	17.2	279	9.0	8.2	...	...	...
34 Greece – Grèce	1989	101 149	10.1	92 717	9.2	0.8	1990	994	9.7
35 Hungary – Hongrie	1991	125 700	12.2	141 589	13.7	-1.5	1991	1 900	15.1
36 Iceland – Islande	1991	4 530	17.6	1 790	6.9	10.6	1991	25	♦ 5.5
37 Ireland – Irlande	1991	52 645	14.9	31 500	8.9	6.0	1990	434	8.2
38 Isle of Man – Ile de Man	1991	892	12.7	982	14.0	-1.3	1991	3	♦ 3.4
39 Italy – Italie	1990	564 843	9.8	539 130	9.3	0.4	1990	4 817	8.5
40 Latvia – Lettonie	1989	38 922	14.5	32 584	12.1	2.4	1989	438	11.3
41 Liechtenstein	1989	373	13.4	172	6.2	7.2	1989	1	♦ 2.7
42 Lithuania – Lituanie	1991	56 219	15.0	41 013	11.0	4.1	1991	806	14.3
43 Luxembourg	1990	4 936	13.0	3 773	9.9	3.1	1990	36	7.3
44 Malta – Malte	1990	5 378	15.2	2 733	7.7	7.5	1990	61	11.3

4. Aperçu des statistiques de l'état civil et espérance de vie à la naissance: dernière année disponible (suite)

(Voir notes à la fin du tableau.)

Year(s) Année(s)	Expectation of life at birth Espérance de vie à la naissance		Year Année	Fertility Fécondité	Year Année	Marriages Mariages		Year Année	Divorces		
	Male Masculin	Female Féminin				Number Nombre	Rate Taux (000s)		Number Nombre	Rate Taux (000s)	
1985–90	61.70	65.20	1985–90	7.170	...	...	...	...	...	...	1
1980	68.70	74.00	1988	1.975	1991	24 791	9.0	1991	4 419	1.6	2
1981	67.78	71.66	1985	2.969	1989	141 533	8.4	1988	2 732	0.2	3
1981	64.42	68.05	1985–90	¹ 6.760	1990	91 346	7.5	1990	8 335	0.7	4
1989	66.80	71.70	1989	5.082	1989	47 616	9.2	1989	7 576	1.5	5
1985–86	63.82	68.85	1986	2.730	1990	461 280	8.2	1986	36 602	0.7	6
1985–90	¹ 62.50	¹ 65.80	1985–90	¹ 3.690	1989	450 763	7.9	1989	25 376	0.4	7
1989	61.80	68.40	1989	4.271	1989	34 890	9.8	1989	4 940	1.4	8
1985–90	68.60	72.90	1985–90	4.820	...	...	...	...	...	...	9
1989	66.00	72.10	1989	4.021	1989	200 681	10.0	1989	29 953	1.5	10
1979	63.66	67.89	1985–90	¹ 4.100	...	...	...	...	...	...	11
...	...	...	...	...	...	...	...	...	...	...	12
1985–90	49.40	52.40	1985–90	6.660	...	...	...	...	...	...	13
1985–90	50.00	50.00	...	7.990	...	...	...	...	...	...	14
1988–89	69.60	75.50	1989	2.956	1989	27 655	8.6	1989	2 628	0.8	15
...	...	...	...	...	1990	153	3.0	...	...	...	16
1990	72.50	79.02	1990	1.454	1991	43 960	5.6	1990	16 282	2.1	17
1989	66.80	76.40	1989	2.026	1989	97 929	9.6	1989	34 573	3.4	18
1979–82	70.04	76.79	1983	1.572	1988	59 093	6.0	1986	18 316	1.9	19
1988–90	68.12	74.77	1990	1.734	1991	48 820	5.4	1990	11 341	1.3	20
...	...	...	...	...	1991	1 050	7.3	1991	382	2.7	21
...	...	...	...	...	1991	403	6.8	1991	173	2.9	22
...	...	...	...	...	1991	647	7.7	1991	209	2.5	23
1990	67.25	75.81	1990	1.963	1991	104 692	6.7	1991	37 259	2.4	24
1989–90	71.98	77.70	1989	1.621	1990	31 293	6.1	1989	15 152	3.0	25
1990	64.72	74.94	1990	2.131	1990	11 774	7.5	1990	5 785	3.7	26
1981–85	73.30	79.60	1989	2.751	1989	230	4.9	1989	52	1.1	27
1989	70.85	78.90	1989	1.710	1991	23 573	4.7	1989	14 365	2.9	28
1990	72.75	80.94	1990	1.780	1991	281 000	4.9	1990	105 813	1.9	29
...	...	...	...	...	1990	516 550	6.5	...	...	...	30
1985–87	71.81	78.37	1988	1.434	1991	400 794	6.3	1990	122 869	1.9	31
1988–89	70.03	76.23	1989	1.557	1989	130 989	7.9	1989	50 063	3.0	32
...	...	...	...	...	1990	781	25.3	1981	93	3.1	33
1980	72.15	76.35	1984	1.821	1989	59 955	6.0	1986	8 650	0.9	34
1990	65.13	73.71	1990	1.845	1991	60 348	5.8	1990	24 863	2.4	35
1989–90	75.71	80.29	1990	2.310	1991	1 280	5.0	1991	580	2.2	36
1985–87	71.01	76.70	1990	2.194	1989	18 174	5.2	...	...	...	37
...	...	...	...	...	1989	483	7.1	1989	190	2.8	38
1988	73.18	79.70	1990	1.310	1990	311 739	5.4	1990	27 836	0.5	39
1989	65.30	75.20	1989	2.046	1989	24 496	9.1	1989	11 249	4.2	40
1980–84	66.07	72.94	1987	1.446	1989	315	11.3	1989	29	1.0	41
1990	66.55	76.22	1990	1.982	1991	34 241	9.2	1991	15 250	4.1	42
1985–87	70.61	77.87	1989	1.520	1990	2 312	6.1	1990	436	1.1	43
1989	73.79	78.04	1989	2.109	1990	2 609	7.4	...	...	...	44

123

(See notes at end of table.)

Continent and country or area Continent et pays ou zone	Year Année	Live births Naissances vivantes		Deaths Décès		Natural increase Accroisse ment naturel (000s)	Year Année	Infant deaths Décès d'enfants de moins d'un an	
		Number Nombre	Rate Taux	Number Nombre	Rate Taux			Number Nombre	Rate Taux (000s)

EUROPE (Cont.–Suite)									
1 Monaco	1983	529	19.5	448	16.6	3.0	1983	2	♦ 3.8
2 Netherlands – Pays–Bas	1991	198 800	13.2	128 700	8.6	4.6	1991	1 300	6.5
3 Norway – Norvège	1991	60 726	14.2	44 755	10.5	3.7	1990	419	6.9
4 Poland – Pologne	1991	547 000	14.3	405 000	10.6	3.7	1991	8 100	14.8
5 Portugal	1991	116 367	11.0	103 090	9.7	1.3	1991	1 143	9.8
Republic of Moldova –									
6 République de Moldova	1989	82 221	18.9	40 113	9.2	9.7	1989	1 705	20.7
7 Romania – Roumanie	1990	314 746	13.6	247 086	10.6	2.9	1990	8 471	26.9
Russian Federation –									
8 Fédération Russe	1989	2 160 559	14.6	1 583 743	10.7	3.9	1989	39 030	18.1
9 San Marino – Saint–Marin	1989	231	10.1	173	7.6	2.5	1989	5	♦ 21.6
10 Spain – Espagne	1990	396 353	10.2	330 959	8.5	1.7	1990	3 063	7.7
11 Sweden – Suède	1991	123 561	14.3	95 008	11.0	3.3	1991	466	3.8
12 Switzerland – Suisse	1991	85 300	12.6	61 000	9.0	3.6	1991	580	6.8
13 Ukraine	1990	657 200	12.7	629 602	12.1	0.5	1989	9 039	13.1
United Kingdom –									
14 Royaume–Uni	1991	792 506	13.8	646 192	11.3	2.5	1991	5 825	7.4
15 Yugoslavia – Yougoslavie	1990	333 746	14.0	213 841	9.0	5.0	1990	6 743	20.2
OCEANIA—OCEANIE									
American Samoa –									
16 Samoa américaines	1988	1 625	43.4	197	5.3	38.1	1988	17	10.5
17 Australia – Australie	1990	262 648	15.4	120 062	7.0	8.3	1990	2 145	8.2
Christmas Island –									
18 Ile Christmas	1985	36	15.8	2	♦ 0.9	14.9	1981	1	♦ 32.3
Cocos (Keeling) Islands –									
19 Iles des Cocos (Keeling)	1986	12	♦ 19.8	2	♦ 3.3	16.5	...	...	...
20 Cook Islands – Iles Cook	1988	430	24.3	94	5.3	19.0	1988	4	♦ 9.3
21 Fiji – Fidji	1990	18 176	24.9	3 604	4.9	19.9	1987	189	9.7
French Polynesia –									
22 Polynésie français	1989	5 364	27.9	1 021	5.3	22.6	1989	88	16.4
23 Guam	1987	3 348	26.5	486	3.8	22.6	1987	40	11.9
Marshall Islands –									
24 Iles Marshall	1989	1 429	32.2	151	3.4	28.8	...	...	...
New Caledonia –									
25 Nouvelle–Calédonie	1986	3 782	24.6	864	5.6	18.9	1987	59	15.2
New Zealand –									
26 Nouvelle–Zélande	1991	60 001	17.8	26 501	7.8	9.9	1991	499	8.3
27 Niue – Nioué	1987	50	20.9	13	5.4	15.5	1986	2	♦ 41.7
28 Norfolk Is. – Ile Norfolk	1981	20	10.0	14	7.0	3.0	...	...	...
Northern Mariana Islands – Iles Mariannes									
29 septentrionales	1989	989	39.5	122	4.9	34.6	1989	2	♦ 2.0
Pacific Islands (Palau) –									
30 Iles du Pacifique (Palaos	1988	292	17.4	112	7.0	10.4	1988	8	♦ 27.4
Papua New Guinea – Papouasie–Nouvelle–									
31 Guinée [1]	1985–90	...	34.2	...	11.6	22.6	1985–90	...	59.0
32 Pitcairn	1990	1	♦ 19.2	1	♦ 19.2	–	1990	1	♦ 1000.0
33 Samoa	1982–83	...	[10] 31.0	...	[10] 7.4	[10] 23.4	1982–83	...	[10] 33.0
Solomon Islands –									
34 Iles Salomon	1980–84	...	[2] 42.0	...	[2] 10.0	[2] 32.0	...	...	...
35 Tokelau – Tokélaou	1983	35	21.9	8	♦ 5.0	16.9	1983	1	♦ 28.6
36 Tonga	1985	2 810	28.9	343	3.5	25.4	1988	24	♦ 10.3
Wallis and Futuna Islands –									
37 Iles Wallis et Futuna	1978	370	41.1	...	...	...	1978	15	♦ 40.5

4. Aperçu des statistiques de l'état civil et espérance de vie à la naissance: dernière année disponible (suite)

Voir notes à la fin du tableau.)

Year(s) Année(s)	Expectation of life at birth Espérance de vie à la naissance		Year Année	Fertility Fécondité	Year Année	Marriages Mariages		Year Année	Divorces		
	Male Masculin	Female Féminin				Number Nombre	Rate Taux (000s)		Number Nombre	Rate Taux (000s)	
...	...	...	...	...	1979	177	7.1	1979	54	2.2	1
1989–90	73.67	79.88	1990	1.617	1991	95 500	6.3	1991	28 300	1.9	2
1990	73.44	79.81	1990	1.932	1990	21 926	5.2	1990	10 170	2.4	3
1990	66.51	75.49	1990	2.039	1991	237 000	6.2	1991	35 000	0.9	4
1990	70.13	77.17	1990	1.509	1991	71 808	6.8	1991	10 649	1.0	5
1989	65.50	72.30	1989	2.495	1989	39 928	9.2	1989	12 401	2.9	6
1988–89	66.56	72.65	1990	1.831	1990	192 652	8.3	1990	32 966	1.4	7
1989	64.20	74.50	1989	2.016	1989	1 384 307	9.4	1989	582 500	3.9	8
1977–86	73.16	79.12	1989	3.740	1989	169	7.4	1989	22	1.0	9
1985–86	73.27	79.69	1988	1.427	1990	214 805	5.5	1991	23 063	0.6	10
1990	74.81	80.41	1990	2.137	1991	40 000	4.6	1991	19 000	2.2	11
1989–90	74.00	80.00	1990	1.590	1991	46 000	6.8	1990	13 183	2.0	12
1989	66.10	75.20	1989	1.934	1990	482 800	9.3	1990	192 800	3.7	13
1987–89	72.42	78.03	1990	1.840	1989	392 042	6.8	1990	165 658	2.9	14
1988–90	68.65	74.48	1989	1.881	1990	149 498	6.3	1990	19 418	0.8	15
...	...	...	...	...	1988	342	9.1	1988	42	1.1	16
1990	73.86	80.01	1990	1.913	1990	116 959	6.8	1990	42 635	2.5	17
...	...	...	...	...	1985	32	14.0	...	...	...	18
1974–78	63.17	67.09	1981	1.830	1985	3	♦ 4.8	...	...	...	19
1976	60.72	63.87	1987	3.090	1988	122	6.9	...	...	...	20
...	...	...	...	...	1987	6 039	8.4	...	...	...	21
...	...	...	...	...	1989	1 093	5.7	...	...	...	22
1979–81	69.53	75.59	...	...	1987	1 512	12.0	1987	1 279	10.1	23
1989	59.96	62.96	...	...	...	...	...	...	...	...	24
...	...	...	...	...	1986	780	5.1	1986	158	1.0	25
1988–90	71.94	77.96	1990	2.155	1991	23 065	6.8	1991	9 188	2.7	26
...	...	...	...	...	1987	10	♦ 4.2	1981	3	♦ 0.9	27
...	...	...	...	...	1981	16	♦ 8.0	...	...	...	28
...	...	...	1989	5.110	1989	713	28.5	1986	62	2.9	29
...	...	...	...	...	...	...	...	...	...	...	30
1985–90	53.20	54.70	1985–90	5.250	...	...	...	...	...	...	31
...	...	...	...	...	...	...	...	...	...	...	32
1976	61.00	64.30	...	...	1981	656	4.2	1980	49	0.3	33
1980–84	59.90	61.40	1980	6.400	...	...	...	...	...	...	34
...	...	...	...	...	1983	4	♦ 2.5	...	...	...	35
...	...	...	...	...	1985	645	6.6	1985	63	0.6	36
...	...	...	...	...	...	...	...	...	...	...	37

4. Vital statistics rates, natural increase rates and expectation of life at birth (continued)

Taux de la statistique de l'état civil, taux d'accroissement naturel et espérance de vie à la naissance (suite)

GENERAL NOTES

Countries or areas not listed may be assumed to lack vital statistics of national scope. Crude birth, death, marriage, divorce and natural increase rates are computed per 1 000 mid–year population; infant mortality rates are per 1 000 live births and total fertility rates are the sum of the age–specific fertility rates per woman. For method of evaluation and limitatins of data, see Technical Notes page 39. For more precise information in terms of coverage, basis of tabulation, etc., see tables 9, 15, 18, 22, 23 and 25.

FOOTNOTES

Italics: rates calculated using data from civil registers which are incomplete or of unknown completeness.

  ♦ Rates based on 30 or fewer frequencies.
1 Estimate(s) for 1985–1990 prepared by the Population Division of the United Nations.
2 Estimate(s) based on results of the population census.
3 Based on National Sample Survey.
4 Based on a Sample Registration Scheme.
5 Based on the results of the Population Growth Survey, second survey year.
6 Based on the results of the Population Growth Survey.
7 Including data for East Jerusalem and Israeli residents in certain other territories under occupation by Israeli military forces since June 1967.
8 Based on the results of the continuous Demographic Sample Survey.
9 All data shown pertaining to Germany prior to 3 October 1990 are indicated separately for the Federal Republic of Germany and the former German Democratic Republic based on their respective territories at the time indicated. See explanatory notes on data pertaining to Germany on page 4.
10 Estimate(s) based on results of a sample survey.

NOTES GENERALES

Les pays ou zones ne figurant pas au tableau n'ont vraisemblablement pas de statistiques de l'état civil de portée nationale. Les taux bruts de natalité, de mortalité, de nuptialité, de divortialité et d'accroissement naturel sont calculés pour 1 000 personnes au milieu de l'année; les taux de mortalité infantile sont calculés pour 1 000 naissances vivantes et les indices synthétiques de fécondité sont la somme des taux de fécondité par âge par femme. Pour la méthode d'évaluation et les insuffisances des données, voir Notes techniques, page 39. Pour plus de détails sur la portée, la base d'exploitation des données, etc., voir tableaux 9, 15, 18, 22, 23 et25.

NOTES

Italiques: taux calculés d'après des chiffres provenant de registres de l'état civil incomplets ou dont le degré d'exactitude n'est pas connu.

    Taux basés sur 30 frèquences ou moins.
1 Estimation(s) pour 1985–1990 établie(s) par la Division de la population de l'Organisation des Nations Unies.
2 Estimation(s) fondée(s) sur les résultats du recensement de la population.
3 D'après l'enquête nationale par sondage.
4 D'après le Programme d'enregistrement par sondage.
5 D'après les résultats de la Population Growth Survey, deuxième année de l'enquête.
6 D'après les résultats de la Population Growth Survey.
7 Y compris les données pour Jérusalem–Est et les résidents israéliens dans certains autres territoires occupés depuis juin 1967 par les forces armées israéliennes.
8 D'après les résultats de l'énquête démographique par sondage continue.
9 Toutes les données se rapportant à l'Allemagne avant le 3 octobre 1990 figurent dans deux rubriques séparées basées sur les territoires respectifs de la République fédérale d'Allemagne et l'ancienne République démocratique allemande selon la période indiquée. Voir les notes explicatives sur les données concernant l'Allemagne à la page 4.
10 Estimation(s) fondée(s) sur les résultats d'un enquête par sondage.

5. Estimates of mid–year population: 1982–1991

Estimations de la population au milieu de l'année: 1982–1991

(See notes at end of table. – Voir notes à la fin du tableau.)

Continent and country or area / Continent et pays ou zone	Population estimates (in thousands) — Estimations (en milliers)									
	1982	1983	1984	1985	1986	1987	1988	1989	1990	1991
AFRICA—AFRIQUE										
Algeria – Algérie [1]	19 857	20 517	x21 169	21 850	22 520	x23 021	x23 646	x24 289	25 012	x25 660
Angola	x8 141	x8 338	x8 539	x8 754	x8 983	x9 226	x9 481	9 739	10 020	x10 303
Benin – Bénin	3 687	3 805	3 925	4 041	4 169	4 304	4 446	4 591	4 736	*4 889
Botswana [1][2]	975	1 011	1 048	1 088	1 128	1 169	1 210	1 245	1 300	*1 348
British Indian Ocean Territory – Territoire Britannique de l'Océan Indien	x2	x2	x2	x2	x2	x2	x2	x2	x2	x2
Burkina Faso [2]	7 285	7 480	7 680	7 886	8 097	8 314	8 537	8 766	9 001	*9 242
Burundi [2]	4 339	4 459	4 585	4 718	4 857	5 001	5 149	5 302	5 458	*5 620
Cameroon – Cameroun	9 279	9 575	9 871	10 166	10 457	10 822	x11 071	11 540	x11 833	x12 239
Cape Verde – Cap–Vert [2]	x301	319	326	333	339	347	x349	x359	x370	x382
Central African Republic – Rép. centrafricaine	x2 443	x2 508	x2 575	2 608	2 740	x2 794	2 878	2 989	x3 039	x3 127
Chad – Tchad	4 680	x4 788	x4 901	x5 018	x5 141	x5 268	x5 401	5 556	5 687	*5 819
Comoros – Comores	x420	421	x448	x463	476	x495	x513	x531	x550	x570
Congo	x1 771	x1 825	x1 881	x1 939	x2 000	x2 064	x2 130	x2 199	x2 271	x2 346
Côte d'Ivoire [2]	x8 852	9 300	x9 561	x9 933	x10 316	x10 712	x11 123	x11 551	x11 997	x12 464
Djibouti	372	383	405	430	456	375	x386	x397	x409	x421
Egypt – Egypte [2]	42 817	43 990	45 195	46 433	47 705	49 012	50 549	51 735	53 153	*54 609
Equatorial Guinea – [2] Guinée équatoriale	x251	x273	x294	x312	x324	x333	333	340	348	*356
Ethiopia – Ethiopie [2]	32 775	33 680	42 116	44 255	45 737	47 189	48 587	50 167	51 689	*53 383
Gabon	x877	x913	x949	x985	x1 021	x1 058	x1 095	x1 133	x1 172	x1 212
Gambia – Gambie	635	x702	x723	x745	x767	x790	x813	x837	x861	x884
Ghana [2]	x11 472	x11 922	12 393	12 717	13 050	13 391	x14 130	x14 569	x15 028	x15 509
Guinea – Guinée [3]	x4 642	4 410	4 532	4 661	4 794	4 931	5 071	x5 586	x5 755	x5 931
Guinea–Bissau – Guinée–Bissau	814	832	850	869	889	910	932	x944	x964	x984
Kenya	18 044	18 775	19 536	20 333	21 163	22 936	23 883	24 872	x24 032	*25 905
Lesotho	1 400	1 434	1 468	1 503	1 578	1 680	x1 675	1 700	x1 774	x1 826
Liberia – Libéria [2]	1 977	2 043	2 109	2 189	2 221	2 349	2 429	2 508	2 607	*2 705
Libyan Arab Jamahiriya– [2] Jamahiriya arabe libyenne	2 986	3 109	3 237	3 363	3 495	3 631	3 773	x4 385	x4 545	x4 712
Madagascar	x9 333	9 400	x9 923	9 985	x10 564	x10 904	x11 258	x11 624	11 197	*11 493
Malawi [2]	6 408	6 618	6 839	7 059	7 279	7 499	7 755	8 022	8 289	*8 556
Mali [2]	7 509	7 741	7 973	8 206	7 566	7 696	7 827	7 960	8 156	x9 507
Mauritania – Mauritanie	x1 632	x1 675	x1 720	x1 766	x1 814	x1 864	x1 915	x1 969	x2 024	*2 036
Mauritius – Maurice Island of Mauritius – Ile Maurice [2]	961	969	977	985	994	1 004	1 017	1 027	1 037	1 070
Rodrigues	32	33	34	35	36	37	36	37	38	...
Morocco – Maroc [2]	x20 372	x20 905	x21 458	x22 025	x22 607	x23 203	x23 811	x24 431	x25 061	x25 698
Mozambique [3]	12 776	13 112	13 456	13 810	14 174	14 548	14 932	15 326	x15 656	x16 084
Namibia – Namibie [3]	x1 385	x1 427	x1 471	x1 518	x1 567	x1 618	x1 671	x1 725	x1 781	x1 837
Niger	x5 977	x6 184	x6 395	x6 608	x6 823	x7 040	x7 261	x7 491	x7 731	x7 984
Nigeria – Nigéria [2]	x83 619	x86 305	93 327	95 690	98 168	101 408	104 957	x105 017	x108 542	x112 163
Réunion	518	527	537	546	555	565	570	578	592	x608
Rwanda	5 551	5 757	x5 900	x6 102	x6 312	x6 530	x6 757	x6 992	7 181	x7 491
St. Helena ex. dep. – Sainte–Hélène sans dép. [2]	5	5	6	6	6	6	x6	x7	x7	x7
Sao Tome and Principe – Sao Tomé–et–Principe	98	102	104	108	110	112	115	116	x121	x124
Senegal – Sénégal	6 027	6 396	6 369	6 547	6 731	6 919	7 113	x7 126	x7 327	x7 533
Seychelles	64	64	65	65	66	66	67	67	67	*68
Sierra Leone [3]	x3 415	x3 495	x3 578	x3 665	x3 754	x3 848	x3 945	x4 046	x4 151	x4 260
Somalia – Somalie [2]	x5 771	x5 965	x6 162	x6 370	x6 592	x6 824	x7 058	x7 285	x7 497	x7 691
South Africa – Afrique du Sud [2][3]	x29 542	x30 201	x30 876	x31 569	x32 278	x33 005	x33 749	x34 508	x35 282	x36 070
Sudan – Soudan [2]	x19 895	x20 529	x21 173	x21 822	x22 475	x23 134	x23 803	x24 492	x25 203	x25 941
Swaziland	587	603	620	638	656	x711	x735	x761	768	x817
Togo	2 705	x2 853	x2 939	x3 028	x3 121	x3 218	3 296	x3 422	x3 531	x3 643
Tunisia – Tunisie [2]	6 704	6 840	7 034	7 261	7 465	7 639	7 770	7 910	8 074	x8 362
Uganda – Ouganda [2]	x14 058	x14 564	x15 093	x15 647	x16 223	x16 823	x17 449	x18 106	x18 794	x19 517

(See notes at end of table. – Voir notes à la fin du tableau.)

Continent and country or area Continent et pays ou zone	Population estimates (in thousands) — Estimations (en milliers)									
	1982	1983	1984	1985	1986	1987	1988	1989	1990	1991
AFRICA—AFRIQUE (Cont.–Suite)										
United Rep. of Tanzania – [2] Rép.–Unie de Tanzanie	19 782	20 412	21 062	21 733	22 462	23 217	23 997	24 802	25 635 I	x28 359
Tanganyika [2]	19 255	19 871	20 506	21 162	21 874	22 611	23 372	24 159	24 972	...
Zanzibar [2]	527	541	556	571	588	606	625	643	663	...
Western Sahara – Sahara Occidental	x143	x147	x151	x155	x160	x164	x169	x173	x178	x183
Zaire – Zaïre [2]	28 119	29 039	29 917	30 981	31 499	32 461	33 458	34 491	35 562	*36 672
Zambia – Zambie [2]	6 052	6 242	6 440	6 725	x7 280	x7 558 I	7 531	7 804	8 073	x8 780
Zimbabwe [2]	7 477	7 740	7 980	8 379	8 406	8 640	8 878	9 122	9 369	x10 019
AMERICA,NORTH— AMERIQUE DU NORD										
Anguilla	x7	x7	x7	x7	x7	x7	x7	x7	x7	x7
Antigua and Barbuda – Antigua—et–Barbuda	74	75	75	76	76	x76	x76	x76	x76	x76
Aruba	62	63	64	61	60	60	61	x60	x60	x59
Bahamas	219	224	229	232	236	240	245	249	253	x258
Barbados – Barbade	250	251	252	253	253	254	254	255	255	x255
Belize	153	158	162	166	170	175	180	183	x187	*194
Bermuda – Bermudes [1][4]	55	55	56	56	57	57	59	60	61	61
British Virgin Islands – Iles Vierges britanniques	11	12	12	12	12	12	12	13	x13	x13
Canada [1][2]	24 583	24 787	24 978	25 165	25 353	25 617	25 911	26 240	26 603	*26 992
Cayman Islands – Iles Caïmanes	19	20	21	21	22	23	24	26	27	x26
Costa Rica [1][2]	2 424	2 496	2 569	2 642	2 716	2 781	2 851	2 922	2 994	*3 064
Cuba [2]	9 801	9 897	9 994	10 098	10 199	10 301	10 412	10 523	10 634	*10 736
Dominica – Dominique	76	77	79	80	81	81	81	x82	x82	x83
Dominican Republic – Rép. dominicaine [2]	5 980	6 123	6 269	6 416	6 565	6 716	6 867	7 012	7 170	x7 321
El Salvador [2]	4 662	4 724	4 780	4 856	4 948	5 054	5 090	5 193	x5 252	x5 376
Greenland – Groenland [1]	52	52	53	53	54	54	55	56	x56	x56
Grenada – Grenade	89	91	94	91	97	97 I	x86	x85	x85	x84
Guadeloupe [1]	331	336	342	349	356	364	372	381	x343	x345
Guatemala [3]	7 315	7 524	7 740	7 963	8 195	8 434	8 681	8 935	9 197	x9 467
Haiti – Haïti [1][2]	5 558	5 660	5 762	5 865	5 989	6 113	6 238	6 362	6 486	*6 625
Honduras [2]	3 955	4 092	4 232	4 372	4 514	4 656	4 802	4 951	5 105	x5 265
Jamaica – Jamaïque [2]	2 190	2 241	2 280	2 311	2 340	2 350	2 360	2 390	2 420	*2 366
Martinique [1]	329	331	334	337	341	345	350	356	362 I	x343
Mexico – Mexique [1]	73 020	74 670	76 308	77 938	79 567	81 199	82 839	84 489	86 154	*87 836
Montserrat	12	12	12	12	12	x12	x12	x12	x12	x12
Netherlands Antilles – Antilles néerlandaises	x177	x178	x180	x181	x182	191	190	190	190	x189
Nicaragua [2]	2 955	3 058	3 163	3 272	3 384	3 501	3 622	3 745	3 871	*3 999
Panama [2]	2 044	2 089	2 134	2 180	2 227	2 274	2 322	2 370	2 418	*2 466
Puerto Rico—Porto Rico [1][5]	3 263	3 265	3 270	3 283	x3 313	3 427	3 460	3 494	3 599	*3 605
Saint Kitts and Nevis – Saint–Kitts–et–Nevis	45	46	45	44	44	43	44	x44	x44	x44
St. Lucia – St.–Lucie [3]	129	131	134	137	140	142	145	148	x150	x153
St. Pierre and Miquelon – Saint–Pierre–et–Miquelon	6	6	x6	x6	x6	x6	x6	x6	x6	x6
St. Vincent and the Grenadines—Saint– Vincent—et–Grenadines	105	107	108	109	111	112	113	x114	x116	x117
Trinidad and Tobago – Trinité–et–Tobago	1 116	1 139	1 170	1 178	1 196	1 212	1 212	1 213	1 227	*1 253
Turks and Caicos Islands – Iles Turques et Caïques	x8	x8	x8	x9	x9	x9	x9	x10	x10	x10
United States – Etats–Unis [1][6]	232 192	234 321	236 370	238 492	240 680	242 836	245 057	247 343	249 924	252 688

(See notes at end of table. – Voir notes à la fin du tableau.)

Continent and country or area / Continent et pays ou zone	Population estimates (in thousands) — Estimations (en milliers)									
	1982	1983	1984	1985	1986	1987	1988	1989	1990	1991
AMERICA,NORTH— (Cont.–Suite) AMERIQUE DU NORD										
United States Virgin Islands – Iles Vierges américaines [1][2][5]	102	104	108	109	110	106	x113 I	103 I	x116	x118
AMERICA,SOUTH— AMERIQUE DU SUD										
Argentina – Argentine [2]	29 086	29 505	29 921	30 331	30 737	31 137	31 534	31 929	32 322	*32 713
Bolivia – Bolivie [2][3]	5 916	6 082	6 253	6 429	6 611	6 799	6 993	7 193	7 400	*7 612
Brazil – Brésil [2][7]	126 898	129 766	132 659	135 564	138 493	141 452	144 428	147 404	150 368	*153 322
Chile – Chili [2]	11 519	11 717	11 919	12 122	12 327	12 536	12 748	12 961	13 173	*13 386
Colombia – Colombie [2][8]	26 965	27 502	28 056	28 624	29 188	29 729	30 241 I	x32 348	32 987	x33 613
Ecuador – Equateur [2][9]	8 606	8 857	9 115	9 378	9 647	9 923	10 204	10 490 I	9 648	*10 851
Falkland Islands – [2] (Malvinas) – Iles Falkland (Malvinas)	x2	x2	x2	x2	x2	x2	x2	x2	x2	x2
French Guiana – [1] Guyane Française	75	80	85	90	95	100	105	111 I	x 98	x102
Guyana [2]	x773	x780	x786	x790	x792	x793	x793	x794	x796	x800
Paraguay [2]	3 358	3 468	3 580	3 693	3 807	3 922	4 039	4 157	4 277	*4 397
Peru – Pérou [2][3][7]	18 144	18 568	18 992	19 417	19 840	20 261	20 684	21 113	21 550	*21 998
Suriname	364	x367	x375	x383	x390	x398	x406	400	x422	x429
Uruguay [2][3]	2 951	2 970	2 989	3 008	3 025	3 042	3 060	3 077	3 096	*3 112
Venezuela [2][7]	15 940	16 394	16 851	17 317	17 526	17 974	18 422	18 872	19 325	*20 226
ASIA—ASIE										
Afghanistan [2]	16 786	17 222	17 672	18 136	18 614 I	º15 219 I	º15 513 I	º15 814 I	º16 121 I	º16 430
Armenia – Arménie [2]	3 194	3 243	3 292	3 339	3 387	3 436	3 374	3 291	3 324	...
Azerbaijan – Azerbaïdjan [2]	6 351	6 453	6 560	6 661	6 760	6 866	6 980	7 085	7 153	...
Bahrain – Bahreïn	374	391	407	425	442	458	473	489	503	*516
Bangladesh [2][3]	92 585	94 651	97 273	99 434	101 673	102 563	104 532	106 507	I x115 593	x118 745
Bhutan – Bhoutan	x1 289	x1 312	x1 336	x1 362	x1 390	x1 419	x1 451	x1 483	x1 516	x1 551
Brunei Darussalam – [3] Brunéi Darussalam	200	208	216	222	226	234	241	249	x266	x273
Cambodia – Cambodge [11]	x6 606	x6 822	x7 059	x7 284	x7 490	x7 683	x7 869	x8 055	x8 246	x8 442
China – Chine [2]	x1020633 2	x103297 8	x104584 2	x105952 6	x107413 1	x108963 1	x110581 0	x112237 0	x113906 5	x115579
Cyprus – Chypre [1]	641	649	657	665	673	680	688	695	702	*710
East Timor–Timor oriental	x596	x616	x638	x659	x676	x692	x707	x722	x737	x752
Georgia – Géorgie [2]	5 117	5 150	5 084	5 218	5 050	5 282	5 370	5 450	5 464	...
Hong Kong – Hong–kong [2]	5 265	5 345	5 398	5 456	5 533	5 613	5 681	5 761	5 801	x5 912
India – Inde [2][12]	705 000	720 000	736 000	750 859	766 135	781 374	796 596	811 817	827 060	*849 638
Indonesia – Indonésie	154 662	158 083	161 580	164 630	168 348	172 010	175 589	179 136	I x179 300	I x187 765
Iran (Islamic Republic of – Rép. islamique d') [2]	42 480	44 181	45 960	47 820	49 445	51 084	52 522	54 203	I x54 607	*55 762
Iraq [2][13]	14 110	14 586	15 077	15 585	16 111 I	16 330 I	17 250 I	x18 279	17 373 I	19 581
Israel – Israël [1][2][14]	4 027	4 106	4 159	4 233	4 299	4 369	4 442	4 518	4 660	*4 975
Japan – Japon [2][15]	118 480	119 307	120 083	120 837	121 492	122 091	122 613	123 116	123 537	*123 921
Jordan – Jordanie [16]	x3 097	x3 196	x3 299	x3 407	x3 518	x3 633	x3 753	x3 878	x4 009	x4 145
Kazakhstan [2]	15 353	15 550	15 745	15 935	16 136	16 357	16 503	16 614	16 742	...
Korea, Dem. People's Rep. of – Corée, rép. populaire dém. de	x18 901	x19 222	x19 549	x19 888	x20 238	x20 601	x20 977	x21 367	x21 773	x22 193
Korea, Republic of– Corée, Rép. de [2][17]	39 326	39 910	40 406	40 806	41 184	41 575	41 975	42 380	42 869	*43 268
Kuwait – Koweït	1 497	1 566	1 637	1 712	1 791	1 873	1 958	2 048	2 143 I	x2 101
Kyrgyzstan–Kirghizistan [2]	3 763	3 844	3 927	4 009	4 097	4 190	4 264	4 329	4 394	...
Lao People's Dem. Rep. – Rép. dém. populaire Lao	x3 334	x3 414	x3 501	x3 594	x3 692	x3 796	x3 905	x4 019	x4 139	x4 262
Lebanon – Liban [18]	x2 656	x2 660	x2 665	x2 668	x2 666	x2 663	x2 663	x2 674	x2 701	x2 745
Macau – Macao [1]	308	332	359	392	415	429	439	448	x479	x497
Malaysia – Malaisie	14 507	14 888	15 270	15 681	16 109	16 528	16 942	17 353	17 763	x18 333
Maldives [2]	163	168	173	184	189	195	200	206	x215	*223

129

(See notes at end of table. – Voir notes à la fin du tableau.)

Continent and country or area Continent et pays ou zone	Population estimates (in thousands) — Estimations (en milliers)									
	1982	1983	1984	1985	1986	1987	1988	1989	1990	1991
ASIA—ASIE (Cont.–Suite)										
Mongolia – Mongolie [2]	1 746	1 788	1 832	1 878	1 925	1 973	2 021	2 070	x2 190	x2 250
Myanmar [2]	35 910	36 747	37 614	38 541	39 411 /	x39 141	x39 966	x40 810	x41 675	x42 561
Nepal – Népal	15 423	15 833	16 255	16 687	17 131	17 557	17 994	18 442	18 916	19 605
Oman	x1 086	x1 138	x1 190	x1 242	x1 293	x1 344	x1 395	x1 447	x1 502	x1 559
Pakistan [2][19]	87 758	90 480	93 286	96 180	99 163	102 238	105 409	108 678	112 049	*115 524
Philippines [1][2]	50 783	52 055	53 351	54 668	56 004	57 356	58 721	60 097	61 480	*62 868
Qatar	x256	x270	x284	x299	x313	x326 /	428	456	486 /	x381
Saudi Arabia – Arabie saoudite	x10 247	x10 686	x11 133	x11 595	x12 073 /	13 612	14 016	14 435	14 870 /	x14 691
Singapore – Singapour [20]	2 472	2 502	2 529	2 558	2 586	2 613	2 647	2 685	2 705	*2 763
Sri Lanka	15 195	15 417	15 603	15 842	16 117	16 361	16 586	16 806	16 993	*17 240
Syrian Arab Republic – République arabe syrienne [2][21]	9 298	9 611	9 934	10 267	10 612	10 969	11 338	11 719	12 116	x12 993
Tajikistan–Tadjikistan [2]	4 179	4 302	4 428	4 574	4 228	4 888	5 039	5 179	5 303	...
Thailand–Thaïlande [2]	48 709	49 680	50 637	51 580	52 511	53 427	54 326	55 214	56 082	*56 923
Turkey – Turquie [2]	46 547	47 715	48 978	50 231	51 682	53 246	54 930	56 741	58 687	60 777
Turkmenistan – [2] Turkménistan	3 006	3 080	3 154	3 230	3 316	3 408	3 495	3 578	3 670	...
United Arab Emirates – Emirats arabes unis	x1 172	1 206	x1 294	x1 349	x1 403	x1 453	x1 501	x1 546	x1 589	x1 629
Uzbekistan – Ouzbékistan [2]	16 815	17 269	17 736	18 231	18 757	19 298	19 737	20 114	20 531	...
Viet Nam [2]	x56 115	x57 358	x58 620	x59 902	61 109	62 452	63 727	64 774	66 233	x68 183
Yemen – Yémen	...	...	...	...	...	...	...	...	11 282	...
Former Dem. Yemen. Ancienne Yémen dém.	2 004	2 056	2 109	2 164	2 220	2 278	2 337	2 398	2 460	*2 755
Former Yemen Arab Rep. – Ancienne Yémen rép. arabe	x6 834	x7 084	x7 345	x7 621	x7 911	x8 213	x8 529	x8 857	x9 196	x9 547
EUROPE										
Albania – Albanie [2]	2 780	2 838	2 897	2 957	3 016	3 076	3 138	3 199	3 250	*3 301
Andorra – Andorre [2]	40	42	43	45	47	48	50	50	52	58
Austria – Autriche [1]	7 571	7 548	7 552	7 555	7 565	7 573	7 595	7 618	7 718	*7 823
Belarus – Bélarus [2]	9 803	9 872	9 938	9 999	10 058	10 111	10 767	10 229	10 278	...
Belgium – Belgique [1]	9 856	9 856	9 855	9 858	9 862	9 870	9 883	x9 847	x9 845	x9 844
Bulgaria – Bulgarie [2]	8 917	8 940	8 961	8 960	8 958	8 971	8 981	8 989	8 991	*8 982
Channel Islands – Iles Anglo–Normandes	130	131	132	133	136	136	140	142	x138	143
Czechoslovakia – Tchécoslovaquie [2]	15 369	15 414	15 458	15 499	15 534	15 572	15 607	15 638	15 661	*15 583
Denmark – Danemark [1][22]	5 118	5 114	5 112	5 114	5 121	5 127	5 130	5 133	5 140	x5 148
Estonia – Estonie [2]	1 489	1 498	1 508	1 519	1 532	1 546	1 560	1 569	1 571	...
Faeroe Islands – Iles Féroé [1]	44	45	45	46	46	47	47	47	x47	x47
Finland – Finlande [1][2]	4 827	4 856	4 882	4 902	4 918	4 932	4 946	4 964	4 986	*5 029
France [1][2][23]	54 480	54 728	54 947	55 170	55 394	55 630	55 884	56 160	56 440	*57 049
Germany – Allemagne [1][24]	78 293	78 081	77 796	77 619	77 635	77 718	78 116	78 677	79 365	...
Germany, Federal Rep. of – Allemagne, République fédérale d' [1]	61 596	61 383	61 126	60 975	61 010	61 094	61 418	61 990	63 232	*64 120
Former German Democratic Republic – Ancienne République dém. allemande [1]	16 697	16 699	16 671	16 644	16 624	16 641	16 666	16 630	16 247	x16 214
Gibraltar [25]	29	29	29	29	29	29	30	31	31	x30
Greece – Grèce [26]	9 790	9 847	9 896	9 934	9 966	9 983	10 004	10 033	10 123	x10 063
Holy See – Saint–Siège	x1	x1	x1	1	1	1	1	x1	x1	x1
Hungary – Hongrie [2]	10 683	10 656	10 619	10 579	10 534	10 486	10 443	10 398	10 365	*10 344
Iceland – Islande [2]	234	237	239	241	243	246	250	253	255	258

5. Estimates of mid–year population: 1982 – 1991 (continued)

Estimations de la population au milieu de l'année: 1982 – 1991 (suite)

(See notes at end of table. – Voir notes à la fin du tableau.)

Continent and country or area / Continent et pays ou zone	Population estimates (in thousands) — Estimations (en milliers)									
	1982	1983	1984	1985	1986	1987	1988	1989	1990	1991
EUROPE (Cont.–Suite)										
Ireland – Irlande [2][27]	3 480	3 504	3 529	3 540	3 541	3 543	3 538	3 515	3 503	*3 523
Isle of Man–Ile de Man [2]	64	64	64	63	63	64	67	68	x63	*70
Italy – Italie [1]	56 639	56 836	57 005	57 141	57 246	57 345	57 441	57 541	57 663 I	x57 052
Latvia – Lettonie [2]	2 547	2 562	2 577	2 594	2 614	2 641	2 667	2 683	2 683	...
Liechtenstein	26	26	27	27	27	28	28	28	x28	x28
Lithuania – Lituanie [2]	3 457	3 485	3 514	3 545	3 579	3 616	3 655	3 691	3 722	3 741
Luxembourg [1]	366	366	366	367	368	371	373	377	381	x373
Malta – Malte [28]	325	328	331	336	344	344	347	351	354	*357
Monaco [1]	x26	x27	x27	x27	x27	x27	x28	x28	x28	x28
Netherlands–Pays-Bas [1][2]	14 310	14 362	14 420	14 484	14 564	14 665	14 758	14 849	14 952	*15 065
Norway – Norvège [1]	4 115	4 128	4 140	4 153	4 167	4 187	4 209	4 227	4 241	*4 262
Poland – Pologne [2][29]	36 227	36 571	36 914	37 203	37 456	37 664	37 862	37 963	38 119	*38 244
Portugal	9 864	9 884	9 898	9 904	9 904	9 900	9 893	9 883	9 868	*10 582
Republic of Moldova – Rép. de Moldova [2]	4 097	4 137	4 175	4 214	4 255	4 290	4 321	4 349	4 364	*4 363
Romania – Roumanie [2]	22 478	22 553	22 625	22 725	22 823	22 940	23 054	23 152	23 207	*23 193
Russian Federation – Fédération Russe [2]	140 515	141 465	142 604	143 585	144 696	145 881	146 925	147 721	148 263	...
San Marino–Saint-Marin [2]	22	22	22	22	23	23	23	23	x23	x23
Spain – Espagne [1]	37 970	38 162	38 328	38 474	38 604	38 716	38 809	38 888	38 959	39 025
Sweden – Suède [1]	8 325	8 329	8 337	8 350	8 370	8 398	8 436	8 493	8 559	*8 635
Switzerland – Suisse [1][2]	6 391	6 419	6 442	6 470	6 504	6 545	6 593	6 647	6 712	6 791
Ukraine [2]	50 384	50 564	50 754	50 917	51 097	51 293	51 550	51 750	51 872	...
United Kingdom–Royaume-Uni	56 306	56 347	56 460	56 618	56 763	56 930	57 065	57 236	57 411 I	x57 367
Yugoslavia – Yougoslavie [1]	22 642	22 805	22 966	23 124	23 274	23 417	23 566	23 695	23 809	*23 928
OCEANIA—OCEANIE										
American Samoa – Samoa américaines [1][5]	34	34	35	36	36	37	37	38	39	x38
Australia – Australie [1][3]	15 178	15 379	15 556	15 788	16 018	16 263	16 538	16 833	17 085	*17 336
Christmas Island – Ile Christmas	3	3	...	2	...	...	...	...	...	...
Cocos (Keeling) Islands – Iles des Cocos (Keeling)	...	...	...	1	1	...	...	...	...	...
Cook Islands – Iles Cook	17	17	18	18	17	x18	18	18	x18	x18
Fiji – Fidji [2]	663	672	686	697	714	721	x739	x752 I	731 I	x776
French Polynesia – Polynésie française	x158	x163	170	174	179	183	188	193	x206	x212
Guam [1][5]	111	116	120 I	x113	124	126 I	x116	x117	x118	x119
Kiribati	x60	x61	63	x62	x63	x64	x64	x65	x66	x66
Marshall Islands – Iles Marshall	34	36	37	39	40	42	43	44	46	*48
Micronesia, Federated States of, – Micronésie, Etats fédérés de	x80	x83	x85	x88	x90	x92	x94	x96	x99	x101
Nauru	x8	x8	x8	x8	x9	x9	x9	x9	x9	x9
New Caledonia – Nouvelle–Calédonie [2]	144	145	148	151	154	x158	x161	x164	x167	x170
New Zealand – Nouvelle–Zélande [2][30]	3 156	3 199	3 227	3 247	3 248	3 280	3 292	3 312	3 347	*3 380
Niue – Nioué	3	3	3	3	x3	2	x3	x3	x3	x3
Northern Mariana Islands – Iles Mariannes septentrionales	18	19	19	20	21	x20	x21	25	26 I	x22

131

5. Estimates of mid–year population: 1982 – 1991 (continued)

Estimations de la population au milieu de l'année: 1982 – 1991 (suite)

(See notes at end of table. – Voir notes à la fin du tableau.)

Continent and country or area / Continent et pays ou zone	Population estimates (in thousands) — Estimations (en milliers)									
	1982	1983	1984	1985	1986	1987	1988	1989	1990	1991
OCEANIA—OCEANIE(Cont.–Suite)										
Pacific Islands (Palau) – Iles du Pacifique (Palaos	x14	x14	x15	x15	x16	x16	x16	14	x17	x17
Papua New Guinea – Papouasie–Nouvelle–Guinée	3 111	3 185	3 261	3 337	3 407	3 482	3 557	3 630	3 699	*3 772
Samoa	x158	x159	161	x162	x164	x165	162	163	164	x169
Solomon Islands – Iles Salomon	x242	x252	x262	x272	x281	290	299	x310	x320	x330
Tokelau – Tokélaou	2	2	...	...	...	...	...	...	...	...
Tonga [2]	95	96	96	97	x96	x96	x95	x95	x95	x94
Tuvalu	x8	x8	x8	x8	x8	x9	x9	x9	x9	x9
Vanuatu [2]	124	128	132	136	140	145	150	155	147	x163
Wallis and Futuna Islands – Iles Wallis et Futuna	x12	x13	x13	x14	x15	x15	x16	x17	x17	x18

GENERAL NOTES

For certain countries or areas, there is a discrepancy between the mid–year population estimates shown in this table and those shown in subsequent tables for the same year. Usually this discrepancy arises because the estimates occurring in a given year are revised, although the remaining tabulations are not. Unless otherwise indicated, data are official estimates of population for 1 July, or averages of end–year estimates. For method of evaluation and limitations of data, see Technical Notes, page 43.

Italics: estimates which are less reliable.
 Break in series because estimates for earlier years have not been revised either on the basis of more recent data from a national census or sample survey taken within the period or in accord with later revised official estimates.

FOOTNOTES

* Provisional.
x Estimate prepared by the Population Division of the United Nation.

1 De jure population.
2 For urban population, see table 6.
3 Data have been adjusted for underenumeration, at latest census; for further details, see table 3.
4 Excluding persons residing in institutions.
5 Including armed forces stationed in the area.
6 Excluding civilian citizens absent from country for extended period of time.
7 Excluding Indian jungle population.
8 Estimates are for 24 October of year stated.
9 Excluding nomadic Indian tribes.
10 Excluding nomad population.
11 Excluding foreign diplomatic personnel and their dependants.

12 Including data for the Indian–held part of Jammu and Kashmir, the final status of which has not yet been determined.
13 Estimates are for 14 October of year stated.
14 Including data for East Jerusalem and Israeli residents in certain other territories under occupation by Israeli military forces since June 1967.

15 Excluding diplomatic personnel outside the country, and foreign military and civilian personnel and their dependants stationed in the area.

NOTES GENERALES

Pour quelques pays ou zones il y a une discordance entres leestimations au milieu de l'année présentées dans ce tableau et celles présentées dans des tableaux suivants pour la même année. Habituellement ces différences apparaîssent lorsque les estimations pour une certaine année ont été révisées; alors que les autres tabulations ne l'ont pas été. Sauf indication contraire, les données sont des estimations officielles de population au 1er juillet ou des moyennes d'estimations de fin d'année. Pour la méthode d'évaluation et les insuffisances des données, voir Notes techniques, page 43.

Italiques: estimations moins sûres.
 Cette discontinuité dans la série peut résulter du fait que les estimations pour les années antérieures n'ont pas été révisées en fonction des données récentes provenant d'un recensement national ou d'une enquête par sondage effectués durant la période, ou bien du fait qu'elles ne concordent pas avec les dernières estimations officielles révisées.

NOTES

* Données provisoires.
x Estimation établie par la Division de la population de l'Organisation des Nations Unies.

1 Population de droit.
2 Pour la population urbaine, voir le tableau 6.
3 Les données ont été ajustées pour compenser les lacunes du dénombrement lors du dernier recensement; pour plus de détails, voir le tableau 3.
4 Non compris les personnes dans les institutions.
5 Y compris les militaires en garnison sur le territoire.
6 Non compris les civils hors du pays pendant une période prolongée.
7 Non compris les Indiens de la jungle.
8 Estimations au 24 octobre de l'année considérée.
9 Non compris les tribus d'Indiens nomades.
10 Non compris la population nomade.
11 Non compris le personnel diplomatique étranger et les membres de leur famille les accompagnant.
12 Y compris les données pour la partie du Jammu–et–Cachemire occupée par l'Inde, dont le statut définitif n'a pas encore été déterminé.
13 Estimations au 14 octobre de l'année considérée.
14 Y compris les données pour Jérusalem–Est et les résidents israéliens dans certains autres territoires occupés depuis juin 1967 par les forces armées israéliennes.
15 Non compris le personnel diplomatique hors du pays, les militaires et agents civils étrangers en poste sur le territoire et les membres de leur famille les accompagnant.

5. Estimates of mid–year population: 1982 – 1991 (continued)

Estimations de la population au milieu de l'année: 1982 – 1991 (suite)

6. Urban and total population by sex: 1982 – 1991

Population urbaine et population totale selon le sexe: 1982 – 1991

(See notes at end of table. – Voir notes à la fin du tableau.)

Continent, country or area and date / Continent, pays ou zone et date	Both sexes – Les deux sexes			Male – Masculin			Female – Féminin		
	Total	Urban – Urbaine		Total	Urban – Urbaine		Total	Urban – Urbaine	
		Number / Nombre	Per cent / P. 100		Number / Nombre	Per cent / P. 100		Number / Nombre	Per cent / P. 100
AFRICA—AFRIQUE									
Botswana [1]									
19 VIII 1982	975 087	179 715	18.4	...	...	...	...	...	...
19 VIII 1983	1 010 784	194 250	19.2	...	...	...	...	...	...
19 VIII 1984	1 048 219	209 961	20.0	...	...	...	...	...	...
19 VIII 1985	1 087 503	226 942	20.9	...	...	...	...	...	...
19 VIII 1986	1 127 888	245 298	21.7	536 866	126 085	23.5	591 022	119 213	20.2
19 VIII 1987	1 169 197	262 226	22.4	557 768	134 855	24.2	611 429	127 371	20.8
19 VIII 1988	1 210 074	279 893	23.1	...	...	...	...	...	...
19 VIII 1989	1 244 909	289 980	23.3	...	...	...	...	...	...
19 VIII 1990	1 299 705	319 369	24.6	...	...	...	...	...	...
19 VIII 1991*	1 347 568	341 149	25.3	...	...	...	...	...	...
Burkina Faso									
1 VII 1982	7 284 521	715 230	9.8	...	...	...	...	...	...
1 VII 1983	7 479 746	792 475	10.6	...	...	...	...	...	...
1 VII 1984	7 680 203	878 062	11.4	...	...	...	...	...	...
1 VII 1985	7 886 033	972 893	12.3	...	...	...	...	...	...
10 XII 1985(C)	7 964 705	928 929	11.7	3 833 237	474 631	12.4	4 131 468	454 298	11.0
1 VII 1986	8 097 379	1 077 965	13.3	...	...	...	...	...	...
1 VII 1987	8 314 388	1 194 386	14.4	...	...	...	...	...	...
1 VII 1988	8 537 214	1 323 379	15.5	...	...	...	...	...	...
1 VII 1989	8 766 011	1 466 304	16.7	...	...	...	...	...	...
1 VII 1990	9 000 940	1 624 665	18.0	...	...	...	...	...	...
1 VII 1991*	9 242 166	1 800 129	19.5	...	...	...	...	...	...
Burundi									
1 VII 1985	4 717 703	235 885	5.0	...	...	...	...	...	...
1 VII 1986	4 857 347	242 867	5.0	...	...	...	...	...	...
1 VII 1987	5 001 124	250 056	5.0	...	...	...	...	...	...
1 VII 1988	5 149 158	257 458	5.0	...	...	...	...	...	...
1 VII 1989	5 301 573	265 079	5.0	...	...	...	...	...	...
1 VII 1990	5 458 499	272 925	5.0	...	...	...	...	...	...
Cape Verde – Cap–Vert									
1 VII 1983	318 816	86 889	27.3	147 828	...	...	170 988	...	...
1 VII 1984	326 212	95 682	29.3	151 569	...	...	174 643	...	...
1 VII 1985	333 128	105 038	31.5	155 061	...	...	178 067	...	...
1 VII 1986	338 560	109 672	32.4	157 917	...	...	180 643	...	...
1 VII 1987	347 060	114 928	33.1	162 367	...	...	184 693	...	...
Côte d'Ivoire									
1 VII 1983	9 300 000	3 950 000	42.5	...	...	...	...	...	...
Egypt – Egypte [1]									
1 VII 1982	42 840 000	18 879 000	44.1	...	...	...	...	...	...
1 VII 1983	44 180 000	19 388 000	43.9	...	...	...	...	...	...
1 VII 1984	45 229 000	19 911 000	44.0	...	...	...	...	...	...
1 VII 1985	46 473 000	20 448 000	44.0	...	...	...	...	...	...
1 VI 1986	47 751 000	20 998 000	44.0	...	...	...	...	...	...
18 IX 1986(C)	47 995 265	20 979 358	43.7	24 512 701	10 747 260	43.8	23 482 564	10 232 098	43.6
1 VII 1987	49 064 000	21 564 000	44.0	...	...	...	...	...	...
1 VII 1988	50 530 000	22 145 000	43.9	...	...	...	...	...	...
1 VII 1989	51 800 000	22 741 000	43.9	...	...	...	...	...	...
1 VII 1990	53 223 000	23 353 000	43.9	...	...	...	...	...	...
1 VII 1991*	54 688 000	23 983 000	43.9	...	...	...	...	...	...
Equatorial Guinea – Guinée équatoriale									
4 VII 1983(C)	300 000	84 460	28.2	144 760	42 530	29.4	155 240	41 930	27.0
1 VII 1991*	356 100	131 830	37.0	172 860	66 450	38.4	183 240	65 380	35.7
Ethiopia – Ethiopie									
1 VII 1982	32 775 000	4 719 600	14.4	16 538 400	2 235 600	13.5	16 236 600	2 484 000	15.3
1 VII 1983	33 679 600	4 984 600	14.8	16 989 900	2 361 100	13.9	16 689 700	2 623 500	15.7
9 V 1984(C)*	42 169 203	4 779 406	11.3	21 018 900	2 219 400	10.6	21 150 303	2 560 006	12.1
1 VII 1985	44 254 900	5 287 000	11.9	...	...	...	...	...	...
1 VII 1986	45 736 700	5 581 800	12.2	...	...	...	...	...	...
1 VII 1987	47 189 000	5 913 900	12.5	...	...	...	...	...	...
1 VII 1988	48 586 800	6 270 100	12.9	...	...	...	...	...	...
1 VII 1989	50 167 000	6 782 300	13.5	...	...	...	...	...	...
1 VII 1990	51 689 400	7 269 800	14.1	...	...	...	...	...	...
1 VII 1991*	53 382 900	7 669 400	14.4	...	...	...	...	...	...

(See notes at end of table. – Voir notes à la fin du tableau.)

Continent, country or area and date / Continent, pays ou zone et date	Both sexes – Les deux sexes			Male – Masculin			Female – Féminin		
	Total	Urban – Urbaine		Total	Urban – Urbaine		Total	Urban – Urbaine	
		Number Nombre	Per cent P. 100		Number Nombre	Per cent P. 100		Number Nombre	Per cent P. 100
AFRICA—AFRIQUE (Cont.–Suite)									
Ghana									
11 III 1984(C)	12 296 081	3 934 796	32.0	6 063 848	1 916 377	31.6	6 232 233	2 018 419	32.4
Liberia – Libéria									
1 VII 1982	1 977 138	733 624	37.1	...	...	...	...	...	...
1 VII 1983	2 043 162	777 430	38.1	...	...	...	...	...	...
1 VII 1984	2 109 186	821 235	38.9	...	...	...	...	...	...
1 VII 1985	2 189 033	879 110	40.2	...	...	...	...	...	...
1 VII 1987	2 348 728	994 859	42.4	...	...	...	...	...	...
1 VII 1988	2 428 578	1 052 733	43.3	...	...	...	...	...	...
1 VII 1989	2 508 422	1 110 608	44.3	...	...	...	...	...	...
Libyan Arab Jamahiriya – Jamahiriya arabe libyenne									
31 VII 1984(C) [1]	3 237 160	2 453 443	75.8	1 950 152	...	...	1 687 336	...	...
Malawi [2]									
1 VII 1982	6 408 005	678 500	10.6	...	...	...	...	...	...
1 VII 1983	6 618 423	737 400	11.1	3 206 986	...	...	3 411 437	...	...
1 VII 1984	6 838 590	801 500	11.7	...	...	...	...	...	...
1 VII 1985	7 058 757	865 600	12.3	3 426 551	...	...	3 632 206	...	...
1 VII 1986	7 278 925	929 600	12.8	3 536 334	...	...	3 742 591	...	...
1 VII 1987	7 499 092	993 700	13.3	...	...	...	...	...	...
1 IX 1987(C)	7 982 607	859 144	10.8	3 880 100	450 675	11.6	4 102 507	408 469	10.0
1 VII 1988	7 754 537	1 079 500	13.9	3 773 619	...	...	3 980 918	...	...
1 VII 1989	8 021 742	1 172 700	14.6	3 907 028	...	...	4 114 714	...	...
1 VII 1990	8 288 946	1 265 800	15.3	...	...	...	...	...	...
1 VII 1991*	8 556 151	1 359 000	15.9	...	...	...	...	...	...
Mali									
1 IV 1987(C) [1]	7 696 348	1 690 289	22.0	3 760 711	837 287	22.3	3 935 637	853 002	21.7
Mauritius – Maurice Island of Mauritius – Ile Maurice									
1 VII 1982	960 994	401 810	41.8	...	...	...	...	...	...
11 VII 1983(C)	966 863	403 251	41.7	481 368	199 573	41.5	485 495	203 678	42.0
1 VII 1984	977 129	405 438	41.5	488 349	201 400	41.2	488 780	204 038	41.7
1 VII 1985	985 210	406 943	41.3	493 900	202 931	41.1	491 310	204 012	41.5
1 VII 1986	993 851	409 435	41.2	497 659	204 222	41.0	496 192	205 213	41.4
1 VII 1987	1 003 794	411 802	41.0	501 221	204 953	40.9	502 573	206 849	41.2
1 VII 1988	1 016 596	414 529	40.8	506 710	205 726	40.6	509 886	208 803	41.0
1 VII 1989	1 026 813	417 687	40.7	510 627	207 067	40.6	516 186	210 620	40.8
1 VII 1990	1 036 833	421 724	40.7	516 375	209 313	40.5	520 458	212 411	40.8
Morocco – Maroc									
3 IX 1982(C)	20 419 555	8 730 399	42.8	...	...	...	...	...	...
Nigeria – Nigéria									
1 VII 1984	93 326 962	15 040 033	16.1	45 720 951	7 595 217	16.6	47 606 011	7 444 816	15.6
1 VII 1985	95 689 546	15 420 774	16.1	46 878 383	7 787 491	16.6	48 811 163	7 633 283	15.6
1 VII 1986	98 168 079	15 814 878	16.1	48 091 522	7 986 513	16.6	50 076 557	7 828 365	15.6
1 VII 1987	101 407 626	16 336 769	16.1	49 679 575	8 250 068	16.6	51 728 051	8 086 701	15.6
1 VII 1988	104 956 895	16 908 557	16.1	52 028 618	8 538 820	16.4	52 928 277	8 369 737	15.8
St. Helena ex. dep. – Sainte–Hélène sans dép.									
22 II 1987(C)	5 644	2 417	42.8	2 769	1 164	42.0	2 875	1 253	43.6
Seychelles									
1 VII 1990	67 378	33 527	49.8	33 527	...	...	33 851	...	...
Somalia – Somalie									
1986 – 1987(C)*	7 114 431	1 674 470	23.5	3 741 664	840 488	22.5	3 372 767	833 982	24.7
South Africa – Afrique du Sud [3]									
5 III 1985(C) [4]	23 385 645	13 068 343	55.9	11 545 282	6 555 892	56.8	11 840 363	6 512 451	55.0
Sudan – Soudan									
1 II 1983(C)	20 594 197	4 219 827	20.5	10 512 884	2 228 347	21.2	10 081 313	1 991 480	19.8

6. Urban and total population by sex: 1982 – 1991 (continued)

Population urbaine et population totale selon le sexe: 1982 – 1991 (suite)

(See notes at end of table. – Voir notes à la fin du tableau.)

Continent, country or area and date / Continent, pays ou zone et date	Both sexes – Les deux sexes			Male – Masculin			Female – Féminin		
	Total	Urban – Urbaine		Total	Urban – Urbaine		Total	Urban – Urbaine	
		Number / Nombre	Per cent / P. 100		Number / Nombre	Per cent / P. 100		Number / Nombre	Per cent / P. 100
AFRICA—AFRIQUE (Cont.–Suite)									
Swaziland									
25 VIII 1986(C)	681 059	154 979	22.8	321 579	79 936	24.9	359 480	75 043	20.9
Tunisia – Tunisie									
30 III 1984(C)	6 966 173	3 680 830	52.8	3 547 315	1 870 255	52.7	3 418 858	1 810 575	53.0
1 VII 1989	7 909 545	4 685 350	59.2	4 013 819	2 382 785	59.4	3 895 726	2 302 565	59.1
Uganda – Ouganda									
12 I 1991(C)*	16 582 700	1 876 000	11.3	8 124 800	...	...	8 457 900	...	...
United Rep. of Tanzania – Rép.–Unie de Tanzanie									
1 VII 1982	19 782 000	3 137 000	15.9	...	...	...	...	...	...
1 VII 1983	20 412 000	3 351 000	16.4	...	...	...	...	...	...
1 VII 1984	21 062 000	3 579 000	17.0	...	...	...	...	...	...
1 VII 1985	21 733 000	3 821 000	17.6	...	...	...	...	...	...
1 VII 1986	22 462 000	4 086 000	18.2	...	...	...	...	...	...
1 VII 1987	23 217 000	4 369 000	18.8	...	...	...	...	...	...
1 VII 1988	23 997 000	4 670 000	19.5	...	...	...	...	...	...
1 VII 1989	24 802 000	4 991 000	20.1	...	...	...	...	...	...
1 VII 1990	25 635 000	5 333 000	20.8	...	...	...	...	...	...
Tanganyika									
1 VII 1982	19 255 000	2 957 000	15.4	...	...	...	...	...	...
1 VII 1983	19 871 000	3 164 000	15.9	...	...	...	...	...	...
1 VII 1984	20 506 000	3 385 000	16.5	...	...	...	...	...	...
1 VII 1985	21 162 000	3 620 000	17.1	...	...	...	...	...	...
1 VII 1986	21 874 000	3 877 000	17.7	...	...	...	...	...	...
1 VII 1987	22 611 000	4 151 000	18.4	...	...	...	...	...	...
1 VII 1988	23 372 000	4 443 000	19.0	...	...	...	...	...	...
1 VII 1989	24 159 000	4 755 000	19.7	...	...	...	...	...	...
1 VII 1990	24 972 000	5 087 000	20.4	...	...	...	...	...	...
Zanzibar									
1 VII 1982	527 000	180 000	34.2	...	...	...	...	...	...
1 VII 1983	541 000	187 000	34.6	...	...	...	...	...	...
1 VII 1984	556 000	194 000	34.9	...	...	...	...	...	...
1 VII 1985	571 000	201 000	35.2	...	...	...	...	...	...
1 VII 1986	588 000	209 000	35.5	...	...	...	...	...	...
1 VII 1987	606 000	218 000	36.0	...	...	...	...	...	...
1 VII 1988	625 000	227 000	36.3	...	...	...	...	...	...
1 VII 1989	643 000	236 000	36.7	...	...	...	...	...	...
1 VII 1990	663 000	246 000	37.1	...	...	...	...	...	...
Zaire – Zaïre									
1 VII 1982	28 119 434	10 184 123	36.2	...	...	...	...	...	...
1 VII 1983	29 038 849	10 827 181	37.3	...	...	...	...	...	...
1 VII 1985	30 981 382	12 237 709	39.5	...	...	...	...	...	...
Zambia – Zambie									
1 VII 1985	6 725 300	2 998 200	44.6	...	...	...	...	...	...
1 VII 1990	8 073 407	3 979 407	49.3	...	...	...	...	...	...
Zimbabwe [5]									
1 VII 1982	7 477 000	1 924 000	25.7	...	...	...	...	...	...
18 VIII 1982(C)* [6]	7 501 470	1 765 750	23.5	3 673 620	940 620	25.6	3 827 850	825 130	21.6
1 VII 1983	7 740 000	1 823 000	23.6	...	...	...	...	...	...
18 VIII 1987	8 687 327	2 318 873	26.7	...	...	...	...	...	...
AMERICA, NORTH— AMERIQUE DU NORD									
Canada									
3 VI 1986(C) [1]	25 309 330	19 352 085	76.5	12 485 650	9 416 560	75.4	12 823 680	9 935 525	77.5
Costa Rica									
10 VI 1984(C) [2]	2 416 809	1 075 254	44.5	1 208 216	514 426	42.6	1 208 593	560 828	46.4

(See notes at end of table. – Voir notes à la fin du tableau.)

Continent, country or area and date Continent, pays ou zone et date	Both sexes – Les deux sexes			Male – Masculin			Female – Féminin		
	Total	Urban – Urbaine		Total	Urban – Urbaine		Total	Urban – Urbaine	
		Number Nombre	Per cent P. 100		Number Nombre	Per cent P. 100		Number Nombre	Per cent P. 100
AMERICA, NORTH— (Cont.–Suite) AMERIQUE DU NORD									
Cuba									
1 VII 1983	9 896 971	6 957 571	70.3	4 988 075	3 486 716	69.9	4 908 896	3 470 855	70.7
1 VII 1984	9 994 426	7 051 979	70.6	5 037 710	3 505 990	69.6	4 956 716	3 545 989	71.5
1 VII 1985	10 097 902	7 173 891	71.0	5 088 859	3 538 464	69.5	5 009 043	3 635 427	72.6
1 VII 1986	10 199 276	7 299 526	71.6	5 137 823	3 600 767	70.1	5 061 453	3 698 759	73.1
1 VII 1987	10 301 057	7 426 582	72.1	5 187 621	3 663 683	70.6	5 113 436	3 762 899	73.6
1 VII 1988	10 412 431	7 554 403	72.6	5 242 663	3 728 220	71.1	5 169 768	3 826 183	74.0
1 VII 1989	10 522 796	7 694 443	73.1	5 297 524	3 798 023	71.7	5 225 272	3 896 420	74.6
Dominican Republic – République dominicaine									
1 VII 1982	*5 980 000*	*2 985 571*	*49.9*	...	...	...	...	...	...
El Salvador									
1 VII 1982	*4 661 816*	*1 957 424*	*42.0*	*2 280 410*	*931 722*	*40.9*	*2 381 406*	*1 025 702*	*43.1*
1 VII 1983	*4 724 154*	*2 008 622*	*42.5*	*2 308 982*	*956 057*	*41.4*	*2 415 172*	*1 052 565*	*43.6*
1 VII 1984	*4 779 525*	*2 057 158*	*43.0*	*2 334 933*	*979 547*	*42.0*	*2 444 592*	*1 077 611*	*44.1*
1 VII 1985	*4 855 576*	*2 105 638*	*43.4*	*2 372 636*	*1 002 951*	*42.3*	*2 482 940*	*1 102 687*	*44.4*
1 VII 1986	*4 948 494*	*2 159 939*	*43.6*	*2 422 143*	*1 029 696*	*42.5*	*2 526 351*	*1 130 243*	*44.7*
1 VII 1987	*5 053 962*	*2 215 505*	*43.8*	*2 482 153*	*1 057 318*	*42.6*	*2 571 809*	*1 158 187*	*45.0*
1 VII 1988	*5 089 999*	*2 272 059*	*44.6*	*2 490 269*	*1 084 846*	*43.6*	*2 599 730*	*1 187 213*	*45.7*
1 VII 1989	*5 193 349*	*2 327 666*	*44.8*	*2 547 862*	*1 112 373*	*43.7*	*2 645 487*	*1 215 293*	*45.9*
Haiti – Haïti [1]									
1 VII 1982	*5 557 576*	*1 397 869*	*25.2*	...	...	...	...	...	...
30 VIII 1982(C)	*5 053 792*	*1 241 940*	*24.6*	*2 448 370*	*548 653*	*22.4*	*2 605 422*	*693 287*	*26.6*
1 VII 1983	*5 659 991*	*1 453 997*	*25.7*	...	...	...	...	...	...
1 VII 1984	*5 762 416*	*1 511 596*	*26.2*	...	...	...	...	...	...
1 VII 1985	*5 864 823*	*1 570 676*	*26.8*	...	...	...	...	...	...
1 VII 1986	*5 989 067*	*1 637 211*	*27.3*	...	...	...	...	...	...
1 VII 1987	*6 113 311*	*1 705 486*	*27.9*	...	...	...	...	...	...
1 VII 1988	*6 237 555*	*1 775 510*	*28.5*	...	...	...	...	...	...
1 VII 1989	*6 361 799*	*1 847 289*	*29.0*	...	...	...	...	...	...
1 VII 1990	*6 486 048*	*1 920 830*	*29.6*	...	...	...	...	...	...
1 VII 1991*	*6 624 895*	*2 000 547*	*30.2*	...	...	...	...	...	...
Honduras									
1 VII 1982	*3 955 116*	*1 479 700*	*37.4*	*1 982 858*	*714 503*	*36.0*	*1 972 258*	*765 197*	*38.8*
1 VII 1983	*4 092 175*	*1 562 610*	*38.2*	*2 051 526*	*754 880*	*36.8*	*2 040 649*	*807 730*	*39.6*
1 VII 1984	*4 231 567*	*1 648 549*	*39.0*	...	...	...	...	...	...
1 VII 1985	*4 372 487*	*1 737 275*	*39.7*	*2 191 985*	*840 009*	*38.3*	*2 180 502*	*897 266*	*41.1*
1 VII 1986	*4 513 940*	*1 827 332*	*40.5*	...	...	...	...	...	...
1 VII 1987	*4 656 440*	*1 922 058*	*41.3*	...	...	...	...	...	...
V 1988(C)	*4 248 561*	*1 674 944*	*39.4*	*2 110 106*	*793 929*	*37.6*	*2 138 455*	*881 015*	*41.2*
1 VII 1988	*4 801 500*	*2 021 695*	*42.1*	...	...	...	...	...	...
1 VII 1989	*4 950 633*	*2 126 496*	*43.0*	...	...	...	...	...	...
1 VII 1990	*5 105 347*	*2 236 730*	*43.8*	...	...	...	...	...	...
1 VII 1991*	*5 264 621*	*2 331 531*	*44.3*	...	...	...	...	...	...
Jamaica – Jamaïque									
1 VII 1982	2 190 000	1 046 000	47.8	1 046 000	...	...	1 144 000	...	...
Nicaragua									
1 VII 1983	*3 057 979*	*1 709 371*	*55.9*	...	...	...	...	...	...
1 VII 1984	*3 163 390*	*1 789 528*	*56.6*	...	...	...	...	...	...
1 VII 1985	*3 272 064*	*1 872 768*	*57.2*	*1 635 927*	*906 303*	*55.4*	*1 636 137*	*966 465*	*59.1*
1 VII 1986	*3 384 444*	*1 963 997*	*58.0*	*1 692 947*	*952 441*	*56.3*	*1 691 497*	*1 011 556*	*59.8*
1 VII 1987	*3 501 176*	*2 049 355*	*58.5*	*1 752 247*	*995 163*	*56.8*	*1 748 929*	*1 054 192*	*60.3*
1 VII 1988	*3 621 594*	*2 142 704*	*59.2*	*1 813 451*	*1 041 732*	*57.4*	*1 808 143*	*1 100 972*	*60.9*
1 VII 1989	*3 745 031*	*2 239 025*	*59.8*	*1 876 192*	*1 090 743*	*58.1*	*1 868 839*	*1 148 282*	*61.4*
1 VII 1990	*3 870 820*	*2 338 019*	*60.4*	...	...	...	...	...	...
1 VII 1991*	*3 999 231*	*2 439 898*	*61.0*	...	...	...	...	...	...

(See notes at end of table. – Voir notes à la fin du tableau.)

Continent, country or area and date / Continent, pays ou zone et date	Both sexes – Les deux sexes Total	Urban – Urbaine Number Nombre	Urban – Urbaine Per cent P. 100	Male – Masculin Total	Urban – Urbaine Number Nombre	Urban – Urbaine Per cent P. 100	Female – Féminin Total	Urban – Urbaine Number Nombre	Urban – Urbaine Per cent P. 100
AMERICA,NORTH— (Cont.–Suite) AMERIQUE DU NORD									
Panama [5]									
1 VII 1982	2 043 653	1 028 625	50.3	1 043 000	503 458	48.3	1 000 653	525 167	52.5
1 VII 1983	2 088 585	1 057 473	50.6	1 065 501	517 334	48.6	1 023 084	540 139	52.8
1 VII 1984	2 134 236	1 086 680	50.9	1 088 347	531 352	48.8	1 045 889	555 328	53.1
1 VII 1985	2 180 489	1 116 746	51.2	1 111 481	545 802	49.1	1 069 008	570 944	53.4
1 VII 1986	2 227 254	1 147 837	51.5	1 134 856	560 783	49.4	1 092 398	587 054	53.7
1 VII 1987	2 274 448	1 179 839	51.9	1 158 430	576 231	49.7	1 116 018	603 608	54.1
1 VII 1988	2 322 001	1 212 475	52.2	1 182 170	591 986	50.1	1 139 831	620 489	54.4
1 VII 1989	2 369 858	1 245 453	52.6	1 206 047	607 880	50.4	1 163 811	637 573	54.8
13 V 1990(C)	2 329 329	1 123 156	48.2	1 178 790	543 124	46.1	1 150 539	580 032	50.4
1 VII 1990	2 417 955	1 278 589	52.9	1 230 030	623 806	50.7	1 187 925	654 783	55.1
United States Virgin Islands – Iles Vierges américaines [2][7]									
1 VII 1982	101 500	39 656	39.1	48 568	18 587	38.3	52 932	21 069	39.8
1 VII 1983	103 700	40 516	39.1	49 620	18 990	38.3	54 080	21 526	39.8
1 VII 1984	107 500	42 000	39.1	51 439	19 685	38.3	56 061	22 315	39.8
1 VII 1985	109 250	42 684	39.1	52 276	20 006	38.3	56 974	22 678	39.8
AMERICA,SOUTH— AMERIQUE DU SUD									
Argentina – Argentine [8]									
1 VII 1982	29 086 348	24 343 997	83.7	...	...	...	...	...	...
1 VII 1983	29 505 467	24 794 210	84.0	...	...	...	...	...	...
1 VII 1984	29 920 543	25 243 682	84.4	...	...	...	...	...	...
1 VII 1985	30 331 283	25 684 554	84.7	15 045 534	12 535 252	83.3	15 285 749	13 149 302	86.0
1 VII 1986	30 736 804	26 105 745	84.9	15 239 879	...	...	15 496 925	...	...
1 VII 1987	31 137 301	26 533 904	85.2	15 432 044	...	...	15 705 257	...	...
1 VII 1988	31 534 098	26 948 912	85.5	15 622 683	...	...	15 911 415	...	...
1 VII 1989	31 928 519	27 354 700	85.7	15 812 450	...	...	16 116 069	...	...
1 VII 1990	32 321 887	27 761 246	85.9	16 001 997	13 506 025	84.4	16 319 890	14 255 220	87.3
1 VII 1991*	32 712 929	28 165 323	86.1	...	...	...	...	...	...
Bolivia – Bolivie [8]									
1 VII 1982	5 915 844	2 706 626	45.8	...	...	...	...	...	...
1 VII 1983	6 081 722	2 822 546	46.4	...	...	...	...	...	...
1 VII 1984	6 252 721	2 942 944	47.1	...	...	...	...	...	...
1 VII 1985	6 429 226	3 068 051	47.7	3 175 379	1 497 863	47.2	3 253 847	1 570 188	48.3
1 VII 1986	6 611 383	3 197 870	48.4	...	...	...	...	...	...
1 VII 1987	6 799 384	3 332 422	49.0	...	...	...	...	...	...
1 VII 1988	6 993 344	3 471 560	49.6	...	...	...	...	...	...
1 VII 1989	7 193 389	3 615 151	50.3	...	...	...	...	...	...
1 VII 1990	7 399 724	3 763 227	50.9	...	...	...	...	...	...
Brazil – Brésil [2][9]									
1 VII 1982	126 898 000	88 147 000	69.5	...	...	...	...	...	...
1 VII 1983	129 766 000	91 288 000	70.3	...	...	...	...	...	...
1 VII 1984	132 659 000	94 451 000	71.2	...	...	...	...	...	...
1 VII 1985	135 564 000	97 624 000	72.0	67 677 000	...	...	67 887 000	...	...
1 VII 1986	138 493 000	100 601 000	72.6	69 125 000	...	...	69 368 000	...	...
1 VII 1987	141 452 000	103 614 000	73.3	70 588 000	50 905 000	72.1	70 864 000	52 709 000	74.4
1 VII 1988	144 428 000	106 649 000	73.8	72 059 000	52 388 000	72.7	72 369 000	54 261 000	75.0
1 VII 1989	147 404 000	109 697 000	74.4	73 529 000	...	...	73 875 000	...	...
1 VII 1991	153 322 000	115 794 000	75.5	...	...	...	...	...	...
Chile – Chili									
21 IV 1982(C)	11 329 736	9 316 120	82.2	5 553 409	4 464 367	80.4	5 776 327	4 851 753	84.0
1 VII 1982	11 518 800	9 441 443	82.0	...	...	...	...	...	...
1 VII 1983	11 716 769	9 656 950	82.4	5 782 050	...	...	5 934 720	...	...
1 VII 1984	11 918 590	9 877 177	82.9	5 882 183	...	...	6 036 409	...	...
1 VII 1985	12 121 677	10 097 133	83.3	5 982 988	4 882 863	81.6	6 138 689	5 214 270	84.9
1 VII 1986	12 327 030	10 302 613	83.6	6 085 008	4 984 901	81.9	6 242 022	5 317 712	85.2
1 VII 1987	12 536 374	10 509 512	83.8	6 189 092	5 087 692	82.2	6 347 282	5 421 820	85.4
1 VII 1988	12 748 207	10 718 888	84.1	6 294 428	5 191 835	82.5	6 453 779	5 527 053	85.6
1 VII 1989	12 961 032	10 931 787	84.3	6 400 207	5 297 921	82.8	6 560 825	5 633 866	85.9
1 VII 1990	13 173 347	11 149 276	84.6	6 505 617	5 406 556	83.1	6 667 730	5 742 720	86.1
1 VII 1991*	13 385 817	11 362 880	84.9	6 610 979	5 512 479	83.4	6 774 837	5 850 401	86.4

(See notes at end of table. – Voir notes à la fin du tableau.)

Continent, country or area and date Continent, pays ou zone et date	Both sexes – Les deux sexes			Male – Masculin			Female – Féminin		
	Total	Urban – Urbaine		Total	Urban – Urbaine		Total	Urban – Urbaine	
		Number Nombre	Per cent P. 100		Number Nombre	Per cent P. 100		Number Nombre	Per cent P. 100
AMERICA, SOUTH— (Cont.–Suite) **AMERIQUE DU SUD**									
Colombia – Colombie									
1 VII 1983	27 502 000	17 980 000	65.4	...	...	...	...	...	...
15 X 1985(C)	27 837 932	18 713 553	67.2	13 777 700	8 927 542	64.8	14 060 232	9 786 011	69.6
1 VII 1988	30 241 000	20 575 000	68.0	...	...	...	...	...	...
Ecuador – Equateur [10]									
1 VII 1982	8 606 116	4 225 653	49.1	4 328 109	2 073 379	47.9	4 278 007	2 152 274	50.3
28 XI 1982(C)	8 060 712	3 968 362	49.2	4 021 034	1 928 450	48.0	4 039 678	2 039 912	50.5
1 VII 1983	8 857 444	4 444 676	50.2	4 454 660	2 183 138	49.0	4 402 784	2 261 538	51.4
1 VII 1984	9 114 866	4 676 779	51.3	4 584 263	2 299 637	50.2	4 530 603	2 377 142	52.5
1 VII 1985	9 377 980	4 881 106	52.0	4 716 749	2 402 180	50.9	4 661 231	2 478 926	53.2
1 VII 1986	9 647 106	5 093 986	52.8	4 852 279	...	...	4 794 827	...	...
1 VII 1987	9 922 515	5 310 124	53.5	4 990 968	...	...	4 931 547	...	...
1 VII 1988	10 203 723	5 529 409	54.2	5 132 571	...	...	5 071 152	...	...
1 VII 1989	10 490 249	5 751 699	54.8	5 276 844	...	...	5 213 405	...	...
25 XI 1990(C)	9 648 189	5 345 858	55.4	4 796 412	2 597 107	54.1	4 851 777	2 748 751	56.7
Falkland Islands (Malvinas)– **Iles Falkland (Malvinas)**									
16 XI 1986(C)	1 878	1 231	65.5	994	626	63.0	884	605	68.4
Paraguay									
11 VII 1982(C)	3 029 830	1 295 345	42.8	1 521 409	625 760	41.1	1 508 421	669 585	44.4
Peru – Pérou [8] [9]									
1 VII 1990	21 550 322	15 599 301	72.4	10 846 578	7 804 771	72.0	10 703 744	7 794 530	72.8
Uruguay [8]									
1 VII 1982	2 951 129	2 539 421	86.0	...	...	...	...	...	...
1 VII 1983	2 970 050	2 568 729	86.5	...	...	...	...	...	...
1 VII 1984	2 989 097	2 597 897	86.9	...	...	...	...	...	...
1 VII 1985	3 008 269	2 626 940	87.3	1 469 065	1 247 711	84.9	1 539 204	1 379 229	89.6
23 X 1985(C)	2 955 241	2 581 087	87.3	1 439 021	1 222 260	84.9	1 516 220	1 358 827	89.6
1 VII 1986	3 025 264	2 651 301	87.6	...	...	...	...	...	...
1 VII 1987	3 042 356	2 675 616	87.9	...	...	...	...	...	...
1 VII 1988	3 059 545	2 699 888	88.2	...	...	...	...	...	...
1 VII 1989	3 076 830	2 724 119	88.5	...	...	...	...	...	...
1 VII 1990	3 096 371	2 748 132	88.8	1 509 134	1 305 961	86.5	1 587 237	1 442 171	90.9
1 VII 1991	3 112 303	2 772 808	89.1	...	...	...	...	...	...
Venezuela [8] [9]									
1 VII 1982	15 939 741	12 794 438	80.3	8 061 768	6 383 485	79.2	7 877 973	6 410 953	81.4
1 VII 1983	16 393 726	13 247 463	80.8	8 288 239	6 609 601	79.7	8 105 487	6 637 862	81.9
1 VII 1984	16 851 196	13 704 717	81.3	8 516 231	6 837 591	80.3	8 334 965	6 867 126	82.4
1 VII 1985	17 316 741	14 169 309	81.8	8 748 406	7 069 259	80.8	8 568 335	7 100 050	82.9
1 VII 1986	17 526 214	14 424 074	82.3	...	...	...	...	...	...
1 VII 1987	17 973 699	14 873 236	82.8	...	...	...	...	...	...
1 VII 1988	18 422 090	15 325 337	83.2	...	...	...	...	...	...
1 VII 1989	18 871 904	15 776 913	83.6	...	...	...	...	...	...
1 VII 1990	19 325 222	16 231 254	84.0	9 747 375	8 094 783	83.0	9 577 847	8 136 471	85.0
ASIA—ASIE									
Afghanistan									
1 VII 1988 [2] [11]	15 513 267	2 752 024	17.7	7 972 397	1 417 760	17.8	7 540 870	1 334 264	17.7
Armenia – Arménie									
12 I 1989(C) [1]	3 304 776	2 222 241	67.2	1 619 308	1 077 746	66.6	1 685 468	1 144 495	67.9
Azerbaijan – Azerbaïdjan									
12 I 1989(C) [1]	7 021 178	3 805 885	54.2	3 423 793	1 867 911	54.6	3 597 385	1 937 974	53.9
Bangladesh [8]									
1 VII 1982	92 585 000	12 237 000	13.2	47 695 000	...	...	44 890 000	...	...
1 VII 1984	97 273 206	12 642 698	13.0	50 164 130	6 906 341	13.8	47 109 076	5 736 357	12.2
1 VII 1985	99 434 044	13 301 983	13.4	51 258 485	7 229 924	14.1	48 175 559	6 072 059	12.6
1 VII 1986	101 673 124	13 987 902	13.8	52 396 473	7 605 662	14.5	49 276 651	6 382 240	13.0

6. Urban and total population by sex: 1982 – 1991 (continued)

Population urbaine et population totale selon le sexe: 1982 – 1991 (suite)

(See notes at end of table. – Voir notes à la fin du tableau.)

Continent, country or area and date / Continent, pays ou zone et date	Both sexes – Les deux sexes Total	Urban – Urbaine Number / Nombre	Urban – Urbaine Per cent / P. 100	Male – Masculin Total	Urban – Urbaine Number / Nombre	Urban – Urbaine Per cent / P. 100	Female – Féminin Total	Urban – Urbaine Number / Nombre	Urban – Urbaine Per cent / P. 100
ASIA—ASIE (Cont.–Suite)									
China – Chine									
1 VII 1982(C) [12]	1003180738	206 309 144	20.6	519 421 198	108 020 720	20.8	483 759 540	98 288 424	20.3
1 VII 1990(C) [6] [13]	1131876050	296 958 320	26.2	582 380 890	154 395 980	26.5	549 495 160	142 562 340	25.9
Georgia – Géorgie									
12 I 1989(C) [1]	5 400 841	2 991 352	55.4	2 562 040	1 401 043	54.7	2 838 801	1 590 309	56.0
Hong Kong – Hong–kong									
11 III 1986(C)* [14]	5 395 997	5 024 047	93.1	2 772 464	2 576 497	92.9	2 623 533	2 447 550	93.3
India – Inde [8] [15]									
1 VII 1985	750 859 000	187 706 000	25.0	387 618 400	...	...	363 240 600	...	...
1 VII 1986	766 135 000	194 585 000	25.4	395 484 000	103 016 000	26.0	370 651 000	91 569 000	24.7
1 VII 1987	781 374 000	201 768 000	25.8	403 168 000	106 729 000	26.5	378 206 000	95 039 000	25.1
1 VII 1988	796 596 000	209 174 000	26.3	410 835 000	110 554 000	26.9	385 761 000	98 620 000	25.6
1 VII 1989	811 817 000	216 816 000	26.7	418 495 000	114 496 000	27.4	393 322 000	102 320 000	26.0
1 VII 1990	827 060 000	224 709 000	27.2	426 153 000	...	...	400 897 000	...	...
1 III 1991(C)	844 324 222	217 177 625	25.7	437 805 805	114 700 656	26.2	406 518 417	102 476 969	25.2
1 VII 1991*	849 638 000	218 527 000	25.7	440 455 000	...	...	409 183 000	...	...
Indonesia – Indonesie									
31 X 1990(C)*	179 247 783	55 433 790	30.9	89 375 677	27 683 318	31.0	89 872 108	27 750 471	30.9
Iran (Islamic Republic of – Rép. islamique d')									
1 VII 1982	42 480 000	21 798 000	51.3	...	...	...	...	...	...
1 VII 1983	44 181 000	22 986 000	52.0	...	...	...	...	...	...
1 VII 1984	45 960 000	24 239 000	52.7	...	...	...	...	...	...
1 VII 1985	47 820 000	25 560 000	53.5	...	...	...	...	...	...
22 IX 1986(C)	49 445 010	26 844 561	54.3	25 280 961	13 769 617	54.5	24 164 049	13 074 944	54.1
Iraq									
1 VII 1982	14 110 425	9 602 010	68.0	7 260 626	4 990 160	68.7	6 849 799	4 611 850	67.3
17 X 1987(C)	16 335 199	11 468 969	70.2	8 395 889	5 951 403	70.9	7 939 310	5 517 566	69.5
1 VII 1988	17 250 267	12 589 533	73.0	8 864 163	6 528 691	73.7	8 386 104	6 060 842	72.3
1 VII 1990	17 373 000	12 149 800	69.9	8 730 000	6 111 500	70.0	8 643 000	6 038 300	69.9
Israel – Israël [1] [8] [16]									
4 VI 1983(C)	4 037 620	3 616 029	89.6	2 011 590	1 793 397	89.2	2 026 030	1 822 632	90.0
1 VII 1984	4 159 139	3 718 000	89.4	2 075 690	...	...	2 083 449	...	...
1 VII 1985	4 233 000	3 775 500	89.2	2 112 300	...	...	2 120 600	...	...
1 VII 1986	4 298 800	3 827 000	89.0	2 144 600	...	...	2 154 200	...	...
1 VII 1987	4 368 900	3 884 000	88.9	2 179 000	1 929 000	88.5	2 189 900	1 955 000	89.3
1 VII 1988	4 441 700	3 943 700	88.8	2 215 200	...	...	2 226 500	...	...
1 VII 1989	4 518 200	4 060 200	89.9	2 253 200	...	...	2 265 000	...	...
1 VII 1990	4 660 200	4 193 400	90.0	2 321 000	2 080 500	89.6	2 339 100	2 113 800	90.4
Japan – Japon [17]									
1 X 1985(C)	121 048 923	92 889 236	76.7	59 497 316	45 793 045	77.0	61 551 607	47 096 191	76.5
1 X 1990(C)	123 611 167	95 643 521	77.4	60 696 724	47 124 420	77.6	62 914 443	48 519 101	77.1
Kazakhstan									
12 I 1989(C) [1]	16 464 464	9 402 582	57.1	7 974 004	4 471 855	56.1	8 490 460	4 930 727	58.1
Korea, Republic of— Corée, Rép. de [18]									
1 VII 1985	40 805 744	27 380 654	67.1	20 575 600	...	...	20 230 144	...	...
1 XI 1985(C) [19]	40 448 486	26 442 980	65.4	20 243 765	13 168 116	65.0	20 204 721	13 274 864	65.7
1 VII 1986	41 184 048	28 029 863	68.1	20 764 224	...	...	20 419 824	...	...
1 VII 1987	41 574 912	28 682 532	69.0	20 958 864	...	...	20 616 048	...	...
1 VII 1988	41 974 640	29 336 076	69.9	21 157 744	...	...	20 816 896	...	...
1 VII 1989	42 380 176	29 983 975	70.8	21 358 960	...	...	21 021 216	...	...
Kyrgyzstan – Kirghizistan									
12 I 1989(C) [1]	4 257 755	1 624 535	38.2	2 077 623	770 066	37.1	2 180 132	854 469	39.2

140

6. Urban and total population by sex: 1982 – 1991 (continued)

Population urbaine et population totale selon le sexe: 1982 – 1991 (suite)

(See notes at end of table. – Voir notes à la fin du tableau.)

Continent, country or area and date / Continent, pays ou zone et date	Both sexes — Les deux sexes Total	Urban — Urbaine Number Nombre	Urban — Urbaine Per cent P. 100	Male — Masculin Total	Urban — Urbaine Number Nombre	Urban — Urbaine Per cent P. 100	Female — Féminin Total	Urban — Urbaine Number Nombre	Urban — Urbaine Per cent P. 100
ASIA—ASIE (Cont.–Suite)									
Malaysia – Malaisie									
Sabah									
1 VII 1982	1 092 034	574 567	52.6	574 570	...	...	517 470	...	...
1 VII 1983	1 134 321	596 252	52.6	596 247	...	...	538 072	...	...
1 VII 1984	1 176 940	617 981	52.5	618 233	...	...	559 207	...	...
1 VII 1985	1 222 718	641 233	52.4	641 390	...	...	581 614	...	...
1 VII 1986	1 271 595	665 829	52.4	665 680	...	...	605 598	...	...
1 VII 1987	1 320 223	690 496	52.3	690 496	...	...	629 727	...	...
1 VII 1988	1 370 189	716 021	52.3	716 021	...	...	654 168	...	...
1 VII 1989	1 420 492	741 461	52.2	741 461	...	...	679 031	...	...
1 VII 1990	1 470 400	766 700	52.1	766 900	...	...	703 500	...	...
Sarawak									
1 VII 1982	1 375 730	693 649	50.4	693 891	...	...	682 365	...	...
1 VII 1983	1 408 790	710 359	50.4	710 791	...	...	698 923	...	...
1 VII 1984	1 442 128	727 400	50.4	727 868	...	...	715 265	...	...
1 VII 1985	1 477 428	745 247	50.4	745 495	...	...	732 502	...	...
1 VII 1986	1 515 329	764 291	50.4	764 230	...	...	750 944	...	...
1 VII 1987	1 552 894	784 182	50.5	784 182	...	...	768 712	...	...
1 VII 1988	1 593 100	804 828	50.5	804 828	...	...	788 272	...	...
1 VII 1989	1 633 069	825 116	50.5	825 116	...	...	807 953	...	...
1 VII 1990	1 668 700	843 800	50.6	843 900	...	...	824 800	...	...
Maldives									
1 VII 1982	162 800	35 200	21.6	...	...	...	...	...	...
1 VII 1983	167 900	36 600	21.8	...	...	...	...	...	...
1 VII 1984	173 200	38 000	21.9	...	...	...	...	...	...
25 III 1985(C)	180 088	45 874	25.5	93 482	25 897	27.7	86 606	19 977	23.1
1 VII 1985	183 700	47 046	25.6	...	...	...	...	...	...
1 VII 1986	189 400	48 200	25.4	...	...	...	...	...	...
1 VII 1987	195 100	53 800	27.6	...	...	...	...	...	...
1 VII 1988	200 000	56 000	28.0	...	...	...	...	...	...
1 VII 1989	206 000	58 000	28.2	...	...	...	...	...	...
Mongolia – Mongolie									
5 I 1989(C)*	2 043 400	1 165 900	57.1	...	...	...	...	...	...
Myanmar									
31 III 1983(C)	35 307 913	8 466 292	24.0	17 518 255	4 214 463	24.1	17 789 658	4 251 829	23.9
Pakistan [20]									
1 VII 1982	87 758 000	24 809 000	28.3	...	...	...	...	...	...
1 VII 1983	90 480 000	25 560 000	28.2	...	...	...	...	...	...
1 VII 1984	93 286 000	26 334 000	28.2	...	...	...	...	...	...
1 VII 1985	96 180 000	27 216 000	28.3	...	...	...	...	...	...
1 VII 1986	99 163 000	28 060 000	28.3	...	...	...	...	...	...
1 VII 1987	102 238 000	28 913 000	28.3	...	...	...	...	...	...
1 VII 1988	105 409 000	29 793 000	28.3	...	...	...	...	...	...
1 VII 1989	108 678 420	30 699 000	28.2	...	...	...	...	...	...
1 VII 1990	112 049 000	31 633 000	28.2	...	...	...	...	...	...
1 VII 1991*	115 524 000	32 595 000	28.2	...	...	...	...	...	...
Philippines [1]									
1 VII 1982	50 783 065	19 429 664	38.3	25 475 273	...	...	25 307 792	...	...
1 VII 1983	52 055 370	20 203 280	38.8	26 117 426	...	...	25 937 944	...	...
1 VII 1984	53 351 220	21 000 880	39.4	26 771 815	...	...	26 579 405	...	...
1 VII 1985	54 668 332	21 821 760	39.9	27 437 246	...	...	27 231 086	...	...
1 VII 1986	56 004 130	22 665 184	40.5	28 112 404	...	...	27 891 726	...	...
1 VII 1987	57 356 042	23 530 304	41.0	28 795 983	...	...	28 560 059	...	...
1 VII 1988	58 721 307	24 416 144	41.6	29 486 544	...	...	29 234 763	...	...
1 VII 1989	60 096 988	25 321 600	42.1	30 182 591	...	...	29 914 397	...	...
1 VII 1990	61 480 180	26 245 568	42.7	30 882 646	...	...	30 597 534	...	...
1 VII 1991*	62 868 212	27 186 816	43.2	...	...	...	...	...	...

(See notes at end of table. – Voir notes à la fin du tableau.)

Continent, country or area and date Continent, pays ou zone et date	Both sexes – Les deux sexes			Male – Masculin			Female – Féminin		
	Total	Urban – Urbaine		Total	Urban – Urbaine		Total	Urban – Urbaine	
		Number Nombre	Per cent P. 100		Number Nombre	Per cent P. 100		Number Nombre	Per cent P. 100
ASIA—ASIE (Cont.–Suite)									
Syrian Arab Republic – République arabe syrienne [21]									
1 VII 1982	9 298 000	4 392 000	47.2	4 749 000	2 243 000	47.2	4 549 000	2 149 000	47.2
1 VII 1983	9 611 000	4 587 000	47.7	4 909 000	2 367 000	48.2	4 702 000	2 220 000	47.2
1 VII 1984	9 934 000	4 783 000	48.1	5 072 000	2 448 000	48.3	4 862 000	2 335 000	48.0
1 VII 1985	10 267 000	4 991 000	48.6	5 244 000	2 580 000	49.2	5 023 000	2 411 000	48.0
1 VII 1986	10 612 000	5 208 000	49.1	5 420 000	2 692 000	49.7	5 192 000	2 516 000	48.5
1 VII 1987	10 969 000	5 428 000	49.5	5 603 000	2 805 000	50.1	5 366 000	2 623 000	48.9
1 VII 1988	11 338 000	5 672 000	50.0	5 793 000	2 932 000	50.6	5 545 000	2 740 000	49.4
1 VII 1989	11 719 000	5 855 000	50.0	5 986 000	3 025 000	50.5	5 733 000	2 830 000	49.4
1 VII 1990	12 116 000	6 087 000	50.2	6 189 000	3 146 000	50.8	5 927 000	2 941 000	49.6
Tajikistan – Tadjikistan									
12 I 1989(C) [1]	5 092 603	1 655 105	32.5	2 530 245	812 986	32.1	2 562 358	842 119	32.9
Thailand – Thaïlande									
1 IV 1990(C)*1	54 532 300	10 206 900	18.7	27 031 200	4 941 000	18.3	27 501 100	5 265 900	19.1
Turkey – Turquie									
1 VII 1982	46 546 530	22 072 964	47.4	...	...	...	...	...	...
1 VII 1983	47 714 959	23 499 036	49.2	...	...	...	...	...	...
1 VII 1984	48 978 233	25 017 241	51.1	...	...	...	...	...	...
1 VII 1985	50 230 688	26 354 576	52.5	...	...	...	...	...	...
20 X 1985(C)	50 664 458	26 865 757	53.0	25 671 975	14 010 662	54.6	24 992 483	12 855 095	51.4
1 VII 1986	51 682 028	28 057 270	54.3	...	...	...	...	...	...
1 VII 1987	53 246 022	29 869 971	56.1	...	...	...	...	...	...
1 VII 1988	54 929 745	31 799 784	57.9	...	...	...	...	...	...
1 VII 1989	56 740 741	33 854 278	59.7	...	...	...	...	...	...
1 VII 1990	58 687 034	36 041 506	61.4	...	...	...	...	...	...
1 VII 1991*	60 777 174	38 370 045	63.1	...	...	...	...	...	...
Turkmenistan – Turkménistan									
12 I 1989(C) [1]	3 522 717	1 591 148	45.2	1 735 179	783 245	45.1	1 787 538	807 903	45.2
Uzbekistan – Ouzbékistan									
12 I 1989(C) [1]	19 810 077	8 040 963	40.6	9 784 156	3 937 149	40.2	10 025 921	4 103 814	40.9
Viet Nam									
1 VII 1986	61 109 333	11 817 447	19.3	29 912 001	6 156 998	20.6	31 197 332	5 660 449	18.1
1 VII 1987	62 452 446	12 271 310	19.6	30 611 596	6 363 437	20.8	31 840 850	5 907 873	18.6
1 VII 1988	63 727 350	12 662 402	19.9	31 450 047	6 509 897	20.7	32 277 303	6 152 505	19.1
EUROPE									
Albania – Albanie									
1 VII 1982	2 780 300	948 000	34.1	...	...	...	...	...	...
1 VII 1983	2 838 100	973 500	34.3	...	...	...	...	...	...
1 VII 1984	2 896 700	999 400	34.5	1 494 700	508 700	34.0	1 402 000	490 700	35.0
1 VII 1985	2 957 400	1 029 200	34.8	1 526 000	523 300	34.3	1 431 400	505 900	35.3
1 VII 1986	3 016 200	1 055 700	35.0	1 553 300	536 300	34.5	1 462 900	519 400	35.5
1 VII 1987	3 076 100	1 082 800	35.2	1 584 200	549 500	34.7	1 491 900	533 300	35.7
1 VII 1988	3 138 100	1 111 400	35.4	1 616 100	563 500	34.9	1 522 000	547 900	36.0
12 IV 1989(C)*	3 182 400	1 129 800	35.5	1 638 900	...	...	1 543 500	...	...
1 VII 1989	3 199 233	1 146 506	35.8	...	...	...	...	...	...
Andorra – Andorre									
1 VII 1982	39 940	38 366	96.1	...	...	...	...	...	...
1 VII 1983	41 627	39 970	96.0	...	...	...	...	...	...
1 VII 1984	42 712	40 832	95.6	22 890	...	...	19 822	...	...
1 VII 1985	44 596	42 543	95.4	23 695	...	...	20 901	...	...
1 VII 1986	46 976	44 727	95.2	24 828	...	...	22 148	...	...
1 VII 1987	47 671	45 389	95.2	25 202	23 937	95.0	22 469	21 452	95.5
1 VII 1988	49 640	47 187	95.1	26 233	24 884	94.9	23 407	22 303	95.3
1 VII 1989	50 276	47 790	95.1	27 412	26 056	95.1	22 864	21 734	95.1
1 VII 1990	51 642	48 939	94.8	27 092	25 614	94.5	24 550	23 325	95.0
1 VII 1991*	57 558	54 285	94.3	30 707	28 866	94.0	26 851	25 419	94.7

(See notes at end of table. – Voir notes à la fin du tableau.)

Continent, country or area and date / Continent, pays ou zone et date	Both sexes – Les deux sexes Total	Urban – Urbaine Number / Nombre	Urban Per cent P. 100	Male – Masculin Total	Urban – Urbaine Number / Nombre	Urban Per cent P. 100	Female – Féminin Total	Urban – Urbaine Number / Nombre	Urban Per cent P. 100
EUROPE (Cont.–Suite)									
Belarus – Bélarus									
12 I 1989(C) [1]	10 151 806	6 641 377	65.4	4 749 324	3 137 071	66.1	5 402 482	3 504 306	64.9
Bulgaria – Bulgarie									
1 VII 1982	8 917 457	5 697 242	63.9	4 438 296	2 840 070	64.0	4 479 161	2 857 172	63.8
1 VII 1983	8 939 738	5 779 165	64.6	4 446 183	2 880 677	64.8	4 493 555	2 898 488	64.5
1 VII 1984	8 960 679	5 879 134	65.6	4 452 958	2 930 737	65.8	4 507 721	2 948 397	65.4
1 VII 1985	8 960 416	5 869 832	65.5	4 452 181	2 924 721	65.7	4 508 235	2 945 111	65.3
4 XII 1985(C)	8 948 388	5 796 330	64.8	4 430 061	2 862 394	64.6	4 518 327	2 933 936	64.9
1 VII 1986	8 957 638	5 839 302	65.2	4 451 946	2 907 972	65.3	4 505 692	2 931 330	65.1
1 VII 1987	8 971 358	5 921 244	66.0	4 437 666	2 923 029	65.9	4 533 692	2 998 215	66.1
1 VII 1988	8 981 446	5 990 895	66.7	4 438 638	2 956 276	66.6	4 542 808	3 034 619	66.8
1 VII 1989	8 989 476	6 051 093	67.3	4 438 707	2 984 449	67.2	4 550 769	3 066 644	67.4
1 VII 1990	8 990 741	6 097 047	67.8	4 435 274	3 004 845	67.7	4 555 467	3 092 202	67.9
Czechoslovakia – Tchécoslovaquie									
1 VII 1982	15 369 091	11 328 677	73.7	7 483 476	...	...	7 885 615	...	...
1 VII 1983	15 414 360	11 421 455	74.1	7 506 006	...	...	7 908 354	...	...
1 VII 1984	15 458 200	11 488 069	74.3	7 527 815	...	...	7 930 385	...	...
1 VII 1985	15 498 531	11 571 716	74.7	7 547 807	...	...	7 950 724	...	...
1 VII 1986	15 533 526	10 039 421	64.6	7 565 961	...	...	7 967 565	...	...
1 VII 1987	15 572 443	10 118 765	65.0	7 585 364	...	...	7 987 079	...	...
1 VII 1988	15 607 479	10 196 601	65.3	7 602 120	...	...	8 005 359	...	...
1 VII 1989	15 638 443	10 278 408	65.7	7 617 276	...	...	8 021 167	...	...
1 VII 1990	15 660 514	10 321 985	65.9	7 627 057	...	...	8 033 457	...	...
Estonia – Estonie									
1 VII 1982	1 489 427	1 054 820	70.8	...	...	...	...	...	...
1 VII 1983	1 498 179	1 064 677	71.1	...	...	...	...	...	...
1 VII 1984	1 507 934	1 073 796	71.2	...	...	...	...	...	...
1 VII 1985	1 519 012	1 083 764	71.3	...	...	...	...	...	...
1 VII 1986	1 531 971	1 094 816	71.5	712 670	504 726	70.8	819 301	590 090	72.0
1 VII 1987	1 546 489	1 105 693	71.5	720 562	510 378	70.8	825 927	595 315	72.1
1 VII 1988	1 559 587	1 114 649	71.5	727 911	515 170	70.8	831 676	599 479	72.1
12 I 1989(C) [1]	1 565 662	1 118 829	71.5	731 392	517 400	70.7	834 270	601 429	72.1
1 VII 1989	1 568 692	1 121 198	71.5	733 203	518 698	70.7	835 489	602 500	72.1
1 VII 1990	1 571 056	1 122 365	71.4	734 881	519 403	70.7	836 175	602 962	72.1
Finland – Finlande [1]									
1 VII 1982	4 826 933	2 889 221	59.9	2 335 171	1 366 641	58.5	2 491 762	1 522 580	61.1
1 VII 1983	4 855 787	2 910 467	59.9	2 350 021	1 380 617	58.7	2 505 766	1 529 850	61.1
1 VII 1984	4 881 803	2 917 135	59.8	2 363 200	1 380 542	58.4	2 518 603	1 536 593	61.0
1 VII 1985	4 902 206	2 930 865	59.8	2 373 504	1 387 395	58.5	2 528 702	1 543 470	61.0
17 XI 1985(C)	4 910 619	2 938 341	59.8	2 377 978	1 391 315	58.5	2 532 641	1 547 026	61.1
1 VII 1986	4 918 154	3 037 980	61.8	2 381 823	1 440 455	60.5	2 536 331	1 597 526	63.0
1 VII 1987	4 932 123	3 047 658	61.8	2 389 367	1 445 432	60.5	2 542 756	1 602 226	63.0
1 VII 1988	4 946 481	3 055 944	61.8	2 397 118	1 449 928	60.5	2 549 363	1 606 016	63.0
1 VII 1989	4 964 371	3 063 263	61.7	2 407 064	1 454 418	60.4	2 557 307	1 608 845	62.9
1 VII 1990	4 986 431	3 073 388	61.6	...	...	...	...	...	...
31 XII 1990	4 998 478	3 079 763	61.6	2 426 204	1 464 406	60.4	2 572 274	1 615 357	62.8
France									
4 III 1982(C) [22]	54 334 871	39 872 566	73.4	...	...	...	...	...	...
Germany – Allemagne [23]									
	...	...	...	...	...	...	...	...	...
Former German [1] Democratic Republic – Ancienne République démocratique allemande									
1 VII 1982	16 697 366	12 769 558	76.5	...	...	...	...	...	...
1 VII 1983	16 698 555	12 784 132	76.6	7 867 628	5 990 818	76.1	8 830 927	6 793 314	76.9
1 VII 1984	16 670 767	12 761 507	76.6	7 867 433	5 989 386	76.1	8 803 334	6 772 121	76.9
1 VII 1985	16 644 308	12 748 928	76.6	7 870 139	5 994 479	76.2	8 774 169	6 754 449	77.0
1 VII 1986	16 624 375	12 739 918	76.6	7 880 864	6 006 828	76.2	8 743 511	6 733 090	77.0
1 VII 1987	16 641 298	12 778 830	76.8	...	...	...	...	...	...
1 VII 1988	16 666 340	12 797 833	76.8	7 951 914	6 076 263	76.4	8 714 426	6 721 570	77.1
1 VII 1989	16 629 750	12 766 153	76.8	7 960 345	6 081 600	76.4	8 669 405	6 684 553	77.1
1 VII 1990	16 247 284	12 401 458	76.3	7 776 885	5 906 444	75.9	8 470 399	6 495 014	76.7

6. Urban and total population by sex: 1982 – 1991 (continued)

Population urbaine et population totale selon le sexe: 1982 – 1991 (suite)

(See notes at end of table. – Voir notes à la fin du tableau.)

Continent, country or area and date / Continent, pays ou zone et date	Both sexes – Les deux sexes			Male – Masculin			Female – Féminin		
	Total	Urban – Urbaine		Total	Urban – Urbaine		Total	Urban – Urbaine	
		Number Nombre	Per cent P. 100		Number Nombre	Per cent P. 100		Number Nombre	Per cent P. 100
EUROPE (Cont.–Suite)									
Hungary – Hongrie									
1 VII 1982	10 683 105	6 474 803	60.6	...	...	...	...	...	...
1 VII 1983	10 655 833	6 469 532	60.7	...	...	...	...	...	...
1 VII 1984	10 619 374	6 461 531	60.8	...	...	...	...	...	...
1 VII 1985	10 579 086	6 457 423	61.0	...	...	...	...	...	...
1 VII 1986	10 534 296	6 453 254	61.3	...	...	...	...	...	...
1 VII 1987	10 486 429	6 446 144	61.5	...	...	...	...	...	...
1 VII 1988	10 442 541	6 435 275	61.6	...	...	...	...	...	...
1 VII 1989	10 398 261	6 423 099	61.8	...	...	...	...	...	...
1 I 1990(C)	10 374 823	6 417 273	61.9	4 984 904	3 052 894	61.2	5 389 919	3 364 379	62.4
1 VII 1990	10 364 833	6 436 973	62.1	4 978 544	3 060 971	61.5	5 386 289	3 376 002	62.7
Iceland – Islande [1]									
1 VII 1982	233 997	207 448	88.7	117 907	103 591	87.9	116 090	103 857	89.5
1 VII 1983	237 041	210 885	89.0	119 352	105 261	88.2	117 689	105 624	89.7
1 VII 1984	239 498	213 559	89.2	120 487	106 548	88.4	119 011	107 011	89.9
1 VII 1985	241 403	215 761	89.4	121 365	107 602	88.7	120 038	108 159	90.1
1 VII 1986	243 209	217 912	89.6	122 200	108 595	88.9	121 009	109 317	90.3
1 VII 1987	245 962	221 033	89.9	123 543	110 127	89.1	122 419	110 906	90.6
1 VII 1988	249 885	225 305	90.2	125 523	112 293	89.5	124 362	113 012	90.9
1 VII 1989	252 746	228 494	90.4	126 946	113 859	89.7	125 800	114 635	91.1
1 VII 1990	254 788	230 942	90.6	127 895	115 022	89.9	126 893	115 920	91.4
Ireland – Irlande									
13 IV 1986(C)	3 540 643	1 996 778	56.4	1 769 690	969 003	54.8	1 770 953	1 027 775	58.0
Isle of Man – Ile de Man									
6 IV 1986(C)	64 282	46 764	72.7	30 782	22 255	72.3	33 500	24 509	73.2
1 VII 1986	63 212	46 027	72.8	30 270	...	...	32 942	...	...
Latvia – Lettonie									
1 VII 1982	2 547 300	1 779 600	69.9	...	...	...	...	...	...
1 VII 1983	2 561 800	1 796 600	70.1	...	...	...	...	...	...
1 VII 1984	2 577 400	1 813 000	70.3	...	...	...	...	...	...
1 VII 1985	2 593 800	1 829 500	70.5	...	...	...	...	...	...
1 VII 1986	2 614 400	1 849 200	70.7	...	...	...	...	...	...
1 VII 1987	2 640 700	1 872 800	70.9	...	...	...	...	...	...
1 VII 1988	2 667 100	1 895 400	71.1	...	...	...	...	...	...
12 I 1989(C) [1]	2 666 567	1 888 526	70.8	1 238 806	869 572	70.2	1 427 761	1 018 954	71.4
1 VII 1989	2 682 600	1 909 000	71.2	...	...	...	...	...	...
1 VII 1990	2 683 300	1 910 000	71.2	...	...	...	...	...	...
Lithuania – Lituanie									
1 VII 1982	3 457 189	2 189 365	63.3	...	...	...	...	...	...
1 VII 1983	3 485 189	2 233 656	64.1	...	...	...	...	...	...
1 VII 1984	3 514 200	2 277 257	64.8	...	...	...	...	...	...
1 VII 1985	3 544 548	2 319 994	65.5	...	...	...	...	...	...
1 VII 1986	3 578 908	2 366 000	66.1	...	...	...	...	...	...
1 VII 1987	3 616 374	2 415 296	66.8	1 707 440	1 135 855	66.5	1 908 934	1 279 441	67.0
1 VII 1988	3 654 674	2 463 115	67.4	1 728 219	1 159 869	67.1	1 926 455	1 303 246	67.6
12 I 1989(C) [1]	3 674 802	2 486 832	67.7	1 738 953	1 171 621	67.4	1 935 849	1 315 211	67.9
1 VII 1989	3 691 153	2 506 485	67.9	1 747 134	1 181 301	67.6	1 944 019	1 325 184	68.2
1 VII 1990	3 722 371	2 542 207	68.3	1 762 611	1 198 948	68.0	1 959 760	1 343 259	68.5
1 VII 1991*	3 741 442	2 561 741	68.5	1 770 477	1 206 580	68.1	1 970 965	1 355 161	68.8
Netherlands – Pays-Bas [1 24 25]									
1 VII 1982	14 312 690	12 643 349	88.3	7 092 082	6 242 138	88.0	7 220 608	6 401 211	88.7
1 VII 1983	14 697 070	12 681 728	88.3	7 113 375	6 255 954	87.9	7 253 695	6 425 774	88.6
1 VII 1984	14 424 211	12 763 348	88.5	7 136 886	6 292 829	88.2	7 287 325	6 470 519	88.6
1 VII 1985	14 491 649	12 818 010	88.5	7 167 083	6 317 104	88.1	7 324 566	6 500 906	88.8
1 VII 1986	14 572 266	12 886 569	88.4	7 204 429	6 348 862	88.1	7 367 837	6 537 707	88.7
1 VII 1987	14 663 629	12 970 107	88.5	7 247 982	6 388 979	88.1	7 415 647	6 581 128	88.7
1 VII 1988	14 758 569	13 055 945	88.5	7 294 013	6 430 555	88.2	7 464 556	6 625 390	88.8
1 VII 1989	14 848 768	13 154 499	88.6	7 336 270	6 478 137	88.3	7 510 941	6 676 362	88.9
1 VII 1990	14 951 524	13 265 149	88.7	7 389 006	6 534 277	88.4	7 562 518	6 730 872	89.0

(See notes at end of table. – Voir notes à la fin du tableau.)

Continent, country or area and date — Continent, pays ou zone et date	Both sexes – Les deux sexes			Male – Masculin			Female – Féminin		
	Total	Urban – Urbaine		Total	Urban – Urbaine		Total	Urban – Urbaine	
		Number Nombre	Per cent P. 100		Number Nombre	Per cent P. 100		Number Nombre	Per cent P. 100
EUROPE (Cont.–Suite)									
Poland – Pologne [26]									
1 VII 1982	36 227 381	21 493 474	59.3	17 656 002	10 329 312	58.5	18 571 379	11 164 162	60.1
1 VII 1983	36 571 418	21 821 627	59.7	17 827 065	10 491 373	58.9	18 744 353	11 330 254	60.4
1 VII 1984	36 913 515	22 095 529	59.9	17 999 505	10 601 683	58.9	18 914 010	11 493 846	60.8
1 VII 1985	37 202 981	22 374 954	60.1	18 143 812	10 741 900	59.2	19 059 169	11 633 054	61.0
1 VII 1986	37 455 681	22 608 829	60.4	18 268 160	10 852 682	59.4	19 187 521	11 756 147	61.3
1 VII 1987	37 663 756	22 879 384	60.7	18 369 716	10 985 709	59.8	19 294 040	11 893 675	61.6
1 VII 1988	37 862 063	23 176 011	61.2	18 466 797	11 131 537	60.3	19 395 266	12 044 474	62.1
6 XII 1988	37 878 641	23 174 726	61.2	18 464 373	11 120 389	60.2	19 414 268	12 054 337	62.1
1 VII 1989	37 962 808	23 319 069	61.4	18 504 503	11 190 871	60.5	19 458 305	12 128 198	62.3
1 VII 1990	38 118 805	23 535 363	61.7	18 577 970	11 297 775	60.8	19 540 835	12 237 588	62.6
Republic of Moldova – République de Moldova									
12 I 1989(C) [1]	4 335 360	2 020 120	46.6	2 063 192	968 826	47.0	2 272 168	1 051 294	46.3
Romania – Roumanie									
1 VII 1982	22 477 703	10 872 275	48.4	...	...	...	...	...	...
1 VII 1983	22 553 074	11 054 179	49.0	11 128 723	...	...	11 424 351	...	...
1 VII 1984	22 624 505	11 141 775	49.2	11 165 086	...	...	11 459 419	...	...
1 VII 1985	22 724 836	11 370 092	50.0	11 214 313	...	...	11 510 523	...	...
1 VII 1986	22 823 479	11 540 494	50.6	11 261 467	5 683 325	50.5	11 562 012	5 857 169	50.7
1 VII 1987	22 940 430	11 770 927	51.3	11 319 082	5 796 977	51.2	11 621 348	5 973 950	51.4
1 VII 1988	23 053 552	11 961 847	51.9	11 374 681	5 885 696	51.7	11 678 871	6 076 151	52.0
1 VII 1989	23 151 564	12 311 803	53.2	11 422 472	6 047 000	52.9	11 729 092	6 264 803	53.4
1 VII 1990	23 206 720	12 608 844	54.3	11 449 147	6 184 787	54.0	11 757 573	6 424 057	54.6
1 VII 1991*	23 192 500	12 552 407	54.1	...	...	...	...	...	...
Russian Federation – Fédération Russe									
12 I 1989(C) [1]	147 021 869	107 959 002	73.4	68 713 869	50 332 668	73.2	78 308 000	57 626 334	73.6
San Marino – Saint–Marin									
1 VII 1987	22 686	20 517	90.4	11 231	10 144	90.3	11 455	10 373	90.6
1 VII 1988	22 634	20 470	90.4	11 143	10 064	90.3	11 491	10 406	90.6
1 VII 1989	22 829	20 647	90.4	11 225	10 138	90.3	11 604	10 509	90.6
Switzerland – Suisse [1]									
1 VII 1982	6 391 309	3 924 396	61.4	3 111 426	1 875 622	60.3	3 279 883	2 048 774	62.5
1 VII 1983	6 418 774	3 929 603	61.2	3 125 696	1 879 321	60.1	3 293 078	2 050 282	62.3
1 VII 1984	6 441 865	3 931 862	61.0	3 137 809	1 881 374	60.0	3 304 056	2 050 488	62.1
1 VII 1985	6 470 366	3 938 557	60.9	3 152 820	1 885 685	59.8	3 317 546	2 052 872	61.9
1 VII 1986	6 504 125	3 947 294	60.7	3 170 147	1 890 928	59.6	3 333 978	2 056 366	61.7
1 VII 1987	6 545 107	3 959 832	60.5	3 190 883	1 897 757	59.5	3 354 224	2 062 075	61.5
1 VII 1988	6 593 387	3 976 389	60.3	3 215 388	1 906 472	59.3	3 377 999	2 069 917	61.3
1 VII 1989	6 646 912	3 993 537	60.1	3 243 229	1 915 779	59.1	3 403 683	2 077 758	61.0
1 VII 1990	6 712 273	4 016 266	59.8	3 277 925	1 928 644	58.8	3 434 348	2 087 622	60.8
Ukraine									
1 VII 1982	50 384 000	32 059 000	63.6	23 126 000	...	...	27 258 000	...	...
1 VII 1983	50 564 000	32 514 000	64.3	23 235 000	...	...	27 329 000	...	...
1 VII 1984	50 754 000	33 003 000	65.0	...	...	...	...	...	...
1 VII 1985	50 917 000	33 467 000	65.7	...	...	...	...	...	...
1 VII 1986	51 097 000	33 924 000	66.4	23 574 000	...	...	27 523 000	...	...
1 VII 1987	51 293 000	34 402 000	67.1	23 704 000	...	...	27 589 000	...	...
12 I 1989(C) [1]	51 704 000	34 591 000	66.9	23 959 000	...	...	27 745 000	...	...
OCEANIA—OCEANIE									
Australia – Australie									
30 VI 1986(C) [4]	15 602 156	13 316 945	85.4	7 768 313	6 567 861	84.5	7 833 843	6 749 084	86.3
Fiji – Fidji									
1 VII 1986	713 968	276 356	38.7	...	...	...	...	...	...
31 VIII 1986(C)	715 375	277 025	38.7	362 568	138 277	38.1	352 807	138 748	39.3
1 VII 1987	721 133	279 078	38.7	...	...	...	...	...	...

6. Urban and total population by sex: 1982 – 1991 (continued)

Population urbaine et population totale selon le sexe: 1982 – 1991 (suite)

(See notes at end of table. – Voir notes à la fin du tableau.)

Continent, country or area and date / Continent, pays ou zone et date	Both sexes – Les deux sexes			Male – Masculin			Female – Féminin		
	Total	Urban – Urbaine		Total	Urban – Urbaine		Total	Urban – Urbaine	
		Number Nombre	Per cent P. 100		Number Nombre	Per cent P. 100		Number Nombre	Per cent P. 100
OCEANIA—OCEANIE(Cont.–Suite)									
New Caledonia – [5] **Nouvelle–Calédonie**									
15 IV 1983(C)	145 368	60 112	41.4	74 285	30 174	40.6	71 083	29 938	42.1
1 VII 1984	148 407	86 646	58.4	...	...	...	...	...	...
1 VII 1985	151 317	87 570	57.9	...	...	...	...	...	...
1 VII 1986	154 006	88 486	57.5	...	...	...	...	...	...
4 IV 1989(C)	164 173	97 581	59.4	83 862	49 525	59.1	80 311	48 056	59.8
New Zealand – Nouvelle—Zélande									
4 III 1986(C) [27]	3 307 083	2 768 403	83.7	1 638 354	1 353 792	82.6	1 668 729	1 414 611	84.8
Tonga									
28 XI 1986(C)	94 649	29 018	30.7	47 611	14 363	30.2	47 038	14 655	31.2
Vanuatu									
16 V 1989(C)	142 419	25 870	18.2	73 384	13 670	18.6	69 035	12 200	17.7

GENERAL NOTES

(C) after date indicates census data. Percentages urban are the number of persons defined as "urban" per 100 total population. For definitions of "urban", see end of table. For method of evaluation and limitations of data, see Technical Notes, page 44.

Italics: estimates which are less reliable.

FOOTNOTES

* Provisional.
1 De jure population.
2 Because of rounding, totals are not in all cases the sum of the parts.

3 Excluding Bophuthatswana, Ciskei, Transkei and Venda.
4 Data have not been adjusted for under—enumeration; for further details, see table 3.
5 Series not strictly comparable due to differences of definitions of "urban".

6 Based on a 10 per cent sample of census returns.
7 De jure population, but including armed forces stationed in the area.
8 Mid—year estimates have been adjusted for under—enumeration. Census data have not been adjusted for this under—enumeration.

9 Excluding Indian jungle population.
10 Excluding nomadic Indian tribes.
11 Excluding nomads.
12 Covering only the civilian population of 28 provinces, municipalities and autonomous regions. Excluding Jimmen and Mazhu islands.
13 Covering only the civilian population of 30 provinces, municipalities and autonomous regions. Excluding Jimmen and Mazhu islands.
14 Including 26 106 transients and 9 131 Vietnamese refugees.
15 Including data for the Indian—held part of Jammu and Kashmir, the final status of which has not yet been determined.
16 Including data for East Jerusalem and Israeli residents in certain other territories under occupation by Israeli military forces since June 1967.

17 Excluding diplomatic personnel outside the country and foreign military and civilian personnel and their dependants stationed in the area.

18 Excluding alien armed forces, civilian aliens employed by armed forces, foreign diplomatic personnel and their dependants and Korean diplomatic personnel and their dependants stationed outside the country.

19 Including 28 834 foreigners.
20 Excluding data for Jammu and Kashmir, the final status of which has not yet been fully determined, Junagardh, Manavadar, Gilgit and Baltistan.
21 Including Palestinian refugees numbering 173 936 on 30 June 1973.
22 De jure population, but excluding diplomatic personnel outside the country and including foreign diplomatic personnel not living in embassies or consulates.

22 All data shown pertaining to Germany prior to 3 October 1990 are indicated separately for the Federal Republic of Germany and the former German Democratic Republic based on their respective territories at the time indicated. See explanatory notes on data pertaining to Germany on page 4.

23 Data for urban population exclude persons on the Central Register of Population (containing persons belonging to the Netherlands population but having no fixed municipality of residence). Including semi—urban.

25 Figure differs from corresponding estimate shown elsewhere because it is a mean of end—year estimates rather than an estimate as of 1 July.

26 Excluding civilian aliens within the country, but including civilian nationals temporarily outside the country.
27 Excluding diplomatic personnel and armed forces outside the country, the latter numbering 1 936 at 1966 census, also excluding alien armed forces within the country.

NOTES GENERALES

La lettre (C) indique qu'il s'agit de données de recensement. Les pourcentages urbains réprésentent le nombre de personnes définies comme vivant dans des "régions urbaines" pour 100 personnes de la population totale. Pour les définitions des "régions urbaines", se reporter à la fin du tableau. Pour la méthode d'évaluation et les insuffisances des données, voir Notes techniques, page 44.
Italiques: estimations moins sûres.

NOTES

* Données provisoires.
1 Population de droit.
2 Les chiffres étant arrondis, les totaux correspondent pas toujours rigoureusement à la somme des chiffres partiels.
3 Non compris Bophuthatswana, Ciskei, Transkei et Venda.
4 Les données n'ont pas ééeté ajustées pour compenser les lacunes de dénombrement; pour plus de détails, voir le tableau 3.
5 Les séries ne sont pas strictement comparables en raison des différences existant dans la définition des "régions urbaines".
6 D'après un échantillon de 10 p. 100 des bulletins de recensement.
7 Population de droit, mais y compris les militaires en garnison sur le territoire.
8 Les estimations au milleu de l'année tiennent compte d'une ajustement destiné à compenser les lacunes du dénombrement. Les données de recensement ne tiennent pas compte de cet ajustement.
9 Non compris les Indiens de la jungle.
10 Non compris les tribus d'Indiens nomades.
11 Non compris les nomades.
12 Pour la population civile seulement de 28 provinces, municipalités et régions autonomes. Non compris les îles de Jimmen et Mazhu.
13 Pour la population civile seulement de 30 provinces, municipalités et régions autonomes. Non compris les îles de Jimmen et Mazhu.
14 Y compris 26 106 transients et 9 131 réfugiés du Viet Nam.
15 Y compris les données pour la partie du Jammu et Cachemire occupée par l'Inde, dont le statut définitif n'a pas encore été déterminé.
16 Y compris les données pour Jérusalem—Est et les résidents israéliens dans certains autres territoires occupés depuis juin 1967 par les forces armées israéliennes.
17 Non compris les personnel diplomatique hors du pays, les militaires et agents civils étrangers en poste sur le territoire et les membres de leur famille les accompagnant.
18 Non compris les militaires étrangers, les civils étrangers employés par les forces armées, le personnel diplomatique étranger et les membres de leur famille les accompagnant, le personnel diplomatique coréen hors du pays et les membres de leur famille les accompagnant.
19 Y compris 28 834 étrangers.
20 Non compris les données pour Jammu et Cachemire, dont le statut définitif n'a pas encore été déterminé, le Junagardh, le Manavadar, le Gilgit et le Baltistan.
21 Y compris les réfugiés de Palestine, au nombre de 173 936 au 30 juin 1973.
22 Population de droit, mais non compris le personnel diplomatique hors du pays et y compris le personnel diplomatique qui ne vit pas dans les ambassades et les consulats.
22 Toutes les données se rapportant à l'Allemagne avant le 3 octobre 1990 figurent dans deux rubriques séparées basées sur les territoires respectifs de la République fédérale d'Allemagne et l'ancienne République démocratique allemande selon la période indiquée. Voir les notes explicatives sur les données concernant l'Allemagne à la page 4.
23 Les données pour la population urbaine ne comprennent pas les personnes inscrites sur le Registre central de la population (personnes appartenant à la population néerlandaise mais sans résidence fixe dans l'une des municipalités). Y compris semi—urbaine.
25 Ce chiffre s'écarte de l'estimation correspondante indiquée ailleurs, car il s'agit d'une moyenne d'estimations de fin d'année et non d'une estimation au 1er juillet.
26 Non compris les civils étrangers dans le pays, mais y compris les civils nationaux temporairement hors du pays.
27 Non compris le personnel diplomatique et les militaires hors du pays, ces derniers au nombre de 1 936 au recensement de 1966; non compris également les militaires étrangers dans le pays.

AFRICA

Botswana: Agglomeration of 5 000 or more inhabitants where 75 per cent of the economic activity is of the non—agricultural type.
Burkina Faso: Not available.
Burundi: Commune of Bujumbura.
Cape Verde: Not available.
Côte d'Ivoire: Not available.
Egypt: Governorates of Cairo, Alexandria, Port Said, Ismailia, Suez, frontier governorates and capitals of other governorates as well as district capitals (Markaz).

Equatorial Guinea: District centres and localities with 300 dwellings and or 1 500 inhabitants or more.
Ethiopia: Localities of 2 000 or more inhabitants.
Ghana: Localities of 5 000 or more inhabitants.
Liberia: Localities of 2 000 or more inhabitants.
Libyan Arab Jamahiriya: Baladiyas (municipalities).
Malawi: All townships and town planning areas and all district centres.
Mali: Localities of 5 000 or more inhabitants and district centres.
Mauritius: Towns with proclaimed legal limits.

Morocco: 184 urban centres.
Nigeria: Not available.
Seychelles: Port Victoria, the capital.
Somalia: Not available.
South Africa: Places with some form of local authority.
St. Helena: Jamestown, the capital.
Sudan: Localities of administrative and/or commercial importance or with population of 5 000 or more inhabitants.
Swaziland: Localities proclaimed as urban.
Tunisia: Population living in communes.
United Republic of Tanzania: 16 gazetted townships.
  Tanganyika: 1967: 15 gazetted townships.
  Zanzibar: Not available.
Zaire: Agglomerations of 2 000 or more inhabitants where the predominant economic activity is of the non—agricultural type and also mixed agglomerations which are considered urban because of their type of economic activity but are actually rural in size. 1984: Not available.
Zambia: Localities of 5 000 or more inhabitants, the majority of whom all depend on non—agricultural activities.
Zimbabwe: Towns and places of 2 500 or more inhabitants.

AMERICA, NORTH

Canada: 1976: Incorporated cities, towns and villages of 1 000 or more inhabitants, and their urbanized fringes; unincorporated places of 1 000 or more inhabitants, having a population density of at least 1 000 per square mile or 390 per square kilometre, and their urbanized fringes.

1981: Places of 1 000 or more inhabitants, having a population density of 400 or more per square kilometre.
Costa Rica: Administrative centres of cantons.
Cuba: Population living in a nucleus of 2 000 or more inhabitants.
Dominican Republic: Administrative centres of municipios and municipal districts, some of which include suburban zones of rural character.
El Salvador: Administrative centres of municipios.
Haiti: Administrative centres of communes.
Honduras: Localities of 2 000 or more inhabitants.

Jamaica: Not available.
Nicaragua: Administrative centres of municipios and localities of 1 000 or more inhabitants with streets and electric light.
Panama: Localities of 1 500 or more inhabitants having essentially urban characteristics. Beginning 1970, localities of 1 500 or more inhabitants with such urban characteristics as streets, water supply systems, sewerage systems and electric light.
United States Virgin Islands: Places of 2 500 or more inhabitants and urbanized areas.

AFRIQUE

Botswana: Agglomération de 5 000 habitants et plus dont 75 p. 100 de l'activité économique n'est pas de type agricole.
Burkina Faso: Définition non communiquée.
Burundi: Commune de Bujumbura.
Cap—Vert: Définition non communiquée.
Côte d'Ivoire: Définition non communiquée.
Egypt: Chefs—lieux de gouvernements du Caire, d'Alexandrie, de Port Saïd, d'Ismaïlia, de Suez; chefs—lieux de gouvernements frontières, autres chefs—lieux de gouvernements et chefs—lieux de district (Markaz).
Guinée equatoriale: Chef—lieux de district et localités avec 300 maisons et ou 1 500 habitants et plus.
Ethiopia: Localités de 2 000 habitants et plus.
Ghana: Localités de 5 000 habitants et plus.
Libérie: Localités de 2 000 habitants et plus.
Jamahiriya arabe libyenne: Baladiyas (municipalités)
Malawi: Toutes les villes et zones urbanisées et tous les chefs—lieux de district.
Mali: Localités de 5 000 habitants et plus et chefs—lieux de district.
Maurice: Villes ayant des limites officiellement définies.
Maroc : 184 centres urbains.
Nigéria: Définition non communiquée.
Seychelles: La capitale (Port Victoria).
Somalie: Définition non communiquée.
Afrique du Sud: Zones avec quelque autorité locale.
St. Hélène: La capitale (Jamestown).
Soudan: Localités dont le caractère est principalement administrant et/ou commercial ou localités ayant une population de 5 000 habitants et plus.
Swaziland: Localités déclarées urbaines.
Tunisie: Population vivant dans les communes.
République—Unie de Tanzanie: 16 villes érigées en communes.
  Tanganyika: 1967: 15 villes érigées en communes.
  Zanzibar: Définition non communiquée.
Zaïre: Agglomérations de 2 000 habitants et plus plus dont l'activité économique prédominante n'est pas de type agricole, et agglomérations mixtes qui sont considérées comme urbaines en raison de leur type d'activité économique mais qui par leur dimension sont en fait rurales. 1984: Définition non communiquée
Zambie: Localités de 5 000 habitants et plus dont l'activité économique prédominante n'est pas de type agricole.
Zimbabwe: Villes et zones de 2 500 habitants et plus.

AMERIQUE DU NORD

Canada: 1976: Grandes villes, villes et villages de 1 000 habitants ou plus, érigées en municipalités, ainsi que leurs couronnes urbaines; agglomérations de 1 000 habitants ou plus non érigées en municipalités, ayant une densit de population d'au moins 1 000 habitants au mille carré ou 390 habitants au kilomètre carrée, et leurs couronnes urbaines.
1981: Agglomérations de 1 000 habitants ou plus, ayant une densité de population de 400 ou plus habitants au kilomètre carrée.
Costa Rica: Chefs—lieux des cantons.
Cuba: Population vivant dans des agglomérations de 2 000 habitants ou plus.
République dominicaine: Chefs—lieux de municipios et districts municipaux, dont certains comprennent des zones suburbaines ayant des caractèristiques rurales.
El Salvador: Chefs—lieux de municipios.
Haïti: Chefs—lieux de communes.
Honduras: Localités de 2 000 ou plus ayant des caractèristiques essentiellement urbaines.
Jamaïque: Définition non communiquée.
Nicaragua: Chefs—lieux de municipios et localités de 1 000 habitants ou plus avec rues et éclairage électrique.
Panama: Localités de 1 500 habitants et plus ayant des caractéristiques essentiellement urbaines. A partir de 1970, localités de 1 500 habitants et plus présentant des caractéristiques urbaines, telles que: rues, éclairage électrique, systèmes d'approvisionnement en eau et systèmes d'égouts.
Iles Vierges américaines: Localités de 2 500 habitants et plus et zones urbanisées.

DEFINITION OF "URBAN"

AMERICA, SOUTH

Argentina: Populated centres with 2 000 or more inhabitants.
Bolivia: Localities of 2 000 or more inhabitants.
Brazil: Urban and suburban zones of administrative centres of municipios and districts.
Chile: Populated centres which have definite urban characteristics such as certain public and municipal services.
Colombia: Not available.
Ecuador: Capitals of provinces and cantons.
Falkland Islands (Malvinas): Town of Stanley.
Paraguay: Cities, towns and administrative centres of departments and districts.
Peru: Populated centres with 100 or more dwellings.
Uruguay: Cities.
Venezuela: Centres with a population of 1 000 or more inhabitants.

ASIA

Afghanistan: 63 localities.
Armenia: Cities and urban–type localities, offficially designated as such, usually according to the criteria of number of inhabitants and predominance of agricultural, or number of non–agricultural workers and their families.
Azerbaijan: Cities and urban–type localities, offficially designated as such, usually according to the criteria of number of inhabitants and predominance of agricultural, or number of non–agricultural workers and their families.
Bangladesh: Places having a municipality (Pourashava), a town committee (shahar committee) or a cantonment board.
Brunei Darussalam: Municipalities and areas having urban socio–economic characteristics.
China: Not available.
Georgia: Cities and urban–type localities, offficially designated as such, usually according to the criteria of number of inhabitants and predominance of agricultural, or number of non–agricultural workers and their families.
Hong Kong: Areas comprising Hong Kong island, New Kowloon and New Towns in New Territories.
India: Towns (places with municipal corporation, municipal area committee, town committee, notified area committee or cantonment board); also, all places having 5 000 or more inhabitants, a density of not less than 1 000 persons per square mile or 390 per square kilometre, pronounced urban characteristics and at least three fourths of the adult male population employed in pursuits other than agriculture.

Indonesia: Places with urban characteristics.
Iran: All Shahrestan centres, regardless of size, and all places having municipal centres.
Iraq: The area within the boundaries of Municipality Councils (Al–Majlis Al–Baldei).
Israel: All settlements of more than 2 000 inhabitants, except those where at least one third of households, participating in the civilian labour force, earn their living from agriculture.
Japan: City (shi) having 50 000 or more inhabitants with 60 per cent or more of the houses located in the main built–up areas and 60 per cent or more of the population (including their dependants) engaged in manufacturing, trade or other urban type of business. Alternatively, a shi having urban facilities and conditions as defined by the prefectural order is considered as urban.

Kazakhstan: Cities and urban–type localities, offficially designated as such, usually according to the criteria of number of inhabitants and predominance of agricultural, or number of non–agricultural workers and their families.
Korea, Republic of: Population living in cities irrespective of size of population.

Kyrgyzstan: Cities and urban–type localities, offficially designated as such, usually according to the criteria of number of inhabitants and predominance of agricultural, or number of non–agricultural workers and their families.
Malaysia
  Sabah: Gazetted areas with population of 10 000 or more.
  Sarawak: Gazetted areas with population of 10 000 or more.
Maldives: Malé, the capital.
Mongolia: Capital and district centres.
Myanmar: Not available.
Pakistan: Places with municipal corporation, town committee or cantonment.

Philippines: Not available.
Syrian Arab Republic: Cities, Mohafaza centres and Mantika centres, and communities with 20 000 or more inhabitants.

DEFINITIONS DES "REGIONS URBAINES"

AMERIQUE DU SUD

Argentine: Centres de peuplement de 2 000 habitants et plus.
Bolivie: Localités de 2 000 habitants et plus.
Brésil: Zones urbaines et suburbaines des chefs–lieux des municipios et des distritos.
Chili: Centres de peuplement ayant des charactéristiques nettement urbaines dues à la présence de certains services publics et municipaux.
Colombie: Définition non communiquée.
Equateur: Capitales des provinces et chefs–lieux de canton.
Iles Falkland (Malvinas): Ville de Stanley.
Paraguay: Grandes villes, villes et chefs–lieux des départements et des districts.
Pérou: Centres de peuplement de 100 logements ou plus qui sont occupés.
Uruguay: Villes.
Venezuela: Centres de 1 000 habitants et plus.

ASIE

Afghanistan: 63 localités.
Arménie: Grandes villes et localités de type urbain, officiellement désignées comme telles, généralement sur la base du nombre d'habitants et de la prédominance des travailleurs agricoles ou non agricoles avec leur famille.
Azerbaidjan: Grandes villes et localités de type urbain, officiellement désignées comme telles, généralement sur la base du nombre d'habitants et de la prédominance des travailleurs agricoles ou non agricoles avec leur famille.
Bangladesh: Zones ayant une municipalité (Pourashava), un comité de ville (shahar) ou un comité de zone de cantonnement.
Brunéi Darussalam: Municipalités et zones ayant des caractéristiques sociologiques urbaines.
Chine: Définition non communiquée.
Géorgie: Grandes villes et localités de type urbain, officiellement désignées comme telles, généralement sur la base du nombre d'habitants et de la prédominance des travailleurs agricoles ou non agricoles avec leur famille.
Hong–kong: Comprend les îles de Hong–kong, Kowloon et les Nouvelles villes dans les Nouveaux Territoires.
Inde: Villes (localités dotées d'une charte municipale, d'un comité de zone municipal, d'un comité de zone déclarée urbaine ou d'un comité de zone de cantonnement); également toutes les localités qui ont une population de 5 000 habitants au moins, une densité de population d'au moins 1 000 habitants au mille carré ou 390 au kilomètre carré, des caractéristiques urbaines prononcées et où les trois quarts au moins des adultes du sexe masculin ont une occupation agricole.
Indonésie: Localités présentant des caractéristiques urbaines.
Iran: Tous les chefs–lieux de Shahrestan, quelle qu'en soit la dimension, et toutes les agglomérations avec centres municipaux.
Iraq: La zone relevant des conseils municipaux (Al–Majlis Al–Baldei).
Israël: Tous les peuplements de plus de 2 000 habitants à l'exception de ceux où le tiers au moins des chefs de ménage faisant partie de la population civile active vivent de l'agriculture.
Japon: Villes (shi), comptant 50 000 habitants ou plus, où 60 p. 100 au moins des habitations sont situées dans les principales zones bâties, et dont 60 p. 100 au moins de population (dépendants compris) vit d'emplois s'exerçant dans les industries manufacturières, le commerce et autres branches d'activités essentiellement urbaines. D'autre part, tout shi possédant les équipements et présentant les caractères definis comme urbains par l'administration préfectorale est consideré comme zone urbaine.
Kazakhstan: Grandes villes et localités de type urbain, officiellement désignées comme telles, généralement sur la base du nombre d'habitants et de la prédominance des travailleurs agricoles ou non agricoles avec leur famille.
Corée, République de: Population vivant dans les villes irrespectivement de la dimension de la population.
Kirghizistan: Grandes villes et localités de type urbain, officiellement désignées comme telles, généralement sur la base du nombre d'habitants et de la prédominance des travailleurs agricoles ou non agricoles avec leur famille.
Malaisie
  Sabah: Zones déclarées telles et comptant au moins 10 000 habitants.
  Sarawak: Zones déclarées telles et comptant au moins 10 000 habitants.
Maldives: Malé, la capitale.
Mongolia: Capitale et chefs–lieux de district.
Myanmar: Définition non communiquée.
Pakistan: Localités dotées d'une charte municipale, d'un comité municipale au d'un cantonnement.
Philippines: Définition non communiquée.
République arabe syrienne: Villes, centres de district (Mohafaza) et centres de sous–district (Mantika), et communes de 20 000 habitants et plus.

DEFINITION OF "URBAN"

ASIA

Tajikistan: Cities and urban—type localities, offficially designated as such, usually according to the criteria of number of inhabitants and predominance of agricultural, or number of non—agricultural workers and their families.
Thailand: Municipal areas.
Turkey: Population of the localities within the municipality limits of administrative centres of provinces and districts.
Turkmenistan: Cities and urban—type localities, officially designated as such, usually according to the criteria of number of inhabitants and predominance of agricultural, or number of non—agricultural workers and their families.
Uzbekistan: Cities and urban—type localities, officially designated as such, usually according to the criteria of number of inhabitants and predominance of agricultural, or number of non—agricultural workers and their families.
Viet Nam: Cities, towns and districts with 2 000 or more inhabitants.

EUROPE

Albania: Towns and other industrial centres of more than 400 inhabitants.
Andorra: Parishes of Andorra la Vieille, Escoldes—Engordany, Sant Julià, Encamp et la Massana.
Belarus: Cities and urban—type localities, officially designated as such, usually according to the criteria of number of inhabitants and predominance of agricultural, or number of non—agricultural workers and their families.
Bulgaria: Towns, that is, localities legally established as urban.
Czechoslovakia: Large towns, usually of 5 000 or more inhabitants, having a density of more than 100 persons per hectare of built—up area, three or more living quarters in at least 15 per cent of the houses, piped water and a sewerage system in the major part of the town, at least five physicians and a pharmacy, a nine—year secondary school, a hotel of at least twenty beds, a network of trade and distributive services which serve more than one town, job opportunities for the population of the surrounding area, the terminal for a system of bus lines and not more than 10 per cent of the total population active in agriculture; small towns of usually 2 000 or more inhabitants, having a density of more than 75 persons per hectare of built—up area, three or more living quarters in at least 10 per cent of the houses, piped water and a sewerage system for at least part of the town, at least two physicians and a pharmacy, other urban characteristics to a lesser degree and not more than 15 per cent of the total population active in agriculture.

Agglomerated communities which have the characteristics of small towns in regard to size; population density, housing, water supply, and sewerage, and the percentage of the population active in agriculture, but which lack such town characteristics as educational facilities, cultural institutions, health services and trade and distributive services, because these facilities and services are supplied by a town in the vicinity. 1970: Definition not available.

Estonia: Cities and urban—type localities, officially designated as such, usually according to the criteria of number of inhabitants and predominance of agricultural, or number of non—agricultural workers and their families.
Finland: Urban communes. 1970: Localities.
France: Communes containing an agglomeration of more than 2 000 inhabitants living in contiguous houses or with not more than 200 metres between houses, also communes of which the major portion of the population is part of a multicommunal agglomeration of this nature.
Germany:
Former German Democratic Republic: Communities with 2 000 or more inhabitants.

Hungary: Budapest and all legally designated towns.

Iceland: Localities of 200 or more inhabitants.
Ireland: Cities and towns including suburbs of 1 500 or more inhabitants.

Isle of Man: Borough of Douglas, town and village districts.

DEFINITIONS DES "REGIONS URBAINES"

ASIA

Tadjikistan: Grandes villes et localités de type urbain, officiellement désignées comme telles, généralement sur la base du nombre d'habitants et de la prédominance des travailleurs agricoles ou non agricoles avec leur famille.
Thailande: Zones municipales.
Turquie: Population des localités contenues à l'intérieur des limites municipaux des chefs—lieux des provinces et des districts.
Turkménistan: Grandes villes et localités de type urbain, officiellement désignées comme telles, généralement sur la base du nombre d'habitants et de la prédominance des travailleurs agricoles ou non agricoles avec leur famille.
Ouzbékistan: Grandes villes et localités de type urbain, officiellement désignées comme telles, généralement sur la base du nombre d'habitants et de la prédominance des travailleurs agricoles ou non agricoles avec leur famille.
Viet—Nam: Grand villes, villes et districts de 2 000 habitants et plus.

EUROPE

Albanie: Villes et autres centres industriels de plus de 400 habitants.
Andorre: Les paroisses d'Andorre la Vieille, Escoldes—Engordany, Sant Julià, Encamp et la Massana.
Bélarus: Grandes villes et localités de type urbain, officiellement désignées comme telles, généralement sur la base du nombre d'habitants et de la prédominance des travailleurs agricoles ou non agricoles avec leur famille.
Bulgarie: Villes, c'est—à—dire localités reconnues comme urbaines.
Tchécoslovaquie: Villes importantes comptant généralement 5 000 habitants et plus, ayant une densité de 100 personnes au moins par hectare de surface bâtie, dont au moins 15 p. 100 des habitations comportent trois pièces d'habitation ou davantage, et dont la plus grande partie est doté d'un système de adduction d'eau et d'égouts; ces villes doivent compter au moins cinq médicins et une pharmacie, une école secondaire dont l'enseignement est étalé sur neuf ans, un hôtel comprenant 20 lits au moins, un réseau, d'établissements de commerce et de services de distribution desservant plusieurs villes et offrir des possibilités d'emploi à la population des environs; en outre, elles doivent posséder le terminus d'un réseau de lignes d'autobus et le pourcentage de la population totale pratiquant l'agriculture ne doit pas dépasser 10 p. 100; petites villes ayant généralement 2 000 habitants et plus, une densité de plus de 75 personnes par hectare de surface bâtie et dont au moins 10 p. 100 des habitations comportent trois pièces d'habitation au moins, ayant un système d'adduction d'eau et d'égouts tout au moins dans une partie de la ville, comptant deux médicins et une pharmacie au minimum et présentant les autres caractéristiques urbaines à une degré moindre. Le pourcentage de la population totale pratiquant l'agriculture ne doit pas dépasser 15 p. 100.
Les communautés groupées ayant les caractéristiques de petites villes en ce qui concerne l'importance et la densité de la population; l'habitation, l'approvisionnement en eau et le système d'égouts, et le pourcentage de la population pratiquant l'agriculture, mais ne présentant pas les autres éléments caractéristiques des petites villes (établissements d'enseignement, institutions culturelles, services de santé, commerçants, services de distribution), la localité dépendant d'une ville du voisinage dans tous ces domaines. 1970: Définition non communiquée.
Estonie: Grandes villes et localités de type urbain, officiellement désignées comme telles, généralement sur la base du nombre d'habitants et de la prédominance des travailleurs agricoles ou non agricoles avec leur famille.
Finlande: Communes urbaines. 1970: Localités.
France: Communes comprenant une agglomération de plus de 2 000 habitants vivant dans des habitations contiguës ou qui ne sont pas distantes les unes des autres de plus de 200 mètres et communes où la majeure partie de la population vit dans une agglomération multicommunale de cette nature.
Allemagne:
Ancienne République démocratique allemande: Agglomérations de 2 000 habitants et plus.
Hongrie: Budapest et toutes les autres localités reconnues officiellement comme urbaines.
Islande: Localités de 200 habitants et plus.
Irlande: Villes de toutes dimensions, y compris leur banlieue, comptant 1 500 habitants ou plus.
Ile de Man: Borough de Douglas, villes et chefs—lieus des districts.

EUROPE

Latvia: Cities and urban–type localities, officially designated as such, usually according to the criteria of number of inhabitants and predominance of agricultural, or number of non–agricultural workers and their families.
Lithuania: Cities and urban–type localities, officially designated as such, usually according to the criteria of number of inhabitants and predominance of agricultural, or number of non–agricultural workers and their families.
Netherlands: Urban: Municipalities with a population of 2 000 and more inhabitants.
Semi–urban: Municipalities with a population of less than 2 000 but with not more than 20 per cent of their economically active male population engaged in agriculture, and specific residential municipalities of commuters.
Poland: Towns and settlements of urban type, e.g. workers' settlements, fishermen's settlements, health resorts.
Republic of Moldova: Cities and urban–type localities, officially designated as such, usually according to the criteria of number of inhabitants and predominance of agricultural, or number of non–agricultural workers and their families.
Romania: Cities, towns and 183 other localities (comprising 13 per cent of total urban population) having urban socio–economic characteristics.

Russian Federation: Cities and urban–type localities, officially designated as such, usually according to the criteria of number of inhabitants and predominance of agricultural, or number of non–agricultural workers and their families.
Ukraine: Cities and urban–type localities, officially designated as such, usually according to the criteria of number of inhabitants and predominance of agricultural, or number of non–agricultural workers and their families.
San Marino: Not available.
Switzerland: Communes of 10 000 or more inhabitants, including suburbs.

OCEANIA

Australia: Population clusters of 1 000 or more inhabitants and some areas of lower population (e.g. holiday areas), if they contain 250 or more dwellings of which at least 100 are occupied.
Fiji: Not available.
New Caledonia: Nouméa and communes of Païta, Dumbéa and Mont–Dore.
New Zealand: All cities, plus boroughs, town districts, townships and country towns with a population of 1 000 or more.
Tonga: Greater Nuku'alofa (Kolomotu'a and Kolofo'ou Districts).
Vanuatu: Luganville centre and Vila urban.

EUROPE

Lettonie: Grandes villes et localités de type urbain, officiellement désignées comme telles, généralement sur la base du nombre d'habitants et de la prédominance des travailleurs agricoles ou non agricoles avec leur famille.
Lituanie: Grandes villes et localités de type urbain, officiellement désignées comme telles, généralement sur la base du nombre d'habitants et de la prédominance des travailleurs agricoles ou non agricoles avec leur famille.
Pays–Bas: Régions urbaines: municipalités de 2 000 habitants et plus. **Régions semi–urbaines:** municipalités de moins de 2 000 habitants, mais où 20 p. 100 au maximum de la population active du sexe masculin pratiquent l'agriculture, et certaines municipalités de caractère résidentiel dont les habitants travaillent ailleurs.
Pologne: Villes et peuplements de type urbain, par exemple groupements de travailleurs ou de pêcheurs et stations climatiques.
République de Moldova: Grandes villes et localités de type urbain, officiellement désignées comme telles, généralement sur la base du nombre d'habitants et de la prédominance des travailleurs agricoles ou non agricoles avec leur famille.
Roumanie: Villes importantes et moyennes et 183 autres localités (comprenant 13 p. 100 de la population urbaine totale) ayant des caractèristiques sociologiques urbaines.
Fédération Russe: Grandes villes et localités de type urbain, officiellement désignées comme telles, généralement sur la base du nombre d'habitants et de la prédominance des travailleurs agricoles ou non agricoles avec leur famille.
Ukraine: Grandes villes et localités de type urbain, officiellement désignées comme telles, généralement sur la base du nombre d'habitants et de la prédominance des travailleurs agricoles ou non agricoles avec leur famille.
Saint–Marin: Définition non communiquée.
Suisse: Communes de 10 000 habitants et plus, et leurs banlieues.

OCEANIE

Australie: Agglomérations de 1 000 habitants et plus et certaines zones où la population est moindre (centre de villégiature), si elles contiennent 250 logements et plus dont 100 ou mois sont occupées.
Fidji: Définition non communiquée.
Nouvelle–Calédonie: Nouméa et communes de Païta, Dumbéa et Mont–Dore.
Nouvelle–Zélande: Grandes villes, boroughs, chefs–lieux, municipalités et chefs–lieux des comtés de 1 000 habitants et plus.
Tonga: Le Grand Nuku'alofa (les districts de Kolomotu'a et Kolofo'ou).
Vanuatu: Centre Luganville et Vila urbaine.

(See notes at end of table.)

Continent, country or area, sex, date and urban/rural residence / Continent, pays ou zone, sexe, date et résidence, urbaine/rurale	All ages Tous âges	Age (in years)							
		− 1	1 – 4	5 – 9	10 – 14	15 – 19	20 – 24	25 – 29	30 – 3
AFRICA—AFRIQUE									
Algeria – Algérie 15 III 1987 [1]									
1 Total	22 600 957	*—— 3 7	41 591 ——*	3 353 299	2 851 210	2 473 329	2 202 665	1 647 752	1 381 27
2 Male – Masculin	11 425 492	*—— 1 9	10 048 ——*	1 710 348	1 467 460	1 248 468	1 110 255	837 975	715 03
3 Female – Féminin	11 175 465	*—— 1 8	31 543 ——*	1 642 951	1 383 750	1 224 861	1 092 410	809 777	666 24
Benin – Bénin 1 VII 1987 [2]									
4 Total	4 304 000	*—— 820	000 ——*	650 000	535 000	453 000	365 000	312 000	274 00
5 Male – Masculin	2 086 000	*—— 412	000 ——*	322 000	258 000	216 000	176 000	150 000	131 00
6 Female – Féminin	2 218 000	*—— 408	000 ——*	328 000	277 000	237 000	189 000	162 000	143 00
Botswana 1 VII 1991									
7 Total	1 334 647	*—— 248	930 ——*	217 250	176 439	137 316	116 787	95 452	76 4
8 Male – Masculin	640 610	*—— 124	405 ——*	108 465	87 950	68 867	57 412	44 081	33 3
9 Female – Féminin	694 037	*—— 124	525 ——*	108 785	88 489	68 449	59 375	51 371	43 1(
Burkina Faso 10 XII 1985(C) [2]									
10 Total	7 964 705	335 481	1 126 597	1 445 002	937 915	773 197	578 348	512 309	398 1
11 Male – Masculin	3 833 237	167 666	564 658	728 007	484 628	392 298	258 340	212 115	170 58
12 Female – Féminin	4 131 468	167 815	561 939	716 995	453 287	380 899	320 008	300 194	227 5
Burundi 1 I 1988* [2]									
13 Total	5 068 792	*—— 950	065 ——*	730 715	591 957	501 450	452 094	435 852	345 78
14 Male – Masculin	2 468 277	*—— 478	782 ——*	364 853	291 961	248 602	223 427	212 458	167 07
15 Female – Féminin	2 600 515	*—— 471	283 ——*	365 862	299 996	252 848	228 667	223 394	178 7(
Cameroon – Cameroun 1 VII 1986* [2][3]									
16 Total	10 446 409	418 405	1 527 718	1 592 570	1 178 113	998 795	864 175	742 827	630 7
17 Male – Masculin	5 212 483	209 841	766 409	798 946	590 539	500 525	433 757	373 298	316 7
18 Female – Féminin	5 233 926	208 564	761 309	793 624	587 574	498 270	430 418	369 529	314 0
Cape Verde – Cap–Vert 31 XII 1987									
19 Total	347 060	11 977	44 252	52 860	44 716	41 492	39 997	27 776	16 4
20 Male – Masculin	162 367	6 047	22 460	26 485	22 018	20 628	19 530	12 685	6 1
21 Female – Féminin	184 693	5 930	21 792	26 375	22 698	20 864	20 467	15 091	10 2
Central African Republic – République centrafricaine 1 VII 1985									
22 Total	2 607 800	*—— 456	100 ——*	361 000	294 500	251 300	218 500	190 700	165 2(
23 Male – Masculin	1 263 500	*—— 228	500 ——*	180 000	143 800	122 500	106 000	92 000	79 4(
24 Female – Féminin	1 344 300	*—— 227	600 ——*	181 000	150 700	128 800	112 500	98 700	85 8(
Chad – Tchad 1 VII 1992* [2]									
25 Total	5 961 000	*—— 975	000 ——*	809 000	686 000	578 000	532 000	479 000	409 0(
26 Male – Masculin	2 870 000	*—— 486	000 ——*	400 000	339 000	284 000	258 000	230 000	195 0(
27 Female – Féminin	3 091 000	*—— 489	000 ——*	409 000	347 000	294 000	274 000	249 000	214 0(
Congo 22 XII 1984(C) [1]									
28 Total	1 909 248	71 469	250 298	286 187	245 176	211 294	172 226	136 523	101 4
29 Male – Masculin	929 102	35 868	125 824	143 258	122 053	102 811	83 831	65 957	48 2
30 Female – Féminin	980 146	35 601	124 474	142 929	123 123	108 483	88 395	70 566	53 2
Egypt – Egypte 1 VII 1991* [2]									
31 Total	54 688 000	*—— 8 1	84 000 ——*	7 034 000	6 285 000	5 635 000	4 939 000	4 154 000	3 500 0
32 Male – Masculin	28 007 000	*—— 4 2	16 000 ——*	3 593 000	3 242 000	2 964 000	2 664 000	2 198 000	1 750 0
33 Female – Féminin	26 681 000	*—— 3 9	68 000 ——*	3 441 000	3 043 000	2 671 000	2 275 000	1 956 000	1 750 0

					Age (en années)							
35 – 39	40 – 44	45 – 49	50 – 54	55 – 59	60 – 64	65 – 69	70 – 74	75 – 79	80 – 84	85 +	Unknown Inconnu	
1 033 291	727 541	700 307	656 553	530 426	405 704	*———		893 159		———*	2 857	1
523 583	354 748	337 177	313 581	257 950	195 681	*———		441 519		———*	1 668	2
509 708	372 793	363 130	342 972	272 476	210 023	*———		451 640		———*	1 189	3
217 000	166 000	138 000	112 000	90 000	66 000	46 000	32 000	*——	28 000	——*	–	4
103 000	79 000	66 000	53 000	41 000	30 000	21 000	15 000	*—	13 000	—*	–	5
114 000	87 000	72 000	59 000	49 000	36 000	25 000	17 000	*—	15 000	—*	–	6
61 806	47 887	37 360	30 908	25 756	21 044	16 005	11 545	*—	13 744	—*	–	7
26 453	21 066	16 864	13 976	11 598	9 278	6 949	4 762	*—	5 173	—*	–	8
35 353	26 821	20 496	16 932	14 158	11 766	9 056	6 783	*—	8 571	—*	–	9
368 692	299 450	272 614	228 864	187 671	171 476	118 689	86 538	45 588	*— 68 288	—*	9 875	10
162 610	130 811	127 493	106 999	93 286	80 447	60 533	39 183	21 654	*— 27 253	—*	4 675	11
206 082	168 639	145 121	121 865	94 385	91 029	58 156	47 355	23 934	*— 41 035	—*	5 200	12
243 587	182 883	150 817	128 611	106 396	85 421	64 981	49 491	28 336	*— 20 354	—*	–	13
115 909	83 649	66 166	55 526	47 063	37 276	29 429	22 586	13 215	*— 10 297	—*	–	14
127 678	99 234	84 651	73 085	59 333	48 145	35 552	26 905	15 121	*— 10 057	—*	–	15
533 483	449 544	374 056	304 988	245 122	198 457	158 944	115 578	58 472	*— 54 372	—*	–	16
267 567	224 751	185 934	149 955	119 437	95 301	74 870	52 930	27 644	*— 24 040	—*	–	17
265 916	224 793	188 122	155 033	125 685	103 156	84 074	62 648	30 828	*— 30 332	—*	–	18
8 720	6 498	7 790	9 350	9 335	7 933	*———		17 959		———*	–	19
3 236	2 346	2 614	3 415	4 059	3 188	*———		7 529		———*	–	20
5 484	4 152	5 176	5 935	5 276	4 745	*———		10 430		———*	–	21
131 400	116 100	101 600	87 500	73 600	59 400	44 700	30 200	17 200	*— 8 800	—*	–	22
63 000	55 500	48 200	41 000	34 000	26 600	19 400	12 900	7 200	*— 3 500	—*	–	23
68 400	60 600	53 400	46 500	39 600	32 800	25 300	17 300	10 000	*— 5 300	—*	–	24
344 000	288 000	238 000	192 000	151 000	*———		280 000			———*	–	25
163 000	136 000	111 000	87 000	67 000	*———		114 000			———*	–	26
181 000	152 000	127 000	105 000	84 000	*———		166 000			———*	–	27
84 048	68 179	68 458	56 680	47 742	39 247	28 783	19 202	7 942	4 163	1 153	9 036	28
40 203	33 463	32 479	25 562	21 154	16 707	13 056	8 766	3 546	1 738	485	4 130	29
43 845	34 716	35 979	31 118	26 588	22 540	15 727	10 436	4 396	2 425	668	4 906	30
3 112 000	2 776 000	2 253 000	1 882 000	1 606 000	1 254 000	946 000	622 000	*—	506 000	—*	–	31
1 543 000	1 391 000	1 120 000	912 000	764 000	601 000	465 000	321 000	*—	263 000	—*	–	32
1 569 000	1 385 000	1 133 000	970 000	842 000	653 000	481 000	301 000	*—	243 000	—*	–	33

(See notes at end of table.)

Continent, country or area, sex, date and urban/rural residence / Continent, pays ou zone, sexe, date et résidence, urbaine/rurale	All ages Tous âges	−1	1−4	5−9	10−14	15−19	20−24	25−29	30−
AFRICA—AFRIQUE (Cont.—Suite)									
Equatorial Guinea – Guinée équatoriale 1 VII 1990 [2]									
1 Total	348 150	*—— 58 720 ——*		48 550	41 060	35 760	31 250	24 870	19 1
2 Male – Masculin	168 870	*—— 29 570 ——*		24 470	20 670	17 940	15 270	11 540	8 5
3 Female – Féminin	179 280	*—— 29 150 ——*		24 080	20 390	17 820	15 980	13 330	10 6
Ethiopia – Ethiopie 1 VII 1990 [2]									
4 Total	51 689 400	*—— 9 8 66 400 ——*		8 591 400	7 014 000	5 343 700	3 826 000	2 837 000	2 502
5 Male – Masculin	25 961 300	*—— 4 9 89 900 ——*		4 410 700	3 637 600	2 784 100	1 938 700	1 348 500	1 120
6 Female – Féminin	25 728 100	*—— 4 8 76 500 ——*		4 180 700	3 376 400	2 559 600	1 887 300	1 488 500	1 381 8
Gambia – Gambie 15 IV 1983(C)									
7 Total	687 817	18 134	98 654	111 451	72 782	63 070	58 539	60 858	44 9
8 Male – Masculin	342 134	9 262	49 160	55 639	37 514	29 398	27 187	27 770	20 9
9 Female – Féminin	345 683	8 872	49 494	55 812	35 268	33 672	31 352	33 088	24 0
Guinea–Bissau – Guinée–Bissau 1 I 1989									
10 Total	943 000	*—— 154 000 ——*		131 000	123 000	115 000	76 000	66 000	54 0
11 Male – Masculin	456 000	*—— 78 000 ——*		66 000	61 000	58 000	42 000	31 000	22 0
12 Female – Féminin	487 000	*—— 76 000 ——*		65 000	62 000	57 000	34 000	35 000	32 0
Kenya 1 VII 1985									
13 Total	20 333 275	*—— 4 2 68 608 ——*		3 392 401	2 771 236	2 217 962	1 662 886	1 321 670	1 059
14 Male – Masculin	10 126 127	*—— 2 1 60 659 ——*		1 713 666	1 397 832	1 112 395	829 134	652 892	516
15 Female – Féminin	10 207 148	*—— 2 1 07 949 ——*		1 678 735	1 373 404	1 105 567	833 752	668 778	543
Libyan Arab Jamahiriya – Jamahiriya arabe libyenne 31 VII 1984(C)* [4]									
16 Total	3 237 160	*—— 655 399 ——*		518 496	434 371	349 290	259 331	211 442	176
17 Male – Masculin	1 653 330	*—— 331 823 ——*		262 549	220 554	178 395	133 258	109 285	91
18 Female – Féminin	1 583 830	*—— 323 576 ——*		255 947	213 817	170 895	126 073	102 157	85
Malawi 1 VII 1991* [2]									
19 Total	8 556 200	*—— 1 7 28 800 ——*		1 330 000	1 074 100	870 500	719 100	592 900	485
20 Male – Masculin	4 173 900	*—— 865 400 ——*		663 100	534 300	431 800	354 600	287 000	229
21 Female – Féminin	4 382 300	*—— 863 400 ——*		666 900	539 800	438 700	364 500	305 900	256
Mali 1 IV 1987(C) [1] [2]									
22 Total	7 696 348	249 363	1 180 197	1 241 526	864 160	725 719	574 357	536 226	443
23 Male – Masculin	3 760 711	124 931	593 220	631 761	451 102	347 345	259 552	230 587	198
24 Female – Féminin	3 935 637	124 432	586 977	609 765	413 058	378 374	314 805	305 639	244
Mauritania – Mauritanie 5 IV 1988(C) [5]									
25 Total	1 864 236	46 963	258 150	298 809	218 743	189 490	161 463	144 996	117
26 Male – Masculin	923 175	23 873	130 935	154 546	114 455	92 683	74 901	67 126	56
27 Female – Féminin	941 061	23 090	127 215	144 263	104 288	96 807	86 562	77 870	60
Mauritius – Maurice Island of Mauritius – Ile Maurice 1 VII 1989 [2]									
28 Total	1 026 813	20 441	73 542	107 047	107 128	93 887	104 312	104 450	88
29 Male – Masculin	510 627	10 420	37 439	54 748	54 829	47 470	52 850	52 870	44
30 Female – Féminin	516 186	10 021	36 103	52 299	52 299	46 417	51 462	51 580	44

(Voir notes à la fin du tableau.)

					Age (en années)						Unknown Inconnu	
35 – 39	40 – 44	45 – 49	50 – 54	55 – 59	60 – 64	65 – 69	70 – 74	75 – 79	80 – 84	85 +		
15 740	14 360	13 730	12 490	10 280	8 300	6 200	4 090	2 340	*——— 1 250 ———*		–	1
7 040	6 370	6 220	6 010	5 060	3 960	2 850	1 820	1 010	*——— 510 ———*		–	2
8 700	7 990	7 510	6 480	5 220	4 340	3 350	2 270	1 330	*——— 740 ———*		–	3
2 403 500	2 197 500	1 841 700	1 466 000	1 167 700	899 400	659 800	471 200	*——————— 601 600 ———————*			–	4
1 086 700	1 048 000	919 900	745 000	589 900	452 800	334 900	241 800	*——————— 312 100 ———————*			–	5
1 316 800	1 149 500	921 800	721 000	577 800	446 600	324 900	229 400	*——————— 289 500 ———————*			–	6
33 093	29 678	20 161	19 704	10 336	13 504	6 597	7 226	3 295	4 379	3 964	7 443	7
16 973	14 999	11 330	10 415	6 164	7 330	3 882	3 882	1 840	2 200	2 000	4 269	8
16 120	14 679	8 831	9 289	4 172	6 174	2 715	3 344	1 455	2 179	1 964	3 174	9
58 000	38 000	36 000	26 000	21 000	16 000	9 000	10 000	4 000	*——— 6 000 ———*		–	10
23 000	16 000	16 000	11 000	10 000	7 000	5 000	5 000	2 000	*——— 3 000 ———*		–	11
35 000	22 000	20 000	15 000	11 000	9 000	4 000	5 000	2 000	*——— 3 000 ———*		–	12
860 917	701 461	567 440	454 474	356 259	270 847	194 122	125 245	*——————— 108 433 ———————*			–	13
417 411	339 684	273 617	218 063	169 839	128 044	90 620	57 587	*——————— 48 402 ———————*			–	14
443 506	361 777	293 823	236 411	186 420	142 803	103 502	67 658	*——————— 60 031 ———————*			–	15
147 029	120 802	98 934	79 503	62 650	47 745	34 459	22 481	*——————— 18 258 ———————*			–	16
76 549	62 992	51 419	41 333	32 240	24 304	17 195	11 077	*——————— 8 597 ———————*			–	17
70 480	57 810	47 515	38 170	30 410	23 441	17 264	11 404	*——————— 9 661 ———————*			–	18
396 600	329 600	274 200	225 300	177 900	135 600	98 100	63 900	35 700	*——— 18 200 ———*		–	19
182 700	152 200	127 800	105 900	82 300	61 700	44 300	28 400	15 500	*——— 7 500 ———*		–	20
213 900	177 400	146 400	119 400	95 600	73 900	53 800	35 500	20 200	*——— 10 700 ———*		–	21
379 184	325 824	263 717	236 346	182 328	180 624	115 973	82 093	41 615	*——— 52 930 ———*		20 464	22
178 089	156 580	131 802	116 685	95 161	89 512	60 436	40 116	21 030	*——— 24 988 ———*		8 829	23
201 095	169 244	131 915	119 661	87 167	91 112	55 537	41 977	20 585	*——— 27 942 ———*		11 635	24
89 672	72 879	55 701	62 628	32 007	41 154	22 833	24 013	*——————— 25 451 ———————*			2 136	25
44 513	34 802	27 593	30 023	16 847	20 190	11 518	10 812	*——————— 10 691 ———————*			1 210	26
45 159	38 077	28 108	32 605	15 160	20 964	11 315	13 201	*——————— 14 760 ———————*			926	27
76 563	54 048	43 483	39 327	31 206	30 558	22 268	14 314	8 930	3 818	2 573	–	28
37 277	26 307	20 646	19 201	15 704	15 304	9 971	6 498	3 290	1 260	531	–	29
39 286	27 741	22 837	20 126	15 502	15 254	12 297	7 816	5 640	2 558	2 042	–	30

(See notes at end of table.)

Continent, country or area, sex, date and urban/rural residence / Continent, pays ou zone, sexe, date et résidence, urbaine/rurale	All ages Tous âges	– 1	1 – 4	5 – 9	10 – 14	15 – 19	20 – 24	25 – 29	30 – 34
AFRICA—AFRIQUE (Cont.–Suite)									
Mauritius – Maurice									
Rodrigues									
1 VII 1989									
1 Total	37 046	1 229	5 105	5 504	4 703	4 374	3 326	2 560	1 816
2 Male – Masculin	19 034	645	2 618	2 804	2 451	2 256	1 690	1 335	979
3 Female – Féminin	18 012	584	2 487	2 700	2 252	2 118	1 636	1 225	837
Morocco – Maroc									
3 IX 1982(C)* 2									
4 Total	20 449 551	*— 3 1	10 382 —*	2 930 793	2 580 134	2 234 831	1 997 699	1 557 797	1 147 529
5 Male – Masculin	10 236 078	*— 1 5	77 129 —*	1 492 263	1 323 818	1 100 678	997 446	787 171	566 134
6 Female – Féminin	10 213 473	*— 1 5	33 253 —*	1 438 530	1 256 316	1 134 153	1 000 253	770 626	581 395
Mozambique									
1 VIII 1987 2 3									
7 Total	14 548 400	547 500	1 984 100	2 112 800	1 802 000	1 528 000	1 293 800	1 089 700	913 400
8 Male – Masculin	7 095 400	270 100	977 900	1 040 000	886 800	751 700	635 400	533 900	446 500
9 Female – Féminin	7 453 000	277 400	1 006 200	1 072 800	915 200	776 300	658 400	555 800	466 900
Réunion									
15 III 1990(C) 1									
10 Total	597 828	2 628	50 591	62 505	60 894	62 094	58 553	57 673	46 813
11 Male – Masculin	294 256	1 278	25 565	31 593	30 749	31 430	28 652	28 592	23 063
12 Female – Féminin	303 572	1 350	25 026	30 912	30 145	30 664	29 901	29 081	23 750
St. Helena ex. dep. – Sainte–Hélène sans dép.									
22 II 1987(C)*									
13 Total	5 415	97	381	486	531	644	409	420	403
14 Male – Masculin	2 625	46	200	230	268	304	161	192	206
15 Female – Féminin	2 790	51	181	256	263	340	248	228	197
Tristan da Cunha									
1 VII 1991									
16 Total	293	4	10	16	15	17	35	14	17
17 Male – Masculin	139	3	7	8	8	5	17	5	9
18 Female – Féminin	154	1	3	8	7	12	18	9	8
Senegal – Sénégal									
27 V 1988(C)* 6									
19 Total	6 892 720	*— 1 3	20 724 —*	1 130 258	819 274	706 623	559 954	533 025	379 003
20 Male – Masculin	3 353 490	*— 666	262 —*	555 598	408 813	330 671	258 818	239 678	181 356
21 Female – Féminin	3 539 230	*— 654	462 —*	574 660	410 461	375 952	301 136	293 347	197 647
Seychelles									
1 VII 1990									
22 Total	67 378	1 618	6 550	7 773	7 595	7 060	7 222	6 814	4 926
23 Male – Masculin	33 527	828	3 301	3 987	3 859	3 571	3 578	3 457	2 805
24 Female – Féminin	33 851	790	3 249	3 786	3 736	3 489	3 644	3 357	2 121
South Africa – Afrique du Sud 7									
5 III 1985(C) 2									
25 Total	23 385 645	532 469	2 191 355	2 675 708	2 796 638	2 468 856	2 332 191	2 027 959	1 681 848
26 Male – Masculin	11 545 282	266 840	1 098 619	1 343 319	1 397 197	1 203 645	1 135 300	1 027 540	848 049
27 Female – Féminin	11 840 363	265 629	1 092 736	1 332 389	1 399 441	1 265 211	1 196 891	1 000 419	833 799
Sudan – Soudan									
1 II 1983(C) 2									
28 Total	20 594 197	446 732	2 387 207	3 401 373	2 829 573	2 335 549	1 599 359	1 603 025	1 168 578
29 Male – Masculin	10 512 884	225 016	1 198 293	1 757 625	1 505 415	1 216 307	781 655	722 101	532 865
30 Female – Féminin	10 081 313.	221 716	1 188 914	1 643 748	1 324 158	1 119 242	817 704	880 924	635 713

7. Population selon l'âge, le sexe et la résidence, urbaine/rurale: dernière année disponible, 1982 – 1991 (suite)

(Voir notes à la fin du tableau.)

Age (en années)												
35 – 39	40 – 44	45 – 49	50 – 54	55 – 59	60 – 64	65 – 69	70 – 74	75 – 79	80 – 84	85 +	Unknown Inconnu	
1 688	1 603	1 309	1 032	849	654	526	395	213	115	45	—	1
882	811	672	559	431	339	255	161	91	45	10	—	2
806	792	637	473	418	315	271	234	122	70	35	—	3
843 463	882 226	716 343	709 694	450 327	488 270	232 525	254 053	*——— 313 485 ———*			—	4
397 216	397 412	352 350	338 002	238 285	243 328	132 960	121 626	*——— 170 260 ———*			—	5
446 247	484 814	363 993	371 692	212 042	244 942	99 565	132 427	*——— 143 225 ———*			—	6
761 700	632 500	520 800	419 800	327 400	244 000	171 100	108 700	59 500	*—— 31 600 ——*		—	7
371 200	306 900	251 200	200 100	153 100	111 200	75 800	46 700	24 600	*—— 12 300 ——*		—	8
390 500	325 600	269 600	219 700	174 300	132 800	95 300	62 000	34 900	*—— 19 300 ——*		—	9
41 688	32 849	26 541	24 392	19 219	16 472	13 275	9 034	6 515	3 647	2 445	—	10
20 565	16 601	13 225	12 061	9 188	7 862	5 927	3 680	2 442	1 171	612	—	11
21 123	16 248	13 316	12 331	10 031	8 610	7 348	5 354	4 073	2 476	1 833	—	12
363	341	239	233	198	186	153	119	93	72	47	—	13
187	204	124	132	83	73	78	49	41	28	19	—	14
176	137	115	101	115	113	75	70	52	44	28	—	15
17	21	20	21	18	16	24	9	7	6	6	—	16
5	12	10	8	10	7	14	4	1	4	2	—	17
12	9	10	13	8	9	10	5	6	2	4	—	18
341 212	217 933	217 282	162 635	160 755	108 100	96 585	*——— 139 357 ———*				—	19
160 575	104 813	104 673	82 153	80 253	57 672	50 792	*——— 71 363 ———*				—	20
180 637	113 120	112 609	80 482	80 502	50 428	45 793	*——— 67 994 ———*				—	21
3 068	2 278	1 976	2 242	1 929	1 669	1 525	1 164	922	543	162	342	22
1 718	1 164	1 002	1 086	847	741	635	449	309	150	2	38	23
1 350	1 114	974	1 156	1 082	928	890	715	613	393	160	304	24
1 430 925	1 182 933	995 136	787 984	619 063	552 054	439 231	299 592	179 278	105 975	86 450	—	25
726 751	595 215	505 889	389 010	300 851	243 118	194 598	128 751	72 518	39 123	28 949	—	26
704 174	587 718	489 247	398 974	318 212	308 936	244 633	170 841	106 760	66 852	57 501	—	27
1 285 477	907 836	754 444	587 475	315 072	355 605	194 493	181 879	83 435	74 164	52 079	30 842	28
624 181	464 286	416 795	322 428	182 820	205 100	115 603	104 702	49 296	41 967	28 950	17 479	29
661 296	443 550	337 649	265 047	132 252	150 505	78 890	77 177	34 139	32 197	23 129	13 363	30

(See notes at end of table.)

Continent, country or area, sex, date and urban/rural residence / Continent, pays ou zone, sexe, date et résidence, urbaine/rurale	All ages Tous âges	Age (in years)							
		−1	1 – 4	5 – 9	10 – 14	15 – 19	20 – 24	25 – 29	30 – 34
AFRICA—AFRIQUE (Cont.–Suite)									
Swaziland									
25 VIII 1986(C) [2]									
1 Total	681 059	21 065	100 504	107 915	92 989	75 674	58 386	47 051	35 693
2 Male – Masculin	321 579	10 166	49 857	53 305	46 054	36 472	24 336	19 540	15 837
3 Female – Féminin	359 480	10 899	50 647	54 610	46 935	39 202	34 050	27 511	19 856
Tunisia – Tunisie									
1 VII 1989 [2]									
4 Total	7 909 555	*—— 1 0 14 143 ——*		1 022 505	963 423	832 231	769 184	645 086	533 030
5 Male – Masculin	4 013 810	*—— 520 826 ——*		525 475	491 329	422 894	389 521	320 366	266 980
6 Female – Féminin	3 895 745	*—— 493 317 ——*		497 030	472 094	409 337	379 663	324 720	266 050
United Rep. of Tanzania – Rép.–Unie de Tanzanie									
1 VII 1985									
7 Total	21 733 000	997 300	3 379 700	3 317 000	2 704 000	2 305 000	1 627 000	1 488 000	1 161 000
8 Male – Masculin	10 637 000	500 000	1 697 000	1 657 000	1 354 000	1 126 000	791 000	696 000	527 000
9 Female – Féminin	11 096 000	497 300	1 682 700	1 660 000	1 350 000	1 179 000	836 000	792 000	634 000
Tanganyika									
1 VII 1985									
10 Total	21 162 000	*—— 2 1 68 000 ——*		3 225 000	2 615 000	2 244 000	1 582 000	1 453 000	1 132 000
11 Male – Masculin	10 357 000	*—— 2 1 42 000 ——*		1 612 000	1 310 000	1 095 000	769 000	680 000	514 000
12 Female – Féminin	10 805 000	*—— 2 1 26 000 ——*		1 613 000	1 305 000	1 149 000	813 000	773 000	618 000
Zanzibar									
1 VII 1985									
13 Total	571 000	23 300	85 700	92 000	89 000	61 000	45 000	35 000	29 000
14 Male – Masculin	280 000	12 000	43 000	45 000	44 000	31 000	22 000	16 000	13 000
15 Female – Féminin	291 000	11 300	42 700	47 000	45 000	30 000	23 000	19 000	16 000
Zaire – Zaïre									
1 VII 1985 [2]									
16 Total	30 981 382	1 357 953	4 552 184	4 675 192	3 849 045	3 225 309	2 704 158	2 226 223	1 850 012
17 Male – Masculin	15 326 732	695 915	2 313 307	2 364 650	1 939 657	1 614 079	1 340 441	1 082 637	907 449
18 Female – Féminin	15 654 650	662 038	2 238 877	2 310 542	1 909 388	1 611 230	1 363 717	1 143 586	942 563
Zimbabwe									
18 VIII 1987 [2]									
19 Total	8 687 327	282 839	1 153 617	1 430 015	1 280 968	1 033 046	708 397	574 492	454 938
20 Male – Masculin	4 238 404	143 058	565 113	710 883	633 365	522 625	331 881	256 962	204 869
21 Female – Féminin	4 448 923	139 781	588 504	719 132	647 603	510 421	376 516	317 530	250 069
AMERICA, NORTH— AMERIQUE DU NORD									
Bahamas									
1 VII 1990 [8]									
22 Total	253 309	*—— 25 202 ——*		25 126	26 643	28 404	26 989	26 387	21 015
23 Male – Masculin	123 012	*—— 12 734 ——*		12 688	13 334	14 141	13 373	13 090	10 066
24 Female – Féminin	130 296	*—— 12 468 ——*		12 437	13 309	14 262	13 616	13 297	10 949
Barbados – Barbade									
31 XII 1988									
25 Total	255 200	3 694	16 073	20 769	22 593	24 275	25 612	25 062	21 682
26 Male – Masculin	122 300	1 917	8 141	10 404	11 297	12 181	12 855	12 438	10 652
27 Female – Féminin	132 900	1 777	7 932	10 365	11 296	12 094	12 757	12 624	11 030

7. Population selon l'âge, le sexe et la résidence, urbaine/rurale: dernière année disponible, 1982 – 1991 (suite)

(Voir notes à la fin du tableau.)

Age (en années)

35 – 39	40 – 44	45 – 49	50 – 54	55 – 59	60 – 64	65 – 69	70 – 74	75 – 79	80 – 84	85 +	Unknown Inconnu	
31 070	24 564	22 774	16 152	11 801	9 432	7 968	6 030	3 503	2 547	3 087	2 854	1
14 043	11 225	11 383	8 219	5 998	4 268	3 365	2 589	1 473	1 000	1 073	1 376	2
17 027	13 339	11 391	7 933	5 803	5 164	4 603	3 441	2 030	1 547	2 014	1 478	3
418 015	305 403	273 963	288 823	256 087	200 605	150 564	100 199	76 293	*—— 60 001 ——*		—	4
200 860	148 108	133 820	146 532	134 000	104 625	79 331	55 797	42 894	*—— 30 452 ——*		—	5
217 155	157 295	140 143	142 291	122 087	95 980	71 233	44 402	33 399	*—— 29 549 ——*		—	6
1 140 000	857 000	742 000	505 000	467 000	347 000	234 000	152 000	*———— 310 000 ————*			—	7
529 000	415 000	364 000	253 000	236 000	162 000	114 000	72 000	*———— 144 000 ————*			—	8
611 000	442 000	378 000	252 000	231 000	185 000	120 000	80 000	*———— 166 000 ————*			—	9
1 116 000	838 000	726 000	491 000	457 000	339 000	226 000	147 000	*———— 303 000 ————*			—	10
518 000	406 000	356 000	246 000	231 000	158 000	110 000	70 000	*———— 140 000 ————*			—	11
598 000	432 000	370 000	245 000	226 000	181 000	116 000	77 000	*———— 163 000 ————*			—	12
24 000	19 000	16 000	14 000	10 000	8 000	8 000	5 000	*———— 7 000 ————*			—	13
11 000	9 000	8 000	7 000	5 000	4 000	4 000	2 000	*———— 4 000 ————*			—	14
13 000	10 000	8 000	7 000	5 000	4 000	4 000	3 000	*———— 3 000 ————*			—	15
1 539 734	1 263 014	1 018 203	808 155	633 920	481 121	344 066	255 603	128 039	*—— 69 451 ——*		—	16
747 306	606 967	482 101	377 398	290 141	214 049	149 057	124 375	51 259	*—— 25 944 ——*		—	17
792 428	656 047	536 102	430 757	343 779	267 072	195 009	131 228	76 780	*—— 43 507 ——*		—	18
376 742	299 224	288 828	205 208	195 829	129 950	136 617	57 065	35 482	14 351	29 719	—	19
168 257	141 024	141 024	106 898	107 124	67 348	70 399	29 606	17 515	6 441	14 012	—	20
208 485	158 200	147 804	98 310	88 705	62 602	66 218	27 459	17 967	7 910	15 707	—	21
16 047	12 815	11 436	9 187	7 024	5 428	3 970	3 478	2 398	*—— 1 760 ——*		—	22
7 601	5 996	5 313	4 263	3 222	2 353	1 688	1 482	946	*—— 721 ——*		—	23
8 447	6 819	6 123	4 924	3 802	3 075	2 282	1 996	1 452	*—— 1 039 ——*		—	24
17 178	12 616	10 075	9 181	9 022	8 321	8 088	7 842	6 582	*—— 6 535 ——*		—	25
8 407	5 971	4 626	3 998	3 841	3 537	3 436	3 323	2 728	*—— 2 548 ——*		—	26
8 771	6 645	5 449	5 183	5 181	4 784	4 652	4 519	3 854	*—— 3 987 ——*		—	27

(See notes at end of table.)

Continent, country or area, sex, date and urban/rural residence — Continent, pays ou zone, sexe, date et résidence, urbaine/rurale	All ages Tous âges	Age (in years)							
		– 1	1 – 4	5 – 9	10 – 14	15 – 19	20 – 24	25 – 29	30 – 34
AMERICA, NORTH— (Cont.–Suite) AMERIQUE DU NORD									
Belize 1 VII 1989									
1 Total	183 200	*——— 30	473 ———*	27 169	24 047	20 743	17 255	13 216	9 913
2 Male – Masculin	92 821	*—— 15	360 ——*	13 744	12 155	10 476	8 872	6 718	5 039
3 Female – Féminin	90 379	*—— 15	113 ——*	13 425	11 892	10 267	8 383	6 498	4 874
Bermuda – Bermudes 1 VII 1991 [1]									
4 Total	61 220	*——— 4	030 ———*	4 120	3 940	4 280	4 470	5 020	5 490
5 Male – Masculin	29 840	*——— 2	060 ———*	2 100	1 970	2 170	2 280	2 520	2 650
6 Female – Féminin	31 380	*——— 1	970 ———*	2 020	1 970	2 110	2 190	2 500	2 840
British Virgin Islands – Iles Vierges britanniques 1 VII 1988									
7 Total	12 375	*——— 1	238 ———*	1 151	1 257	1 269	1 101	978	1 015
8 Male – Masculin	6 213	*——	622 ——*	578	646	640	528	485	491
9 Female – Féminin	6 162	*——	616 ——*	573	611	629	573	493	524
Canada 1 VI 1991* [1][2][8]									
10 Total	26 991 600	403 800	1 532 400	1 866 400	1 850 900	1 839 500	1 991 700	2 341 200	2 429 300
11 Male – Masculin	13 302 400	206 700	784 000	956 600	949 300	943 500	1 014 900	1 172 300	1 207 400
12 Female – Féminin	13 689 200	197 100	748 400	909 700	901 400	895 900	976 800	1 168 800	1 221 800
Cayman Islands – Iles Caïmanes 15 X 1989(C) [1]									
13 Total	25 355	422	1 595	1 925	1 816	2 053	2 274	2 867	2 711
14 Male – Masculin	12 372	209	805	944	942	966	1 158	1 404	1 297
15 Female – Féminin	12 983	213	790	981	874	1 087	1 116	1 463	1 414
Costa Rica 1 VII 1985* [1][2]									
16 Total	2 488 749	68 346	264 086	298 290	280 105	287 150	269 113	216 777	173 525
17 Male – Masculin	1 244 126	35 070	134 744	152 087	142 236	143 860	132 934	106 332	86 014
18 Female – Féminin	1 244 623	33 276	129 342	146 203	137 869	143 290	136 179	110 445	87 511
Cuba 1 VII 1989 [2]									
19 Total	10 522 796	184 538	690 674	730 258	829 869	1 127 809	1 169 901	1 026 472	680 909
20 Male – Masculin	5 297 524	95 501	354 674	373 877	423 933	575 014	594 614	513 871	338 538
21 Female – Féminin	5 225 272	89 037	336 000	356 381	405 936	552 795	575 287	512 601	342 371
El Salvador 1 VII 1986*									
22 Total	4 845 588	*——— 794	077 ———*	753 059	673 058	559 124	405 931	306 013	258 256
23 Male – Masculin	2 389 063	*——— 405	159 ———*	383 611	341 915	282 796	195 415	143 938	120 826
24 Female – Féminin	2 456 525	*——— 388	918 ———*	369 448	331 143	276 328	210 516	162 075	137 430
Greenland – Groenland 1 VII 1989 [1]									
25 Total	55 552	1 142	4 369	4 823	3 996	3 497	6 019	6 683	5 619
26 Male – Masculin	30 021	573	2 197	2 482	2 058	1 834	3 167	3 576	3 129
27 Female – Féminin	25 531	569	2 172	2 341	1 938	1 663	2 852	3 107	2 490
Guadeloupe 1 VII 1985* [1][9]									
28 Total	333 166	*——— 31	039 ———*	30 809	40 502	41 400	33 640	23 215	21 617
29 Male – Masculin	163 034	*——— 15	718 ———*	15 588	20 551	20 650	17 486	11 591	10 159
30 Female – Féminin	170 132	*——— 15	321 ———*	15 221	19 951	20 750	16 154	11 624	11 458

7. Population selon l'âge, le sexe et la résidence, urbaine/rurale: dernière année disponible, 1982 – 1991 (suite)

(Voir notes à la fin du tableau.)

Age (en années)												
35 – 39	40 – 44	45 – 49	50 – 54	55 – 59	60 – 64	65 – 69	70 – 74	75 – 79	80 – 84	85 +	Unknown Inconnu	
7 159	5 690	4 773	4 589	4 222	3 671	3 120	2 570	1 836	1 469	1 285	—	1
3 743	2 975	2 428	2 410	2 146	1 866	1 498	1 217	871	695	608	—	2
3 416	2 715	2 345	2 179	2 076	1 805	1 622	1 353	965	774	677	—	3
5 730	5 160	4 090	3 350	3 010	2 700	2 150	1 520	1 120	*—— 1 040 ——*		—	4
2 840	2 610	2 000	1 610	1 440	1 230	930	630	420	*—— 380 ——*		—	5
2 890	2 550	2 090	1 740	1 570	1 470	1 220	890	700	*—— 660 ——*		—	6
1 076	866	631	414	315	315	248	222	148	*—— 131 ——*		—	7
546	454	348	205	143	149	137	99	68	*—— 74 ——*		—	8
530	412	283	209	172	166	111	123	80	*—— 57 ——*		—	9
2 245 400	2 054 800	1 617 700	1 309 300	1 208 500	1 161 300	1 054 000	815 600	612 900	377 300	280 500	—	10
1 112 400	1 023 300	810 300	652 500	598 400	561 800	482 400	353 800	250 200	139 300	83 300	—	11
1 133 000	1 031 600	807 400	656 500	610 000	599 400	571 800	461 600	362 700	237 900	197 200	—	12
2 357	1 717	1 327	1 126	878	686	521	412	307	191	170	—	13
1 105	873	659	577	431	336	257	175	108	71	55	—	14
1 252	844	668	549	447	350	264	237	199	120	115	—	15
134 013	107 175	86 389	78 763	62 166	51 665	37 882	32 021	19 914	12 885	8 484	—	16
65 781	53 626	42 952	38 771	30 712	25 421	18 407	15 646	9 661	6 137	3 735	—	17
68 232	53 549	43 437	39 992	31 454	26 244	19 475	16 375	10 253	6 748	4 749	—	18
731 227	649 295	585 953	469 658	401 003	338 743	*——— 906 487 ———*					—	19
363 109	319 583	292 791	233 875	200 386	169 387	*——— 448 371 ———*					—	20
368 118	329 712	293 162	235 783	200 617	169 356	*——— 458 116 ———*					—	21
213 374	195 497	168 065	141 138	117 971	93 743	71 202	49 433	31 054	*—— 14 593 ——*		—	22
100 419	93 228	80 042	67 394	55 846	44 111	33 380	22 541	13 186	*—— 5 256 ——*		—	23
112 955	102 269	88 023	73 744	62 125	49 632	37 822	26 892	17 868	*—— 9 337 ——*		—	24
4 412	3 599	3 414	2 387	1 969	1 527	876	577	378	192	73	—	25
2 557	2 218	2 084	1 391	1 084	775	416	253	147	61	19	—	26
1 855	1 381	1 330	996	885	752	460	324	231	131	54	—	27
19 918	16 054	14 389	13 256	12 024	10 924	8 193	7 061	4 596	2 631	1 898	—	28
9 426	7 594	6 828	6 228	5 629	5 129	3 797	3 197	1 898	999	566	—	29
10 492	8 460	7 561	7 028	6 395	5 795	4 396	3 864	2 698	1 632	1 332	—	30

(See notes at end of table.)

Continent, country or area, sex, date and urban/rural residence / Continent, pays ou zone, sexe, date et résidence, urbaine/rurale	All ages Tous âges	– 1	1 – 4	5 – 9	10 – 14	15 – 19	20 – 24	25 – 29	30 – 34
AMERICA, NORTH — (Cont.–Suite) AMERIQUE DU NORD									
Guatemala 1 VII 1990 [2]									
1 Total	9 197 351	*—— 1 6	09 333 ——*	1 381 541	1 188 696	984 705	804 741	664 417	540 678
2 Male – Masculin	4 646 726	*—— 820	499 ——*	703 816	604 697	500 123	406 962	334 728	270 712
3 Female – Féminin	4 550 625	*—— 788	834 ——*	677 725	583 999	484 582	397 779	329 689	269 966
Haiti – Haïti 1 VII 1990 [1][2]									
4 Total	6 486 048	209 172	779 896	860 673	759 504	692 099	594 901	511 408	418 194
5 Male – Masculin	3 180 411	106 045	393 965	433 163	381 781	347 272	295 675	249 409	198 983
6 Female – Féminin	3 305 637	103 127	385 931	427 510	377 723	344 827	299 226	261 999	219 211
Honduras V 1988(C) [2]									
7 Total	4 248 561	153 352	580 896	684 034	571 575	446 949	347 053	300 492	248 036
8 Male – Masculin	2 110 106	78 394	296 914	349 055	290 189	219 858	163 623	142 319	120 498
9 Female – Féminin	2 138 455	74 958	283 982	334 979	281 386	227 091	183 430	158 173	127 538
Jamaica – Jamaïque 31 XII 1989 [2]									
10 Total	2 392 130	58 490	207 350	267 870	273 750	277 880	257 970	217 660	164 120
11 Male – Masculin	1 191 030	29 660	104 770	134 840	140 650	140 460	127 600	106 900	80 220
12 Female – Féminin	1 201 100	28 830	102 580	133 030	133 100	137 420	130 370	110 760	83 900
Martinique 15 III 1990(C)* [1][9]									
13 Total	359 579	1 303	24 668	28 909	28 104	35 553	34 261	34 170	28 649
14 Male – Masculin	173 876	664	12 441	14 728	14 278	18 147	17 058	16 804	14 040
15 Female – Féminin	185 703	639	12 227	14 181	13 826	17 406	17 203	17 366	14 609
Mexico – Mexique 1 VII 1985* [1]									
16 Total	77 938 288	*—— 10 3	88 640 ——*	10 376 182	10 667 339	9 318 298	7 659 437	6 250 820	4 966 081
17 Male – Masculin	39 152 224	*—— 5 2	65 220 ——*	5 265 892	5 416 296	4 724 501	3 865 199	3 140 691	2 491 122
18 Female – Féminin	38 786 072	*—— 5 1	23 420 ——*	5 110 290	5 251 043	4 593 797	3 794 238	3 110 129	2 474 959
Montserrat 1 VII 1982									
19 Total	11 675	*——	921 ——*	1 312	1 331	1 253	1 202	908	748
20 Male – Masculin	5 645	*——	483 ——*	643	661	628	599	462	390
21 Female – Féminin	6 030	*——	438 ——*	669	670	625	603	446	358
Netherlands Antilles – Antilles néerlandaises 1 VII 1989 [1]									
22 Total	190 205	*—— 17	562 ——*	17 104	15 168	16 308	15 129	18 172	16 827
23 Male – Masculin	92 918	*—— 8	918 ——*	8 677	7 627	8 389	7 721	9 018	8 196
24 Female – Féminin	97 287	*—— 8	644 ——*	8 427	7 541	7 919	7 408	9 154	8 631
Nicaragua 1 VII 1989 [2]									
25 Total	3 745 031	143 237	530 429	570 796	479 624	408 688	341 100	281 808	231 237
26 Male – Masculin	1 876 192	73 079	270 150	290 112	243 397	206 746	170 964	140 306	114 297
27 Female – Féminin	1 868 839	70 158	260 279	280 684	236 227	201 942	170 136	141 502	116 940
Panama 1 VII 1990 [2]									
28 Total	2 417 955	61 874	236 648	278 534	268 309	264 842	242 997	210 894	178 052
29 Male – Masculin	1 230 030	31 652	120 882	142 226	136 981	134 505	122 435	106 343	91 500
30 Female – Féminin	1 187 925	30 222	115 766	136 308	131 328	130 337	120 562	104 551	86 552
Puerto Rico – Porto Rico 1 VII 1991* [10]									
31 Total	3 604 586	59 532	238 868	319 180	343 330	330 598	286 795	254 595	243 738
32 Male – Masculin	1 735 557	30 714	125 787	166 799	175 222	172 039	137 782	118 312	110 075
33 Female – Féminin	1 869 029	28 818	113 081	152 383	168 108	158 560	149 014	136 283	133 663

(Voir notes à la fin du tableau.)

					Age (en années)						Unknown Inconnu	
35 – 39	40 – 44	45 – 49	50 – 54	55 – 59	60 – 64	65 – 69	70 – 74	75 – 79	80 – 84	85 +		
451 988	352 659	286 772	246 672	218 016	174 993	125 287	78 853	48 306	*—— 39 696 ——*		—	1
225 690	176 058	143 387	123 528	108 419	86 665	61 731	38 368	23 281	*—— 18 053 ——*		—	2
226 298	176 601	143 385	123 144	109 597	88 328	63 556	40 485	25 025	*—— 21 643 ——*		—	3
350 683	287 420	243 343	205 729	171 706	136 439	106 123	76 599	47 425	*—— 34 734 ——*		—	4
164 605	134 430	113 997	96 275	80 380	63 559	48 967	34 913	21 527	*—— 15 465 ——*		—	5
186 078	152 990	129 346	109 454	91 326	72 880	57 156	41 686	25 898	*—— 19 269 ——*		—	6
204 490	157 746	132 576	110 346	91 220	70 709	55 162	35 683	26 989	17 805	13 448	—	7
99 623	77 319	65 328	54 369	44 554	35 010	27 125	17 645	13 254	8 720	6 309	—	8
104 867	80 427	67 248	55 977	46 666	35 699	28 037	18 038	13 735	9 085	7 139	—	9
117 100	93 920	81 650	74 240	65 150	55 670	47 720	41 710	*———— 89 880 ————*			—	10
57 510	46 410	40 890	37 540	32 670	26 820	23 720	20 190	*———— 40 180 ————*			—	11
59 590	47 510	40 760	36 700	32 480	28 850	24 000	21 520	*———— 49 700 ————*			—	12
24 153	20 816	17 318	16 279	15 092	13 988	12 063	8 826	7 196	4 495	3 736	—	13
11 185	9 772	8 180	7 629	7 119	6 513	5 511	3 985	2 988	1 696	1 138	—	14
12 968	11 044	9 138	8 650	7 973	7 475	6 552	4 841	4 208	2 799	2 598	—	15
4 115 467	3 321 373	2 696 350	2 232 542	1 820 431	1 432 266	1 025 997	715 859	499 050	284 994	167 156	—	16
2 069 546	1 661 884	1 341 616	1 103 455	888 220	685 414	483 456	330 862	224 205	123 975	70 660	—	17
2 045 921	1 659 489	1 354 734	1 129 087	932 211	746 852	542 541	384 997	274 845	161 019	96 496	—	18
565	405	335	378	415	415	*———————— 1 487 ————————*					—	19
297	204	152	172	182	160	*———————— 612 ————————*					—	20
268	201	183	206	233	255	*———————— 875 ————————*					—	21
15 528	13 280	10 496	8 685	7 067	5 696	4 351	3 505	2 609	1 596	1 123	—	22
7 480	6 371	4 997	4 079	3 412	2 640	1 929	1 504	1 037	611	311	—	23
8 048	6 909	5 499	4 606	3 655	3 056	2 422	2 001	1 572	985	812	—	24
187 618	137 728	108 614	90 610	73 857	59 637	43 807	28 493	*———— 27 748 ————*			—	25
92 232	67 985	53 376	44 275	35 338	28 100	20 568	13 192	*———— 12 075 ————*			—	26
95 386	69 743	55 238	46 335	38 519	31 537	23 239	15 301	*———— 15 673 ————*			—	27
144 150	120 478	97 746	78 244	65 650	54 024	42 993	33 191	21 783	9 949	7 597	—	28
73 672	61 866	49 961	39 721	33 365	27 363	21 759	16 790	10 845	4 817	3 347	—	29
70 478	58 612	47 785	38 523	32 285	26 661	21 234	16 401	10 938	5 132	4 250	—	30
234 378	239 246	206 110	182 710	155 379	137 968	123 366	96 409	*———— 152 383 ————*			—	31
104 085	109 889	94 914	82 369	72 635	63 649	57 658	45 303	*———— 68 329 ————*			—	32
130 293	129 357	111 196	100 341	82 744	74 319	65 708	51 106	*———— 84 054 ————*			—	33

(See notes at end of table.)

Continent, country or area, sex, date and urban/rural residence / Continent, pays ou zone, sexe, date et résidence, urbaine/rurale	All ages Tous âges	− 1	1 − 4	5 − 9	10 − 14	15 − 19	20 − 24	25 − 29	30 −
AMERICA, NORTH— (Cont.–Suite) AMERIQUE DU NORD									
Saint Kitts and Nevis – Saint–Kitts–et–Nevis 1 VII 1988									
1 Total	44 380	*——— 4	840 ——*	4 750	4 660	4 340	3 890	3 880	3
2 Male – Masculin	22 740	*——— 2	550 ——*	2 480	2 440	2 280	2 040	2 250	1
3 Female – Féminin	21 640	*——— 2	290 ——*	2 270	2 220	2 060	1 850	1 630	1
Saint Lucia – Sainte–Lucie 1 VII 1989									
4 Total	148 183	*——— 22	632 ——*	22 093	21 132	18 446	13 525	9 131	6
5 Male – Masculin	71 929	*——— 11	552 ——*	10 998	10 617	9 379	6 776	4 495	3
6 Female – Féminin	76 254	*——— 11	080 ——*	11 095	10 515	9 067	6 749	4 636	3
St. Pierre and Miquelon – Saint–Pierre–et–Miquelon 9 III 1982(C) [9]									
7 Total	6 037	11	408	534	675	614	487	488	
8 Male – Masculin	2 981	6	219	250	326	323	244	264	
9 Female – Féminin	3 056	5	189	284	349	291	243	224	
Trinidad and Tobago – Trinité–et–Tobago 1 VII 1990									
10 Total	1 227 443	27 269	110 357	132 533	113 611	101 678	113 247	115 682	102
11 Male – Masculin	653 390	14 003	55 946	66 542	57 729	53 267	58 559	61 042	56
12 Female – Féminin	574 053	13 266	54 411	65 991	55 882	48 411	54 688	54 640	46
United States – Etats–Unis 1 IV 1990(C)* [11] [12]									
13 Total	248 709 873	3 945 974	14 811 673	18 034 778	17 060 469	17 881 711	19 131 578	21 327 869	21 832
14 Male – Masculin	121 239 348	2 018 404	7 580 624	9 232 031	8 738 800	9 172 834	9 742 551	10 702 497	10 861
15 Female – Féminin	127 470 525	1 927 570	7 231 049	8 802 747	8 321 669	8 708 877	9 389 027	10 625 372	10 971
AMERICA, SOUTH— AMERIQUE DU SUD									
Argentina – Argentine 1 VII 1990 [2] [3]									
16 Total	32 321 887	*— 3 2	29 187 —*	3 224 866	3 216 719	2 768 145	2 435 477	2 308 283	2 240
17 Male – Masculin	16 001 997	*— 1 6	40 677 —*	1 637 494	1 632 282	1 403 243	1 232 480	1 166 312	1 131
18 Female – Féminin	16 319 890	*— 1 5	88 510 —*	1 587 373	1 584 439	1 364 903	1 202 999	1 141 971	1 108
Bolivia – Bolivie 31 XII 1988 [2] [3]									
19 Total	6 020 200	*——— 875	000 ——*	858 400	740 200	617 300	488 200	452 300	376
20 Male – Masculin	2 994 300	*——— 445	200 ——*	441 100	381 300	305 500	236 100	210 900	184
21 Female – Féminin	3 025 800	*——— 429	800 ——*	417 200	358 900	311 800	252 200	241 300	191
Brazil – Brésil 1 VII 1990 [2] [13]									
22 Total	150 367 000	*— 18 9	63 000 —*	17 735 000	16 280 000	14 847 000	13 823 000	13 483 000	11 498
23 Male – Masculin	74 992 000	*— 9 5	76 000 —*	8 911 000	8 161 000	7 427 000	6 927 000	6 748 000	5 735
24 Female – Féminin	75 375 000	*— 9 3	87 000 —*	8 824 000	8 119 000	7 420 000	6 896 000	6 735 000	5 763
Chile – Chili 1 VII 1991* [2]									
25 Total	13 385 817	303 273	1 185 215	1 386 758	1 216 101	1 223 975	1 233 324	1 233 463	1 096
26 Male – Masculin	6 610 979	154 385	603 096	705 422	617 624	620 014	622 972	620 020	548
27 Female – Féminin	6 774 835	148 888	582 119	681 334	598 476	603 962	610 349	613 443	548
Colombia – Colombie 15 X 1985(C) [2]									
28 Total	27 837 932	612 050	2 757 872	3 444 848	3 226 267	3 254 871	3 000 600	2 417 131	1 907
29 Male – Masculin	13 777 700	312 866	1 404 540	1 750 586	1 639 319	1 582 367	1 440 203	1 151 976	937
30 Female – Féminin	14 060 232	299 184	1 353 332	1 694 262	1 586 948	1 672 504	1 560 397	1 265 155	969

					Age (en années)							
35 – 39	40 – 44	45 – 49	50 – 54	55 – 59	60 – 64	65 – 69	70 – 74	75 – 79	80 – 84	85 +	Unknown Inconnu	
2 700	2 050	1 660	1 460	1 440	1 280	1 320	1 170	800	490	410	—	1
1 390	1 040	790	670	690	590	610	510	300	170	130	—	2
1 310	1 010	870	790	750	690	710	660	500	320	280	—	3
5 321	4 706	4 450	4 266	3 876	3 474	2 934	2 247	1 619	1 039	532	—	4
2 446	2 129	1 964	1 856	1 741	1 575	1 295	913	597	345	151	—	5
2 875	2 577	2 486	2 410	2 135	1 899	1 639	1 334	1 022	694	381	—	6
408	344	316	260	238	219	181	148	85	72	43	—	7
212	194	153	130	116	85	79	57	31	21	6	—	8
196	150	163	130	122	134	102	91	54	51	37	—	9
89 880	71 905	59 068	50 754	39 351	32 016	25 877	17 872	12 726	*—— 10 651 ——*		—	10
50 356	40 048	34 321	29 169	23 152	18 460	14 290	9 380	6 125	*—— 4 308 ——*		—	11
39 524	31 857	24 747	21 585	16 199	13 556	11 587	8 492	6 601	*—— 6 343 ——*		—	12
19 845 733	17 589 034	13 743 577	11 313 073	10 487 443	10 625 209	10 065 835	7 979 660	6 102 929	3 909 046	3 021 425	—	13
9 833 180	8 676 472	6 739 157	5 493 144	5 008 415	4 946 654	4 507 539	3 399 275	2 388 895	1 355 830	841 227	—	14
10 012 553	8 912 562	7 004 420	5 819 929	5 479 028	5 678 555	5 558 296	4 580 385	3 714 034	2 553 216	2 180 198	—	15
2 140 245	1 920 302	1 672 561	1 507 347	1 414 030	1 299 840	1 075 280	815 675	589 349	*—— 464 296 ——*		—	16
1 078 311	967 049	833 512	739 834	681 252	610 071	486 993	349 898	238 826	*—— 172 421 ——*		—	17
1 061 933	953 254	839 048	767 513	732 778	689 770	588 287	465 778	350 523	*—— 291 875 ——*		—	18
369 100	279 000	254 700	170 500	148 500	136 800	87 600	60 600	35 200	*—— 41 200 ——*		29 000	19
177 700	138 000	127 600	84 200	73 000	66 800	43 100	29 900	18 000	*—— 18 200 ——*		12 800	20
191 400	141 000	127 000	86 300	75 600	70 000	44 500	30 800	17 200	*—— 23 000 ——*		16 100	21
9 706 000	7 772 000	6 110 000	5 242 000	4 294 000	3 617 000	2 767 000	1 929 000	1 326 000	*—— 975 000 ——*		—	22
4 826 000	3 867 000	3 037 000	2 595 000	2 112 000	1 765 000	1 335 000	917 000	617 000	*—— 436 000 ——*		—	23
4 880 000	3 905 000	3 073 000	2 647 000	2 182 000	1 852 000	1 432 000	1 012 000	709 000	*—— 539 000 ——*		—	24
932 960	762 618	648 312	517 993	447 180	383 896	295 547	221 743	150 352	*—— 146 212 ——*		—	25
463 855	375 697	315 257	248 265	208 790	174 200	129 032	92 229	58 604	*—— 52 744 ——*		—	26
469 106	386 921	333 055	269 729	238 390	209 696	166 514	129 513	91 747	*—— 93 468 ——*		—	27
1 664 696	1 224 524	1 044 109	919 946	694 379	578 699	399 742	305 301	184 552	112 523	88 547	—	28
813 010	619 497	514 955	455 950	345 915	287 781	195 046	150 061	89 154	50 078	36 597	—	29
851 686	605 027	529 154	463 996	348 464	290 918	204 696	155 240	95 398	62 445	51 950	—	30

(See notes at end of table.)

Continent, country or area, sex, date and urban/rural residence / Continent, pays ou zone, sexe, date et résidence, urbaine/rurale	Age (in years)								
	All ages Tous âges	– 1	1 – 4	5 – 9	10 – 14	15 – 19	20 – 24	25 – 29	30 – 3
AMERICA, SOUTH— (Cont.–Suite) AMERIQUE DU SUD									
Ecuador – Equateur 25 XI 1990(C) [2] [14]									
1 Total	9 648 189	241 203	1 011 967	1 261 915	1 224 139	1 038 651	916 862	789 524	665 78
2 Male – Masculin	4 796 412	125 041	518 042	640 766	621 640	509 519	442 431	381 690	326 36
3 Female – Féminin	4 851 777	116 162	493 925	621 149	602 499	529 132	474 431	407 834	339 42
Falkland Islands (Malvinas)– Iles Falkland (Malvinas) 16 XI 1986(C) [2]									
4 Total	1 878	*———	137 ———*	143	149	137	*———	313 ———* *—	
5 Male – Masculin	994	*———	60 ———*	71	78	72	*———	163 ———* *—	
6 Female – Féminin	884	*———	77 ———*	72	71	65	*———	150 ———* *—	
French Guiana – Guyane Française 9 III 1982(C) [1]									
7 Total	73 012	390	7 361	8 126	7 927	7 043	7 292	6 956	6 5
8 Male – Masculin	38 448	222	3 723	4 160	3 996	3 522	4 316	3 680	3 48
9 Female – Féminin	34 564	168	3 638	3 966	3 931	3 521	2 976	3 276	3 03
Paraguay 1 VII 1988 [2]									
10 Total	4 039 165	128 915	491 537	544 842	465 693	414 405	376 383	339 619	299 1
11 Male – Masculin	2 045 120	65 808	250 469	277 245	237 191	211 361	191 896	172 969	153 1
12 Female – Féminin	1 994 045	63 107	241 072	267 597	228 502	203 044	184 487	166 650	146 0
Peru – Pérou 1 VII 1990 [2] [3] [13]									
13 Total	21 550 322	*—— 2 8 51 143 ——*		2 683 983	2 574 659	2 345 436	2 088 753	1 812 575	1 500 9
14 Male – Masculin	10 846 578	*—— 1 4 52 345 ——*		1 364 300	1 307 910	1 190 769	1 059 207	917 603	756 8
15 Female – Féminin	10 703 744	*—— 1 3 98 798 ——*		1 319 683	1 266 749	1 154 667	1 029 546	894 972	744 0
Uruguay 1 VII 1990 [2]									
16 Total	3 096 371	51 940	205 940	260 230	278 382	261 071	228 886	224 855	213 3
17 Male – Masculin	1 509 134	26 544	105 201	132 825	141 830	133 415	115 237	111 239	104 0
18 Female – Féminin	1 587 237	25 396	100 739	127 405	136 552	127 656	113 649	113 616	109 3
Venezuela 1 VII 1990* [2] [3] [13]									
19 Total	19 325 222	*—— 2 6 82 341 ——*		2 489 089	2 222 401	1 961 510	1 828 166	1 642 644	1 403 0
20 Male – Masculin	9 747 375	*—— 1 3 68 531 ——*		1 268 133	1 130 696	997 156	927 950	830 476	707 6
21 Female – Féminin	9 577 847	*—— 1 3 13 809 ——*		1 220 955	1 091 705	964 354	900 216	812 168	695 3
ASIA—ASIE									
Afghanistan 1 VII 1988 [2] [15]									
22 Total	15 513 267	675 423	2 362 304	2 320 586	1 788 262	1 460 045	1 253 734	1 037 438	866 3
23 Male – Masculin	7 962 397	325 293	1 156 002	1 183 222	946 113	776 377	646 215	514 309	412 6
24 Female – Féminin	7 550 870	350 130	1 206 302	1 137 364	842 149	683 668	607 519	523 129	453 6
Armenia – Arménie 12 I 1989(C) [1] [2]									
25 Total	3 304 776	73 944	301 571	335 555	291 775	278 047	280 642	329 633	292 1
26 Male – Masculin	1 619 308	37 886	154 986	172 197	149 294	144 413	138 056	161 427	142 7
27 Female – Féminin	1 685 468	36 058	146 585	163 358	142 481	133 634	142 586	168 206	149 4
Azerbaijan – Azerbaïdjan 12 I 1989(C) [1] [2]									
28 Total	7 021 178	176 713	685 225	758 832	681 239	693 716	687 145	706 364	560 85
29 Male – Masculin	3 423 793	91 429	352 401	389 636	348 627	365 213	330 419	335 599	271 5
30 Female – Féminin	3 597 385	85 284	332 824	369 196	332 612	328 503	356 726	370 765	289 3

7. Population selon l'âge, le sexe et la résidence, urbaine/rurale: dernière année disponible, 1982 – 1991 (suite)

(Voir notes à la fin du tableau.)

Age (en années)

35 – 39	40 – 44	45 – 49	50 – 54	55 – 59	60 – 64	65 – 69	70 – 74	75 – 79	80 – 84	85 +	Unknown Inconnu	
563 141	448 385	351 034	294 948	225 668	203 212	140 300	109 263	74 556	51 605	36 029	—	1
275 066	223 093	174 680	146 771	112 454	100 498	69 678	53 350	36 471	23 390	15 469	—	2
288 075	225 292	176 354	148 177	113 214	102 714	70 622	55 913	38 085	28 215	20 560	—	3
307 –*	*——	251 ——*	*——	200 ——*	*——	132 ——*	*——	77 ———	———*	32	—	4
176 –*	*——	144 ——*	*——	103 ——*	*——	76 ——*	*——	40 ———	———*	11	—	5
131 –*	*——	107 ——*	*——	97 ——*	*——	56 ——*	*——	37 ———	———*	21	—	6
4 909	3 803	2 901	2 509	1 964	1 670	1 329	942	519	371	246	238	7
2 688	2 077	1 569	1 407	1 043	861	661	456	240	149	65	133	8
2 221	1 726	1 332	1 102	921	809	668	486	279	222	181	105	9
261 707	169 010	133 029	111 095	85 853	73 773	59 013	41 482	24 986	*—— 18 638 ——*		—	10
135 602	86 737	67 300	55 504	41 042	34 201	27 227	19 189	10 689	*—— 7 555 ——*		—	11
126 105	82 273	65 729	55 591	44 811	39 572	31 786	22 293	14 297	*—— 11 083 ——*		—	12
1 252 655	1 014 599	835 165	714 368	594 318	462 547	342 024	237 357	148 950	*—— 90 878 ——*		—	13
629 908	509 016	417 470	354 220	291 122	222 733	161 260	108 726	65 774	*—— 37 399 ——*		—	14
622 747	505 583	417 695	360 148	303 196	239 814	180 764	128 631	83 176	*—— 53 479 ——*		—	15
191 982	178 579	167 368	159 099	162 259	151 007	123 795	91 971	73 267	42 783	29 602	—	16
94 491	86 613	81 373	76 017	78 147	70 916	56 726	39 934	29 448	16 010	9 129	—	17
97 491	91 966	85 995	83 082	84 112	80 091	67 069	52 037	43 819	26 773	20 473	—	18
1 211 691	987 519	732 426	577 824	485 063	392 302	286 013	195 185	*——— - 228 038 ———*			—	19
611 160	497 116	367 476	286 573	239 785	192 023	136 463	89 676	*——— - 96 499 ———*			—	20
600 531	490 403	364 950	291 251	245 278	200 279	149 550	105 509	*——— - 131 539 ———*			—	21
763 350	660 267	573 754	484 934	390 502	301 044	217 124	149 205	95 406	*—— 113 553 ——*		—	22
364 551	334 199	304 002	267 777	221 781	173 015	125 398	86 925	55 902	*—— 68 648 ——*		—	23
398 799	326 068	269 752	217 157	168 721	128 029	91 726	62 280	39 504	*—— 44 905 ——*		—	24
216 089	131 454	136 513	174 823	154 333	136 292	55 734	40 683	37 614	22 444	14 070	1 372	25
104 563	63 508	65 690	84 418	74 605	61 925	22 005	14 078	13 848	8 120	4 941	609	26
111 526	67 946	70 823	90 405	79 728	74 367	33 729	26 605	23 766	14 324	9 129	763	27
389 153	232 310	256 739	355 789	285 748	217 031	108 269	76 355	70 400	39 955	39 239	97	28
188 995	112 057	123 350	169 845	137 175	97 038	39 643	24 552	23 341	12 169	10 729	42	29
200 158	120 253	133 389	185 944	148 573	119 993	68 626	51 803	47 059	27 786	28 510	55	30

(See notes at end of table.)

Continent, country or area, sex, date and urban/rural residence — Continent, pays ou zone, sexe, date et résidence, urbaine/rurale	All ages Tous âges	Age (in years)							
		– 1	1 – 4	5 – 9	10 – 14	15 – 19	20 – 24	25 – 29	30 – 34
ASIA—ASIE (Cont.–Suite)									
Bahrain – Bahreïn 1 VII 1991*									
1 Total	516 444	*——— 74 659 ———*		63 782	45 670	40 167	38 403	40 398	50 072
2 Male – Masculin	296 902	*——— 38 020 ———*		32 520	23 144	20 285	19 653	21 695	31 437
3 Female – Féminin	219 542	*——— 36 639 ———*		31 262	22 526	19 882	18 750	18 703	18 635
Bangladesh 1 I 1990 [2][3]									
4 Total	109 291 000	*——————————— 47 85 4 000 ———————*				*————————————————			
5 Male – Masculin	56 381 000	*——————————— 24 36 6 000 ———————*				*————————————————			
6 Female – Féminin	52 910 000	*——————————— 23 48 8 000 ———————*				*————————————————			
Brunei Darussalam – Brunéi Darussalam 1 VII 1989 [2]									
7 Total	249 000	*——— 33 400 ———*		30 500	26 100	24 100	27 700	26 100	22 800
8 Male – Masculin	128 600	*——— 17 200 ———*		15 600	13 200	11 900	14 000	14 100	11 700
9 Female – Féminin	120 400	*——— 16 200 ———*		14 900	12 900	12 200	13 700	12 000	11 100
China – Chine 1 VII 1990(C) [2][16]									
10 Total	1131876 050	23 273 620	93 349 660	99 439 920	97 455 290	120401550	125877190	104268400	83 804 500
11 Male – Masculin	582 380 890	12 279 030	48 872 520	51 687 860	50 332 400	61 814 240	64 364 250	53 481 440	43 603 600
12 Female – Féminin	549 495 160	10 994 590	44 477 140	47 752 060	47 122 890	58 587 310	61 512 940	50 786 960	40 200 900
Cyprus – Chypre 31 XII 1989 [1][2]									
13 Total	698 800	*——— 64 100 ———*		63 800	52 100	51 200	53 700	60 900	57 200
14 Male – Masculin	348 700	*——— 33 200 ———*		33 100	26 800	26 000	27 600	31 200	29 500
15 Female – Féminin	350 100	*——— 30 900 ———*		30 700	25 300	25 200	26 100	29 700	27 700
Georgia – Géorgie 12 I 1989(C) [1][2]									
16 Total	5 400 841	89 211	376 451	440 725	432 087	419 267	413 724	467 645	416 847
17 Male – Masculin	2 562 040	45 937	192 066	224 349	219 975	217 727	203 373	226 171	201 288
18 Female – Féminin	2 838 801	43 274	184 385	216 376	212 112	201 540	210 351	241 474	215 559
Hong Kong – Hong–kong 1 VII 1990 [2]									
19 Total	5 800 600	72 100	309 100	435 300	428 400	437 200	487 700	621 800	618 600
20 Male – Masculin	2 963 800	36 900	160 400	226 300	223 100	229 500	247 700	311 700	315 400
21 Female – Féminin	2 836 800	35 200	148 700	209 000	205 300	207 700	240 000	310 100	303 200
India – Inde [17] 1 VII 1991* [2]									
22 Total	849 638 000	*— 111 0 68 000 ——*		102853000	91 947 000	91 153 000	81 915 000	68 447 000	57 540 000
23 Male – Masculin	440 455 000	*— 57 3 13 000 ——*		53 213 000	47 426 000	47 261 000	43 218 000	36 132 000	29 868 000
24 Female – Féminin	409 183 000	*— 53 7 55 000 ——*		49 640 000	44 521 000	43 892 000	38 697 000	32 315 000	27 672 000
Indonesia – Indonésie 31 X 1990(C)* [2]									
25 Total	179 247 783	3 807 195	17 079 412	23 080 610	21 436 513	18 919 438	16 148 005	15 540 812	13 191 023
26 Male – Masculin	89 375 677	1 949 246	8 816 985	11 790 793	10 998 179	9 552 477	7 661 859	7 388 775	6 573 200
27 Female – Féminin	89 872 106	1 857 949	8 262 427	11 289 817	10 438 334	9 366 961	8 486 146	8 152 037	6 617 823
Iran (Islamic Republic of – Rép. islamique d') 22 IX 1986(C) [2]									
28 Total	49 445 010	1 767 726	7 277 097	7 525 894	5 903 300	5 192 202	4 193 724	3 652 297	2 927 983
29 Male – Masculin	25 280 961	898 777	3 697 181	3 843 585	3 053 633	2 660 364	2 103 615	1 839 639	1 481 475
30 Female – Féminin	24 164 049	868 949	3 579 916	3 682 309	2 849 667	2 531 838	2 090 109	1 812 658	1 446 508
Iraq 1 VII 1988 [2]									
31 Total	17 250 267	*— 29 76 073 —*		2 512 933	2 189 068	1 980 216	1 621 499	1 323 537	1 016 723
32 Male – Masculin	8 864 163	*— 15 24 947 —*		1 285 715	1 132 146	1 026 243	839 589	684 619	526 334
33 Female – Féminin	8 386 104	*— 14 51 126 —*		1 227 218	1 056 922	953 973	781 910	638 918	490 389

7. Population selon l'âge, le sexe et la résidence, urbaine/rurale: dernière année disponible, 1982 – 1991 (suite)

(Voir notes à la fin du tableau.)

Age (en années)

35 – 39	40 – 44	45 – 49	50 – 54	55 – 59	60 – 64	65 – 69	70 – 74	75 – 79	80 – 84	85 +	Unknown Inconnu	
52 052	35 837	23 140	17 979	12 735	9 378	5 436	3 724	*——— - 3 012 ———*			—	1
36 624	25 875	15 829	11 735	7 864	5 556	3 140	2 004	*——— - 1 521 ———*			—	2
15 428	9 962	7 311	6 244	4 871	3 822	2 296	1 720	*——— - 1 491 ———*			—	3
50 554 000 ——————*		*—				10 883 000 —————————*					—	4
26 000 000 ——————*		*—				6 015 000 —————————*					—	5
24 554 000 ——————*		*—				4 868 000 —————————*					—	6
17 100	11 300	8 200	6 300	5 300	3 500	2 700	*——— 3 900 ———*				—	7
9 100	5 900	4 500	3 400	2 600	1 900	1 600	*——— 1 900 ———*				—	8
8 000	5 400	3 700	2 900	2 700	1 600	1 100	*——— 2 000 ———*				—	9
86 314 270	63 844 910	49 180 510	45 663 820	41 752 630	34 055 410	26 394 900	18 119 140	10 971 080	5 371 280	2 337 970	—	10
44 474 660	33 369 390	25 886 360	24 117 110	21 865 620	17 514 640	12 937 720	8 367 690	4 699 180	1 996 750	716 430	—	11
41 839 610	30 475 520	23 294 150	21 546 710	19 887 010	16 540 770	13 457 180	9 751 450	6 271 900	3 374 530	1 621 540	—	12
49 100	47 400	37 800	34 900	29 100	26 000	22 600	20 000	17 300	*— 11 600 —*		—	13
24 300	23 500	18 400	17 100	13 700	11 900	10 400	9 100	7 600	*— 5 300 —*		—	14
24 800	23 900	19 400	17 800	15 400	14 100	12 200	10 900	9 700	*— 6 300 —*		—	15
362 386	261 028	296 574	345 628	303 864	297 455	160 594	123 376	100 777	55 978	37 224	—	16
174 508	124 662	138 999	163 876	140 794	130 218	57 628	39 464	32 950	17 632	10 423	—	17
187 878	136 366	157 575	181 752	163 070	167 237	102 966	83 912	67 827	38 346	26 801	—	18
495 400	389 100	236 600	260 100	263 400	235 200	191 000	138 700	95 500	48 400	37 000	—	19
255 700	207 000	128 900	139 600	139 500	120 400	93 200	63 800	39 800	16 200	8 700	—	20
239 700	182 100	107 700	120 500	123 900	114 800	97 800	74 900	55 700	32 200	28 300	—	21
49 893 000	43 037 000	37 411 000	32 276 000	26 832 000	20 537 000	14 850 000	*——— 19 879 000 ————*				—	22
25 570 000	22 038 000	19 283 000	16 813 000	14 114 000	10 785 000	7 602 000	*——— 9 819 000 ————*				—	23
24 323 000	20 999 000	18 128 000	15 463 000	12 718 000	9 752 000	7 248 000	*——— 10 060 000 ————*				—	24
11 252 545	8 000 254	7 623 793	6 696 137	4 912 665	4 589 398	2 861 396	2 060 043	*——— 2 040 856 ———*			7 688	25
5 816 147	3 961 967	3 737 318	3 298 290	2 344 016	2 270 814	1 365 599	957 054	*——— 890 173 ———*			2 785	26
5 436 398	4 038 287	3 886 475	3 397 847	2 568 649	2 318 584	1 495 797	1 102 989	*——— 1 150 683 ———*			4 903	27
2 117 211	1 655 351	1 585 398	1 599 018	1 337 746	1 184 632	573 796	342 020	209 530	183 587	192 785	23 713	28
1 043 813	833 703	819 225	856 740	715 428	651 864	309 435	174 781	102 203	85 942	95 555	14 003	29
1 073 398	821 648	766 173	742 278	622 318	532 768	264 361	167 239	107 327	97 645	97 230	9 710	30
832 326	640 925	506 649	426 267	352 740	283 136	208 936	159 309	112 224	*— 107 706 —*		—	31
431 587	332 916	262 961	218 509	177 221	139 417	101 901	77 017	53 540	*— 49 501 —*		—	32
400 739	308 009	243 688	207 758	175 519	143 719	107 035	82 292	58 684	*— 58 205 —*		—	33

(See notes at end of table.)

Continent, country or area, sex, date and urban/rural residence / Continent, pays ou zone, sexe, date et résidence, urbaine/rurale	All ages Tous âges	Age (in years)							
		−1	1−4	5−9	10−14	15−19	20−24	25−29	30−34
ASIA—ASIE (Cont.–Suite)									
Israel – Israël [18] 1 VII 1990 [1][2]									
1. Total	4 660 200	101 400	402 600	485 700	468 500	439 700	377 700	339 700	329 100
2 Male – Masculin	2 321 000	52 000	206 100	249 800	240 300	225 000	193 300	172 700	163 600
3 Female – Féminin	2 339 100	49 500	196 500	235 900	228 100	214 700	184 500	167 000	165 600
Japan – Japon 1 X 1990(C) [2][19]									
4 Total	123 611 167	1 213 685	5 279 212	7 466 557	8 526 785	10 007 087	8 800 121	8 070 713	7 787 685
5 Male – Masculin	60 696 724	621 085	2 704 954	3 821 833	4 369 880	5 122 215	4 468 199	4 078 469	3 925 353
6 Female – Féminin	62 914 443	592 600	2 574 258	3 644 724	4 156 905	4 884 872	4 331 922	3 992 244	3 862 332
Jordan – Jordanie [20] 31 XII 1989 [21]									
7 Total	3 111 000	*—— 566	460 ——*	488 550	441 630	376 150	282 970	192 900	143 110
8 Male – Masculin	1 627 000	*—— 292	960 ——*	253 940	232 530	198 220	149 410	102 230	74 850
9 Female – Féminin	1 484 000	*—— 273	500 ——*	234 610	209 100	177 930	133 560	90 670	68 260
Kazakhstan 12 I 1989(C) [1][2]									
10 Total	16 464 464	393 647	1 547 108	1 699 851	1 606 319	1 444 760	1 346 246	1 543 875	1 363 695
11 Male – Masculin	7 974 004	200 144	784 588	860 291	810 773	745 746	680 585	773 165	680 781
12 Female – Féminin	8 490 460	193 503	762 520	839 560	795 546	699 014	665 661	770 710	682 914
Korea, Republic of— Corée, Rép. de 1 VII 1990* [1][2][22]									
13 Total	42 792 512	684 467	2 632 241	3 803 339	3 949 544	4 468 496	4 367 979	4 224 162	4 056 268
14 Male – Masculin	21 563 536	355 375	1 373 661	1 978 484	2 036 616	2 302 691	2 251 361	2 159 842	2 069 045
15 Female – Féminin	21 228 976	329 092	1 258 580	1 824 855	1 912 928	2 165 805	2 116 618	2 064 320	1 987 223
Kuwait – Koweït 1 VII 1990									
16 Total	2 142 600	60 250	243 293	264 056	216 615	182 293	187 498	238 055	221 299
17 Male – Masculin	1 210 575	30 425	122 766	133 224	109 352	90 451	96 294	145 193	140 381
18 Female – Féminin	932 025	29 825	120 527	130 832	107 263	91 842	91 204	92 862	80 918
Kyrgyzstan – Kirghizistan 12 I 1989(C) [1][2]									
19 Total	4 257 755	127 670	489 867	516 034	459 921	408 212	362 640	379 582	315 166
20 Male – Masculin	2 077 623	64 670	247 175	260 944	231 442	207 834	181 211	188 350	156 463
21 Female – Féminin	2 180 132	63 000	242 692	255 090	228 479	200 378	181 429	191 232	158 703
Macau – Macao 31 XII 1988									
22 Total	443 500	*—— 32	300 ——*	31 900	32 400	33 500	54 700	61 800	55 600
23 Male – Masculin	228 400	*—— 16	400 ——*	16 100	17 000	16 700	27 800	32 200	29 800
24 Female – Féminin	215 100	*—— 15	900 ——*	15 800	15 400	16 800	26 900	29 600	25 800
Malaysia – Malaisie 1 VII 1990									
25 Total	17 762 971	486 505	1 950 041	2 235 144	1 870 348	1 838 502	1 679 533	1 559 608	1 335 084
26 Male – Masculin	8 952 358	251 132	1 005 091	1 150 044	958 201	938 108	855 061	771 400	647 518
27 Female – Féminin	8 810 613	235 373	944 950	1 085 100	912 147	900 394	824 472	788 208	687 566
Peninsular Malaysia — Malaisie Péninsulaire 1 VII 1990									
28 Total	14 616 700	*— 19	50 500 ——*	1 814 100	1 531 500	1 494 200	1 393 300	1 301 500	1 105 300
29 Male – Masculin	7 338 800	*— 1 0	02 500 ——*	931 200	784 400	760 800	708 300	644 900	532 200
30 Female – Féminin	7 277 900	*—— 947	900 ——*	882 900	747 100	733 300	685 000	656 600	573 100

7. Population selon l'âge, le sexe et la résidence, urbaine/rurale: dernière année disponible, 1982 – 1991 (suite)

r notes à la fin du tableau.)

					Age (en années)							
35 – 39	40 – 44	45 – 49	50 – 54	55 – 59	60 – 64	65 – 69	70 – 74	75 – 79	80 – 84	85 +	Unknown Inconnu	
328 000	286 200	186 400	176 800	162 200	152 900	145 800	99 100	94 400	54 300	29 200	—	1
163 000	141 000	91 700	85 900	77 000	68 800	66 100	44 700	42 000	25 000	13 000	—	2
165 100	145 200	94 700	90 900	85 200	84 100	79 700	54 400	52 400	29 300	16 300	—	3
9 003 780	10 658 290	9 018 012	8 088 386	7 724 888	6 745 014	5 103 576	3 817 534	3 018 213	1 832 858	1 122 414	326 357	4
4 524 829	5 349 985	4 482 298	3 997 248	3 783 367	3 236 549	2 194 783	1 559 972	1 197 457	678 385	357 040	222 823	5
4 478 951	5 308 305	4 535 714	4 091 138	3 941 521	3 508 465	2 908 793	2 257 562	1 820 756	1 154 473	765 374	103 534	6
127 830	118 210	102 540	83 990	58 990	46 810	30 960	*——— —— 49 900 ———*				—	7
65 210	61 670	55 200	43 920	32 420	23 950	16 120	*——— —— 24 370 ———*				—	8
62 620	56 540	47 340	40 070	26 570	22 860	14 840	*——— —— 25 530 ———*				—	9
1 129 762	697 437	751 188	836 442	586 139	592 464	305 827	234 076	198 994	109 236	66 438	10 960	10
556 535	341 366	357 393	399 646	269 876	234 988	101 258	71 487	55 836	28 605	15 719	5 222	11
573 227	356 071	393 795	436 796	316 263	357 476	204 569	162 589	143 158	80 631	50 719	5 738	12
3 056 935	2 511 189	2 207 680	2 047 520	1 600 838	1 156 293	872 328	558 629	345 458	*—— 249 146 ——*		—	13
1 607 209	1 288 402	1 128 002	1 023 340	754 230	494 084	355 855	211 898	113 301	*—— 60 140 ——*		—	14
1 449 726	1 222 787	1 079 678	1 024 180	846 608	662 209	516 473	346 731	232 157	*—— 189 006 ——*		—	15
175 271	124 653	91 806	58 383	34 374	18 943	11 030	6 979	3 767	2 173	1 862	—	16
111 986	81 930	61 760	39 524	22 899	11 275	5 857	3 565	1 836	959	898	—	17
63 285	42 723	30 046	18 859	11 475	7 668	5 173	3 414	1 931	1 214	964	—	18
244 939	135 464	147 495	167 686	150 377	137 035	75 045	50 205	44 198	24 165	19 692	2 362	19
121 142	66 844	73 468	80 753	68 749	58 772	26 136	16 051	13 803	7 266	5 445	1 105	20
123 797	68 620	74 027	86 933	81 628	78 263	48 909	34 154	30 395	16 899	14 247	1 257	21
39 800	24 100	14 700	12 500	12 500	11 400	9 500	7 000	5 400	*—— 4 400 ——*		—	22
22 100	13 700	8 200	6 500	5 900	5 200	4 100	3 000	2 200	*—— 1 500 ——*		—	23
17 700	10 400	6 500	6 000	6 600	6 200	5 400	4 000	3 200	*—— 2 900 ——*		—	24
1 099 472	892 909	674 019	615 799	448 588	376 806	264 764	205 673	112 527	*—— 117 649 ——*		—	25
542 845	452 069	343 641	311 817	218 389	183 697	124 245	95 519	51 812	*—— 51 769 ——*		—	26
556 627	440 840	330 378	303 982	230 199	193 109	140 519	110 154	60 715	*—— 65 880 ——*		—	27
914 400	757 000	560 700	523 200	373 400	318 400	221 100	169 900	96 300	*—— 91 900 ——*		—	28
445 200	381 500	284 200	263 800	180 600	154 100	103 000	77 700	44 200	*—— 40 200 ——*		—	29
469 300	375 600	276 500	259 400	192 800	164 300	118 100	92 200	52 100	*—— 51 700 ——*		—	30

7. Population by age, sex and urban/rural residence: latest available year, 1982 – 1991 (continued)

(See notes at end of table.)

Continent, country or area, sex, date and urban/rural residence / Continent, pays ou zone, sexe, date et résidence, urbaine/rurale	All ages Tous âges	– 1	1 – 4	5 – 9	10 – 14	15 – 19	20 – 24	25 – 29	30
ASIA—ASIE (Cont.–Suite)									
Malaysia – Malaisie									
Sabah									
1 VII 1990									
1 Total	1 470 400	*—— 267	600 ——*	228 500	158 200	149 200	116 400	112 300	112
2 Male – Masculin	766 700	*—— 138	300 ——*	118 800	80 900	76 900	59 700	55 500	59
3 Female – Féminin	703 700	*—— 129	300 ——*	109 700	77 300	72 300	56 700	56 800	53
Sarawak									
1 VII 1990									
4 Total	1 668 700	*—— 216	800 ——*	192 000	180 300	195 100	169 600	145 500	116
5 Male – Masculin	843 800	*—— 113	800 ——*	99 700	92 700	100 400	87 000	70 800	55
6 Female – Féminin	824 900	*—— 103	000 ——*	92 300	87 600	94 700	82 600	74 700	60
Maldives									
25 III 1985(C) [2]									
7 Total	180 088	7 953	24 967	26 050	22 282	20 794	17 531	12 536	8
8 Male – Masculin	93 482	4 052	12 552	13 283	11 663	10 322	8 665	6 370	4
9 Female – Féminin	86 606	3 901	12 415	12 767	10 619	10 472	8 866	6 166	3
Mongolia – Mongolie									
5 I 1989(C)* [2]									
10 Total	2 043 400	*—— 324	700 ——*	274 600	255 700	221 500	196 300	179 500	135
Myanmar									
1 X 1987 [2]									
11 Total	38 541 119	*— 5 0	32 740 —*	4 728 861	4 618 754	4 305 011	3 774 146	3 219 612	2 671
12 Male – Masculin	19 107 650	*— 2 5	32 494 —*	2 352 181	2 293 451	2 133 123	1 868 858	1 594 198	1 322
13 Female – Féminin	19 433 469	*— 2 5	00 246 —*	2 376 680	2 325 303	2 171 888	1 905 288	1 625 414	1 348
Nepal – Népal									
1 VII 1986* [1]									
14 Total	17 143 503	*— 2 9	14 438 —*	2 323 843	2 005 617	1 674 250	1 433 785	1 269 290	1 142
15 Male – Masculin	8 819 688	*— 1 5	17 931 —*	1 211 260	1 046 297	880 235	732 196	628 114	555
16 Female – Féminin	8 323 815	*— 1 3	96 507 —*	1 112 583	959 320	794 015	701 589	641 176	587
Philippines									
1 VII 1990 [1]									
17 Total	61 480 180	1 750 248	6 726 385	7 789 808	7 488 725	6 539 964	5 867 085	5 151 650	4 478
18 Male – Masculin	30 882 646	896 923	3 439 996	3 978 161	3 833 394	3 358 598	2 987 627	2 509 093	2 151
19 Female – Féminin	30 597 534	853 325	3 286 389	3 811 647	3 655 331	3 181 366	2 879 458	2 642 557	2 326
Qatar									
16 III 1986(C)									
20 Total	369 079	8 161	32 993	34 644	26 654	22 633	32 569	53 194	54
21 Male – Masculin	247 852	4 143	16 822	17 774	13 871	12 338	22 121	41 664	41
22 Female – Féminin	121 227	4 018	16 171	16 870	12 783	10 295	10 448	11 530	13
Singapore – Singapour									
30 VI 1990* [23]									
23 Total	2 690 100	*—— 223	000 ——*	205 100	197 600	220 400	229 800	280 700	290
24 Male – Masculin	1 360 500	*—— 115	500 ——*	106 400	102 200	113 800	116 800	141 500	147
25 Female – Féminin	1 329 600	*—— 107	500 ——*	98 600	95 400	106 600	113 000	139 200	143
Sri Lanka									
1 VII 1990									
26 Total	16 993 000	*— 2 1	25 000 —*	1 933 000	1 934 000	1 839 000	1 728 000	1 456 000	1 285
27 Male – Masculin	8 661 000	*— 1 0	86 000 —*	982 000	988 000	933 000	862 000	729 000	652
28 Female – Féminin	8 332 000	*— 1 0	39 000 —*	951 000	946 000	906 000	866 000	727 000	633
Syrian Arab Republic – République arabe syrienne									
1 VII 1990 [1] [2] [24]									
29 Total	12 116 000	444 000	1 841 000	2 068 000	1 615 000	1 157 000	886 000	677 000	619
30 Male – Masculin	6 189 000	228 000	946 000	1 069 000	847 000	587 000	458 000	323 000	297
31 Female – Féminin	5 927 000	216 000	895 000	999 000	768 000	570 000	428 000	354 000	322

					Age (en années)							
35 – 39	40 – 44	45 – 49	50 – 54	55 – 59	60 – 64	65 – 69	70 – 74	75 – 79	80 – 84	85 +	Unknown Inconnu	
84 700	56 700	48 800	41 100	31 600	22 000	16 500	12 500	6 000	*—— 5 400 ——*		—	1
47 200	31 200	26 900	22 100	17 200	12 000	8 500	6 600	2 900	*—— 2 600 ——*		—	2
37 500	25 500	21 900	19 000	14 400	10 000	8 000	5 900	3 100	*—— 2 800 ——*		—	3
100 100	79 000	64 700	51 600	43 900	36 200	27 700	22 200	12 100	*—— 15 300 ——*		—	4
50 400	39 300	32 600	26 000	20 900	17 700	13 100	10 900	5 800	*—— 6 900 ——*		—	5
49 700	39 700	32 100	25 600	23 000	18 500	14 600	11 300	6 300	*—— 8 400 ——*		—	6
6 720	6 545	7 560	6 232	4 184	3 889	1 791	1 345	510	485	352	108	7
3 542	3 450	4 144	3 468	2 565	2 187	1 104	803	340	319	255	77	8
3 178	3 095	3 416	2 764	1 619	1 702	687	542	170	166	97	31	9
92 300	70 400	68 300	55 400	50 200	36 200	31 500	*———— 51 500 ————*				—	10
2 119 099	1 695 953	1 469 831	1 344 771	1 161 522	908 379	*———— 1 491 009 ————*					—	11
1 049 248	838 348	725 109	661 794	569 669	443 678	*——— 722 505 ———*					—	12
1 069 851	857 605	744 722	682 977	591 853	464 701	*——— 768 504 ———*					—	13
984 176	831 707	697 018	568 010	445 982	337 463	239 018	148 457	72 520	*—— 55 062 ——*		—	14
484 337	419 460	359 054	298 514	237 615	179 279	125 620	77 800	38 237	*—— 28 537 ——*		—	15
499 839	412 247	337 964	269 496	208 367	158 184	113 398	70 657	34 283	*—— 26 525 ——*		—	16
3 744 335	2 890 959	2 302 691	1 936 841	1 498 073	1 187 812	863 451	624 181	*—— 639 757 ——*			—	17
1 859 475	1 461 741	1 161 926	965 198	731 396	569 137	400 533	288 418	*—— 289 052 ——*			—	18
1 884 860	1 429 218	1 140 765	971 643	766 677	618 675	462 918	335 763	*—— 350 705 ——*			—	19
39 984	25 081	16 463	10 150	5 236	3 202	1 580	1 032	492	*—— 666 ——*		93	20
30 158	19 236	12 742	7 692	3 848	2 177	1 003	565	279	*—— 342 ——*		73	21
9 826	5 845	3 721	2 458	1 388	1 025	577	467	213	*—— 324 ——*		20	22
251 400	203 300	127 200	117 100	99 400	82 500	59 300	44 400	31 800	*—— 26 600 ——*		—	23
127 500	102 800	64 000	59 000	49 600	40 800	29 200	20 300	13 700	*—— 10 000 ——*		—	24
123 900	100 500	63 100	58 200	49 800	41 600	30 200	24 100	18 100	*—— 16 600 ——*		—	25
960 000	800 000	699 000	621 000	484 000	392 000	292 000	207 000	121 000	*—— 117 000 ——*		—	26
484 000	413 000	354 000	325 000	254 000	211 000	153 000	112 000	63 000	*—— 60 000 ——*		—	27
476 000	387 000	345 000	296 000	230 000	181 000	139 000	95 000	58 000	*—— 57 000 ——*		—	28
612 000	507 000	391 000	294 000	226 000	249 000	163 000	164 000	*—— 203 000 ——*			—	29
305 000	265 000	204 000	151 000	119 000	121 000	83 000	83 000	*—— 103 000 ——*			—	30
307 000	242 000	187 000	143 000	107 000	128 000	80 000	81 000	*—— 100 000 ——*			—	31

(See notes at end of table.)

Continent, country or area, sex, date and urban/rural residence / Continent, pays ou zone, sexe, date et résidence, urbaine/rurale	All ages Tous âges	Age (in years)							
		− 1	1 − 4	5 − 9	10 − 14	15 − 19	20 − 24	25 − 29	30 − 3
ASIA—ASIE (Cont.–Suite)									
Tajikistan – Tadjikistan 12 I 1989(C) [1] [2]									
1 Total	5 092 603	189 745	711 327	698 427	587 086	525 609	463 915	441 347	325 99
2 Male – Masculin	2 530 245	96 134	360 808	353 566	296 910	263 130	227 505	219 644	162 13
3 Female – Féminin	2 562 358	93 611	350 519	344 861	290 176	262 479	236 410	221 703	163 86
Thailand – Thaïlande 1 VII 1991* [1] [2]									
4 Total	56 923 000	*——— 5 8	72 000 ——*	6 096 000	6 227 000	6 193 000	6 053 000	5 401 000	4 598 00
5 Male – Masculin	28 530 000	*——— 2 9	91 000 ——*	3 093 000	3 158 000	3 151 000	3 081 000	2 737 000	2 306 00
6 Female – Féminin	28 393 000	*——— 2 8	81 000 ——*	3 003 000	3 069 000	3 042 000	2 972 000	2 664 000	2 292 00
Turkey – Turquie 20 X 1985(C) [2]									
7 Total	50 664 458	1 014 611	5 062 590	6 739 461	6 193 476	5 407 464	4 784 480	4 040 762	3 374 40
8 Male – Masculin	25 671 975	518 255	2 594 269	3 457 223	3 210 697	2 744 581	2 434 052	2 056 187	1 723 90
9 Female – Féminin	24 992 483	496 356	2 468 321	3 282 238	2 982 779	2 662 883	2 350 428	1 984 575	1 650 56
Turkmenistan – Turkménistan 12 I 1989(C) [1] [2]									
10 Total	3 522 717	*——— 559	641 ——*	461 968	406 796	366 290	326 637	321 739	252 5
11 Male – Masculin	1 735 179	*——— 283	551 ——*	233 256	204 615	187 886	161 333	157 763	123 93
12 Female – Féminin	1 787 538	*——— 276	090 ——*	228 712	202 181	178 404	165 304	163 976	128 66
Uzbekistan – Ouzbékistan 12 I 1989(C) [1] [2]									
13 Total	19 810 077	669 297	2 547 112	2 611 040	2 255 753	2 004 739	1 832 462	1 785 410	1 392 6
14 Male – Masculin	9 784 156	341 103	1 289 953	1 318 918	1 138 237	1 003 102	910 718	890 752	696 1
15 Female – Féminin	10 025 921	328 194	1 257 159	1 292 122	1 117 516	1 001 637	921 744	894 658	696 5
Viet Nam 1 IV 1989(C)* [1]									
16 Total	64 411 713	1 937 574	7 072 893	8 580 688	7 526 882	6 820 107	5 999 744	5 667 234	4 733 3
17 Male – Masculin	31 336 568	995 080	3 651 215	4 403 991	3 875 878	3 376 525	2 879 761	2 695 857	2 264 2
18 Female – Féminin	33 075 145	942 494	3 421 678	4 176 697	3 651 004	3 443 582	3 119 983	2 971 377	2 469 1
Yemen – Yémen Former Dem. Yemen – Ancienne Yémen dém. 1 VII 1987									
19 Total	2 278 000	*——— 415	000 ——*	396 000	270 000	186 000	135 000	152 000	132 0
20 Male – Masculin	1 127 000	*——— 210	000 ——*	206 000	149 000	89 000	58 000	69 000	60 0
21 Female – Féminin	1 151 000	*——— 205	000 ——*	190 000	121 000	97 000	77 000	83 000	72 0
EUROPE									
Andorra – Andorre 1 VII 1991* [2]									
22 Total	57 558	262	2 308	3 137	3 584	4 088	5 189	6 604	6 2
23 Male – Masculin	30 707	136	1 211	1 618	1 840	2 139	2 758	3 589	3 4
24 Female – Féminin	26 851	126	1 097	1 519	1 744	1 949	2 431	3 015	2 7
Austria – Autriche 1 VII 1991* [1]									
25 Total	7 822 589	91 239	360 837	461 538	451 095	508 311	645 866	689 602	621 5
26 Male – Masculin	3 757 409	46 890	185 612	236 442	232 518	262 229	333 299	351 277	312 6
27 Female – Féminin	4 065 180	44 349	175 225	225 096	218 577	246 082	312 567	338 325	308 8
Belarus – Bélarus 1 VII 1989* [2]									
28 Total	10 180 845	*——— 816	316 ——*	796 557	734 365	715 038	698 867	850 503	846 0
29 Male – Masculin	4 766 127	*——— 417	614 ——*	405 366	372 910	359 469	346 448	428 258	423 9
30 Female – Féminin	5 414 718	*——— 398	702 ——*	391 191	361 455	355 569	352 419	422 245	422 0

ir notes à la fin du tableau.)

					Age (en années)							
35 – 39	40 – 44	45 – 49	50 – 54	55 – 59	60 – 64	65 – 69	70 – 74	75 – 79	80 – 84	85 +	Unknown Inconnu	
238 882	139 111	151 234	164 936	142 019	119 486	68 640	45 844	37 226	21 195	19 003	1 574	1
118 162	71 526	79 692	82 013	68 155	55 771	26 622	16 964	14 464	8 622	7 505	916	2
120 720	67 585	71 542	82 923	73 864	63 715	42 018	28 880	22 762	12 573	11 498	658	3
3 817 000	2 957 000	2 329 000	2 047 000	1 728 000	1 343 000	955 000	636 000	*——— – 671 000 ———*			–	4
1 902 000	1 480 000	1 162 000	997 000	825 000	636 000	447 000	287 000	*——— – 277 000 ———*			–	5
1 915 000	1 477 000	1 167 000	1 050 000	903 000	707 000	508 000	349 000	*——— – 394 000 ———*			–	6
2 786 571	2 208 156	2 008 609	2 042 592	1 649 069	1 130 186	677 388	667 009	394 522	238 010	148 979	96 117	7
1 413 596	1 098 217	991 442	1 039 158	824 436	555 813	309 858	314 528	175 769	99 310	55 577	55 103	8
1 372 975	1 109 939	1 017 167	1 003 434	824 633	574 373	367 530	352 481	218 753	138 700	93 402	41 014	9
185 306	106 103	108 567	114 086	97 240	84 072	48 374	33 821	27 035	13 021	9 480	–	10
90 661	52 550	54 130	56 391	46 348	36 914	17 534	11 435	9 466	4 395	3 015	–	11
94 645	53 553	54 437	57 695	50 892	47 158	30 840	22 386	17 569	8 626	6 465	–	12
1 013 369	572 375	625 531	651 050	561 358	483 693	269 629	184 229	165 734	100 456	83 816	361	13
503 602	286 366	317 673	322 719	265 666	215 661	97 157	60 068	57 981	37 436	30 728	171	14
509 767	286 009	307 858	328 331	295 692	268 032	172 472	124 161	107 753	63 020	53 088	190	15
3 325 266	2 234 574	1 964 693	1 942 063	1 966 503	1 574 837	1 237 645	807 769	564 688	289 775	157 776	7 611	16
1 551 126	1 039 015	881 617	865 427	921 778	714 310	536 957	326 377	210 994	94 865	47 778	3 763	17
1 774 140	1 195 559	1 083 076	1 076 636	1 044 725	860 527	700 688	481 392	353 694	194 910	109 998	3 848	18
133 000	93 000	79 000	77 000	40 000	56 000	24 000	*——— 69 000 ———*				21 000	19
66 000	44 000	38 000	36 000	19 000	25 000	13 000	*——— 31 000 ———*				14 000	20
67 000	49 000	41 000	41 000	21 000	31 000	11 000	*——— 38 000 ———*				7 000	21
5 157	4 303	3 525	2 603	2 575	2 351	2 005	1 440	1 033	652	451	26	22
2 847	2 371	1 900	1 384	1 360	1 243	1 022	744	524	330	198	16	23
2 310	1 932	1 625	1 219	1 215	1 108	983	696	509	322	253	10	24
523 245	522 936	483 144	495 849	379 826	401 216	393 980	256 536	240 798	180 986	114 008	–	25
260 729	262 996	240 422	246 373	184 421	187 057	152 253	93 060	82 249	56 210	30 678	–	26
262 516	259 940	242 722	249 476	195 405	214 159	241 727	163 476	158 549	124 776	83 330	–	27
732 632	550 637	515 780	661 203	618 447	582 551	375 612	220 589	233 953	142 115	89 674	–	28
364 463	270 546	247 088	304 180	273 728	231 862	126 881	67 402	65 959	38 525	21 463	–	29
368 169	280 091	268 692	357 023	344 719	350 689	248 731	153 187	167 994	103 590	68 211	–	30

(See notes at end of table.)

Continent, country or area, sex, date and urban/rural residence / Continent, pays ou zone, sexe, date et résidence, urbaine/rurale	All ages Tous âges	Age (in years)							
		– 1	1 – 4	5 – 9	10 – 14	15 – 19	20 – 24	25 – 29	30 –
EUROPE (Cont.–Suite)									
Belgium – Belgique 1 VII 1984 [1]									
1 Total	9 855 372	120 244	485 769	603 161	676 539	741 458	790 715	771 360	726 0
2 Male – Masculin	4 810 539	61 776	249 233	308 380	346 550	379 046	402 668	392 784	370 9
3 Female – Féminin	5 044 833	58 468	236 536	294 781	329 989	362 412	388 047	378 576	355 1
Bulgaria – Bulgarie 1 VII 1990 [2]									
4 Total	8 990 741	107 151	465 136	600 603	664 400	660 916	603 622	598 446	625 3
5 Male – Masculin	4 435 274	54 885	238 091	308 666	340 509	338 712	307 806	302 530	314 5
6 Female – Féminin	4 555 467	52 266	227 045	291 937	323 891	322 204	295 816	295 916	310 7
Channel Islands – Iles Anglo–Normandes **Guernsey – Guernesey** 21 IV 1991									
7 Total	58 867	751	2 763	3 258	3 227	3 886	5 009	4 801	4 3
8 Male – Masculin	28 297	374	1 394	1 677	1 649	1 953	2 327	2 349	2 1
9 Female – Féminin	30 570	377	1 369	1 581	1 578	1 933	2 682	2 452	2 1
Jersey 12 III 1989(C)									
10 Total	82 809	989	3 477	4 155	4 044	5 136	8 171	7 859	6 8
11 Male – Masculin	40 086	515	1 811	2 072	2 020	2 585	4 002	3 870	3 3
12 Female – Féminin	42 723	474	1 666	2 083	2 024	2 551	4 169	3 989	3 5
Czechoslovakia – Tchécoslovaquie 1 VII 1990									
13 Total	15 660 514	207 377	856 158	1 144 104	1 353 655	1 275 754	1 061 069	1 084 379	1 133 7
14 Male – Masculin	7 627 057	106 109	437 837	585 246	691 678	651 678	541 844	554 200	577 5
15 Female – Féminin	8 033 457	101 268	418 321	558 858	661 977	624 076	519 225	530 179	556 1
Denmark – Danemark [2][5] 1 VII 1990 [1]									
16 Total	5 140 939	62 330	229 546	268 465	316 757	367 477	395 899	400 913	372 0
17 Male – Masculin	2 533 494	31 967	117 912	136 963	162 007	187 824	203 311	206 319	190 5
18 Female – Féminin	2 607 445	30 363	111 635	131 504	154 750	179 654	192 590	194 595	181 4
Estonia – Estonie 1 I 1991* [2]									
19 Total	1 570 432	*——— 118	669 ———*	118 278	111 858	108 688	107 275	113 314	120 3
20 Male – Masculin	734 777	*——— 60	788 ———*	60 073	56 951	55 498	56 170	57 274	59 7
21 Female – Féminin	835 655	*——— 57	881 ———*	58 205	54 907	53 190	51 105	56 040	60 5
Faeroe Islands – Iles Féroé 1 VII 1989 [1]									
22 Total	47 278	894	3 048	3 647	3 941	3 987	4 077	3 502	3 4
23 Male – Masculin	24 670	457	1 542	1 914	2 075	2 082	2 218	1 864	1 8
24 Female – Féminin	22 608	437	1 506	1 733	1 866	1 905	1 859	1 638	1 6
Finland – Finlande 31 XII 1990 [1][2]									
25 Total	4 998 478	65 276	247 209	326 827	324 891	303 383	343 608	376 821	383 3
26 Male – Masculin	2 426 204	33 385	126 388	167 076	165 979	155 219	175 039	192 527	196 0
27 Female – Féminin	2 572 274	31 891	120 821	159 751	158 912	148 164	168 569	184 294	187 3
France 1 I 1991 [2][26]									
28 Total	56 536 175	757 523	2 991 564	3 819 252	3 746 245	4 168 249	4 201 574	4 277 486	4 213 9
29 Male – Masculin	27 553 882	387 627	1 530 367	1 955 691	1 925 490	2 131 953	2 131 475	2 147 680	2 101 8
30 Female – Féminin	28 982 293	369 896	1 461 197	1 863 561	1 820 755	2 036 296	2 070 099	2 129 806	2 112 0

notes à la fin du tableau.)

					Age (en années)							
35 – 39	40 – 44	45 – 49	50 – 54	55 – 59	60 – 64	65 – 69	70 – 74	75 – 79	80 – 84	85 +	Unknown Inconnu	
691 972	546 885	581 866	615 500	594 861	562 004	341 898	400 034	306 046	190 162	108 857	–	1
352 461	276 053	289 923	303 546	288 119	264 644	153 196	165 843	113 003	62 016	30 382	–	2
339 511	270 832	291 943	311 954	306 742	297 360	188 702	234 191	193 043	128 146	78 475	–	3
644 410	657 508	543 710	528 882	577 996	545 253	488 734	247 408	237 980	133 523	59 728	–	4
322 020	326 973	268 975	259 111	280 569	259 055	223 256	110 406	102 307	54 260	22 598	–	5
322 390	330 535	274 735	269 771	297 427	286 198	265 478	137 002	135 673	79 263	37 130	–	6
4 047	4 659	3 424	3 382	3 059	2 942	2 750	2 281	1 945	1 306	998	–	7
2 057	2 303	1 705	1 717	1 518	1 366	1 263	987	762	466	250	–	8
1 990	2 356	1 719	1 665	1 541	1 576	1 487	1 294	1 183	840	748	–	9
6 284	6 257	4 942	4 805	4 188	3 783	3 478	2 782	2 568	1 774	1 230	–	10
3 138	3 157	2 510	2 457	2 096	1 866	1 515	1 158	1 048	592	299	–	11
3 146	3 100	2 432	2 348	2 092	1 917	1 963	1 624	1 520	1 182	931	–	12
251 757	1 185 257	949 045	763 616	779 808	772 316	723 017	352 887	404 387	242 078	120 147	–	13
632 394	594 134	467 193	367 762	366 824	346 569	304 286	141 144	149 566	79 090	31 972	–	14
619 363	591 123	481 852	395 854	412 984	425 747	418 731	211 743	254 821	162 988	88 175	–	15
369 956	406 834	363 447	286 451	254 128	245 544	241 966	202 143	166 682	111 605	78 820	–	16
188 425	207 154	184 638	143 354	124 644	117 689	111 493	89 083	67 616	39 311	23 214	–	17
181 532	199 682	178 809	143 098	129 485	127 858	130 474	113 060	99 069	72 295	55 611	–	18
116 573	106 861	85 597	101 818	89 335	88 359	66 275	38 418	38 837	25 320	14 616	–	19
57 051	51 524	40 608	47 112	39 859	36 780	22 149	12 487	11 412	6 339	2 935	–	20
59 522	55 337	44 989	54 706	49 476	51 579	44 126	25 931	27 425	18 981	11 681	–	21
3 341	3 103	2 678	2 048	2 023	1 923	1 893	1 508	1 105	641	433	–	22
1 765	1 738	1 472	1 111	1 070	952	908	715	514	270	161	–	23
1 576	1 365	1 206	937	953	971	985	793	591	371	272	–	24
405 368	441 173	325 282	275 265	252 434	254 650	222 601	167 296	139 532	91 593	51 943	–	25
207 180	226 073	165 065	136 588	122 808	117 581	91 843	61 511	46 613	26 903	12 425	–	26
198 188	215 100	160 217	138 677	129 626	137 069	130 758	105 785	92 919	64 690	39 518	–	27
228 231	4 341 725	2 973 564	2 867 043	2 993 737	2 910 380	2 687 494	1 553 939	1 634 116	1 253 239	916 900	–	28
112 041	2 196 714	1 508 211	1 434 773	1 460 435	1 373 088	1 203 615	665 370	625 315	417 089	245 080	–	29
116 190	2 145 011	1 465 353	1 432 270	1 533 302	1 537 292	1 483 879	888 569	1 008 801	836 150	671 820	–	30

(See notes at end of table.)

Continent, country or area, sex, date and urban/rural residence — Continent, pays ou zone, sexe, date et résidence, urbaine/rurale	All ages Tous âges	− 1	1 – 4	5 – 9	10 – 14	15 – 19	20 – 24	25 – 29	30
				Age (in years)					
EUROPE (Cont.–Suite)									
1 Germany – Allemagne [27]	...	...	...	...	...	...	...	...	
Germany, Federal Rep. of – Allemagne, République fédérale d' 1 VII 1988* [1]									
2 Total	61 449 541	657 380	2 425 889	3 002 026	2 942 925	4 040 111	5 326 132	5 109 051	4 452
3 Male – Masculin	29 544 308	338 006	1 244 866	1 539 854	1 510 855	2 071 099	2 728 930	2 620 392	2 273
4 Female – Féminin	31 905 233	319 374	1 181 023	1 462 172	1 432 070	1 969 012	2 597 202	2 488 659	2 179
Former German Democratic Republic – Ancienne République démocratique allemande 30 VI 1990 [1] [2]									
5 Total	16 247 284	189 883	842 618	1 108 722	1 029 801	942 552	1 172 992	1 358 257	1 247
6 Male – Masculin	7 776 885	97 614	432 166	567 761	528 467	482 752	600 557	700 014	640
7 Female – Féminin	8 470 399	92 269	410 452	540 961	501 334	459 800	572 435	658 243	606
Greece – Grèce 1 VII 1984 [28]									
8 Total	9 895 801	*—— 685	282 ——*	708 401	713 422	772 379	722 988	681 209	657
9 Male – Masculin	4 866 941	*—— 354	230 ——*	366 528	367 750	400 484	376 529	336 359	329
10 Female – Féminin	5 028 860	*—— 331	052 ——*	341 873	345 672	371 895	346 459	344 850	327
Hungary – Hongrie 1 VII 1990 [2]									
11 Total	10 364 833	122 693	493 140	647 252	834 033	789 682	688 778	614 640	749
12 Male – Masculin	4 978 544	62 697	252 311	330 865	427 191	405 163	352 088	311 133	376
13 Female – Féminin	5 386 289	59 996	240 829	316 387	406 842	384 519	336 690	303 507	373
Iceland – Islande 1 VII 1990 [1]									
14 Total	254 788	4 668	16 811	21 179	20 912	21 198	20 954	21 791	20
15 Male – Masculin	127 895	2 354	8 637	10 814	10 667	10 848	10 618	10 996	10
16 Female – Féminin	126 893	2 314	8 174	10 365	10 245	10 350	10 336	10 795	10
Ireland – Irlande 15 IV 1990 [2]									
17 Total	3 502 700	50 800	227 900	334 500	343 600	340 200	260 600	232 200	243
18 Male – Masculin	1 748 800	26 500	116 300	173 800	173 800	173 900	135 500	115 300	121
19 Female – Féminin	1 753 900	24 300	111 600	160 600	169 700	166 400	125 000	116 900	121
Isle of Man – Ile de Man 6 IV 1986(C)									
20 Total	64 282	687	2 682	3 630	4 324	4 750	4 446	3 772	3
21 Male – Masculin	30 782	336	1 364	1 853	2 225	2 452	2 299	1 861	1
22 Female – Féminin	33 500	351	1 318	1 777	2 099	2 298	2 147	1 911	1
Italy – Italie 1 I 1990 [1]									
23 Total	57 576 429	562 427	2 267 457	3 064 503	3 725 683	4 446 454	4 789 023	4 668 038	4 089
24 Male – Masculin	27 968 530	289 062	1 166 949	1 573 812	1 911 556	2 275 353	2 433 466	2 362 399	2 054
25 Female – Féminin	29 607 899	273 365	1 100 508	1 490 691	1 814 127	2 171 101	2 355 557	2 305 639	2 034
Latvia – Lettonie 12 I 1989(C) [1] [2]									
26 Total	2 666 567	41 214	166 828	188 307	174 514	184 525	185 178	209 306	200
27 Male – Masculin	1 238 806	21 172	84 882	95 974	88 560	95 285	95 163	104 859	99
28 Female – Féminin	1 427 761	20 042	81 946	92 333	85 954	89 240	90 015	104 447	101
Liechtenstein 31 XII 1987									
29 Total	27 714	365	1 454	1 823	1 859	2 260	2 494	2 570	2
30 Male – Masculin	13 527	195	709	922	932	1 129	1 172	1 225	1
31 Female – Féminin	14 187	170	745	901	927	1 131	1 322	1 345	1

7. Population selon l'âge, le sexe et la résidence, urbaine/rurale: dernière année disponible, 1982 – 1991 (suite)

(Voir notes à la fin du tableau.)

					Age (en années)							
35 – 39	40 – 44	45 – 49	50 – 54	55 – 59	60 – 64	65 – 69	70 – 74	75 – 79	80 – 84	85 +	Unknown Inconnu	
...	...	...	...	...	...	...	...	...	...	...	...	1
4 262 800	3 757 434	4 765 977	4 343 078	3 543 876	3 359 219	2 945 281	2 010 663	2 249 813	1 427 345	828 083	—	2
2 160 242	1 926 622	2 450 035	2 212 114	1 766 851	1 469 161	1 123 554	717 737	747 866	435 013	208 086	—	3
2 102 558	1 830 812	2 315 942	2 130 964	1 777 025	1 890 058	1 821 727	1 292 926	1 501 947	992 332	619 997	—	4
1 225 885	857 069	1 088 664	1 221 072	950 785	838 631	706 966	410 835	510 666	353 739	190 414	—	5
627 182	434 117	541 883	604 571	463 171	364 860	248 007	134 609	155 355	102 351	50 556	—	6
598 703	422 952	546 781	616 501	487 614	473 771	458 959	276 226	355 311	251 388	139 858	—	7
665 628	562 994	675 228	681 140	606 383	447 367	396 059	384 812	275 634	168 713	90 866	—	8
331 594	269 589	324 906	326 366	292 432	212 316	179 887	172 203	120 949	69 757	35 552	—	9
334 034	293 405	350 322	354 774	313 951	235 051	216 172	212 609	154 685	98 956	55 314	—	10
855 332	732 298	670 649	600 632	599 492	583 401	530 298	283 745	305 476	175 574	88 207	—	11
426 996	363 380	326 311	279 181	275 567	258 796	221 728	112 389	112 601	58 603	25 112	—	12
428 336	368 918	344 338	321 451	323 925	324 605	308 570	171 356	192 875	116 971	63 095	—	13
18 848	16 365	12 905	10 305	10 638	10 122	8 743	6 819	5 162	3 452	2 936	—	14
9 709	8 495	6 508	5 151	5 275	5 003	4 221	3 154	2 234	1 406	1 079	—	15
9 139	7 870	6 397	5 154	5 363	5 119	4 522	3 665	2 928	2 046	1 857	—	16
233 200	226 000	179 600	158 700	138 300	135 600	129 700	110 100	84 000	46 500	28 400	—	17
118 600	115 700	90 700	81 200	69 600	65 400	59 900	49 900	35 200	17 400	8 500	—	18
114 700	110 400	88 700	77 500	68 800	70 200	69 900	60 100	48 800	29 100	19 900	—	19
4 562	3 917	3 521	3 278	3 474	3 934	3 619	3 638	2 932	1 860	1 109	416	20
2 282	1 929	1 761	1 639	1 578	1 788	1 625	1 592	1 220	604	300	210	21
2 280	1 988	1 760	1 639	1 896	2 146	1 994	2 046	1 712	1 256	809	206	22
3 807 469	3 924 511	3 521 240	3 629 823	3 465 177	3 279 708	2 998 148	1 697 957	1 857 499	1 104 706	677 320	—	23
1 899 346	1 952 433	1 736 408	1 769 327	1 661 080	1 533 871	1 323 665	711 084	729 366	389 172	195 765	—	24
1 908 123	1 972 078	1 784 832	1 860 496	1 804 097	1 745 837	1 674 483	986 873	1 128 133	715 534	481 555	—	25
183 496	156 894	178 024	173 177	161 547	148 343	102 764	69 898	70 686	44 853	26 565	73	26
89 696	75 421	84 216	79 728	71 919	55 839	34 302	22 459	21 207	12 812	5 943	35	27
93 800	81 473	93 808	93 449	89 628	92 504	68 462	47 439	49 479	32 041	20 622	38	28
2 375	2 205	1 723	1 300	1 052	1 070	981	648	566	330	185	—	29
1 214	1 158	882	654	524	454	442	286	217	114	47	—	30
1 161	1 047	841	646	528	616	539	362	349	216	138	—	31

(See notes at end of table.)

Continent, country or area, sex, date and urban/rural residence / Continent, pays ou zone, sexe, date et résidence, urbaine/rurale	All ages Tous âges	– 1	1 – 4	5 – 9	10 – 14	15 – 19	20 – 24	25 – 29	30 – 34
EUROPE (Cont.–Suite)									
Lithuania – Lituanie 1 I 1991* [2]									
1 Total	3 736 498	56 566	235 189	286 702	266 420	268 924	277 268	305 532	302 915
2 Male – Masculin	1 769 536	28 974	120 274	145 780	135 200	136 788	143 044	156 386	151 093
3 Female – Féminin	1 966 962	27 592	114 915	140 922	131 220	132 136	134 224	149 146	151 822
Luxembourg 1 I 1990 [1]									
4 Total	378 400	4 642	18 015	21 845	20 858	22 352	28 109	32 346	32 106
5 Male – Masculin	184 560	2 365	9 196	11 166	10 724	11 484	14 223	16 281	16 124
6 Female – Féminin	193 840	2 277	8 819	10 679	10 134	10 868	13 886	16 065	15 982
Malta – Malte 31 XII 1989 [29]									
7 Total	352 430	*—— 26 831 ——*			28 027	28 348	25 623	23 748	27 596	28 744
8 Male – Masculin	173 895	*—— 13 759 ——*			14 306	14 686	13 183	12 173	14 254	14 545
9 Female – Féminin	178 535	*—— 13 072 ——*			13 721	13 662	12 440	11 575	13 342	14 199
Monaco 4 III 1982(C) [1]									
10 Total	27 063	*—— 914 ——*			995	1 301	1 469	1 530	1 734	1 803
11 Male – Masculin	12 598	*—— 463 ——*			515	662	735	748	848	842
12 Female – Féminin	14 465	*—— 451 ——*			480	639	734	782	886	961
Netherlands – Pays–Bas 1 VII 1990 [1][2]									
13 Total	14 951 524	192 392	744 867	887 306	902 035	1 077 583	1 265 268	1 298 565	1 221 559
14 Male – Masculin	7 389 006	98 322	380 180	453 337	461 864	549 837	645 703	664 632	622 836
15 Female – Féminin	7 562 518	94 070	364 687	433 969	440 171	527 746	619 565	633 933	598 723
Norway – Norvège 1 I 1990 [1]									
16 Total	4 233 116	59 058	216 395	257 499	267 960	319 057	338 529	321 250	317 789
17 Male – Masculin	2 093 280	30 325	110 848	132 079	137 137	162 977	173 765	165 177	162 895
18 Female – Féminin	2 139 836	28 733	105 547	125 420	130 823	156 080	164 764	156 073	154 894
Poland – Pologne 30 VI 1990 [2][30]									
19 Total	38 118 805	552 528	2 401 315	3 389 941	3 231 549	2 848 710	2 467 943	2 678 216	3 268 155
20 Male – Masculin	18 577 970	283 440	1 229 795	1 731 445	1 652 114	1 456 699	1 263 624	1 359 822	1 652 647
21 Female – Féminin	19 540 835	269 088	1 171 520	1 658 496	1 579 435	1 392 011	1 204 319	1 318 394	1 615 508
Portugal 31 XII 1989									
22 Total	9 878 200	112 200	473 200	687 800	790 800	827 700	819 200	808 100	711 000
23 Male – Masculin	4 766 800	57 500	243 700	354 300	404 200	421 600	415 600	405 200	353 500
24 Female – Féminin	5 111 400	54 700	229 400	333 700	386 500	406 300	403 800	402 900	357 400
Republic of Moldova – République de Moldova 12 I 1989(C) [1][2]									
25 Total	4 335 360	86 074	352 353	400 877	371 285	326 279	298 878	367 610	364 648
26 Male – Masculin	2 063 192	43 885	179 504	203 196	187 920	166 769	145 541	178 002	177 817
27 Female – Féminin	2 272 168	42 189	172 849	197 681	183 365	159 510	153 337	189 608	186 831
Romania – Roumanie 1 VII 1990 [2]									
28 Total	23 206 720	359 020	1 445 557	1 698 338	1 965 761	1 879 413	1 974 066	1 394 385	1 708 351
29 Male – Masculin	11 449 147	183 169	737 620	868 332	1 004 929	960 249	1 006 055	713 569	867 612
30 Female – Féminin	11 757 573	175 851	707 937	830 006	960 832	919 164	968 011	680 816	840 739
Russian Federation – Fédération Russe 12 I 1989(C) [1][2]									
31 Total	147 021 869	2 326 547	9 705 013	11 360 342	10 592 239	9 967 611	9 754 620	12 557 234	12 862 809
32 Male – Masculin	68 713 869	1 187 062	4 941 994	5 768 357	5 372 103	5 118 710	4 955 983	6 373 601	6 472 859
33 Female – Féminin	78 308 000	1 139 485	4 763 019	5 591 985	5 220 136	4 848 901	4 798 637	6 183 633	6 389 950

7. Population selon l'âge, le sexe et la résidence, urbaine/rurale: dernière année disponible, 1982 – 1991 (suite)

(Voir notes à la fin du tableau.)

35 – 39	40 – 44	45 – 49	50 – 54	55 – 59	60 – 64	65 – 69	70 – 74	75 – 79	80 – 84	85 +	Unknown Inconnu	
251 734	228 363	219 112	221 356	209 033	194 881	150 160	84 794	77 880	60 287	39 382	—	1
124 241	110 091	103 286	101 690	92 261	80 404	53 990	29 602	24 534	20 441	11 457	—	2
127 493	118 272	115 826	119 666	116 772	114 477	96 170	55 192	53 346	39 846	27 925	—	3
30 023	27 248	23 809	22 988	22 403	20 959	16 446	11 451	11 459	*——— 11 341 ———*		—	4
15 363	14 193	12 244	11 581	11 079	9 923	6 448	4 673	4 218	*——— 3 275 ———*		—	5
14 660	13 055	11 565	11 407	11 324	11 036	9 998	6 778	7 241	*——— 8 066 ———*		—	6
27 617	29 598	19 133	18 746	16 904	14 986	13 979	8 595	7 222	4 401	2 332	—	7
13 881	14 631	9 317	8 856	7 646	6 857	6 396	3 789	3 086	1 725	805	—	8
13 736	14 967	9 816	9 890	9 258	8 129	7 583	4 806	4 136	2 676	1 527	—	9
2 061	1 784	1 656	1 866	1 955	1 836	1 520	1 715	*——— - 2 863 ———*			61	10
1 013	830	824	847	952	823	648	742	*——— - 1 084 ———*			22	11
1 048	954	832	1 019	1 003	1 013	872	973	*——— - 1 779 ———*			39	12
1 150 691	1 194 393	907 581	788 681	727 078	673 890	626 926	478 002	382 225	252 199	180 283	—	13
586 933	612 256	466 130	400 086	360 357	321 381	283 636	202 535	145 956	82 770	50 255	—	14
563 758	582 137	441 451	388 595	366 721	352 509	343 290	275 467	236 269	169 429	130 028	—	15
305 727	315 411	241 709	194 327	188 633	198 883	215 527	178 574	140 509	91 014	65 265	—	16
157 198	162 590	123 450	97 151	93 466	96 430	100 230	78 049	57 121	32 526	19 866	—	17
148 529	152 821	118 259	97 176	95 167	102 453	115 297	100 525	83 388	58 488	45 399	—	18
3 245 105	2 671 809	1 766 395	1 960 931	1 972 542	1 830 973	1 461 868	811 884	793 440	497 387	268 114	—	19
1 628 832	1 330 536	864 333	942 394	930 530	815 317	601 575	317 610	283 347	162 290	71 620	—	20
1 616 273	1 341 273	902 062	1 018 537	1 042 012	1 015 656	860 293	494 274	510 093	335 097	196 494	—	21
640 800	593 200	525 900	548 000	538 200	503 300	445 900	327 100	277 900	162 100	86 700	—	22
315 000	284 500	248 200	256 700	249 200	227 900	198 300	139 300	110 100	57 100	25 200	—	23
325 800	308 600	277 800	291 200	289 000	275 300	247 600	187 900	168 000	104 800	60 500	—	24
348 932	196 806	228 220	237 236	209 553	194 021	143 843	84 548	72 204	33 786	18 206	1	25
169 347	93 214	106 012	108 736	92 822	79 902	56 578	31 341	26 213	11 306	5 087	—	26
179 585	103 592	122 208	128 500	116 731	114 119	87 265	53 207	45 991	22 480	13 119	1	27
1 719 973	1 437 067	1 197 389	1 440 824	1 353 610	1 219 343	981 443	488 301	534 295	282 491	127 093	—	28
867 235	719 660	589 390	699 308	653 789	573 727	430 135	196 874	213 853	112 559	51 082	—	29
852 738	717 407	607 999	741 516	699 821	645 616	551 308	291 427	320 442	169 932	76 011	—	30
11 684 101	7 662 621	7 954 900	9 593 533	8 399 159	8 360 061	4 510 212	3 652 935	3 333 160	1 769 562	890 352	84 858	31
5 821 314	3 775 687	3 767 156	4 453 975	3 719 890	3 239 655	1 367 725	1 011 248	819 516	364 157	143 631	39 246	32
5 862 787	3 886 934	4 187 744	5 139 558	4 679 269	5 120 406	3 142 487	2 641 687	2 513 644	1 405 405	746 721	45 612	33

(See notes at end of table.)

Continent, country or area, sex, date and urban/rural residence / Continent, pays ou zone, sexe, date et résidence, urbaine/rurale	Age (in years)								
	All ages Tous âges	– 1	1 – 4	5 – 9	10 – 14	15 – 19	20 – 24	25 – 29	30 – 34
EUROPE (Cont.–Suite)									
San Marino – Saint–Marin 31 XII 1989									
1 Total	22 966	221	915	1 237	1 469	1 666	1 985	2 085	1 762
2 Male – Masculin	11 268	117	477	662	745	845	986	996	850
3 Female – Féminin	11 698	104	438	575	724	821	999	1 089	912
Spain – Espagne 1 VII 1990									
4 Total	38 959 183	408 409	1 689 523	2 482 756	3 098 426	3 284 250	3 294 056	3 200 564	2 854 321
5 Male – Masculin	19 122 106	212 128	873 645	1 285 534	1 593 432	1 687 747	1 683 848	1 620 973	1 432 450
6 Female – Féminin	19 837 077	196 281	815 878	1 197 222	1 504 994	1 596 503	1 610 208	1 579 591	1 421 871
Sweden – Suède 30 VI 1989 [1]									
7 Total	8 492 969	113 870	414 158	482 225	504 715	563 414	617 552	580 457	576 090
8 Male – Masculin	4 193 982	58 588	212 552	247 324	258 536	288 416	316 763	298 156	294 852
9 Female – Féminin	4 298 987	55 282	201 606	234 901	246 179	274 998	300 789	282 301	281 238
Switzerland – Suisse 1 VII 1990 [1]									
10 Total	6 712 273	41 636	311 803	380 861	375 331	418 422	502 161	555 170	530 470
11 Male – Masculin	3 277 925	21 256	159 520	194 739	191 864	214 883	253 400	280 312	269 429
12 Female – Féminin	3 434 348	20 380	152 283	186 122	183 467	203 539	248 761	274 858	261 041
Ukraine 12 I 1989(C) [1,2]									
13 Total	51 452 034	725 654	3 065 056	3 694 021	3 616 738	3 549 259	3 352 416	3 957 115	3 899 006
14 Male – Masculin	23 745 108	370 680	1 563 184	1 879 447	1 834 857	1 807 887	1 684 586	1 969 636	1 924 229
15 Female – Féminin	27 706 926	354 974	1 501 872	1 814 574	1 781 881	1 741 372	1 667 830	1 987 479	1 974 777
United Kingdom – Royaume–Uni 1 VII 1990									
16 Total	57 410 600	775 500	3 065 600	3 649 600	3 429 400	3 918 200	4 554 800	4 719 000	4 086 600
17 Male – Masculin	28 012 800	397 100	1 570 500	1 870 400	1 761 600	2 011 200	2 321 200	2 388 600	2 054 700
18 Female – Féminin	29 397 800	378 400	1 495 100	1 779 300	1 667 900	1 906 700	2 233 700	2 330 300	2 031 800
Yugoslavia – Yougoslavie 1 VII 1989 [1]									
19 Total	23 695 311	339 194	1 410 612	1 829 560	1 861 539	1 801 628	1 815 232	1 857 022	1 862 357
20 Male – Masculin	11 719 289	175 537	727 991	943 493	956 559	925 793	929 790	947 687	951 515
21 Female – Féminin	11 976 022	163 657	682 621	886 067	904 980	875 835	885 442	909 335	910 842

7. Population selon l'âge, le sexe et la résidence, urbaine/rurale: dernière année disponible, 1982 – 1991 (suite)

(Voir notes à la fin du tableau.)

					Age (en années)							
35 – 39	40 – 44	45 – 49	50 – 54	55 – 59	60 – 64	65 – 69	70 – 74	75 – 79	80 – 84	85 +	Unknown Inconnu	
1 641	1 644	1 423	1 388	1 322	1 149	1 137	689	680	343	210	—	1
814	821	717	707	651	569	525	310	296	114	66	—	2
827	823	706	681	671	580	612	379	384	229	144	—	3
2 504 512	2 424 262	2 157 998	2 022 741	2 251 342	2 065 564	1 764 167	1 312 247	1 037 149	678 704	428 192	—	4
1 256 250	1 208 253	1 072 481	988 458	1 088 247	977 608	806 511	549 616	403 819	244 753	136 353	—	5
1 248 262	1 216 009	1 085 517	1 034 283	1 163 095	1 087 956	957 656	762 631	633 330	433 951	291 839	—	6
596 004	670 842	557 829	448 532	421 436	434 811	459 337	379 207	320 394	211 216	140 880	—	7
304 097	342 088	285 684	225 839	207 038	209 634	216 213	171 003	135 014	79 036	43 149	—	8
291 907	328 754	272 145	222 693	214 398	225 177	243 124	208 204	185 380	132 180	97 731	—	9
501 043	512 714	477 492	396 791	367 319	331 593	300 509	234 635	208 667	153 470	112 186	—	10
253 670	259 787	242 060	197 797	180 061	155 219	134 377	101 747	82 542	53 543	31 719	—	11
247 373	252 927	235 432	198 994	187 258	176 374	166 132	132 888	126 125	99 927	80 467	—	12
3 742 248	2 707 078	3 220 622	3 704 342	2 955 544	3 233 112	2 020 390	1 413 705	1 424 916	769 575	394 348	6 889	13
1 826 408	1 295 603	1 504 042	1 725 609	1 316 274	1 274 947	663 602	419 958	394 956	197 910	87 982	3 311	14
1 915 840	1 411 475	1 716 580	1 978 733	1 639 270	1 958 165	1 356 788	993 747	1 029 960	571 665	306 366	3 578	15
3 767 100	4 123 200	3 386 700	3 113 000	2 937 800	2 896 100	2 841 100	2 166 700	1 871 000	1 243 000	866 000	—	16
1 884 800	2 062 100	1 696 000	1 550 900	1 450 100	1 394 400	1 310 100	930 500	725 300	414 300	218 900	—	17
1 882 200	2 061 000	1 690 800	1 562 200	1 487 800	1 501 700	1 531 100	1 236 300	1 145 700	828 800	647 100	—	18
1 849 924	1 440 182	1 338 576	1 461 248	1 437 382	1 194 165	891 456	404 317	493 553	265 020	142 344	—	19
945 468	727 898	665 462	718 037	693 325	534 884	365 229	161 603	194 318	103 136	51 564	—	20
904 456	712 284	673 114	743 211	744 057	659 281	526 227	242 714	299 235	161 884	90 780	—	21

(See notes at end of table.)

Continent, country or area, sex, date and urban/rural residence / Continent, pays ou zone, sexe, date et résidence, urbaine/rurale	All ages Tous âges	– 1	1 – 4	5 – 9	10 – 14	15 – 19	20 – 24	25 – 29	30 – 34
OCEANIA—OCEANIE									
American Samoa – Samoa américaines 1 VII 1990 [10]									
1 Total	38 940	*—— 6	380 ——*	5 500	4 110	3 680	4 030	3 610	2 65
2 Male – Masculin	19 600	*—— 3	230 ——*	2 840	2 310	2 010	2 100	1 620	1 13
3 Female – Féminin	19 340	*—— 3	150 ——*	2 660	1 800	1 670	1 930	1 990	1 52
Australia – Australie 1 VII 1990* [1]									
4 Total	17 335 933	259 394	1 011 793	1 268 249	1 235 119	1 366 058	1 408 317	1 401 982	1 432 01
5 Male – Masculin	8 653 912	132 973	518 413	649 536	633 686	699 978	717 456	708 071	721 05
6 Female – Féminin	8 682 021	126 421	493 380	618 713	601 433	666 080	690 861	693 911	710 96
Christmas Island – Ile Christmas 30 VI 1985									
7 Total	2 278	*————————————		885 ———————————			*	*——————————	
8 Male – Masculin	1 522	*————————————		654 ———————————			*	*——————————	
9 Female – Féminin	756	*————————————		231 ———————————			*	*——————————	
Cocos (Keeling) Islands – Iles des Cocos (Keeling) 30 VI 1986									
10 Total	607	26	68	65	45	23	47	64	6
Cook Islands – Iles Cook 1 XII 1986(C)									
11 Total	17 614	*—— 2	046 ——*	2 036	2 413	2 310	1 712	1 207	89
Fiji – Fidji 31 XII 1987 [2]									
12 Total	715 593	19 156	79 887	93 521	80 789	72 917	71 167	62 973	51 34
13 Male – Masculin	362 158	10 000	41 073	47 988	41 335	36 816	35 428	31 511	25 62
14 Female – Féminin	353 435	9 156	38 814	45 533	39 454	36 101	35 739	31 462	25 71
French Polynesia – Polynésie française 6 IX 1988(C)									
15 Total	188 814	*—— 25	405 ——*	21 961	20 528	20 473	19 166	16 360	14 55
16 Male – Masculin	98 345	*—— 12	999 ——*	11 265	10 537	10 550	10 081	8 611	7 66
17 Female – Féminin	90 469	*—— 12	406 ——*	10 696	9 991	9 923	9 085	7 749	6 89
Marshall Islands – Iles Marshall 30 VI 1989									
18 Total	44 407	*—— 9	225 ——*	7 377	5 868	4 508	3 546	3 020	2 64
19 Male – Masculin	22 698	*—— 4	730 ——*	3 782	3 016	2 284	1 763	1 496	1 34
20 Female – Féminin	21 709	*—— 4	495 ——*	3 595	2 852	2 224	1 783	1 524	1 29
New Caledonia – Nouvelle–Calédonie 4 IV 1989(C) [2]									
21 Total	164 173	3 718	14 576	17 542	17 720	18 450	14 856	13 588	12 00
22 Male – Masculin	83 862	1 856	7 584	8 964	8 925	9 456	7 520	6 709	6 07
23 Female – Féminin	80 311	1 862	6 992	8 578	8 795	8 994	7 336	6 879	5 92
New Zealand – Nouvelle–Zélande 5 III 1991(C)* [2] [31] [32]									
24 Total	3 375 906	58 485	219 207	250 629	256 029	286 023	271 815	272 544	272 28
25 Male – Masculin	1 664 133	29 694	112 101	128 430	130 668	145 542	136 431	133 251	133 76
26 Female – Féminin	1 711 773	28 791	107 103	122 190	125 358	140 481	135 384	139 287	138 52

7. Population selon l'âge, le sexe et la résidence, urbaine/rurale: dernière année disponible, 1982 – 1991 (suite)

(Voir notes à la fin du tableau.)

Age (en années)												
35 – 39	40 – 44	45 – 49	50 – 54	55 – 59	60 – 64	65 – 69	70 – 74	75 – 79	80 – 84	85 +	Unknown Inconnu	
1 960	1 610	1 280	1 210	780	670	440	330	*——— –	700 ———*		—	1
900	750	690	660	400	280	200	180	*——— –	300 ———*		—	2
1 060	860	590	550	380	390	240	150	*——— –	400 ———*		—	3
1 335 195	1 310 415	1 032 910	845 514	728 717	731 063	676 025	508 998	388 877	235 015	160 279	—	4
668 319	664 753	530 459	433 474	369 381	365 520	321 094	227 235	159 940	86 711	45 862	—	5
666 876	645 662	502 451	412 040	359 336	365 543	354 931	281 763	228 937	148 304	114 417	—	6
———	———	———	———	1 393 ————						*	—	7
———	———	———	———	868 ————						*	—	8
———	———	———	———	525 ————						*	—	9
76	36	27	20	11	7	16	7	3	—	—	—	10
852	790	771	720	557	458	326	504	*——— –	20 ———*		—	11
42 186	35 162	29 189	23 106	17 507	12 418	9 293	6 239	*——— –	6 432 ———*		2 310	12
21 070	17 654	14 613	11 662	8 916	6 352	4 654	3 177	*——— –	3 078 ———*		1 203	13
21 116	17 508	14 576	11 444	8 591	6 066	4 639	3 062	*——— –	3 354 ———*		1 107	14
11 490	9 579	8 045	6 567	5 104	3 745	2 351	1 725	1 062	506	191	—	15
6 081	5 186	4 351	3 575	2 747	1 944	1 165	815	516	188	74	—	16
5 409	4 393	3 694	2 992	2 357	1 801	1 186	910	546	318	117	—	17
2 178	1 616	1 091	771	669	629	532	370	216	*— 148	—*	—	18
1 146	865	590	414	347	315	260	176	104	*— 64	—*	—	19
1 032	751	501	357	322	314	272	194	112	*— 84	—*	—	20
10 715	9 749	8 111	6 521	5 235	4 003	2 798	1 993	1 525	700	373	—	21
5 609	5 272	4 232	3 455	2 711	2 062	1 380	944	712	267	132	—	22
5 106	4 477	3 879	3 066	2 524	1 941	1 418	1 049	813	433	241	—	23
246 849	237 285	187 134	159 684	138 120	140 733	126 606	99 132	75 921	46 602	30 828	—	24
121 971	118 347	93 903	79 842	69 507	70 551	60 138	43 350	30 912	16 836	8 880	—	25
124 878	118 938	93 231	79 842	68 613	70 176	66 471	55 782	45 012	29 766	21 942	—	26

7. Population by age, sex and urban/rural residence: latest available year, 1982 – 1991 (continued)

(See notes at end of table.)

Continent, country or area, sex, date and urban/rural residence — Continent, pays ou zone, sexe, date et résidence, urbaine/rurale	All ages Tous âges	− 1	1 – 4	5 – 9	10 – 14	15 – 19	20 – 24	25 – 29	30 – 34
OCEANIA—OCEANIE(Cont.–Suite)									
Niue – Nioué									
29 IX 1986(C)									
1 Total	2 531	56	305	329	283	260	181	158	164
2 Male – Masculin	1 271	27	135	169	162	148	91	83	81
3 Female – Féminin	1 260	29	170	160	121	112	90	75	83
Norfolk Island – Ile Norfolk									
30 VI 1986(C)									
4 Total	2 367	*———	150 ———*	159	142	113	206	214	180
5 Male – Masculin	1 170	*———	78 ———*	84	74	51	97	121	87
6 Female – Féminin	1 197	*———	72 ———*	75	68	62	109	93	93
Northern Mariana Islands – Iles Mariannes septentrionales									
1 VII 1990									
7 Total	25 929	*——— 4	793 ———*	3 936	3 160	2 605	2 255	1 991	1 732
8 Male – Masculin	13 290	*——— 2	485 ———*	2 020	1 599	1 321	1 164	1 004	826
9 Female – Féminin	12 639	*——— 2	308 ———*	1 916	1 561	1 284	1 091	987	906
Papua New Guinea – Papouasie–Nouvelle–Guinée									
1 VII 1990									
10 Total	3 727 250	*——— 565	240 ———*	493 280	446 040	418 110	368 760	285 450	239 480
11 Male – Masculin	1 928 120	*——— 288	050 ———*	250 740	231 470	217 230	194 460	157 030	125 780
12 Female – Féminin	1 799 130	*——— 277	190 ———*	242 540	214 570	200 880	174 300	128 420	113 700
Pitcairn									
31 XII 1989									
13 Total	52	–	3	3	7	2	2	5	7
14 Male – Masculin	23	–	2	–	3	2	–	1	5
15 Female – Féminin	29	–	1	3	4	–	2	4	2
Solomon Islands – Iles Salomon									
23 XI 1986(C)									
16 Total	285 176	10 587	39 825	44 325	40 265	29 858	24 209	19 356	15 550
17 Male – Masculin	147 972	5 562	20 581	23 148	21 023	15 027	11 905	9 611	7 923
18 Female – Féminin	137 204	5 025	19 244	21 177	19 242	14 831	12 304	9 745	7 627
Tonga									
28 XI 1986(C) [1][2]									
19 Total	93 049	2 693	11 079	12 520	11 762	12 270	8 813	5 917	4 938
20 Male – Masculin	46 737	1 363	5 710	6 457	6 160	6 389	4 484	2 888	2 295
21 Female – Féminin	46 312	1 330	5 369	6 063	5 602	5 881	4 329	3 029	2 643
Vanuatu									
1 VII 1989 [2][33]									
22 Total	150 165	*——— 27	254 ———*	22 384	18 807	15 521	13 347	11 037	9 156
23 Male – Masculin	78 338	*——— 14	142 ———*	11 679	9 806	8 114	6 993	5 791	4 819
24 Female – Féminin	71 826	*——— 13	112 ———*	10 705	9 001	7 407	6 354	5 245	4 337

7. Population selon l'âge, le sexe et la résidence, urbaine/rurale: dernière année disponible, 1982 – 1991 (suite)

(Voir notes à la fin du tableau.)

Age (en années)

35 – 39	40 – 44	45 – 49	50 – 54	55 – 59	60 – 64	65 – 69	70 – 74	75 – 79	80 – 84	85 +	Unknown Inconnu	
105	110	139	110	67	77	60	42	44	30	11	–	1
53	55	64	53	35	39	28	19	17	8	4	–	2
52	55	75	57	32	38	32	23	27	22	7	–	3
170	176	173	136	160	141	85	*———— ——		156 ————*			6	4
84	94	83	66	81	73	37	*———— ——		57 ————*			3	5
86	82	90	70	79	68	48	*———— ——		99 ————*			3	6
1 404	1 055	815	660	529	391	289	208	61	23	22	–	7
666	541	452	378	309	225	156	99	27	10	8	–	8
738	514	363	282	220	166	133	109	34	13	14	–	9
200 090	190 400	131 000	124 670	91 410	82 140	51 380	29 340	*———— -	10 460 ————*			–	10
102 530	94 560	67 120	63 530	46 750	41 790	25 990	15 500	*———— -	5 590 ————*			–	11
97 560	95 840	63 880	61 140	44 660	40 350	25 390	13 840	*———— -	4 870 ————*			–	12
3	2	1	2	4	5	4	1	–	1	–	–	13
1	–	–	1	3	1	3	1	–	–	–	–	14
2	2	1	1	1	4	1	–	–	1	–	–	15
12 746	11 450	8 833	7 451	6 715	4 740	3 796	*———— ——		5 470 ————*			–	16
6 469	6 082	4 644	4 027	3 598	2 735	2 224	*———— ——		3 413 ————*			–	17
6 277	5 368	4 189	3 424	3 117	2 005	1 572	*———— ——		2 057 ————*			–	18
3 947	3 738	3 503	3 178	2 732	2 054	1 578	1 040	612	400	274	1	19
1 777	1 742	1 647	1 543	1 343	1 034	799	529	311	177	89	–	20
2 170	1 996	1 856	1 635	1 389	1 020	779	511	301	223	185	1	21
7 493	6 157	5 103	4 158	3 295	2 536	1 807	1 198	*———— -	912 ————*			–	22
3 914	3 200	2 670	2 182	1 724	1 323	931	609	*———— -	441 ————*			–	23
3 579	2 957	2 433	1 976	1 571	1 213	876	589	*———— -	471 ————*			–	24

Data by urban/rural residence

(See notes at end of table.)

Continent, country or area, sex, date and urban/rural residence / Continent, pays ou zone, sexe, date et résidence, urbaine/rurale	All ages Tous âges	−1	1 – 4	5 – 9	10 – 14	15 – 19	20 – 24	25 – 29	30 – 3
AFRICA—AFRIQUE									
Benin – Bénin									
Urban – Urbaine									
1 VII 1987									
1 Urban – Urbaine	1 386 000	*—— 257	000 ——*	175 000	163 000	165 000	141 000	128 000	122 0C
2 Male – Masculin	701 000	*—— 129	000 ——*	88 000	79 000	81 000	76 000	69 000	63 0C
3 Female – Féminin	685 000	*—— 128	000 ——*	87 000	84 000	84 000	65 000	59 000	59 0(
Rural – Rurale									
1 VII 1987									
4 Rural – Rurale	2 918 000	*—— 562	000 ——*	476 000	371 000	288 000	224 000	185 000	152 0C
5 Male – Masculin	1 385 000	*—— 283	000 ——*	235 000	178 000	135 000	100 000	81 000	67 0(
6 Female – Féminin	1 533 000	*—— 279	000 ——*	241 000	193 000	153 000	124 000	104 000	85 0(
Burkina Faso									
Urban – Urbaine									
10 XII 1985(C)									
7 Urban – Urbaine	928 929	38 099	123 468	144 422	112 665	108 835	95 341	75 914	55 6(
8 Male – Masculin	474 631	19 385	62 154	71 962	55 807	57 427	49 743	39 740	29 97
9 Female – Féminin	454 298	18 714	61 314	72 460	56 858	51 408	45 598	36 174	25 6:
Rural – Rurale									
10 XII 1985(C)									
10 Rural – Rurale	7 035 776	297 382	1 003 129	1 300 580	825 250	664 462	482 907	436 395	342 5
11 Male – Masculin	3 358 606	148 281	502 504	656 045	428 821	334 871	208 597	172 375	140 6(
12 Female – Féminin	3 677 170	149 101	500 625	644 535	396 429	329 591	274 310	264 020	201 9(
Burundi									
Urban – Urbaine									
1 VII 1983									
13 Urban – Urbaine	307 500	11 802	37 801	38 514	33 139	40 916	39 037	29 452	21 0(
14 Male – Masculin	168 713	5 922	19 911	19 437	16 891	23 979	22 647	17 272	12 3-
15 Female – Féminin	138 787	5 880	17 890	19 077	16 248	16 937	16 390	12 180	8 7.
Rural – Rurale									
1 VII 1983									
16 Rural – Rurale	4 114 498	172 200	537 413	554 918	509 087	492 996	400 642	279 248	204 8(
17 Male – Masculin	1 974 098	84 064	266 237	279 357	254 885	240 722	191 952	135 066	90 1
18 Female – Féminin	2 140 400	88 136	271 176	275 561	254 202	252 274	208 690	144 182	114 6(
Cameroon – Cameroun									
Urban – Urbaine									
1 VII 1986* [3]									
19 Urban – Urbaine	2 937 165	116 350	393 718	412 061	335 224	355 291	312 035	238 747	181 0(
20 Male – Masculin	1 522 752	59 010	198 364	205 530	175 214	186 740	165 686	125 632	93 1.
21 Female – Féminin	1 414 413	57 340	195 354	206 531	160 010	168 551	146 349	113 115	87 8:
Rural – Rurale									
1 VII 1986* [3]									
22 Rural – Rurale	7 509 244	302 055	1 134 000	1 180 509	842 889	643 504	552 140	504 080	449 7.
23 Male – Masculin	3 689 731	150 831	568 045	593 416	415 325	313 785	268 071	247 666	223 5.
24 Female – Féminin	3 819 513	151 224	565 955	587 093	427 564	329 719	284 069	256 414	226 1.
Chad – Tchad									
Urban – Urbaine									
1 VII 1992*									
25 Urban – Urbaine	1 901 000	*—— 277	000 ——*	222 000	200 000	185 000	182 000	174 000	152 0(
26 Male – Masculin	980 000	*—— 139	000 ——*	111 000	102 000	100 000	101 000	92 000	79 0(
27 Female – Féminin	921 000	*—— 138	000 ——*	111 000	98 000	85 000	81 000	82 000	73 0(
Rural – Rurale									
1 VII 1992*									
28 Rural – Rurale	4 070 000	*—— 708	000 ——*	587 000	486 000	393 000	350 000	305 000	257 0(
29 Male – Masculin	1 900 000	*—— 357	000 ——*	289 000	237 000	184 000	157 000	138 000	116 0(
30 Female – Féminin	2 170 000	*—— 351	000 ——*	298 000	249 000	209 000	193 000	167 000	141 0(
Egypt – Egypte									
Urban – Urbaine									
1 VII 1991*									
31 Urban – Urbaine	23 983 000	*—— 3 5	89 000 ——*	3 085 000	2 756 000	2 471 000	2 166 000	1 822 000	1 535 0
32 Male – Masculin	12 282 000	*—— 1 8	49 000 ——*	1 576 000	1 422 000	1 300 000	1 168 000	964 000	767 0
33 Female – Féminin	11 701 000	*—— 1 7	40 000 ——*	1 509 000	1 334 000	1 171 000	998 000	858 000	768 0

7. Population selon l'âge, le sexe et la résidence, urbaine/rurale: dernière année disponible, 1982 – 1991 (suite)

Données selon la résidence urbaine/rurale

Voir notes à la fin du tableau.)

Age (en années)

35 – 39	40 – 44	45 – 49	50 – 54	55 – 59	60 – 64	65 – 69	70 – 74	75 – 79	80 – 84	85 +	Unknown Inconnu	
80 000	43 000	32 000	26 000	22 000	12 000	7 000	5 000	*——— –	8 000	———*	–	1
41 000	21 000	15 000	13 000	10 000	5 000	4 000	3 000	*——— –	4 000	———*	–	2
39 000	22 000	17 000	13 000	12 000	7 000	3 000	2 000	*——— –	4 000	———*	–	3
137 000	123 000	105 000	86 000	69 000	54 000	40 000	25 000	*——— –	21 000	———*	–	4
62 000	58 000	50 000	40 000	32 000	25 000	18 000	11 000	*——— –	10 000	———*	–	5
75 000	65 000	55 000	46 000	37 000	29 000	22 000	14 000	*——— –	11 000	———*	–	6
45 678	33 066	27 347	19 807	14 601	11 751	7 639	5 593	2 662	*——— 4	737 ———*	1 704	7
24 506	17 055	14 671	10 351	7 450	5 293	3 643	2 133	1 072	*——— 1	381 ———*	881	8
21 172	16 011	12 676	9 456	7 151	6 458	3 996	3 460	1 590	*——— 3	356 ———*	823	9
323 014	266 484	245 267	209 057	173 070	159 725	111 050	80 945	42 926	*——— 63	551 ———*	8 071	10
138 104	113 756	112 822	96 648	85 836	75 154	56 890	37 050	20 582	*——— 25	872 ———*	3 794	11
184 910	152 728	132 445	112 409	87 234	84 571	54 160	43 895	22 344	*——— 37	679 ———*	4 277	12
15 369	11 753	9 299	6 830	4 471	3 260	2 761	1 070	*——— –	950	———*	–	13
8 755	6 424	5 375	3 736	2 045	1 476	1 356	523	*——— –	618	———*	–	14
6 614	5 329	3 924	3 094	2 426	1 784	1 405	547	*——— –	332	———*	–	15
176 590	164 242	146 090	116 411	85 649	91 061	64 406	51 950	*——— –	66 795	———*	–	16
74 555	71 713	66 925	49 239	38 991	40 312	27 786	25 965	*——— –	36 217	———*	–	17
102 035	92 529	79 165	67 172	46 658	50 749	36 620	25 985	*——— –	30 578	———*	–	18
171 797	121 972	101 121	65 942	47 241	32 873	17 863	13 705	7 407	4 925	5 672	2 168	19
88 138	65 571	56 640	36 194	26 016	16 928	9 001	5 863	3 309	1 929	2 444	1 387	20
83 659	56 401	44 481	29 748	21 225	15 945	8 862	7 842	4 098	2 996	3 228	781	21
361 686	327 572	272 935	239 046	197 881	165 584	141 631	101 873	51 080	19 395	20 427	1 220	22
179 429	159 180	129 294	113 761	93 421	78 373	65 869	47 067	24 335	7 976	9 680	624	23
182 257	168 392	143 641	125 285	104 460	87 211	75 762	54 806	26 745	11 419	10 747	596	24
129 000	106 000	88 000	70 000	50 000	*———————	———	66 000	———	———————	*	–	25
68 000	53 000	42 000	34 000	26 000	*———————	———	33 000	———	———————	*	–	26
61 000	53 000	46 000	36 000	24 000	*———————	———	33 000	———	———————	*	–	27
215 000	182 000	150 000	122 000	101 000	*———————	———	214 000	———	———————	*	–	28
95 000	83 000	69 000	53 000	41 000	*———————	———	81 000	———	———————	*	–	29
120 000	99 000	81 000	69 000	60 000	*———————	———	133 000	———	———————	*	–	30
1 365 000	1 217 000	988 000	825 000	704 000	550 000	415 000	273 000	*——— –	222 000	———*	–	31
677 000	610 000	491 000	400 000	335 000	263 000	204 000	141 000	*——— –	115 000	———*	–	32
688 000	607 000	497 000	425 000	369 000	287 000	211 000	132 000	*——— –	107 000	———*	–	33

Data by urban/rural residence

(See notes at end of table.)

Continent, country or area, sex, date and urban/rural residence / Continent, pays ou zone, sexe, date et résidence, urbaine/rurale	All ages Tous âges	– 1	1 – 4	5 – 9	10 – 14	15 – 19	20 – 24	25 – 29	30 – 34
AFRICA—AFRIQUE (Cont.–Suite)									
Egypt – Egypte									
Rural – Rurale									
1 VII 1991*									
1 Rural – Rurale	30 705 000	*—— 4 5	95 000 ——*	3 949 000	3 529 000	3 164 000	2 773 000	2 332 000	1 965 000
2 Male – Masculin	15 725 000	*—— 2 3	67 000 ——*	2 017 000	1 820 000	1 664 000	1 496 000	1 234 000	983 000
3 Female – Féminin	14 980 000	*—— 2 2	28 000 ——*	1 932 000	1 709 000	1 500 000	1 277 000	1 098 000	982 000
Equatorial Guinea – Guinée équatoriale									
Urban – Urbaine									
4 VII 1983(C)									
4 Urban – Urbaine	78 954	2 705	10 701	10 631	9 548	9 095	7 598	6 304	5 364
5 Male – Masculin	39 130	1 373	5 350	5 341	4 649	4 500	3 417	2 851	2 726
6 Female – Féminin	39 824	1 332	5 351	5 290	4 899	4 595	4 181	3 453	2 638
Rural – Rurale									
4 VII 1983(C)									
7 Rural – Rurale	182 825	6 037	22 748	22 613	22 026	19 208	13 285	10 123	9 183
8 Male – Masculin	86 561	3 024	11 318	11 210	11 224	9 067	5 865	4 497	3 926
9 Female – Féminin	96 264	3 013	11 430	11 403	10 802	10 141	7 420	5 626	5 257
Ethiopia – Ethiopie									
Urban – Urbaine									
1 VII 1990									
10 Urban – Urbaine	7 269 800	*—— 1 3	22 400 ——*	953 400	902 600	893 700	717 000	472 700	364 000
11 Male – Masculin	3 481 000	*—— 668	500 ——*	489 100	455 500	427 100	321 400	204 400	154 900
12 Female – Féminin	3 788 800	*—— 653	900 ——*	464 300	447 100	466 600	395 600	268 300	209 100
Rural – Rurale									
1 VII 1990									
13 Rural – Rurale	44 419 600	*—— 8 5	44 000 ——*	7 638 000	6 111 400	4 450 000	3 109 000	2 364 300	2 138 500
14 Male – Masculin	22 480 300	*—— 4 3	21 400 ——*	3 921 600	3 182 100	2 357 000	1 617 300	1 144 100	965 800
15 Female – Féminin	21 939 300	*—— 4 2	22 600 ——*	3 716 400	2 929 300	2 093 000	1 491 700	1 220 200	1 172 700
Malawi									
Urban – Urbaine									
1 XI 1982 [34]									
16 Urban – Urbaine	584 045	24 398	86 884	87 290	70 559	58 474	64 445	55 314	43 252
17 Male – Masculin	305 742	12 294	43 583	42 143	31 932	28 716	31 764	31 661	25 331
18 Female – Féminin	278 303	12 104	43 301	45 147	38 627	29 758	32 681	23 653	17 921
Rural – Rurale									
1 XI 1982 [34]									
19 Rural – Rurale	5 546 738	225 173	846 378	907 285	626 056	508 958	438 340	363 534	324 135
20 Male – Masculin	2 624 570	110 895	419 188	442 750	324 403	237 455	189 423	156 961	145 586
21 Female – Féminin	2 922 168	114 278	427 190	464 535	301 653	271 503	248 917	206 573	178 549
Mali									
Urban – Urbaine									
1 IV 1987(C) [1]									
22 Urban – Urbaine	1 690 289	55 188	240 724	253 864	201 632	185 600	149 547	131 461	102 380
23 Male – Masculin	837 287	27 751	121 251	128 331	100 768	87 854	72 520	61 515	49 694
24 Female – Féminin	853 002	27 437	119 473	125 533	100 864	97 746	77 027	69 946	52 686
Rural – Rurale									
1 IV 1987(C) [1]									
25 Rural – Rurale	6 006 059	194 175	939 473	987 662	662 528	540 119	424 810	404 765	341 322
26 Male – Masculin	2 923 424	97 180	471 969	503 430	350 334	259 491	187 032	169 072	149 291
27 Female – Féminin	3 082 635	96 995	467 504	484 232	312 194	280 628	237 778	235 693	192 031
Mauritius – Maurice									
Island of Mauritius – Ile Maurice									
Urban – Urbaine									
2 VII 1983(C)									
28 Urban – Urbaine	403 251	7 715	34 918	38 428	34 774	45 953	44 736	38 215	32 585
29 Male – Masculin	199 573	3 929	17 633	19 367	17 616	23 031	22 627	19 116	16 312
30 Female – Féminin	203 678	3 786	17 285	19 061	17 158	22 922	22 109	19 099	16 273

Données selon la résidence urbaine/rurale

(Voir notes à la fin du tableau.)

Age (en années)

35 – 39	40 – 44	45 – 49	50 – 54	55 – 59	60 – 64	65 – 69	70 – 74	75 – 79	80 – 84	85 +	Unknown Inconnu	
1 747 000	1 559 000	1 265 000	1 057 000	902 000	704 000	531 000	349 000	*———	– 284 000	———*	—	1
866 000	781 000	629 000	512 000	429 000	338 000	261 000	180 000	*———	– 148 000	———*	—	2
881 000	778 000	636 000	545 000	473 000	366 000	270 000	169 000	*———	– 136 000	———*	—	3
4 304	3 550	2 780	2 015	1 178	1 191	711	681	*——— –	595	———*	3	4
2 262	1 996	1 627	1 057	635	507	307	270	*——— –	261	———*	1	5
2 042	1 554	1 153	958	543	684	404	411	*——— –	334	———*	2	6
8 807	10 035	8 726	8 479	4 550	6 045	2 907	3 709	*——— –	4 318	———*	26	7
3 465	4 205	4 225	4 006	2 416	2 605	1 430	1 751	*——— –	2 314	———*	13	8
5 342	5 830	4 501	4 473	2 134	3 440	1 477	1 958	*——— –	2 004	———*	13	9
371 300	339 800	246 200	180 200	155 500	118 400	86 900	65 400	*——— –	80 300	———*	—	10
163 900	157 700	124 300	93 800	72 200	50 600	36 100	27 800	*——— –	33 700	———*	—	11
207 400	182 100	121 900	86 400	83 300	67 800	50 800	37 600	*——— –	46 600	———*	—	12
2 032 200	1 857 700	1 595 500	1 285 800	1 012 200	781 000	572 900	405 800	*——— –	521 300	———*	—	13
922 800	890 300	795 600	651 200	517 700	402 200	298 800	214 000	*——— –	278 400	———*	—	14
1 109 400	967 400	799 900	634 600	494 500	378 800	274 100	191 800	*——— –	242 900	———*	—	15
27 966	20 293	14 217	10 365	5 829	5 170	3 064	2 203	1 195	653	1 155	1 319	16
17 073	13 271	9 194	6 871	3 416	3 117	1 661	1 192	611	357	587	968	17
10 893	7 022	5 023	3 494	2 413	2 053	1 403	1 011	584	296	568	351	18
247 266	208 539	177 521	166 491	125 381	125 694	91 372	63 971	38 579	27 641	26 441	7 983	19
107 669	96 270	79 209	75 936	53 211	58 822	42 099	34 066	18 983	13 494	13 714	4 436	20
139 597	112 269	98 312	90 555	72 170	66 872	49 273	29 905	19 596	14 147	12 727	3 547	21
84 562	68 619	54 672	44 961	32 655	28 922	18 849	13 119	7 060	*— 8 604	—*	7 870	22
42 318	34 605	28 658	23 314	17 279	14 293	9 632	6 000	3 443	*— 3 675	—*	4 386	23
42 244	34 014	26 014	21 647	15 376	14 629	9 217	7 119	3 617	*— 4 929	—*	3 484	24
294 622	257 205	209 045	191 385	149 673	151 702	97 124	68 974	34 555	*— 44 326	—*	12 594	25
135 771	121 975	103 144	93 371	77 882	75 219	50 804	33 979	17 587	*— 21 313	—*	4 580	26
158 851	135 230	105 901	98 014	71 791	76 483	46 320	34 995	16 968	*— 23 013	—*	8 014	27
23 946	18 992	17 978	15 531	16 028	11 375	8 866	6 170	3 741	1 954	1 176	170	28
11 694	9 293	8 814	7 793	7 876	5 498	4 026	2 573	1 385	601	257	132	29
12 252	9 699	9 164	7 738	8 152	5 877	4 840	3 597	2 356	1 353	919	38	30

Data by urban/rural residence

(See notes at end of table.)

Continent, country or area, sex, date and urban/rural residence / Continent, pays ou zone, sexe, date et résidence, urbaine/rurale	All ages Tous âges	− 1	1 − 4	5 − 9	10 − 14	15 − 19	20 − 24	25 − 29	30 − 34
AFRICA—AFRIQUE (Cont.–Suite)									
Mauritius – Maurice									
Island of Mauritius –									
Ile Maurice									
Rural – Rurale									
2 VII 1983(C)									
1 Rural – Rurale	563 612	12 080	56 643	65 728	60 033	67 772	60 564	51 170	45 323
2 Male – Masculin	281 795	6 046	28 563	33 121	30 515	34 400	30 450	25 592	22 918
3 Female – Féminin	281 817	6 034	28 080	32 607	29 518	33 372	30 114	25 578	22 405
Morocco – Maroc									
Urban – Urbaine									
3 IX 1982(C)*									
4 Urban – Urbaine	8 733 507	*——— 1 1 07 522 ——*		1 086 955	1 088 973	1 050 623	994 031	776 229	553 469
5 Male – Masculin	4 378 706	*——— 560 813 ——*		549 846	543 092	514 555	503 000	402 287	287 076
6 Female – Féminin	4 354 801	*——— 546 709 ——*		537 109	545 881	536 068	491 031	373 942	266 393
Rural – Rurale									
3 IX 1982(C)*									
7 Rural – Rurale	11 716 044	*——— 2 0 02 860 ——*		1 843 838	1 491 161	1 184 208	1 003 668	781 568	594 060
8 Male – Masculin	5 857 372	*——— 1 0 16 316 ——*		942 417	780 726	586 123	494 446	384 884	279 058
9 Female – Féminin	5 858 672	*——— 986 544 ——*		901 421	710 435	598 085	509 222	396 684	315 002
Mozambique									
Urban – Urbaine									
1 VIII 1987 [3]									
10 Urban – Urbaine	1 919 178	72 224	261 735	278 714	237 714	201 569	170 674	143 750	120 493
11 Male – Masculin	936 184	35 638	129 026	137 220	117 007	99 181	83 836	70 444	58 912
12 Female – Féminin	982 994	36 586	132 709	141 494	120 707	102 388	86 838	73 306	61 581
Rural – Rurale									
1 VIII 1987 [3]									
13 Rural – Rurale	12 629 222	475 276	1 722 365	1 834 086	1 564 286	1 326 441	1 123 126	945 950	792 907
14 Male – Masculin	6 159 216	234 462	848 874	902 780	769 793	652 519	551 564	463 456	387 588
15 Female – Féminin	6 470 006	240 814	873 491	931 306	794 493	673 922	571 562	482 494	405 319
South Africa –									
Afrique du Sud [7]									
Urban – Urbaine									
5 III 1985(C)									
16 Urban – Urbaine	13 068 343	253 442	994 135	1 199 906	1 367 356	1 340 745	1 381 961	*——— 2 3 48 597 ——*	
17 Male – Masculin	6 555 892	128 297	499 741	601 864	681 462	663 227	697 623	*——— 1 2 13 019 ——*	
18 Female – Féminin	6 512 451	125 145	494 394	598 042	685 894	677 518	684 338	*——— 1 1 35 578 ——*	
Rural – Rurale									
5 III 1985(C)									
19 Rural – Rurale	10 317 302	279 027	1 197 220	1 475 802	1 429 282	1 128 111	950 230	*——— 1 3 61 210 ——*	
20 Male – Masculin	4 989 390	138 543	598 878	741 455	715 735	540 418	437 677	*——— 662 570 ——*	
21 Female – Féminin	5 327 912	140 484	598 342	734 347	713 547	587 693	512 553	*——— 698 640 ——*	
Sudan – Soudan									
Urban – Urbaine									
1 II 1983(C)									
22 Urban – Urbaine	4 219 826	114 301	470 664	604 282	540 669	523 680	414 353	368 853	247 320
23 Male – Masculin	2 228 350	57 776	238 157	304 476	275 548	277 867	231 887	196 241	134 209
24 Female – Féminin	1 991 476	56 525	232 507	299 806	265 121	245 813	182 466	172 612	113 111
Rural – Rurale									
1 II 1983(C)									
25 Rural – Rurale	14 109 541	295 808	1 663 894	2 403 366	1 978 901	1 565 406	1 022 490	1 060 072	785 438
26 Male – Masculin	7 095 714	149 707	838 252	1 247 576	1 055 790	800 294	468 860	447 100	336 442
27 Female – Féminin	7 013 827	146 101	825 642	1 155 790	923 111	765 112	553 630	612 972	448 996
Swaziland									
Urban – Urbaine									
25 VIII 1986(C)									
28 Urban – Urbaine	154 979	4 640	16 796	17 124	15 453	18 126	19 494	16 540	12 184
29 Male – Masculin	79 936	2 243	8 299	8 205	7 125	8 104	9 487	8 467	6 776
30 Female – Féminin	75 043	2 397	8 497	8 919	8 328	10 022	10 007	8 073	5 408

7. Population selon l'âge, le sexe et la résidence, urbaine/rurale: dernière année disponible, 1982 – 1991 (suite)

Données selon la résidence urbaine/rurale

(Voir notes à la fin du tableau.)

Age (en années)												
35 – 39	40 – 44	45 – 49	50 – 54	55 – 59	60 – 64	65 – 69	70 – 74	75 – 79	80 – 84	85 +	Unknown Inconnu	
30 836	21 472	20 857	16 667	18 770	13 208	9 793	6 107	3 556	1 715	827	491	1
15 261	10 659	10 471	8 366	9 405	6 380	4 632	2 660	1 333	557	190	276	2
15 575	10 813	10 386	8 301	9 365	6 828	5 161	3 447	2 223	1 158	637	215	3
386 159	390 548	325 550	301 318	199 364	193 765	90 473	86 585	*——— 101 943 ———*			—	4
188 741	178 559	160 477	148 214	105 476	98 322	50 253	38 523	*——— 49 472 ———*			—	5
197 418	211 989	165 073	153 104	93 888	95 443	40 220	48 062	*——— 52 471 ———*			—	6
457 304	491 678	390 793	408 376	250 963	294 505	142 052	167 468	*——— 211 542 ———*			—	7
208 475	218 853	191 873	189 788	132 809	145 006	82 707	83 103	*——— 120 788 ———*			—	8
248 829	272 825	198 920	218 588	118 154	149 499	59 345	84 365	*——— 90 754 ———*			—	9
100 481	83 437	68 702	55 379	43 190	32 188	22 571	14 339	7 849	*—— 4 169 ——*		—	10
48 977	40 493	33 144	26 402	20 200	14 672	10 001	6 162	3 246	*—— 1 623 ——*		—	11
51 504	42 944	35 558	28 977	22 990	17 516	12 570	8 177	4 603	*—— 2 546 ——*		—	12
661 209	549 063	452 098	364 421	284 210	211 812	148 529	94 361	51 651	*—— 27 431 ——*		—	13
322 223	266 407	218 056	173 698	132 900	96 528	65 799	40 538	21 354	*—— 10 677 ——*		—	14
338 986	282 656	234 042	190 723	151 310	115 284	82 730	53 823	30 297	*—— 16 754 ——*		—	15
— 1 686 957 —		*— 1 132 026 —*		*—— 720 944 ——*		*—— 431 415 —*		*—— 210 859 ——*			—	16
— 874 846 —		*— 581 169 —*		*—— 348 500 ——*		*—— 190 372 —*		*—— 75 772 ——*			—	17
— 812 111 —		*— 550 857 —*		*—— 372 444 ——*		*—— 241 043 —*		*—— 135 087 ——*			—	18
— 926 901 —		*— 651 094 —*		*—— 450 173 ——*		*—— 307 408 —*		*—— 160 844 ——*			—	19
— 447 120 —		*— 313 730 —*		*—— 195 469 ——*		*—— 132 977 —*		*—— 64 818 ——*			—	20
— 479 781 —		*— 337 364 —*		*—— 254 704 ——*		*—— 174 431 —*		*—— 96 026 ——*			—	21
259 049	175 389	148 763	112 393	63 287	63 466	37 510	32 684	15 594	13 238	10 329	4 002	22
139 325	97 901	81 697	61 165	35 211	35 080	21 020	17 279	8 305	6 984	5 286	2 936	23
119 724	77 488	67 066	51 228	28 076	28 386	16 490	15 405	7 289	6 254	5 043	1 066	24
880 653	618 485	521 987	405 190	219 490	250 366	136 937	128 425	59 628	53 577	37 694	21 734	25
413 256	305 960	285 813	220 064	128 144	143 707	82 004	73 828	35 553	30 326	21 266	11 772	26
467 397	312 525	236 174	185 126	91 346	106 659	54 933	54 597	24 075	23 251	16 428	9 962	27
10 117	7 535	6 076	3 925	2 378	1 440	932	542	333	204	197	943	28
5 941	4 572	3 986	2 669	1 564	834	506	266	151	81	85	575	29
4 176	2 963	2 090	1 256	814	606	426	276	182	123	112	368	30

(See notes at end of table.)

Continent, country or area, sex, date and urban/rural residence Continent, pays ou zone, sexe, date et résidence, urbaine/rurale	All ages Tous âges	Age (in years)							
		– 1	1 – 4	5 – 9	10 – 14	15 – 19	20 – 24	25 – 29	30 – 3
AFRICA—AFRIQUE (Cont.–Suite)									
Swaziland									
Rural – Rurale									
25 VIII 1986(C)									
1 Rural – Rurale	526 080	16 425	83 708	90 791	77 536	57 548	38 892	30 511	23 5⬤
2 Male – Masculin	241 643	7 923	41 558	45 100	38 929	28 368	14 849	11 073	9 0⬤
3 Female – Féminin	284 437	8 502	42 150	45 691	38 607	29 180	24 043	19 438	14 4⬤
Tunisia – Tunisie									
Urban – Urbaine									
30 III 1984(C)*									
4 Urban – Urbaine	3 685 470	97 070	387 330	441 780	414 810	434 160	391 320	309 740	237 8⬤
5 Male – Masculin	1 869 010	50 320	198 020	225 020	210 750	219 400	198 720	155 790	122 68
6 Female – Féminin	1 816 460	46 750	189 310	216 760	204 060	214 760	192 600	153 950	115 1⬤
Rural – Rurale									
30 III 1984(C)*									
7 Rural – Rurale	3 289 980	105 250	425 680	490 790	402 820	362 860	283 280	229 180	175 1⬤
8 Male – Masculin	1 677 030	54 880	218 380	253 070	208 080	185 740	143 000	111 700	83 6⬤
9 Female – Féminin	1 612 950	50 370	207 300	237 720	194 740	177 120	140 280	117 480	91 5⬤
Zaire – Zaïre									
Urban – Urbaine									
1 VII 1985									
10 Urban – Urbaine	*12 237 709*	*574 436*	*1 861 668*	*1 961 903*	*1 735 383*	*1 510 078*	*1 099 546*	*813 763*	*645 38*
11 Male – Masculin	*6 275 428*	*290 844*	*939 551*	*987 532*	*884 256*	*777 127*	*544 558*	*398 399*	*319 58*
12 Female – Féminin	*5 962 281*	*283 592*	*922 117*	*974 371*	*851 127*	*732 951*	*554 988*	*415 364*	*325 79*
Rural – Rurale									
1 VII 1985									
13 Rural – Rurale	*18 743 673*	*783 517*	*2 690 516*	*2 713 289*	*2 113 662*	*1 715 231*	*1 604 612*	*1 442 460*	*1 204 62*
14 Male – Masculin	*9 051 304*	*405 071*	*1 373 756*	*1 377 118*	*1 055 401*	*836 952*	*795 883*	*714 238*	*587 86*
15 Female – Féminin	*9 692 369*	*378 446*	*1 316 760*	*1 336 171*	*1 058 261*	*878 279*	*808 729*	*728 222*	*616 76*
Zimbabwe									
Urban – Urbaine									
18 VIII 1987									
16 Urban – Urbaine	*2 318 873*	*72 546*	*278 884*	*299 347*	*248 600*	*266 454*	*252 322*	*226 565*	*177 07*
17 Male – Masculin	*1 209 213*	*37 968*	*136 730*	*152 550*	*121 701*	*120 006*	*117 294*	*118 537*	*98 42*
18 Female – Féminin	*1 109 660*	*34 578*	*142 154*	*146 797*	*126 899*	*146 448*	*135 028*	*108 028*	*78 64*
Rural – Rurale									
18 VIII 1987									
19 Rural – Rurale	*6 368 454*	*210 293*	*874 733*	*1 130 678*	*1 032 368*	*766 592*	*456 068*	*347 927*	*277 86*
20 Male – Masculin	*3 029 191*	*105 090*	*428 383*	*558 333*	*511 664*	*402 619*	*214 587*	*138 425*	*106 4⬤*
21 Female – Féminin	*3 339 263*	*105 203*	*446 350*	*572 345*	*520 704*	*363 973*	*241 481*	*209 502*	*171 4⬤*
AMERICA,NORTH— AMERIQUE DU NORD									
Canada									
Urban – Urbaine									
3 VI 1986(C) [1] [8]									
22 Urban – Urbaine	19 352 085	270 175	1 055 530	1 288 435	1 284 350	1 427 220	1 811 350	1 863 745	1 683 39
23 Male – Masculin	9 416 565	138 345	541 145	659 335	657 440	724 305	896 730	924 425	829 22
24 Female – Féminin	9 935 525	131 830	514 390	629 110	626 915	702 915	914 625	939 320	854 17
Rural – Rurale									
3 VI 1986(C) [1] [8]									
25 Rural – Rurale	5 957 245	93 455	391 035	506 535	502 445	497 635	441 990	477 765	502 25
26 Male – Masculin	3 069 090	47 935	200 360	260 775	259 315	260 950	234 725	240 560	254 5⬤
27 Female – Féminin	2 888 150	45 515	190 670	245 760	243 130	236 685	207 265	237 205	247 7⬤
Costa Rica									
Urban – Urbaine									
1 VII 1985* [1]									
28 Urban – Urbaine	1 107 261	27 910	108 295	121 624	108 026	119 601	122 846	102 216	84 0⬤
29 Male – Masculin	529 715	14 293	55 024	61 661	54 081	57 232	57 609	47 505	39 38
30 Female – Féminin	577 546	13 617	53 271	59 963	53 945	62 369	65 237	54 711	44 65

7. Population selon l'âge, le sexe et la résidence, urbaine/rurale: dernière année disponible, 1982 – 1991 (suite)

Données selon la résidence urbaine/rurale

(Voir notes à la fin du tableau.)

35 – 39	40 – 44	45 – 49	50 – 54	55 – 59	60 – 64	65 – 69	70 – 74	75 – 79	80 – 84	85 +	Unknown Inconnu	
20 953	17 029	16 698	12 227	9 423	7 992	7 036	5 488	3 170	2 343	2 890	1 911	1
8 102	6 653	7 397	5 550	4 434	3 434	2 859	2 323	1 322	919	988	801	2
12 851	10 376	9 301	6 677	4 989	4 558	4 177	3 165	1 848	1 424	1 902	1 110	3
174 390	151 990	153 350	138 440	107 470	86 370	59 860	49 470	24 330	15 880	9 870	—	4
84 230	74 780	74 950	70 000	55 510	44 920	33 280	26 070	12 430	7 610	4 530	—	5
90 160	77 210	78 400	68 440	51 960	41 450	26 580	23 400	11 900	8 270	5 340	—	6
124 070	123 790	131 960	121 740	93 180	78 460	54 230	47 000	20 190	13 010	7 310	—	7
58 640	58 310	64 090	61 590	49 460	42 260	31 760	28 110	12 280	7 720	4 320	—	8
65 430	65 480	67 870	60 150	43 720	36 200	22 470	18 890	7 910	5 290	2 990	—	9
584 741	483 268	365 947	245 254	165 897	99 450	50 723	24 806	10 302	*—— 5 161 ——*		—	10
297 049	263 661	209 598	144 797	100 488	61 155	31 699	15 952	6 407	*—— 2 768 ——*		—	11
287 692	219 607	156 349	100 457	65 409	38 295	19 024	8 854	3 895	*—— 2 393 ——*		—	12
954 993	779 746	652 256	562 901	468 023	381 671	293 343	200 797	117 737	*—— 64 290 ——*		—	13
450 257	343 306	272 503	232 601	189 653	152 894	117 358	78 423	44 852	*—— 23 176 ——*		—	14
504 736	436 440	379 753	330 300	278 370	228 777	175 985	122 374	72 885	*—— 41 114 ——*		—	15
134 018	100 231	92 318	58 534	46 330	25 877	19 775	8 927	5 198	1 921	3 955	—	16
73 450	60 681	58 873	39 889	32 883	16 950	12 543	4 633	2 712	1 017	2 373	—	17
60 568	39 550	33 445	18 645	13 447	8 927	7 232	4 294	2 486	904	1 582	—	18
242 724	198 993	196 507	146 674	149 499	104 073	116 842	48 138	30 284	12 430	25 764	—	19
94 807	80 343	82 151	67 009	74 241	50 398	57 856	24 973	14 803	5 424	11 639	—	20
147 917	118 650	114 356	79 665	75 258	53 675	58 986	23 165	15 481	7 006	14 125	—	21
1 550 550	1 233 605	1 012 395	948 940	929 775	867 210	699 265	576 750	407 705	252 035	189 645	—	22
765 760	611 040	501 070	469 630	451 120	398 685	306 210	241 100	158 390	88 575	54 050	—	23
784 790	622 565	511 325	479 310	478 650	468 525	393 055	335 645	249 320	163 465	135 595	—	24
475 625	381 120	303 485	280 400	273 420	257 920	212 505	161 570	102 650	57 330	38 115	—	25
245 295	199 900	158 895	146 565	142 480	131 775	108 335	83 230	51 520	26 785	15 150	—	26
230 330	181 220	144 590	133 830	130 935	126 145	104 170	78 340	51 135	30 550	22 960	—	27
64 725	51 356	41 785	38 937	31 509	26 028	19 615	16 922	10 428	6 794	4 604	—	28
30 195	24 357	19 382	17 984	14 376	11 648	8 577	7 390	4 460	2 770	1 784	—	29
34 530	26 999	22 403	20 953	17 133	14 380	11 038	9 532	5 968	4 024	2 820	—	30

Data by urban/rural residence

(See notes at end of table.)

Continent, country or area, sex, date and urban/rural residence / Continent, pays ou zone, sexe, date et résidence, urbaine/rurale	All ages Tous âges	− 1	1 – 4	5 – 9	10 – 14	15 – 19	20 – 24	25 – 29	30 – 34
AMERICA, NORTH— (Cont.–Suite) **AMERIQUE DU NORD**									
Costa Rica Rural – Rurale 1 VII 1985* [1]									
1 Rural – Rurale	1 381 488	40 436	155 791	176 666	172 079	167 549	146 267	114 561	89 485
2 Male – Masculin	714 411	20 777	79 720	90 426	88 155	86 628	75 325	58 827	46 627
3 Female – Féminin	667 077	19 659	76 071	86 240	83 924	80 921	70 942	55 734	42 858
Cuba Urban – Urbaine 1 VII 1989									
4 Urban – Urbaine	7 694 443	132 108	488 848	509 308	573 662	788 690	834 808	759 623	501 576
5 Male – Masculin	3 798 023	67 674	250 669	260 901	292 793	400 212	418 160	373 471	243 409
6 Female – Féminin	3 896 420	64 434	238 179	248 407	280 869	388 478	416 648	386 152	258 167
Rural – Rurale 1 VII 1989									
7 Rural – Rurale	2 828 353	52 430	201 826	220 950	256 207	339 119	335 093	266 849	179 333
8 Male – Masculin	1 499 501	27 827	104 005	112 976	131 140	174 811	176 445	140 400	95 129
9 Female – Féminin	1 328 852	24 603	97 821	107 974	125 067	164 308	158 648	126 449	84 204
Guatemala Urban – Urbaine 1 VII 1990									
10 Urban – Urbaine	3 500 908	*—— 532 738 ——*		466 974	417 519	381 341	328 861	284 657	234 246
11 Male – Masculin	1 710 525	*—— 271 783 ——*		236 884	208 418	187 638	158 778	137 096	112 208
12 Female – Féminin	1 790 381	*—— 260 955 ——*		230 090	209 103	193 702	170 083	147 561	122 039
Rural – Rurale 1 VII 1990									
13 Rural – Rurale	5 696 443	*— 1 0 76 595 ——*		914 567	771 178	603 365	475 877	379 760	306 432
14 Male – Masculin	2 936 201	*—— 548 716 ——*		466 930	396 280	312 494	248 183	197 632	158 504
15 Female – Féminin	2 760 244	*—— 527 879 ——*		447 635	374 896	290 870	227 694	182 128	147 928
Haiti – Haïti Urban – Urbaine 1 VII 1990 [1]									
16 Urban – Urbaine	1 920 830	51 425	182 999	221 407	247 602	264 895	243 782	190 413	134 148
17 Male – Masculin	860 343	27 112	93 815	105 583	109 475	109 504	106 840	84 844	59 323
18 Female – Féminin	1 060 487	24 313	89 184	115 824	138 127	155 391	136 942	105 569	74 825
Rural – Rurale 1 VII 1990 [1]									
19 Rural – Rurale	4 565 218	157 747	596 897	639 266	511 902	427 205	351 119	320 995	284 046
20 Male – Masculin	2 320 068	78 933	300 150	327 580	272 306	237 768	188 835	164 565	139 660
21 Female – Féminin	2 245 150	78 814	296 747	311 686	239 596	189 437	162 284	156 430	144 386
Honduras Urban – Urbaine V 1988(C)									
22 Urban – Urbaine	1 674 944	52 306	199 220	241 527	208 490	191 848	160 384	137 464	111 943
23 Male – Masculin	793 929	26 665	101 762	122 650	102 557	87 161	69 899	61 148	51 797
24 Female – Féminin	881 015	25 641	97 458	118 877	105 933	104 687	90 485	76 316	60 146
Rural – Rurale V 1988(C)									
25 Rural – Rurale	2 573 617	101 046	381 676	442 507	363 085	255 101	186 669	163 028	136 093
26 Male – Masculin	1 316 177	51 729	195 152	226 405	187 632	132 697	93 724	81 171	68 701
27 Female – Féminin	1 257 440	49 317	186 524	216 102	175 453	122 404	92 945	81 857	67 392
Jamaica – Jamaïque Urban – Urbaine 8 VI 1982(C)									
28 Urban – Urbaine	1 046 041	*—— 123 545 ——*		127 452	126 572	126 191	114 579	89 988	69 093
29 Male – Masculin	494 155	*—— 62 037 ——*		63 024	62 157	59 716	51 559	40 841	32 506
30 Female – Féminin	551 886	*—— 61 508 ——*		64 428	64 415	66 475	63 020	49 147	36 587
Rural – Rurale 8 VI 1982(C)									
31 Rural – Rurale	1 144 316	*—— 144 215 ——*		156 897	161 697	136 932	98 295	65 792	51 714
32 Male – Masculin	580 478	*—— 72 611 ——*		79 716	83 602	71 032	50 589	33 591	26 589
33 Female – Féminin	563 838	*—— 71 604 ——*		77 181	78 095	65 900	47 706	32 201	25 125

Données selon la résidence urbaine/rurale

(Voir notes à la fin du tableau.)

Age (en années)

35 – 39	40 – 44	45 – 49	50 – 54	55 – 59	60 – 64	65 – 69	70 – 74	75 – 79	80 – 84	85 +	Unknown Inconnu	
69 288	55 819	44 604	39 826	30 657	25 637	18 267	15 099	9 486	6 091	3 880	—	1
35 586	29 269	23 570	20 787	16 336	13 773	9 830	8 256	5 201	3 367	1 951	—	2
33 702	26 550	21 034	19 039	14 321	11 864	8 437	6 843	4 285	2 724	1 929	—	3
551 292	495 240	445 970	357 550	302 667	257 203	*———		695 898		———*	—	4
267 691	239 450	217 824	172 947	145 645	123 116	*———		324 061		———*	—	5
283 601	255 790	228 146	184 603	157 022	134 087	*———		371 837		———*	—	6
179 935	154 055	139 983	112 108	98 336	81 540	*———		210 589		———*	—	7
95 418	80 133	74 967	60 928	54 741	46 271	*———		124 310		———*	—	8
84 517	73 922	65 016	51 180	43 595	35 269	*———		86 279		———*	—	9
190 560	147 543	115 685	102 420	90 356	73 785	56 336	35 325	23 362	*—— 19 199 ——*		—	10
91 207	69 904	54 469	48 113	41 873	33 526	25 157	15 649	10 126	*—— 7 698 ——*		—	11
99 353	77 638	61 216	54 307	48 483	40 259	31 179	19 676	13 236	*—— 11 501 ——*		—	12
261 428	205 116	171 087	144 252	127 660	101 208	68 951	43 528	24 944	*—— 20 497 ——*		—	13
134 483	106 154	88 918	75 415	66 546	53 139	36 574	22 719	13 155	*—— 10 355 ——*		—	14
126 945	98 963	82 169	68 837	61 114	48 069	32 377	20 809	11 789	*—— 10 142 ——*		—	15
90 412	72 215	50 835	50 552	38 776	29 833	22 215	14 923	9 154	*—— 5 244 ——*		—	16
38 492	29 511	21 530	22 399	17 095	13 392	9 623	5 871	3 775	*—— 2 159 ——*		—	17
51 920	42 704	29 305	28 153	21 681	16 441	12 592	9 052	5 379	*—— 3 085 ——*		—	18
260 271	215 205	192 508	155 177	132 930	106 606	83 908	61 676	38 270	*—— 29 490 ——*		—	19
126 113	104 919	92 467	73 876	63 285	50 167	39 344	29 042	17 752	*—— 13 306 ——*		—	20
134 158	110 286	100 041	81 301	69 645	56 439	44 564	32 634	20 518	*—— 16 184 ——*		—	21
88 512	64 855	51 889	43 044	35 103	27 094	21 626	14 196	*——— 25 443 ———*			—	22
41 259	30 391	24 207	19 874	15 855	12 008	9 478	6 256	*——— 10 962 ———*			—	23
47 253	34 464	27 682	23 170	19 248	15 086	12 148	7 940	*——— 14 481 ———*			—	24
115 978	92 891	80 687	67 302	56 117	43 615	33 536	21 487	*——— 32 799 ———*			—	25
58 364	46 928	41 121	34 495	28 699	23 002	17 647	11 389	*——— 17 321 ———*			—	26
57 614	45 963	39 566	32 807	27 418	20 613	15 889	10 098	*——— 15 478 ———*			—	27
52 958	43 190	33 966	33 533	25 790	22 738	19 160	16 190	10 156	6 203	4 737	—	28
24 850	20 556	15 918	15 612	12 088	10 061	8 721	6 954	4 040	2 157	1 358	—	29
28 108	22 634	18 048	17 921	13 702	12 677	10 439	9 236	6 116	4 046	3 379	—	30
44 301	42 014	37 600	41 318	33 814	34 746	31 098	27 620	17 394	11 022	7 847	—	31
22 616	21 313	18 647	20 416	17 189	16 559	15 881	13 925	8 578	4 805	2 819	—	32
21 685	20 701	18 953	20 902	16 625	18 187	15 217	13 695	8 816	6 217	5 028	—	33

Data by urban/rural residence

(See notes at end of table.)

Continent, country or area, sex, date and urban/rural residence Continent, pays ou zone, sexe, date et résidence, urbaine/rurale	All ages Tous âges	− 1	1 − 4	5 − 9	10 − 14	15 − 19	20 − 24	25 − 29	30 − 3
AMERICA, NORTH— (Cont.–Suite) **AMERIQUE DU NORD**									
Nicaragua Urban – Urbaine 1 VII 1989									
1 Urban – Urbaine	2 239 025	80 496	299 390	328 923	287 195	254 721	209 886	170 391	139 36
2 Male – Masculin	1 090 743	41 457	153 950	167 479	143 347	124 195	100 698	81 680	65 96
3 Female – Féminin	1 148 282	39 039	145 440	161 444	143 848	130 526	109 188	88 711	73 4C
Rural – Rurale 1 VII 1989									
4 Rural – Rurale	1 506 006	62 741	231 039	241 873	192 429	153 967	131 214	111 417	91 86
5 Male – Masculin	785 449	31 622	116 200	122 633	100 050	82 551	70 266	58 626	48 33
6 Female – Féminin	720 557	31 119	114 839	119 240	92 379	71 416	60 948	52 791	43 53
Panama Urban – Urbaine 1 VII 1990									
7 Urban – Urbaine	1 278 589	30 262	110 910	127 706	130 512	144 588	141 228	125 745	98 87
8 Male – Masculin	623 806	15 352	56 752	65 213	64 893	69 232	66 417	61 026	49 95
9 Female – Féminin	654 783	14 910	54 158	62 493	65 619	75 356	74 811	64 719	48 9
Rural – Rurale 1 VII 1990									
10 Rural – Rurale	1 139 366	31 612	125 738	150 828	137 797	120 254	101 769	85 149	79 17
11 Male – Masculin	606 224	16 300	64 130	77 013	72 088	65 273	56 018	45 317	41 54
12 Female – Féminin	533 142	15 312	61 608	73 815	65 709	54 981	45 751	39 832	37 63
AMERICA, SOUTH— **AMERIQUE DU SUD**									
Argentina – Argentine Urban – Urbaine 1 VII 1990 [3]									
13 Urban – Urbaine	27 761 245	*—— 2 6	87 691 ——*	2 672 767	2 658 673	2 351 848	2 108 278	2 009 012	1 956 44
14 Male – Masculin	13 506 025	*—— 1 3	61 762 ——*	1 351 915	1 334 717	1 168 341	1 052 045	998 596	971 59
15 Female – Féminin	14 255 220	*—— 1 3	25 929 ——*	1 320 852	1 323 956	1 183 507	1 056 233	1 010 416	984 84
Rural – Rurale 1 VII 1990 [3]									
16 Rural – Rurale	4 560 644	*—— 541	496 ——*	552 099	558 046	416 298	327 201	299 271	283 83
17 Male – Masculin	2 495 974	*—— 278	915 ——*	285 579	297 565	234 903	180 435	167 716	159 74
18 Female – Féminin	2 064 670	*—— 262	581 ——*	266 520	260 482	181 396	146 766	131 555	124 09
Bolivia – Bolivie Urban – Urbaine 31 XII 1988 [3]									
19 Urban – Urbaine	3 077 400	*—— 423	500 ——*	418 400	372 800	331 800	273 700	256 900	217 90
20 Male – Masculin	1 502 000	*—— 216	300 ——*	212 900	187 900	158 600	127 400	117 300	106 20
21 Female – Féminin	1 575 400	*—— 207	200 ——*	205 500	184 900	173 200	146 300	139 600	111 70
Rural – Rurale 31 XII 1988 [3]									
22 Rural – Rurale	2 942 900	*—— 451	500 ——*	440 000	367 400	285 500	214 500	195 400	158 70
23 Male – Masculin	1 492 300	*—— 228	900 ——*	228 200	193 400	146 900	108 700	93 600	78 70
24 Female – Féminin	1 450 400	*—— 222	600 ——*	211 700	174 000	138 600	105 800	101 800	80 0C
Brazil – Brésil Urban – Urbaine 1 VII 1990 [13]									
25 Urban – Urbaine	112 743 000	*— 13 2	37 000 ——*	12 573 000	11 844 000	11 253 000	10 753 000	10 587 000	9 044 0C
26 Male – Masculin	55 424 000	*— 6 6	75 000 ——*	6 309 000	5 888 000	5 545 000	5 329 000	5 215 000	4 427 0C
27 Female – Féminin	57 319 000	*— 6 5	62 000 ——*	6 264 000	5 956 000	5 708 000	5 424 000	5 372 000	4 617 0C
Rural – Rurale 1 VII 1990 [13]									
28 Rural – Rurale	37 624 000	*— 5 7	26 000 ——*	5 162 000	4 436 000	3 594 000	3 070 000	2 896 000	2 454 0C
29 Male – Masculin	19 568 000	*— 2 9	01 000 ——*	2 602 000	2 273 000	1 882 000	1 598 000	1 533 000	1 308 0C
30 Female – Féminin	18 056 000	*— 2 8	25 000 ——*	2 560 000	2 163 000	1 712 000	1 472 000	1 363 000	1 146 0C

(Voir notes à la fin du tableau.)

	Age (en années)											Unknown Inconnu	
35 – 39	40 – 44	45 – 49	50 – 54	55 – 59	60 – 64	65 – 69	70 – 74	75 – 79	80 – 84	85 +		
113 343	83 384	66 228	55 801	46 126	37 908	28 343	18 776		*——— – 18 745 ———*		–	1
52 985	38 960	30 636	25 515	20 463	16 386	12 077	7 769		*——— – 7 186 ———*		–	2
60 358	44 424	35 592	30 286	25 663	21 522	16 266	11 007		*——— – 11 559 ———*		–	3
74 275	54 344	42 386	34 809	27 731	21 729	15 464	9 717		*——— – 9 003 ———*		–	4
39 247	29 025	22 740	18 760	14 875	11 714	8 491	5 423		*——— – 4 889 ———*		–	5
35 028	25 319	19 646	16 049	12 856	10 015	6 973	4 294		*——— – 4 114 ———*		–	6
82 374	67 162	52 397	40 782	33 881	28 398	23 220	18 225	12 395	5 609	4 318	–	7
40 335	32 829	25 170	19 003	15 678	12 964	10 706	8 370	5 742	2 437	1 729	–	8
42 039	34 333	27 227	21 779	18 203	15 434	12 514	9 855	6 653	3 172	2 589	–	9
61 776	53 316	45 349	37 462	31 769	25 626	19 773	14 966	9 388	4 340	3 279	–	10
33 337	29 037	24 791	20 718	17 687	14 399	11 053	8 420	5 103	2 380	1 618	–	11
28 439	24 279	20 558	16 744	14 082	11 227	8 720	6 546	4 285	1 960	1 661	–	12
1 862 727	1 664 670	1 460 163	1 323 393	1 247 989	1 140 929	949 862	725 805	525 537	*—— 415 454 ——*		–	13
922 279	822 088	712 236	634 704	586 217	519 170	415 697	300 177	205 510	*—— 148 972 ——*		–	14
940 448	842 582	747 927	688 689	661 772	621 759	534 165	425 628	320 027	*—— 266 482 ——*		–	15
277 517	255 633	212 397	183 954	166 041	158 912	125 418	89 871	63 812	*—— 48 842 ——*		–	16
156 032	144 961	121 276	105 130	95 035	90 901	71 296	49 721	33 316	*—— 23 449 ——*		–	17
121 485	110 673	91 121	78 824	71 006	68 011	54 122	40 150	30 496	*—— 25 393 ——*		–	18
201 600	142 500	121 300	86 200	72 100	57 200	38 100	24 400	16 900	*—— 14 500 ——*		7 600	19
96 600	70 600	59 200	42 600	34 300	25 700	17 300	11 200	8 200	*—— 6 100 ——*		3 600	20
105 000	71 900	62 100	43 600	37 800	31 500	20 800	13 200	8 700	*—— 8 400 ——*		4 000	21
167 500	136 500	133 300	84 300	76 500	79 500	49 500	36 300	18 300	*—— 26 800 ——*		21 400	22
81 100	67 400	68 400	41 600	38 700	41 100	25 800	18 700	9 800	*—— 12 100 ——*		9 200	23
86 400	69 100	64 900	42 700	37 800	38 500	23 600	17 600	8 500	*—— 14 700 ——*		12 100	24
7 609 000	6 060 000	4 732 000	4 017 000	3 244 000	2 692 000	2 014 000	1 399 000	966 000	*——— 719 000 ———*		–	25
3 717 000	2 961 000	2 310 000	1 945 000	1 547 000	1 267 000	925 000	634 000	426 000	*——— 304 000 ———*		–	26
3 892 000	3 099 000	2 422 000	2 072 000	1 697 000	1 425 000	1 089 000	765 000	540 000	*——— 415 000 ———*		–	27
2 097 000	1 712 000	1 378 000	1 225 000	1 050 000	925 000	753 000	530 000	360 000	*——— 256 000 ———*		–	28
1 109 000	906 000	727 000	650 000	565 000	498 000	410 000	283 000	191 000	*——— 132 000 ———*		–	29
988 000	806 000	651 000	575 000	485 000	427 000	343 000	247 000	169 000	*——— 124 000 ———*		–	30

Data by urban/rural residence

(See notes at end of table.)

Continent, country or area, sex, date and urban/rural residence — Continent, pays ou zone, sexe, date et résidence, urbaine/rurale	All ages Tous âges	– 1	1 – 4	5 – 9	10 – 14	15 – 19	20 – 24	25 – 29	30 – 3
AMERICA, SOUTH— (Cont.–Suite) AMERIQUE DU SUD									
Chile – Chili									
Urban – Urbaine									
1 VII 1991*									
1 Urban – Urbaine	11 362 880	*—	1 2	27 780 —*	1 151 287	1 031 246	1 050 555	1 052 589	1 058 813	943 86
2 Male – Masculin	5 512 479	*— 624	462 —*	584 564	520 279	522 808	521 613	520 127	461 15
3 Female – Féminin	5 850 401	*— 603	318 —*	566 723	510 967	527 747	530 976	538 686	482 70
Rural – Rurale									
1 VII 1991*									
4 Rural – Rurale	2 022 936	*— 260	711 —*	235 469	184 853	173 419	180 735	174 650	153 03
5 Male – Masculin	1 098 499	*— 133	020 —*	120 858	97 345	97 205	101 360	99 893	87 61
6 Female – Féminin	924 437	*— 127	691 —*	114 611	87 508	76 214	79 375	74 757	65 42
Colombia – Colombie									
Urban – Urbaine									
15 X 1985(C)									
7 Urban – Urbaine	18 713 553	398 960	1 749 531	2 151 734	2 007 551	2 214 495	2 165 561	1 748 608	1 380 06
8 Male – Masculin	8 927 542	203 996	889 594	1 086 050	992 505	1 012 083	987 786	797 424	654 42
9 Female – Féminin	9 786 011	194 964	859 937	1 065 684	1 015 046	1 202 412	1 177 775	951 184	725 64
Rural – Rurale									
15 X 1985(C)									
10 Rural – Rurale	9 124 379	213 090	1 008 341	1 293 114	1 218 716	1 040 376	835 039	668 523	527 20
11 Male – Masculin	4 850 158	108 870	514 946	664 536	646 814	570 284	452 417	354 552	283 37
12 Female – Féminin	4 274 221	104 220	493 395	628 578	571 902	470 092	382 622	313 971	243 83
Ecuador – Equateur									
Urban – Urbaine									
25 XI 1990(C) [14]									
13 Urban – Urbaine	5 345 858	126 589	510 251	636 271	634 998	582 068	549 171	495 610	421 02
14 Male – Masculin	2 597 107	66 066	262 611	321 778	316 667	273 784	255 251	232 943	202 57
15 Female – Féminin	2 748 751	60 523	247 640	314 493	318 331	308 284	293 920	262 667	218 44
Rural – Rurale									
25 XI 1990(C) [14]									
16 Rural – Rurale	4 302 331	114 614	501 716	625 644	589 141	456 583	367 691	293 914	244 78
17 Male – Masculin	2 199 305	58 975	255 431	318 988	304 973	235 735	187 180	148 747	123 78
18 Female – Féminin	2 103 026	55 639	246 285	306 656	284 168	220 848	180 511	145 167	120 97
Falkland Islands (Malvinas)— Iles Falkland (Malvinas)									
Urban – Urbaine									
16 XI 1986(C)									
19 Urban – Urbaine	1 231	*—	83 —*	89	129	90	*—	166 —*	*—
20 Male – Masculin	626	*—	35 —*	47	65	48	*—	74 —*	*—
21 Female – Féminin	605	*—	48 —*	42	64	42	*—	92 —*	*—
Rural – Rurale									
16 XI 1986(C)									
22 Rural – Rurale	647	*—	54 —*	54	20	47	*—	147 —*	*—
23 Male – Masculin	368	*—	25 —*	24	13	24	*—	89 —*	*—
24 Female – Féminin	279	*—	29 —*	30	7	23	*—	58 —*	*—
Paraguay									
Urban – Urbaine									
11 VII 1982(C)									
25 Urban – Urbaine	1 295 345	38 948	128 298	135 921	144 009	156 727	138 661	112 089	87 34
26 Male – Masculin	625 760	19 978	65 153	68 129	70 221	77 606	64 936	53 748	42 48
27 Female – Féminin	669 585	18 970	63 145	67 792	73 788	79 121	73 725	58 341	44 86
Rural – Rurale									
11 VII 1982(C)									
28 Rural – Rurale	1 734 485	66 369	230 365	260 144	232 170	177 828	153 132	122 133	94 72
29 Male – Masculin	895 649	33 685	117 353	133 579	121 745	90 042	80 638	64 493	50 66
30 Female – Féminin	838 836	32 684	113 012	126 565	110 425	87 786	72 494	57 640	44 06

7. Population selon l'âge, le sexe et la résidence, urbaine/rurale: dernière année disponible, 1982 – 1991 (suite)

Données selon la résidence urbaine/rurale

(Voir notes à la fin du tableau.)

	Age (en années)											Unknown Inconnu	
35 – 39	40 – 44	45 – 49	50 – 54	55 – 59	60 – 64	65 – 69	70 – 74	75 – 79	80 – 84	85 +			
806 915	659 052	556 518	441 248	378 715	323 638	247 934	185 191	125 500	*—— 122 039 ——*		–	1
392 561	317 502	263 808	205 596	171 211	141 467	103 707	73 439	46 536	*—— 41 645 ——*		–	2
414 354	341 550	292 710	235 652	207 504	182 171	144 227	111 752	78 964	*—— 80 394 ——*		–	3
126 046	103 566	91 794	76 746	68 465	60 258	47 612	36 551	24 851	*—— 24 173 ——*		–	4
71 294	58 195	51 449	42 669	37 579	32 733	25 325	18 790	12 068	*—— 11 099 ——*		–	5
54 752	45 371	40 345	34 077	30 886	27 525	22 287	17 761	12 783	*—— 13 074 ——*		–	6
1 164 631	839 017	701 453	614 586	469 544	378 666	269 393	199 952	125 997	74 760	59 047	–	7
550 436	411 453	333 310	290 071	221 270	175 178	121 923	90 600	56 274	30 664	22 502	–	8
614 195	427 564	368 143	324 515	248 274	203 488	147 470	109 352	69 723	44 096	36 545	–	9
500 065	385 507	342 656	305 360	224 835	200 033	130 349	105 349	58 555	37 763	29 500	–	10
262 574	208 044	181 645	165 879	124 645	112 603	73 123	59 461	32 880	19 414	14 095	–	11
237 491	177 463	161 011	139 481	100 190	87 430	57 226	45 888	25 675	18 349	15 405	–	12
342 350	257 909	192 709	157 579	121 334	104 167	73 911	54 103	38 526	25 524	21 768	–	13
164 840	126 651	93 875	76 233	58 236	49 074	34 952	24 794	17 460	10 817	8 501	–	14
177 510	131 258	98 834	81 346	63 098	55 093	38 959	29 309	21 066	14 707	13 267	–	15
220 791	184 046	158 325	137 369	104 334	99 045	66 389	55 160	36 030	26 081	20 691	–	16
110 226	93 990	80 805	70 538	54 218	51 424	34 726	28 556	19 011	12 573	9 420	–	17
110 565	90 056	77 520	66 831	50 116	47 621	31 663	26 604	17 019	13 508	11 271	–	18
197 –* *——		145 —* *——		132 ——* *——		105 —* *——		65 ———*		30	–	19
115 –* *——		81 —* *——		60 —* *——		58 —* *——		32 ———*		11	–	20
82 –* *——		64 ——* *——		72 —* *——		47 —* *——		33 ———*		19	–	21
110 –* *——		106 ——* *——		68 —* *——		27 —* *——		12 ———*		2	–	22
61 –* *——		63 —* *——		43 —* *——		18 —* *——		8 ———*		–	–	23
49 –* *——		43 ——* *——		25 —* *——		9 —* *——		4 ———*		2	–	24
71 522	61 191	45 846	47 568	34 743	29 176	23 105	17 425	11 246	6 687	4 835	–	25
34 326	29 862	21 484	22 346	16 235	12 750	10 269	7 653	4 518	2 587	1 472	–	26
37 196	31 329	24 362	25 222	18 508	16 426	12 836	9 772	6 728	4 100	3 363	–	27
79 311	70 523	53 843	54 918	39 362	33 789	23 997	18 149	11 699	6 869	5 159	–	28
40 498	37 275	26 973	28 940	20 523	17 371	12 209	9 074	5 459	3 217	1 910	–	29
38 813	33 248	26 870	25 978	18 839	16 418	11 788	9 075	6 240	3 652	3 249	–	30

Data by urban/rural residence

(See notes at end of table.)

Continent, country or area, sex, date and urban/rural residence / Continent, pays ou zone, sexe, date et résidence, urbaine/rurale	All ages Tous âges	– 1	1 – 4	5 – 9	10 – 14	15 – 19	20 – 24	25 – 29	30 – 3
AMERICA, SOUTH— (Cont.–Suite) AMERIQUE DU SUD									
Peru – Pérou Urban – Urbaine 1 VII 1990 [3] [13]									
1 Urban – Urbaine	15 599 301	*—— 2 0	81 794 ——*	1 927 039	1 778 350	1 733 713	1 581 042	1 387 159	1 150 99
2 Male – Masculin	7 804 771	*—— 1 0	59 174 ——*	974 385	891 488	870 671	794 998	696 362	576 4
3 Female – Féminin	7 794 530	*—— 1 0	22 620 ——*	952 654	886 862	863 042	786 044	690 797	574 57
Rural – Rurale 1 VII 1990 [3] [13]									
4 Rural – Rurale	6 732 806	*—— 1 1	57 907 ——*	992 195	807 395	619 654	521 793	457 911	384 22
5 Male – Masculin	3 444 534	*—— 591	047 ——*	509 400	421 568	323 639	270 700	237 562	199 62
6 Female – Féminin	3 288 273	*—— 566	860 ——*	482 795	385 826	296 015	251 093	220 349	184 60
Uruguay Urban – Urbaine 1 VII 1990									
7 Urban – Urbaine	2 748 132	46 324	184 252	233 728	249 573	233 662	202 008	199 422	188 55
8 Male – Masculin	1 305 961	23 675	94 157	119 368	126 865	117 712	97 966	95 333	89 57
9 Female – Féminin	1 442 171	22 649	90 095	114 360	122 708	115 950	104 042	104 089	98 98
Rural – Rurale 1 VII 1990									
10 Rural – Rurale	348 239	5 616	21 688	26 502	28 809	27 409	26 881	25 433	24 80
11 Male – Masculin	203 173	2 869	11 044	13 457	14 965	15 703	17 271	15 906	14 46
12 Female – Féminin	145 066	2 747	10 644	13 045	13 844	11 706	9 610	9 527	10 33
Venezuela Urban – Urbaine 1 VII 1990* [3] [13]									
13 Urban – Urbaine	16 231 254	*—— 2 1	85 424 ——* *—— 3 7		98 785 ——* *—— 3 2		29 173 ——* *——		
14 Male – Masculin	8 094 783	*—— 1 1	12 223 ——* *—— 1 9		21 701 ——* *—— 1 6		17 338 ——* *——		
15 Female – Féminin	8 136 471	*—— 1 0	73 201 ——* *—— 1 8		77 084 ——* *—— 1 6		11 835 ——* *——		
Rural – Rurale 1 VII 1990* [3] [13]									
16 Rural – Rurale	3 093 968	*—— 496	917 ——* *—— 912		704 ——* *—— 560		503 ——* *——		
17 Male – Masculin	1 652 592	*—— 256	308 ——* *—— 477		128 ——* *—— 307		768 ——* *——		
18 Female – Féminin	1 441 376	*—— 240	609 ——* *—— 435		576 ——* *—— 252		735 ——* *——		
ASIA—ASIE									
Afghanistan Urban – Urbaine 1 VII 1988 [15]									
19 Urban – Urbaine	2 752 024	134 298	384 223	420 656	340 743	281 630	233 579	187 824	153 04
20 Male – Masculin	1 417 760	65 340	192 645	214 567	176 464	144 375	116 753	93 418	76 80
21 Female – Féminin	1 334 264	68 958	191 578	206 089	164 279	137 255	116 826	94 406	76 23
Rural – Rurale 1 VII 1988 [15]									
22 Rural – Rurale	12 761 340	541 125	1 978 081	1 900 160	1 447 624	1 178 966	1 020 431	849 712	713 28
23 Male – Masculin	6 544 634	259 953	963 357	968 747	769 700	632 147	529 502	420 935	335 94
24 Female – Féminin	6 216 706	281 172	1 014 724	931 413	677 924	546 819	490 929	428 777	377 34
Armenia – Arménie Urban – Urbaine 12 I 1989(C) [1]									
25 Urban – Urbaine	2 222 241	45 378	191 615	224 548	200 897	187 344	178 463	216 678	206 68
26 Male – Masculin	1 077 746	23 241	98 295	115 216	102 471	97 478	85 138	101 597	97 72
27 Female – Féminin	1 144 495	22 137	93 320	109 332	98 426	89 866	93 325	115 081	108 96
Rural – Rurale 12 I 1989(C) [1]									
28 Rural – Rurale	1 082 535	28 566	109 956	111 007	90 878	90 703	102 179	112 955	85 50
29 Male – Masculin	541 562	14 645	56 691	56 981	46 823	46 935	52 918	59 830	45 01
30 Female – Féminin	540 973	13 921	53 265	54 026	44 055	43 768	49 261	53 125	40 48

Données selon la résidence urbaine/rurale

(Voir notes à la fin du tableau.)

Age (en années)

35 – 39	40 – 44	45 – 49	50 – 54	55 – 59	60 – 64	65 – 69	70 – 74	75 – 79	80 – 84	85 +	Unknown Inconnu	
914 651	723 155	582 765	490 254	401 558	308 084	225 686	155 742	97 718	*——— 59 600 ———*		—	1
460 135	363 684	290 410	241 680	195 270	146 686	105 344	70 892	42 850	*——— 24 330 ———*		—	2
454 516	359 471	292 355	248 574	206 288	161 398	120 342	84 850	54 868	*——— 35 270 ———*		—	3
360 110	303 991	260 271	230 192	197 241	156 893	117 594	82 276	51 651	*——— 31 505 ———*		—	4
183 179	153 211	131 703	116 092	98 490	77 357	56 529	38 152	23 118	*——— 13 164 ———*		—	5
176 931	150 781	128 568	114 101	98 751	79 536	61 065	44 124	28 533	*——— 18 341 ———*		—	6
166 267	155 752	147 440	139 359	142 384	133 455	110 192	82 508	66 384	39 429	27 442	—	7
79 463	73 034	69 112	63 917	65 617	59 799	48 176	34 193	25 599	14 250	8 154	—	8
86 804	82 718	78 328	75 442	76 767	73 656	62 016	48 315	40 785	25 179	19 288	—	9
25 715	22 827	19 928	19 740	19 875	17 522	13 603	9 463	6 883	3 354	2 187	—	10
15 028	13 579	12 261	12 100	12 530	11 117	8 550	5 741	3 849	1 760	975	—	11
10 687	9 248	7 667	7 640	7 345	6 405	5 053	3 722	3 034	1 594	1 212	—	12
4 612 108 ———*		619 237 *———		1 214 999 ———*		*———		571 528 ———*			—	13
2 300 537 ———*		305 983 *———		— 588 491 ———*		*———		248 510 ———*			—	14
2 311 571 ———*		313 254 *———		— 626 508 ———*		*———		323 018 ———*			—	15
632 757 ———*		113 189 *———		— 240 190 ———*		*———		137 708 ———*			—	16
345 874 ———*		61 496 *———		— 129 890 ———*		*———		74 128 ———*			—	17
286 883 ———*		51 693 *———		— 110 300 ———*		*———		63 580 ———*			—	18
129 270	109 873	93 038	77 247	62 232	48 786	35 883	24 880	15 868	*——— 18 952 ———*		—	19
65 984	57 664	50 384	43 017	35 623	28 411	20 945	14 589	9 405	*——— 11 371 ———*		—	20
63 286	52 209	42 654	34 230	26 609	20 375	14 938	10 291	6 463	*——— 7 581 ———*		—	21
633 938	550 225	480 510	407 479	328 104	252 149	181 179	124 287	79 513	*——— 94 573 ———*		—	22
298 593	276 491	253 528	224 649	186 066	144 547	104 420	72 315	46 484	*——— 57 257 ———*		—	23
335 345	273 734	226 982	182 830	142 038	107 602	76 759	51 972	33 029	*——— 37 316 ———*		—	24
163 312	101 464	97 881	115 941	96 649	86 455	37 681	26 319	23 119	13 118	7 885	811	25
77 740	49 104	47 490	55 994	46 758	38 887	14 929	9 309	8 497	4 709	2 834	336	26
85 572	52 360	50 391	59 947	49 891	47 568	22 752	17 010	14 622	8 409	5 051	475	27
52 777	29 990	38 632	58 882	57 684	49 837	18 053	14 364	14 495	9 326	6 185	561	28
26 823	14 404	18 200	28 424	27 847	23 038	7 076	4 769	5 351	3 411	2 107	273	29
25 954	15 586	20 432	30 458	29 837	26 799	10 977	9 595	9 144	5 915	4 078	288	30

203

Data by urban/rural residence

(See notes at end of table.)

Continent, country or area, sex, date and urban/rural residence Continent, pays ou zone, sexe, date et résidence, urbaine/rurale	All ages Tous âges	− 1	1 − 4	5 − 9	10 − 14	15 − 19	20 − 24	25 − 29	30 − 34
ASIA—ASIE (Cont.–Suite)									
Azerbaijan – Azerbaïdjan									
Urban – Urbaine									
12 I 1989(C) [1]									
1 Urban – Urbaine	3 805 885	86 454	349 050	395 196	342 739	349 244	353 651	389 837	332 734
2 Male – Masculin	1 867 911	44 610	179 605	203 382	176 353	193 100	174 085	187 138	161 842
3 Female – Féminin	1 937 974	41 844	169 445	191 814	166 386	156 144	179 566	202 699	170 892
Rural – Rurale									
12 I 1989(C) [1]									
4 Rural – Rurale	3 215 293	90 259	336 175	363 636	338 500	344 472	333 494	316 527	228 125
5 Male – Masculin	1 555 882	46 819	172 796	186 254	172 274	172 113	156 334	148 461	109 691
6 Female – Féminin	1 659 411	43 440	163 379	177 382	166 226	172 359	177 160	168 066	118 434
Bangladesh									
Urban – Urbaine									
1 I 1988 [3]									
7 Urban – Urbaine	15 081 913	*—— 1 6 01 736 ——*		1 983 928	1 865 240	1 722 147	1 621 026	1 408 439	1 138 77.
8 Male – Masculin	8 163 604	*—— 812 285 ——*		1 009 213	967 441	923 785	877 906	760 958	649 64.
9 Female – Féminin	6 918 309	*—— 789 451 ——*		974 715	897 799	798 362	743 120	647 481	489 132
Rural – Rurale									
1 I 1988 [3]									
10 Rural – Rurale	89 640 975	*—— 12 7 45 269 ——*		14 699 213	11 360 422	8 242 301	7 471 314	6 812 133	5 390 76.
11 Male – Masculin	45 677 770	*—— 6 4 40 488 ——*		7 445 808	5 947 701	4 186 065	3 505 436	3 370 386	2 641 037
12 Female – Féminin	43 963 205	*—— 6 3 04 781 ——*		7 253 405	5 412 721	4 056 236	3 965 878	3 441 747	2 749 726
Brunei Darussalam – Brunéi Darussalam									
Urban – Urbaine									
1 VII 1982									
13 Urban – Urbaine	118 546	*—— 17 156 ——*		13 783	12 146	12 567	14 931	13 616	9 52
14 Male – Masculin	63 093	*—— 8 853 ——*		7 104	6 126	6 644	8 070	7 277	5 260
15 Female – Féminin	55 453	*—— 8 303 ——*		6 679	6 020	5 923	6 861	6 339	4 26
Rural – Rurale									
1 VII 1982									
16 Rural – Rurale	81 100	*—— 12 217 ——*		11 144	9 512	8 311	8 982	8 050	5 44.
17 Male – Masculin	43 482	*—— 6 313 ——*		5 751	4 909	4 357	4 918	4 524	2 946
18 Female – Féminin	37 618	*—— 5 904 ——*		5 393	4 603	3 954	4 064	3 526	2 49.
China – Chine									
Urban – Urbaine									
1 VII 1990(C) [16]									
19 Urban – Urbaine	296 958 320	4 639 610	19 346 500	21 592 010	20 924 940	28 964 300	33 677 650	32 394 150	27 319 620
20 Male – Masculin	154 395 980	2 432 110	10 071 730	11 203 600	10 859 670	14 951 830	17 741 360	16 968 210	14 252 05●
21 Female – Féminin	142 562 340	2 207 500	9 274 770	10 388 410	10 065 270	14 012 470	15 936 290	15 425 940	13 067 57●
Rural – Rurale									
1 VII 1990(C) [16]									
22 Rural – Rurale	834 917 730	18 634 010	74 003 160	77 847 910	76 530 350	91 437 250	92 199 540	71 874 250	56 484 88●
23 Male – Masculin	427 984 910	9 846 920	38 800 790	40 484 260	39 472 730	46 862 410	46 622 890	36 513 230	29 351 55●
24 Female – Féminin	406 932 820	8 787 090	35 202 370	37 363 650	37 057 620	44 574 840	45 576 650	35 361 020	27 133 33●
Cyprus – Chypre									
Urban – Urbaine									
1 X 1982 [1]									
25 Urban – Urbaine	325 386	*—— 28 927 ——*		25 701	26 298	27 753	31 539	27 903	26 30●
26 Male – Masculin	161 194	*—— 14 964 ——*		13 208	13 393	14 120	15 734	13 887	12 82
27 Female – Féminin	164 192	*—— 13 963 ——*		12 493	12 905	13 633	15 805	14 016	13 48●
Rural – Rurale									
1 X 1982 [1]									
28 Rural – Rurale	186 712	*—— 16 277 ——*		13 924	15 119	17 622	17 290	14 295	12 22
29 Male – Masculin	93 431	*—— 8 429 ——*		7 171	7 725	9 341	9 343	7 659	6 12
30 Female – Féminin	93 281	*—— 7 848 ——*		6 753	7 394	8 281	7 947	6 636	6 10.
Georgia – Géorgie									
Urban – Urbaine									
12 I 1989(C) [1]									
31 Urban – Urbaine	2 991 352	47 397	201 742	242 203	235 857	235 594	226 786	267 548	246 91.
32 Male – Masculin	1 401 043	24 346	102 712	123 497	119 915	124 716	107 116	123 504	114 62.
33 Female – Féminin	1 590 309	23 051	99 030	118 706	115 942	110 878	119 670	144 044	132 29●

Données selon la résidence urbaine/rurale

(Voir notes à la fin du tableau.)

Age (en années)

35 – 39	40 – 44	45 – 49	50 – 54	55 – 59	60 – 64	65 – 69	70 – 74	75 – 79	80 – 84	85 +	Unknown Inconnu	
249 973	154 545	153 510	190 774	149 953	125 844	63 034	45 691	39 647	20 668	13 289	52	1
122 168	75 223	74 564	91 161	70 750	54 582	22 296	14 541	12 731	6 057	3 701	22	2
127 805	79 322	78 946	99 613	79 203	71 262	40 738	31 150	26 916	14 611	9 588	30	3
139 180	77 765	103 229	165 015	135 795	91 187	45 235	30 664	30 753	19 287	25 950	45	4
66 827	36 834	48 786	78 684	66 425	42 456	17 347	10 011	10 610	6 112	7 028	20	5
72 353	40 931	54 443	86 331	69 370	48 731	27 888	20 653	20 143	13 175	18 922	25	6
874 210	704 973	543 600	473 735	259 274	279 273	*————	344 459	————*			261 098	7
492 984	419 769	319 184	266 661	154 725	162 495	*————	212 600	————*			133 955	8
381 226	285 204	224 416	207 074	104 549	116 778	*————	131 859	————*			127 143	9
4 865 614	4 030 297	3 176 773	2 833 878	1 752 776	1 902 929	*————	2 672 056	————*			1 685 237	10
2 508 658	2 102 187	1 687 545	1 473 223	996 588	1 050 300	*————	1 466 321	————*			856 027	11
2 356 956	1 928 110	1 489 228	1 360 655	756 188	852 629	*————	1 205 735	————*			829 210	12
5 903	4 829	3 863	3 008	2 241	1 614	1 333	*————	1 805	————*		230	13
3 403	2 625	2 007	1 725	1 276	934	706	*————	910	————*		173	14
2 500	2 204	1 856	1 283	965	680	627	*————	895	————*		57	15
3 838	3 143	2 900	2 129	1 575	1 145	865	*————	1 694	————*		152	16
2 304	1 730	1 463	1 198	910	694	466	*————	896	————*		103	17
1 534	1 413	1 437	931	665	451	399	*————	798	————*		49	18
25 460 190	18 299 990	14 151 910	13 731 940	12 054 300	9 097 010	6 462 770	4 248 040	2 635 430	1 322 250	635 710	—	19
13 208 630	9 738 400	7 455 890	7 193 800	6 459 170	4 815 770	3 247 100	1 995 550	1 129 640	483 150	188 320	—	20
12 251 560	8 561 590	6 696 020	6 538 140	5 595 130	4 281 240	3 215 670	2 252 490	1 505 790	839 100	447 390	—	21
60 854 080	45 544 920	35 028 600	31 931 880	29 698 330	24 958 400	19 932 130	13 871 100	8 335 650	4 049 030	1 702 260	—	22
31 266 030	23 630 990	18 430 470	16 923 310	15 406 450	12 698 870	9 690 620	6 372 140	3 569 540	1 513 600	528 110	—	23
29 588 050	21 913 930	16 598 130	15 008 570	14 291 880	12 259 530	10 241 510	7 498 960	4 766 110	2 535 430	1 174 150	—	24
24 751	19 960	17 018	14 963	12 929	10 955	10 184	8 575	5 288	3 410	1 711	1 212	25
12 299	9 865	8 578	7 214	6 248	5 200	4 740	3 794	2 378	1 456	649	646	26
12 452	10 095	8 440	7 749	6 681	5 755	5 444	4 781	2 910	1 954	1 062	566	27
10 529	9 385	8 668	8 555	8 447	7 831	8 191	7 704	4 913	3 383	1 768	586	28
5 267	4 474	3 955	3 882	3 944	3 698	3 910	3 504	2 304	1 593	802	309	29
5 262	4 911	4 713	4 673	4 503	4 133	4 281	4 200	2 609	1 790	966	277	30
224 009	162 309	170 417	189 777	155 434	153 026	82 416	63 476	48 143	24 975	13 330	—	31
105 166	76 591	78 557	88 310	70 979	64 672	28 718	20 378	15 791	7 670	3 782	—	32
118 843	85 718	91 860	101 467	84 455	88 354	53 698	43 098	32 352	17 305	9 548	—	33

Data by urban/rural residence

(See notes at end of table.)

Continent, country or area, sex, date and urban/rural residence / Continent, pays ou zone, sexe, date et résidence, urbaine/rurale	All ages Tous âges	– 1	1 – 4	5 – 9	10 – 14	15 – 19	20 – 24	25 – 29	30 –
ASIA—ASIE (Cont.–Suite)									
Georgia – Géorgie									
Rural – Rurale									
12 I 1989(C) [1]									
1 Rural – Rurale	2 409 489	41 814	174 709	198 522	196 230	183 673	186 938	200 097	169 9
2 Male – Masculin	1 160 997	21 591	89 354	100 852	100 060	93 011	96 257	102 667	86 6
3 Female – Féminin	1 248 492	20 223	85 355	97 670	96 170	90 662	90 681	97 430	83 2
Hong Kong – Hong–kong									
Urban – Urbaine									
11 III 1986(C) [35]									
4 Urban – Urbaine	5 024 047	66 773	292 180	386 407	406 609	416 437	520 142	560 602	466 9
5 Male – Masculin	2 576 497	34 797	152 397	200 487	212 814	216 461	263 298	286 433	241 2
6 Female – Féminin	2 447 550	31 976	139 783	185 920	193 795	199 976	256 844	274 169	225 6
Rural – Rurale									
11 III 1986(C) [35]									
7 Rural – Rurale	371 950	6 974	27 571	29 653	30 780	34 887	41 393	41 015	29 2
8 Male – Masculin	195 967	3 570	14 316	15 348	15 909	18 440	21 890	21 952	16 5
9 Female – Féminin	175 983	3 404	13 255	14 305	14 871	16 447	19 503	19 063	12 7
India – Inde [17]									
Urban – Urbaine									
1 VII 1991*									
10 Urban – Urbaine	218 527 000	*—— 26 7	09 000 ——*	*—— 46 6	55 000 ——*	*———	69 901 000	————*	*
11 Male – Masculin	115 440 000	*—— 13 6	16 000 ——*	*—— 23 8	13 000 ——*	*———	37 546 000	————*	*
12 Female – Féminin	103 087 000	*—— 13 0	93 000 ——*	*—— 22 8	42 000 ——*	*———	32 355 000	————*	*
Rural – Rurale									
1 VII 1991*									
13 Rural – Rurale	631 111 000	*—— 84 3	59 000 ——*	*—— 148 1	45 000 ——*	*———	171 614 000	————*	*
14 Male – Masculin	325 015 000	*—— 43 6	97 000 ——*	*—— 76 8	26 000 ——*	*———	89 065 000	————*	*
15 Female – Féminin	306 096 000	*—— 40 6	62 000 ——*	*—— 71 3	19 000 ——*	*———	82 549 000	————*	*
Indonesia – Indonésie									
Urban – Urbaine									
31 X 1990(C)*									
16 Urban – Urbaine	55 433 790	1 108 120	4 666 027	6 498 729	6 326 957	6 682 851	6 097 316	5 337 196	4 389 2
17 Male – Masculin	27 683 319	576 560	2 406 113	3 308 616	3 216 200	3 272 297	2 981 735	2 585 637	2 235 2
18 Female – Féminin	27 750 471	531 560	2 259 914	3 190 113	3 110 757	3 410 554	3 115 581	2 751 559	2 153 9
Rural – Rurale									
31 X 1990(C)*									
19 Rural – Rurale	123 813 993	2 699 075	12 413 385	16 581 881	15 109 556	12 236 587	10 050 689	10 203 616	8 801 8
20 Male – Masculin	61 692 358	1 372 686	6 410 872	8 482 177	7 781 979	6 280 180	4 680 124	4 803 138	4 337 9
21 Female – Féminin	62 121 635	1 326 389	6 002 513	8 099 704	7 327 577	5 956 407	5 370 565	5 400 478	4 463 9
Iran (Islamic Republic of – Rép. islamique d')									
Urban – Urbaine									
22 IX 1986(C)									
22 Urban – Urbaine	26 844 561	925 929	3 819 852	3 817 978	2 932 970	2 792 207	2 472 330	2 240 682	1 798
23 Male – Masculin	13 769 617	468 142	1 942 148	1 947 706	1 518 600	1 438 371	1 230 516	1 142 018	938 2
24 Female – Féminin	13 074 944	457 787	1 877 704	1 870 272	1 414 370	1 353 836	1 241 814	1 098 664	859 9
Rural – Rurale									
22 IX 1986(C)									
25 Rural – Rurale	22 349 351	832 941	3 416 735	3 661 893	2 937 811	2 376 295	1 706 021	1 397 319	1 116 9
26 Male – Masculin	11 384 483	426 112	1 734 826	1 872 867	1 518 508	1 210 345	866 094	691 055	537 3
27 Female – Féminin	10 964 868	406 829	1 681 909	1 789 026	1 419 303	1 165 950	839 927	706 264	579 5
Semi–urban–Semi–urbaine									
22 IX 1986(C)									
28 Semi–urban–Semi–urbaine	251 098	8 856	40 510	46 023	32 518	23 700	15 373	14 290	12 1
29 Male – Masculin	126 861	4 523	20 207	23 012	16 525	11 648	7 005	6 560	6 1
30 Female – Féminin	124 237	4 333	20 303	23 011	15 993	12 052	8 368	7 730	6 2
Iraq									
Urban – Urbaine									
1 VII 1988									
31 Urban – Urbaine	12 589 533	*—— 2 1	71 928 ——*	1 833 903	1 597 719	1 445 315	1 183 485	966 002	742 6
32 Male – Masculin	6 528 691	*—— 1 1	23 164 ——*	946 963	833 855	755 855	618 380	504 240	387 9
33 Female – Féminin	6 060 842	*—— 1 0	48 764 ——*	886 940	763 864	689 460	565 105	461 762	354 4

7. Population selon l'âge, le sexe et la résidence, urbaine/rurale: dernière année disponible, 1982 – 1991 (suite)

Données selon la résidence urbaine/rurale

(oir notes à la fin du tableau.)

35 – 39	40 – 44	45 – 49	50 – 54	55 – 59	60 – 64	65 – 69	70 – 74	75 – 79	80 – 84	85 +	Unknown Inconnu	
138 377	98 719	126 157	155 851	148 430	144 429	78 178	59 900	52 634	31 003	23 894	—	1
69 342	48 071	60 442	75 566	69 815	65 546	28 910	19 086	17 159	9 962	6 641	—	2
69 035	50 648	65 715	80 285	78 615	78 883	49 268	40 814	35 475	21 041	17 253	—	3
384 328	228 060	241 192	252 490	230 944	194 593	148 694	111 755	61 208	34 839	19 880	—	4
202 972	125 188	130 669	135 429	119 707	96 873	70 952	49 686	23 016	9 933	4 088	—	5
181 356	102 872	110 523	117 061	111 237	97 720	77 742	62 069	38 192	24 906	15 792	—	6
21 042	13 972	14 843	16 709	16 627	15 021	11 903	8 473	5 766	3 709	2 315	—	7
12 165	7 741	8 360	8 912	8 800	7 892	6 146	3 974	2 268	1 232	489	—	8
8 877	6 231	6 483	7 797	7 827	7 129	5 757	4 499	3 498	2 477	1 826	—	9
40 354 000	*———	——*	23 201 000	——*	*————	———	11 707 000	————	————	——*	—	10
22 032 000	*———	——*	12 605 000	——*	*————	———	5 828 000	————	————	——*	—	11
18 322 000	*———	——*	10 596 000	——*	*————	———	5 879 000	————	————	——*	—	12
10 116 000	*———	——*	73 318 000	——*	*————	———	43 559 000	————	————	——*	—	13
55 444 000	*———	——*	37 605 000	——*	*————	———	22 378 000	————	————	——*	—	14
54 672 000	*———	——*	35 713 000	——*	*————	———	21 181 000	————	————	——*	—	15
3 494 592	2 345 053	2 219 163	1 885 059	1 358 488	1 241 105	757 684	504 745	*———	519 722	——*	1 779	16
1 830 150	1 176 413	1 111 718	938 081	634 448	608 438	353 292	228 822	*———	218 606	——*	899	17
1 664 442	1 168 640	1 107 445	946 978	724 040	632 667	404 392	275 923	*———	301 116	——*	880	18
7 757 953	5 655 201	5 404 630	4 811 078	3 554 177	3 348 293	2 103 712	1 555 298	*———	1 521 134	——*	5 909	19
3 985 997	2 785 554	2 625 600	2 360 209	1 709 568	1 662 376	1 012 307	728 232	*———	671 567	——*	1 886	20
3 771 956	2 869 647	2 779 030	2 450 869	1 844 609	1 685 917	1 091 405	827 066	*———	849 567	——*	4 023	21
1 270 671	962 534	874 253	840 286	696 827	594 910	301 162	181 384	112 242	98 172	100 493	11 490	22
653 297	503 073	462 920	450 235	363 518	320 524	156 447	87 093	49 476	43 204	47 301	6 796	23
617 374	459 461	411 333	390 051	333 309	274 386	144 715	94 291	62 766	54 968	53 192	4 694	24
836 177	684 178	703 343	749 701	634 326	582 819	269 995	158 562	96 422	84 601	91 351	11 880	25
385 459	326 287	352 128	401 373	347 892	327 181	151 455	86 465	52 234	42 294	47 675	7 043	26
450 718	357 891	351 215	348 328	286 434	255 638	118 540	72 097	44 188	42 307	43 676	4 837	27
10 363	8 648	7 802	9 031	6 593	6 899	2 639	2 074	868	814	941	343	28
5 057	4 353	4 177	5 132	4 018	4 155	1 533	1 223	493	444	579	164	29
5 306	4 295	3 625	3 899	2 575	2 744	1 106	851	375	370	362	179	30
607 499	467 807	369 797	311 090	257 380	206 553	152 410	116 199	81 846	*——	78 525 ——*	—	31
317 875	245 201	193 678	160 938	130 528	102 684	75 053	56 725	39 434	*——	36 459 ——*	—	32
289 624	222 606	176 119	150 152	126 852	103 869	77 357	59 474	42 412	*——	42 066 ——*	—	33

Data by urban/rural residence

(See notes at end of table.)

Continent, country or area, sex, date and urban/rural residence / Continent, pays ou zone, sexe, date et résidence, urbaine/rurale	All ages Tous âges	−1	1−4	5−9	10−14	15−19	20−24	25−29	30−3
ASIA—ASIE (Cont.–Suite)									
Iraq									
Rural – Rurale									
1 VII 1988									
1 Rural – Rurale	4 660 734	*——— 804	145 ———*	679 030	591 349	534 901	438 014	357 535	274 64
2 Male – Masculin	2 335 472	*——— 401	783 ———*	338 752	298 291	270 388	221 209	180 379	138 67
3 Female – Féminin	2 325 262	*——— 402	362 ———*	340 278	293 058	264 513	216 805	177 156	135 97
Israel – Israël [18]									
Urban – Urbaine									
1 VII 1990 [1]									
4 Urban – Urbaine	4 193 400	*——— 448	300 ———*	431 000	415 000	387 000	338 600	309 800	299 10
5 Male – Masculin	2 080 500	*——— 229	500 ———*	221 400	212 400	197 200	171 400	156 700	148 80
6 Female – Féminin	2 113 800	*——— 218	800 ———*	209 600	202 600	189 800	167 200	153 100	150 30
Rural – Rurale									
1 VII 1990 [1]									
7 Rural – Rurale	466 800	*——— 55	500 ———*	54 400	53 200	52 400	39 000	30 000	30 10
8 Male – Masculin	240 500	*——— 28	500 ———*	28 300	27 900	27 800	21 700	16 000	14 70
9 Female – Féminin	226 300	*——— 27	100 ———*	26 100	25 400	24 700	17 300	13 900	15 40
Japan – Japon									
Urban – Urbaine									
1 X 1990(C)* [19]									
10 Urban – Urbaine	95 643 521	952 455	4 074 486	5 662 795	6 471 582	7 974 754	7 386 812	6 605 737	6 137 04
11 Male – Masculin	47 124 420	488 130	2 087 789	2 899 112	3 315 911	4 084 634	3 777 069	3 350 815	3 100 35
12 Female – Féminin	48 519 101	464 325	1 986 697	2 763 683	3 155 671	3 890 120	3 609 743	3 254 922	3 036 69
Rural – Rurale									
1 X 1990(C)* [19]									
13 Rural – Rurale	27 967 646	261 230	1 204 726	1 803 762	2 055 203	2 032 333	1 413 309	1 464 976	1 650 64
14 Male – Masculin	13 572 304	132 955	617 165	922 721	1 053 969	1 037 581	691 130	727 654	825 00
15 Female – Féminin	14 395 342	128 275	587 561	881 041	1 001 234	994 752	722 179	737 322	825 64
Kazakhstan									
Urban – Urbaine									
12 I 1989(C) [1]									
16 Urban – Urbaine	9 402 582	198 583	789 682	869 181	797 084	804 148	772 573	918 946	853 53
17 Male – Masculin	4 471 855	101 026	400 689	439 772	401 903	394 191	378 438	451 900	419 69
18 Female – Féminin	4 930 727	97 557	388 993	429 409	395 181	409 957	394 135	467 046	433 83
Rural – Rurale									
12 I 1989(C) [1]									
19 Rural – Rurale	7 061 882	195 064	757 426	830 670	809 235	640 612	573 673	624 929	510 16
20 Male – Masculin	3 502 149	99 118	383 899	420 519	408 870	351 555	302 147	321 265	261 08
21 Female – Féminin	3 559 733	95 946	373 527	410 151	400 365	289 057	271 526	303 664	249 07
Korea, Republic of— Corée, République de									
Urban – Urbaine									
1 XI 1985(C) [22]									
22 Urban – Urbaine	26 417 972	435 393	2 104 344	2 535 806	2 759 167	2 924 204	2 957 314	2 984 933	2 269 38
23 Male – Masculin	13 154 130	228 979	1 093 405	1 320 469	1 442 253	1 482 734	1 392 732	1 466 292	1 154 81
24 Female – Féminin	13 263 842	206 414	1 010 939	1 215 337	1 316 914	1 441 470	1 564 582	1 518 641	1 114 56
Rural – Rurale									
1 XI 1985(C) [22]									
25 Rural – Rurale	14 001 680	175 677	987 141	1 380 544	1 716 818	1 392 060	1 287 776	1 085 475	845 85
26 Male – Masculin	7 073 434	91 710	508 664	704 884	868 317	744 588	792 988	560 893	434 79
27 Female – Féminin	6 928 246	83 967	478 477	675 660	848 501	647 472	494 788	524 582	411 06
Kyrgyzstan – Kirghizistan									
Urban – Urbaine									
12 I 1989(C) [1]									
28 Urban – Urbaine	1 624 535	39 177	151 103	160 533	141 607	160 164	145 619	151 735	136 50
29 Male – Masculin	770 066	19 792	76 469	80 965	70 999	77 461	70 822	73 075	65 64
30 Female – Féminin	854 469	19 385	74 634	79 568	70 608	82 703	74 797	78 660	70 85
Rural – Rurale									
12 I 1989(C) [1]									
31 Rural – Rurale	2 633 220	88 493	338 764	355 501	318 314	248 048	217 021	227 847	178 66
32 Male – Masculin	1 307 557	44 878	170 706	179 979	160 443	130 373	110 389	115 275	90 81
33 Female – Féminin	1 325 663	43 615	168 058	175 522	157 871	117 675	106 632	112 572	87 84

7. Population selon l'âge, le sexe et la résidence, urbaine/rurale: dernière année disponible, 1982 – 1991 (suite)

Données selon la résidence urbaine/rurale

(Voir notes à la fin du tableau.)

35 – 39	40 – 44	45 – 49	50 – 54	55 – 59	60 – 64	65 – 69	70 – 74	75 – 79	80 – 84	85 +	Unknown Inconnu	
224 827	173 118	136 852	115 177	95 360	76 583	56 526	43 110	30 378	*—— 29 181 ——*		–	1
113 712	87 715	69 283	57 571	46 693	36 733	26 848	20 292	14 106	*—— 13 042 ——*		–	2
111 115	85 403	67 569	57 606	48 667	39 850	29 678	22 818	16 272	*—— 16 139 ——*		–	3
294 200	257 400	167 900	161 900	150 000	142 200	136 000	92 300	*——— 163 400 ———*			–	4
145 900	126 200	82 200	78 100	71 100	63 900	61 200	41 500	*——— 73 500 ———*			–	5
148 300	131 200	85 700	83 900	78 900	78 300	74 800	50 700	*——— 89 900 ———*			–	6
33 900	29 000	18 800	15 100	12 500	11 000	10 000	7 000	*——— 14 700 ———*			–	7
17 100	14 900	9 700	7 900	6 200	5 200	4 900	3 300	*——— 6 400 ———*			–	8
16 800	14 100	9 100	7 200	6 300	5 800	5 200	3 700	*——— 8 300 ———*			–	9
6 961 340	8 383 246	7 178 650	6 306 784	5 827 428	4 896 676	3 638 132	2 701 052	2 127 596	1 275 715	764 265	316 973	10
3 490 840	4 183 693	3 562 134	3 124 678	2 863 655	2 353 862	1 564 885	1 101 552	845 794	471 554	241 350	216 610	11
3 470 500	4 199 553	3 616 516	3 182 106	2 963 773	2 542 814	2 073 247	1 599 500	1 281 802	804 161	522 915	100 363	12
2 042 440	2 275 044	1 839 362	1 781 602	1 897 460	1 848 338	1 465 444	1 116 482	890 617	557 143	358 149	9 384	13
1 033 989	1 166 292	920 164	872 570	919 712	882 687	629 898	458 420	351 663	206 831	115 690	6 213	14
1 008 451	1 108 752	919 198	909 032	977 748	965 651	835 546	658 062	538 954	350 312	242 459	3 171	15
730 397	452 745	445 563	497 283	352 553	364 621	187 086	144 957	119 690	62 951	34 275	6 731	16
356 692	220 467	210 872	234 194	158 477	141 181	60 108	43 360	33 121	15 362	7 275	3 131	17
373 705	232 278	234 691	263 089	194 076	223 440	126 978	101 597	86 569	47 589	27 000	3 600	18
399 365	244 692	305 625	339 159	233 586	227 843	118 741	89 119	79 304	46 285	32 163	4 229	19
199 843	120 899	146 521	165 452	111 399	93 807	41 150	28 127	22 715	13 243	8 444	2 091	20
199 522	123 793	159 104	173 707	122 187	134 036	77 591	60 992	56 589	33 042	23 719	2 138	21
1 849 691	1 476 361	1 263 907	923 794	651 244	489 210	337 655	231 649	137 974	57 069	28 555	322	22
944 029	762 523	647 474	451 574	288 969	206 492	133 003	78 760	41 137	13 278	4 909	302	23
905 662	713 838	616 433	472 220	362 275	282 718	204 652	152 889	96 837	43 791	23 646	20	24
731 490	711 147	825 305	771 465	616 513	517 666	385 162	269 605	174 116	80 591	47 173	98	25
380 340	346 162	395 515	358 045	271 611	233 895	173 707	111 793	62 376	22 885	10 231	36	26
351 150	364 985	429 790	413 420	344 902	283 771	211 455	157 812	111 740	57 706	36 942	62	27
114 065	67 925	65 382	73 884	61 413	60 391	32 989	24 285	19 851	9 912	5 867	2 130	28
55 240	32 718	31 318	34 637	27 161	24 169	11 194	7 619	5 897	2 601	1 294	989	29
58 825	35 207	34 064	39 247	34 252	36 222	21 795	16 666	13 954	7 311	4 573	1 141	30
130 874	67 539	82 113	93 802	88 964	76 644	42 056	25 920	24 347	14 253	13 825	232	31
65 902	34 126	42 150	46 116	41 588	34 603	14 942	8 432	7 906	4 665	4 151	116	32
64 972	33 413	39 963	47 686	47 376	42 041	27 114	17 488	16 441	9 588	9 674	116	33

Data by urban/rural residence

(See notes at end of table.)

Continent, country or area, sex, date and urban/rural residence / Continent, pays ou zone, sexe, date et résidence, urbaine/rurale	All ages Tous âges	– 1	1 – 4	5 – 9	10 – 14	15 – 19	20 – 24	25 – 29	30 – 34
ASIA—ASIE (Cont.–Suite)									
Maldives									
Urban – Urbaine									
25 III 1985(C)									
1　Urban – Urbaine	45 874	1 523	5 111	5 223	5 319	7 168	5 717	3 912	2 581
2　Male – Masculin	25 897	768	2 513	2 665	2 804	4 164	3 372	2 297	1 592
3　Female – Féminin	19 977	755	2 598	2 558	2 515	3 004	2 345	1 615	989
Rural – Rurale									
25 III 1985(C)									
4　Rural – Rurale	134 214	6 430	19 856	20 827	16 963	13 626	11 814	8 624	5 673
5　Male – Masculin	67 585	3 284	10 039	10 618	8 859	6 158	5 293	4 073	2 729
6　Female – Féminin	66 629	3 146	9 817	10 209	8 104	7 468	6 521	4 551	2 944
Mongolia – Mongolie									
Urban – Urbaine									
5 I 1989(C)									
7　Urban – Urbaine	1 165 900	*——— 173	600 ———*	146 700	136 800	136 300	118 100	112 600	85 800
Rural – Rurale									
5 I 1989(C)									
8　Rural – Rurale	877 500	*——— 151	100 ———*	127 900	118 900	85 200	78 200	66 900	49 500
Myanmar									
Urban – Urbaine									
31 III 1983(C) [36]									
9　Urban – Urbaine	8 466 292	170 827	786 268	996 542	1 065 952	998 016	889 808	733 075	564 477
10　Male – Masculin	4 214 463	86 571	398 404	505 760	546 426	501 049	445 247	365 245	280 495
11　Female – Féminin	4 251 829	84 256	387 864	490 782	519 526	496 967	444 561	367 830	283 982
Rural – Rurale									
31 III 1983(C) [36]									
12　Rural – Rurale	25 658 616	581 022	2 963 817	3 392 499	3 202 718	2 737 419	2 396 516	2 030 470	1 588 488
13　Male – Masculin	12 725 130	291 884	1 490 967	1 710 563	1 632 530	1 343 365	1 164 897	998 590	786 678
14　Female – Féminin	12 933 486	289 138	1 472 850	1 681 936	1 570 188	1 394 054	1 231 619	1 031 880	801 810
Syrian Arab Republic – République arabe syrienne									
Urban – Urbaine									
1 VII 1990 [1] [24]									
15　Urban – Urbaine	6 087 000	213 000	866 000	1 016 000	822 000	598 000	474 000	378 000	343 000
16　Male – Masculin	3 146 000	109 000	446 000	525 000	427 000	311 000	242 000	192 000	178 000
17　Female – Féminin	2 941 000	104 000	420 000	491 000	395 000	287 000	232 000	186 000	165 000
Rural – Rurale									
1 VII 1990 [1] [24]									
18　Rural – Rurale	6 029 000	231 000	975 000	1 052 000	793 000	559 000	412 000	299 000	276 000
19　Male – Masculin	3 043 000	119 000	500 000	544 000	420 000	276 000	216 000	131 000	119 000
20　Female – Féminin	2 986 000	112 000	475 000	508 000	373 000	283 000	196 000	168 000	157 000
Tajikistan – Tadjikistan									
Urban – Urbaine									
12 I 1989(C) [1]									
21　Urban – Urbaine	1 655 105	48 585	187 612	190 750	166 049	167 676	150 479	147 617	124 034
22　Male – Masculin	812 986	24 659	95 573	96 667	83 967	89 115	78 238	72 369	60 401
23　Female – Féminin	842 119	23 926	92 039	94 083	82 082	78 561	72 241	75 248	63 633
Rural – Rurale									
12 I 1989(C) [1]									
24　Rural – Rurale	3 437 498	141 160	523 715	507 677	421 037	357 933	313 436	293 730	201 963
25　Male – Masculin	1 717 259	71 475	265 235	256 899	212 943	174 015	149 267	147 275	101 735
26　Female – Féminin	1 720 239	69 685	258 480	250 778	208 094	183 918	164 169	146 455	100 228
Thailand – Thaïlande									
Urban – Urbaine									
1 IV 1990(C) [1]									
27　Urban – Urbaine	10 206 900	*——— 664	700 ———*	777 200	901 000	1 151 600	1 268 500	1 159 600	1 017 700
28　Male – Masculin	4 941 000	*——— 340	900 ———*	403 800	464 900	540 700	583 700	553 800	490 200
29　Female – Féminin	5 265 900	*——— 323	800 ———*	373 400	436 100	610 900	684 800	605 800	527 500

7. Population selon l'âge, le sexe et la résidence, urbaine/rurale: dernière année disponible, 1982 – 1991 (suite)

Données selon la résidence urbaine/rurale

(Voir notes à la fin du tableau.)

					Age (en années)								
35 – 39	40 – 44	45 – 49	50 – 54	55 – 59	60 – 64	65 – 69	70 – 74	75 – 79	80 – 84	85 +	Unknown Inconnu		
2 048	1 837	1 772	1 341	854	715	331	208	93	57	44	20		1
1 258	1 081	1 115	839	536	419	207	121	57	38	33	18		2
790	756	657	502	318	296	124	87	36	19	11	2		3
4 672	4 708	5 788	4 891	3 330	3 174	1 460	1 137	417	428	308	88		4
2 284	2 369	3 029	2 629	2 029	1 768	897	682	283	281	222	59		5
2 388	2 339	2 759	2 262	1 301	1 406	563	455	134	147	86	29		6
59 700	44 300	38 600	29 700	25 500	18 500	15 600	*———— 24 100 ————*				–		7
32 600	26 100	29 700	25 700	24 700	17 700	15 900	*———— 27 400 ————*				–		8
440 170	384 979	356 181	312 876	244 811	197 253	132 368	94 778	54 487	29 131	14 293	–		9
219 816	190 192	175 297	150 883	118 013	91 869	59 333	40 711	22 652	11 260	5 240	–		10
220 354	194 787	180 884	161 993	126 798	105 384	73 035	54 067	31 835	17 871	9 053	–		11
1 228 461	1 094 541	1 057 578	986 276	750 589	633 081	403 113	321 445	160 321	91 335	38 927	–		12
615 361	526 427	520 536	483 339	371 802	307 073	194 629	152 004	76 326	41 021	17 138	–		13
613 100	568 114	537 042	502 937	378 787	326 008	208 484	169 441	83 995	50 314	21 789	–		14
322 000	266 000	195 000	139 000	114 000	113 000	74 000	71 000	*———— 83 000 ————*			–		15
171 000	145 000	105 000	72 000	60 000	54 000	35 000	34 000	*———— 40 000 ————*			–		16
151 000	121 000	90 000	67 000	54 000	59 000	39 000	37 000	*———— 43 000 ————*			–		17
290 000	241 000	196 000	155 000	112 000	136 000	89 000	93 000	*———— 120 000 ————*			–		18
134 000	120 000	99 000	79 000	59 000	67 000	48 000	49 000	*———— 63 000 ————*			–		19
156 000	121 000	97 000	76 000	53 000	69 000	41 000	44 000	*———— 57 000 ————*			–		20
101 219	60 275	62 726	68 021	54 239	48 927	27 485	20 190	15 870	7 926	4 723	702		21
48 970	29 629	31 006	32 326	24 751	20 024	9 520	6 343	5 111	2 415	1 440	462		22
52 249	30 646	31 720	35 695	29 488	28 903	17 965	13 847	10 759	5 511	3 283	240		23
137 663	78 836	88 508	96 915	87 780	70 559	41 155	25 654	21 356	13 269	14 280	872		24
69 192	41 897	48 686	49 687	43 402	35 747	17 102	10 621	9 353	6 207	6 065	456		25
68 471	36 939	39 822	47 228	44 378	34 812	24 053	15 033	12 003	7 062	8 215	416		26
818 400	610 300	467 600	413 700	309 300	243 400	149 600	111 900	68 400	*——— 74 000 ———*		–		27
395 100	299 600	225 300	206 500	150 700	112 600	68 800	48 100	29 500	*——— 26 800 ———*		–		28
423 300	310 700	242 300	207 200	158 600	130 800	80 800	63 800	38 900	*——— 47 200 ———*		–		29

(See notes at end of table.)

Continent, country or area, sex, date and urban/rural residence / Continent, pays ou zone, sexe, date et résidence, urbaine/rurale	All ages Tous âges	– 1	1 – 4	5 – 9	10 – 14	15 – 19	20 – 24	25 – 29	30 – 3
ASIA—ASIE (Cont.–Suite)									
Thailand – Thaïlande									
Rural – Rurale									
1 IV 1990(C) [1]									
1 Rural – Rurale	44 325 400	*—— 3 8	01 900 ——*	4 610 600	4 954 900	4 509 200	4 530 500	3 970 800	3 644 50
2 Male – Masculin	22 090 200	*—— 1 9	59 500 ——*	2 325 200	2 531 000	2 279 800	2 393 300	1 938 600	1 783 70
3 Female – Féminin	22 235 200	*—— 1 8	42 400 ——*	2 285 400	2 423 900	2 229 400	2 137 200	2 032 200	1 860 80
Turkey – Turquie									
Urban – Urbaine									
20 X 1985(C)									
4 Urban – Urbaine	26 865 757	*————	6 269 513	————*	3 120 316	2 856 981	2 858 305	2 439 336	2 058 83
5 Male – Masculin	14 010 670	*————	3 220 326	————*	1 657 883	1 544 913	1 575 398	1 267 893	1 081 94
6 Female – Féminin	12 855 087	*————	3 049 187	————*	1 462 433	1 312 068	1 282 907	1 171 443	976 88
Rural – Rurale									
20 X 1985(C)									
7 Rural – Rurale	23 798 701	*————	6 547 149	————*	3 073 160	2 550 483	1 926 175	1 601 426	1 315 57
8 Male – Masculin	11 661 305	*————	3 349 421	————*	1 552 814	1 199 668	858 654	788 294	641 96
9 Female – Féminin	12 137 396	*————	3 197 728	————*	1 520 346	1 350 815	1 067 521	813 132	673 61
Turkmenistan – Turkménistan									
Urban – Urbaine									
12 I 1989(C) [1]									
10 Urban – Urbaine	1 591 148	*—— 220	066 ——*	187 070	165 896	158 492	148 152	150 257	127 5
11 Male – Masculin	783 245	*—— 111	834 ——*	94 746	83 937	84 163	75 738	74 127	62 6
12 Female – Féminin	807 903	*—— 108	232 ——*	92 324	81 959	74 329	72 414	76 130	64 9
Rural – Rurale									
12 I 1989(C) [1]									
13 Rural – Rurale	1 931 569	*—— 339	575 ——*	274 898	240 900	207 798	178 485	171 482	124 9
14 Male – Masculin	951 934	*—— 171	717 ——*	138 510	120 678	103 723	85 595	83 636	61 3
15 Female – Féminin	979 635	*—— 167	858 ——*	136 388	120 222	104 075	92 890	87 846	63 6
Uzbekistan – Ouzbékistan									
Urban – Urbaine									
12 I 1989(C) [1]									
16 Urban – Urbaine	8 040 963	224 226	867 161	908 443	803 514	811 727	754 538	745 251	628 98
17 Male – Masculin	3 937 149	114 568	439 544	460 228	406 329	416 155	388 807	371 552	310 4
18 Female – Féminin	4 103 814	109 658	427 617	448 215	397 185	395 572	365 731	373 699	318 5
Rural – Rurale									
12 I 1989(C) [1]									
19 Rural – Rurale	11 769 114	445 071	1 679 951	1 702 597	1 452 239	1 193 012	1 077 924	1 040 159	763 6
20 Male – Masculin	5 847 007	226 535	850 409	858 690	731 908	586 947	521 911	519 200	385 7
21 Female – Féminin	5 922 107	218 536	829 542	843 907	720 331	606 065	556 013	520 959	377 9
EUROPE									
Andorra – Andorre									
Urban – Urbaine									
1 VII 1991*									
22 Urban – Urbaine	54 285	241	2 193	2 986	3 396	3 916	4 961	6 249	5 9
23 Male – Masculin	28 866	123	1 150	1 533	1 750	2 049	2 630	3 385	3 2
24 Female – Féminin	25 419	118	1 043	1 453	1 646	1 867	2 331	2 864	2 6
Rural – Rurale									
1 VII 1991*									
25 Rural – Rurale	3 273	21	113	151	188	172	228	355	3
26 Male – Masculin	1 841	13	61	85	90	90	128	204	1
27 Female – Féminin	1 432	8	52	66	98	82	100	151	1
Belarus – Bélarus									
Urban – Urbaine									
1 VII 1989*									
28 Urban – Urbaine	6 698 728	*—— 575	545 ——*	572 636	508 881	526 728	514 517	634 584	640 3
29 Male – Masculin	3 166 177	*—— 294	929 ——*	291 824	258 748	253 722	247 058	308 778	310 1
30 Female – Féminin	3 532 551	*—— 280	616 ——*	280 812	250 133	273 006	267 459	325 806	330 2

7. Population selon l'âge, le sexe et la résidence, urbaine/rurale: dernière année disponible, 1982 – 1991 (suite)

Données selon la résidence urbaine/rurale

(Voir notes à la fin du tableau.)

Age (en années)

35 – 39	40 – 44	45 – 49	50 – 54	55 – 59	60 – 64	65 – 69	70 – 74	75 – 79	80 – 84	85 +	Unknown Inconnu	
3 016 200	2 434 500	2 070 600	1 858 200	1 595 900	1 235 100	828 400	553 700	357 800	*—— 352 600 ——*		—	1
1 474 400	1 195 900	1 010 500	894 100	762 300	601 000	392 500	254 000	153 800	*—— 140 600 ——*		—	2
1 541 800	1 238 600	1 060 100	964 100	833 600	634 100	435 900	299 700	204 000	*—— 212 000 ——*		—	3
1 666 547	1 230 623	1 051 514	993 879	801 948	528 090	*——————— 932 156 ———————*					57 719	4
875 682	642 844	533 667	516 913	399 462	259 564	*——————— 399 207 ———————*					34 976	5
790 865	587 779	517 847	476 966	402 486	268 526	*——————— 532 949 ———————*					22 743	6
1 120 024	977 533	957 095	1 048 713	847 121	602 096	*——————— 1 193 752 ———————*					38 398	7
537 914	455 373	457 775	522 245	424 974	296 249	*——————— 555 835 ———————*					20 127	8
582 110	522 160	499 320	526 468	422 147	305 847	*——————— 637 917 ———————*					18 271	9
101 113	58 471	56 499	60 551	47 580	43 417	24 442	17 720	14 115	6 364	3 390	—	10
49 445	28 821	27 761	29 259	21 927	17 874	8 385	5 479	4 375	1 843	930	—	11
51 668	29 650	28 738	31 292	25 653	25 543	16 057	12 241	9 740	4 521	2 460	—	12
84 193	47 632	52 068	53 535	49 660	40 655	23 932	16 101	12 920	6 657	6 090	—	13
41 216	23 729	26 369	27 132	24 421	19 040	9 149	5 956	5 091	2 552	2 085	—	14
42 977	23 903	25 699	26 403	25 239	21 615	14 783	10 145	7 829	4 105	4 005	—	15
498 389	300 712	302 174	315 878	258 356	237 217	131 050	98 663	81 929	44 706	27 836	210	16
244 560	147 409	148 068	150 881	118 719	96 784	44 056	30 306	25 468	14 199	8 978	94	17
253 829	153 303	154 106	164 997	139 637	140 433	86 994	68 357	56 461	30 507	18 858	116	18
514 980	271 663	323 357	335 172	303 002	246 476	138 579	85 566	83 805	55 750	55 980	151	19
259 042	138 957	169 605	171 838	146 947	118 877	53 101	29 762	32 513	23 237	21 750	77	20
255 938	132 706	153 752	163 334	156 055	127 599	85 478	55 804	51 292	32 513	34 230	74	21
4 897	4 034	3 308	2 442	2 399	2 163	1 852	1 314	960	603	422	22	22
2 701	2 207	1 788	1 292	1 248	1 147	935	665	484	305	181	14	23
2 196	1 827	1 520	1 150	1 151	1 016	917	649	476	298	241	8	24
260	269	217	161	177	188	153	127	73	49	29	4	25
146	164	112	92	112	96	87	79	40	25	17	2	26
114	105	105	69	65	92	66	48	33	24	12	2	27
561 735	410 888	336 176	390 162	301 626	284 662	169 256	98 954	89 305	51 583	31 143	—	28
271 115	199 139	162 336	181 425	133 558	117 529	58 203	32 296	25 726	12 868	6 807	—	29
290 620	211 749	173 840	208 737	168 068	167 133	111 053	66 658	63 579	38 715	24 336	—	30

Data by urban/rural residence

(See notes at end of table.)

Continent, country or area, sex, date and urban/rural residence / Continent, pays ou zone, sexe, date et résidence, urbaine/rurale	All ages Tous âges	− 1	1 – 4	5 – 9	10 – 14	15 – 19	20 – 24	25 – 29	30 – 34
EUROPE (Cont.–Suite)									
Belarus – Bélarus									
Rural – Rurale									
1 VII 1989*									
1 Rural – Rurale	3 482 117	*——— 240	771 ——*	223 921	225 484	188 310	184 350	215 919	205 659
2 Male – Masculin	1 599 950	*——— 122	685 ——*	113 542	114 162	105 747	99 390	119 480	113 849
3 Female – Féminin	1 882 167	*——— 118	086 ——*	110 379	111 322	82 563	84 960	96 439	91 810
Bulgaria – Bulgarie									
Urban – Urbaine									
1 VII 1990									
4 Urban – Urbaine	6 097 047	75 438	331 400	425 855	478 143	472 274	458 500	436 785	465 290
5 Male – Masculin	3 004 845	38 655	169 551	218 980	244 914	240 369	226 908	215 923	229 494
6 Female – Féminin	3 092 202	36 783	161 849	206 875	233 229	231 905	231 592	220 862	235 796
Rural – Rurale									
1 VII 1990									
7 Rural – Rurale	2 893 694	31 713	133 736	174 748	186 257	188 642	145 122	161 661	160 045
8 Male – Masculin	1 430 429	16 230	68 540	89 686	95 595	98 343	80 898	86 607	85 051
9 Female – Féminin	1 463 265	15 483	65 196	85 062	90 662	90 299	64 224	75 054	74 994
Estonia – Estonie									
Urban – Urbaine									
1 I 1991*									
10 Urban – Urbaine	1 121 202	*——— 80	266 ——*	81 467	77 541	77 640	78 556	81 377	88 196
11 Male – Masculin	518 837	*——— 41	225 ——*	41 287	39 445	38 953	41 021	40 423	42 730
12 Female – Féminin	602 365	*——— 39	041 ——*	40 180	38 096	38 687	37 535	40 954	45 466
Rural – Rurale									
1 I 1991*									
13 Rural – Rurale	449 230	*——— 38	403 ——*	36 811	34 317	31 048	28 719	31 937	32 145
14 Male – Masculin	215 940	*——— 19	563 ——*	18 786	17 506	16 545	15 149	16 851	17 037
15 Female – Féminin	233 290	*——— 18	840 ——*	18 025	16 811	14 503	13 570	15 086	15 108
Finland – Finlande									
Urban – Urbaine									
31 XII 1990 [1]									
16 Urban – Urbaine	3 079 763	40 212	147 047	187 960	188 580	180 545	226 048	253 100	243 744
17 Male – Masculin	1 464 406	20 582	75 259	95 682	96 225	91 274	111 504	127 421	123 118
18 Female – Féminin	1 615 357	19 630	71 788	92 278	92 355	89 271	114 544	125 679	120 626
Rural – Rurale									
31 XII 1990 [1]									
19 Rural – Rurale	1 918 715	25 064	100 162	138 867	136 311	122 838	117 560	123 721	139 582
20 Male – Masculin	961 798	12 803	51 129	71 394	69 754	63 945	63 535	65 106	72 883
21 Female – Féminin	956 917	12 261	49 033	67 473	66 557	58 893	54 025	58 615	66 699
France									
Urban – Urbaine									
4 III 1982(C) [26] [37]									
22 Urban – Urbaine	39 799 820	97 800	2 253 680	2 775 740	3 100 880	3 185 100	3 303 180	3 258 080	3 270 240
23 Male – Masculin	19 239 340	50 480	1 157 180	1 413 720	1 594 180	1 615 500	1 621 940	1 624 720	1 646 660
24 Female – Féminin	20 560 480	47 320	1 096 500	1 362 020	1 506 700	1 569 600	1 681 240	1 633 360	1 623 580
Rural – Rurale									
4 III 1982(C) [26] [37]									
25 Rural – Rurale	14 473 380	29 700	748 260	1 045 100	1 181 820	1 176 880	928 360	936 620	1 103 260
26 Male – Masculin	7 253 460	16 080	382 800	537 260	609 880	615 820	502 900	480 060	575 140
27 Female – Féminin	7 219 920	13 620	365 460	507 840	571 940	561 060	425 460	456 560	528 120
28 **Germany – Allemagne** [27]	...	...	...	...	...	...	...	...	...
Former German Democratic Republic – Ancienne République démocratique allemande									
Urban – Urbaine									
30 VI 1990 [1]									
29 Urban – Urbaine	12 401 458	144 695	638 347	833 517	777 759	715 315	912 733	1 053 289	950 037
30 Male – Masculin	5 906 444	74 406	327 444	426 441	398 434	365 581	463 762	540 098	484 838
31 Female – Féminin	6 495 014	70 289	310 903	407 076	379 325	349 734	448 971	513 191	465 199

					Age (en années)							
35 – 39	40 – 44	45 – 49	50 – 54	55 – 59	60 – 64	65 – 69	70 – 74	75 – 79	80 – 84	85 +	Unknown Inconnu	
170 897	139 749	179 604	271 041	316 821	297 889	206 356	121 635	144 648	90 532	58 531	—	1
93 348	71 407	84 752	122 755	140 170	114 333	68 678	35 106	40 233	25 657	14 656	—	2
77 549	68 342	94 852	148 286	176 651	183 556	137 678	86 529	104 415	64 875	43 875	—	3
486 110	490 590	379 727	349 127	356 214	316 776	255 614	120 348	108 303	60 941	29 612	—	4
239 138	242 024	188 623	171 806	173 215	153 168	118 522	53 662	45 420	23 762	10 711	—	5
246 972	248 566	191 104	177 321	182 999	163 608	137 092	66 686	62 883	37 179	18 901	—	6
158 300	166 918	163 983	179 755	221 782	228 477	233 120	127 060	129 677	72 582	30 116	—	7
82 882	84 949	80 352	87 305	107 354	105 887	104 734	56 744	56 887	30 498	11 887	—	8
75 418	81 969	83 631	92 450	114 428	122 590	128 386	70 316	72 790	42 084	18 229	—	9
87 258	80 162	61 707	76 191	64 829	65 248	46 165	25 651	24 401	15 411	9 136	—	10
41 599	37 777	28 338	34 465	28 446	27 118	15 216	8 453	7 026	3 688	1 627	—	11
45 659	42 385	33 369	41 726	36 383	38 130	30 949	17 198	17 375	11 723	7 509	—	12
29 315	26 699	23 890	25 627	24 506	23 111	20 110	12 767	14 436	9 909	5 480	—	13
15 452	13 747	12 270	12 647	11 413	9 662	6 933	4 034	4 386	2 651	1 308	—	14
13 863	12 952	11 620	12 980	13 093	13 449	13 177	8 733	10 050	7 258	4 172	—	15
252 087	278 405	208 157	170 691	152 995	151 093	131 505	99 285	83 235	54 677	30 397	—	16
125 668	138 860	103 129	82 498	71 897	66 806	51 777	34 958	26 327	14 820	6 601	—	17
126 419	139 545	105 028	88 193	81 098	84 287	79 728	64 327	56 908	39 857	23 796	—	18
153 281	162 768	117 125	104 574	99 439	103 557	91 096	68 011	56 297	36 916	21 546	—	19
81 512	87 213	61 936	54 090	50 911	50 775	40 066	26 553	20 286	12 083	5 824	—	20
71 769	75 555	55 189	50 484	48 528	52 782	51 030	41 458	36 011	24 833	15 722	—	21
2 726 340	2 172 460	2 272 300	2 342 600	2 167 040	1 757 640	1 250 260	1 444 280	1 140 180	762 580	519 440	—	22
1 384 180	1 100 840	1 138 040	1 145 160	1 030 020	804 640	542 980	581 780	418 140	246 340	122 840	—	23
1 342 160	1 071 620	1 134 260	1 197 440	1 137 020	953 000	707 280	862 500	722 040	516 240	396 600	—	24
897 360	713 540	805 220	869 000	888 900	751 100	559 580	700 820	559 5ᴏ0	357 360	220 920	—	25
473 140	371 720	416 080	444 280	445 240	370 060	263 760	318 760	236 240	134 120	60 120	—	26
424 220	341 820	389 140	424 720	443 660	381 040	295 820	382 060	323 340	223 240	160 800	—	27
...	...	...	...	...	...	...	...	...	...	...	...	28
944 875	672 668	873 888	942 372	707 558	616 847	518 744	307 722	382 161	265 696	143 235	—	29
476 917	336 443	431 946	464 962	343 907	266 429	179 436	99 254	114 629	75 001	36 516	—	30
467 958	336 225	441 942	477 410	363 651	350 418	339 308	208 468	267 532	190 695	106 719	—	31

(See notes at end of table.)

Continent, country or area, sex, date and urban/rural residence / Continent, pays ou zone, sexe, date et résidence, urbaine/rurale	All ages Tous âges	– 1	1 – 4	5 – 9	10 – 14	15 – 19	20 – 24	25 – 29	30 –
EUROPE (Cont.–Suite)									
1 Germany – Allemagne [27]	...	...	...	...	...	...	...	...	
Former German Democratic Republic – Ancienne République démocratique allemande Rural – Rurale 30 VI 1990 [1]									
2 Rural – Rurale	3 845 826	45 188	204 271	275 205	252 042	227 237	260 259	304 968	297 6
3 Male – Masculin	1 870 441	23 208	104 722	141 320	130 033	117 171	136 795	159 916	156 0.
4 Female – Féminin	1 975 385	21 980	99 549	133 885	122 009	110 066	123 464	145 052	141 6
Hungary – Hongrie Urban – Urbaine 1 VII 1990									
5 Urban – Urbaine	6 436 973	73 369	294 129	393 338	527 281	530 475	442 069	379 866	462 2
6 Male – Masculin	3 060 971	37 524	150 339	201 210	269 923	270 164	222 742	188 977	225 8
7 Female – Féminin	3 376 002	35 845	143 790	192 128	257 358	260 311	219 327	190 889	236 4
Rural – Rurale 1 VII 1990									
8 Rural – Rurale	3 927 860	49 324	199 011	253 914	306 752	259 207	246 709	234 774	287 2
9 Male – Masculin	1 917 573	25 173	101 972	129 655	157 268	134 999	129 346	122 156	150 5
10 Female – Féminin	2 010 287	24 151	97 039	124 259	149 484	124 208	117 363	112 618	136 6
Ireland – Irlande Urban – Urbaine 13 IV 1986(C)									
11 Urban – Urbaine	1 996 778	*—— 177	597 ——*	190 577	194 434	196 743	186 897	158 320	141 0
12 Male – Masculin	969 003	*—— 90	953 ——*	97 802	99 500	99 462	90 153	76 872	69 2
13 Female – Féminin	1 027 775	*—— 86	644 ——*	92 775	94 934	97 281	96 744	81 448	71 8
Rural – Rurale 13 IV 1986(C)									
14 Rural – Rurale	1 543 865	*—— 146	481 ——*	160 073	155 539	134 357	99 527	100 119	101 6
15 Male – Masculin	800 687	*—— 75	465 ——*	82 045	79 881	70 425	53 959	52 214	52 9
16 Female – Féminin	743 178	*—— 71	016 ——*	78 028	75 658	63 932	45 568	47 905	48 6
Latvia – Lettonie Urban – Urbaine 12 I 1989(C) [1]									
17 Urban – Urbaine	1 888 526	27 365	111 629	128 456	120 345	135 028	135 811	150 303	147 8
18 Male – Masculin	869 572	14 059	56 792	65 617	60 894	69 305	69 449	73 609	71 3
19 Female – Féminin	1 018 954	13 306	54 837	62 839	59 451	65 723	66 362	76 694	76 5
Rural – Rurale 12 I 1989(C) [1]									
20 Rural – Rurale	778 041	13 849	55 199	59 851	54 169	49 497	49 367	59 003	52 5
21 Male – Masculin	369 234	7 113	28 090	30 357	27 666	25 980	25 714	31 250	28 0
22 Female – Féminin	408 807	6 736	27 109	29 494	26 503	23 517	23 653	27 753	24 5
Lithuania – Lituanie Urban – Urbaine 1 I 1991*									
23 Urban – Urbaine	2 557 447	37 673	158 737	199 779	186 144	194 632	205 397	223 454	225 9
24 Male – Masculin	1 206 480	19 407	81 272	101 783	94 636	96 883	103 977	111 308	109 6
25 Female – Féminin	1 350 967	18 266	77 465	97 996	91 508	97 749	101 420	112 146	116 3
Rural – Rurale 1 I 1991*									
26 Rural – Rurale	1 179 051	18 893	76 452	86 923	80 276	74 292	71 871	82 078	76 9
27 Male – Masculin	563 056	9 567	39 002	43 997	40 564	39 905	39 067	45 078	41 4
28 Female – Féminin	615 995	9 326	37 450	42 926	39 712	34 387	32 804	37 000	35 5
Netherlands – Pays–Bas Urban – Urbaine 1 VII 1990 [1] [38]									
29 Urban – Urbaine	7 596 640	94 416	355 490	414 355	411 503	512 610	702 131	720 633	633 3
30 Male – Masculin	3 713 238	48 308	181 370	211 071	210 754	258 926	350 034	370 876	325 5
31 Female – Féminin	3 883 402	46 108	174 120	203 284	200 749	253 684	352 097	349 757	307 8

7. Population selon l'âge, le sexe et la résidence, urbaine/rurale: dernière année disponible, 1982 – 1991 (suite)

Données selon la résidence urbaine/rurale

(Voir notes à la fin du tableau.)

				Age (en années)							Unknown Inconnu	
35 – 39	40 – 44	45 – 49	50 – 54	55 – 59	60 – 64	65 – 69	70 – 74	75 – 79	80 – 84	85 +		
...	...	...	...	...	...	...	...	...	...	...	...	1
281 010	184 401	214 776	278 700	243 227	221 784	188 222	103 113	128 505	88 043	47 179	—	2
150 265	97 674	109 937	139 609	119 264	98 431	68 571	35 355	40 726	27 350	14 040	—	3
130 745	86 727	104 839	139 091	123 963	123 353	119 651	67 758	87 779	60 693	33 139	—	4
551 768	476 551	431 160	363 507	351 982	340 291	305 561	170 768	182 751	105 320	54 494	—	5
267 650	231 080	208 195	168 371	162 106	150 238	124 960	66 598	66 174	33 972	14 856	—	6
284 118	245 471	222 965	195 136	189 876	190 053	180 601	104 170	116 577	71 348	39 638	—	7
303 564	255 747	239 489	237 125	247 510	243 110	224 737	112 977	122 725	70 254	33 713	—	8
159 346	132 300	118 116	110 810	113 461	108 558	96 768	45 791	46 427	24 631	10 256	—	9
144 218	123 447	121 373	126 315	134 049	134 552	127 969	67 186	76 298	45 623	23 457	—	10
130 068	109 506	93 882	83 190	76 390	71 915	62 133	52 320	36 890	21 866	12 981	—	11
64 162	54 190	46 295	40 740	35 836	32 562	26 451	21 059	13 503	6 916	3 320	—	12
65 906	55 316	47 587	42 450	40 554	39 353	35 682	31 261	23 387	14 950	9 661	—	13
99 672	82 245	67 858	64 321	65 825	68 063	67 365	58 676	38 629	21 018	12 477	—	14
52 248	43 772	36 474	34 416	34 678	34 657	34 629	29 822	19 132	9 210	4 689	—	15
47 424	38 473	31 384	29 905	31 147	33 406	32 736	28 854	19 497	11 808	7 788	—	16
137 466	117 457	127 744	124 063	113 814	106 621	70 339	46 235	44 112	27 528	16 346	53	17
65 169	55 068	59 079	56 124	50 416	40 356	23 534	15 127	13 012	7 342	3 293	24	18
72 297	62 389	68 665	67 939	63 398	66 265	46 805	31 108	31 100	20 186	13 053	29	19
46 030	39 437	50 280	49 114	47 733	41 722	32 425	23 663	26 574	17 325	10 219	20	20
24 527	20 353	25 137	23 604	21 503	15 483	10 768	7 332	8 195	5 470	2 650	11	21
21 503	19 084	25 143	25 510	26 230	26 239	21 657	16 331	18 379	11 855	7 569	9	22
189 547	170 665	153 302	147 990	128 827	117 458	83 492	44 684	39 775	30 041	19 883	—	23
90 814	80 153	71 450	67 588	57 272	49 539	29 508	15 369	11 798	9 025	5 043	—	24
98 733	90 512	81 852	80 402	71 555	67 919	53 984	29 315	27 977	21 016	14 840	—	25
62 187	57 699	65 810	73 366	80 206	77 423	66 668	40 110	38 105	30 246	19 498	—	26
33 427	29 939	31 836	34 102	34 989	30 865	24 482	14 233	12 736	11 416	6 413	—	27
28 760	27 760	33 974	39 264	45 217	46 558	42 186	25 877	25 369	18 830	13 085	—	28
571 977	579 825	433 842	386 483	363 231	349 785	338 870	265 198	216 152	144 153	102 637	—	29
292 070	297 465	221 992	194 816	177 666	163 637	149 721	109 343	79 166	44 531	25 945	—	30
279 907	282 360	211 850	191 667	185 565	186 148	189 149	155 855	136 986	99 622	76 692	—	31

Data by urban/rural residence

(See notes at end of table.)

Continent, country or area, sex, date and urban/rural residence / Continent, pays ou zone, sexe, date et résidence, urbaine/rurale	Age (in years)								
	All ages Tous âges	– 1	1 – 4	5 – 9	10 – 14	15 – 19	20 – 24	25 – 29	30 – 3

EUROPE (Cont.–Suite)

Netherlands – Pays–Bas									
Rural – Rurale									
1 VII 1990 [1][38]									
1 Rural – Rurale	1 686 350	23 715	94 001	114 284	116 904	133 476	129 681	131 374	133 1C
2 Male – Masculin	854 711	12 175	47 958	58 821	59 872	69 078	69 253	67 741	68 12
3 Female – Féminin	831 639	11 540	46 043	55 463	57 032	64 398	60 428	63 633	64 97
Semi–urban–Semi–urbaine									
1 VII 1990 [1][38]									
4 Semi–urban–Semi–urbaine	5 668 509	74 260	295 377	358 667	373 625	431 490	433 456	446 550	455 1C
5 Male – Masculin	2 821 039	37 838	150 852	183 445	191 234	221 832	226 416	226 009	229 15
6 Female – Féminin	2 847 470	36 422	144 525	175 222	182 391	209 658	207 040	220 541	225 94
Poland – Pologne									
Urban – Urbaine									
30 VI 1990 [30]									
7 Urban – Urbaine	23 535 363	299 073	1 363 884	2 045 174	1 986 199	1 797 184	1 483 554	1 625 489	2 119 56
8 Male – Masculin	11 297 775	153 724	698 831	1 044 888	1 014 934	913 707	739 968	799 181	1 030 09
9 Female – Féminin	12 237 588	145 349	665 053	1 000 286	971 265	883 477	743 586	826 308	1 089 46
Rural – Rurale									
30 VI 1990 [30]									
10 Rural – Rurale	14 583 442	253 455	1 037 431	1 344 767	1 245 350	1 051 526	984 389	1 052 727	1 148 59
11 Male – Masculin	7 280 195	129 716	530 964	686 557	637 180	542 992	523 656	560 641	622 55
12 Female – Féminin	7 303 247	123 739	506 467	658 210	608 170	508 534	460 733	492 086	526 03
Republic of Moldova – République de Moldova									
Urban – Urbaine									
12 I 1989(C) [1]									
13 Urban – Urbaine	2 020 120	37 834	155 436	174 494	153 208	205 189	161 676	188 684	187 12
14 Male – Masculin	968 826	19 379	79 477	88 988	77 863	110 617	78 224	88 628	88 07
15 Female – Féminin	1 051 294	18 455	75 959	85 506	75 345	94 572	83 452	100 056	99 05
Rural – Rurale									
12 I 1989(C) [1]									
16 Rural – Rurale	2 315 240	48 240	196 917	226 383	218 077	121 090	137 202	178 926	177 52
17 Male – Masculin	1 094 366	24 506	100 027	114 208	110 057	56 152	67 317	89 374	89 74
18 Female – Féminin	1 220 874	23 734	96 890	112 175	108 020	64 938	69 885	89 552	87 77
Romania – Roumanie									
Urban – Urbaine									
1 VII 1990									
19 Urban – Urbaine	12 608 844	185 052	810 118	952 435	1 015 505	953 529	1 065 760	886 172	1 250 59
20 Male – Masculin	6 184 787	94 511	415 441	488 554	519 797	480 597	502 590	417 163	610 39
21 Female – Féminin	6 424 057	90 541	394 677	463 881	495 708	472 932	563 170	469 009	640 20
Rural – Rurale									
1 VII 1990									
22 Rural – Rurale	10 597 876	173 968	635 439	745 903	950 256	925 884	908 306	508 213	457 75
23 Male – Masculin	5 264 360	88 658	322 179	379 778	485 132	479 652	503 465	296 406	257 21
24 Female – Féminin	5 333 516	85 310	313 260	366 125	465 124	446 232	404 841	211 807	200 53
Russian Federation – Fédération Russe									
Urban – Urbaine									
12 I 1989(C) [1]									
25 Urban – Urbaine	107 959 002	1 640 254	6 857 580	8 108 038	7 599 631	7 740 647	7 384 582	9 423 047	9 812 11
26 Male – Masculin	50 332 668	837 572	3 495 868	4 121 175	3 854 763	3 899 128	3 714 505	4 708 526	4 843 6C
27 Female – Féminin	57 626 334	802 682	3 361 712	3 986 863	3 744 868	3 841 519	3 670 077	4 714 521	4 968 51
Rural – Rurale									
12 I 1989(C) [1]									
28 Rural – Rurale	39 062 867	686 293	2 847 433	3 252 304	2 992 608	2 226 964	2 370 038	3 134 187	3 050 69
29 Male – Masculin	18 381 201	349 490	1 446 126	1 647 182	1 517 340	1 219 582	1 241 478	1 665 075	1 629 25
30 Female – Féminin	20 681 666	336 803	1 401 307	1 605 122	1 475 268	1 007 382	1 128 560	1 469 112	1 421 43

7. Population selon l'âge, le sexe et la résidence, urbaine/rurale: dernière année disponible, 1982 – 1991 (suite)

Données selon la résidence urbaine/rurale

(Voir notes à la fin du tableau.)

Age (en années)												
35 – 39	40 – 44	45 – 49	50 – 54	55 – 59	60 – 64	65 – 69	70 – 74	75 – 79	80 – 84	85 +	Unknown Inconnu	
129 122	133 594	104 094	87 876	80 682	73 038	66 175	50 519	39 910	26 017	18 783	—	1
67 135	69 376	54 655	45 597	41 177	35 903	31 097	22 709	17 107	10 089	6 840	—	2
61 987	64 218	49 439	42 279	39 505	37 135	35 078	27 810	22 803	15 928	11 943	—	3
449 594	480 982	369 642	314 312	283 172	251 072	221 878	162 280	126 157	82 030	58 862	—	4
227 729	245 421	189 484	159 671	141 515	121 846	102 815	70 478	49 678	28 145	17 472	—	5
221 865	235 561	180 158	154 641	141 657	129 226	119 063	91 802	76 479	53 885	41 390	—	6
2 210 203	1 835 901	1 176 301	1 243 232	1 198 338	1 063 442	819 506	431 666	422 669	266 396	147 591	—	7
1 070 592	894 793	569 029	589 406	560 740	470 191	330 788	160 705	141 121	79 112	35 973	—	8
1 139 611	941 108	607 272	653 826	637 598	593 251	488 718	270 961	281 548	187 284	111 618	—	9
1 034 902	835 908	590 094	717 699	774 204	767 531	642 362	380 218	370 771	230 991	120 523	—	10
558 240	435 743	295 304	352 988	369 790	345 126	270 787	156 905	142 226	83 178	35 647	—	11
476 662	400 165	294 790	364 711	404 414	422 405	371 575	223 313	228 545	147 813	84 876	—	12
177 624	103 194	100 142	99 101	76 467	76 161	50 329	30 786	24 586	11 776	6 304	1	13
84 843	49 902	48 199	46 018	33 987	31 321	18 781	11 166	8 288	3 454	1 617	—	14
92 781	53 292	51 943	53 083	42 480	44 840	31 548	19 620	16 298	8 322	4 687	1	15
171 308	93 612	128 078	138 135	133 086	117 860	93 514	53 762	47 618	22 010	11 902	—	16
84 504	43 312	57 813	62 718	58 835	48 581	37 797	20 175	17 925	7 852	3 470	—	17
86 804	50 300	70 265	75 417	74 251	69 279	55 717	33 587	29 693	14 158	8 432	—	18
1 246 158	894 312	635 731	687 353	590 156	505 702	380 913	189 235	198 406	106 460	55 249	—	19
635 815	464 165	322 301	340 477	285 884	238 115	161 136	74 268	77 254	38 883	17 438	—	20
610 343	430 147	313 430	346 876	304 272	267 587	219 777	114 967	121 152	67 577	37 811	—	21
473 815	542 755	561 658	753 471	763 454	713 641	600 530	299 066	335 889	176 031	71 844	—	22
231 420	255 495	267 089	358 831	367 905	335 612	268 999	122 606	136 599	73 676	33 644	—	23
242 395	287 260	294 569	394 640	395 549	378 029	331 531	176 460	199 290	102 355	38 200	—	24
9 148 632	6 155 834	5 959 147	6 969 952	5 759 849	5 803 286	3 132 040	2 482 048	2 197 022	1 154 127	561 251	69 918	25
4 476 080	2 997 382	2 807 264	3 198 988	2 511 512	2 267 661	955 617	712 078	561 055	243 896	93 430	32 567	26
4 672 552	3 158 452	3 151 883	3 770 964	3 248 337	3 535 625	2 176 423	1 769 970	1 635 967	910 231	467 821	37 351	27
2 535 469	1 506 787	1 995 753	2 623 581	2 639 310	2 556 775	1 378 172	1 170 887	1 136 138	615 435	329 101	14 940	28
1 345 234	778 305	959 892	1 254 987	1 208 378	971 994	412 108	299 170	258 461	120 261	50 201	6 679	29
1 190 235	728 482	1 035 861	1 368 594	1 430 932	1 584 781	966 064	871 717	877 677	495 174	278 900	8 261	30

(See notes at end of table.)

Continent, country or area, sex, date and urban/rural residence Continent, pays ou zone, sexe, date et résidence, urbaine/rurale	All ages Tous âges	– 1	1 – 4	5 – 9	10 – 14	15 – 19	20 – 24	25 – 29	30 – 34
EUROPE (Cont.–Suite)									
Ukraine									
Urban – Urbaine									
12 I 1989(C) [1]									
1 Urban – Urbaine	34 297 231	487 268	2 070 925	2 525 956	2 435 759	2 586 070	2 383 362	2 858 896	2 861 862
2 Male – Masculin	15 981 442	249 053	1 057 825	1 287 336	1 237 844	1 277 696	1 170 706	1 397 359	1 383 626
3 Female – Féminin	18 315 789	238 215	1 013 100	1 238 620	1 197 915	1 308 374	1 212 656	1 461 537	1 478 236
Rural – Rurale									
12 I 1989(C) [1]									
4 Rural – Rurale	17 154 803	238 386	994 131	1 168 065	1 180 979	963 189	969 054	1 098 219	1 037 144
5 Male – Masculin	7 763 666	121 627	505 359	592 111	597 013	530 191	513 880	572 277	540 603
6 Female – Féminin	9 391 137	116 759	488 772	575 954	583 966	432 998	455 174	525 942	496 541
OCEANIA—OCEANIE									
Fiji – Fidji									
Urban – Urbaine									
31 VIII 1986(C)									
7 Urban – Urbaine	277 025	*——— 36 752 ———*			34 324	29 640	28 290	30 011	26 783	21 887
8 Male – Masculin	138 277	*——— 18 816 ———*			17 589	14 944	14 018	14 519	13 042	10 725
9 Female – Féminin	138 748	*——— 17 936 ———*			16 735	14 696	14 272	15 492	13 741	11 162
Rural – Rurale									
31 VIII 1986(C)									
10 Rural – Rurale	438 350	*——— 64 534 ———*			58 828	49 385	45 326	43 717	36 661	28 821
11 Male – Masculin	224 291	*——— 33 228 ———*			30 261	25 414	23 052	22 212	18 946	14 612
12 Female – Féminin	214 059	*——— 31 306 ———*			28 567	23 971	22 274	21 505	17 715	14 209
New Caledonia – Nouvelle–Calédonie									
Urban – Urbaine									
4 IV 1989(C)									
13 Urban – Urbaine	97 581	*——— 9 471 ———*			8 943	9 510	11 230	9 175	8 399	7 662
14 Male – Masculin	49 525	*——— 4 934 ———*			4 523	4 788	5 695	4 731	4 066	3 740
15 Female – Féminin	48 056	*——— 4 537 ———*			4 420	4 722	5 535	4 444	4 333	3 922
Rural – Rurale									
4 IV 1989(C)									
16 Rural – Rurale	66 592	*——— 8 823 ———*			8 599	8 210	7 220	5 681	5 189	4 338
17 Male – Masculin	34 337	*——— 4 506 ———*			4 441	4 137	3 761	2 789	2 643	2 332
18 Female – Féminin	32 255	*——— 4 317 ———*			4 158	4 073	3 459	2 892	2 546	2 006
New Zealand – Nouvelle–Zélande									
Urban – Urbaine									
5 III 1991(C)* [31] [32]									
19 Urban – Urbaine	2 868 303	49 380	182 409	205 152	207 900	248 595	240 759	234 741	228 777
20 Male – Masculin	1 396 842	25 101	93 237	104 985	105 660	124 713	119 079	113 919	111 816
21 Female – Féminin	1 471 458	24 282	89 172	100 167	102 240	123 882	121 677	120 828	116 958
Rural – Rurale									
5 III 1991(C)* [31] [32]									
22 Rural – Rurale	507 603	9 105	36 792	45 471	48 129	37 425	31 053	37 800	43 506
23 Male – Masculin	267 288	4 599	18 864	23 451	25 014	20 826	17 352	19 335	21 942
24 Female – Féminin	240 315	4 509	17 928	22 020	23 115	16 599	13 707	18 465	21 564
Tonga									
Urban – Urbaine									
28 XI 1986(C) [1] [2]									
25 Urban – Urbaine	28 066	819	3 152	3 506	3 426	3 966	3 080	1 951	1 588
26 Male – Masculin	13 827	411	1 646	1 770	1 757	2 052	1 553	964	762
27 Female – Féminin	14 239	408	1 506	1 736	1 669	1 914	1 527	987	826
Rural – Rurale									
28 XI 1986(C) [1] [2]									
28 Rural – Rurale	64 983	1 874	7 927	9 014	8 336	8 304	5 733	3 966	3 350
29 Male – Masculin	32 910	952	4 064	4 687	4 403	4 337	2 931	1 924	1 533
30 Female – Féminin	32 073	922	3 863	4 327	3 933	3 967	2 802	2 042	1 817

(Voir notes à la fin du tableau.)

Age (en années)												
35 – 39	40 – 44	45 – 49	50 – 54	55 – 59	60 – 64	65 – 69	70 – 74	75 – 79	80 – 84	85 +	Unknown Inconnu	
2 780 616	1 964 779	2 120 408	2 383 359	1 733 576	1 903 021	1 089 618	789 063	736 618	387 109	192 557	6 409	1
1 335 142	938 246	997 169	1 114 499	785 416	774 293	368 089	248 325	212 906	99 981	42 836	3 095	2
1 445 474	1 026 533	1 123 239	1 268 860	948 160	1 128 728	721 529	540 738	523 712	287 128	149 721	3 314	3
961 632	742 299	1 100 214	1 320 983	1 221 968	1 330 091	930 772	624 642	688 298	382 466	201 791	480	4
491 266	357 357	506 873	611 110	530 858	500 654	295 513	171 633	182 050	97 929	45 146	216	5
470 366	384 942	593 341	709 873	691 110	829 437	635 259	453 009	506 248	284 537	156 645	264	6
17 652	14 060	11 167	8 650	6 199	4 015	3 027	1 896	*——— -	1 825	———*	847	7
8 889	7 079	5 484	4 343	3 169	2 001	1 470	905	*——— -	825	———*	459	8
8 763	6 981	5 683	4 307	3 030	2 014	1 557	991	*——— -	1 000	———*	388	9
24 065	20 709	17 635	14 014	10 870	8 028	6 163	4 112	*——— -	3 966	———*	1 516	10
12 146	10 491	8 967	7 159	5 580	4 197	3 139	2 192	*——— -	1 919	———*	776	11
11 919	10 218	8 668	6 855	5 290	3 831	3 024	1 920	*——— -	2 047	———*	740	12
7 119	6 667	5 485	4 093	3 146	2 274	1 607	1 173	931	449	247	–	13
3 620	3 597	2 847	2 172	1 620	1 182	763	565	436	162	84	–	14
3 499	3 070	2 638	1 921	1 526	1 092	844	608	495	287	163	–	15
3 596	3 082	2 626	2 428	2 089	1 729	1 191	820	594	251	126	–	16
1 989	1 675	1 385	1 283	1 091	880	617	379	276	105	48	–	17
1 607	1 407	1 241	1 145	998	849	574	441	318	146	78	–	18
205 329	198 309	156 876	133 524	116 043	119 946	110 769	88 614	69 150	43 182	28 839	–	19
100 098	97 785	77 805	65 994	57 645	58 935	51 459	37 794	27 474	15 222	8 112	–	20
105 231	100 521	79 074	67 530	58 395	61 014	59 310	50 823	41 673	27 954	20 730	–	21
41 520	38 973	30 258	26 154	22 074	20 778	15 843	10 521	6 774	3 426	1 989	–	22
21 870	20 559	16 098	13 842	11 856	11 616	8 676	5 556	3 438	1 605	780	–	23
19 647	18 414	14 160	12 312	10 218	9 165	7 167	4 959	3 333	1 815	1 212	–	24
1 200	1 082	979	937	789	572	401	254	175	126	63	–	25
527	477	419	417	370	242	190	122	80	54	14	–	26
673	605	560	520	419	330	211	132	95	72	49	–	27
2 747	2 656	2 524	2 241	1 943	1 482	1 177	786	437	274	211	1	28
1 250	1 265	1 228	1 126	973	792	609	407	231	123	75	–	29
1 497	1 391	1 296	1 115	970	690	568	379	206	151	136	1	30

Data by urban/rural residence

(See notes at end of table.)

Continent, country or area, sex, date and urban/rural residence / Continent, pays ou zone, sexe, date et résidence, urbaine/rurale	All ages Tous âges	– 1	1 – 4	5 – 9	10 – 14	15 – 19	20 – 24	25 – 29	30 – 34
					Age (in years)				

OCEANIA—OCEANIE(Cont.–Suite)

	All ages	–1	1–4	5–9	10–14	15–19	20–24	25–29	30–34
Vanuatu									
Urban – Urbaine									
16 V 1989(C)									
1 Urban – Urbaine	25 870	988	3 143	2 843	2 589	2 939	3 059	2 924	2 222
2 Male – Masculin	13 670	528	1 612	1 520	1 309	1 429	1 571	1 519	1 114
3 Female – Féminin	12 200	460	1 531	1 323	1 280	1 510	1 488	1 405	1 108
Rural – Rurale									
16 V 1989(C)									
4 Rural – Rurale	116 549	4 012	15 837	18 531	14 807	10 875	9 438	8 479	6 769
5 Male – Masculin	59 714	2 073	8 269	9 740	7 744	5 586	4 512	3 974	3 144
6 Female – Féminin	56 835	1 939	7 568	8 791	7 063	5 289	4 926	4 505	3 625

GENERAL NOTES

(C) after date indicates data are results of a census. Unless otherwise specified, age is defined as age at last birthday (completed years). For definitions of urban , see Technical Notes for table 6. For method of evaluation and limitations of data, see Technical Notes, page 47.

Italics: estimates which are less reliable.

FOOTNOTES

* Provisional.
1 De jure population.
2 For classification by urban/rural residence, see end of table.
3 Data have been adjusted for underenumeration, at latest census.

4 For Libyan population only.
5 Including nomads, estimated at 224 095.
6 For household population.
7 Excluding Bophuthatswana, Ciskei, Transkei and Venda. Data have not been adjusted for underenumeration.
8 Because of rounding, totals are not in all cases the sum of the parts.

9 Age classification based on year of birth rather than on completed years of age.

10 De jure population, but including armed forces stationed in the area.
11 De jure population, but excluding civilian citizens absent from country for extended period of time.
12 Excluding armed forces overseas.
13 Excluding Indian jungle population.
14 Excluding nomadic Indian tribes.
15 Excluding nomads.
16 Covering only the civilian population of 30 provinces, municipalities and autonomous regions. Excluding Jimmen and Mazhu Islands.
17 Including data for the Indian–held part of Jammu and Kashmir, the final status of which has not yet been determined.
18 Including data for East Jerusalem and Israeli residents in certain other territories under occupation by Israeli military forces since June 1967.

19 Excluding diplomatic personnel outside the country, and foreign military and civilian personnel and their dependants stationed in the area.

20 Excluding data for Jordanian territory under occupation since June 1967 by Israeli military forces.
21 Including military and diplomatic personnel and their families abroad, numbering 933 at 1961 census, but excluding foreign military and diplomatic personnel and their families in the country, numbering 389 at 1961 census. Also including registered Palestinian refugees numbering 722 687 on 31 May 1967.

NOTES GENERALES

(C) après la date indique qui'il s'agit des donnéesde recensement. Sauf indication contraire, l'âge désigne l'âge au dernier anniversaire (années révolues). Pour les définitions de "zones urbaines", voir les Notes techniques relatives au tableau 6. Pour la méthode d'évaluation et les insuffisances des données, voir Notes techniques, page 47.

Italiques: estimations moins sûres.

NOTES

* Données provisoires.
1 Population de droit.
2 Pour le classement selon la résidence, urbaine/rurale, voir la fin du tableau.
3 Les données ont été ajustées pour compenser les lacunes du dénombrement lors du dernier recensement.
4 Pour la population libyenne seulement.
5 Y compris les nomades, estimés à 224 095.
6 Pour la population dans les ménages.
7 Non compris Bophuthatswana, Ciskei, Transkei et Venda. Les données n'ont pas été ajustées pour compenser les lacunes du dénombrement.
8 Les chiffres étant arrondis, les totaux ne correspondent pas toujours rigoureusement à la somme des chiffres partiels.
9 La classification par âge est fondée sur l'année de naissance et non sur l'âge en années révolues.
10 Population de droit, mais y compris les militaires en garnison sur le territoire.
11 Population de droit, mais non compris les civils hors du pays pendant une période prolongée.
12 Non compris les militaires à l'étranger.
13 Non compris les Indiens de la jungle.
14 Non compris les tribus d'Indiens nomades.
15 Non compris les nomades.
16 Pour la population civile seulement de 30 provinces, municipalités et régions autonomes. Non compris les îles de Jimmen et Mazhu.
17 Y compris les données pour la partie du Jammu–et–Cachemire occupée par l'Inde, dont le statut définitif n'a pas encore été déterminé.
18 Y compris les données pour Jérusalem–Est et les résidents israéliens dans certains autres territoires occupés depuis juin 1967 par les forces armées israéliennes.
19 Non compris le personnel diplomatique hors du pays, les militaires et agents civils étrangers en poste sur le territoire et les membres de leur famille les accompagnant.
20 Non compris les données pour le territoire jordanien occupé depuis juin 1967 par les forces armées israéliennes.
21 Y compris les militaires, les personnel diplomatique à l'étranger et les membres de leur famille les accompagnant au nombre de 933 personnes au recensement de 1961, mais non compris les militaires, le personnel diplomatique étranger en poste dans le pays et les membres de leur famille les accompagnant au nombre de 389 personnes au recensement de 1961. Y compris également les réfugiés de Palestine immatriculés, au nombre de 722 687 au 31 mai 1967.

(Voir notes à la fin du tableau.)

					Age (en années)							
35 – 39	40 – 44	45 – 49	50 – 54	55 – 59	60 – 64	65 – 69	70 – 74	75 – 79	80 – 84	85 +	Unknown Inconnu	
1 725	1 079	858	458	402	239	180	96	78	22	26	—	1
1 013	641	531	283	235	146	102	49	46	10	12	—	2
712	438	327	175	167	93	78	47	32	12	14	—	3
6 211	4 732	4 420	2 891	2 522	2 297	1 822	1 131	761	425	589	—	4
3 096	2 356	2 419	1 507	1 360	1 253	1 024	625	466	243	323	—	5
3 115	2 376	2 001	1 384	1 162	1 044	798	506	295	182	266	—	6

FOOTNOTES (continued)

22 Excluding alien armed forces, civilian aliens employed by armed forces, and foreign diplomatic personnel and their dependants and Korean diplomatic personnel and their dependants stationed outside the country.

23 Excluding transients afloat and non–locally domiciled military and civilian services personnel and their dependants and visitors, numbering 5 553, 5 187 and 8 985 respectively at 1980 census.

24 Including Palestinian refugees.

25 Excluding the Faeroe Islands and Greenland, shown separately.

26 De jure population but excluding diplomatic personnel outside the country and including foreign diplomatic personnel not living in embassies or consulates.

27 All data shown pertaining to Germany prior to 3 October 1990 are indicated separately for the Federal Republic of Germany and the former German Democratic Republic based on their respective territories at the time indicated. See explanatory notes on data pertaining to Germany on page 4.

28 Excluding armed forces stationed outside the country, but including alien armed forces stationed in the area.

29 Maltese population only.

30 Excluding civilian aliens within the country, and including civilian nationals temporarily outside the country.

31 Excluding diplomatic personnel and armed forces stationed outside the country, the latter numbering 1 936 at 1966 census; also excluding alien armed forces within the country.

32 For residents only.

33 For indigenous population only.

34 Based on the results of the Demographic Sample Survey.

35 Including 26 106 transients and 9 131 Vietnamese refugees.

36 Excluding 1 183 005 persons from areas restricted by security reasons.

37 Based on a sample of census returns.

38 Excluding persons on the Central Register of Population (containing persons belonging to the Netherlands population but having no fixed municipality of residence).

NOTES (suite)

22 Non compris les militaires étrangers, les civils étrangers employés par les forces armées, le personnel diplomatique étranger et les membres de leur famille les accompagnant, le personnel diplomatique coréen hors du pays et les membres de leur famille les accompagnant.

23 Non compris les personnes de passage à bord de navires, les militaires et agents civils non résidents et les membres de leur famille les accompagnant et les visiteurs, au nombre de 5 553, 5 187 et 8 985 respectivement, au recensement de 1980.

24 Y compris les réfugiés de Palestine.

25 Non compris les îles Féroé et le Groenland, qui font l'objet de rubriques distinctes.

26 Population de droit, non compris le personnel diplomatique hors du pays, mais y compris le personnel diplomatique étranger qui ne vit pas dans les ambassades ou les consulats.

27 Toutes les données se rapportant à l'Allemagne avant le 3 octobre 1990 figurent dans deux rubriques séparées basées sur les territoires respectifs de la République fédérale d'Allemagne et l'ancienne République démocratique allemande selon la période indiquée. Voir les notes explicatives sur les données concernant l'Allemagne à la page 4.

28 Non compris les militaires en garnison hors du pays, mais y compris les militaires étrangers en garnison sur le territoire.

29 Population maltaise seulement.

30 Non compris les civils étrangers dans le pays, mais y compris les civils nationaux temporairement hors du pays.

31 Non compris le personnel diplomatique et les militaires hors du pays, ces derniers au nombre de 1 936 au recensement de 1966; non compris également les militaires étrangers dans le pays.

32 Pour les residents seulement.

33 Pour la population indigène seulement.

34 D'après les résultats d'une enquête démographique par sondage.

35 Y compris 26 106 transients et 9 131 réfugiés du Viet Nam.

36 Non compris 1 183 005 personnes des zones limitées pour raisons de sécurité.

37 D'après un échantillon des bulletins de recensement.

38 Non compris les personnes inscrites sur le Registre central de la population (personnes appartenant à la population néerlandaise mais sans résidence fixe dans l'une des municipalités).

8. Population of capital cities and cities of 100 000 and more inhabitants: latest available year

Population des capitales et des villes de 100 000 habitants et plus: dernière année disponible

(See notes at end of table. – Voir notes à la fin du tableau.)

Continent, country or area, city and date / Continent, pays ou zone, ville et date	Population City proper Ville proprement dite	Urban agglomeration Agglomération urbaine	Continent, country or area, city and date / Continent, pays ou zone, ville et date	Population City proper Ville proprement dite	Urban agglomeration Agglomération urbaine
AFRICA—AFRIQUE			Comoros – Comores		
			15 IX 1980		
Algeria – Algérie			MORONI	17 267	...
12 II 1977 [1]			Congo		
ALGER	1 523 000	1 740 461			
Annaba	239 975	246 049	22 XII 1984		
Batna	102 756	102 756	BRAZZAVILLE	596 200	...
Blida	138 240	158 047	Pointe—Noire	298 014	...
Constantine	344 454	378 668	Côte d'Ivoire		
Oran	490 788	543 485			
Setif	129 754	129 754	30 IV 1975		
Sidi—bel—Abbès	112 998	112 998	Abidjan	709 515	951 216
			15 VI 1979(E)		
Angola			Abidjan	...	1 423 323
15 XII 1970			Bouake	...	272 640
LUANDA	...	[1] 475 328	30 IV 1975		
			YAMOUSSOUKRO	...	37 253
Benin – Bénin			Djibouti		
1 VII 1981(E)					
Cotonou	383 250	...	1970(E)		
PORTO—NOVO	144 000	...	DJIBOUTI	...	[2] 62 000
Botswana			Egypt – Egypte		
1 VII 1991(E)			1 VII 1991(E)		
GABERONE	137 174	...	Alexandria	3 295 000	...
			Assyût	313 000	...
Burkina Faso			Aswan	215 000	...
10 XII 1985			Banha	133 000	...
Bobo Dioulasso	228 668	...	Beni—Suef	174 000	...
OUAGADOUGOU	441 514	...	CAIRO	6 663 000	...
			Damanhûr	216 000	...
Burundi			El—Mahalla El—Kubra	400 000	...
1 I 1987(E)			Faiyûm	244 000	...
BUJUMBURA	215 243	...	Giza	2 096 000	...
			Ismailia	247 000	...
Cameroon – Cameroun			Kafr—El—Dwar	221 000	...
VIII 1983(E)			Kena	137 000	...
Douala	...	708 000	Luxer	142 000	...
30 VI 1986(E)			Mansûra	362 000	...
Douala	1 029 731	...	Menia	203 000	...
Maroua	...	103 653	Port Said	449 000	...
Nkongsamba	...	123 149	Shebin—El—Kom	153 000	...
VIII 1983(E)			Shubra—El—Khema	812 000	...
YAOUNDE	...	485 184	Sohag	152 000	...
30 VI 1986(E)			Suez	376 000	...
YAOUNDE	653 670	...	Tanta	372 000	...
			Zagazig	279 000	...
Cape Verde – Cap–Vert			Equatorial Guinea – Guinée équatoriale		
1–2 VI 1980			4 VII 1983		
PRAIA	57 748	...	MALABO	30 418	...
Central African Republic – République centrafricaine			Ethiopia – Ethiopie		
31 XII 1984(E)			1 VII 1990(E)		
BANGUI	473 817	...	ADDIS ABABA	1 912 500	...
			Asmara	358 100	...
Chad – Tchad			Diredawa	127 400	...
1972(E)					
NDJAMENA	179 000	...			

8. Population of capital cities and cities of 100 000 and more inhabitants: latest available year (continued)

Population des capitales et des villes de 100 000 habitants et plus: dernière année disponible (suite)

(See notes at end of table. — Voir notes à la fin du tableau.)

Continent, country or area, city and date / Continent, pays ou zone, ville et date	Population		Continent, country or area, city and date / Continent, pays ou zone, ville et date	Population	
	City proper Ville proprement dite	Urban agglomeration Agglomération urbaine		City proper Ville proprement dite	Urban agglomeration Agglomération urbaine
AFRICA—AFRIQUE (Cont.–Suite)			Mauritania – Mauritanie		
Gabon			22 XII 1976		
1 VII 1967(E)			NOUAKCHOTT	...	134 986
LIBREVILLE	...	57 000	Mauritius – Maurice Island of Mauritius – Ile Maurice		
Gambia – Gambie					
1 VII 1980(E)			1 VII 1989(E)		
BANJUL	49 181	³ 109 986	PORT–LOUIS	138 975	...
Ghana			Morocco – Maroc		
1 III 1970			3–21 IX 1982		
ACCRA	564 194	⁴ 738 498	Agadir	110 479	...
Kumasi	260 286	345 117	Ain Chok	422 095	...
Sekondi–Takoradi ⁵	91 874	160 868	Ain Diab	329 006	...
Guinea – Guinée			Ain Sebaa	468 123	...
			Ben Msck	637 445	...
21 V 1967(E)			Casablanca	...	2 263 469
CONAKRY	...	197 267	Fez	448 823	...
Guinea–Bissau – Guinée–Bissau			Kénitra	188 194	...
			Khouribga	127 181	...
16–30 IV 1979			Marrakech	439 728	...
BISSAU	109 214	...	Meknès	319 783	...
Kenya			Mers Sultan	282 535	...
24 VIII 1979			Mohammedia	105 120	...
Kisumu	152 643	...	Oujda	260 082	...
1 VII 1985(E)			RABAT–SALE	808 007	893 042
Mombasa	442 369	...	Safi	197 309	...
NAIROBI	1 162 189	...	Tanger	266 346	...
Lesotho			Tétouan	199 615	...
31 I 1972(E)			Mozambique		
MASERU	13 312	29 049	1 VIII 1986(E)		
Liberia – Libéria			Beira	264 202	...
1 II 1984			MAPUTO	882 601	...
MONROVIA	421 058	...	Nampula	182 505	...
Libyan Arab Jamahiriya – Jamahiriya arabe libyenne			Namibia – Namibie		
			6 IX 1960		
31 VII 1973 ¹			WINDHOEK	...	36 051
BENGHAZI ⁶	282 192	...	Niger		
Misurata	103 302	...	20 VII 1977		
TRIPOLI ⁶	551 477	...	NIAMEY	225 314	...
Madagascar			Nigeria – Nigéria		
1 I 1971(E)			1 VII 1975(E)		
ANTANANARIVO	347 466	⁷ 377 600	Aba	177 000	...
Malawi			Abeokuta	253 000	...
			Ado–Ekiti	213 000	...
1–21 IX 1987			Benin	136 000	...
Blantyre–Limbe	331 588	...	Calabar	103 000	...
LILONGWE	233 973	...	Ede	182 000	...
Mali			Enugu	187 000	...
			Ibadan	847 000	...
1–30 IV 1987			Ife	176 000	...
BAMAKO	658 275	...	Ikere–Ekiti	145 000	...
			Ila	155 000	...
			Ilesha	224 000	...
			Ilorin	282 000	...
			1 VII 1971(E)		
			Iseyin	115 083	...

(See notes at end of table. – Voir notes à la fin du tableau.)

Continent, country or area, city and date / Continent, pays ou zone, ville et date	Population	
	City proper Ville proprement dite	Urban agglomeration Agglomération urbaine
AFRICA—AFRIQUE (Cont.–Suite)		
Nigeria – Nigéria		
1 VII 1975(E)		
Iwo	214 000	...
Kaduna	202 000	...
Kano	399 000	...
1 VII 1971(E)		
Katsina	109 424	...
1 VII 1975(E)		
Lagos	1 060 848	...
Maiduguri	189 000	...
Mushin	197 000	...
Ogbomosho	432 000	...
Onitsha	220 000	...
Oshogbo	282 000	...
Oyo	152 000	...
Port Harcourt	242 000	...
Zaria	224 000	...
Réunion		
15 III 1990		
SAINT–DENIS	*——— [9] 121 999 ———*	
Rwanda		
15 VIII 1978		
KIGALI	116 227	...
St. Helena – Sainte–Hélène		
22 II 1987		
JAMESTOWN	1 332	...
Sao Tome and Principe – Sao Tomé–et–Principe		
15 XII 1960		
SAO TOME	5 714	...
Senegal – Sénégal		
16 IV 1976 [1]		
DAKAR	798 792	...
Kaolack	106 899	...
Thies	117 333	...
Seychelles		
17 VIII 1987		
PORT VICTORIA	...	24 324
Sierra Leone		
15 XII 1985		
FREETOWN	469 776	...
Somalia – Somalie		
VII 1972(E)		
MOGADISHU	230 000	...
South Africa – Afrique du Sud		
6 V 1970		
Benoni	...	151 294

Continent, country or area, city and date / Continent, pays ou zone, ville et date	Population	
	City proper Ville proprement dite	Urban agglomeration Agglomération urbaine
AFRICA—AFRIQUE (Cont.–Suite)		
South Africa – Afrique du Sud		
5 III 1985		
Bloemfontein	104 381	232 984
6 V 1970		
Boksburg	...	106 126
5 III 1985		
Boksburg	110 832	...
CAPE TOWN [10]	776 617	1 911 521
Dlepmeadow	192 682	...
Durban	634 301	982 075
6 V 1970		
East London	119 727	124 763
5 III 1985		
East Rand	...	1 038 108
6 V 1970		
Germiston	...	221 972
5 III 1985		
Germiston	116 718	...
Johannesburg	632 369	1 609 408
Kathlehong	137 745	...
Kayamnandi	220 548	...
Lekoa	218 392	...
Mamelodi	127 033	...
Nyanga	148 882	...
6 V 1970		
Pietermaritzburg	114 822	160 855
5 III 1985		
Port Elizabeth	272 844	651 993
PRETORIA [10]	443 059	822 925
Roodepoort	141 764	...
Sasolburg	...	540 142
Soweto	521 948	...
6 V 1970		
Springs	...	142 812
5 III 1985		
Tembisa	149 282	...
6 V 1970		
Umlazi	...	123 495
Vereeniging	...	172 549
5 III 1985		
West Rand	...	647 334
Sudan – Soudan		
1 II 1983		
El Obeid	137 582	...
Gedaref	116 876	...
1 VII 1980(E) [1]		
Juba	116 000	...
1 II 1983		
Kassala	141 429	...
KHARTOUM	473 597	...
Khartoum North	340 857	...
Medani	145 015	...
Nyala	111 693	...
Omdurman	526 192	...

(See notes at end of table. – Voir notes à la fin du tableau.)

Continent, country or area, city and date / Continent, pays ou zone, ville et date	Population		Continent, country or area, city and date / Continent, pays ou zone, ville et date	Population	
	City proper Ville proprement dite	Urban agglomeration Agglomération urbaine		City proper Ville proprement dite	Urban agglomeration Agglomération urbaine
AFRICA—AFRIQUE (Cont.–Suite)			AFRICA—AFRIQUE (Cont.–Suite)		
Sudan – Soudan			Zambia – Zambie		
1 II 1983			25 VIII 1980		
Port Sudan	206 038	...	Chingola	130 872	130 872
1 VII 1980(E) [1]			Kabwe	127 422	136 006
Wau	116 000	...	Kitwe	283 962	320 320
			Luanshya	110 907	113 420
Swaziland			LUSAKA	498 837	535 830
25 VIII 1986			Mufulira	135 535	138 824
MBABANE	38 290	...	Ndola	250 490	281 315
Togo			Zimbabwe		
30 IV 1970			1 VII 1983(E)		
LOME	148 156	...	Bulawayo	429 000	...
			Chitungwiza	202 000	...
Tunisia – Tunisie			HARARE	681 000	...
30 III 1984					
Sfax	231 911	334 702	AMERICA, NORTH— AMERIQUE DU NORD		
TUNIS	596 654	1 394 749			
			Antigua and Barbuda – Antigua–et–Barbuda		
Uganda – Ouganda			7 IV 1970		
18 VIII 1969			ST.JOHN CITY	21 814	...
KAMPALA	...	330 700			
			Bahamas		
United Rep. of Tanzania – Rép.–Unie de Tanzanie			1 VII 1985(E)		
1 VII 1985(E)			NASSAU	...	153 620
Dar es Salaam	1 096 000	...			
DODOMA	85 000	...	Barbados – Barbade		
Mbeya	194 000	...	12 V 1980		
Mwanza	252 000	...	BRIDGETOWN	7 466	...
Tabora	214 000	...			
Tanga	172 000	...	Belize		
Zanzibar	133 000	...	12 V 1980		
			BELMOPAN	2 907	...
Western Sahara – Sahara Occidental					
			Bermuda – Bermudes		
30 II 1974(E)			1 VII 1984(E) [11]		
EL AAIUN	20 010	...	HAMILTON	1 669	...
Zaire – Zaïre			British Virgin Islands – Iles Vierges britanniques		
1 VII 1984					
Boma	197 617	...	7 IV 1960		
Bukavu	167 950	...	ROAD TOWN	891	...
Kananga	298 693	...			
Kikwit	149 296	...	Canada [1]		
KINSHASA	2 664 309	...	3 VI 1981		
Kisangani	317 581	...	Brampton	149 030	...
Kolwezi	416 122	...	Burlington	114 855	...
Likasi (Jadotville)	213 862	...	Burnaby	136 495	...
Lubumbashi	564 830	...	Calgary	592 740	...
31 XII 1972(E)			1 VII 1989(E)		
Luluabourg	506 033	...	Calgary	...	706 000
			Chicoutimi–Jonquière	...	158 000
1 VII 1984			3 VI 1981		
Matadi	138 798	...	East York	101 975	...
Mbandaka	137 291	...	Edmonton	532 250	...
Mbuji–Mayi	486 235	...			

8. Population of capital cities and cities of 100 000 and more inhabitants: latest available year (continued)

Population des capitales et des villes de 100 000 habitants et plus: dernière année disponible (suite)

(See notes at end of table. – Voir notes à la fin du tableau.)

Continent, country or area, city and date / Continent, pays ou zone, ville et date	Population		Continent, country or area, city and date / Continent, pays ou zone, ville et date	Population	
	City proper Ville proprement dite	Urban agglomeration Agglomération urbaine		City proper Ville proprement dite	Urban agglomeration Agglomération urbaine
AMERICA, NORTH— (Cont.–Suite) AMERIQUE DU NORD			3 VI 1981 Saskatoon	154 210	...
Canada			1 VII 1989(E) Saskatoon	...	204 300
1 VII 1989(E) Edmonton	...	803 500	3 VI 1981 Scarborough	443 355	...
3 VI 1981 Etobicoke	298 710	...	1 VII 1989(E) Sherbrooke	...	133 700
Halifax	114 590	...	Sudbury	...	149 700
1 VII 1989(E) Halifax	...	306 300	3 VI 1981 Surrey	147 135	...
3 VI 1981 Hamilton	306 435	...	Thunder Bay	112 485	...
1 VII 1989(E) Hamilton	...	583 000	1 VII 1989(E) Thunder Bay	...	123 100
3 VI 1981 Kitchener	139 735	...	3 VI 1981 Toronto	599 220	...
1 VII 1989(E) Kitchener	...	334 000	1 VII 1989(E) Toronto	...	3 666 600
			Trois–Rivières	...	130 800
3 VI 1981 Laval	268 335	...	3 VI 1981 Vancouver	414 280	...
London	254 280	...	1 VII 1989(E) Vancouver	...	1 506 000
1 VII 1989(E) London	...	359 700	Victoria	...	272 500
3 VI 1981 Longueuil	124 320	...	3 VI 1981 Windsor	192 085	...
Mississauga	315 055	...	1 VII 1989(E) Windsor	...	258 100
Montréal	980 355	...			
1 VII 1989(E) Montréal	...	3 021 300	3 VI 1981 Winnipeg	564 475	...
3 VI 1981 North York	559 520	...	1 VII 1989(E) Winnipeg	...	640 400
Oshawa	117 520	...	3 VI 1981 York	134 615	...
1 VII 1989(E) Oshawa	...	234 600	Cayman Islands – Iles Caïmanes		
3 VI 1981 OTTAWA	295 160	...	1 VII 1988(E) GEORGETOWN	13 700	...
1 VII 1989(E) OTTAWA	...	853 200	Costa Rica		
3 VI 1981 Québec	166 475	...	1 VII 1970(E) SAN JOSE	...	[12] 395 401
1 VII 1989(E) Québec	...	615 400	1 VII 1983(E) SAN JOSE	274 832	...
3 VI 1981 Regina	162 610	...	Cuba		
1 VII 1989(E) Regina	...	190 000	31 XII 1989(E) Bayamo	125 021	...
			Camagüey	283 008	...
3 VI 1981 St. Catharines	124 015	...	Cienfuegos	123 600	...
			Guantánamo	200 381	...
1 VII 1989(E) St. Catharines	...	352 500	Holguín	228 052	...
St. John's	...	163 300	LA HABANA	2 096 054	...
Saint John	...	122 900			

(See notes at end of table. – Voir notes à la fin du tableau.)

Continent, country or area, city and date / Continent, pays ou zone, ville et date	Population		Continent, country or area, city and date / Continent, pays ou zone, ville et date	Population	
	City proper Ville proprement dite	Urban agglomeration Agglomération urbaine		City proper Ville proprement dite	Urban agglomeration Agglomération urbaine
AMERICA,NORTH— (Cont.–Suite) AMERIQUE DU NORD			30 VI 1986(E)		
			San Pedro Sula	397 201	...
Cuba			TEGUCIGALPA	597 512	...
31 XII 1989			Jamaica – Jamaïque		
Las Tunas	119 400	...			
Matanzas	113 724	...	8 VI 1982		
Pinar del Río	121 774	...	KINGSTON	104 041	524 638
Santa Clara	194 354	...			
Santiago de Cuba	405 354	...	Martinique		
Dominica – Dominique			9 III 1982 [1]		
			FORT–DE–FRANCE	97 814	...
7 IV 1981					
ROSEAU	8 279	...	Mexico – Mexique [1]		
Dominican Republic – République dominicaine			4 VI 1980		
			Acapulco	301 902	...
			Aguascalientes	293 152	...
9 I 1970					
Santiago de los Caballeros	155 000	245 165	30 VI 1979(E)		
SANTO DOMINGO	673 470	817 645	Apatzingan	100 259	...
El Salvador			4 VI 1980		
			Campeche	128 434	...
1 VII 1989(E)			Celaya	141 615	...
Ciudad Delgado	102 515	...	Chihuahua	385 603	...
Mejicanos	117 568	...	Ciudad Juárez	544 496	...
SAN SALVADOR	497 644	...	Ciudad Lopez Mateos	188 479	...
Santa Ana	239 043	...	Ciudad Madero	132 444	...
San Miguel	191 847	...	Ciudad Obregon	165 520	...
Soyapango	104 470	...	Ciudad Victoria	140 161	...
			Coatzacoalcos	127 170	...
Greenland – Groenland					
			30 VI 1979(E)		
26 X 1976 [1]			Cordoba	121 723	...
GODTHAB	8 425	...			
			4 VI 1980		
Grenada – Grenade			Cuernavaca	192 770	...
			Culiacán	304 826	...
30 IV 1981			Durango	257 915	...
ST. GEORGE'S	4 788	...	Ecatepec	741 821	...
			Ensenada	120 483	...
Guadeloupe			Gomez Palacio	116 967	...
			Guadalajara	1 626 152	...
16 X 1967 [1]					
POINT–A–PITRE	29 522	...	1 VII 1980(E)		
			Guadalajara	...	2 264 602
Guatemala					
			4 VI 1980		
1 VII 1990(E)			Guadalupe	370 524	...
CIUDAD DE GUATEMALA	1 675 589	...	Hermosillo	297 175	...
			Irapuato	170 138	...
31 XII 1989(E)			Jalapa	204 594	...
Esquintra	...	105 842	Leon	593 002	...
			Los Mochis	122 531	...
1 VII 1990(E)			Matamoros	188 745	...
Quezal Tenango	101 168	...	Mazatlán	199 830	...
			Mérida	400 142	...
Haiti – Haïti			Mexicali	341 559	...
			MEXICO, CIUDAD DE	8 831 079	...
1 VII 1990(E) [1]					
Carrefour	216 930	...	1 VII 1980(E)		
Delmas	178 990	...	MEXICO, CIUDAD DE	...	13 878 912
PORT–AU–PRINCE	690 168	...			
			4 VI 1980		
Honduras			Minatitlan	106 765	...
			Monciova	115 786	...
31 VII 1985(E)			Monterrey	1 084 696	...
La Ceiba	103 600	...			
			1 VII 1980(E)		
			Monterrey	...	2 001 502

(See notes at end of table. – Voir notes à la fin du tableau.)

Continent, country or area, city and date / Continent, pays ou zone, ville et date	Population		Continent, country or area, city and date / Continent, pays ou zone, ville et date	Population	
	City proper Ville proprement dite	Urban agglomeration Agglomération urbaine		City proper Ville proprement dite	Urban agglomeration Agglomération urbaine
AMERICA,NORTH— (Cont.–Suite) AMERIQUE DU NORD			AMERICA,NORTH— (Cont.–Suite) AMERIQUE DU NORD		
Mexico – Mexique			Panama		
4 VI 1980			1 VII 1990(E)		
Morelia	297 544	...	PANAMA	[14] 439 260	...
Naucalpan	723 723	...	San Miguelito	258 313	...
Netzahualcoyotl	1 342 230	...	Puerto Rico – Porto Rico [15]		
Nuevo Laredo	201 731	...			
Oaxaca de Juárez	154 223	...	1 VII 1984(E)		
Orizaba	114 848	...	Aguadilla	...	155 500
Pachuca	110 351	...	Arecibo	...	163 300
Poza Rica de Hidalgo	166 799	...	1 IV 1980		
Puebla de Zaragoza	772 908	...	Bayamon	185 087	...
1 VII 1980(E)			Caguas	87 214	...
Puebla de Zaragoza	...	1 136 875	1 VII 1982(E)		
4 VI 1980(E)			Caguas	...	274 600
Querétaro	215 976	...	1 IV 1980		
Reynosa	194 693	...	Carolina	147 835	...
30 VI 1979(E)			Mayagüez	82 968	...
Salamanca	105 543	...	1 VII 1984(E)		
4 VI 1980			Mayagüez	...	209 800
Saltillo	284 937	...	1 IV 1980		
San Luis Potosí	362 371	...	Ponce	161 739	...
San Nicolás de los Garza	280 696	...	1 VII 1984(E)		
30 VI 1979(E)			Ponce	...	[16] 234 500
Tampico	*248 369*	389 940	1 IV 1980		
4 VI 1980			SAN JUAN	424 600	...
Tepic	145 741	...	1 VII 1984(E)		
Tijuana	429 500	...	SAN JUAN	...	[17] 1 816 300
Tlalnepantla	778 173	...	Saint Kitts and Nevis – Saint–Kitts–et–Nevis		
Tlaquepaque	133 500	...			
Toluca	199 778	...	12 V 1980		
30 VI 1979(E)			BASSE–TERRE	14 161	...
Torreon	...	407 271	Saint Lucia – Sainte–Lucie		
4 VI 1980			1 VII 1989(E)		
Torreon	328 086	...	CASTRIES	56 147	...
Tuxtlan Gutiérrez	131 096	...	St. Pierre and Miquelon – Saint–Pierre–et–Miquelon		
Uruapan	122 828	...			
Veracruz Llave	284 822	...	9 III 1982		
Villahermosa	158 216	...	SAINT–PIERRE	5 416	...
Zapopan	345 390	...	St. Vincent and the Grenadines – Saint–Vincent–et–Grenadines		
Montserrat					
12 V 1980			12 V 1980		
PLYMOUTH	1 478	...	KINGSTOWN	16 532	...
Netherlands Antilles – Antilles néerlandaises			Trinidad and Tobago – Trinité–et–Tobago		
31 XII 1960 [1]			2 V 1990		
WILLEMSTAD	43 546	[13] 94 133	PORT–OF–SPAIN	50 878	...
Nicaragua					
1 VII 1979(E)					
MANAGUA	608 020	...			

(See notes at end of table. – Voir notes à la fin du tableau.)

Continent, country or area, city and date / Continent, pays ou zone, ville et date	Population		Continent, country or area, city and date / Continent, pays ou zone, ville et date	Population	
	City proper Ville proprement dite	Urban agglomeration Agglomération urbaine		City proper Ville proprement dite	Urban agglomeration Agglomération urbaine
AMERICA, NORTH— (Cont.–Suite) AMERIQUE DU NORD			Chicago	2 783 726	[41] 8 065 633
			Chico	40 079	182 120
Turks and Caicos Islands – Iles Turques et Caïques			Chula Vista	135 163	([42])
			Cincinnati	364 040	[43] 1 744 124
			Clarksville	75 494	[44] 169 439
12 V 1980			Cleveland	505 616	[45] 2 759 823
GRAND TURK	3 098	...	Colorado Springs	281 140	397 014
			Columbia(Mo.)	69 101	112 379
United States – Etats–Unis			Columbia(S.C.)	98 052	453 331
			Columbus (Ga.)	178 681	243 072
1 IV 1990 [18] [19]			Columbus (Oh.)	632 910	1 377 419
Abilene	106 654	119 655	Concord	111 348	([30])
Akron	223 019	([20])			
Albany(Ga.)	78 122	112 561	Corpus Christi	257 453	349 894
Albany(N.Y.)	101 082	[21] 874 304	Cumberland	23 706	101 643
Albuquerque	384 736	480 577	Dallas	1 006 877	[46] 3 885 415
Alexandria(La.)	49 188	131 556	Danville	53 056	108 711
Alexandria(Va.)	111 183	([22])	Davenport	95 333	[47] 350 861
Allentown	105 090	[23] 686 688	Dayton	182 044	[48] 951 270
Altoona	51 881	130 542	Daytona Beach	61 921	370 712
Amarillo	157 615	187 547	Decatur (Al.)	48 761	131 556
Anaheim	266 406	([24])	Decatur (Il.)	83 885	117 206
Anchorage	226 338	226 338	Denver	467 610	[49] 1 848 319
			Des Moines	193 187	392 928
Anderson(In.)	59 459	130 669	Detroit	1 027 974	[50] 4 665 236
Anderson(S.C.)	26 184	145 196			
Ann Arbor	109 592	([25])	Dothan	53 589	130 964
Anniston	26 623	116 034	Duluth	85 493	239 971
Appleton	65 695	[26] 315 121	Durham	136 611	([51])
Arlington(Tx.)	261 721	([27])	Eau Claire	56 856	137 543
Asheville	61 607	174 821	Elizabeth	110 002	([34])
Athens	45 734	156 267	Elkhart	43 627	[52] 156 198
Atlanta	394 017	2 833 511	El Monte	106 209	([24])
Atlantic City	37 986	319 416	El Paso	515 342	591 610
Augusta	44 639	396 809	Erie	108 718	275 572
Aurora	222 103	([28])	Escondido	108 635	([42])
			Eugene	112 669	[53] 282 912
Austin	465 622	781 572	Evansville	126 272	278 990
Bakersfield	174 820	543 477	Fargo	74 111	[54] 153 296
Baltimore	736 014	2 382 172	Fayetteville(Ark.)	42 099	[55] 113 409
Baton Rouge	219 531	528 264	Fayetteville(N.C.)	75 695	274 566
Battle Creek	53 540	135 982	Fitchburg	41 194	[56] 102 797
Beaumont	114 323	[29] 361 226	Flint	140 761	430 459
Bellingham	52 179	127 780	Florence(Alab.)	36 426	131 327
Benton Harbor	12 818	161 378	Florence(S.C.)	29 813	114 344
Berkeley	102 724	([30])	Fort Collins	87 758	[57] 186 136
Billings	81 151	113 419	Fort Lauderdale	149 377	([58])
Biloxi	46 319	[31] 197 125	Fort Myers	45 206	[59] 335 113
Binghamton	53 008	264 497	Fort Pierce	36 830	251 071
Birmingham	265 968	907 810	Fort Smith	72 798	175 911
Bloomington(Il.)	51 972	[32] 129 180	Fort Walton Beach	21 471	143 776
Bloomington(In.)	60 633	108 978	Fort Wayne	173 072	363 811
Boise City	125 738	205 775	Fort Worth	447 619	([27])
Boston	574 283	[33] 4 171 643	Fremont	173 339	([30])
Bradenton	43 779	211 707	Fresno	354 202	667 490
Bremerton	38 142	189 731	Fullerton	114 144	([24])
Bridgeport	141 686	([34])	Gainesville	84 770	204 111
Brownsville	98 962	[35] 260 120	Garden Grove	143 050	([24])
Bryan	55 002	[36] 121 862	Garland	180 650	([27])
Buffalo	328 123	[37] 1 189 288	Gary	116 646	([60])
Burlington(N.C.)	39 498	108 213	Glendale(Az.)	148 138	([61])
Burlington(Vt.)	39 127	131 439	Glendale(Ca.)	180 038	([24])
Canton	84 161	394 106	Glen Falls	15 023	118 539
Cedar Rapids	108 751	168 767	Grand Rapids	189 126	688 399
Champaign	63 502	[38] 173 025	Greely	60 536	131 821
Charleston(S.C.)	80 414	506 875	Green Bay	96 466	194 594
Charleston(W.Va.)	57 287	250 454	Greensboro	183 521	[62] 942 091
Charlotte	395 934	[39] 1 162 093	Greenville	58 282	[63] 640 861
Charlottesville	40 341	131 107	Hagerstown	35 445	121 393
Chattanooga	152 466	433 210	Hampton	133 793	([40])
Chesapeake	151 976	([40])	Harrisburg	52 376	[64] 587 986
			Hartford	139 739	[65] 1 085 837
			Hayward	111 498	([30])

(See notes at end of table. – Voir notes à la fin du tableau.)

Continent, country or area, city and date / Continent, pays ou zone, ville et date	Population		Continent, country or area, city and date / Continent, pays ou zone, ville et date	Population	
	City proper Ville proprement dite	Urban agglomeration Agglomération urbaine		City proper Ville proprement dite	Urban agglomeration Agglomération urbaine
AMERICA,NORTH— (Cont.–Suite) AMERIQUE DU NORD			Milwaukee	628 088	[85] 1 607 183
			Minneapolis	368 383	[86] 2 464 124
			Mobile	196 278	476 923
United States – Etats–Unis			Modesto	164 730	370 522
			Monroe	54 909	142 191
1 IV 1990			Montgomery	187 106	292 517
Hialeah	188 004	([52])	Moreno Valley	118 779	([24])
Hickory	28 301	221 700	Muncie	71 035	119 659
Hollywood(Fl.)	121 697	([58])	Muskegon	40 283	158 983
Honolulu	365 275	836 231	Naples	19 505	152 099
Houma	30 495	[66] 182 842	Nashville–Davidson	488 374	985 026
Houston	1 630 553	[67] 3 711 043	Newark	275 221	([34])
Huntington	54 844	[68] 312 529			
Huntington Beach	181 519	([24])	New Bedford	99 922	175 641
Huntsville	159 789	238 912	New Haven	130 474	[87] 530 180
Independence	112 301	([69])	New London	28 540	[88] 266 819
Indianapolis	731 327	1 249 822	New Orleans	496 938	1 238 816
Inglewood	109 602	([24])	Newport News	170 045	([40])
Irving	110 330	([24])	New York	7 322 564	[89] 18 087 251
			Norfolk	261 229	[90] 1 396 107
Irving (Tx.)	155 037	([27])	Oceanside	128 398	([42])
Jackson (Mich.)	37 446	149 756	Oakland	372 242	([30])
Jackson (Miss.)	196 637	395 396	Ocala	42 045	194 833
Jacksonville(Fl.)	635 230	906 727	Odessa	89 699	118 934
Jamestown	34 681	[70] 141 895	Oklahoma City	444 719	958 839
Jacksonville(N.C.)	30 013	149 838			
Janesville	52 133	[71] 139 510	Olympia	33 840	161 238
Jersey City	228 537	([24])	Omaha	335 795	618 262
Johnson City	49 381	[72] 436 047	Overland Park	111 790	([69])
Johnstown	28 134	241 247	Ontario	133 179	([24])
Joplin	40 961	134 910	Orange	110 658	([24])
Kalamazoo	80 277	223 411	Orlando	164 693	1 072 748
			Oxnard	142 216	([24])
Kansas City (Ka.)	149 767	([69])	Panama City(Fl.)	34 378	126 994
Kansas City (Mo.)	435 146	1 566 280	Parkersburg	33 862	[91] 149 169
Killeen	63 535	[73] 255 301	Pasadena(Ca.)	131 591	([24])
Knoxville	165 121	604 816	Pasadena(Tx.)	119 363	([92])
Lafayette(Ind.)	43 764	[74] 130 598	Pascagoula	25 899	115 243
Lafayette(La.)	94 440	208 740	Paterson	140 891	([34])
Lake Charles	70 580	168 134	Pensacola	58 165	344 406
Lakeland	70 576	[75] 405 382	Peoria	113 504	339 172
Lakewood	126 481	([28])	Philadelphia	1 585 577	[93] 5 899 345
Lancaster	55 551	422 822	Phoenix	983 403	2 122 101
Lansing	127 321	[76] 432 674	Pittsburgh	369 879	[94] 2 242 798
Laredo	122 899	133 239	Plano	128 713	([27])
Las Cruces	62 126	135 510	Pomona	131 723	([24])
Las Vegas	258 295	741 459	Portland(Me.)	64 358	215 281
Lawton	80 561	111 486	Portland(Or.)	437 319	[95] 1 477 895
Lexington–Fayette	225 366	348 428	Portsmouth(Nh.)	25 925	[96] 223 578
Lima	45 549	154 340	Portsmouth(Va.)	103 907	([40])
Lincoln	191 972	213 641	Poughkeepsie	28 844	259 462
Little Rock	175 795	[77] 513 117	Providence	160 728	[97] 1 141 510
Livonia	100 850	([25])	Provo	86 835	[98] 263 590
Long Beach	429 433	([24])	Pueblo	98 640	123 051
Longview	70 311	[78] 162 431	Raleigh	207 951	[99] 735 480
Los Angeles	3 485 398	[79] 14 531 529	Rancho Cucamonga	101 409	([24])
Louisville	269 063	952 662	Reading	78 380	336 523
Lowell	103 439	([80])	Redding	66 462	147 036
Lubbock	186 206	222 636	Reno	133 850	254 667
Lynchburg	66 049	142 199	Richland	32 315	[100] 150 033
Macon	106 612	[81] 281 103	Richmond	203 056	[101] 865 640
Madison	191 262	367 085	Riverside	226 505	([24])
Manchester	99 567	147 809	Roanoke	96 397	224 477
Mansfield	50 627	126 137	Rochester (Mn.)	70 745	106 470
McAllen	84 021	[82] 383 545	Rochester (Ny.)	231 636	1 002 410
Medford	46 951	146 389	Rockford	139 426	283 719
Melbourne	59 646	[83] 398 978	Sacramento	369 365	1 481 102
Memphis	610 337	981 747	Saginaw	69 512	[102] 399 320
Merced	56 216	178 403	St. Cloud	48 812	190 921
Mesa	288 091	([61])	St. Louis	396 685	2 444 099
Miami	358 548	[84] 3 192 582	St. Paul	272 235	([103])
Mesquite	101 484	([27])	St. Petersburg	238 629	([104])
Midland	89 443	106 611	Salem	107 786	278 024

(See notes at end of table. – Voir notes à la fin du tableau.)

Continent, country or area, city and date / Continent, pays ou zone, ville et date	Population City proper Ville proprement dite	Population Urban agglomeration Agglomération urbaine	Continent, country or area, city and date / Continent, pays ou zone, ville et date	Population City proper Ville proprement dite	Population Urban agglomeration Agglomération urbaine
AMERICA,NORTH— (Cont.–Suite) AMERIQUE DU NORD			Winston–Salem	143 485	(120)
			Worcester	169 759	436 905
United States – Etats–Unis			Yakima	54 827	188 823
			Yonkers	188 082	(34)
1 IV 1990			York	42 192	417 848
Salinas	108 777	105 355 660	Youngstown	95 732	121 492 619
Salt Lake City	159 936	106 1 072 227	Yuba City	27 437	122 643
San Antonio	935 933	1 302 099	Yuma	54 923	106 895
San Bernardino	164 164	(24)			
San Diego	1 110 549	2 498 016	United States Virgin Islands – Iles Vierges américaines		
San Francisco	723 959	107 6 253 311			
San Jose	782 248	(30)			
Santa Ana	293 742	(24)	1 IV 1980		
Santa Clarita	110 642	(24)	CHARLOTTE AMALIE	11 842	...
Santa Barbara	85 571	108 369 608			
Santa Fe	55 859	117 043			
Santa Rosa	113 313	(30)	AMERICA,SOUTH— AMERIQUE DU SUD		
Sarasota	50 961	277 776			
			Argentina – Argentine		
Savannah	137 560	242 622			
Scottsdale	130 069	(61)	1 VII 1990		
Scranton	81 805	109 734 175	Bahia Blanca	...	264 021
Seattle	516 259	110 2 559 164	BUENOS AIRES	2 901 181	11 382 002
Sharon	17 493	121 003	Cordoba	...	1 166 932
Sheboygan	49 676	103 877	Corrientes	222 772	...
Shreveport	198 525	334 341	Formosa	124 997	...
Simi Valley	100 217	(24)	La Plata	...	644 155
Sioux City	80 505	115 018	Mar del Plata	523 178	...
Sioux Falls	100 814	123 809	Mendoza	...	728 966
South Bend	105 511	111 247 052	Neuquén	135 464	...
Spokane	177 196	361 364	Paraná	194 452	...
			Posadas	188 642	...
Springfield (Ill.)	105 227	189 550	Resistencia	...	294 658
Springfield (Ma.)	156 983	529 519			
Springfield (Mo.)	140 494	240 593	Rio Cuarto	130 907	...
Stamford	108 056	(34)	Rosario	...	1 096 254
State College	38 923	123 786	Salta	342 316	...
Sterling Heights	117 810	(25)	San Juan	...	358 396
Steubenville	22 125	112 142 523	San Miguel de Tucumán	...	626 143
Stockton	210 943	480 628	San Nicolas	131 079	...
Sunnyvale	117 229	(30)	San Salvador de Jujuy	165 783	...
Syracuse	163 860	659 864	Santa Fé	338 013	...
Tacoma	176 664	(113)	Santiago del Estero	190 863	...
Tallahassee	124 773	233 598			
Tampa	280 015	114 2 067 959	Bolivia – Bolivie		
Tempe	141 865	(61)			
Terre Haute	57 483	130 812	1 VII 1989(E)		
Texarkana	31 656	115 120 132	Cochabamba	403 600	...
Thousand Oaks	104 352	(24)	LA PAZ 122	976 800	...
Toledo	332 943	614 128	Oruro	176 700	...
Topeka	119 883	160 976	Potosí	110 700	...
Torrance	133 107	(24)	Santa Cruz	529 200	...
Tucson	405 390	666 880	SUCRE 122	105 800	...
Tulsa	367 302	708 954			
Tuscaloosa	77 759	150 522			
Tyler	75 450	151 309			
Utica	68 637	116 316 633			
Vallejo	109 199	(30)			
Virginia Beach	393 069	(40)			
Visalia	75 636	117 311 921			
Waco	103 590	189 123			
Warren	144 864	(25)			
WASHINGTON D.C.	606 900	3 923 574			
Waterbury	108 961	221 629			
Waterloo	66 467	118 146 611			
Wausau	37 060	115 400			
West Palm Beach	67 643	119 863 518			
Wheeling	34 882	159 301			
Wichita	304 011	485 270			
Wichita Falls	96 259	122 378			
Williamsport	31 933	118 710			
Wilmington	55 530	120 284			

(See notes at end of table. – Voir notes à la fin du tableau.)

Continent, country or area, city and date / Continent, pays ou zone, ville et date	Population		Continent, country or area, city and date / Continent, pays ou zone, ville et date	Population	
	City proper Ville proprement dite	Urban agglomeration Agglomération urbaine		City proper Ville proprement dite	Urban agglomeration Agglomération urbaine
AMERICA, SOUTH— (Cont.–Suite) AMERIQUE DU SUD			Foz do Iguaçu	*———— 199 731 ————*	
			Franca	205 786	
Brazil – Brésil			Garanhuns	119 848	
			Goiânia	1 064 567	
1 VII 1990(E) [1] [123]			Governador Valadares	236 021	
Alagoinhas	*———— 129 049 ————*		Gravataí	163 488	
Altamira	156 217		Guaratinguita	102 774	
Alvorada	116 985		Guarapuava	170 149	
Americana	179 447		Guarujá	209 708	
Ananindeua	214 910		Guarulhos	836 359	
Anápolis	258 654		Ilhéus	159 395	
Apucarana	102 332		Imperatriz	276 350	
Aracaju	418 671				
Araçatuba	157 629		Ipatinga	270 196	
Araguaina	107 071		Itaboraí	169 717	
Araguario	108 227		Itabuna	186 294	
Arapiraca	181 420		Itaguaí	119 209	
			Itaituba	156 217	
Araraquara	157 691		Itajaí	119 356	
Bacabal	102 676		Itapetininga	119 857	
Baglé	116 433		Itaquaquecetuba	104 633	
Barbacena	119 469		Itu	105 867	
Barueri	117 345		Ituiutaba	101 881	
Barra do Corda	107 994		Jaboatao	491 774	
Barra Mansa	214 918		Jacareí	183 696	
Bauru	242 810				
Belém	1 203 151		Jau	105 594	
Belo Horizonte	2 415 908		Jequié	145 939	
Betim	119 771		Joao Pessoa	459 954	
Blumenou	220 741		Joinville	358 094	
Bragança	115 465		Juazeiro	156 217	
			Juazeiro do Norte	181 157	
Bragança Paulista	119 388		Juiz de Fora	388 310	
BRASILIA, DF	1 803 478		Jundiaí	350 882	
Cabo	142 633		Lages	159 775	
Cáceres	101 881		Limeira	211 713	
Cachoeiro de Itapemirim	146 722		Linhares	147 707	
Camacari	101 881		Londrina	378 903	
Camaragibe	142 633		Luziania	118 427	
Cameta	103 035		Macapá	159 768	
Campina Grande	311 031		Maceio	548 015	
Campinas	960 801		Magé	227 393	
Campo Grande	459 554		Manaus	1 113 676	
Campos dos Goytacazes	368 224		Marabá	178 614	
			Maracanau	101 881	
Canoas	292 613		Marília	158 024	
Carapicuíba	320 188		Maringá	215 237	
Caratinga	120 430		Mauá	312 486	
Cariacica	282 887		Moji das Cruzes	258 663	
Caruaru	209 780		Moji–Guaçu	104 963	
Cascavel	197 407		Montes Claros	247 240	
Castanhal	108 287		Mossoro	182 497	
Caucaia	121 424		Natal	600 214	
Caxias	175 347		Nilopolis	178 332	
Caxias do Sul	302 992		Niteroi	479 834	
Chapeco	119 716		Nova Friburgo	160 781	
Codo	129 827		Nova Iguaçu	1 511 915	
Colatina	109 033		Novo Hamburgo	192 188	
Contagem	478 522		Olinda	389 244	
Coronel Fabriciano	105 486		Osasco	671 011	
Criciúma	134 116		Paranagua	116 163	
Cubatao	117 665		Parnaíba	132 960	
Cuiabá	349 416		Passo Fundo	158 722	
Curitiba	1 398 599		Patos de Minas	119 506	
Diadema	382 319		Paulista	204 003	
Divinopolis	165 777		Paulo Alfonso	101 881	
Dourados	156 217		Pelotas	294 420	
Duque de Caxias	739 699		Petrolina	164 222	
Embu	142 633		Petropolis	286 402	
Feira de Santana	409 941		Pindamonhangaba	104 817	
Florianopolis	242 861		Piracicaba	277 721	
Fortaleza	1 824 991		Pocos de Caldas	119 389	
			Ponta Grossa	244 056	

(See notes at end of table. – Voir notes à la fin du tableau.)

Continent, country or area, city and date / Continent, pays ou zone, ville et date	Population	
	City proper Ville proprement dite	Urban agglomeration Agglomération urbaine
AMERICA, SOUTH— (Cont.–Suite)		
AMERIQUE DU SUD		
Brazil – Brésil		
1 VII 1990(E) [1] [123]		
Porto Alegre	*———— 1 386 828 ————*	
Porto Velho	227 902	
Presidente Prudente	169 365	
Recife	1 375 404	
Resende	102 785	
Ribeirao das Neves	129 049	
Ribeirao Preto	426 966	
Rio Branco	175 086	
Rio Claro	144 334	
Rio de Janeiro	6 042 411	
Rio Grande	178 385	
Rio Verde	104 484	
Rondonopolis	129 049	
Salvador	2 050 133	
Santa Barbara D'Oeste	109 327	
Santa Cruz do Sul	130 951	
Santa Luzia	116 738	
Santa Maria	205 735	
Santarém	242 994	
Santo André	690 830	
Santos	486 810	
Sao Bernardo do Campo	655 403	
Sao Caetano do Sul	189 524	
Sao Carlo	158 313	
Sao Gonçalo	825 338	
Sao Joao de Meriti	508 221	
Sao José	120 744	
Sao José do Rio Prêto	256 797	
Sao José dos Campos	430 326	
Sao José dos Pinhais	101 881	
Sao Leopoldo	130 971	
Sao Luís	641 983	
Sao Paolo	11 128 848	
Sao Vicente	271 528	
Sapucaia	103 302	
Serra	142 633	
Sete Lagoas	156 217	
Sobral	132 456	
Sorocaba	366 557	
Sumaré	193 124	
Susano	148 053	
Taboao da Serra	144 993	
Taubaté	229 465	
Teresina	556 364	
Teresopolis	130 549	
Teofilo Otoni	129 253	
Timon	104 791	
Uberaba	286 650	
Uberlandia	377 026	
Umuarama	101 909	
Uruguaiana	117 098	
Várzea Grande	142 633	
Viamao	185 871	
Vila Velha	288 611	
Vitoria	286 953	
Vitoria da Conquista	221 810	
Vitoria de Santo Antao	115 465	
Volta Redonda	248 786	
Chile – Chili		
15 VI 1990(E)		
Antofagasta	218 754	...

Continent, country or area, city and date / Continent, pays ou zone, ville et date	Population	
	City proper Ville proprement dite	Urban agglomeration Agglomération urbaine
Arica	177 330	...
Chillán	145 972	...
Concepcion	306 464	...
Iquique	148 511	...
La Serena	105 594	...
Osorno	117 444	...
Puente Alto	187 368	...
Puerto Montt	106 528	...
Punta Arenas	120 030	...
Quilpué	107 396	...
Rancagua	190 379	...
San Bernardo	188 156	...
SANTIAGO [124]	4 385 481	...
Talca	164 492	...
Talcahuano	246 853	...
Temuco	211 693	...
Valdivia	113 512	...
Valparaiso	276 756	...
Viña del Mar	281 063	...
Colombia – Colombie		
15 X 1985		
Armenia	...	192 409
Barrancabermeja	...	141 516
Barranquilla	...	917 486
Bello	...	211 203
Bucaramanga	...	351 687
Buenaventura	...	165 829
Cali	...	1 369 331
Cartagena	...	513 986
Cartago	...	95 650
Cienaga	...	56 164
Cúcuta	...	383 584
Dos Quebradas	...	97 063
Floridablanca	...	142 153
Ibagué	...	280 638
Itagüi	...	139 050
Manizales	...	283 365
Medellín	...	1 452 392
Monteria	...	162 056
Neiva	...	179 908
Palmira	...	181 157
Pasto	...	203 742
Popayan	...	149 019
Pereira	...	241 927
SANTA FE DE BOGOTA	...	4 176 769
Santa Marta	...	175 687
Sincelejo	...	122 484
Soacha	...	100 691
Soledad	...	168 291
Tulua	...	103 123
Valledupar	...	150 838
Villavicencio	...	162 556
Ecuador – Equateur		
28 XI 1982		
Ambato	100 454	112 775
25 XI 1990		
Ambato	124 166	...
Cuenca	194 981	...
1 VII 1987(E)		
Esmeraldas	120 387	...
28 XI 1982		
Guayaquil	1 199 344	1 204 532

(See notes at end of table. – Voir notes à la fin du tableau.)

Continent, country or area, city and date Continent, pays ou zone, ville et date	Population		Continent, country or area, city and date Continent, pays ou zone, ville et date	Population	
	City proper Ville proprement dite	Urban agglomeration Agglomération urbaine		City proper Ville proprement dite	Urban agglomeration Agglomération urbaine
AMERICA, SOUTH— (Cont.–Suite) AMERIQUE DU SUD			Sullana	...	154 800
			Tacna	...	150 200
Ecuador – Equateur			Trujillo	...	532 000
25 XI 1990			Suriname		
Guayaquil	1 508 444	...	31 III 1964		
28 XI 1982			PARAMARIBO	110 867	182 100
Machala	105 521	108 156	Uruguay		
25 XI 1990			23 X 1985		
Machala	144 197	...	MONTEVIDEO	1 251 647	...
Manta	125 505	...	Venezuela		
1 VII 1987(E)			21 X 1990		
Milagro	102 884	...	Barcelona	109 061	429 072
28 XI 1982			Barinas	152 853	162 730
Portoviejo	102 628	123 151	Barquisimeto	602 622	745 444
25 XI 1990			1 VII 1990(E)		
Portoviejo	132 937	...	Baruta	279 614	...
28 XI 1982			Cabimas	165 904	223 147
QUITO	866 472	890 355	Catia la Mar	136 250	...
25 XI 1990			21 X 1990		
QUITO	1 100 847	...	CARACAS	1 824 892	[127] 2 784 042
Santo Domingo de los Colorados	114 422	...	Ciudad Bolivar	225 846	247 593
Falkland Islands (Malvinas)— Iles Falkland (Malvinas)			1 VII 1990(E)		
			Ciudad Guayana	536 506	542 707
16 XI 1986			21 X 1990		
STANLEY	1 231	...	Coro	124 616	144 006
			Cumaná	212 492	230 928
French Guiana – Guyane Française			Guanare	83 380	110 130
9 III 1982			1 VII 1990(E)		
CAYENNE	*——— [9] 38 093 ———*		Guarenas	186 506	256 909
Guyana			21 X 1990		
1 VII 1976(E)			Los Teques	143 519	156 261
GEORGETOWN	72 049	187 056	Maracaibo	1 207 513	1 363 863
			Maracay	354 428	799 884
Paraguay			Maturín	207 382	257 683
11 VII 1982			Mérida	167 992	237 575
ASUNCION	454 881	[125] 718 690	1 VII 1990(E)		
Peru – Pérou			Pitare	531 926	...
1 VII 1990(E)			21 X 1990		
Arequipa	...	634 500	San Cristobal	220 697	336 100
Ayacucho	...	101 600	San Fernando de Apure	72 733	116 752
30 VI 1985(E)			1 VII 1990(E)		
Callao	515 200	...	Turmero	211 368	...
1 VII 1990(E)			21 X 1990		
Chiclayo	...	426 300	Valencia	903 076	1 031 941
Chimbote	...	296 600	1 VII 1990(E)		
Cuzco	...	275 000	Valera	140 794	196 282
Huancayo	...	207 600			
Ica	...	152 300	ASIA—ASIE		
Iquitos	...	269 500	Afghanistan		
Juliaca	...	134 200	1 VII 1988(E)		
LIMA	...	6 414 500	Herat	177 300	...
Piura	...	324 500	KABUL	1 424 400	...
Pucallpa	...	153 000	Kandahar (Quandahar)	225 500	...
			Mazar–i–Sharif	130 600	...

(See notes at end of table. – Voir notes à la fin du tableau.)

Continent, country or area, city and date / Continent, pays ou zone, ville et date	Population	
	City proper Ville proprement dite	Urban agglomeration Agglomération urbaine
ASIA—ASIE (Cont.–Suite)		
Armenia – Arménie		
1 I 1990(E)		
Leninakan	123 000	...
YEREVAN	1 202 000	...
Azerbaijan – Azerbaïdjan		
1 I 1990(E)		
BAKU	1 149 000	...
Giyandja	281 000	...
Sumgait	235 000	...
Bahrain – Bahreïn		
5 IV 1981		
MANAMA	108 684	...
Bangladesh		
6 III 1981		
Barisal	...	159 298
Chittagong	...	1 388 476
Comilla	...	126 130
DACCA	...	3 458 602
Jessore	...	149 426
Khulna	...	623 184
Mymensingh	...	107 863
Pabna	...	101 080
Rajshahi	...	171 600
Rangpur	...	155 964
Saidpur	...	128 085
Shitajkonj	...	104 522
Sylhet	...	166 847
Bhutan – Bhoutan		
1 VII 1977		
THIMPHU	8 922	...
Brunei Darussalam – Brunéi Darussalam		
26 VIII 1981		
BANDAR SERI BEGAWAN	49 902	...
Cambodia – Cambodge		
17 IV 1962		
PHNOM PENH	393 995	...
China – Chine [128]		
1 VII 1982		
Anqing	449 310	...
Anshan	1 195 580	2 517 080
Anshun	200 680	...
Baicheng	276 420	...
31 XII 1970(E)		
Bangiao	*——— [129] 114 600 ———*	
1 VII 1982		
Baoding	495 140	...
Baoji	341 240	3 361 600
Beihai	173 740	...
BEIJING (PEKING)	5 531 460	9 179 660
Bengbu	550 360	...

Continent, country or area, city and date / Continent, pays ou zone, ville et date	Population	
	City proper Ville proprement dite	Urban agglomeration Agglomération urbaine
ASIA (cont.) — ASIE (suite)		
Benxi	773 730	1 412 120
Botou	1 075 920	1 592 940
Cangzhou	280 250	...
Changchun	1 747 410	5 705 230
Changde	213 890	...
Changsha	1 066 030	2 459 920
Changzhi	450 320	...
Changzhou	533 940	...
Chaoyang	206 700	...
Chaozhou	162 280	...
Chengde	326 910	...
Chengdu	2 499 000	4 025 180
31 XII 1970(E)		
Chenghwa	*——— [129] 137 236 ———*	
1 VII 1982		
Chenzhou	165 930	...
Chifeng	293 460	...
31 XII 1970(E)		
Chongli	*——— [129] 129 952 ———*	
1 VII 1982		
Chongqing	2 673 170	6 511 130
Dalian	1 480 240	4 619 060
Dandong	545 180	2 574 020
Daqing	758 430	...
Datong	962 470	...
Daxian	193 490	...
Dezhou	258 860	...
Dongshan	958 360	...
Dukou	497 330	795 910
Duyan	102 380	...
Echeng	119 040	...
Fengcheng	995 900	...
31 XII 1970(E)		
Fengshan	*——— [129] 102 109 ———*	
1 VII 1982		
Foshan	273 840	...
Fushun	1 184 940	2 045 150
Fuxin	646 580	1 693 380
Fuyang	177 850	...
Fuzhou (Fujian Sheng)	1 111 550	1 651 500
Fuzhou (Jiangxi Sheng)	158 300	...
Ganzhou	362 880	...
31 XII 1970(E)		
Gaoxiong	*——— [129] 828 191 ———*	
1 VII 1982		
Gejiu	352 980	...
Guangzhou	3 181 510	5 669 640
Guilin	432 410	686 170
Guiyang	1 350 190	...
Haikou	263 280	...
Hailer	157 490	...
Handan	929 530	...
Hangzhou	1 171 450	5 234 150
Hanzhong	374 270	...
Harbin	2 519 120	...
Hebi	336 430	...
Hefei	795 420	1 541 250
Hegang	592 470	...
Hengshui	101 260	...
Hengyang	531 730	...

(See notes at end of table. – Voir notes à la fin du tableau.)

Continent, country or area, city and date / Continent, pays ou zone, ville et date	Population City proper / Ville proprement dite	Population Urban agglomeration / Agglomération urbaine	Continent, country or area, city and date / Continent, pays ou zone, ville et date	Population City proper / Ville proprement dite	Population Urban agglomeration / Agglomération urbaine
ASIA—ASIE (Cont.–Suite)			Nanchong	228 340	...
			Nanjiang	2 091 400	3 682 270
China – Chine [128]			Nanning	889 790	...
			Nanping	407 810	...
1 VII 1982			Nantong	402 990	...
Hohhoit	754 120	1 206 290	Nanyang	288 300	...
Huaibei	444 820	1 308 260	Neijiang	270 750	...
Huainan	1 029 220	1 519 420	Ningbo	478 940	943 460
Huangshi	375 640	1 068 650	Pingdingshan	470 330	...
Huizhou	158 380	...			
Hunjiang	694 160	...	31 XII 1970(E)		
Huzhou	952 900	...	Pingdong	*——— [129] 165 360 ———*	
Ii'an	167 550	...			
Iiangmen	212 450	...	1 VII 1982		
Iiaozuo	484 370	...	Pingyang	510 390	...
Iinchang	107 970	313 660	Pinxiang	1 189 030	...
Iingmen	110 900	...	Qingdo	1 172 370	4 204 840
Jiamusi	540 190	...	Qingjiang	234 750	...
			Qinhuangdo	394 210	...
Jiaojing	150 620	...	Qiqihar	1 209 180	...
Jiaxing	655 130	...	Qitaihe	283 420	...
			Quanzhou	403 180	...
31 XII 1970(E)			Quzhou	981 280	...
Jiayi	*——— [129] 238 713 ———*		Sanmenxia	147 050	...
			Sanming	199 230	...
1 VII 1982			Shanghai	6 292 960	11 185 100
Jilin	1 088 420	3 974 260			
			Shangrao	664 780	...
31 XII 1970(E)			Shangqiu	186 760	...
Jilon	*——— [129] 324 040 ———*		Shantou	717 620	...
1 VII 1982			31 XII 1970(E)		
Jinan	1 359 130	3 375 830	Shanzhong	*——— [129] 235 667 ———*	
Jingdezhen	611 030	...			
Jinhua	869 460	...	1 VII 1982		
Jining(Shandong Sheng)	190 420	...	Shaoguan	370 550	696 340
Jining(Shanxi Sheng)	158 570	...	Shaoxing	1 091 170	...
Jinzhou	599 490	4 448 460	Shaoyang	396 600	...
Jiujiang	350 910	...	Shashi	238 960	...
Jixi	781 800	...	Shenyang	3 944 240	5 054 640
Kaifeng	602 230	...	Shenzhen	98 060	335 150
Kaiyuan	223 420	...	Shihezi	563 740	...
Karamay	156 970	...	Shijianzhuang	1 068 720	...
Kashi	256 890	...	Shiyan	306 830	...
			Shizuishan	297 790	543 390
Korla	117 690	...	Shuangyashan	400 050	...
Kunming	1 418 640	1 975 820	Siping	333 850	...
Kuytan	239 870	...			
Langfang	172 440	...	Suizhou	142 970	...
Lanzhou	1 364 480	2 339 750	Suzhou	669 940	...
Laohekou	101 500	...	Tai'an	1 274 770	...
Lengshuijiang	254 590	...			
Lhasa	343 240	...	31 XII 1970(E)		
Lianyungang	397 090	...	Tainan	*——— [129] 474 835 ———*	
Liaoyang	470 020	1 611 850	Taipei	[129] 1 769 568	
Liaoyuan	771 510	...			
Linchuan	619 060	...	1 VII 1982		
			Taiyan	1 745 820	2 176 880
Linfen	208 210	...			
Liupanshui	2 107 100	...	31 XII 1970(E)		
Liuzhou	581 980	...	Taizhong	*——— [129] 448 140 ———*	
Longyan	346 700	...			
Loudi	104 500	...	1 VII 1982		
Lu'an	145 880	...	Taizhou	161 200	...
Luohe	157 670	...	Tangshan	1 407 840	...
Luoyang	951 610	...			
Luzhou	305 220	...	31 XII 1970(E)		
Ma'anshan	351 880	...	Tansyuan	*——— [129] 105 841 ———*	
Manzhouli	104 220	...			
Maoming	412 540	...	1 VII 1982		
Meizhou	111 450	...	Tianjin	5 152 180	7 790 160
Mianyang	768 500	...	Tianshui	185 230	...
Mudangiang	581 300	...	Tiefa	145 890	...
Nanchang	1 075 710	2 471 070	Tieling	220 850	...

(See notes at end of table. – Voir notes à la fin du tableau.)

Continent, country or area, city and date / Continent, pays ou zone, ville et date	Population		Continent, country or area, city and date / Continent, pays ou zone, ville et date	Population	
	City proper Ville proprement dite	Urban agglomeration Agglomération urbaine		City proper Ville proprement dite	Urban agglomeration Agglomération urbaine
ASIA—ASIE (Cont.–Suite)			Zigong	866 020	1 673 300
			Zunyi	350 670	...
China – Chine					
			Cyprus – Chypre		
1 VII 1982					
Tongchuan	353 520	...	31 XII 1989(E)		
Tonghua	359 960	...	Limassol	...	132 100
Tongliao	213 470	...	NICOSIA	...	168 800
Tongling	184 060	501 430			
Tunxi	103 560	...	East Timor – Timor oriental		
Uhai	266 620	...			
Ulanhot	174 050	...	15 XII 1960		
Urumqi	961 240	1 084 060	DILI	52 158	...
Wanxian	267 060	...			
Weifang	393 410	...	Georgia – Géorgie		
Weihai	205 010	...			
Wenzhou	515 650	5 948 130	1 I 1990(E)		
Wuhan	3 287 720	4 273 080	Batumi	137 000	...
			Kutaisi	236 000	...
Wuhu	449 070	944 150	Rustavi	160 000	...
Wuxi	798 310	...	Sukhumi	122 000	...
Wuzhou	242 250	...	TBILISI	1 268 000	...
Xi'an	2 185 040	2 911 580			
Xiamen	507 390	961 650	India – Inde [130]		
Xiangfan	323 000	...			
Xiangtan	492 040	...	1 III 1991		
Xiangtan(Hebei Sheng)	334 210	...	Abohar	107 016	...
Xiaguan	117 190	...	Adoni	135 718	...
Xianyang	501 810	...	Agartala	157 636	...
Xichang	145 840	...	Agra	...	955 694
Xining	566 650	927 290	Ahmedabad	...	3 297 655
			Ahmednagar		221 710
Xinxiang	525 280	...	Aizawl	...	154 343
Xinyang	240 000	...	Ajmer	401 930	...
			Akola	327 946	...
31 XII 1970			Aligarh	479 978	...
Xinzhu	*————— [129] 208 038 —————*		Alipurduar	...	103 512
			Allhabad	...	858 213
1 VII 1982			Allappuzha	...	264 887
Xuchang	218 960	...	Alwar		211 162
Xuzhou (Jiangsu Sheng)	776 770	...	Ambala	[131] 119 535	139 615
Xuzhou (Anhui Sheng)	191 710	...	Amravati	433 746	...
Yan'an	254 420	...	Amritsar	709 456	...
Yangquan	477 570	...	Amroha	136 893	...
Yangzhou	302 090	...	Anand	...	168 776
Yanji	176 000	...	Anantapur	174 792	...
Yantai	385 180	...	Arcot	...	114 884
Yibin	245 240	...	Arrah	156 871	...
Yichang	365 000	...	Asansol	...	763 845
Yichun (Heilongjiang			Aurangabad	...	592 052
Sheng)	755 830	1 167 020			
			Baharampur	...	126 303
Yichun (Jiangxi Sheng)	171 720	...	Bahraich	135 352	...
Yinchuan	354 100	658 400	Baleshwar	...	102 504
Yingkow	422 590	2 788 690	Balurghat	...	126 199
Yining	257 280	...	Bangalore	...	4 086 548
Yiyang	165 040	...	Bankura	114 927	...
Yuci	270 890	...	Barddhaman	244 789	...
Yueyang	971 790	...	Bareilly	...	607 652
Yumen	195 290	...	Basirhat	101 652	...
Zaozhuang	1 244 020	2 703 540	Batala	...	106 062
Zhangjiakou	617 120	...	Bathinda	159 114	...
Zhangzhou	283 490	...	Beawar	...	106 715
Zhanjiang	853 970	...	Belgaum	...	401 619
			Bellary	245 758	...
Zhaoqing	172 080	...	Bhadravati	...	149 131
Zhaotang	133 080	...	Bhagalpur	...	261 855
Zhengzhou	1 404 050	1 942 970	Bharatpur	...	156 844
Zhenjiang	345 560	...	Bharuch	...	138 246
Zhoukou	213 890	...	Bhavnagar	...	403 521
Zhuhai	131 860	...	Bheemaravam	125 495	...
Zhumadian	150 440	...			
Zhuzhou	382 950	...			
Zibo	2 197 660	...			

(See notes at end of table. – Voir notes à la fin du tableau.)

Continent, country or area, city and date / Continent, pays ou zone, ville et date	Population		Continent, country or area, city and date / Continent, pays ou zone, ville et date	Population	
	City proper Ville proprement dite	Urban agglomeration Agglomération urbaine		City proper Ville proprement dite	Urban agglomeration Agglomération urbaine
ASIA—ASIE (Cont.–Suite)			Guna	100 389	...
			Guntakul	107 560	...
India – Inde [130]			Guntur	471 020	...
			Gurgaon	...	134 639
1 III 1991			Guruvayur		118 626
Bhilwara	183 791	...	Guwahati	577 591	...
Bhind	109 731	...	Gwalior	...	720 068
Bhiwandi	...	391 670	Habra		196 457
Bhiwani	121 449	...	Haldia	100 109	...
Bhopal	1 063 662	...	Haldwani–cum–Kathgodam	102 744	...
Bhubaneswar	411 542	...	Hapur	146 591	...
Bhuj	...	110 734	Hathras	113 653	...
Bhusawal	...	159 459			
Bid	112 351	...	Hardwar		188 961
Bidar	...	130 804	Hassan		108 458
Bihar Sharif	200 976	...	Hindupur	104 635	...
Bijapur	...	193 038	Hisar		180 774
Bikaner	415 355	...	Hospet		134 935
			Hoshiarpur	122 528	...
Bilaspur	...	233 570	Hubli–Dharwad	647 640	...
Bokaro Steel City	...	415 686	Hyderabad	...	4 280 261
Bombay	...	12 571 720	Ichalakaranji		235 854
Brahmapur	210 585	...	Imphal		200 615
Budaun	116 706	...	Indore	...	1 104 065
Bulandshahr	126 737	...	Jabalpur		887 188
Burhanpur	172 809	...			
Calcutta	...[1]	[32] 10 916 272	Jaipur	...	1 514 425
Chandigarh	...	574 646	Jalgaon	241 603	...
Chandrapur	225 841	...	Jalna	174 958	...
Chapra	136 824	...	Jamnagar		365 464
Cherthala	...	132 870	Jamshedpur		834 535
			Jaunpur	136 287	...
Chirala		142 654	Jhansi	...	368 580
Chittoor	133 233	...	Jodhpur	648 621	...
Chitradurga	...	103 345	Jorhat	...	111 584
Coimbatore	...	1 135 549	Jalandhar	519 530	...
Cuddalore	143 774	...	Junagadh	...	166 755
Cuddapah	...	215 545	Kakinada	...	327 407
Cuttack	...	439 273	Kamptee	...	131 837
Dabgram	146 917	...	Kanchipuram	...	169 813
Damoh	...	105 032	Kanhangad	...	118 180
Darbhanga	218 274	...	Kannur	...	463 951
Davangere	...	287 114	Kanpur	...	2 111 284
Dehradun	...	367 411	Karur	...	110 605
Dewas	163 699	...	Karaikudi	...	110 473
Delhi	...	[133] 8 375 188	Karimnagar	148 349	...
Dhanbad	...	817 549	Karnal		176 120
Dhule	277 957	...	Katihar	154 101	...
Dibrugarh	...	123 885	Khammam		148 646
Dindigul	182 293	...	Khandwa	145 111	...
Durgapur	415 986	...	Kharagpur	...	279 736
Durg Bhilai Nagar	...	688 670	Kochi	...	1 139 543
Eluru	212 918	...	Kolar Gold Fields	...	156 398
English Bazar	...	176 991	Kolhapur	...	417 286
Erode	...	357 427	Kollam	...	362 402
Etawah	124 032	...	Korba	124 365	...
Faizabad	...	177 505	Kota	536 444	...
Faridabad	613 828	...	Kottayam	...	166 178
Farrukhabad–Fategarh	...	207 783	Kothagudem	...	102 061
Fatehpur	117 203	...	Kozhikode	...	800 913
Firozabad	...	270 534	Krishnagar	120 918	...
Gadag–Betgeri	133 918	...	Kumbakonam	...	150 502
Gandhidham	104 392	...	Kurnool	...	274 795
Gandhinagar	121 746	...	Latur	197 164	...
Ganganagar	161 377	...	Lucknow	...	1 642 134
Gaya	...	293 971	Ludhiana	1 012 062	...
Ghaziabad	...	519 508	Machilipatnam	159 007	...
Godhra	...	100 363	Madras	...	5 361 468
Gonda	106 078	...	Madurai	...	1 093 702
Gondiya	109 271	...	Mahbubnagar	116 775	...
Gorakhpur	489 850	...	Mahesana	...	109 540
Gudivada	101 635	...	Malegaon	342 431	...
Gulbarga	...	309 962	Malappuram	...	142 203

(See notes at end of table. – Voir notes à la fin du tableau.)

Continent, country or area, city and date / Continent, pays ou zone, ville et date	Population	
	City proper Ville proprement dite	Urban agglomeration Agglomération urbaine
ASIA—ASIE (Cont.–Suite)		
India – Inde [130]		
1 III 1991		
Mandya	119 970	...
Mangalore	...	425 785
Mathura	...	233 235
Maunath Bhanjan	136 447	...
Medinipur	125 098	...
Meerut	...	846 954
Mirzapur–cum–Vindhayachal	169 368	...
Moga	...	110 867
Modinagar	...	124 197
Moradabad	...	432 434
Morena	147 095	...
Morvi	...	120 107
Munger	150 042	...
Murwara (Katni)	163 390	...
Muzaffarnagar	...	247 729
Muzaffarpur	240 450	...
Mysore	...	652 246
Nabadwip	...	156 117
Nadiad	...	170 018
Nagercoil	189 482	...
Nagpur	...	1 661 409
Nanded	...	308 853
Nandyal	120 171	...
Nashik	...	722 139
Navsari	...	190 019
Nellore	316 445	...
1 III 1981		
NEW DELHI	273 036	...
1 III 1991		
Neyveli	...	126 494
Nizamabad	240 924	...
Noida	167 440	...
Ongole	...	128 128
Onadal	...	220 528
Palakkad	...	179 695
Pali	136 797	...
Panipat	191 010	...
Parbhani	190 235	...
Patan	...	119 995
Pathankot	...	147 130
Patiala	...	268 521
Patna	...	1 098 572
Patratu	...	109 728
Phusro	...	142 501
Pilibhit	106 329	...
Pollachi	...	127 180
Pondicherry	...	401 337
Porbandar	...	160 043
Proddatur	133 860	...
Pune	...	2 485 014
Puri	124 835	...
Purnia	...	135 995
Rae Bareli	130 101	...
Raichur	...	170 500
Raipur	...	461 851
Rajahmundry	...	403 781
Rajapalaiyam	114 042	...
Rajkot	...	651 007
Rajnandgaon	125 394	...
Ramagundam	213 962	...
Rampur	242 752	...
Ranchi	...	614 454
Ranaghat	...	126 611
Raniganj	...	159 675
Ranijanj	...	155 644
Ratlam	...	195 752
Rewa	128 918	...
Rohtak	215 844	...
Raurkela	...	398 692
Sagar	...	256 878
Saharanpur	373 904	...
Salem	...	573 685
Sambhal	150 012	...
Sambalpur	...	192 917
Santipur	109 911	...
Sangli	...	363 728
Satna	...	160 191
Shahjahanpur	...	260 260
Shillong	...	222 273
Shimla	...	109 860
Shimoga	...	192 647
Shivapuri	108 271	...
Solapur	...	620 499
Sikar	148 235	...
Silchar	115 045	...
Siliguri	226 677	...
Sirsa	112 542	...
Sitapur	120 595	...
Sivakasi	...	102 139
Sonipat	142 992	...
Surat	...	1 517 076
Tenali	148 836	...
Thanjavur	200 216	...
Tiruchchirappalli	...	711 120
Tirunelveli	...	365 932
Tirupati	...	189 030
Tiruppur	...	305 546
Tiruvannamalai	108 291	...
Thrissur	...	274 898
Thiruvanthapuram	...	825 682
Tonk	...	100 176
Tumkur	...	179 497
Tuticorin	...	284 193
Udaipur	307 682	...
Udupi	...	117 744
Ujjain	...	367 154
Unnao	107 246	...
Vadakara	...	102 429
Vadodara	...	1 115 265
Valparai	106 289	...
Valsad	...	111 759
Varanasi	...	1 026 467
Vellore	...	304 713
Vijayawada	...	845 305
Visakhapatnam	...	1 051 918
Vizianagarm	...	176 125
Wardha	102 974	...
Wadhwan	...	166 309
Warangal	...	466 877
Yamunanagar	...	219 642
Yavatmal	...	121 834
Indonesia – Indonésie		
31 X 1980		
Ambon	208 898	...
Balikpapan	280 675	...
Bandjarmasin	381 286	...
Bandung	1 462 637	...
Bogor	247 409	...
Cirebon	223 776	...
Djambi	230 373	...
1 X 1985(E)		
3 JAKARTA	7 885 519	...
1 X 1980		
3 Kediri	221 830	...
Madium	150 562	...
Magelang	123 484	...

8. Population of capital cities and cities of 100 000 and more inhabitants: latest available year (continued)

Population des capitales et des villes de 100 000 habitants et plus: dernière année disponible (suite)

(See notes at end of table. – Voir notes à la fin du tableau.)

Continent, country or area, city and date / Continent, pays ou zone, ville et date	Population		Continent, country or area, city and date / Continent, pays ou zone, ville et date	Population	
	City proper Ville proprement dite	Urban agglomeration Agglomération urbaine		City proper Ville proprement dite	Urban agglomeration Agglomération urbaine
ASIA—ASIE (Cont.–Suite)			Iraq		
Indonesia – Indonésie			1970(E)		
			Al Sulaimaniya	103 091	...
31 X 1980			Arbil	101 779	...
Malang	511 780	...	BAGHDAD	[135] 1 984 142	...
Manado	217 519	...	Basra	333 684	...
Medan	1 378 955	...	Hilla	103 544	...
Padang	480 922	...	Kirkuk	191 294	...
Pakalongan	132 558	...	Mosul	310 313	...
Pakan Baru	186 262	...	Najaf	147 855	...
Palembang	787 187	...			
Pematang Siantar	150 376	...	Israel – Israël		
Pontianak	304 778	...			
Probolinggo	100 296	...	1 VII 1990(E) [1]		
Samarinda	264 718	...	Bat Yam	141 300	...
Semarang	1 026 671	...	Be'er Sheva	122 000	...
Sukabumi	109 994	...	Bene Beraq	116 700	...
			Haifa	245 900	432 900
Surabaja	2 027 913	...	Holon	156 700	...
Surakarta	469 888	...	JERUSALEM [136]	524 500	...
Tanjung Karang	284 275	...	Netanya	132 200	...
Tegal	131 728	...	Petah Tiqwa	144 000	...
Ujung Pandang	709 038	...	Ramat Gan	119 500	...
Yogyakarta	398 727	...	Rishon Leziyyon	139 500	...
			Tel Aviv–Yafo	339 400	1 781 500
Iran (Islamic Republic of – Rép. islamique d')			Japan – Japon		
22 IX 1986			1 X 1990 [138] [139]		
Ahwaz	579 826	...	Abiko	*——— 120 628 ———*	
Amol	118 242	...	Ageo	194 947	
Arak	265 349	...	Aizuwakamatsu	119 080	
Ardabil	281 973	...	Akashi	270 722	
Babol	115 320	...	Akishima	105 372	
Bakhtaran	560 514	...	Akita	302 362	
Bandar–e–Abbas	201 642	...	Amagasaki	498 999	
Borujerd	183 879	...	Anjo	142 251	
Bushehr	120 787	...	Aomori	287 808	
Dezful	151 420	...	Asaka	103 611	
Esfahan	986 753	...	Asahikawa	359 071	
Gorgan	139 430	...	Ashikaga	167 686	
Hamadan	272 499	...	Atsugi	197 283	
Islam Shahr (Qasemabad)	215 129	...	Beppu	130 334	
Karaj	275 100	...	Chiba	829 455	
Kashan	138 599	...	Chigasaki	201 675	
Kerman	257 284	...	Chofu	197 677	
Khomeini shahr	104 647	...	Daito	126 460	
Khoramabad	208 592	...	Ebina	105 822	
Khoy	115 343	...	Fuchu	209 396	
Malayer	103 640	...	Fuji	222 490	
Maraqeh	100 679	...	Fujieda	119 815	
Mashhad	1 463 508	...	Fujinomiya	117 092	
Masjed Soleyman	104 787	...	Fujisawa	350 330	
Najafabad	129 058	...	Fukui	252 743	
Neyshabur	109 258	...	Fukuoka	1 237 062	
Orumiyeh	300 746	...	Fukushima	277 528	
Qaem shahr	109 288	...	Fukuyama	365 612	
Qazvin	248 591	...	Funabashi	533 270	
Qom	543 139	...	Gifu	410 324	
Rajai shahr	117 852	...	Habikino	115 049	
Rasht	290 897	...	Hachinohe	241 057	
Sabzewar	129 103	...	Hachioji	466 347	
Sanandaj	204 537	...	Hadano	155 620	
Sari	141 020	...	Hakodate	307 249	
Shiraz	848 289	...	Hamamatsu	534 620	
Tabriz	971 482	...	Higashiosaka	518 319	
TEHERAN	6 042 584	...	Higashikurume	113 818	
Yazd	230 483	...	Higashimurayama	134 002	
Zahedan	281 923	...	Himeji	454 360	
Zanjan	215 261	...			

(See notes at end of table. – Voir notes à la fin du tableau.)

Continent, country or area, city and date Continent, pays ou zone, ville et date	Population		Continent, country or area, city and date Continent, pays ou zone, ville et date	Population	
	City proper Ville proprement dite	Urban agglomeration Agglomération urbaine		City proper Ville proprement dite	Urban agglomeration Agglomération urbaine
ASIA—ASIE (Cont.–Suite)			Matsue	*———— 142 956 ————*	
			Matsumoto	200 715	
Japan – Japon			Matsusaka	118 725	
			Matsuyama	443 322	
1 X 1990 [138] [139]			Minoo	122 120	
Hino	*———— 165 928 ————*		Misato	128 376	
Hirakata	390 788		Mishima	105 418	
Hiratsuka	245 950		Mitaka	165 564	
Hirosaki	174 704		Mito	234 968	
Hiroshima	1 085 705		Miyakonojo	130 153	
Hitachi	202 141		Miyazaki	287 352	
Hofu	117 634		Moriguchi	157 372	
Ibaraki	254 078				
Ichihara	257 716		Morioka	235 434	
Ichikawa	436 596		Muroran	117 855	
Ichinomiya	262 434		Musashino	139 077	
Ikeda	104 218		Nagano	347 026	
Imabari	123 114		Nagaoka	185 938	
			Nagareyama	140 059	
Irima	137 585		Nagasaki	444 599	
Ise	104 164		Nagoya	2 154 793	
Isezaki	115 938		Naha	304 836	
Ishinomaki	121 976		Nara	349 349	
Itami	186 134		Narashino	151 471	
Iwaki	355 812		Neyagawa	256 524	
Iwakuni	109 530				
Iwatsuki	106 462		Niigata	486 097	
Izumi (Miyagi)	146 127		Niihama	129 149	
Joetsu	130 116		Niiza	138 919	
Kadoma	142 297		Nishinomiya	426 909	
Kagoshima	536 752		Nobeoka	130 624	
			Noda	114 475	
Kakamigahara	129 680		Numazu	211 732	
Kakogawa	239 803		Obihiro	167 384	
Kamakura	174 307		Odawara	193 417	
Kanazawa	442 868		Ogaki	148 281	
Kariya	120 126		Oita	408 501	
Kashihara	115 554		Okayama	593 730	
Kashiwa	305 058		Okazaki	306 822	
Kasugai	266 599		Okinawa	105 845	
Kasukabe	188 823		Ome	125 960	
Katsuta	109 825		Omiya	403 776	
Kawachinageno	108 767		Omuta	150 453	
Kawagoe	304 854		Osaka	2 623 801	
Kawaguchi	438 680		Ota	139 801	
Kawanishi	141 253		Otaru	163 211	
Kawasaki	1 173 603		Otsu	260 018	
Kiryu	126 446		Oyama	142 262	
Kisarazu	123 433		Saga	169 963	
Kishiwada	188 563		Sagamihara	531 542	
Kitakyushu [140]	1 026 455		Sakai	807 765	
Kitami	107 247		Sakata	100 811	
Kobe	1 477 410		Sakura	144 688	
Kochi	317 069		Sapporo	1 671 742	
Kodaira	164 013		Sasebo	244 677	
Kofu	200 626		Sayama	157 309	
Koganei	105 899		Sendai	918 398	
Kokubanji	100 982		Seto	126 340	
Komaki	124 441		Shimizu	241 523	
Komatsu	106 075		Shimonoseki	262 635	
Koriyama	314 642		Shizuoka	472 196	
Koshigaya	285 259		Soka	206 132	
Kumagaya	152 124		Suita	345 206	
Kumamoto	579 306		Suzuka	174 105	
Kurashiki	414 693		Tachikawa	152 824	
Kure	216 723		Takamatsu	329 684	
Kurume	228 347		Takaoka	175 466	
Kushiro	205 639		Takarazuka	201 862	
Kyoto	1 461 103		Takasaki	236 461	
Machida	349 050		Takatsuki	359 867	
Maebashi	286 261		Tama	144 489	
Matsubara	135 919		Tokorozawa	303 040	
Matsudo	456 210		Tokushima	263 356	
			Tokuyama	110 900	

8. Population of capital cities and cities of 100 000 and more inhabitants: latest available year (continued)

Population des capitales et des villes de 100 000 habitants et plus: dernière année disponible (suite)

(See notes at end of table. – Voir notes à la fin du tableau.)

Continent, country or area, city and date / Continent, pays ou zone, ville et date	Population City proper Ville proprement dite	Population Urban agglomeration Agglomération urbaine	Continent, country or area, city and date / Continent, pays ou zone, ville et date	Population City proper Ville proprement dite	Population Urban agglomeration Agglomération urbaine
ASIA—ASIE (Cont.–Suite)			**ASIA (cont.) — ASIE (Suite)**		
Japan – Japon			**Korea, Republic of—**		
			Corée, République de		
1 X 1989(E) [138] [139]			1 XI 1985 [1]		
TOKYO [141]	8 278 116	11 927 457	Andong	114 340	...
			Anyang	361 577	...
1 X 1990			Changweon	173 508	...
TOKYO [141]	8 163 573	...	Chechon	102 309	...
Tomakomai	*———— 160 118 ————*		Cheju	202 911	...
Tondabayashi	110 447		Cheonan	170 088	...
Tottori	142 467		Cheongju	350 256	...
Toyama	321 254		Chinhae	121 406	...
Toyohashi	337 982		Chinju	227 309	...
Toyokawa	111 730		Chonchu (Jeonju)	426 473	...
Toyonaka	409 837		Chuncheon	163 217	...
Toyota	332 336		Chungju	113 345	...
Tsu	157 177				
Tsuchiura	127 471		Inchon (Incheon)	1 386 911	...
Tsuruoka	143 396		Iri	192 269	...
Ube	175 053		Kangnung	132 995	...
Ueda	119 435		Kumi	142 148	...
Uji	177 010		Kunsan	185 649	...
Urawa	418 271		Kwang myong	219 611	...
Uraysu	115 675		Kwangchu (Gwangju)	905 896	...
Utsunomiya	426 795		Kyong ju	127 684	...
Wakayama	396 553		Masan	448 746	...
Yachiyo	148 615		Mogpo	236 085	...
Yaizu	112 186		Pohang	260 691	...
Yamagata	249 487		Puchon	456 292	...
Yamaguchi	129 461				
Yamato	194 866		Pusan (Busan)	3 514 798	...
Yao	277 568		Seongnam	447 692	...
Yatsushiro	108 135		SEOUL	9 639 110	...
Yokkaichi	274 180		Suncheon	121 938	...
Yokohama	3 220 331		Suwon (Puwan)	430 752	...
Yokosuka	433 358		Taebaek	113 993	...
Yonago	131 453		Taegu (Daegu)	2 029 853	...
Zama	112 102		Taejon (Daejeon)	866 148	...
			Uijong	162 701	...
Jordan – Jordanie			Ulsan	551 014	...
			Weonju	151 372	...
31 XII 1989(E)			Yeosu	171 929	...
AMMAN	936 300	...			
Irbid	167 785	...	**Kuwait – Koweït**		
Zarqa	318 055	...			
			20 IV 1975		
Kazakhstan			Hawalli	130 565	...
			KUWAIT CITY	78 116	...
1 I 1990(E)			Salmiya	113 943	...
ALMA–ATA	1 147 000	...			
Dzhambul	311 000	...	**Kyrgyzstan – Kirghizistan**		
Dzhezkazgan	110 000	...			
Ekibastuz	137 000	...	1 I 1990		
Karaganda	613 000	...	BISHKEK	625 000	...
Koktchetav	139 000	...			
Kustanai	228 000	...	**Lao People's Dem. Rep. –**		
Kzyl–Orda	156 000	...	**Rép. dém.**		
Pavlograd	125 000	...	**populaire Lao**		
Petropavlovsk (Severo–					
Kazakhstanskaya oblast)	245 000	...	1966(E)		
Semipalatinsk	339 000	...	VIENTIANE	132 253	...
Shevchenko	165 000	...			
Taldi–Kurgan	122 000	...	**Lebanon – Liban**		
Temirtau	213 000	...			
Tselinograd	281 000	...	15 XI 1970 [142]		
Ust–Kamenogorsk	330 000	...	BEIRUT	474 870	938 940
			Tripoli	127 611	...

8. Population of capital cities and cities of 100 000 and more inhabitants: latest available year (continued)

Population des capitales et des villes de 100 000 habitants et plus: dernière année disponible (suite)

(See notes at end of table. – Voir notes à la fin du tableau.)

Continent, country or area, city and date / Continent, pays ou zone, ville et date	Population City proper Ville proprement dite	Population Urban agglomeration Agglomération urbaine	Continent, country or area, city and date / Continent, pays ou zone, ville et date	Population City proper Ville proprement dite	Population Urban agglomeration Agglomération urbaine
ASIA—ASIE (Cont.–Suite)			Faisalabad(Lyallpur)	...	1 104 209
			Gujranwala	...	658 753
Macau – Macao			Gujrat	...	155 058
			Hyderabad	...	751 529
15 XII 1970			ISLAMABAD	...	204 364
MACAU	[143] 241 413	...	Jhang	...	195 558
			Karachi	...	5 180 562
Malaysia – Malaisie			Kasur	...	155 523
Peninsular Malaysia –			Lahore	...	2 952 689
Malaisie Péninsulaire			Mardan	...	147 977
			Multan	...	732 070
10 VI 1980			Nawabshah	...	102 139
George Town	248 241	...			
Ipoh	293 849	...	Okara	...	153 483
Johore Bharu	246 395	...	Peshawar	...	566 248
Klang	192 080	...	Quetta	...	285 719
Kota Bahru	167 872	...	Rahimyar Khan	...	119 036
KUALA LUMPUR	919 610	...	Rawalpindi	...	794 843
Kuala Terengganu	180 296	...	Sargodha	...	291 362
Kuantan	131 547	...	Sheikhu Pura	...	141 168
Petaling Jaya	207 805	...	Sialkote	...	302 009
Seremban	132 911	...			
Taiping	146 002	...	**Philippines**		
Sabah			1 VII 1990(E)		
			Angeles	244 542	...
10 VI 1980			Bacolod	336 006	...
KOTA KINABALU	108 725	...	Bago	134 376	...
			Baguio	158 367	...
Sarawak			Batangas	180 689	...
			Butuan	223 683	...
25 VII 1970			Cabanatuan	174 487	...
KUCHING	63 535	...	Cadiz	146 671	...
			Cagayan de Oro	345 011	...
Maldives			Calbayog	113 374	...
			Caloocan	615 727	...
31 XII 1977			Cavite	105 509	...
MALE	29 522	...			
			Cebu	627 124	...
Mongolia – Mongolie			Cotabato	103 713	...
			Dagupan	116 211	...
1 I 1987(E)			Davao	843 607	...
ULAN BATOR	515 100	...	General Santos	199 892	...
			Iligan	231 156	...
Myanmar			Iloilo	292 422	...
			Lapu–Lapu	126 104	...
31 III 1983					
Bassein	144 096	...	1 VII 1984(E)		
Mandalay	532 949	...	Las Pinas	190 364	...
Monywa	106 843	...			
Moulmein	219 961	...	1 VII 1990(E)		
Pegu	150 528	...	Legaspi	124 360	...
Sittwe	107 621	...	Lipa	151 716	...
Taunggyi	108 231	...	Lucena City	144 850	...
YANGON	2 513 023	...			
			1 VII 1984(E)		
Nepal – Népal			Makati	408 991	...
			Malabon	212 930	...
22 VI 1981					
KATHMANDU	235 160	...	1 VII 1990(E)		
			Mandaue	176 065	...
Oman					
			1 VII 1984(E)		
1960(E)			Mandaluyong	226 670	...
MUSCAT	*5 080*	6 208	MANILA	*1 728 441*	6 720 050
Pakistan [144]			1 VII 1990(E)		
			MANILA	1 876 195	...
1 III 1981					
Bahawalpur	...	180 263	1 VII 1984(E)		
Chiniot	...	105 559	Marikina	248 183	...
Dera Ghazi Khan	...	102 007	Muntinlupa	172 421	...

8. Population of capital cities and cities of 100 000 and more inhabitants: latest available year (continued)

Population des capitales et des villes de 100 000 habitants et plus: dernière année disponible (suite)

(See notes at end of table. – Voir notes à la fin du tableau.)

Continent, country or area, city and date / Continent, pays ou zone, ville et date	Population	
	City proper Ville proprement dite	Urban agglomeration Agglomération urbaine
ASIA—ASIE (Cont.–Suite)		
Philippines		
1 VII 1990(E)		
Naga	115 590	...
1 VII 1984(E)		
Navotas	146 899	...
1 VII 1990(E)		
Olongapo	202 288	...
Ormoc	125 439	...
Pagadian	107 527	...
1 VII 1984(E)		
Paranaque	252 791	...
1 VII 1990(E)		
Pasay	373 658	...
1 VII 1984(E)		
Pasig	318 853	...
1 VII 1990(E)		
Quezon City	1 587 140	...
Roxas	103 931	...
San Carlos(Negros Occ.)	102 074	...
San Carlos(Pangasinan)	119 636	...
San Pablo	166 875	...
Silay	138 585	...
Tacloban	122 506	...
1 VII 1984(E)		
Taguig	130 719	...
1 VII 1990(E)		
Toledo	113 811	...
1 VII 1984(E)		
Valenzuela	275 725	...
1 VII 1990(E)		
Zamboanga	443 279	...
Qatar		
16 III 1986		
DOHA	217 294	...
Saudi Arabia – Arabie saoudite		
14 IX 1974		
Dammam	127 844	...
Hufuf	101 271	...
Jeddah	561 104	...
Makkah	366 801	...
Medina	198 186	...
RIYADH	666 840	...
Ta'if	204 857	...
Singapore – Singapour		
30 VI 1991(E)*		
SINGAPORE	*———— [145] 2 763 000 ————*	
Sri Lanka		
1 VII 1989(E)		
COLOMBO	612 000	...
Dehiwala—Mount Lavinia	193 000	...

Continent, country or area, city and date / Continent, pays ou zone, ville et date	Population	
	City proper Ville proprement dite	Urban agglomeration Agglomération urbaine
1 VII 1986(E)		
Galle	109 000	...
1 VII 1989(E)		
Jaffna	128 000	...
Kandy	103 000	...
Kotte	108 000	...
Moratuwa	166 000	...
Syrian Arab Republic – République arabe syrienne		
8 IX 1981		
Aleppo	985 413	1 121 781
1 VII 1990(E)		
Aleppo	1 355 000	...
1 VII 1989(E)		
Al–Kamishli	132 000	...
1 VII 1990(E)		
Al–Rakka	122 000	...
8 IX 1981		
DAMASCUS	1 112 214	1 444 303
1 VII 1990(E)		
DAMASCUS	1 378 000	...
Deir El–Zor	118 000	...
8 IX 1981		
Hama	177 208	248 188
1 VII 1990(E)		
Hama	237 000	...
8 IX 1981		
Homs	346 871	407 981
1 VII 1990(E)		
Homs	481 000	...
8 IX 1981		
Lattakia	196 791	231 555
1 VII 1990(E)		
Lattakia	267 000	...
Tajikistan – Tadjikistan		
1 I 1990(E)		
DUSHANBE	602 000	...
Osh	218 000	...
Thailand – Thaïlande		
1 IV 1990 [1]		
BANGKOK	5 876 000	...
Chiang Mai	167 000	...
Khon–kaen	206 000	...
Nakhon Ratchasima	278 000	...
Nakhon Sawan	152 000	...
Nakhonsi Thammarat	112 000	...
Nanthaburi	233 000	...
Saraburi	107 000	...
Songkhla	243 000	...
Ubon Ratchathani	137 000	...

(See notes at end of table. – Voir notes à la fin du tableau.)

Continent, country or area, city and date / Continent, pays ou zone, ville et date	Population		Continent, country or area, city and date / Continent, pays ou zone, ville et date	Population	
	City proper Ville proprement dite	Urban agglomeration Agglomération urbaine		City proper Ville proprement dite	Urban agglomeration Agglomération urbaine
ASIA—ASIE (Cont.–Suite)			Leninabad	163 000	...
			Namangan	312 000	...
Turkey – Turquie			Navoi	110 000	...
			Nukus	175 000	...
1 VIII 1989(E)			Samarkand	370 000	...
Adana	972 318	1 429 677	TASHKENT	2 094 000	...
ANKARA [146]	2 541 899	3 022 236	Urgentch	129 000	...
Antalya	353 149	514 264			
Balikesir	172 570	461 618	Viet Nam		
Batman	131 812	...			
Bursa	775 388	1 030 737	1 X 1979		
Denizli	199 360	285 836	Buonmathuot	71 815	176 429
Diyarbakir	371 038	560 347	Bien Hoa	187 254	245 753
Elazig	218 121	275 342	Campha	76 697	108 656
Erzurum	297 544	409 095	Cantho	182 856	246 697
Eskisehir	415 831	455 478	Da Nang	318 653	...
Gaziantep	573 968	759 893	Haiphong	385 210	1 279 061
Hatay	118 443	481 560	HANOI	897 500	2 570 905
			Ho Chi Minh [149]	2 700 849	3 419 978
İçel	414 308	700 851	Hon Gai	114 573	120 264
Iskenderun	175 998	...	Hué	165 710	210 953
Isparta	113 693	204 311	Longxuyen	112 485	185 221
Istanbul [147]	6 293 397	6 407 215	Minh Hai	72 517	103 104
Izmir [148]	2 319 188	2 665 105			
Kahramanmaras	237 456	395 872	Mytho	101 493	135 276
Kayseri	461 415	587 793	Namdinh	160 179	193 278
Kirikkale	233 008	267 379	Nhatrang	172 663	212 488
Kocaeli	271 132	498 646	Nguyen	138 023	...
Konya	543 460	1 015 415	Quang Nghia	41 119	220 604
Kütahya	135 432	232 632	Qui Nhon	127 211	165 540
Malatya	304 760	367 765	Rach Gia	81 075	106 675
			Thanhhoa	72 646	114 928
Manisa	158 426	556 787	Viettri	72 108	112 778
Osmaniye	121 188	...	Vinh	159 753	207 239
Sakarya	170 231	255 112			
Samsun	277 222	462 836	Yemen – Yémen		
Sivas	219 949	350 564			
Tarsus	168 654	...	9 VIII 1973		
Trabzon	173 354	288 118	Aden	...	285 373
Urfa	239 604	520 533			
Van	126 010	217 442	1 VII 1977(E)		
Zonguldak	124 862	381 824	Aden	271 590	...
Turkmenistan – Turkménista			1 II 1986		
			Hodeidah	...	155 110
1 I 1990					
ASHKHABAD	407 000	...	1 VII 1975(E)		
Chardzhou	164 000	...	SANA'A	140 339	...
Tashauz	114 000	...			
			1 II 1986		
United Arab Emirates – Emirats arabes unis			SANA'A	...	427 185
			Taiz	...	178 043
15 XII 1980					
ABU DHABI	242 975	...	EUROPE		
Al–Aïn	101 663	...			
Dubai	265 702	...	Albania – Albanie		
Sharjah	125 149	...			
			1 VII 1989(E)		
Uzbekistan – Ouzbékistan			TIRANA	239 381	...
1 I 1990			Andorra – Andorre		
Almalyk	116 000	...			
Andizhan	297 000	...	30 IX 1986		
Angren	133 000	...	ANDORRA LA VELLA	16 151	...
Bukhara	228 000	...			
Chimkent	401 000	...	Austria – Autriche		
Chirchik	159 000	...			
Djizak	108 000	...	12 V 1981 [1]		
Fergana	198 000	...	Graz	243 166	394 981
Karshi	163 000	...	Innsbruck	117 287	234 941
Kokand	176 000	...	Klagenfurt	87 321	138 558

(See notes at end of table. – Voir notes à la fin du tableau.)

Continent, country or area, city and date / Continent, pays ou zone, ville et date	Population City proper Ville proprement dite	Population Urban agglomeration Agglomération urbaine	Continent, country or area, city and date / Continent, pays ou zone, ville et date	Population City proper Ville proprement dite	Population Urban agglomeration Agglomération urbaine
EUROPE (Cont.–Suite)			Ostrava	331 448	...
			Pizen	175 049	...
Austria – Autriche			Ustí nad Labem	106 598	...
12 V 1981 [1]			Denmark – Danemark		
Linz	199 910	434 634			
Salzburg	139 426	267 277	1 I 1990(E) [1]		
WIEN	1 531 346	2 044 331	Alborg	...	155 019
			Arhus		261 437
1 VII 1991(E) [1]			KOBENHAVN	617 637	1 337 114
WIEN	1 534 154	...	Odense		176 133
Belarus – Bélarus			Estonia – Estonie		
1 I 1990			1 I 1991(E)		
Baranovichi	163 000	...	TALLINN	478 496	499 183
Bobruisk	223 000	...	Tartu	114 350	...
Borisov	147 000	...			
Brest	269 000	...	Faeroe Islands –		
Gomel	506 000	...	Iles Féroé		
Grodno	277 000	...	16 II 1970 [1]		
MINSK	1 613 000	...	THORSHAVN	10 726	...
Mogilev	363 000	...			
Mozir	102 000	...	Finland – Finlande		
Pinsk	122 000	...	31 XII 1990(E)		
Vitebsk	356 000	...	Espoo	172 629	...
			HELSINKI	492 400	928 972
Belgium – Belgique			Oulu	101 379	140 068
1 I 1990(E) [1] [150]			Tampere	172 560	238 038
Antwerpen (Anvers)	470 349	668 125	Turku	159 180	239 958
Brugge	117 460	117 460	Vantaa	154 933	...
BRUXELLES (BRUSSEL)	136 706	1 331 003	France		
Charleroi	206 779	294 962			
Genk/Hasselt	...	127 437	4 III 1982 [151] [152]		
Gent (Gand)	230 543	250 666	Aix–en–Provence	119 140	121 000
Kortrijk	76 081	114 371	Amiens	130 880	153 000
La Louvière	76 138	115 739	Angers	137 760	196 000
Liège (Luik)	196 825	484 518	Angouième	95 000	102 000
Mons	91 867	175 290	Annecy	...	110 000
Namur	103 466	103 466	Avignon	...	173 000
			Bayonne		128 000
Bulgaria – Bulgarie			Besançon	114 040	121 000
31 XII 1990(E)			Bèthune	...	147 000
Bourgas	204 915	226 121	Bordeaux	205 960	628 000
Dobritch	115 786	115 786	Boulogne–Billancourt [153]	101 360	...
Plévène	138 323	167 993	Brest	154 020	187 000
Plovdiv	379 083	379 083			
Roussé	192 365	209 762	Bruay–en–Artois	...	109 000
Shoumen	110 754	126 351	Caen	115 180	182 000
Slivène	112 220	150 213	Calais	...	101 000
SOFIA	1 141 142	1 220 914	Cannes	...	296 000
Stara Zagora	164 553	188 226	Clermont–Ferrand	148 040	256 000
Varna	314 913	320 636	Dijon	140 900	209 000
			Douai	...	202 000
Channel Islands –			Dunkerque	...	196 000
Iles Anglo–Normandes			Grenoble	156 440	392 000
Jersey			Hagondange–Briey	...	120 000
23 III 1986			La Rochelle	...	100 000
ST. HELIER	27 012	46 329	Le Havre	199 120	255 000
Czechoslovakia –			Le Mans	147 140	191 000
Tchécoslovaquie			Lens	...	323 000
1 VII 1990(E)			Lille	164 900	[154] 935 000
Bratislava	443 167	...	Limoges	139 320	172 000
Brno	391 979	...	Lorient	...	104 000
Hradec Králové	101 176	...	Lyon	408 860	[155] 1 170 000
Kosice	237 206	...	Mantes–la–Jolie	...	168 000
Liberec	104 220	...	Marseille	867 260	1 080 000
Olomouc	107 071	...	Metz	113 360	185 000

(See notes at end of table. – Voir notes à la fin du tableau.)

Continent, country or area, city and date / Continent, pays ou zone, ville et date	Population		Continent, country or area, city and date / Continent, pays ou zone, ville et date	Population	
	City proper Ville proprement dite	Urban agglomeration Agglomération urbaine		City proper Ville proprement dite	Urban agglomeration Agglomération urbaine
EUROPE (Cont.–Suite)			Heidelberg	136 796	...
			Heilbronn	115 843	...
France			Herne	178 132	...
			Hildesheim	105 291	...
4 III 1982			Ingolstadt	105 489	...
Montbéliard	...	128 000	Jena	102 518	...
Montpellier	196 860	221 000	Karlsruhe	275 061	...
Mulhouse	107 480	220 000	Kassel	194 268	...
Nancy	96 000	278 000	Kiel	245 567	...
Nantes	242 340	465 000	Koblenz	108 733	...
Nice	335 240	449 000	Köln	953 551	...
Nimes	126 780	130 000	Krefeld	244 020	...
Orléans	103 660	220 000			
PARIS	2 188 960	[156] 8 510 000	Leipzig	511 079	...
Pau	...	131 000	Leverkusen	160 919	...
Perpignan	110 540	130 000	Lübeck	214 758	...
Reims	178 380	199 000	Lüdwigshafen am Rhein	162 173	...
Rennes	195 260	234 000	Magdeburg	278 807	...
			Mainz	179 486	...
Roubaix	100 820	([157])	Mannheim	310 411	...
Rouen	101 700	380 000	Moers	104 595	...
Saint–Etienne	204 120	317 000	Mönchengladbach	259 436	...
Saint–Nazaire	112 000	121 000	Mülheim a.d. Ruhr	177 681	...
Strasbourg	248 040	[154] 373 000	München	1 229 026	...
Thionville	...	128 000	Münster (Westf.)	259 438	...
Toulon	177 920	410 000			
Toulouse	345 780	523 000	Neuss	147 019	...
Tours	133 580	255 000	Nürnberg	493 692	...
Trappes	...	142 000	Oberhausen	223 840	...
Troyes	...	125 000	Offenbach am Main	114 992	...
Valence	...	104 000	Oldenburg	143 131	...
			Osnabrück	163 168	...
Valenciennes	...	[154] 337 000	Paderborn	120 680	...
Villeurbanne	116 660	...	Pforzheim	112 944	...
			Potsdam	139 794	...
Germany – Allemagne			Recklinghausen	125 060	...
			Regensburg	121 691	...
31 XII 1990(E) [1]			Remscheid	123 155	...
Aachen	241 861	...	Reutlingen	103 687	...
Augsburg	256 877	...	Rostock	248 088	...
Bergisch Gladbach	104 037	...	Saarbrücken	191 694	...
BERLIN	3 433 695	...	Salzgitter	114 355	...
Bielefeld	319 037	...	Schwerin	127 447	...
Bochum	396 486	...	Siegen	109 174	...
Bonn	292 234	...	Solingen	165 401	...
Bottrop	118 936	...	Stuttgart	579 988	...
Braunschweig	258 833	...	Ulm	110 529	...
Bremen	551 219	...	Wiesbaden	260 301	...
Bremerhaven	130 446	...	Witten	105 403	...
Chemnitz	294 244	...	Wolfsburg	128 510	...
			Wuppertal	383 660	...
Cottbus	125 891	...	Würzburg	127 777	...
Darmstadt	138 920	...	Zwickau	114 632	...
Dortmund	599 055	...			
Dresden	490 571	...	Gibraltar		
Duisburg	535 447	...			
Düsseldorf	575 794	...	30 VI 1990(E)		
Erfurt	208 989	...	GIBRALTAR	30 861	...
Erlangen	102 440	...			
Essen	626 973	...	Greece – Grèce		
Frankfurt am Main	644 865	...			
Freiburg im Breisgau	191 029	...	5 IV 1981 [158]		
Fürth	103 362	...	ATHINAI	885 737	3 027 331
			Calithèa	117 319	([159])
Gelsenkirchen	293 714	...	Iraclion	101 634	110 958
Gera	129 037	...	Larissa	102 048	102 048
Göttingen	121 831	...	Patrai	141 529	154 596
Hagen	214 449	...	Péristéri	140 858	([1590])
Halle	310 234	...	Piraiévs	196 389	([1590])
Hamburg	1 652 363	...	Thessaloniki	406 413	706 180
Hamm	179 639	...			
Hannover	513 010	...			

8. Population of capital cities and cities of 100 000 and more inhabitants: latest available year (continued)

Population des capitales et des villes de 100 000 habitants et plus: dernière année disponible (suite)

(See notes at end of table. – Voir notes à la fin du tableau.)

Continent, country or area, city and date / Continent, pays ou zone, ville et date	Population	
	City proper Ville proprement dite	Urban agglomeration Agglomération urbaine
EUROPE (Cont.–Suite)		
Holy See – Saint–Siège		
30 VI 1988(E)		
HOLY SEE	766	...
Hungary – Hongrie		
1 VII 1990(E)		
BUDAPEST	2 017 405	...
Debrecen	213 081	...
Györ	129 468	...
Kecskemét	103 042	...
Miskolc	195 238	...
Nyiregyháza	114 374	...
Pécs	170 031	...
Szeged	175 718	...
Székesfehérvár	109 032	...
Iceland – Islande		
1 VII 1990(E) [1]		
REYKJAVIK	97 210	145 098
Ireland – Irlande		
13 IV 1986		
Cork	...	173 694
15 IV 1991		
Cork	127 024	...
13 IV 1986		
DUBLIN	...	920 956
15 IV 1991		
DUBLIN	477 675	...
Isle of Man – Ile de Man		
6 IV 1986		
DOUGLAS	20 368	...
Italy – Italie		
25 X 1981		
Allessandria	100 523	...
1 VII 1984(E)		
Ancona	105 562	...
Bari	368 896	...
Bergamo	120 512	...
Bologna	445 139	...
Bolzano	102 826	...
Brescia	203 187	...
Cagliari	224 508	...
Catania	379 039	...
Catanzaro	101 964	...
Cosenza	106 353	...
Ferrara	146 735	...
Firenze	438 304	...
Foggia	157 595	...
Forli	110 884	...
Genova	742 442	...
La Spezia	111 980	...
Livorno	176 051	...
Messina	264 848	...
Milano	1 548 580	...
Modena	178 657	...
Monza	122 449	...
Napoli	1 207 750	...

Continent, country or area, city and date / Continent, pays ou zone, ville et date	Population	
	City proper Ville proprement dite	Urban agglomeration Agglomération urbaine
Novara	102 430	...
Padova	229 950	...
Palermo	714 246	...
Parma	177 099	...
Perugia	144 505	...
Pescara	131 948	...
Piacenza	107 312	...
Pisa	104 054	...
Prato	162 144	...
Ravenna	137 011	...
Reggio di Calabria	176 442	...
Reggio nell'Emilia	130 747	...
Rimini	129 858	...
ROMA	2 828 692	...
Salerno	156 606	...
Sassari	119 835	...
Siracusa	118 966	...
Taranto	243 777	...
Terni	111 105	...
Torino	1 059 505	...
Torre del Greco	104 866	...
Trieste	244 980	...
Udine	101 068	...
Venezia	339 272	...
Verona	261 271	...
Vicenza	112 246	...
Latvia – Lettonie		
1 I 1990(E)		
Daugavpils	128 000	...
RIGA	917 000	...
Liechtenstein		
31 XII 1982(E)		
VADUZ	4 904	...
Lithuania – Lituanie		
1 I 1991(E)		
Kaunas	428 745	...
Klaipeda	206 994	...
1 I 1990(E)		
Liepaya	115 000	...
1 I 1991(E)		
Panevezhis	132 403	...
Shauliai	149 590	...
VILNIUS	591 066	...
Luxembourg		
1 I 1985(E) [1]		
LUXEMBOURG–VILLE	76 130	...
Malta – Malte [160]		
31 XII 1980(E)		
VALLETTA	...	14 020
31 XII 1989(E)		
VALLETTA	9 196	...
Monaco		
4 III 1982 [1]		
MONACO	27 063	...

(See notes at end of table. — Voir notes à la fin du tableau.)

Continent, country or area, city and date / Continent, pays ou zone, ville et date	Population	
	City proper / Ville proprement dite	Urban agglomeration / Agglomération urbaine
EUROPE (Cont.—Suite)		
Netherlands — Pays—Bas		
1 VII 1990(E) [1] [161]		
Amersfoort	100 688	...
AMSTERDAM	698 918	1 053 382
Apeldoorn	147 895	...
Arnhem	130 962	302 211
Breda	123 910	159 976
Dordrecht	109 879	207 298
Eindhoven	192 181	384 946
Enschede	146 260	251 506
Groningen	168 287	207 114
Haarlem	149 372	214 204
Leiden	111 179	188 253
Maastricht	117 212	162 460
Nijmegen	145 265	243 461
Rotterdam	580 723	1 047 386
's-Gravenhage	442 874	687 668
Tilburg	157 634	230 254
Utrecht	230 794	532 708
Zaanstad	130 354	143 456
Norway — Norvège		
1 VII 1990(E) [1]		
Bergen		
Bergen	212 585	...
OSLO	460 004	737 693
Trondheim	137 702	...
Poland — Pologne		
1 VII 1990(E)		
Bialystok	269 401	...
Bielsko — Biala	180 296	...
Bydgoszcz	381 752	...
Bytom	230 438	...
Chorzow	132 538	...
Czestochowa	257 661	...
Dabrowa Gornicza	136 348	...
Elblag	125 589	...
Gdansk	464 926	...
Gdynia	251 495	...
Gliwice	214 029	...
Grudziadz	101 933	...
Gorzow Wielkopolski	124 083	...
Jastrzebie — Zdroj	103 350	...
Kalisz	106 177	...
Katowice	367 184	...
Kielce	213 594	...
Koszalin	108 297	...
Krakow	750 298	...
Legnica	104 736	...
Lodz	850 000	...
Lublin	350 694	...
Olsztyn	162 006	...
Opole	128 173	...
Plock	122 753	...
Poznan	590 049	...
Radom	227 481	...
Ruda Slaska	170 678	...
Rybnik	143 415	...
Rzeszow	152 375	...
Slupsk	100 675	...
Sosnowiec	259 653	...
Szczecin	412 752	...
Tarnow	120 921	...

Continent, country or area, city and date / Continent, pays ou zone, ville et date	Population	
	City proper / Ville proprement dite	Urban agglomeration / Agglomération urbaine
Torun	201 462	...
Tychy	190 806	...
Walbrzych	141 129	...
WARSZAWA	1 655 755	...
Wloclawek	121 719	...
Wodzislaw Slaski	111 528	...
Wroclaw	642 706	...
Zabrze	204 364	...
Zielona Gora	113 909	...
Portugal		
15 XII 1970		
LISBOA	769 410	[162] 1 611 887
16 III 1981		
LISBOA	826 140	...
15 XII 1970		
Porto	307 040	[163] 1 314 794
16 III 1981		
Porto	335 916	...
Republic of Moldova — République de Moldova		
1 I 1990(E)		
Beltsy	162 000	...
Bendery	132 000	...
KISHINEV	676 000	...
Romania — Roumanie		
1 VII 1990(E)		
Arad	203 198	...
5 I 1977		
Bacau	127 299	149 769
1 VII 1990(E)		
Bacau	197 192	...
5 I 1977		
Baia Mare	100 985	117 557
1 VII 1990(E)		
Baia Mare	152 403	...
1 VII 1985(E)		
Botosani	104 836	...
5 I 1977		
Braila	195 659	199 891
1 VII 1990(E)		
Braila	247 902	...
5 I 1977		
Brasov	256 475	262 041
1 VII 1990(E)		
Brasov	364 307	...
5 I 1977		
BUCURESTI	1 807 239	1 934 025
1 VII 1990(E)		
BUCURESTI	2 127 194	...
Cluj—Napoca	329 234	...
5 I 1977		
Constanta	256 978	290 226

(See notes at end of table. – Voir notes à la fin du tableau.)

Continent, country or area, city and date / Continent, pays ou zone, ville et date	Population		Continent, country or area, city and date / Continent, pays ou zone, ville et date	Population	
	City proper Ville proprement dite	Urban agglomeration Agglomération urbaine		City proper Ville proprement dite	Urban agglomeration Agglomération urbaine
EUROPE (Cont.–Suite)			EUROPE (Cont.–Suite)		
Romania – Roumanie			Russian Federation – Fédération Russe		
1 VII 1990(E)			1 I 1990(E)		
Constanta	355 402	...	Abakan	157 000	...
			Achinsk	122 000	...
5 I 1977			Aktyubinsk	260 000	...
Craiova	221 261	249 461	Alexandria	104 000	...
1 VII 1990(E)			Almetievsk	130 000	...
Craiova	317 368	...	Angarsk	267 000	...
			Anzhero–Sudzhensk	108 000	...
5 I 1977			Arkhangelsk	419 000	...
Galati	238 292	246 501	Armavir	162 000	...
1 VII 1990(E)			Arzamas	111 000	...
Galati	326 139	...	Astrakhan	510 000	...
			Balakovo	200 000	...
5 I 1977			Balashikha	137 000	...
Iasi	265 002	284 308			
1 VII 1990(E)			Barnaul	603 000	...
Iasi	346 577	...	Belgorod	306 000	...
			Berezniki	201 000	...
5 I 1977			Biisk	234 000	...
Oradea	170 531	181 709	Blagoveshchensk		
1 VII 1990(E)			(Amurskaya oblast)	208 000	...
Oradea	228 956	...	Bratsk	258 000	...
			Bryansk	456 000	...
1 VII 1985(E)			Cheboksary	429 000	...
Piatra Neamt	107 581	...	Chelyabinsk	1 148 000	...
			Cherepovets	313 000	...
5 I 1977			Cherkessk	115 000	...
Pitesti	123 735	165 387			
1 VII 1990(E)			Chita	372 000	...
Pitesti	174 790	...	Dimitrovgrad	133 000	...
			Dzerzhinsk (Nizhne–		
5 I 1977			Novgorodskaya oblast)	286 000	...
Ploiesti	199 699	254 592	Ekaterinoburg	1 372 000	...
1 VII 1990(E)			Elektrostal	153 000	...
Ploiesti	259 014	...	Elets	121 000	...
			Enakievo	120 000	...
1 VII 1985(E)			Engels	183 000	...
Resita	104 362	...	Glazov	105 000	...
			Grozny	401 000	...
5 I 1977			Guriyev	151 000	...
Satu–Mare	103 544	103 612	Irkutsk	635 000	...
			Ivanovo	482 000	...
1 VII 1985(E)			Izhevsk	642 000	...
Satu–Mare	128 115	...	Kaliningrad		
			(Kaliningradskaya oblast	406 000	...
5 I 1977			Kaliningrad		
Sibiu	151 137	169 692	(Moskovskaya oblast)	161 000	...
1 VII 1990(E)			Kaluga	314 000	...
Sibiu	188 385	...	Kamensk–Uralsky	208 000	...
			Kamyshin	123 000	...
5 I 1977			Kansk	110 000	...
Timisoara	269 353	282 691	Kazan	1 103 000	...
1 VII 1990(E)			Kemerovo	521 000	...
Timisoara	351 293	...	Khabarovsk	608 000	...
			Khimki	135 000	...
5 I 1977			Kineshma	105 000	...
Tirgu–Mures	130 076	152 561	Kiselevsk	128 000	...
1 VII 1990(E)			Kislovodsk	116 000	...
Tirgu–Mures	172 470	...	Kolomna	163 000	...
			Kolpino	143 000	...
			Kommunarsk	126 000	...
			Komsomolsk–na–Amure	318 000	...
			Kostroma	280 000	...
			Kovrov	161 000	...
			Kramatorsk	199 000	...
			Krasny Luch	114 000	...
			Krasnodar	627 000	...
			Krasnoyarsk	922 000	...

(See notes at end of table. – Voir notes à la fin du tableau.)

Continent, country or area, city and date / Continent, pays ou zone, ville et date	Population City proper Ville proprement dite	Population Urban agglomeration Agglomération urbaine	Continent, country or area, city and date / Continent, pays ou zone, ville et date	Population City proper Ville proprement dite	Population Urban agglomeration Agglomération urbaine
EUROPE (Cont.–Suite)			Samara		
			(Samarskaya oblast)	1 258 000	...
Russian Federation – Fédération Russe			Saransk	316 000	...
			Sarapyul	111 000	...
			Saratov	909 000	...
1 I 1990(E)			Sergiev Posad	115 000	...
Kurgan	360 000	...	Serov	104 000	...
Kursk	430 000	...	Serpukhov	144 000	...
Leninsk–Kuznetsky	134 000	...	Severodvinsk	250 000	...
Lipetsk	455 000	...	Shakhty	227 000	...
Lisitchansk	127 000	...	Shchelkovo	109 000	...
Lutsk	204 000	...	Simbirsk	638 000	...
Lyubertsy	165 000	...			
Magadan	154 000	...	Slavyansk	136 000	...
Magnitogorsk	443 000	...	Smolensk	346 000	...
Makhachkala	327 000	...	Sochi	339 000	...
Margilan	125 000	...	Solikamsk	110 000	...
Mezhdurechensk	107 000	...	St. Petersburg	4 468 000	...
Miass	169 000	...	Starsy Oskol	178 000	...
			Stavropol	324 000	...
Michurinsk	109 000	...	Sterlitamak	250 000	...
MOSKVA	8 801 000	...	Surgut	256 000	...
Murmansk	472 000	...	Syktivkar	235 000	...
Murom	125 000	...	Syzran	174 000	...
Mytishchi	153 000	...	Taganrog	293 000	...
Naberezhnye Tchelny	507 000	...			
Nakhodka	163 000	...	Tambov	307 000	...
Naltchik	237 000	...	Tolyatti	642 000	...
Neftekamsk	109 000	...	Tomsk	506 000	...
Nevinnomyssk	122 000	...	Tula	543 000	...
Nizhnekamsk	193 000	...	Tver	454 000	...
Nizhenvartovsk	246 000	...	Tyumen	487 000	...
			Ufa	1 094 000	...
Nizhny Tagil	440 000	...	Uhta	111 000	...
Nizhny Novgorod	1 443 000	...	Ulan–Ude	359 000	...
Noginsk	123 000	...	Uralsk	207 000	...
Norilsk	173 000	...	Usolie Sibirskoye	107 000	...
Novgorod	232 000	...	Ussuriisk	159 000	...
Novocheboksarsk	117 000	...	Ust–Ulimsk	111 000	...
Novocherkassk	188 000	...	Velikie Luky	115 000	...
Novokuybishevsk	114 000	...	Viyatka (Kirovskaya		
Novokuznetsk	601 000	...	oblast)	487 000	...
Novomoskovsk			Vladikavkaz (Severo–		
(Tulskaya oblast)	146 000	...	Osetinskaya ASSR)	303 000	...
Novorossiysk	188 000	...	Vladimir	353 000	...
Novoshakhtinsk	108 000	...	Vladivostok	643 000	...
Novosibirsk	1 443 000	...	Volgodonsk	178 000	...
Novotroitsk	107 000	...	Volgograd	1 005 000	...
Obninsk	102 000	...	Vologda	286 000	...
Odintsovo	127 000	...	Volzhsky	275 000	...
Oktyabrsky	106 000	...	Vorkuta	117 000	...
Omsk	1 159 000	...	Voronezh	895 000	...
Orekhovo–Zuevo	137 000	...	Votkinsk	104 000	...
Orel	342 000	...	Yakutsk	191 000	...
Orenburg	552 000	...	Yaroslav	636 000	...
Orsk	271 000	...	Yoshkar–Ola	246 000	...
Orsha	124 000	...	Yuzno–Sakhalinsk	162 000	...
Pavlodar	337 000	...	Zelenograd	160 000	...
Penza	548 000	...	Zhukovsky	101 000	...
Perm	1 094 000	...	Zlatoust	208 000	...
Pervouralsk	143 000	...			
Petropavlovsk–Kamchatsky	271 000	...	San Marino – Saint–Marin		
Petrozavodsk	274 000	...			
Podolsk	209 000	...	31 XII 1989(E)		
Prokopyevsk	274 000	...	SAN MARINO	2 794	4 161
Pskov	206 000	...			
Pyatigorsk	130 000	...	Spain – Espagne [123]		
Rybinsk	252 000	...			
Rostov–na–Donu	1 025 000	...	1 VII 1989(E)		
Rubtsovsk	172 000	...	Albacete	*———— 132 486 ————*	
Rudniy	126 000	...			
Ryazan	522 000	...	1 IV 1986(E)		
Salavat	151 000	...	Alcalá de Henares	144 268	
			Alcorcon	137 884	

(See notes at end of table. — Voir notes à la fin du tableau.)

Continent, country or area, city and date / Continent, pays ou zone, ville et date	Population City proper Ville proprement dite	Population Urban agglomeration Agglomération urbaine	Continent, country or area, city and date / Continent, pays ou zone, ville et date	Population City proper Ville proprement dite	Population Urban agglomeration Agglomération urbaine
EUROPE (Cont.–Suite)			1 IV 1986(E)		
			Sabadell	*———— 186 115 ————*	
Spain – Espagne [123]					
			1 VII 1989(E)		
1 VII 1989(E)			Salamanca	151 884	
Alicante	*———— 265 810 ————*		San Sebastián	176 721	
Almería	162 181				
Badajoz	123 658		1 IV 1986(E)		
			Santa Coloma de Gramanet	135 258	
1 IV 1986(E)					
Badalona	225 016		1 VII 1989(E)		
Baracaldo	114 094		Santa Cruz de Tenerife	228 840	
			Santander	190 117	
1 VII 1989(E)			Sevilla	653 533	
Barcelona	1 667 699		Tarragona	104 704	
Bilbao	351 276				
Burgos	161 912		1 IV 1986(E)		
Cádiz	154 181		Tarrasa	160 105	
1 IV 1986(E)			1 VII 1989(E)		
Cartagena	168 596		Valencia	718 750	
			Valladolid	331 636	
1 VII 1989(E)					
Castellon	129 179		1 IV 1986(E)		
Cordoba	305 490		Vigo	261 878	
1 IV 1986(E)			1 VII 1989(E)		
Elche	175 649		Vitoria	205 763	
Fuenlabrada	119 848		Zaragoza	573 994	
Getafe	131 840				
Gijon	258 291		Sweden – Suède [1]		
1 VII 1989(E)			31 XII 1989(E)		
Granada	261 914		Boras	101 231	...
1 IV 1986(E)			31 XII 1988(E)		
Hospitalet	279 779		Göteborg	430 763	720 170
1 VII 1989(E)			31 XII 1989(E)		
Huelva	139 955		Göteborg	431 840	...
Jaén	107 627		Halland	108 359	...
			Kristianstad	120 562	...
1 IV 1986(E)			Linköping	232 908	...
Jérez de la Frontera	179 191				
			31 XII 1988(E)		
1 VII 1989(E)			Malmö	231 575	466 440
La Coruña	243 673				
			31 XII 1989(E)		
1 IV 1986(E)			Norrbotten	119 921	...
La Laguna	107 593		Orebro	120 353	...
1 VII 1989(E)			31 XII 1988(E)		
Las Palmas (Canarias)	354 378		STOCKHOLM	669 485	1 471 242
1 IV 1986(E)			31 XII 1989(E)		
Leganés	167 783		STOCKHOLM	672 187	...
			Uppsala	164 754	...
1 VII 1989(E)			Västeras	118 386	...
Leon	139 497				
Lérida	108 195		Switzerland – Suisse		
Logroño	119 517				
MADRID	2 991 223		1 VII 1990(E) [1]		
Málaga	605 366		Bâle	170 312	359 440
			BERNE	134 510	298 892
1 IV 1986(E)			Genève	166 285	392 918
Mataro	100 021		Lausanne	122 878	267 897
Mostoles	175 133		Zürich	342 068	840 043
1 VII 1989(E)			Ukraine		
Murcia	315 378				
Orense	103 886		1 I 1990(E)		
Oviedo	186 490		Belaya Tserkov	197 000	...
Palma de Mallorca	297 794				
Pamplona	178 523				

(See notes at end of table. — Voir notes à la fin du tableau.)

Continent, country or area, city and date / Continent, pays ou zone, ville et date	Population		Continent, country or area, city and date / Continent, pays ou zone, ville et date	Population	
	City proper Ville proprement dite	Urban agglomeration Agglomération urbaine		City proper Ville proprement dite	Urban agglomeration Agglomération urbaine
EUROPE (Cont.–Suite)			Blackpool	139 100	...
			Bolton	266 900	...
Ukraine			Bournemouth	154 000	...
			Bracknell Forest	108 200	...
1 I 1990			Bradford	468 800	...
Berdyansk	134 000	...	Braintree	115 600	...
Cherkassy	297 000	...	Breckland	104 400	...
Chernigov	301 000	...	Brent [167]	255 600	...
Chernovtsy	257 000	...	Brighton	141 200	...
Dneprodzerzhinsk	284 000	...	Bristol	374 300	...
Dnepropetrovsk	1 187 000	...	Broadland	106 800	...
Donetsk			Bromley [167]	300 100	...
(Donestskaya oblast)	1 117 000	...			
Evpatoriya	109 000	...	Broxtowe	110 500	...
Gorlovka	338 000	...	Bury	177 600	...
Ivano–Frankovsk	220 000	...	Calderdale	197 800	...
Kadievka	112 000	...	Cambridge	100 200	...
Kamenetz–Podolsky	103 000	...	Camden [167]	185 500	...
			Canterbury	131 700	...
Kertch	176 000	...	Cardiff [169]	287 200	...
Kharkov	1 618 000	...	Carlisle	104 100	...
Kherson	361 000	...	Charnwood	151 000	...
Khmelnitsky	241 000	...	Chelmsford	151 700	...
KIEV	2 616 000	...	Cherwell	128 900	...
Kirovograd	274 000	...	Chester	113 100	...
Konstantinovka	108 000	...			
Krementchug	238 000	...	Chesterfield	101 000	...
Krivoi Rog	717 000	...	Chichester	106 300	...
Lugansk	501 000	...	Colchester	154 400	...
Lvov	798 000	...	Coventry	303 700	...
Maikop	151 000	...	Crewe & Nantwich	102 800	...
			Croydon [167]	319 400	...
Makeyevka	427 000	...	Cunninghame	137 500	...
Mariupol	520 000	...	Dacorum	132 000	...
Melitopol	176 000	...	Derby	217 300	...
Nikolaev			Derry	100 500	...
(Nikolaevskaya oblast)	508 000	...	Doncaster	294 000	...
Nikopol	158 000	...	Dover	106 700	...
Odessa	1 106 000	...	Dudley	306 500	...
Poltava	317 000	...	Dundee	172 900	...
Rovno	233 000	...	Dunfermline	129 900	...
Sevastopol	361 000	...	Ealing [167]	293 300	...
Severodonetsk	132 000	...	East Devon	118 800	...
Simferopol	349 000	...	East Hampshire	102 700	...
Sumy	296 000	...	East Hertfordshire	120 700	...
Ternopol	212 000	...	Eastleigh	103 900	...
Tiraspol	184 000	...	East Lindsey	119 800	...
Uzgorod	120 000	...	Edinburgh	434 500	...
Vinnitsa	379 000	...	Elmbridge	107 100	...
Zaporozhye	891 000	...	Enfield [167]	264 300	...
Zhitomir	296 000	...	Erewash	107 600	...
			Epping Forest	111 700	...
United Kingdom – Royaume–Uni			Exeter	103 600	...
			Falkirk	143 300	...
1 VII 1990(E) [166]			Fareham	102 400	...
Aberdeen	211 100	...	Gateshead	205 000	...
Amber Valley	114 200	...	Gedling	110 500	...
Arun	129 500	...	Glasgow [170]	689 200	...
Ashfield	109 800	...	Greenwich [167]	215 900	...
Aylesbury Vale	148 400	...	Guildford	123 600	...
Barking and Dagenham [167]	147 600	...	Hackney [167]	191 800	...
Barnet [167]	310 000	...	Halton	123 500	...
Barnsley	221 800	...	Hamilton	106 600	...
Basildon	156 000	...	Hammersmith and Fulham [16]	7 149 300	...
Basingstoke & Deane	142 200	...	Haringey [167]	192 800	...
Bassetlaw	105 000	...	Harrogate	147 600	...
Belfast [168]	295 100	...	Harrow	192 500	...
			Havant and Waterloo	114 600	...
Beverley	116 500	...	Havering [167]	231 900	...
Bexley [167]	220 200	...	Hillingdon [167]	235 700	...
Birmingham	992 800	...	Horsham	109 300	...
Blackburn	135 400	...	Hounslow [167]	197 400	...
			Huntingdon	154 000	...

(See notes at end of table. – Voir notes à la fin du tableau.)

Continent, country or area, city and date / Continent, pays ou zone, ville et date	Population		Continent, country or area, city and date / Continent, pays ou zone, ville et date	Population	
	City proper Ville proprement dite	Urban agglomeration Agglomération urbaine		City proper Ville proprement dite	Urban agglomeration Agglomération urbaine
EUROPE (Cont.–Suite)			Rushcliffe	102 000	...
			St. Albans	129 600	...
United Kingdom – Royaume–Uni			St. Helens	188 500	...
			Salford	234 100	...
1 VII 1990			Salisbury	101 600	...
Ipswich	113 700	...	Sandwell	295 000	...
Islington [167]	173 600	...	Scarborough	106 800	...
Kensington			Sefton	299 600	...
and Chelsea [167]	130 900	...	Sevenoaks	104 900	...
Kings Lynn & West Norfolk	134 500	...	Sheffield	525 800	...
Kingston upon Hull	245 300	...	Slough	100 300	...
Kingston upon			Solihull	203 300	...
Thames [167]	139 000	...	Southampton	197 400	...
Kirkcaddy	147 100	...	Southend on Sea	167 300	...
Kirklees	375 500	...	South Bedfordshire	110 200	...
Knowsley	157 400	...	South Cambridgeshire	120 700	...
Kyle and Carrick	113 700	...	South Kesteven	107 100	...
Lambeth [167]	232 500	...	South Lakeland	101 400	...
Lancaster	132 500	...	South Norfolk	101 600	...
Langbaurgh	144 000	...	South Oxfordshire	129 800	...
Leeds	712 200	...	South Ribble	102 800	...
Leicester	278 000	...	South Somerset	143 300	...
Lewisham [167]	226 300	...	South Staffordshire	109 500	...
Liverpool	462 900	...	South Tyneside	156 000	...
LONDON [171]	6 794 400		Southwark [167]	225 500	...
Luton	171 400	...	Stafford	119 100	...
Macclesfield	150 800	...	Stockport	290 500	...
Maidstone	137 000	...	Stockton–on–Tees	176 600	...
Manchester	446 700	...	Stoke on Trent	246 700	...
Mansfield	100 500	...	Stratford–on–Avon	105 700	...
Merton [167]	164 900	...	Stroud	110 100	...
Middlesbrough	141 600	...	Suffolk Coastal	113 100	...
Mid Bedfordshire	114 800	...	Sunderland	296 100	...
Mid Sussex	119 600	...	Sutton [167]	168 000	...
Milton Keynes	185 000	...	Swale	117 200	...
Monklands	104 500	...	Swansea	186 600	...
Motherwell	146 800	...	Tameside	219 300	...
Newark and Sherwood	103 500	...	Teignbridge	112 000	...
Newbury	141 500	...	Tendring	134 100	...
Newcastle–under–Lyme	118 700	...	Test Valley	103 400	...
Newcastle upon Tyne	277 800	...	Thamesdown	171 100	...
Newham [167]	208 600	...	Thanet	131 800	...
Newport	127 000	...	The Wrekin	137 400	...
New Forest	163 400	...	Thurrock	126 800	...
Northampton	185 100	...	Tonbridge and Malling	101 200	...
Northavon	135 700	...	Torbay	119 000	...
North Bedfordshire	139 000	...	Tower Hamlets [167]	166 900	...
North Hertfordshire	113 300	...	Trafford	214 800	...
North Tyneside	191 700	...	Vale of Glamorgan	119 500	...
North Wiltshire	114 300	...	Vale of White Horse	113 000	...
Norwich	117 200	...	Vale Royal	114 100	...
Nottingham	274 900	...	Wakefield	315 800	...
Nuneaton & Bedworth	116 100	...	Walsall	263 900	...
Ogwr	137 100	...	Waltham Forest [167]	213 400	...
Oldham	221 700	...	Wandsworth [167]	256 200	...
Oxford	118 000	...	Warrington	189 200	...
Perth and Kinross	125 800	...	Warwick	114 900	...
Peterborough	154 300	...	Waveney	107 300	...
Plymouth	252 800	...	Waverley	109 800	...
Poole	132 400	...	Wealden	136 800	...
Portsmouth	184 100	...	West Lancashire	104 300	...
Preston	128 500	...	West Lothian	148 300	...
Reading	129 900	...	West Wiltshire	106 400	...
Redbridge [167]	234 800	...	Westminster,		
Reigate and Banstead	115 400	...	City of [167]	179 200	...
Renfrew	201 000	...	Wigan	310 400	...
Rhymney Valley	104 100	...	Windsor and Maidenhead	125 500	...
Richmond upon			Wirral	335 300	...
upon Thames [167]	167 200	...	Wolverhampton	249 400	...
Rochdale	208 500	...	Wokingham	150 100	...
Rochester–upon–Medway	149 300	...	Woodspring	187 300	...
Rotherham	254 500	...	Wrexham Maelor	117 000	...

(See notes at end of table. – Voir notes à la fin du tableau.)

Continent, country or area, city and date / Continent, pays ou zone, ville et date	Population		Continent, country or area, city and date / Continent, pays ou zone, ville et date	Population	
	City proper Ville proprement dite	Urban agglomeration Agglomération urbaine		City proper Ville proprement dite	Urban agglomeration Agglomération urbaine
EUROPE (Cont.–Suite)			1 VII 1990(E) CANBERRA	310 103	...
United Kingdom – Royaume–Uni			30 VI 1986 Central Coast	162 669	...
1 VII 1990			Geelong	125 833	145 910
Wychavon	101 800	...			
Wycombe	159 600	...	1 VII 1990(E) Geelong	151 408	...
Wyre	104 000	...			
York	101 200	...	30 VI 1986 Gold Coast	185 612	209 050
Yugoslavia – Yougoslavie [1]					
			1 VII 1990(E) Gold Coast	265 496	...
31 III 1981 Banja Luka	123 937	...			
			30 VI 1986 Greater Wollongong	206 803	232 510
31 III 1971 BEOGRAD	746 105	774 744			
			1 VII 1990(E) Greater Wollongong	238 240	...
31 III 1981 BEOGRAD	1 087 915	...			
			30 VI 1986 Hobart	127 106	179 020
31 III 1971 Lujbljana	173 853	213 298			
			1 VII 1990(E) Hobart	183 537	...
31 III 1981 Lujbljana	224 817	...			
Maribor	106 113	...	30 VI 1986 Melbourne	2 645 484	2 931 900
Nis	161 376	...			
			1 VII 1990(E) Melbourne	3 080 881	...
31 III 1971 Novi Sad	141 375	163 083			
			30 VI 1986 Newcastle	255 787	416 120
31 III 1981 Novi Sad	170 020	...			
Osijek	104 775	...	1 VII 1990(E) Newcastle	428 756	...
Pristina	108 083	...			
Rijeka	159 433	...	30 VI 1986 Perth	895 710	1 050 350
31 III 1971 Sarajevo	243 980	271 126	1 VII 1990(E) Perth	1 193 059	...
			Sunshine Coast	109 474	...
31 III 1981 Sarajevo	319 017	...			
Skoplje	408 143	...	30 VI 1986 Sydney	2 989 070	3 472 650
Split	169 322	...			
Subotica	100 516	...	1 VII 1990(E) Sydney	3 656 543	...
Zagreb	649 586	...	Townsville	114 094	...
OCEANIA—OCEANIE			Cook Islands – Iles Cook		
American Samoa – Samoa américaines			1 XII 1986 RAROTONGA	9 281	...
1 IV 1980 PAGO PAGO	3 075	...	Fiji – Fidji		
Australia – Australie [1] [172]			31 VIII 1986 SUVA	69 665	141 273
30 VI 1986 Adelaide	917 000	1 003 800	French Polynesia – Polynésie française		
1 VII 1990(E) Adelaide	1 049 843	...	8 II 1971 PAPEETE	25 342	[173] 36 784
30 VI 1986 Brisbane	1 037 815	1 196 050	6 IX 1988 PAPEETE	23 555	...
1 VII 1990(E) Brisbane	1 301 658	...			
30 VI 1986 CANBERRA	247 200	281 000			

8. Population of capital cities and cities of 100 000 and more inhabitants: latest available year (continued)

Population des capitales et des villes de 100 000 habitants et plus: dernière année disponible (suite)

(See notes at end of table. – Voir notes à la fin du tableau.)

Continent, country or area, city and date / Continent, pays ou zone, ville et date	Population City proper Ville proprement dite	Population Urban agglomeration Agglomération urbaine	Continent, country or area, city and date / Continent, pays ou zone, ville et date	Population City proper Ville proprement dite	Population Urban agglomeration Agglomération urbaine
OCEANIA—OCEANIE(Cont.–Suite)			OCEANIA—OCEANIE(Cont.–Suite)		
Guam			Papua New Guinea – Papouasie—Nouvelle— Guinée		
1 IV 1980 AGANA	896	...	22 IX 1980 PORT MORESBY	118 424	123 624
Kiribati			1 VII 1990(E) PORT MORESBY	173 500	...
12 XII 1978 TARAWA	...	17 921	Pitcairn		
New Caledonia – Nouvelle—Calédonie			1 VII 1990 ADAMSTOWN	...	52
4 IV 1989 NOUMEA	65 110	97 581	Samoa		
New Zealand – Nouvelle—Zélande			3 XI 1976 APIA	...	32 099
5 III 1991			Solomon Islands – Iles Salomon		
Auckland	315 668	885 571	23 XI 1986 HONIARA	30 413	...
Christchurch	292 858	307 179			
Dunedin	109 503	116 577	Tonga		
Hamilton	101 448	148 625			
Manukau	226 147	([174])	30 XI 1976 NUKU'ALOFA	...	18 312
Northshore	152 134	...			
Waitakere	136 716	...	Vanuatu		
WELLINGTON	150 301	325 682	22 I 1986 VILA	13 067	14 184

8. Population of capital cities and cities of 100 000 and more inhabitants: latest available year (continued)

Population des capitales et des villes de 100 000 habitants et plus: dernière année disponible (suite)

GENERAL NOTES

The capital city of each country is shown in capital letters. (E) after date indicates estimated data (including results of sample surveys); all other data are national or municipal census results. Figures in italics are estimates of questionable reliablity. For definition of city proper and urban agglomeration, method of evaluation and limitations of data, see Technical Notes, page 49.

FOOTNOTES

* Provisional.
1 De jure population.
2 For "cercle".
3 Including Kombo St. Mary.
4 For "Accra—Tema Metropolitan area".
5 Including Sekondi (population 33 713) and Takoradi population (58 161). Data for urban agglomeration refer to the Sekondi—Takoradi Municipal Council.
6 Dual capitals.
7 For the urban commune of Antananarivo.
8 Included in urban agglomeration of Casablanca.
9 For communes which may contain contain rural areas as well as urban centre.
10 Pretoria is the administrative capital, Cape Town the legislative capital.
11 De jure population, but excluding persons residing in institutions.
12 "Metropolitan area ", comprising central of San José (including San José city) cantones Curridabat, Escazu, Montes de Oca, and Tibas and parts of cantones of Alajuelita, Desamparados, Goicoechea and Moravia.

13 Comprises the city and extension of the city which includes the oil refinery, the airport and a few separate living quarters.
14 Including corregimientos of Bella Vista, Betania, Calidonia, Curundu, El Chorillo, Juan Diaz, Parque Lefevre, Pedregal, Pueblo Nuevo, Rio Abajo, San Felipe, San Francisco and Santa Ana.
15 De jure population, but including armed forces stationed in the area.
16 Data for urban agglomeration refer to "standard metropolitan area" comprised of municipality of Ponce, which includes Ponce proper.

17 Data for urban agglomeration refer to "standard metropolitan statistical area", comprising municipios of San Juan, Caguas, Carolina, Catano, Guaynabo, Rio Piedras and Trujillo Alto.
18 De jure population, but excluding armed forces overseas and civilian citizens absent from country for extended period of time.
19 Unless otherwise noted, data for urban agglomeration refer to "consolidated metropolitan statistical area".

NOTES GENERALES

Le nom de la capitale de chaque pays est imprimé en majuscules. Le signe (E) après la date indique qu'il s'agit de données estimatives (y compris les résultats des enquête par sondage); toutes les autres données proviennent des résultats de recensements nationaux ou municipaux. Les chiffres en italiques sont des estimations de qualité douteuse. Pour la définition de la ville proprement dite et de l'agglomération urbaine, et pour les méthodes d'évaluation et les insuffisances des données, voir Notes techniques, page 49.

NOTES

* Données provisoires.
1 Population de droit.
2 Pour "cercle".
3 Y compris Kombo St. Mary.
4 Pour la "zone métropolitaine d'Accra—Tema".
5 Y compris Sekondi (33 713 personnes) et Takoradi (58 161 personnes). Les données concernant l'agglomération urbaine se rapportent au Conseil municipal de Sekondi—Takoradi.
6 Le pays a deux capitales.
7 Pour la commune urbaine de Antananarivo.
8 Comprise dans l'agglomération urbaine de Casablanca
9 Commune(s) pouvant comprendre un centre urbain et une zone rurale.
10 Pretoria est la capitale administrative, Le Cap la capitale législative.
11 Population de droit, mais non compris les personnes dans les institutions.
12 "Zone métropolitaine" comprenant le canton central de San José (et la ville de San José), les cantons de Curridabat, Escazu, Montes de Oca et Tibas et certaines parties des cantons de Alajuelita, Desamparados, Goicoechea et Moravia.
13 Les données concernent la ville et le prolongement de la ville comprend la raffinerie de pétrole, l'aéroport et quelques maisons d'habitations.
14 Y compris les corregimientos de Bella Vista, Betania, Calidonia, Curundu, El Chorillo, Juan Diaz, Parque Lefevre, Pedregal, Pueblo Nuevo, Rio Abajo, San Felipe, San Francisco et Santa Ana.
15 Population de droit y compris les militaires en garnison sur le territoire.
16 Les données relatives à l'agglomération urbaine se rapportent à la "zone métropolitaine officielle" qui comprend la municipalité de Ponce, comprenant Ponce proprement dite.
17 Les données concernant l'agglomération urbaine se rapportent à la "zone métropolitaine statistique officielle" qui comprend les municipios de San Juan, Caguas, Carolina, Catano, Guaynabo, Rio Piedras et Trujillo Alto.
18 Population de droit, mais non compris les militaires à l'étranger et les civils hors du pays pendant une période prolongée.
19 Sauf indication contraire, les données relatives à l'agglomération urbaine se rapportent à la "zone métropolitaine statistique officielle unifiée".

FOOTNOTES (continued)

20 Included in urban agglomeration of Cleveland.
21 Albany–Schenectady–Troy, New York "standard metropolitan statistical area".
22 Included in urban agglomeration of Washington, D.C.
23 Allentown–Bethlehem–Easton, Pennsylvania–New Jersey "standard metropolitan statistical area".
24 Included in urban agglomeration of Los Angeles.
25 Included in urban agglomeration of Detroit.
26 Appleton–Oshkosh–Neenah, Wisconsin "standard metropolitan statistical area".
27 Included in urban agglomeration of Dallas.
28 Included in urban agglomeration of Denver.
29 Beaumont–Port Arthur–Orange, Texas "standard metropolitan statistical area".
30 Included in urban agglomeration of San Francisco.
31 Biloxi–Gulfport, Mississippi "standard metropolitan statistical area".
32 Bloomington–Normal, Illinois "standard metropolitan statistical area".

33 Boston–Lawrence–Salem "standard consolidated statistical area", comprising "standard metropolitan statistical area" of Boston (1990 population 2 870 669), Brockton (189 478), Lawrence–Haverhill (393 516), Lowell (273 067), Nashua (180 557) and Salem–Gloucester (264 356).

34 Included in urban agglomeration of New York.
35 Brownsville–Harlingen–San Benito, Texas "standard metropolitan statistical area".
36 Bryan–College Station, "standard metropolitan statistical area".
37 Buffalo–Niagara Falls "standard consolidated statistical area", comprising "standard metropolitan statistical area" of Buffalo (1990 population 968 532) and Niagara Falls (220 756).
38 Champaign–Urbana–Rantoul, Illinois "standard metropolitan statistical area".

39 Charlotte–Gastonia–Rock Hill "standard metropolitan statistical area".
40 Included in urban agglomeration of Norfolk.
41 Chicago–Gary–Lake County "standard consolidated standard statistical area", comprising "standard metropolitan statistical area" of Aurora–Elgin (1990 population 356 884), Chicago (6 069 974), Gary–Hammod (604 526), Joliet (389 650), Kenosha (128 181) and Lake County (516 418).

42 Included in urban agglomeration of San Diego.
43 Cincinnati–Hamilton "standard consolidated statistical area", comprising "standard metropolitan statistical area" of Cincinnati (1990 population 1 452 645) and Hamilton–Middletown (291 479).
44 Clarksville–Hopkinsville "standard metropolitan statistical area".
45 Cleveland–Akron–Lorain "standard consolidated statistical area", comprising "standard metropolitan statistical area" of Cleveland (1990 population 1 831 122), Akron (657 575) and Lorain–Elyria (271 126).

46 Dallas–Fort Worth "standard consolidated statistical area", comprising "standard metropolitan statistical area" of Dallas, (1990 population 2 553 262) and Fort Worth–Arlington (1 332 053).
47 Davenport–Rock Island–Moline, Iowa–Illinois "standard metropolitan statistical area".
48 Dayton–Springfield "standard metropolitan statistical area".
49 Denver–Boulder "standard consolidated statistical area", comprising "standard metropolitan statistical area" of Boulder–Longmont (1990 population 225 339) and Denver (1 622 980).

NOTES (suite)

20 Comprise dans l'agglomération de Cleveland.
21 "Zone métropolitaine statistique officielle" d'Albany–Schenectady–Troy (New York).
22 Comprise dans l'agglomération de Washington, D.C.
23 "Zone métropolitaine statistique officielle" d'Allentown–Bethlehem–Easton (Pennsylvania–New Jersey).
24 Comprise dans l'agglomération urbaine de Los Angeles.
25 Comprise dans l'agglomération urbaine de Detroit.
26 "Zone métropolitaine statistique officielle" d'Appleton–Oshkosh–Neenah (Wisconsin).
27 Comprise dans l'agglomération urbaine de Dallas.
28 Comprise dans l'agglomération urbaine de Denver.
29 "Zone métropolitaine statistique officielle" du Beaumont–Port Arthur–Orange (Texas).
30 Comprise dans l'agglomération urbaine de San Francisco.
31 "Zone métropolitaine officielle" de Biloxi–Gulfport (Mississippi).
32 "Zone méetropolitaine statistique officielle" de Bloomington–Normal (Illinois).)
33 "Zone statistique officielle unifiée" de Boston–Lawrence–Salem, comprenant la "Zone métropolitaine statistique officielle" de Boston (2 870 669 habitants en 1990), de Brockton (189 478 habitants), de Lawrence–Haverhill (393 516 habitants), Lowell (273 067 habitants), Nashua (180 557 habitants) et de Salem–Gloucester (264 356 habitants).

34 Comprise dans l'agglomération urbaine de New York.
35 "Zone métropolitaine statistique officielle" de Brownsville–Harlingen–San Benito (Texas).
36 "Zone métropolitaine statistique officielle" de Bryan–College Station.
37 "Zone statistique officielle unifiée" de Buffalo–Niagara Falls, comprenant la "Zone métropolitaine statistique officielle" de Buffalo (968 532 habitants en 1990) et Niagara Falls (220 756 habitants).
38 "Zone métropolitaine statistique officielle" de Champaign–Urbana–Rantoul (Illinois).
39 "Zone métropolitaine statistique officielle" de Charlotte–Gastonia–Rock Hill.
40 Comprise dans l'agglomération urbaine de Norfolk.
41 "Zone statistique officielle unifiée" de Chicago–Gary–Lake County, comprenant la "Zone métropolitaine" de Aurora–Elgin (356 884 habitants en 1990), de Chicago (6 069 974 habitants), de Gary–Hammod (604 526 habitants), de Joliet (389 650 habitants), de Kenosha (128 181 habitants) et de Lake County (516 418 habitants).

42 Comprise dans l'agglomération urbaine de San Diego.
43 Zone statistique officielle unifiée" de Cincinnati comprenant la "Zone métropolitaine statistique officielle" de Cincinnati (1 452 645 habitants en 1990) et de Hamilton–Middletown (291 479 habitants).
44 "Zone métropolitaine statistique officielle" de Clarksville–Hopkinsville.
45 "Zone statistique officielle unifiée" de Cleveland–Akron–Lorain, comprenant la "Zone métropolitaine statistique officielle" de Cleveland (1 831 122 habitants en 1990), de Akron (657 575 habitants) et de Lorain–Elyria (271 126 habitants).
46 "Zone statistique officielle unifiée" de Dallas–Fort Worth, comprenant la "Zone métropolitaine statistique officielle" de Dallas (2 553 362 habitants en 1990) et de Fort Worth–Arlington (1 332 053 habitants).
47 "Zone métropolitaine statistique officielle" de Davenport–Rock Island–Moline (Iowa–Illinois).
48 "Zone métropolitaine statistique officielle" de Dayton–Springfield.
49 "Zone statistique officielle unifiée" de Denver–Boulder, comprenant la "Zone métropolitaine statistique officielle" de Boulder–Longmont (225 339 habitants en 1990) et de Denver (1 622 980 habitants).

8. Population of capital cities and cities of 100 000 and more inhabitants: latest available year (continued)

Population des capitales et des villes de 100 000 habitants et plus: dernière année disponible (suite)

FOOTNOTES (continued)

50 Detroit–Ann Arbor "standard consolidated statistical area", comprising "standard metropolitan statistical area" of Detroit (1990 population 4 382 299) and Ann Arbor (282 937).
51 Included in urban agglomeration of Raleigh.
52 Elkhart–Goshen "standard metropolitan statistical area".
53 Eugene–Springfield "standard metropolitan statistical area".
54 Fargo–Moorehead, North Dakota–Minnesota "standard metropolitan statistical area".
55 Fayetteville–Springdale "standard metropolitan statistical area".
56 Fitchburgh–Leominster "standard matropolitan statistical area".
57 Fort Collins–Loveland "standard metropolitan statistical area".
58 Included in urban agglomeration of Miami.
59 Fort Myers–Cape Coral "standard metropolitan statistical area".
60 Included in urban agglomeration of Chicago.
61 Included in urban agglomeration of Phoenix.
62 Greensboro–Winston–Salem–High Point, North Carolina "standard metropolitan statistical area".
63 Greenville–Spartanburg "standard metropolitan statistical area".
64 Harrisburg–Lebanon–Carlisle "standard metropolitan statistical area".
65 Hartford–New Britain–Middletown "standard consolidated statistical area", comprising "standard metropolitan statistical area" of Hartford (1990 population 767 841), Bristol (79 488), Middletown (90 320) and New Britain (148 188).
66 Houma–Thibodaux "standard metropolitan area".
67 Houston–Galveston–Brazoria "standard consolidated statistical area", comprising "standard metropolitan statistical area" of Houston (1990 population 3 301 937), Galveston–Texas City (217 399) and Brazoria (191 707).
68 Huntington–Ashland, West Virginia–Kentucky–Ohio "standard metropolitan statistical area".
69 Included in urban agglomeration of Kansas City, Mo.
70 Jamestown–Dunkirk, New York "standard metropolitan statistical area".
71 Janesville–Beloit "standard metropolitan statistical area".
72 Johnson City–Kingsport–Bristol "standard metropolitan statistical area".
73 Killeen–Temple "standard metropolitan statistical area".
74 Lafayette–West Lafayette "standard metropolitan statistical area".
75 Lakeland–Winter Haven "standard metropolitan statistical area".
76 Lansing–East Lansing "standard metropolitan statistical area".
77 Little Rock–North Little Rock "standard metropolitan statistical area".
78 Longview–Marshall "standard metropolitan statistical area".
79 Los Angeles–Long Beach–Anaheim–Riverside "standard" consolidated statistical area" of Los Angeles–Long Beach (1990 population 8 863 164), Anaheim–Santa Ana–Garden Grove (2 410 556), Oxnard–Simi Valley–Ventura (669 016) and Riverside–San Bernardino–Ontario (2 588 793).
80 Included in urban agglomeration of Boston.
81 Macon–Warner Robins "standard metropolitan statistical area".
82 McAllen–Edinburg–Mission, Texas "standard metropolitan statistical area".
83 Melbourne–Titusville–Palm Bay "standard metropolitan statistical area".

NOTES (suite)

50 "Zone statistique officielle unifiée" de Detroit–Ann Arbor, comprenant la "Zone métropolitaine statistique officielle" de Detroit (4 382 299 habitants en 1990) et de Ann Arbor (282 937 habitants).
51 Comprise dans l'agglomération urbaine de Raleigh.
52 "Zone métropolitaine statistique officielle" de Elkhart–Goshen.
53 "Zone métropolitaine statistique officielle" de Eugene–Springfield.
54 "Zone métropolitaine statistique officielle" de Fargo–Moorehead (Dakota du Nord–Minnesota).
55 "Zone métropolitaine statistique officielle" de Fayetteville–Springfield.
56 "Zone métropolitaine statistique officielle" de Fitchburgh–Leominster.
57 "Zone métropolitaine statistique officielle" de Fort Collins–Loveland.
58 Comprise dans l'agglomération urbaine de Miami.
59 "Zone métropolitaine statistique officielle" de Fort Myers–Cape Coral.
60 Comprise dans l'agglomération urbaine de Chicago.
61 Comprise dans l'agglomération urbaine de Phoenix.
62 "Zone métropolitaine statistique officielle" de Greensboro–Winston–Salem–High Point (Caroline du Nord).
63 "Zone métropolitaine statistique officielle" de Greenville–Spartanburg.
64 "Zone métropolitaine statistique officielle" de Harrisburg–Lebanon–Carlisle.
65 "Zone statistique officielle unifiée" de Hartford–New Britain–Middletown, comprenant la "Zone métropolitaine statistique officielle" de Hartford (767 841 habitants en 1990), de Bristol (79 488 habitants), de Middletown (90 320 habitants) et de New Britain (148 188 habitants).
66 "Zone métropolitaine statistique officielle" de Houma–Thibodaux.
67 "Zone statistique officielle unifiée" de Houston–Galveston–Brazoria, comprenant la "Zone métropolitaine statistique officielle" de Houston (3 301 937 habitants en 1990), de Galveston–Texas City (217 399 habitants) et de Brazoria (191 707 habitants).
68 "Zone métropolitaine statistique officielle" de Huntington–Ashland (Virginie occidentale–Kentucky–Ohio).
69 Comprise dans l'agglomération urbaine de Kansas City (Mo.).
70 "Zone métropolitaine statistique officielle" de Jamestown–Dunkirk (New York).
71 "Zone métropolitaine statistique officielle" de Janesville–Beloit.
72 "Zone métropolitaine statistique officielle" de Johnson City–Kingsport–Bristol.
73 "Zone métropolitaine statistique officielle" de Killeen–Temple.
74 "Zone métropolitaine statistique officielle" de Lafayette–West Lafayette"
75 "Zone métropolitaine statistique officielle" de Lakeland–Winter Haven.
76 "Zone métropolitaine statistique officielle" de Lansing–East Lansing.
77 "Zone métropolitaine statistique officielle" de Little Rock–North Little Rock (Arkansas).
78 "Zone métropolitaine statistique officielle" de Longview–Marshall.
79 "Zone statistique officielle unifiée" de Los Angeles–Long Beach–Anaheim–Riverside, comprenant la "Zone métropolitaine statistique officielle" de Los Angeles–Long Beach (8 863 164 habitants en 1990), de Anaheim–Santa Ana–Garden Grove (2 410 556 habitants) de Oxnard–Simi Valley–Ventura (669 016 habitants) et de Riverside–San Bernardino–Ontario (2 588 793 habitants).
80 Comprise dans l'agglomération urbaine de Boston.
81 "Zone métropolitaine statistique officielle" de Macon–Warner Robins.
82 "Zone métropolitaine statistique officielle" de McAllen–Edinburg–Mission (Texas).
83 "Zone métropolitaine statistique officielle" de Melbourne–Titusville–Palm Bay.

8. Population of capital cities and cities of 100 000 and more inhabitants: latest available year (continued)

Population des capitales et des villes de 100 000 habitants et plus: dernière année disponible (suite)

FOOTNOTES (continued)

84 Miami—Fort Lauderdale "standard consolidated statistical area", comprising "standard metropolitan statistical area" of Miami—Hialeah (1990 population 1 937 094) and Fort Lauderdale—Holywood (1 255 488).
85 Milwaukee—Racine "standard consolidated statistical area", comprising "standard metropolitan statistical area" of Milwaukee (1990 population 1 432 149) and Racine (175 034).
86 Minneapolis—St. Paul, Minnesota "standard metropolitan statistical area".

87 New Haven—Meriden "standard metropolitan statistical area".
88 New London—Norwich, Connecticut "standard metropolitan statistical area".

89 New York—Northern New Jersey—Long Island "standard consolidated statistical area", comprising "standard metropolitan statistical area" of New York (1990 population 8 546 846), Bergen—Passaic (1 278 440), Bridgeport—Milford (443 722), Danbury (187 867), Jersey City (553 099), Middlesex—Somerset (1 019 835), Monmouth—Ocean (986 327), Nassau—Suffolk (2 609 212), Newark (1 824 321), Norwalk (127 378), Orange County (307 647) and Stamford (202 557).

90 Norfolk—Virginia Beach—Newport News "standard metropolitan statistical area".
91 Parkersburg—Marietta "standard metropolitan statistical area".
92 Included in urban agglomeration of Houston.
93 Philadelphia—Wilmington—Trenton "standard consolidated statistical area", comprising "standard metropolitan statistical area" of Philadelphia (1990 population 4 856 881), Wilmington, Del.—N.J.—Md. (578 587), Trenton, N.J. (325 824) and Vineland—Milville—Bridgeton (138 053).

94 Pittsburg—Beaver Valley "standard consolidated statistical area", comprising "standard metropolitan statistical area" of Pittsburg (1990 population 2 056 705) and Beaver County (186 093).
95 Portland—Vancouver "standard consolidated statistical area", comprising "standard metropolitan statistical area" of Portland (1990 population 1 239 842) and Vancouver (238 053).
96 Portsmouth—Dover—Rochester "standard metropolitan statistical area".
97 Providence—Pawtucket—Fall River "standard consolidated statistical area", comprising "standard metropolitan statistical area" of Fall River (1990 population 157 272), Pawtucket—Woonsocket—Attleboro (329 384) and Providence (654 854).
98 Provo—Orem, Utah "standard metropolitan statistical area".
99 Raleigh—Durham "standard metropolitan statistical area".
100 Richland—Kennewick—Pasco "standard metropolitan statistical area".
101 Richmond—Petersburg "standard metropolitan statistical area".
102 Saginaw—Bay City—Midland "standard metropolitan statistical area".
103 Included in urban agglomeration of Minneapolis.
104 Included in urban agglomeration of Tampa.
105 Salinas—Seaside—Monterey, California "standard metropolitan statistical area".
106 Salt Lake City—Ogden "standard metropolitan statistical area".

NOTES (suite)

84 "Zone statistique officielle unifiée" de Miami—Fort Lauderdale, comprenant la "Zone métropolitaine statistique officielle" de Miami—Hialeah (1 937 094 habitants en 1990) et de Fort Lauderdale—Hollywood (1 255 488 habitants).
85 "Zone statistique officielle unifiée" de Milwaukee—Racine, comprenant la "Zone métropolitaine statistique officielle" de Milwaukee (1 432 149 habitant en 1990) et de Racine (175 034 habitants).
86 "Zone métropolitaine statistique officielle" de Minneapolis—St. Paul (Minnesota).
87 "Zone métropolitaine statistique officielle" de New Haven—Meriden.
88 "Zone métropolitaine statistique officielle" de New London—Norwich (Connecticut).
89 "Zone statistique officielle unifiée" de New York—New Jersey—Long Island, comprenant la "Zone métropolitaine statistique officielle" de New York (8 546 846 habitants en 1990), de Bergen—Passaic (1 278 440 habitants), de Bridgeport—Milford (443 722 habitants), de Danbury (187 867 habitants), de Jersey City (553 099), de Middlesex—Somerset (1 019 835 habitants) de Monmouth—Ocean (986 327 habitants), de Nassau—Suffolk (2 609 212 habitants), de Newark (1 824 321 habitants), de Norwalk (127 378 habitants), de Orange County (307 647 habitants) et de Stamford (202 557 habitants).
90 "Zone métropolitaine statistique officielle" de Norfolk—Virginia Beach—Newport News.
91 "Zone métropolitaine statistique officielle" de Parkersburg—Marietta.
92 Comprise dans l'agglomération urbaine de Houston.
93 "Zone statistique officielle unifiée" de Philadelphie—Wilmington—Trenton, comprenant la "Zone métropolitaine officielle" de Philadelphie (4 856 881 habitants en 1990), de Wilmington, Del.—N.J.—Md. (578 587 habitants), de Trenton, N.J. (325 824 habitants) et de Vineland—Milville—Bridgeton (138 053 habitants).
94 "Zone statistique officielle unifiée" de Pittsburg—Beaver Valley, comprenant la "Zone métropolitaine statistique officielle" de Pittsburg (2 056 705 habitants en 1990) et de Beaver County (186 093 habitants).
95 "Zone statistique oficielle unifiée" de Portland—Vancouver, comprenant la "Zone métropolitaine statistique officielle" de Portland (1 239 842 habitants en 1990) et de Vancouver (238 053 habitants).
96 "Zone métropolitaine statistique officielle" de Portsmouth—Dover—Rochester.
97 "Zone statistique officielle unifiée" de Providence—Pawtucket—Fall River, comprenant la "Zone métropolitaine statistique officielle" de Fall River (157 272 habitants en 1990), de Pawtucket—Woonsocket—Attleboro (329 384 habitants) et de Providence (654 854 habitants).
98 "Zone métropolitaine statistique officielle" de Provo—Orem (Utah).
99 "Zone métropolitaine statistique officielle" de Raleigh—Durham.
100 "Zone métropolitaine statistique officielle" de Richland—Kennewick—Pasco.
101 "Zone métropolitaine statistique officielle" de Richmond—Petersburg.
102 "Zone métropolitaine statistique officielle" de Saginaw—Bay City—Midland.
103 Comprise dans l'agglomération urbaine de Minneapolis.
104 Comprise dans l'agglomération urbaine de Tampa.
105 "Zone métropolitaine officielle" de Salinas—Seaside—Monterey (Californie).
106 "Zone métropolitaine officielle" de Salt Lake City—Ogden.

8. Population of capital cities and cities of 100 000 and more inhabitants: latest available year (continued)

Population des capitales et des villes de 100 000 habitants et plus: dernière année disponible (suite)

FOOTNOTES (continued)

107 San Francisco—Oakland—San Jose "standard consolidated statistical area", comprising "standard metropolitan statistical area" of Oakland (1990 population 2 082 914), San Francisco (1 603 678), San Jose (1 497 577), Santa Cruz (229 734), Vallejo—Fairfield—Napa (451 186) and Santa Rosa—Petaluma (388 222).

108 Santa Barbara—Santa Maria—Lompoc "standard metropolitan statistical area".

109 Scranton—Wilkes—Barre "standard metropolitan statistical area".

110 Seattle—Tacoma "standard consolidated statistical area", comprising "standard metropolitan statistical area" of Seattle—Everett (1990 population 1 972 961) and Tacoma (586 203).

111 South Bend—Mishawaka "standard metropolitan statistical area.

112 Steubenville—Weirton, Ohio—West Virginia "standard metropolitan statistical area.

113 Included in urban agglomeration of Seattle.

114 Tampa—St. Petersburg, Florida "standard metropolitan statistical area".

115 Texarkana, Texas—Arkansas "standard metropolitan statistical area".

116 Utica—Rome, New York "standard metropolitan statistical area".

117 Visalia—Tulare—Porterville "standard metropolitan statistical area".

118 Waterloo—Cedar Falls "standard metropolitan statistical area".

119 West Palm Beach—Boca Raton—Delray Beach "standard metropolitan statistical area".

120 Included in urban agglomeration of Greensboro.

121 Youngstown—Warren, Ohio "standard metropolitan statistical area".

122 La Paz is the actual capital and the seat of the Government but Sucre is the legal capital and the seat of the judiciary.

123 For "municipios" which may contain rural area as well as urban centre.

124 "Metropolitan area" (Gran Santiago).

125 "Metropolitan area", comprising Asuncion proper and localities of Trinidad, Zeballos Cué, Campo Grande and Lamboré.

126 "Metropolitan area" (Gran Lima).

127 "Metropolitan area", comprising Caracas proper (the urban parishes of Department of Libertador) and a part of district of Sucre in State of Miranda.

128 Data for 1982, based on a 10 per cent sample of census returns. Covering only the civilian population of 29 provinces, municipalities and autonomous regions.

129 For municipalities which may contain rural area as well as urban centre.

130 Including data for the India—held part of Jammu and Kashmir, the final status of which has not yet been determined. Excluding cities for Assam state.

131 For Ambala Municipal Corporation.

132 Including Bally, Baranagar, Barrackpur, Bhatpara, Calcutta Municipal Corporation, Chandan Nagar, Garden Reach, Houghly—Chinsura, Howrah, Jadarpur, Kamarhati, Naihati, Panihati, Serampore, South Dum Dum, South Suburban, and Titagarh.

NOTES (suite)

107 "Zone statistique officielle unifiée" de San Francisco—Oakland—San José, comprenant la "Zone métropolitaine statistique officielle" de Oakland (2 082 914 habitants en 1990), de San Francisco (1 603 678 habitants), de San José (1 497 577 habitants), de Santa Cruz (229 734 habitants), de Vallejo—Fairfield—Napa (451 186 habitants) et de Santa Rosa—Petaluma (388 222 habitants).

108 "Zone métropolitaine statistique officielle" de Santa Barbara—Santa Maria—Lompoc.

109 "Zone métropolitaine statistique officielle" de Scranton—Wilkes—Barre.

110 "Zone statistique officielle unifiée" de Seattle—Tacoma, comprenant la "Zone métropolitaine statistique officielle" de Seattle—Everett (1 972 961 habitants en 1990) et de Tacoma (586 203 habitants).

111 "Zone métropolitaine statistique officielle" de South Bend—Mishawaka.

112 "Zone métropolitaine statistique officielle" de Steubenville—Weirton (Ohio—Virginie occidentale).

113 Comprise dans l'agglomération urbaine de Seattle.

114 "Zone métropolitaine statistique officielle" de Tampa—St. Petersburg (Florida).

115 "Zone métropolitaine statistique officielle" de Texarkana (Texas—Arkansas).

116 "Zone métropolitaine statistique officielle" de Utica—Rome, (New York).

117 "Zone métropolitaine statistique officielle" de Visalia—Tulare—Porterville.

118 "Zone métropolitaine statistique officielle" de Waterloo—Cedar Falls.

119 "Zone métropolitaine statistique officielle" de West Palm Beach—Boca Raton—Delray Beach.

120 Comprise dans l'agglomération urbaine de Greensboro.

121 "Zone métropolitaine statistique officielle" de Youngstown—Warren (Ohio).

122 La Paz est la capitale effective et le siège du gouvernement, mais Sucre est la capitale constitutionnelle et le siège du pouvoir judiciaire.

123 Pour "municipios" qui peuvent comprendre un centre urbain et une zone rurale.

124 "Zone métropolitaine" (Grand Santiago).

125 "Zone métropolitaine" comprenant la ville d'Asuncion proprement dite et les localités de Trinidad , Zeballos Cué, Campo Grande et Lamboré.

126 "Zone métropolitaine" (Grand Lima).

127 "Zone métropolitaine", comprenant la ville de Caracas proprement dite (paroisses urbaines du département du Libertador) et une partie du district de Sucre dans l'Etat de Miranda.

128 Données pour 1982, d'après un échantillon de 10 p. 100 des bulletins de recensement. Pour la population civile seulement de 29 provinces, municipalités et régions autonomes.

129 Pour les municipalités qui peuvent comprendre un centre urbaine et une zone rurale.

130 Y compris les données concernant la partie de Jammu—et—Cachemire occupée par l'Inde, dont le statut définitif n'a pas encore été déterminé. Non compris les villes de l'état d'Assam.

131 Pour Municipal Corporation d'Ambala.

132 Y compris Bally, Baranagar, Barrackpur, Bhatpara, Calcutta Municipal Corporation, Chandan Nagar, Garden Reach, Houghly Chinsura, Howrah, Jadarpur, Kamarhati, Naihati, Panihati, Serampopre, South Dum Dum, South Suburban et Titagarh.

8. Population of capital cities and cities of 100 000 and more inhabitants: latest available year (continued)

Population des capitales et des villes de 100 000 habitants et plus: dernière année disponible (suite)

FOOTNOTES (continued)

133 Including New Delhi.
134 Included in urban agglomeration of Delhi.
135 Including Karkh, Rassaiah, Adhamiya and Kadhimain Qadha Centres and Maamoon, Mansour and Karradah—Sharquiya Nahlyas.
136 Designation and data provided by Israel. The position of the United Nations on the question of Jerusalem is contained in General Assembly resolution 181 (II) and subsequent resolutions of the General Assembly and the Security Council concerning this question.
137 Including East Jerusalem.
138 Excluding diplomatic personnel outside country and foreign military and civilian personnel and their dependants stationed in the area.

139 Except for Tokyo, all data refer to shi, a minor division which may include some scattered or rural population as well as an urban centre.

140 Including Kokura, Moji, Tobata, Wakamatsu and Yahata (Yawata).
141 Data for city proper refer to 23 wards (ku) of the old city. The urban agglomeration figures refer to Tokyo—to (Tokyo Prefecture), comprising the 23 wards plus 14 urban counties (shi), 18 towns (machi) and 8 villages (mura). The "Tokyo Metropolitan Area" comprises the 23 wards of Tokyo—to plus 21 cities, 20 towns and 2 villages. The "Keihin Metropolitan Area" (Tokyo—Yokohama Metropolitan Area plus 9 cities (one of which is Yokohama City) and two towns, with a total population of 20 485 542 on 1 October 1965.

142 Based on a sample survey.
143 Including area maritima and concelho of Macau.

144 Excluding data for the Pakistan—held part of Jammu and Kashmir, the final status of which has not yet been determined. Junagardh, Manavadar, Gilgit and Baltistan. For cities in Jammu and Kashmir (cf130).

145 Excluding transients afloat and non—locally domiciled military and civilian services personnel and their dependants.
146 Including Altindag, Cankaya and Yenimahalle.
147 Including Adahalar, Bakiroy, Besistas, Beykoz, Beyogiu, Eminonu, Eyup, Faith, Gazi Osmanpasa, Kadikoy, Sariyer, Sisli, Uskudar and Zeytinburnu.
148 Including Karsiyaka.
149 Including Cholon.
150 Data for cities proper refer to communes which may contain an urban centre and a rural area.
151 Data for cities proper refer to communes which are centres for urban agglomeration.
152 De jure population, but excluding diplomatic personnel outside the country and including foreign diplomatic personnel not living in embassies or consulates.

153 Included in urban agglomeration of Paris.
154 Date refer to French territory of this international agglomeration.

NOTES (suite)

133 Y compris New Delhi.
134 Comprise dans l'agglomération urbaine de Delhi.
135 Y compris les cazas de Karkh, Adhamiya et Kadhermain ainsi que les nahiyas de Maamoon, Mansour et Karradah—Sharquiya.
136 Appelation de données fournies par Israel. La position des Nations Unies concernant la question de Jérusalem est décrite dans la resolution 181 (II) de l'Assemblée générale et résolutions ultérieures de l'Assemblée générale et du Conseil de sécurité sur cette question.
137 Y compris Jérusalem—Est.
138 Non compris le personnel diplomatique hors du territoire, les militaires et agents civils étrangers en poste sur le territoire et les membres de leur famille les accompagnant.
139 Sauf pour Tokyo, toutes les données se rapportent à des shi, petites divisions administratives qui peuvent comprendre des peuplements dispersés ou ruraux en plus d'un centre urbain.
140 Y compris Kokura, Moji, Tobata, Wakamatsu et Yahata (Yawata).
141 Les données concernant la ville proprement dite se rapportent aux 23 circonscriptions de la vieille ville. Les chiffres pour l'agglomération urbaine se rapportent à Tokyo—to (préfecture de Tokyo), comprenant les 23 circonscriptions plus 14 cantons urbains (Shi), 18 villes (machi) et 8 villages (mura). La "zone métropolitaine de Tokyo" comprend les 23 circonscriptions de Tokyo—to plus 21 municipalités, 20 villes et 2 villages. La "zone métropolitaine de Keihin" (zone métropolitaine de Tokyo—Yokohama) comprend la zone métropolitaine de Tokyo, plus 9 municipalités, dont l'une est Yokohama et 2 villes, elle comptait 20 485 542 habitants au 1er octobre 1965.
142 D'après une enquête par sondage.
143 Y compris la zone maritime et le Concelho de Macao. Kampuchea démocratique".
144 Non compris les données pour la partie de Jammu—Cachemire occupée par le Pakistan dont le status definitif n'a pas encore été déterminé, et le Junagardh, le Manavadar, le Gilgit et le Baltistan. Pour les villes de Jammu—et—Cachemire, voir la note 130.
145 Non compris les personnes de passage à bord de navires, les militaires et agents civils non résidents et les membres de leur famille les accompagnant.
146 Y compris Altindag, Cankaya et Yenimahalle.
147 Y compris Adalar, Bakirkoy, Besistas, Beykoz, Beyoglu, Eminou, Eyup, Faith, Gazi Osmanpasa, Kadikoy, Sariyer, Sisli, Uskudar et Zeytinburnu.
148 Y compris Karsiyaka.
149 Y compris Cholon.
150 Les données concernant les villes proprement dites se rapportent à des communes qui peuvent comprendre un centre urbain et une zone rurale.
151 Les données concernant les villes proprement dites se rapportent à des communes qui sont des centres d'agglomérations urbaines.
152 Population de droit, mais non compris le personnel diplomatique hors du pays et y compris le personnel diplomatique étranger qui ne vit pas dans les ambassades ou les consulats.
153 Comprise dans l'agglomération urbaine de Paris.
154 Les données se rapportent aux habitants de cette agglomération internationale qui vivent en territoire francais.

8. Population of capital cities and cities of 100 000 and more inhabitants: latest available year (continued)

Population des capitales et des villes de 100 000 habitants et plus: dernière année disponible (suite)

FOOTNOTES (continued)

155 Includes Villeurbanne.
156 Data refer to the extended agglomeration, comprising the city of Paris, 73 communes in Department of Essonne, 36 communes in Department of Hauts–de–Seine, 13 communes in the Department of Seine–et–Marne, 40 communes in Department of Seine–Saint–Denis, 47 communes in Department of Val–d'Oise and 42 communes in the Department of Yvelines.

157 Including urban agglomeration of Lille.
158 Including armed forces stationed outside the country but excluding alien armed forces stationed in the area.
159 Included in urban agglomeration of Athens.
160 Including civilian nationals temporarily outside the country.
161 Data for cities proper refer to administrative units (municipalities).

162 For Lisbon proper and concelhos (administrative division) of Almada, Barreiro, Cascais, Loures, Moita, Oeiras, Seikal, Sintra; and frequezias (parish area) of Montijo and Vila Franca de Xira.
163 For Porto proper and concelhos (administrative division) of Espinho, Gondomar, Maia, Motoshinhos, Volongo, Vila Nova de Gaia.
164 Including the following cities: Codlea, Predeal, Risnov, Sacela and Zarnesti.
165 Including the following cities: Efor, Mangalia and Tekirgiol.
166 For district council areas.
167 Greater London Borough included in figure for "Greater London" conurbation.
168 Capital of Northern Ireland.
169 Capital of Wales for certain purposes.
170 Capital of Scotland.
171 "Greater London" conurbation as reconstituted in 1965 and comprising 32 new Greater London Boroughs (cf174).
172 Data for urban agglomeration refer to metropolitan areas defined for census purposes and normally comprising city proper (municipality) and contiguous urban areas.
173 For the Commune of Papeete and the districts of Pirae and Faaa.
174 Included in urban agglomeration of Auckland.

NOTES (suite)

155 Y compris Villeurbanne.
156 Ce chiffre se rapporte à l'agglomération étendue, qui comprend la ville de Paris, 73 communes dans le département de l'Essonne, 36 communes dans le département des Hauts–de–Seine, 13 communes dans le département de la Seine–et–Marne, 40 communes dans le département de la Seine–Saint–Denis, 47 communes dans le département du Val–d'Oise et 42 communes dans le département des Yvelines.

157 Comprise dans l'agglomération urbaine de Lille.
158 Y compris les militaires en garnison hors du pays, mais non compris les militaires étrangers en garnison sur le territoire.
159 Comprise dans l'agglomération urbaine d'Athènes.
160 Y compris les civils nationaux temporairement hors du pays.
161 Les données concernant les villes proprement dites se rapportent à des unités administratives (municipalités).

162 Pour Lisbon proprement dite et concelhos (division administrative) d'Almada, Barreiro, Cascais, Loures, Moita, Oeiras, Seikal, Sintra; et frequezias (paroisses) de Montijo et Vila Franca de Xira.
163 Ville de Porto proprement dite et concelhos (division administrative) d'Espinho, Gondamar, Maia, Matoshinhos, Valongo, Vila Nova de Gaia.
164 Y compris les villes suivantes: Codlea, Predeal, Risnov, Sacele et Zarnesti.
165 Y compris les villes suivantes: Elorie, Mangalia et Tekirghiol.
166 Pour les zones de district council.
167 Le chiffre relatif à l'ensemble urbain du "Grand Londres" comprend le Greater London Borough.
168 Capitale de l'Irlande du Nord.
169 Considérée à certains égards comme la capitale du pays de Galles.
170 Capitale de l'Ecosse.
171 Ensemble urbain du "Grand Londres", tel qu'il a été reconstitué en 1965, comprenant 32 nouveaux Greater London Boroughs (voir la note 174).
172 Les données relatives aux agglomérations urbaines se rapportent à la zone métropolitaine définie aux fins du recensement qui comprend généralement la ville proprement dite (municipalité) et la zone urbaine contigue.
173 Pour la commune de Papeete et les districts de Pirae et Faaa.
174 Comprise dans l'agglomeration urbaine d'Auckland.

(See notes at end of table. – Voir notes à la fin du tableau.)

Continent, country or area, city and date / Continent, pays ou zone, ville et date	Surface area–Superficie(km²)		Continent, country or area, city and date / Continent, pays ou zone, ville et date	Surface area–Superficie(km²)	
	City proper Ville proprement dite	Urban agglomeration Agglomération urbaine		City proper Ville proprement dite	Urban agglomeration Agglomération urbaine
AFRICA—AFRIQUE			Barbacena	*———— 717	————*
			Barueri	64	
Mauritius – Maurice			Barra do Corda	14 058	
Island of Mauritius – Ile Maurice			Barra Mansa	848	
			Bauru	702	
1 VII 1989			Belém	736	
PORT–LOUIS	43	...	Belo Horizonte	335	
			Betim	376	
Réunion			Blumenou	488	
			Bragança	3 258	
15 III 1990			Bragança Paulista	770	
SAINT–DENIS	14 279	...	BRASILIA, DF	5 794	
Zaire – Zaïre			Cabo	451	
			Cáceres	27 322	
1 VII 1984			Cachoeiro de Itapemirim	1 304	
Boma	4 330	...	Camacari	718	
Bukavu	60	...	Camaragibe	53	
Kananga	743	...	Cameta	2 487	
Kikwit	92	...	Campina Grande	970	
KINSHASA	9 965	...	Campinas	781	
Kisangani	1 910	...	Campo Grande	8 091	
Kolwezi	41 282	...	Campos dos Goytacazes	4 148	
Likasi (Jadotville)	235	...	Canoas	313	
Lubumbashi	747	...	Carapicuíba	44	
Matadi	110	...			
Mbandaka	460	...	Caratinga	2 204	
Mbuji–Mayi	64	...	Cariacica	273	
			Caruaru	1 157	
			Cascavel	2 714	
			Castanhal	1 003	
AMERICA,NORTH— AMERIQUE DU NORD			Caucaia	1 293	
			Caxias	7 359	
El Salvador			Caxias do Sul	1 530	
			Chapeco	990	
1 VII 1989			Codo	4 698	
Ciudad Delgado	3 342	...	Colatina	2 229	
Mejicanos	2 212	...	Contagem	167	
Santa Ana	40 005	...	Coronel Fabriciano	202	
San Miguel	59 398	...	Criciúma	396	
Soyapango	2 972	...	Cubatao	160	
			Cuiabá	3 980	
Panama			Curitiba	431	
			Diadema	24	
13 V 1990			Divinopolis	716	
PANAMA	106 500	106 500	Dourados	4 082	
San Miguelito	50 000	50 000	Duque de Caxias	442	
			Embu	76	
			Feira de Santana	1 344	
AMERICA,SOUTH— AMERIQUE DU SUD			Florianopolis	451	
			Fortaleza	336	
Brazil – Brésil			Foz do Iguaçu	624	
			Franca	590	
1 VII 1990			Garanhuns	493	
Alagoinhas	*———— 1 179	————*	Goiânia	787	
Altamira	153 862		Governador Valadares	2 447	
Alvorada	71		Gravatai	771	
Americana	122		Guaratinguita	825	
Ananindeua	485		Guarapuava	5 349	
Anápolis	1 074		Guarujá	138	
Apucarana	563		Guarulhos	341	
Aracaju	151		Ilhéus	1 712	
Araçatuba	2 668		Imperatriz	5 853	
Araguaina	9 097		Ipatinga	231	
Araguario	2 774		Itaboraí	526	
Arapiraca	350		Itabuna	584	
			Itaguaí	523	
Araraquara	1 541		Itaituba	165 578	
Bacabal	1 609		Itajaí	304	
Bage	7 241		Itapetininga	2 035	
			Itaquaquecetuba	104	
			Itu	640	
			Ituiutaba	2 694	

(See notes at end of table. – Voir notes à la fin du tableau.)

Continent, country or area, city and date / Continent, pays ou zone, ville et date	Surface area–Superficie(km²)	
	City proper Ville proprement dite	Urban agglomeration Agglomération urbaine

Continent, country or area, city and date / Continent, pays ou zone, ville et date	City proper Ville proprement dite	Urban agglomeration Agglomération urbaine
AMERICA,SOUTH— (Cont.–Suite)		
AMERIQUE DU SUD		
Brazil – Brésil		
1 VII 1990		
Jaboatao	*———— 234 ————*	
Jacareí	463	
Jau	718	
Jequié	3 113	
Joao Pessoa	189	
Joinville	1 183	
Juazeiro	6 939	
Juazeiro do Norte	219	
Juiz de Fora	1 424	
Jundiaí	432	
Lages	5 321	
Limeira	597	
Linhares	4 045	
Londrina	2 119	
Luziania	4 653	
Macapá	24 557	
Maceio	508	
Magé	718	
Manaus	10 962	
Marabá	14 320	
Maracanau	117	
Marília	1 194	
Maringá	509	
Mauá	78	
Moji das Cruzes	749	
Moji–Guaçu	960	
Montes Claros	4 135	
Mossoro	2 020	
Natal	172	
Nilopolis	22	
Niteroi	130	
Nova Friburgo	1 009	
Nova Iguaçu	764	
Novo Hamburgo	223	
Olinda	29	
Osasco	67	
Paranagua	802	
Parnaíba	1 053	
Passo Fundo	1 991	
Patos de Minas	3 336	
Paulista	105	
Paulo Alfonso	1 018	
Pelotas	2 192	
Petrolina	6 080	
Petropolis	811	
Pindamonhangaba	719	
Piracicaba	1 426	
Pocos de Caldas	533	
Ponta Grossa	1 730	
Porto Alegre	497	
Porto Velho	52 510	
Presidente Prudente	554	
Recife	217	
Resende	1 183	
Ribeirao das Neves	157	
Ribeirao Preto	1 057	
Rio Branco	14 294	
Rio Claro	503	
Rio de Janeiro	1 171	
Rio Grande	2 608	
Rio Verde	9 135	
Rondonopolis	4 593	
Salvador	324	
Santa Barbara D'Oeste	282	
Santa Cruz do Sul	1 906	

Continent, country or area, city and date / Continent, pays ou zone, ville et date	City proper Ville proprement dite	Urban agglomeration Agglomération urbaine
Santa Luzia	*———— 12 374	————*
Santa Maria	3 097	
Santarém	26 058	
Santo André	159	
Santos	725	
Sao Bernardo do Campo	319	
Sao Caetano do Sul	24	
Sao Carlo	1 120	
Sao Gonçalo	228	
Sao Joao de Meriti	34	
Sao José	274	
Sao José do		
Rio Prêto	586	
Sao José dos Campos	1 118	
Sao José dos Pinhais	976	
Sao Leopoldo	60	
Sao Luís	518	
Sao Paolo	1 493	
Sao Vicente	131	
Sapucaia	53	
Serra	547	
Sete Lagoas	519	
Sobral	1 982	
Sorocaba	456	
Sumaré	208	
Susano	184	
Taboao da Serra	23	
Taubaté	655	
Teresina	1 356	
Teresopolis	849	
Teofilo Otoni	4 212	
Timon	1 886	
Uberaba	4 524	
Uberlandia	4 040	
Umuarama	2 911	
Uruguaiana	6 562	
Várzea Grande	900	
Viamao	1 856	
Vila Velha	232	
Vitoria	81	
Vitoria da Conquista	3 743	
Vitoria de Santo Antao	368	
Volta Redonda	168	
ASIA—ASIE		
Israel – Israël		
1 VII 1990		
Bat Yam	81	...
Be'er Sheva	535	...
Bene Beraq	72	...
Haifa	586	...
Holon	190	...
JERUSALEM	1 079	...
Netanya	286	...
Petah Tiqwa	379	...
Ramat Gan	125	...
Rishon Leziyyon	475	...
Tel Aviv–Yafo	511	...
Japan – Japon		
1 X 1990		
Abiko	4 317	...
Ageo	4 556	...
Aizuwakamatsu	28 638	...
Akashi	4 900	...
Akishima	1 733	...
Akita	45 961	...

(See notes at end of table. – Voir notes à la fin du tableau.)

Continent, country or area, city and date / Continent, pays ou zone, ville et date	Surface area–Superficie(km²) City proper Ville proprement dite	Urban agglomeration Agglomération urbaine	Continent, country or area, city and date / Continent, pays ou zone, ville et date	Surface area–Superficie(km²) City proper Ville proprement dite	Urban agglomeration Agglomération urbaine
ASIA—ASIE (Cont.–Suite)			Kasugai	9 271	...
			Kasukabe	3 778	...
Japan – Japon			Katsuta	7 334	...
			Kawachinageno	10 961	...
1 X 1990			Kawagoe	10 918	...
Amagasaki	4 969	...	Kawaguchi	5 575	...
Anjo	8 601	...	Kawanishi	5 345	...
Aomori	69 215	...	Kawasaki	14 209	...
Asaka	1 838	...	Kiryu	13 747	...
Asahikawa	74 745	...	Kisarazu	13 862	...
Ashikaga	17 782	...	Kishiwada	7 172	...
Atsugi	9 383	...	Kitakyushu	48 223	...
Beppu	12 511	...			
Chiba	27 237	...	Kitami	42 135	...
Chigasaki	3 571	...	Kobe	54 392	...
Chofu	2 153	...	Kochi	14 468	...
Daito	1 827	...	Kodaira	2 046	...
Ebina	2 590	...	Kofu	17 189	...
			Koganei	1 133	...
Fuchu	2 934	...	Kokubanji	1 148	...
Fuji	21 409	...	Komaki	6 282	...
Fujieda	14 074	...	Komatsu	37 113	...
Fujinomiya	31 481	...	Koriyama	73 105	...
Fujisawa	6 949	...	Koshigaya	6 031	...
Fukui	34 024	...	Kumagaya	8 515	...
Fukuoka	33 640	...			
Fukushima	74 648	...	Kumamoto	17 109	...
Fukuyama	36 444	...	Kurashiki	29 800	...
Funabashi	8 567	...	Kure	14 614	...
Gifu	19 609	...	Kurume	12 468	...
Habikino	2 644	...	Kushiro	22 138	...
			Kyoto	61 021	...
Hachinohe	21 316	...	Machida	7 164	...
Hachioji	18 631	...	Maebashi	14 735	...
Hadano	10 362	...	Matsubara	1 667	...
Hakodate	34 674	...	Matsudo	6 136	...
Hamamatsu	25 269	...	Matsue	17 581	...
Higashiosaka	6 181	...	Matsumoto	26 586	...
Higashikurume	1 292	...	Matsusaka	20 963	...
Higashimurayama	1 716	...	Matsuyama	28 888	...
Himeji	27 507	...	Minoo	4 777	...
Hino	2 753	...	Misato	3 020	...
Hirakata	6 507	...	Mishima	6 139	...
Hiratsuka	6 780	...	Mitaka	1 650	...
Hirosaki	27 380	...	Mito	14 701	...
Hiroshima	74 018	...	Miyakonojo	30 621	...
Hitachi	15 330	...	Miyazaki	28 631	...
Hofu	18 851	...	Moriguchi	1 271	...
Ibaraki	7 656	...	Morioka	39 869	...
Ichihara	36 792	...	Muroran	8 041	...
Ichikawa	5 743	...	Musashino	1 073	...
Ichinomiya	8 236	...	Nagano	40 435	...
Ikeda	2 211	...	Nagaoka	26 263	...
Imabari	7 452	...	Nagareyama	3 528	...
Irima	4 476	...	Nagasaki	24 077	...
Ise	17 900	...	Nagoya	32 637	...
Isezaki	6 516	...	Naha	3 873	...
Ishinomaki	13 667	...	Nara	21 161	...
Itami	2 495	...	Narashino	2 099	...
Iwaki	123 094	...	Neyagawa	2 473	...
Iwakuni	22 114	...	Niigata	20 535	...
Iwatsuki	4 920	...	Niihama	16 114	...
Izumi (Miyagi)	8 500	...	Niiza	2 280	...
Joetsu	24 920	...	Nishinomiya	9 887	...
Kadoma	1 229	...	Nobeoka	28 374	...
Kagoshima	28 956	...	Noda	7 372	...
Kakamigahara	7 975	...	Numazu	15 212	...
Kakogawa	13 846	...	Obihiro	61 894	...
Kamakura	3 962	...	Odawara	11 407	...
Kanazawa	46 777	...	Ogaki	7 975	...
Kariya	5 049	...	Oita	35 986	...
Kashihara	3 947	...	Okayama	51 326	...
Kashiwa	7 293	...	Okazaki	22 697	...

(See notes at end of table. – Voir notes à la fin du tableau.)

Continent, country or area, city and date / Continent, pays ou zone, ville et date	Surface area—Superficie(km²) City proper Ville proprement dite	Surface area—Superficie(km²) Urban agglomeration Agglomération urbaine	Continent, country or area, city and date / Continent, pays ou zone, ville et date	Surface area—Superficie(km²) City proper Ville proprement dite	Surface area—Superficie(km²) Urban agglomeration Agglomération urbaine
ASIA—ASIE (Cont.–Suite)			**Philippines**		
Japan – Japon			1 VII 1990		
			Angeles	603	...
1 X 1990			Bacolod	1 561	...
Okinawa	4 844	...	Bago	4 021	...
Ome	10 326	...	Baguio	489	...
Omiya	8 938	...	Batangas	2 830	...
Omuta	8 152	...	Butuan	5 263	...
Osaka	22 037	...	Cabanatuan	1 927	...
Ota	9 796	...	Cadiz	5 165	...
Otaru	24 299	...	Cagayan de Oro	4 128	...
Otsu	30 217	...	Calbayog	9 030	...
Oyama	17 163	...	Caloocan	558	...
Saga	10 376	...	Cavite	118	...
Sagamihara	9 039				
Sakai	13 677	...	Cebu	2 809	...
Sakata	17 578	...	Cotabato	1 760	...
			Dagupan	372	...
Sakura	10 359	...	Davao	22 113	...
Sapporo	112 118	...	General Santos	4 230	...
Sasebo	24 816	...	Iligan	7 305	...
Sayama	4 902	...	Iloilo	560	...
Sendai	78 350	...	Lapu–Lapu	581	...
Seto	11 152	...	Legaspi	1 537	...
Shimizu	22 763	...	Lipa	2 094	...
Shimonoseki	22 366	...	Lucena City	685	...
Shizuoka	114 613	...	Mandaue	117	...
Soka	2 742	...			
Suita	3 616	...	MANILA	383	...
Suzuka	19 460	...	Naga	775	...
			Olongapo	1 033	...
Tachikawa	2 438	...	Ormoc	4 643	...
Takamatsu	19 403	...	Pagadian	3 788	...
Takaoka	15 038	...	Pasay	139	...
Takarazuka	10 183	...	Quezon City	1 662	...
Takasaki	11 073	...	Roxas	1 020	...
Takatsuki	10 531	...	San Carlos	4 513	...
Tama	2 108	...	San Carlos(Pangasinan)	1 664	...
Tokorozawa	7 200	...	San Pablo	2 140	...
Tokushima	19 012	...	Silay	2 148	...
Tokuyama	33 980	...	Tacloban	1 009	...
TOKYO	61 765	...	Toledo	1 745	...
Tomakomai	56 027	...	Zamboanga	14 147	...
Tondabayashi	3 966				
Tottori	23 706	...	**Thailand – Thaïlande**		
Toyama	20 878				
Toyohashi	25 999	...	1 IV 1990		
Toyokawa	6 543	...	BANGKOK	1 565 200	...
Toyonaka	3 638	...	Chiang Mai	40 000	...
Toyota	29 010	...	Khon–kaen	89 800	...
Tsu	10 186	...	Nakhon Ratchasima	68 300	...
Tsuchiura	8 183	...	Nakhon Sawan	46 200	...
Tsuruoka	25 953	...	Nakhonsi Thammarat	21 400	...
Ube	21 030	...	Nanthaburi	39 900	...
Ueda	17 673	...	Saraburi	49 800	...
Uji	6 755	...	Songkhla	74 700	...
Urawa	7 067	...	Ubon Ratchathani	40 700	...
Uraysu	1 730	...			
Utsunomiya	31 216	...	**EUROPE**		
Wakayama	20 650	...			
Yachiyo	5 127	...	**Austria – Autriche**		
Yaizu	4 572	...			
Yamagata	38 134	...	12 V 1981		
Yamaguchi	35 690	...	Graz	1 275	1 432
Yamato	2 706	...	Innsbruck	1 049	1 431
Yao	4 171	...	Klagenfurt	1 201	932
Yatsushiro	14 636	...	Linz	960	1 659
Yokkaichi	19 733	...	Salzburg	656	1 187
Yokohama	43 525	...	WIEN	4 150	5 109
Yokosuka	9 988	...			
Yonago	9 946	...			
Zama	1 758	...			

(See notes at end of table. – Voir notes à la fin du tableau.)

Continent, country or area, city and date / Continent, pays ou zone, ville et date	Surface area–Superficie(km²)		Continent, country or area, city and date / Continent, pays ou zone, ville et date	Surface area–Superficie(km²)	
	City proper Ville proprement dite	Urban agglomeration Agglomération urbaine		City proper Ville proprement dite	Urban agglomeration Agglomération urbaine
EUROPE (Cont.–Suite)			EUROPE (Cont.–Suite)		
Austria – Autriche			Netherlands – Pays–Bas		
1 VII 1991			1 VII 1989		
WIEN	41 495	...	AMSTERDAM	20 417	73 318
			Apeldoorn	34 114	–
Czechoslovakia – Tchécoslovaquie			Arnhem	9 715	38 427
			Breda	7 643	17 675
1 VII 1990			Dordrecht	9 948	15 931
Bratislava	36 763	...	Eindhoven	7 914	45 462
Brno	23 036	...	Enschede	14 146	25 359
Hradec Králové	10 555	...	Groningen	8 281	20 416
Kosice	20 687	...	Haarlem	3 212	12 005
Liberec	10 228	...	Leiden	2 326	9 166
Olomouc	11 599	...	Maastricht	5 899	16 612
Ostrava	21 399	...	Nijmegen	4 410	28 538
Pizen	12 468	...	Rotterdam	27 344	51 446
Ustí nad Labem	10 259	...			
			's–Gravenhage	7 082	22 442
Denmark – Danemark			Tilburg	8 017	27 665
			Utrecht	5 644	45 592
1 I 1990			Zaanstad	8 159	10 865
Alborg	...	56 002			
Arhus	...	46 883	Norway – Norvège		
KOBENHAVN	12 256	99 032			
Odense	...	30 430	1 VII 1990		
			Bergen		
Estonia – Estonie			Bergen	4 447	...
			OSLO	4 266	13 481
1 I 1991			Trondheim	3 214	...
TALLINN	1 563	1 829			
Tartu	389	...	Poland – Pologne		
Finland – Finlande			1 VII 1990		
			Bialystok	90	...
31 XII 1990			Bielsko – Biala	120	...
Espoo	3 116	...	Bydgoszcz	175	...
HELSINKI	18 448	139 485	Bytom	83	...
Oulu	32 774	139 492	Chorzow	33	...
Tampere	5 227	143 107	Czestochowa	160	...
Turku	24 342	101 287	Dabrowa Gornicza	178	...
Vantaa	24 083	...	Elblag	66	...
			Gdansk	262	...
Hungary – Hongrie			Gdynia	136	...
			Gliwice	134	...
1 VII 1990			Grudziadz	59	...
BUDAPEST	525	...			
Debrecen	462	...	Gorzow Wielkopolski	77	...
Györ	175	...	Jastrzebie – Zdroj	90	...
Kecskemét	299	...	Kalisz	55	...
Miskolc	237	...	Katowice	165	...
Nyiregyháza	274	...	Kielce	110	...
Pécs	162	...	Koszalin	83	...
Szeged	357	...	Krakow	327	...
Székesfehérvár	171	...	Legnica	55	...
			Lodz	295	...
Iceland – Islande			Lublin	148	...
			Olsztyn	88	...
1 VII 1989			Opole	96	...
REYKJAVIK	100	...			
			Plock	66	...
Lithuania – Lituanie			Poznan	261	...
			Radom	112	...
1 I 1991			Ruda Slaska	78	...
Kaunas	123	...	Rybnik	135	...
Klaipeda	71	...	Rzeszow	54	...
Panevezhis	30	...	Slupsk	43	...
Shauliai	70	...	Sosnowiec	91	...
VILNIUS	287	...	Szczecin	301	...
			Tarnow	72	...
			Torun	116	...

8. Area of capital cities and cities of 100 000 and more inhabitants: latest available year (continued)

Area des capitales et des villes de 100 000 habitants et plus: dernière année disponible (suite)

(See notes at end of table. – Voir notes à la fin du tableau.)

Continent, country or area, city and date / Continent, pays ou zone, ville et date	Surface area–Superficie(km²)		Continent, country or area, city and date / Continent, pays ou zone, ville et date	Surface area–Superficie(km²)	
	City proper Ville proprement dite	Urban agglomeration Agglomération urbaine		City proper Ville proprement dite	Urban agglomeration Agglomération urbaine
EUROPE (Cont.–Suite)			OCEANIA—OCEANIE		
Poland – Pologne			Australia – Australie		
1 VII 1990			1 VII 1990		
Tychy	271	...	Adelaide	1 924	...
Walbrzych	85	...	Brisbane	2 996	...
WARSZAWA	485	...	CANBERRA	849	...
Wloclawek	85	...	Geelong	352	...
Wodzislaw Slaski	111	...	Gold Coast	658	...
Wroclaw	293	...	Greater Wollongong	1 087	...
Zabrze	80	...	Hobart	939	...
Zielona Gora	58	...	Melbourne	6 129	...
			Newcastle	4 046	...
Romania – Roumanie			Perth	5 381	...
			Sunshine Coast	446	...
1 VII 1990			Sydney	12 154	...
Arad	260	...	Townsville	539	...
Bacau	43	...			
Baia Mare	233	...	New Zealand – Nouvelle–Zélande		
Braila	33	...			
Brasov	267	...	5 III 1991		
BUCURESTI	228	...	Auckland	75	1 016
Cluj–Napoca	179	...	Christchurch	106	508
Constanta	126	...	Dunedin	184	184
Craiova	59	...	Hamilton	259	258
Galati	246	...	Manukau	566	...
Iasi	95	...	Waitakere	376	...
Oradea	115	...	WELLINGTON	263	440
Pitesti	41	...			
Ploiesti	58	...	Pitcairn		
Sibiu	122	...			
Timisoara	135	...	1 VII 1990		
Tirgu–Mures	49	...	ADAMSTOWN	...	5

9. Live births and crude live—birth rates, by urban/rural residence: 1987 – 1991

Naissances vivantes et taux bruts de natalité selon la résidence, urbaine/rurale: 1987 – 1991

(See notes at end of table. – Voir notes à la fin du tableau.)

Continent, country or area and urban/rural residence Continent, pays ou zone et résidence, urbaine/rurale	Code [1]	Number – Nombre					Rate – Taux				
		1987	1988	1989	1990	1991	1987	1988	1989	1990	1991
AFRICA—AFRIQUE											
Algeria – Algérie [2][3]	C	755 000	806 000	755 000	775 000	...	32.8	34.1	31.1	31.0	...
Angola	..	...	...	...	...	...		[4] 47.2			
Benin – Bénin	..	...	...	...	...	...		[4] 49.2			
Botswana	...	31 989	...	...	...	...		[4] 48.5			
Burkina Faso	..	...	...	...	...	...		[4] 47.1			
Burundi	..	...	...	...	...	...		[4] 47.6			
Cameroon – Cameroun	..	...	...	...	...	...		[4] 47.5			
Cape Verde – Cap–Vert	C	12 771	12 443	...	...	...	36.8	35.7	...	...	...
Central African Republic – République centrafricaine	..	...	...	...	...	...		[4] 45.5			
Chad – Tchad	..	...	...	...	...	...		[4] 44.2			
Comoros – Comores	..	...	...	...	...	...		[4] 47.5			
Congo	..	...	...	...	...	...		[4] 46.1			
Côte d'Ivoire	..	...	...	...	...	...		[4] 49.9			
Djibouti	..	...	...	...	...	...		[4] 46.5			
Egypt – Egypte [5]	C	1 902 604	1 912 765	...	...	...	38.8	37.9	...	...	...
Equatorial Guinea – Guinée équatoriale	..	...	...	...	...	...		[4] 43.8			
Ethiopia – Ethiopie	..	...	...	...	...	...		[4] 48.6			
Gabon	..	...	...	...	...	...		[4] 39.4			
Gambia – Gambie	..	...	...	...	...	...		[4] 47.4			
Ghana	..	...	...	...	...	...		[4] 44.4			
Guinea – Guinée	..	...	...	...	...	...		[4] 51.0			
Guinea–Bissau – Guinée–Bissau	..	...	...	...	...	...		[4] 42.9			
Kenya	..	...	...	...	...	...		[4] 47.0			
Lesotho	..	...	...	...	...	...		[4] 40.8			
Liberia – Libéria	..	...	...	...	...	...		[4] 47.3			
Libyan Arab Jamahiriya – Jamahiriya arabe libyenne	C	167 020	173 530	...	...	...	46.0	46.0	...	...	...
Madagascar	..	...	...	...	...	...		[4] 45.8			
Malawi	..	...	...	...	...	...		[4] 56.3			
Mali [6]	..	375 117	...	...	...	...	48.7	...	...	...	...
Mauritania – Mauritanie	..	...	...	...	...	...		[4] 46.2			
Mauritius – Maurice	..	...	...	...	...	...		[4] 18.6			
Island of Mauritius – Ile Maurice [5]	C	19 152	19 978	20 875	21 566	*22 197	19.1	19.7	20.3	20.8	*20.7
Rodrigues	C	882	884	867	803		24.1	24.2	23.4	21.2	...
Morocco – Maroc	...	465 918	488 000	...	...	...		[4] 35.5			
Mozambique	..	...	...	...	...	...		[4] 45.0			
Namibia – Namibie	..	...	...	...	...	...		[4] 44.0			
Niger	..	...	...	...	...	...		[4] 51.7			
Nigeria – Nigéria	..	...	...	...	...	...		[4] 48.5			
Réunion [2]	C	12 599	13 559	13 898	13 911	...	22.3	23.8	24.0	23.5	...
Rwanda	U	...	...	...	409 000			[4] 51.2			
St. Helena ex. dep. – Sainte–Hélène sans dép.	C	59	77	89	65	...	9.8	12.8	12.7	9.3	...
Tristan da Cunha	C	2	4	...	...	4	♦ 6.5	♦ 13.1	...	...	♦ 13.7
Sao Tome and Principe – Sao Tomé–et–Principe	C	3 913	4 201	4 047	...	...	34.9	36.7	35.0	...	...
Senegal – Sénégal	..	...	...	...	...	...		[4] 45.5			
Seychelles	+C	1 684	1 643	1 600	1 617	*1 708	25.4	24.7	23.9	24.0	*25.1
Sierra Leone	..	...	...	...	...	...		[4] 48.2			
Somalia – Somalie	..	...	...	...	...	...		[4] 50.1			
South Africa – Afrique du Sud	..	...	...	...	...	...		[4] 32.1			
Sudan – Soudan	..	...	...	...	...	...		[4] 44.6			
Swaziland	..	...	...	...	...	...		[4] 46.8			
Togo	..	...	...	...	...	...		[4] 44.7			
Tunisia – Tunisie [5]	C	224 169	215 069	199 459	208 300	...	29.3	27.7	25.2	25.8	...
Uganda – Ouganda	..	...	...	...	...	...		[4] 52.2			
United Rep. of Tanzania – Rép.–Unie de Tanzanie	..	...	...	...	...	...		[4] 50.5			
Zaire – Zaïre	..	...	...	...	...	...		[4] 45.6			
Zambia – Zambie	..	...	...	...	...	...		[4] 51.1			
Zimbabwe	..	...	...	...	...	...		[4] 41.7			

9. Live births and crude live—birth rates, by urban/rural residence: 1987 – 1991 (continued)

Naissances vivantes et taux bruts de natalité selon la résidence, urbaine/rurale: 1987 – 1991 (suite)

(See notes at end of table. – Voir notes à la fin du tableau.)

Continent, country or area and urban/rural residence / Continent, pays ou zone et résidence, urbaine/rurale	Code [1]	Number – Nombre					Rate – Taux				
		1987	1988	1989	1990	1991	1987	1988	1989	1990	1991
AMERICA, NORTH — AMERIQUE DU NORD											
Antigua and Barbuda – Antigua—et—Barbuda	+C	1 094	...	...	...	...	14.4	...	...	...	...
Aruba	+C	992	949	...	...	...	16.6	15.6	...	...	...
Bahamas	C	4 331	4 943	4 971	4 868	...	18.0	20.2	20.0	19.2	...
Barbados – Barbade	+C	3 828	3 745	4 015	...	...	15.1	14.7	15.7	...	...
Belize	U	6 121	6 325	6 810	...	*6 033	34.9	35.2	37.2	...	*31.1
Bermuda – Bermudes	C	899	935	912	895	...	15.7	15.7	15.2	14.8	...
British Virgin Islands – Iles Vierges britanniques	+C	263	237	244	...	...	21.6	19.2	19.5	...	...
Canada [7]	C	369 441	375 743	391 925	405 486	*411 910	14.4	14.5	14.9	15.3	*15.4
Cayman Islands – Iles Caïmanes	+U	359	380	438	490	...	15.7	15.6	16.9	17.9	...
Costa Rica [5]	C	80 326	81 376	83 460	81 939	...	28.9	28.5	28.6	27.4	...
Cuba [5]	C	179 477	187 911	184 891	186 658	*173 896	17.4	18.0	17.6	17.6	*16.2
Dominica – Dominique	C	1 621	1 731	1 657	1 630	...	20.0	21.3	20.2	19.9	...
Dominican Republic – République dominicaine	..	...	...	...	...	...		[4] 31.3			
El Salvador [5]	U	148 355	149 299	151 859	147 141	...		[4] 36.3			
Greenland – Groenland	C	1 090	1 217	1 210	...	...	20.1	22.2	21.8	...	...
Guadeloupe [2]	..							[4] 21.2			
Guatemala [5]	C	318 532	341 382	...	...	...	37.8	39.3	...	...	...
Haiti – Haïti	..							[4] 36.2			
Honduras	+..	...	...	...	...			[4] 39.8			
Jamaica – Jamaïque	+C	52 478	53 623	...	59 606	...	22.3	22.7	...	24.6	...
Martinique [2]	C	6 328	6 386	6 565	6 437	...	18.3	18.2	18.4	17.8	...
Mexico – Mexique	+U	2 794 390	2 619 379	2 586 708	2 692 863	...		[4] 29.0			
Netherlands Antilles – Antilles néerlandaises	+C	3 537	3 456	3 506	3 602	...	18.5	18.2	18.5	18.9	...
Nicaragua [5]	+U	98 240	...	...	93 093	...		[4] 41.8			
Panama [5]	C	57 647	58 459	59 069	57 851	...	25.3	25.2	24.9	23.9	...
Puerto Rico – Porto Rico [5]	C	64 393	64 081	66 692	66 555	...	18.8	18.5	19.1	18.5	...
Saint Kitts and Nevis – Saint—Kitts—et—Nevis	+C	947	944	989	...	...	21.8	21.3	22.5	...	...
Saint Lucia – Sainte—Lucie	+C	3 833	3 645	3 159	...	...	26.9	25.1	21.3	...	...
St. Vincent and the Grenadines – Saint—Vincent—et—Grenadines	C	...	2 537	...	...	...	...	22.5	...	...	...
Trinidad and Tobago – Trinité—et—Tobago	C	29 167	26 983	25 072	...	...	24.1	22.3	20.7	...	...
United States – Etats—Unis	C	3 809 394	3 909 510	4 040 958	*4 179 000	*4 111 000	15.7	16.0	16.3	*16.7	*16.4
United States Virgin Islands – Iles Vierges américaines	C	2 375	...	...	...	*2 511	22.4	...	...	...	*21.3
AMERICA, SOUTH — AMERIQUE DU SUD											
Argentina – Argentine	C	668 136	680 605	...	699 926	...	21.5	21.6	...	21.7	...
Bolivia – Bolivie	..							[4] 42.8			
Brazil – Brésil	U	2 660 886	2 809 657	2 581 035	...	...		[4] 28.6			
Chile – Chili [5]	C	279 762	296 581	303 798	292 146	...	22.3	23.3	23.4	22.2	...
Colombia – Colombie	..	...	...	...	...	...		[4] 27.4			
Ecuador – Equateur [5] [8]	U	261 312	267 652	200 099	201 702	...		[4] 32.9			
Falkland Islands (Malvinas)– Iles Falkland (Malvinas)	+C	...	18	...	...	...	...	♦ 9.0	...	...	...
Guyana	C							[4] 26.9			
Paraguay	U	37 693	...	...	...	...		[4] 34.8			
Peru – Pérou [9] [10]	..	721 000	727 000	730 000	734 000	...	35.6	35.1	34.6	34.1	...
Suriname	C	9 660	9 094	...	...	...	24.3	22.4	...	...	...
Uruguay	+C	53 368	55 797	55 324	56 514	...	17.5	18.2	18.0	18.3	...
Venezuela [9]	C	516 773	522 392	529 015	...	...	28.8	28.4	28.0	...	...
ASIA—ASIE											
Afghanistan	..	...	...	...	...	...		[4] 49.3			
Armenia – Arménie [5] [11]	C	78 492	74 707	75 250	...	...	22.8	22.1	22.9	...	...
Azerbaijan – Azerbaïdjan [5] [11]	C	184 585	184 350	181 631	...	...	26.9	26.4	25.6	...	...

273

9. Live births and crude live–birth rates, by urban/rural residence: 1987 – 1991 (continued)

Naissances vivantes et taux bruts de natalité selon la résidence, urbaine/rurale: 1987 – 1991 (suite)

(See notes at end of table. – Voir notes à la fin du tableau.)

Continent, country or area and urban/rural residence / Continent, pays ou zone et résidence, urbaine/rurale	Code [1]	Number – Nombre					Rate – Taux				
		1987	1988	1989	1990	1991	1987	1988	1989	1990	1991
ASIA—ASIE (Cont.–Suite)											
Bahrain – Bahreïn	U	12 699	12 555	13 611	13 370	...		[4]28.4			
Bangladesh [5]	U	3 414 202	3 476 511	...	...	...		[4]42.2			
Bhutan – Bhoutan	..	...	...	...				[4]38.3			
Brunei Darussalam – Brunéi Darussalam [5]	+C	7 088	6 881	6 926	...	...	30.3	28.5	27.8		...
Cambodia – Cambodge	..	...	...	...	...	...		[4]41.4			
China – Chine	..	...	...	...	...	...		[4]21.2			
Cyprus – Chypre	C	12 708	13 217	12 750	13 311	*13 216	18.7	19.2	18.3	19.0	*18.6
East Timor – Timor oriental	..	...	...	...		...		[4]43.8			
Georgia – Géorgie [5][11]	C	94 595	91 905	91 138	...	...	17.9	17.1	16.7	...	...
Hong Kong – Hong–kong [12]	C	69 958	75 412	69 621	67 911	...	12.5	13.3	12.1	11.7	...
India – Inde [5][13]	..	...	...	...	...	...	32.2	31.5	30.5	29.9	...
Indonesia – Indonésie	U	4 884 124	...	...	...	...		[4]28.6			
Iran (Islamic Republic of – Rép. islamique d') [5]	U	1 832 090	1 944 149	1 784 811	1 728 959	*2 309 091		[4]35.0			
Iraq	U	471 305	549 222					[4]42.6			
Israel – Israël [5][14]	C	99 022	100 454	100 757	103 349	...	22.7	22.6	22.3	22.2	...
Japan – Japon [5][15]	C	1 346 658	1 314 006	1 246 802	1 221 585	*1 223 186	11.0	10.7	10.1	9.9	*9.9
Jordan – Jordanie [16]	+C	107 519	116 346	115 742	...	...		[4]38.9			
Kazakhstan [5][11]	C	417 139	407 116	382 269	...	...	25.5	24.7	23.0	...	
Korea, Dem. People's Rep. of – Corée, rép. populaire dém. de	..	...	...	...	...	...		[4]23.5			
Korea, Republic of – Corée, Rép. de [5][17]	..	613 556	620 316	613 240	...	...	14.8	14.8	14.5	...	...
Kuwait – Koweït	C	52 412	...	...	...	...	28.0	...	...		
Kyrgyzstan – Kirghizistan [5][11]	C	136 588	133 710	131 508	...	...	32.6	31.4	30.4	...	
Lao People's Dem. Rep. – Rép. dém. populaire Lao	..	...	...	...	...	...		[4]45.1			
Lebanon – Liban	..	...	...	...	...	...		[4]31.7			
Macau – Macao [18]	...	7 565	7 913	7 568	6 872	...	17.6	18.0	16.9	14.3	...
Malaysia – Malaisie	...	488 200	507 579	469 663	497 522	...		[4]31.9			
Peninsular Malaysia [2][5] – Malaisie Péninsulaire	C	391 815	407 801	374 290	395 321	...	28.7	29.2	26.2	27.0	...
Maldives [5]	C	8 364	8 237	...	7 264	...	42.9	41.2	...	33.8	
Mongolia – Mongolie [5]	...	71 400	75 800	73 600	...	...		[4]36.1			
Myanmar	..	...	...	...	...	...		[4]30.6			
Nepal – Népal	..	...	...	...	...	...		[4]39.6			
Oman	..	...	...	...	...	...		[4]45.6			
Pakistan [5][19]	..	3 340 319	3 194 926	...	...	...	32.7	30.3			
Philippines	U	1 582 469	1 565 372	1 260 859	...	...		[4]33.2			
Qatar	C	9 919	10 842	10 908	11 022	...	30.4	25.3	23.9	22.7	
Saudi Arabia – Arabie saoudite	..	...	...	...	...	...		[4]42.1			
Singapore – Singapour [20]	C	43 616	52 957	47 735	51 142	*49 159	16.7	20.0	17.8	18.9	*17.8
Sri Lanka	+C	358 130	343 692	357 964	...	...	21.9	20.7	21.3	...	
Syrian Arab Republic – République arabe syrienne [2][21]	U	478 136	435 795	421 733	359 390	...		[4]44.6			
Tajikistan – Tadjikistan [5][11]	C	204 450	201 864	200 430	...	...	41.8	40.1	38.7	...	...
Thailand – Thaïlande [5]	+U	884 043	870 532	905 837	956 237	...		[4]22.3			
Turkey – Turquie [22]	..	...	...	...	1 482 144	...		...	26.1		
Turkmenistan – Turkménistan [5][11]	C	126 787	125 887	124 992	...	...	37.2	36.0	34.9	...	
United Arab Emirates – Emirats arabes unis	..	...	...	...	...	...		[4]22.8			
Uzbekistan – Ouzbékistan [5][11]	C	714 454	694 144	668 807	...	...	37.0	35.2	33.3	...	
Viet Nam	...	1 712 998	1 697 504	1 973 665	1 980 374	...		[4]31.8			
Yemen – Yémen	...	...	...	...	577 781	...		...		51.2	
Former Dem. Yemen – Ancienne Yémen dém.	...	...	...	...	...	...		[4]47.3			
Former Yemen Arab Rep. – Ancienne Yémen rép. arabe	...	...	...	...	...	...		[4]53.6			

9. Live births and crude live—birth rates, by urban/rural residence: 1987 – 1991 (continued)

Naissances vivantes et taux bruts de natalité selon la résidence, urbaine/rurale: 1987 – 1991 (suite)

(See notes at end of table. – Voir notes à la fin du tableau.)

Continent, country or area and urban/rural residence / Continent, pays ou zone et résidence, urbaine/rurale	Code [1]	Number – Nombre					Rate – Taux				
		1987	1988	1989	1990	1991	1987	1988	1989	1990	1991
EUROPE											
Albania – Albanie [5]	C	79 696	80 241	78 862	...	...	25.9	25.6	24.6	...	...
Andorra – Andorre [5]	...	527	572	634	628	*674	11.1	11.5	12.6	12.2	*11.7
Austria – Autriche	C	86 503	88 052	88 759	90 454	*93 815	11.4	11.6	11.7	11.7	*12.0
Belarus – Bélarus [5] [11]	C	162 937	163 193	153 449			16.1	15.2	15.0	...	
Belgium – Belgique	C	117 422	118 764	121 117	123 726	*126 068	11.9	12.0	12.3	12.6	*12.8
Bulgaria – Bulgarie [5]	C	116 672	117 440	112 289	105 180	*95 910	13.0	13.1	12.5	11.7	*10.7
Channel Islands – Iles Anglo–Normandes	C	1 654	1 751	1 761	...	*1 794	12.2	12.5	12.4	...	*12.9
Guernsey – Guernesey	C	645	680	687	754	*737	11.6	11.4	11.5	12.7	*12.5
Jersey	C	1 009	1 071	1 074	...	*1 057	12.6	13.4	13.0	...	*12.6
Czechoslovakia – Tchécoslovaquie [5]	C	214 927	215 909	208 472	210 553	*207 969	13.8	13.8	13.3	13.4	*13.3
Denmark – Danemark [23]	C	56 221	58 844	61 351	63 554	*64 437	11.0	11.5	12.0	12.4	*12.5
Estonia – Estonie [5] [11]	C	25 086	25 060	24 292	22 308	...	16.2	16.1	15.5	14.2	...
Faeroe Islands – Iles Féroé	C	777	870	933	...	...	16.6	18.4	19.7	...	...
Finland – Finlande [5] [24]	C	59 827	63 316	63 348	65 639	*65 680	12.1	12.8	12.8	13.2	*13.1
France [5] [25]	C	767 828	771 268	765 473	762 407	*759 000	13.8	13.8	13.6	13.5	*13.3
Germany – Allemagne [26]	C	867 969	892 993	880 459	901 935	*828 272	11.2	11.4	11.2	11.4	
Germany, Federal Rep. of – Allemagne, République fédérale d'	C	642 010	677 259	681 537	727 199	*719 470	10.5	11.0	11.0	11.5	*11.2
Former German Democratic Republic – Ancienne République démocratique allemande [5]	C	225 959	215 734	198 922	...	...	13.6	12.9	12.0	...	...
Gibraltar [27]	C	531	523	530	531	...	18.0	17.4	17.3	17.2	...
Greece – Grèce	C	105 899	107 668	101 149	102 854	...	10.6	10.8	10.1	10.2	...
Hungary – Hongrie [5]	C	125 840	124 296	123 304	125 679	*125 700	12.0	11.9	11.9	12.1	*12.2
Iceland – Islande [5]	C	4 193	4 673	4 560	4 768	*4 530	17.0	18.7	18.0	18.7	*17.6
Ireland – Irlande [5] [28]	+C	58 433	54 600	52 018	52 952	*52 645	16.5	15.4	14.8	15.1	*14.9
Isle of Man – Ile de Man	+C	729	781	817	...	*892	11.4	11.7	12.1	...	*12.7
Italy – Italie	C	552 329	569 698	555 686	564 843	...	9.6	9.9	9.7	9.8	...
Latvia – Lettonie [5] [11]	C	42 135	41 275	38 922	...	...	16.0	15.5	14.5	...	...
Liechtenstein	...	365	416	373	...	...	13.2	14.9	13.4	...	...
Lithuania – Lituanie [5] [11]	C	59 360	56 727	55 782	56 868	*56 219	16.4	15.5	15.1	15.3	*15.0
Luxembourg	C	4 238	4 603	4 665	4 936	...	11.4	12.3	12.4	13.0	...
Malta – Malte [29]	C	5 471	5 748	5 773	5 378	...	15.9	16.5	16.5	15.2	...
Netherlands – Pays–Bas [5] [30]	C	186 667	186 647	188 979	197 965	...	12.7	12.6	12.7	13.2	...
Norway – Norvège	C	54 027	57 526	59 303	60 939	*60 726	12.9	13.7	14.0	14.4	*14.2
Poland – Pologne [5]	C	605 492	587 741	562 530	545 817	*547 000	16.1	15.5	14.8	14.3	*14.3
Portugal [5]	C	123 218	122 121	118 560	116 383	*116 367	12.4	12.3	12.0	11.8	*11.0
Republic of Moldova [5] [11] – République de Moldova	C	91 762	88 568	82 221	...	...	21.4	20.5	18.9	...	...
Romania – Roumanie [5]	C	383 199	380 043	369 544	314 746	...	16.7	16.5	16.0	13.6	...
Russian Federation – Fédération Russe [5] [11]	C	2 499 974	2 348 494	2 160 559	...	...	17.1	16.0	14.6	...	...
San Marino – Saint–Marin [5]	+C	220	242	231	...	...	9.7	10.7	10.1	...	...
Spain – Espagne	C	421 098	415 844	...	396 353	...	10.9	10.7	...	10.2	...
Sweden – Suède	C	104 699	112 080	116 023	123 938	*123 561	12.5	13.3	13.7	14.5	*14.3
Switzerland – Suisse [5]	C	76 505	80 345	81 180	83 939	*85 300	11.7	12.2	12.2	12.5	*12.6
Ukraine [5] [11]	C	760 851	744 056	690 981	657 200	...	14.8	14.4	13.4	12.7	...
United Kingdom–Royaume–Uni [31]	C	775 617	787 556	777 285	798 612	*792 506	13.6	13.8	13.6	13.9	*13.8
Yugoslavia – Yougoslavie [5]	C	359 338	356 268	336 394	333 746	...	15.3	15.1	14.2	14.0	...
OCEANIA—OCEANIE											
American Samoa – Samoa américaines	C	1 640	1 625	...	...	...	44.4	43.4	...	...	...
Australia – Australie	C	243 959	246 193	250 853	262 648	...	15.0	14.9	14.9	15.4	...
Cook Islands – Iles Cook	C	408	430	...	...	...	22.7	24.3	...	...	...
Fiji – Fidji [5]	C	19 445	...	17 577	18 176	...	27.0	27.6	23.4	24.9	...

9. Live births and crude live-birth rates, by urban/rural residence: 1987 – 1991 (continued)

Naissances vivantes et taux bruts de natalité selon la résidence, urbaine/rurale: 1987 – 1991 (suite)

(See notes at end of table. – Voir notes à la fin du tableau.)

Continent, country or area and urban/rural residence / Continent, pays ou zone et résidence, urbaine/rurale	Code [1]	Number – Nombre					Rate – Taux				
		1987	1988	1989	1990	1991	1987	1988	1989	1990	1991
OCEANIA—OCEANIE(Cont.–Suite)											
French Polynesia – Polynésie française	...	5 401	5 710	5 364	...	...	29.5	30.4	27.9	...	...
Guam [32]	C	3 348	...	...	...	...	26.5	...	...	...	...
Marshall Islands – Iles Marshall [33]	U	1 618	1 541	1 429	...	...	38.6	36.1	32.2	...	...
New Caledonia – Nouvelle–Calédonie	U	3 881	...	...	...	...	24.6	...	...	...	...
New Zealand – Nouvelle–Zélande [5]	+C	55 254	57 546	58 091	60 153	*60 001	16.8	17.5	17.5	18.0	*17.8
Niue – Nioué	...	50	...	...	...	...	20.9	...	...	...	...
Norfolk Island – Ile Norfolk	C	...	29	...	...	...	...	...	...	...	...
Northern Mariana Islands – Iles Mariannes septentrionales [33]	U	...	...	989	...	...	...	...	39.5	...	...
Pacific Islands (Palau) [33] – Iles du Pacifique (Palaos)	U	...	292	...	...	...	...	18.2	...	...	...
Papua New Guinea – Papouasie–Nouvelle–Guinée	...	122 240	...	...	...	...	[4] 34.2		...	♦ 19.2	...
Pitcairn	C	...	...	...	1	...	...	...	...		
Samoa	U	...	...	2 006	...	...	...	...	12.3	...	...
Tonga	...	2 479	2 337	2 254	2 161	...	25.9	24.5	23.7	22.7	...

9. Live births and crude live—birth rates, by urban/rural residence: 1987 – 1991 (continued)

Naissances vivantes et taux bruts de natalité selon la résidence, urbaine/rurale: 1987 – 1991 (suite)

Data by urban/rural residence

Données selon la résidence urbaine/rurale

(See notes at end of table. – Voir notes à la fin du tableau.)

Continent, country or area and urban/rural residence / Continent, pays ou zone et résidence, urbaine/rurale	Code [1]	Number – Nombre					Rate – Taux				
		1987	1988	1989	1990	1991	1987	1988	1989	1990	1991
AFRICA—AFRIQUE											
Egypt – Egypte	C										
Urban – Urbaine		745 288	732 173	...	...	...	34.6	33.1	...	...	...
Rural – Rurale		1 157 316	1 180 592	...	...	...	42.1	41.8	...	...	...
Mauritius – Maurice											
Island of Mauritius – Ile Maurice	C										
Urban – Urbaine		7 979	8 408	8 333	9 514	...	19.4	20.3	19.9	22.6	...
Rural – Rurale		11 172	11 649	12 622	12 285	...	18.9	19.3	20.7	20.0	...
Tunisia – Tunisie	C										
Urban – Urbaine		154 144	145 669	142 787	...	...	...	...	30.5	...	...
Rural – Rurale		70 025	69 400	56 672	...	...	...	...	17.6	...	...
AMERICA,NORTH— AMERIQUE DU NORD											
Costa Rica	C										
Urban – Urbaine		29 567	31 509	34 751	32 133	...	...	...	...	...	...
Rural – Rurale		50 759	49 867	48 709	49 806	...	...	...	...	...	...
Cuba	C										
Urban – Urbaine		123 120	128 906	...	...	...	16.6	17.1	...	...	...
Rural – Rurale		56 357	59 005	...	...	...	19.6	20.6	...	...	...
El Salvador	U										
Urban – Urbaine		71 221	72 659	74 088	...	...	32.1	32.0	31.8	...	...
Rural – Rurale		77 134	76 640	77 771	...	...	22.9	22.3	22.3	...	...
Guatemala	C										
Urban – Urbaine		120 814	126 988	...	...	...	...	...	...	...	...
Rural – Rurale		197 718	214 394	...	...	...	...	...	...	...	...
Nicaragua	U										
Urban – Urbaine		64 065	...	...	...	...	31.3	...	...	...	...
Rural – Rurale		34 175	...	...	...	...	23.5	...	...	...	...
Panama	C										
Urban – Urbaine		26 766	26 754	26 971	...	...	22.7	22.1	21.7	...	...
Rural – Rurale		30 881	31 705	32 098	...	...	28.2	28.6	28.5	...	...
Puerto Rico – Porto Rico	C										
Urban – Urbaine		...	32 658	32 692	32 570	...	...	...	...	...	...
Rural – Rurale		...	31 404	33 736	33 966	...	...	...	...	...	...
AMERICA,SOUTH— AMERIQUE DU SUD											
Chile – Chili	C										
Urban – Urbaine		226 264	240 996	261 012	251 653	...	21.5	22.5	23.9	22.6	...
Rural – Rurale		39 510	40 756	42 786	40 493	...	19.5	20.1	21.1	20.0	...
Ecuador – Equateur [8]	U										
Urban – Urbaine		150 390	152 933	112 926	...	...	28.3	27.7	19.6	...	...
Rural – Rurale		110 922	114 719	87 173	...	...	24.0	24.5	18.4	...	...
ASIA—ASIE											
Armenia – Arménie [11]	C										
Urban – Urbaine		47 711	47 639	47 871	...	...	...	...	21.5	...	...
Rural – Rurale		30 781	27 068	27 379	...	...	...	...	25.3	...	...
Azerbaijan–Azerbaïdjan [11]	C										
Urban – Urbaine		91 466	89 689	85 930	...	...	...	...	22.6	...	...
Rural – Rurale		93 119	94 661	95 701	...	...	...	...	29.8	...	...
Bangladesh	U										
Urban – Urbaine		358 602	375 690	...	...	...	...	...	...	...	...
Rural – Rurale		3 055 600	3 100 821	...	...	...	...	...	...	...	...
Brunei Darussalam – Brunéi Darussalam	+C										
Urban – Urbaine		6 452	6 380	6 450	...	...	...	...	...	...	...
Rural – Rurale		636	501	476	...	...	...	...	...	...	...
Georgia – Géorgie [11]	C										
Urban – Urbaine		49 966	49 096	49 244	...	...	...	...	16.5	...	...
Rural – Rurale		44 629	42 809	41 894	...	...	...	...	17.4	...	...
India – Inde [13]	..										
Urban – Urbaine		...	...	...	...	...	27.4	26.3	25.2	...	...
Rural – Rurale		...	...	...	...	...	33.7	33.1	32.2	...	...
Iran (Islamic Republic of – Rép. islamique d')	U										
Urban – Urbaine		968 577	969 071	978 729	936 398	...	...	...	...	...	...
Rural – Rurale		863 513	975 078	806 082	792 561	...	...	...	...	...	...

Data by urban/rural residence

Données selon la résidence urbaine/rurale

(See notes at end of table. – Voir notes à la fin du tableau.)

Continent, country or area and urban/rural residence / Continent, pays ou zone et résidence, urbaine/rurale	Code [1]	Number – Nombre					Rate – Taux				
		1987	1988	1989	1990	1991	1987	1988	1989	1990	1991
ASIA—ASIE (Cont.–Suite)											
Israel – Israël [14]	C										
Urban – Urbaine		86 457	87 809	90 007	92 516	...	22.3	22.3	22.2	22.1	...
Rural – Rurale		12 565	12 645	10 750	10 833	...	25.9	25.4	23.5	23.2	...
Japan – Japon [15]	C										
Urban – Urbaine		1 047 848	1 028 392	977 013	960 690	...	...	...	...	10.0	...
Rural – Rurale		298 810	285 614	269 789	260 895	...	...	...	...	9.3	...
Kazakhstan [11]	C										
Urban – Urbaine		216 518	209 889	193 394	...	...	...	...	20.6	...	...
Rural – Rurale		200 621	197 227	188 875	...	...	...	...	26.7	...	...
Korea, Republic of– Corée, Rép. de [17]	..										
Urban – Urbaine		445 271	460 543	487 485	...	...	15.5	15.7	16.3	...	...
Rural – Rurale		168 285	159 773	125 755	...	...	13.1	12.6	10.1	...	...
Kyrgyzstan – Kirghizistan [11]	C										
Urban – Urbaine		41 732	40 803	38 943	...	...	...	...	24.0	...	...
Rural – Rurale		94 856	92 907	92 565	...	...	...	...	35.2	...	...
Malaysia – Malaisie Peninsular Malaysia [2] – Malaisie Péninsulaire	C										
Urban – Urbaine		146 975	154 819	137 915	...	...	...	...	...		
Rural – Rurale		244 840	252 982	236 375	...	...	...	...	...		
Maldives	C										
Urban – Urbaine		1 310	1 295	...	...	...	24.3	23.1	...	...	...
Rural – Rurale		7 054	6 942	...	...	...	49.9	48.2	...	...	...
Mongolia – Mongolie	...										
Urban – Urbaine		34 700	38 400	36 500	...	...	...	...	31.3	...	...
Rural – Rurale		36 700	37 400	37 100	...	...	...	...	42.3	...	...
Pakistan [19]	..										
Urban – Urbaine		922 164	908 388	...	...	...	31.9	30.5	...	...	...
Rural – Rurale		2 418 155	2 286 538	...	...	...	33.0	30.2	...	...	...
Tajikistan – Tadjikistan [11]	C										
Urban – Urbaine		52 849	48 491	47 345	...	...	...	...	28.6	...	...
Rural – Rurale		151 601	153 373	153 085	...	...	...	...	44.5	...	...
Thailand – Thaïlande	+U										
Urban – Urbaine		...	346 022	243 395	262 716	...	...	...	...	25.7	...
Rural – Rurale		...	524 510	662 442	693 521	...	...	...	...	15.6	...
Turkmenistan – Turkménistan [11]	C										
Urban – Urbaine		51 692	51 635	52 006	...	...	...	...	32.7	...	...
Rural – Rurale		75 095	74 252	72 986	...	...	...	...	37.8	...	...
Uzbekistan – Ouzbékistan [11]	C										
Urban – Urbaine		231 613	224 598	213 379	...	...	...	...	26.5	...	...
Rural – Rurale		482 841	469 546	455 428	...	...	...	...	38.7	...	...
EUROPE											
Albania – Albanie	C										
Urban – Urbaine		24 006	24 289	23 803	...	...	22.2	21.9	20.8	...	...
Rural – Rurale		55 690	55 952	55 059	...	...	27.9	27.6	26.8	...	...
Andorra – Andorre	...										
Urban – Urbaine		...	...	615	591	643	...	...	12.9	12.1	11.8
Rural – Rurale		...	...	19	37	31	...	...	◆ 7.6	13.7	9.5
Belarus – Bélarus [11]	C										
Urban – Urbaine		113 868	116 005	110 472	...	...	...	...	16.6	...	...
Rural – Rurale		49 069	47 188	42 977	...	...	...	...	12.2	...	...
Bulgaria – Bulgarie	C										
Urban – Urbaine		81 101	81 627	78 724	73 940	...	13.7	13.6	13.0	12.1	...
Rural – Rurale		35 571	35 813	33 565	31 240	...	11.7	12.0	11.4	10.8	...
Czechoslovakia – Tchécoslovaquie	C										
Urban – Urbaine		...	163 694	158 053	136 876	...	...	16.1	15.4	13.3	...
Rural – Rurale		...	52 215	50 419	73 677	...	...	9.6	9.4	13.8	...
Estonia – Estonie [11]	C										
Urban – Urbaine		17 595	17 448	16 520	15 003	...	15.9	15.7	14.7	13.4	...
Rural – Rurale		7 491	7 612	7 772	7 305	...	17.0	17.1	17.4	16.3	...
Finland – Finlande [24]	C										
Urban – Urbaine		37 740	39 916	39 543	...	...	12.4	13.1	12.9	...	...
Rural – Rurale		22 087	23 400	23 805	...	...	11.7	12.4	12.5	...	...

9. Live births and crude live—birth rates, by urban/rural residence: 1987 – 1991 (continued)

Naissances vivantes et taux bruts de natalité selon la résidence, urbaine/rurale: 1987 – 1991 (suite)

Data by urban/rural residence

Données selon la résidence urbaine/rurale

(See notes at end of table. – Voir notes à la fin du tableau.)

Continent, country or area and urban/rural residence / Continent, pays ou zone et résidence, urbaine/rurale	Code [1]	Number – Nombre					Rate – Taux				
		1987	1988	1989	1990	1991	1987	1988	1989	1990	1991
EUROPE (Cont.–Suite)											
France [25]	C										
Urban – Urbaine		592 837	594 125	589 791	587 987	...	...	...	...	...	...
Rural – Rurale		174 991	175 543	173 958	172 709	...	...	...	...	...	...
Germany – Allemagne [26]		...		...		...	...	...			
Former German Democratic Republic – Ancienne République démocratique allemande	C										
Urban – Urbaine		171 613	164 197	151 831	...	...	13.4	12.8	11.9	...	...
Rural – Rurale		54 346	51 537	47 091	...	...	14.1	13.3	12.2	...	...
Hungary – Hongrie [34]	C										
Urban – Urbaine		70 398	69 107	73 486	74 767	...	10.9	10.7	11.4	11.6	...
Rural – Rurale		54 957	54 658	49 261	50 490	...	13.6	13.6	12.4	12.9	...
Iceland – Islande	C										
Urban – Urbaine		3 833	4 258	4 189	4 337	...	17.3	18.9	18.3	18.8	...
Rural – Rurale		360	415	371	431	...	14.4	16.9	15.3	18.1	...
Ireland – Irlande [28]	+C										
Urban – Urbaine		...	...	24 278	25 098	...	...	...	...	...	...
Rural – Rurale		...	...	27 740	27 854	...	...	...	...	...	...
Latvia – Lettonie [11]	C										
Urban – Urbaine		28 042	27 506	25 702	...	...	15.0	14.5	13.5	...	...
Rural – Rurale		14 093	13 769	13 220	...	...	18.4	17.8	17.1	...	...
Lithuania – Lituanie [11]	C										
Urban – Urbaine		39 376	37 368	36 819	37 700	37 485	16.3	15.2	14.7	14.8	14.6
Rural – Rurale		19 984	19 359	18 963	19 168	18 734	16.6	16.2	16.0	16.2	15.9
Netherlands – Pays–Bas [30] [35]	C										
Urban – Urbaine		91 782	91 881	93 068	97 903	...	12.3	12.3	12.3	12.9	...
Rural – Rurale		23 673	23 531	23 559	24 167	...	14.0	13.8	13.9	14.3	...
Semi–urban–Semi–urbaine		71 212	71 228	72 350	75 890	...	12.9	12.8	12.9	13.4	...
Poland – Pologne	C										
Urban – Urbaine		325 593	317 558	302 336	291 477	...	14.2	13.7	13.0	12.4	...
Rural – Rurale		279 899	270 183	260 194	254 340	...	18.9	18.4	17.8	17.4	...
Portugal	C										
Urban – Urbaine		36 479	39 005	...	...	...	...	...	...	...	...
Rural – Rurale		70 763	63 142	...	...	...	...	...	...	...	...
Republic of Moldova [11] – République de Moldova	C										
Urban – Urbaine		40 333	39 836	36 676	...	...	...	...	18.2	...	...
Rural – Rurale		51 429	48 732	45 545	...	...	...	...	19.7	...	...
Romania – Roumanie	C										
Urban – Urbaine		180 993	179 889	176 739	156 950	...	15.4	15.0	14.4	12.4	...
Rural – Rurale		202 206	200 154	192 805	157 796	...	18.1	18.0	17.8	14.9	...
Russian Federation – Fédération Russe [11]	C										
Urban – Urbaine		1 769 032	1 662 029	1 520 741	...	...	...	...	14.1	...	...
Rural – Rurale		730 942	686 465	639 818	...	...	...	...	16.4	...	...
San Marino – Saint–Marin	+C										
Urban – Urbaine		199	224	209	...	...	9.7	10.9	10.1	...	...
Rural – Rurale		21	18	22	...	...	♦ 9.7	♦ 8.3	♦ 10.1	...	...
Switzerland – Suisse	C										
Urban – Urbaine		42 012	44 057	44 397	45 518	...	10.6	11.1	11.1	11.3	...
Rural – Rurale		34 493	36 288	36 783	38 421	...	13.3	13.9	13.9	14.3	...
Ukraine [11]	C										
Urban – Urbaine		515 962	509 556	471 104	...	...	15.0	...	13.6	...	...
Rural – Rurale		244 889	234 500	219 877	...	...	14.5	...	12.8	...	...
Yugoslavia – Yougoslavie	C										
Urban – Urbaine		177 131	178 377	167 308	...	...	...	...	...	...	...
Rural – Rurale		182 207	177 891	169 086	...	...	...	...	...	...	...
OCEANIA—OCEANIE											
Fiji – Fidji	C										
Urban – Urbaine		7 764	...	...	...	...	27.8	...	...	...	...
Rural – Rurale		11 681	...	...	...	...	26.4	...	...	...	...
New Zealand – Nouvelle–Zélande	+C										
Urban – Urbaine		40 754	42 720	43 283	45 321	...	...	...	...	...	...
Rural – Rurale		14 500	14 826	14 808	14 832	...	...	...	...	...	...

GENERAL NOTES

For certain countries, there is a discrepancy between the total number of live births shown in this table and those shown in subsequent tables for the same year. Usually this discrepancy arises because the total number of births occurring in a given year is revised, although the remaining tabulations are not. Rates are the number of live births per 1 000 mid–year population. For definitions of "urban", see end of table 6. For method of evaluation and limitations of data, see Technical Notes, page 52.

Italics: data from civil registers which are incomplete or of unknown completeness.

FOOTNOTES

* Provisional.
♦ Rates based on 30 or fewer live births.
+ Data tabulated by date of registration rather than occurrence.

1 Code "C" indicates that the data are estimated to be virtually complete (at least 90 per cent) and code "U" indicates that the data are estimated to be incomplete (less than 90 per cent). The code does not apply to estimated rates. For further details, see Technical Notes.
2 Excluding live–born infants dying before registration of birth.

3 For Algerian population only; however rates computed on total population.

4 Estimate for 1985–1990 prepared by the Population Division of the United Nations.
5 For classification by urban/rural residence, see end of table.
6 Based on the results of the population census of 1987.
7 Including Canadian residents temporarily in the United States, but excluding United States residents temporarily in Canada.

8 Excluding nomadic Indian tribes.
9 Excluding Indian jungle population.
10 Including and upward adjustment for under–registration.
11 Excluding infants born alive after less than 28 weeks' gestation, of less than 1 000 grammes in weight and 35 centimetres in length, who die within seven days of birth.
12 Excluding Vietnamese refugees.
13 Based on Sample Registration Scheme.
14 Including data for East Jerusalem and Israeli residents in certain other territories under occupation by Israeli military forces since June 1967.

15 For Japanese nationals in Japan only; however, rates computed on total population.
16 Excluding data for Jordanian territory under occupation since June 1967 by Israeli military forces. Excluding foreigners, including registered Palestionian refugees. For number of refugees, see table 5.
17 Based on the results of the Continuous Demographic Sample Survey.
18 Events registered by Health Service only.
19 Based on the results of the Population Growth Survey.
20 Excluding transients afloat and non–locally domiciled military and civilian services personnel and their dependants.

21 Excluding nomads and Palestinian refugees; however, rates computed on total population. For number of Palestinian refugees among whom births numbered 5 681 in 1968, see table 5.

NOTES GENERALES

Pour quelques pays il y a une discordance entre le nombre total des naissances vivantes présenté dans ce tableau et ceux présentés après pour la même année. Habituellement ces différences apparaissent lorsque le nombre total des naissances pour une certaine année a été révisé; alors que les autres tabulations ne l'ont pas été. Les taux représentent le nombre de naissances vivantes pour 1 000 personnes au milieu de l'année. Pour les définitions des "régions urbaines", se reporter à la fin du tableau 6. Pour la méthode d'évaluation et les insuffisances des données, voir Notes techniques, page 52.
Italiques: données incomplètes ou dont le degré d'exactitude n'est pas connu, provenant des registres de l'état civil.

NOTES

* Données provisoires.
♦ Taux basés sur 30 naissances vivantes ou moins.
+ Données exploitées selon la date de l'enregistrement et non la date de l'événement.
1 Le code "C" indique que les données sont jugées pratiquement complètes (au moins 90 p. 100) et le code "U" que les données sont jugées incomplètes (moins de 90 p. 100). Le code ne s'applique pas aux taux estimatifs. Pour plus de détails, voir Notes techniques.
2 Non compris les enfants nés vivants, décédés avant l'enregistrement de leur naissance.
3 Pour la population algérienne seulement; toutefois, les taux sont calculés sur la base de la population totale.
4 Estimations pour 1985–1990 établie par la Division de la population de l'Organisation des Nations Unies.
5 Pour le classement selon la résidence, urbaine/rurale voir la fin du tableau.
6 D'après les résultats du recensement de la population de 1987.
7 Y compris les résidents canadiens se trouvant temporairement aux Etats–Unis, mais non compris les résidents des Etats–Unis se trouvant temporairement au Canada.
8 Non compris les tribus d'Indiens nomades.
9 Non compris les Indiens de la jungle.
10 Y compris un ajustement pour sous–enregistrement.
11 Non compris les enfants nés vivants après moins de 28 semaines de gestation, pesant moins de 1 000 grammes, mesurant moins de 35 centimètres et décédés dans les sept jours qui ont suivi leur naissance.
12 Non compris les réfugiés du Viet Nam.
13 D'après le Programe d'enregistrement par sondage.
14 Y compris les données pour Jérusalem–Est et les résidents israéliens dans certains autres territoires occupés depuis juin 1967 par les forces armées israéliennes.
15 Pour les nationaux japonais au Japon seulement; toutefois, les taux sont calculés sur la base de la population totale.
16 Non compris les données pour le territoire jordanien occupé depuis juin 1967 par les forces armées israéliennes. Non compris les étrangers, mais y compris les réfugiés de Palestine immatriculés. Pour le nombre de réfugiés, voir le tableau 5.
17 D'après les résultats d'une enquête démographique par sondage continue.
18 Evénement enregistrés par les Service de santé seulement.
19 D'après les résultats de la "Population Growth Survey".
20 Non compris les personnes de passage à bord de navires, ni les militaires et agents civils domiciliés hors du territoire et les membres de leur famille les accompagnant.
21 Non compris la population nomade et le réfugiés de Palestine; toutefois, les taux sont calculés sur la base de la population totale. Pour le nombre de réfugiés de Palestine, parmi lesquel les naissances s'établissent à 5 681 pour 1968, voir le tableau 5.

9. Live births rates, by urban/rural residence: 1986 – 1990 (continued)

Taux bruts de natalité selon la résidence, urbaine/rurale: 1986 – 1990 (suite)

FOOTNOTES (continued)

22 Based on the results of the Population Demographic Survey.
23 Excluding Faeroe Islands and Greenland.
24 Including nationals temporarily outside the country.
25 Including armed forces stationed outside the country.
26 All data shown pertaining to Germany prior to 3 October 1990 are indicated separately for the Federal Republic of Germany and the former German Democratic Republic based on their respective territories at the time indicated. See explanatory notes on data pertaining to Germany on page 4.

27 Rates computed on population excluding armed forces.

28 Births registered within one year of occurrence.
29 Rates computed on population including civilian nationals temporarily outside country.
30 Including residents outside the country if listed in a Netherlands population register.
31 Data tabulated by date of occurrence for England and Wales, and by date of registration for Northern Ireland and Scotland.
32 Including United States military personnel, their dependants and contract employees.
33 Excluding United States military personnel, their dependants and contract employees.
34 Excluding births of unknown residence.
35 Excluding persons on the Central Register of Population (containing persons belonging to the Netherlands population but having no fixed municipality of residence).

NOTES (suite)

22 D'après les résultats d'une enquête démographique par sondage.
23 Non compris les îles Féroe et le Groenland.
24 Y compris les nationaux se trouvant temporairement hors du pays.
25 Y compris les militaires nationaux hors du pays.
26 Toutes les données se rapportant à l'Allemagne avant le 3 octobre 1990 figurent dans deux rubriques séparées basées sur les territoires respectifs de la République fédérale d'Allemagne et l'ancienne République démocratique allemande selon la période indiquée. Voir les notes explicatives sur les données concernant l'Allemagne à la page 4.
27 Taux calculés sur la base d'un chiffre de population qui ne comprend pas les militaires.
28 Naissances enregistrées dans l'année qui suit l'événement.
29 Taux calculés sur la base d'un chiffre de population qui comprend les civils nationaux temporairement hors du pays.
30 Y compris les résidents hors du pays, s'ils sont inscrits sur un registre de population néerlandais.
31 Données exploitées selon la date de l'événement pour l'Angleterre et le pays de Galles, et selon la date de l'enregistrement pour l'Irlande du Nord et l'Ecosse.
32 Y compris les militaires des Etats—Unis, les membres de leur famille les accompagnant et les agents contractuels des Etats—Unis.
33 Non compris les militaires des Etats—Unis, les membres de leur famille les accompagnant et les agents contractuels des Etats—Unis.
34 Non compris les naissances dont on ignore la résidence.
35 Non compris les personnes inscrites sur le Registre central de la population (personnes appartenant à la population néerlandaise mais sans résidence fixe dans l'une des municipalités).

10. Live births by age of mother, sex and urban/rural residence: latest available year

Naissances vivantes selon l'âge de la mère, le sexe et la résidence, urbaine/rurale: dernière année disponible

(See notes at end of table. – Voir notes à la fin du tableau.)

Continent, country or area, year, sex and urban/rural residence / Continent, pays ou zone, année, sexe et résidence, urbaine/rurale	All ages Tous âges	–15	15–19	20–24	25–29	30–34	35–39	40–44	45–49	50+	Unknown Inconnu
AFRICA—AFRIQUE											
Algeria – Algérie 1980 [1][2]											
Total	818 613	–	74 828	224 432	228 232	135 045	92 825	41 167	7 945	1 927	12 212
Botswana 1984											
Total	30 363	35	5 159	9 565	6 528	4 480	2 691	1 209	*—	267 —*	429
Male – Masculin	15 587	16	2 704	4 897	3 404	2 266	1 375	567	*—	129 —*	229
Female – Féminin	14 776	19	2 455	4 668	3 124	2 214	1 316	642	*—	138 —*	200
Cape Verde – Cap–Vert 1985											
Total	11 282	*—	1 669 —*	3 812	2 772	1 753	663	377	*—	106 —*	130
Male – Masculin	5 705	*—	839 —*	1 890	1 423	892	341	197	*—	54 —*	69
Female – Féminin	5 577	*—	830 —*	1 922	1 349	861	322	180	*—	52 —*	61
Egypt – Egypte 1988 [3]											
Total	1 912 765	*—	43 572 —*	402 735	578 943	403 382	242 378	77 681	*—	25 077 —*	138 997
Male – Masculin	981 843	*—	22 411 —*	207 103	297 373	207 287	124 088	39 536	*—	12 844 —*	71 201
Female – Féminin	930 922	*—	21 161 —*	195 632	281 570	196 095	118 290	38 145	*—	12 233 —*	67 796
Libyan Arab Jamahiriya – Jamahiriya arabe libyenne 1981											
Total	118 228	*—	9 831 —*	29 757	28 228	21 957	13 823	5 515	1 817	97	7 203
Male – Masculin	60 688	*—	5 125 —*	15 376	14 537	11 252	6 944	2 839	899	54	3 662
Female – Féminin	57 540	*—	4 706 —*	14 381	13 691	10 705	6 879	2 676	918	43	3 541
Malawi 1982 [3][4]											
Total	281 888	835	41 057	78 754	63 014	46 839	27 510	13 262	6 261	3 903	453
Male – Masculin	142 899	386	20 983	40 226	31 635	24 428	13 434	6 139	3 406	1 914	348
Female – Féminin	138 989	449	20 074	38 528	31 379	22 411	14 076	7 123	2 855	1 989	105
Mauritius – Maurice Island of Mauritius – Ile Maurice 1990											
Total	21 566	21	1 977	7 047	6 859	3 522	1 480	312	23	7	318
Male – Masculin	10 935	13	1 028	3 551	3 553	1 719	731	171	12	5	152
Female – Féminin	10 631	8	949	3 496	3 306	1 803	749	141	11	2	166
Rodrigues 1990											
Total	803	3	128	212	175	100	54	27	10	–	94
Male – Masculin	421	2	74	108	89	44	27	15	6	–	56
Female – Féminin	382	1	54	104	86	56	27	12	4	–	38
Réunion 1989 [1][5]											
Total	13 898	9	1 375	4 183	4 268	2 505	1 243	273	*—	21 —*	21
Seychelles 1990+											
Total	1 617	1	219	547	473	255	103	19	–	–	–
Male – Masculin	834	1	115	281	250	128	48	11	–	–	–
Female – Féminin	783	–	104	266	223	127	55	8	–	–	–
Tunisia – Tunisie 1989 [3]											
Total	199 459	–	6 265	43 626	55 734	41 071	21 612	5 714	1 136	–	24 301
Male – Masculin	103 501	–	3 235	22 949	28 898	21 167	11 122	2 926	567	–	12 637
Female – Féminin	95 958	–	3 030	20 677	26 836	19 904	10 490	2 788	569	–	11 664

10. Live births by age of mother, sex and urban/rural residence: latest available year (continued)

Naissances vivantes selon l'âge de la mère, le sexe et la résidence, urbaine/rurale: dernière année disponible (suite)

(See notes at end of table. – Voir notes à la fin du tableau.)

Continent, country or area, year, sex and urban/rural residence — Continent, pays ou zone, année, sexe et résidence, urbaine/rurale	All ages Tous âges	Age of mother (in years) – Age de la mère (en années)									Unknown Inconnu
		−15	15–19	20–24	25–29	30–34	35–39	40–44	45–49	50+	
AMERICA,NORTH— AMERIQUE DU NORD											
Antigua and Barbuda – Antigua–et–Barbuda 1986+											
Total	1 130	8	237	366	296	155	58	7	*—	– —*	3
Bahamas 1989											
Total	4 971	10	765	1 468	1 449	858	324	59	7	–	31
Male – Masculin	2 506	5	369	757	734	420	174	28	6	–	13
Female – Féminin	2 465	5	396	711	715	438	150	31	1	–	18
Barbados – Barbade 1988+											
Total	3 745	9	520	1 103	1 116	713	248	*———	32	———*	4
Belize 1989											
Total	6 810	19	1 267	2 167	1 552	895	402	133	*—	23 —*	352
Bermuda – Bermudes 1990											
Total	895	–	78	172	274	267	86	14	–	–	4
Male – Masculin	460	–	37	91	143	136	42	8	–	–	3
Female – Féminin	435	–	41	81	131	131	44	6	–	–	1
British Virgin Islands – Iles Vierges britanniques 1988+											
Total	237	–	30	62	74	48	*—	15 —*	*—	8 —*	–
Canada 6 1989											
Total	384 899	214	22 483	83 081	150 735	96 524	28 140	3 567	96	1	58
Male – Masculin	197 182	112	11 595	42 519	77 218	49 422	14 379	1 851	52	–	34
Female – Féminin	187 717	102	10 888	40 562	73 517	47 102	13 761	1 716	44	1	24
Cayman Islands – Iles Caïmanes 1990+											
Total	490	1	100	135	129	80	41	4	–	–	–
Male – Masculin	246	–	49	72	67	33	23	2	–	–	–
Female – Féminin	244	1	51	63	62	47	18	2	–	–	–
Costa Rica 1990											
Total	81 939	360	12 578	24 151	21 853	13 959	6 674	1 791	*—	150 —*	423
Cuba 1988 3											
Total	187 911	1 113	44 658	69 131	46 481	18 553	6 753	1 078	75	40	29
Male – Masculin	98 210	550	23 270	36 216	24 442	9 667	3 437	538	46	24	20
Female – Féminin	89 701	563	21 388	32 915	22 039	8 886	3 316	540	29	16	9
Dominica – Dominique 1989+											
Total	1 657	9	417	541	331	253	92	12	2	–	–
Male – Masculin	848	8	227	274	164	127	43	5	–	–	–
Female – Féminin	809	1	190	267	167	126	49	7	2	–	–
Dominican Republic – République dominicaine 1982+ 3											
Total	106 235	920	7 361	18 721	17 787	14 137	9 497	6 661	4 561	5 770	20 820
Male – Masculin	53 268	414	3 773	9 469	8 956	7 054	4 813	3 358	2 225	2 745	10 461
Female – Féminin	52 967	506	3 588	9 252	8 831	7 083	4 684	3 303	2 336	3 025	10 359

10. Live births by age of mother, sex and urban/rural residence: latest available year (continued)

Naissances vivantes selon l'âge de la mère, le sexe et la résidence, urbaine/rurale: dernière année disponible (suite)

(See notes at end of table. – Voir notes à la fin du tableau.)

Continent, country or area, year, sex and urban/rural residence / Continent, pays ou zone, année, sexe et résidence, urbaine/rurale	All ages Tous âges	Age of mother (in years) – Age de la mère (en années)									Unknown Inconnu
		–15	15–19	20–24	25–29	30–34	35–39	40–44	45–49	50+	
AMERICA, NORTH— (Cont.–Suite) AMERIQUE DU NORD											
El Salvador 1989 [3]											
Total	151 859	785	29 384	47 609	33 203	18 504	10 351	3 822	910	167	7 124
Male – Masculin	77 691	425	15 024	24 502	17 003	9 335	5 329	1 913	482	82	3 596
Female – Féminin	74 168	360	14 360	23 107	16 200	9 169	5 022	1 909	428	85	3 528
Greenland – Groenland 1989											
Total	1 210	3	143	444	364	182	64	8	2	–	–
Male – Masculin	606	1	70	224	186	88	35	1	1	–	–
Female – Féminin	604	2	73	220	178	94	29	7	1	–	–
Guadeloupe 1986 [1][5]											
Total	6 374	–	3	202	868	930	549	267	90	41	3 424
Male – Masculin	3 241	–	–	108	450	471	276	137	39	26	1 734
Female – Féminin	3 133	–	3	94	418	459	273	130	51	15	1 690
Guatemala 1988 [3]											
Total	341 382	1 252	53 103	98 623	79 515	55 425	34 939	12 738	2 499	3 288	–
Male – Masculin	173 137	614	26 678	52 421	41 431	26 788	15 791	5 946	1 143	2 325	–
Female – Féminin	168 245	638	26 425	46 202	38 084	28 637	19 148	6 792	1 356	963	–
Honduras 1983+											
Total	158 419	1 471	22 206	55 190	32 281	20 268	12 476	4 945	*— 1 063 —*		8 519
Jamaica – Jamaïque 1987*+											
Total	52 476	343	12 672	17 412	11 794	6 157	2 800	804	93	6	395
1982+											
Male – Masculin	30 045	201	7 762	9 975	6 255	3 483	1 641	506	69	–	153
Female – Féminin	29 034	160	7 684	9 565	5 858	3 340	1 660	550	50	4	163
Martinique 1990 [1][5]											
Total	6 437	5	275	1 586	2 133	1 404	609	141	10	–	4
Male – Masculin	3 289	–	17	798	1 066	742	324	64	6	–	2
Female – Féminin	3 148	5	258	788	1 067	662	285	77	4	–	2
Mexico – Mexique 1986+ [3]											
Total [7]	2 577 045	10 210	400 109	805 160	633 418	366 213	202 354	67 282	13 440	919	77 940
Male – Masculin	1 302 667	5 132	203 644	409 393	320 947	184 896	101 573	33 708	6 680	471	36 223
Female – Féminin	1 268 992	5 052	195 686	394 180	311 245	180 546	100 331	33 418	6 723	443	41 368
Montserrat 1986+											
Total	200	1	50	64	43	28	9	3	–	–	2
Nicaragua 1987+											
Total	98 240	187	18 729	31 825	22 889	13 298	7 868	2 529	396	87	432
Male – Masculin	50 309	91	9 598	16 275	11 640	6 852	4 009	1 403	187	41	213
Female – Féminin	47 931	96	9 131	15 550	11 249	6 446	3 859	1 126	209	46	219
Panama 1989 [3]											
Total	59 069	405	11 514	18 864	14 908	7 919	3 399	1 009	129	27	895
Male – Masculin	30 315	208	5 928	9 678	7 709	4 045	1 711	501	67	12	456
Female – Féminin	28 754	197	5 586	9 186	7 199	3 874	1 688	508	62	15	439
Puerto Rico – Porto Rico 1990 [3]											
Total [7]	66 555	350	12 155	21 340	18 455	9 749	3 663	788	*— 36 —*		19
Male – Masculin	34 216	196	6 316	10 970	9 437	5 033	1 844	388	*— 21 —*		11
Female – Féminin	32 336	154	5 839	10 370	9 016	4 715	1 819	400	*— 15 —*		8

10. Live births by age of mother, sex and urban/rural residence: latest available year (continued)

Naissances vivantes selon l'âge de la mère, le sexe et la résidence, urbaine/rurale: dernière année disponible (suite)

(See notes at end of table. – Voir notes à la fin du tableau.)

Continent, country or area, year, sex and urban/rural residence / Continent, pays ou zone, année, sexe et résidence, urbaine/rurale	All ages Tous âges	Age of mother (in years) – Age de la mère (en années)									Unknown Inconnu
		−15	15–19	20–24	25–29	30–34	35–39	40–44	45–49	50+	
AMERICA, NORTH— (Cont.–Suite) AMERIQUE DU NORD											
Saint Kitts and Nevis – Saint–Kitts–et–Nevis 1989 +											
Total	989	3	198	272	273	159	62	7	*—	15 —*	–
Saint Lucia – Sainte–Lucie 1986											
Total	3 907	12	958	1 309	881	434	240	71	*—	2 —*	–
Male – Masculin	1 953	10	482	630	458	208	128	35	*—	2 —*	–
Female – Féminin	1 954	2	476	679	423	226	112	36	*—	– —*	–
St. Vincent and the Grenadines – Saint–Vincent–et–Grenadines 1988 + 3											
Total	2 537	16	620	829	583	312	133	25	*—	2 —*	17
Male – Masculin	1 274	9	313	419	292	148	71	12	*—	2 —*	8
Female – Féminin	1 263	7	307	410	291	164	62	13	*—	– —*	9
Trinidad and Tobago – Trinité–et–Tobago 1989											
Total	25 072	70	3 424	7 465	7 192	4 399	1 972	425	28	1	96
Male – Masculin	12 754	30	1 713	3 834	3 610	2 254	1 030	222	14	1	46
Female – Féminin	12 318	40	1 711	3 631	3 582	2 145	942	203	14	–	50
United States – Etats–Unis 1989 8											
Total	4 040 958	11 486	506 503	1077598	1263098	842 395	293 878	44 401	*— 1	599 —*	–
1988 8											
Male – Masculin	2 002 424	5 379	245 238	546 172	634 447	412 154	138 060	20 227	*—	747 —*	–
Female – Féminin	1 907 086	5 209	233 115	521 300	604 809	391 393	131 458	19 122	*—	680 —*	–
United States Virgin Islands – Iles Vierges américaines 1987											
Total	2 375	10	404	743	601	405	161	49	*—	2 —*	–
Male – Masculin	1 204	3	209	369	297	219	76	30	*—	1 —*	–
Female – Féminin	1 170	7	195	374	304	186	85	19	*—	– —*	–
AMERICA, SOUTH— AMERIQUE DU SUD											
Argentina – Argentine 1988											
Total	680 605	3 142	90 646	181 977	183 873	124 914	65 622	18 765	2 000	394	9 272
Brazil – Brésil 1989											
Total	*2 581 035*	*8 089*	*399 296*	*829 758*	*688 835*	*381 282*	*173 976*	*54 224*	*8 074*	*829*	*36 672*
Male – Masculin	*1 317 159*	*4 232*	*204 621*	*424 364*	*351 818*	*193 397*	*88 374*	*27 267*	*3 959*	*430*	*18 697*
Female – Féminin	*1 263 876*	*3 857*	*194 675*	*405 394*	*337 017*	*187 885*	*85 602*	*26 957*	*4 115*	*399*	*17 975*
Chile – Chili 1990											
Total	292 146	742	39 543	85 292	84 336	52 942	23 518	5 409	342	22	–
Male – Masculin	150 002	381	20 416	43 766	43 476	27 234	11 903	2 644	171	11	–
Female – Féminin	142 144	361	19 127	41 526	40 860	25 708	11 615	2 765	171	11	–
Colombia – Colombie 1986 9											
Total	*331 201*	*17 956*	*57 158*	*106 412*	*81 713*	*47 979*	*14 233*	*4 061*	*1 348*	*119*	*222*

285

10. Live births by age of mother, sex and urban/rural residence: latest available year (continued)

Naissances vivantes selon l'âge de la mère, le sexe et la résidence, urbaine/rurale: dernière année disponible (suite)

(See notes at end of table. – Voir notes à la fin du tableau.)

Continent, country or area, year, sex and urban/rural residence / Continent, pays ou zone, année, sexe et résidence, urbaine/rurale	All ages Tous âges	Age of mother (in years) – Age de la mère (en années)									Unknown Inconnu
		–15	15–19	20–24	25–29	30–34	35–39	40–44	45–49	50+	
AMERICA,SOUTH— (Cont.–Suite) AMERIQUE DU SUD											
Ecuador – Equateur 1989 [3] [10]											
Total	200 099	412	28 464	60 294	50 133	32 281	18 616	7 529	1 362	283	725
Male – Masculin	102 141	213	14 504	30 983	25 632	16 283	9 513	3 867	684	121	341
Female – Féminin	97 958	199	13 960	29 311	24 501	15 998	9 103	3 662	678	162	384
French Guiana – Guyane Française 1985 [1] [5]											
Total	2 472	20	325	696	692	452	196	48	3	2	38
Male – Masculin	1 227	13	155	331	344	226	104	26	2	1	25
Female – Féminin	1 245	7	170	365	348	226	92	22	1	1	13
Paraguay 1987 [3]											
Total	37 693	47	4 493	10 324	9 182	6 398	3 765	1 550	*—	379 —*	1 555
Male – Masculin	19 221	25	2 273	5 304	4 723	3 213	1 881	800	*—	185 —*	817
Female – Féminin	18 472	22	2 220	5 020	4 459	3 185	1 884	750	*—	194 —*	738
Peru – Pérou 1984+ [3] [11]											
Total	394 292	501	51 130	115 859	97 514	65 217	41 117	15 335	2 773	296	4 550
Male – Masculin	201 120	263	26 084	59 197	49 850	33 103	20 883	7 806	1 447	158	2 329
Female – Féminin	193 172	238	25 046	56 662	47 664	32 114	20 234	7 529	1 326	138	2 221
Uruguay 1988+											
Total [7]	55 797	151	7 734	14 572	15 590	10 565	5 212	1 397	*—	99 —*	477
Male – Masculin	28 398	77	3 945	7 370	7 946	5 391	2 651	716	*—	42 —*	260
Female – Féminin	27 397	74	3 789	7 202	7 642	5 174	2 561	681	*—	57 —*	217
Venezuela 1989 [11]											
Total	529 015	3 459	92 469	159 574	133 176	83 712	41 697	11 221	1 587	306	1 814
Male – Masculin	269 585	1 740	47 228	81 239	68 023	42 691	21 189	5 655	777	148	895
Female – Féminin	259 430	1 719	45 241	78 335	65 153	41 021	20 508	5 566	810	158	919
ASIA—ASIE											
Armenia – Arménie 1989 [3] [12]											
Total	75 250	*—	8 530 —*	31 348	22 429	9 923	2 645	343	21	11	–
Azerbaijan – Azerbaïdjan 1989 [3] [12]											
Total	181 631	*—	9 172 —*	68 793	66 229	28 346	7 628	1 338	114	11	–
Bahrain – Bahreïn 1990											
Total	13 370	9	411	2 978	4 427	3 346	1 565	430	128	57	19
Male – Masculin	6 844	4	208	1 542	2 251	1 731	793	213	62	29	11
Female – Féminin	6 526	5	203	1 436	2 176	1 615	772	217	66	28	8
Bangladesh 1988 [3]											
Total	3 476 511	*— 395 266 —*		1 165 202	1 022 374	497 207	283 243	83 955	*— 29 264 —*		–
Male – Masculin	1 797 113	*— 206 584 —*		601 279	529 136	253 838	146 908	43 815	*— 15 553 —*		–
Female – Féminin	1 679 398	*— 188 682 —*		563 923	493 238	243 369	136 335	40 140	*— 13 711 —*		–
Brunei Darussalam – Brunéi Darussalam 1989+ [3]											
Total	6 926	6	426	1 622	2 174	1 708	770	183	21	3	13
Male – Masculin	3 556	5	224	836	1 107	886	397	83	10	1	7
Female – Féminin	3 370	1	202	786	1 067	822	373	100	11	2	6

10. Live births by age of mother, sex and urban/rural residence: latest available year (continued)

Naissances vivantes selon l'âge de la mère, le sexe et la résidence, urbaine/rurale: dernière année disponible (suite)

(See notes at end of table. – Voir notes à la fin du tableau.)

Continent, country or area, year, sex and urban/rural residence / Continent, pays ou zone, année, sexe et résidence, urbaine/rurale	All ages Tous âges	Age of mother (in years) – Age de la mère (en années)									Unknown Inconnu
		–15	15–19	20–24	25–29	30–34	35–39	40–44	45–49	50+	
ASIA—ASIE (Cont.–Suite)											
Cyprus – Chypre 1989 3 13											
Total	10 372	–	677	3 248	3 645	1 962	673	114	4	1	48
Male – Masculin	5 446	–	368	1 661	1 952	1 009	375	58	3	–	20
Female – Féminin	4 926	–	309	1 587	1 693	953	298	56	1	1	28
Georgia – Géorgie 1989 3 12											
Total	91 138	*—— 11 760 ——*			35 297	26 504	12 404	4 295	812	64	2	–
Hong Kong – Hong–kong 1989 14											
Total 7	69 621	20	1 234	9 277	29 210	22 466	6 403	777	23	5	206
Male – Masculin	35 736	12	657	4 897	14 858	11 536	3 312	420	13	3	28
Female – Féminin	33 729	8	577	4 379	14 346	10 930	3 091	357	10	2	29
Israel – Israël 15 1990 3											
Total	103 349	16	4 213	26 081	33 515	24 446	12 481	2 332	124	12	129
Male – Masculin	53 013	8	2 171	13 336	17 129	12 520	6 524	1 181	66	3	75
Female – Féminin	50 336	8	2 042	12 745	16 386	11 926	5 957	1 151	58	9	54
Japan – Japon 1990 3 16											
Total	1 221 585	18	17 478	191 859	550 994	356 026	92 377	12 587	224	–	22
Male – Masculin	626 971	7	8 921	98 658	282 544	182 619	47 610	6 467	131	–	14
Female – Féminin	594 614	11	8 557	93 201	268 450	173 407	44 767	6 120	93	–	8
Kazakhstan 1989 3 12											
Total	382 269	*—— 33 215 ——*			140 063	116 724	62 089	24 336	4 908	362	572	–
Korea, Republic of– Corée, République de 1989+ 17											
Total	613 240	–	8 247	174 262	338 516	80 836	9 763	1 285	151	102	78
Male – Masculin	325 517	–	4 293	90 375	179 224	44 959	5 738	746	82	64	36
Female – Féminin	287 723	–	3 954	83 887	159 292	35 877	4 025	539	69	38	42
Kuwait – Koweït 1987											
Total	52 412	–	2 988	12 180	14 988	10 895	6 325	1 631	*—— 331 ——*		3 074
Male – Masculin	26 560	–	1 524	6 166	7 626	5 499	3 228	821	*—— 179 ——*		1 517
Female – Féminin	25 852	–	1 464	6 014	7 362	5 396	3 097	810	*—— 152 ——*		1 557
Kyrgyzstan – Kirghizistan 1989 3 12											
Total	131 508	*—— 9 065 ——*			48 844	40 493	21 781	8 765	1 870	236	454	–
Macau – Macao 1990 18											
Total	6 872	–	111	1 031	2 928	2 145	597	50	1	1	8
Male – Masculin	3 606	–	61	534	1 546	1 115	320	27	–	–	3
Female – Féminin	3 266	–	50	497	1 382	1 030	277	23	1	1	5
Malaysia – Malaisie Peninsular Malaysia – Malaisie Péninsulaire 1990 1 3											
Total	395 321	133	13 433	84 810	133 376	97 630	49 577	14 730	1 145	68	419
Male – Masculin	204 137	58	7 031	43 786	68 834	50 430	25 655	7 512	593	26	212
Female – Féminin	191 184	75	6 402	41 024	64 542	47 200	23 922	7 218	552	42	207
Sarawak 1986 3											
Total	41 702	105	4 563	12 059	12 256	7 716	3 231	933	138	33	668
Male – Masculin	22 161	54	2 445	6 502	6 445	4 060	1 714	488	74	17	362
Female – Féminin	19 541	51	2 118	5 557	5 811	3 656	1 517	445	64	16	306
Mongolia – Mongolie 1989* 3											
Total	73 200	–	4 000	24 600	24 500	12 800	5 100	1 600	500	100	–

10. Live births by age of mother, sex and urban/rural residence: latest available year (continued)

Naissances vivantes selon l'âge de la mère, le sexe et la résidence, urbaine/rurale: dernière année disponible (suite)

(See notes at end of table. – Voir notes à la fin du tableau.)

Continent, country or area, year, sex and urban/rural residence / Continent, pays ou zone, année, sexe et résidence, urbaine/rurale	All ages Tous âges	Age of mother (in years) – Age de la mère (en années)									
		−15	15–19	20–24	25–29	30–34	35–39	40–44	45–49	50+	Unknown Inconnu
ASIA—ASIE (Cont.–Suite)											
Pakistan 1988 [3] [19]											
Total	3 194 926	–	240 926	839 997	903 709	589 933	389 442	169 949	60 970	–	–
Male – Masculin	1 666 581	–	125 341	429 222	483 391	300 849	202 163	91 571	34 044	–	–
Female – Féminin	1 528 345	–	115 585	410 775	420 318	289 084	187 279	78 378	26 926	–	–
Philippines 1988											
Total	1 565 372	430	128 357	452 037	455 680	293 063	162 900	52 423	8 358	1 238	10 886
1984											
Male – Masculin	772 007	308	64 617	229 518	222 956	143 593	74 807	28 410	4 323	1 544	1 931
Female – Féminin	706 198	234	59 151	210 012	204 002	131 367	68 352	25 934	4 019	1 366	1 761
Qatar 1990											
Total	11 022	3	670	2 888	3 410	2 352	1 263	309	78	14	35
Male – Masculin	5 630	1	328	1 496	1 718	1 215	640	163	47	3	19
Female – Féminin	5 392	2	342	1 392	1 692	1 137	623	146	31	11	16
Singapore – Singapour 1988* [20]											
Total [7]	52 822	10	805	8 212	21 310	16 612	5 267	601	2	–	3
Male – Masculin	27 298	2	435	4 237	11 003	8 499	2 798	321	1	–	2
Female – Féminin	25 523	8	370	3 974	10 307	8 113	2 469	280	1	–	1
Sri Lanka 1985+ [3]											
Total	389 599	78	29 676	122 525	117 453	74 434	36 387	8 009	1 010	26	1
Male – Masculin	198 935	37	15 214	62 470	59 916	38 076	18 635	4 044	528	15	–
Female – Féminin	190 664	41	14 462	60 055	57 537	36 358	17 752	3 965	482	11	1
Tajikistan – Tadjikistan 1989 [3] [12]											
Total	200 430	*—— 10	214 ——*	71 537	63 096	35 179	15 415	4 047	610	332	–
Thailand – Thaïlande 1990+ [3]											
Total	956 237	1 668	127 350	326 327	262 513	143 123	57 156	19 694	5 324	3 807	9 275
Male – Masculin	491 010	843	65 368	168 119	135 344	73 553	29 257	9 897	2 508	1 513	4 608
Female – Féminin	465 227	825	61 982	158 208	127 169	69 570	27 899	9 797	2 816	2 294	4 667
Turkmenistan – Turkménistan 1989 [3] [12]											
Total	124 992	*—— 3	987 ——*	37 574	46 413	24 976	9 480	2 188	222	152	–
United Arab Emirates – Emirats arabes unis 1982											
Total	41 961	57	3 345	12 084	13 002	6 969	2 793	709	169	78	2 755
Male – Masculin	21 376	36	1 718	6 137	6 510	3 624	1 429	373	98	42	1 409
Female – Féminin	20 585	21	1 627	5 947	6 492	3 345	1 364	336	71	36	1 346
Uzbekistan – Ouzbékistan 1989 [3] [12]											
Total	668 807	*—— 42	133 ——*	263 353	213 233	105 397	36 320	7 120	824	427	–
Male – Masculin	213 379	*—— 16	242 ——*	83 436	66 113	33 844	11 569	1 866	126	183	–
Female – Féminin	455 428	*—— 25	891 ——*	179 917	147 120	71 553	24 751	5 254	698	244	–
EUROPE											
Albania – Albanie 1989 [3]											
Total	78 862	–	2 404	23 814	29 992	16 057	5 027	1 237	127	28	176
Male – Masculin	40 791	–	1 250	12 403	15 452	8 288	2 591	637	70	11	89
Female – Féminin	38 071	–	1 154	11 411	14 540	7 769	2 436	600	57	17	87

10. Live births by age of mother, sex and urban/rural residence: latest available year (continued)

Naissances vivantes selon l'âge de la mère, le sexe et la résidence, urbaine/rurale: dernière année disponible (suite)

(See notes at end of table. – Voir notes à la fin du tableau.)

Continent, country or area, year, sex and urban/rural residence / Continent, pays ou zone, année, sexe et résidence, urbaine/rurale	All ages Tous âges	Age of mother (in years) – Age de la mère (en années)									Unknown Inconnu
		−15	15–19	20–24	25–29	30–34	35–39	40–44	45–49	50+	
EUROPE (Cont.–Suité)											
Austria – Autriche 1990 [3]											
Total	90 454	20	5 359	27 457	34 184	17 170	5 240	984	39	1	–
Male – Masculin	46 478	7	2 771	14 221	17 572	8 755	2 619	514	19	–	–
Female – Féminin	43 976	13	2 588	13 236	16 612	8 415	2 621	470	20	1	–
Belarus – Bélarus 1989 [3] [12]											
Total	153 449	*—— 14 117 ——*		63 984	46 196	21 185	6 691	1 213	49	14	–
Belgium – Belgique 1983											
Total	117 145	18	5 915	39 633	46 689	19 020	5 026	780	51	6	7
Male – Masculin	60 209	10	2 989	20 493	23 928	9 810	2 551	391	30	3	4
Female – Féminin	56 936	8	2 926	19 140	22 761	9 210	2 475	389	21	3	3
Bulgaria – Bulgarie 1990 [3]											
Total	105 180	503	22 015	46 872	23 179	8 954	3 027	603	20	1	6
Male – Masculin	54 028	254	11 263	24 054	11 915	4 644	1 568	319	8	–	3
Female – Féminin	51 152	249	10 752	22 818	11 264	4 310	1 459	284	12	1	3
Channel Islands – Iles Anglo–Normandes Guernsey – Guernesey 1991											
Total	737	–	42	142	296	173	71	11	2	–	–
Male – Masculin	393	–	21	81	152	87	42	9	1	–	–
Female – Féminin	344	–	21	61	144	86	29	2	1	–	–
Jersey 1989+											
Total	1 074	–	31	181	369	356	116	*———	21	———*	–
Male – Masculin	547	–	18	92	182	183	63	*———	9	———*	–
Female – Féminin	527	–	13	89	187	173	53	*———	12	———*	–
Czechoslovakia – Tchécoslovaquie 1990 [3]											
Total	210 553	60	27 983	92 865	57 971	22 659	7 798	1 185	32	–	–
Male – Masculin	108 100	31	14 393	47 817	29 749	11 484	4 031	581	14	–	–
Female – Féminin	102 453	29	13 590	45 048	28 222	11 175	3 767	604	18	–	–
Denmark – Danemark [21] 1989											
Total	61 351	3	1 653	14 433	24 975	14 915	4 626	723	23	–	–
Male – Masculin	31 475	2	847	7 473	12 789	7 585	2 393	375	11	–	–
Female – Féminin	29 876	1	806	6 960	12 186	7 330	2 233	348	12	–	–
Estonia – Estonie 1990 [3] [12]											
Total	22 308	12	2 656	8 391	6 097	3 436	1 415	284	12	1	4
Faeroe Islands – Iles Féroé 1989											
Total	933	–	68	251	283	228	91	12	–	–	–
Male – Masculin	496	–	32	136	165	111	48	4	–	–	–
Female – Féminin	437	–	36	115	118	117	43	8	–	–	–
Finland – Finlande 1989 [3] [22]											
Total	63 348	1	1 745	12 392	23 922	16 958	6 758	1 518	53	1	–
Male – Masculin	32 402	–	889	6 355	12 265	8 601	3 508	756	28	–	–
Female – Féminin	30 946	1	856	6 037	11 657	8 357	3 250	762	25	1	–
France 1990 [3] [5] [23]											
Total	762 407	56	18 952	157 498	298 027	195 196	76 298	15 661	682	37	–
Male – Masculin	391 312	28	9 679	80 592	152 954	100 407	39 197	8 090	347	18	–
Female – Féminin	371 095	28	9 273	76 906	145 073	94 789	37 101	7 571	335	19	–

10. Live births by age of mother, sex and urban/rural residence: latest available year (continued)

Naissances vivantes selon l'âge de la mère, le sexe et la résidence, urbaine/rurale: dernière année disponible (suite)

(See notes at end of table. – Voir notes à la fin du tableau.)

Continent, country or area, year, sex and urban/rural residence / Continent, pays ou zone, année, sexe et résidence, urbaine/rurale	All ages Tous âges	Age of mother (in years) – Age de la mère (en années)									Unknown Inconnu
		–15	15–19	20–24	25–29	30–34	35–39	40–44	45–49	50+	
EUROPE (Cont.–Suite)											
Germany – Allemagne [24]	...	...	...	...	...	...	...	...	...	...	...
Germany, Federal Rep. of – Allemagne, République fédérale d' 1990											
Total	727 199	54	20 652	143 361	295 659	195 424	61 243	10 243	503	52	8
Male – Masculin	373 727	28	10 601	73 415	152 008	100 594	31 470	5 328	253	28	2
Female – Féminin	353 472	26	10 051	69 946	143 651	94 830	29 773	4 915	250	24	6
Former German Democratic Republic – Ancienne République démocratique allemande 1989 [3]											
Total	198 922	13	16 614	87 561	66 645	21 376	6 100	587	*—	26 —*	–
Gibraltar 1980											
Total	550	–	53	190	194	79	26	8	–	–	–
Greece – Grèce 1985 [3]											
Total	116 481	93	13 391	41 288	35 956	17 846	6 418	1 286	131	26	46
Male – Masculin	60 422	48	6 877	21 507	18 640	9 293	3 300	646	66	18	27
Female – Féminin	56 059	45	6 514	19 781	17 316	8 553	3 118	640	65	8	19
Hungary – Hongrie 1990 [3]											
Total	125 679	237	15 187	49 545	35 013	17 497	7 044	1 118	*—	38 —*	–
Male – Masculin	64 216	125	7 881	25 177	17 869	9 016	3 578	546	*—	24 —*	–
Female – Féminin	61 463	112	7 306	24 368	17 144	8 481	3 466	572	*—	14 —*	–
Iceland – Islande 1990											
Total	4 768	–	315	1 214	1 569	1 151	462	56	1	–	–
Male – Masculin	2 440	–	161	599	808	601	242	28	1	–	–
Female – Féminin	2 328	–	154	615	761	550	220	28	–	–	–
Ireland – Irlande 1990+ [3] [25]											
Total	52 952	12	2 629	8 153	17 180	15 382	7 359	1 674	93	2	468
Male – Masculin	27 437	5	1 336	4 224	8 911	7 928	3 827	907	44	1	254
Female – Féminin	25 515	7	1 293	3 929	8 269	7 454	3 532	767	49	1	214
Italy – Italie 1988											
Total	569 698	21	21 270	139 826	209 969	134 322	51 598	9 880	532	17	2 263
Male – Masculin	293 623	11	11 143	72 255	107 740	69 400	26 458	5 129	268	11	1 208
Female – Féminin	276 075	10	10 127	67 571	102 229	64 922	25 140	4 751	264	6	1 055
Latvia – Lettonie 1989 [3] [12]											
Total	38 922	*—	3 991 —*	15 043	11 229	5 947	2 229	454	25	4	–
Liechtenstein 1987											
Total	365	–	6	59	142	106	47	4	1	–	–
Lithuania – Lituanie 1990 [3] [12]											
Total	56 868	62	5 498	22 555	16 816	8 445	2 819	631	28	–	14
Luxembourg 1989 [3]											
Total	4 665	1	121	1 005	1 899	1 225	361	38	1	–	14
Male – Masculin	2 375	1	62	527	951	615	197	16	1	–	5
Female – Féminin	2 290	–	59	478	948	610	164	22	–	–	9
Malta – Malte 1989 [26]											
Total	5 584	*—	148 —*	1 005	2 195	1 467	612	150	7	–	–

10. Live births by age of mother, sex and urban/rural residence: latest available year (continued)

Naissances vivantes selon l'âge de la mère, le sexe et la résidence, urbaine/rurale: dernière année disponible (suite)

(See notes at end of table. – Voir notes à la fin du tableau.)

Continent, country or area, year, sex and urban/rural residence — Continent, pays ou zone, année, sexe et résidence, urbaine/rurale	All ages Tous âges	–15	15–19	20–24	25–29	30–34	35–39	40–44	45–49	50+	Unknown Inconnu
EUROPE (Cont.–Suite)											
Netherlands – Pays–Bas 1990 [3] [27]											
Total	197 965	*—— 4	377 ——*	29 863	80 129	63 735	17 464	2 171	*—— 226	——*	–
Male – Masculin	101 561	*—— 2	258 ——*	15 246	41 110	32 866	8 882	1 085	*—— 114	——*	–
Female – Féminin	96 404	*—— 2	119 ——*	14 617	39 019	30 869	8 582	1 086	*—— 112	——*	–
Norway – Norvège 1990 [3] [5]											
Total	60 939	4	2 638	15 366	22 630	14 740	4 816	713	32	–	–
Male – Masculin	31 276	2	1 350	7 912	11 649	7 500	2 480	362	21	–	–
Female – Féminin	29 663	2	1 288	7 454	10 981	7 240	2 336	351	11	–	–
Poland – Pologne 1990 [3]											
Total	545 817	92	43 783	199 000	160 031	94 683	39 611	8 339	271	7	–
Male – Masculin	280 568	41	22 622	102 168	82 486	48 453	20 301	4 339	154	4	–
Female – Féminin	265 249	51	21 161	96 832	77 545	46 230	19 310	4 000	117	3	–
Portugal 1990											
Total	116 383	91	9 903	34 168	40 148	22 085	7 938	1 870	138	15	27
Male – Masculin	59 953	51	5 066	17 563	20 745	11 352	4 136	947	72	8	13
Female – Féminin	56 430	40	4 837	16 605	19 403	10 733	3 802	923	66	7	14
Republic of Moldova – République de Moldova 1989 [3] [12]											
Total	82 221	*—— 9	158 ——*	30 980	23 408	12 675	5 102	815	21	62	–
Romania – Roumanie 1990 [3]											
Total	314 746	580	47 326	140 573	66 617	38 980	16 501	3 952	217	–	–
Male – Masculin	161 023	289	24 343	72 036	34 079	19 791	8 379	2 001	105	–	–
Female – Féminin	153 723	291	22 983	68 537	32 538	19 189	8 122	1 951	112	–	–
Russian Federation – Fédération Russe 1989 [3] [12]											
Total	2 160 559	*—— 255	766 ——*	776 460	625 684	349 414	130 190	21 152	597	1 296	–
San Marino – Saint–Marin 1989+ [3]											
Total	231	–	7	56	104	45	17	*——	2	——*	–
Male – Masculin	118	–	4	33	52	22	7	*——	2	——*	–
Female – Féminin	113	–	3	23	52	23	10	*——	2	——*	–
Spain – Espagne 1986											
Total	438 750	148	26 583	105 467	163 779	93 610	38 317	10 074	698	74	–
1983											
Male – Masculin	251 585	174	16 811	68 222	86 615	49 938	23 184	6 044	526	71	–
Female – Féminin	233 767	160	15 489	63 550	80 152	46 597	21 668	5 590	509	52	–
Sweden – Suède 1990											
Total	123 938	10	3 867	29 136	45 635	31 031	11 924	2 260	69	1	5
Male – Masculin	63 572	4	1 966	14 983	23 382	15 956	6 060	1 184	36	–	1
Female – Féminin	60 366	6	1 901	14 153	22 253	15 075	5 864	1 076	33	1	4
Switzerland – Suisse 1990 [3]											
Total	83 939	1	1 437	14 942	35 121	24 169	7 281	959	28	1	–
Male – Masculin	42 914	1	755	7 557	18 019	12 358	3 725	483	16	–	–
Female – Féminin	41 025	–	682	7 385	17 102	11 811	3 556	476	12	1	–
Ukraine 1989 [3] [12]											
Total	690 981	*—— 97	661 ——*	275 517	187 398	91 384	32 610	5 914	253	244	–

Naissances vivantes selon l'âge de la mère, le sexe et la résidence, urbaine/rurale: dernière année disponible (suite)

(See notes at end of table. – Voir notes à la fin du tableau.)

Continent, country or area, year, sex and urban/rural residence — Continent, pays ou zone, année, sexe et résidence, urbaine/rurale	All ages Tous âges	–15	15–19	20–24	25–29	30–34	35–39	40–44	45–49	50+	Unknown Inconnu
EUROPE (Cont.–Suite)											
United Kingdom – Royaume–Uni											
1990											
Total	798 612	214	62 794	203 490	286 014	176 826	58 425	10 300	489	60	–
Male – Masculin	408 867	117	32 192	104 393	146 301	90 374	29 962	5 249	242	37	–
Female – Féminin	389 745	97	30 601	99 098	139 713	86 452	28 463	5 051	247	23	–
Yugoslavia – Yougoslavie											
1989 [3]											
Total	336 394	147	33 711	125 782	105 732	48 548	17 521	3 366	295	104	1 188
Male – Masculin	173 934	72	17 391	65 068	54 777	25 032	9 051	1 723	163	57	600
Female – Féminin	162 460	75	16 320	60 714	50 955	23 516	8 470	1 643	132	47	588
OCEANIA—OCEANIE											
American Samoa – Samoa américaines											
1988											
Total	1 625	3	114	495	552	306	134	*————	21	————*	–
1982											
Male – Masculin	597	–	44	197	189	118	42	6	1	–	–
Female – Féminin	563	1	48	206	152	99	48	9	–	–	–
Australia – Australie											
1990+ [28]											
Total	262 648	466	14 641	53 169	97 438	70 600	22 740	3 396	*—	104 —*	94
Male – Masculin	135 194	251	7 611	27 204	50 232	36 372	11 677	1 740	*—	50 —*	57
Female – Féminin	127 45	4 215	7 030	25 965	47 206	34 228	11 063	1 656	*—	54 —*	37
Cocos (Keeling) Islands – Iles des Cocos (Keeling)											
1986*+											
Total	10	–	–	2	6	2	–	–	–	–	–
Male – Masculin	3	–	–	1	2	–	–	–	–	–	–
Female – Féminin	7	–	–	1	4	2	–	–	–	–	–
Cook Islands – Iles Cook											
1988+											
Total	430	1	86	150	101	50	29	*————	9	————*	4
Male – Masculin	232	–	41	80	58	29	19	*————	4	————*	1
Female – Féminin	198	1	45	70	43	21	10	*————	5	————*	3
Fiji – Fidji											
1987+											
Total	19 445	2	2 174	7 642	5 607	2 566	1 101	254	18	–	81
Male – Masculin	10 158	1	1 118	4 003	2 908	1 357	591	130	10	–	40
Female – Féminin	9 287	1	1 056	3 639	2 699	1 209	510	124	8	–	41
Guam											
1986 [3] [29]											
Total	3 309	3	459	1 144	920	531	208	42	2	–	–
Male – Masculin	1 727	3	241	602	486	265	108	20	2	–	–
Female – Féminin	1 582	–	218	542	434	266	100	22	–	–	–
Marshall Islands – Iles Marshall											
1989 [30]											
Total	1 429	2	212	514	338	203	106	22	*—	2 —*	30

10. Live births by age of mother, sex and urban/rural residence: latest available year (continued)

Naissances vivantes selon l'âge de la mère, le sexe et la résidence, urbaine/rurale: dernière année disponible (suite)

(See notes at end of table. – Voir notes à la fin du tableau.)

Continent, country or area, year, sex and urban/rural residence / Continent, pays ou zone, année, sexe et résidence, urbaine/rurale	All ages Tous âges	Age of mother (in years) – Age de la mère (en années)									Unknown Inconnu
		−15	15–19	20–24	25–29	30–34	35–39	40–44	45–49	50+	
OCEANIA—OCEANIE(Cont.–Suite)											
New Caledonia – Nouvelle–Calédonie 1987											
Total 1982	3 881	8	361	1 147	1 153	680	303	97	9	5	118
Male – Masculin	1 969	1	246	695	523	303	142	48	8	3	–
Female – Féminin	1 861	3	256	634	463	283	163	53	2	4	–
New Zealand – Nouvelle–Zélande 1990+ [3] [28]											
Total	60 153	170	4 867	13 959	21 229	14 768	4 513	617	*—	30 —*	–
Male – Masculin	30 708	85	2 568	7 075	10 723	7 586	2 345	312	*—	14 —*	–
Female – Féminin	29 445	85	2 299	6 884	10 506	7 182	2 168	305	*—	16 —*	–
Norfolk Island – Ile Norfolk 1988											
Total	29	–	1	5	11	11	1	–	–	–	–
Male – Masculin	19	–	1	4	8	6	–	–	–	–	–
Female – Féminin	10	–	–	1	3	5	1	–	–	–	–
Northern Mariana Islands – Iles Mariannes septentrionales 1989 [30]											
Total	989	2	132	283	288	209	68	7	–	–	–
Male – Masculin	530	–	70	148	153	117	38	4	–	–	–
Female – Féminin	459	2	62	135	135	92	30	3	–	–	–
Samoa 1980 [3]											
Total	2 693	1	246	964	650	393	212	81	*—	34 —*	112
Male – Masculin	1 459	–	123	541	350	220	103	45	*—	18 —*	59
Female – Féminin	1 234	1	123	423	300	173	109	36	*—	16 —*	53
Tokelau – Tokélaou 1982											
Total	43	–	1	19	12	7	3	1	–	–	–
Male – Masculin	19	–	1	10	5	3	–	–	–	–	–
Female – Féminin	24	–	–	9	7	4	3	1	–	–	–

10. Live births by age of mother, sex and urban/rural residence: latest available year (continued)

Naissances vivantes selon l'âge de la mère, le sexe et la résidence, urbaine/rurale: dernière année disponible (suite)

Data by urban/rural residence

Données selon la résidence urbaine/rurale

(See notes at end of table. – Voir notes à la fin du tableau.)

Continent, country or area, year, sex and urban/rural residence / Continent, pays ou zone, année, sexe et résidence, urbaine/rurale	All ages Tous âges	-15	15-19	20-24	25-29	30-34	35-39	40-44	45-49	50+	Unknown Inconnu
AFRICA—AFRIQUE											
Egypt – Egypte											
Urban – Urbaine											
1988											
Urban – Urbaine	732 173	*—	14 749 —*	158 388	234 417	161 367	83 845	23 325	*— 5 943 —*		50 139
Male – Masculin	376 063	*—	7 467 —*	81 480	120 657	82 909	42 894	12 003	*— 3 041 —*		25 612
Female – Féminin	356 110	*—	7 282 —*	76 908	113 760	78 458	40 951	11 322	*— 2 902 —*		24 527
Rural – Rurale											
1988											
Rural – Rurale	1 180 592	*—	28 823 —*	244 347	344 526	242 015	158 533	54 356	*— 19 134 —*		88 858
Male – Masculin	605 780	*—	14 944 —*	125 623	176 716	124 378	81 194	27 533	*— 9 803 —*		45 589
Female – Féminin	574 812	*—	13 879 —*	118 724	167 810	117 637	77 339	26 823	*— 9 331 —*		43 269
Malawi											
Urban – Urbaine											
1982 [4]											
Urban – Urbaine	26 050	48	3 592	8 504	6 500	4 378	1 813	740	245	201	29
Male – Masculin	13 584	34	1 856	4 411	3 333	2 402	952	349	144	90	13
Female – Féminin	12 466	14	1 736	4 093	3 167	1 976	861	391	101	111	16
Rural – Rurale											
1982 [4]											
Rural – Rurale	255 838	787	37 465	70 250	56 514	42 461	25 697	12 522	6 016	3 702	424
Male – Masculin	129 315	352	19 127	35 815	28 302	22 026	12 482	5 790	3 262	1 824	335
Female – Féminin	126 523	435	18 338	34 435	28 212	20 435	13 215	6 732	2 754	1 878	89
Tunisia – Tunisie											
Urban – Urbaine											
1989											
Urban – Urbaine	142 786	–	4 380	30 409	39 857	28 055	13 697	3 352	524	–	22 512
Male – Masculin	74 235	–	2 278	16 093	20 635	14 460	7 114	1 721	251	–	11 683
Female – Féminin	68 551	–	2 102	14 316	19 222	13 595	6 583	1 631	273	–	10 829
Rural – Rurale											
1989											
Rural – Rurale	56 673	–	1 885	13 217	15 877	13 016	7 915	2 362	612	–	1 789
Male – Masculin	29 266	–	957	6 856	8 263	6 707	4 008	1 205	316	–	954
Female – Féminin	27 407	–	928	6 361	7 614	6 309	3 907	1 157	296	–	835
AMERICA,NORTH— AMERIQUE DU NORD											
Cuba											
Urban – Urbaine											
1988											
Urban – Urbaine	133 299	591	27 372	49 215	35 540	14 366	5 281	833	54	31	16
Male – Masculin	69 774	300	14 284	25 807	18 735	7 464	2 692	426	33	20	13
Female – Féminin	63 525	291	13 088	23 408	16 805	6 902	2 589	407	21	11	3
Rural – Rurale											
1988											
Rural – Rurale	54 612	522	17 286	19 916	10 941	4 187	1 472	245	21	9	13
Male – Masculin	28 436	250	8 986	10 409	5 707	2 203	745	112	13	4	7
Female – Féminin	26 176	272	8 300	9 507	5 234	1 984	727	133	8	5	6
Dominican Republic – République dominicaine											
Urban – Urbaine											
1982+											
Urban – Urbaine	70 375	542	4 635	13 270	13 096	9 785	5 374	3 295	1 968	2 260	16 150
Male – Masculin	35 494	236	2 366	6 728	6 591	4 904	2 696	1 681	983	1 097	8 212
Female – Féminin	34 881	306	2 269	6 542	6 505	4 881	2 678	1 614	985	1 163	7 938
Rural – Rurale											
1982+											
Rural – Rurale	35 860	378	2 726	5 451	4 691	4 352	4 123	3 366	2 593	3 510	4 670
Male – Masculin	17 774	178	1 407	2 741	2 365	2 150	2 117	1 677	1 242	1 648	2 249
Female – Féminin	18 086	200	1 319	2 710	2 326	2 202	2 006	1 689	1 351	1 862	2 421
El Salvador											
Urban – Urbaine											
1989											
Urban – Urbaine	74 088	378	14 096	25 163	17 448	8 832	4 083	1 338	322	54	2 374
Male – Masculin	37 839	202	7 179	12 940	8 957	4 434	2 064	676	166	27	1 194
Female – Féminin	36 249	176	6 917	12 223	8 491	4 398	2 019	662	156	27	1 180

10. Live births by age of mother, sex and urban/rural residence: latest available year (continued)

Naissances vivantes selon l'âge de la mère, le sexe et la résidence, urbaine/rurale: dernière année disponible (suite)

Data by urban/rural residence

Données selon la résidence urbaine/rurale

(See notes at end of table. – Voir notes à la fin du tableau.)

Continent, country or area, year, sex and urban/rural residence / Continent, pays ou zone, année, sexe et résidence, urbaine/rurale	All ages Tous âges	−15	15–19	20–24	25–29	30–34	35–39	40–44	45–49	50+	Unknown Inconnu
AMERICA,NORTH— (Cont.–Suite) AMERIQUE DU NORD											
El Salvador Rural – Rurale 1989											
Rural – Rurale	77 771	407	15 288	22 446	15 755	9 672	6 268	2 484	588	113	4 750
Male – Masculin	39 852	223	7 845	11 562	8 046	4 901	3 265	1 237	316	55	2 402
Female – Féminin	37 919	184	7 443	10 884	7 709	4 771	3 003	1 247	272	58	2 348
Guatemala Urban – Urbaine 1988											
Urban – Urbaine	126 988	343	18 883	39 404	31 366	19 924	11 099	3 873	673	1 423	–
Male – Masculin	65 274	196	9 239	20 405	16 155	10 111	5 679	1 991	346	1 152	–
Female – Féminin	61 714	147	9 644	18 999	15 211	9 813	5 420	1 882	327	271	–
Rural – Rurale 1988											
Rural – Rurale	214 394	909	34 220	59 219	48 149	35 501	23 840	8 865	1 826	1 865	–
Male – Masculin	107 863	418	17 439	32 016	25 276	16 677	10 112	3 955	797	1 173	–
Female – Féminin	106 531	491	16 781	27 203	22 873	18 824	13 728	4 910	1 029	692	–
Mexico – Mexique Urban – Urbaine 1986+											
Urban – Urbaine	1 602 746	5 051	243 874	525 055	419 136	232 397	113 552	34 725	6 739	467	21 750
Rural – Rurale 1986+											
Rural – Rurale	915 710	5 015	153 865	275 191	210 110	131 315	87 538	32 139	6 598	444	13 495
Panama Urban – Urbaine 1989											
Urban – Urbaine	26 971	133	4 381	8 787	7 598	4 049	1 441	278	19	–	285
Male – Masculin	13 868	69	2 190	4 522	3 973	2 102	718	132	15	–	147
Female – Féminin	13 103	64	2 191	4 265	3 625	1 947	723	146	4	–	138
Rural – Rurale 1989											
Rural – Rurale	32 098	272	7 133	10 077	7 310	3 870	1 958	731	110	27	610
Male – Masculin	16 447	139	3 738	5 156	3 736	1 943	993	369	52	12	309
Female – Féminin	15 651	133	3 395	4 921	3 574	1 927	965	362	58	15	301
Puerto Rico – Porto Rico Urban – Urbaine 1990											
Urban – Urbaine [7]	32 570	121	5 061	9 787	9 636	5 394	2 105	435	*—	19 —*	12
Male – Masculin	16 653	64	2 629	4 997	4 915	2 746	1 059	226	*—	10 —*	7
Female – Féminin	15 916	57	2 432	4 790	4 721	2 647	1 046	209	*—	9 —*	5
Rural – Rurale 1990											
Rural – Rurale [7]	33 966	229	7 093	11 546	8 815	4 352	1 558	352	*—	17 —*	4
Male – Masculin	17 558	132	3 687	5 973	4 522	2 284	785	161	*—	11 —*	3
Female – Féminin	16 406	97	3 406	5 573	4 291	2 068	773	191	*—	6 —*	1
St. Vincent and the Grenadines – Saint–Vincent–et–Grenadines Urban – Urbaine 1983+											
Urban – Urbaine	2 379	11	738	781	457	272	102	17	*—	– —*	1
Male – Masculin	1 158	2	366	391	228	120	40	11	*—	– —*	–
Female – Féminin	1 221	9	372	390	229	152	62	6	*—	– —*	1
Rural – Rurale 1983+											
Rural – Rurale	916	2	231	319	195	93	43	21	*—	5 —*	7
Male – Masculin	450	2	122	164	88	40	22	11	*—	– —*	1
Female – Féminin	466	–	109	155	107	53	21	10	*—	5 —*	6

10. Live births by age of mother, sex and urban/rural residence: latest available year (continued)

Naissances vivantes selon l'âge de la mère, le sexe et la résidence, urbaine/rurale: dernière année disponible (suite)

Data by urban/rural residence

Données selon la résidence urbaine/rurale

(See notes at end of table. – Voir notes à la fin du tableau.)

Continent, country or area, year, sex and urban/rural residence / Continent, pays ou zone, année, sexe et résidence, urbaine/rurale	All ages Tous âges	–15	15–19	20–24	25–29	30–34	35–39	40–44	45–49	50+	Unknown Inconnu
AMERICA, SOUTH— AMERIQUE DU SUD											
Ecuador – Equateur											
Urban – Urbaine											
1989 [10]											
Urban – Urbaine	112 926	220	15 263	35 766	30 306	18 386	9 016	2 899	506	137	427
Male – Masculin	57 782	118	7 791	18 371	15 615	9 274	4 660	1 449	243	63	198
Female – Féminin	55 144	102	7 472	17 395	14 691	9 112	4 356	1 450	263	74	229
Rural – Rurale											
1989 [10]											
Rural – Rurale	87 173	192	13 201	24 528	19 827	13 895	9 600	4 630	856	146	298
Male – Masculin	44 359	95	6 713	12 612	10 017	7 009	4 853	2 418	441	58	143
Female – Féminin	42 814	97	6 488	11 916	9 810	6 886	4 747	2 212	415	88	155
Paraguay											
Urban – Urbaine											
1984											
Urban – Urbaine	22 544	25	2 418	6 534	6 087	4 015	1 966	708	*—	197 —*	594
Rural – Rurale											
1984											
Rural – Rurale	17 940	18	2 042	4 775	4 046	2 801	1 814	893	*—	232 —*	1 319
Peru – Pérou											
Urban – Urbaine											
1984+ [11]											
Urban – Urbaine	246 184	303	30 706	74 176	64 723	41 953	23 161	7 634	1 216	137	2 175
Male – Masculin	125 704	151	15 629	37 994	33 166	21 294	11 741	3 898	622	77	1 132
Female – Féminin	120 480	152	15 077	36 182	31 557	20 659	11 420	3 736	594	60	1 043
Rural – Rurale											
1984+ [11]											
Rural – Rurale	132 358	146	18 042	37 291	29 408	20 993	16 501	7 131	1 463	135	1 248
Male – Masculin	67 379	84	9 224	18 956	14 994	10 634	8 395	3 620	776	68	628
Female – Féminin	64 979	62	8 818	18 335	14 414	10 359	8 106	3 511	687	67	620
ASIA—ASIE											
Armenia – Arménie											
Urban – Urbaine											
1989 [12]											
Urban – Urbaine	47 871	*—	4 787 —*		18 984	14 573	7 159	2 075	268	18	7	–
Rural – Rurale											
1989 [12]											
Rural – Rurale	27 379	*—	3 743 —*		12 364	7 856	2 764	570	75	3	4	–
Azerbaijan – Azerbaïdjan											
Urban – Urbaine											
1989 [12]											
Urban – Urbaine	85 930	*—	4 088 —*		32 404	31 727	13 496	3 660	526	25	4	–
Rural – Rurale											
1989 [12]											
Rural – Rurale	95 701	*—	5 084 —*		36 389	34 502	14 850	3 968	812	89	7	–
Bangladesh											
Urban – Urbaine											
1988											
Urban – Urbaine	375 690	*—	36 930 —*		134 722	112 745	59 547	24 232	5 448	*—	2 066 —*	–
Male – Masculin	193 448	*—	18 923 —*		69 638	58 533	30 187	12 266	2 806	*—	1 095 —*	–
Female – Féminin	182 242	*—	18 007 —*		65 084	54 212	29 360	11 966	2 642	*—	971 —*	–
Rural – Rurale											
1988											
Rural – Rurale	3 100 821	*—	358 336 —*		1030480	909 629	437 660	259 011	78 507	*—	27 198 —*	–
Male – Masculin	1 603 665	*—	187 661 —*		531 641	470 603	223 651	134 642	41 009	*—	14 458 —*	–
Female – Féminin	1 497 156	*—	170 675 —*		498 839	439 026	214 009	124 369	37 498	*—	12 740 —*	–
Brunei Darussalam – Brunéi Darussalam											
Urban – Urbaine											
1989+											
Urban – Urbaine	6 450	6	389	1 524	2 029	1 601	701	167	19	2	12
Male – Masculin	3 307	5	204	783	1 030	831	360	77	10	1	6
Female – Féminin	3 143	1	185	741	999	770	341	90	9	1	6

10. Live births by age of mother, sex and urban/rural residence: latest available year (continued)

Naissances vivantes selon l'âge de la mère, le sexe et la résidence, urbaine/rurale: dernière année disponible (suite)

Data by urban/rural residence

Données selon la résidence urbaine/rurale

(See notes at end of table. – Voir notes à la fin du tableau.)

Continent, country or area, year, sex and urban/rural residence / Continent, pays ou zone, année, sexe et résidence, urbaine/rurale	All ages Tous âges	–15	15–19	20–24	25–29	30–34	35–39	40–44	45–49	50+	Unknown Inconnu
ASIA—ASIE (Cont.–Suite)											
Brunei Darussalam – Brunéi Darussalam											
Rural – Rurale											
1989+											
Rural – Rurale	476	–	37	98	145	107	69	16	2	1	1
Male – Masculin	249	–	20	53	77	55	37	6	–	–	1
Female – Féminin	227	–	17	45	68	52	32	10	2	1	–
Cyprus – Chypre											
Urban – Urbaine											
1989 [13] [31]											
Urban – Urbaine	6 819	–	390	2 032	2 450	1 362	477	72	4	1	31
Male – Masculin	3 568	–	210	1 034	1 313	703	262	32	3	–	11
Female – Féminin	3 251	–	180	998	1 137	659	215	40	1	1	20
Rural – Rurale											
1989 [13] [31]											
Rural – Rurale	3 468	–	284	1 201	1 164	576	187	39	–	–	17
Male – Masculin	1 835	–	158	621	621	293	107	25	–	–	10
Female – Féminin	1 633	–	126	580	543	283	80	14	–	–	7
Georgia – Géorgie											
Urban – Urbaine											
1989 [12]											
Urban – Urbaine	49 244	*—— 5 656 ——*		17 677	14 837	7 696	2 807	536	34	1	–
Rural – Rurale											
1989 [12]											
Rural – Rurale	41 894	*—— 6 104 ——*		17 620	11 667	4 708	1 488	276	30	1	–
Israel – Israël [15]											
Urban – Urbaine											
1990											
Urban – Urbaine	92 516	14	3 792	23 892	30 185	21 498	10 847	2 055	105	11	117
Male – Masculin	47 441	6	1 957	12 211	15 449	11 022	5 644	1 029	55	3	65
Female – Féminin	45 075	8	1 835	11 681	14 736	10 476	5 203	1 026	50	8	52
Rural – Rurale											
1990											
Rural – Rurale	10 833	2	421	2 189	3 330	2 948	1 634	277	19	1	12
Male – Masculin	5 572	2	214	1 125	1 680	1 498	880	152	11	–	10
Female – Féminin	5 261	–	207	1 064	1 650	1 450	754	125	8	1	2
Japan – Japon											
Urban – Urbaine											
1990 [16]											
Urban – Urbaine	960 690	*—— 13 973 ——*		149 259	432 259	280 573	74 149	10 274	183	–	20
Male – Masculin	493 478	*—— 7 157 ——*		76 758	221 667	144 214	38 296	5 267	107	–	12
Female – Féminin	467 212	*—— 6 816 ——*		72 501	210 592	136 359	35 853	5 007	76	–	8
Rural – Rurale											
1990 [16]											
Rural – Rurale	260 895	*—— 3 523 ——*		42 600	118 735	75 453	18 228	2 313	41	–	2
Male – Masculin	133 493	*—— 1 771 ——*		21 900	60 877	38 405	9 314	1 200	24	–	2
Female – Féminin	127 402	*—— 1 752 ——*		20 700	57 858	37 048	8 914	1 113	17	–	–
Kazakhstan											
Urban – Urbaine											
1989 [12]											
Urban – Urbaine	193 394	*—— 18 462 ——*		70 118	58 262	31 997	12 010	2 135	102	308	–
Rural – Rurale											
1989 [12]											
Rural – Rurale	188 875	*—— 14 753 ——*		69 945	58 462	30 092	12 326	2 773	260	264	–
Kyrgyzstan – Kirghizistan											
Urban – Urbaine											
1989 [12]											
Urban – Urbaine	38 943	*—— 2 848 ——*		14 225	11 954	6 659	2 605	429	20	203	–
Rural – Rurale											
1989 [12]											
Rural – Rurale	92 565	*—— 6 217 ——*		34 619	28 539	15 122	6 160	1 441	216	251	–

10. Live births by age of mother, sex and urban/rural residence: latest available year (continued)

Naissances vivantes selon l'âge de la mère, le sexe et la résidence, urbaine/rurale: dernière année disponible (suite)

Data by urban/rural residence

Données selon la résidence urbaine/rurale

(See notes at end of table. – Voir notes à la fin du tableau.)

Continent, country or area, year, sex and urban/rural residence — Continent, pays ou zone, année, sexe et résidence, urbaine/rurale	All ages Tous âges	Age of mother (in years) – Age de la mère (en années)									Unknown Inconnu
		−15	15–19	20–24	25–29	30–34	35–39	40–44	45–49	50+	
ASIA—ASIE (Cont.–Suite)											
Malaysia – Malaisie											
Peninsular Malaysia – Malaisie Péninsulaire											
Urban – Urbaine											
1990 [1]											
Urban – Urbaine	150 703	31	3 716	29 070	55 601	40 509	17 472	3 911	222	17	154
Male – Masculin	77 965	10	1 963	15 097	28 665	21 020	9 056	1 975	95	10	74
Female – Féminin	72 738	21	1 753	13 973	26 936	19 489	8 416	1 936	127	7	80
Rural – Rurale											
1990 [1]											
Rural – Rurale	244 618	102	9 717	55 740	77 775	57 121	32 105	10 819	923	51	265
Male – Masculin	126 172	48	5 068	28 689	40 169	29 410	16 599	5 537	498	16	138
Female – Féminin	118 446	54	4 649	27 051	37 606	27 711	15 506	5 282	425	35	127
Sarawak											
Urban – Urbaine											
1986											
Urban – Urbaine	6 653	7	490	1 872	2 279	1 364	466	97	6	2	70
Male – Masculin	3 549	2	262	1 021	1 187	729	250	60	4	1	33
Female – Féminin	3 104	5	228	851	1 092	635	216	37	2	1	37
Rural – Rurale											
1986											
Rural – Rurale	35 049	98	4 073	10 187	9 977	6 352	2 765	836	132	31	598
Male – Masculin	18 612	52	2 183	5 481	5 258	3 331	1 464	428	70	16	329
Female – Féminin	16 437	46	1 890	4 706	4 719	3 021	1 301	408	62	15	269
Maldives											
Urban – Urbaine											
1988											
Urban – Urbaine	1 295	–	188	426	383	179	79	18	4	–	18
Male – Masculin	677	–	93	237	192	96	38	8	2	–	11
Female – Féminin	618	–	95	189	191	83	41	10	2	–	7
Mongolia – Mongolie											
Urban – Urbaine											
1989*											
Urban – Urbaine	36 300	–	1 800	12 600	12 500	6 400	2 200	600	200	–	–
Rural – Rurale											
1989*											
Rural – Rurale	36 900	–	2 200	12 000	12 000	6 400	2 900	1 000	300	100	–
Pakistan											
Urban – Urbaine											
1988 [19]											
Urban – Urbaine	908 388	–	59 901	249 843	272 326	174 811	100 500	41 099	9 908	–	–
Male – Masculin	497 437	–	33 339	131 987	155 159	90 299	57 244	24 117	5 292	–	–
Female – Féminin	410 951	–	26 562	117 856	117 167	84 512	43 256	16 982	4 616	–	–
Rural – Rurale											
1988 [19]											
Rural – Rurale	2 286 538	–	181 025	590 154	631 383	415 122	288 942	128 850	51 062	–	–
Male – Masculin	1 169 144	–	92 002	297 235	328 232	210 550	144 919	67 454	28 752	–	–
Female – Féminin	1 117 394	–	89 023	292 919	303 151	204 572	144 023	61 396	22 310	–	–
Sri Lanka											
Urban – Urbaine											
1985+											
Urban – Urbaine	186 308	40	13 136	53 014	57 012	39 213	19 218	4 186	475	14	–
Male – Masculin	95 503	20	6 789	27 078	29 294	20 081	9 888	2 114	231	8	–
Female – Féminin	90 805	20	6 347	25 936	27 718	19 132	9 330	2 072	244	6	–
Rural – Rurale											
1985+											
Rural – Rurale	203 291	38	16 540	69 511	60 441	35 221	17 169	3 823	535	12	1
Male – Masculin	103 432	17	8 425	35 392	30 622	17 995	8 747	1 930	297	7	1
Female – Féminin	99 859	21	8 115	34 119	29 819	17 226	8 422	1 893	238	5	1

10. Live births by age of mother, sex and urban/rural residence: latest available year (continued)
Naissances vivantes selon l'âge de la mère, le sexe et la résidence, urbaine/rurale: dernière année disponible (suite)

Data by urban/rural residence
Données selon la résidence urbaine/rurale

(See notes at end of table. – Voir notes à la fin du tableau.)

Continent, country or area, year, sex and urban/rural residence / Continent, pays ou zone, année, sexe et résidence, urbaine/rurale	All ages Tous âges	\-15	15–19	20–24	25–29	30–34	35–39	40–44	45–49	50+	Unknown Inconnu
ASIA—ASIE (Cont.–Suite)											
Tajikistan – Tadjikistan											
Urban – Urbaine											
1989 [12]											
Urban – Urbaine	47 345	*——	3 044	——*	16 871	15 022	8 243	3 233	708	74	150	–
Rural – Rurale											
1989 [12]											
Rural – Rurale	153 085	*——	7 170	——*	54 666	48 074	26 936	12 182	3 339	536	182	–
Thailand – Thaïlande											
Urban – Urbaine											
1990+											
Urban – Urbaine	262 716	284	31 328	87 097	78 233	42 353	14 680	3 537	502	156	4 546
Male – Masculin	135 909	144	16 217	44 996	40 585	21 748	7 732	1 849	260	72	2 306
Female – Féminin	126 807	140	15 111	42 101	37 648	20 605	6 948	1 688	242	84	2 240
Rural – Rurale											
1990+											
Rural – Rurale	693 521	1 384	96 022	239 230	184 280	100 770	42 476	16 157	4 822	3 651	4 729
Male – Masculin	355 101	699	49 151	123 123	94 759	51 805	21 525	8 048	2 248	1 441	2 302
Female – Féminin	338 420	685	46 871	116 107	89 521	48 965	20 951	8 109	2 574	2 210	2 427
Turkmenistan – Turkménistan											
Urban – Urbaine											
1989 [12]											
Urban – Urbaine	52 006	*——	2 372	——*	16 691	18 426	9 911	3 704	757	42	103	–
Rural – Rurale											
1989 [12]											
Rural – Rurale	72 986	*——	1 615	——*	20 883	27 987	15 065	5 776	1 431	180	49	–
EUROPE											
Albania – Albanie											
Urban – Urbaine											
1989											
Urban – Urbaine	23 803	–	740	6 697	9 498	5 205	1 371	196	10	13	73
Male – Masculin	12 382	–	373	3 489	4 938	2 713	729	93	4	6	37
Female – Féminin	11 421	–	367	3 208	4 560	2 492	642	103	6	7	36
Rural – Rurale											
1989											
Rural – Rurale	55 059	–	1 664	17 117	20 494	10 852	3 656	1 041	117	15	103
Male – Masculin	28 403	–	877	8 912	10 514	5 575	1 862	544	66	5	48
Female – Féminin	26 656	–	787	8 205	9 980	5 277	1 794	497	51	10	55
Austria – Autriche											
Urban – Urbaine											
1983											
Urban – Urbaine	44 655	16	4 107	16 171	14 385	6 905	2 499	546	26	–	–
Male – Masculin	22 828	9	2 125	8 320	7 284	3 548	1 254	278	16	–	–
Female – Féminin	21 827	7	1 982	7 851	7 101	3 357	1 245	268	10	–	–
Rural – Rurale											
1983											
Rural – Rurale	45 463	6	5 280	18 214	13 429	5 879	2 051	573	31	–	–
Male – Masculin	23 301	2	2 737	9 292	6 944	3 009	1 020	280	17	–	–
Female – Féminin	22 162	4	2 543	8 922	6 485	2 870	1 031	293	14	–	–
Belarus – Bélarus											
Urban – Urbaine											
1989 [12]											
Urban – Urbaine	110 472	*——	9 296	——*	44 861	34 946	15 890	4 697	751	21	10	–
Rural – Rurale											
1989 [12]											
Rural – Rurale	42 977	*——	4 821	——*	19 123	11 250	5 295	1 994	462	28	4	–
Bulgaria – Bulgarie											
Urban – Urbaine											
1990											
Urban – Urbaine	73 940	313	13 604	32 656	17 558	6 989	2 344	456	14	1	5
Male – Masculin	38 058	151	6 991	16 801	8 990	3 636	1 235	244	7	–	3
Female – Féminin	35 882	162	6 613	15 855	8 568	3 353	1 109	212	7	1	2

299

10. Live births by age of mother, sex and urban/rural residence: latest available year (continued)

Naissances vivantes selon l'âge de la mère, le sexe et la résidence, urbaine/rurale: dernière année disponible (suite)

Data by urban/rural residence

Données selon la résidence urbaine/rurale

(See notes at end of table. – Voir notes à la fin du tableau.)

Continent, country or area, year, sex and urban/rural residence / Continent, pays ou zone, année, sexe et résidence, urbaine/rurale	All ages Tous âges	Age of mother (in years) – Age de la mère (en années)									
		–15	15–19	20–24	25–29	30–34	35–39	40–44	45–49	50+	Unknown Inconnu
EUROPE (Cont.–Suite)											
Bulgaria – Bulgarie Rural – Rurale 1990											
Rural – Rurale	31 240	190	8 411	14 216	5 621	1 965	683	147	6	–	1
Male – Masculin	15 970	103	4 272	7 253	2 925	1 008	333	75	1	–	–
Female – Féminin	15 270	87	4 139	6 963	2 696	957	350	72	5	–	1
Czechoslovakia – Tchécoslovaquie Urban – Urbaine 1990											
Urban – Urbaine	136 876	42	16 538	58 167	40 095	15 812	5 383	821	18	–	–
Rural – Rurale 1990											
Rural – Rurale	73 677	18	11 445	34 698	17 876	6 847	2 415	364	14	–	–
Estonia – Estonie Urban – Urbaine 1990 [12]											
Urban – Urbaine	15 003	4	1 701	5 623	4 137	2 363	978	187	6	1	3
Rural – Rurale 1990 [12]											
Rural – Rurale	7 305	8	955	2 768	1 960	1 073	437	97	6	–	1
Finland – Finlande Urban – Urbaine 1989 [22]											
Urban – Urbaine	39 543	1	1 083	7 714	15 061	10 706	4 063	886	28	1	–
Male – Masculin	20 341	–	553	3 994	7 777	5 431	2 127	443	16	–	–
Female – Féminin	19 202	1	530	3 720	7 284	5 275	1 936	443	12	1	–
Rural – Rurale 1989 [22]											
Rural – Rurale	23 805	–	662	4 678	8 861	6 252	2 695	632	25	–	–
Male – Masculin	12 061	–	336	2 361	4 488	3 170	1 381	313	12	–	–
Female – Féminin	11 744	–	326	2 317	4 373	3 082	1 314	319	13	–	–
France Urban – Urbaine 1990 [5][23][32]											
Urban – Urbaine	587 987	42	15 545	123 545	226 366	149 318	59 899	12 662	577	33	–
Male – Masculin	301 766	21	7 991	63 147	116 209	76 744	30 805	6 545	288	16	–
Female – Féminin	286 221	21	7 554	60 398	110 157	72 574	29 094	6 117	289	17	–
Rural – Rurale 1990 [5][23][32]											
Rural – Rurale	172 709	14	3 389	33 727	71 008	45 335	16 180	2 950	102	4	–
Male – Masculin	88 678	7	1 678	17 329	36 429	23 375	8 275	1 525	58	2	–
Female – Féminin	84 031	7	1 711	16 398	34 579	21 960	7 905	1 425	44	2	–
Germany – Allemagne [24]	...	...	...	...	...	...	...	...	...	...	...
Former German Democratic Republic – Ancienne République démocratique allemande Urban – Urbaine 1989											
Urban – Urbaine	151 831	8	11 937	66 619	51 795	16 364	4 623	466	*—	19 —*	–
Rural – Rurale 1989											
Rural – Rurale	47 091	5	4 677	20 942	14 850	5 012	1 477	121	*—	7 —*	–
Greece – Grèce Urban – Urbaine 1985											
Urban – Urbaine	76 156	55	6 725	25 119	25 327	13 188	4 756	855	84	19	28
Male – Masculin	39 388	30	3 438	13 014	13 073	6 897	2 441	422	44	12	17
Female – Féminin	36 768	25	3 287	12 105	12 254	6 291	2 315	433	40	7	11
Rural – Rurale 1985											
Rural – Rurale	40 325	38	6 666	16 169	10 629	4 658	1 662	431	47	7	18
Male – Masculin	21 034	18	3 439	8 493	5 567	2 396	859	224	22	6	10
Female – Féminin	19 291	20	3 227	7 676	5 062	2 262	803	207	25	1	8

10. Live births by age of mother, sex and urban/rural residence: latest available year (continued)

Naissances vivantes selon l'âge de la mère, le sexe et la résidence, urbaine/rurale: dernière année disponible (suite)

Data by urban/rural residence

Données selon la résidence urbaine/rurale

(See notes at end of table. – Voir notes à la fin du tableau.)

Continent, country or area, year, sex and urban/rural residence — Continent, pays ou zone, année, sexe et résidence, urbaine/rurale	All ages Tous âges	Age of mother (in years) – Age de la mère (en années)									
		−15	15–19	20–24	25–29	30–34	35–39	40–44	45–49	50+	Unknown Inconnu
EUROPE (Cont.–Suite)											
Hungary – Hongrie											
Urban – Urbaine 1990 [31]											
Urban – Urbaine	74 767	99	7 428	28 262	22 097	11 436	4 737	683	*—	25 —*	–
Male – Masculin	38 377	52	3 836	14 497	11 302	5 931	2 403	339	*—	17 —*	–
Female – Féminin	36 390	47	3 592	13 765	10 795	5 505	2 334	344	*—	8 —*	–
Rural – Rurale 1990 [31]											
Rural – Rurale	50 490	138	7 729	21 095	12 798	6 000	2 285	432	*—	13 —*	–
Male – Masculin	25 631	73	4 032	10 581	6 514	3 053	1 164	207	*—	7 —*	–
Female – Féminin	24 859	65	3 697	10 514	6 284	2 947	1 121	225	*—	6 —*	–
Ireland – Irlande											
Urban – Urbaine 1990+ [25]											
Urban – Urbaine	25 098	6	1 639	4 514	8 364	6 823	2 956	613	29	–	154
Male – Masculin	12 963	2	834	2 334	4 310	3 505	1 533	347	11	–	87
Female – Féminin	12 135	4	805	2 180	4 054	3 318	1 423	266	18	–	67
Rural – Rurale 1990+ [25]											
Rural – Rurale	27 854	6	990	3 639	8 816	8 559	4 403	1 061	64	2	314
Male – Masculin	14 474	3	502	1 890	4 601	4 423	2 294	560	33	1	167
Female – Féminin	13 380	3	488	1 749	4 215	4 136	2 109	501	31	1	147
Latvia – Lettonie											
Urban – Urbaine 1989 [12]											
Urban – Urbaine	25 702	*—	2 617 —*	9 759	7 544	4 040	1 453	277	11	1	–
Rural – Rurale 1989 [12]											
Rural – Rurale	13 220	*—	1 374 —*	5 284	3 685	1 907	776	177	14	3	–
Lithuania – Lituanie											
Urban – Urbaine 1990 [12]											
Urban – Urbaine	37 700	36	3 232	14 460	11 784	5 913	1 870	380	12	–	13
Rural – Rurale 1990 [12]											
Rural – Rurale	19 168	26	2 266	8 095	5 032	2 532	949	251	16	–	1
Luxembourg											
Urban – Urbaine 1980											
Urban – Urbaine	2 728	–	155	846	1 007	526	138	34	1	–	21
Male – Masculin	1 323	–	81	412	474	260	70	15	1	–	10
Female – Féminin	1 405	–	74	434	533	266	68	19	1	–	10
Rural – Rurale 1980											
Rural – Rurale	1 441	–	73	385	583	305	81	12	2	–	–
Male – Masculin	759	–	40	199	314	163	39	3	1	–	–
Female – Féminin	682	–	33	186	269	142	42	9	1	–	–
Netherlands – Pays–Bas											
Urban – Urbaine 1986 [23] [33]											
Urban – Urbaine	90 632	*—	2 956 —*	20 161	37 351	23 003	6 179	836	*—	146 —*	–
Male – Masculin	46 083	*—	1 483 —*	10 251	19 008	11 764	3 090	416	*—	71 —*	–
Female – Féminin	44 549	*—	1 473 —*	9 910	18 343	11 239	3 089	420	*—	75 —*	–
Rural – Rurale 1986 [23] [33]											
Rural – Rurale	23 596	*—	241 —*	4 185	11 060	6 394	1 491	214	*—	11 —*	–
Male – Masculin	12 048	*—	131 —*	2 151	5 611	3 258	766	126	*—	5 —*	–
Female – Féminin	11 548	*—	110 —*	2 034	5 449	3 136	725	88	*—	6 —*	–
Semi–urban – Semi–urbaine 1986 [23] [33]											
Semi–urban–Semi–urbaine	70 275	*—	853 —*	11 902	32 420	19 820	4 699	550	*—	31 —*	–
Male – Masculin	35 719	*—	447 —*	6 039	16 536	10 055	2 356	273	*—	13 —*	–
Female – Féminin	34 556	*—	406 —*	5 863	15 884	9 765	2 343	277	*—	18 —*	–

10. Live births by age of mother, sex and urban/rural residence: latest available year (continued)

Naissances vivantes selon l'âge de la mère, le sexe et la résidence, urbaine/rurale: dernière année disponible (suite)

Data by urban/rural residence

Données selon la résidence urbaine/rurale

(See notes at end of table. – Voir notes à la fin du tableau.)

Continent, country or area, year, sex and urban/rural residence / Continent, pays ou zone, année, sexe et résidence, urbaine/rurale	All ages Tous âges	Age of mother (in years) – Age de la mère (en années)									Unknown Inconnu
		−15	15–19	20–24	25–29	30–34	35–39	40–44	45–49	50+	
EUROPE (Cont.–Suite)											
Norway – Norvège											
Urban – Urbaine											
1980 [5]											
Urban – Urbaine	22 363	3	1 443	7 238	8 313	4 100	1 104	158	4	–	–
Male – Masculin	11 570	1	740	3 727	4 317	2 150	558	73	4	–	–
Female – Féminin	10 793	2	703	3 511	3 996	1 950	546	85	–	–	–
Rural – Rurale											
1980 [5]											
Rural – Rurale	28 676	2	2 412	9 152	9 763	5 489	1 588	257	13	–	–
Male – Masculin	14 778	1	1 282	4 731	5 000	2 831	812	115	6	–	–
Female – Féminin	13 898	1	1 130	4 421	4 763	2 658	776	142	7	–	–
Poland – Pologne											
Urban – Urbaine											
1990											
Urban – Urbaine	291 477	56	23 392	99 475	85 945	54 682	23 233	4 563	128	3	–
Male – Masculin	150 110	23	12 067	51 222	44 386	28 075	11 909	2 348	78	2	–
Female – Féminin	141 367	33	11 325	48 253	41 559	26 607	11 324	2 215	50	1	–
Rural – Rurale											
1990											
Rural – Rurale	254 340	36	20 391	99 525	74 086	40 001	16 378	3 776	143	4	–
Male – Masculin	130 458	18	10 555	50 946	38 100	20 378	8 392	1 991	76	2	–
Female – Féminin	123 882	18	9 836	48 579	35 986	19 623	7 986	1 785	67	2	–
Republic of Moldova – République de Moldova											
Urban – Urbaine											
1989 [12]											
Urban – Urbaine	36 676	*— 3 899 —*			14 123	10 739	5 565	2 029	279	8	34	–
Rural – Rurale											
1989 [12]											
Rural – Rurale	45 545	*— 5 259 —*			16 857	12 669	7 110	3 073	536	13	28	–
Romania – Roumanie											
Urban – Urbaine											
1990											
Urban – Urbaine	156 950	221	17 006	67 088	38 966	23 574	8 510	1 515	70	–	–
Male – Masculin	80 398	106	8 755	34 422	20 032	11 942	4 342	765	34	–	–
Female – Féminin	76 552	115	8 251	32 666	18 934	11 632	4 168	750	36	–	–
Rural – Rurale											
1990											
Rural – Rurale	157 796	359	30 320	73 485	27 651	15 406	7 991	2 437	147	–	–
Male – Masculin	80 625	183	15 588	37 614	14 047	7 849	4 037	1 236	71	–	–
Female – Féminin	77 171	176	14 732	35 871	13 604	7 557	3 954	1 201	76	–	–
Russian Federation – Fédération Russe											
Urban – Urbaine											
1989 [12]											
Urban – Urbaine	1 520 741	*— 175 929 —*			541 045	445 825	250 951	91 623	14 032	313	1 023	–
Rural – Rurale											
1989 [12]											
Rural – Rurale	639 818	*— 79 837 —*			235 415	179 859	98 463	38 567	7 120	284	273	–
San Marino – Saint–Marin											
Urban – Urbaine											
1989+											
Urban – Urbaine	209	–	7	49	91	43	17	*——— 2 ———*			–
Male – Masculin	107	–	4	30	45	21	7	*——— – ———*			–
Female – Féminin	102	–	3	19	46	22	10	*——— 2 ———*			–
Rural – Rurale											
1989+											
Rural – Rurale	22	–	–	7	13	2	–	*——— – ———*			–
Male – Masculin	11	–	–	3	7	1	–	*——— – ———*			–
Female – Féminin	11	–	–	4	6	1	–	*——— – ———*			–
Switzerland – Suisse											
Urban – Urbaine											
1990											
Urban – Urbaine	45 518	–	788	7 772	18 352	13 541	4 438	609	17	1	–
Male – Masculin	23 293	–	435	3 952	9 368	6 957	2 267	303	11	–	–
Female – Féminin	22 225	–	353	3 820	8 984	6 584	2 171	306	6	1	–

10. Live births by age of mother, sex and urban/rural residence: latest available year (continued)
Naissances vivantes selon l'âge de la mère, le sexe et la résidence, urbaine/rurale: dernière année disponible (suite)

Data by urban/rural residence
Données selon la résidence urbaine/rurale

(See notes at end of table. — Voir notes à la fin du tableau.)

Continent, country or area, year, sex and urban/rural residence / Continent, pays ou zone, année, sexe et résidence, urbaine/rurale	All ages Tous âges	Age of mother (in years) — Age de la mère (en années)									Unknown Inconnu
		−15	15–19	20–24	25–29	30–34	35–39	40–44	45–49	50+	
EUROPE (Cont.–Suite)											
Switzerland – Suisse											
Rural – Rurale											
1990											
Rural – Rurale	38 421	1	649	7 170	16 769	10 628	2 843	350	11	–	–
Male – Masculin	19 621	1	320	3 605	8 651	5 401	1 458	180	5	–	–
Female – Féminin	18 800	–	329	3 565	8 118	5 227	1 385	170	6	–	–
Ukraine											
Urban – Urbaine											
1989 [12]											
Urban – Urbaine	471 104	*— 62 005 —*		184 352	132 578	65 719	22 541	3 588	110	211	
Rural – Rurale											
1989 [12]											
Rural – Rurale	219 877	*— 35 656 —*		91 165	54 820	25 665	10 069	2 326	143	33	–
Yugoslavia – Yougoslavie											
Urban – Urbaine											
1989											
Urban – Urbaine	167 308	76	12 836	57 922	57 009	27 849	9 518	1 582	114	45	357
Male – Masculin	86 501	38	6 618	29 962	29 551	14 357	4 907	797	65	25	181
Female – Féminin	80 807	38	6 218	27 960	27 458	13 492	4 611	785	49	20	176
Rural – Rurale											
1989											
Rural – Rurale	169 086	71	20 875	67 860	48 723	20 699	8 003	1 784	181	59	831
Male – Masculin	87 433	34	10 773	35 106	25 226	10 675	4 144	926	98	32	419
Female – Féminin	81 653	37	10 102	32 754	23 497	10 024	3 859	858	83	27	412
OCEANIA—OCEANIE											
Guam											
Urban – Urbaine											
1986 [29] [31]											
Urban – Urbaine	2 962	2	399	1 032	818	487	186	36	2	–	–
Male – Masculin	1 540	2	213	538	430	240	99	16	2	–	–
Female – Féminin	1 422	–	186	494	388	247	87	20	–	–	–
Rural – Rurale											
1986 [29] [31]											
Rural – Rurale	309	–	60	101	86	38	19	5	–	–	–
Male – Masculin	164	–	28	58	45	22	8	3	–	–	–
Female – Féminin	145	–	32	43	41	16	11	2	–	–	–
New Zealand – Nouvelle–Zélande											
Urban – Urbaine											
1990+ [28]											
Urban – Urbaine	45 321	124	3 684	10 405	15 772	11 267	3 570	477	*— 22 —*		–
Male – Masculin	23 140	60	1 932	5 277	7 934	5 815	1 869	242	*— 11 —*		–
Female – Féminin	22 181	64	1 752	5 128	7 838	5 452	1 701	235	*— 11 —*		–
Rural – Rurale											
1990+ [28]											
Rural – Rurale	14 832	46	1 183	3 554	5 457	3 501	943	140	*— 8 —*		–
Male – Masculin	7 568	25	636	1 798	2 789	1 771	476	70	*— 3 —*		–
Female – Féminin	7 264	21	547	1 756	2 668	1 730	467	70	*— 5 —*		–
Samoa											
Urban – Urbaine											
1980											
Urban – Urbaine	720	–	95	274	160	93	41	6	1	–	50
Male – Masculin	385	–	44	159	87	52	17	3	1	–	22
Female – Féminin	335	–	51	115	73	41	24	3	–	–	28
Rural – Rurale											
1980											
Rural – Rurale	1 973	1	151	687	490	300	171	75	23	12	63
Male – Masculin	1 074	1	79	381	263	168	86	42	10	7	37
Female – Féminin	899	–	72	306	227	132	85	33	13	5	26

10. Live births by age of mother, sex and urban/rural residence: latest available year (continued)

Naissances vivantes selon l'âge de la mère, le sexe et la résidence, urbaine/rurale: dernière année diponible (suite)

<table>
<tr><td>

GENERAL NOTES

For definitions of "urban", see end of table 6. For method of evaluation and limitations of data, see Technical Notes, page 55.

Italics: data from civil registers which are incomplete or of unknown completeness.

</td><td>

NOTES GENERALES

Pour les définitions des "regions urbaines", se reporter à la fin du tableau 6. Pour la méthode d'évaluation et les insuffisances des données, voir Notes techniques, page 55.

Italiques: données incomplètes ou dont le degré d'exactitude n'est pas connu provenant des registres de l'état civil.

</td></tr>
</table>

<table>
<tr><td>

FOOTNOTES

* Provisional.
+ Data tabulated by date of registration rather than occurrence.

1 Excluding live—born infants dying before registration of birth.

2 For Algerian population only.
3 For classification by urban/rural residence, see end of table.
4 Based on a Demographic Sample Survey.
5 Age classification based on year of birth of mother rather than exact date of birth of child.
6 Excluding Newfoundland. Including Canadian residents temporarily in the United States, but excluding United States residents temporarily in Canada.

7 Including unknown sex.
8 Births to mothers of unknown age have been proportionately distributed among known ages.
9 Excluding adjustment for under—registration.
10 Excluding nomadic Indian tribes.
11 Excluding Indian jungle population.
12 Excluding infants born alive after less than 28 weeks' gestation, of less tha 1 000 grammes in weight and 35 centimetres in length, who die within seven days of birth.
13 For government controlled areas.
14 Excluding Vietnamese refugees.
15 Including data for East Jerusalem and Israeli residents in certain other territories under occupation by Israeli military forces since June 1967.

16 For Japanese nationals in Japan only.
17 Including late registrations.
18 Events registered by Health Service only.
19 Based on the results of the Population Growth Survey.
20 Excluding transients afloat and non—locally domiciled military and civilian service personnel and their dependants.

21 Excluding Faeroe Islands and Greenland.
22 Including nationals temporarily outside the country.
23 Including armed forces outside the country.
24 All data shown pertaining to Germany prior to 3 October 1990 are indicated separately for the Federal Republic of Germany and the former German Democratic Republic based on their respective territories at the time indicated. See explanatory notes on data pertaining to Germany on page 4.

25 Births registered within one year of occurrence.

</td><td>

NOTES

* Données provisoires.
+ Données exploitées selon la date de l'enregistrement et non la date de l'événement.
1 Non compris les enfants nés vivants, décédés avant l'enregistrement de leur naissance.
2 Pour la population algérienne seulement.
3 Pour le classement selon la résidence, urbaine/rurale, voir la fin du tableau.
4 D'après l'enquête démographique par sondage.
5 Le classement selon l'âge est basé sur l'année de naissance de la mère et non sur la date exacte de naissance de l'enfant.
6 Non compris Terre—Neuve. Y compris les résidents canadiens se trouvant temporairement aux Etats—Unis, mais non compris les résidents des Etats—Unis se trouvant temporairement au Canada.
7 Y compris le sexe inconnu.
8 Les naissances parmi les mères d'âge inconnu ont été réparties proportionellement entre les groupes d'âges indiqués.
9 Non compris d'un ajustement pour sous—enregistrement.
10 Non compris les tribus d'Indiens nomades.
11 Non compris les Indiens de la jungle.
12 Non compris les enfants nés vivants après moins de 28 semaines de gestation, pesant moins de 1 000 grammes, mesurant moins de 35 centimètres et décédés dans les sept jours qui ont suivi leur naissance.
13 Pour les zones controlées par le Gouvernement.
14 Non compris les réfugiés du Viet—Nam.
15 Y compris les données pour Jérusalem—Est et les résidents israéliens dans certains autres territoires occupés depuis juin 1967 par les forces armées israéliennes.
16 Pour les nationaux japonais au Japon seulement.
17 Y compris les enregistrement tardifs.
18 Evénements enregistrés par les Service de santé seulement.
19 D'après les résultats de la "Population Growth Survey".
20 Non compris les personnes de passage à bord de navires ni les militaires et agents civils domiciliés hors du territoire et les membres de leur famille les accompagnant.
21 Non compris les îles Féroé et le Groenland.
22 Y compris les nationaux se trouvant temporairement hors du pays.
23 Y compris les militaires hors du pays.
24 Toutes les données se rapportant à l'Allemagne avant le 3 octobre 1990 figurent dans deux rubriques séparées basées sur les territoires respectifs de la République fédérale d'Allemagne et l'ancienne République démocratique allemande selon la période indiquée. Voir les notes explicatives sur les données concernant l'Allemagne à la page 4.
25 Naissances enregistrées dans l'année qui suit l'événement.

</td></tr>
</table>

10. Live births by age of mother, sex and urban/rural residence: latest available year (continued)

Naissances vivantes selon l'âge de la mère, le sexe et la résidence, urbaine/rurale: dernière année disponible (suite)

FOOTNOTES (continued)

26 Maltese population only.
27 Including residents outside the country if listed in a Netherlands population register.
28 For under 16 and 16–19 years, as appropriate.
29 Including United States military personnel, their dependants and contract employees.
30 Excluding United States military personnel, their dependants and contract employees.
31 Excluding births of unknown residence.
32 Excluding births of nationals outside the country.
33 Excluding persons on the Central Register of Population (containing persons belonging in the Netherlands population but having no fixed municipality of residence).

NOTES (suite)

26 Population Maltaise seulement.
27 Y compris les résidents hors du pays, s'ils sont inscrits sur un registre de population néerlandais.
28 Pour moins de 16 ans et 16–19 ans, selon le cas.
29 Y compris les militaires des Etats–Unis, les membres de leur famille les accompagnant et les agents contractuels des Etats–Unis.
30 Non compris les militaires des Etats–Unis, les membres de leur famille les accompagnant et les agents contractuels des Etats–Unis.
31 Non compris les naissances d'enfants dont on ignore la résidence.
32 Non compris les naissances de nationaux hors du pays.
33 Non compris les personnes inscrites sur le Registre central de la population (personnes appartenant à la population néerlandaise mais sans résidence fixe dans l'une des municipalités).

11. Live–birth rates specific for age of mother, by urban/rural residence: latest available year

Naissances vivantes, taux selon l'âge de la mère et la résidence, urbaine/rurale: dernière année disponible

(See notes at end of table. – Voir notes à la fin du tableau.)

Continent, country or area, year, and urban/rural residence — Continent, pays ou zone, année, et résidence, urbaine/rurale	All ages Tous âges [1]	– 20 [2]	20–24	25–29	30–34	35–39	40–44	45+ [3]
AFRICA—AFRIQUE								
Botswana 1984	127.1	92.8	201.0	160.6	141.7	113.4	62.7	16.0
Cape Verde – Cap–Vert 1985	142.3	77.9	210.4	194.8	203.0	152.1	77.6	15.6
Egypt – Egypte 1988 [4]	164.0	20.5	193.6	316.6	268.8	190.6	73.1	26.5
Malawi 1982 [4][5]	203.9	139.3	280.1	274.1	238.8	183.1	111.3	98.5
Mauritius – Maurice Island of Mauritius – Ile Maurice 1989	73.4	44.9	136.6	126.1	78.2	36.0	11.1	♦ 0.9
Rodrigues 1989	107.7	79.3	149.1	178.0	155.3	94.3	♦ 36.6	♦ 3.1
Réunion 1986 [6][7]	86.4	48.8	134.0	164.0	112.3	59.5	21.9	♦ 2.1
Seychelles 1990+	100.8	63.1	150.1	140.9	120.2	76.3	♦ 17.1	–
Tunisia – Tunisie 1989	105.3	17.4	130.8	195.4	175.8	113.3	41.4	9.2
AMERICA,NORTH— AMERIQUE DU NORD								
Bahamas 1985	84.9	67.7	136.3	143.4	98.0	38.3	11.8	♦ 0.8
Barbados – Barbade 1988+	54.0	43.8	86.5	88.5	64.7	28.3	*——— 2.6 ———*	
Belize 1989	176.9	132.1	272.6	251.9	193.7	124.1	51.6	♦ 10.2
Bermuda – Bermudes 1990	52.4	36.4	79.4	108.3	93.1	30.0	♦ 5.7	–
British Virgin Islands – Iles Vierges britanniques 1988+	68.8	♦ 47.7	108.2	150.1	91.6	*——— ♦ 15.9 ———*		♦ 28.3
Canada 1989 [8]	54.5	24.8	82.5	126.1	81.9	26.4	3.8	0.1
Cayman Islands – Iles Caïmanes 1989	55.8	69.0	88.7	93.0	61.5	25.6	♦ 10.7	–
Costa Rica 1984	121.8	96.0	192.1	181.7	131.0	76.8	27.0	3.1
Cuba 1988 [4]	63.6	81.4	119.5	94.0	53.7	18.8	3.3	0.4
Dominican Republic – République dominicaine 1981+ [4]	179.7	53.4	164.9	226.0	273.6	237.5	199.4	320.0
El Salvador 1986	133.2	107.3	227.9	198.3	135.5	100.3	41.6	13.1
Greenland – Groenland 1989	82.4	87.8	155.7	117.2	73.1	34.5	♦ 5.8	♦ 1.5

11. Live—birth rates specific for age of mother, by urban/rural residence: latest available year (continued)

Naissances vivantes, taux selon l'âge de la mère et la résidence, urbaine/rurale: dernière année disponible (suite)

(See notes at end of table. – Voir notes à la fin du tableau.)

Continent, country or area, year, and urban/rural residence — Continent, pays ou zone, année, et résidence, urbaine/rurale	All ages Tous âges [1]	Age of mother (in years) – Age de la mère (en années)						
		– 20 [2]	20–24	25–29	30–34	35–39	40–44	45+ [3]
AMERICA, NORTH— (Cont.–Suite) AMERIQUE DU NORD								
Guadeloupe 1985 [6][7]	78.0	37.0	122.0	170.0	111.4	55.5	19.1	♦ 2.0
Guatemala 1985 [4]	188.1	125.5	273.5	271.0	225.6	183.0	81.5	43.0
Honduras 1981+	196.9	137.7	307.4	279.6	235.4	177.0	81.4	21.7
Jamaica – Jamaïque 1982+	114.4	120.1	177.4	149.7	111.2	66.7	24.5	3.4
Martinique 1990 [6][7]	64.5	16.1	92.3	122.9	96.2	47.0	12.8	♦ 1.1
Mexico – Mexique 1985	139.5	89.7	224.2	217.1	160.0	110.3	47.5	12.9
Montserrat 1982+	96.9	155.2	126.0	118.8	♦ 75.4	♦ 14.9	♦ 14.9	–
Panama 1989 [4]	98.2	94.1	163.0	149.7	96.4	50.6	18.1	3.4
Puerto Rico – Porto Rico 1988 [4]	73.9	71.6	158.1	142.0	76.7	28.4	6.3	0.5
Saint Kitts and Nevis – Saint–Kitts–et–Nevis 1988+	92.9	88.8	154.1	160.7	106.3	40.5	♦ 7.9	♦ 1.1
Saint Lucia – Sainte–Lucie 1986	129.5	113.6	206.0	201.8	125.9	88.7	29.3	♦ 0.9
St. Vincent and the Grenadines – Saint–Vincent–et–Grenadines 1980+	140.8	144.9	219.5	188.1	134.1	65.4	28.1	♦ 5.4
Trinidad and Tobago – Trinité–et–Tobago 1989	84.7	70.3	136.3	134.6	96.8	53.0	14.1	♦ 1.2
United States – Etats–Unis 1989	61.8	59.4	115.4	116.6	76.2	29.7	5.2	0.2
United States Virgin Islands – Iles Vierges américaines 1980	96.9	90.1	213.6	146.9	96.4	58.3	19.9	♦ 0.4
AMERICA, SOUTH— AMERIQUE DU SUD								
Argentina – Argentine 1988	91.5	73.5	157.4	165.0	115.4	64.8	20.9	3.0
Brazil – Brésil 1989	68.3	56.4	122.4	106.5	69.1	37.7	14.7	3.0
Chile – Chili 1990 [9]	83.1	66.1	139.5	138.4	99.4	51.8	14.5	1.1
Colombia – Colombie 1985+	110.1	87.9	139.8	144.0	131.5	95.7	58.9	56.0
Ecuador – Equateur 1989 [4][10]	79.4	52.0	122.3	121.1	93.1	64.1	33.0	9.0
Paraguay 1985 [4]	45.4	23.6	64.6	67.2	52.8	49.0	23.5	7.5

11. Live—birth rates specific for age of mother, by urban/rural residence: latest available year (continued)

Naissances vivantes, taux selon l'âge de la mère et la résidence, urbaine/rurale: dernière année disponible (suite)

(See notes at end of table. – Voir notes à la fin du tableau.)

Continent, country or area, year, and urban/rural residence / Continent, pays ou zone, année, et résidence, urbaine/rurale	All ages Tous âges [1]	Age of mother (in years) – Age de la mère (en années)						
		– 20 [2]	20–24	25–29	30–34	35–39	40–44	45+ [3]
AMERICA,SOUTH— (Cont.–Suite) AMERIQUE DU SUD								
Peru – Pérou								
1984+ [4][11]	86.5	51.0	131.3	132.8	107.1	83.2	37.1	8.5
Uruguay								
1985+	75.8	57.3	129.7	136.7	100.3	55.7	17.6	1.6
Venezuela								
1987 [11]	114.3	100.9	180.0	171.1	127.9	71.9	25.7	6.3
ASIA—ASIE								
Armenia – Arménie								
1989 [4][12]	89.1	63.8	219.9	133.3	66.4	23.7	5.0	0.5
Azerbaijan – Azerbaïdjan								
1989 [4][12]	101.0	27.9	192.8	178.6	98.0	38.1	11.1	0.9
Bahrain – Bahreïn								
1990	126.3	21.5	160.1	237.0	183.4	108.5	46.8	26.2
Bangladesh								
1988 [4]	147.6	81.4	247.4	250.0	153.5	103.4	37.9	17.1
Brunei Darussalam – Brunéi Darussalam								
1989+	104.8	35.5	118.6	181.5	154.1	96.4	33.9	♦ 6.5
Cyprus – Chypre								
1989	58.7	27.0	125.0	123.3	71.2	27.3	4.8	♦ 0.3
Georgia – Géorgie								
1989 [4][12]	67.5	58.3	167.8	109.8	57.5	22.9	6.0	0.4
Hong Kong – Hong—kong								
1989 [13]	44.4	6.0	36.8	94.2	77.1	27.9	4.7	♦ 0.3
Israel – Israël [14]								
1990 [4]	90.9	19.7	141.5	200.9	147.8	75.7	16.1	1.4
Japan – Japon								
1990 [4][15]	38.9	3.6	44.3	138.0	92.2	20.6	2.4	0.0
Kazakhstan								
1989 [4][12]	92.3	47.5	210.4	151.4	90.9	42.5	13.8	2.4
Korea, Republic of— Corée, République de								
1989	51.4	3.7	84.0	162.1	42.2	7.2	1.1	0.2
Kuwait – Koweït								
1987	122.7	39.6	163.3	198.2	165.7	123.0	46.9	13.5
Kyrgyzstan – Kirghizistan								
1989 [4][12]	131.7	45.2	269.2	211.7	137.2	70.8	27.3	9.3
Macau – Macao								
1988 [16]	59.2	4.8	47.0	117.2	98.6	29.3	3.5	♦ 0.2
Malaysia – Malaisie Peninsular Malaysia – Malaisie Péninsulaire								
1990 [4][6]	104.9	18.5	123.9	203.3	170.5	105.8	39.3	4.4
Sarawak								
1986	109.3	55.2	157.7	197.3	147.8	80.6	27.8	6.5
Philippines								
1988	106.8	42.5	162.7	180.4	135.7	96.2	40.5	8.9

11. Live—birth rates specific for age of mother, by urban/rural residence: latest available year (continued)

Naissances vivantes, taux selon l'âge de la mère et la résidence, urbaine/rurale: dernière année disponible (suite)

(See notes at end of table. – Voir notes à la fin du tableau.)

Continent, country or area, year, and urban/rural residence / Continent, pays ou zone, année, et résidence, urbaine/rurale	All ages Tous âges [1]	Age of mother (in years) – Age de la mère (en années)						
		– 20 [2]	20–24	25–29	30–34	35–39	40–44	45+ [3]
ASIA—ASIE (Cont.–Suite)								
Qatar 1986	153.2	62.0	264.1	287.0	152.3	102.1	30.5	10.2
Singapore – Singapour 1988 [17]	67.3	7.5	65.2	148.6	121.2	45.2	7.2	♦ 0.0
Sri Lanka 1985+ [4]	96.3	35.2	151.8	173.2	126.2	82.1	22.2	3.2
Tajikistan – Tadjikistan 1989 [4,12]	175.2	38.9	302.6	284.6	214.7	127.7	59.9	13.2
Thailand – Thaïlande 1990+	63.3	43.1	111.6	103.8	64.9	31.6	14.4	8.2
Turkmenistan – Turkménistan 1989 [4,12]	149.0	22.3	227.3	283.0	194.2	100.2	40.9	6.9
Uzbekistan – Ouzbékistan 1989 [4,12]	144.8	42.1	285.7	238.3	151.3	71.2	24.9	4.1
EUROPE								
Austria – Autriche 1990 [4]	46.1	21.3	87.4	102.6	57.7	20.6	3.9	0.2
Belarus – Bélarus 1989 [4,12]	62.1	39.7	181.6	109.4	50.2	18.2	4.3	0.2
Belgium – Belgique 1983	49.2	15.9	101.8	124.6	53.8	15.3	2.9	0.2
Bulgaria – Bulgarie 1990 [4]	48.9	69.9	158.5	78.3	28.8	9.4	1.8	♦ 0.1
Channel Islands – Iles Anglo–Normandes Guernsey – Guernesey 1991	48.1	21.7	52.9	120.7	78.7	35.7	♦ 4.7	♦ 1.2
Jersey 1989+	46.9	12.2	43.4	92.5	101.4	36.9	*——— ♦ 3.8 ———*	
Czechoslovakia – Tchécoslovaquie 1990	53.7	44.9	178.9	109.3	40.7	12.6	2.0	0.1
Denmark – Danemark [18] 1987	43.5	9.5	70.7	122.3	71.3	21.5	3.2	♦ 0.1
Estonia – Estonie 1989 [4,12]	63.6	48.3	178.4	119.4	62.0	26.2	5.7	♦ 0.2
Faeroe Islands – Iles Féroé 1989	83.4	35.7	135.0	172.8	138.7	57.7	♦ 8.8	–
Finland – Finlande 1989 [4,19]	50.5	11.8	70.4	129.5	89.2	33.5	7.3	0.4
France 1990 [4,7,20]	54.5	9.1	75.8	140.0	92.3	35.8	7.7	0.5

11. Live—birth rates specific for age of mother, by urban/rural residence: latest available year (continued)

Naissances vivantes, taux selon l'âge de la mère et la résidence, urbaine/rurale: dernière année disponible (suite)

(See notes at end of table. – Voir notes à la fin du tableau.)

Continent, country or area, year, and urban/rural residence / Continent, pays ou zone, année, et résidence, urbaine/rurale	All ages Tous âges [1]	Age of mother (in years) – Age de la mère (en années)						
		– 20 [2]	20–24	25–29	30–34	35–39	40–44	45 + [3]
EUROPE (Cont.–Suite)								
Germany – Allemagne [21]	...	...	...	...	...	...	...	...
Germany, Federal Rep. of – Allemagne, République fédérale d' 1988	43.7	10.3	56.2	111.4	78.1	26.0	4.5	0.2
Former German Democratic Republic – Ancienne République démocratique allemande 1989 [4]	49.2	33.2	140.3	97.4	34.5	10.2	1.4	♦ 0.0
Greece – Grèce 1984 [4]	53.1	41.2	131.6	108.9	56.7	21.3	4.6	0.5
Hungary – Hongrie 1990 [4]	49.5	40.1	147.2	115.4	46.9	16.4	3.0	0.1
Iceland – Islande 1990	73.2	30.4	117.5	145.3	112.2	50.6	7.1	♦ 0.2
Ireland – Irlande 1990 + [22]	62.8	16.0	65.8	148.3	127.6	64.7	15.3	1.1
Italy – Italie 1988	39.4	9.6	58.6	97.2	68.6	26.5	5.4	0.3
Latvia – Lettonie 1989 [4] [12]	59.5	44.7	167.1	107.5	58.9	23.8	5.6	♦ 0.3
Liechtenstein 1987	45.3	♦ 5.3	44.6	105.6	88.1	40.5	♦ 3.8	♦ 1.2
Lithuania – Lituanie 1989 [4] [12]	60.6	36.7	165.0	110.6	56.5	22.0	5.4	0.3
Luxembourg 1987	44.6	11.6	63.0	107.5	72.2	23.7	3.8	♦ 0.1
Malta – Malte 1989 [23]	62.0	11.9	86.8	164.5	103.3	44.6	10.0	...
Netherlands – Pays–Bas 1990 [4] [24]	49.9	8.3	48.2	126.4	106.5	31.0	3.7	0.5
Norway – Norvège 1990 [4] [7]	58.0	16.9	93.3	145.0	95.2	32.4	4.7	0.3
Poland – Pologne 1990 [4]	58.1	31.5	165.2	121.4	58.6	24.5	6.2	0.3
Portugal 1989	47.8	26.3	90.0	98.1	60.7	25.0	6.4	0.6
Republic of Moldova – République de Moldova 1989 [4] [12]	75.1	57.4	202.0	123.5	67.8	28.4	7.9	0.7
Romania – Roumanie 1990 [4]	56.3	52.1	145.2	97.8	46.4	19.3	5.5	0.4
Russian Federation – Fédération Russe 1989 [4] [12]	59.8	52.7	161.8	101.2	54.7	22.2	5.4	0.5
San Marino – Saint–Marin 1989 +	37.4	♦ 8.5	56.1	95.5	49.3	♦ 20.6 *——— ♦	1.3 ———*	
Spain – Espagne 1986	47.1	16.7	65.8	112.0	73.5	31.2	8.9	0.8

11. Live—birth rates specific for age of mother, by urban/rural residence: latest available year (continued)

Naissances vivantes, taux selon l'âge de la mère et la résidence, urbaine/rurale: dernière année disponible (suite)

(See notes at end of table. – Voir notes à la fin du tableau.)

Continent, country or area, year, and urban/rural residence / Continent, pays ou zone, année, et résidence, urbaine/rurale	All ages Tous âges [1]	Age of mother (in years) – Age de la mère (en années)						
		– 20 [2]	20–24	25–29	30–34	35–39	40–44	45+ [3]
EUROPE (Cont.–Suite)								
Sweden – Suède								
1989	57.1	12.7	92.8	149.0	103.4	38.7	6.4	0.3
Switzerland – Suisse								
1990 [4]	48.7	7.1	60.1	127.8	92.6	29.4	3.8	♦ 0.1
Ukraine								
1989 [4][12]	55.7	56.1	165.2	94.3	46.3	17.0	4.2	0.3
United Kingdom – Royaume–Uni								
1990	56.5	33.0	91.1	122.7	87.0	31.0	5.0	0.3
Yugoslavia – Yougoslavie								
1989	57.3	38.8	142.6	116.7	53.5	19.4	4.7	0.6
OCEANIA—OCEANIE								
Australia – Australie								
1990+	58.3	22.0	79.6	139.0	101.6	34.6	5.5	0.2
Cook Islands – Iles Cook								
1981+	120.9	91.6	225.8	200.9	151.9	72.4	♦ 40.2	♦ 9.4
Fiji – Fidji								
1987+	106.7	60.5	214.7	178.9	100.2	52.4	14.6	♦ 1.2
Guam								
1980 [25]	110.9	74.6	194.1	174.5	116.8	53.5	25.0	♦ 2.5
Marshall Islands – Iles Marshall								
1989	*156.8*	*98.5*	*294.4*	*226.4*	*159.6*	*104.7*	*♦ 29.3*	*♦ 4.0*
New Caledonia – Nouvelle–Calédonie								
1983	*107.7*	*64.6*	*212.6*	*183.6*	*122.7*	*70.7*	*25.3*	*♦ 4.2*
New Zealand – Nouvelle–Zélande								
1990+ [4]	67.2	34.4	101.2	147.5	105.7	36.8	5.4	♦ 0.3

11. Live—birth rates specific for age of mother, by urban/rural residence: latest available year (continued)

Naissances vivantes, taux selon l'âge de la mère et la résidence, urbaine/rurale: dernière année disponible (suite)

Data by urban/rural residence

Données selon la résidence urbaine/rurale

(See notes at end of table. – Voir notes à la fin du tableau.)

Continent, country or area, year, and urban/rural residence Continent, pays ou zone, année, et résidence, urbaine/rurale	All ages Tous âges [1]	Age of mother (in years) – Age de la mère (en années)						
		– 20 [2]	20–24	25–29	30–34	35–39	40–44	45+ [3]
AFRICA—AFRIQUE								
Egypt – Egypte 1988								
Urban – Urbaine	143.6	15.8	173.3	291.9	244.7	150.0	50.0	14.3
Rural – Rurale	179.9	24.2	209.4	335.6	287.6	222.4	91.1	36.0
Malawi 1982 [5]								
Urban – Urbaine	205.2	122.5	260.5	275.1	244.6	166.6	105.5	88.8
Rural – Rurale	203.7	141.1	282.7	274.0	238.2	184.4	111.7	99.0
AMERICA,NORTH— AMERIQUE DU NORD								
Cuba 1988								
Urban – Urbaine	60.7	71.1	117.5	96.2	55.2	19.2	3.3	0.4
Rural – Rurale	71.7	105.5	124.8	87.4	49.4	17.6	3.3	◆ 0.5
Dominican Republic – République dominicaine 1980+								
Urban – Urbaine	201.2	72.7	244.1	347.0	314.6	182.3	130.2	198.8
Rural – Rurale	130.5	52.8	146.3	179.4	165.5	139.2	117.6	222.1
Guatemala 1981								
Urban – Urbaine	220.2	156.1	337.2	331.2	260.6	168.2	76.8	19.2
Rural – Rurale	221.0	161.9	310.4	313.5	289.1	204.0	100.4	29.2
Panama 1989								
Urban – Urbaine	76.0	61.7	122.0	125.0	86.0	36.1	8.6	◆ 0.7
Rural – Rurale	130.4	138.1	229.6	188.0	110.3	71.8	31.5	7.0
Puerto Rico – Porto Rico 1980								
Urban – Urbaine	65.0	49.9	126.7	125.4	69.6	27.7	6.5	◆ 0.5
Rural – Rurale	139.1	130.2	278.1	215.9	121.9	60.9	20.2	3.8
AMERICA,SOUTH— AMERIQUE DU SUD								
Ecuador – Equateur 1989 [10]								
Urban – Urbaine	73.5	46.2	111.6	113.1	85.3	54.5	23.4	6.3
Rural – Rurale	88.7	60.9	142.4	135.6	105.7	76.8	44.6	12.3
Paraguay 1982								
Urban – Urbaine	55.0	28.8	77.8	89.5	74.3	47.9	21.9	6.3
Rural – Rurale	35.2	18.0	51.5	53.5	46.2	35.9	19.6	8.6
Peru – Pérou 1983+ [11]								
Urban – Urbaine	85.8	49.7	135.2	136.9	103.1	73.0	26.9	4.9
Rural – Rurale	79.6	47.8	123.1	118.7	102.2	87.0	41.4	11.3

11. Live—birth rates specific for age of mother, by urban/rural residence: latest available year (continued)

Naissances vivantes, taux selon l'âge de la mère et la résidence, urbaine/rurale: dernière année disponible (suite)

Data by urban/rural residence

Données selon la résidence urbaine/rurale

(See notes at end of table. – Voir notes à la fin du tableau.)

Continent, country or area, year, and urban/rural residence / Continent, pays ou zone, année, et résidence, urbaine/rurale	All ages Tous âges [1]	Age of mother (in years) – Age de la mère (en années)						
		– 20 [2]	20–24	25–29	30–34	35–39	40–44	45+ [3]
ASIA—ASIE								
Armenia – Arménie								
1989 [12]								
Urban – Urbaine	80.4	53.3	203.4	126.6	65.7	24.2	5.1	◆ 0.5
Rural – Rurale	110.1	85.5	251.0	147.9	68.3	22.0	4.8	◆ 0.3
Azerbaijan – Azerbaïdjan								
1989 [12]								
Urban – Urbaine	86.3	26.2	180.5	156.5	79.0	28.6	6.6	◆ 0.4
Rural – Rurale	119.1	29.5	205.4	205.3	125.4	54.8	19.8	1.8
Bangladesh								
1988								
Urban – Urbaine	*105.3*	*46.3*	*181.3*	*174.1*	*121.7*	*63.6*	*19.1*	*9.2*
Rural – Rurale	*155.1*	*88.3*	*259.8*	*264.3*	*159.2*	*109.9*	*40.7*	*18.3*
Georgia – Géorgie								
1989 [12]								
Urban – Urbaine	61.3	51.0	147.7	103.0	58.2	23.6	6.3	0.4
Rural – Rurale	76.5	67.3	194.3	119.7	56.5	21.6	5.4	0.5
Israel – Israël [14]								
1990								
Urban – Urbaine	90.2	20.1	143.1	197.4	143.2	73.2	15.7	1.4
Rural – Rurale	97.3	17.1	126.6	239.9	191.6	97.4	19.6	◆ 2.2
Japan – Japon								
1990 [15]								
Urban – Urbaine	38.3	3.6	41.3	132.8	92.4	21.4	2.4	0.0
Rural – Rurale	41.3	3.5	59.0	161.0	91.4	18.1	2.1	0.0
Kazakhstan								
1989 [12]								
Urban – Urbaine	76.0	45.0	177.9	124.7	73.8	32.1	9.2	1.7
Rural – Rurale	118.4	51.0	257.6	192.5	120.8	61.8	22.4	3.3
Kyrgyzstan – Kirghizistan								
1989 [12]								
Urban – Urbaine	89.5	34.4	190.2	152.0	94.0	44.3	12.2	6.5
Rural – Rurale	164.4	52.8	324.7	253.5	172.1	94.8	43.1	11.7
Malaysia – Malaisie								
Peninsular Malaysia –								
Malaisie Péninsulaire								
1980 [6]								
Urban – Urbaine	95.9	21.1	126.9	198.1	145.1	71.0	22.6	3.2
Rural – Rurale	147.0	46.3	229.8	280.9	213.6	132.0	53.5	6.9
Sri Lanka								
1981+								
Urban – Urbaine	236.6	76.5	338.4	424.6	352.9	205.6	63.4	8.8
Rural – Rurale	76.9	28.0	127.9	137.2	97.4	60.4	17.3	2.7
Tajikistan – Tadjikistan								
1989 [12]								
Urban – Urbaine	117.1	38.7	233.5	199.6	129.5	61.9	23.1	7.1
Rural – Rurale	206.9	39.0	333.0	328.2	268.7	177.9	90.4	18.0
Thailand – Thaïlande								
1990+								
Urban – Urbaine	*77.1*	*52.7*	*129.4*	*131.4*	*81.7*	*35.3*	*11.6*	*2.8*
Rural – Rurale	*57.3*	*44.0*	*112.7*	*91.3*	*54.5*	*27.7*	*13.1*	*8.0*

11. Live—birth rates specific for age of mother, by urban/rural residence: latest available year (continued)

Naissances vivantes, taux selon l'âge de la mère et la résidence, urbaine/rurale: dernière année disponible (suite)

Data by urban/rural residence

Données selon la résidence urbaine/rurale

(See notes at end of table. – Voir notes à la fin du tableau.)

Continent, country or area, year, and urban/rural residence / Continent, pays ou zone, année, et résidence, urbaine/rurale	Age of mother (in years) – Age de la mère (en années)							
	All ages Tous âges [1]	– 20 [2]	20–24	25–29	30–34	35–39	40–44	45+ [3]
ASIA—ASIE (Cont.–Suite)								
Turkmenistan – Turkménistan 1989 [12]								
Urban – Urbaine	130.7	31.9	230.5	242.0	152.6	71.7	25.5	5.0
Rural – Rurale	165.5	15.5	224.8	318.6	236.7	134.4	59.9	8.9
EUROPE								
Austria – Autriche 1981								
Urban – Urbaine	43.8	29.8	102.6	92.8	45.6	15.6	3.7	◆ 0.2
Rural – Rurale	60.6	38.7	139.0	120.2	62.0	25.4	7.2	0.6
Belarus – Bélarus 1989 [12]								
Urban – Urbaine	59.0	34.0	167.7	107.3	48.1	16.2	3.5	0.2
Rural – Rurale	72.0	58.4	225.1	116.7	57.7	25.7	6.8	0.3
Bulgaria – Bulgarie 1990								
Urban – Urbaine	46.0	60.0	141.0	79.5	29.6	9.5	1.8	◆ 0.1
Rural – Rurale	57.3	95.2	221.3	74.9	26.2	9.1	1.8	◆ 0.1
Estonia – Estonie 1989 [12]								
Urban – Urbaine	57.6	43.2	162.4	112.1	56.4	22.9	4.6	◆ 0.2
Rural – Rurale	81.6	63.0	224.5	139.9	79.3	37.1	9.3	◆ 0.2
Finland – Finlande 1989 [19]								
Urban – Urbaine	48.3	12.1	64.8	120.1	86.9	31.3	6.5	◆ 0.3
Rural – Rurale	54.6	11.3	82.2	149.4	93.4	37.5	8.9	◆ 0.5
France 1982 [7] [20] [26]								
Urban – Urbaine	61.9	16.7	112.6	142.9	78.5	29.1	6.1	0.5
Rural – Rurale	55.3	12.3	117.0	147.1	70.6	24.1	4.5	0.3
Germany – Allemagne [21]	...	...	...	...	...	...	...	...
Former German Democratic Republic – Ancienne République démocratique allemande 1989								
Urban – Urbaine	47.7	31.1	135.8	96.7	34.1	9.7	1.4	◆ 0.0
Rural – Rurale	54.7	40.2	156.7	99.7	36.1	11.8	1.5	◆ 0.1
Greece – Grèce 1981								
Urban – Urbaine	61.8	43.3	133.5	126.4	68.7	29.8	6.1	0.9
Rural – Rurale	82.9	81.7	240.3	175.3	81.6	33.5	8.0	1.1
Hungary – Hongrie 1990								
Urban – Urbaine	90.1	316.1	128.9	115.8	48.4	16.7	2.8	◆ 0.1
Rural – Rurale	57.4	63.3	179.7	113.6	43.9	15.8	3.5	◆ 0.1

11. Live—birth rates specific for age of mother, by urban/rural residence: latest available year (continued)

Naissances vivantes, taux selon l'âge de la mère et la résidence, urbaine/rurale: dernière année disponible (suite)

Data by urban/rural residence

Données selon la résidence urbaine/rurale

(See notes at end of table. – Voir notes à la fin du tableau.)

Continent, country or area, year, and urban/rural residence / Continent, pays ou zone, année, et résidence, urbaine/rurale	All ages Tous âges [1]	Age of mother (in years) – Age de la mère (en années)						
		– 20 [2]	20–24	25–29	30–34	35–39	40–44	45+ [3]
EUROPE (Cont.–Suite)								
Latvia – Lettonie 1989 [12]								
Urban – Urbaine	52.6	39.8	147.1	98.4	52.8	20.1	4.4	◆ 0.2
Rural – Rurale	80.0	58.4	223.4	132.8	77.7	36.1	9.3	◆ 0.7
Lithuania – Lituanie 1989 [12]								
Urban – Urbaine	53.9	30.3	144.5	101.4	51.4	18.8	4.3	◆ 0.3
Rural – Rurale	79.8	53.0	221.3	138.3	73.5	33.0	8.8	◆ 0.5
Netherlands – Pays–Bas 1986 [24]								
Urban – Urbaine	46.1	10.3	57.3	113.5	78.8	21.6	3.7	0.7
Rural – Rurale	55.2	3.2	66.3	174.6	101.9	22.8	4.0	◆ 0.2
Semi–urban – Semi–urbaine	48.4	3.6	56.7	153.8	92.8	20.3	2.9	0.2
Norway – Norvège 1980 [7]								
Urban – Urbaine	54.2	23.2	99.1	118.1	60.9	20.8	3.6	◆ 0.1
Rural – Rurale	55.9	26.7	116.8	126.3	64.2	22.7	4.5	◆ 0.2
Poland – Pologne 1990								
Urban – Urbaine	46.8	26.5	133.8	104.0	50.2	20.4	4.8	0.2
Rural – Rurale	80.5	40.2	216.0	150.6	76.0	34.4	9.4	0.5
Republic of Moldova – République de Moldova 1989 [12]								
Urban – Urbaine	63.8	41.2	169.2	107.3	56.2	21.9	5.2	0.8
Rural – Rurale	87.7	81.0	241.2	141.5	81.0	35.4	10.7	0.6
Romania – Roumanie 1990								
Urban – Urbaine	44.9	36.4	119.1	83.1	36.8	13.9	3.5	0.2
Rural – Rurale	75.6	68.8	181.5	130.5	76.8	33.0	8.5	0.5
Russian Federation – Fédération Russe 1989 [12]								
Urban – Urbaine	54.0	45.8	147.4	94.6	50.5	19.6	4.4	0.4
Rural – Rurale	80.2	79.3	208.6	122.4	69.3	32.4	9.8	0.5
Switzerland – Suisse 1980								
Urban – Urbaine	39.8	8.5	61.5	107.6	65.2	18.9	3.0	◆ 0.2
Rural – Rurale	55.0	11.6	105.1	150.8	78.3	23.7	4.9	0.5
Ukraine 1989 [12]								
Urban – Urbaine	52.0	47.4	152.0	90.7	44.5	15.6	3.5	0.3
Rural – Rurale	65.5	82.3	200.3	104.2	51.7	21.4	6.0	0.3
OCEANIA—OCEANIE								
New Zealand – Nouvelle–Zélande 1986+								
Urban – Urbaine	53.6	25.8	83.7	124.6	78.8	22.7	3.6	◆ 0.2
Rural – Rurale	113.6	62.7	248.9	263.2	127.8	31.9	6.8	◆ 0.4

11. Live—birth rates specific for age of mother, by urban/rural residence: latest available year (continued)

Naissances vivantes, taux selon l'âge de la mère et la résidence, urbaine/rurale: dernière année diponible (suite)

GENERAL NOTES

Rates are the number of live births by age of mother per 1 000 corresponding female population. For definitions of "urban", see end of table 6. For method of evaluation and limitations of data, see Technical Notes, page 58.

Italics: rates calculated using live births from civil registers which are incomplete or of unknown completeness.

FOOTNOTES

* Provisional.
♦ Rates based on 30 or fewer live births.
+ Data tabulated by date of registration rather than occurrence.

1 Rates computed on female population aged 15—49.
2 Rates computed on female population aged 15—19.
3 Rates computed on female population aged 45—49.
4 For classification by urban/rural residence, see end of table.
5 Based on the results of a sample survey.
6 Excluding live—born infants dying before registration of birth.

7 Age classification based on year of birth of mother rather than exact date of birth of child.
8 Excluding Newfoundland; however, rates computed on total population. Including Canadian residents temporarily in the United States, but excluding United States residents temporarily in Canada.

9 Excluding adjustment for under—registration.
10 Excluding nomadic Indian tribes.
11 Excluding Indian jungle population.
12 Excluding infants born alive after less than 28 weeks' gestation, of less than 1 000 grammes in weight and 35 centimetres in length, who die within seven days birth.
13 Excluding Vietnamese refugees.
14 Including data for East Jerusalem and Israeli residents in certain other territories under occupation by Israeli military forces since June 1967.

15 For Japanese nationals in Japan only; however, rates computed on population including foreigners except foreign military and civilian personnel and their dependants stationed in the area.

16 Births registered by Health Service only.
17 Excluding transients afloat and non—locally domiciled military and civilian services personnel and their dependants.

18 Excluding Faeroe Islands and Greenland, shown separately.

19 Including nationals temporarily outside the country.
20 Including armed forces outside the country.

NOTES GENERALES

Les taux représentent les nombres de naissances vivantes selon l'âge de la mère pour 1 000 femmes du même groupe d'âge . Pour les définitions des "régions urbaines", se reporter à la fin du tableau 6. Pour la méthode d'évaluation et les insuffisances des données, voir Notes techniques, page 58.
Italiques: taux calculés d'après des chiffres de naissances vivantes provenant des registres de l'état civil incomplets ou dont le degré d'exactitude n'est pas connu.

NOTES

* Données provisoires.
♦ Taux basés sur 30 naissances vivantes ou moins.
+ Données exploitées selon la date de l'enregistrement et non la date de l'événement.
1 Taux calculés sur la base de la population féminine de 15 à 49 ans.
2 Taux calculés sur la base de la population féminine de 15 à 19 ans.
3 Taux calculés sur la base de la population féminine de 45 à 49 ans.
4 Pour le classement selon la résidence, urbaine/rurale, voir la fin du tableau.
5 D'après les résultats d'une enquête par sondage.
6 Non compris les enfants nés vivants, décédés avant l'enregistrement de leur naissance.
7 Le classement selon l'âge est basé sur l'année de naissance de la mère et non sur la date exacte de naissance de l'enfant.
8 Non compris Terre—Neuve; toutefois, les taux sont calculés sur la base de la population totale. Y compris les résidents canadiens se trouvant temporairement aux Etats—Unis, mais non compris les résidents des Etats—Unis se trouvant temporairement au Canada.
9 Non compris d'un ajustement pour sous—enregistrement.
10 Non compris les tribus d'Indiens nomades.
11 Non compris les Indiens de la jungle.
12 Non compris les enfants nés vivants après moins de 28 semaines de gestation, pesant moins de 1 000 grammes, mesurant moins de 35 centimètres et décédés dans les sept jours qui ont suivi leur naissance.
13 Non compris réfugiés du Viet—Nam.
14 Y compris les données pour Jérusalem—Est et les résidents israéliens dans certains autres territoires occupés depuis juin 1967 pour les forces armées israéliennes.
15 Pour les nationaux japonais au Japon seulement; toutefois, les taux sont calculés sur la base d'une population comprenant les étrangers, mais ne comprenant ni les militaires et agents civils étrangers en poste sur le territoire ni les membres de leur famille les accompagnant.
16 Naissances enregistrées par le Service de santé seulement.
17 Non compris les personnes de passage à bord de navires, ni les militaires et agents civils domiciliés hors du territoire et les membres de leur famille les accompagnant.
18 Non compris les îles Féroé et le Groenland, qui font l'objet de rubriques distinctes.
19 Y compris les nationaux se trouvant temporairement hors du pays.
20 Y compris les militaires hors du pays.

11. Live—birth rates specific for age of mother, by urban/rural residence: latest available year (continued)

Naissances vivantes, taux selon l'âge de la mère et la résidence, urbaine/rurale: dernière année disponible (suite)

12. Late foetal deaths and late foetal death ratios, by urban/rural residence: 1986 – 1990

Morts foetales tardives et rapports de mortinatalité, selon la résidence, urbaine/rurale: 1986 – 1990

(See notes at end of table. – Voir notes à la fin du tableau.)

Continent, country or area and urban/rural residence / Continent, pays ou zone et résidence, urbaine/rurale	Code [1]	Number – Nombre					Ratio – Rapport				
		1986	1987	1988	1989	1990	1986	1987	1988	1989	1990
AFRICA—AFRIQUE											
Egypt – Egypte [2][3]	+U	14 776	12 020	8 109	...	...	7.7	6.3	4.2	...	...
Mauritius – Maurice											
Island of Mauritius – Ile Maurice [2]	+C	342	344	351	399	348					
Rodrigues	+C	23	19	23	16	17					
Réunion [3][4]	U	189	172	166	...	150					
Sierra Leone	...	3 898	...	...	...	...	46.4	...	...	...	...
AMERICA,NORTH— AMERIQUE DU NORD											
Bahamas [5]	...	58	65	43	54	...					
Barbados – Barbade	+U	41	47	53	40	...					
Bermuda – Bermudes	C	...	...	9							
British Virgin Islands – Iles Vierges britanniques	+...	2	5	...	...	...					
Canada [6]	C	1 574	1 584	1 435	1 626	...	4.2	4.3	3.8	4.1	...
Cayman Islands – Iles Caïmanes	C	3	1	6	4	8					
Costa Rica	C	...	691	724	795	732					
Cuba [2]	C	1 888	2 126	2 223	2 192	...	11.4	11.8	11.8	11.9	...
El Salvador [2]	...	766	775	901	895	...					
Greenland – Groenland	C	5	6	...	14	...					
Guatemala [2]	...	6 430	6 174	6 395	6 391	...	20.1	19.4	18.7	...	...
Martinique [3][4]	...	30	...	...	...	...					
Mexico – Mexique	+...	21 399	21 976	29 228	29 931	36 204	8.3	7.9	11.2	11.6	13.4
Panama [2][7]	U	421	471	442	462	...					
Puerto Rico – Porto Rico	C	...	626	647	620	661					
Saint Kitts and Nevis – Saint–Kitts–et–Nevis	C	14	...	...	...	...					
Saint Lucia – Sainte–Lucie	...	48	41	48	48	...					
Trinidad and Tobago – Trinité–et–Tobago	C	409	304	396	328	...					
United States – Etats–Unis	C	19 353	19 282	19 163	30 649	...	5.2	5.1	4.9	7.6	...
United States Virgin Islands – Iles Vierges américaines	...	34	29	...	...	...					
AMERICA,SOUTH— AMERIQUE DU SUD											
Brazil – Brésil	...	38 460	37 709	30 005	28 417	...	13.8	14.2	10.7	11.0	...
Chile – Chili [2]	C	1 746	1 823	1 985	1 960	1 789	6.4	6.5	6.7	6.5	6.1
Colombia – Colombie [8]	+...	6 177	...	...	...	...	7.6	...	...	...	...
Ecuador – Equateur [2][9]	...	4 265	4 067	4 133	3 891	...	20.7	15.6	15.4	19.4	...
French Guiana – Guyane Française [4]	...	67	...	...	...	...					
Venezuela [10]	...	6 520	6 514	6 342	6 288	...	12.9	12.6	12.1	11.9	...
ASIA—ASIE											
Hong Kong – Hong–kong	...	292	291	310	317	...					
Israel – Israël [11]	C	554	565	533	498	...					
Japan – Japon [2][12]	C	6 902	6 252	5 759	5 064	4 664	5.0	4.6	4.4	4.1	3.8
Kuwait – Koweït [13]	...	522	...	...	...	...					
Macau – Macao	U	...	35	37	44	91					
Malaysia – Malaisie	...	...	...	...	...	3 409	...	...	...	...	6.9
Peninsular Malaysia– [2][14] Malaisie Péninsulaire	...	4 218	3 702	3 813	3 444	3 036	10.5	9.4	9.3	9.2	7.7
Sabah	...	179	...	...	...	...					
Sarawak	...	131	...	...	...	...					
Maldives [2]	...	137	165	170	...	...					
Philippines	U	7 977	9 679	9 834	...	...	5.3	6.1	6.3	...	...
Qatar	...	95	71	80	71	...					
Singapore – Singapour	+C	201	206	203	...	...					
Sri Lanka	+U	2 993	3 103	3 132	...	...	8.3	8.7	9.1	...	...

318

12. Late foetal deaths and late foetal death ratios, by urban/rural residence: 1986 – 1990 (continued)

Morts foetales tardives et rapports de mortinatalité, selon la résidence, urbaine/rurale: 1986 – 1990 (suite)

(See notes at end of table. – Voir notes à la fin du tableau.)

Continent, country or area and urban/rural residence / Continent, pays ou zone et résidence, urbaine/rurale	Code [1]	Number – Nombre					Ratio – Rapport				
		1986	1987	1988	1989	1990	1986	1987	1988	1989	1990
ASIA—ASIE (Cont.–Suite)											
Thailand – Thaïlande [2]	+...	*749*	...	*509*	*713*	*775*					
EUROPE											
Austria – Autriche	C	385	289	325	347	325					
Bulgaria – Bulgarie [2]	C	716	720	698	664	641					
Channel Islands – Iles Anglo–Normandes											
Guernsey – Guernesey	C	...	...	...	...	4					
Czechoslovakia – Tchécoslovaquie [2]	C	1 089	964	988	891	931	4.9				
Denmark – Danemark [15]	C	242	288	292	314	...					
Estonia – Estonie [2]	C	226	187	205	182	173					
Faeroe Islands – Iles Féroé	C	3	3	...	5	...					
Finland – Finlande [2] [16]	C	193	214	332	187	...					
France [2] [3] [17]	C	5 615	5 304	4 808	4 701	...	7.2	6.9	6.2	6.1	...
Germany – Allemagne [18]	...	...	...	...	...	...					
Germany, Federal Rep. of – Allemagne, République fédérale d'.	C	2 506	2 485	2 398	2 368	2 490	4.0	3.9	3.5	3.5	3.4
Former German Democratic Republic – Ancienne République démocratique allemande	C	1 041	1 117	1 076	879	...	4.7	4.9	5.0	...	...
Hungary – Hongrie [2]	C	828	882	764	653	699					
Iceland – Islande [2]	C	18	15	18	6	13					
Ireland – Irlande	+C	479	416	384	329	325					
Isle of Man – Ile de Man	+C	1	5	7	5	...					
Italy – Italie	C	3 658	3 486	3 453	3 306	3 112	6.6	6.3	6.1	5.9	5.5
Lithuania – Lituanie	C	...	411	302	296	309					
Luxembourg	C	20	23	19	19	21					
Netherlands – Pays-Bas [19]	C	1 060	1 036	1 038	1 100	1 139	5.7	5.5	5.6	5.8	5.8
Norway – Norvège	C	268	237	270	292	279					
Poland – Pologne [2]	C	3 703	3 475	3 248	3 107	...	5.8	5.7	5.5	5.5	...
Portugal	C	1 169	1 045	970	946	812	9.2	8.5	...	...	...
Romania – Roumanie [2]	C	3 053	3 053	2 926	2 821	2 231	8.1	8.0	7.7	7.6	7.1
San Marino – Saint–Marin	+...	...	...	...	1	...					
Spain – Espagne	...	*2 581*	*2 431*	*2 203*	...	...	*5.9*	*5.8*	*5.3*	...	...
Sweden – Suède	C	423	412	422	423	443					
Switzerland – Suisse [2]	C	334	337	311	332	390					
Ukraine	C	...	7 504	6 710	...	...	...	9.9	9.0	...	...
United Kingdom – Royaume–Uni	C	4 065	3 931	3 878	3 688	3 713	5.4	5.1	4.9	4.7	4.6
Yugoslavia – Yougoslavie [2]	C	2 231	2 238	2 074	1 839	2 019	6.2	6.2	5.8	5.5	6.0
OCEANIA—OCEANIE											
American Samoa – Samoa américaines	...	*14*	*12*	*22*	...	...					
Australia – Australie	+C	1 040	944	999	946	1 034	4.3	...	...	...	3.9
Fiji – Fidji	+U	*93*	*90*	...	...	...					
Guam	C	4	...	...	...	...					
New Caledonia – Nouvelle–Calédonie [2]	...	*46*	...	...	...	...					
New Zealand – [2] Nouvelle–Zélande	+C	249	265	277	267	247					
Northern Mariana Islands – Iles Mariannes septentrionales	...	...	...	...	*8*	...					

12. Late foetal deaths and late foetal death ratios, by urban/rural residence: 1986 – 1990 (continued)

Morts foetales tardives et rapports de mortinatalité, selon la résidence, urbaine/rurale: 1986 – 1990 (suite)

Data by urban/rural residence

Données selon la résidence urbaine/rurale

(See notes at end of table. – Voir notes à la fin du tableau.)

Continent, country or area and urban/rural residence / Continent, pays ou zone et résidence, urbaine/rurale	Code [1]	Number – Nombre					Ratio – Rapport				
		1986	1987	1988	1989	1990	1986	1987	1988	1989	1990
AFRICA—AFRIQUE											
Egypt – Egypte [3]	+U										
Urban – Urbaine		12 699	9 753	6 502	...	...	16.6	13.1	8.9	...	...
Rural – Rurale		2 077	2 267	1 607	...	...	1.8	2.0	1.4	...	...
Mauritius – Maurice Island of Mauritius – Ile Maurice	+C										
Urban – Urbaine		122	133	115	139	125					
Rural – Rurale		220	211	236	260	223					
AMERICA,NORTH— AMERIQUE DU NORD											
Cuba	C										
Urban – Urbaine		1 181	[20] 1 307	[20] 1 565	1 516	...	10.4	[20] 10.6	[20] 11.7	...	...
Rural – Rurale		707	[20] 814	[20] 656	676	...	14.0	[20] 14.4	[20] 11.1	...	...
El Salvador	...										
Urban – Urbaine		612	617	...	720	...					
Rural – Rurale		154	158	...	175	...					
Guatemala	...										
Urban – Urbaine		3 410	3 274	3 391	...	...	28.3	27.1	26.7	...	...
Rural – Rurale		3 020	2 900	3 004	...	...	15.2	14.7	14.0	...	...
Panama [7]	U										
Urban – Urbaine		186	201	196	225	...					
Rural – Rurale		235	270	246	237	...					
AMERICA,SOUTH— AMERIQUE DU SUD											
Chile – Chili	C										
Urban – Urbaine		1 429	1 463	1 603	1 596	1 468	6.6	6.5	6.7	6.1	5.8
Rural – Rurale		317	360	382	364	321	7.5	9.1	9.4	8.5	7.9
Ecuador – Equateur [9]	...										
Urban – Urbaine		...	...	2 525	2 734	...	...	...	16.5	24.2	...
Rural – Rurale		...	...	1 608	1 157	...	...	...	14.0	17.5	...
ASIA—ASIE											
Japan – Japon [12][21]	C										
Urban – Urbaine		5 279	4 791	4 422	3 936	3 599	4.9	4.6	4.3	4.0	3.7
Rural – Rurale		1 614	1 454	1 330	1 123	1 061	5.2	4.9	4.7	4.2	4.1
Malaysia – Malaisie Peninsular Malaysia – [14] Malaisie Péninsulaire	...										
Urban – Urbaine		1 221	1 065	1 089	1 032	...	8.0	7.2	7.0	7.5	...
Rural – Rurale		2 997	2 637	2 724	2 412	...	12.5	10.8	10.8	10.2	...
Maldives	...										
Urban – Urbaine		31	31	30	...	...					
Rural – Rurale		106	134	140	...	...					
Thailand – Thaïlande	+...										
Urban – Urbaine		510	...	406	279	274					
Rural – Rurale		239	...	103	434	501					
EUROPE											
Bulgaria – Bulgarie	C										
Urban – Urbaine		479	474	466	435	449					
Rural – Rurale		237	246	232	229	192					
Czechoslovakia – Tchécoslovaquie	C										
Urban – Urbaine		...	...	722	687	...					
Rural – Rurale		...	...	266	204	...					
Estonia – Estonie	C										
Urban – Urbaine		158	129	141	118	115					
Rural – Rurale		68	58	64	64	58					
Finland – Finlande [16]	C										
Urban – Urbaine		116	136	208	113	...					
Rural – Rurale		77	78	124	74	...					

12. Late foetal deaths and late foetal death ratios, by urban/rural residence: 1986 – 1990 (continued)

Morts foetales tardives et rapports de mortinatalité, selon la résidence, urbaine/rurale: 1986 – 1990 (suite)

Data by urban/rural residence

Données selon la résidence urbaine/rurale

(See notes at end of table. – Voir notes à la fin du tableau.)

Continent, country or area and urban/rural residence / Continent, pays ou zone et résidence, urbaine/rurale	Code [1]	Number – Nombre					Ratio – Rapport				
		1986	1987	1988	1989	1990	1986	1987	1988	1989	1990
EUROPE (Cont.–Suite)											
France [3] [17]	C										
Urban – Urbaine		4 433	4 180	3 730	3 623	...	7.4	7.0	6.3	6.1	...
Rural – Rurale		1 151	1 103	1 045	1 053	...	6.5	6.3	6.0	6.1	...
Hungary – Hongrie [21]	C										
Urban – Urbaine		440	463	393	357	397					
Rural – Rurale		382	413	367	295	302					
Iceland – Islande	C										
Urban – Urbaine		17	11	18	6	13					
Rural – Rurale		1	4	–	–	–					
Poland – Pologne	C										
Urban – Urbaine		1 959	1 815	1 742	1 632	...	5.7	5.6	5.5	5.4	...
Rural – Rurale		1 744	1 660	1 506	1 475	...	6.0	5.9	5.6	5.7	...
Romania – Roumanie	C										
Urban – Urbaine		1 513	1 480	1 469	1 471	1 217	8.4	8.2	8.2	8.3	7.8
Rural – Rurale		1 540	1 573	1 457	1 350	1 014	7.8	7.8	7.3	7.0	6.4
Switzerland – Suisse	C										
Urban – Urbaine		185	197	155	179	186					
Rural – Rurale		149	140	156	153	204					
Yugoslavia – Yougoslavie	C										
Urban – Urbaine		1 161	1 118	1 096	1 003	...	6.5	6.3	6.1	6.0	...
Rural – Rurale		1 070	1 120	978	836	...	5.9	6.1	5.5	5.0	...
OCEANIA—OCEANIE											
New Caledonia – Nouvelle–Calédonie	...										
Urban – Urbaine		14	...	...	...	...					
Rural – Rurale		32	...	...	...	...					
New Zealand – Nouvelle–Zélande	+C										
Urban – Urbaine		182	201	205	204	179					
Rural – Rurale		67	64	72	63	68					

12. Late foetal deaths and late foetal death ratios, by urban/rural residence: 1986 – 1990 (continued)

Morts foetales tardives et rapports de mortinatalité, selon la résidence, urbaine/rurale: 1986 – 1990 (suite)

GENERAL NOTES

Late foetal deaths are those of 28 or more completed weeks of gestation. Data include foetal deaths of unknown gestational age. Ratios are the number of late foetal deaths per 1 000 live births. Ratios are shown only for countries or areas having at least a total of 1 000 late foetal deaths in a given year. For definitions of "urban", see end of table 6. For method of evaluation and limitations of data, see Technical Notes, page 60.

Italics: data from civil registers which are incomplete or of unknown completeness.

FOOTNOTES

* Provisional
+ Data tabulated by date of registration rather than occurrence.

1 Code "C" indicates that the data are estimated to be virtually complete (at least 90 per cent) and code "U" indicates that the data are estimated to be incomplete (less than 90 per cent). For further details, see Technical Notes.
2 For classification by urban/rural residence, see end of table.
3 Foetal deaths after at least 180 days (6 calendar months or 26 weeks) of gestation.
4 Including live—born infants dying before registration of birth.

5 Based on hospital records.
6 Including Canadian residents temporarily in the United States, but excluding United States residents temporarily in Canada.

7 Excluding tribal Indian population, numbering 62 187 in 1960; however, ratios computed on live births including Indian population.

8 Based on burial permits.
9 Excluding nomadic Indian tribes.
10 Excluding Indian jungle population.
11 Including data for East Jerusalem and Israeli residents in certain other territories under occupation by Israeli military forces since June 1967.

12 For Japanese nationals in Japan only.
13 Including foetal detahs under 28 weeks.
14 For the de jure population.
15 Excluding Faeroe Islands and Greenland.
16 Including nationals temporarily outside the country.
17 Ratios computed on live births including national armed forces outside the country.
18 All data shown pertaining to Germany prior to 3 October 1990 are indicated separately for the Federal Republic of Germany and the former German Democratic Republic based on their respective territories at the time indicated. See explanatory notes on data pertaining to Germany on page 4.

19 Including residents outside the country if listed in a Netherlands population register.
20 Excluding foetal deaths of unknown gestational age.

21 Excluding foetal deaths of unknown residence.

NOTES GENERALES

Les morts foetales tardives sont celles qui surviennent après 28 semaines complètes de gestation au moins. Les données comprennent les morts foetales survenues après une période de gestation de durée inconnue. Les rapports représentent le nombre de morts foetales tardives pour 1 000 naissances vivantes. Les rapports présentés ne se rapportent qu'aux pays ou zones ou l'on a enregistré un total d'au moins 1 000 morts foetales tardives dans une année donnée. Pour les définitions des "régions urbaines", se reporter à la fin du tableau 6. Pour la méthode d'évaluation et les insuffisances des données, voir Notes techniques, page 60.
Italiques: données incomplètes ou dont le degré d'exactitude n'est pas connu, provenant des registres de l'état civil.

NOTES

* Données provisoires.
+ Données exploitées selon la date de l'enregistrement et non la date de l'événement.
1 Le code "C" indique que les données sont jugées pratiquement complètes (au moins 90 p. 100) et le code "U" que les données sont jugées incomplètes (moins de 90 p. 100). Pour plus de détails, voir Notes techniques.
2 Pour le classement selon la résidence, urbaine/rurale, voir la fin du tableau.
3 Morts foetales survenues après 180 jours (6 mois civils ou 26 semaines) au moins de gestation.
4 Y compris les enfants nés vivants, décédés avant l'enregistrement de leur naissance.
5 D'après les registres des hôpitaux.
6 Y compris les résidents canadiens se trouvant temporairement aux Etats—Unis, mais non compris les résidents des Etats—Unis se trouvant temporairement au Canada.
7 Non compris les Indiens vivant en tribus, au nombre de 62 187 en 1960; toutefois, les rapports sont calculés surles naissances vivantes qui comprennent les Indiens.
8 D'après les permis d'inhumer.
9 Non compris les tribus d'Indiens nomades.
10 Non compris les Indiens de la jungle.
11 Y compris les données pour Jérusalem—Est et les résidents israéliens dans certains autres territoires occupés depuis juin 1967 par les forces armées israéliennes.
12 Pour les nationaux japonais au Japon seulement.
13 Y compris les morts foetales moins de 28 semaines.
14 Pour la population de droit.
15 Non compris les îles Féroé et le Groenland.
16 Y compris les nationaux se trouvant temporairement hors du pays.
17 Rapports calculés sur la base des naissances vivantes qui comprennent les militaires nationaux hors du pays.
18 Toutes les données se rapportant à l'Allemagne avant le 3 octobre 1990 figurent dans deux rubriques séparées basées sur les territoires respectifs de la République fédérale d'Allemagne et l'ancienne République démocratique allemande selon la période indiquée. Voir les notes explicatives sur les données concernant l'Allemagne à la page 4.
19 Y compris les résidents hors du pays, s'ils sont inscrits sur un registre de population néerlandais.
20 Non compris les morts foetales tardives survenues après une période de gestation de durée inconnue.
21 Non compris les morts foetales tardives dont on ignore la résidence.

13. Legally induced abortions: 1982 – 1990

Avortements provoqués légalement: 1982 – 1990

(See notes at end of table. – Voir notes à la fin du tableau.)

Continent, country or area Continent, pays ou zone	Code [1]	Number – Nombre								
		1982	1983	1984	1985	1986	1987	1988	1989	1990
AFRICA—AFRIQUE										
Botswana	...	23	12	17	...	...	...	...	...	...
Réunion	...	4 287	...	4 321	4 402	4 299	4 181	4 302	...	...
St. Helena ex. dep.– Sainte– Hélène sans dép.	...	...	...	...	15	22	4	3	12	5
Seychelles	...	...	...	² 221	² 188	9	...	...	...	...
Tunisia – Tunisie	...	21 000	20 300	20 900	21 300	21 900	23 100	23 300	...	...
AMERICA,NORTH— AMERIQUE DU NORD										
Belize	...	...	...	...	760	599	890	941	822	...
Bermuda – Bermudes	a,b,c,e	...	85	92	...	...	...	...	...	...
Canada	a,b,c	66 254	61 750	62 291	60 956	62 406	61 635	...	70 705	...
Cuba	...	126 745	116 956	139 588	138 671	160 926	152 704	155 325	151 146	...
Greenland – Groenland	a,b,c,e,f	560	600	600	700	700	800	...	...	...
Martinique	...	2 211	2 455	2 321	*1 753	...	...	...	...	...
Panama	...	12	...	...	...	...	...	...	...	...
United States –Etats–Unis	...	1 304 000	1 269 000	1 333 500	1 328 600	*1 328 000	*1 354 000	...	...	...
AMERICA,SOUTH— AMERIQUE DU SUD										
Chile – Chili	...	...	...	...	...	47	47	49	42	29
French Guiana – Guyane française	...	...	...	388	...	...	...	...	...	...
ASIA—ASIE										
Hong Kong – Hong Kong	...	12 200	13 400	14 500	15 400	16 800	17 600	...	...	...
India – Inde ³	a,b,c,d,e	500 624	492 696	561 033	583 704	...	588 406	534 870	582 161	596 345
Israel – Israël ⁴	...	16 829	15 593	18 948	18 406	17 469	15 290	15 255	15 918	...
Japan – Japon ⁵	a,b,c,d,e	590 299	568 363	568 916	550 127	*527 900	497 756	486 146	466 876	456 797
Singapore – Singapour	a,b,c,d,e	15 548	19 100	22 190	23 512	21 374	21 226	...	...	...
EUROPE										
Channel Islands– Iles Anglo–Normands Jersey	...	...	...	...	...	...	287	313	...	...
Belarus – Bélgarie	...	...	...	...	201 000	171 100	163 800	140 900	...	...
Bulgaria – Bulgarie	...	147 791	134 165	131 140	132 041	134 686	133 815	...	132 021	144 644
Czechoslovakia – Tchécoslovaquie	a,b,c,e	107 638	108 662	113 802	119 325	124 188	159 316	164 730	160 285	159 705
Estonia	...	...	...	...	...	36 354	34 713	29 712	25 841	21 404
Denmark – Danemark ⁶	a,b,c,d,e,f	21 462	20 791	20 742	19 919	20 067	20 830	21 199	21 456	...
Finland – Finlande	a,b,c,e,f	13 861	13 360	13 645	13 832	13 310	*13 000	12 749	12 658	...
France	a,b,c,e	181 122	182 862	180 789	173 335	166 797	162 352	166 510	165 199	161 646
Germany – Allemagne ⁷	...	...	...	...	...	...	...	...	...	...
Germany, Federal Rep. of– Allemagne, République fédérale d'	a,b,c,e,f	91 064	86 529	86 298	83 538	84 274	88 540	83 784	75 297	78 808
Former German, Democratic Rep.– Rép. dém. Allemande	...	90 400	92 500	96 200	...	...	...	80 840	73 899	...
Greece – Grèce	a,b,c,e,f	...	220	193	*180	...	...	...	...	...
Hungary – Hongrie	a,b,c,d,e,f	78 682	78 599	82 191	81 970	83 586	84 547	87 106	90 508	90 394
Iceland – Islande	a,b,c,e,f	613	689	745	705	684	691	673	670	714
Italy – Italie	...	231 308	231 061	228 377	206 177	189 834	187 618	175 541	165 456	...
Lithuania – Lituanie	...	...	...	...	...	...	37 783	34 845	30 775	27 504
Netherlands – Pays–Bas	a,b,c,e,f	20 187	19 700	*18 700	*17 300	...	...	...	...	...
Norway – Norvège	a,b,c,d,e,f	13 496	13 646	14 070	14 599	15 474	15 422	15 852	16 208	15 551
Poland – Pologne ⁸	a,b,c,e,f	141 177	130 980	132 844	135 564	129 720	122 536	105 333	80 127	59 417
Sweden – Suède	a,b,c,d,e	32 604	31 014	30 755	30 838	33 090	34 707	37 585	37 920	37 489
Ukraine	...	...	...	...	1179 000	...	1 068 000	1 080 000	...	...
United Kingdom – Royaume–Uni ⁹	a,b,c,d,e,f	136 924	135 794	145 497	150 211	157 168	165 542	178 426	180 622	184 092
OCEANIA—OCEANIE										
New Zealand – Nouvelle–Zélande	b,c,d,e,f	6 903	7 198	7 275	7 130	8 056	8 789	*10 000	10 200	...

13. Legally induced abortions: 1982 – 1990 (continued)

Avortements provoqués légalement: 1982 – 1990 (suite)

GENERAL NOTES

For method of evaluation and limitations of data, see Technical Notes, page 63.

FOOTNOTES

* Provisional.
1 Explanation of code:
   a. continuance of pregnancy would involve risk to the life of the pregnant woman greater than if the pregnancy were terminated.
   b. Continuance of pregnancy would involve risk of injury to the physical health of the pregnant woman greater than if the pregnancy were terminated.
   c. Continuance of pregnancy would involve risk of injury to the mental health of the pregnant woman greater than if the pregnancy were terminated.
   d. Continuance of pregnancy would involve risk of injury to mental or physical health of any existing children of the family greater than if the pregnancy were terminated.
   e. There is a substantial risk that if the child were born it would suffer from such physical or mental abnormalities as to be seriously handicapped.
   f. Other.
2 Including spontaneous abortions.
3 For year ending 31 March.
4 Including data for East Jerusalem and Israeli residents in certain other territories under occupation by Israeli military forces since June 1967.
5 For Japanese nationals in Japan only.
6 Excluding the Faeroe Islands and Greenland.
7 All data shown pertaining to Germany prior to 3 October 1990 are indicated separately for the Federal Republic of Germany and the former German Democratic Republic based on their respective territories at the time indicated. See See explanatory notes on data pertaining to Germany on page 4.
8 Based on hospital and polyclinic records.
9 For residents only.

NOTES GENERALES

Pour la méthode d'évaluation et les insuffisances des données, voir Notes techniques, page 63.

NOTES

* Données provisoires.
1 Explication du code:
   a. La prolongation de la grossesse exposerait la vie de la femme enceinte davantage que son interruption.
   b. La prolongation de la grossesse causerait des complication pouvant affecter la santé physique de la femme enceinte davantage que son interruption.
   c. La prolongation de la grossesse causerait des complications affectant les facultés mentales de la femme enceinte davantage que son interruption.
   d. La prolongation de la grossesse causerait des complications affectant les facultés mentales ou physiques des enfants vivants de cette famille, davantage que son interruption.
   e. Il y aurait des risques majeurs pour l'enfant de naître avec des anomalies physiques ou mentales qui l'handicaperaient gravement.
   f. Autres.
2 Y compris les avortements spontanés.
3 Période annuelle se terminant le 31 mars.
4 Y compris les données pour Jérusalem—Est et les résidents israéliens dans certains autres territoires occupés depuis juin 1967 par les forces armées israéliennes.
5 Pour les nationaux japonais au Japon seulement.
6 Non compris les îles Féroé et le Groenland.
7 Toutes les données se rapportant à l'Allemagne avant le 3 octobre 1990 figurent dans deux rubriques séparées basées sur les territoires respectifs de la République d'Allemagne et l'ancienne République démocratique allemande selon la période indiquée. Voir les notes explicatives sur les données concernant l'Allemagne à la page 4.
8 D'après les registres des hopitaux et des polycliniques.
9 Pour les résidents seulement.

14. Legally induced abortions by age and number of previous live births of woman: latest available year
Avortements provoqués légalement selon l'âge de la femme et selon le nombre des naissances vivantes précédentes: dernière année disponible

(See notes at end of table. – Voir notes à la fin du tableau.)

Continent, country or area, year and number of previous live births / Continent, pays ou zone, année et nombre des naissances vivantes précédentes	All ages Tous âges	–15	15–19	20–24	25–29	30–34	35–39	40–44	45–49	50 plus	Unknown Inconnu
AFRICA—AFRIQUE											
Réunion											
1987 [1]											
Total	4 140	22	574	1 303	955	683	451	134	*——	17 ——*	1
0	2 931	21	513	996	613	418	270	89	*——	11 ——*	–
1	939	1	49	247	268	197	138	35	*——	4 ——*	–
2	133	–	3	27	40	31	25	6	*——	1 ——*	–
3	28	–	–	7	4	10	5	2	*——	– ——*	–
4	3	–	–	–	1	1	1	–	*——	– ——*	–
5 plus	1	–	–	–	1	–	–	–	*——	– ——*	–
Unknown—Inconnu	105	–	9	26	28	26	12	2	*——	1 ——*	1
Seychelles											
1985 [2]											
Total	188	1	24	58	61	25	14	4	1	–	–
AMERICA,NORTH— AMERIQUE DU NORD											
Bermuda – Bermudes											
1984											
Total	92	3	30	21	18	14	5	–	–	1	–
0	44	3	27	9	1	3	1	–	–	–	–
1	21	–	2	6	6	6	1	–	–	1	–
2	13	–	–	3	7	2	–	–	–	1	–
3	8	–	–	2	3	1	2	–	–	–	–
4	1	–	–	–	–	1	–	–	–	–	–
5	2	–	–	–	1	1	–	–	–	–	–
6 plus	–	–	–	–	–	–	–	–	–	–	–
Unknown—Inconnu	3	–	1	1	–	–	1	–	–	–	–
Canada											
1989 [3]											
Total	70 705	374	13 578	20 121	15 181	9 425	5 202	1 417	107	6	5 294
0	35 014	344	11 215	12 624	6 709	2 750	1 139	216	15	1	1
1	12 432	2	1 270	4 186	3 659	2 047	978	274	14	1	1
2	9 677	–	187	1 685	2 841	2 717	1 748	465	32	1	1
3	3 280	–	14	376	823	1 046	760	239	22	–	–
4	838	–	2	53	222	252	208	87	13	1	–
5	225	–	–	13	36	66	69	39	2	–	–
6 plus	111	–	–	2	26	31	31	16	3	2	–
Unknown—Inconnu	9 128	28	890	1 182	865	516	269	81	6	–	5 291
Panama											
1982											
Total	12	–	1	*——	7 ——*	*——	2 ——*	*——	2 ——*	–	–
AMERICA,SOUTH— AMERIQUE DU SUD											
Chile – Chili											
1990											
Total	29	–	–	2	14	6	5	2	–	–	–

14. Legally induced abortions by age and number of previous live births of woman: latest available year (continued)
Avortements provoqués légalement selon l'âge de la femme et selon le nombre des naissances vivantes précédentes: dernière année disponible (suite)

(See notes at end of table. – Voir notes à la fin du tableau.)

Continent, country or area, year and number of previous live births / Continent, pays ou zone, année et nombre des naissances vivantes précédentes	All ages Tous âges	Age of woman (in years) – Age de la femme (en années)									Unknown Inconnu
		–15	15–19	20–24	25–29	30–34	35–39	40–44	45–49	50 plus	
ASIA—ASIE											
India – Inde											
1990 [4]											
Total	596 345	2 599	41 846	131 540	167 718	102 747	43 974	7 349	*——	628 ——*	97 944
Israel – Israël [5]											
1989											
Total	15 918	31	1 800	3 006	2 958	3 158	2 901	*——	1 650	——*	414
0	5 914	31	1 741	2 204	1 046	448	203	*——	83	——*	158
1	1 417	–	46	396	463	299	138	*——	54	——*	21
2	3 084	–	10	319	854	874	606	*——	346	——*	75
3	3 112	–	2	66	421	958	1 052	*——	541	——*	72
4	1 437	–	1	17	126	376	532	*——	336	——*	49
5 plus	954	–	–	4	48	203	370	*——	290	——*	39
Unknown—Inconnu	–	–	–	–	–	–	–	*——	–	—*	–
Japan – Japon											
1990 [6]											
Total	456 797	*——	32 431 ——*	86 367	79 205	98 232	101 705	54 924	3 753	58	122
Singapore – Singapour											
1987											
Total	21 226	18	1 797	5 658	5 882	4 503	2 555	748	*——	65 ——*	–
0	8 610	18	1 676	4 032	2 137	569	153	23	*——	2 ——*	–
1	3 463	–	94	947	1 397	742	235	44	*——	4 ——*	–
2	5 864	–	24	565	1 759	2 093	1 136	271	*——	16 ——*	–
3	2 384	–	3	100	492	852	703	217	*——	17 ——*	–
4 plus	905	–	–	14	97	247	328	193	*——	26 ——*	–
Unknown—Inconnu	–	–	–	–	–	–	–	–	*——	– —*	–
EUROPE											
Bulgaria – Bulgarie											
1990											
Total	144 644	316	14 028	37 899	39 108	30 230	16 998	5 536	506	23	–
Czechoslovakia – Tchécoslovaquie											
1990											
Total	159 705	85	13 388	36 927	41 207	33 660	25 343	8 475	595	25	–
0	22 340	85	10 157	8 328	2 270	845	467	151	34	3	–
1	33 206	–	2 897	14 531	8 438	3 929	2 531	801	71	8	–
2	75 556	–	316	12 381	24 148	19 802	14 096	4 500	307	6	–
3	22 945	–	18	1 444	5 264	7 288	6 416	2 367	143	5	–
4 plus	5 658	–	–	243	1 087	1 796	1 833	656	40	3	–
Unknown—Inconnu	–	–	–	–	–	–	–	–	–	–	–
Denmark – Danemark [7]											
1989											
Total	21 456	72	3 084	6 272	4 873	3 459	2 432	1 138	*——	126 ——*	–

14. Legally induced abortions by age and number of previous live births of woman: latest available year (continued)
Avortements provoqués légalement selon l'âge de la femme et selon le nombre des naissances vivantes précédentes: dernière année disponible (suite)

(See notes at end of table. – Voir notes à la fin du tableau.)

Continent, country or area, year and number of previous live births / Continent, pays ou zone, année et nombre des naissances vivantes précédentes	All ages Tous âges	Age of woman (in years) – Age de la femme (en années)									Unknown Inconnu
		−15	15–19	20–24	25–29	30–34	35–39	40–44	45–49	50 plus	
EUROPE (Cont.–Suite)											
Finland – Finlande											
1989 [3]											
Total	12 658	24	2 146	3 342	2 478	1 796	1 620	1 106	*——	146 ——*	–
0	6 423	24	2 042	2 507	1 188	373	195	89	*——	5 ——*	–
1	2 196	–	82	567	546	429	329	218	*——	25 ——*	–
2	2 485	–	4	206	544	609	644	428	*——	50 ——*	–
3	1 120	–	1	29	156	300	333	263	*——	38 ——*	–
4	289	–	–	3	21	70	93	81	*——	21 ——*	–
5	67	–	–	1	1	12	23	25	*——	5 ——*	–
6 plus	8	–	–	–	–	1	3	2	*——	2 ——*	–
Unknown–Inconnu	70	–	17	29	22	2	–	–	*——	——*	–
France											
1990											
Total	161 646	*—— 16	389 ——*	37 301	39 287	33 115	24 033	9 902	904	50	665
Germany – Allemagne [8]	...	...	...	...	...	...	...	...	...	...	...
Germany, Federal Rep. of – Allemagne, République fédérale d'											
1990											
Total	78 808	105	5 004	17 440	21 488	16 781	11 585	5 302	650	79	374
0	41 750	103	4 573	12 879	11 978	6 745	3 585	1 461	180	24	222
1	13 966	1	348	2 848	4 204	3 197	2 214	979	104	13	58
2	14 776	1	74	1 359	3 718	4 370	3 431	1 565	182	20	56
3	5 696	–	9	294	1 188	1 752	1 539	788	94	9	23
4	1 686	–	–	45	306	477	514	275	50	9	10
5	581	–	–	6	75	166	180	128	22	2	2
6 plus	353	–	–	9	19	74	122	106	18	2	3
Unknown–Inconnu	–	–	–	–	–	–	–	–	–	–	–
Greece – Grèce											
1985*											
Total	180	–	16	92	69	3	–	–	–	–	–
Hungary – Hongrie											
1990											
Total	90 394	382	11 629	17 245	16 367	18 714	17 586	6 283	*——	493 ——*	1 695
0	20 686	382	9 259	7 002	1 793	737	554	190	*——	53 ——*	716
1	17 576	–	1 886	5 185	3 645	2 887	2 644	983	*——	75 ——*	271
2	34 719	–	423	3 707	7 350	9 873	9 350	3 345	*——	236 ——*	435
3	12 185	–	52	1 063	2 558	3 537	3 522	1 222	*——	87 ——*	144
4	3 173	–	4	218	657	1 014	903	307	*——	23 ——*	47
5	1 052	–	1	37	203	372	310	109	*——	6 ——*	14
6 plus	992	–	4	33	160	294	303	127	*——	13 ——*	58
Unknown–Inconnu	11	–	–	–	1	–	–	–	*——	——*	10

14. Legally induced abortions by age and number of previous live births of woman: latest available year (continued)
Avortements provoqués légalement selon l'âge de la femme et selon le nombre des naissances vivantes précédentes: dernière année disponible (suite)

(See notes at end of table. – Voir notes à la fin du tableau.)

Continent, country or area, year and number of previous live births / Continent, pays ou zone, année et nombre des naissances vivantes précédentes	All ages Tous âges	−15	15–19	20–24	25–29	30–34	35–39	40–44	45–49	50 plus	Unknown Inconnu
EUROPE (Cont.–Suite)											
Iceland – Islande											
1990											
Total	714	2	161	194	120	107	89	36	5	–	–
0	294	2	150	102	28	7	4	1	–	–	–
1	179	–	10	77	47	30	12	3	–	–	–
2	119	–	1	12	33	36	23	11	3	–	–
3	82	–	–	3	9	23	35	10	2	–	–
4	31	–	–	–	2	8	10	11	–	–	–
5	7	–	–	–	1	3	3	–	–	–	–
6 plus	2	–	–	–	–	–	2	–	–	–	–
Unknown–Inconnu	–	–	–	–	–	–	–	–	–	–	–
Italy – Italie											
1988											
Total	175 541	99	12 671	35 946	39 415	37 843	31 598	15 682	1 513	103	671
0	56 962	91	10 827	22 673	13 218	5 945	2 814	1 053	103	12	226
1	32 888	2	1 168	7 287	9 367	7 635	5 042	2 081	167	20	119
2	52 293	–	282	4 338	12 056	15 448	13 195	6 211	524	44	195
3	20 950	–	34	712	3 372	6 109	6 643	3 601	392	14	73
4	6 361	–	10	95	621	1 628	2 310	1 486	176	9	26
5	2 110	–	1	15	149	454	802	613	68	1	7
6 plus	1 473	–	1	13	68	249	549	512	70	3	8
Unknown–Inconnu	2 504	6	348	813	564	375	243	125	13	–	17
Lithuania – Lituanie											
1991											
Total	26 598	16	1 573	*———	20 323	———*	*———	——	4 686	———*	–
Netherlands – Pays–Bas											
1985*											
Total	17 300	35	2 715	4 510	3 870	3 040	2 315	710	*——	105	—* –
Norway – Norvège											
1990											
Total	15 551	28	3 069	4 710	3 426	2 213	1 489	553	*——	63	—* –
Sweden – Suède											
1990											
Total	37 489	204	6 587	9 822	8 066	5 733	4 461	2 355	261	–	–
0	15 729	173	5 526	5 994	2 697	916	305	107	11	–	–
1	6 229	2	281	1 840	1 846	1 132	735	361	32	–	–
2	7 637	–	22	635	1 922	2 059	1 873	1 008	118	–	–
3	3 404	1	2	89	606	1 002	1 070	577	57	–	–
4	925	–	–	17	142	285	263	192	26	–	–
5	207	–	–	2	17	55	81	46	6	–	–
6 plus	95	–	–	–	6	24	30	30	5	–	–
Unknown–Inconnu	3 263	28	756	1 245	830	260	104	34	6	–	–
United Kingdom – Royaume–Uni											
1990 [1]											
Total	184 092	927	40 787	58 513	40 826	23 591	13 655	5 356	401	24	12
0	106 811	910	36 862	40 660	19 233	6 182	2 281	621	49	5	8
1	28 777	3	2 948	10 411	8 014	4 263	2 257	824	56	1	–
2	29 190	–	344	5 236	8 705	7 543	5 111	2 097	144	8	2
3	11 930	–	31	1 290	3 340	3 600	2 518	1 076	73	2	–
4	3 802	–	4	213	949	1 282	881	425	44	2	2
5 plus	1 822	–	–	30	310	587	560	297	32	6	–
Unknown–Inconnu	1 760	14	598	673	275	134	47	16	3	–	–

14. Legally induced abortions by age and number of previous live births of woman: latest available year (continued)
Avortements provoqués légalement selon l'âge de la femme et selon le nombre des naissances vivantes précédentes: dernière année disponible (suite)

(See notes at end of table. – Voir notes à la fin du tableau.)

Continent, country or area, year and number of previous live births / Continent, pays ou zone, année et nombre des naissances vivantes précédentes	Age of woman (in years) – Age de la femme (en années)										
	All ages Tous âges	−15	15–19	20–24	25–29	30–34	35–39	40–44	45–49	50 plus	Unknown Inconnu
OCEANIA—OCEANIE											
New Zealand – Nouvelle–Zélande											
1989*											
Total	10 200	9 50	9 2 050	3 009	2 454	1 518	820	287	12	–	–
0	5 295	9 50	9 1 871	1 973	994	315	71	21	–	–	–
1	1 675	9 –	9 152	637	503	249	107	27	–	–	–
2	1 679	9 –	9 23	305	540	436	274	98	3	–	–
3	976	9 –	9 4	77	295	311	210	75	4	–	–
4	357	9 –	9 –	14	87	134	82	40	–	–	–
5	143	9 –	9 –	3	26	55	42	14	3	–	–
6 plus	75	9 –	9 –	–	9	18	34	12	2	–	–
Unknown—Inconnu	–	9 –	9 –	–	–	–	–	–	–	–	–

GENERAL NOTES

For method of evaluation and limitations of data, see Technical Notes, page 64.

FOOTNOTES

1 For residents only.
2 Including spontaneous abortions.
3 Birth order based on number of previous confinements (deliveries) rather than on live births.
4 For year ending 31 March.
5 Including data for East Jerusalem and Israeli residents in certain other territories under occupation by Israeli military forces since June 1967.

6 For Japanese nationals in Japan only.
7 Excluding Faeroe Islands and Greenland.
8 All data shown pertaining to Germany prior to 3 October 1990 are indicated separately for the Federal Republic of Germany and the former German Democratic Republic where available. See explanatory notes on page 4.

9 For under 16 and 16–19 years, as appropriate.

NOTES GENERALES

Pour la méthode d'évaluation et les insuffisances des données, voir Notes techniques, page 64.

NOTES

1 Pour les résidents seulement.
2 Y compris les avortements spontanés.
3 Le rang de naissance est déterminé par le nombre d'accouchements antérieurs plutôt que par le nombre des naissances vivantes.
4 Période annuelle se terminant le 31 mars.
5 Y compris les données pour Jérusalem—Est et les résidents israéliens dans certains autres territoires occupés depuis juin 1967 par les forces armées israéliennes.
6 Pour les nationaux japonais au Japon seulement.
7 Non compris les îles Féroé et le Groenland.
8 Toutes les données se rapportant à l'Allemagne avant le 3 octobre 1990 figurent dans deux rubriques séparées concernant la République fédérale d'Allemagne et l'ancienne République démocratique allemande lorsqu'elles sont disponibles. Voir les notes explicatives à la page 4.
9 Pour moins de 16 ans et 16–19 ans selon le cas.

15. Infant deaths and infant mortality rates, by urban/rural residence: 1987 – 1991

Décès d'enfants de moins d'un an et taux de mortalité infantile, selon la résidence, urbaine/rurale: 1987 – 1991

(See notes at end of table.– Voir notes à la fin du tableau.)

Continent, country or area and urban/rural residence / Continent, pays ou zone et résidence, urbaine/rurale	Code [1]	Number – Nombre					Rate – Taux				
		1987	1988	1989	1990	1991	1987	1988	1989	1990	1991
AFRICA—AFRIQUE											
Algeria – Algérie [2][3]	U	33 544	31 475	28 970	28 588	...		[4]74.0			
Angola	..	...	...	...	...	...		[4]137.0			
Benin – Bénin	..	...	...	...	...	...		[4]90.0			
Botswana	...	651	...	...	...	...		[4]67.0			
Burkina Faso	..	...	...	...	...	...		[4]138.0			
Burundi	..	...	...	...	...	...		[4]119.0			
Cameroon – Cameroun	..	...	...	...	...	...		[4]94.0			
Cape Verde – Cap–Vert	..	...	...	...	...	...		[4]44.0			
Central African Republic – République centrafricaine	..	...	...	...	...	...		[4]104.0			
Chad – Tchad	..	...	...	...	...	...		[4]132.0			
Comoros – Comores	..	...	...	...	...	...		[4]99.0			
Congo	..	...	...	...	...	...		[4]73.0			
Côte d'Ivoire	..	...	...	...	...	...		[4]96.0			
Djibouti [5]	..	...	...	...	...	...		[4]122.0			
Egypt – Egypte	C	94 044	82 837	...	...	...	49.4	43.3	...	...	...
Equatorial Guinea – Guinée équatoriale	..	...	...	...	...	...		[4]127.0			
Ethiopia – Ethiopie	..	...	...	...	...	...		[4]137.0			
Gabon	..	...	...	...	...	...		[4]103.0			
Gambia – Gambie	..	...	...	...	...	...		[4]143.0			
Ghana	..	...	...	...	...	...		[4]90.0			
Guinea – Guinée	..	...	...	...	...	...		[4]145.0			
Guinea–Bissau – Guinée–Bissau	..	...	...	...	...	...		[4]151.0			
Kenya	..	...	...	...	...	...		[4]72.0			
Lesotho	..	...	...	...	...	...		[4]100.0			
Liberia – Libéria	..	...	...	...	...	...		[4]142.0			
Libyan Arab Jamahiriya – Jamahiriya arabe libyenne	..	...	...	...	...	...		[4]82.0			
Madagascar	..	...	...	...	...	...		[4]120.0			
Malawi	..	...	...	...	...	...		[4]150.0			
Mali [6]	..	26 731	...	...	...	...	71.3	...	...	...	...
Mauritania – Mauritanie	..	...	...	...	...	...		[4]127.0			
Mauritius – Maurice	..	...	...	...	...	...		[4]23.0			
Island of Mauritius – Ile Maurice [5]	+C	463	441	452	434	*410	24.2	22.1	21.7	20.1	*18.5
Rodrigues	+C	41	30	46	28	...					
Morocco – Maroc	..	...	...	...	...	...		[4]82.0			
Mozambique	..	...	...	...	...	...		[4]141.0			
Namibia – Namibie	..	...	...	...	...	...		[4]106.0			
Niger	..	...	...	...	...	...		[4]135.0			
Nigeria – Nigéria	..	...	...	...	...	...		[4]105.0			
Réunion [3]	U	124	...	116	94	...		[4]14.0			
Rwanda	..	...	...	...	...	...		[4]122.0			
St. Helena ex. dep. – Sainte–Hélène sans dép.	C	1	1	3	2	...					
Sao Tome and Principe – Sao Tomé–et–Principe	C	220	294	291	...	...	56.2	70.0	71.9	...	...
Senegal – Sénégal	..	...	...	...	...	...		[4]87.0			
Seychelles	+C	31	28	29	21	*22					
Sierra Leone	..	...	...	...	...	...		[4]154.0			
Somalia – Somalie	..	...	...	...	...	...		[4]132.0			
South Africa – Afrique du Sud	..	...	...	...	...	...		[4]72.0			
Sudan – Soudan	..	...	...	...	...	...		[4]108.0			
Swaziland	..	...	...	...	...	...		[4]118.0			
Togo	..	...	...	...	...	...		[4]94.0			
Tunisia – Tunisie [5]	U	7 255	5 918	5 151	...	...		[4]52.0			
Uganda – Ouganda	..	...	...	...	...	...		[4]103.0			
United Rep. of Tanzania – Rép.–Unie de Tanzanie	..	...	...	...	...	...		[4]106.0			
Zaire – Zaïre	..	...	...	...	...	...		[4]83.0			
Zambia – Zambie	..	...	...	...	...	...		[4]80.0			
Zimbabwe	..	...	...	...	...	...		[4]66.0			

15. Infant deaths and infant mortality rates, by urban/rural residence: 1987 – 1991 (continued)

Décès d'enfants de moins d'un an et taux de mortalité infantile, selon la résidence, urbaine/rurale: 1987 – 1991 (suite)

(See notes at end of table.– Voir notes à la fin du tableau.)

Continent, country or area and urban/rural residence — Continent, pays ou zone et résidence, urbaine/rurale	Code [1]	Number – Nombre					Rate – Taux				
		1987	1988	1989	1990	1991	1987	1988	1989	1990	1991
AMERICA, NORTH — AMERIQUE DU NORD											
Bahamas	C	123	106	111	128	...	28.4	21.4	22.3	26.3	...
Barbados – Barbade	+C	62	56	36	...	...					
Belize	U	127	128	132	...	*91	20.7	20.2	19.4	...	*15.1
Bermuda – Bermudes	C	6	3	6	...	7	...				
British Virgin Islands – Iles Vierges britanniques	+C	10	7	...	...	...					
Canada [7]	C	2 706	2 705	2 795	2 766	...	7.3	7.2	7.1	6.8	...
Cayman Islands – Iles Caïmanes	C	1	2	4	3	...					
Costa Rica	C	1 401	1 194	1 160	1 250	...	17.4	14.7	13.9	15.3	...
Cuba [5]	C	2 387	2 235	2 049	2 004	*1 854	13.3	11.9	11.1	10.7	*10.7
Dominica – Dominique	+C	30	16	28	30	...					
Dominican Republic – République dominicaine	..	...	...	...	...	...		[4] 65.0			
El Salvador [5]	U	4 192	3 855	3 797	3 598	...		[4] 64.0			
Greenland – Groenland	C	29	...	26	...	...					
Guadeloupe	..	...	...	...		...		[4] 14.0			
Guatemala [5]	C	17 883	15 892	...	...	...	56.1	46.6	...	...	
Haiti – Haïti	..	...	...	...		...					
Honduras	..	...	...	...		...		[4] 97.0			
Jamaica – Jamaïque	..	...	...	...		...		[4] 69.0			
Martinique [3]	U	63	55	63	46	...		[4] 17.0			
Mexico – Mexique	U	61 347	...	...	...	...		[4] 43.0			
Netherlands Antilles – Antilles néerlandaises	C	23	19	22	...	...					
Nicaragua	+U	1 217	...	...	...	...		[4] 62.0			
Panama [5]	U	1 121	1 088	1 047	862	...		[4] 23.0			
Puerto Rico – Porto Rico [5]	C	916	810	952	983	...	14.2	12.6	14.3	14.8	...
Saint Kitts and Nevis – Saint–Kitts–et–Nevis	+C	21	24	22	...	...					
Saint Lucia – Sainte–Lucie	C	78	69	56	...	...					
St. Vincent and the Grenadines – Saint–Vincent–et–Grenadines	+C	...	55	...	...	...					
Trinidad and Tobago – Trinité–et–Tobago	C	332	357	255	...	...	11.4	13.2	10.2	...	
United States – Etats–Unis	C	38 408	38 910	39 655	*38 100	*36 500	10.1	10.0	9.8	*9.1	*8.9
United States Virgin Islands – Iles Vierges américaines	C	46	29	...	...	...					
AMERICA, SOUTH — AMERIQUE DU SUD											
Argentina – Argentine	C	17 743	17 564	...	17 564	...	26.6	25.8	...	25.1	...
Bolivia – Bolivie	..	...	...	...	...	...		[4] 110.0			
Brazil – Brésil	U	120 455	116 376	103 091	...	...		[4] 63.0			
Chile – Chili [5]	C	5 182	5 598	5 183	4 915	...	18.5	18.9	17.1	16.8	...
Colombia – Colombie [5] [8]	U	15 953	14 059	13 816	...	...		[4] 40.0			
Ecuador – Equateur [5] [9]	U	9 761	9 443	8 851	7 977	...		[4] 63.0			
Guyana	..	...	...	...	...	...		[4] 56.0			
Paraguay [5]	U	2 065	...	...	...	...		[4] 42.0			
Peru – Pérou [10] [11]	..	88 200	68 800	83 300	80 700	...	122.3	94.6	114.1	109.9	...
Suriname	..	...	...	...	...	...		[4] 33.0			
Uruguay	C	1 282	1 174	1 209	1 152	...	24.0	21.0	21.9	20.4	...
Venezuela [10]	C	12 247	11 253	12 322	...	...	23.7	21.5	23.3	...	...

15. Infant deaths and infant mortality rates, by urban/rural residence: 1987 – 1991 (continued)

Décès d'enfants de moins d'un an et taux de mortalité infantile, selon la résidence, urbaine/rurale: 1987 – 1991 (suite)

(See notes at end of table.– Voir notes à la fin du tableau.)

Continent, country or area and urban/rural residence / Continent, pays ou zone et résidence, urbaine/rurale	Code [1]	Number – Nombre					Rate – Taux				
		1987	1988	1989	1990	1991	1987	1988	1989	1990	1991
ASIA—ASIE											
Afghanistan	..	...	...	...	...	...		[4] 172.0			
Armenia – Arménie [5] [12]	C	...	...	1 534	...	...	...	...	20.4	...	...
Azerbaijan – Azerbaïdjan [5] [12]	C	...	...	4 749	...	...	...	...	26.1		
Bahrain – Bahreïn	U	259	295	266	272	...		[4] 16.0			
Bangladesh [5]	U	385 114	382 942	...	...	...		[4] 119.0			
Bhutan – Bhoutan	..	...	...	...	...	...		[4] 128.0			
Brunei Darussalam – Brunéi Darussalam	+C	*63	46	62	...	...					
Cambodia – Cambodge	..	...	...	...	...	...		[4] 130.0			
China – Chine	..	...	...	...	...	...		[4] 32.0			
Cyprus – Chypre	...	152	146	140	145	*140		[4] 12.0			
East Timor – Timor oriental	..	...	...	...	...	...		[4] 166.0			
Georgia – Géorgie [5] [12]	C	...	...	1 787	...	...	...	...	19.6	...	...
Hong Kong – Hong–kong [13]	C	515	559	517	417	...	7.4	7.4	7.4	6.1	...
India – Inde [5] [14]	..	...	...	...	...	...	95.0	94.0	91.0	80.0	...
Indonesia – Indonésie	U	317 468	...	...	...	...		[4] 75.0			
Iran (Islamic Republic of – Rép. islamique d')	U	...	...	...	...	*175 491		[4] 52.0			
Iraq	C	...	...	...	...	...		[4] 69.0			
Israel – Israël [5] [15]	C	1 099	1 001	1 014	994	...	11.1	10.0	10.1	9.6	...
Japan – Japon [5] [16]	C	6 711	6 265	5 724	5 616	*5 416	5.0	4.8	4.6	4.6	*4.4
Jordan – Jordanie	..	...	...	...	...	...		[4] 44.0			
Kazakhstan [5] [12]	C	...	...	9 949	...	...	...	...	26.0	...	...
Korea, Dem. People's Rep. of – Corée, rép. populaire dém. de	..	...	...	...	...	...		[4] 28.0			
Korea, Republic of– Corée, République de	...	2 254	2 098	2 066	...	...		[4] 25.0			
Kuwait – Koweït	..	...	...	...	...	...		[4] 18.0			
Kyrgyzstan – Kirghizistan [5] [12]	C	...	...	4 258	...	...	...	...	32.4	...	...
Lao People's Dem. Rep. – Rép. dém. populaire Lao	..	...	...	...	...	...		[4] 110.0			
Lebanon – Liban	..	...	...	...	...	...		[4] 48.0			
Macau – Macao [17]	...	52	78	78	51	...					
Malaysia – Malaisie	U	7 400	7 224	6 318	6 618	...		[4] 24.0			
Peninsular Malaysia [3] [5] – Malaisie Péninsulaire	C	5 625	5 729	4 948	...	...	14.4	14.0	13.2	...	...
Maldives [5]	C	417	399	...	242	...	49.9	48.4	...	33.3	...
Mongolia – Mongolie [5]	...	4 700	4 800	4 700	...	...		[4] 68.0			
Myanmar	..	...	...	...	...	...		[4] 70.0			
Nepal – Népal	..	...	...	...	...	...		[4] 128.0			
Oman	..	...	...	...	...	...		[4] 40.0			
Pakistan [5] [18]	..	347 194	344 058	...	...	...	103.9	107.7	...	...	...
Philippines	U	50 803	47 187	...	...	...		[4] 45.0			
Qatar	...	133	154	153	142	...		[4] 31.0			
Saudi Arabia – Arabie saoudite	..	...	...	...	...	...		[4] 71.0			
Singapore – Singapour [19]	+C	324	368	360	...	*269	7.4	6.9	7.5	...	*5.5
Sri Lanka	+C	8 587	6 658	...	...	...	24.0	19.4	...	...	...
Syrian Arab Republic – République arabe syrienne	..	...	...	...	...	...		[4] 48.0			
Tajikistan – Tadjikistan [5] [12]	C	...	...	8 673	...	...	...	...	43.3	...	...
Thailand – Thaïlande [5]	+U	9 358	8 113	7 669	7 694	...		[4] 28.0			
Turkey – Turquie [20]	..	...	...	93 629	...	...	...	...	63.2	...	...
Turkmenistan – Turkménistan [5] [12]	C	...	...	6 847	...	...	...	...	54.8	...	...
United Arab Emirates – Emirats arabes unis	..	...	...	...	...	...		[4] 26.0			
Uzbekistan – Ouzbékistan [5] [12]	C	...	...	25 459	...	...	...	...	38.1	...	...
Viet Nam	..	...	...	...	*91 400			[4] 64.0			

15. Infant deaths and infant mortality rates, by urban/rural residence: 1987 – 1991 (continued)

Décès d'enfants de moins d'un an et taux de mortalité infantile, selon la résidence, urbaine/rurale: 1987 – 1991 (suite)

(See notes at end of table.– Voir notes à la fin du tableau.)

Continent, country or area and urban/rural residence Continent, pays ou zone et résidence, urbaine/rurale	Code [1]	Number – Nombre					Rate – Taux				
		1987	1988	1989	1990	1991	1987	1988	1989	1990	1991
ASIA—ASIE (Cont.–Suite)											
Yemen – Yémen	...	...	...	...	...	76 267	...	...	...	...	132.0	...
Former Dem. Yemen – Ancienne Yémen dém.	...	...	...	...	...	...	...	...	[4] 120.0	...	...	
Former Yemen Arab Rep. – Ancienne Yémen rép. arabe	...	...	...	...	...	...	...	...	[4] 120.0			
EUROPE											
Albania – Albanie [5]	C	2 247	2 021	2 432	...	...	28.2	25.2	30.8	...	...
Andorra – Andorre [5]	...	4	1	5	2	1					
Austria – Autriche [5]	C	850	716	738	709	*699	9.8	8.1	8.3	7.8	*7.4
Belarus – Bélarus [5][12]	C	2 201	2 144	1 835	...	...	13.5	13.1	12.0	...	...
Belgium – Belgique	C	1 138	1 088	1 047	982	*1 062	9.7	9.2	8.6	7.9	*8.4
Bulgaria – Bulgarie [5]	C	1 715	1 595	1 614	1 554	*1 624	14.7	13.6	14.4	14.8	*16.9
Channel Islands – Iles Anglo–Normandes	C	13	16	8	...	12					
Guernsey – Guernesey	C	4	5	4	1	7					
Jersey	+C	9	11	4	...	5					
Czechoslovakia – Tchécoslovaquie [5]	C	2 767	2 571	2 358	2 369	*2 382	12.9	11.9	11.3	11.3	*11.5
Denmark – Danemark [21]	C	467	449	492	479	*484	8.3	7.6	8.0	7.5	*7.5
Estonia – Estonie [5][12]	C	402	312	359	276	...	16.0	12.4	14.8	12.4	...
Faeroe Islands – Iles Féroé	C	4	...	15	...	...					
Finland – Finlande [5][22]	C	369	379	382	...	...	6.2	6.0	6.0	...	...
France [5]	C	6 017	6 044	5 769	5 599	*5 500	7.8	7.8	7.5	7.3	*7.2
Germany – Allemagne [23]	C	7 287	6 822	6 582	...	...	8.4	7.6	7.5	...	...
Germany, Federal Rep. of – Allemagne, République fédérale d'	C	5 318	5 080	5 074	5 076	...	8.3	7.5	7.4	7.0	...
Former German [5] Democratic Republic – Ancienne République démocratique allemande	C	1 969	1 742	1 508	...	...	8.7	8.1	7.6	...	...
Greece – Grèce	C	1 337	1 188	...	994	...	12.6	11.0	...	9.7	...
Hungary – Hongrie [5]	C	2 178	1 967	1 941	1 863	*1 900	17.3	15.8	15.7	14.8	*15.1
Iceland – Islande	C	30	29	24	28	*25					
Ireland – Irlande [5][24]	+C	464	484	423	434	...	7.9	8.9	8.1	8.2	...
Isle of Man – Ile de Man	+C	4	5	5	...	3					
Italy – Italie	C	5 235	5 302	4 887	4 817	...	9.5	9.3	8.8	8.5	...
Latvia – Lettonie [5][12]	C	...	...	438	...	...					
Liechtenstein	...	1	2	1	...	...					
Lithuania – Lituanie [5][12]	C	733	656	597	581	*806	12.3	11.6	10.7	10.2	*14.3
Luxembourg	C	40	40	46	36	...					
Malta – Malte	C	39	44	58	61	...					
Netherlands – Pays–Bas [25]	C	1 410	1 275	1 282	1 397	*1 300	7.6	6.8	6.8	7.1	*6.5
Norway – Norvège [26]	C	453	463	463	419	...	8.4	8.0	7.8	6.9	...
Poland – Pologne [5]	C	10 601	9 532	8 979	8 737	*8 100	17.5	16.2	16.0	16.0	*14.8
Portugal [5]	C	1 755	1 595	1 444	1 279	*1 143	14.2	13.1	12.2	11.0	*9.8
Republic of Moldova [5][12] – République de Moldova	C	...	...	1 705	...	...	...	...	20.7	...	...
Romania – Roumanie [5]	C	11 077	9 643	9 940	8 471	...	28.9	25.4	26.9	26.9	...
Russian Federation – Fédération Russe [5][12]	C	...	...	39 030	...	...	...	...	18.1	...	...
San Marino – Saint–Marin	+C	3	3	5	...	...					
Spain – Espagne	C	3 784	3 356	...	*3 063	...	9.0	8.1	...	*7.7	...
Sweden – Suède	C	641	652	700	739	*466	6.1	5.8	6.0	6.0	*3.8
Switzerland – Suisse [5]	C	524	550	596	574	*580	6.8	6.8	7.3	6.8	*6.8
Ukraine [5][12]	C	11 089	10 639	9 039	...	...	14.6	14.3	13.1	...	...
United Kingdom – Royaume–Uni	C	7 077	7 061	6 542	6 272	*5 825	9.1	9.0	8.4	7.9	*7.3
Yugoslavia – Yougoslavie [5]	C	9 036	8 727	7 911	6 743	...	25.1	24.5	23.5	20.2	...

15. Infant deaths and infant mortality rates, by urban/rural residence: 1987 – 1991 (continued)

Décès d'enfants de moins d'un an et taux de mortalité infantile, selon la résidence, urbaine/rurale: 1987 – 1991 (suite)

(See notes at end of table.– Voir notes à la fin du tableau.)

Continent, country or area and urban/rural residence / Continent, pays ou zone et résidence, urbaine/rurale	Code [1]	Number – Nombre					Rate – Taux				
		1987	1988	1989	1990	1991	1987	1988	1989	1990	1991
OCEANIA—OCEANIE											
American Samoa – Samoa américaines	C	17	17	...	...	...					
Australia – Australie	+C	2 116	2 132	2 004	2 145	...	8.7	8.7	8.0	8.2	...
Cook Islands – Iles Cook	+C	12	4	...	...	...	9.7	27.0	...	...	...
Fiji – Fidji	+C	189	271	...	...	...	9.7	27.0	...	...	...
French Polynesia – Polynésie française	...	110	90	88	...	...	20.4	...	...	...	...
Guam [27]	C	40	...	...	...	...					
New Caledonia – Nouvelle–Calédonie	U	59	...	...	...	...					
New Zealand – Nouvelle–Zélande [5]	+C	554	620	592	500	499	10.0	10.8	10.2	8.3	8.3
Northern Mariana Islands – Iles Mariannes septentrionales	U	...	...	2	...	...					
Pacific Islands (Palau) – Iles du Pacifique (Palaos)	U	...	8	...	...	...					
Papua New Guinea – Papouasie–Nouvelle–Guinée	...	2 335	...	...	...	...		[4] 59.0			
Pitcairn	C	...	...	...	1	...					
Tonga	...	19	24	...	...	...					

15. Infant deaths and infant mortality rates, by urban/rural residence: 1987 – 1991 (continued)

Décès d'enfants de moins d'un an et taux de mortalité infantile, selon la résidence, urbaine/rurale: 1987 – 1991 (suite)

Data by urban/rural residence

Données selon la résidence urbaine/rurale

(See notes at end of table.– Voir notes à la fin du tableau.)

Continent, country or area and urban/rural residence — Continent, pays ou zone et résidence, urbaine/rurale	Code [1]	Number – Nombre					Rate – Taux				
		1987	1988	1989	1990	1991	1987	1988	1989	1990	1991
AFRICA—AFRIQUE											
Egypt – Egypte	C										
Urban – Urbaine		36 985	31 164	...	...	...	49.6	42.6	...	...	...
Rural – Rurale		57 059	51 673	...	...	...	49.3	43.8	...	...	...
Mauritius – Maurice Island of Mauritius – Ile Maurice	+C										
Urban – Urbaine		197	183	174	181	...	24.7	21.8	20.9	19.0	...
Rural – Rurale		266	258	278	253	...	23.8	22.1	22.0	20.6	...
Tunisia – Tunisie	U										
Urban – Urbaine		5 108	4 429	4 088	...	...	33.1	30.4	28.6	...	...
Rural – Rurale		2 147	1 489	1 063	...	...	30.7	21.5	18.8	...	...
AMERICA,NORTH— AMERIQUE DU NORD											
Cuba	C										
Urban – Urbaine		1 484	1 566	1 347	...	...	12.1	12.1	...	...	...
Rural – Rurale		898	666	700	...	...	15.9	11.3	...	...	...
El Salvador	U										
Urban – Urbaine		2 169	2 024	2 014	...	...	30.5	27.9	27.2	...	...
Rural – Rurale		2 023	1 831	1 783	...	...	26.2	23.9	22.9	...	...
Guatemala	C										
Urban – Urbaine		6 946	6 570	...	...	...	57.5	51.7	...	...	...
Rural – Rurale		9 852	9 322	...	...	...	49.8	43.5	...	...	...
Panama	U										
Urban – Urbaine		518	505	474	...	...	19.4	18.9	17.6	...	...
Rural – Rurale		603	583	573	...	...	19.5	18.4	17.9	...	...
Puerto Rico – Porto Rico	C										
Urban – Urbaine		...	...	...	454	...	...	...	...	13.9	...
Rural – Rurale		...	...	...	436	...	...	...	...	12.8	...
AMERICA,SOUTH— AMERIQUE DU SUD											
Chile – Chili	C										
Urban – Urbaine		4 077	4 519	4 226	4 049	...	18.0	18.8	16.2	16.1	...
Rural – Rurale		1 105	1 079	957	866	...	28.0	26.5	22.4	21.4	...
Colombia – Colombie [8] [28]	U										
Urban – Urbaine		...	...	11 807	...	...	...	...	...	...	...
Rural – Rurale		...	...	1 783	...	...	...	...	...	...	...
Ecuador – Equateur [9]	U										
Urban – Urbaine		4 530	4 565	4 557	...	...	30.1	29.8	40.4	...	...
Rural – Rurale		5 231	4 878	4 294	...	...	47.2	42.5	64.9	...	...
Paraguay	U										
Urban – Urbaine		981	...	...	...	...	...	...	...	...	...
Rural – Rurale		1 084	...	...	...	...	...	...	...	...	...
ASIA—ASIE											
Armenia – Arménie [12]	C										
Urban – Urbaine		...	...	947	...	...	...	...	19.8	...	...
Rural – Rurale		...	...	587	...	...	...	...	21.4	...	...
Azerbaijan – Azerbaïdjan [12]	C										
Urban – Urbaine		...	...	2 010	...	...	...	...	23.4	...	...
Rural – Rurale		...	...	2 739	...	...	...	...	28.6	...	...
Bangladesh	U										
Urban – Urbaine		33 948	34 319	...	...	...	94.7	91.3	...	...	...
Rural – Rurale		351 166	348 623	...	...	...	114.9	112.4	...	...	...
Georgia – Géorgie [12]	C										
Urban – Urbaine		...	...	1 142	...	...	...	...	23.2	...	...
Rural – Rurale		...	...	645	...	...	...	...	15.4	...	...

15. Infant deaths and infant mortality rates, by urban/rural residence: 1987 – 1991 (continued)

Décès d'enfants de moins d'un an et taux de mortalité infantile, selon la résidence, urbaine/rurale: 1987 – 1991 (suite)

Data by urban/rural residence

Données selon la résidence urbaine/rurale

(See notes at end of table.– Voir notes à la fin du tableau.)

Continent, country or area and urban/rural residence / Continent, pays ou zone et résidence, urbaine/rurale	Code [1]	Number – Nombre					Rate – Taux				
		1987	1988	1989	1990	1991	1987	1988	1989	1990	1991
ASIA—ASIE (Cont.–Suite)											
India – Inde [14]	..										
Urban – Urbaine		...	...	...	...	...	61.0	62.0	58.0	...	...
Rural – Rurale		...	...	...	...	...	104.0	102.0	98.0	...	...
Israel – Israël [15]	C										
Urban – Urbaine		960	855	...	...	...	11.1	9.7	...	...	...
Rural – Rurale		139	146	...	...	...	11.1	11.5	...	...	...
Japan – Japon [16]	C										
Urban – Urbaine		5 078	4 817	4 381	4 365	...	4.8	4.7	4.5	4.5	...
Rural – Rurale		1 617	1 429	1 332	1 245	...	5.4	5.0	4.9	4.8	...
Kazakhstan [12]	C										
Urban – Urbaine		...	...	4 797	...	...	...	...	24.8	...	...
Rural – Rurale		...	...	5 152	...	...	...	...	27.3	...	...
Kyrgyzstan – Kirghizistan [12]	C										
Urban – Urbaine		...	...	1 114	...	...	...	...	28.6	...	...
Rural – Rurale		...	...	3 144	...	...	...	...	34.0	...	...
Malaysia – Malaisie											
Peninsular Malaysia [3] – Malaisie Péninsulaire	C										
Urban – Urbaine		1 706	1 829	1 547	...	...	11.6	11.8	11.2	...	...
Rural – Rurale		3 919	3 900	3 401	...	...	16.0	15.4	14.4	...	...
Maldives	C										
Urban – Urbaine		61	68	...	...	...	46.6	52.5	...	...	...
Rural – Rurale		356	331	...	...	...	50.5	47.7	...	...	...
Mongolia – Mongolie	...										
Urban – Urbaine		2 200	2 200	2 200	...	...	63.4	57.3	60.3	...	...
Rural – Rurale		2 500	2 600	2 500	...	...	68.1	69.5	67.4	...	...
Pakistan [18]	..										
Urban – Urbaine		72 867	79 242	...	...	...	79.0	87.2	...	...	...
Rural – Rurale		274 327	264 816	...	...	...	113.4	115.8	...	...	...
Tajikistan – Tadjikistan [12]	C										
Urban – Urbaine		...	...	1 873	...	...	...	...	39.6	...	...
Rural – Rurale		...	...	6 800	...	...	...	...	44.4	...	...
Thailand – Thaïlande	+U										
Urban – Urbaine		...	3 947	3 994	4 149	...	...	11.4	16.4	15.8	...
Rural – Rurale		...	4 166	3 675	3 545	...	...	7.9	5.5	5.1	...
Turkmenistan – Turkménistan [12]	C										
Urban – Urbaine		...	...	2 811	...	...	...	...	54.1	...	...
Rural – Rurale		...	...	4 036	...	...	...	...	55.3	...	...
Uzbekistan – Ouzbékistan [12]	C										
Urban – Urbaine		...	...	7 366	...	...	...	...	34.5	...	...
Rural – Rurale		...	...	18 093	...	...	...	...	39.7	...	...
EUROPE											
Albania – Albanie	C										
Urban – Urbaine		559	544	607	...	...	23.3	22.4	25.5	...	...
Rural – Rurale		1 688	1 477	1 825	...	...	30.3	26.4	33.1	...	...
Andorra – Andorre	...										
Urban – Urbaine		4	1	5	1	–					
Rural – Rurale		–	–	–	1	1					
Austria – Autriche	C										
Urban – Urbaine		448	...	...	379	...	...	...	...	...	...
Rural – Rurale		402	...	...	330	...	...	...	...	...	...
Belarus – Bélarus [12]	C										
Urban – Urbaine		1 456	1 423	1 286	...	...	12.8	12.3	11.6	...	...
Rural – Rurale		745	721	549	...	...	15.2	15.3	12.8	...	...
Bulgaria – Bulgarie	C										
Urban – Urbaine		1 125	1 011	1 012	1 020	...	13.9	12.4	12.9	13.8	...
Rural – Rurale		590	584	602	534	...	16.6	16.3	17.9	17.1	...
Czechoslovakia – Tchécoslovaquie	C										
Urban – Urbaine		2 113	1 959	1 760	...	...	...	12.0	11.1	...	...
Rural – Rurale		654	612	598	...	...	...	11.7	11.9	...	...
Estonia – Estonie [12]	C										
Urban – Urbaine		269	222	247	175	...	15.3	12.7	15.0	11.7	...
Rural – Rurale		133	90	112	101	...	17.8	11.8	14.4	13.8	...

15. Infant deaths and infant mortality rates, by urban/rural residence: 1987 – 1991 (continued)

Décès d'enfants de moins d'un an et taux de mortalité infantile, selon la résidence, urbaine/rurale: 1987 – 1991 (suite)

Data by urban/rural residence

Données selon la résidence urbaine/rurale

(See notes at end of table.– Voir notes à la fin du tableau.)

Continent, country or area and urban/rural residence / Continent, pays ou zone et résidence, urbaine/rurale	Code [1]	Number – Nombre					Rate – Taux				
		1987	1988	1989	1990	1991	1987	1988	1989	1990	1991
EUROPE (Cont.–Suite)											
Finland – Finlande [22]	C										
Urban – Urbaine		245	239	225	...	...	6.5	6.0	5.7	...	...
Rural – Rurale		124	140	157	...	...	5.6	6.0	6.6	...	...
France [29]	C										
Urban – Urbaine		4 750	4 617	4 471	...	...	8.0	7.8	7.6	...	...
Rural – Rurale		1 267	1 365	1 231	...	...	7.2	7.8	7.1	...	...
Germany – Allemagne [23]		...	...	...	...	...	...	...	...	...	...
Former German Democratic Republic – Ancienne République démocratique allemande	C										
Urban – Urbaine		1 516	1 330	1 144	...	...	8.8	8.1	7.5	...	...
Rural – Rurale		453	412	364	...	...	8.3	8.0	7.7	...	...
Hungary – Hongrie [28]	C										
Urban – Urbaine		1 183	1 058	1 081	1 039	...	16.8	15.3	14.7	13.9	...
Rural – Rurale		993	899	851	806	...	18.1	16.4	17.3	16.0	...
Ireland – Irlande [24]	+C										
Urban – Urbaine		220	235	176	...	...	...	...	7.2	...	...
Rural – Rurale		244	249	214	...	...	...	...	7.7	...	...
Latvia – Lettonie [12]	C										
Urban – Urbaine		...	...	278	...	...	...	...	10.8	...	...
Rural – Rurale		...	...	160	...	...	...	...	12.1	...	...
Lithuania – Lituanie [12]	C										
Urban – Urbaine		452	429	379	378	508	11.5	11.5	10.3	10.0	13.6
Rural – Rurale		281	227	218	203	298	14.1	11.7	11.5	10.6	15.9
Poland – Pologne	C										
Urban – Urbaine		5 602	5 135	4 836	4 592	...	17.2	16.2	16.0	15.8	...
Rural – Rurale		4 999	4 397	4 143	4 145	...	17.9	16.3	15.9	16.3	...
Portugal [28]	C										
Urban – Urbaine		...	...	443	410	...	...	...	...	...	...
Rural – Rurale		...	...	812	674	...	...	...	...	...	...
Republic of Moldova – République de Moldova [12]	C										
Urban – Urbaine		...	...	642	...	...	...	...	17.5	...	...
Rural – Rurale		...	...	1 063	...	...	...	...	23.3	...	...
Romania – Roumanie	C										
Urban – Urbaine		4 562	4 097	4 289	3 778	...	25.2	22.8	24.3	24.1	...
Rural – Rurale		6 515	5 546	5 651	4 693	...	32.2	27.7	29.3	29.7	...
Russian Federation – Fédération Russe [12]	C										
Urban – Urbaine		...	...	26 671	...	...	...	...	17.5	...	...
Rural – Rurale		...	...	12 359	...	...	...	...	19.3	...	...
Switzerland – Suisse	C										
Urban – Urbaine		304	283	306	321	...	7.2	6.4	6.9	7.1	...
Rural – Rurale		220	267	290	253	...	6.4	7.4	7.9	6.6	...
Ukraine [12]	C										
Urban – Urbaine		7 428	7 315	6 153	...	...	14.4	14.4	13.1	...	...
Rural – Rurale		3 661	3 324	2 886	...	...	14.9	14.2	13.1	...	...
Yugoslavia – Yougoslavie	C										
Urban – Urbaine		4 306	3 999	3 742	...	...	24.3	22.4	22.4	...	...
Rural – Rurale		4 730	4 728	4 169	...	...	26.0	26.6	24.7	...	...
OCEANIA—OCEANIE											
New Zealand – Nouvelle–Zélande	+C										
Urban – Urbaine		425	469	444	363	...	10.4	11.0	10.3	8.0	...
Rural – Rurale		129	151	148	137	...	8.9	10.2	10.0	9.2	...

15. Infant deaths and infant mortality rates, by urban/rural residence: 1987 – 1991 (continued)

Décès d'enfants de moins d'un an et taux de mortalité infantile, selon la résidence, urbaine/rurale: 1987 – 1991 (suite)

GENERAL NOTES

Data exclude foetal deaths. Rates are the number of deaths of infants under one year of age per 1 000 live births. Rates are shown only for countries or areas having at least a total of 100 infant deaths in a given year. For definitions of "urban", see end of table 6. For method of evaluation and limitations of data, see Technical Notes, page 66.

Italics: data from civil registers which are incomplete or of unknown completeness.

FOOTNOTES

* Provisional.
+ Data tabulated by date of registration rather than occurrence.

1 Code "C" indicates that the data are estimated to be virtually complete (at least 90 per cent) and code "U" indicates that the data are estimated to be incomplete (less than 90 per cent). The code does not apply to estimated rates. For further details, see Technical Notes.
2 For Algerian population only.
3 Excluding live–born infants dying before registration of birth.

4 Estimate for 1985–1990 prepared by the Population Division of the United Nations.
5 For classification by urban/rural residence, see end of table.
6 Based on the results of the population census of 1987.
7 Including Canadian residents temporarily in the United States but excluding United States residents temporarily in Canada.

8 Based on burial permits.
9 Excluding nomadic Indian tribes.
10 Excluding Indian jungle population.
11 Including an upward adjustment for under–registration.
12 Excluding infants born alive after less than 28 weeks' gestation, of less than 1 000 grammes in weight and 35 centimetres in length, who die within seven days of birth.
13 Excluding Vietnamese refugees.
14 Based on Sample Registration Scheme.
15 Including data for East Jerusalem and Israeli residents in certain other territories under occupation by Israeli military forces since June 1967.

NOTES GENERALES

Les données ne comprennent pas les morts foetales. Les taux représentent le nombre de décès d'enfants de moins d'un an pour 1 000 naissances vivantes. Les taux présentés ne se rapportent qu'aux pays ou zones où l'on a enregistré un total d'au moins 100 décès d'enfants de moins d'un an dans un année donnée. Pour les définitions des "régions urbaines", se reporter à la fin du tableau 6. Pour la méthode d'évaluation et les insuffisances des données, voir Notes techniques, page 66.
Italiques: données incomplètes ou dont le degré d'exactitude n'est pas connu, provenant des registres de l'état civil.

NOTES

* Données provisoires.
+ Données exploitées selon la date de l'enregistrement et non la date de l'événement.
1 Le code "C" indique que les données sont jugées pratiquement complètes (au moins 90 p. 100) et le code "U" que les données sont jugées incomplètes (moins de 90 p. 100). Le code ne s'applique pas aux taux estimatifs. Pour plus de détails, voir Notes techniques.
2 Pour la population algérienne seulement.
3 Non compris les enfants nés vivants, décédés avant l'enregistrement de leur naissance.
4 Estimations pour 1985–1990 établie par la Division de la population de l'Organisation des Nations Unies.
5 Pour le classement selon la résidence, urbaine/rurale, voir la fin du tableau.
6 D'après les résultats du recensement de la population de 1987.
7 Y compris les résidents canadiens se trouvant temporairement aux Etats–Unis, mais non compris les résidents des Etats–Unis se trouvant temporairement au Canada.
8 D'après les permis d'inhumer.
9 Non compris les tribus d'Indiens nomades.
10 Non compris les Indiens de la jungle.
11 Y compris un ajustement pour sous–enregistrement.
12 Non compris les enfants nés vivants après moins de 28 semaines de gestation, pesant moins de 1 000 grammes, mesurant moins de 35 centimètres et décédés dans les sept jour qui ont suivi leur naissance.
13 Non compris les réfugiés du Viet Nam.
14 D'après le Programme d'enregistrement par sondage.
15 Y compris les données pour Jérusalem–Est et les résidents israéliens dans certains autres territoires occupés depuis juin 1967 par les forces armées israéliennes.

15. Infant deaths and infant mortality rates, by urban/rural residence: 1987 – 1991 (continued)

Décès d'enfants de moins d'un an et taux de mortalité infantile, selon la résidence, urbaine/rurale: 1987 – 1991 (suite)

FOOTNOTES (continued)

16 For Japanese nationals in Japan only.
17 Events registered by Health Service only.
18 Based on the results of the Population Growth Survey.
19 Rates computed on live births tabulated by date of occurrence.

20 Based on the results of the Population Demographic Survey.
21 Excluding Faeroe Islands and Greenland.
22 Including nationals temporarily outside the country.
23 All data shown pertaining to Germany prior to 3 October 1990 are indicated separately for the Federal Republic of Germany and the former German Democratic Republic based on their respective territories at the time indicated. See explanatory notes on data pertaining to Germany on page 4.

24 Infant deaths registered within one year of occurrence.
25 Including residents outside the country if listed in a Netherlands population register.
26 Including residents temporarily outside the country.
27 Including United States military personnel, their dependants and contract employees.
28 Excluding infant deaths of unknown residence.

29 Excluding nationals outside the country.

NOTES (suite)

16 Pour les nationaux japonais au Japon seulement.
17 Evénements enregistrés par le Service de santé seulement.
18 D'après les résultats de la "Population Growth Survey".
19 Taux calculés sur la base de données relatives aux naissances vivantes exploitées selon la date de l'événement.

20 D'après les résultats d'une enquête démographique de la population.
21 Non compris les îles Féroé et le Groenland.
22 Y compris les nationaux se trouvant temporairement hors du pays.
23 Toutes les données se rapportant à l'Allemagne avant le 3 octobre 1990 figurent dans deux rubriques séparées basées sur les territoires respectifs de la République fédérale d'Allemagne et l'ancienne République démocratique allemande selon la période indiquée. Voir les notes explicatives sur les données concernant l'Allemagne à la page 4.

24 Décès d'enfants de moins d'un an enregistrés dans l'année qui suit l'événement.
25 Y compris les résidents hors du pays, s'ils sont inscrits sur un registre de population néerlandais.
26 Y compris les résidents se trouvant temporairement hors du pays.
27 Y compris les militaires des Etats–Unis, les membres de leur famille les accompagnant et les agents contractuels des Etats–Unis.
27 Non compris les décès d'enfants de moins d'un an pour lesquels le lieu de résidence n'est pas connu.
29 Non compris les nationaux hors du pays.

16. Infant deaths and infant mortality rates by age, sex and urban/rural residence: latest available year
Décès d'enfants de moins d'un an et taux de mortalité infantile selon l'âge, le sexe et la résidence, urbaine/rurale: dernière année disponible

(See notes at end of table. – Voir notes à la fin du tableau.)

Continent, country or area, year, sex and urban/rural residence / Continent, pays ou zone, année, sexe et résidence, urbaine/rurale	Age (in days – en jours)											
	Number – Nombre						Rate – Taux					
	–365	–1	1–6	7–27	28–364	Unknown Inconnu	–365	–1	1–6	7–27	28–364	Unknown Inconnu
AFRICA—AFRIQUE												
Algeria – Algérie												
1980 [1] [2]												
Total	83 449	21 336	*———		56 749	———*	5 364	101.9	26.1	*———		69.3 ———*	6.6
Botswana												
1984												
Total	216	*———		204	———*	12	–					
Male – Masculin	138	*———		129	———*	9	–					
Female – Féminin	78	*———		75	———*	3	–					
Egypt – Egypte												
1988												
Total	82 837	2 223	11 293	10 556	58 765	–	43.3	1.2	5.9	5.5	30.7	–
Male – Masculin	42 065	1 241	6 755	6 136	27 933	–	42.8	1.3	6.9	6.2	28.4	–
Female – Féminin	40 772	982	4 538	4 420	30 832	–	43.8	1.1	4.9	4.7	33.1	–
Mauritius – Maurice												
Island of Mauritius – Ile Maurice												
1990+												
Total	434	124	179	33	98	–						
Male – Masculin	252	67	120	14	51	–						
Female – Féminin	182	57	59	19	47	–						
Rodrigues												
1990+												
Total	28	4	4	3	17	–						
Male – Masculin	17	2	2	3	10	–						
Female – Féminin	11	2	2	–	7	–						
Réunion												
1990 [1]												
Total	94	–	38	18	38	–						
Male – Masculin	58	–	26	9	23	–						
Female – Féminin	36	–	12	9	15	–						
St. Helena ex. dep. – Sainte–Hélène sans dép.												
1986												
Total	3	–	1	1	–	1						
Male – Masculin	2	–	1	–	–	1						
Female – Féminin	1	–	–	1	–							
Seychelles												
1986+												
Total	30	15	10	1	4	–						
Male – Masculin	20	10	7	1	2	–						
Female – Féminin	10	5	3	–	2	–						
Tunisia – Tunisie												
1982												
Total	8 011	*— 1 690 —*		*— 6 321 —*		–	36.5	*— 7.7 —*		*— 28.8 —*		–
Male – Masculin	4 383	*— 1 027 —*		*— 3 356 —*		–	38.9	*— 9.1 —*		*— 29.8 —*		–
Female – Féminin	3 628	*— 663 —*		*— 2 965 —*		–	34.0	*— 6.2 —*		*— 27.8 —*		–
Zimbabwe												
1986												
Total	5 229	876	1 564	749	2 039	1	...	...	...	...	...	...
Male – Masculin	2 760	482	828	405	1 045	–	...	...	...	...	...	...
Female – Féminin	2 469	394	736	344	994	1	...	...	...	...	...	...

16. Infant deaths and infant mortality rates by age, sex and urban/rural residence:
latest available year (continued)
Décès d'enfants de moins d'un an et taux de mortalité infantile selon l'âge, le sexe et la résidence,
urbaine/rurale: dernière année disponible (suite)

(See notes at end of table. – Voir notes à la fin du tableau.)

Continent, country or area, year, sex and urban/rural residence / Continent, pays ou zone, année, sexe et résidence, urbaine/rurale	Age (in days – en jours)											
	Number – Nombre						Rate – Taux					
	–365	–1	1–6	7–27	28–364	Unknown Inconnu	–365	–1	1–6	7–27	28–364	Unknown Inconnu
AMERICA,NORTH— AMERIQUE DU NORD												
Bahamas 1989												
Total	111	*—	47	—*	10	54	–					
Male – Masculin	67	*—	31	—*	5	31	–					
Female – Féminin	44	*—	16	—*	5	23	–					
Barbados – Barbade 1989+												
Total	36	15	4	1	16	–						
Male – Masculin	22	8	3	1	10	–						
Female – Féminin	14	7	1	–	6	–						
Bermuda – Bermudes 1990												
Total	7	–	3	1	3	–						
Male – Masculin	4	–	3	–	1	–						
Female – Féminin	3	–	–	1	2	–						
British Virgin Islands – Iles Vierges britanniques 1988+												
Total	7	5	1	1	–	–						
Male – Masculin	5	4	–	1	–	–						
Female – Féminin	2	1	1	–	–	–						
Canada 1989 [3]												
Total	2 795	1 038	471	319	967	–	7.1	2.6	1.2	0.8	2.5	–
Male – Masculin	1 606	597	273	161	575	–	8.0	3.0	1.4	0.8	2.9	–
Female – Féminin	1 189	441	198	158	392	–	6.2	2.3	1.0	0.8	2.0	–
Cayman Islands – Iles Caïmanes 1990+												
Total	3	1	1	–	1	–						
Male – Masculin	1	–	–	–	1	–						
Female – Féminin	2	1	1	–	–	–						
Costa Rica 1990												
Total	1 250	313	270	164	503	–	15.3	3.8	3.3	2.0	6.1	–
Male – Masculin	704	173	155	87	289	–	16.6	4.1	3.7	2.1	6.8	–
Female – Féminin	546	140	115	77	214	–	13.8	3.5	2.9	1.9	5.4	–
Cuba 1989												
Total	2 049	334	659	333	723	–	11.1	1.8	3.6	1.8	3.9	–
Male – Masculin	1 223	219	398	197	409	–	...	...	...	...	...	–
Female – Féminin	826	115	261	136	314	–	...	...	...	...	...	...
Dominica – Dominique 1989+												
Total	28	13	7	2	6	–						
Male – Masculin	17	6	7	–	4	–						
Female – Féminin	11	7	–	2	2	–						
Dominican Republic – République dominicaine 1982												
Total	*6 276*	*596*	*1 542*	*1 228*	*2 910*	–	*30.5*	*2.9*	*7.5*	*6.0*	*14.1*	–
Male – Masculin	*3 491*	*333*	*883*	*680*	*1 595*	–	...	...	...	...	...	–
Female – Féminin	*2 785*	*263*	*659*	*548*	*1 315*	–	...	...	...	...	...	...

16. Infant deaths and infant mortality rates by age, sex and urban/rural residence: latest available year (continued)
Décès d'enfants de moins d'un an et taux de mortalité infantile selon l'âge, le sexe et la résidence, urbaine/rurale: dernière année disponible (suite)

(See notes at end of table. – Voir notes à la fin du tableau.)

Continent, country or area, year, sex and urban/rural residence / Continent, pays ou zone, année, sexe et résidence, urbaine/rurale	Age (in days – en jours)											
	Number – Nombre						Rate – Taux					
	–365	–1	1–6	7–27	28–364	Unknown Inconnu	–365	–1	1–6	7–27	28–364	Unknown Inconnu
AMERICA,NORTH—(Cont.–Suite) **AMÉRIQUE DU NORD**												
El Salvador 1989												
Total	3 797	447	527	379	2 444	–	25.0	2.9	3.5	2.5	16.1	–
Male – Masculin	2 134	250	317	220	1 347	–	27.5	3.2	4.1	2.8	17.3	–
Female – Féminin	1 663	197	210	159	1 097	–	22.4	2.7	2.8	2.1	14.8	
Greenland – Groenland 1989												
Total	26	10	4	2	10	–						
Male – Masculin	15	7	1	1	6	–						
Female – Féminin	11	3	3	1	4	–						
Guadeloupe 1986 [1]												
Total	98	8	32	28	30	–						
Male – Masculin	56	6	18	19	13	–						
Female – Féminin	42	2	14	9	17	–						
Guatemala 1988												
Total	15 892	1 162	1 799	2 354	10 577	–	46.6	3.4	5.3	6.9	31.0	–
Male – Masculin	8 660	647	1 071	1 324	5 618	–	50.0	3.7	6.2	7.6	32.4	–
Female – Féminin	7 232	515	728	1 030	4 959	–	43.0	3.1	4.3	6.1	29.5	
Jamaica – Jamaïque 1982+												
Total	590	39	114	57	379	1						
Male – Masculin	321	25	65	37	193	1						
Female – Féminin	269	14	49	20	186	–						
Martinique 1990 [1]												
Total	46	11	13	8	14	–						
Male – Masculin	21	4	6	3	8	–						
Female – Féminin	25	7	7	5	6	–						
Mexico – Mexique 1987+												
Total [4]	61 347	6 795	12 165	8 096	34 291	–	22.0	2.4	4.4	2.9	12.3	–
Male – Masculin	34 021	3 869	7 069	4 524	18 559	–	...	...	...	...	...	...
Female – Féminin	26 665	2 848	4 963	3 486	15 368	–	...	...	...	...	...	...
Montserrat 1982+												
Total	2	1	1	–	–	–						
Male – Masculin	–	–	–	–	–	–						
Female – Féminin	2	1	1	–	–	–						
Panama 1989 [5]												
Total	1 047	261	287	133	366	–	17.7	4.4	4.9	2.3	6.2	–
Male – Masculin	606	148	175	84	199	–	20.0	4.9	5.8	2.8	6.6	–
Female – Féminin	441	113	112	49	167	–	15.3	3.9	3.9	1.7	5.8	–
Puerto Rico – Porto Rico 1989												
Total	952	272	317	155	206	2						
Male – Masculin	545	152	190	80	122	1						
Female – Féminin	407	120	127	75	84	1						
Saint Kitts and Nevis – **Saint–Kitts–et–Nevis** 1989+												
Total	22	5	–	–	17	–						
Male – Masculin	15	2	–	–	13	–						
Female – Féminin	7	3	–	–	4	–						

16. Infant deaths and infant mortality rates by age, sex and urban/rural residence: latest available year (continued)
Décès d'enfants de moins d'un an et taux de mortalité infantile selon l'âge, le sexe et la résidence, urbaine/rurale: dernière année disponible (suite)

(See notes at end of table. – Voir notes à la fin du tableau.)

Continent, country or area, year, sex and urban/rural residence / Continent, pays ou zone, année, sexe et résidence, urbaine/rurale	Age (in days – en jours)											
	Number – Nombre						Rate – Taux					
	−365	−1	1–6	7–27	28–364	Unknown Inconnu	−365	−1	1–6	7–27	28–364	Unknown Inconnu
AMERICA,NORTH—(Cont.–Suite) AMERIQUE DU NORD												
Saint Lucia – Sainte–Lucie 1986												
Total	84	15	37	4	28	–						
Male – Masculin	48	8	23	1	16	–						
Female – Féminin	36	7	14	3	12	–						
St. Vincent and the Grenadines – Saint – Vincent–et–Grenadines 1988+												
Total	55	14	11	7	23	–						
Male – Masculin	35	10	8	4	13	–						
Female – Féminin	20	4	3	3	10	–						
Trinidad and Tobago – Trinité–et–Tobago 1989												
Total	255	58	63	*—	134 —*	–						
Male – Masculin	154	35	38	·*—	81 —*	–						
Female – Féminin	101	23	25	*—	53 —*	–						
United States – Etats–Unis 1988												
Total	38 910	14 231	6 240	4 219	14 220	–	10.0	3.6	1.6	1.1	3.6	–
Male – Masculin	22 007	7 975	3 560	2 376	8 096	–	11.0	4.0	1.8	1.2	4.0	–
Female – Féminin	16 903	6 256	2 680	1 843	6 124	–	8.9	3.3	1.4	1.0	3.2	–
United States Virgin Islands – Iles Vierges américaines 1988												
Total	29	22	2	2	3	–						
Male – Masculin	12	9	1	1	1	–						
Female – Féminin	17	13	1	1	2	–						
AMERICA,SOUTH— AMERIQUE DU SUD												
Argentina – Argentine 1988												
Total	17 564	3 672	4 917	2 129	6 490	356	25.8	5.4	7.2	3.1	9.5	0.5
Male – Masculin	9 998	2 113	2 870	1 210	3 612	193	28.7	6.1	8.2	3.5	10.4	0.6
Female – Féminin	7 463	1 525	2 020	909	2 856	153	22.6	4.6	6.1	2.8	8.7	0.5
Brazil – Brésil 1989												
Total	103 091	17 287	19 463	12 846	53 495	–	39.9	6.7	7.5	5.0	20.7	–
Male – Masculin	59 011	9 991	11 545	7 365	30 110	–	44.8	7.6	8.8	5.6	22.9	–
Female – Féminin	44 080	7 296	7 918	5 481	23 385	–	34.9	5.8	6.3	4.3	18.5	–
Chile – Chili 1990												
Total	4 915	1 175	903	530	2 307	–	16.8	4.0	3.1	1.8	7.9	–
Male – Masculin	2 767	659	522	295	1 291	–	18.4	4.4	3.5	2.0	8.6	–
Female – Féminin	2 148	516	381	235	1 016	–	15.1	3.6	2.7	1.7	7.1	–
Colombia – Colombie 1986+ [6]												
Total	16 185	2 428	3 210	2 097	8 450	–	19.9	3.0	4.0	2.6	10.4	–
Male – Masculin	9 086	1 355	1 909	1 163	4 659	–	...	...	...	...	...	...
Female – Féminin	7 099	1 073	1 301	934	3 791	–	...	...	...	...	...	...

16. Infant deaths and infant mortality rates by age, sex and urban/rural residence: latest available year (continued)
Décès d'enfants de moins d'un an et taux de mortalité infantile selon l'âge, le sexe et la résidence, urbaine/rurale: dernière année disponible (suite)

(See notes at end of table. – Voir notes à la fin du tableau.)

Continent, country or area, year, sex and urban/rural residence / Continent, pays ou zone, année, sexe et résidence, urbaine/rurale	Age (in days – en jours)											
	Number – Nombre						Rate – Taux					
	−365	−1	1–6	7–27	28–364	Unknown Inconnu	−365	−1	1–6	7–27	28–364	Unknown Inconnu
AMERICA, SOUTH—(Cont.–Suite) AMÉRIQUE DU SUD												
Ecuador – Equateur 1989 [7]												
Total	8 851	1 027	1 497	1 240	5 087	–	44.2	5.1	7.5	6.2	25.4	–
Male – Masculin	4 908	611	871	693	2 733	–	48.1	6.0	8.5	6.8	26.8	–
Female – Féminin	3 943	416	626	547	2 354	–	40.3	4.2	6.4	5.6	24.0	–
Paraguay 1985												
Total	2 060	*—	543 —*		270	1 247	51.5	*—	13.6 —*		6.8	31.2	–
Male – Masculin	1 146	*—	322 —*		152	672	55.6	*—	15.6 —*		7.4	32.6	–
Female – Féminin	914	*—	221 —*		118	575	47.2	*—	11.4 —*		6.1	29.7	–
Peru – Pérou 1981+ [8]												
Male – Masculin	11 180	*———	4 747	———*	6 433	–	47.9	*———	20.3	———*	27.6	–
Female – Féminin	9 326	*———	3 713	———*	5 613	–	41.5	*———	16.5	———*	25.0	–
1982+ [8]												
Total	21 578	2 788	*—	6 221 —*	12 569	–	40.9	5.3	*—	11.8 —*	23.8	–
Suriname 1981												
Total	269	42	81	43	103	–						
Male – Masculin	157	20	56	25	56	–						
Female – Féminin	112	22	25	18	47	–						
Uruguay 1988+												
Total [4]	1 174	355	223	137	459	–	21.0	6.4	4.0	2.5	8.2	–
Male – Masculin	677	196	129	79	273	–	23.8	6.9	4.5	2.8	9.6	–
Female – Féminin	488	151	94	57	186	–	17.8	5.5	3.4	2.1	6.8	–
Venezuela 1989 [8]												
Total	12 322	7 413	*———	4 909	———*	–	23.3	14.0	*———	9.3	———*	–
Male – Masculin	7 137	4 394	*———	2 743	———*	–	26.5	16.3	*———	10.2	———*	–
Female – Féminin	5 185	3 019	*———	2 166	———*	–	20.0	11.6	*———	8.3	———*	–
ASIA—ASIE												
Brunei Darussalam – Brunéi Darussalam 1982+												
Total	76	14	19	11	32	–						
Male – Masculin	40	7	11	5	17	–						
Female – Féminin	36	7	8	6	15	–						
Hong Kong – Hong–kong 1989 [9]												
Total [4]	517	50	190	93	184	–						
Male – Masculin	281	30	101	51	99	–						
Female – Féminin	234	20	87	42	85	–						
Israel – Israël [10] 1989												
Total	1 014	231	293	140	350	–	10.1	2.3	2.9	1.4	3.5	–
Male – Masculin	542	119	169	65	189	–	10.5	2.3	3.3	1.3	3.7	–
Female – Féminin	472	112	124	75	161	–	9.6	2.3	2.5	1.5	3.3	–
Japan – Japon 1990 [11]												
Total	5 616	1 266	1 071	842	2 437	–	4.6	1.0	0.9	0.7	2.0	–
Male – Masculin	3 123	699	624	444	1 356	–	5.0	1.1	1.0	0.7	2.2	–
Female – Féminin	2 493	567	447	398	1 081	–	4.2	1.0	0.8	0.7	1.8	–

16. Infant deaths and infant mortality rates by age, sex and urban/rural residence:
latest available year (continued)
Décès d'enfants de moins d'un an et taux de mortalité infantile selon l'âge, le sexe et la résidence,
urbaine/rurale: dernière année disponible (suite)

(See notes at end of table. — Voir notes à la fin du tableau.)

Continent, country or area, year, sex and urban/rural residence / Continent, pays ou zone, année, sexe et résidence, urbaine/rurale	Number — Nombre						Rate — Taux					
	−365	−1	1–6	7–27	28–364	Unknown Inconnu	−365	−1	1–6	7–27	28–364	Unknown Inconnu
ASIA—ASIE (Cont.–Suite)												
Jordan – Jordanie [12]												
1980+												
Total	1 052	*———	192	———*	860	–	...	...	...	...	...	...
Kuwait – Koweït												
1986												
Total	841	292	191	62	296	–						
Male – Masculin	453	172	113	33	135	–						
Female – Féminin	388	120	78	29	161	–						
Macau – Macao												
1990* [13]												
Total	58	24	16	7	11	–						
Male – Masculin	36	15	9	5	7	–						
Female – Féminin	22	9	7	2	4	–						
Malaysia – Malaisie												
1990												
Total	6 618	*— 3	316 —*	948	2 354	–	13.3	*—	6.7 —*	1.9	4.7	–
Male – Masculin	3 785	*— 1	916 —*	544	1 325	–	14.7	*—	7.4 —*	2.1	5.1	–
Female – Féminin	2 833	*— 1	400 —*	404	1 029	–	11.8	*—	5.8 —*	1.7	4.3	–
Malaysia – Malaisie Peninsular Malaysia – Malaisie Péninsulaire												
1989 [1]												
Total	4 948	*— 2	408 —*	746	1 794	–	13.2	*—	6.4 —*	2.0	4.8	–
Male – Masculin	2 838	*— 1	387 —*	444	1 007	–	14.7	*—	7.2 —*	2.3	5.2	–
Female – Féminin	2 110	*— 1	021 —*	302	787	–	11.6	*—	5.6 —*	1.7	4.3	–
Sabah												
1984*												
Total	1 064	*—	603 —*	103	358	–	22.7	*—	12.9 —*	2.2	7.6	–
Male – Masculin	575	*—	346 —*	45	184	–	23.5	*—	14.1 —*	1.8	7.5	–
Female – Féminin	489	*—	257 —*	58	174	–	21.8	*—	11.5 —*	2.6	7.8	–
Sarawak												
1986												
Total	426	*—	220 —*	68	138	–						
Male – Masculin	253	*—	131 —*	47	75	–						
Female – Féminin	173	*—	89 —*	21	63	–						
Maldives												
1988												
Total	399	18	170	51	160	–						
Male – Masculin	224	10	103	30	81	–						
Female – Féminin	175	8	67	21	79	–						
Pakistan												
1988 [14]												
Total	344 058	224	116 986	72 695	154 153	–	107.7	0.1	36.6	22.8	48.2	–
Male – Masculin	186 977	224	64 817	42 538	79 398	–	112.2	0.1	38.9	25.5	47.6	–
Female – Féminin	157 081	–	52 169	30 157	74 755	–	102.8	–	34.1	19.7	48.9	–
Philippines												
1988												
Total	47 187	6 805	8 533	5 103	26 746	–	30.1	4.3	5.5	3.3	17.1	–
Male – Masculin	27 335	3 943	5 132	2 962	15 298	–	...	...	...	...	...	...
Female – Féminin	19 852	2 862	3 401	2 141	11 448	–	...	...	...	...	...	...
Qatar												
1990												
Total	142	15	51	26	50	–						
Male – Masculin	84	11	32	13	28	–						
Female – Féminin	58	4	19	13	22	–						

**16. Infant deaths and infant mortality rates by age, sex and urban/rural residence:
latest available year (continued)
Décès d'enfants de moins d'un an et taux de mortalité infantile selon l'âge, le sexe et la résidence,
urbaine/rurale: dernière année disponible (suite)**

(See notes at end of table. – Voir notes à la fin du tableau.)

Continent, country or area, year, sex and urban/rural residence Continent, pays ou zone, année, sexe et résidence, urbaine/rurale	Age (in days – en jours)											
	Number – Nombre						Rate – Taux					
	−365	−1	1–6	7–27	28–364	Unknown Inconnu	−365	−1	1–6	7–27	28–364	Unknown Inconnu
ASIA—ASIE (Cont.–Suite)												
Singapore – Singapour												
1987 + [15]												
Total [4]	324	106	85	55	78	–						
Male – Masculin	191	57	51	37	46	–						
Female – Féminin	130	47	33	18	32	–						
Sri Lanka												
1985 +												
Total	9 415	16	4 592	1 665	3 142	–	24.2	◆ 0.0	11.8	4.3	8.1	–
Male – Masculin	5 230	7	2 642	926	1 655	–	26.3	◆ 0.0	13.3	4.7	8.3	–
Female – Féminin	4 185	9	1 950	739	1 487	–	21.9	◆ 0.0	10.2	3.9	7.8	–
Thailand – Thaïlande												
1990 +												
Total	7 694	424	1 857	1 111	4 108	194	8.0	0.4	1.9	1.2	4.3	0.2
Male – Masculin	4 507	242	1 127	637	2 386	115	9.2	0.5	2.3	1.3	4.9	0.2
Female – Féminin	3 187	182	730	474	1 722	79	6.8	0.4	1.6	1.0	3.7	0.2
EUROPE												
Albania – Albanie												
1989												
Total	2 432	70	273	247	1 842	–	30.8	0.9	3.5	3.1	23.4	–
Male – Masculin	1 355	48	179	148	980	–	33.2	1.2	4.4	3.6	24.0	–
Female – Féminin	1 077	22	94	99	862	–	28.3	◆ 0.6	2.5	2.6	22.6	–
Austria – Autriche												
1990												
Total	709	162	135	104	308	–						
Male – Masculin	395	86	82	59	168	–						
Female – Féminin	314	76	53	45	140	–						
Belarus – Bélarus												
1988 [16]												
Total	2 144	160	790	294	900	–	13.1	1.0	4.8	1.8	5.5	–
Male – Masculin	1 299	92	495	186	526	–	15.4	1.1	5.9	2.2	6.2	–
Female – Féminin	845	68	295	108	374	–	10.7	0.9	3.7	1.4	4.7	–
Belgium – Belgique												
1983												
Total	1 235	355	260	144	476	–	10.5	3.0	2.2	1.2	4.1	–
Male – Masculin	723	192	150	97	284	–	12.0	3.2	2.5	1.6	4.7	–
Female – Féminin	512	163	110	47	192	–	9.0	2.9	1.9	0.8	3.4	–
Bulgaria – Bulgarie												
1990												
Total	1 554	108	425	278	743	–	14.8	1.0	4.0	2.6	7.1	–
Male – Masculin	909	61	279	151	418	–	16.8	1.1	5.2	2.8	7.7	–
Female – Féminin	645	47	146	127	325	–	12.6	0.9	2.9	2.5	6.4	–
Channel Islands – Iles Anglo–Normandes												
Guernsey – Guernesey												
1990												
Total	1	–	–	–	1	–						
Male – Masculin	–	–	–	–	–	–						
Female – Féminin	1	–	–	–	1	–						
Jersey												
1988 +												
Total	11	5	2	–	4	–						
Male – Masculin	7	3	1	–	3	–						
Female – Féminin	4	2	1	–	1	–						

16. Infant deaths and infant mortality rates by age, sex and urban/rural residence: latest available year (continued)
Décès d'enfants de moins d'un an et taux de mortalité infantile selon l'âge, le sexe et la résidence, urbaine/rurale: dernière année disponible (suite)

(See notes at end of table. – Voir notes à la fin du tableau.)

Continent, country or area, year, sex and urban/rural residence / Continent, pays ou zone, année, sexe et résidence, urbaine/rurale	Age (in days – en jours)											
	Number – Nombre						Rate – Taux					
	–365	–1	1–6	7–27	28–364	Unknown Inconnu	–365	–1	1–6	7–27	28–364	Unknown Inconnu
EUROPE (Cont.–Suite)												
Czechoslovakia – Tchécoslovaquie 1990												
Total	2 369	419	867	386	697	–	11.3	2.0	4.1	1.8	3.3	–
Male – Masculin	1 401	217	558	234	392	–	13.0	2.0	5.2	2.2	3.6	–
Female – Féminin	968	202	309	152	305	–	9.4	2.0	3.0	1.5	3.0	–
Denmark – Danemark [17] 1989*												
Total	489	144	103	39	203	–						
Male – Masculin	286	91	58	20	117	–						
Female – Féminin	203	53	45	19	86	–						
Estonia – Estonie 1990 [16]												
Total	276	43	92	46	95	–						
Male – Masculin	166	23	53	31	59	–						
Female – Féminin	110	20	39	15	36	–						
Faeroe Islands – Iles Féroé 1989												
Total	15	6	5	1	3	–						
Male – Masculin	8	4	2	–	2	–						
Female – Féminin	7	2	3	1	1	–						
Finland – Finlande 1989 [5] [18]												
Total	382	116	97	48	121	–						
Male – Masculin	216	67	52	26	71	–						
Female – Féminin	166	49	45	22	50	–						
France 1990												
Total	5 599	598	1 277	833	2 891	–	7.3	0.8	1.7	1.1	3.8	–
Male – Masculin	3 284	357	735	465	1 727	–	8.4	0.9	1.9	1.2	4.4	–
Female – Féminin	2 315	241	542	368	1 164	–	6.2	0.6	1.5	1.0	3.1	–
Germany – Allemagne [19]	...	...	...	...	...	...	...	...	...	...	...	...
Germany, Federal Rep. of – Allemagne, République fédérale d' 1990 [20]												
Total	5 076	842	1 062	671	2 501	–	7.0	1.2	1.5	0.9	3.4	–
Male – Masculin	2 954	472	645	383	1 454	–	7.9	1.3	1.7	1.0	3.9	–
Female – Féminin	2 122	370	417	288	1 047	–	6.0	1.0	1.2	0.8	3.0	–
Former German Democratic Republic – Ancienne République démocratique allemande 1983												
Male – Masculin	1 505	*———	1 055	———*	450	–	12.5	*———	8.8	———*	3.7	–
Female – Féminin	1 001	*———	668	———*	332	–	8.8	*———	5.9	———*	2.9	–
1989												
Total	1 508	218	482	234	574	–	7.6	1.1	2.4	1.2	2.9	–
Greece – Grèce 1985												
Total	1 647	385	505	339	418	–	14.1	3.3	4.3	2.9	3.6	–
Male – Masculin	960	220	296	209	235	–	15.9	3.6	4.9	3.5	3.9	–
Female – Féminin	687	165	209	130	183	–	12.3	2.9	3.7	2.3	3.3	–

16. Infant deaths and infant mortality rates by age, sex and urban/rural residence: latest available year (continued)
Décès d'enfants de moins d'un an et taux de mortalité infantile selon l'âge, le sexe et la résidence, urbaine/rurale: dernière année disponible (suite)

(See notes at end of table. – Voir notes à la fin du tableau.)

Continent, country or area, year, sex and urban/rural residence / Continent, pays ou zone, année, sexe et résidence, urbaine/rurale	Age (in days – en jours)											
	Number – Nombre						Rate – Taux					
	–365	–1	1–6	7–27	28–364	Unknown Inconnu	–365	–1	1–6	7–27	28–364	Unknown Inconnu
EUROPE (Cont.–Suite)												
Hungary – Hongrie 1990 [5]												
Total	1 863	537	560	264	502	–	14.8	4.3	4.5	2.1	4.0	–
Male – Masculin	1 055	282	327	139	307	–	16.4	4.4	5.1	2.2	4.8	–
Female – Féminin	808	255	233	125	195	–	13.1	4.1	3.8	2.0	3.2	–
Iceland – Islande 1990												
Total	28	9	8	2	9	–						
Male – Masculin	17	4	7	1	5	–						
Female – Féminin	11	5	1	1	4	–						
Ireland – Irlande 1990+ [21]												
Total	434	126	83	36	189	–						
Male – Masculin	253	74	44	25	110	–						
Female – Féminin	181	52	39	11	79	–						
Isle of Man – Ile de Man 1989+												
Total	5	4	–	–	1	–						
Male – Masculin	5	4	–	–	1	–						
Female – Féminin	–	–	–	–	–	–						
Italy – Italie 1988												
Total	5 302	1 790	1 665	665	1 182	–	9.3	3.1	2.9	1.2	2.1	–
Male – Masculin	3 020	968	983	401	668	–	10.3	3.3	3.3	1.4	2.3	–
Female – Féminin	2 282	822	682	264	514	–	8.3	3.0	2.5	1.0	1.9	–
Lithuania – Lituanie 1990 [16]												
Total	581	43	229	95	214	–						
Male – Masculin	313	28	129	50	106	–						
Female – Féminin	268	15	100	45	108	–						
Luxembourg 1989												
Total	46	7	16	7	16	–						
Male – Masculin	25	3	10	3	9	–						
Female – Féminin	21	4	6	4	7	–						
Malta – Malte 1988												
Total	44	22	–	5	17	–						
Male – Masculin	16	8	–	2	6	–						
Female – Féminin	28	14	–	3	11	–						
Netherlands – Pays–Bas 1990 [22]												
Total	1 397	363	413	177	444	–	7.1	1.8	2.1	0.9	2.2	–
Male – Masculin	810	205	253	93	259	–	8.0	2.0	2.5	0.9	2.5	–
Female – Féminin	587	158	160	84	185	–	6.1	1.6	1.7	0.9	1.9	–
Norway – Norvège 1990 [23]												
Total	419	90	81	56	192	–						
Male – Masculin	252	55	55	39	103	–						
Female – Féminin	167	35	26	17	89	–						
Poland – Pologne 1990												
Total	8 737	1 909	2 987	1 422	2 419	–	16.0	3.5	5.5	2.6	4.4	–
Male – Masculin	5 014	1 089	1 790	786	1 349	–	17.9	3.9	6.4	2.8	4.8	–
Female – Féminin	3 723	820	1 197	636	1 070	–	14.0	3.1	4.5	2.4	4.0	–

16. Infant deaths and infant mortality rates by age, sex and urban/rural residence: latest available year (continued)
Décès d'enfants de moins d'un an et taux de mortalité infantile selon l'âge, le sexe et la résidence, urbaine/rurale: dernière année disponible (suite)

(See notes at end of table. – Voir notes à la fin du tableau.)

Continent, country or area, year, sex and urban/rural residence / Continent, pays ou zone, année, sexe et résidence, urbaine/rurale	Age (in days – en jours)											
	Number – Nombre						Rate – Taux					
	−365	−1	1–6	7–27	28–364	Unknown Inconnu	−365	−1	1–6	7–27	28–364	Unknown Inconnu
EUROPE (Cont.–Suite)												
Portugal 1990												
Total	1 279	445	219	151	464	–	11.0	3.8	1.9	1.3	4.0	–
Male – Masculin	739	265	147	81	246	–	12.3	4.4	2.5	1.4	4.1	–
Female – Féminin	540	180	72	70	218	–	9.6	3.2	1.3	1.2	3.9	–
Romania – Roumanie 1990												
Total	8 471	312	1 330	1 088	5 741	–	26.9	1.0	4.2	3.5	18.2	–
Male – Masculin	4 794	193	828	620	3 153	–	29.8	1.2	5.1	3.8	19.6	–
Female – Féminin	3 677	119	502	468	2 588	–	23.9	0.8	3.3	3.0	16.8	–
San Marino – Saint–Marin 1989+												
Total	5	3	2	–	–	–						
Male – Masculin	2	1	1	–	–	–						
Female – Féminin	3	2	1	–	–	–						
Spain – Espagne 1983												
Male – Masculin	2 989	913	703	508	865	–	11.9	3.6	2.8	2.0	3.4	–
Female – Féminin	2 296	718	444	380	754	–	9.8	3.1	1.9	1.6	3.2	–
1986												
Total	4 038	1 324	784	611	1 319	–	9.2	3.0	1.8	1.4	3.0	–
Sweden – Suède 1990												
Total	739	175	185	74	305	–						
Male – Masculin	421	93	115	41	172	–						
Female – Féminin	318	82	70	33	133	–						
Switzerland – Suisse 1990												
Total	574	150	112	56	256	–						
Male – Masculin	316	87	57	30	142	–						
Female – Féminin	258	63	55	26	114	–						
United Kingdom–Royaume–Uni 1990												
Total	6 272	1 606	1 203	807	2 656	–	7.9	2.0	1.5	1.0	3.3	–
Male – Masculin	3 614	921	697	435	1 561	–	8.8	2.3	1.7	1.1	3.8	–
Female – Féminin	2 658	685	506	372	1 095	–	6.8	1.8	1.3	1.0	2.8	–
Yugoslavia – Yougoslavie 1989												
Total	7 911	1 721	2 088	925	3 177	–	23.5	5.1	6.2	2.7	9.4	–
Male – Masculin	4 272	975	1 190	501	1 606	–	24.6	5.6	6.8	2.9	9.2	–
Female – Féminin	3 639	746	898	424	1 571	–	22.4	4.6	5.5	2.6	9.7	–
OCEANIA—OCEANIE												
Australia – Australie 1990+												
Total	2 145	724	312	239	870	–	8.2	2.8	1.2	0.9	3.3	–
Male – Masculin	1 224	422	159	147	496	–	9.1	3.1	1.2	1.1	3.7	–
Female – Féminin	921	302	153	92	374	–	7.2	2.4	1.2	0.7	2.9	–
Fiji – Fidji 1987+												
Total	189	48	30	18	93	–						
Male – Masculin	106	26	19	11	50	–						
Female – Féminin	83	22	11	7	43	–						

16. Infant deaths and infant mortality rates by age, sex and urban/rural residence:
latest available year (continued)
Décès d'enfants de moins d'un an et taux de mortalité infantile selon l'âge, le sexe et la résidence,
urbaine/rurale: dernière année disponible (suite)

(See notes at end of table. – Voir notes à la fin du tableau.)

Continent, country or area, year, sex and urban/rural residence / Continent, pays ou zone, année, sexe et résidence, urbaine/rurale	Age (in days – en jours)											
	Number – Nombre						Rate – Taux					
	–365	–1	1–6	7–27	28–364	Unknown Inconnu	–365	–1	1–6	7–27	28–364	Unknown Inconnu
OCEANIA(Cont.)— OCEANIE(Suite)												
Guam 1986 [24]												
Total	31	17	5	2	7	—						
Male – Masculin	18	11	3	2	2	—						
Female – Féminin	13	6	2	—	5	—						
New Caledonia – Nouvelle—Calédonie 1981												
Total	*70*	*12*	*19*	*7*	*32*	—						
New Zealand – Nouvelle—Zélande 1990+												
Total	500	86	99	60	255	—						
Male – Masculin	296	51	61	33	151	—						
Female – Féminin	204	35	38	27	104	—						
Niue – Nioué 1986												
Total	2	—	1	—	1	—						
Male – Masculin	—	—	—	—	—	—						
Female – Féminin	2	—	1	—	1	—						
Northern Mariana Islands – Iles Mariannes septentrionales 1989												
Total	2	1	—	—	1	—						
Male – Masculin	2	1	—	—	1	—						
Female – Féminin	—	—	—	—	—	—						
Samoa 1980												
Total	35	—	9	5	21	—						
Male – Masculin	22	—	6	1	15	—						
Female – Féminin	13	—	3	4	6	—						
Former USSR – Ancienne URSS 1989 [16]												
Total	116 259	*— 39	246 —*	11 820	65 169	24	23.0	*— 7.8 —*		2.3	12.9	0.0
Male – Masculin	67 213	*— 23	849 —*	6 828	36 520	16	25.8	*— 9.2 —*		2.6	14.0	0.0
Female – Féminin	49 046	*— 15	397 —*	4 992	28 649	8	19.9	*— 6.3 —*		2.0	11.6	0.0

16. Infant deaths and infant mortality rates by age, sex and urban/rural residence:
latest available year (continued)
Décès d'enfants de moins d'un an et taux de mortalité infantile selon l'âge, le sexe et la résidence,
urbaine/rurale: dernière année disponible (suite)
Data by urban/rural residence

Données selon la résidence urbaine/rurale

(See notes at end of table. – Voir notes à la fin du tableau.)

Continent, country or area, year, sex and urban/rural residence / Continent, pays ou zone, année, sexe et résidence, urbaine/rurale	Age (in days – en jours)											
	Number – Nombre						Rate – Taux					
	–365	–1	1–6	7–27	28–364	Unknown Inconnu	–365	–1	1–6	7–27	28–364	Unknown Inconnu
AMERICA,NORTH— AMERIQUE DU NORD												
Panama												
Urban – Urbaine												
1987												
Urban – Urbaine	*518*	*150*	*158*	*56*	*154*	–	*19.4*	*5.6*	*5.9*	*2.1*	*5.8*	–
Male – Masculin	*305*	*86*	*102*	*33*	*84*	–	*22.3*	*6.3*	*7.4*	*2.4*	*6.1*	–
Female – Féminin	*213*	*64*	*56*	*23*	*70*	–	*16.3*	*4.9*	*4.3*	*♦ 1.8*	*5.4*	–
Rural – Rurale												
1987												
Rural – Rurale	*603*	*112*	*119*	*71*	*301*	–	*19.5*	*3.6*	*3.9*	*2.3*	*9.7*	
Male – Masculin	*336*	*64*	*71*	*37*	*164*	–	*21.2*	*4.0*	*4.5*	*2.3*	*10.4*	
Female – Féminin	*267*	*48*	*48*	*34*	*137*	–	*17.7*	*3.2*	*3.2*	*2.3*	*9.1*	
EUROPE												
Finland – Finlande												
Urban – Urbaine												
1984 [18]												
Urban – Urbaine	249	56	89	33	71	–						
Male – Masculin	146	29	54	21	42	–						
Female – Féminin	103	27	35	12	29	–						
Rural – Rurale												
1984 [18]												
Rural – Rurale	174	31	59	17	67	–						
Male – Masculin	92	17	32	8	35	–						
Female – Féminin	82	14	27	9	32	–						
Hungary – Hongrie												
Urban – Urbaine												
1986 [25]												
Urban – Urbaine	1 306	396	424	202	284	–	18.3	5.5	5.9	2.8	4.0	–
Male – Masculin	754	232	253	118	151	–	20.6	6.3	6.9	3.2	4.1	–
Female – Féminin	552	164	171	84	133	–	15.8	4.7	4.9	2.4	3.8	–
Rural – Rurale												
1986 [25]												
Rural – Rurale	1 128	335	357	167	269	–	20.1	6.0	6.3	3.0	4.8	–
Male – Masculin	657	203	202	89	163	–	22.9	7.1	7.0	3.1	5.7	–
Female – Féminin	471	132	155	78	106	–	17.1	4.8	5.6	2.8	3.8	–

GENERAL NOTES

Data exclude foetal deaths. Rates are the number of deaths of infants of specified age by sex per 1 000 live births of some sex. Rates are shown only for countries or areas having at least a total of 1 000 infant deaths in a given year. For definition of urban , see end of table 6. For method of evaluation and limitations of data, see Technical Notes, page 70.

Italics: data from civil registers which are incomplete or of unknown completeness.

FOOTNOTES

* * Provisional.
* ♦ Rates based on 30 or fewer maternal deaths.
* + Data tabulated by date of registration rather than occurrence.

1 Excluding live–born infants dying before registration of birth.

2 For Algerian population only.

NOTES GENERALES

Les données ne comprennent pas les morts foetales. Les taux représent le nombre de décès d'enfants d'âge et de sexe données pour 1 000 naissances vivantes du même sexe. Les taux présentés ne se rapportent qu'aux pays ou zones où l'on a enregistréun total d'au moins 1 000 décès d'un an dans une année donnée. Pour les définitions des "régions urbaines", se reporter à la fin du tableau 6. Pour la méthode d'évaluation et les insuffisances des données voir Notes techniques, page 70. Italiques: données incomplètes ou dont le degré d'exactitude n'est pas connu, provenant des registres de l'état civil.

NOTES

* * Données provisoires.
* ♦ Taux basés sur 30 décès liés à la maternité ou moins.
* + Données exploitées selon la date de l'enregistrement et non la date de l'événement.
1 Non compris les enfants nés vivants, décédés avant l'enregistrement de leur naissance.
2 Pour la population algérienne seulement.

16. Infant deaths and infant mortality rates by age, sex and urban/rural residence: latest available year (continued)
Décès d'enfants de moins d'un an et taux de mortalité infantile selon l'âge, le sexe et la résidence, urbaine/rurale: dernière année disponible (suite)

FOOTNOTES (continued)	NOTES (suite)

3 Including Canadian residents temporarily in the United States, but excluding United States residents temporarily in Canada.

4 Including infant deaths of unknown sex.
5 For classification by urban/rural residence, see end of table.
6 Based on number of burial permits.
7 Exluding nomadic Indian tribes.
8 Excluding Indian jungle population.
9 Exluding Vietnamese refugees.
10 Including data for East Jerusalem and Israeli residents in certain other territories under occupation by Israeli military forces since June 1967.

11 For Japanese nationals in Japan only.
12 Excluding data for Jordanian territory under occupation since June 1967 by Israeli military forces. Excluding foreigners, but including registered Palestinian refugees. For number of refugees, see table 5.
13 Events registered by Health Service only.
14 Based on the results of the Population Growth Survey.
15 Excluding non—locally domiciled military and civilian services personnel and their dependants.
16 Excluding infants born alive after less than 28 weeks' gestation, of less than 1 000 grammes in weight and 35 centimetres in length, who die within seven days of birth.
17 Excluding Faeroe Islands and Greenland.
18 Including nationals temporarily outside the country.
19 All data shown pertaining to Germany prior to 3 October 1990 are indicated separately for the Federal Republic of Germany and the former German Democratic Republic based on their respective territories at the time indicated. See explanatory notes on data pertaining to Germany on page 4.

20 Age classification based on difference between date of birth and date of death.

21 Infant deaths registered within one year of occurrence.
22 Including residents outside the country if listed in a Netherlands population register.
23 Including residents temporarily outside the country.
24 Including United States military personnel, their dependants and contract employees.
25 Excluding unknown residence.

3 Y compris les résidents canadiens se trouvant temporairement aux Etats— Unis, mais non compris les résidents des Etats—Unis se trouvant temporairement au Canada.

4 Y compris les décès d'enfants de moins d'un an dont on ignore le sexe.
5 Pour le classement selon la résidence, urbaine/rurale, voir le fin du tableau.
6 D'aprés les permis d'inhumer.
7 Non compris les tribus d'Indiens nomades.
8 Non compris les Indiens de la jungle.
9 Non compris les réfugiés du Viet Nam.
10 Y compris les données pour Jérusalem—Est et les résidents israéliens dans certains autres territoires occupés depuis juin 1967 par les forces armées israéliennes.

11 Pour les nationaux japonais au Japon seulement.
12 Non compris les données pour le territoire jordanien occupé depuis juin 1967 par les forces armées israéliennes. Non compris les étrangers, mais y compris les réfugiés de Palestine immatriculés. Pour le nombre de réfugiés, voir le tableau 5.
13 Evénements enregistrés par le Service de santé seulement.
14 D'aprés les résultats de la "Population Growth Survey".
15 Non compris les militaires et agents civils non résidents et les membres de leur famille les accompagnant.
16 Non compris les enfants nés vivants après moins de 28 semaines de gestation, pesant moins de 1 000 grammes, mesurant moins de 35 centimètres et décédés dans les sept jours qui ont suivi leur naissance.
17 Non compris les îles Féroé et le Groenland.
18 Y compris les nationaux se trouvant temporairement hors du pays.
19 Toutes les données se rapportant à l'Allemagne avant le 3 octobre 1990 figurent dans deux rubriques séparées basées sur les territoires respectifs de la République fédérale d'Allemagne et l'ancienne République démocratique allemande selon la période indiquée. Voir les notes explicatives sur les données concernant l'Allemagne à la page 4.

20 La classification selon l'âge repose sur la différence entre la date de la naissance et la date du décès.

21 Décès d'enfants de moins d'un an enregistrés dans l'année qui suit l'événement.
22 Y compris les résidents hors du pays, s'ils sont inscrits sur un registre de population néerlandais.
23 Y compris les résidents se trouvant temporairement hors du pays.
24 Y compris les militaires des Etats—Unis, les membres de leur famille les accompagnant et les agents contractuels des Etats—Unis.
25 Non compris la résidence inconnue.

17. Maternal deaths and maternal mortality rates: 1981 – 1990

(See notes at end of table.)

Continent, country or area / Continent, pays ou zone	Number – Nombre									
	1981	1982	1983	1984	1985	1986	1987	1988	1989	1990
AFRICA—AFRIQUE										
1 Botswana	...	...	...	...	*11*	...	...	...	...	...
2 Egypt – Egypte [1]	...	1 257	...	...	...	...	1 241	...	...	...
Mauritius – Maurice Island of Mauritius –										
3 Ile Maurice+ [1]	16	21	11	18	19	23	19	...	...	...
Sao Tome and Principe –										
4 Sao Tomé–et–Principe [1]	...	...	...	7	6	...	3	...	...	...
5 Zimbabwe [1]	...	...	...	...	...	*237*	...	...	...	...
AMERICA,NORTH— AMERIQUE DU NORD										
6 Bahamas [1]	...	1	1	1	1	...	3	...	...	...
7 Barbados – Barbade+ [1]	...	...	...	3	...	1	...	1	...	...
8 Canada [1,2]	23	7	20	12	15	11	15	18	16	...
9 Costa Rica [1]	26	21	19	18	29	30	16	15	...	...
10 Cuba [1]	70	89	75	77	84	87	88	73	...	...
Dominican Republic – [1]										
11 Rép. dominicaine+	*127*	*124*	*104*	*108*	*106*	...	...	...	...	...
12 El Salvador [1]	*101*	*133*	*107*	*99*	...	...	...	...	...	...
13 Guatemala [1]	326	...	...	236	...	...	...	...	...	...
14 Martinique [1]	...	...	...	...	...	...	6	...	...	...
15 Mexico – Mexique [1]	2 199	2 166	2 133	...	1 702	1 681	...	...	...	...
16 Panama [1]	*33*	*49*	*33*	*28*	*33*	*36*	*22*	...	...	...
17 Puerto Rico – Porto Rico [1]	12	8	4	6	8	10	11	11	13	13
Trinidad and Tobago –										
18 Trinité–et–Tobago [1]	...	14	18	...	...	18	26	17	...	...
19 United States – Etats–Unis [1]	309	292	290	285	295	272	251	330	...	...
AMERICA,SOUTH— AMERIQUE DU SUD										
20 Argentina – Argentine [1]	472	464	395	386	386	369	325	...	...	...
21 Brazil – Brésil [1]	*2 540*	*2 293*	*2 116*	*1 962*	*1 892*	*1 814*	...	...	...	...
22 Chile – Chili [1]	116	142	105	92	131	129	135	...	...	...
23 Colombia – Colombie [1,3]	*146*	...	...	...	720	625	...	...	...	...
24 Ecuador – Equateur [1,4]	415	394	...	384	397	330	355	329	...	...
25 Guyana+ [1]	...	...	...	17	...	...	...	...	...	...
26 Paraguay+ [1]	*134*	*149*	*164*	*155*	*146*	*140*	...	...	...	...
27 Peru – Pérou+ [1,5]	648	576	611	...	...	...	...	...	...	...
28 Suriname [1]	7	10	...	8	7	...	...	...	...	...
29 Uruguay [1]	32	20	21	20	23	14	15	21	14	...
30 Venezuela [1,5]	265	257	303	...	291	296	284	...	...	...
ASIA—ASIE										
31 Bahrain – Bahreïn [1]	...	...	...	...	2	...	1	...	...	...
32 Hong Kong – Hong–kong [1,6]	7	1	6	5	4	2	3	3	4	...
33 Israel – Israël [1,7]	...	3	2	5	8	6	3	5	7	...
34 Japan – Japon [1,8]	294	279	234	228	226	187	162	126	135	105
Korea, Republic of–										
35 Corée, Rép. de [1]	...	...	...	...	*114*	*103*	*63*	*66*	*61*	...
36 Kuwait – Koweït [1]	4	10	7	8	2	3	1	...	...	...
37 Macau – Macao [1]	2	...	...	...	...	...	...	...	1	...
38 Maldives [1]	...	...	...	...	...	59	54	26	...	...
39 Philippines+ [9]	*1 542*	...	...	...	...	...	...	...	...	...
40 Singapore – Singapour+ [1]	2	5	6	5	2	5	3	4	1	...
EUROPE										
41 Austria – Autriche [1]	13	16	10	4	6	6	4	5	7	6
42 Belarus – Bélarus [1]	...	...	...	...	...	...	...	...	...	7

17. Mortalité liée à la maternité, nombre de décès et taux: 1981 – 1990

(Voir notes à la fin du tableau.)

Rate – Taux

1981	1982	1983	1984	1985	1986	1987	1988	1989	1990	
...	78.5	...	...	...	...	65.2	...	...	...	1
...	...	...	...	...	...	...	...	...	...	2
♦68.5	♦98.9	♦55.5	♦93.6	♦104.1	♦126.2	♦99.2	...	...	...	3
...	...	...	♦165.9	♦152.9	...	♦76.7	...	...	...	4
...	...	...				...	...	...	...	5
...	♦18.9	♦18.9	♦19.3	♦17.9	...	♦69.3	...	...	...	6
			♦71.2		♦24.7		♦26.7	...	...	7
♦6.2	♦1.9	♦5.4	♦3.2	♦4.0	♦3.0	♦4.1	♦4.8		...	8
♦38.4	♦29.5	♦26.0	♦23.7	♦34.4		♦19.9	♦18.4	♦4.1	...	9
51.4	55.7	45.4	46.3	46.1	52.4	49.0	38.8	...	...	10
51.0	60.3	58.4	61.4	...	...	...	...	...	...	11
61.8	84.8	74.2	69.6	...	...	...	...	...	...	12
105.7	...	...	75.6	...	...	...	...	...	...	13
86.9	90.5	81.8	...	64.1	65.2	♦94.8	...	...	...	14
61.3	89.9	59.8	♦49.4	56.9	62.4	♦38.2	...	...	...	15
♦16.8	♦11.5	♦6.1	♦9.5	♦12.6		♦17.1				16
							♦17.2	♦19.5	♦19.5	17
	♦43.0	♦54.2			♦56.5	♦89.1	♦63.0	...	...	18
8.5	7.9	8.0	7.8	7.8	7.2	6.6	8.4	...	...	19
69.4	69.9	60.2	60.8	59.3	54.6	48.6	...	...	...	20
88.6	77.1	78.1	76.7	72.2	65.3	...	...	...	...	21
43.8	51.8	40.3	34.7	50.0	47.3	48.3	...	...	...	22
17.4	...	...	...	...	86.1	77.0	...	...	...	23
185.9	181.8	...	186.2	189.1	160.4	135.9	122.9	...	...	24
...	...	...	...	...	...	...	...	...	...	25
439.8	467.3	502.1	382.9	365.3	379.5	...	...	...	...	26
141.4	109.3	88.7	...	...	...	...	...	...	...	27
♦69.3	♦88.5		♦69.6	♦59.8	...	...	...	...	...	28
59.3	♦37.2	♦39.3	♦37.5	♦42.8	♦25.9	♦28.1	♦37.6	♦25.3	...	29
53.3	50.3	58.9	...	57.9	58.7	55.0	...	...	...	30
				♦16.2		♦7.9				
♦8.1	♦1.2	♦7.2	♦6.5	♦5.3	♦2.8	♦4.3	♦4.0	♦5.7	...	31
...	♦3.1	♦2.0	♦5.1	♦8.0	♦6.0	♦3.0	♦5.0	♦6.9	...	32
...	...	...	...	...	...	...	...	...	...	33
19.2	18.4	15.5	15.3	15.8	13.5	12.0	9.6	10.8	8.6	34
♦7.7	♦18.4	♦12.6	♦14.1	17.6	16.4	10.3	10.6	9.9	...	35
♦47.5				♦3.6	♦5.6	♦1.9				36
105.5	...	...	...	...	684.9	645.6	♦315.6	...	...	37
								♦13.2		38
...	...	...	...	...	...	...	...	...	...	39
♦4.7	♦11.7	♦14.8	♦12.0	♦4.7	♦13.0	♦6.9	♦7.6	♦2.1	...	40
♦13.8	♦16.9	♦11.1	♦4.5	♦6.9	♦6.9	♦4.6	♦5.7	♦7.9	♦6.6	41
...	...	...	...	...	...	...	...	...	...	42

17. Maternal deaths and maternal mortality rates: 1981 – 1990 (continued)

(See notes at end of table.)

Continent, country or area / Continent, pays ou zone	Number – Nombre									
	1981	1982	1983	1984	1985	1986	1987	1988	1989	1990
EUROPE (Cont.–Suite)										
1 Belgium – Belgique [1]	12	9	6	10	...	4	...	...	...	...
2 Bulgaria – Bulgarie [1]	30	22	27	21	15	30	23	11	21	22
3 Czechoslovakia – Tchécoslovaquie [1]	32	19	23	22	18	24	15	28	20	16
4 Denmark – Danemark [9] [10]	2	6	2	4	1	2	5	2	5	1
5 Estonia – Estonie [1]	...	...	...	...	...	...	...	...	10	7
6 Finland – Finlande [11]	3	3	2	1	4	4	13	7	2	...
7 France [1] [12]	125	110	113	108	92	85	74	72	65	...
Germany – Allemagne [13]										
8 Germany, Federal Rep. of – Allemagne, République fédérale d' [1]	125	110	68	63	63	50	56	60	36	53
9 Former German Democratic Republic – Ancienne République démocratique allemande	35	30	37	42	38	29	28	32	23	...
10 Greece – Grèce [1]	16	16	19	11	8	9	5	6	4	...
11 Hungary – Hongrie [1]	25	37	19	19	34	19	17	21	19	26
12 Iceland – Islande [1]	...	...	...	...	...	...	1	...	...	1
13 Ireland – Irlande + [1] [14]	3	4	8	4	4	3	2	1	2	...
14 Italy – Italie [1]	82	59	55	54	47	31	25	44		
15 Lithuania – Lituanie [1]	...	...	...	...	...	...	...	...	16	13
16 Luxembourg [1]	...	...	...	...	...	...	1	...	...	1
17 Malta – Malte [1]	1	2	...	...	2	...	...	...	...	...
18 Netherlands – Pays–Bas [1] [15]	14	11	9	17	8	15	14	18	10	...
19 Norway – Norvège [16]	1	...	2	1	1	12	3	2	5	...
20 Poland – Pologne [1]	99	100	117	99	75	83	94	68	60	70
21 Portugal [1]	29	34	23	22	13	11	15	8	12	12
22 Romania – Roumanie [1]	533	602	547	522	...	571	575	591	...	...
23 Spain – Espagne [1]	...	54	37	24	20	24	21	...	...	...
24 Sweden – Suède	4	4	...	2	5	3	15	10	6	...
25 Switzerland – Suisse [9]	5	9	4	1	4	3	5	8	3	5
26 Ukraine [1]	...	...	...	...	...	64	78	67	42	23
United Kingdom – Royaume–Uni										
27 England and Wales – Angleterre et Galles [1]	57	42	54	52	46	45	46	41	56	57
28 Northern Ireland – Irlande du Nord + [1]	1	2	4	3	...	...	1	1	...	–
29 Scotland – Ecosse + [1]	13	6	8	8	9	7	2	8	4	4
30 Yugoslavia – Yougoslavie [1]	98	85	63	65	60	53	38	58	52	
OCEANIA—OCEANIE										
31 Australia – Australie + [1]	25	25	15	18	11	14	13	12	...	...
32 Fiji – Fidji + [1]	62	...	...	8	8	...	...	...	...	...
33 New Zealand – Nouvelle–Zélande + [1]	3	6	10	3	7	10	7	10	...	...

GENERAL NOTES

Rates are the number of maternal deaths (caused by deliveries and complications of pregnancy, childbirth and the puerperium) per 100 000 live birth. Maternal deaths are those listed for cause AM42, AM43 and AM44 in part A and B40 and B41 in part B of table 15 which presents deaths and death rates by cause. For method of evaluation and limitations of data, see Technical Notes, page 73.

Italics: data from civil registers which are incomplete or of unknown completeness.

[1] Separates data classified by the 8th and 9th Revisions of the Abbreviated List of Causes for Tabulation of Mortality in the International Classification of Diseases.

FOOTNOTES

* Provisional.
♦ Rates based on 30 or fewer maternal deaths.
+ Data tabulated by date of registration rather than occurrence.

1 All data classified by 1975 revision.
2 Including Canadian residents temporarily in the United States, but excluding United States residents temporarily in Canada.

3 Based on burial permits.
4 Excluding nomadic Indian tribes.
5 Excluding Indian jungle population.
6 Excluding Vietnamese refugees.

NOTES GENERALES

Les taux représentent le nombre de décès liès à la maternité (accouchements et complications de la grossesse, de l'accouchement et des suites de couches), pour 100 000 naissances vivantes. Les décès liès à la maternité sont les décès dus aux causes de la catégorie AM42, AM43 et AM44 de la Partie A et de la catégorie B40 et B41 de la Partie B du tableau 15, qui présente les décès (nombre et taux) selon la cause. Pour la méthode d'evaluation et les insuffisances des données, voir Notes techniques, page 73.
Italiques: données incomplètes ou dont le degré d'exactitude n'est pas connu, provenant des registres de l'état civil.

1 Sépare les données classées selon la 8ème et la 9ème Révision de la Liste abrégée de rubriques pour la mise en tableaux des causes de mortalité figurant dans la classification internationale des maladies.

NOTES

* Données provisoires.
♦ Taux basés sur 30 décès liés à la maternité ou moins.
+ Données exploitées selon la date de l'enregistrement et non la date de l'événement.

1 Toutes les données sont classiées selon la révision de 1975.
2 Y compris les résidents canadiens se trouvant temporairement aux Etats–Unis, mais non compris les résidents des Etats–Unis se trouvant temporairement au Canada.

3 D'après les permis d'inhumer.
4 Non compris les tribus d'Indiens nomades.
5 Non compris les Indiens de la jungle.
6 Non compris les réfugiés du Viet Nam.

(Voir notes à la fin du tableau.)

Rate – Taux

1981	1982	1983	1984	1985	1986	1987	1988	1989	1990	
◆ 9.7	◆ 7.5	◆ 5.1	◆ 8.6	...	◆ 3.4	...	...	...	...	1
◆ 24.1	◆ 17.7	◆ 22.0	◆ 17.2	◆ 12.6	◆ 25.0	◆ 19.7	◆ 9.4	◆ 18.7	◆ 20.9	2
13.5	◆ 8.1	◆ 10.0	◆ 9.7	◆ 8.0	◆ 10.9	◆ 7.0	◆ 13.0	◆ 9.6	◆ 7.6	3
◆ 3.8	◆ 11.4	◆ 3.9	◆ 7.7	◆ 1.9	◆ 3.6	◆ 8.9	◆ 3.4	◆ 8.1	◆ 1.6	4
...	...	...	...	...	...	...	...	◆ 41.2	◆ 31.4	5
◆ 4.7	◆ 4.5	◆ 3.0	◆ 1.5	◆ 6.4	◆ 6.6	◆ 15.0	◆ 11.1	◆ 3.2	...	6
15.5	13.8	15.1	14.2	12.0	10.9	9.6	9.3	8.5	...	7
20.0	17.7	11.4	10.8	10.7	8.0	8.7	8.9	5.3	7.3	8
14.7	◆ 12.5	15.8	18.4	16.7	◆ 13.0	◆ 12.4	14.8	◆ 11.6	...	9
◆ 11.4	◆ 11.7	◆ 14.3	◆ 8.7	◆ 6.9	◆ 8.0	◆ 4.7	◆ 5.6	◆ 4.0	...	10
◆ 17.5	27.7	◆ 14.9	◆ 15.2	26.1	◆ 14.8	◆ 13.5	◆ 16.9	◆ 15.4	◆ 20.7	11
...	...	...	...	...	...	◆ 23.8	...	...	◆ 21.0	12
◆ 4.2	◆ 5.6	◆ 11.9	◆ 6.2	◆ 6.4	◆ 4.9	◆ 3.4	◆ 1.8	◆ 3.8	...	13
13.2	9.6	9.2	9.2	8.1	5.6	◆ 4.5	7.7	...	...	14
...	...	...	...	...	...	...	...	◆ 28.7	◆ 22.9	15
...	...	...	...	...	...	◆ 23.6	...	...	◆ 20.3	16
◆ 18.3	◆ 32.9	...	...	◆ 35.8	...	...	...	...	...	17
◆ 7.8	◆ 6.4	◆ 5.3	◆ 9.7	◆ 4.5	◆ 8.1	◆ 7.5	◆ 9.6	◆ 5.3	...	18
◆ 2.0	...	◆ 4.0	◆ 2.0	◆ 2.0	◆ 13.8	◆ 5.6	◆ 3.5	◆ 8.4	...	19
14.6	14.2	16.2	14.2	11.1	13.1	15.5	11.6	10.7	12.8	20
◆ 19.1	22.5	◆ 15.9	◆ 15.4	◆ 10.0	◆ 8.7	◆ 12.2	◆ 6.5	◆ 10.1	◆ 10.3	21
139.9	174.8	170.1	148.8	...	151.5	150.1	155.5	...	...	22
...	10.5	7.6	◆ 5.2	◆ 4.4	◆ 5.5	◆ 5.0	...	...	...	23
◆ 4.3	◆ 4.3	...	◆ 2.1	◆ 5.1	◆ 2.9	◆ 14.8	◆ 8.9	◆ 5.2	...	24
◆ 6.8	◆ 12.0	◆ 5.4	◆ 1.3	◆ 5.4	◆ 3.9	◆ 6.5	◆ 10.0	◆ 3.7	◆ 6.0	25
...	...	...	...	...	8.1	10.3	9.0	6.1	◆ 3.5	26
9.0	6.7	8.6	8.2	7.0	6.8	6.7	5.9	8.1	8.1	27
◆ 3.7	◆ 7.4	◆ 14.7	◆ 10.8	...	...	◆ 3.6	◆ 3.6	...	...	28
◆ 18.8	◆ 9.1	◆ 12.3	◆ 12.3	◆ 13.5	◆ 10.6	◆ 3.0	◆ 12.1	◆ 6.3	◆ 6.1	29
26.6	22.4	16.8	17.2	16.4	14.7	10.6	16.3	15.5	...	30
◆ 10.6	◆ 10.4	◆ 6.2	◆ 7.7	◆ 4.4	◆ 5.8	◆ 5.3	◆ 4.9	...	...	31
326.7	...	...	◆ 41.0	◆ 41.1	...	...	...	...	...	32
◆ 5.9	◆ 12.0	◆ 19.8	◆ 5.8	◆ 13.5	◆ 18.9	◆ 12.7	◆ 17.4	...	...	33

FOOTNOTES (continued)

7 Including data for East Jerusalem and Israeli residents in certain other territories under occupation by Israeli military forces since June 1967.
8 For Japanese nationals in Japan only.
9 All data classified by 1965 Revision.
10 Excluding Faeroe Islands and Greenland.
11 Including nationals temporarily outside the country.

12 Including armed forces stationed outside the country.
13 All data shown pertaining to Germany prior to 3 October 1990 are indicated separately for the Federal Republic of Germany and the former German Democratic Republic based on their respective territories at the time indicated. See explanatory notes on data pertaining to Germany on page 4.

14 Deaths registered within one year of occurrence.
15 Including residents outside the country if listed in a Netherlands population register.
16 Including residents temporarily outside the country.

NOTES (suite)

7 Y compris les données pour Jérusalem—Est et les résidents israéliens dans certain autres territoires occupés depuis juin 1967 par les forces armées.
8 Pour nationaux japonais au Japon seulement.
9 Toutes les données sont classées selon la Révision de 1965.
10 Non compris les îles Féroé et le Groenland.
11 Y compris les nationaux se trouvant temporairement hors du pays.
12 Y compris les militaires en garnison hors du pays.
13 Toutes les données se rapportant à l'Allemagne avant le 3 octobre 1990 figurent dans deux rubriques séparées basées sur les territoires respectifs de la République fédérale d'Allemagne et l'ancienne République démocratique allemande selon la période indiquée. Voir les notes explicatives sur les données concernant l'Allemagne à la page 4.
14 Décès enregistrés dans l'année que suit l'événement.
15 Y compris les résidents hors du pays, s'ils sont inscrit sur un registre de population néerlandais.
16 Y compris les résidents se trouvant temporairement hors du pays.

18. Deaths and crude death rates, by urban/rural residence: 1987 – 1991

Décès et taux bruts de mortalité, selon la résidence, urbaine/rurale: 1987 – 1991

(See notes at end of table. – Voir notes à la fin du tableau.)

Continent, country or area and urban/rural residence — Continent, pays ou zone et résidence, urbaine/rurale	Code [1]	Number – Nombre					Rate – Taux				
		1987	1988	1989	1990	1991	1987	1988	1989	1990	1991
AFRICA—AFRIQUE											
Algeria – Algérie [2][3]	U	161 000	157 000	153 000	151 000	...		[4] 8.3			
Angola	..	...	...	...	...	...		[4] 20.2			
Benin – Bénin	..	...	...	...	...	...		[4] 19.3			
Botswana	...	3 488	...	...	...	...		[4] 11.6			
Burkina Faso	..	...	...	...	...	...		[4] 18.4			
Burundi	..	...	...	...	...	...		[4] 17.9			
Cameroon – Cameroun	..	...	...	...	...	...		[4] 14.9			
Cape Verde – Cap–Vert	..	...	...	...	...	...		[4] 8.2			
Central African Republic – République centrafricaine	..	...	...	...	...	...		[4] 17.8			
Chad – Tchad	..	...	...	...	...	...		[4] 19.5			
Comoros – Comores	..	...	...	...	...	...		[4] 13.0			
Congo	..	...	...	...	...	...		[4] 14.6			
Côte d'Ivoire	..	...	...	...	...	...		[4] 14.5			
Djibouti	..	...	...	...	...	...		[4] 17.8			
Egypt – Egypte [5]	C	466 161	427 018	...			9.5	8.5	...		...
Equatorial Guinea – Guinée équatoriale	..	...	...	...	...	...		[4] 19.6			
Ethiopia – Ethiopie	..	...	...	...	...	...		[4] 20.7			
Gabon	..	...	...	...	...	...		[4] 16.8			
Gambia – Gambie	..	...	...	...	...	...		[4] 21.4			
Ghana	..	...	...	...	...	...		[4] 13.1			
Guinea – Guinée	..	...	...	...	...	...		[4] 22.0			
Guinea–Bissau – Guinée–Bissau	..	...	...	...	...	...		[4] 23.0			
Kenya	..	...	...	...	...	...		[4] 11.3			
Lesotho	..	...	...	...	...	...		[4] 12.4			
Liberia – Libéria	..	...	...	...	...	...		[4] 15.8			
Libyan Arab Jamahiriya – Jamahiriya arabe libyenne	U	25 420	26 410	...	...	...		[4] 9.4			
Madagascar	..	...	...	...	...	...		[4] 14.0			
Malawi	..	...	...	...	...	...		[4] 20.6			
Mali [6]	..	96 221	...	...	...	...	12.5	...	...	...	...
Mauritania – Mauritanie	..	...	...	...	...	...		[4] 19.0			
Mauritius – Maurice Island of Mauritius – Ile Maurice [5]	+C	6 581	6 699	6 946	6 854	*7 027	6.6	6.6	6.8	6.6	*6.6
Rodrigues	+C	172	180	203	177	...	4.7	4.9	5.5	4.7	...
Morocco – Maroc	U	74 704	78 000	...	...	...		[4] 9.8			
Mozambique	..	...	...	...	...	...		[4] 18.5			
Namibia – Namibie	..	...	...	...	...	...		[4] 12.1			
Niger	..	...	...	...	...	...		[4] 20.4			
Nigeria – Nigéria [5]	...	1 622 522	1 679 310	...	...	...		[4] 15.6			
Réunion [3]	C	3 090	3 253	3 307	3 172	...	5.5	5.7	5.7	5.4	...
Rwanda	U	...	...	...	131 000	...		[4] 17.2			
St. Helena ex. dep. – Sainte–Hélène sans dép.	C	40	56	51	35	...	6.7	9.3	7.3	5.0	...
Tristan da Cunha	C	4	3	...	1	...	♦ 12.9	♦ 9.8	...	...	...
Sao Tome and Principe – Sao Tomé–et–Principe	C	1 022	1 302	1 179	...	...	9.1	11.4	10.2	...	...
Senegal – Sénégal	..	...	...	...	...	...		[4] 17.7			
Seychelles	+C	505	504	563	543	* 42	7.6	7.6	8.4	8.1	*8.0
Sierra Leone	..	...	...	...	...	...		[4] 23.4			
Somalia – Somalie	..	...	...	...	...	...		[4] 20.2			
South Africa – Afrique du Sud	..	...	...	...	...	...		[4] 9.9			
Sudan – Soudan	..	...	...	...	...	...		[4] 15.8			
Swaziland	..	...	...	...	...	...		[4] 12.5			
Togo	..	...	...	...	...	...		[4] 14.1			
Tunisia – Tunisie [5]	U	35 632	34 984	34 921	37 540	...		[4] 7.3			
Uganda – Ouganda	..	...	...	...	...	...		[4] 15.6			
United Rep. of Tanzania – Rép.–Unie de Tanzanie	..	...	...	...	...	...		[4] 14.0			
Zaire – Zaïre	..	...	...	...	...	...		[4] 14.2			
Zambia – Zambie	..	...	...	...	...	...		[4] 13.7			
Zimbabwe	..	...	...	...	...	...		[4] 10.3			

(See notes at end of table. – Voir notes à la fin du tableau.)

Continent, country or area and urban/rural residence / Continent, pays ou zone et résidence, urbaine/rurale	Code [1]	Number – Nombre					Rate – Taux				
		1987	1988	1989	1990	1991	1987	1988	1989	1990	1991
AMERICA, NORTH— AMERIQUE DU NORD											
Antigua and Barbuda – Antigua–et–Barbuda	+C	364	...	...	...	...	4.8	...	...	...	...
Aruba	C	370	335	...	...	...	6.2	5.5	...	...	...
Bahamas	C	1 376	1 319	1 348	1 149	...	5.7	5.4	5.4	4.5	...
Barbados – Barbade	+C	2 195	2 233	2 277	...	...	8.7	8.8	8.9	...	...
Belize	U	*675*	*708*	*762*	...	*691*	*3.9*	*3.9*	*4.2*	...	*3.6*
Bermuda – Bermudes	C	438	399	462	445	...	7.6	6.7	7.7	7.3	...
British Virgin Islands – Iles Vierges britanniques	+C	83	59	77	...	...	6.8	4.8	6.1	...	...
Canada [7]	C	184 953	190 011	190 965	191 973	196 050	7.2	7.3	7.3	7.2	7.3
Cayman Islands – Iles Caïmanes	C	118	124	122	120	...	5.2	5.1	4.7	4.4	...
Costa Rica	C	10 687	10 944	11 272	11 366	...	3.8	3.8	3.9	3.8	...
Cuba [5]	C	65 079	67 944	67 356	72 136	*70 967	6.3	6.5	6.4	6.8	*6.6
Dominica – Dominique	+C	455	424	497	608	...	5.6	5.2	6.1	7.4	...
Dominican Republic – République dominicaine	..	...	...	...	...	...		4 6.8			
El Salvador [5]	U	*27 581*	*27 774*	*27 768*	*28 252*	...		4 8.5			
Greenland – Groenland	C	445	442	455	...	...	8.2	8.1	8.2	...	...
Guadeloupe	..	...	...	...	...	...		4 7.2			
Guatemala [5]	C	68 597	64 837	...	...	...	8.1	7.5	...	...	...
Haiti – Haïti	..	...	...	...	...	...		4 13.2			
Honduras		...	...	...	...	...		4 8.1			
Jamaica – Jamaïque	+C	...	12 167	...	12 174	*13 319	...	5.2	...	5.0	*5.6
Martinique [3]	C	2 149	2 092	2 169	2 220	...	6.2	6.0	6.1	6.1	...
Mexico – Mexique	C	400 280	423 422	428 667	434 089	...	4.9	5.1	5.1	5.0	...
Netherlands Antilles – Antilles néerlandaises	C	1 099	1 219	1 214	1 217	...	5.8	6.4	6.4	6.4	...
Nicaragua [5]	U	*11 056*	...	...	*14 264*	...		4 8.0			
Panama [5]	U	*9 105*	*9 382*	*9 557*	*8 554*	...		4 5.2			
Puerto Rico – Porto Rico [5]	C	23 954	25 123	25 987	26 148	...	7.0	7.3	7.4	7.3	...
Saint Kitts and Nevis – Saint–Kitts–et–Nevis	+C	462	465	484	...	...	10.6	10.5	11.0	...	...
Saint Lucia – Sainte–Lucie	C	934	902	816	...	...	6.6	6.2	5.5	...	...
St. Vincent and the Grenadines – Saint–Vincent–et–Grenadines	+C	...	712	...	...	...	...	6.3	...	...	...
Trinidad and Tobago – Trinité–et–Tobago	C	8 054	8 036	8 213	...	...	6.6	6.6	6.8	...	...
United States – Etats–Unis	C	2 123 323	2 167 999	2 150 466	*2 162 000	*2 165 000	8.7	8.8	8.7	*8.6	*8.6
United States Virgin Islands – Iles Vierges américaines	C	558	...	...	...	535	5.3	...	...	...	4.5
AMERICA, SOUTH— AMERIQUE DU SUD											
Argentina – Argentine	C	249 882	254 953	...	255 996	...	8.0	8.1	...	7.9	...
Bolivia – Bolivie	..	...	...	...	...	...		4 14.1			
Brazil – Brésil	U	*816 397*	*844 037*	*835 139*	...	...		4 7.9			
Chile – Chili [5]	C	70 559	74 435	75 453	78 434	...	5.6	5.8	5.8	6.0	...
Colombia – Colombie [5] [8]	U	*151 957*	*153 069*	*154 694*	...	...		4 6.1			
Ecuador – Equateur [5] [9]	U	*51 567*	*52 732*	*51 736*	*50 217*	...		4 7.4			
Falkland Islands (Malvinas) – Iles Falkland (Malvinas)	C	...	28	...	...	...	...	♦ 14.0	...	...	...
Guyana	..	...	...	...	...	...		4 7.8			
Paraguay [5]	U	*13 197*	...	...	...	...		4 6.6			
Peru – Pérou [10]	..	194 000	192 000	190 000	186 000	...	9.6	9.3	9.0	8.6	...
Suriname	..	...	...	...	...	...		4 6.2			
Uruguay	C	29 885	30 912	29 658	30 588	...	9.8	10.1	9.6	9.9	...
Venezuela [11]	C	80 322	81 442	84 761	...	...	4.5	4.4	4.5	...	...
ASIA—ASIE											
Afghanistan		...	...	...	...	...		4 23.0			
Armenia – Arménie [5] [12]	C	19 727	35 567	20 853	...	...	5.7	10.5	6.3	...	...
Azerbaijan – Azerbaïdjan [5] [12]	C	45 744	47 485	44 016	...	...	6.7	6.8	6.2	...	...

18. Deaths and crude death rates, by urban/rural residence: 1987 – 1991 (continued)

Décès et taux bruts de mortalité, selon la résidence, urbaine/rurale: 1987 – 1991 (suite)

(See notes at end of table. – Voir notes à la fin du tableau.)

Continent, country or area and urban/rural residence / Continent, pays ou zone et résidence, urbaine/rurale	Code[1]	Number – Nombre					Rate – Taux				
		1987	1988	1989	1990	1991	1987	1988	1989	1990	1991
ASIA—ASIE (Cont.–Suite)											
Bahrain – Bahreïn	U	1 584	1 523	1 551	1 552	...		[4]3.8			
Bangladesh[5]	U	1 173 414	1 178 620	...	...	...		[4]15.5			
Bhutan – Bhoutan	..							[4]16.8			
Brunei Darussalam – Brunéi Darussalam	+C	765	777	827	...	...	3.3	3.2	3.3	...	...
Cambodia – Cambodge	..	...	...	...	...	...		[4]16.6			
China – Chine	..	...	...	...	...	...		[4]6.7			
Cyprus – Chypre	...	6 037	6 028	5 943	5 954	*6 238		[4]8.2			
East Timor – Timor oriental	..							[4]21.5			
Georgia – Géorgie[5][12]	C	46 332	47 544	47 077	...	...	8.8	8.9	8.6	...	...
Hong Kong – Hong–kong[13]	C	26 916	27 659	28 745	28 688	...	4.8	4.9	5.0	4.9	...
India – Inde[5][14]	..						10.9	11.0	10.3	9.6	
Indonesia – Indonésie	U	1 344 410	...	...	...	...		[4]9.4			
Iran (Islamic Republic of – Rép. islamique d')[5]	U	204 230	238 390	199 645	217 597	*461 818		[4]7.7			
Iraq	U	77 906	...	...	...	...		[4]7.8			
Israel – Israël[5][15]	C	29 244	29 146	28 580	28 960	...	6.7	6.6	6.3	6.2	
Japan – Japon[5][16]	C	751 172	793 014	788 594	820 305	*829 523	6.2	6.5	6.4	6.6	*6.7
Jordan – Jordanie[17]	U	8 591	9 416	9 695	...	...		[4]6.4			
Korea, Dem. People's Rep. of – Corée, rép. populaire dém. de	..	...	...	...	...	...		[4]5.4			
Korea, Republic of– Corée,Rép. de[5][18][19]	..	240 663	232 703	230 207	...	...	5.8	5.5	5.4		
Kuwait – Koweït	C	4 113	...	...	...	...	2.2	...	...	...	...
Kyrgyzstan – Kirghizistan[5][12]	C	30 597	31 879	31 156	...	...	7.3	7.5	7.2		
Lao People's Dem. Rep. – Rép. dém. populaire Lao	..	...	...	...	...	...		[4]16.9			
Lebanon – Liban	..							[4]8.7			
Macau – Macao[20]	...	1 321	1 437	1 516	1 482	...	3.1	3.3	3.4	3.1	...
Malaysia – Malaisie	...	...	...	...	83 244	...		[4]5.6			
Peninsular Malaysia[3][5] – Malaisie Péninsulaire	C	65 282	68 930	69 707	...	...	4.8	4.9	4.9	...	...
Maldives[5]	C	1 525	1 526	...	1 355	...	7.8	7.6	...	6.3	
Mongolia – Mongolie[5]	...	15 900	17 700	17 000	...	...		[4]8.8			
Myanmar	..	...	...	...	...	...		[4]9.7			
Nepal – Népal	..	...	...	...	...	...		[4]14.8			
Oman	..							[4]7.8			
Pakistan[5][21]	..	809 163	852 341	...	...	...	7.9	8.1	...	...	...
Philippines	U	335 254	325 098	261 785	...	...		[4]7.7			
Qatar	C	788	861	847	871	...	2.4	2.0	1.9	1.8	...
Saudi Arabia – Arabie saoudite	..	...	...	...	...	...		[4]7.6			
Singapore – Singapour[22]	+C	13 173	13 690	13 946	...	*13 876	5.0	5.2	5.2	...	*5.0
Sri Lanka	+C	96 515	96 536	104 590	...	...	5.9	5.8	6.2	...	...
Syrian Arab Republic – République arabe syrienne[3][23][24]	+U	51 581	44 899	45 481	32 966	...		[4]7.0			
Tajikistan – Tadjikistan[5][12]	C	33 543	35 334	33 395	...	...	6.9	7.0	6.4	...	...
Thailand – Thaïlande[5]	+U	232 968	231 227	246 570	252 512	...		[4]7.0			
Turkey – Turquie[25]	..	...	...	422 964	...	...	...	...	7.5	...	...
Turkmenistan – Turkménistan[5][12]	C	26 802	27 317	27 609	...	...	7.9	7.8	7.7	...	...
United Arab Emirates – Emirats arabes unis	..	...	...	...	...	...		[4]3.8			
Uzbekistan – Ouzbékistan[5][12]	C	133 781	134 688	126 862	...	...	6.9	6.8	6.3	...	...
Viet Nam	..	415 901	401 532	...	*529 600	...		[4]9.5			
Yemen – Yémen	...	...	...	...	*239 001	...	...	...	...	*21.2	...
Former Dem. Yemen – Ancienne Yémen dém.	..	...	...	...	...	...		[4]15.8			
Yemen – Yémen Former Yemen Arab Rep. – Ancienne Yémen rép. arabe	..	...	...	...	...	...		[4]16.1			

18. Deaths and crude death rates, by urban/rural residence: 1987 – 1991 (continued)

Décès et taux bruts de mortalité, selon la résidence, urbaine/rurale: 1987 – 1991 (suite)

(See notes at end of table. – Voir notes à la fin du tableau.)

Continent, country or area and urban/rural residence	Code [1]	Number – Nombre					Rate – Taux				
Continent, pays ou zone et résidence, urbaine/rurale		1987	1988	1989	1990	1991	1987	1988	1989	1990	1991
EUROPE											
Albania – Albanie [5]	C	17 119	17 027	18 168	...	...	5.6	5.4	5.7	...	...
Andorra – Andorre [5]	...	176	206	209	191	*217	3.7	4.1	4.2	3.7	*3.8
Austria – Autrich [5]	C	84 907	83 263	83 407	82 952	*82 896	11.2	11.0	10.9	10.7	*10.6
Belarus – Bélarus [5] [12]	C	99 921	102 671	103 479	109 582	...	9.9	9.5	10.1	10.7	...
Belgium – Belgique [26]	C	105 622	104 551	107 619	104 818	*105 150	10.7	10.6	10.9	10.6	*10.7
Bulgaria – Bulgarie [5]	C	107 213	107 385	106 902	108 608	*110 423	11.9	12.0	11.9	12.1	*12.3
Channel Islands –											
Iles Anglo–Normandes	C	1 416	1 399	1 466	...	*1 500	10.4	10.0	10.3	...	*10.8
Guernsey – Guernesey	C	571	589	569	602	*614	10.3	9.9	9.6	10.1	*10.4
Jersey	+C	845	810	827	...	*886	10.5	10.1	10.0	...	*10.5
Czechoslovakia –											
Tchécoslovaquie [5]	C	179 224	178 169	181 649	183 785	*178 919	11.5	11.4	11.6	11.7	*11.5
Denmark – Danemark [27]	C	58 136	58 984	59 397	60 979	*59 456	11.3	11.5	11.6	11.9	*11.5
Estonia – Estonie [5] [12]	C	18 279	18 551	18 530	19 530	...	11.8	11.9	11.8	12.4	...
Faeroe Islands –											
Iles Féroé	C	367	410	371	...	...	7.9	8.7	7.8	...	...
Finland – Finlande [5] [28]	C	47 949	49 063	49 110	50 125	*49 271	9.7	9.9	9.9	10.1	*9.8
France [5] [29]	C	527 466	524 600	529 283	526 201	*526 000	9.5	9.4	9.4	9.3	*9.2
Germany – Allemagne [30]	C	901 291	900 627	903 441	914 361	...	11.6	11.5	11.5	11.5	...
Germany, Federal Rep. of – Allemagne, République fédérale d'	C	687 419	687 516	697 730	713 335	*701 552	11.3	11.2	11.3	11.3	*10.9
Former German Democratic Republic [5] – Ancienne République démocratique allemande	C	213 872	213 111	205 711	...	...	12.9	12.8	12.4	...	...
Gibraltar [31]	C	217	293	219	279	...	7.4	9.7	7.1	9.0	...
Greece – Grèce	C	95 232	93 031	92 717	94 442	...	9.5	9.3	9.2	9.4	...
Hungary – Hongrie [5]	C	142 601	140 042	144 695	145 660	*141 589	13.6	13.4	13.9	14.1	*13.7
Iceland – Islande [5]	C	1 724	1 818	1 715	1 704	*1 790	7.0	7.3	6.8	6.7	*6.9
Ireland – Irlande [5] [32]	+C	31 413	31 580	32 111	31 903	*31 500	8.9	8.9	9.1	9.1	*8.9
Isle of Man – Ile de Man	+C	925	991	988	...	*982	14.4	14.9	14.6	...	*14.0
Italy – Italie	C	524 999	539 426	525 960	539 130	...	9.2	9.4	9.1	9.3	...
Latvia – Lettonie [5] [12]	C	32 150	32 421	32 584	...	...	12.2	12.2	12.1	...	...
Liechtenstein	...	180	195	172	...	...	6.5	7.0	6.2	...	...
Lithuania – Lituanie [5] [12]	C	36 917	37 649	38 150	39 760	*41 013	10.2	10.3	10.3	10.7	*11.0
Luxembourg	C	4 012	3 840	3 984	3 773	...	10.8	10.3	10.6	9.9	...
Malta – Malte [33]	C	2 908	2 708	2 610	2 733	...	8.4	7.8	7.4	7.7	...
Netherlands – Pays–Bas [5] [34]	C	122 199	124 163	128 905	128 824	*129 700	8.3	8.4	8.7	8.6	*8.6
Norway – Norvège [35]	C	44 959	45 354	45 173	46 021	*44 755	10.7	10.8	10.7	10.8	*10.5
Poland – Pologne [5]	C	378 365	370 821	381 173	388 440	*405 000	10.0	9.8	10.0	10.2	*10.6
Portugal [5]	C	95 423	98 236	96 220	103 115	*103 090	9.6	9.9	9.7	10.4	*9.7
Republic of Moldova – Rép. de Moldova [5] [12]	C	40 185	40 912	40 113	...	...	9.4	9.5	9.2	...	...
Romania – Roumanie [5]	C	254 286	253 370	247 306	247 086	...	11.1	11.0	10.7	10.6	...
Russian Federation – Fédération Russe [5] [12]	C	1 531 585	1 569 112	1 583 743	...	...	10.5	10.7	10.7	...	...
San Marino – Saint–Marin [5]	+C	154	187	173	...	...	6.8	8.3	7.6	...	...
Spain – Espagne	C	309 364	318 848	...	330 959	...	8.0	8.2	...	8.5	...
Sweden – Suède	C	93 307	96 743	92 100	95 161	*95 008	11.1	11.5	10.8	11.1	*11.0
Switzerland – Suisse [5]	C	59 511	60 648	60 882	63 739	*61 000	9.1	9.2	9.2	9.5	*9.0
Ukraine [5] [12]	C	586 387	600 725	600 590	629 602	...	11.4	11.7	11.6	12.1	...
United Kingdom – Royaume–Uni	C	644 342	649 178	657 733	642 519	*646 192	11.3	11.4	11.5	11.2	*11.3
Yugoslavia – Yougoslavie [5]	C	214 666	213 466	215 483	213 841	...	9.2	9.1	9.1	9.0	...
OCEANIA—OCEANIE											
American Samoa – Samoa américaines	C	156	197	...	...	...	4.2	5.3	...	...	...
Australia – Australie	+C	117 321	119 866	124 232	120 062	...	7.2	7.2	7.4	7.0	...
Cook Islands – Iles Cook	C	128	94	...	...	...	7.1	5.3	...	...	...
Fiji – Fidji [5]	+C	3 178	...	...	3 604	...	4.4	7.2	...	4.9	...
French Polynesia – Polynésie française	...	1 053	957	1 021	...	...	5.8	5.1	5.3	...	...
Guam [36]	C	486	...	...	...	...	3.8	...	...	...	...
Marshall Islands – Iles Marshall	U	143	186	151	...	...	3.4	4.4	3.4	...	...

(See notes at end of table. – Voir notes à la fin du tableau.)

Continent, country or area and urban/rural residence / Continent, pays ou zone et résidence, urbaine/rurale	Code [1]	Number – Nombre					Rate – Taux				
		1987	1988	1989	1990	1991	1987	1988	1989	1990	1991
OCEANIA—OCEANIE(Cont.–Suite)											
New Caledonia – Nouvelle–Calédonie [5]	U	864	...	...	...	...	5.5	...	...	...	...
New Zealand – Nouvelle–Zélande [5]	+C	27 419	27 408	27 042	26 531	*26 501	8.4	8.3	8.2	7.9	*7.8
Niue – Nioué	...	13	...	...	...	...	◆ 5.4	...	...	...	...
Norfolk Island – Ile Norfolk	C	...	9	...	...	...	...	...	...	...	...
Northern Mariana Islands – Iles Mariannes septentrionales	U	...	...	122	...	...	...	...	4.9	...	...
Pacific Islands (Palau) – Iles du Pacifique (Palaos)	U	...	112	...	...	...	...	7.0	...	...	...
Papua New Guinea – Papouasie–Nouvelle– Guinée	U	42 540	...	...	...	...		◄ 11.6			
Pitcairn	C	...	1	...	1	...		◆ 18.9	...	◆ 19.2	...
Tonga	...	386	332	339	484	...	4.0	3.5	3.6	5.1	...

18. Deaths and crude death rates, by urban/rural residence: 1987 – 1991 (continued)

Décès et taux bruts de mortalité, selon la résidence, urbaine/rurale: 1987 – 1991 (suite)

Data by urban/rural residence

Données selon la résidence urbaine/rurale

(See notes at end of table. – Voir notes à la fin du tableau.)

Continent, country or area and urban/rural residence / Continent, pays ou zone et résidence, urbaine/rurale	Code [1]	Number – Nombre					Rate – Taux				
		1987	1988	1989	1990	1991	1987	1988	1989	1990	1991
AFRICA—AFRIQUE											
Egypt – Egypte	C										
Urban – Urbaine		192 530	174 512	...	...	...	8.9	7.9	...	...	...
Rural – Rurale		273 631	252 506	...	...	...	9.9	8.9	...	...	...
Mauritius – Maurice											
Island of Mauritius – Ile Maurice	+C										
Urban – Urbaine		2 963	2 978	2 949	3 043	...	7.2	7.2	7.1	7.2	...
Rural – Rurale		3 618	3 721	3 997	3 811	...	6.1	6.2	6.6	6.2	...
Nigeria – Nigéria	...										
Urban – Urbaine		261 388	270 537	...	...	...	16.0	16.0	...	...	...
Rural – Rurale		1 361 134	1 408 773	...	...	...	16.0	16.0	...	...	...
Tunisia – Tunisie	U										
Urban – Urbaine		24 732	25 184	25 305	...	...	...	...	5.4	...	...
Rural – Rurale		10 900	9 800	9 616	...	...	...	...	3.0	...	...
AMERICA,NORTH— AMERIQUE DU NORD											
Cuba	C										
Urban – Urbaine		47 754	53 302	52 157	...	...	6.4	7.1	6.8	...	...
Rural – Rurale		17 233	14 583	15 165	...	...	6.0	5.1	5.4	...	...
El Salvador	U										
Urban – Urbaine		17 301	17 679	17 885	...	...	7.8	7.8	7.7	...	...
Rural – Rurale		10 280	10 095	9 883	...	...	3.1	2.9	2.8	...	...
Guatemala	C										
Urban – Urbaine		28 125	27 338	...	...	...	...	...	...	...	...
Rural – Rurale		38 578	37 499	...	...	...	...	...	...	...	...
Nicaragua	U										
Urban – Urbaine		8 264	...	...	...	...	4.0	...	...	...	...
Rural – Rurale		2 792	...	...	...	...	1.9	...	...	...	...
Panama	U										
Urban – Urbaine		4 708	4 907	5 120	...	...	4.0	4.0	4.1	...	...
Rural – Rurale		4 397	4 475	4 437	...	...	4.0	4.0	3.9	...	...
Puerto Rico – Porto Rico [37]	C										
Urban – Urbaine		...	13 663	14 162	14 422	...	...	...	...	...	...
Rural – Rurale		...	11 327	11 709	11 655	...	...	...	...	...	...
AMERICA,SOUTH— AMERIQUE DU SUD											
Chile – Chili	C										
Urban – Urbaine		58 883	62 617	63 387	65 669	...	5.6	5.8	5.8	5.9	...
Rural – Rurale		11 676	11 818	12 066	12 765	...	5.8	5.8	5.9	6.3	...
Colombia – Colombie [8]	U										
Urban – Urbaine		123 238	124 151	126 063	...	...	...	6.0	...	...	...
Rural – Rurale		27 096	26 707	25 672	...	...	...	2.8	...	...	...
Ecuador – Equateur [9]	U										
Urban – Urbaine		25 620	27 196	27 774	...	...	4.8	4.9	4.8	...	...
Rural – Rurale		25 947	25 536	23 962	...	...	5.6	5.5	5.1	...	...
Paraguay	U										
Urban – Urbaine		6 762	...	...	...	...	...	...	...	...	...
Rural – Rurale		6 435	...	...	...	...	...	...	...	...	...
ASIA—ASIE											
Armenia – Arménie [12]	C										
Urban – Urbaine		12 425	26 741	13 718	...	...	...	...	6.2	...	...
Rural – Rurale		7 302	8 826	7 135	...	...	...	...	6.6	...	...
Azerbaijan – Azerbaïdjan [12]	C										
Urban – Urbaine		23 829	24 750	22 981	...	...	...	...	6.0	...	...
Rural – Rurale		21 915	22 735	21 035	...	...	...	...	6.5	...	...
Bangladesh	U										
Urban – Urbaine		110 938	113 584	...	...	...	...	...	...	...	...
Rural – Rurale		1 062 476	1 065 036	...	...	...	...	...	...	...	...
Georgia – Géorgie [12]	C										
Urban – Urbaine		22 999	23 774	23 864	...	...	...	...	8.0	...	...
Rural – Rurale		23 333	23 770	23 213	...	...	...	...	9.6	...	...

18. Deaths and crude death rates, by urban/rural residence: 1987 – 1991 (continued)

Décès et taux bruts de mortalité, selon la résidence, urbaine/rurale: 1987 – 1991 (suite)

Data by urban/rural residence

Données selon la résidence urbaine/rurale

(See notes at end of table. – Voir notes à la fin du tableau.)

Continent, country or area and urban/rural residence / Continent, pays ou zone et résidence, urbaine/rurale	Code [1]	Number – Nombre					Rate – Taux				
		1987	1988	1989	1990	1991	1987	1988	1989	1990	1991
ASIA—ASIE (Cont.–Suite)											
India – Inde [14]	..										
Urban – Urbaine		...	...	...	...	...	7.4	7.7	7.2	...	...
Rural – Rurale		...	...	...	...	...	12.0	12.0	11.1	...	...
Iran (Islamic Republic of – Rép. islamique d')	U										
Urban – Urbaine		121 140	137 430	121 331	134 645	...	...	...	...	...	...
Rural – Rurale		83 090	100 960	78 314	82 952	...	...	...	...	...	...
Israel – Israël [15]	C										
Urban – Urbaine		26 964	26 840	26 373	...	...	6.9	6.8	6.5	...	...
Rural – Rurale		2 280	2 306	2 207	...	...	4.7	4.6	4.8	...	...
Japan – Japon [16]	C										
Urban – Urbaine		532 029	563 340	563 416	585 043	...	...	...	...	6.1	...
Rural – Rurale		217 651	228 195	223 738	233 703	...	...	...	...	8.4	...
Kazakhstan [12]	C										
Urban – Urbaine		69 977	72 557	73 598	...	...	...	...	7.8	...	...
Rural – Rurale		52 858	54 341	52 780	...	...	...	...	7.5	...	...
Korea, Republic of— Corée, Rép.de [18] [19]	..										
Urban – Urbaine		115 325	116 308	123 738	...	...	4.0	4.0	4.1	...	...
Rural – Rurale		125 338	116 395	106 469	...	...	9.7	9.2	8.6	...	...
Kyrgyzstan – Kirghizistan [12]	C										
Urban – Urbaine		11 028	11 398	11 717	...	...	...	...	7.2	...	...
Rural – Rurale		19 569	20 481	19 439	...	...	...	...	7.4	...	...
Malaysia – Malaisie Peninsular Malaysia [3] – Malaisie Péninsulaire	C										
Urban – Urbaine		24 832	26 400	26 322	...	...	...	...	...	...	...
Rural – Rurale		40 450	42 530	43 385	...	...	...	...	...	...	...
Maldives	C										
Urban – Urbaine		292	326	...	...	...	5.4	5.8	...	...	...
Rural – Rurale		1 233	1 200	...	...	...	8.7	8.3	...	...	...
Mongolia – Mongolie	...										
Urban – Urbaine		7 400	8 000	7 700	...	...	...	...	6.6	...	...
Rural – Rurale		8 500	9 700	9 300	...	...	...	...	10.6	...	...
Pakistan [21]	..										
Urban – Urbaine		191 635	208 571	...	...	...	6.6	7.0	...	...	...
Rural – Rurale		617 528	643 770	...	...	...	8.4	8.5	...	...	...
Tajikistan – Tadjikistan [12]	C										
Urban – Urbaine		10 693	11 150	10 650	...	...	...	...	6.4	...	...
Rural – Rurale		22 850	24 184	22 745	...	...	...	...	6.6	...	...
Thailand – Thaïlande	+U										
Urban – Urbaine		64 175	65 359	73 239	76 343	...	...	...	...	7.5	...
Rural – Rurale		168 793	165 868	173 331	176 169	...	...	...	...	4.0	...
Turkmenistan – Turkménistan [12]	C										
Urban – Urbaine		12 033	12 151	12 576	...	...	...	...	7.9	...	...
Rural – Rurale		14 769	15 166	15 033	...	...	...	...	7.8	...	...
Uzbekistan – Ouzbékistan [12]	C										
Urban – Urbaine		53 439	55 507	53 913	...	...	...	...	6.7	...	...
Rural – Rurale		80 342	79 181	72 949	...	...	...	...	6.2	...	...
EUROPE											
Albania – Albanie	C										
Urban – Urbaine		5 616	5 801	6 027	...	...	5.2	5.2	5.3	...	...
Rural – Rurale		11 503	11 226	12 141	...	...	5.8	5.5	5.9	...	...
Andorra – Andorre	...										
Urban – Urbaine		165	195	198	175	203	3.6	4.1	4.1	3.6	3.7
Rural – Rurale		11	11	11	16	12	♦ 4.8	♦ 4.5	♦ 4.4	♦ 5.9	♦ 3.7
Austria – Autriche	C										
Urban – Urbaine		51 576	50 742	50 037	50 016	...	...	...	...	...	...
Rural – Rurale		33 331	32 521	33 370	32 936	...	...	...	...	...	...
Belarus – Bélarus [12]	C										
Urban – Urbaine		42 946	45 241	47 254	...	...	...	...	7.1	...	...
Rural – Rurale		56 975	57 430	56 225	...	...	...	...	16.0	...	...
Bulgaria – Bulgarie	C										
Urban – Urbaine		52 062	52 655	53 390	55 225	...	8.8	8.8	8.8	9.1	...
Rural – Rurale		55 151	54 730	53 512	53 383	...	18.1	18.3	18.2	18.4	...
Czechoslovakia – Tchécoslovaquie	C										
Urban – Urbaine		125 958	125 487	128 389	110 088	...	12.4	12.3	12.5	10.7	...
Rural – Rurale		53 266	52 682	53 260	73 697	...	9.8	9.7	9.9	13.8	...

364

18. Deaths and crude death rates, by urban/rural residence: 1987 – 1991 (continued)

Décès et taux bruts de mortalité, selon la résidence, urbaine/rurale: 1987 – 1991 (suite)

Data by urban/rural residence

Données selon la résidence urbaine/rurale

(See notes at end of table. – Voir notes à la fin du tableau.)

Continent, country or area and urban/rural residence — Continent, pays ou zone et résidence, urbaine/rurale	Code [1]	Number – Nombre					Rate – Taux				
		1987	1988	1989	1990	1991	1987	1988	1989	1990	1991
EUROPE (Cont.–Suite)											
Estonia – Estonie [12]	C										
Urban – Urbaine		11 386	11 608	11 781	12 609	...	10.3	10.4	10.5	11.2	...
Rural – Rurale		6 893	6 943	6 749	6 921	...	15.6	15.6	15.1	15.4	...
Finland – Finlande [28]	C										
Urban – Urbaine		28 158	28 991	28 973	...	...	9.2	9.5	9.5	...	...
Rural – Rurale		19 791	20 072	20 137	...	...	10.5	10.6	10.6	...	...
France [29] [38]	C										
Urban – Urbaine		363 472	360 400	363 978	361 597	...	...	...	...	...	...
Rural – Rurale		163 994	161 580	162 514	161 972	...	...	...	...	...	...
Germany – Allemagne [30]		...	...	...	...	...	...	...	...	...	...
Former German Democratic Republic – Ancienne République démocratique allemande	C										
Urban – Urbaine		159 232	158 189	153 368	...	...	12.5	12.4	12.0	...	...
Rural – Rurale		54 640	54 922	52 343	...	...	14.1	14.2	13.5	...	...
Hungary – Hongrie [39]	C										
Urban – Urbaine		76 181	75 611	82 800	83 432	...	11.8	11.7	12.9	13.0	...
Rural – Rurale		66 053	64 079	61 484	61 558	...	16.3	16.0	15.5	15.7	...
Iceland – Islande	C										
Urban – Urbaine		1 532	1 608	1 511	1 531	...	6.9	7.1	6.6	6.6	...
Rural – Rurale		192	210	204	173	...	7.7	8.5	8.4	7.3	...
Ireland – Irlande [32]	+C										
Urban – Urbaine		12 736	12 882	13 188	13 409	...	...	...	...	...	...
Rural – Rurale		18 677	18 698	18 923	18 494	...	...	...	...	...	...
Latvia – Lettonie [12]	C										
Urban – Urbaine		20 082	20 293	21 035	...	...	10.7	10.7	11.0	...	...
Rural – Rurale		12 068	12 128	11 549	...	...	15.7	15.7	14.9	...	...
Lithuania – Lituanie [12]	C										
Urban – Urbaine		18 622	19 581	20 239	21 152	*22 155	7.7	7.9	8.1	8.3	*8.6
Rural – Rurale		18 295	18 068	17 911	18 608	*18 858	15.2	15.2	15.1	15.8	*16.0
Netherlands – Pays–Bas [34] [40]	C										
Urban – Urbaine		69 379	70 319	72 848	72 889	...	9.3	9.4	9.7	9.6	...
Rural – Rurale		12 616	12 619	12 932	12 928	...	7.4	7.4	7.6	7.7	...
Semi–urban–Semi–urbaine		40 195	41 218	43 118	42 996	...	7.3	7.4	7.7	7.6	...
Poland – Pologne	C										
Urban – Urbaine		213 739	211 317	218 846	222 826	...	9.3	9.1	9.4	9.5	...
Rural – Rurale		164 626	159 504	162 327	165 614	...	11.1	10.9	11.1	11.4	...
Portugal [37]	C										
Urban – Urbaine		30 093	35 044	31 451	31 458	...	...	...	...	...	...
Rural – Rurale		56 217	48 863	50 635	57 637	...	...	...	...	...	...
Republic of Moldova – Rép. de Moldova [12]	C										
Urban – Urbaine		13 755	14 248	14 366	...	...	...	...	7.1	...	...
Rural – Rurale		26 430	26 664	25 747	...	...	...	...	11.1	...	...
Romania – Roumanie	C										
Urban – Urbaine		98 094	96 911	98 686	99 331	...	8.3	8.1	8.0	7.9	...
Rural – Rurale		156 192	156 459	148 620	147 755	...	14.0	14.1	13.7	13.9	...
Russian Federation – Fédération Russe [12]	C										
Urban – Urbaine		1 033 852	1 062 515	1 088 471	...	...	...	...	10.1	...	...
Rural – Rurale		497 733	506 597	495 272	...	...	...	...	12.7	...	...
San Marino – Saint–Marin	+C										
Urban – Urbaine		139	168	157	...	...	6.8	8.2	7.6	...	...
Rural – Rurale		15	19	16	...	...	◆ 6.9	◆ 8.8	◆ 7.3	...	...
Switzerland – Suisse	C										
Urban – Urbaine		36 237	36 968	37 400	39 184	...	9.2	9.3	9.4	9.8	...
Rural – Rurale		23 274	23 680	23 482	24 555	...	9.0	9.0	8.8	9.1	...
Ukraine [12]	C										
Urban – Urbaine		325 562	335 538	340 756	...	...	9.5	...	9.9	...	...
Rural – Rurale		260 825	265 187	259 834	...	...	15.4	...	15.2	...	...
Yugoslavia – Yougoslavie	C										
Urban – Urbaine		90 360	93 200	94 472	...	...	...	...	...	...	...
Rural – Rurale		124 306	120 266	121 011	...	...	...	...	...	...	...
OCEANIA—OCEANIE											
Fiji – Fidji	+C										
Urban – Urbaine		1 744	...	...	...	...	6.2	...	...	...	...
Rural – Rurale		1 434	...	...	...	...	3.2	...	...	...	...

Data by urban/rural residence

Données selon la résidence urbaine/rurale

(See notes at end of table. – Voir notes à la fin du tableau.)

Continent, country or area and urban/rural residence — Continent, pays ou zone et résidence, urbaine/rurale	Code [1]	Number – Nombre					Rate – Taux				
		1987	1988	1989	1990	1991	1987	1988	1989	1990	1991
OCEANIA—OCEANIE(Cont.–Suite)											
New Caledonia – Nouvelle—Calédonie	U										
Urban – Urbaine		*433*	...	...	...	...	...	...	...	...	...
Rural – Rurale		*431*	...	...	...	...	...	...	...	...	...
New Zealand – Nouvelle—Zélande	+C										
Urban – Urbaine		21 300	21 250	20 905	20 395	...	...	...	...	...	...
Rural – Rurale		6 119	6 158	6 137	6 136	...	...	...	...	...	...

GENERAL NOTES

For certain countries, there is a discrepancy between the total number of deaths shown in this table and those shown in subsequent tables for the same year. Usually this discrepancy arises because the total number of deaths occurring in a given year is revised, although the remaining tabulations are not. Data exclude foetal deaths. Rates are the number of deaths per 1 000 mid–year population. For definitions of "urban", see end of table 6. For method of evaluation and limitations of data, see Technical Notes, page 75.

Italics: data from civil registers which are incomplete or of unkwown completeness.

FOOTNOTES

* Provisional.
♦ Rates based on 30 or fewer deaths.
+ Data tabulated by date of registration rather than occurrence.

1 Code "C" indicates that the data are estimated to be virtually complete (at least 90 per cent) and code "U" indicates that the data are estimated to be incomplete (less than 90 per cent). The code does not apply to estimated rates. For further details, see Technical Notes.
2 Registered data are for Algerian population only.
3 Excluding live–born infants dying before registration of birth.

4 Estimate for 1985–1990 prepared by the Population Division of the United Nations.
5 For classification by urban/rural residence, see end of table.
6 Based on the results of the population cencus of 1987.
7 Including Canadian residents temporarily in the United States, but excluding United States residents temporarily in Canada.

8 Based on burial permits.
9 Excluding nomadic Indian tribes.
10 Excluding Indian jungle population. Including adjustment for under–registration.

11 Excluding Indian jungle population.
12 Excluding infants born alive after less than 28 weeks' gestation, of less than 1 000 grammes in weight and 35 centimetres in length, who die within seven days of birth.
13 Excluding Vietnamese refugees.
14 Based on Sample Registration scheme.

NOTES GENERALES

Pour quelques pays il y a une discordance entre le nombre total des décès vivantes présenté dans ce tableau et ceux présentés après pour la même année. Habituellement ces différences apparaîssent lorsque le nombre total des décès pour une certaine année a été révisé; alors que les autres tabulations ne l'ont pas été. Les données ne comprennent pas les morts foetales. Les taux représentent le nombre de décès pour 1 000 personnes au milieu de l'année. Pour les définitions des "régions urbaines", se reporter à la fin du tableau 6. Pour la méthode d'évaluation et les insuffisances des données, voir Notes techniques, page 75.
Italiques: données incomplètes ou dont le degré d'exactitude n'est pas connu, provenant des registres de l'état civil.

NOTES

* Données provisoires.
♦ Taux basés sur 30 décès ou moins.
+ Données exploitées selon la date de l'enregistrement et non la date de l'événement.

1 Le code "C" indique que les données sont jugées pratiquement complètes (au moins 90 p. 100) et le code "U" que les données sont jugées incomplètes (moins de 90 p. 100). Le code ne s'applique pas aux taux estimatifs. Pour plus de détails, voir Notes techniques.
2 Les données ne sont enregistrées que pour la population algérienne.
3 Non compris les enfants nés vivants, décédés avant l'enregistrement de leur naissance.
4 Estimations pour 1985–1990 établies pour la Division de la population de l'Organisation des Nations Unies.
5 Pour le classement selon la résidence, urbaine/rurale, voir la fin du tableau.
6 D'après les résultats du recensement de 1987.
7 Y compris les résidents canadiens se trouvant temporairement aux Etats–Unis, mais non compris les résidents des Etats–Unis se trouvant temporairement au Canada.
8 D'aprés les permis d'inhumer.
9 Non compris les tribus d'Indiens nomades.
10 Non compris les Indiens de la jungle. Y compris d'un ajustement pour sous–enregistrement.
11 Non compris les Indiens de la jungle.
12 Non compris les enfants nés vivants après moins de 28 semaines de gestation, pesant moins de 1 000 grammes, mesurant moins de 35 centimètres et décédés dans les sept jours qui ont suivi leur naissance.
13 Non compris les réfugiés du Viet Nam.
14 D'après le Programme d'enregistrement par sondage.

18. Deaths and crude death rates, by urban/rural residence: 1987 – 1991 (continued)

FOOTNOTES (continued)

15 Including data for East Jerusalem and Israeli residents in certain other territories under occupation by Israeli military forces since June 1967.

16 For Japanese nationals in Japan only; however, rates computed on total population.

17 Excluding data for Jordanian territory under occupation since June 1967 by Israeli military forces. Excluding foreigners, but including registered Palestinian refugees. For number of refugees, see table 5.

18 Excluding alien armed forces, civilian aliens employed by armed forces, and foreign diplomatic personnel and their dependants.

19 Estimates based on the results of the continuous Demographic Sample Survey.

20 Events registered by Health Service only.

21 Based on the results of the Population Growth survey.

22 Excluding transients afloat and non–locally domiciled military and civilian services personnel and their dependants.

23 Excluding nomads and Palestinian refugees; however, rates computed on total population. For number of Palestinian refugees among whom deaths numbered 950 in 1973, see table 5.

24 Including late registered deaths.

25 Based on the results of the Population Demographic Survey.

26 Including armed forces stationed outside the country, but excluding alien armed forces stationed in the area.

27 Excluding Faeroe Islands and Greenland.

28 Including nationals temporarily outside the country.

29 Including armed forces stationed outside the country.

30 All data shown pertaining to Germany prior to 3 October 1990 are indicated separately for the Federal Republic of Germany and the former German Democratic Republic based on their respective territories at the time indicated. See explanatory notes on data pertaining to Germany on page 4.

31 Excluding armed forces.

32 Deaths registered within one year of occurrence.

33 Computed on population including civilian nationals temporarily outside the country.

34 Including residents outside the country if listed in a Netherlands population register.

35 Including residents temporarily outside the country.

36 Including United States military personnel, their dependants and contract employees.

37 Excluding deaths of unknown residence.

38 Excluding nationals outside the country.

39 For the de jure population.

40 Excluding persons on the Central Register of Population (containing persons belonging to the Netherlands population but having no fixed municipality of residence).

NOTES (suite)

15 Y compris les données pour Jérusalem–Est et les résidents israéliens dans certains autres territoires occupés depuis juin 1967 par les forces armées israéliennes.

16 Pour les nationaux japonais au Japon seulement; toutefois, les taux sont calculés sur la base de la population totale.

17 Non compris les données pour le territoire jordanien occupé depuis juin 1967 par les forces armées israéliennes. Non compris les étrangers, mais y compris les réfugiés de Palestine immatriculés. Pour le nombre de réfugiés, voir le tableau 5.

18 Non compris les militaires étrangers, les civils étrangers employés par les forces armées, le personnel diplomatique étranger et les membres de leur famille les accompagnant.

19 Les estimations sont basés sur les résultats d'une enquête démographique par sondage continue.

20 Evénements enregistrés par le Service de santé seulement.

21 D'après les résultats de la Population Growth Survey .

22 Non compris les personnes de passage à bord de navires, ni les militaires et agents civils domiciliés hors du territoire et les membres de leur famille les accompagnant.

23 Non compris la population nomade et les réfugiés de Palestine; toutefois, les taux sont calculés sur la base de la population totale. Pour le nombre de réfugiés de Palestine parmi lesquels les décès s'établissent à 950 pour 1973, voir tableau 5.

24 Y compris les décès enregistrés tardivement.

25 D'après les résultats d'une enquête démographique de la population.

26 Y compris les militaires nationaux hors du pays, mais non compris les militaires étrangers en garnison sur le territoire.

27 Non compris les îles Féroé et le Groenland.

28 Y compris les nationaux se trouvant temporairement hors du pays.

29 Y compris les militaires nationaux se trouvant hors du pays.

30 Toutes les données se rapportant à l'Allemagne avant le 3 octobre 1990 figurent dans deux rubriques séparées basées sur les territoires respectifs de la République fédérale d'Allemagne et l'ancienne République démocratique allemande selon la période indiquée. Voir les notes explicatives sur les données concernant l'Allemagne à la page 4.

31 Non compris les militaires.

32 Décès enregistrés dans l'année qui suit l'événement.

33 Les taux sont calculés sur la base d'un chiffre de population qui comprend les civils nationaux temporairement hors du pays.

34 Y compris les résidents hors du pays, s'ils sont inscrits sur un registre de population néerlandais.

35 Y compris les résidents se trouvant temporairement hors du pays.

36 Y compris les militaires des Etats–Unis, les membres de leur famille les accompagnant et les agents contractuels des Etats–Unis.

37 Non compris les décès de personnes pour lesquelles le lieu de résidence n'est pas connu.

38 Non compris les nationaux hors du pays.

39 Pour la population de droit.

40 Non compris les personnes inscrites sur le Registre central de la population (personnes appartenant à la population néerlandaise mais sans résidence fixe dans l'une des municipalités).

19. Deaths by age, sex and urban/rural residence: latest available year

(See notes at end of table.)

Continent, country or area, year, sex and urban/rural residence / Continent, pays ou zone, année, sexe et résidence, urbaine/rurale	All ages Tous âges	− 1	1 − 4	5 − 9	10 − 14	15 − 19	20 − 24	25 − 29	30 − 3
AFRICA—AFRIQUE									
Algeria – Algérie 1982 [1] [2]									
1 Male – Masculin	107 962	42 237	17 408	3 046	1 630	2 052	2 592	2 182	2 13
2 Female – Féminin	101 065	36 867	17 250	2 909	1 565	1 946	2 156	2 066	1 87
Cape Verde – Cap–Vert 1985									
3 Male – Masculin	1 385	462	135	21	15	23	30	21	1
4 Female – Féminin	1 350	401	142	18	11	15	20	16	1
Egypt – Egypte 1988 [3]									
5 Male – Masculin	222 436	42 065	18 681	5 251	3 471	3 775	3 794	4 014	3 98
6 Female – Féminin	204 582	40 772	20 861	4 367	2 715	2 842	2 795	3 082	2 87
Libyan Arab Jamahiriya – Jamahiriya arabe libyenne 1981									
7 Male – Masculin	8 961	2 790	533	216	*——	386 ——*	*——	532 ——*	*——
8 Female – Féminin	6 982	2 689	508	161	*——	193 ——*	*——	160 ——*	*——
Mauritius – Maurice Island of Mauritius – Ile Maurice 1990+									
9 Male – Masculin	3 984	252	31	17	27	40	47	77	11
10 Female – Féminin	2 870	182	23	10	14	33	41	42	6
Rodrigues 1990+									
11 Male – Masculin	108	17	3	1	–	2	9	1	
12 Female – Féminin	69	11	2	–	2	–	1	–	
Réunion 1987 [1] [4]									
13 Male – Masculin	1 831	73	16	13	8	30	44	54	6
14 Female – Féminin	1 243	51	14	10	6	14	20	19	2
St. Helena ex. dep. – Sainte–Hélène sans dép. 1986									
15 Male – Masculin	30	2	–	–	–	–	2	–	
16 Female – Féminin	23	1	–	–	–	–	–	–	
Seychelles 1990+									
17 Male – Masculin	314	13	2	2	–	–	3	9	
18 Female – Féminin	229	8	1	3	2	1	1	4	
Tunisia – Tunisie 1989 [3]									
19 Male – Masculin	20 650	2 899	726	323	254	356	342	380	39
20 Female – Féminin	14 271	2 252	644	241	168	176	191	226	27
Zimbabwe 1986									
21 Male – Masculin	14 478	3 143	1 022	249	216	299	399	527	57
22 Female – Féminin	8 545	2 832	444	219	171	232	322	335	31
AMERICA, NORTH— AMERIQUE DU NORD									
Antigua and Barbuda – Antigua–et–Barbuda 1986+									
23 Male – Masculin	189	–	1	*——	– ——*	*——	6 ——*	*——	7 ——
24 Female – Féminin	195	3	1	*——	1 ——*	*——	5 ——*	*——	5 ——

19. Décès selon l'âge, le sexe et la résidence, urbaine/rurale: dernière année disponible

(oir notes à la fin du tableau.)

	35–39	40–44	45–49	50–54	55–59	60–64	65–69	70–74	75–79	80–84	85 +	Unknown Inconnu	
Age (en années)													
	2 052	2 257	2 463	2 873	3 294	3 823	4 243	4 622	4 341	*——— 4 708 ———*		–	1
	1 785	1 775	1 795	2 096	2 427	3 180	4 002	4 924	5 075	*——— 7 371 ———*		–	2
	8	19	30	38	51	41	*——————— 461 ———————*					15	3
	16	13	26	21	35	36	*——————— 550 ———————*					17	4
	5 126	5 368	7 290	10 802	14 678	18 400	20 437	18 217	*——— 37 078 ———*			–	5
	3 852	3 389	4 830	7 545	8 529	12 831	15 930	18 398	*——— 48 974 ———*			–	6
	369 –*	*——— 380 ———*		*——— 644 ———*		*——— 740 ———*		*——— 1 068 ———*		*——— 1 171 ———*		132	7
	179 –*	*——— 250 ———*		*——— 331 ———*		*——— 600 ———*		819 ———*	*——— 984 ———*			108	8
	175	183	194	289	336	495	514	423	385	229	145	13	9
	48	68	82	122	152	245	316	363	378	305	382	–	10
	2	6	3	5	5	14	9	6	8	9	5	–	11
	2	3	2	3	7	5	4	9	8	4	6	–	12
	85	88	129	154	174	176	188	163	176	115	80	–	13
	34	50	31	40	75	93	93	150	160	159	197	–	14
	–	–	1	1	1	5	2	1	7	3	5	–	15
	–	–	–	1	1	1	4	3	3	6	3	–	16
	12	14	15	19	31	33	31	25	32	31	31	–	17
	4	1	5	5	11	18	21	27	32	29	55	–	18
	326	356	479	778	1 116	1 417	1 770	2 049	2 407	*——— 3 099 ———*		1 181	19
	226	248	301	517	675	854	1 158	1 314	1 672	*——— 2 401 ———*		736	20
	497	576	676	932	915	1 263	1 148	894	536	317	296	–	21
	305	345	305	389	345	517	396	367	226	243	240	1	22
	*———	9 ———*	*———	22 ———*	*———	35 ———*	*———	49 ———*	*——— –	55 ———*		5	23
	*———	8 ———*	*———	7 ———*	*———	19 ———*	*———	48 ———*	*——— –	91 ———*		7	24

369

(See notes at end of table.)

Continent, country or area, year, sex and urban/rural residence Continent, pays ou zone, année, sexe et résidence, urbaine/rurale	All ages Tous âges	− 1	1 − 4	5 − 9	10 − 14	15 − 19	20 − 24	25 − 29	30 − 34
					Age (in years)				
AMERICA, NORTH — (Cont.–Suite) AMERIQUE DU NORD									
Bahamas 1989*									
1　　Male – Masculin	824	67	10	5	9	14	35	50	42
2　　Female – Féminin	635	44	11	5	2	8	7	19	26
Barbados – Barbade 1989+									
3　　Male – Masculin	1 090	22	4	4	9	16	23	24	12
4　　Female – Féminin	1 187	14	4	–	–	10	9	10	15
Belize 1989									
5　　Male – Masculin	414	69	17	6	4	8	16	17	10
6　　Female – Féminin	348	63	20	8	8	4	11	10	4
Bermuda – Bermudes 1990									
7　　Male – Masculin	249	4	2	3	–	5	6	4	3
8　　Female – Féminin	196	3	–	1	1	–	–	3	6
British Virgin Islands – Iles Vierges britanniques 1988+									
9　　Male – Masculin	37	*———————— ————		5 ——————————*			–	1	1	2
10　　Female – Féminin	22	*———————— ————		2 ——————————*			–	–	–	–
Canada 1989 [5]									
11　　Male – Masculin	104 108	1 606	330	210	245	1 033	1 315	1 527	1 620
12　　Female – Féminin	86 857	1 189	265	162	157	331	460	555	705
Cayman Islands – Iles Caïmanes 1988*									
13　　Male – Masculin	55	2	1	–	–	–	2	–	3
14　　Female – Féminin	55	–	1	–	–	–	–	1	1
Costa Rica 1990									
15　　Male – Masculin	6 530	704	117	54	63	119	178	190	187
16　　Female – Féminin	4 836	546	85	45	46	49	50	64	93
Cuba 1989 [3]									
17　　Male – Masculin	38 060	1 223	260	179	217	653	873	859	709
18　　Female – Féminin	29 296	826	202	106	140	428	467	452	380
Dominica – Dominique 1989+									
19　　Male – Masculin	251	17	2	2	3	2	1	9	7
20　　Female – Féminin	246	11	3	1	–	–	2	4	5
Dominican Republic – République dominicaine 1985+ [3]									
21　　Male – Masculin	15 248	3 443	1 011	253	166	282	456	414	369
22　　Female – Féminin	12 596	2 968	950	217	145	232	263	245	264
El Salvador 1989* [3]									
23　　Male – Masculin	16 574	2 134	857	299	266	834	1 308	942	762
24　　Female – Féminin	11 192	1 663	819	278	187	308	282	219	229
Greenland – Groenland 1987									
25　　Male – Masculin	281	13	9	3	7	19	25	12	8
26　　Female – Féminin	164	16	3	–	–	3	8	7	5

19. Décès selon l'âge, le sexe et la résidence, urbaine/rurale: dernière année disponible (suite)

Voir notes à la fin du tableau.)

					Age (en années)							
35 – 39	40 – 44	45 – 49	50 – 54	55 – 59	60 – 64	65 – 69	70 – 74	75 – 79	80 – 84	85 +	Unknown Inconnu	
37	47	50	60	51	56	64	68	60	51	45	3	1
16	22	22	36	34	38	50	63	80	61	90	1	2
23	22	37	28	46	61	102	149	189	171	148	–	3
15	22	19	30	33	57	83	142	183	207	333	1	4
6	7	12	14	20	29	26	33	35	*——	79 ——*	6	5
5	10	6	7	13	16	16	25	35	*——	79 ——*	8	6
9	11	13	14	14	21	26	31	35	20	28	–	7
4	3	2	6	5	11	20	21	37	23	50	–	8
–	–	–	–	3	3	3	2	4	6	5	2	9
–	3	1	1	1	–	–	3	2	4	5	–	10
1 788	2 105	2 646	3 736	6 240	9 442	12 596	14 130	15 508	13 473	14 554	4	11
904	1 247	1 665	2 143	3 350	5 174	7 579	9 462	12 476	13 803	25 225	5	12
–	3	1	1	6	3	6	7	6	7	7	–	13
2	–	2	2	–	4	5	4	9	8	16	–	14
200	177	214	258	331	418	537	578	685	652	800	68	15
117	108	129	183	219	307	336	426	601	575	824	33	16
844	1 019	1 309	1 624	1 981	2 634	3 490	4 302	5 354	5 015	5 489	26	17
523	767	892	1 147	1 405	2 019	2 435	3 255	4 325	4 261	5 259	7	18
2	7	2	6	17	14	18	43	34	27	25	13	19
5	4	4	8	12	11	21	36	29	34	52	4	20
368	381	432	610	648	872	819	1 130	875	945	1 774	–	21
273	291	377	514	456	575	593	767	661	825	1 980	–	22
668	637	653	678	759	805	879	934	990	880	1 098	191	23
221	305	353	375	448	619	791	775	920	842	1 450	108	24
10	12	10	23	25	26	20	20	17	16	6	–	25
4	7	4	7	14	15	13	13	15	16	14	–	26

(See notes at end of table.)

Continent, country or area, year, sex and urban/rural residence Continent, pays ou zone, année, sexe et résidence, urbaine/rurale	All ages Tous âges	Age (in years)							
		− 1	1 − 4	5 − 9	10 − 14	15 − 19	20 − 24	25 − 29	30 − 34
AMERICA, NORTH— (Cont.–Suite) **AMERIQUE DU NORD**									
Guadeloupe 1986 [1]									
1 Male – Masculin	1 218	56	13	7	10	22	27	20	29
2 Female – Féminin	1 020	42	8	4	8	6	7	17	12
Guatemala 1988 [3]									
3 Male – Masculin	36 104	9 676	5 799	1 205	643	763	1 098	1 082	1 086
4 Female – Féminin	28 733	7 402	5 465	1 086	491	542	702	654	657
Honduras 1983 +									
5 Male – Masculin	10 877	1 477	847	294	153	223	397	393	326
6 Female – Féminin	8 427	1 280	853	222	118	134	217	209	206
Jamaica – Jamaïque 1982 +									
7 Male – Masculin	5 417	320	156	52	42	*———	126 ———*	*———	125 ———*
8 Female – Féminin	5 444	270	165	44	41	*———	119 ———*	*———	118 ———*
Martinique 1990 [1]									
9 Male – Masculin	1 184	21	6	–	2	14	18	35	25
10 Female – Féminin	1 036	25	7	3	3	1	11	8	20
Mexico – Mexique 1987 [3] [6]									
11 Male – Masculin	224 878	34 021	10 100	3 512	3 361	6 586	9 126	9 223	8 438
12 Female – Féminin	173 194	26 665	9 122	2 526	1 971	2 591	3 098	3 202	3 318
Montserrat 1986 +									
13 Male – Masculin	65	–	–	1	1	1	1	1	1
14 Female – Féminin	58	1	–	2	–	1	–	1	–
Netherlands Antilles – **Antilles néerlandaises** 1981									
15 Male – Masculin	444	51	1	5	4	8	8	11	5
16 Female – Féminin	449	44	1	2	2	4	5	1	2
Nicaragua 1987									
17 Male – Masculin	6 885	676	245	111	96	671	759	476	321
18 Female – Féminin	4 171	541	192	63	52	122	132	118	108
Panama 1989 [3]									
19 Male – Masculin	5 719	606	169	79	64	127	207	218	201
20 Female – Féminin	3 838	441	148	52	35	72	64	75	81
Puerto Rico – Porto Rico 1989 [3]									
21 Male – Masculin	15 243	545	56	35	56	166	291	454	546
22 Female – Féminin	10 744	407	56	26	42	72	87	122	156
Saint Kitts and Nevis – **Saint–Kitts–et–Nevis** 1989 + [3]									
23 Male – Masculin	244	15	4	5	–	2	1	7	4
24 Female – Féminin	240	7	3	1	1	1	1	2	6
Saint Lucia – Sainte–Lucie 1989 *									
25 Male – Masculin	416	35	9	3	4	8	10	10	13
26 Female – Féminin	415	21	10	1	8	9	7	5	13

19. Décès selon l'âge, le sexe et la résidence, urbaine/rurale: dernière année disponible (suite)

(Voir notes à la fin du tableau.)

	Age (en années)											Unknown Inconnu	
	35 – 39	40 – 44	45 – 49	50 – 54	55 – 59	60 – 64	65 – 69	70 – 74	75 – 79	80 – 84	85 +		
	35	36	49	57	101	112	118	159	131	107	128	1	1
	33	20	28	35	48	53	82	105	133	131	247	1	2
	1 124	940	1 025	1 271	1 349	1 551	1 629	1 791	1 531	1 166	1 375	–	3
	759	643	678	808	971	1 168	1 113	1 494	1 330	1 265	1 505	–	4
	261	287	247	273	303	360	342	423	392	340	3 539	–	5
	189	201	170	208	227	293	304	355	348	334	2 559	–	6
	*———	183 ———*	*———	329 ———*	*———	755 ———*	*———	1 415 ———*	*———	– 1 876 ———————*		38	7
	*———	173 ———*	*———	334 ———*	*———	690 ———*	*———	1 055 ———*	*———	– 2 413 ———————*		22	8
	21	40	39	50	74	120	130	137	174	138	138	2	9
	9	14	13	24	44	62	87	97	133	176	297	2	10
	8 625	8 472	9 418	10 182	11 605	12 868	13 430	13 770	16 005	13 732	19 464	2 940	11
	4 023	4 325	5 388	6 616	8 268	9 994	11 345	12 002	14 754	14 837	27 123	2 026	12
	–	1	2	4	1	5	7	7	8	12	11	1	13
	–	–	2	–	1	3	4	8	5	10	19	1	14
	9	13	11	21	24	35	37	73	63	35	30	–	15
	5	6	8	23	20	21	36	54	61	68	86	–	16
	278	246	234	241	273	*——————————— 2 150 ———————————*						108	17
	131	117	141	177	193	*——————————— 2 007 ———————————*						77	18
	165	180	182	228	290	369	453	571	615	441	505	49	19
	82	102	120	132	182	200	279	380	399	323	647	24	20
	592	613	597	655	801	1 114	1 460	1 642	1 865	1 496	2 196	63	21
	156	201	263	307	463	682	937	1 166	1 507	1 462	2 621	11	22
	8	3	4	6	15	22	25	42	32	22	24	3	23
	3	3	9	7	8	14	17	32	34	36	54	1	24
	9	17	15	15	26	40	29	45	47	45	36	–	25
	5	9	13	14	13	34	37	43	47	51	75	–	26

(See notes at end of table.)

Continent, country or area, year, sex and urban/rural residence	Age (in years)								
Continent, pays ou zone, année, sexe et résidence, urbaine/rurale	All ages Tous âges	− 1	1 − 4	5 − 9	10 − 14	15 − 19	20 − 24	25 − 29	30 − 34
AMERICA, NORTH—'(Cont.–Suite) AMERIQUE DU NORD									
St. Vincent and the Grenadines – Saint–Vincent–et–Grenadines 1988 + [3]									
1 Male – Masculin	386	35	6	5	3	9	5	13	11
2 Female – Féminin	326	20	9	2	–	5	2	2	4
Trinidad and Tobago – Trinité–et–Tobago 1989									
3 Male – Masculin	4 500	154	59	29	25	67	108	143	128
4 Female – Féminin	3 713	101	39	23	22	29	56	59	55
United States – Etats–Unis 1989									
5 Male – Masculin	1 114 190	22 361	4 110	2 510	2 914	11 263	15 902	19 932	24 222
6 Female – Féminin	1 036 276	17 294	3 182	1 803	1 687	4 307	5 016	6 998	9 372
United States Virgin Islands – Iles Vierges américaines 1987									
7 Male – Masculin	299	28	2	–	1	6	14	12	10
8 Female – Féminin	259	18	4	1	–	1	2	5	4
AMERICA, SOUTH— AMERIQUE DU SUD									
Argentina – Argentine 1988*									
9 Male – Masculin	140 666	9 998	1 354	656	667	1 293	1 558	1 593	1 913
10 Female – Féminin	112 283	7 463	1 144	440	412	689	752	890	1 213
Brazil – Brésil 1989									
11 Male – Masculin	499 660	59 011	10 658	4 962	4 984	12 866	19 149	19 593	20 491
12 Female – Féminin	335 479	44 080	8 681	3 170	2 908	4 339	5 576	6 200	7 481
Chile – Chili 1990 [3]									
13 Male – Masculin	43 626	2 767	502	256	249	584	968	1 147	1 151
14 Female – Féminin	34 808	2 148	396	143	138	251	277	357	439
Colombia – Colombie 1989 + [3 7]									
15 Male – Masculin	92 393	7 849	2 329	1 091	1 064	3 617	6 511	6 436	5 211
16 Female – Féminin	62 301	5 967	2 046	735	624	1 166	1 335	1 451	1 394
Ecuador – Equateur 1989 [3 8]									
17 Male – Masculin	28 840	4 908	1 894	597	526	711	996	1 017	939
18 Female – Féminin	22 896	3 943	1 801	450	335	488	535	488	516
Falkland Islands (Malvinas)– Iles Falkland (Malvinas) 1983* +									
19 Male – Masculin	13	–	–	–	–	2	–	1	1
20 Female – Féminin	5	–	–	–	–	–	–	–	–
French Guiana – Guyane Française 1985* [1]									
21 Male – Masculin	280	–	31	5	3	5	12	10	14
22 Female – Féminin	204	–	35	–	–	3	5	7	5
Paraguay 1987 [3]									
23 Male – Masculin	6 977	1 109	371	122	90	157	207	145	163
24 Female – Féminin	6 220	956	341	99	77	98	92	109	136

19. Décès selon l'âge, le sexe et la résidence, urbaine/rurale: dernière année disponible (suite)

(Voir notes à la fin du tableau.)

Age (en années)												
35 – 39	40 – 44	45 – 49	50 – 54	55 – 59	60 – 64	65 – 69	70 – 74	75 – 79	80 – 84	85 +	Unknown Inconnu	
4	9	9	8	27	31	27	46	54	40	41	3	1
7	3	7	7	18	11	29	38	31	45	82	4	2
117	141	172	247	323	415	505	572	551	393	344	7	3
57	83	152	191	248	292	396	413	491	419	587	–	4
26 742	28 586	32 718	42 105	62 981	96 628	129 847	148 559	157 090	135 580	149 735	405	5
11 120	14 471	18 139	25 304	38 493	61 956	89 250	113 568	144 135	162 401	307 623	157	6
15	15	19	13	15	24	30	33	20	29	13	–	7
8	18	10	14	10	19	17	26	34	23	45	–	8
2 604	3 756	5 155	7 530	10 951	13 872	15 694	16 982	17 551	14 240	12 228	1 071	9
1 728	2 063	2 724	3 698	5 299	7 246	9 138	12 429	16 357	16 833	21 178	587	10
21 002	21 972	24 407	28 959	32 348	37 792	39 515	41 233	40 148	31 976	27 374	1 220	11
8 914	10 436	12 578	15 495	18 678	23 213	26 416	32 172	34 919	33 197	36 736	290	12
1 214	1 554	1 981	2 351	2 948	3 985	4 308	4 777	5 141	4 158	3 585	–	13
502	730	990	1 281	1 777	2 511	2 889	3 778	4 858	4 941	6 402	–	14
4 283	3 372	3 467	3 830	4 696	5 722	6 285	6 878	7 060	5 455	5 574	1 663	15
1 646	1 702	2 156	2 749	3 496	4 475	5 122	6 019	6 499	5 613	7 407	699	16
962	939	979	1 130	1 351	1 518	1 653	1 880	2 120	1 970	2 630	120	17
554	600	642	732	809	1 083	1 182	1 420	1 740	1 921	3 561	96	18
–	–	2	1	1	2	2	–	–	1	–	–	19
–	–	–	–	–	1	1	–	1	–	2	–	20
12	14	19	19	10	19	30	32	20	24	1	–	21
2	6	9	8	10	8	12	25	23	46	–	–	22
159	204	239	303	407	440	555	583	*——— 1 677 ———*			46	23
171	176	173	186	268	335	411	472	*——— 2 077 ———*			43	24

19. Deaths by age, sex and urban/rural residence: latest available year (continued)

(See notes at end of table.)

Continent, country or area, year, sex and urban/rural residence / Continent, pays ou zone, année, sexe et résidence, urbaine/rurale	All ages Tous âges	− 1	1 − 4	5 − 9	10 − 14	15 − 19	20 − 24	25 − 29	30 − 34
AMERICA, SOUTH— (Cont.–Suite) AMERIQUE DU SUD									
Peru – Pérou 1985+ [9]									
1　　Male – Masculin	48 639	11 134	5 304	1 099	790	1 042	1 332	1 172	1 037
2　　Female – Féminin	44 344	9 326	5 326	1 031	676	860	1 006	928	949
Suriname 1981									
3　　Male – Masculin	1 171	157	42	15	19	31	26	24	19
4　　Female – Féminin	1 174	112	39	14	11	15	13	8	12
Uruguay 1988 [6]									
5　　Male – Masculin	16 871	677	*———	101 ———*	*———	104 ———*	*———	261 ———*	*———
6　　Female – Féminin	14 029	488	*———	83 ———*	*———	77 ———*	*———	107 ———*	*———
Venezuela 1989 [9]									
7　　Male – Masculin	48 912	7 137	1 293	647	614	1 514	1 968	1 883	1 687
8　　Female – Féminin	35 849	5 185	1 123	440	389	541	602	670	809
ASIA—ASIE									
Bahrain – Bahreïn 1990									
9　　Male – Masculin	900	134	15	12	11	19	18	40	38
10　　Female – Féminin	652	138	9	9	9	6	2	20	11
Bangladesh 1986 [3]									
11　　Male – Masculin	643 028	217 987	93 455	24 230	11 598	9 746	9 165	9 102	8 377
12　　Female – Féminin	570 792	187 325	100 949	22 382	6 821	10 684	14 261	13 344	10 542
Brunei Darussalam – Brunéi Darussalam 1989+									
13　　Male – Masculin	499	38	5	9	11	4	27	23	15
14　　Female – Féminin	328	24	8	1	−	7	4	9	9
Cyprus – Chypre 1989 [10]									
15　　Male – Masculin	2 450	65	11	12	3	11	35	34	19
16　　Female – Féminin	2 384	49	3	4	3	6	5	6	9
Hong Kong – Hong–kong 1989 [6][11]									
17　　Male – Masculin	16 264	281	48	35	42	86	157	231	282
18　　Female – Féminin	12 475	234	42	31	32	56	94	105	169
Iran (Islamic Republic of – Rép. islamique d') 1986									
19　　Male – Masculin	132 019	9 714	14 319	6 353	4 171	9 574	10 216	5 114	3 862
20　　Female – Féminin	58 042	6 338	4 875	2 022	1 430	2 329	2 547	2 226	2 053
Israel – Israël [12] 1989 [3]									
21　　Male – Masculin	15 072	535	106	59	44	149	146	151	157
22　　Female – Féminin	13 502	466	88	45	38	56	68	71	92
Japan – Japon 1990 [13]									
23　　Male – Masculin	443 718	3 123	1 409	844	760	3 204	3 466	2 916	3 264
24　　Female – Féminin	376 587	2 493	958	533	482	1 149	1 329	1 361	1 774
Jordan – Jordanie [14] 1980+									
25　　Male – Masculin	3 941	545	315	131	106	106	108	91	88
26　　Female – Féminin	2 377	507	302	89	39	48	58	49	57

19. Décès selon l'âge, le sexe et la résidence, urbaine/rurale: dernière année disponible (suite)

(Voir notes à la fin du tableau.)

					Age (en années)							
35 – 39	40 – 44	45 – 49	50 – 54	55 – 59	60 – 64	65 – 69	70 – 74	75 – 79	80 – 84	85 +	Unknown Inconnu	
1 153	1 164	1 487	1 695	1 994	2 332	2 438	2 592	2 934	2 646	3 548	1 746	1
1 107	974	1 203	1 300	1 497	1 768	1 950	2 209	2 471	2 842	5 275	1 646	2
24	50	43	51	80	64	75	116	97	72	89	77	3
25	26	36	38	48	72	65	82	88	84	131	255	4
306 –*	*——	504 ——*	*——	1 386 ——*	*——	2 976 ——*	*——	4 245 ——*	*——	6 193 ——*	118	5
163 –*	*——	335 ——*	*——	706 ——*	*——	1 385 ——*	*——	2 707 ——*	*——	7 922 ——*	56	6
1 593	1 642	1 878	2 403	3 073	3 672	3 840	4 012	3 982	2 751	3 153	170	7
884	1 022	1 119	1 465	1 878	2 470	2 715	3 090	3 613	3 175	4 620	39	8
31	28	38	51	54	73	68	101 *——	–	169 ——*		–	9
11	8	15	34	43	58	47	66 *——	–	166 ——*		–	10
6 789	11 730	12 087	21 468	20 768	35 261	33 534	33 925 *——	–	83 806 ——*		–	11
12 896	14 192	11 689	15 051	17 262	19 747	20 132	29 042 *——	–	64 473 ——*		–	12
15	11	22	22	25	31	47	57	66	42	28	1	13
15	12	11	18	21	26	32	28	43	32	25	3	14
15	32	40	81	114	192	199	282	394 *——		911 ——*	–	15
17	22	44	49	70	108	165	286	403 *——	1	135 ——*	–	16
316	413	511	908	1 478	1 949	2 326	2 653	2 316	1 322	891	19	17
193	163	188	376	633	908	1 293	1 716	1 988	1 780	2 468	6	18
2 861	3 148	3 948	5 792	7 226	10 676 *——			35 045 ——		——*	–	19
1 611	1 727	1 912	2 548	3 027	4 643 *——			18 754 ——		——*	–	20
170	248	263	468	733	1 051	1 592	1 722	2 687	2 528	2 263	–	21
106	182	168	278	539	811	1 223	1 648	2 591	2 377	2 655	–	22
5 449	9 769	14 218	20 161	32 925	42 742	42 664	51 737	69 320	67 916	67 451	380	23
3 102	5 542	7 510	10 097	14 616	19 986	27 267	38 076	58 203	71 633	110 407	69	24
100	133	172	252	222	248 *——			1 315 ——		——*	9	25
66	82	56	91	100	127 *——			703 ——		——*	3	26

19. Deaths by age, sex and urban/rural residence: latest available year (continued)

(See notes at end of table.)

Continent, country or area, year, sex and urban/rural residence / Continent, pays ou zone, année, sexe et résidence, urbaine/rurale	All ages Tous âges	− 1	1 − 4	5 − 9	10 − 14	15 − 19	20 − 24	25 − 29	30 − 34
ASIA—ASIE (Cont.-Suite)									
Korea, Republic of— Corée, République de 1989 [3] [15] [16]									
1 Male – Masculin	133 846	1 092	1 543	1 492	1 102	2 825	3 357	4 437	4 991
2 Female – Féminin	96 361	974	1 226	1 011	728	1 177	1 562	1 729	1 947
Kuwait – Koweït 1986									
3 Male – Masculin	2 731	453	105	65	30	62	76	91	101
4 Female – Féminin	1 659	388	68	43	26	22	23	44	27
Macau – Macao 1990* [17]									
5 Male – Masculin	845	36	8	6	1	8	11	21	32
6 Female – Féminin	637	22	6	2	5	3	5	7	12
Malaysia – Malaisie 1990									
7 Male – Masculin	47 251	3 785	990	626	564	1 096	1 322	1 267	1 325
8 Female – Féminin	35 993	2 833	857	474	359	476	547	610	659
Peninsular Malaysia – Malaisie Péninsulaire 1989 [1] [3]									
9 Male – Masculin	39 321	2 838	847	493	485	796	1 032	1 020	1 026
10 Female – Féminin	30 386	2 110	733	366	333	365	439	506	576
Sabah 1986									
11 Male – Masculin	3 178	615	233	66	41	74	122	142	107
12 Female – Féminin	1 936	474	165	54	39	41	55	49	64
Sarawak 1986 [3]									
13 Male – Masculin	3 168	253	78	37	36	53	73	75	83
14 Female – Féminin	2 016	173	60	26	18	34	39	41	47
Maldives 1988 [3]									
15 Male – Masculin	804	224	74	17	11	11	19	18	16
16 Female – Féminin	722	175	101	28	12	19	24	37	20
Mongolia – Mongolie 1989 [3]									
17 Male – Masculin	9 400	2 600	1 100	200	–	–	200	200	200
18 Female – Féminin	7 600	2 100	1 000	100	–	–	100	200	200
Pakistan 1988 [3] [18]									
19 Male – Masculin	465 735	186 977	42 427	12 299	10 808	8 807	3 942	15 611	7 263
20 Female – Féminin	386 606	157 081	55 683	8 543	2 584	7 638	6 674	7 658	8 436
Philippines 1988 +									
21 Male – Masculin	192 044	27 335	17 488	6 111	3 155	5 047	7 329	8 158	7 737
22 Female – Féminin	133 054	19 852	14 968	4 864	2 555	2 746	3 071	3 369	3 462
Qatar 1990									
23 Male – Masculin	572	84	20	18	9	17	20	29	27
24 Female – Féminin	299	58	22	2	2	3	3	6	6
Singapore – Singapour 1988 + [6] [19]									
25 Male – Masculin	7 585	194	36	25	25	74	146	154	169
26 Female – Féminin	6 104	173	36	25	22	34	60	85	98
Sri Lanka 1985 + [3]									
27 Male – Masculin	59 236	5 230	1 705	833	698	1 286	2 265	2 040	1 798
28 Female – Féminin	38 853	4 185	1 611	741	476	1 088	1 260	1 082	907

19. Décès selon l'âge, le sexe et la résidence, urbaine/rurale: dernière année disponible (suite)

(Voir notes à la fin du tableau.)

Age (en années)											Unknown Inconnu	
35 – 39	40 – 44	45 – 49	50 – 54	55 – 59	60 – 64	65 – 69	70 – 74	75 – 79	80 – 84	85 +		
5 609	6 725	10 302	12 359	11 606	12 433	14 632	13 982	12 326	7 827	5 206	—	1
1 985	2 396	3 632	4 762	5 581	6 834	9 090	11 389	13 483	12 244	14 611	—	2
86	124	162	215	202	201	155	161	111	107	180	44	3
46	53	55	82	65	106	104	112	104	105	180	6	4
22	25	28	21	60	65	108	108	114	80	58	33	5
8	11	4	16	27	38	60	93	85	94	130	9	6
1 302	1 629	1 917	2 842	3 370	4 123	4 570	4 996	4 676	3 650	3 078	123	7
825	1 009	1 137	1 758	2 085	2 896	3 569	4 412	4 081	3 795	3 549	62	8
1 044	1 217	1 588	2 514	2 749	3 637	3 882	4 294	4 223	2 937	2 666	33	9
696	753	981	1 463	1 715	2 305	3 207	3 683	3 932	3 164	3 011	48	10
107	140	141	194	200	228	194	222	136	92	86	38	11
55	67	80	101	95	137	101	126	81	67	71	14	12
90	95	121	173	242	280	371	356	329	202	159	62	13
46	74	72	109	151	179	240	202	214	144	110	37	14
19	13	24	37	36	51	49	54	32	36	27	36	15
16	10	21	32	36	39	38	50	16	8	10	30	16
200	200	300	400	600	600	700	*———— ——— 1 900 ——————*				—	17
200	200	200	200	300	400	600	*———— ——— 1 800 ——————*				—	18
3 581	8 567	12 327	17 750	11 240	22 314	11 608	22 584	13 975	19 016	34 639	—	19
8 047	8 319	14 013	5 803	10 080	16 176	10 377	14 819	6 355	17 710	20 610	—	20
8 059	7 665	8 767	9 670	10 108	11 292	11 391	11 723	11 920	8 570	10 516	3	21
3 752	3 567	4 178	5 201	5 347	6 609	7 777	9 072	10 461	9 262	12 936	5	22
30	36	24	31	42	48	20	44	17	22	29	5	23
10	10	11	12	10	28	14	27	9	30	28	8	24
218	234	293	452	682	803	947	989	960	696	443	45	25
145	122	185	270	358	463	619	796	968	788	840	17	26
2 050	2 090	2 700	3 279	4 153	4 462	5 171	5 479	4 499	4 484	5 000	14	27
929	842	1 155	1 525	1 690	2 267	3 038	3 665	3 426	3 798	5 165	3	28

19. Deaths by age, sex and urban/rural residence: latest available year (continued)

(See notes at end of table.)

Continent, country or area, year, sex and urban/rural residence / Continent, pays ou zone, année, sexe et résidence, urbaine/rurale	All ages Tous âges	− 1	1 − 4	5 − 9	10 − 14	15 − 19	20 − 24	25 − 29	30 − 34
ASIA—ASIE (Cont.–Suite)									
Syrian Arab Republic – République arabe syrienne 1984+ [20]									
1 Male – Masculin	17 224	1 653	2 163	976	605	577	244	290	272
2 Female – Féminin	14 855	1 468	2 141	1 744	795	467	333	285	252
Thailand – Thaïlande 1990+ [3]									
3 Male – Masculin	147 887	4 507	2 665	2 094	1 798	5 159	6 947	6 809	6 708
4 Female – Féminin	104 625	3 187	1 878	1 531	1 222	2 034	2 238	2 220	2 532
EUROPE									
Albania – Albanie 1989 [3]									
5 Male – Masculin	10 239	1 355	601	164	94	141	179	170	147
6 Female – Féminin	7 929	1 077	553	116	61	56	88	105	95
Austria – Autriche 1990 [3]									
7 Male – Masculin	38 386	395	86	48	44	265	435	389	451
8 Female – Féminin	44 566	314	69	31	26	79	114	137	162
Belgium – Belgique 1984* [21]									
9 Male – Masculin	57 307	689	156	92	97	319	559	505	598
10 Female – Féminin	53 766	450	149	66	74	146	168	207	262
Bulgaria – Bulgarie 1990 [3]									
11 Male – Masculin	59 780	909	240	134	168	337	428	461	623
12 Female – Féminin	48 828	645	173	105	87	155	154	173	282
Channel Islands – Iles Anglo–Normandes Guernsey – Guernesey 1991*									
13 Male – Masculin	318	6	1	–	–	3	1	4	2
14 Female – Féminin	296	1	–	–	–	1	–	–	–
Jersey 1988+									
15 Male – Masculin	415	7	–	1	1	1	4	1	2
16 Female – Féminin	395	4	–	–	1	–	1	1	1
Czechoslovakia – Tchécoslovaquie 1990 [3]									
17 Male – Masculin	96 731	1 401	204	181	179	501	692	735	1 064
18 Female – Féminin	87 054	968	176	109	121	243	203	228	391
Denmark – Danemark [22] 1989									
19 Male – Masculin	30 449	288	60	26	34	116	197	222	303
20 Female – Féminin	28 948	204	41	25	22	51	78	82	125
Estonia – Estonie 1990 [3] [23]									
21 Male – Masculin	9 424	166	59	42	38	99	142	171	213
22 Female – Féminin	10 106	110	49	22	15	33	36	38	51
Faeroe Islands – Iles Féroé 1989									
23 Male – Masculin	226	8	2	–	3	2	2	3	–
24 Female – Féminin	145	7	1	–	–	–	1	–	1

(Voir notes à la fin du tableau.)

35–39	40–44	45–49	50–54	55–59	60–64	65–69	70–74	75–79	80–84	85+	Unknown Inconnu	
266	396	512	1 097	678	1 211	1 164	1 500	1 001	1 106	1 513	—	1
221	305	313	629	369	679	638	1 060	890	1 050	1 216	—	2
6 588	6 837	7 431	9 747	10 995	12 524	12 311	12 627	11 532	9 266	8 616	2 726	3
2 827	3 539	4 300	5 953	6 871	8 354	8 921	10 386	10 685	11 025	13 053	1 869	4
139	146	231	418	577	757	977	1 106	1 227	882	922	6	5
90	98	119	171	219	356	557	670	1 209	968	1 318	3	6
465	793	1 262	1 505	2 235	3 501	4 436	3 603	6 530	6 431	5 512	—	7
225	397	599	779	1 098	1 755	3 410	3 257	7 647	10 435	14 032	—	8
700	784	1 375	2 300	3 741	5 656	5 284	9 296	10 018	8 373	6 758	7	9
355	492	787	1 184	1 928	2 876	2 914	6 336	9 593	11 717	14 058	4	10
925	1 584	1 992	2 952	4 583	6 509	8 421	6 389	9 529	7 950	5 646	—	11
398	616	809	1 207	2 174	3 463	5 567	5 059	9 357	9 760	8 644	—	12
2	4	7	7	11	29	36	48	49	48	60	—	13
1	4	2	2	4	17	24	20	55	57	108	—	14
2	3	11	14	16	45	49	58	*———— - 200 ————*			—	15
2	1	3	10	13	18	28	37	*———— - 275 ————*			—	16
1 889	2 917	3 936	4 990	7 452	11 056	14 434	9 462	15 515	12 353	7 770	—	17
692	1 082	1 439	1 862	3 305	5 459	9 341	7 933	16 881	18 389	18 232	—	18
409	655	780	1 077	1 603	2 446	3 617	4 251	5 322	4 409	4 634	—	19
222	410	509	723	1 061	1 515	2 374	3 015	4 383	5 241	8 867	—	20
269	360	462	705	898	1 182	1 012	878	1 066	922	728	12	21
91	111	166	274	375	685	960	975	1 723	2 036	2 342	14	22
1	4	6	5	11	18	22	37	39	27	36	—	23
1	2	2	—	4	6	9	13	23	32	43	—	24

19. Deaths by age, sex and urban/rural residence: latest available year (continued)

(See notes at end of table.)

Continent, country or area, year, sex and urban/rural residence — Continent, pays ou zone, année, sexe et résidence, urbaine/rurale	All ages Tous âges	Age (in years)							
		−1	1−4	5−9	10−14	15−19	20−24	25−29	30−34
EUROPE (Cont.–Suite)									
Finland – Finlande 1989 [3] [24]									
1 Male – Masculin	24 513	217	35	38	47	175	252	293	417
2 Female – Féminin	24 597	169	43	17	16	50	62	81	122
France 1990 [3] [25] [26]									
3 Male – Masculin	272 664	3 284	696	363	426	1 700	3 264	3 504	3 947
4 Female – Féminin	253 537	2 315	463	276	292	678	903	1 168	1 421
Germany – Allemagne [27]									
	...	...	...	...	...	...	...	...	...
Germany, Federal Rep. of – Allemagne, République fédérale d' 1990									
5 Male – Masculin	330 439	2 954	589	340	281	1 307	2 736	3 027	3 297
6 Female – Féminin	382 896	2 122	462	258	189	496	1 001	1 090	1 382
Former German Democratic Republic – Ancienne République démocratique allemande 1989 [3]									
7 Male – Masculin	91 090	911	193	183	128	469	729	868	1 106
8 Female – Féminin	114 621	597	166	98	60	209	266	318	507
Gibraltar 1984 [28]									
9 Male – Masculin	126	2	–	–	–	–	–	–	1
10 Female – Féminin	126	1	–	–	–	1	2	–	1
Greece – Grèce 1985 [3]									
11 Male – Masculin	48 452	960	140	98	101	344	453	424	379
12 Female – Féminin	44 434	687	86	64	64	123	143	129	171
Hungary – Hongrie 1990 [3]									
13 Male – Masculin	76 936	1 055	141	103	141	410	546	632	1 215
14 Female – Féminin	68 724	808	105	87	84	170	191	199	471
Iceland – Islande 1990									
15 Male – Masculin	910	17	4	2	3	12	16	17	11
16 Female – Féminin	794	11	–	1	1	4	1	6	3
Ireland – Irlande 1990+ [3] [29]									
17 Male – Masculin	17 052	253	54	38	31	101	153	108	121
18 Female – Féminin	14 851	181	33	25	26	54	44	60	57
Isle of Man – Ile de Man 1989+									
19 Male – Masculin	507	5	–	–	1	4	7	*———	7 ———*
20 Female – Féminin	481	–	2	1	–	–	1	*———	2 ———*
Italy – Italie 1988									
21 Male – Masculin	281 149	3 020	420	332	489	1 713	2 557	2 420	2 244
22 Female – Féminin	258 277	2 282	329	229	302	576	781	843	927
Liechtenstein 1987									
23 Male – Masculin	98	1	–	1	–	–	1	1 *———	
24 Female – Féminin	82	–	1	–	–	–	–	– *———	
Lithuania – Lituanie 1990 [3] [23]									
25 Male – Masculin	20 605	313	120	79	62	180	293	415	496
26 Female – Féminin	19 155	268	64	47	35	74	57	85	143

19. Décès selon l'âge, le sexe et la résidence, urbaine/rurale: dernière année disponible (suite)

(Voir notes à la fin du tableau.)

Age (en années)											Unknown Inconnu	
35 – 39	40 – 44	45 – 49	50 – 54	55 – 59	60 – 64	65 – 69	70 – 74	75 – 79	80 – 84	85 +		
554	862	832	1 152	1 741	2 591	2 853	3 159	3 735	3 087	2 473	—	1
202	305	334	454	641	1 111	1 814	2 732	4 488	5 414	6 542	—	2
5 114	7 225	7 299	10 677	16 863	23 842	29 513	24 049	38 393	43 216	49 289	—	3
2 092	2 896	3 019	4 354	6 783	9 843	14 179	14 385	31 554	50 378	106 538	—	4
...	...	...	...	...	...	...	...	...	...	...	...	
3 917	5 287	9 516	16 828	21 243	30 389	35 698	31 239	55 766	55 851	50 172	2	5
2 133	2 875	4 841	7 698	9 670	15 753	27 534	28 956	66 144	88 088	122 201	3	6
1 549	1 466	3 370	5 473	6 904	7 653	9 176	7 504	15 612	15 580	12 216	—	7
636	675	1 662	2 592	3 358	5 370	9 338	9 503	23 245	27 238	28 783	—	8
1	—	1	3	6	11	9	16	27	11	39	—	9
2	1	2	13	14	25	18	17	15	6	8	—	10
470	562	1 141	1 818	2 971	3 580	4 392	7 146	8 440	7 592	7 440	1	11
242	305	630	1 001	1 556	1 905	3 145	5 695	7 978	8 877	11 633	—	12
2 092	2 581	3 757	4 673	6 777	8 839	10 262	7 112	11 311	8 937	6 352	—	13
832	1 119	1 534	2 093	3 112	4 745	7 172	6 403	12 837	13 326	13 436	—	14
12	15	19	22	49	60	102	116	133	128	172	—	15
7	9	15	23	33	47	51	83	125	100	274	—	16
142	259	335	459	840	1 398	2 111	2 681	3 186	2 585	2 197	—	17
94	131	216	296	468	807	1 294	1 790	2 604	2 830	3 841	—	18
*——	11 ——*	*——	17 ——*	*——	40 ——*	*——	128 ——*	*——	197 ——*	90	—	19
*——	11 ——*	*——	10 ——*	*——	26 ——*	*——	88 ——*	*——	158 ——*	182	—	20
2 618	3 935	6 713	10 604	18 410	27 909	32 083	36 215	50 874	42 026	36 567	—	21
1 439	2 234	3 524	5 502	8 516	13 591	18 663	25 475	45 594	52 601	74 869	—	22
3 –*	*——	1 ——*	*——	14 ——*	*——	26 ——*	*——	32 ——*	*——	18 ——*	—	23
3 –*	*——	2 ——*	*——	2 ——*	*——	5 ——*	*——	25 ——*	*——	44 ——*	—	24
625	788	1 093	1 445	1 910	2 203	2 120	1 612	2 005	2 561	2 254	31	25
202	297	427	550	888	1 341	1 686	1 627	2 942	3 415	4 991	16	26

19. Deaths by age, sex and urban/rural residence: latest available year (continued)

(See notes at end of table.)

Continent, country or area, year, sex and urban/rural residence / Continent, pays ou zone, année, sexe et résidence, urbaine/rurale	All ages Tous âges	− 1	1 − 4	5 − 9	10 − 14	15 − 19	20 − 24	25 − 29	30 − 34
EUROPE (Cont.–Suite)									
Luxembourg 1989 [3]									
1 Male – Masculin	1 998	25	4	5	2	10	21	29	27
2 Female – Féminin	1 986	21	1	–	5	4	7	9	7
Malta – Malte 1989									
3 Male – Masculin	1 313	34	1	2	1	12	9	7	15
4 Female – Féminin	1 297	24	2	1	–	2	3	3	5
Monaco 1983									
5 Male – Masculin	245	2	–	–	1	2	–	1	–
6 Female – Féminin	203	–	–	–	–	1	–	1	–
Netherlands – Pays–Bas 1990 [3] [30]									
7 Male – Masculin	66 628	810	165	104	103	299	433	516	574
8 Female – Féminin	62 196	587	144	61	93	131	189	242	313
Norway – Norvège 1990 [3] [31]									
9 Male – Masculin	23 866	252	57	31	39	139	153	175	207
10 Female – Féminin	22 155	167	35	22	24	49	41	77	76
Poland – Pologne 1990 [3]									
11 Male – Masculin	209 333	5 014	836	565	577	1 489	2 125	2 544	4 451
12 Female – Féminin	179 107	3 723	589	362	346	483	454	640	1 249
Portugal 1990 [3]									
13 Male – Masculin	53 439	739	204	147	200	647	767	728	753
14 Female – Féminin	49 676	540	134	108	121	176	219	238	285
Romania – Roumanie 1990 [3]									
15 Male – Masculin	131 824	4 794	1 518	617	584	977	1 404	1 290	2 235
16 Female – Féminin	115 262	3 677	1 238	394	325	427	561	537	919
San Marino – Saint–Marin 1989+ [3]									
17 Male – Masculin	105	2	–	–	–	1	–	1	2
18 Female – Féminin	68	3	–	–	–	–	1	–	–
Spain – Espagne 1986									
19 Male – Masculin	162 961	*———— ———— 3 801 ———— ————*					1 382	2 014	1 846	1 663
20 Female – Féminin	147 452	*———— ———— 2 729 ———— ————*					538	631	650	700
Sweden – Suède 1990									
21 Male – Masculin	49 054	421	74	46	42	181	267	297	320
22 Female – Féminin	46 107	318	46	31	40	74	96	127	151
Switzerland – Suisse 1990 [3]									
23 Male – Masculin	32 492	316	77	38	39	222	398	462	435
24 Female – Féminin	31 247	258	46	30	29	72	110	146	159
Ukraine 1988 [3] [23]									
25 Male – Masculin	274 232	6 203	2 021	1 110	918	1 960	3 334	4 476	5 477
26 Female – Féminin	326 493	4 436	1 561	701	541	942	1 010	1 333	1 740
United Kingdom – Royaume–Uni 1990*									
27 Male – Masculin	314 601	3 614	674	376	406	1 487	2 197	2 262	2 092
28 Female – Féminin	327 198	2 658	489	249	273	534	700	901	1 066

19. Décès selon l'âge, le sexe et la résidence, urbaine/rurale: dernière année disponible (suite)

(Voir notes à la fin du tableau.)

					Age (en années)							
35 – 39	40 – 44	45 – 49	50 – 54	55 – 59	60 – 64	65 – 69	70 – 74	75 – 79	80 – 84	85 +	Unknown Inconnu	
26	35	57	91	147	195	225	226	339	299	235	–	1
13	22	29	39	66	106	157	182	339	430	549		2
11	28	33	42	78	129	168	180	214	207	142	–	3
13	20	12	24	56	96	111	169	206	248	302		4
1	1	6	5	19	10	12	31	45	59	50	–	5
–	–	1	5	6	7	7	18	37	45	75		6
718	1 170	1 515	2 147	3 612	5 216	8 116	9 639	10 993	9 872	10 626	–	7
446	744	916	1 219	1 883	2 834	4 352	5 835	9 084	12 034	21 089		8
261	378	457	536	945	1 597	2 702	3 671	4 177	3 832	4 257	–	9
128	195	249	281	460	850	1 445	2 367	3 495	4 477	7 717		10
6 317	7 734	7 992	13 218	19 339	24 659	25 879	19 500	27 217	23 579	16 298	–	11
2 089	2 889	2 963	4 970	8 174	12 767	17 693	16 775	30 565	34 635	37 741		12
858	1 059	1 321	2 124	3 250	4 569	6 170	6 915	8 751	7 793	6 444	–	13
383	513	739	1 088	1 623	2 360	3 738	5 181	8 448	10 321	13 461		14
3 214	3 809	5 018	8 758	11 546	14 379	15 530	10 725	18 484	15 666	11 276	–	15
1 358	1 696	2 213	3 952	5 769	8 437	12 247	10 941	21 667	20 723	18 181		16
1	–	–	1	5	12	11	15	17	13	24	–	17
–	1	–	–	3	3	1	7	18	11	20		18
2 200	2 848	4 104	7 513	11 043	15 421	17 011	*——————— 92 115 ———————*				–	19
990	1 333	1 924	3 263	4 959	7 125	10 008	*——————— 112 602 ———————*					20
412	707	976	1 166	1 859	2 960	4 926	6 986	9 178	9 030	9 206	–	21
223	405	590	658	1 076	1 621	2 887	4 403	7 104	9 695	16 562		22
421	574	758	1 029	1 579	2 323	3 325	3 848	5 282	5 407	5 959	–	23
200	299	466	567	755	1 192	1 753	2 493	4 426	6 435	11 811		24
7 014	6 751	14 496	20 539	27 196	34 598	25 907	26 904	36 833	27 795	20 700	–	25
2 646	2 722	6 119	9 203	13 983	24 836	28 315	38 513	64 610	61 203	62 079		26
2 692	4 299	6 034	9 473	15 575	26 408	42 157	46 301	57 541	49 910	41 103	–	27
1 663	2 800	3 866	5 852	9 598	16 752	27 439	34 580	52 577	63 780	101 421		28

19. Deaths by age, sex and urban/rural residence: latest available year (continued)

(See notes at end of table.)

Continent, country or area, year, sex and urban/rural residence / Continent, pays ou zone, année, sexe et résidence, urbaine/rurale	Age (in years)								
	All ages Tous âges	−1	1−4	5−9	10−14	15−19	20−24	25−29	30−34
EUROPE (Cont.–Suite)									
Yugoslavia – Yougoslavie 1989 [3]									
1　Male – Masculin	113 819	4 272	623	349	314	616	1 014	1 187	1 525
2　Female – Féminin	101 664	3 639	544	250	196	312	401	496	682
OCEANIA—OCEANIE									
American Samoa – Samoa américaines 1988									
3　Male – Masculin	130	10	5	1	1	4	8	3	4
4　Female – Féminin	67	7	2	2	1	4	3	1	1
Australia – Australie 1990+									
5　Male – Masculin	64 660	1 224	256	150	135	676	950	998	976
6　Female – Féminin	55 402	921	168	88	94	265	298	325	375
Cocos (Keeling) Islands – Iles des Cocos (Keeling) 1985									
7　Male – Masculin	1	–	–	–	–	–	–	–	–
8　Female – Féminin	–	–	–	–	–	–	–	–	–
Cook Islands – Iles Cook 1988									
9　Male – Masculin	57	2	–	1	–	4	1	3	–
10　Female – Féminin	37	2	–	–	–	1	1	–	–
Fiji – Fidji 1987+									
11　Male – Masculin	1 890	106	47	23	19	29	62	64	55
12　Female – Féminin	1 288	83	32	23	16	25	35	49	28
Guam 1986 [3][32]									
13　Male – Masculin	286	18	2	5	3	14	12	8	6
14　Female – Féminin	165	13	3	–	4	4	1	2	–
Marshall Islands – Iles Marshall 1989									
15　Male – Masculin	102	16	6	2	1	1	4	5	2
16　Female – Féminin	49	13	4	1	1	1	2	–	6
New Caledonia – Nouvelle–Calédonie 1982									
17　Male – Masculin	538	49	27	8	7	13	18	18	12
18　Female – Féminin	376	35	15	12	2	2	2	8	10
New Zealand – Nouvelle–Zélande 1990+ [3]									
19　Male – Masculin	13 971	296	81	36	39	214	296	216	189
20　Female – Féminin	12 560	204	39	20	23	85	79	88	95
Norfolk Island – Ile Norfolk 1988									
21　Male – Masculin	6	–	–	–	–	–	–	–	1
22　Female – Féminin	3	–	–	–	–	–	–	–	–
Northern Mariana Islands – Iles Mariannes septentrionales 1989									
23　Male – Masculin	83	2	1	1	1	6	5	6	4
24　Female – Féminin	39	–	–	1	–	1	1	–	2

386

(Voir notes à la fin du tableau.)

35 – 39	40 – 44	45 – 49	50 – 54	55 – 59	60 – 64	65 – 69	70 – 74	75 – 79	80 – 84	85 +	Unknown Inconnu	
2 288	2 683	4 053	7 265	11 333	13 058	13 182	8 857	16 790	14 300	10 031	79	1
973	1 267	1 954	3 371	5 443	7 963	10 916	8 933	19 029	18 075	17 161	59	2
5	7	8	6	14	14	12	9	11	5	3	–	3
1	2	2	4	6	9	8	8	3	1	2	–	4
966	1 357	1 575	2 253	3 503	5 899	8 217	8 976	10 429	8 468	7 642	10	5
499	705	892	1 310	1 791	3 018	4 671	6 173	8 650	9 361	15 797	1	6
–	–	–	–	–	–	1	–	–	–	–	–	7
–	–	–	–	–	–	–	–	–	–	–	–	8
–	4	1	3	7	2	1	8	9	*———	11 ———*	–	9
1	–	–	5	1	4	4	6	2	*———	10 ———*	–	10
74	96	149	172	187	160	175	180	107	75	78	32	11
35	39	103	105	105	115	115	114	80	86	76	24	12
10	9	13	20	30	32	35	21	24	16	8	–	13
4	3	2	9	19	22	17	20	14	13	15	–	14
4	4	6	9	5	8	8	10 *———	–	11 ———*		–	15
–	1	2	1	7	2	3	1 *———	–	4 ———*		–	16
18	23	21	37	50	50	60	54	33	26	14	–	17
5	8	12	16	24	35	35	42	43	34	36	–	18
195	261	334	469	763	1 223	1 696	1 965	2 252	1 891	1 555	–	19
112	185	260	362	505	739	1 082	1 460	1 834	2 151	3 237	–	20
–	–	–	–	1	–	1	1	–	2	–	–	21
–	–	–	–	–	–	–	2	–	1	–	–	22
4	2	5	5	7	6	7	6	6	5	4	–	23
1	1	–	1	8	4	3	4	5	1	6	–	24

19. Deaths by age, sex and urban/rural residence: latest available year (continued)

(See notes at end of table.)

Continent, country or area, year, sex and urban/rural residence / Continent, pays ou zone, année, sexe et résidence, urbaine/rurale		All ages Tous âges	− 1	1 − 4	5 − 9	10 − 14	15 − 19	20 − 24	25 − 29	30 − 34
OCEANIA—OCEANIE(Cont.–Suite)										
Pacific Islands (Palau) – Iles du Pacifique (Palaos) 1985										
1	Male – Masculin	56	10	–	1	–	2	–	2	1
2	Female – Féminin	39	4	–	1	–	–	1	2	1
Samoa 1980 [3]										
3	Male – Masculin	286	22	12	2	9	10	9	8	6
4	Female – Féminin	189	13	11	6	7	6	5	3	2
Tokelau – Tokélaou 1982										
5	Male – Masculin	5	–	–	–	–	–	–	–	–
6	Female – Féminin	11	–	2	–	–	–	–	–	–
Former USSR Ancienne URSS 1989 [3][23]										
7	Male – Masculin	1 400 409	*—— 90 459 ——*		8 695	6 772	14 369	23 063	34 666	42 289
8	Female – Féminin	1 474 126	*—— 68 012 ——*		5 122	3 670	6 375	7 307	9 836	12 442

388

					Age (en années)							
35 – 39	40 – 44	45 – 49	50 – 54	55 – 59	60 – 64	65 – 69	70 – 74	75 – 79	80 – 84	85 +	Unknown Inconnu	
2	2	1	3	9	4	4	5	5	4	1	–	1
1	–	1	–	1	3	7	5	6	3	3	–	2
10	9	16	19	18	35	27	18	17	9	20	10	3
8	7	6	10	13	11	13	18	12	12	20	6	4
–	–	1	–	–	1	–	–	–	1	2	–	5
–	–	–	–	–	–	2	2	2	–	3	–	6
49 506	47 618	67 580	120 467	137 850	184 862	121 766	114 166	148 844	106 840	78 451	2 146	7
16 161	17 190	26 462	51 225	67 607	117 585	128 347	156 664	266 491	249 401	263 339	890	8

Data by urban/rural residence

(See notes at end of table.)

Continent, country or area, year, sex and urban/rural residence Continent, pays ou zone, année, sexe et résidence, urbaine/rurale	All ages Tous âges	Age (in years)							
		− 1	1 − 4	5 − 9	10 − 14	15 − 19	20 − 24	25 − 29	30 − 34
AFRICA—AFRIQUE									
Egypt – Egypte Urban – Urbaine 1988									
1 Male – Masculin	95 134	16 720	4 987	1 941	1 449	1 833	2 080	2 086	2 002
2 Female – Féminin	79 378	14 444	4 826	1 511	1 039	1 400	1 346	1 446	1 468
Rural – Rurale 1988									
3 Male – Masculin	127 302	25 345	13 694	3 310	2 022	1 942	1 714	1 928	1 987
4 Female – Féminin	125 204	26 328	16 035	2 856	1 676	1 442	1 449	1 636	1 402
Tunisia – Tunisie Urban – Urbaine 1989									
5 Male – Masculin	14 904	2 335	443	236	180	265	284	295	302
6 Female – Féminin	10 401	1 753	434	171	115	128	127	170	208
Rural – Rurale 1989									
7 Male – Masculin	5 746	564	283	87	74	91	58	85	90
8 Female – Féminin	3 870	499	210	70	53	48	64	56	63
AMERICA,NORTH— AMERIQUE DU NORD									
Cuba Urban – Urbaine 1989									
9 Male – Masculin	28 738	806	177	113	158	445	609	576	503
10 Female – Féminin	23 419	541	133	72	90	271	321	322	285
Rural – Rurale 1989									
11 Male – Masculin	9 296	416	83	66	59	207	262	281	206
12 Female – Féminin	5 869	284	69	32	50	157	146	130	95
Dominican Republic – République dominicaine Urban – Urbaine 1985+									
13 Male – Masculin	11 166	2 848	707	169	119	224	358	301	278
14 Female – Féminin	9 381	2 454	691	158	107	179	199	188	203
Rural – Rurale 1985+									
15 Male – Masculin	4 082	595	304	84	47	58	98	113	91
16 Female – Féminin	3 215	514	259	59	38	53	64	57	61
El Salvador Urban – Urbaine 1989*									
17 Male – Masculin	9 671	1 158	395	143	123	501	775	573	467
18 Female – Féminin	6 756	856	339	118	89	167	161	142	143
Rural – Rurale 1989*									
19 Male – Masculin	6 903	976	462	156	143	333	533	369	295
20 Female – Féminin	4 436	807	480	160	98	141	121	77	86
Guatemala Urban – Urbaine 1988									
21 Male – Masculin	15 804	4 308	1 976	368	215	401	640	553	515
22 Female – Féminin	11 534	3 032	1 750	354	165	231	287	251	259
Rural – Rurale 1988									
23 Male – Masculin	20 300	5 368	3 823	837	428	362	458	529	571
24 Female – Féminin	17 199	4 370	3 715	732	326	311	415	403	398
Mexico – Mexique Urban – Urbaine 1983 6 33									
25 Male – Masculin	143 959	27 326	5 165	2 046	1 942	3 750	5 594	5 415	5 117
26 Female – Féminin	113 688	21 191	4 559	1 447	1 211	1 613	2 100	2 087	2 196

(Voir notes à la fin du tableau.)

					Age (en années)							
35 – 39	40 – 44	45 – 49	50 – 54	55 – 59	60 – 64	65 – 69	70 – 74	75 – 79	80 – 84	85 +	Unknown Inconnu	
2 572	2 695	3 477	5 117	7 114	8 783	9 188	7 930	*——— - 15 160 ———*			–	1
1 851	1 796	2 344	3 619	4 140	6 026	6 711	7 157	*——— - 18 254 ———*			–	2
2 554	2 673	3 813	5 685	7 564	9 617	11 249	10 287	*——— - 21 918 ———*			–	3
2 001	1 593	2 486	3 926	4 389	6 805	9 219	11 241	*——— - 30 720 ———*			–	4
237	293	377	607	874	1 121	1 310	1 450	1 611	*—— 2 044 ——*		640	5
174	176	233	387	496	632	848	972	1 169	*—— 1 790 ——*		418	6
89	63	102	171	242	296	460	599	796	*—— 1 055 ——*		541	7
52	72	68	130	179	222	310	342	503	*—— 611 ——*		318	8
609	766	1 032	1 263	1 576	2 115	2 743	3 338	4 166	3 788	3 940	15	9
419	590	697	867	1 121	1 566	2 007	2 656	3 531	3 533	4 392	5	10
235	253	276	360	403	518	743	964	1 187	1 225	1 544	8	11
103	177	195	279	284	451	428	599	794	728	866	2	12
274	279	319	449	477	640	589	808	586	622	1 119	–	13
195	219	280	370	324	419	412	557	476	578	1 372	–	14
94	102	113	161	171	232	230	322	289	323	655	–	15
78	72	97	144	132	156	181	210	185	247	608	–	16
385	384	380	386	470	505	503	598	604	550	670	101	17
129	175	223	227	291	381	506	508	616	596	1 019	70	18
283	253	273	292	289	300	376	346	386	330	428	80	19
92	130	130	148	157	238	285	257	304	246	431	48	20
515	534	461	594	620	766	695	743	681	601	618	–	21
250	294	294	368	402	445	511	646	656	624	715	–	22
609	406	564	677	729	785	934	1 048	850	565	757	–	23
509	349	384	440	569	723	602	848	674	641	790	–	24
5 336	5 418	6 228	7 001	7 702	8 411	8 190	10 178	9 340	8 850	8 531	2 419	25
2 480	2 901	3 612	4 466	5 548	6 545	6 999	9 290	9 299	10 501	14 247	1 396	26

Data by urban/rural residence

(See notes at end of table.)

Continent, country or area, year, sex and urban/rural residence / Continent, pays ou zone, année, sexe et résidence, urbaine/rurale	All ages Tous âges	−1	1−4	5−9	10−14	15−19	20−24	25−29	30−34
AMERICA,NORTH— (Cont.–Suite) AMERIQUE DU NORD									
Mexico – Mexique Rural – Rurale 1983 6 33									
1 Male – Masculin	85 508	15 899	6 132	1 878	1 505	2 463	3 402	3 277	2 989
2 Female – Féminin	62 022	12 713	5 958	1 433	916	1 221	1 377	1 389	1 301
Panama Urban – Urbaine 1989									
3 Male – Masculin	2 980	264	32	24	29	52	106	116	120
4 Female – Féminin	2 140	210	29	11	13	31	29	36	37
Rural – Rurale 1989									
5 Male – Masculin	2 739	342	137	55	35	75	101	102	81
6 Female – Féminin	1 698	231	119	41	22	41	35	39	44
Puerto Rico – Porto Rico Urban – Urbaine 1989 33									
7 Male – Masculin	8 049	278	31	22	26	95	167	242	344
8 Female – Féminin	6 113	216	33	15	23	24	46	81	105
Rural – Rurale 1989 33									
9 Male – Masculin	7 109	262	25	13	30	70	124	211	200
10 Female – Féminin	4 600	187	23	11	19	48	41	41	51
Saint Kitts and Nevis – Saint–Kitts—et–Nevis Urban – Urbaine 1984+									
11 Male – Masculin	174	14	1	−	−	1	2	5	4
12 Female – Féminin	171	12	1	1	−	1	−	2	5
Rural – Rurale 1984+									
13 Male – Masculin	62	2	−	−	−	1	−	−	−
14 Female – Féminin	74	3	3	1	−	−	−	−	−
St. Vincent and the Grenadines – Saint–Vincent—et–Grenadines Urban – Urbaine 1983+									
15 Male – Masculin	166	47	8	−	1	1	3	5	−
16 Female – Féminin	182	43	15	2	3	3	4	1	−
Rural – Rurale 1983+									
17 Male – Masculin	197	14	7	4	2	4	2	3	−
18 Female – Féminin	234	18	11	4	−	3	1	2	1
AMERICA,SOUTH— AMERIQUE DU SUD									
Chile – Chili Urban – Urbaine 1990									
19 Male – Masculin	35 764	2 278	353	194	182	441	738	905	914
20 Female – Féminin	29 905	1 771	282	100	98	194	224	305	356
Rural – Rurale 1990									
21 Male – Masculin	7 862	489	149	62	67	143	230	242	237
22 Female – Féminin	4 903	377	114	43	40	57	53	52	83
Colombia – Colombie Urban – Urbaine 1986+ 7									
23 Male – Masculin	66 570	7 512	2 149	906	777	2 190	3 970	3 914	3 135
24 Female – Féminin	49 785	5 796	1 803	593	468	914	1 137	1 106	1 033

(Voir notes à la fin du tableau.)

	Age (en années)												
35 – 39	40 – 44	45 – 49	50 – 54	55 – 59	60 – 64	65 – 69	70 – 74	75 – 79	80 – 84	85 +	Unknown Inconnu	
3 464	3 241	3 455	3 529	3 683	4 021	3 965	5 036	4 859	5 266	5 881	1 563	1
1 638	1 672	1 840	1 957	2 342	2 744	2 851	3 941	4 036	4 646	7 214	833	2
93	92	95	124	155	216	264	319	355	228	264	32	3
44	49	68	64	91	124	175	231	233	197	454	14	4
72	88	87	104	135	153	189	252	260	213	241	17	5
38	53	52	68	91	76	104	149	166	126	193	10	6
358	339	312	355	466	621	769	841	966	752	1 053	12	7
88	122	150	159	257	374	533	641	839	843	1 563	1	8
233	271	284	298	333	492	688	798	897	741	1 139	—	9
68	79	112	145	205	308	403	523	666	615	1 053	2	10
2	4	4	7	7	13	26	25	24	17	14	4	11
3	2	1	3	14	16	15	24	22	21	28	—	12
1	1	—	2	2	9	6	7	15	9	6	1	13
—	—	2	—	7	2	3	12	15	7	18	1	14
7	3	4	6	2	14	13	15	9	8	12	8	15
2	1	5	5	7	7	9	14	21	19	18	3	16
1	5	4	5	8	14	20	23	32	21	21	7	17
3	1	6	8	14	12	18	20	24	31	52	5	18
976	1 280	1 685	1 953	2 503	3 347	3 616	3 930	4 161	3 408	2 900	—	19
418	622	850	1 122	1 549	2 169	2 485	3 276	4 161	4 305	5 618	—	20
238	274	296	398	445	638	692	847	980	750	685	—	21
84	108	140	159	228	342	404	502	697	636	784	—	22
2 546	2 050	2 378	2 765	3 702	4 282	4 948	5 291	5 068	3 851	4 060	1 076	23
1 244	1 272	1 783	2 335	2 966	3 439	4 131	4 595	4 898	4 177	5 592	503	24

(See notes at end of table.)

Continent, country or area, year, sex and urban/rural residence — Continent, pays ou zone, année, sexe et résidence, urbaine/rurale	All ages Tous âges	−1	1−4	5−9	10−14	15−19	20−24	25−29	30−34
AMERICA, SOUTH— (Cont.–Suite) **AMERIQUE DU SUD**									
Colombia – Colombie Rural – Rurale 1986+ [7]									
1 Male – Masculin	17 151	1 436	880	323	268	711	1 294	1 210	926
2 Female – Féminin	10 204	1 196	758	230	151	258	260	252	215
Ecuador – Equateur Urban – Urbaine 1989 [8]									
3 Male – Masculin	15 544	2 590	771	289	261	405	583	626	576
4 Female – Féminin	12 230	1 967	637	184	150	243	289	228	269
Rural – Rurale 1989 [8]									
5 Male – Masculin	13 296	2 318	1 123	308	265	306	413	391	363
6 Female – Féminin	10 666	1 976	1 164	266	185	245	246	260	247
Paraguay Urban – Urbaine 1987									
7 Male – Masculin	3 592	542	167	54	31	73	99	77	71
8 Female – Féminin	3 170	439	160	41	34	35	37	64	70
Rural – Rurale 1987									
9 Male – Masculin	3 385	567	204	68	59	84	108	68	92
10 Female – Féminin	3 050	517	181	58	43	63	55	45	66
ASIA—ASIE									
Bangladesh Urban – Urbaine 1986									
11 Male – Masculin	67 078	19 472	7 382	2 055	982	1 071	1 555	1 105	519
12 Female – Féminin	53 927	16 975	8 113	2 954	653	933	1 690	2 076	821
Rural – Rurale 1986									
13 Male – Masculin	575 950	198 515	86 073	22 175	10 616	8 675	7 610	7 997	7 858
14 Female – Féminin	516 865	170 350	92 836	19 428	6 168	9 751	12 571	11 268	9 721
Israel – Israël [12] Urban – Urbaine 1989									
15 Male – Masculin	13 889	479	91	49	42	128	126	142	141
16 Female – Féminin	12 484	407	82	37	31	48	59	67	82
Rural – Rurale 1989									
17 Male – Masculin	1 181	63	16	9	2	21	19	8	14
18 Female – Féminin	1 026	65	7	9	7	8	9	4	11
Korea, Republic of— Corée, République de Urban – Urbaine 1981 [15]									
19 Male – Masculin	51 074	642	1 569	894	679	1 294	2 124	1 937	1 771
20 Female – Féminin	35 511	531	1 414	706	446	684	1 035	1 118	967
Rural – Rurale 1981 [15]									
21 Male – Masculin	77 787	480	2 092	1 675	1 192	2 286	3 305	2 163	1 989
22 Female – Féminin	52 175	403	2 058	1 416	1 032	1 427	1 653	1 184	1 038
Malaysia – Malaisie Peninsular Malaysia – Malaisie Péninsulaire Urban – Urbaine 1989 [1]									
23 Male – Masculin	14 884	884	221	136	157	251	350	395	399
24 Female – Féminin	11 438	663	197	102	93	116	140	178	212
Rural – Rurale 1989 [1]									
25 Male – Masculin	24 437	1 954	626	357	328	545	682	625	627
26 Female – Féminin	18 948	1 447	536	264	240	249	299	328	364

(Voir notes à la fin du tableau.)

	35 – 39	40 – 44	45 – 49	50 – 54	55 – 59	60 – 64	65 – 69	70 – 74	75 – 79	80 – 84	85 +	Unknown Inconnu	
	860	686	699	688	854	900	1 028	1 099	1 101	876	938	374	1
	252	271	321	415	482	547	764	854	922	828	1 139	89	2
	566	511	519	611	716	882	942	1 026	1 175	1 040	1 408	47	3
	295	322	336	434	450	652	714	827	1 043	1 082	2 078	30	4
	396	428	460	519	635	636	711	854	945	930	1 222	73	5
	259	278	306	298	359	431	468	593	697	839	1 483	66	6
	88	98	128	169	229	237	297	331	*——— – 876 ———*			25	7
	78	91	90	104	138	175	208	257	*——— – 1 125 ———*			24	8
	71	106	111	134	178	203	258	252	*——— – 801 ———*			21	9
	93	85	83	82	130	160	203	215	*——— – 952 ———*			19	10
	338	1 339	1 692	3 002	2 916	5 149	3 389	5 361	*——— – 9 751 ———*			–	11
	867	1 279	1 197	3 322	2 025	1 703	1 956	3 460	*——— – 3 903 ———*			–	12
	6 451	10 391	10 395	18 466	17 852	30 112	30 145	28 564	*——— – 74 055 ———*			–	13
	12 029	12 913	10 492	11 729	15 237	18 044	18 176	25 582	*——— – 60 570 ———*			–	14
	152	233	241	439	682	978	1 459	1 599	2 490	2 325	2 093	–	15
	96	166	152	256	504	765	1 157	1 538	2 391	2 212	2 434	–	16
	16	13	22	29	50	72	133	126	195	203	170	–	17
	9	14	16	19	33	47	66	114	201	167	220	–	18
	2 433	3 563	4 169	4 347	5 042	5 366	4 953	4 780	2 790	*—— 2 720 ——*		1	19
	1 143	1 426	1 837	2 252	2 371	2 717	3 356	3 823	3 521	*—— 6 164 ——*		–	20
	2 598	4 020	4 931	5 264	6 603	7 740	8 334	8 524	6 042	*—— 8 547 ——*		2	21
	1 199	1 644	2 117	2 493	2 868	3 440	4 294	5 553	5 347	*—— 13 008 ——*		1	22
	480	512	718	1 022	1 149	1 372	1 504	1 647	1 622	1 103	949	13	23
	243	298	374	555	670	925	1 174	1 383	1 623	1 232	1 247	13	24
	564	705	870	1 492	1 600	2 265	2 378	2 647	2 601	1 834	1 717	20	25
	453	455	607	908	1 045	1 380	2 033	2 300	2 309	1 932	1 764	35	26

Data by urban/rural residence

(See notes at end of table.)

Continent, country or area, year, sex and urban/rural residence / Continent, pays ou zone, année, sexe et résidence, urbaine/rurale	All ages Tous âges	Age (in years)							
		−1	1−4	5−9	10−14	15−19	20−24	25−29	30−34
ASIA—ASIE (Cont.–Suite)									
Malaysia – Malaisie									
Sarawak									
Urban – Urbaine									
1986									
1 Male – Masculin	262	22	2	2	1	2	6	4	6
2 Female – Féminin	199	13	5	5	1	2	2	4	5
Rural – Rurale									
1986									
3 Male – Masculin	2 906	231	76	35	35	51	67	71	77
4 Female – Féminin	1 817	160	55	21	17	32	37	37	42
Maldives									
Urban – Urbaine									
1988									
5 Male – Masculin	191	41	9	3	4	4	9	10	12
6 Female – Féminin	135	27	14	5	3	4	8	11	3
Rural – Rurale									
1988									
7 Male – Masculin	613	183	65	14	7	7	10	8	4
8 Female – Féminin	587	148	87	23	9	15	16	26	17
Mongolia – Mongolie									
Urban – Urbaine									
1989									
9 Male – Masculin	4 400	1 200	500	100	–	–	100	100	100
10 Female – Féminin	3 300	1 000	400	–	–	–	–	100	100
Rural – Rurale									
1989									
11 Male – Masculin	5 000	1 400	600	100	–	–	100	100	100
12 Female – Féminin	4 300	1 100	600	100	–	–	100	100	100
Pakistan									
Urban – Urbaine									
1988 [18]									
13 Male – Masculin	115 989	45 848	7 695	2 807	2 513	2 829	1 734	3 408	1 834
14 Female – Féminin	92 582	33 394	11 539	1 996	1 943	3 297	1 102	176	1 360
Rural – Rurale									
1988 [18]									
15 Male – Masculin	349 746	141 129	34 732	9 492	8 295	5 978	2 208	12 203	5 429
16 Female – Féminin	294 024	123 687	44 144	6 547	641	4 341	5 572	7 482	7 076
Sri Lanka									
Urban – Urbaine									
1985+									
17 Male – Masculin	28 351	3 259	914	413	381	728	1 254	1 126	1 086
18 Female – Féminin	16 351	2 577	812	347	242	550	674	579	536
Rural – Rurale									
1985+									
19 Male – Masculin	30 885	1 971	791	420	317	558	1 011	914	712
20 Female – Féminin	22 502	1 608	799	394	234	538	586	503	371
Thailand – Thaïlande									
Urban – Urbaine									
1990+									
21 Male – Masculin	46 783	2 397	723	587	609	2 253	3 074	2 914	2 665
22 Female – Féminin	29 560	1 752	537	416	379	823	894	878	953
Rural – Rurale									
1990+									
23 Male – Masculin	101 104	2 110	1 942	1 507	1 189	2 906	3 873	3 895	4 043
24 Female – Féminin	75 065	1 435	1 341	1 115	843	1 211	1 344	1 342	1 579

19. Décès selon l'âge, le sexe et la résidence, urbaine/rurale: dernière année disponible (suite)

Données selon la résidence urbaine/rurale

(Voir notes à la fin du tableau.)

35–39	40–44	45–49	50–54	55–59	60–64	65–69	70–74	75–79	80–84	85 +	Unknown Inconnu	
8	8	12	15	17	17	32	36	29	16	22	5	1
6	6	10	3	15	15	25	23	16	27	13	3	2
82	87	109	158	225	263	339	320	300	186	137	57	3
40	68	62	106	136	164	215	179	198	117	97	34	4
10	5	11	15	7	11	8	14	3	6	7	2	5
3	3	10	8	7	7	9	7	4	1	1	—	6
9	8	13	22	29	40	41	40	29	30	20	34	7
13	7	11	24	29	32	29	43	12	7	9	30	8
100	100	200	200	300	300	300 *	———	———	800 ———— *		—	9
100	100	100	100	100	200	300 *	———	———	700 ———— *		—	10
100	100	100	200	300	300	400 *	———	———	1 100 ———— *		—	11
100	100	100	100	200	200	300 *	———	———	1 100 ———— *		—	12
1 966	2 178	2 400	4 658	4 970	10 161	3 566	6 074	2 215	3 051	6 082		13
1 650	1 633	2 686	4 562	2 319	5 055	2 081	3 614	1 771	5 435	6 969	—	14
1 615	6 389	9 927	13 092	6 270	12 153	8 042	16 510	11 760	15 965	28 557	—	15
6 397	6 686	11 327	1 241	7 761	11 121	8 296	11 205	4 584	12 275	13 641	—	16
1 208	1 269	1 531	1 890	2 235	2 329	2 433	2 264	1 569	1 283	1 173	6	17
497	423	584	747	849	1 038	1 250	1 306	1 131	1 028	1 180	1	18
842	821	1 169	1 389	1 918	2 133	2 738	3 215	2 930	3 201	3 827	8	19
432	419	571	778	841	1 229	1 788	2 359	2 295	2 770	3 985	2	20
2 423	2 247	2 308	3 096	3 385	3 769	3 349	3 514	2 952	2 189	1 811	518	21
988	1 073	1 287	1 767	1 978	2 411	2 252	2 695	2 698	2 496	2 984	299	22
4 165	4 590	5 123	6 651	7 610	8 755	8 962	9 113	8 580	7 077	6 805	2 208	23
1 839	2 466	3 013	4 186	4 893	5 943	6 669	7 691	7 987	8 529	10 069	1 570	24

Data by urban/rural residence

(See notes at end of table.)

Continent, country or area, year, sex and urban/rural residence / Continent, pays ou zone, année, sexe et résidence, urbaine/rurale	Age (in years)								
	All ages Tous âges	− 1	1 − 4	5 − 9	10 − 14	15 − 19	20 − 24	25 − 29	30 − 34
EUROPE									
Albania − Albanie									
Urban − Urbaine									
1989									
1 Male − Masculin	3 463	369	90	40	24	27	46	59	62
2 Female − Féminin	2 564	238	67	26	17	14	31	35	27
Rural − Rurale									
1989									
3 Male − Masculin	6 776	986	511	124	70	114	133	111	85
4 Female − Féminin	5 365	839	486	90	44	42	57	70	68
Austria − Autriche									
Urban − Urbaine									
1990									
5 Male − Masculin	22 156	205	41	20	25	101	202	218	252
6 Female − Féminin	27 860	174	32	11	14	38	60	92	91
Rural − Rurale									
1990									
7 Male − Masculin	16 230	190	45	28	19	164	233	171	199
8 Female − Féminin	16 706	140	37	20	12	41	54	45	71
Bulgaria − Bulgarie									
Urban − Urbaine									
1990									
9 Male − Masculin	30 835	580	148	73	100	218	266	279	381
10 Female − Féminin	24 390	440	106	52	55	98	95	119	200
Rural − Rurale									
1990									
11 Male − Masculin	28 945	329	92	61	68	119	162	182	242
12 Female − Féminin	24 438	205	67	53	32	57	59	54	82
Czechoslovakia − Tchécoslovaquie									
Urban − Urbaine									
1990									
13 Male − Masculin	57 249	932	124	110	98	311	419	446	633
14 Female − Féminin	52 839	635	114	52	72	145	128	153	280
Rural − Rurale									
1990									
15 Male − Masculin	39 482	469	80	71	81	190	273	289	431
16 Female − Féminin	34 215	333	62	57	49	98	75	75	111
Estonia − Estonie									
Urban − Urbaine									
1990 [23]									
17 Male − Masculin	6 040	103	31	21	27	70	88	108	143
18 Female − Féminin	6 569	72	27	7	11	18	24	26	41
Rural − Rurale									
1990 [23]									
19 Male − Masculin	3 384	63	28	21	11	29	54	63	70
20 Female − Féminin	3 537	38	22	15	4	15	12	12	10
Finland − Finlande									
Urban − Urbaine									
1989 [24]									
21 Male − Masculin	14 067	116	19	24	21	104	153	197	275
22 Female − Féminin	14 906	111	19	9	11	26	38	55	88
Rural − Rurale									
1989 [24]									
23 Male − Masculin	10 446	101	16	14	26	71	99	96	142
24 Female − Féminin	9 691	58	24	8	5	24	24	26	34
France									
Urban − Urbaine									
1990 [25] [26] [34]									
25 Male − Masculin	184 622	2 520	472	235	276	1 105	2 220	2 591	2 962
26 Female − Féminin	176 975	1 799	336	194	191	446	651	892	1 057
Rural − Rurale									
1990 [25] [26] [34]									
27 Male − Masculin	86 333	729	195	115	131	559	957	820	885
28 Female − Féminin	75 639	481	113	74	81	209	224	225	340

19. Décès selon l'âge, le sexe et la résidence, urbaine/rurale: dernière année disponible (suite)

Données selon la résidence urbaine/rurale

(Voir notes à la fin du tableau.)

35 – 39	40 – 44	45 – 49	50 – 54	55 – 59	60 – 64	65 – 69	70 – 74	75 – 79	80 – 84	85 +	Unknown Inconnu	
70	67	88	183	265	325	414	371	413	285	260	5	1
35	34	44	64	97	157	243	262	446	338	386	3	2
69	79	143	235	312	432	563	735	814	597	662	1	3
55	64	75	107	122	199	314	408	763	630	932	—	4
240	492	777	844	1 218	1 894	2 546	2 171	3 844	3 819	3 247	—	5
142	240	402	450	633	1 051	2 115	2 070	4 701	6 524	9 020	—	6
225	301	485	661	1 017	1 607	1 890	1 432	2 686	2 612	2 265	—	7
83	157	197	329	465	704	1 295	1 187	2 946	3 911	5 012	—	8
612	1 039	1 287	1 862	2 693	3 807	4 444	3 095	4 173	3 349	2 429	—	9
303	433	554	789	1 290	1 946	2 869	2 500	4 208	4 334	3 999	—	10
313	545	705	1 090	1 890	2 702	3 977	3 294	5 356	4 601	3 217	—	11
95	183	255	418	884	1 517	2 698	2 559	5 149	5 426	4 645	—	12
1 146	1 757	2 422	2 981	4 441	6 759	8 737	5 710	9 083	6 947	4 193	—	13
502	758	995	1 193	2 059	3 479	5 895	4 895	10 163	10 910	10 411	—	14
743	1 160	1 514	2 009	3 011	4 297	5 697	3 752	6 432	5 406	3 577	—	15
190	324	444	669	1 246	1 980	3 446	3 038	6 718	7 479	7 821	—	16
179	234	308	478	614	826	699	574	640	492	395	10	17
59	76	130	188	278	502	672	644	1 107	1 251	1 424	12	18
90	126	154	227	284	356	313	304	426	430	333	2	19
32	35	36	86	97	183	288	331	616	785	918	2	20
360	556	541	695	1 000	1 500	1 577	1 839	2 119	1 719	1 252	—	21
145	214	237	293	396	687	1 099	1 661	2 708	3 199	3 910	—	22
194	306	291	457	741	1 091	1 276	1 320	1 616	1 368	1 221	—	23
57	91	97	161	245	424	715	1 071	1 780	2 215	2 632	—	24
3 789	5 320	5 339	7 801	12 021	16 409	19 853	16 466	25 620	27 794	31 829	—	25
1 568	2 167	2 318	3 168	4 992	6 994	10 014	10 399	21 814	34 476	73 499	—	26
1 241	1 779	1 818	2 751	4 709	7 244	9 486	7 451	12 683	15 354	17 426	—	27
477	682	639	1 128	1 728	2 762	4 093	3 916	9 668	15 836	32 963	—	28

19. Deaths by age, sex and urban/rural residence: latest available year (continued)

Data by urban/rural residence

(See notes at end of table.)

Continent, country or area, year, sex and urban/rural residence / Continent, pays ou zone, année, sexe et résidence, urbaine/rurale	All ages Tous âges	— 1	1 – 4	5 – 9	10 – 14	15 – 19	20 – 24	25 – 29	30 – 34
EUROPE (Cont.–Suite)									
Germany – Allemagne [27]	...	...	...	...	...	...	...	...	...
Former German Democratic Republic – Ancienne République démocratique allemande									
Urban – Urbaine 1989									
1 Male – Masculin	66 813	682	148	138	79	325	539	674	818
2 Female – Féminin	86 555	462	119	80	48	156	221	254	392
Rural – Rurale 1989									
3 Male – Masculin	24 277	229	45	45	49	144	190	194	288
4 Female – Féminin	28 066	135	47	18	12	53	45	64	115
Greece – Grèce									
Urban – Urbaine 1985									
5 Male – Masculin	24 988	730	72	45	53	171	257	214	202
6 Female – Féminin	22 670	495	44	34	34	74	86	76	106
Rural – Rurale 1985									
7 Male – Masculin	23 464	230	68	53	48	173	196	210	177
8 Female – Féminin	21 764	192	42	30	30	49	57	53	65
Hungary – Hongrie									
Urban – Urbaine 1990 [35]									
9 Male – Masculin	42 772	594	77	53	82	220	280	308	622
10 Female – Féminin	40 660	445	66	45	47	122	104	109	252
Rural – Rurale 1990 [35]									
11 Male – Masculin	33 698	449	59	46	56	174	241	285	561
12 Female – Féminin	27 860	357	38	37	32	44	75	75	208
Ireland – Irlande									
Urban – Urbaine 1990+ [29]									
13 Male – Masculin	6 448	114	28	13	15	37	54	56	66
14 Female – Féminin	6 961	93	17	9	16	23	25	33	33
Rural – Rurale 1990+ [29]									
15 Male – Masculin	10 604	139	26	25	16	64	99	52	55
16 Female – Féminin	7 890	88	16	16	10	31	19	27	24
Lithuania – Lituanie									
Urban – Urbaine 1990 [23]									
17 Male – Masculin	10 975	204	55	45	29	102	161	237	288
18 Female – Féminin	10 177	174	31	32	15	50	34	53	108
Rural – Rurale 1990 [23]									
19 Male – Masculin	9 630	109	65	34	33	78	132	178	208
20 Female – Féminin	8 978	94	33	15	20	24	23	32	35
Luxembourg									
Urban – Urbaine 1980									
21 Male – Masculin	1 325	9	3	2	2	9	14	10	11
22 Female – Féminin	1 279	20	4	3	5	4	2	7	7
Rural – Rurale 1980									
23 Male – Masculin	784	12	1	1	2	9	5	8	5
24 Female – Féminin	725	7	1	2	2	1	3	6	1
Netherlands – Pays–Bas									
Urban – Urbaine 1986 [30][36]									
25 Male – Masculin	37 021	425	79	49	57	141	244	278	304
26 Female – Féminin	34 246	319	67	29	39	69	127	147	189
Rural – Rurale 1986 [30][36]									
27 Male – Masculin	7 253	89	28	13	12	48	63	45	44
28 Female – Féminin	5 434	79	25	13	9	18	21	16	28

19. Décès selon l'âge, le sexe et la résidence, urbaine/rurale: dernière année disponible (suite)

Données selon la résidence urbaine/rurale

(Voir notes à la fin du tableau.)

35 – 39	40 – 44	45 – 49	50 – 54	55 – 59	60 – 64	65 – 69	70 – 74	75 – 79	80 – 84	85 +	Unknown Inconnu	
...	...	...	...	...	...	...	...	...	...	...	...	
1 203	1 123	2 567	4 034	5 026	5 540	6 749	5 610	11 499	11 351	8 708	—	1
529	537	1 345	1 966	2 568	3 985	6 862	7 133	17 424	20 562	21 912	—	2
346	343	803	1 439	1 878	2 113	2 427	1 894	4 113	4 229	3 508	—	3
107	138	317	626	790	1 385	2 476	2 370	5 821	6 676	6 871	—	4
279	324	654	1 066	1 714	2 046	2 487	3 926	4 029	3 462	3 257	—	5
156	175	370	568	925	1 208	1 933	3 146	4 031	4 267	4 942	—	6
191	238	487	752	1 257	1 534	1 905	3 220	4 411	4 130	4 183	1	7
86	130	260	433	631	697	1 212	2 549	3 947	4 610	6 691	—	8
1 106	1 382	2 099	2 474	3 754	4 843	5 627	4 120	6 487	5 059	3 585	—	9
526	686	962	1 281	1 861	2 777	4 138	3 866	7 484	7 760	8 129	—	10
953	1 169	1 615	2 165	2 983	3 956	4 590	2 966	4 811	3 865	2 754	—	11
298	419	553	803	1 236	1 958	3 008	2 526	5 336	5 558	5 299	—	12
67	117	158	213	429	639	878	976	1 070	831	687	—	13
43	67	114	140	249	427	606	858	1 182	1 314	1 712	—	14
75	142	177	246	411	759	1 233	1 705	2 116	1 754	1 510	—	15
51	64	102	156	219	380	688	932	1 422	1 516	2 129	—	16
398	515	678	863	1 096	1 333	1 162	842	970	1 072	899	26	17
140	195	295	345	533	834	974	862	1 450	1 709	2 335	8	18
227	273	415	582	814	870	958	770	1 035	1 489	1 355	5	19
62	102	132	205	355	507	712	765	1 492	1 706	2 656	8	20
10	25	60	73	86	94	193	233	215	167	109	—	21
13	17	24	34	58	69	103	183	228	267	231	—	22
13	11	16	40	37	62	107	133	148	104	70	—	23
8	7	11	26	19	42	55	117	121	166	130	—	24
477	546	796	1 223	2 057	3 209	4 449	5 781	6 168	5 317	5 421	—	25
287	321	450	721	1 129	1 709	2 361	3 632	5 400	6 723	10 527	—	26
74	100	148	257	366	629	834	1 019	1 194	1 098	1 192	—	27
49	64	79	122	202	274	409	588	836	1 011	1 591	—	28

(See notes at end of table.)

Continent, country or area, year, sex and urban/rural residence / Continent, pays ou zone, année, sexe et résidence, urbaine/rurale	All ages Tous âges	− 1	1 − 4	5 − 9	10 − 14	15 − 19	20 − 24	25 − 29	30 − 34
EUROPE (Cont.–Suite)									
Netherlands – Pays–Bas Semi–urban – Semi–urbaine 1986 [30] [36]									
1 Male – Masculin	22 372	289	63	41	55	145	185	169	146
2 Female – Féminin	18 973	227	56	24	33	61	63	75	122
Norway – Norvège Urban – Urbaine 1980 [31]									
3 Male – Masculin	10 038	106	20	22	13	49	91	92	88
4 Female – Féminin	9 343	78	12	4	10	18	27	43	36
Rural – Rurale 1980 [31]									
5 Male – Masculin	12 568	130	43	35	33	116	112	74	119
6 Female – Féminin	9 391	97	15	21	19	40	22	24	38
Poland – Pologne Urban – Urbaine 1990									
7 Male – Masculin	117 889	2 638	404	331	333	754	989	1 280	2 527
8 Female – Féminin	104 937	1 954	295	216	201	249	260	399	838
Rural – Rurale 1990									
9 Male – Masculin	91 444	2 376	432	234	244	735	1 136	1 264	1 924
10 Female – Féminin	74 170	1 769	294	146	145	234	194	241	411
Portugal Urban – Urbaine 1990 [33]									
11 Male – Masculin	15 936	242	44	34	56	159	225	232	246
12 Female – Féminin	15 522	168	33	28	31	50	74	86	110
Rural – Rurale 1990 [33]									
13 Male – Masculin	29 988	386	138	85	118	404	448	383	392
14 Female – Féminin	27 649	288	81	61	73	101	120	116	137
Romania – Roumanie Urban – Urbaine 1990									
15 Male – Masculin	53 896	2 219	681	309	295	374	549	569	1 162
16 Female – Féminin	45 435	1 559	530	202	146	186	291	301	552
Rural – Rurale 1990									
17 Male – Masculin	77 928	2 575	837	308	289	603	855	721	1 073
18 Female – Féminin	69 827	2 118	708	192	179	241	270	236	367
San Marino – Saint–Marin Urban – Urbaine 1987 +									
19 Male – Masculin	88	3	–	–	–	1	2	2	–
20 Female – Féminin	53	–	–	–	∴	1	–	1	–
Rural – Rurale 1987 +									
21 Male – Masculin	9	–	–	–	–	–	–	–	–
22 Female – Féminin	4	–	–	–	–	–	–	–	–
Switzerland – Suisse Urban – Urbaine 1990									
23 Male – Masculin	19 229	173	36	23	16	107	224	311	285
24 Female – Féminin	19 955	148	24	14	14	44	70	102	102
Rural – Rurale 1990									
25 Male – Masculin	13 263	143	41	15	23	115	174	151	150
26 Female – Féminin	11 292	110	22	16	15	28	40	44	57
Ukraine Urban – Urbaine 1988 [23]									
27 Male – Masculin	158 002	4 292	1 052	679	574	1 193	1 971	2 820	3 511
28 Female – Féminin	177 536	3 023	856	429	326	573	653	908	1 191

(Voir notes à la fin du tableau.)

	35 – 39	40 – 44	45 – 49	50 – 54	55 – 59	60 – 64	65 – 69	70 – 74	75 – 79	80 – 84	85 +	Unknown Inconnu	
	221	377	568	922	1 392	2 008	2 641	3 221	3 523	3 058	3 348	–	1
	179	227	324	449	706	948	1 276	1 861	2 861	3 792	5 689	–	2
	90	103	193	350	645	1 001	1 429	1 581	1 657	1 330	1 178	–	3
	53	60	105	185	317	515	761	1 167	1 725	1 910	2 317	–	4
	120	153	236	402	740	1 081	1 461	1 746	2 036	1 949	1 982	–	5
	45	57	97	173	300	465	706	1 128	1 577	1 954	2 613	–	6
	3 871	4 987	5 220	8 404	12 107	15 037	15 182	10 408	14 019	11 434	7 964	–	7
	1 464	2 118	2 067	3 375	5 406	8 214	10 941	9 790	17 323	19 000	20 827	–	8
	2 446	2 747	2 772	4 814	7 232	9 622	10 697	9 092	13 198	12 145	8 334	–	9
	625	771	896	1 595	2 768	4 553	6 752	6 985	13 242	15 635	16 914	–	10
	321	383	450	716	1 135	1 534	1 956	2 028	2 393	2 119	1 663	–	11
	134	197	239	374	539	791	1 176	1 598	2 654	3 047	4 193	–	12
	389	528	688	1 064	1 636	2 321	3 388	3 910	5 119	4 650	3 941	–	13
	177	251	374	567	826	1 270	2 031	2 913	4 673	5 945	7 645	–	14
	1 768	2 069	2 480	4 093	5 120	6 393	6 329	4 314	6 654	4 998	3 520	–	15
	804	934	1 101	1 829	2 556	3 714	5 094	4 376	7 763	6 967	6 530	–	16
	1 446	1 740	2 538	4 665	6 426	7 986	9 201	6 411	11 830	10 668	7 756	–	17
	554	762	1 112	2 123	3 213	4 723	7 153	6 565	13 904	13 756	11 651	–	18
	1	1	1	1	4	10	9	15	16	11	11	–	19
	–	1	–	1	–	3	7	6	7	11	15	–	20
	–	–	–	–	–	–	–	1	3	2	3	–	21
	–	–	–	–	–	–	1	–	1	–	2	–	22
	272	334	480	623	991	1 438	1 892	2 222	3 111	3 213	3 478	–	23
	127	208	296	374	521	761	1 098	1 535	2 730	4 148	7 639	–	24
	149	240	278	406	588	885	1 433	1 626	2 171	2 194	2 481	–	25
	73	91	170	193	234	431	655	958	1 696	2 287	4 172	–	26
	4 591	4 447	8 889	12 452	16 147	20 961	14 660	15 952	19 881	14 127	9 803	–	27
	1 856	1 793	3 841	5 719	8 232	14 909	15 927	21 863	34 021	30 984	30 432	–	28

19. Deaths by age, sex and urban/rural residence: latest available year (continued)

Data by urban/rural residence

(See notes at end of table.)

Continent, country or area, year, sex and urban/rural residence — Continent, pays ou zone, année, sexe et résidence, urbaine/rurale	All ages Tous âges	Age (in years)							
		− 1	1 − 4	5 − 9	10 − 14	15 − 19	20 − 24	25 − 29	30 − 34
EUROPE (Cont.–Suite)									
Ukraine									
Rural – Rurale									
1988 [23]									
1 Male – Masculin	116 230	1 911	969	431	344	767	1 363	1 656	1 966
2 Female – Féminin	148 957	1 413	705	272	215	369	357	425	549
Yugoslavia – Yougoslavie									
Urban – Urbaine									
1989									
3 Male – Masculin	49 480	2 020	238	151	127	269	418	516	728
4 Female – Féminin	44 992	1 722	219	118	84	128	185	267	358
Rural – Rurale									
1989									
5 Male – Masculin	64 339	2 252	385	198	187	347	596	671	797
6 Female – Féminin	56 672	1 917	325	132	112	184	216	229	324
OCEANIA—OCEANIE									
Guam									
Urban – Urbaine									
1986 [32] [33]									
7 Male – Masculin	230	15	2	5	1	11	11	7	2
8 Female – Féminin	130	11	3	−	4	4	1	2	−
Rural – Rurale									
1986 [32] [33]									
9 Male – Masculin	34	2	−	−	2	−	−	−	2
10 Female – Féminin	28	1	−	−	−	−	−	−	−
New Zealand – Nouvelle–Zélande									
Urban – Urbaine									
1990+									
11 Male – Masculin	10 462	222	54	25	28	147	216	161	136
12 Female – Féminin	9 933	141	30	14	11	55	53	59	70
Rural – Rurale									
1990+									
13 Male – Masculin	3 509	74	27	11	11	67	80	55	53
14 Female – Féminin	2 627	63	9	6	12	30	26	29	25
Samoa									
Urban – Urbaine									
1980									
15 Male – Masculin	*50*	*2*	*2*	*1*	*1*	*4*	*−*	*2*	*−*
16 Female – Féminin	*33*	*1*	*3*	*2*	*2*	*1*	*−*	*−*	*−*
Rural – Rurale									
1980									
17 Male – Masculin	*236*	*20*	*10*	*1*	*8*	*6*	*9*	*6*	*6*
18 Female – Féminin	*156*	*12*	*8*	*4*	*5*	*5*	*5*	*3*	*2*
Former USSR Ancienne URSS									
Urban – Urbaine									
1989 [23]									
19 Male – Masculin	867 691	*—— 41 828 ——*		4 645	3 789	8 886	13 396	21 346	27 214
20 Female – Féminin	899 228	*—— 29 551 ——*		2 598	1 979	3 721	4 228	5 914	7 998
Rural – Rurale									
1989 [23]									
21 Male – Masculin	532 718	*—— 48 631 ——*		4 050	2 983	5 483	9 667	13 320	15 075
22 Female – Féminin	574 898	*—— 38 461 ——*		2 524	1 691	2 654	3 079	3 922	4 444

Données selon la résidence urbaine/rurale

Voir notes à la fin du tableau.)

35 – 39	40 – 44	45 – 49	50 – 54	55 – 59	Age (en années) 60 – 64	65 – 69	70 – 74	75 – 79	80 – 84	85 +	Unknown Inconnu	
2 423	2 304	5 607	8 087	11 049	13 637	11 247	10 952	16 952	13 668	10 897	—	1
790	929	2 278	3 484	5 751	9 927	12 388	16 650	30 589	30 219	31 647	—	2
1 161	1 344	1 976	3 541	5 379	6 206	6 010	3 888	6 624	5 157	3 684	43	3
545	748	1 063	1 737	2 776	3 875	4 982	3 998	7 825	7 207	7 129	26	4
1 127	1 339	2 077	3 724	5 954	6 852	7 172	4 969	10 166	9 143	6 347	36	5
428	519	891	1 634	2 667	4 088	5 934	4 935	11 204	10 868	10 032	33	6
6	6	10	13	22	27	29	18	23	14	8	—	7
3	3	2	7	18	15	13	12	10	9	13	—	8
1	1	2	6	4	4	6	2	1	1	—	—	9
1	—	—	2	1	3	4	6	4	4	2	—	10
144	177	244	336	552	883	1 258	1 456	1 738	1 467	1 218	—	11
81	128	192	246	369	546	817	1 149	1 470	1 764	2 738	—	12
51	84	90	133	211	340	438	509	514	424	337	—	13
31	57	68	116	136	193	265	311	364	387	499	—	14
1	3	2	5	3	5	4	7	4	1	3	—	15
1	—	—	2	4	4	4	3	1	3	2	—	16
9	6	14	14	15	30	23	11	13	8	17	10	17
7	7	6	8	9	7	9	15	11	9	18	6	18
33 575	33 431	44 243	78 201	86 869	121 163	77 131	74 777	92 585	62 025	40 652	1 935	19
10 999	12 139	17 168	33 356	42 874	77 416	83 175	101 154	165 248	151 303	147 685	722	20
15 931	14 187	23 337	42 266	50 981	63 699	44 635	39 389	56 259	44 815	37 799	211	21
5 162	5 051	9 294	17 869	24 733	40 169	45 172	55 510	101 243	98 098	115 654	168	22

19. Deaths by age, sex and urban/rural residence: latest available year (continued)

GENERAL NOTES

Data exclude foetal deaths. For method of evaluation and limitations of data, see Technical Notes, page 78.
Italics: data from civil registers which are incomplete or of unknown completeness.

FOOTNOTES

- * Provisional.
- + Data tabulated by year of registration rather than occurrence.

1. Excluding deaths of infants dying before registration of birth.

2. For Algerian population only.
3. For classification by urban/rural residence, see end of table.
4. For domicile population only.
5. Including Canadian residents temporarily in the United States, but excluding United States residents temporarily in Canada.
6. Excluding deaths of unknown sex.
7. Based on burial permits.
8. Excluding nomadic Indian tribes.
9. Excluding Indian jungle population.
10. For government controlled areas.
11. Excluding Vietnamese refugees.
12. Including data for East Jerusalem and Israeli residents in certain other territories under occupation by Israeli military forces since June 1967.
13. For Japanese nationals in Japan only.
14. Excluding data for Jordanian territory under occupation since June 1967 by Israeli military forces. Excluding foreigners but including registered Palestinian refugees. For number of refugees, see table 5.

NOTES GENERALES

Les données ne comprennent pas les morts foetales. Pour la méthode d'évaluation et les insuffisances des données, voir Notes techniques, page 78.
Italiques: données incomplètes ou dont le degré d'exactitude n'est pas connu, provenant des registres de l'état civil.

NOTES

- * Données provisoires.
- + Données exploitées selon l'année de l'enregistrement et non l'année de l'événement.

1. Non compris les enfants nés vivants décédés avant l'enregistrement de leur naissance.

2. Pour la population algérienne seulement.
3. Pour le classement selon la résidence, urbaine/rurale, voir la fin du tableau.
4. Pour la population dans les domiciles seulement.
5. Y compris les résidents canadiens temporairement aux Etats—Unis, mais non compris les résidents des Etats—Unis, temporairement au Canada.
6. Non compris les décès dont on ignore le sexe.
7. D'après les permis d'inhumer.
8. Non compris les tribus d'Indiens nomades.
9. Non compris les Indiens de la jungle.
10. Pour lesZones contrôlées pour le Gouvernement.
11. Y compris les réfugiés du Viet Nam.
12. Y compris les données pour Jérusalem—Est et les résidents israéliens dans certains autres territoires occupés depuis juin 1967 par les forces armées israéliennes.
13. Pour les nationaux japonais au Japon seulement.
14. Non compris les données pour le territoire jordanien occupé depuis juin 1967 par les forces armées israéliennes. Non compris les étrangers, mais y compris les réfugiés de Palestine immatriculés. Pour le nombre de réfugiés, voir le tableau 5.

19. Décès selon l'âge, le sexe et la résidence, urbaine/rurale: dernière année disponible (suite)

FOOTNOTES (continued)

15 Excluding alien armed forces, civilian aliens employed by armed forces, and foreign diplomatic personnel and their dependants.

16 Estimates based on the results of the continuous Demographic Sample Survey.

17 Events registered by Health Service only.

18 Based on the results of the Population Growth Survey.

19 Excluding non—locally domiciled military and civilian services personnel and their dependants.

20 Excluding deaths for which cause is unknown.

21 Including armed forces stationed outside the country, but excluding alien armed forces stationed in the area.

22 Excluding Faeroe Island and Greenland.

23 Excluding infants born alive after less than 28 weeks' gestation, of less than 1 000 grammes in weight and 35 centimetres in length, who die within seven days of birth.

24 Including nationals temporarily outside the country.

25 Including armed forces stationed outside the country.

26 For ages five years and over, age classification based on year of birth rather than exact date of birth.

27 All data shown pertaining to Germany prior to 3 October 1990 are indicated separately for the Federal Republic of Germany and the former German Democratic Republic based on their respective territories at the time indicated. See explanatory notes on data pertaining to Germany on page 4.

28 For medically certified. Excluding armed forces.

29 Deaths registered within one year of occurrence.

30 Including residents outside the country if listed in a Netherlands population register.

31 Including residents temporarily outside the country.

32 Including United States military personnel, their dependants and contract employees.

33 Excluding deaths of unknown residence.

34 Excluding nationals outside the country.

35 For the de jure population.

36 Excluding persons on the Central Register of Population (containing persons belonging to the Netherlands population but having no fixed municipality of residence).

NOTES (suite)

15 Non compris les militaires étrangers, les civils étrangers employés par les forces armées ni le personnel diplomatique étranger et les membres de leur famille les accompagnant.

16 Les estimations sont basés sur les résultats d'une enquête démographique par sondage continue.

17 Evénements enregistrés par le Service de santé seulement.

18 D'après les résultats de la "Population Growth Survey".

19 Non compris les militaires et agents civils non résidents et les membres de leur famille les accompagnant.

20 Non compris les décès dont on ignore la cause.

21 Y compris les militaires nationaux hors du pays, mais non compris les militaires étrangers en garnison sur le territoire.

22 Non compris les îles Féroé et le Groenland.

23 Non compris les enfants nés vivants après moins de 28 semaines de gestation, pesant moins de 1 000 grammes, mesurant moins de 35 centimètres et décédés dans les sept jours qui ont suivi leur naissances.

24 Y compris les nationaux se trouvant temporairement hors du pays.

25 Y compris les militaires en garnison hors du pays.

26 A partir de cinq ans, le classement selon l'âge est basé sur l'année de naissances et non sur la date exacte de naissance.

27 Toutes les données se rapportant à l'Allemagne avant le 3 octobre 1990 figurent dans deux rubriques séparées basées sur les territoires respectifs de la République fédérale d'Allemagne et l'ancienne République démocratique allemande selon la période indiquée. Voir les notes explicatives sur les données concernant l'Allemagne à la page 4.

28 Certification médicale. Non compris les militaires.

29 Décès enregistrés dans l'année qui suit l'événement.

30 Y compris les résidents hors du pays, s'ils sont inscrits sur un registre de population néerlandais.

31 Y compris les résidents se trouvant temporairement hors du pays.

32 Y compris les militaires des Etats—Unis, les membres de leur famille les accompagnant et les agents contractuels des Etats—Unis.

33 Non compris les décès dont on ignore la résidence.

34 Non compris les nationaux hors du pays.

35 Pour la population de droit.

36 Non compris les personnes inscrites sur le Registre central de la population (personnes appartenant à la population néerlandaise mais sans résidence fixe dans l'une des municipalités).

20. Death rates specific for age, sex and urban/rural residence: latest available year

(See notes at end of table.)

Continent, country or area, year, sex and urban/rural residence Continent, pays ou zone, année, sexe et résidence, urbaine/rurale	All ages Tous âges [1]	−1	1–4	5–9	10–14	15–19	20–24	25–29	30–34
AFRICA—AFRIQUE									
Algeria – Algérie 1982 [2] [3]									
1 Male – Masculin	10.9	105.1	12.5	1.9	1.2	1.8	2.9	3.0	4.0
2 Female – Féminin	10.1	95.4	12.8	2.0	1.2	1.8	2.5	2.9	3.3
Cape Verde – Cap–Vert 1985									
3 Male – Masculin	8.9	*——— 21.1 ———*		◆ 0.8	◆ 0.6	◆ 1.1	◆ 1.9	◆ 2.1	◆ 3.0
4 Female – Féminin	7.5	*——— 19.3 ———*		◆ 0.7	◆ 0.5	◆ 0.7	◆ 1.1	◆ 1.1	◆ 1.5
Egypt – Egypte 1988 [4]									
5 Male – Masculin	8.6	46.6	5.6	1.5	1.2	1.5	1.5	1.8	2.4
6 Female – Féminin	8.3	46.2	6.6	1.4	1.0	1.2	1.2	1.6	1.8
Mauritius – Maurice Island of Mauritius – Ile Maurice 1989+									
7 Male – Masculin	7.9	25.2	0.9	◆ 0.4	◆ 0.3	0.8	0.9	1.9	2.7
8 Female – Féminin	5.6	18.9	0.9	◆ 0.4	◆ 0.4	◆ 0.6	0.9	0.9	1.0
Réunion 1987 [2]									
9 Male – Masculin	6.7	11.4	◆ 0.6	◆ 0.5	◆ 0.3	◆ 0.9	1.3	2.6	3.5
10 Female – Féminin	4.4	8.1	◆ 0.6	◆ 0.4	◆ 0.2	◆ 0.4	◆ 0.6	◆ 0.9	◆ 1.3
Tunisia – Tunisie 1989									
11 Male – Masculin	5.1	*——— 7.0 ———*		0.6	0.5	0.8	0.9	1.2	1.5
12 Female – Féminin	3.7	*——— 5.9 ———*		0.5	0.4	0.4	0.5	0.7	1.0
Zimbabwe 1982									
13 Male – Masculin	3.4	19.4	1.6	0.4	0.4	0.7	1.8	2.4	2.7
14 Female – Féminin	1.9	15.9	1.7	0.3	0.3	0.5	0.7	1.0	1.2
AMERICA, NORTH— AMERIQUE DU NORD									
Bahamas 1985									
15 Male – Masculin	6.3	*——— 7.4 ———*		◆ 0.5	◆ 0.5	◆ 1.3	2.4	◆ 2.7	4.2
16 Female – Féminin	4.9	*——— 6.8 ———*		◆ 0.2	◆ 0.4	◆ 1.0	◆ 1.1	◆ 0.9	◆ 2.1
Barbados – Barbade 1988+									
17 Male – Masculin	9.0	16.7	◆ 0.5	◆ 0.3	◆ 0.3	◆ 1.1	◆ 1.2	◆ 1.5	◆ 2.0
18 Female – Féminin	8.5	◆ 13.5	◆ 0.5	◆ 0.6	◆ 0.3	◆ 0.1	◆ 0.9	◆ 0.5	◆ 1.0
Canada 1989 [5]									
19 Male – Masculin	8.0	8.2	0.4	0.2	0.3	1.1	1.3	1.3	1.4
20 Female – Féminin	6.5	6.4	0.4	0.2	0.2	0.4	0.5	0.5	0.6
Costa Rica 1984									
21 Male – Masculin	4.6	24.1	0.8	0.3	0.5	0.7	1.4	1.7	1.5
22 Female – Féminin	3.6	19.1	0.7	0.2	0.3	0.3	0.6	0.6	0.9
Cuba 1989 [4]									
23 Male – Masculin	7.2	12.8	0.7	0.5	0.5	1.1	1.5	1.7	2.1
24 Female – Féminin	5.6	9.3	0.6	0.3	0.3	0.8	0.8	0.9	1.1

20. Taux de mortalité selon l'âge, le sexe et la résidence, urbaine/rurale: dernière année disponible

(Voir notes à la fin du tableau.)

					Age(en années)						
35–39	40–44	45–49	50–54	55–59	60–64	65–69	70–74	75–79	80–84	85 plus	
6.1	7.1	8.1	11.3	16.7	23.2	34.0	43.1	67.9	*—— 89.0 ——*		1
4.4	4.6	5.0	7.0	10.6	16.5	27.5	38.8	64.2	*—— 1 02.0 ——*		2
♦ 3.2	♦ 6.6	♦ 7.1	9.7	14.2	18.7	*———————	—	61.7 ———————		*	3
♦ 3.6	♦ 2.6	♦ 3.8	♦ 3.5	6.7	12.7	*———————	—	57.5 ———————		*	4
3.9	4.9	7.4	12.1	19.4	30.7	*———————	—	105.2 ———————		*	5
2.8	3.0	4.7	8.3	11.0	20.4	*———————	—	115.4 ———————		*	6
4.3	6.9	10.1	13.9	20.7	33.4	52.7	72.0	110.6	172.2	310.7	7
1.4	2.5	4.0	5.3	9.5	17.6	27.1	43.4	65.1	123.1	190.5	8
5.3	6.6	10.9	15.5	21.0	25.8	41.7	52.2	96.7	129.6	189.6	9
2.0	3.6	2.5	3.7	8.4	11.6	15.7	32.1	50.0	84.8	160.2	10
1.6	2.4	3.6	5.3	8.3	13.5	22.3	36.7	56.1	*—— 1 01.8 ——*		11
1.0	1.6	2.1	3.6	5.5	8.9	16.3	29.6	50.1	*—— 81.3 ——*		12
3.0	4.3	5.2	9.6	9.4	16.9	14.7	26.2	*——— — 15.9 ———*			13
1.4	1.9	1.9	3.9	3.8	7.1	7.0	9.8	*——— — 10.9 ———*			14
♦ 4.1	6.5	8.7	10.8	19.0	27.6	42.8	49.8	69.9	*—— 1 02.8 ——*		15
♦ 1.6	♦ 4.4	♦ 3.0	♦ 6.9	♦ 7.4	13.1	23.2	32.0	50.7	*—— 1 53.0 ——*		16
♦ 2.7	♦ 1.8	♦ 6.1	9.3	11.7	21.2	31.4	50.3	62.3	*—— 1 26.0 ——*		17
♦ 1.6	♦ 1.4	♦ 4.2	♦ 5.6	7.7	11.9	18.1	29.0	43.8	*—— 1 28.4 ——*		18
1.7	2.2	3.6	6.0	10.3	17.3	26.9	42.8	65.9	105.3	188.3	19
0.8	1.3	2.2	3.4	5.5	8.7	13.5	22.0	36.8	63.0	141.2	20
2.0	2.5	4.2	6.1	10.5	14.3	24.9	36.2	55.5	92.4	156.1	21
1.4	1.8	2.7	3.9	6.8	10.0	16.2	27.0	48.2	72.8	144.2	22
2.3	3.2	4.5	6.9	9.9	15.5	*———————	—	52.7 ———————		*	23
1.4	2.3	3.0	4.9	7.0	11.9	*———————	—	42.6 ———————		*	24

(See notes at end of table.)

Continent, country or area, year, sex and urban/rural residence / Continent, pays ou zone, année, sexe et résidence, urbaine/rurale	All ages Tous âges [1]	−1	1−4	5−9	10−14	15−19	20−24	25−29	30−34
AMERICA, NORTH— (Cont.–Suite) AMERIQUE DU NORD									
El Salvador 1986									
1 Male – Masculin	6.3	*———	7.1 ———*	0.7	0.7	2.4	5.1	5.3	5.3
2 Female – Féminin	4.3	*———	6.2 ———*	0.6	0.5	0.8	1.4	1.7	1.6
Guadeloupe 1985 [2]									
3 Male – Masculin	7.8	*———	4.8 ———*	◆ 0.3	◆ 0.4	◆ 0.8	◆ 1.0	3.1	◆ 3.0
4 Female – Féminin	6.1	*———	4.2 ———*	◆ 0.1	◆ 0.1	◆ 0.2	◆ 0.6	◆ 0.7	◆ 1.0
Guatemala 1985 [4]									
5 Male – Masculin	9.4	*———	22.2 ———*	2.0	1.3	1.9	3.3	4.0	4.8
6 Female – Féminin	8.0	*———	20.1 ———*	2.0	1.1	1.4	2.2	2.6	3.1
Honduras 1981+									
7 Male – Masculin	5.3	25.9	4.6	1.1	0.8	1.4	2.3	2.7	3.1
8 Female – Féminin	4.2	20.5	4.3	1.0	0.6	0.9	1.4	1.3	1.6
Jamaica – Jamaïque 1982+									
9 Male – Masculin	5.0	12.8	1.4	0.4	0.3	*———	0.5 ———*	*———	0.9 ———*
10 Female – Féminin	4.9	10.9	1.5	0.3	0.3	*———	0.5 ———*	*———	0.8 ———*
Martinique 1990 [2]									
11 Male – Masculin	6.8	◆ 31.6	◆ 0.5	–	◆ 0.1	◆ 0.8	◆ 1.1	2.1	◆ 1.8
12 Female – Féminin	5.6	◆ 39.1	◆ 0.6	◆ 0.2	◆ 0.2	◆ 0.1	◆ 0.6	◆ 0.5	◆ 1.4
Mexico – Mexique 1985 [4]									
13 Male – Masculin	5.9	*———	9.2 ———*	0.8	0.7	1.4	2.4	3.0	3.4
14 Female – Féminin	4.6	*———	7.8 ———*	0.6	0.4	0.6	0.9	1.1	1.5
Netherlands Antilles – Antilles néerlandaises 1981									
15 Male – Masculin	5.4	*———	6.5 ———*	◆ 0.6	◆ 0.4	◆ 0.8	◆ 1.0	◆ 1.6	◆ 0.8
16 Female – Féminin	5.1	*———	5.9 ———*	◆ 0.2	◆ 0.2	◆ 0.4	◆ 0.6	◆ 0.1	◆ 0.3
Panama 1989 [4]									
17 Male – Masculin	4.7	19.4	1.4	0.6	0.5	1.0	1.7	2.1	2.3
18 Female – Féminin	3.3	14.7	1.3	0.4	0.3	0.6	0.5	0.7	1.0
Puerto Rico – Porto Rico 1988 [4]									
19 Male – Masculin	9.3	16.6	0.6	0.2	0.3	1.2	2.3	4.2	5.3
20 Female – Féminin	6.0	13.3	0.4	0.2	0.2	0.4	0.6	1.0	1.1
Trinidad and Tobago – Trinité–et–Tobago 1989									
21 Male – Masculin	7.0	10.1	1.0	◆ 0.4	◆ 0.4	1.2	1.8	2.4	2.4
22 Female – Féminin	6.5	6.8	0.7	◆ 0.3	◆ 0.4	◆ 0.6	1.0	1.1	1.2
United States – Etats–Unis 1989									
23 Male – Masculin	9.2	11.1	0.5	0.3	0.3	1.2	1.7	1.8	2.2
24 Female – Féminin	8.1	9.0	0.4	0.2	0.2	0.5	0.5	0.6	0.8

20. Taux de mortalité selon l'âge, le sexe et la résidence, urbaine/rurale: dernière année disponible (suite)

(Voir notes à la fin du tableau.)

					Age(en années)						
35–39	40–44	45–49	50–54	55–59	60–64	65–69	70–74	75–79	80–84	85 plus	
6.4	6.1	8.2	10.1	12.0	17.4	25.6	38.5	67.9	*——— 3 37.3 ———*		1
2.3	2.8	4.2	5.7	7.6	11.9	18.2	29.0	46.1	*——— 2 03.3 ———*		2
4.3	5.4	6.2	9.2	16.9	26.3	31.3	48.8	80.6	110.1	240.3	3
♦ 1.4	♦ 2.2	♦ 3.3	4.6	6.1	11.6	22.3	24.8	48.6	100.5	183.2	4
6.4	6.6	8.2	11.4	14.8	22.8	35.8	58.4	88.1	*——— 1 70.7 ———*		5
4.6	4.7	5.8	7.7	11.2	17.9	25.0	49.1	75.5	*——— 1 63.8 ———*		6
3.4	4.6	5.7	6.2	8.4	12.3	18.5	32.1	45.0	*——— 3 67.8 ———*		7
2.1	3.0	3.7	4.5	6.3	10.0	13.8	24.7	37.0	*——— 2 65.4 ———*		8
—— 2.0 ——		*—— 4.7 ——*		*—— 13.5 ——*		*—— 31.1 ——*		*———— 79.0 ————*			9
—— 1.9 ——		*—— 4.4 ——*		*—— 11.3 ——*		*—— 21.7 ——*		*———— 71.8 ————*			10
♦ 1.9	4.1	4.8	6.6	10.4	18.4	23.6	34.4	58.2	81.4	121.3	11
♦ 0.7	♦ 1.3	♦ 1.4	♦ 2.8	5.5	8.3	13.3	20.0	31.6	62.9	114.3	12
4.4	5.5	7.4	9.7	13.1	19.2	27.1	45.0	68.3	118.3	245.0	13
2.1	2.7	4.1	5.9	9.0	13.1	19.4	34.6	52.3	95.2	256.3	14
♦ 1.8	♦ 3.1	♦ 3.1	♦ 6.9	♦ 9.5	16.6 *———— 50.3 ————*						15
♦ 0.8	♦ 1.2	♦ 2.0	♦ 6.8	♦ 6.9	♦ 8.4 *———— 45.5 ————*						16
2.3	3.0	3.8	5.9	8.9	13.8	21.2	35.1	59.8	94.8	156.2	17
1.2	1.8	2.6	3.5	5.8	7.7	13.5	24.3	38.6	63.6	154.2	18
5.9	5.9	7.4	8.6	14.3	19.9	26.9	38.3 *——— 95.2 ———*				19
1.6	2.0	2.5	4.2	6.4	9.5	15.6	26.8 *——— 78.5 ———*				20
2.4	3.8	5.6	9.6	16.2	23.3	36.7	61.1	87.6	*——— 1 71.8 ———*		21
1.5	2.7	6.3	9.1	15.0	20.9	33.3	46.9	70.3	*——— 1 62.4 ———*		22
2.7	3.4	5.0	7.6	12.3	19.0	28.0	42.9	65.8	103.7	176.2	23
1.1	1.7	2.6	4.3	6.9	10.7	16.1	25.0	39.5	67.1	140.3	24

(See notes at end of table.)

Continent, country or area, year, sex and urban/rural residence — Continent, pays ou zone, année, sexe et résidence, urbaine/rurale	All ages Tous âges [1]	Age (in years)							
		−1	1–4	5–9	10–14	15–19	20–24	25–29	30–34
AMERICA, SOUTH— AMERIQUE DU SUD									
Argentina – Argentine 1988									
1 Male – Masculin	9.0	*———	6.9 ———*	0.4	0.4	1.0	1.3	1.4	1.7
2 Female – Féminin	7.1	*———	5.4 ———*	0.3	0.3	0.5	0.6	0.8	1.1
Brazil – Brésil 1989									
3 Male – Masculin	6.8	*———	7.3 ———*	0.6	0.6	1.8	2.8	3.0	3.7
4 Female – Féminin	4.5	*———	5.7 ———*	0.4	0.4	0.6	0.8	0.9	1.3
Chile – Chili 1990 [4]									
5 Male – Masculin	6.7	18.0	0.8	0.4	0.4	0.9	1.6	1.9	2.2
6 Female – Féminin	5.2	14.5	0.7	0.2	0.2	0.4	0.5	0.6	0.8
Colombia – Colombie 1985+ [4] [6]									
7 Male – Masculin	6.4	32.4	2.3	0.7	0.7	1.8	3.6	4.3	4.2
8 Female – Féminin	4.7	26.1	2.1	0.6	0.4	0.7	0.9	1.1	1.4
Ecuador – Equateur 1989 [4] [7]									
9 Male – Masculin	5.5	*———	8.3 ———*	0.8	0.8	1.2	2.0	2.4	2.7
10 Female – Féminin	4.4	*———	7.2 ———*	0.6	0.5	0.9	1.1	1.2	1.5
Paraguay 1985+ [4]									
11 Male – Masculin	3.9	*———	5.4 ———*	0.6	0.4	0.7	1.0	1.1	1.2
12 Female – Féminin	3.7	*———	4.8 ———*	0.4	0.4	0.6	0.8	1.0	1.0
Peru – Pérou 1985+ [8]									
13 Male – Masculin	4.9	*———	10.8 ———*	0.8	0.7	1.0	1.4	1.5	1.6
14 Female – Féminin	4.5	*———	9.9 ———*	0.8	0.6	0.8	1.1	1.2	1.5
Suriname 1980									
15 Male – Masculin	9.0	118.4	♦ 1.6	♦ 0.7	♦ 0.6	♦ 1.1	2.6	♦ 2.4	♦ 3.3
16 Female – Féminin	6.7	73.2	♦ 1.6	♦ 0.5	♦ 0.2	♦ 0.7	♦ 0.9	♦ 0.8	♦ 1.8
Uruguay 1985+									
17 Male – Masculin	10.7	*———	7.5 ———*	*———	0.5 ———*	*———	1.0 ———*	*———	1.3 ———*
18 Female – Féminin	8.4	*———	5.9 ———*	*———	0.2 ———*	*———	0.4 ———*	*———	0.8 ———*
Venezuela 1987 [8]									
19 Male – Masculin	4.9	*———	6.2 ———*	0.5	0.6	1.3	2.0	2.1	2.3
20 Female – Féminin	3.8	*———	5.2 ———*	0.4	0.4	0.5	0.8	0.9	1.1
ASIA—ASIE									
Bahrain – Bahreïn 1990									
21 Male – Masculin	3.1	*———	3.9 ———*	♦ 0.4	♦ 0.5	♦ 0.9	♦ 0.9	1.7	1.1
22 Female – Féminin	3.1	*———	4.0 ———*	♦ 0.3	♦ 0.4	♦ 0.3	♦ 0.1	♦ 1.1	♦ 0.6
Bangladesh 1986 [4]									
23 Male – Masculin	12.3	*———	43.1 ———*	2.9	1.7	2.0	2.2	2.2	2.7
24 Female – Féminin	11.6	*———	41.1 ———*	2.8	1.1	2.3	3.1	3.4	3.5

20. Taux de mortalité selon l'âge, le sexe et la résidence, urbaine/rurale: dernière année disponible (suite)

(Voir notes à la fin du tableau.)

35–39	40–44	45–49	50–54	55–59	60–64	65–69	70–74	75–79	80–84	85 plus	
2.5	4.1	6.4	10.3	16.1	23.3	33.7	50.1	76.1	*—— 1 63.3 ——*		1
1.7	2.3	3.4	4.9	7.3	10.8	16.3	27.7	49.1	*—— 1 41.9 ——*		2
4.5	5.9	8.2	11.5	15.5	22.1	30.7	46.0	68.3	*—— 1 41.6 ——*		3
1.9	2.8	4.2	6.0	8.7	12.9	19.1	32.5	51.4	*—— 1 33.5 ——*		4
2.7	4.3	6.5	9.8	14.3	23.4	34.4	52.9	89.4	*—— 1 50.3 ——*		5
1.1	2.0	3.1	4.9	7.5	12.2	17.9	29.8	54.3	*—— 1 25.2 ——*		6
4.1	4.7	6.2	8.4	13.4	19.8	32.3	48.9	73.6	105.3	138.9	7
2.0	2.9	4.3	6.3	10.1	15.5	25.6	39.4	64.0	89.1	137.9	8
3.3	4.1	5.4	7.5	11.3	16.0 *———————		—	56.5 ——————*			9
1.9	2.6	3.5	4.7	6.5	10.8 *———————		—	47.3 ——————*			10
1.5	2.9	3.3	6.4	9.8	13.4	20.9	42.0 *—— —	110.7 ——————*			11
1.6	2.5	3.1	5.1	5.5	8.7	14.1	27.3 *—— —	102.8 ——————*			12
2.2	2.7	4.0	5.4	8.1	12.4	17.7	26.6	51.6	*—— 2 04.0 ——*		13
2.1	2.3	3.2	4.1	5.8	8.8	12.6	19.2	34.5	*—— 1 88.8 ——*		14
♦ 3.5	6.0	7.9	10.9	19.0	32.1	42.9	53.5	74.5	142.3	218.1	15
♦ 2.7	♦ 2.5	4.4	6.1	7.6	15.4	26.3	37.5	50.9	101.7	184.2	16
*——	2.8 ——*	*——	8.0 ——*	*——	18.4 ——*	*——	42.7 ——*	*—— —	116.8 ——*		17
*——	1.8 ——*	*——	3.9 ——*	*——	8.5 ——*	*——	22.2 ——*	*—— —	90.3 ——*		18
2.6	3.4	5.2	8.7	12.8	19.6	28.9	45.8 *—— —	103.8 ——————*			19
1.6	2.2	3.4	5.3	7.9	12.1	20.1	31.3 *—— —	88.6 ——————*			20
0.9	♦ 1.2	2.6	4.6	7.3	14.0	23.5	51.4 *—— —	114.4 ——————*			21
♦ 0.8	♦ 0.9	♦ 2.1	5.6	9.1	16.1	22.0	38.8 *—— —	113.2 ——————*			22
2.3	4.8	6.2	13.0	19.0	31.2 *———————		—	91.9 ——————*			23
4.9	6.6	7.3	10.1	21.4	22.4 *———————		—	91.0 ——————*			24

(See notes at end of table.)

Continent, country or area, year, sex and urban/rural residence / Continent, pays ou zone, année, sexe et résidence, urbaine/rurale		All ages Tous âges [1]	−1	1–4	5–9	10–14	15–19	20–24	25–29	30–34
						Age (in years)				
ASIA—ASIE (Cont.–Suite)											
Cyprus – Chypre 1989											
1	Male – Masculin	7.0	*——	2.3 ——*		♦ 0.4	♦ 0.1	♦ 0.4	1.3	1.1	♦ 0.6
2	Female – Féminin	6.8	*——	1.7 ——*		♦ 0.1	♦ 0.1	♦ 0.2	♦ 0.2	♦ 0.2	♦ 0.3
Hong Kong – Hong–kong 1989 [9]											
3	Male – Masculin	5.5	7.0	0.3	0.2	0.2	0.4	0.6	0.7	0.9
4	Female – Féminin	4.4	6.2	0.3	0.1	0.2	0.3	0.4	0.3	0.6
Iran (Islamic Republic of – Rép. islamique d') 1986											
5	Male – Masculin	5.2	10.8	3.9	1.7	1.4	3.6	4.9	2.8	2.6
6	Female – Féminin	2.4	7.3	1.4	0.5	0.5	0.9	1.2	1.2	1.4
Israel – Israël [10] 1989 [4]											
7	Male – Masculin	6.7	10.4	0.5	0.2	0.2	0.7	0.8	0.9	1.0
8	Female – Féminin	6.0	9.5	0.5	0.2	0.2	0.3	0.4	0.4	0.6
Japan – Japon 1990 [11]											
9	Male – Masculin	7.3	5.0	0.5	0.2	0.2	0.6	0.8	0.7	0.8
10	Female – Féminin	6.0	4.2	0.4	0.1	0.1	0.2	0.3	0.3	0.5
Korea, Republic of— Corée, République de 1989+ [4] [12]											
11	Male – Masculin	6.3	3.1	1.1	0.7	0.5	1.2	1.5	2.0	2.5
12	Female – Féminin	4.6	3.0	1.0	0.5	0.4	0.5	0.8	0.8	1.0
Kuwait – Koweït 1986											
13	Male – Masculin	2.7	17.6	1.0	0.6	♦ 0.3	0.8	0.9	0.7	0.9
14	Female – Féminin	2.1	15.6	0.7	0.4	♦ 0.3	♦ 0.3	♦ 0.3	0.6	♦ 0.4
Macau – Macao 1988 [13]											
15	Male – Masculin	3.3	*——	2.9 ——*		♦ 0.3	♦ 0.1	♦ 0.2	♦ 0.3	♦ 0.5	♦ 0.9
16	Female – Féminin	3.2	*——	2.6 ——*		♦ 0.1	–	♦ 0.1	♦ 0.2	♦ 0.2	♦ 0.3
Malaysia – Malaisie 1990											
17	Male – Masculin	5.3	15.1	1.0	0.5	0.6	1.2	1.5	1.6	2.0
18	Female – Féminin	4.1	12.0	0.9	0.4	0.4	0.5	0.7	0.8	1.0
Malaysia – Malaisie Peninsular Malaysia – Malaisie Péninsulaire 1989 [2] [4]											
19	Male – Masculin	5.5	14.3	1.1	0.6	0.6	1.1	1.5	1.6	2.0
20	Female – Féminin	4.3	11.3	1.0	0.4	0.4	0.5	0.6	0.8	1.0
Sabah 1986											
21	Male – Masculin	4.8	*——	6.8 ——*		0.8	0.5	1.2	2.2	2.4	2.1
22	Female – Féminin	3.2	*——	5.5 ——*		0.7	0.5	0.7	1.0	0.9	1.6
Sarawak 1986											
23	Male – Masculin	4.1	*——	3.2 ——*		0.4	0.4	0.6	1.0	1.3	1.6
24	Female – Féminin	2.7	*——	2.5 ——*		♦ 0.3	♦ 0.2	0.4	0.5	0.6	0.9

20. Taux de mortalité selon l'âge, le sexe et la résidence, urbaine/rurale: dernière année disponible (suite)

(Voir notes à la fin du tableau.)

					Age(en années)						
35–39	40–44	45–49	50–54	55–59	60–64	65–69	70–74	75–79	80–84	85 plus	
♦0.6	1.4	2.2	4.7	8.3	16.1	19.1	31.0	51.8	*——— 1 71.9 ———*		1
♦0.7	♦0.9	2.3	2.8	4.5	7.7	13.5	26.2	41.5	*——— 1 80.2 ———*		2
1.3	2.2	4.0	6.3	10.6	16.5	25.7	42.9	62.9	88.7	117.2	3
0.8	1.0	1.8	3.1	5.1	7.9	13.5	23.3	37.5	57.2	95.7	4
2.7	3.8	4.8	6.8	10.1	16.4 *———	—	45.6 ——————*				5
1.5	2.1	2.5	3.4	4.9	8.7 *———	—	25.6 ——————*				6
1.1	1.9	3.0	5.6	9.7	15.7	24.6	40.0	63.5	109.9	187.0	7
0.7	1.4	1.9	3.1	6.4	9.8	16.3	31.2	51.0	89.7	172.4	8
1.2	1.8	3.2	5.0	8.7	13.2	19.4	33.2	57.9	100.1	188.9	9
0.7	1.0	1.7	2.5	3.7	5.7	9.4	16.9	32.0	62.0	144.3	10
3.7	5.4	9.1	12.5	16.5	25.9	42.3	67.2	110.9	*——— 2 23.2 ———*		11
1.5	2.0	3.3	4.8	6.9	10.7	18.4	34.0	59.0	*——— 1 47.9 ———*		12
0.9	1.8	3.1	6.5	10.5	21.1	31.1	53.0	70.8	130.6	234.4	13
0.9	1.5	2.2	5.2	6.8	16.4	23.8	38.8	63.9	102.4	220.3	14
♦0.9	♦1.3	♦2.0	5.1	8.3	12.9	22.9	36.0	51.8	*——— 80.0 ———*		15
♦0.6	♦1.0	♦1.2	♦2.0	5.5	6.0	9.4	24.0	29.4	*——— 86.9 ———*		16
2.4	3.6	5.6	9.1	15.4	22.4	36.8	52.3	90.2	*——— 1 30.0 ———*		17
1.5	2.3	3.4	5.8	9.1	15.0	25.4	40.1	67.2	*——— 1 11.5 ———*		18
2.4	3.5	5.4	10.0	15.5	25.7	36.7	63.5	86.7	135.8	171.8	19
1.5	2.2	3.5	5.9	9.0	15.7	25.9	46.1	69.8	115.6	139.6	20
3.0	5.2	5.7	10.4	14.6	22.7	24.1	53.9	60.6	*——— 1 07.7 ———*		21
1.9	3.0	3.9	6.5	8.6	15.3	14.4	32.7	39.5	*——— 78.0 ———*		22
2.2	2.7	4.4	7.6	12.3	18.3	27.5	45.3	59.6	*——— 85.2 ———*		23
1.1	2.2	2.7	4.5	7.4	11.2	17.4	25.9	36.1	*——— 52.2 ———*		24

20. Death rates specific for age, sex and urban/rural residence: latest available year (continued)

(See notes at end of table.)

Continent, country or area, year, sex and urban/rural residence — Continent, pays ou zone, année, sexe et résidence, urbaine/rurale	All ages Tous âges [1]	−1	1–4	5–9	10–14	15–19	20–24	25–29	30–34
ASIA—ASIE (Cont.–Suite)									
Maldives 1985 [4]									
1 Male – Masculin	8.8	68.4	7.8	♦ 1.4	♦ 1.0	♦ 1.3	♦ 1.7	♦ 2.0	♦ 1.4
2 Female – Féminin	9.0	67.9	9.3	♦ 1.0	♦ 0.8	♦ 2.0	3.5	♦ 3.1	♦ 4.1
Philippines 1988 +									
3 Male – Masculin	6.5	30.9	5.2	1.6	0.9	1.6	2.6	3.5	3.8
4 Female – Féminin	4.6	23.6	4.7	1.3	0.7	0.9	1.1	1.3	1.6
Singapore – Singapour 1988 + [14]									
5 Male – Masculin	5.6	7.9	0.4	♦ 0.2	♦ 0.2	0.6	1.1	1.0	1.2
6 Female – Féminin	4.7	7.5	0.5	♦ 0.3	♦ 0.2	0.3	0.5	0.6	0.7
Sri Lanka 1985 + [4]									
7 Male – Masculin	7.3	*———	6.9 ———*	0.9	0.8	1.5	2.8	3.0	3.0
8 Female – Féminin	5.0	*———	6.0 ———*	0.8	0.5	1.3	1.6	1.6	1.5
Syrian Arab Republic – République arabe syrienne 1984 + [15]									
9 Male – Masculin	3.4	8.8	2.8	1.1	0.9	1.2	0.6	1.1	1.1
10 Female – Féminin	3.1	8.4	2.9	2.1	1.3	1.0	0.9	1.0	1.0
Thailand – Thaïlande 1990 + [4]									
11 Male – Masculin	5.2	*———	2.3 ———*	0.7	0.6	1.6	2.3	2.6	3.0
12 Female – Féminin	3.7	*———	1.6 ———*	0.5	0.4	0.7	0.8	0.9	1.1
EUROPE									
Austria – Autriche 1990 [4]									
13 Male – Masculin	10.4	8.7	0.5	0.2	0.2	1.0	1.3	1.1	1.5
14 Female – Féminin	11.1	7.3	0.4	0.1	♦ 0.1	0.3	0.4	0.4	0.5
Belgium – Belgique 1984 [16]									
15 Male – Masculin	11.9	11.2	0.6	0.3	0.3	0.8	1.4	1.3	1.6
16 Female – Féminin	10.7	7.7	0.6	0.2	0.2	0.4	0.4	0.5	0.7
Bulgaria – Bulgarie 1990 [4]									
17 Male – Masculin	13.5	16.6	1.0	0.4	0.5	1.0	1.4	1.5	2.0
18 Female – Féminin	10.7	12.3	0.8	0.4	0.3	0.5	0.5	0.6	0.9
Czechoslovakia – Tchécoslovaquie 1990									
19 Male – Masculin	12.7	13.2	0.5	0.3	0.3	0.8	1.3	1.3	1.8
20 Female – Féminin	10.8	9.6	0.4	0.2	0.2	0.4	0.4	0.4	0.7
Denmark – Danemark [17] 1987									
21 Male – Masculin	12.0	10.1	0.5	0.2	0.2	0.8	1.1	1.2	1.7
22 Female – Féminin	10.7	6.5	0.5	♦ 0.1	♦ 0.1	0.3	0.4	0.5	0.7
Estonia – Estonie 1989 [4] [18]									
23 Male – Masculin	11.9	17.7	1.3	0.8	0.6	1.6	2.2	2.1	3.2
24 Female – Féminin	11.8	11.4	0.8	♦ 0.4	♦ 0.3	0.7	0.6	1.1	1.0

20. Taux de mortalité selon l'âge, le sexe et la résidence, urbaine/rurale: dernière année disponible (suite)

(Voir notes à la fin du tableau.)

35–39	40–44	45–49	50–54	55–59	60–64	65–69	70–74	75–79	80–84	85 plus	
♦ 2.8	♦ 7.8	♦ 5.3	11.8	14.4	19.7	31.7	54.8	♦ 88.2	106.6	♦ 70.6	1
♦ 3.1	♦ 9.7	♦ 7.6	♦ 10.5	♦ 17.3	21.2	50.9	♦ 42.4	♦ 76.5	♦ 138.6	♦ 72.2	2
4.7	5.7	8.0	10.8	14.7	21.3	29.7	41.4	*———— —	114.8 ————————*		3
2.2	2.7	3.9	5.7	7.4	11.4	17.8	28.0	*———— —	102.3 ————————*		4
1.8	2.7	4.2	8.0	14.0	21.5	34.2	51.8	76.2	136.5	276.9	5
1.2	1.5	2.6	4.9	7.5	12.7	21.3	35.2	58.0	94.9	195.3	6
4.5	5.4	8.2	10.8	17.5	22.8	36.2	52.7	76.3	*——— 1 69.4 ———*		7
2.1	2.3	3.6	5.5	7.9	13.4	23.4	41.2	63.4	*——— 1 72.4 ———*		8
1.1	1.8	3.0	8.9	7.0	12.2	17.4	22.4	*———— —	43.1 ————————*		9
0.9	1.5	2.0	5.3	4.2	6.5	9.4	15.6	*———— —	39.0 ————————*		10
3.6	4.9	6.7	9.9	14.0	20.6	29.5	46.4	*———— —	112.7 ————————*		11
1.5	2.6	3.8	5.7	8.0	12.4	18.8	31.0	*———— —	92.7 ————————*		12
1.8	3.1	4.9	6.7	11.8	19.0	29.5	43.4	73.3	117.1	192.0	13
0.9	1.6	2.3	3.4	5.5	8.0	13.9	22.4	45.0	85.3	177.0	14
2.0	2.8	4.7	7.6	13.0	21.4	34.5	56.1	88.7	135.0	222.4	15
1.0	1.8	2.7	3.8	6.3	9.7	15.4	27.1	49.7	91.4	179.1	16
2.9	4.8	7.4	11.4	16.3	25.1	37.7	57.9	93.1	146.5	249.8	17
1.2	1.9	2.9	4.5	7.3	12.1	21.0	36.9	69.0	123.1	232.8	18
3.0	4.9	8.4	13.6	20.3	31.9	47.4	67.0	103.7	156.2	243.0	19
1.1	1.8	3.0	4.7	8.0	12.8	22.3	37.5	66.2	112.8	206.8	20
1.9	3.0	4.4	8.0	13.4	21.5	32.1	49.6	75.5	118.9	201.9	21
1.0	1.8	3.2	5.5	8.6	11.6	17.2	26.8	43.5	75.7	162.1	22
4.4	6.1	9.1	13.7	20.3	32.0	43.3	61.1	92.1	139.3	231.5	23
1.2	2.4	3.3	5.1	8.6	12.7	21.3	35.4	59.6	103.6	199.5	24

Age(en années)

(See notes at end of table.)

Continent, country or area, year, sex and urban/rural residence / Continent, pays ou zone, année, sexe et résidence, urbaine/rurale	All ages Tous âges [1]	−1	1–4	5–9	10–14	15–19	20–24	25–29	30–34
EUROPE (Cont.–Suite)									
Finland – Finlande 1989 [4] [19]									
1 Male – Masculin	10.2	6.7	0.3	0.2	0.3	1.1	1.4	1.5	2.1
2 Female – Féminin	9.6	5.5	0.4	♦ 0.1	♦ 0.1	0.3	0.4	0.4	0.6
France 1990 [4] [20] [21]									
3 Male – Masculin	9.9	8.6	0.5	0.2	0.2	0.8	1.5	1.6	1.9
4 Female – Féminin	8.8	6.4	0.3	0.1	0.2	0.3	0.4	0.5	0.7
Germany – Allemagne [22]	...	...	...	...	...	...	...	...	...
Germany, Federal Rep. of – Allemagne, République fédérale d' 1988									
5 Male – Masculin	10.9	8.9	0.5	0.3	0.2	0.7	1.0	1.0	1.3
6 Female – Féminin	11.4	6.5	0.4	0.2	0.2	0.3	0.4	0.4	0.6
Former German Democratic Republic – Ancienne République démocratique allemande 1989 [4]									
7 Male – Masculin	11.4	8.5	0.4	0.3	0.2	0.9	1.1	1.2	1.7
8 Female – Féminin	13.2	5.9	0.4	0.2	0.1	0.4	0.4	0.5	0.8
Greece – Grèce 1984 [4]									
9 Male – Masculin	9.5	*———	3.2 ———*	0.3	0.3	0.8	1.2	1.1	1.1
10 Female – Féminin	8.4	*———	2.6 ———*	0.2	0.2	0.3	0.4	0.4	0.5
Hungary – Hongrie 1990 [4]									
11 Male – Masculin	15.5	16.8	0.6	0.3	0.3	1.0	1.5	2.0	3.2
12 Female – Féminin	12.8	13.5	0.4	0.3	0.2	0.4	0.6	0.7	1.3
Iceland – Islande 1990									
13 Male – Masculin	7.1	♦ 7.2	♦ 0.5	♦ 0.2	♦ 0.3	♦ 1.1	♦ 1.5	♦ 1.5	♦ 1.0
14 Female – Féminin	6.3	♦ 4.8	–	♦ 0.1	♦ 0.1	♦ 0.4	♦ 0.1	♦ 0.6	♦ 0.3
Ireland – Irlande 1990+ [4] [23]									
15 Male – Masculin	9.7	9.5	0.5	0.2	0.2	0.6	1.1	0.9	1.0
16 Female – Féminin	8.5	7.4	0.3	♦ 0.2	♦ 0.2	0.3	0.4	0.5	0.5
Italy – Italie 1988									
17 Male – Masculin	10.1	10.6	0.3	0.2	0.2	0.7	1.0	1.1	1.1
18 Female – Féminin	8.8	8.5	0.3	0.1	0.2	0.3	0.3	0.4	0.5
Lithuania – Lituanie 1989 [4] [18]									
19 Male – Masculin	11.3	11.7	0.9	0.5	0.5	1.5	2.1	2.6	3.7
20 Female – Féminin	9.5	9.3	0.7	0.4	♦ 0.2	0.7	0.6	0.8	1.0
Luxembourg 1987									
21 Male – Masculin	11.4	♦ 10.5	♦ 0.6	♦ 0.5	♦ 0.2	♦ 1.2	♦ 1.5	♦ 1.7	♦ 1.6
22 Female – Féminin	10.4	♦ 8.1	♦ 0.5	♦ 0.2	♦ 0.1	♦ 0.4	♦ 0.5	♦ 0.4	♦ 0.5
Malta – Malte 1989 [24]									
23 Male – Masculin	7.5	*———	2.5 ———*	♦ 0.1	♦ 0.1	♦ 0.9	♦ 0.7	♦ 0.5	♦ 1.0
24 Female – Féminin	7.3	*——— ♦	2.0 ———*	♦ 0.1	–	♦ 0.2	♦ 0.3	♦ 0.2	♦ 0.4

20. Taux de mortalité selon l'âge, le sexe et la résidence, urbaine/rurale: dernière année disponible (suite)

(Voir notes à la fin du tableau.)

					Age(en années)						
35–39	40–44	45–49	50–54	55–59	60–64	65–69	70–74	75–79	80–84	85 plus	
2.6	4.0	5.6	8.5	14.0	22.6	32.9	52.2	79.4	121.8	212.0	*1*
1.0	1.5	2.3	3.3	4.8	8.1	14.1	26.1	47.8	88.2	178.2	*2*
2.4	3.5	5.0	7.3	11.4	17.5	24.4	42.9	57.3	105.8	212.0	*3*
1.0	1.4	2.1	3.0	4.3	6.4	9.5	18.7	29.2	62.1	165.1	*4*
...	...	...	...	...	...	...	...	...	...	...	
1.7	2.6	4.5	7.2	12.1	18.7	29.7	49.1	77.5	124.9	209.2	*5*
0.9	1.5	2.3	3.5	5.4	8.6	14.3	25.8	45.0	82.8	169.7	*6*
2.5	3.5	5.6	9.3	15.3	22.6	36.8	57.8	93.6	149.6	250.6	*7*
1.1	1.6	2.8	4.3	7.0	11.4	20.0	35.3	62.3	110.1	211.1	*8*
1.3	2.2	3.2	5.8	9.6	15.9	24.7	40.0	65.6	99.8	195.7	*9*
0.8	1.2	1.7	2.6	4.9	7.6	14.6	26.6	48.9	86.2	185.2	*10*
4.9	7.1	11.5	16.7	24.6	34.2	46.3	63.3	100.5	152.5	252.9	*11*
1.9	3.0	4.5	6.5	9.6	14.6	23.2	37.4	66.6	113.9	212.9	*12*
♦ 1.2	♦ 1.8	♦ 2.9	♦ 4.3	9.3	12.0	24.2	36.8	59.5	91.0	159.4	*13*
♦ 0.8	♦ 1.1	♦ 2.3	♦ 4.5	6.2	9.2	11.3	22.6	42.7	48.9	147.5	*14*
1.2	2.2	3.7	5.7	12.1	21.4	35.2	53.7	90.5	148.6	258.5	*15*
0.8	1.2	2.4	3.8	6.8	11.5	18.5	29.8	53.4	97.2	193.0	*16*
1.3	2.2	3.7	6.2	11.1	18.4	29.3	42.9	73.0	120.8	207.3	*17*
0.7	1.2	1.9	3.0	4.7	7.8	13.3	21.9	42.3	81.0	172.8	*18*
4.8	7.1	10.5	13.1	19.1	26.8	40.5	52.9	76.1	111.4	207.8	*19*
1.5	2.6	3.5	4.8	7.3	10.9	19.4	30.7	51.7	86.2	177.9	*20*
2.3	3.3	5.4	7.7	14.7	22.4	33.0	50.0	83.5	*——— 1 76.9 ———*		*21*
♦ 1.2	♦ 1.6	3.1	5.6	5.7	8.8	13.8	27.5	48.8	*——— 1 31.9 ———*		*22*
♦ 0.8	♦ 1.9	3.5	4.7	10.2	18.8	26.3	47.5	69.3	120.0	176.4	*23*
♦ 0.9	♦ 1.3	♦ 1.2	♦ 2.4	6.0	11.8	14.6	35.2	49.8	92.7	197.8	*24*

20. Death rates specific for age, sex and urban/rural residence: latest available year (continued)

(See notes at end of table.)

Continent, country or area, year, sex and urban/rural residence / Continent, pays ou zone, année, sexe et résidence, urbaine/rurale	All ages Tous âges [1]	−1	1–4	5–9	10–14	15–19	20–24	25–29	30–34
EUROPE (Cont.–Suite)									
Netherlands – Pays–Bas 1990 [4] [23]									
1 Male – Masculin	9.0	8.2	0.4	0.2	0.2	0.5	0.7	0.8	0.9
2 Female – Féminin	8.2	6.2	0.4	0.1	0.2	0.2	0.3	0.4	0.5
Norway – Norvège 1990 [4] [26]									
3 Male – Masculin	11.4	8.3	0.5	0.2	0.3	0.9	0.9	1.1	1.3
4 Female – Féminin	10.4	5.8	0.3	♦ 0.2	♦ 0.2	0.3	0.2	0.5	0.5
Poland – Pologne 1990 [4]									
5 Male – Masculin	11.3	17.7	0.7	0.3	0.3	1.0	1.7	1.9	2.7
6 Female – Féminin	9.2	13.8	0.5	0.2	0.2	0.3	0.4	0.5	0.8
Portugal 1989									
7 Male – Masculin	10.6	14.1	1.0	0.5	0.5	1.3	1.8	1.9	2.2
8 Female – Féminin	9.0	11.6	0.7	0.3	0.3	0.4	0.5	0.6	0.7
Romania – Roumanie 1990 [4]									
9 Male – Masculin	11.5	26.2	2.1	0.7	0.6	1.0	1.4	1.8	2.6
10 Female – Féminin	9.8	20.9	1.7	0.5	0.3	0.5	0.6	0.8	1.1
Spain – Espagne 1986									
11 Male – Masculin	8.6	*——————— ——————— 0.8 ——————— ———————*					0.8	1.2	1.2	1.3
12 Female – Féminin	7.5	*——————— ——————— 0.6 ——————— ———————*					0.3	0.4	0.4	0.5
Sweden – Suède 1989									
13 Male – Masculin	11.4	6.7	0.3	0.1	0.2	0.7	0.8	1.0	1.2
14 Female – Féminin	10.3	5.0	0.3	♦ 0.1	0.1	0.3	0.3	0.4	0.5
Switzerland – Suisse 1990 [4]									
15 Male – Masculin	9.9	14.9	0.5	0.2	0.2	1.0	1.6	1.6	1.6
16 Female – Féminin	9.1	12.7	0.3	♦ 0.2	♦ 0.2	0.4	0.4	0.5	0.6
Ukraine 1987 [4] [18]									
17 Male – Masculin	11.5	*—— 4.2 ——*		0.6	0.5	1.0	1.6	2.2	2.9
18 Female – Féminin	11.5	*—— 3.2 ——*		0.3	0.3	0.5	0.5	0.7	0.9
United Kingdom – Royaume–Uni 1990									
19 Male – Masculin	11.2	9.1	0.4	0.2	0.2	0.7	0.9	0.9	1.0
20 Female – Féminin	11.1	7.0	0.3	0.1	0.2	0.3	0.3	0.4	0.5
Yugoslavia – Yougoslavie 1989									
21 Male – Masculin	9.7	24.3	0.9	0.4	0.3	0.7	1.1	1.3	1.6
22 Female – Féminin	8.5	22.2	0.8	0.3	0.2	0.4	0.5	0.5	0.7
OCEANIA—OCEANIE									
Australia – Australie 1990 +									
23 Male – Masculin	7.5	9.2	0.5	0.2	0.2	1.0	1.3	1.4	1.4
24 Female – Féminin	6.4	7.3	0.3	0.1	0.2	0.4	0.4	0.5	0.5
Fiji – Fidji 1987 +									
25 Male – Masculin	5.2	10.6	1.1	♦ 0.5	♦ 0.5	♦ 0.8	1.7	2.0	2.1
26 Female – Féminin	3.6	9.1	0.8	♦ 0.5	♦ 0.4	♦ 0.7	1.0	1.6	♦ 1.1

(Voir notes à la fin du tableau.)

					Age(en années)						
35–39	40–44	45–49	50–54	55–59	60–64	65–69	70–74	75–79	80–84	85 plus	
1.2	1.9	3.2	5.4	10.0	16.2	28.6	47.6	75.3	119.3	211.4	1
0.8	1.3	2.1	3.1	5.1	8.0	12.7	21.2	38.4	71.0	162.2	2
1.7	2.3	3.7	5.5	10.1	16.6	27.0	47.0	73.1	117.8	214.3	3
0.9	1.3	2.1	2.9	4.8	8.3	12.5	23.5	41.9	76.5	170.0	4
3.9	5.8	9.2	14.0	20.8	30.2	43.0	61.4	96.1	145.3	227.6	5
1.3	2.2	3.3	4.9	7.8	12.6	20.6	33.9	59.9	103.4	192.1	6
2.4	3.4	5.2	8.2	12.4	19.3	29.0	47.2	75.9	123.8	225.1	7
1.2	1.8	2.7	3.4	5.4	8.3	13.7	25.8	47.7	89.2	195.5	8
3.7	5.3	8.5	12.5	17.7	25.1	36.1	54.5	86.4	139.2	220.7	9
1.6	2.4	3.6	5.3	8.2	13.1	22.2	37.5	67.6	121.9	239.2	10
1.8	2.5	4.1	6.7	10.4	16.8	25.3	*——— ——— 74.4 ———————*				11
0.8	1.2	1.9	2.8	4.4	7.0	11.8	*——— ——— 57.7 ———————*				12
1.6	2.2	3.1	5.3	9.0	14.3	24.2	39.6	65.7	107.8	199.7	13
0.9	1.3	2.1	3.0	4.6	7.2	12.1	20.2	38.0	68.4	160.6	14
1.7	2.2	3.1	5.2	8.8	15.0	24.7	37.8	64.0	101.0	187.9	15
0.8	1.2	2.0	2.8	4.0	6.8	10.6	18.8	35.1	64.4	146.8	16
4.0	5.9	8.7	13.5	19.6	30.2	44.4	*——— ——— 98.9 ———————*				17
1.4	2.2	3.2	5.3	8.0	13.3	22.5	*——— ——— 74.4 ———————*				18
1.4	2.1	3.6	6.1	10.7	18.9	32.2	49.8	79.3	120.5	187.8	19
0.9	1.4	2.3	3.7	6.5	11.2	17.9	28.0	45.9	77.0	156.7	20
2.4	3.7	6.1	10.1	16.3	24.4	36.1	54.8	86.4	138.7	194.5	21
1.1	1.8	2.9	4.5	7.3	12.1	20.7	36.8	63.6	111.7	189.0	22
1.4	2.0	3.0	5.2	9.5	16.1	25.6	39.5	65.2	97.7	166.6	23
0.7	1.1	1.8	3.2	5.0	8.3	13.2	21.9	37.8	63.1	138.1	24
3.5	5.4	10.2	14.7	21.0	25.2	37.6	56.7 *——— — 84.5 ————————*				25
1.7	2.2	7.1	9.2	12.2	19.0	24.8	37.2 *——— — 72.2 ————————*				26

(See notes at end of table.)

Continent, country or area, year, sex and urban/rural residence / Continent, pays ou zone, année, sexe et résidence, urbaine/rurale	Age (in years)								
	All ages Tous âges [1]	−1	1–4	5–9	10–14	15–19	20–24	25–29	30–34
OCEANIA—OCEANIE(Cont.–Suite)									
Marshall Islands – Iles Marshall 1989									
1 Male – Masculin	4.5	*——— ♦	4.7 ———*	♦ 0.5	♦ 0.3	♦ 0.4	♦ 2.3	♦ 3.3	♦ 1.5
2 Female – Féminin	2.3	*——— ♦	3.8 ———*	♦ 0.3	♦ 0.3	♦ 0.4	♦ 1.1	–	♦ 4.6
New Zealand – Nouvelle–Zélande 1990 + [4]									
3 Male – Masculin	8.4	10.1	0.7	0.3	0.3	1.4	2.1	1.5	1.4
4 Female – Féminin	7.4	7.2	0.4	♦ 0.2	♦ 0.2	0.6	0.6	0.6	0.7
Northern Mariana Islands – Iles Mariannes septentrionales 1989									
5 Male – Masculin	6.5	♦ 3.8	♦ 0.5	♦ 0.5	♦ 0.7	♦ 4.7	♦ 4.4	♦ 6.2	♦ 5.1
6 Female – Féminin	3.2	–	–	♦ 0.5	–	♦ 0.8	♦ 0.9	–	♦ 2.3
Former USSR Ancienne URSS 1989 [4] [18]									
7 Male – Masculin	10.4	*———	6.7 ———*	0.7	0.6	1.3	2.2	2.8	3.6
8 Female – Féminin	9.8	*———	5.2 ———*	0.4	0.3	0.6	0.7	0.8	1.1

					Age(en années)						
35–39	40–44	45–49	50–54	55–59	60–64	65–69	70–74	75–79	80–84	85 plus	
♦ 3.5	♦ 4.6	♦ 10.2	♦ 21.7	♦ 14.4	♦ 25.4	♦ 30.8	♦ 56.8 *——————— — ♦	65.5 ——————— *			1
–	♦ 1.3	♦ 4.0	♦ 2.8	♦ 21.7	♦ 6.4	♦ 11.0	♦ 5.2 *——————— — ♦	20.4 ——————— *			2
1.6	2.3	3.6	6.1	10.6	17.3	29.0	46.9	77.3	115.9	172.6	3
0.9	1.6	2.9	4.6	7.2	10.5	16.6	27.3	40.9	73.1	153.9	4
♦ 6.3	♦ 3.8	♦ 11.3	♦ 13.5	♦ 23.4	♦ 27.5	♦ 46.7	♦ 62.5	♦ 222.2	♦ 500.0	♦ 500.0	5
♦ 1.4	♦ 2.1	–	♦ 3.6	♦ 37.6	♦ 24.8	♦ 22.7	♦ 37.0	♦ 147.1	♦ 76.9	♦ 461.5	6
4.8	7.0	9.5	14.7	20.6	31.5	45.1	61.7	93.8	137.3	214.3	7
1.5	2.4	3.4	5.5	8.2	13.1	22.4	34.7	61.2	101.7	189.1	8

Data by urban/rural residence

(See notes at end of table.)

Continent, country or area, year, sex and urban/rural residence / Continent, pays ou zone, année, sexe et résidence, urbaine/rurale	All ages Tous âges [1]	−1	1–4	5–9	10–14	15–19	20–24	25–29	30–34
AFRICA—AFRIQUE									
Egypt – Egypte									
Urban – Urbaine									
1988									
1 Male – Masculin	8.4	42.0	3.4	1.3	1.1	1.7	1.9	2.1	2.7
2 Female – Féminin	7.4	37.4	3.5	1.1	0.9	1.4	1.4	1.7	2.1
Rural – Rurale									
1988									
3 Male – Masculin	8.8	50.3	7.4	1.7	1.3	1.4	1.2	1.5	2.1
4 Female – Féminin	9.0	53.1	9.0	1.6	1.1	1.1	1.1	1.5	1.5
AMERICA,NORTH— AMERIQUE DU NORD									
Cuba									
Urban – Urbaine									
1989									
5 Male – Masculin	7.6	11.9	0.7	0.4	0.5	1.1	1.5	1.5	2.1
6 Female – Féminin	6.0	8.4	0.6	0.3	0.3	0.7	0.8	0.8	1.1
Rural – Rurale									
1989									
7 Male – Masculin	6.2	14.9	0.8	0.6	0.4	1.2	1.5	2.0	2.2
8 Female – Féminin	4.4	11.5	0.7	0.3	0.4	1.0	0.9	1.0	1.1
Guatemala									
Urban – Urbaine									
1981									
9 Male – Masculin	19.3	126.1	15.5	2.9	2.0	5.1	13.3	16.7	16.8
10 Female – Féminin	12.3	107.6	15.6	2.5	1.5	2.5	3.3	4.0	4.5
Rural – Rurale									
1981									
11 Male – Masculin	12.1	75.7	16.2	3.1	1.6	2.8	5.8	8.2	8.3
12 Female – Féminin	9.9	64.2	16.9	3.3	1.7	2.2	2.8	3.4	3.9
Panama									
Urban – Urbaine									
1989									
13 Male – Masculin	4.9	17.5	0.6	♦ 0.4	♦ 0.4	0.8	1.6	2.0	2.5
14 Female – Féminin	3.4	14.4	♦ 0.5	♦ 0.2	♦ 0.2	0.4	♦ 0.4	0.6	0.8
Rural – Rurale									
1989									
15 Male – Masculin	4.6	21.0	2.1	0.7	0.5	1.2	1.8	2.3	2.0
16 Female – Féminin	3.2	15.1	1.9	0.6	♦ 0.3	0.7	0.8	1.0	1.2
Puerto Rico – Porto Rico									
Urban – Urbaine									
1980									
17 Male – Masculin	6.1	16.5	0.4	♦ 0.2	♦ 0.2	1.2	1.6	2.1	2.4
18 Female – Féminin	4.4	12.4	0.4	♦ 0.2	♦ 0.2	0.3	0.4	0.4	0.6
Rural – Rurale									
1980									
19 Male – Masculin	10.6	31.1	1.0	♦ 0.4	0.6	1.7	2.5	3.2	3.2
20 Female – Féminin	6.9	21.5	0.7	♦ 0.4	♦ 0.2	♦ 0.4	0.7	♦ 0.7	1.2
AMERICA,SOUTH— AMERIQUE DU SUD									
Chile – Chili									
Urban – Urbaine									
1990									
21 Male – Masculin	6.6	*———	4.3 ———*		0.3	0.4	0.8	1.4	1.8	2.0
22 Female – Féminin	5.2	*———	3.4 ———*		0.2	0.2	0.4	0.4	0.6	0.8
Rural – Rurale									
1990									
23 Male – Masculin	7.2	*———	4.7 ———*		0.5	0.7	1.4	2.2	2.4	2.8
24 Female – Féminin	5.3	*———	3.8 ———*		0.4	0.5	0.7	0.7	0.7	1.3

20. Taux de mortalité selon l'âge, le sexe et la résidence, urbaine/rurale: dernière année disponible (suite)

Données selon la résidence urbaine/rurale

(Voir notes à la fin du tableau.)

35–39	40–44	45–49	50–54	55–59	60–64	65–69	70–74	75–79	80–84	85 plus	
4.4	5.6	8.0	13.0	21.3	33.3 *——————— —			101.5 –——————— *			1
3.1	3.6	5.3	9.1	12.2	21.9 *——————— —			101.7 –——————— *			2
3.5	4.4	7.0	11.4	17.9	28.7 *——————— —			108.1 –——————— *			3
2.6	2.5	4.3	7.7	10.0	19.2 *——————— —			126.1 –——————— *			4
2.3	3.2	4.7	7.3	10.8	17.2 *——————— —			55.5 –——————— *			5
1.5	2.3	3.1	4.7	7.1	11.7 *——————— —			43.3 –——————— *			6
2.5	3.2	3.7	5.9	7.4	11.2 *——————— —			45.6 –——————— *			7
1.2	2.4	3.0	5.5	6.5	12.8 *——————— —			39.6 –——————— *			8
18.7	18.5	20.5	24.8	29.0	37.0	53.6	73.5	104.5	148.1	205.4	9
5.7	7.9	8.6	12.0	16.9	23.1	36.8	59.0	88.5	127.8	193.8	10
9.0	8.5	10.3	12.8	17.2	22.8	35.2	50.7	68.4	98.2	127.5	11
4.5	5.4	6.7	8.1	12.4	20.2	32.0	56.4	74.6	98.3	145.8	12
2.4	2.9	4.0	6.7	10.1	16.9	25.2	39.3	66.1	96.0	156.7	13
1.1	1.5	2.6	3.0	5.1	8.3	14.4	24.3	37.2	63.3	178.7	14
2.2	3.1	3.6	5.1	7.8	11.0	17.4	30.9	53.0	93.5	155.6	15
1.4	2.2	2.6	4.1	6.6	7.0	12.2	24.2	40.6	64.2	116.7	16
2.7	3.9	4.8	7.2	10.2	16.2	21.9	32.5	48.3	69.2	133.8	17
1.1	1.5	2.1	3.3	4.9	8.0	12.3	22.9	35.5	61.9	125.4	18
4.5	6.6	9.3	15.0	17.9	24.4	38.1	51.3	78.3	129.6	243.4	19
1.7	2.2	4.2	7.2	9.8	16.0	22.3	40.4	66.3	111.9	237.8	20
2.6	4.2	6.6	9.9	14.9	24.3	36.1	54.9	91.5 *—— 1 55.6 ——*			21
1.0	1.9	3.0	4.9	7.6	12.2	17.8	30.0	54.2 *—— 1 27.5 ——*			22
3.4	4.8	5.8	9.5	11.8	19.4	27.6	45.0	81.5 *—— 1 30.9 ——*			23
1.6	2.4	3.5	4.7	7.3	12.4	18.4	28.3	54.8 *—— 1 10.8 ——*			24

(See notes at end of table.)

Continent, country or area, year, sex and urban/rural residence / Continent, pays ou zone, année, sexe et résidence, urbaine/rurale	All ages Tous âges [1]	−1	1–4	5–9	10–14	15–19	20–24	25–29	30–34
AMERICA,SOUTH— (Cont.–Suite) AMERIQUE DU SUD									
Colombia – Colombie Urban – Urbaine 1985+ [6]									
1 Male – Masculin	7.7	40.9	2.6	0.9	0.8	2.0	3.8	4.6	4.5
2 Female – Féminin	5.5	32.7	2.3	0.6	0.5	0.8	1.0	1.2	1.5
Rural – Rurale 1985+ [6]									
3 Male – Masculin	3.7	14.9	1.8	0.5	0.5	1.3	2.8	3.4	3.1
4 Female – Féminin	2.6	12.5	1.7	0.4	0.3	0.6	0.7	0.8	1.0
Ecuador – Equateur Urban – Urbaine 1989 [7]									
5 Male – Masculin	5.4	*———	7.9	———*	0.8	0.8	1.3	1.9	2.3	2.7
6 Female – Féminin	4.1	*———	6.4	———*	0.5	0.4	0.7	0.9	0.8	1.2
Rural – Rurale 1989 [7]									
7 Male – Masculin	5.6	*———	8.6	———*	0.9	0.9	1.2	2.2	2.5	2.6
8 Female – Féminin	4.7	*———	8.1	———*	0.8	0.7	1.1	1.4	1.8	1.9
Paraguay Urban – Urbaine 1982+									
9 Male – Masculin	5.1	30.3	3.2	1.0	0.6	0.8	1.3	1.4	1.6
10 Female – Féminin	4.4	24.2	3.0	0.6	♦ 0.4	0.5	0.9	1.0	1.4
Rural – Rurale 1982+									
11 Male – Masculin	2.3	9.4	1.4	0.4	0.3	0.4	0.7	0.8	1.0
12 Female – Féminin	2.3	8.0	1.2	0.3	♦ 0.2	0.4	0.5	0.9	1.2
ASIA—ASIE									
Bangladesh Urban – Urbaine 1986									
13 Male – Masculin	8.8	*———	33.4	———*	2.1	1.1	1.3	1.9	1.5	0.9
14 Female – Féminin	8.4	*———	32.8	———*	3.1	0.8	1.3	2.5	3.3	1.9
Rural – Rurale 1986									
15 Male – Masculin	12.9	*———	44.3	———*	3.0	1.8	2.1	2.2	2.4	3.0
16 Female – Féminin	12.0	*———	42.1	———*	2.7	1.2	2.5	3.2	3.4	3.7
Israel – Israël [10] Urban – Urbaine 1989									
17 Male – Masculin	6.9	*———	2.5	———*	*———	0.2	———*	0.7	0.8	0.9	1.0
18 Female – Féminin	6.1	*———	2.3	———*	*———	0.2	———*	0.3	0.4	0.4	0.6
Rural – Rurale 1989									
19 Male – Masculin	5.0	*———	2.8	———*	*——— ♦	0.2	———*	♦ 0.8	♦ 0.9	♦ 0.5	♦ 0.9
20 Female – Féminin	4.6	*———	2.7	———*	*——— ♦	0.3	———*	♦ 0.3	♦ 0.5	♦ 0.3	♦ 0.7
Korea, Republic of— Corée, République de Urban – Urbaine 1980+ [12]									
21 Male – Masculin	4.8	3.7	1.5	0.8	0.6	1.2	1.5	1.7	2.1
22 Female – Féminin	3.4	3.5	1.5	0.7	0.6	0.6	0.8	1.0	1.2
Rural – Rurale 1980+ [12]									
23 Male – Masculin	12.1	6.5	4.2	2.3	1.6	3.9	3.5	4.7	5.5
24 Female – Féminin	9.0	6.9	4.2	2.1	1.6	2.9	3.6	3.4	3.7

20. Taux de mortalité selon l'âge, le sexe et la résidence, urbaine/rurale: dernière année disponible (suite)

Données selon la résidence urbaine/rurale

(Voir notes à la fin du tableau.)

					Age(en années)						
35–39	40–44	45–49	50–54	55–59	60–64	65–69	70–74	75–79	80–84	85 plus	
4.4	5.1	7.2	10.5	16.9	26.5	42.0	65.4	92.9	138.4	181.2	1
2.2	3.3	5.1	7.6	11.9	18.8	29.9	46.7	72.3	104.2	161.5	2
3.1	3.4	4.2	4.5	6.8	8.6	15.3	22.3	38.1	50.4	67.3	3
1.2	1.7	2.2	3.2	5.1	7.3	13.3	20.4	38.4	49.6	77.2	4
3.5	4.3	5.4	7.7	11.7	19.2 *———	—		64.1 ———————*			5
1.8	2.6	3.3	5.0	6.5	12.2 *———	—		50.9 ———————*			6
3.1	3.9	5.3	7.2	11.0	13.1 *———	—		49.4 ———————*			7
2.1	2.7	3.8	4.4	6.6	9.2 *———	—		43.0 ———————*			8
1.8	2.7	4.7	6.0	10.2	16.5	28.0	35.9 *——— —	75.2 ———————*			9
2.0	2.2	3.8	4.6	7.5	9.4	12.9	21.6 *——— —	66.9 ———————*			10
1.4	1.9	1.8	3.1	4.1	8.1	11.0	20.3 *——— —	47.2 ———————*			11
1.2	1.8	2.3	3.3	4.4	5.5	8.7	15.9 *——— —	46.2 ———————*			12
0.7	3.7	5.7	12.4	22.3	36.4 *———	—		94.6 ———————*			13
2.4	4.7	6.9	20.8	25.2	19.2 *———	—		81.1 ———————*			14
2.6	5.0	6.3	13.1	18.5	30.5 *———	—		91.6 ———————*			15
5.3	6.8	7.4	8.9	20.9	22.8 *———	—		92.0 ———————*			16
1.1	2.0	3.1	5.8	9.8	15.8 *———	30.8 ———*	*——— —	96.9 ———————*			17
0.7	1.4	1.9	3.1	6.5	10.0 *———	22.7 ———*	*——— —	83.0 ———————*			18
♦ 0.9	♦ 0.9	♦ 2.4	♦ 3.8	8.3	14.1 *———	31.6 ———*	*——— —	93.1 ———————*			19
♦ 0.5	♦ 1.1	♦ 1.9	♦ 2.7	5.2	8.1 *———	20.2 ———*	*——— —	75.4 ———————*			20
3.6	5.5	8.8	14.7	23.0	37.1	54.7	81.2	119.8 *———	2 46.9 ———*		21
1.9	2.7	4.0	6.6	9.0	14.4	23.1	36.1	60.3 *———	1 35.4 ———*		22
8.4	10.9	13.5	19.7	29.0	42.8	63.5	96.7	155.7 *———	3 49.4 ———*		23
4.3	4.7	6.0	8.5	11.4	18.3	29.3	48.3	78.8 *———	1 98.5 ———*		24

Data by urban/rural residence

(See notes at end of table.)

Continent, country or area, year, sex and urban/rural residence / Continent, pays ou zone, année, sexe et résidence, urbaine/rurale	All ages Tous âges [1]	Age (in years)							
		−1	1–4	5–9	10–14	15–19	20–24	25–29	30–34
ASIA—ASIE (Cont.–Suite)									
Malaysia – Malaisie Peninsular Malaysia – Malaisie Péninsulaire Urban – Urbaine 1980 [2]									
1 Male – Masculin	5.6	22.8	1.1	0.5	0.5	0.8	1.5	1.7	1.7
2 Female – Féminin	4.1	18.2	1.0	0.4	0.3	0.4	0.5	0.7	1.1
Rural – Rurale 1980 [2]									
3 Male – Masculin	7.2	41.1	2.7	1.0	0.8	1.5	2.3	2.4	2.2
4 Female – Féminin	5.5	32.2	2.7	0.9	0.6	0.9	1.1	1.4	2.1
Maldives Urban – Urbaine 1985									
5 Male – Masculin	6.5	48.2	♦ 4.8	♦ 1.1	♦ 0.7	♦ 1.2	♦ 1.5	♦ 3.0	♦ 2.5
6 Female – Féminin	6.0	♦ 39.7	♦ 3.8	♦ 0.4	♦ 0.4	♦ 2.0	♦ 2.6	♦ 3.1	♦ 5.1
Rural – Rurale 1985									
7 Male – Masculin	9.7	73.1	8.6	♦ 1.5	♦ 1.1	♦ 1.3	♦ 1.9	♦ 1.5	♦ 0.7
8 Female – Féminin	9.9	74.7	10.8	♦ 1.2	♦ 0.9	♦ 2.0	♦ 3.8	♦ 3.1	♦ 3.7
Sri Lanka Urban – Urbaine 1981+									
9 Male – Masculin	14.0	109.1	7.1	2.2	2.0	3.4	5.2	5.3	5.5
10 Female – Féminin	10.5	90.0	7.1	2.0	1.3	3.0	4.1	4.4	4.4
Rural – Rurale 1981+									
11 Male – Masculin	4.7	17.7	1.6	0.6	0.5	0.9	1.5	1.4	1.3
12 Female – Féminin	3.8	15.6	1.9	0.6	0.4	1.0	1.0	0.9	0.9
Thailand – Thaïlande Urban – Urbaine 1990+									
13 Male – Masculin	9.5	*——— 9.2 ———*		1.5	1.3	4.2	5.3	5.3	5.4
14 Female – Féminin	5.6	*——— 7.1 ———*		1.1	0.9	1.3	1.3	1.4	1.8
Rural – Rurale 1990+									
15 Male – Masculin	4.6	*——— 2.1 ———*		0.6	0.5	1.3	1.6	2.0	2.3
16 Female – Féminin	3.4	*——— 1.5 ———*		0.5	0.3	0.5	0.6	0.7	0.8
EUROPE									
Austria – Autriche Urban – Urbaine 1981									
17 Male – Masculin	13.2	14.8	0.6	0.3	0.3	1.2	1.4	1.3	1.4
18 Female – Féminin	13.5	10.7	0.5	♦ 0.2	♦ 0.2	0.5	0.6	0.6	0.7
Rural – Rurale 1981									
19 Male – Masculin	11.5	14.9	0.8	0.3	0.3	1.8	2.1	1.7	1.8
20 Female – Féminin	10.4	10.9	0.5	♦ 0.2	0.2	0.5	0.5	0.5	0.8
Bulgaria – Bulgarie Urban – Urbaine 1990									
21 Male – Masculin	10.3	15.0	0.9	0.3	0.4	0.9	1.2	1.3	1.7
22 Female – Féminin	7.9	12.0	0.7	0.3	0.2	0.4	0.4	0.5	0.8
Rural – Rurale 1990									
23 Male – Masculin	20.2	20.3	1.3	0.7	0.7	1.2	2.0	2.1	2.8
24 Female – Féminin	16.7	13.2	1.0	0.6	0.4	0.6	0.9	0.7	1.1

20. Taux de mortalité selon l'âge, le sexe et la résidence, urbaine/rurale: dernière année disponible (suite)

Données selon la résidence urbaine/rurale

(Voir notes à la fin du tableau.)

					Age(en années)						
35–39	40–44	45–49	50–54	55–59	60–64	65–69	70–74	75–79	80–84	85 plus	
2.1	3.8	7.2	11.6	18.8	30.1	46.3	65.6	96.9	131.3	169.0	1
1.6	2.4	4.2	6.2	10.8	17.8	29.9	43.6	69.0	108.0	170.1	2
2.9	4.4	6.7	10.9	18.4	28.6	45.1	67.0	97.2	130.4	161.1	3
2.3	3.0	4.4	7.4	11.6	21.1	32.7	56.3	75.2	105.7	147.7	4
♦ 1.6	♦ 9.2	♦ 8.1	♦ 13.1	♦ 22.4	♦ 35.8	♦ 24.2	♦ 57.9	♦ 105.3	♦ 184.2	♦ 242.4	5
♦ 6.3	♦ 7.9	♦ 13.7	♦ 15.9	♦ 6.3	♦ 37.2	♦ 8.1	–	♦ 83.3	♦ 263.2	♦ 363.6	6
♦ 3.5	♦ 7.2	♦ 4.3	♦ 11.4	♦ 12.3	♦ 15.8	♦ 33.4	54.3	♦ 84.8	♦ 96.1	♦ 45.0	7
♦ 2.1	♦ 10.3	♦ 6.2	♦ 9.3	♦ 20.0	♦ 17.8	60.4	♦ 50.5	♦ 74.6	♦ 122.4	♦ 34.9	8
8.1	10.4	15.9	21.6	31.9	43.0	63.4	85.8	116.1	200.3	266.7	9
5.5	6.9	10.1	11.1	18.5	24.7	36.9	55.6	81.3	142.1	247.8	10
1.8	2.2	3.9	5.2	8.1	11.6	21.4	34.3	58.1	105.3	220.0	11
1.2	1.5	2.4	3.3	5.3	9.0	17.8	31.0	51.6	102.2	223.5	12
6.1	7.5	10.2	15.0	22.5	33.5	48.7	73.1	100.1	*——— 1 49.3 ———*		13
2.3	3.5	5.3	8.5	12.5	18.4	27.9	42.2	69.4	*——— 1 16.1 ———*		14
2.8	3.8	5.1	7.4	10.0	14.6	22.8	35.9	55.8	*——— 98.7 ———*		15
1.2	2.0	2.8	4.3	5.9	9.4	15.3	25.7	39.2	*——— 87.7 ———*		16
2.5	3.7	6.0	9.8	14.0	22.0	34.5	57.3	92.3	149.5	240.3	17
1.3	1.9	3.0	4.1	6.8	10.3	17.4	30.9	57.3	106.0	205.2	18
2.5	4.0	6.4	10.1	15.4	21.3	35.2	58.4	98.0	153.3	263.2	19
1.2	1.5	2.8	3.9	6.1	10.2	18.3	32.1	61.3	111.6	217.7	20
2.6	4.3	6.8	10.8	15.5	24.9	37.5	57.7	91.9	140.9	226.8	21
1.2	1.7	2.9	4.4	7.0	11.9	20.9	37.5	66.9	116.6	211.6	22
3.8	6.4	8.8	12.5	17.6	25.5	38.0	58.0	94.2	150.9	270.6	23
1.3	2.2	3.0	4.5	7.7	12.4	21.0	36.4	70.7	128.9	254.8	24

(See notes at end of table.)

Continent, country or area, year, sex and urban/rural residence — Continent, pays ou zone, année, sexe et résidence, urbaine/rurale	Age (in years)								
	All ages Tous âges [1]	−1	1–4	5–9	10–14	15–19	20–24	25–29	30–34
EUROPE (Cont.—Suite)									
Estonia – Estonie									
Urban – Urbaine									
1989 [18]									
1 Male – Masculin	10.8	18.7	1.1	♦ 0.6	♦ 0.4	1.4	1.7	2.1	2.9
2 Female – Féminin	10.3	10.5	♦ 0.7	♦ 0.4	♦ 0.2	♦ 0.5	♦ 0.7	1.0	0.9
Rural – Rurale									
1989 [18]									
3 Male – Masculin	14.6	15.5	♦ 1.7	♦ 1.1	♦ 1.1	2.0	3.6	2.1	4.2
4 Female – Féminin	15.6	13.4	♦ 1.1	♦ 0.6	♦ 0.5	♦ 1.1	♦ 0.6	♦ 1.4	♦ 1.3
Finland – Finlande									
Urban – Urbaine									
1989 [19]									
5 Male – Masculin	9.7	5.8	♦ 0.3	♦ 0.2	♦ 0.2	1.1	1.3	1.6	2.2
6 Female – Féminin	9.3	5.8	♦ 0.3	♦ 0.1	♦ 0.1	♦ 0.3	0.3	0.4	0.7
Rural – Rurale									
1989 [19]									
7 Male – Masculin	11.0	8.3	♦ 0.3	♦ 0.2	♦ 0.4	1.1	1.5	1.4	1.9
8 Female – Féminin	10.2	4.9	♦ 0.5	♦ 0.1	♦ 0.1	♦ 0.4	♦ 0.4	♦ 0.4	0.5
France									
Urban – Urbaine									
1982 [20][21]									
9 Male – Masculin	9.9	67.2	0.5	0.3	0.3	1.0	1.6	1.5	1.6
10 Female – Féminin	8.8	52.3	0.4	0.2	0.2	0.4	0.5	0.6	0.7
Rural – Rurale									
1982 [20][21]									
11 Male – Masculin	12.4	59.4	0.6	0.3	0.4	1.2	2.0	1.6	1.5
12 Female – Féminin	10.9	46.8	0.4	0.2	0.2	0.5	0.6	0.6	0.6
Germany – Allemagne [22]	...	...	...	...	...	...	...	...	...
Former German Democratic Republic – Ancienne République démocratique allemande									
Urban – Urbaine									
1989									
13 Male – Masculin	11.0	8.4	0.4	0.3	0.2	0.8	1.0	1.2	1.6
14 Female – Féminin	12.9	6.0	0.4	0.2	0.1	0.4	0.4	0.5	0.8
Rural – Rurale									
1989									
15 Male – Masculin	12.9	9.0	0.4	0.3	0.4	1.2	1.3	1.2	1.8
16 Female – Féminin	14.1	5.7	0.5	♦ 0.1	♦ 0.1	0.5	0.3	0.4	0.8
Greece – Grèce									
Urban – Urbaine									
1981									
17 Male – Masculin	8.3	15.6	0.4	0.2	0.3	0.7	0.8	0.9	0.9
18 Female – Féminin	7.1	12.2	0.3	0.2	0.2	0.3	0.3	0.4	0.6
Rural – Rurale									
1981									
19 Male – Masculin	15.1	14.9	1.1	0.5	0.6	1.4	2.6	2.0	2.0
20 Female – Féminin	14.1	12.9	0.8	0.3	0.3	0.6	0.9	0.9	0.9
Hungary – Hongrie									
Urban – Urbaine									
1990									
21 Male – Masculin	14.0	15.8	0.5	0.3	0.3	0.8	1.3	1.6	2.8
22 Female – Féminin	12.0	12.4	0.5	0.2	0.2	0.5	0.5	0.6	1.1
Rural – Rurale									
1990									
23 Male – Masculin	17.6	17.8	0.6	0.4	0.4	1.3	1.9	2.3	3.7
24 Female – Féminin	13.9	14.8	0.4	0.3	0.2	0.4	0.6	0.7	1.5

(Voir notes à la fin du tableau.)

	35–39	40–44	45–49	50–54	55–59	60–64	65–69	70–74	75–79	80–84	85 plus	
					Age(en années)							
	4.0	6.1	8.9	13.0	19.0	31.0	43.4	57.8	90.7	136.9	232.2	1
	1.2	2.3	3.2	4.9	8.3	12.5	20.9	34.6	57.5	99.1	193.3	2
	5.3	6.4	9.8	15.7	23.9	34.6	43.1	67.7	94.1	142.3	230.6	3
	♦ 1.4	♦ 2.5	3.7	5.9	9.5	13.5	22.2	36.7	63.0	110.9	210.2	4
	2.8	4.1	5.8	8.5	13.8	23.0	32.2	53.5	79.9	123.7	205.9	5
	1.1	1.6	2.5	3.3	4.8	8.2	14.1	26.0	47.0	85.1	178.4	6
	2.3	3.7	5.2	8.4	14.3	21.9	33.7	50.6	78.7	119.6	218.5	7
	0.8	1.3	1.9	3.2	4.9	8.0	14.2	26.3	49.2	93.2	177.9	8
	2.2	3.4	5.9	9.6	14.0	19.8	29.5	45.1	70.4	108.3	190.1	9
	1.1	1.6	2.4	3.7	5.3	7.6	12.5	20.7	38.1	70.4	150.3	10
	2.1	3.5	5.7	8.9	12.7	17.7	28.2	42.5	70.4	111.3	197.2	11
	1.0	1.5	2.3	3.3	5.0	7.0	12.1	21.0	40.3	76.4	165.5	12
	...	...	...	...	...	...	...	...	...	...	...	
	2.5	3.4	5.4	8.9	15.1	22.3	37.1	58.1	93.5	149.0	248.6	13
	1.1	1.6	2.8	4.2	7.2	11.3	19.8	35.0	61.9	109.5	210.3	14
	2.4	3.9	6.6	10.5	16.1	23.3	35.9	56.8	94.2	151.3	255.7	15
	0.9	1.7	2.7	4.6	6.5	11.4	20.7	36.3	63.4	111.9	213.7	16
	1.4	2.0	3.2	6.0	10.8	18.8	30.5	47.8	72.6	114.2	212.9	17
	0.7	1.1	2.0	3.0	5.4	10.0	17.1	30.1	55.3	95.3	197.9	18
	2.3	2.8	4.4	7.1	12.6	19.1	29.0	46.7	82.3	149.6	310.6	19
	1.2	1.7	2.6	4.3	5.7	10.1	16.3	32.8	65.9	128.0	293.7	20
	4.1	6.0	10.1	14.7	23.2	32.2	45.0	61.9	98.0	148.9	241.3	21
	1.9	2.8	4.3	6.6	9.8	14.6	22.9	37.1	64.2	108.8	205.1	22
	6.0	8.8	13.7	19.5	26.3	36.4	47.4	64.8	103.6	156.9	268.5	23
	2.1	3.4	4.6	6.4	9.2	14.6	23.5	37.6	69.9	121.8	225.9	24

(See notes at end of table.)

Continent, country or area, year, sex and urban/rural residence / Continent, pays ou zone, année, sexe et résidence, urbaine/rurale	All ages Tous âges [1]	−1	1–4	5–9	10–14	15–19	20–24	25–29	30–34
EUROPE (Cont.–Suite)									
Ireland – Irlande									
Urban – Urbaine									
1986+ [23]									
1 Male – Masculin	5.6	*——	1.3 ——*	♦ 0.2	♦ 0.2	0.5	0.5	0.4	0.6
2 Female – Féminin	5.8	*——	1.1 ——*	♦ 0.1	♦ 0.1	♦ 0.1	♦ 0.2	♦ 0.2	♦ 0.3
Rural – Rurale									
1986+ [23]									
3 Male – Masculin	16.0	*——	3.2 ——*	0.5	0.5	1.3	1.9	1.6	1.6
4 Female – Féminin	12.6	*——	2.7 ——*	♦ 0.2	♦ 0.3	♦ 0.5	♦ 0.5	♦ 0.6	0.8
Lithuania – Lituanie									
Urban – Urbaine									
1989 [18]									
5 Male – Masculin	8.8	11.7	0.8	0.5	♦ 0.3	1.1	1.7	2.0	3.0
6 Female – Féminin	7.5	8.3	0.5	♦ 0.3	♦ 0.2	0.5	0.6	0.7	0.9
Rural – Rurale									
1989 [18]									
7 Male – Masculin	16.5	11.7	1.3	♦ 0.7	1.0	2.2	3.1	3.8	5.8
8 Female – Féminin	13.8	11.2	1.2	♦ 0.7	♦ 0.4	1.1	♦ 0.7	1.1	1.3
Netherlands – Pays–Bas									
Urban – Urbaine									
1986 [25]									
9 Male – Masculin	10.2	9.5	0.5	0.2	0.2	0.5	0.7	0.8	1.0
10 Female – Féminin	9.0	7.4	0.4	♦ 0.1	0.2	0.2	0.4	0.4	0.6
Rural – Rurale									
1986 [25]									
11 Male – Masculin	8.5	7.5	♦ 0.6	♦ 0.2	♦ 0.2	0.6	0.9	0.7	0.7
12 Female – Féminin	6.5	6.9	♦ 0.6	♦ 0.2	♦ 0.1	♦ 0.2	♦ 0.3	♦ 0.3	♦ 0.4
Semi–urban – Semi–urbaine									
1986 [25]									
13 Male – Masculin	8.2	8.2	0.5	0.2	0.3	0.6	0.8	0.8	0.7
14 Female – Féminin	6.9	6.7	0.4	♦ 0.1	0.2	0.3	0.3	0.4	0.6
Norway – Norvège									
Urban – Urbaine									
1980 [26]									
15 Male – Masculin	11.7	9.4	♦ 0.5	♦ 0.4	♦ 0.2	0.8	1.3	1.3	1.2
16 Female – Féminin	10.2	7.3	♦ 0.3	♦ 0.1	♦ 0.2	♦ 0.3	♦ 0.4	0.6	0.5
Rural – Rurale									
1980 [26]									
17 Male – Masculin	10.8	8.7	0.7	0.4	0.3	1.2	1.3	0.9	1.3
18 Female – Féminin	8.2	6.9	♦ 0.2	♦ 0.2	♦ 0.2	0.4	♦ 0.3	♦ 0.3	0.4
Poland – Pologne									
Urban – Urbaine									
1990									
19 Male – Masculin	10.4	17.2	0.6	0.3	0.3	0.8	1.3	1.6	2.5
20 Female – Féminin	8.6	13.4	0.4	0.2	0.2	0.3	0.3	0.5	0.8
Rural – Rurale									
1990									
21 Male – Masculin	12.6	18.3	0.8	0.3	0.4	1.4	2.2	2.3	3.1
22 Female – Féminin	10.2	14.3	0.6	0.2	0.2	0.5	0.4	0.5	0.8
Romania – Roumanie									
Urban – Urbaine									
1990									
23 Male – Masculin	8.7	23.5	1.6	0.6	0.6	0.8	1.1	1.4	1.9
24 Female – Féminin	7.1	17.2	1.3	0.4	0.3	0.4	0.5	0.6	0.9
Rural – Rurale									
1990									
25 Male – Masculin	14.8	29.0	2.6	0.8	0.6	1.3	1.7	2.4	4.2
26 Female – Féminin	13.1	24.8	2.3	0.5	0.4	0.5	0.7	1.1	1.8

20. Taux de mortalité selon l'âge, le sexe et la résidence, urbaine/rurale: dernière année disponible (suite)

Données selon la résidence urbaine/rurale

(Voir notes à la fin du tableau.)

	35–39	40–44	45–49	50–54	55–59	60–64	65–69	70–74	75–79	80–84	85 plus	
Age(en années)												
	0.7	1.2	2.2	5.4	10.3	16.7	27.1	44.5	69.5	101.2	152.1	1
	0.5	0.7	2.1	3.0	5.8	10.3	15.4	25.7	42.1	72.8	147.5	2
	2.3	3.5	6.1	10.0	16.2	30.7	47.4	74.8	121.1	198.4	358.1	3
	1.1	2.3	3.9	6.0	10.5	16.6	23.5	44.6	79.0	145.3	303.5	4
	4.0	6.2	9.5	11.7	18.1	26.5	40.9	52.7	76.7	111.2	192.4	5
	1.4	2.4	3.3	4.4	7.1	11.1	20.6	32.0	51.2	84.4	163.0	6
	7.2	9.6	12.8	15.7	20.7	27.2	40.0	53.1	75.5	111.5	219.4	7
	2.0	3.4	4.1	5.6	7.5	10.7	17.9	29.2	52.3	88.2	193.6	8
	1.6	2.3	3.9	6.5	11.5	19.0	32.2	52.7	82.6	126.7	219.2	9
	1.0	1.4	2.3	3.8	5.8	8.7	13.5	22.7	40.8	73.8	163.5	10
	1.0	1.7	3.1	5.9	9.4	18.1	29.0	43.6	72.7	106.9	186.5	11
	0.7	1.2	1.8	3.0	5.2	7.4	12.7	21.4	38.3	69.5	155.0	12
	0.9	1.9	3.4	6.3	10.6	17.6	30.2	48.3	78.1	117.2	209.1	13
	0.8	1.2	2.0	3.1	5.3	7.7	12.5	21.3	40.9	79.8	166.0	14
	1.6	2.4	4.6	7.5	12.3	21.0	35.2	52.1	84.2	122.3	201.2	15
	1.0	1.4	2.4	3.8	5.5	9.2	14.7	25.9	47.9	82.8	167.9	16
	1.6	2.6	4.1	6.6	11.2	18.0	27.7	42.6	71.5	114.8	200.6	17
	0.6	1.0	1.8	3.0	4.6	7.6	12.8	24.1	43.8	83.6	166.7	18
	3.6	5.6	9.2	14.3	21.6	32.0	45.9	64.8	99.3	144.5	221.4	19
	1.3	2.2	3.4	5.2	8.5	13.8	22.4	36.1	61.5	101.4	186.6	20
	4.4	6.3	9.4	13.6	19.6	27.9	39.5	57.9	92.8	146.0	233.8	21
	1.3	1.9	3.0	4.4	6.8	10.8	18.2	31.3	57.9	105.8	199.3	22
	2.8	4.5	7.7	12.0	17.9	26.8	39.3	58.1	86.1	128.5	201.9	23
	1.3	2.2	3.5	5.3	8.4	13.9	23.2	38.1	64.1	103.1	172.7	24
	6.2	6.8	9.5	13.0	17.5	23.8	34.2	52.3	86.6	144.8	230.5	25
	2.3	2.7	3.8	5.4	8.1	12.5	21.6	37.2	69.8	134.4	305.0	26

Data by urban/rural residence

(See notes at end of table.)

Continent, country or area, year, sex and urban/rural residence / Continent, pays ou zone, année, sexe et résidence, urbaine/rurale	All ages Tous âges [1]	−1	1–4	5–9	10–14	15–19	20–24	25–29	30–34
EUROPE (Cont.–Suite)									
Switzerland – Suisse									
Urban – Urbaine									
1980									
1 Male – Masculin	9.6	10.2	♦ 0.4	♦ 0.3	0.3	0.9	1.5	1.2	1.1
2 Female – Féminin	8.6	8.2	♦ 0.3	♦ 0.2	♦ 0.2	0.4	0.6	0.5	0.7
Rural – Rurale									
1980									
3 Male – Masculin	10.2	12.6	0.7	0.5	0.3	1.1	1.8	1.3	1.3
4 Female – Féminin	8.8	8.5	0.5	♦ 0.2	♦ 0.2	0.4	0.6	0.5	0.6
Ukraine									
Urban – Urbaine									
1987									
5 Male – Masculin	9.7	*———	3.9 ———*		0.5	0.5	0.9	1.3	1.8	2.4
6 Female – Féminin	9.5	*———	2.9 ———*		0.3	0.2	0.4	0.5	0.6	0.8
Rural – Rurale									
1987									
7 Male – Masculin	15.0	*———	4.8 ———*		0.7	0.6	1.1	2.4	3.4	4.1
8 Female – Féminin	15.2	*———	3.8 ———*		0.4	0.3	0.6	0.7	1.1	1.2
OCEANIA—OCEANIE									
New Zealand – Nouvelle–Zélande									
Urban – Urbaine									
1986+									
9 Male – Masculin	8.2	11.7	0.8	♦ 0.2	0.4	1.2	1.7	1.5	1.2
10 Female – Féminin	7.2	8.8	0.5	♦ 0.2	♦ 0.2	0.4	0.5	0.5	0.8
Rural – Rurale									
1986+									
11 Male – Masculin	12.9	17.5	♦ 1.2	♦ 0.4	♦ 0.8	3.5	3.2	2.4	2.6
12 Female – Féminin	9.8	16.3	♦ 0.5	♦ 0.5	♦ 0.5	♦ 1.0	♦ 1.3	♦ 1.1	♦ 1.1
Former USSR									
Ancienne URSS									
Urban – Urbaine									
1989 [18]									
13 Male – Masculin	9.8	*———	5.2 ———*		0.6	0.5	1.2	2.0	2.6	3.3
14 Female – Féminin	9.0	*———	3.8 ———*		0.4	0.3	0.5	0.6	0.7	0.9
Rural – Rurale									
1989 [18]									
15 Male – Masculin	11.4	*———	8.9 ———*		0.9	0.7	1.5	2.8	3.3	4.2
16 Female – Féminin	11.2	*———	7.3 ———*		0.5	0.4	0.8	0.9	1.0	1.4

(Voir notes à la fin du tableau.)

	35–39	40–44	45–49	50–54	55–59	60–64	65–69	70–74	75–79	80–84	85 plus	
						Age(en années)						
	1.6	2.5	3.5	6.0	11.2	17.7	30.1	47.0	70.2	115.0	202.2	1
	0.8	1.3	2.5	3.2	5.3	7.8	13.5	22.7	41.0	73.3	159.9	2
	1.7	2.4	4.0	7.1	11.9	18.5	29.4	47.8	74.2	123.6	216.2	3
	0.8	1.3	2.0	3.6	5.1	8.6	13.8	25.7	49.1	85.9	186.1	4
	3.4	5.1	7.8	12.8	19.3	30.6	44.9 *———	———	99.6 ———	———	——*	5
	1.2	2.1	3.0	5.3	8.1	13.9	23.8 *———	———	77.0 ———	———	——*	6
	5.8	7.6	10.7	14.8	20.1	29.5	43.8 *———	———	98.1 ———	———	——*	7
	1.9	2.4	3.4	5.3	7.9	12.5	21.1 *———	———	71.8 ———	———	——*	8
	1.8	2.1	3.6	6.8	10.3	18.3	28.2	47.5	70.8	109.1	181.5	9
	0.9	1.5	2.4	3.9	6.7	10.1	15.1	24.4	43.5	75.2	147.2	10
	2.5	4.2	5.8	12.7	18.8	33.7	56.1	93.4	163.8	240.3	405.9	11
	1.8	2.5	3.8	7.5	12.3	18.1	33.2	67.8	123.3	190.1	414.5	12
	4.5	6.7	9.1	14.5	21.0	32.3	46.4	63.4	97.4	142.5	220.6	13
	1.4	2.3	3.2	5.3	8.2	13.6	23.5	36.4	64.3	105.7	194.3	14
	5.5	8.0	10.4	15.3	20.1	30.0	42.9	58.8	88.4	130.8	207.9	15
	1.9	2.9	3.8	5.9	8.1	12.3	20.7	32.1	56.8	96.0	182.8	16

20. Death rates specific for age, sex and urban/rural residence: latest available year (continued)

<table>
<tr><td>

GENERAL NOTES

Data exclude foetal deaths. Rates are the number of deaths by age and sex per 1 000 corresponding population. For definitions of ''urban'', see end of table 6. For method of evaluation and limitations of data, see Technical Notes, page 80.

Italics: rates calculated using deaths from civil registers which are incomplete or of unknown completeness.

FOOTNOTES

* Provisional.
♦ Rates based on 30 or fewer deaths.
+ Data tabulated by date of registration rather than occurrence.

1 Including deaths of unknown age.
2 Excluding live—born infants dying before registration of birth.
3 For Algerian population only.
4 For classification by urban/rural residence, see end of table.
5 Including Canadian residents temporarily in the United States, but excluding United States residents temporarily in Canada.
6 Based on burial permits.
7 Excluding nomadic Indian tribes.
8 Excluding Indian jungle population.
9 Excluding Vietnamese refugees.

</td><td>

NOTES GENERALES

Les données ne comprennent pas les morts foetales. Les taux représentent le nombre de décès selon l'âge et le sexe pour 1 000 personnes du même groupe d'âges et du même sexe. Pour les définitions des ''régions urbaines'', se reporter à la fin du tableau 6. Pour la méthode d'évaluation et les insuffisances des données, voir Notes techniques, page 80.

Italiques: taux calculés d'après des chiffres de décès provenant des registres de l'état civil incomplets ou dont le degré d'exactitude n'est pas connu.

NOTES

* Données provisoires.
♦ Taux basés sur 30 décès ou moins.
+ Données exploitées selon la date de l'enregistrement et non la date de l'événement.

1 Y compris les décès dont on ignore l'âge.
2 Non compris les enfants nés vivants, décédés avant l'enregistrement de leur naissance.
3 Pour la population algérienne seulement.
4 Pour le classement selon la résidence, urbaine/rurale, voir la fin du tableau.
5 Y compris les résidents canadiens se trouvant temporairement aux Etats—Unis, mais non compris les résidents des Etats—Unis se trouvant temporairement au Canada.
6 D'après les permis d'inhumer.
7 Non compris les tribus d'Indiens nomades.
8 Non compris les Indiens de la jungle.
9 Non compris les réfugiés du Viet Nam.

</td></tr>
</table>

20. Taux de mortalité selon l'âge, le sexe et la résidence, urbaine/rurale: dernière année disponible (suite)

21. Deaths and death rates by cause: latest available year

Décès selon la cause, nombres et taux: dernière année disponible

Part A: Classified according to Abbreviated International List, 1975 Revision

Partie A: Décès classés selon la Liste internationale abrégée de la révision de 1975

(See notes at end of table. – Voir notes à la fin du tableau.)

AFRICA – AFRIQUE

Cause of death abbreviated list number [1] / Cause de décès numéro dans la liste abrégée [1]	Botswana		Egypt – Egypte		Mauritius – Maurice Island of Mauritius – Ile Maurice		Sao Tome and Principe – Sao Tomé–et–Principe	
	1985		1987		1987+		1987 [2]	
	Number Nombre	Rate Taux	Number Nombre	Rate Taux	Number Nombre	Rate Taux	Number Nombre	Rate Taux
TOTAL	1 294	119.0	466 161	950.1	6 581	655.6	1 006	897.3
AM 1	–	–	–	–	–	–	–	–
AM 2	–	–	102	0.2	–	–	3	♦ 2.7
AM 3	72	6.6	40 285	82.1	62	6.2	48	42.8
AM 4	216	19.9	1 254	2.6	12	♦ 1.2	8	♦ 7.1
AM 5	–	–	6	♦ 0.0	–	–	1	♦ 0.9
AM 6	–	–	168	0.3	–	–	–	–
AM 7	9	♦ 0.8	3 513	7.2	5	♦ 0.5	13	♦ 11.6
AM 8	21	♦ 1.9	333	0.7	52	5.2	6	♦ 5.4
AM 9	–	–	–	–	–	–	–	–
AM10	–	–	140	0.3	–	–	–	–
AM11	23	♦ 2.1	4	♦ 0.0	–	–	180	160.6
AM12	74	6.8	2 653	5.4	16	♦ 1.6	11	♦ 9.8
AM13	13	♦ 1.2	425	0.9	77	7.7	3	♦ 2.7
AM14	1	♦ 0.1	88	0.2	2	♦ 0.2	–	–
AM15	2	♦ 0.2	319	0.6	26	♦ 2.6	1	♦ 0.9
AM16	20	♦ 1.8	852	1.7	66	6.6	3	♦ 2.7
AM17	8	...	771	...	34	⁴9.6	3	...
AM18	19	...	108	...	22	♦ ⁴6.2	3	...
AM19	12	♦ 1.1	1 048	2.1	29	♦ 2.9	–	–
AM20	11	♦ 1.0	7 159	14.6	287	28.6	9	♦ 8.0
AM21	11	♦ 1.0	4 388	8.9	321	32.0	6	♦ 5.4
AM22	5	♦ 0.5	1	♦ 0.0	34	3.4	–	–
AM23	22	♦ 2.0	1	♦ 0.0	3	♦ 0.3	19	♦ 16.9
AM24	19	♦ 1.7	456	0.9	83	8.3	53	47.3
AM25	35	3.2	974	2.0	15	♦ 1.5	3	♦ 2.7
AM26	–	–	321	0.7	1	♦ 0.1	–	–
AM27	5	♦ 0.5	3 969	8.1	34	3.4	3	♦ 2.7
AM28	37	3.4	8 048	16.4	238	23.7	36	32.1
AM29	6	♦ 0.6	110	0.2	779	77.6	2	♦ 1.8
AM30	141	13.0	7 859	16.0	223	22.2	1	♦ 0.9
AM31	100	9.2	9 279	18.9	850	84.7	25	♦ 22.3
AM32	2	♦ 0.2	4 858	9.9	4	♦ 0.4	11	♦ 9.8
AM33	6	♦ 0.6	119 637	243.8	868	86.5	83	74.0
AM34	99	9.1	26 148	53.3	182	18.1	69	61.5
AM35	3	♦ 0.3	20	♦ 0.0	–	–	–	–
AM36	5	♦ 0.5	14 452	29.5	250	24.9	28	♦ 25.0
AM37	–	–	317	0.6	52	5.2	1	♦ 0.9
AM38	1	♦ 0.1	31	0.1	–	–	1	♦ 0.9
AM39	37	3.4	3 979	8.1	131	13.0	15	♦ 13.4
AM40	51	4.7	3 319	6.8	203	20.2	3	♦ 2.7
AM41	16	...	58	...	1	♦ ⁵1.4	2	...
AM42	–	–	238	³12.5	9	♦ ³47.0	–	–
AM43	9	...	890	³46.8	10	♦ ³52.2	3	♦ ³76.7
AM44	2	...	113	³5.9	–	–	–	–
AM45	28	♦ 2.6	4 404	9.0	63	6.3	8	♦ 7.1
AM46	–	–	9	♦ ³0.5	2	♦ ³10.4	–	–
AM47	21	...	12 167	³639.5	337	³1 759.6	28	♦ ³715.6
AM48	–	–	96 310	196.3	274	27.3	200	178.4
AM49	–	–	65 392	133.3	421	41.9	98	87.4
AM50	2	♦ 0.2	3 248	6.6	91	9.1	6	♦ 5.4
AM51	7	♦ 0.6	523	1.1	24	♦ 2.4	1	♦ 0.9
AM52	83	7.6	5 148	10.5	202	20.1	5	♦ 4.5
AM53	32	2.9	22	♦ 0.0	140	13.9	1	♦ 0.9
AM54	6	♦ 0.6	241	0.5	21	♦ 2.1	3	♦ 2.7
AM55	2	♦ 0.2	10 003	20.4	25	♦ 2.5	–	–

(See notes at end of table. – Voir notes à la fin du tableau.)   AFRICA(cont.)–AFRIQUE(suite) – AMERICA,NORTH – AMERIQUE DU NORD

Cause of death abbreviated list number [1] / Cause de décès numéro dans la liste abrégée [1]	Zimbabwe 1986		Bahamas 1987		Barbados – Barbade 1988 [2]		Canada 1989 [6]	
	Number Nombre	Rate Taux	Number Nombre	Rate Taux	Number Nombre	Rate Taux	Number Nombre	Rate Taux
TOTAL	23 023	273.9	1 376	572.5	2 174	854.9	190 965	728.4
AM 1	–	–	–	–	–	–	–	–
AM 2	115	1.4	–	–	–	–	–	–
AM 3	841	10.0	5	♦ 2.1	1	♦ 0.4	62	0.2
AM 4	732	8.7	15	♦ 6.2	1	♦ 0.4	133	0.5
AM 5	3	♦ 0.0	–	–	–	–	3	♦ 0.0
AM 6	–	–	–	–	–	–	37	0.1
AM 7	21	♦ 0.2	–	–	2	♦ 0.8	–	–
AM 8	46	0.5	12	♦ 5.0	35	13.8	528	2.0
AM 9	–	–	–	–	–	–	–	–
AM10	382	4.5	–	–	–	–	2	–
AM11	310	3.7	–	–	–	–	1	♦ 0.0
AM12	290	3.4	10	♦ 4.2	12	♦ 4.7	461	1.8
AM13	127	1.5	15	♦ 6.2	48	18.9	2 210	8.4
AM14	73	0.9	7	♦ 2.9	19	♦ 7.5	4 378	16.7
AM15	51	0.6	11	♦ 4.6	11	♦ 4.3	1 331	5.1
AM16	244	2.9	34	14.1	21	♦ 8.3	13 446	51.3
AM17	106	...	13	...	46	4 45.3	4 585	4 43.2
AM18	166	...	12	...	26	♦ 4 25.6	416	4 3.9
AM19	84	1.0	13	♦ 5.4	7	♦ 2.8	1 764	6.7
AM20	1 332	15.8	162	67.4	235	92.4	23 170	88.4
AM21	245	2.9	68	28.3	174	68.4	3 883	14.8
AM22	83	1.0	–	–	–	–	7	♦ 0.0
AM23	260	3.1	–	–	14	♦ 5.5	151	0.6
AM24	150	1.8	6	♦ 2.5	8	♦ 3.1	487	1.9
AM25	332	3.9	7	♦ 2.9	–	–	79	0.3
AM26	105	1.2	–	–	1	♦ 0.4	21	♦ 0.1
AM27	181	2.2	3	♦ 1.2	2	♦ 0.8	550	2.1
AM28	569	6.8	79	32.9	69	27.1	1 237	4.7
AM29	331	3.9	71	29.5	168	66.1	24 859	94.8
AM30	87	1.0	63	26.2	62	24.4	20 639	78.7
AM31	803	9.6	115	47.8	274	107.7	14 383	54.9
AM32	55	0.7	8	♦ 3.3	66	26.0	2 353	9.0
AM33	910	10.8	43	17.9	229	90.1	13 624	52.0
AM34	1 496	17.8	55	22.9	55	21.6	6 450	24.6
AM35	5	♦ 0.1	1	♦ 0.4	–	–	196	0.7
AM36	340	4.0	8	♦ 3.3	23	♦ 9.0	2 256	8.6
AM37	70	0.8	6	♦ 2.5	15	♦ 5.9	733	2.8
AM38	25	♦ 0.3	1	♦ 0.4	1	♦ 0.4	38	0.1
AM39	348	4.1	44	18.3	27	♦ 10.6	2 233	8.5
AM40	234	2.8	14	♦ 5.8	39	15.3	2 020	7.7
AM41	33	...	–	–	–	–	65	2.2
AM42	88	...	–	–	1	♦ 26.7	2	♦ 0.5
AM43	145	...	3	♦ 3 69.3	–	–	14	♦ 3.6
AM44	4	...	–	–	–	–	–	–
AM45	538	6.4	23	♦ 9.6	19	♦ 7.5	1 324	5.0
AM46	72	...	–	–	–	–	37	9.4
AM47	2 662	...	73	3 1 685.5	44	1 174.9	1 149	293.2
AM48	2 199	26.2	36	15.0	82	32.2	2 753	10.5
AM49	2 260	26.9	156	64.9	224	88.1	23 081	88.0
AM50	912	10.8	47	19.6	28	♦ 11.0	4 210	16.1
AM51	110	1.3	3	♦ 1.2	20	♦ 7.9	1 994	7.6
AM52	1 171	13.9	55	22.9	24	♦ 9.4	3 232	12.3
AM53	629	7.5	3	♦ 1.2	12	♦ 4.7	3 492	13.3
AM54	580	6.9	26	♦ 10.8	18	♦ 7.1	552	2.1
AM55	68	0.8	50	20.8	11	♦ 4.3	334	1.3

Part A: Classified according to Abbreviated International List, 1975 Revision

Partie A: Décès classés selon la Liste internationale abrégée de la révision de 1975

(See notes at end of table. – Voir notes à la fin du tableau.)   AMERICA, NORTH (cont.) – AMERIQUE DU NORD (suite)

Cause of death abbreviated list number [1] / Cause de décès numéro dans la liste abrégée [1]	Costa Rica 1988		Cuba 1988		Dominican Republic – République dominicaine 1985+		El Salvador 1984 [8]	
	Number Nombre	Rate Taux	Number Nombre	Rate Taux	Number Nombre	Rate Taux	Number Nombre	Rate Taux
TOTAL	10 944	383.9	67 944	652.5	27 844	434.0	28 870	604.0
AM 1	–	–	–	–	–	–	–	–
AM 2	–	–	–	–	24	♦ 0.4	301	6.3
AM 3	132	4.6	361	3.5	1 799	28.0	1 736	36.3
AM 4	99	3.5	53	0.5	547	8.5	197	4.1
AM 5	2	♦ 0.1	–	–	6	♦ 0.1	29	♦ 0.6
AM 6	–	–	169	1.6	16	♦ 0.2	7	♦ 0.1
AM 7	5	♦ 0.2	4	♦ 0.0	30	♦ 0.5	50	1.0
AM 8	40	1.4	115	1.1	410	6.4	75	1.6
AM 9	–	–	–	–	–	–	–	–
AM10	–	–	–	–	156	2.4	182	3.8
AM11	–	–	–	–	9	♦ 0.1	63	1.3
AM12	59	2.1	219	2.1	299	4.7	230	4.8
AM13	598	21.0	690	6.6	144	2.2	140	2.9
AM14	87	3.1	956	9.2	76	1.2	27	♦ 0.6
AM15	30	♦ 1.1	283	2.7	40	0.6	2	♦ 0.0
AM16	186	6.5	3 135	30.1	142	2.2	38	0.8
AM17	128	...	824	[4] 20.6	82	...	12	♦ [4] 0.9
AM18	101	...	380	[4] 9.5	117	...	74	[4] 5.6
AM19	121	4.2	435	4.2	98	1.5	94	2.0
AM20	1 077	37.8	6 274	60.3	1 061	16.5	646	13.5
AM21	263	9.2	2 166	20.8	573	8.9	294	6.2
AM22	–	–	1	...	9	♦ 0.1	1	♦ 0.0
AM23	48	1.7	21	♦ 0.2	630	9.8	203	4.2
AM24	32	1.1	175	1.7	242	3.8	262	5.5
AM25	29	♦ 1.0	207	2.0	278	4.3	107	2.2
AM26	5	♦ 0.2	27	♦ 0.3	14	♦ 0.2	4	♦ 0.1
AM27	29	♦ 1.0	219	2.1	32	0.5	16	♦ 0.3
AM28	201	7.0	835	8.0	612	9.5	45	0.9
AM29	872	30.6	11 580	111.2	1 626	25.3	792	16.6
AM30	720	25.3	5 410	52.0	109	1.7	62	1.3
AM31	806	28.3	6 513	62.5	1 726	26.9	869	18.2
AM32	61	2.1	2 466	23.7	56	0.9	22	♦ 0.5
AM33	468	16.4	2 543	24.4	2 262	35.3	1 245	26.0
AM34	353	12.4	3 247	31.2	1 158	18.0	672	14.1
AM35	11	♦ 0.4	20	♦ 0.2	18	♦ 0.3	38	0.8
AM36	233	8.2	1 229	11.8	409	6.4	742	15.5
AM37	40	1.4	332	3.2	122	1.9	113	2.4
AM38	16	♦ 0.6	84	0.8	22	♦ 0.3	21	♦ 0.4
AM39	221	7.8	771	7.4	816	12.7	286	6.0
AM40	124	4.3	472	4.5	182	2.8	144	3.0
AM41	23	...	128	[5] 12.3	41	...	8	♦ [5] 3.3
AM42	1	♦ [3] 1.2	16	♦ [3] 8.5	18	...	7	♦ [3] 4.9
AM43	14	♦ [3] 17.2	33	[3] 17.6	79	...	91	[3] 64.0
AM44	–	–	24	♦ [3] 12.8	9	...	1	♦ [3] 0.7
AM45	395	13.9	947	9.1	447	7.0	160	3.3
AM46	22	♦ [3] 27.0	57	[3] 30.3	115	...	37	[3] 26.0
AM47	529	[3] 650.1	916	[3] 487.5	2 620	...	2 861	[3] 2 011.9
AM48	251	8.8	151	1.4	4 178	65.1	6 727	140.7
AM49	1 293	45.4	[7] 5 178	[7] 49.7	2 220	34.6	3 181	66.6
AM50	352	12.3	...	...	557	8.7	713	14.9
AM51	183	6.4	...	...	52	0.8	214	4.5
AM52	367	12.9	...	...	836	13.0	1 247	26.1
AM53	143	5.0	...	...	133	2.1	565	11.8
AM54	115	4.0	...	...	310	4.8	1 929	40.4
AM55	59	2.1	...	...	277	4.3	1 288	26.9

(See notes at end of table. – Voir notes à la fin du tableau.)　　　　　　　　　AMERICA, NORTH (cont.) – AMERIQUE DU NORD (suite)

Cause of death abbreviated list number [1] / Cause de décès numéro dans la liste abrégée [1]	Guatemala 1984 [2]		Martinique 1987 [2][9]		Mexico – Mexique 1986+ [2]		Panama 1987	
	Number Nombre	Rate Taux	Number Nombre	Rate Taux	Number Nombre	Rate Taux	Number Nombre	Rate Taux
TOTAL	66 260	856.1	2 095	607.1	396 561	498.4	9 105	400.3
AM 1	–	–	–	–	–	–	–	–
AM 2	232	3.0	2	♦ 0.6	753	0.9	2	♦ 0.1
AM 3	10 872	140.5	9	♦ 2.6	28 477	35.8	208	9.1
AM 4	804	10.4	6	♦ 1.7	6 618	8.3	151	6.6
AM 5	1 148	14.8	–	–	908	1.1	15	♦ 0.7
AM 6	4	♦ 0.1	1	♦ 0.3	17	♦ 0.0	9	♦ 0.4
AM 7	76	1.0	3	♦ 0.9	344	0.4	4	♦ 0.2
AM 8	648	8.4	16	♦ 4.6	2 314	2.9	43	1.9
AM 9	–	–	–	–	–	–	–	–
AM 10	1 120	14.5	–	–	591	0.7	27	♦ 1.2
AM 11	428	5.5	–	–	78	0.1	–	–
AM 12	1 040	13.4	35	10.1	3 497	4.4	56	2.5
AM 13	612	7.9	42	12.2	3 823	4.8	154	6.8
AM 14	8	♦ 0.1	18	♦ 5.2	1 087	1.4	53	2.3
AM 15	12	♦ 0.2	–	0.0	325	0.4	29	♦ 1.3
AM 16	60	0.8	31	9.0	4 412	5.5	143	6.3
AM 17	48	...	24	...	1 768	...	60	...
AM 18	132	...	21	...	3 621	...	74	...
AM 19	136	1.8	12	♦ 3.5	2 261	2.8	78	3.4
AM 20	1 300	16.8	247	71.6	18 633	23.4	645	28.4
AM 21	304	3.9	87	25.2	23 132	29.1	152	6.7
AM 22	28	♦ 0.4	–	–	60	0.1	1	♦ 0.0
AM 23	3 412	44.1	–	–	6 465	8.1	71	3.1
AM 24	608	7.9	–	–	4 602	5.8	55	2.4
AM 25	264	3.4	2	♦ 0.6	1 095	1.4	55	2.4
AM 26	16	♦ 0.2	–	–	226	0.3	3	♦ 0.1
AM 27	24	♦ 0.3	4	♦ 1.2	1 203	1.5	22	♦ 1.0
AM 28	112	1.4	65	18.8	5 682	7.1	139	6.1
AM 29	1 084	14.0	92	26.7	15 218	19.1	641	28.2
AM 30	68	0.9	–	–	4 465	5.6	428	18.8
AM 31	1 008	13.0	332	96.2	17 720	22.3	874	38.4
AM 32	92	1.2	–	–	1 949	2.4	58	2.5
AM 33	2 024	26.2	62	18.0	26 703	33.6	406	17.8
AM 34	8 696	112.4	47	13.6	20 554	25.8	331	14.6
AM 35	880	11.4	6	♦ 1.7	740	0.9	12	♦ 0.5
AM 36	640	8.3	40	11.6	9 801	12.3	174	7.6
AM 37	184	2.4	14	♦ 4.1	3 043	3.8	36	1.6
AM 38	56	0.7	–	–	527	0.7	8	♦ 0.4
AM 39	708	9.1	43	12.5	16 018	20.1	118	5.2
AM 40	400	5.2	27	♦ 7.8	7 614	9.6	111	4.9
AM 41	4	...	9	...	410	...	13	...
AM 42	40	[3] 12.8	–	–	149	[3] 5.8	5	♦ [3] 8.7
AM 43	188	[3] 60.2	6	♦ [3] 94.8	1 505	[3] 58.4	16	♦ [3] 27.8
AM 44	8	♦ [3] 2.6	–	–	27	♦ [3] 1.0	1	♦ [3] 1.7
AM 45	760	9.8	14	♦ 4.1	7 084	8.9	213	9.4
AM 46	80	[3] 25.6	2	♦ [3] 31.6	777	[3] 30.1	45	[3] 78.1
AM 47	9 604	[3] 3 077.3	26	♦ [3] 410.9	18 247	[3] 708.1	478	[3] 829.2
AM 48	6 908	89.3	130	37.7	13 948	17.5	751	33.0
AM 49	5 352	69.1	433	125.5	45 526	57.2	980	43.1
AM 50	112	1.4	43	12.5	12 288	15.4	388	17.1
AM 51	196	2.5	21	♦ 6.1	3 739	4.7	63	2.8
AM 52	1 112	14.4	64	18.5	27 421	34.5	329	14.5
AM 53	40	0.5	44	12.7	1 728	2.2	86	3.8
AM 54	256	3.3	15	♦ 4.3	15 800	19.9	156	6.9
AM 55	2 312	29.9	–	0.0	1 568	2.0	135	5.9

21. Deaths and death rates by cause: latest available year (continued)

Décès selon la cause, nombres et taux: dernière année disponible (suite)

Part A: Classified according to Abbreviated International List, 1975 Revision

Partie A: Décès classés selon la Liste internationale abrégée de la révision de 1975

AMERICA, NORTH (cont.)
SOUTH – AMERIQUE DU NORD (suite)
SUD

(See notes at end of table. – Voir notes à la fin du tableau.)

Cause of death abbreviated list number [1] / Cause de décès numéro dans la liste abrégée [1]	Puerto Rico – Porto Rico 1990		Trinidad and Tobago – Trinité-et-Tobago 1988		United States – Etats–Unis 1988		Argentina – Argentine 1987 [2]	
	Number Nombre	Rate Taux	Number Nombre	Rate Taux	Number Nombre	Rate Taux	Number Nombre	Rate Taux
TOTAL	26 148	726.5	8 036	663.3	2 167 999	884.7	247 868	796.0
AM 1	–	–	1	♦ 0.1	–	–	–	–
AM 2	–	–	1	♦ 0.1	–	–	25	♦ 0.1
AM 3	8	♦ 0.2	62	5.1	391	0.2	937	3.0
AM 4	69	1.9	26	♦ 2.1	1 921	0.8	1 275	4.1
AM 5	1	♦ 0.0	–	–	4	♦ 0.0	37	0.1
AM 6	–	–	–	–	278	0.1	31	0.1
AM 7	3	♦ 0.1	2	♦ 0.2	17	♦ 0.0	70	0.2
AM 8	411	11.4	30	♦ 2.5	20 925	8.5	4 212	13.5
AM 9	–	–	–	–	–	–	–	–
AM10	11	♦ 0.3	–	–	3	♦ 0.0	53	0.2
AM11	–	–	–	–	7	♦ 0.0	3	...
AM12	1 200	33.3	67	5.5	7 945	3.2	1 660	5.3
AM13	330	9.2	83	6.8	13 676	5.6	3 328	10.7
AM14	300	8.3	75	6.2	48 199	19.7	3 310	10.6
AM15	40	1.1	24	♦ 2.0	7 721	3.1	926	3.0
AM16	500	13.9	107	8.8	133 284	54.4	7 608	24.4
AM17	275	...	116	[4] 30.3	42 172	[4] 42.1	3 917	...
AM18	50	...	58	[4] 15.2	4 443	[4] 4.4	796	...
AM19	147	4.1	42	3.5	17 577	7.2	1 204	3.9
AM20	2 464	68.5	542	44.7	217 976	88.9	22 640	72.7
AM21	1 677	46.6	980	80.9	40 368	16.5	5 407	17.4
AM22	–	–	1	♦ 0.1	296	0.1	141	0.5
AM23	76	2.1	32	2.6	2 502	1.0	963	3.1
AM24	173	4.8	68	5.6	3 816	1.6	487	1.6
AM25	35	1.0	15	♦ 1.2	1 156	0.5	647	2.1
AM26	2	♦ 0.1	2	♦ 0.2	76	0.0	20	♦ 0.1
AM27	16	♦ 0.4	19	♦ 1.6	6 345	2.6	315	1.0
AM28	1 225	34.0	322	26.6	31 694	12.9	3 561	11.4
AM29	1 203	33.4	882	72.8	247 950	101.2	17 005	54.6
AM30	2 297	63.8	409	33.8	261 642	106.8	8 131	26.1
AM31	1 198	33.3	938	77.4	150 517	61.4	24 960	80.2
AM32	466	12.9	47	3.9	22 086	9.0	7 981	25.6
AM33	2 413	67.0	427	35.2	253 659	103.5	49 393	158.6
AM34	1 188	33.0	277	22.9	75 719	30.9	6 348	20.4
AM35	5	♦ 0.1	6	♦ 0.5	1 943	0.8	20	♦ 0.1
AM36	365	10.1	123	10.2	23 830	9.7	2 301	7.4
AM37	52	1.4	47	3.9	6 435	2.6	493	1.6
AM38	9	♦ 0.2	7	♦ 0.6	473	0.2	142	0.5
AM39	739	20.5	82	6.8	26 409	10.8	3 382	10.9
AM40	338	9.4	100	8.3	22 392	9.1	4 796	15.4
AM41	6	...	37	[5] 39.2	454	[5] 1.6	75	...
AM42	4	♦ [3] 6.0	9	♦ [3] 33.4	61	[3] 1.6	106	[3] 15.9
AM43	9	♦ [3] 13.5	8	♦ [3] 29.6	253	[3] 6.5	212	[3] 31.7
AM44	–	–	–	–	16	♦ [3] 0.4	7	♦ [3] 1.0
AM45	221	6.1	86	7.1	12 753	5.2	2 957	9.5
AM46	4	♦ [3] 6.0	24	♦ [3] 88.9	226	[3] 5.8	376	[3] 56.3
AM47	503	[3] 755.8	185	[3] 685.6	17 994	[3] 460.3	8 872	[3] 1 327.9
AM48	162	4.5	179	14.8	30 951	12.6	5 591	18.0
AM49	3 641	101.2	851	70.2	256 872	104.8	24 657	79.2
AM50	548	15.2	124	10.2	48 024	19.6	3 054	9.8
AM51	189	5.3	42	3.5	12 096	4.9	1 103	3.5
AM52	400	11.1	169	13.9	36 980	15.1	6 488	20.8
AM53	371	10.3	164	13.5	30 407	12.4	2 308	7.4
AM54	583	16.2	90	7.4	21 784	8.9	1 685	5.4
AM55	221	6.1	48	4.0	3 281	1.3	1 852	5.9

(See notes at end of table. – Voir notes à la fin du tableau.)

AMERICA, SOUTH (cont.) – AMERIQUE DU SUD (suite)

Cause of death, abbreviated list number [1] Cause de décès numéro dans la liste abrégée [1]	Brazil – Brésil 1986 [10]		Chile – Chili 1987		Colombia – Colombie 1986+ [11]		Ecuador – Equateur 1988 [12]	
	Number Nombre	Rate Taux	Number Nombre	Rate Taux	Number Nombre	Rate Taux	Number Nombre	Rate Taux
TOTAL	810 526	585.2	70 559	562.8	146 346	501.4	52 732	516.8
AM 1	–	–	–	–	–	–	–	–
AM 2	81	0.1	24	♦ 0.2	–	–	96	0.9
AM 3	24 221	17.5	460	3.7	3 923	13.4	3 435	33.7
AM 4	5 183	3.7	648	5.2	1 720	5.9	1 247	12.2
AM 5	145	0.1	3	♦ 0.0	–	–	89	0.9
AM 6	369	0.3	19	♦ 0.2	–	–	2	♦ 0.0
AM 7	677	0.5	4	♦ 0.0	–	–	77	0.8
AM 8	7 594	5.5	765	6.1	–	–	238	2.3
AM 9	–	–	–	–	–	–	–	–
AM10	1 631	1.2	1	–	–	–	558	5.5
AM11	1 052	0.8	–	–	–	–	66	0.6
AM12	10 500	7.6	477	3.8	2 805	9.6	430	4.2
AM13	9 222	6.7	2 328	18.6	–	–	1 284	12.6
AM14	2 544	1.8	495	3.9	–	–	145	1.4
AM15	1 366	1.0	229	1.8	–	–	49	0.5
AM16	8 690	6.3	1 266	10.1	–	–	270	2.6
AM17	4 706	[4] 10.6	742	...	–	–	172	...
AM18	2 535	[4] 5.7	766	...	–	–	178	...
AM19	3 275	2.4	426	3.4	–	–	284	2.8
AM20	40 290	29.1	6 829	54.5	18 325	62.8	2 558	25.1
AM21	14 563	10.5	1 201	9.6	–	–	930	9.1
AM22	1 411	1.0	46	0.4	–	–	118	1.2
AM23	7 667	5.5	91	0.7	–	–	982	9.6
AM24	2 221	1.6	150	1.2	–	–	563	5.5
AM25	3 285	2.4	210	1.7	–	–	250	2.4
AM26	157	0.1	10	♦ 0.1	–	–	25	♦ 0.2
AM27	1 456	1.1	370	3.0	–	–	98	1.0
AM28	14 619	10.6	1 107	8.8	3 791	13.0	598	5.9
AM29	46 163	33.3	4 571	36.5	–	–	1 521	14.9
AM30	16 330	11.8	2 537	20.2	13 998	48.0	275	2.7
AM31	73 816	53.3	6 526	52.1	10 349	35.5	2 609	25.6
AM32	5 832	4.2	1 030	8.2	–	–	174	1.7
AM33	57 915	41.8	3 207	25.6	13 243	45.4	3 241	31.8
AM34	35 330	25.5	5 095	40.6	–	–	2 615	25.6
AM35	202	0.1	115	0.9	–	–	210	2.1
AM36	8 560	6.2	1 746	13.9	–	–	1 736	17.0
AM37	2 272	1.6	230	1.8	–	–	283	2.8
AM38	454	0.3	55	0.4	–	–	73	0.7
AM39	12 393	8.9	2 371	18.9	–	–	844	8.3
AM40	7 050	5.1	751	6.0	–	–	818	8.0
AM41	284	[5] 3.3	153	...	–	–	64	...
AM42	241	[3] 8.7	47	[3] 16.8	135	[3] 16.6	24	♦ [3] 9.0
AM43	1 439	[3] 51.8	81	[3] 29.0	487	[3] 60.0	299	[3] 111.7
AM44	134	[3] 4.8	7	♦ [3] 2.5	3	♦ [3] 0.4	6	♦ [3] 2.2
AM45	8 506	6.1	1 266	10.1	1 759	6.0	776	7.6
AM46	693	[3] 24.9	58	[3] 20.7	–	–	134	[3] 50.1
AM47	44 882	[3] 1 614.9	1 721	[3] 615.2	6 216	[3] 765.9	2 844	[3] 1 062.6
AM48	165 376	119.4	5 733	45.7	7 591	26.0	7 911	77.5
AM49	57 354	41.4	6 188	49.4	31 338	107.4	5 037	49.4
AM50	29 551	21.3	879	7.0	–	–	2 037	20.0
AM51	2 407	1.7	353	2.8	956	3.3	672	6.6
AM52	23 368	16.9	1 806	14.4	11 898	40.8	2 259	22.1
AM53	4 307	3.1	693	5.5	976	3.3	467	4.6
AM54	20 458	14.8	342	2.7	14 288	49.0	1 027	10.1
AM55	15 749	11.4	4 331	34.5	2 092	7.2	34	0.3

Part A: Classified according to Abbreviated International List, 1975 Revision

Partie A: Décès classés selon la Liste internationale abrégée de la révision de 1975

(See notes at end of table. – Voir notes à la fin du tableau.) AMERICA, SOUTH (cont.) – AMERIQUE DU SUD (suite)

Cause of death abbreviated list number [1] / Cause de décès numéro dans la liste abrégée [1]	Guyana 1984+		Paraguay 1986+ [2]		Peru – Pérou 1983+ [10] [13]		Suriname 1985	
	Number Nombre	Rate Taux	Number Nombre	Rate Taux	Number Nombre	Rate Taux	Number Nombre	Rate Taux
TOTAL	4 781	608.3	12 695	333.5	93 290	502.4	2 275	594.0
AM 1	–	–	–	–	–	–	–	–
AM 2	2	♦ 0.3	1	♦ 0.0	626	3.4	3	♦ 0.8
AM 3	11	♦ 1.4	780	20.5	9 675	52.1	87	22.7
AM 4	14	♦ 1.8	198	5.2	3 954	21.3	7	♦ 1.8
AM 5	–	–	–	–	458	2.5	–	–
AM 6	–	–	2	♦ 0.1	13	♦ 0.1	–	–
AM 7	8	♦ 1.0	67	1.8	86	0.5	3	♦ 0.8
AM 8	61	7.8	229	6.0	2 561	13.8	23	♦ 6.0
AM 9	–	–	–	–	–	–	–	–
AM 10	–	–	21	♦ 0.6	833	4.5	–	–
AM 11	1	♦ 0.1	3	♦ 0.1	12	♦ 0.1	1	♦ 0.3
AM 12	49	6.2	79	2.1	689	3.7	12	♦ 3.1
AM 13	42	5.3	119	3.1	1 217	6.6	14	♦ 3.7
AM 14	13	♦ 1.7	42	1.1	124	0.7	19	♦ 5.0
AM 15	7	♦ 0.9	16	♦ 0.4	82	0.4	1	♦ 0.3
AM 16	15	♦ 1.9	90	2.4	404	2.2	14	♦ 3.7
AM 17	21	...	65	...	267	[4] 4.9	7	...
AM 18	25	...	75	...	382	[4] 7.0	23	...
AM 19	9	♦ 1.1	75	2.0	273	1.5	6	♦ 1.6
AM 20	148	18.8	615	16.2	2 914	15.7	105	27.4
AM 21	163	20.7	281	7.4	569	3.1	86	22.5
AM 22	17	♦ 2.2	13	♦ 0.3	62	0.3	17	♦ 4.4
AM 23	205	26.1	113	3.0	2 135	11.5	2	♦ 0.5
AM 24	97	12.3	78	2.0	752	4.0	16	♦ 4.2
AM 25	10	♦ 1.3	104	2.7	418	2.3	8	♦ 2.1
AM 26	3	♦ 0.4	–	–	59	0.3	–	–
AM 27	14	♦ 1.8	21	♦ 0.6	94	0.5	1	♦ 0.3
AM 28	176	22.4	172	4.5	654	3.5	39	10.2
AM 29	199	25.3	713	18.7	1 788	9.6	185	48.3
AM 30	60	7.6	117	3.1	544	2.9	18	♦ 4.7
AM 31	597	76.0	1 330	34.9	2 459	13.2	154	40.2
AM 32	19	♦ 2.4	59	1.5	1 705	9.2	18	♦ 4.7
AM 33	462	58.8	1 169	30.7	3 859	20.8	172	44.9
AM 34	171	21.8	602	15.8	14 652	78.9	78	20.4
AM 35	2	♦ 0.3	32	0.8	473	2.5	11	♦ 2.9
AM 36	49	6.2	141	3.7	2 918	15.7	64	16.7
AM 37	29	♦ 3.7	28	♦ 0.7	291	1.6	7	♦ 1.8
AM 38	5	♦ 0.6	14	♦ 0.4	186	1.0	1	♦ 0.3
AM 39	119	15.1	83	2.2	1 210	6.5	43	11.2
AM 40	47	6.0	175	4.6	1 095	5.9	35	9.1
AM 41	2	...	17	...	131	[5] 13.2	3	...
AM 42	5	...	19	♦ [3] 51.5	68	[3] 9.9	1	♦ [3] 8.5
AM 43	12	...	115	[3] 311.7	540	[3] 78.4	6	♦ [3] 51.3
AM 44	–	...	6	♦ [3] 16.3	3	♦ [3] 0.4	–	–
AM 45	26	♦ 3.3	184	4.8	634	3.4	51	13.3
AM 46	–	...	27	♦ [3] 73.2	67	[3] 9.7	6	♦ [3] 51.3
AM 47	155	...	503	[3] 1 363.5	6 208	[3] 901.0	129	[3] 1 102.2
AM 48	515	65.5	2 193	57.6	6 542	35.2	369	96.3
AM 49	769	97.8	994	26.1	12 870	69.3	164	42.8
AM 50	2	♦ 0.3	241	6.3	1 253	6.7	68	17.8
AM 51	23	♦ 2.9	66	1.7	75	0.4	13	♦ 3.4
AM 52	204	26.0	361	9.5	3 199	17.2	65	17.0
AM 53	13	♦ 1.7	57	1.5	99	0.5	81	21.1
AM 54	2	♦ 0.3	153	4.0	407	2.2	20	♦ 5.2
AM 55	183	23.3	37	1.0	701	3.8	19	♦ 5.0

21. Deaths and death rates by cause: latest available year (continued)

Décès selon la cause, nombres et taux: dernière année disponible (suite)

Part A: Classified according to Abbreviated International List, 1975 Revision

Partie A: Décès classés selon la Liste internationale abrégée de la révision de 1975

(See notes at end of table. – Voir notes à la fin du tableau.)   AMERICA, SOUTH (cont.) – AMERIQUE DU SUD (suite) – ASIA–ASIE

Cause of death abbreviated list number [1] Cause de décès numéro dans la liste abrégée [1]	Uruguay 1989+ [2]		Venezuela 1987 [2][13]		Bahrain – Bahreïn 1988		China – Chine 1987 [14]	
	Number Nombre	Rate Taux	Number Nombre	Rate Taux	Number Nombre	Rate Taux	Number Nombre	Rate Taux
TOTAL	29 621	962.7	80 991	450.6	1 523	321.8	579 561	585.5
AM 1	–	–	–	–	–	–	...	...
AM 2	–	–	–	–	–	–	87	0.1
AM 3	144	4.7	2 439	13.6	1	♦ 0.2	...	...
AM 4	93	3.0	529	2.9	1	♦ 0.2	14 668	14.8
AM 5	1	♦ 0.0	18	♦ 0.1	–	–	9	♦ 0.0
AM 6	14	♦ 0.5	14	♦ 0.1	–	–	321	0.3
AM 7	2	♦ 0.1	45	0.2	1	♦ 0.2	185	♦ 0.2
AM 8	198	6.4	953	5.3	5	♦ 1.1	1801	1.8
AM 9	–	–	–	–	–	–	–	–
AM10	–	–	158	0.9	–	–	...	...
AM11	–	–	22	♦ 0.1	–	–	7	♦ 0.0
AM12	106	3.4	1 380	7.7	3	♦ 0.6	[15] 7 148	[15] 7.2
AM13	560	18.2	1 415	7.9	14	♦ 3.0	...	...
AM14	588	19.1	389	2.2	2	♦ 0.4	...	...
AM15	195	6.3	136	0.8	3	♦ 0.6	...	...
AM16	1 128	36.7	1 194	6.6	46	9.7	...	...
AM17	566	...	554	[4] 10.0	13	♦ [4] 11.0	...	...
AM18	91	...	565	[4] 10.2	2	♦ [4] 1.7	...	...
AM19	171	5.6	569	3.2	4	♦ 0.8	3 488	3.5
AM20	3 559	115.7	4 609	25.6	70	14.8	[16] 104 285	[16] 105.3
AM21	595	19.3	2 362	13.1	52	11.0	4 479	4.5
AM22	8	♦ 0.3	251	1.4	–	–	–	–
AM23	70	2.3	299	1.7	4	♦ 0.8	[17] 2 148	[17] 2.2
AM24	77	2.5	243	1.4	2	♦ 0.4	877	0.9
AM25	38	1.2	417	2.3	2	♦ 0.4	465	0.5
AM26	1	♦ 0.0	15	♦ 0.1	–	–	411	0.4
AM27	28	♦ 0.9	170	0.9	–	–	8 540	8.6
AM28	393	12.8	1 948	10.8	45	9.5	13 555	13.7
AM29	2 118	68.8	6 414	35.7	289	61.1	13 281	13.4
AM30	1 672	54.3	1 714	9.5	36	7.6	17 211	17.4
AM31	3 461	112.5	5 182	28.8	49	10.4	106 576	107.7
AM32	711	23.1	529	2.9	–	–	...	...
AM33	3 152	102.4	4 224	23.5	78	16.5	[18] 38 412	[18] 38.8
AM34	654	21.3	3 316	18.4	48	10.1	16 157	16.3
AM35	21	♦ 0.7	62	0.3	–	–	♦ ...	
AM36	426	13.8	986	5.5	20	♦ 4.2	81 153	82.0
AM37	86	2.8	340	1.9	–	–	4 542	4.6
AM38	13	♦ 0.4	98	0.5	–	–	393	♦ 0.4
AM39	371	12.1	1 292	7.2	17	♦ 3.6	12 267	12.4
AM40	242	7.9	771	4.3	–	–	6 092	6.2
AM41	23	...	80	[5] 8.3	–	–	497	...
AM42	2	♦ [3] 3.6	55	[3] 10.6	–	–	31	[3] 1.9
AM43	11	♦ [3] 19.9	208	[3] 40.2	–	–	497	[3] 30.7
AM44	1	♦ [3] 1.8	21	♦ [3] 4.1	–	–	176	[3] 10.9
AM45	257	8.4	1 706	9.5	82	17.3	5 953	6.0
AM46	34	[3] 61.5	276	[3] 53.4	–	–	...	...
AM47	498	[3] 900.2	5 527	[3] 1 069.5	189	1 505.4	[19] 12 797	[3][19] 790.4
AM48	1 786	58.0	10 705	59.6	157	33.2	[20] 13 420	[20] 13.6
AM49	3 478	113.0	5 876	32.7	181	38.2	[21] 34 127	[21] 34.5
AM50	477	15.5	4 371	24.3	38	8.0	8 368	8.5
AM51	167	5.4	791	4.4	–	–	5 750	5.8
AM52	841	27.3	3 034	16.9	12	♦ 2.5	...	...
AM53	345	11.2	749	4.2	14	♦ 3.0	17 382	17.6
AM54	140	4.5	1 400	7.8	2	♦ 0.4	1 412	1.4
AM55	8	♦ 0.3	570	3.2	41	8.7	[22] 20 593	[22] 20.8

21. Deaths and death rates by cause: latest available year (continued)

Décès selon la cause, nombres et taux: dernière année disponible (suite)

Part A: Classified according to Abbreviated International List, 1975 Revision

Partie A: Décès classés selon la Liste internationale abrégée de la révision de 1975

(See notes at end of table. – Voir notes à la fin du tableau.) ASIA (cont.) – ASIE (suite)

Cause of death abbreviated list number [1] / Cause de décès numéro dans la liste abrégée [1]	Hong Kong – Hong-kong 1989 [2] [23]		Israel – Israël [24] 1989		Japan – Japon 1990 [25]		Korea, Republic of– Corée, République de 1989 [2]	
	Number Nombre	Rate Taux	Number Nombre	Rate Taux	Number Nombre	Rate Taux	Number Nombre	Rate Taux
TOTAL	28 476	494.3	28 580	632.6	820 305	664.0	188 993	445.9
AM 1	–	–	–	–	–	–	–	–
AM 2	–	–	–	–	2	♦ 0.0	14	♦ 0.0
AM 3	4	♦ 0.1	14	♦ 0.3	730	0.6	380	0.9
AM 4	353	6.1	17	♦ 0.4	3 664	3.0	4 382	10.3
AM 5	–	–	–	–	4	♦ 0.0	3	–
AM 6	1	♦ 0.0	9	♦ 0.2	8	♦ 0.0	1	♦ 0.0
AM 7	3	♦ 0.1	–	–	26	♦ 0.0	27	♦ 0.1
AM 8	579	10.0	402	8.9	3 481	2.8	472	1.1
AM 9	–	–	–	–	–	–	–	–
AM 10	1	♦ 0.0	–	–	53	0.0	89	0.2
AM 11	1	♦ 0.0	–	–	1	0.0	2	♦ 0.0
AM 12	67	1.2	70	1.5	4 037	3.3	215	0.5
AM 13	581	10.1	297	6.6	47 471	38.4	11 031	26.0
AM 14	565	9.8	578	12.8	15 509	12.6	637	1.5
AM 15	292	5.1	131	2.9	9 270	7.5	743	1.8
AM 16	2 592	45.0	811	17.9	36 486	29.5	4 590	10.8
AM 17	283	[4] 12.8	558	[4] 35.6	5 848	[4] 11.3	560	[4] 3.6
AM 18	123	[4] 5.6	35	[4] 2.2	1 875	[4] 3.6	350	[4] 2.2
AM 19	182	3.2	274	6.1	5 633	4.6	1 117	2.6
AM 20	3 967	68.9	2 784	61.6	95 321	77.2	17 577	41.5
AM 21	250	4.3	875	19.4	9 470	7.7	3 259	7.7
AM 22	1	♦ 0.0	–	–	–	–	23	♦ 0.1
AM 23	–	–	6	♦ 0.1	197	0.2	1	♦ 0.0
AM 24	20	♦ 0.3	94	2.1	1 606	1.3	228	0.5
AM 25	31	0.5	16	♦ 0.4	475	0.4	342	0.8
AM 26	1	♦ 0.0	2	♦ 0.0	27	♦ 0.0	3	–
AM 27	178	3.1	110	2.4	1 360	1.1	104	0.2
AM 28	1 055	18.3	299	6.6	9 246	7.5	12 977	30.6
AM 29	1 784	31.0	3 556	78.7	31 933	25.8	2 712	6.4
AM 30	1 052	18.3	2 215	49.0	19 504	15.8	421	1.0
AM 31	2 915	50.6	2 559	56.6	121 944	98.7	25 781	60.8
AM 32	17	♦ 0.3	43	1.0	2 118	1.7	657	1.5
AM 33	992	17.2	3 158	69.9	118 316	95.8	13 533	31.9
AM 34	2 029	35.2	617	13.7	68 194	55.2	2 706	6.4
AM 35	1	♦ 0.0	7	♦ 0.2	448	0.4	96	0.2
AM 36	497	8.6	216	4.8	14 938	12.1	3 104	7.3
AM 37	164	2.8	72	1.6	3 615	2.9	637	1.5
AM 38	4	♦ 0.1	5	♦ 0.1	95	0.1	77	0.2
AM 39	329	5.7	264	5.8	16 804	13.6	10 452	24.7
AM 40	1 050	18.2	640	14.2	17 140	13.9	1 454	3.4
AM 41	2	♦ [5] 0.3	14	♦ [5] 3.4	201	[5] 1.2	19	♦ [5] 0.7
AM 42	–	–	–	–	11	♦ [3] 0.9	7	♦ [3] 1.1
AM 43	4	♦ [3] 5.7	7	♦ [3] 6.9	80	[3] 6.5	53	[3] 8.6
AM 44	–	–	–	–	14	♦ [3] 1.1	1	♦ [3] 0.2
AM 45	212	3.7	355	7.9	3 571	2.9	1 152	2.7
AM 46	–	–	3	♦ [3] 3.0	207	[3] 16.9	–	–
AM 47	237	[3] 340.4	443	[3] 439.7	1 587	[3] 129.9	179	[3] 29.2
AM 48	692	12.0	1 366	30.2	30 973	25.1	27 319	64.5
AM 49	3 712	64.4	3 684	81.5	61 200	49.5	11 418	26.9
AM 50	309	5.4	439	9.7	14 398	11.7	10 327	24.4
AM 51	161	2.8	193	4.3	4 243	3.4	1 652	3.9
AM 52	355	6.2	713	15.8	13 481	10.9	10 509	24.8
AM 53	604	10.5	353	7.8	20 088	16.3	3 023	7.1
AM 54	72	1.2	110	2.4	744	0.6	595	1.4
AM 55	152	2.6	166	3.7	2 658	2.2	1 982	4.7

21. Deaths and death rates by cause: latest available year (continued)

Décès selon la cause, nombres et taux: dernière année disponible (suite)

Part A: Classified according to Abbreviated International List, 1975 Revision

Partie A: Décès classés selon la Liste internationale abrégée de la révision de 1975

(See notes at end of table. – Voir notes à la fin du tableau.) ASIA (cont.) – ASIE (suite)

Cause of death abbreviated list number [1] / Cause de décès numéro dans la liste abrégée [1]	Kuwait – Koweït 1987 [2]		Macau – Macao 1990		Maldives 1988		Singapore – Singapour 1989+ [2][26]	
	Number Nombre	Rate Taux	Number Nombre	Rate Taux	Number Nombre	Rate Taux	Number Nombre	Rate Taux
TOTAL	4 287	228.9	1 482	309.4	1 526	763.0	14 074	524.1
AM 1	–	–	–	–	–	–	1	♦ 0.0
AM 2	–	–	1	♦ 0.2	–	–	1	♦ 0.0
AM 3	26	♦ 1.4	1	♦ 0.2	–	–	42	1.6
AM 4	20	♦ 1.1	32	6.7	26	♦ 13.0	132	4.9
AM 5	–	–	–	–	–	–	–	–
AM 6	–	–	–	–	–	–	–	–
AM 7	–	–	–	–	47	23.5	–	–
AM 8	50	2.7	5	♦ 1.0	–	–	211	7.9
AM 9	–	–	–	–	–	–	–	–
AM10	1	♦ 0.1	–	–	–	–	–	–
AM11	1	♦ 0.1	–	–	–	–	5	♦ 0.2
AM12	27	♦ 1.4	7	♦ 1.5	–	–	45	1.7
AM13	21	♦ 1.1	22	♦ 4.6	–	–	362	13.5
AM14	19	♦ 1.0	16	♦ 3.3	–	–	238	8.9
AM15	10	♦ 0.5	6	♦ 1.3	–	–	187	7.0
AM16	67	3.6	82	17.1	–	–	816	30.4
AM17	27	♦ [4] 5.7	11	...	–	–	161	[4] 15.8
AM18	8	♦ [4] 1.7	5	...	–	–	82	[4] 8.0
AM19	48	2.6	2	♦ 0.4	–	–	91	3.4
AM20	277	14.8	134	28.0	–	–	1 347	50.2
AM21	112	6.0	13	♦ 2.7	–	–	419	15.6
AM22	4	♦ 0.2	2	♦ 0.4	–	–	1	♦ 0.0
AM23	–	–	7	♦ 1.5	–	–	12	♦ 0.4
AM24	8	♦ 0.4	–	–	–	–	17	♦ 0.6
AM25	15	♦ 0.8	–	–	–	–	10	♦ 0.4
AM26	–	–	–	–	212	106.0	–	–
AM27	16	♦ 0.9	6	♦ 1.3	–	–	44	1.6
AM28	299	16.0	30	♦ 6.3	53	26.5	241	9.0
AM29	387	20.7	43	9.0	–	–	1 707	63.6
AM30	274	14.6	155	32.4	77	38.5	763	28.4
AM31	111	5.9	172	35.9	–	–	1 551	57.8
AM32	136	7.3	5	♦ 1.0	–	–	16	♦ 0.6
AM33	155	8.3	151	31.5	–	–	763	28.4
AM34	219	11.7	84	17.5	11	♦ 5.5	1 130	42.1
AM35	–	–	–	–	–	–	5	♦ 0.2
AM36	37	2.0	27	♦ 5.6	122	61.0	162	6.0
AM37	12	♦ 0.6	4	♦ 0.8	–	–	70	2.6
AM38	–	–	–	–	–	–	2	♦ 0.1
AM39	40	2.1	12	♦ 2.5	–	–	132	4.9
AM40	71	3.8	37	7.7	–	–	271	10.1
AM41	5	♦ [5] 6.6	2	...	–	–	4	♦ [5] 1.8
AM42	–	–	–	–	–	–	1	♦ [3] 2.1
AM43	1	♦ [3] 1.9	–	–	26	♦ [3] 315.6	–	–
AM44	–	–	–	–	–	–	–	–
AM45	342	18.3	21	♦ 4.4	–	–	168	6.3
AM46	–	–	1	♦ [3] 14.6	–	–	1	♦ [3] 2.1
AM47	409	[3] 780.4	30	♦ [3] 436.6	–	–	134	[3] 280.7
AM48	204	10.9	74	15.4	–	–	392	14.6
AM49	240	12.8	159	33.2	932	466.0	1 426	53.1
AM50	343	18.3	11	♦ 2.3	–	–	226	8.4
AM51	32	1.7	10	♦ 2.1	–	–	70	2.6
AM52	160	8.5	31	6.5	3	♦ 1.5	96	3.6
AM53	16	♦ 0.9	44	9.2	17	♦ 8.5	385	14.3
AM54	10	♦ 0.5	10	♦ 2.1	–	–	15	♦ 0.6
AM55	27	♦ 1.4	17	♦ 3.5	–	–	119	4.4

Part A: Classified according to Abbreviated International List, 1975 Revision

Partie A: Décès classés selon la Liste internationale abrégée de la révision de 1975

(See notes at end of table. – Voir notes à la fin du tableau.)   EUROPE

Cause of death abbreviated list number [1] / Cause de décès numéro dans la liste abrégée [1]	Austria – Autriche 1990		Belarus – Bélarus 1990 [27]		Belgium – Belgique 1986 [2][28]		Bulgaria – Bulgarie 1990	
	Number Nombre	Rate Taux	Number Nombre	Rate Taux	Number Nombre	Rate Taux	Number Nombre	Rate Taux
TOTAL	82 952	1 074.8	109 582	1 066.2	112 039	1 136.1	108 608	1 208.0
AM 1	–	–	...	...	–	–	–	–
AM 2	–	–	1	♦ 0.0	1	♦ 0.0	1	♦ 0.0
AM 3	13	♦ 0.2	...	0.0	55	0.6	50	0.6
AM 4	141	1.8	447	4.3	133	1.3	206	2.3
AM 5	1	♦ 0.0	1	♦ 0.0	–	–	–	–
AM 6	7	...	77	0.7	13	♦ 0.1	19	♦ 0.2
AM 7	2	♦ 0.0	4	♦ 0.0	6	♦ 0.1	2	♦ 0.0
AM 8	53	0.7	76	0.7	506	5.1	148	1.6
AM 9	–	–	...	...	–	–	–	–
AM10	1	♦ 0.0	–	–	1	♦ 0.0	–	–
AM11	1	♦ 0.0	–	–	–	–	–	–
AM12	105	1.4	...	...	116	1.2	104	1.2
AM13	1 837	23.8	3 507	34.1	1 781	18.1	2 271	25.3
AM14	1 808	23.4	779	7.6	2 292	23.2	777	8.6
AM15	942	12.2	991	9.6	982	10.0	1 041	11.6
AM16	3 179	41.2	3 435	33.4	6 516	66.1	3 031	33.7
AM17	1 736	[4] 51.5	1 024	...	2 400	...	1 068	[4] 29.2
AM18	199	[4] 5.9	360	...	234	...	260	[4] 7.1
AM19	587	7.6	597	5.8	813	8.2	407	4.5
AM20	9 042	117.1	8 402	81.7	12 202	123.7	6 187	68.8
AM21	2 036	26.4	637	6.2	2 040	20.7	1 803	20.1
AM22	1	♦ 0.0	...	...	3	♦ 0.0	–	–
AM23	–	–	...	...	7	♦ 0.1	3	♦ 0.0
AM24	92	1.2	68	0.7	224	2.3	39	0.4
AM25	39	0.5	59	0.6	27	♦ 0.3	61	0.7
AM26	2	♦ 0.0	117	1.1	11	♦ 0.1	25	♦ 0.3
AM27	248	3.2	728	7.1	62	0.6	425	4.7
AM28	1 420	18.4	679	6.6	1 198	12.1	3 202	35.6
AM29	9 116	118.1	2 278	22.2	9 209	93.4	6 487	72.2
AM30	7 144	92.6	32 213	313.4	4 870	49.4	15 752	175.2
AM31	11 199	145.1	15 162	147.5	11 499	116.6	22 394	249.1
AM32	1 550	20.1	...	...	4 877	49.5	7 506	83.5
AM33	11 950	154.8	...	...	14 075	142.7	11 040	122.8
AM34	1 582	20.5	566	5.5	2 850	28.9	3 679	40.9
AM35	103	1.3	45	0.4	472	4.8	36	0.4
AM36	2 036	26.4	4 778	46.5	3 436	34.8	1 284	14.3
AM37	514	6.7	308	3.0	377	3.8	380	4.2
AM38	21	♦ 0.3	52	0.5	17	♦ 0.2	27	♦ 0.3
AM39	2 144	27.8	...	...	1 381	14.0	1 561	17.4
AM40	458	5.9	523	5.1	1 595	16.2	696	7.7
AM41	51	[5] 5.1	173	...	50	...	118	[5] 9.0
AM42	1	♦ [3] 1.1	7	...	1	♦ [3] 0.9	3	♦ [3] 2.9
AM43	5	♦ [3] 5.5	...	...	3	♦ [3] 2.6	19	♦ [3] 18.1
AM44	–	–	...	...	–	–	–	–
AM45	319	4.1	724	7.0	448	4.5	509	5.7
AM46	3	♦ [3] 3.3	112	...	19	♦ [3] 16.2	5	♦ [3] 4.8
AM47	242	[3] 267.5	542	...	358	[3] 305.7	409	[3] 388.9
AM48	707	9.2	10 474	101.9	8 185	83.0	5 385	59.9
AM49	4 739	61.4	...	...	9 659	97.9	4 621	51.4
AM50	1 408	18.2	2 341	22.8	2 057	20.9	1 409	15.7
AM51	1 378	17.9	460	4.5	1 366	13.9	482	5.4
AM52	798	10.3	9 426	91.7	1 028	10.4	1 990	22.1
AM53	1 825	23.6	2 085	20.3	2 202	22.3	1 323	14.7
AM54	125	1.6	712	6.9	210	2.1	292	3.2
AM55	42	0.5	411	4.0	172	1.7	71	0.8

21. Deaths and death rates by cause: latest available year (continued)

Décès selon la cause, nombres et taux: dernière année disponible (suite)

Part A: Classified according to Abbreviated International List, 1975 Revision

Partie A: Décès classés selon la Liste internationale abrégée de la révision de 1975

(See notes at end of table. – Voir notes à la fin du tableau.)

Cause of death abbreviated list number [1] / Cause de décès numéro dans la liste abrégée [1]	Czechoslovakia – Tchécoslovaquie 1990		Estonia – Estonie 1990 [27]		Finland – Finlande 1989 [2] [29]		France 1989 [30]	
	Number Nombre	Rate Taux	Number Nombre	Rate Taux	Number Nombre	Rate Taux	Number Nombre	Rate Taux
TOTAL	183 785	1 173.6	19 530	1 243.1	49 129	989.6	529 283	942.5
AM 1	–	–	–	–	–	–	–	–
AM 2	1	♦ 0.0	–	–	1	♦ 0.0	2	♦ 0.0
AM 3	46	0.3	5	♦ 0.3	37	0.7	525	0.9
AM 4	266	1.7	67	4.3	82	1.7	971	1.7
AM 5	–	–	–	–	1	♦ 0.0	3	♦ 0.0
AM 6	6	♦ 0.0	8	♦ 0.5	7	♦ 0.1	28	♦ 0.0
AM 7	1	♦ 0.0	–	–	–	–	29	♦ 0.1
AM 8	138	0.9	8	♦ 0.5	84	1.7	2 516	4.5
AM 9	–	–	–	–	–	–	3	♦ 0.0
AM10	1	♦ 0.0	–	–	–	–	19	♦ 0.0
AM11	–	–	–	–	1	♦ 0.0	2 682	4.8
AM12	112	0.7	40	2.5	110	2.2	2 682	4.8
AM13	3 208	20.5	479	30.5	884	17.8	6 863	12.2
AM14	2 875	18.4	191	12.2	549	11.1	11 342	20.2
AM15	2 591	16.5	146	9.3	361	7.3	4 210	7.5
AM16	8 034	51.3	655	41.7	1 851	37.3	21 607	38.5
AM17	2 521	[4] 40.1	218	...	732	[4] 35.1	10 123	[4] 22.0
AM18	604	[4] 9.6	69	...	80	[4] 3.8	880	[4] 1.9
AM19	1 136	7.3	98	6.2	308	6.2	4 772	8.5
AM20	17 512	111.8	1 218	77.5	4 992	100.6	78 686	140.1
AM21	2 979	19.0	79	5.0	513	10.3	6 642	11.8
AM22	24	♦ 0.2	–	–	1	♦ 0.0	1 155	2.1
AM23	–	–	–	–	–	–	467	0.8
AM24	102	0.7	5	♦ 0.3	43	0.9	1 437	2.6
AM25	103	0.7	20	♦ 1.3	31	0.6	299	0.5
AM26	3	♦ 0.0	1	♦ 0.1	–	–	11	♦ 0.0
AM27	834	5.3	105	6.7	110	2.2	1 150	2.0
AM28	1 406	9.0	128	8.1	380	7.7	6 145	10.9
AM29	23 770	151.8	590	37.6	9 692	195.2	33 672	60.0
AM30	26 322	168.1	6 785	431.9	4 376	88.1	16 576	29.5
AM31	29 927	191.1	3 694	235.1	5 841	117.7	50 759	90.4
AM32	11 077	70.7	291	18.5	519	10.5	1 542	2.7
AM33	8 185	52.3	226	14.4	3 413	68.7	69 165	123.2
AM34	4 850	31.0	116	7.4	2 154	43.4	11 689	20.8
AM35	174	1.1	8	♦ 0.5	136	2.7	1 323	2.4
AM36	3 364	21.5	266	16.9	1 005	20.2	8 216	14.6
AM37	858	5.5	75	4.8	311	6.3	2 077	3.7
AM38	84	0.5	10	♦ 0.6	27	♦ 0.5	163	0.3
AM39	3 864	24.7	89	5.7	497	10.0	10 477	18.7
AM40	1 689	10.8	61	3.9	126	2.5	4 876	8.7
AM41	347	[5] 19.4	50	...	42	[5] 6.9	408	[5] 2.8
AM42	5	♦ [3] 2.4	3	♦ [3] 13.4	–	–	3	♦ [3] 0.4
AM43	11	♦ [3] 5.2	4	♦ [3] 17.9	2	♦ [3] 3.2	59	[3] 7.7
AM44	–	–	–	–	–	–	3	♦ [3] 0.4
AM45	772	4.9	107	6.8	235	4.7	1 870	3.3
AM46	3	♦ [3] 1.4	15	♦ [3] 67.2	2	♦ [3] 3.2	8	♦ [3] 1.0
AM47	1 255	[3] 596.0	121	[3] 542.4	154	[3] 243.1	1 437	[3] 187.7
AM48	1 779	11.4	434	27.6	209	4.2	33 092	58.9
AM49	7 956	50.8	991	63.1	4 551	91.7	71 096	126.6
AM50	2 127	13.6	561	35.7	720	14.5	10 198	18.2
AM51	4 172	26.6	172	10.9	830	16.7	11 255	20.0
AM52	2 981	19.0	698	44.4	1 327	26.7	12 411	22.1
AM53	2 798	17.9	425	27.1	1 413	28.5	11 715	20.9
AM54	306	2.0	173	11.0	158	3.2	630	1.1
AM55	606	3.9	25	♦ 1.6	231	4.7	1 996	3.6

(See notes at end of table. – Voir notes à la fin du tableau.)   EUROPE (cont. – suite)

Cause of death abbreviated list number [1] / Cause de décès numéro dans la liste abrégée [1]	Germany – Allemagne [3][1] Germany, Federal Rep. of – Allemagne, République fédérale d' 1990		Former German Democratic Republic – Ancienne République démocratique allemande 1989		Greece – Grèce 1989 [2]		Hungary – Hongrie 1990	
	Number Nombre	Rate Taux	Number Nombre	Rate Taux	Number Nombre	Rate Taux	Number Nombre	Rate Taux
TOTAL	713 335	1 128.1	205 712	1 237.0	92 720	924.1	145 660	1 405.3
AM 1	–	–	–	–	–	–	–	–
AM 2	–	–	–	–	–	–	–	–
AM 3	309	0.5	35	0.2	6	♦ 0.1	21	♦ 0.2
AM 4	810	1.3	259	1.6	137	1.4	551	5.3
AM 5	8	♦ 0.0	–	–	–	–	–	–
AM 6	64	0.1	29	♦ 0.2	3	♦ 0.0	6	♦ 0.1
AM 7	6	♦ 0.0	1	♦ 0.0	2	♦ 0.0	19	♦ 0.2
AM 8	1 586	2.5	82	0.5	418	4.2	11	♦ 0.1
AM 9	–	–	–	–	–	–	–	–
AM 10	1	♦ 0.0	1	♦ 0.0	–	–	–	–
AM 11	19	♦ 0.0	–	–	–	–	–	–
AM 12	2 602	4.1	236	1.4	49	0.5	348	3.4
AM 13	13 929	22.0	3 436	20.7	1 319	13.1	2 895	27.9
AM 14	17 471	27.6	2 580	15.5	1 055	10.5	2 515	24.3
AM 15	6 969	11.0	2 345	14.1	157	1.6	1 721	16.6
AM 16	28 300	44.8	6 018	36.2	4 671	46.6	6 908	66.6
AM 17	14 891	...	2 745	[4] 38.7	1 270	...	2 097	[4] 48.1
AM 18	1 850	...	792	[4] 11.2	107	...	602	[4] 13.8
AM 19	5 365	8.5	1 146	6.9	722	7.2	928	9.0
AM 20	82 777	130.9	15 693	94.4	9 913	98.8	13 205	127.4
AM 21	13 975	22.1	5 941	35.7	799	8.0	1 964	18.9
AM 22	21	♦ 0.0	220	1.3	–	–	1	♦ 0.0
AM 23	5	–	17	♦ 0.1	–	–	2	♦ 0.0
AM 24	813	1.3	475	2.9	239	2.4	98	0.9
AM 25	247	0.4	98	0.6	28	♦ 0.3	149	1.4
AM 26	43	0.1	11	♦ 0.1	6	♦ 0.1	2	♦ 0.0
AM 27	1 988	3.1	625	3.8	48	0.5	900	8.7
AM 28	8 903	14.1	14 385	86.5	946	9.4	5 773	55.7
AM 29	74 153	117.3	9 291	55.9	8 384	83.6	14 452	139.4
AM 30	62 960	99.6	23 682	142.4	3 369	33.6	13 739	132.6
AM 31	84 242	133.2	21 084	126.8	17 884	178.3	21 347	206.0
AM 32	15 370	24.3	30 258	182.0	262	2.6	11 408	110.1
AM 33	99 228	156.9	18 926	113.8	17 007	169.5	8 748	84.4
AM 34	15 641	24.7	3 581	21.5	798	8.0	886	8.5
AM 35	631	1.0	75	0.4	25	♦ 0.2	72	0.7
AM 36	20 859	33.0	5 249	31.6	402	4.0	4 800	46.3
AM 37	3 088	4.9	1 223	7.4	140	1.4	1 003	9.7
AM 38	222	0.4	197	1.2	1	...	70	0.7
AM 39	14 310	22.6	3 198	19.2	904	9.0	5 447	52.6
AM 40	5 738	9.1	948	5.7	2 002	20.0	495	4.8
AM 41	327	...	419	[5] 20.2	27	...	161	[5] 12.0
AM 42	4	♦ [3] 0.5	–	–	3	♦ [3] 3.0	4	♦ [3] 3.2
AM 43	47	[3] 6.5	23	♦ [3] 11.6	1	♦ [3] 1.0	21	♦ [3] 16.7
AM 44	2	♦ [3] 0.3	–	–	–	–	1	♦ [3] 0.8
AM 45	2 165	3.4	716	4.3	437	4.4	652	6.3
AM 46	98	[3] 13.5	12	♦ [3] 6.0	1	♦ [3] 1.0	41	[3] 32.6
AM 47	1 627	[3] 223.7	822	[3] 413.2	501	[3] 495.3	1 059	[3] 842.6
AM 48	21 270	33.6	1 999	12.0	6 859	68.4	173	1.7
AM 49	55 781	88.2	14 624	87.9	6 876	68.5	7 090	68.4
AM 50	7 435	11.8	1 909	11.5	2 066	20.6	2 609	25.2
AM 51	9 040	14.3	3 011	18.1	790	7.9	4 082	39.4
AM 52	4 178	6.6	2 369	14.2	1 592	15.9	2 069	20.0
AM 53	9 995	15.8	4 290	25.8	383	3.8	4 133	39.9
AM 54	636	1.0	122	0.7	83	0.8	322	3.1
AM 55	1 336	2.1	514	3.1	28	♦ 0.3	60	0.6

21. Deaths and death rates by cause: latest available year (continued)

Décès selon la cause, nombres et taux: dernière année disponible (suite)

Part A: Classified according to Abbreviated International List, 1975 Revision

Partie A: Décès classés selon la Liste internationale abrégée de la révision de 1975

(See notes at end of table. – Voir notes à la fin du tableau.)   EUROPE (cont. – suite)

Cause of death abbreviated list number [1] / Cause de décès numéro dans la liste abrégée [1]	Iceland – Islande 1990		Ireland – Irlande 1989+ [32]		Italy – Italie 1988		Lithuania – Lituanie 1990 [27]	
	Number Nombre	Rate Taux	Number Nombre	Rate Taux	Number Nombre	Rate Taux	Number Nombre	Rate Taux
TOTAL	1 704	668.8	32 111	913.5	539 426	939.1	39 760	1 068.1
AM 1	–	–	–	–	–	–	–	–
AM 2	–	–	–	–	2	♦ 0.0	–	–
AM 3	2	♦ 0.8	7	♦ 0.2	133	0.2	14	♦ 0.4
AM 4	1	♦ 0.4	60	1.7	770	1.3	253	6.8
AM 5	–	–	–	–	3	♦ 0.0	–	–
AM 6	–	–	7	♦ 0.2	39	0.1	19	♦ 0.5
AM 7	–	–	2	♦ 0.1	69	0.1	3	♦ 0.1
AM 8	6	♦ 2.4	56	1.6	416	0.7	22	♦ 0.6
AM 9	–	–	–	–	–	–	–	–
AM10	–	–	1	♦ 0.0	15	♦ 0.0	–	–
AM11	–	–	1	♦ 0.0	7	♦ 0.0	–	–
AM12	2	♦ 0.8	67	1.9	800	1.4	28	♦ 0.8
AM13	34	13.3	436	12.4	14 495	25.2	1 030	27.7
AM14	32	12.6	767	21.8	9 134	15.9	338	9.1
AM15	11	♦ 4.3	209	5.9	4 721	8.2	371	10.0
AM16	82	32.2	1 594	45.3	29 442	51.3	1 416	38.0
AM17	44	4 45.9	688	4 53.6	10 610	4 43.2	470	...
AM18	3	♦ 4 3.1	68	4 5.3	467	4 1.9	193	...
AM19	14	♦ 5.5	246	7.0	4 874	8.5	281	7.5
AM20	234	91.8	3 331	94.8	68 931	120.0	2 860	76.8
AM21	6	♦ 2.4	425	12.1	18 352	31.9	203	5.5
AM22	–	–	1	♦ 0.0	5	♦ 0.0	–	–
AM23	–	–	4	♦ 0.1	15	♦ 0.0	–	–
AM24	4	♦ 1.6	64	1.8	1 224	2.1	19	♦ 0.5
AM25	1	♦ 0.4	9	♦ 0.3	172	0.3	36	1.0
AM26	–	–	6	♦ 0.2	23	♦ 0.0	57	1.5
AM27	3	♦ 1.2	75	2.1	2 212	3.8	256	6.9
AM28	20	♦ 7.8	252	7.2	15 044	26.2	2	♦ 0.1
AM29	299	117.4	6 424	182.8	40 681	70.8	1 372	36.9
AM30	138	54.2	2 081	59.2	28 989	50.5	15 571	418.3
AM31	179	70.3	3 080	87.6	76 130	132.5	4 854	130.4
AM32	9	♦ 3.5	478	13.6	13 598	23.7	472	12.7
AM33	99	38.9	2 608	74.2	59 912	104.3	427	11.5
AM34	140	54.9	1 763	50.2	7 867	13.7	163	4.4
AM35	–	–	46	1.3	505	0.9	5	♦ 0.1
AM36	45	17.7	690	19.6	17 811	31.0	1 538	41.3
AM37	5	♦ 2.0	221	6.3	2 074	3.6	130	3.5
AM38	–	–	5	♦ 0.1	116	0.2	19	♦ 0.5
AM39	2	♦ 0.8	110	3.1	16 403	28.6	302	8.1
AM40	5	♦ 2.0	359	10.2	5 044	8.8	193	5.2
AM41	2	♦ 5 7.3	22	♦ 5 5.7	540	5 6.7	79	...
AM42	–	–	–	–	6	♦ 3 1.1	4	♦ 3 7.0
AM43	1	♦ 3 21.0	2	♦ 3 3.8	37	3 6.5	9	♦ 3 15.8
AM44	–	–	–	–	1	♦ 3 0.2	–	–
AM45	8	♦ 3.1	220	6.3	2 196	3.8	370	9.9
AM46	1	♦ 3 21.0	3	♦ 3 5.8	211	3 37.0	20	♦ 3 35.2
AM47	13	♦ 3 272.7	145	3 278.7	3 087	3 541.9	217	3 381.6
AM48	28	♦ 11.0	225	6.4	13 761	24.0	116	3.1
AM49	105	41.2	3 755	106.8	39 858	69.4	1 567	42.1
AM50	25	♦ 9.8	456	13.0	8 885	15.5	1 258	33.8
AM51	22	♦ 8.6	301	8.6	9 477	16.5	375	10.1
AM52	38	14.9	351	10.0	4 276	7.4	1 578	42.4
AM53	40	15.7	278	7.9	4 381	7.6	969	26.0
AM54	1	♦ 0.4	22	♦ 0.6	1 070	1.9	281	7.5
AM55	–	–	90	2.6	535	0.9	–	0.0

(See notes at end of table. – Voir notes à la fin du tableau.)   EUROPE (cont. – suite)

Cause of death abbreviated list number [1] / Cause de décès numéro dans la liste abrégée [1]	Luxembourg 1990 [2]		Malta – Malte 1990 [2] [33]		Netherlands – Pays–Bas 1989 [2] [34]		Norway – Norvège 1989 [2]	
	Number Nombre	Rate Taux	Number Nombre	Rate Taux	Number Nombre	Rate Taux	Number Nombre	Rate Taux
TOTAL	3 833	1 006.0	2 709	765.5	128 905	868.1	45 241	1 070.3
AM 1	–	–	–	–	–	–	–	–
AM 2	–	–	–	–	1	♦ 0.0	–	–
AM 3	2	♦ 0.5	1	♦ 0.3	46	0.3	45	1.1
AM 4	2	♦ 0.5	1	♦ 0.3	47	0.3	17	♦ 0.4
AM 5	–	–	–	–	–	–	–	–
AM 6	1	♦ 0.3	–	–	50	0.3	22	♦ 0.5
AM 7	–	–	1	♦ 0.3	1	♦ 0.0	–	–
AM 8	1	♦ 0.3	17	♦ 4.8	329	2.2	100	2.4
AM 9	–	–	–	–	–	–	–	–
AM10	–	–	–	–	–	–	1	♦ 0.0
AM11	–	–	–	–	2	♦ 0.0	–	–
AM12	13	♦ 3.4	7	♦ 2.0	309	2.1	115	2.7
AM13	48	12.6	53	15.0	2 234	15.0	706	16.7
AM14	91	23.9	41	11.6	3 082	20.8	882	20.9
AM15	19	♦ 5.0	22	♦ 6.2	978	6.6	549	13.0
AM16	193	50.7	99	28.0	8 550	57.6	1 402	33.2
AM17	95	[4] 58.7	67	...	3 365	[4] 54.4	747	[4] 42.8
AM18	12	♦ [4] 7.4	4	...	291	[4] 4.7	133	[4] 7.6
AM19	33	8.7	19	♦ 5.4	1 038	7.0	288	6.8
AM20	478	125.5	234	66.1	15 882	107.0	5 094	120.5
AM21	47	12.3	99	28.0	3 713	25.0	507	12.0
AM22	–	–	–	–	33	0.2	5	♦ 0.1
AM23	–	–	–	–	–	–	6	♦ 0.1
AM24	5	♦ 1.3	2	♦ 0.6	233	1.6	55	1.3
AM25	2	♦ 0.5	–	–	75	0.5	34	0.8
AM26	–	–	–	–	–	–	–	–
AM27	3	♦ 0.8	7	♦ 2.0	73	0.5	112	2.6
AM28	31	8.1	37	10.5	803	5.4	381	9.0
AM29	257	67.5	426	120.4	17 547	118.2	7 479	176.9
AM30	242	63.5	310	87.6	5 199	35.0	3 610	85.4
AM31	624	163.8	325	91.8	12 270	82.6	5 501	130.1
AM32	69	18.1	20	♦ 5.7	1 474	9.9	425	10.1
AM33	553	145.1	240	67.8	14 371	96.8	3 676	87.0
AM34	55	14.4	63	17.8	3 148	21.2	3 051	72.2
AM35	6	♦ 1.6	2	♦ 0.6	414	2.8	117	2.8
AM36	84	22.0	33	9.3	3 191	21.5	807	19.1
AM37	13	♦ 3.4	16	♦ 4.5	447	3.0	219	5.2
AM38	–	–	–	–	30	♦ 0.2	10	♦ 0.2
AM39	93	24.4	39	11.0	813	5.5	252	6.0
AM40	25	♦ 6.6	47	13.3	1 151	7.8	211	5.0
AM41	–	–	3	...	141	[5] 7.7	66	[5] 11.5
AM42	–	–	–	–	1	♦ [3] 0.5	2	♦ [3] 3.4
AM43	1	♦ [3] 20.3	–	–	9	♦ [3] 4.8	3	♦ [3] 5.1
AM44	–	–	–	–	–	–	–	–
AM45	12	♦ 3.1	22	♦ 6.2	688	4.6	204	4.8
AM46	3	♦ [3] 60.8	–	–	33	[3] 17.5	6	♦ [3] 10.1
AM47	10	♦ [3] 202.6	25	♦ [3] 464.9	549	[3] 290.5	147	[3] 247.9
AM48	139	36.5	39	11.0	5 449	36.7	1 621	38.3
AM49	333	87.4	288	81.4	15 217	102.5	3 830	90.6
AM50	68	17.8	6	♦ 1.7	1 401	9.4	386	9.1
AM51	26	♦ 6.8	32	9.0	1 652	11.1	1 014	24.0
AM52	56	14.7	42	11.9	791	5.3	653	15.4
AM53	68	17.8	8	♦ 2.3	1 520	10.2	660	15.6
AM54	11	♦ 2.9	4	♦ 1.1	147	1.0	55	1.3
AM55	9	♦ 2.4	8	♦ 2.3	117	0.8	35	0.8

21. Deaths and death rates by cause: latest available year (continued)

Décès selon la cause, nombres et taux: dernière année disponible (suite)

Part A: Classified according to Abbreviated International List, 1975 Revision

Partie A: Décès classés selon la Liste internationale abrégée de la révision de 1975

(See notes at end of table. – Voir notes à la fin du tableau.)

Cause of death abbreviated list number [1] / Cause de décès numéro dans la liste abrégée [1]	Poland – Pologne 1990 [35]		Portugal 1990		Romania – Roumanie 1988		Spain – Espagne 1987 [2]	
	Number Nombre	Rate Taux	Number Nombre	Rate Taux	Number Nombre	Rate Taux	Number Nombre	Rate Taux
TOTAL	388 440	1 019.0	103 115	1 044.9	253 370	1 099.0	310 073	800.9
AM 1	–	–	–	–	–	–	–	–
AM 2	–	–	4	◆ 0.0	–	–	2	◆ 0.0
AM 3	90	0.2	29	◆ 0.3	333	1.4	250	0.6
AM 4	1 349	3.5	274	2.8	1 185	5.1	939	2.4
AM 5	2	◆ 0.0	1	◆ 0.0	3	◆ 0.0	–	–
AM 6	70	0.2	19	◆ 0.2	108	0.5	138	0.4
AM 7	37	0.1	15	◆ 0.2	10	◆ 0.0	31	0.1
AM 8	754	2.0	161	1.6	72	0.3	1 252	3.2
AM 9	–	–	–	–	–	–	–	–
AM 10	12	◆ 0.0	4	◆ 0.0	1	◆ 0.0	19	◆ 0.0
AM 11	1	◆ 0.0	6	◆ 0.1	–	–	6	◆ 0.0
AM 12	760	2.0	269	2.7	829	3.6	672	1.7
AM 13	7 299	19.1	3 010	30.5	3 987	17.3	7 210	18.6
AM 14	2 708	7.1	1 486	15.1	1 404	6.1	4 745	12.3
AM 15	3 631	9.5	798	8.1	1 263	5.5	2 142	5.5
AM 16	17 344	45.5	2 241	22.7	6 418	27.8	12 508	32.3
AM 17	4 323	[4] 29.1	1 410	...	2 353	...	4 895	[4] 31.4
AM 18	1 981	[4] 13.3	181	...	1 640	...	440	[4] 2.8
AM 19	2 108	5.5	576	5.8	964	4.2	2 265	5.8
AM 20	33 519	87.9	8 475	85.9	14 256	61.8	37 070	95.7
AM 21	5 780	15.2	2 695	27.3	1 732	7.5	8 805	22.7
AM 22	14	◆ 0.0	22	◆ 0.2	7	◆ 0.0	4	◆ 0.0
AM 23	4	◆ 0.0	25	◆ 0.3	27	◆ 0.1	87	0.2
AM 24	329	0.9	148	1.5	96	0.4	651	1.7
AM 25	409	1.1	66	0.7	407	1.8	177	0.5
AM 26	45	0.1	5	◆ 0.0	8	◆ 0.0	21	◆ 0.1
AM 27	2 644	6.9	248	2.5	1 438	6.2	1 559	4.0
AM 28	7 627	20.0	790	8.0	20 264	87.9	2 397	6.2
AM 29	31 329	82.2	7 133	72.3	10 744	46.6	23 664	61.1
AM 30	10 040	26.3	2 357	23.9	29 852	129.5	8 496	21.9
AM 31	25 576	67.1	24 640	249.7	40 376	175.1	44 478	114.9
AM 32	85 345	223.9	2 616	26.5	19 223	83.4	10 547	27.2
AM 33	41 008	107.6	7 737	78.4	26 314	114.1	40 816	105.4
AM 34	5 741	15.1	2 778	28.1	10 137	44.0	6 934	17.9
AM 35	43	0.1	182	1.8	19	◆ 0.1	554	1.4
AM 36	8 796	23.1	1 550	15.7	6 966	30.2	4 415	11.4
AM 37	1 674	4.4	414	4.2	974	4.2	1 182	3.1
AM 38	156	0.4	27	◆ 0.3	134	0.6	84	0.2
AM 39	3 908	10.3	2 415	24.5	7 800	33.8	7 999	20.7
AM 40	3 330	8.7	1 101	11.2	1 806	7.8	5 125	13.2
AM 41	370	[5] 9.0	36	...	1 000	...	257	5.1
AM 42	18	◆ [3] 3.3	3	◆ [3] 2.6	524	[3] 137.9	1	◆ 0.2
AM 43	52	[3] 9.5	9	◆ [3] 7.7	67	[3] 17.6	20	◆ 4.7
AM 44	–	–	–	–	–	–	–	–
AM 45	2 956	7.8	443	4.5	2 771	12.0	1 523	3.9
AM 46	449	[3] 82.3	12	◆ [3] 10.3	324	[3] 85.3	27	◆ 6.4
AM 47	3 913	[3] 716.9	565	[3] 485.5	1 279	[3] 336.5	1 580	375.2
AM 48	25 387	66.6	12 120	122.8	77	0.3	7 759	20.0
AM 49	15 692	41.2	7 283	73.8	[7] 17 785	[7] 77.1	38 916	100.5
AM 50	8 266	21.7	2 784	28.2	...	...	6 681	17.3
AM 51	4 333	11.4	809	8.2	...	...	977	2.5
AM 52	9 258	24.3	967	9.8	...	...	6 263	16.2
AM 53	4 970	13.0	870	8.8	...	...	2 804	7.2
AM 54	1 122	2.9	165	1.7	...	...	457	1.2
AM 55	1 868	4.9	1 141	11.6	...	...	229	0.6

21. Deaths and death rates by cause: latest available year (continued)

Décès selon la cause, nombres et taux: dernière année disponible (suite)

Part A: Classified according to Abbreviated International List, 1975 Revision

Partie A: Décès classés selon la Liste internationale abrégée de la révision de 1975

(See notes at end of table. – Voir notes à la fin du tableau.) EUROPE (cont. – suite)

Cause of death abbreviated list number [1] / Cause de décès numéro dans la liste abrégée [1]	Sweden – Suède 1989 [2]		Ukraine 1990 [27]		United Kingdom – Royaume–Uni England and Wales – Angleterre et Galles 1990		Northern Ireland – Irlande du Nord 1990 +	
	Number Nombre	Rate Taux	Number Nombre	Rate Taux	Number Nombre	Rate Taux	Number Nombre	Rate Taux
TOTAL	92 094	1 084.4	629 602	1 213.8	564 846	1 113.7	15 426	970.8
AM 1	–	–	...	...	–	–	–	–
AM 2	–	–	1	◆ 0.0	2	◆ 0.0	–	–
AM 3	10	◆ 0.1	...	...	186	0.4	3	◆ 0.2
AM 4	50	0.6	4 521	8.7	390	0.8	12	◆ 0.8
AM 5	1	◆ 0.0	10	◆ 0.0	7	◆ 0.0	–	–
AM 6	9	◆ 0.1	280	0.5	169	0.3	4	◆ 0.3
AM 7	–	–	62	0.1	1	◆ 0.0	–	–
AM 8	239	2.8	331	0.6	712	1.4	16	◆ 1.0
AM 9	–	–	...	...	–	–	–	–
AM10	–	–	1	◆ 0.0	1	◆ 0.0	1	◆ 0.1
AM11	2	◆ 0.0	–	–	3	◆ 0.0	–	–
AM12	302	3.6	...	...	984	1.9	9	◆ 0.6
AM13	1 275	15.0	15 441	29.8	8 712	17.2	219	13.8
AM14	1 673	19.7	5 290	10.2	11 527	22.7	322	20.3
AM15	783	9.2	5 512	10.6	5 696	11.2	127	8.0
AM16	2 631	31.0	22 465	43.3	34 375	67.8	771	48.5
AM17	1 503	[4] 42.2	6 671		13 634	...	295	...
AM18	173	[4] 4.9	2 670	...	1 781	...	38	...
AM19	645	7.6	3 085	5.9	3 490	6.9	79	5.0
AM20	11 283	132.9	48 759	94.0	63 613	125.4	1 594	100.3
AM21	1 428	16.8	2 884	5.6	7 934	15.6	41	2.6
AM22	30	◆ 0.4	...	...	4	–	–	–
AM23	15	◆ 0.2	...	...	87	0.2	–	–
AM24	189	2.2	272	0.5	1 217	2.4	19	◆ 1.2
AM25	43	0.5	494	1.0	218	0.4	15	◆ 0.9
AM26	3	◆ 0.0	1 507	2.9	4	–	2	◆ 0.1
AM27	247	2.9	2 850	5.5	2 174	4.3	70	4.4
AM28	444	5.2	1 888	3.6	3 269	6.4	81	5.1
AM29	15 153	178.4	11 829	22.8	89 342	176.1	3 390	213.3
AM30	10 264	120.9	167 772	323.4	58 823	116.0	937	59.0
AM31	9 687	114.1	108 611	209.4	66 780	131.7	1 642	103.3
AM32	2 317	27.3	...	...	4 002	7.9	88	5.5
AM33	8 970	105.6	...	...	34 886	68.8	900	56.6
AM34	4 336	51.1	3 316	6.4	26 855	52.9	1 855	116.7
AM35	191	2.2	123	0.2	791	1.6	48	3.0
AM36	1 557	18.3	27 278	52.6	8 939	17.6	209	13.2
AM37	578	6.8	2 000	3.9	4 355	8.6	90	5.7
AM38	28	◆ 0.3	265	0.5	148	0.3	3	◆ 0.2
AM39	643	7.6	...	...	3 063	6.0	70	4.4
AM40	429	5.1	2 076	4.0	3 943	7.8	159	10.0
AM41	66	[5] 5.1	807	...	450	...	4	...
AM42	–	–	41	[3] 6.2	10	◆ [3] 1.4	–	–
AM43	6	◆ [3] 5.2	...	...	39	[3] 5.5	–	–
AM44	–	–	...	...	8	◆ [3] 1.1	–	–
AM45	387	4.6	3 518	6.8	2 333	4.6	85	5.3
AM46	22	◆ [3] 19.0	414	[3] 63.0	96	[3] 13.6	2	...
AM47	213	[3] 183.6	2 831	[3] 430.8	2 375	[3] 336.4	66	...
AM48	1 196	14.1	56 217	108.4	4 986	9.8	42	2.6
AM49	7 905	93.1	...	...	74 476	146.8	1 419	89.3
AM50	857	10.1	11 938	23.0	4 900	9.7	182	11.5
AM51	1 200	14.1	2 530	4.9	3 397	6.7	158	9.9
AM52	918	10.8	49 201	94.8	3 447	6.8	120	7.6
AM53	1 579	18.6	10 693	20.6	3 950	7.8	158	9.9
AM54	127	1.5	4 141	8.0	257	0.5	69	4.3
AM55	487	5.7	3 816	7.4	2 005	4.0	12	◆ 0.8

Part A: Classified according to Abbreviated International List, 1975 Revision

Partie A: Décès classés selon la Liste internationale abrégée de la révision de 1975

(See notes at end of table. – Voir notes à la fin du tableau.) EUROPE (cont. – suite) – OCEANIA – OCEANIE

Cause of death abbreviated list number [1] Cause de décès numéro dans la liste abrégée [1]	United Kingdom Royaume – Uni Scotland – Ecosse 1990+		Yugoslavia – Yougoslavie 1989		Australia – Australie 1988+		Fiji – Fidji 1985+	
	Number Nombre	Rate Taux	Number Nombre	Rate Taux	Number Nombre	Rate Taux	Number Nombre	Rate Taux
TOTAL	61 527	1 205.9	215 483	909.4	119 866	724.8	3 680	528.0
AM 1	–	–	–	–	–	–	–	–
AM 2	–	–	2	♦ 0.0	–	–	–	–
AM 3	13	♦ 0.3	952	4.0	53	0.3	77	11.0
AM 4	39	0.8	1 283	5.4	54	0.3	49	7.0
AM 5	1	♦ 0.0	6	♦ 0.0	1	♦ 0.0	–	–
AM 6	16	♦ 0.3	33	0.1	23	♦ 0.1	1	♦ 0.1
AM 7	–	–	23	♦ 0.1	1	♦ 0.0	–	–
AM 8	135	2.6	297	1.3	269	1.6	–	–
AM 9	–	–	–	–	–	–	–	–
AM10	–	–	47	0.2	6	♦ 0.0	–	–
AM11	–	–	2	♦ 0.0	1	♦ 0.0	–	–
AM12	81	1.6	239	1.0	325	2.0	92	13.2
AM13	877	17.2	3 892	16.4	1 404	8.5	358	51.4
AM14	1 164	22.8	1 549	6.5	3 082	18.6	–	–
AM15	573	11.2	1 924	8.1	1 065	6.4	–	–
AM16	4 123	80.8	7 798	32.9	6 169	37.3	–	–
AM17	1 250	...	2 597	⁴ 27.8	2 348	⁴ 36.2	–	–
AM18	162	...	657	⁴ 7.0	350	⁴ 5.4	–	–
AM19	312	6.1	1 095	4.6	1 072	6.5	–	–
AM20	6 496	127.3	17 277	72.9	14 072	85.1	13	♦ 1.9
AM21	512	10.0	3 603	15.2	2 003	12.1	203	29.1
AM22	–	–	2	♦ 0.0	4	♦ 0.0	17	♦ 2.4
AM23	14	♦ 0.3	31	0.1	46	0.3	–	–
AM24	73	1.4	135	0.6	229	1.4	25	♦ 3.6
AM25	26	♦ 0.5	193	0.8	71	0.4	19	♦ 2.7
AM26	–	–	6	♦ 0.0	3	♦ 0.0	5	♦ 0.7
AM27	205	4.0	540	2.3	405	2.4	24	♦ 3.4
AM28	260	5.1	5 545	23.4	1 123	6.8	306	43.9
AM29	12 712	249.2	16 597	70.0	21 568	130.4	557	79.9
AM30	4 316	84.6	2 120	8.9	10 016	60.6	271	38.9
AM31	7 998	156.8	29 777	125.7	12 441	75.2	167	24.0
AM32	441	8.6	6 741	28.4	1 104	6.7	–	–
AM33	3 505	68.7	50 428	212.8	8 420	50.9	–	–
AM34	3 918	76.8	3 592	15.2	1 548	9.4	185	26.5
AM35	126	2.5	110	0.5	159	1.0	1	♦ 0.1
AM36	638	12.5	5 666	23.9	2 317	14.0	115	16.5
AM37	370	7.3	887	3.7	842	5.1	47	6.7
AM38	7	♦ 0.1	47	0.2	32	0.2	2	♦ 0.3
AM39	490	9.6	4 344	18.3	1 160	7.0	44	6.3
AM40	538	10.5	2 035	8.6	1 264	7.6	90	12.9
AM41	11	...	460	⁵ 16.3	74	⁵ 3.9	2	♦ ⁵ 5.1
AM42	1	♦ ³ 1.5	11	♦ ³ 3.3	1	♦ ³ 0.4	3	♦ ³ 15.4
AM43	2	♦ ³ 3.0	41	³ 12.2	9	♦ ³ 3.7	5	♦ ³ 25.7
AM44	1	♦ ³ 1.5	–	–	2	♦ ³ 0.8	–	–
AM45	206	4.0	1 193	5.0	864	5.2	37	5.3
AM46	5	♦ ³ 7.6	278	³ 82.6	34	³ 13.8	33	³ 169.5
AM47	201	³ 305.5	3 242	³ 963.7	860	³ 349.3	115	⁵ 590.8
AM48	371	7.3	15 921	67.2	783	4.7	356	51.1
AM49	6 698	131.3	8 503	35.9	13 713	82.9	123	17.6
AM50	546	10.7	3 692	15.6	3 078	18.6	89	12.8
AM51	688	13.5	1 456	6.1	958	5.8	–	–
AM52	570	11.2	4 112	17.4	1 715	10.4	104	14.9
AM53	535	10.5	3 904	16.5	2 197	13.3	77	11.0
AM54	87	1.7	408	1.7	395	2.4	–	–
AM55	214	4.2	190	0.8	133	0.8	68	9.8

(See notes at end of table. – Voir notes à la fin du tableau.)   OCEANIA (cont.) – OCEANIE (suite)

Cause of death abbreviated list number [1] Cause de décès numéro dans la liste abrégée [1]	New Zealand – Nouvelle–Zélande 1988 +	
	Number Nombre	Rate Taux
TOTAL	27 407	832.5
AM 1	–	–
AM 2	–	–
AM 3	13	♦ 0.4
AM 4	16	♦ 0.5
AM 5	–	–
AM 6	2	♦ 0.1
AM 7	–	–
AM 8	41	1.2
AM 9	–	–
AM 10	–	–
AM 11	1	♦ 0.0
AM 12	72	2.2
AM 13	309	9.4
AM 14	655	19.9
AM 15	365	11.1
AM 16	1 287	39.1
AM 17	593	[4] 45.6
AM 18	99	[4] 7.6
AM 19	223	6.8
AM 20	2 950	89.6
AM 21	397	12.1
AM 22	1	♦ 0.0
AM 23	8	♦ 0.2
AM 24	40	1.2
AM 25	9	♦ 0.3
AM 26	2	♦ 0.1
AM 27	155	4.7
AM 28	259	7.9
AM 29	4 189	127.2
AM 30	3 063	93.0
AM 31	2 693	81.8
AM 32	131	4.0
AM 33	1 775	53.9
AM 34	1 362	41.4
AM 35	73	2.2
AM 36	611	18.6
AM 37	223	6.8
AM 38	11	♦ 0.3
AM 39	113	3.4
AM 40	208	6.3
AM 41	19	♦ [5] 5.2
AM 42	–	–
AM 43	5	♦ [3] 8.7
AM 44	5	♦ [3] 8.7
AM 45	268	8.1
AM 46	6	♦ [3] 10.4
AM 47	154	[3] 267.6
AM 48	270	8.2
AM 49	2 812	85.4
AM 50	725	22.0
AM 51	213	6.5
AM 52	413	12.5
AM 53	484	14.7
AM 54	58	1.8
AM 55	26	♦ 0.8

21. Deaths and death rates by cause: latest available year (continued)

Décès selon la cause, nombres et taux: dernière année disponible (suite)

Part B: Classified according to Abbreviated International List, 1965 Revision

Partie B: Décès classés selon la Liste internationale abrégée de la révision de 1965

(See notes at end of table. – Voir notes à la fin du tableau.)

Cause of death abbreviated list number [1] Cause de décès numéro dans la liste abrégée [1]	Cape Verde – Cap–Vert 1980		Philippines 1981+		Denmark – Danemark [36] 1990 [2]		Switzerland – Suisse 1990	
	Number Nombre	Rate Taux	Number Nombre	Rate Taux	Number Nombre	Rate Taux	Number Nombre	Rate Taux
TOTAL	2 281	789.3	296 547	598.6	60 589	1 178.8	63 739	949.6
B 1	–	–	298	0.6	–	–	–	–
B 2	18	♦ 6.2	582	1.2	–	–	–	–
B 3	5	♦ 1.7	1 477	3.0	–	–	1	♦ 0.0
B 4	277	95.8	16 217	32.7	51	1.0	23	♦ 0.3
B 5	36	12.5	26 287	53.1	33	0.6	67	1.0
B 6	2	♦ 0.7	1 030	2.1	19	♦ 0.4	19	♦ 0.3
B 7	–	–	–	–	–	–	–	–
B 8	–	–	504	1.0	–	–	–	–
B 9	–	–	57	0.1	–	–	–	–
B 10	–	–	6	♦ 0.0	–	–	1	♦ 0.0
B 11	5	♦ 1.7	58	0.1	19	♦ 0.4	17	♦ 0.3
B 12	–	–	118	0.2	–	–	–	–
B 13	–	–	–	–	–	–	–	–
B 14	34	11.8	6 951	14.0	–	–	–	–
B 15	–	–	31	0.1	–	–	–	–
B 16	–	–	1 071	2.2	1	♦ 0.0	3	♦ 0.0
B 17	–	–	4	♦ 0.0	2	♦ 0.0	13	♦ 0.2
B 18	78	27.0	6 213	12.5	288	5.6	660	9.8
B 19	142	49.1	15 621	31.5	15 025	292.3	16 374	243.9
B 20	5	♦ 1.7	438	0.9	384	7.5	366	5.5
B 21	12	♦ 4.2	1 701	3.4	813	15.8	1 362	20.3
B 22	47	16.3	6 863	13.9	61	1.2	24	♦ 0.4
B 23	18	♦ 6.2	1 506	3.0	66	1.3	111	1.7
B 24	28	♦ 9.7	2 560	5.2	61	1.2	58	0.9
B 25	1	♦ 0.3	41	0.1	1	♦ 0.0	1	♦ 0.0
B 26	4	♦ 1.4	2 189	4.4	240	4.7	65	1.0
B 27	24	♦ 8.3	9 478	19.1	365	7.1	1 277	19.0
B 28	21	♦ 7.3	11 083	22.4	15 597	303.4	10 226	152.3
B 29	168	58.1	19 714	39.8	2 797	54.4	8 582	127.9
B 30	148	51.2	10 029	20.2	5 567	108.3	5 784	86.2
B 31	1	♦ 0.3	1 476	3.0	166	3.2	1 018	15.2
B 32	88	30.4	43 164	87.1	1 461	28.4	1 870	27.9
B 33	66	22.8	5 569	11.2	2 715	52.8	1 805	26.9
B 34	7	♦ 2.4	4 443	9.0	551	10.7	280	4.2
B 35	1	♦ 0.3	451	0.9	32	0.6	17	♦ 0.3
B 36	4	♦ 1.4	144	0.3	194	3.8	191	2.8
B 37	11	♦ 3.8	1 969	4.0	712	13.9	681	10.1
B 38	6	♦ 2.1	4 445	9.0	60	1.2	87	1.3
B 39	1	♦ [5] 5.8	70	...	66	[5] 9.2	46	[5] 4.9
B 40	–	–	248	[3] 17.0	–	–	–	–
B 41	10	♦ [3] 107.4	1 294	[3] 88.6	1	♦ [3] 1.6	5	♦ [3] 6.0
B 42	56	19.4	3 607	7.3	265	5.2	266	4.0
B 43	11	♦ [3] 118.1	2 456	[3] 168.1	109	[3] 171.5	82	[3] 97.7
B 44	80	[3] 859.1	20 172	[3] 1 380.5	64	[3] 100.7	83	[3] 98.9
B 45	568	196.5	26 973	54.5	3 209	62.4	1 260	18.8
B 46	209	72.3	21 879	44.2	5 806	113.0	5 720	85.2
BE47	8	♦ 2.8	2 044	4.1	617	12.0	930	13.9
BE48	69	23.9	4 100	8.3	1 684	32.8	2 575	38.4
BE49	7	♦ 2.4	236	0.5	1 241	24.1	1 467	21.9
BE50	5	♦ 1.7	9 680	19.5	246	4.8	322	4.8

21. Deaths and death rates by cause : latest available (continued)

Décès selon la cause, nombres et taux : dernière année disponible (suite)

<table>
<tr><td>

GENERAL NOTES

Data exclude foetal deaths. In Part A of this table, cause of death is classified according to the Adapted Mortality List derived from the 1975 (ninth) Revision. In Part B, data classified according to the 1965 Revision are shown. Rates are the number of deaths from each cause per 100 000 population except for the rates for AM17–18, AM41–44 and AM46–47 in Part A and B39, B40–41 and B43–44 in Part B where, as specified in footnotes, the base has been changed in order to relate the deaths more closely to the population actually at risk. For method of evaluation and limitations of data, see Technical Notes, page 83.

Italics: Data from civil registers which are incomplete or of unknown completeness.

</td><td>

NOTES GENERALES

Il n'est pas tenu compte des morts foetales. Dans la partie A du tableau, les causes de décès sont classées selon la Liste adaptée des causes de mortalité, dérivé de la neuvième révision (1975). Les données classées selon la révision de 1965 figurent dans la partie B du tableau. Les taux représentent le nombre de décès attribuables à chaque cause pour 100 000 personnes dans la population totale. Font exception à cette règle les taux pour les catégories AM17–18, AM41–44 et AM46–47 dans la partie A du tableau et pour les catégories B39, B40–41 et B43–44 dans la partie B du tableau, où comme il est indique dans les notes, on a changé la base pour mieux relier les décès à la population effectivement exposée au risque. Pour la méthode d'évaluation et les insuffisances des données, voir Notes techniques, page 83.

Italiques: Données incomplètes ou dont le degré d'exactitude n'est pas connu provenant des registres de l'état civil.

</td></tr>
<tr><td>

FOOTNOTES

* Provisional.
♦ Rates based on 30 or fewer deaths.
+ Data tabulated by date of registration rather than occurrence.

1 For title of each cause group and detailed list categories included, see Technical Notes.
2 Source: Ministry of Health
3 Per 100 000 live–born.
4 Per 100 000 females of 15 years and over.
5 Per 100 000 males of 50 years and over.
6 Including Canadian residents temporarily in the United States, but excluding United States residents temporarily in Canada.
7 For AM49 to AM55.
8 Including deaths of foreigners temporarily in the country.
9 Excluding deaths of infants dying before registration of birth.

10 Excluding deaths for which information by cause was not available.
11 Based on burial permits.
12 Excluding nomadic Indian tribes.
13 Excluding Indian jungle population.
14 For certain urban areas only.
15 For AM2, AM4 to AM8 and AM10 to AM12.
16 For AM13 to AM18 and AM20.
17 For AM22 to AM23.
18 For AM32 to AM33.
19 For AM46 to AM47.
20 Including (360–389, 680–709, 780–796) other specified diseases, and (797–799) ill–defined and unknown causes.
21 Including (210–229) benign neoplasm, (286–289) diseases of blood and blood forming organs, (290–319) mental disorders, (320–359) diseases of the nervous systems,(460–479,487–489, 494–519) diseases of the respiratory system, (520–579) diseases of the digestive system, (580–629) diseases of the genito–urinary system, (710–739) diseases of the musculo– skeletal system and connector tissues.
22 Accidents due to natural and environmental factors, excluding (E880–E888).

23 Excluding Vietnamese refugees.
24 Including data for East Jerusalem and Israeli residents in certain other territories under occupation by Israeli military forces since June 1967.

25 For Japanese nationals in Japan only; however, rates computed on total population.
26 Excluding transients afloat and non–locally domiciled military and civilian services personnel and their dependants.
27 Excluding infants born alive after less than 28 weeks' gestation, of less than 1 000 grammes in weight and 35 centimetres in length, who die within seven days of birth.

28 Including armed forces stationed outside the country, but excluding alien armed forces stationed in the area.
29 Including nationals temporarily outside the country.

</td><td>

NOTES

* Données provisoires.
♦ Taux basés sur 30 décès ou moins.
+ Données exploitées selon la date de l'enregistrement et non la date de l'événement.
1 Pour le titre de chaque groupe de causes et les catégories de la nomenclature détaillée, voir Notes techniques.
2 Source: Ministère de la Santé
3 Pour 100 000 enfants nés vivants.
4 Pour 100 000 personnes du sexe féminin âgées de 15 ans et plus.
5 Pour 100 000 personnes du sexe masculin âgées de 50 ans et plus.
6 Y compris les résidents canadiens temporairement aux Etats–Unis, mais non compris les résidents de Etats–Unis temporairement au Canada.
7 Pour AM49 à AM55.
8 Y compris les décès étrangers temporairement dans le pays.
9 Non compris les enfants de moins d'un an décédés avant l'enregistrement de leur naissance.
10 Non compris les décès dont il n'a pas été possible de connaître la cause.
11 D'après les permis d'inhumer.
12 Non compris les tribus d'Indiens nomades.
13 Y compris les Indiens de la jungle.
14 Pour certaines zones urbaines seulement.
15 Pour AM2, AM4 à AM8 et AM10 à AM12.
16 Pour AM13 à AM18 et AM20.
17 Pour AM22 à AM23.
18 Pour AM32 à AM33.
19 Pour AM46 à AM47.
20 Y compris (360–389, 680–709, 780–796) autres maladies et symptômes spécifiques, et (797–799) causes mal définies et inconnues.
21 Y compris (210–229) tumeurs benignes, (286–289) maladies du sang et des organes hematopoietiques, (290–319) troubles mentaux, (320–359) maladies du système nerveux, (460–479, 487–489, 494–519) maladies de l'appareil respiratoire,(580–629) maladies des organes genito–urinaires (710–739) maladies du système osteo–articulaire, des muscles et du tissu conjonctif.
22 Accidents provoqués par des agents physiques naturels ou facteurs du milieu; non compris (E880–E888).
23 Non compris les réfugiés du Viet Nam.
24 Y compris les données pour Jérusalem–Est et les résidents israéliens dans certains autres territoires occupés depuis juin 1967 par les forces armées israéliennes.
25 Pour les nationaux japonais au Japon seulement, toutefois les taux sont calculés sur la base de la population totale.
26 Non compris les personnes de passage à bord de navires, les militaires et agents civils domiciliés hors du territoire et les membres de leur
27 Non compris les enfants nés vivants après moins de 28 semaines de gestation, pesant moins de 1 000 grammes, mesurant moins de 35 centimètres et décédés dans les sept jours qui ont suivi leur naissance. famille accompagnant.
28 Y compris les militaires nationaux hors du pays, mais non compris les militaires étrangers en garnison sur le territoire.
29 Y compris les nationaux temporairement hors du pays.

</td></tr>
</table>

21. Deaths and death rates by cause : latest available (continued)

Décès selon la cause, nombres et taux : dernière année disponible (suite)

See explanatory notes on data pertaining to Germany on page 4.

FOOTNOTES (continued)

30 Including armed forces outside the country.
31 All data shown pertaining to Germany prior to 3 October 1990 are indicated separately for the Federal Republic of Germany and the former German Democratic Republic based on their respective territories at the time indicated. See explanatory notes on data pertaining to Germany on page 4.

32 Deaths registered within one year of occurrence.
33 Rates computed on population including civilian nationals temporarily outside the country.
34 Including residents outside the country if listed in a Netherlands population register.
35 Including residents temporarily outside the country.

36 Excluding Faeroe Islands and Greenland.

NOTES (suite)

30 Y compris les militaires en garnison hors du pays.
31 Toutes les données se rapportant à l'Allemagne avant le 3 octobre 1990 figurent dans deux rubriques séparées basées sur les territoires respectifs de la République fédérale d'Allemagne et l'ancienne République démocratique allemande selon la période indiquée. Voir les notes explicatives sur les données concernant l'Allemagne à la page 4.
32 Décès enregistrés dans l'année que suit l'événement.
33 Les taux sont calculés sur la base d'un chiffre de population qui comprend les civils nationaux temporairement hors du pays.
34 Y compris les résidents hors du pays, s'ils sont inscrits sur un registre de population néerlandais.
35 Y compris les résidents temporairement hors du pays.
   contractuels des Etats—Unis.
36 Non compris les Iles Féroé et le Groenland.

22. Expectation of life at specified ages for each sex: latest available year (continued)

(See notes at end of table.)

Continent, country or area, period and sex / Continent, pays ou zone, période et sexe	0	1	2	3	4	5	10	15	20
AFRICA—AFRIQUE									
Algeria – Algérie 1983									
1 Male – Masculin	61.57	66.28	...	...	...	63.75	59.58	55.16	50.78
2 Female – Féminin	63.32	67.83	...	...	...	65.41	61.24	56.63	52.02
Angola 1985–1990 [1]									
3 Male – Masculin	42.90	...	...	...	...	...	...	...	...
4 Female – Féminin	46.10	...	...	...	...	...	...	...	...
Benin – Bénin 1985–1990 [1]									
5 Male – Masculin	44.40	...	...	...	...	...	...	...	...
6 Female – Féminin	47.60	...	...	...	...	...	...	...	...
Botswana 1981									
7 Male – Masculin	52.32	55.90	...	...	...	54.56	50.43	46.06	41.91
8 Female – Féminin	59.70	62.64	...	...	...	61.47	57.59	53.02	48.69
Burkina Faso 1985–1990 [1]									
9 Male – Masculin	45.60	...	...	...	...	...	...	...	...
10 Female – Féminin	48.90	...	...	...	...	...	...	...	...
Burundi 1985–1990 [1]									
11 Male – Masculin	45.90	...	...	...	...	...	...	...	...
12 Female – Féminin	49.20	...	...	...	...	...	...	...	...
Cameroon – Cameroun 1985–1990 [1]									
13 Male – Masculin	51.00	...	...	...	...	...	...	...	...
14 Female – Féminin	54.00	...	...	...	...	...	...	...	...
Cape Verde – Cap–Vert 1979–1981									
15 Male – Masculin	58.95	62.03	...	...	...	59.30	54.54	49.69	44.89
16 Female – Féminin	61.04	63.46	...	...	...	60.68	55.88	51.03	46.18
Central African Republic – République centrafricaine 1985–1990 [1]									
17 Male – Masculin	46.00	...	...	...	...	...	...	...	...
18 Female – Féminin	51.00	...	...	...	...	...	...	...	...
Chad – Tchad 1985–1990 [1]									
19 Male – Masculin	43.90	...	...	...	...	...	...	...	...
20 Female – Féminin	47.10	...	...	...	...	...	...	...	...
Comoros – Comores 1985–1990 [1]									
21 Male – Masculin	53.50	...	...	...	...	...	...	...	...
22 Female – Féminin	54.50	...	...	...	...	...	...	...	...
Congo 1985–1990 [1]									
23 Male – Masculin	50.10	...	...	...	...	...	...	...	...
24 Female – Féminin	55.30	...	...	...	...	...	...	...	...
Côte d'Ivoire 1985–1990 [1]									
25 Male – Masculin	50.80	...	...	...	...	...	...	...	...
26 Female – Féminin	54.20	...	...	...	...	...	...	...	...
Djibouti 1985–1990 [1]									
27 Male – Masculin	45.40	...	...	...	...	...	...	...	...
28 Female – Féminin	48.70	...	...	...	...	...	...	...	...

22. Espérance de vie à un âge donné pour chaque sexe: dernière année disponible (suite)

(Voir notes à la fin du tableau.)

					Age (en années)								
25	30	35	40	45	50	55	60	65	70	75	80	85	
46.22	41.64	37.14	32.71	28.33	23.94	19.83	15.90	12.19	8.97	...	...	...	1
47.51	42.96	38.45	34.01	29.61	25.23	20.97	16.92	13.17	9.66	...	...	...	2
...	...	...	...	...	...	...	...	...	...	...	...	...	3
...	...	...	...	...	...	...	...	...	...	...	...	...	4
...	...	...	...	...	...	...	...	...	...	...	...	...	5
...	...	...	...	...	...	...	...	...	...	...	...	...	6
37.96	34.10	30.29	26.54	22.83	19.25	15.89	12.84	10.22	8.15	6.81	...	...	7
44.52	40.32	36.09	31.88	27.70	23.63	19.72	15.97	12.52	9.34	6.55	...	...	8
...	...	...	...	...	...	...	...	...	...	...	...	...	9
...	...	...	...	...	...	...	...	...	...	...	...	...	10
...	...	...	...	...	...	...	...	...	...	...	...	...	11
...	...	...	...	...	...	...	...	...	...	...	...	...	12
...	...	...	...	...	...	...	...	...	...	...	...	...	13
...	...	...	...	...	...	...	...	...	...	...	...	...	14
40.16	35.48	30.79	26.31	21.67	17.34	12.92	8.36	3.85	...	...	...	...	15
41.43	36.70	31.92	27.38	22.64	18.00	13.35	8.67	3.90	...	...	...	...	16
...	...	...	...	...	...	...	...	...	...	...	...	...	17
...	...	...	...	...	...	...	...	...	...	...	...	...	18
...	...	...	...	...	...	...	...	...	...	...	...	...	19
...	...	...	...	...	...	...	...	...	...	...	...	...	20
...	...	...	...	...	...	...	...	...	...	...	...	...	21
...	...	...	...	...	...	...	...	...	...	...	...	...	22
...	...	...	...	...	...	...	...	...	...	...	...	...	23
...	...	...	...	...	...	...	...	...	...	...	...	...	24
...	...	...	...	...	...	...	...	...	...	...	...	...	25
...	...	...	...	...	...	...	...	...	...	...	...	...	26
...	...	...	...	...	...	...	...	...	...	...	...	...	27
...	...	...	...	...	...	...	...	...	...	...	...	...	28

(See notes at end of table.)

Continent, country or area, period and sex / Continent, pays ou zone, période et sexe	Age (in years)								
	0	1	2	3	4	5	10	15	20
AFRICA—AFRIQUE (Cont.–Suite)									
Egypt – Egypte									
1985–1990 [1]									
1 Male – Masculin	57.80	...	...	...	...	...	...	...	...
2 Female – Féminin	60.30	...	...	...	...	...	...	...	...
Equatorial Guinea –									
Guinée équatoriale									
1985–1990 [1]									
3 Male – Masculin	44.40	...	...	...	...	...	...	...	...
4 Female – Féminin	47.60	...	...	...	...	...	...	...	...
Ethiopia – Ethiopie									
1985–1990 [1]									
5 Male – Masculin	42.40	...	...	...	...	...	...	...	...
6 Female – Féminin	45.60	...	...	...	...	...	...	...	...
Gabon									
1985–1990 [1]									
7 Male – Masculin	49.90	...	...	...	...	...	...	...	...
8 Female – Féminin	53.20	...	...	...	...	...	...	...	...
Gambia – Gambie									
1985–1990 [1]									
9 Male – Masculin	41.40	...	...	...	...	...	...	...	...
10 Female – Féminin	44.60	...	...	...	...	...	...	...	...
Ghana									
1985–1990 [1]									
11 Male – Masculin	52.20	...	...	...	...	...	...	...	...
12 Female – Féminin	55.80	...	...	...	...	...	...	...	...
Guinea – Guinée									
1985–1990 [1]									
13 Male – Masculin	42.00	...	...	...	...	...	...	...	...
14 Female – Féminin	43.00	...	...	...	...	...	...	...	...
Guinea–Bissau –									
Guinée–Bissau									
1985–1990 [1]									
15 Male – Masculin	39.90	...	...	...	...	...	...	...	...
16 Female – Féminin	43.10	...	...	...	...	...	...	...	...
Kenya									
1985–1990 [1]									
17 Male – Masculin	56.50	...	...	...	...	...	...	...	...
18 Female – Féminin	60.50	...	...	...	...	...	...	...	...
Lesotho									
1985–1990 [1]									
19 Male – Masculin	51.50	...	...	...	...	...	...	...	...
20 Female – Féminin	60.50	...	...	...	...	...	...	...	...
Liberia – Libéria									
1985–1990 [1]									
21 Male – Masculin	52.00	...	...	...	...	...	...	...	...
22 Female – Féminin	54.00	...	...	...	...	...	...	...	...
Libyan Arab Jamahiriya –									
Jamahiriya arabe libyenne									
1985–1990 [1]									
23 Male – Masculin	59.10	...	...	...	...	...	...	...	...
24 Female – Féminin	62.50	...	...	...	...	...	...	...	...
Madagascar									
1985–1990 [1]									
25 Male – Masculin	52.00	...	...	...	...	...	...	...	...
26 Female – Féminin	55.00	...	...	...	...	...	...	...	...
Malawi									
1982									
27 Male – Masculin	40.20	47.50	...	...	...	50.50	48.40	44.70	41.00
28 Female – Féminin	43.30	49.70	...	...	...	52.70	50.70	47.10	43.40

22. Espérance de vie à un âge donné pour chaque sexe: dernière année disponible (suite)

(Voir notes à la fin du tableau.)

	25	30	35	40	45	50	55	60	65	70	75	80	85	
Age (en années)														
	...	...	...	...	...	...	...	...	...	...	...	...	...	1
	...	...	...	...	...	...	...	...	...	...	...	...	...	2
	...	...	...	...	...	...	...	...	...	...	...	...	...	3
	...	...	...	...	...	...	...	...	...	...	...	...	...	4
	...	...	...	...	...	...	...	...	...	...	...	...	...	5
	...	...	...	...	...	...	...	...	...	...	...	...	...	6
	...	...	...	...	...	...	...	...	...	...	...	...	...	7
	...	...	...	...	...	...	...	...	...	...	...	...	...	8
	...	...	...	...	...	...	...	...	...	...	...	...	...	9
	...	...	...	...	...	...	...	...	...	...	...	...	...	10
	...	...	...	...	...	...	...	...	...	...	...	...	...	11
	...	...	...	...	...	...	...	...	...	...	...	...	...	12
	...	...	...	...	...	...	...	...	...	...	...	...	...	13
	...	...	...	...	...	...	...	...	...	...	...	...	...	14
	...	...	...	...	...	...	...	...	...	...	...	...	...	15
	...	...	...	...	...	...	...	...	...	...	...	...	...	16
	...	...	...	...	...	...	...	...	...	...	...	...	...	17
	...	...	...	...	...	...	...	...	...	...	...	...	...	18
	...	...	...	...	...	...	...	...	...	...	...	...	...	19
	...	...	...	...	...	...	...	...	...	...	...	...	...	20
	...	...	...	...	...	...	...	...	...	...	...	...	...	21
	...	...	...	...	...	...	...	...	...	...	...	...	...	22
	...	...	...	...	...	...	...	...	...	...	...	...	...	23
	...	...	...	...	...	...	...	...	...	...	...	...	...	24
	...	...	...	...	...	...	...	...	...	...	...	...	...	25
	...	...	...	...	...	...	...	...	...	...	...	...	...	26
	37.60	34.10	30.50	27.00	23.50	20.10	16.90	13.80	10.90	8.30	6.20	4.30	...	27
	39.70	36.00	32.40	28.90	25.30	21.60	18.10	14.70	11.60	8.90	6.60	4.50	...	28

22. Expectation of life at specified ages for each sex: latest available year (continued)

(See notes at end of table.)

Continent, country or area, period and sex / Continent, pays ou zone, période et sexe	Age (in years)								
	0	1	2	3	4	5	10	15	20
AFRICA—AFRIQUE (Cont.—Suite)									
Mali									
1976									
1 Male — Masculin	46.91	53.79	...	...	...	59.54	56.70	52.72	48.63
2 Female — Féminin	49.66	55.35	...	...	...	60.69	57.69	53.58	49.68
Mauritania — Mauritanie									
1985–1990 [1]									
3 Male — Masculin	44.40	...	...	...	...	...	...	...	...
4 Female — Féminin	47.60	...	...	...	...	...	...	...	...
Mauritius — Maurice									
Island of Mauritius —									
Ile Maurice									
1988–1990 [2]									
5 Male — Masculin	65.01	65.56	...	...	...	61.78	56.90	52.03	47.25
6 Female — Féminin	72.96	73.24	...	...	...	69.47	64.59	59.70	54.90
Rodrigues									
1981–1985									
7 Male — Masculin	64.47	67.02	...	...	...	64.12	59.31	54.53	49.85
8 Female — Féminin	68.95	70.98	...	...	...	68.36	63.56	58.70	53.93
Morocco — Maroc									
1985–1990 [1]									
9 Male — Masculin	59.10	...	...	...	...	...	...	...	...
10 Female — Féminin	62.50	...	...	...	...	...	...	...	...
Mozambique									
1985–1990 [1]									
11 Male — Masculin	44.90	...	...	...	...	...	...	...	...
12 Female — Féminin	48.10	...	...	...	...	...	...	...	...
Namibia — Namibie									
1985–1990 [1]									
13 Male — Masculin	55.00	...	...	...	...	...	...	...	...
14 Female — Féminin	57.50	...	...	...	...	...	...	...	...
Niger									
1985–1990 [1]									
15 Male — Masculin	42.90	...	...	...	...	...	...	...	...
16 Female — Féminin	46.10	...	...	...	...	...	...	...	...
Nigeria — Nigéria									
1985–1990 [1]									
17 Male — Masculin	48.80	...	...	...	...	...	...	...	...
18 Female — Féminin	52.20	...	...	...	...	...	...	...	...
Réunion									
1985–1990 [1]									
19 Male — Masculin	67.00	...	...	...	...	...	...	...	...
20 Female — Féminin	75.30	...	...	...	...	...	...	...	...
Rwanda									
1978									
21 Male — Masculin	45.10	52.20	...	...	...	53.30	49.70	45.40	41.50
22 Female — Féminin	47.70	54.00	...	...	...	55.20	51.10	47.40	43.60
Senegal — Sénégal									
1985–1990 [1]									
23 Male — Masculin	46.30	...	...	...	...	...	...	...	...
24 Female — Féminin	48.30	...	...	...	...	...	...	...	...
Seychelles									
1981–1985									
25 Male — Masculin	65.26	65.51	...	...	...	61.72	56.97	52.05	47.28
26 Female — Féminin	74.05	74.35	...	...	...	70.70	65.91	60.99	56.10
Sierra Leone									
1985–1990 [1]									
27 Male — Masculin	39.40	...	...	...	...	...	...	...	...
28 Female — Féminin	42.60	...	...	...	...	...	...	...	...

22. Espérance de vie à un âge donné pour chaque sexe: dernière année disponible (suite)

(Voir notes à la fin du tableau.)

						Âge (en années)							
25	30	35	40	45	50	55	60	65	70	75	80	85	
44.56	40.43	36.43	32.40	28.65	24.81	21.28	17.73	14.62	11.35	8.59	5.22	...	1
45.82	42.00	38.38	34.58	30.88	26.97	23.22	19.43	16.04	12.53	9.23	5.61	...	2
...	...	...	...	...	...	...	...	...	...	...	...	...	3
...	...	...	...	...	...	...	...	...	...	...	...	...	4
42.48	37.80	33.24	28.86	24.77	20.91	17.38	14.11	11.31	9.02	6.93	4.94	3.34	5
50.16	45.39	40.66	35.94	31.35	26.98	22.70	18.71	15.19	11.94	9.32	6.96	5.03	6
45.23	40.64	36.12	31.68	27.33	23.03	18.78	15.27	11.78	8.63	6.56	4.34	...	7
49.24	44.55	39.85	35.17	30.68	26.25	21.95	17.86	14.40	10.87	7.43	4.58	...	8
...	...	...	...	...	...	...	...	...	...	...	...	...	9
...	...	...	...	...	...	...	...	...	...	...	...	...	10
...	...	...	...	...	...	...	...	...	...	...	...	...	11
...	...	...	...	...	...	...	...	...	...	...	...	...	12
...	...	...	...	...	...	...	...	...	...	...	...	...	13
...	...	...	...	...	...	...	...	...	...	...	...	...	14
...	...	...	...	...	...	...	...	...	...	...	...	...	15
...	...	...	...	...	...	...	...	...	...	...	...	...	16
...	...	...	...	...	...	...	...	...	...	...	...	...	17
...	...	...	...	...	...	...	...	...	...	...	...	...	18
...	...	...	...	...	...	...	...	...	...	...	...	...	19
...	...	...	...	...	...	...	...	...	...	...	...	...	20
37.90	34.30	30.60	26.90	23.40	19.90	16.70	13.60	10.90	8.50	6.50	4.90	3.60	21
40.00	36.40	32.80	29.10	25.40	21.70	18.20	14.80	11.80	9.10	7.00	5.20	3.70	22
...	...	...	...	...	...	...	...	...	...	...	...	...	23
...	...	...	...	...	...	...	...	...	...	...	...	...	24
42.79	38.25	33.85	29.75	25.73	21.82	18.62	14.97	11.41	8.88	6.61	3.74	2.16	25
51.25	46.65	41.92	37.27	32.91	28.32	24.17	20.20	16.31	12.60	9.50	6.70	4.81	26
...	...	...	...	...	...	...	...	...	...	...	...	...	27
...	...	...	...	...	...	...	...	...	...	...	...	...	28

22. Expectation of life at specified ages for each sex: latest available year (continued)

(See notes at end of table.)

Continent, country or area, period and sex / Continent, pays ou zone, période et sexe	Age (in years)								
	0	1	2	3	4	5	10	15	20
AFRICA—AFRIQUE (Cont.–Suite)									
Somalia – Somalie									
1985–1990 [1]									
1 Male – Masculin	43.40	...	...	...	...	...	...	...	...
2 Female – Féminin	46.60	...	...	...	...	...	...	...	...
South Africa – Afrique du Sud									
1985–1990 [1]									
3 Male – Masculin	57.50	...	...	...	...	...	...	...	...
4 Female – Féminin	63.50	...	...	...	...	...	...	...	...
Sudan – Soudan									
1985–1990 [1]									
5 Male – Masculin	48.60	...	...	...	...	...	...	...	...
6 Female – Féminin	51.00	...	...	...	...	...	...	...	...
Swaziland									
1976									
7 Male – Masculin	42.90	50.30	...	...	...	51.20	47.30	43.10	39.40
8 Female – Féminin	49.50	56.90	...	...	...	57.30	53.30	49.00	45.00
Togo									
1985–1990 [1]									
9 Male – Masculin	51.30	...	...	...	...	...	...	...	...
10 Female – Féminin	54.80	...	...	...	...	...	...	...	...
Tunisia – Tunisie									
1985–1990 [1]									
11 Male – Masculin	64.90	...	...	...	...	...	...	...	...
12 Female – Féminin	66.40	...	...	...	...	...	...	...	...
Uganda – Ouganda									
1985–1990 [1]									
13 Male – Masculin	49.40	...	...	...	...	...	...	...	...
14 Female – Féminin	52.70	...	...	...	...	...	...	...	...
United Rep. of Tanzania – Rép.–Unie de Tanzanie									
1985–1990 [1]									
15 Male – Masculin	51.30	...	...	...	...	...	...	...	...
16 Female – Féminin	54.70	...	...	...	...	...	...	...	...
Zaire – Zaïre									
1985–1990 [1]									
17 Male – Masculin	50.30	...	...	...	...	...	...	...	...
18 Female – Féminin	53.70	...	...	...	...	...	...	...	...
Zambia – Zambie									
1980									
19 Male – Masculin	50.36	54.92	...	...	...	55.28	52.24	47.90	43.94
20 Female – Féminin	52.46	56.93	...	...	...	57.03	53.85	49.47	45.43
Zimbabwe									
1985–1990 [1]									
21 Male – Masculin	56.50	...	...	...	...	...	...	...	...
22 Female – Féminin	60.10	...	...	...	...	...	...	...	...
AMERICA, NORTH— AMERIQUE DU NORD									
Aruba									
1972–1978									
23 Male – Masculin	68.30	69.30	...	...	...	65.50	60.70	55.80	51.10
24 Female – Féminin	75.40	76.30	...	...	...	72.60	67.70	62.80	58.00
Barbados – Barbade									
1980									
25 Male – Masculin	67.15	69.14	...	...	...	65.55	60.65	55.82	51.06
26 Female – Féminin	72.46	73.20	...	...	...	69.53	64.64	59.83	54.94

22. Espérance de vie à un âge donné pour chaque sexe: dernière année disponible (suite)

(Voir notes à la fin du tableau.)

						Age (en années)							
25	30	35	40	45	50	55	60	65	70	75	80	85	
...	...	...	...	...	...	...	...	...	...	...	...	...	1
...	...	...	...	...	...	...	...	...	...	...	...	...	2
...	...	...	...	...	...	...	...	...	...	...	...	...	3
...	...	...	...	...	...	...	...	...	...	...	...	...	4
...	...	...	...	...	...	...	...	...	...	...	...	...	5
...	...	...	...	...	...	...	...	...	...	...	...	...	6
35.90	32.40	28.80	25.30	21.80	18.50	15.40	12.60	10.10	7.90	6.00	4.40	3.10	7
41.40	37.60	33.80	29.90	26.10	22.40	18.90	15.60	12.50	9.70	7.30	5.40	3.80	8
...	...	...	...	...	...	...	...	...	...	...	...	...	9
...	...	...	...	...	...	...	...	...	...	...	...	...	10
...	...	...	...	...	...	...	...	...	...	...	...	...	11
...	...	...	...	...	...	...	...	...	...	...	...	...	12
...	...	...	...	...	...	...	...	...	...	...	...	...	13
...	...	...	...	...	...	...	...	...	...	...	...	...	14
...	...	...	...	...	...	...	...	...	...	...	...	...	15
...	...	...	...	...	...	...	...	...	...	...	...	...	16
...	...	...	...	...	...	...	...	...	...	...	...	...	17
...	...	...	...	...	...	...	...	...	...	...	...	...	18
40.23	36.44	32.59	28.75	24.96	21.28	17.78	14.48	11.50	8.80	6.56	4.59	...	19
41.64	37.74	33.80	29.87	25.99	22.22	18.61	15.19	12.08	9.23	6.85	4.77	...	20
...	...	...	...	...	...	...	...	...	...	...	...	...	21
...	...	...	...	...	...	...	...	...	...	...	...	...	22
46.50	41.80	37.30	32.80	28.50	24.20	20.10	16.90	13.60	10.40	7.80	5.60	...	23
53.20	48.40	43.60	38.90	34.20	29.60	25.30	20.90	16.60	12.70	9.60	6.90	...	24
46.18	41.58	36.82	32.30	27.75	23.68	19.89	14.68	13.56	10.91	8.18	5.60	...	25
50.11	45.38	40.64	36.03	31.64	27.26	23.19	19.10	15.46	12.17	9.32	6.40	...	26

22. Expectation of life at specified ages for each sex: latest available year (continued)

(See notes at end of table.)

Continent, country or area, period and sex / Continent, pays ou zone, période et sexe	Age (in years)								
	0	1	2	3	4	5	10	15	20
AMERICA, NORTH— (Cont.—Suite) **AMERIQUE DU NORD**									
Belize 1980									
1 Male – Masculin	69.85	71.46	...	...	...	68.43	63.67	58.75	54.08
2 Female – Féminin	71.78	73.22	...	...	...	70.48	65.62	60.77	55.85
Bermuda – Bermudes 1980									
3 Male – Masculin	68.81	69.74	...	...	...	65.74	60.85	55.99	51.13
4 Female – Féminin	76.28	77.41	...	...	...	73.41	68.52	63.52	58.59
Canada 1985–1987									
5 Male – Masculin	73.02	72.64	...	...	...	68.78	63.87	58.96	54.26
6 Female – Féminin	79.79	79.33	...	...	...	75.45	70.52	65.58	60.71
Costa Rica 1985–1990 [1]									
7 Male – Masculin	72.40	...	...	...	...	...	...	...	...
8 Female – Féminin	77.00	...	...	...	...	...	...	...	...
Cuba 1986–1987 [3]									
9 Male – Masculin	72.74	72.87	71.97	71.02	70.07	69.11	64.27	59.45	54.75
10 Female – Féminin	76.34	76.23	75.32	74.37	73.41	72.44	67.57	62.68	57.94
Dominican Republic – **République dominicaine** 1985–1990 [1]									
11 Male – Masculin	63.90	...	...	...	...	...	...	...	...
12 Female – Féminin	68.10	...	...	...	...	...	...	...	...
El Salvador 1985									
13 Male – Masculin	50.74	...	...	...	...	...	...	...	...
14 Female – Féminin	63.89	...	...	...	...	...	...	...	...
Greenland – Groenland 1981–1985									
15 Male – Masculin	60.40	61.70	...	...	...	58.10	53.50	48.80	44.80
16 Female – Féminin	66.30	67.60	...	...	...	64.10	59.40	54.50	50.00
Guadeloupe 1975–1979									
17 Male – Masculin	66.40	...	...	...	...	...	...	...	...
18 Female – Féminin	72.40	...	...	...	...	...	...	...	...
Guatemala 1979–1980									
19 Male – Masculin	55.11	59.09	...	...	...	58.51	54.38	49.83	45.55
20 Female – Féminin	59.43	62.98	...	...	...	62.77	58.74	54.18	49.79
Haiti – Haïti 1985–1990 [1]									
21 Male – Masculin	53.10	...	...	...	...	...	...	...	...
22 Female – Féminin	56.40	...	...	...	...	...	...	...	...
Honduras 1985–1990 [1]									
23 Male – Masculin	61.90	...	...	...	...	...	...	...	...
24 Female – Féminin	66.10	...	...	...	...	...	...	...	...
Jamaica – Jamaïque 1985–1990 [1]									
25 Male – Masculin	70.40	...	...	...	...	...	...	...	...
26 Female – Féminin	74.80	...	...	...	...	...	...	...	...
Martinique 1975									
27 Male – Masculin	67.00	...	...	...	...	...	...	...	...
28 Female – Féminin	73.50	...	...	...	...	...	...	...	...

22. Espérance de vie à un âge donné pour chaque sexe: dernière année disponible (suite)

(Voir notes à la fin du tableau.)

						Age (en années)							
25	30	35	40	45	50	55	60	65	70	75	80	85	
49.55	45.40	40.62	35.96	31.48	27.06	23.24	19.39	15.66	12.11	9.07	6.29	...	1
51.19	46.88	42.43	37.79	33.29	28.93	24.46	20.14	16.84	13.03	9.72	6.69	...	2
46.45	41.75	36.94	32.43	28.04	24.11	20.20	16.84	13.75	11.18	9.28	7.51	6.43	3
53.72	48.72	43.84	39.03	34.36	29.79	25.11	20.84	17.00	13.32	10.06	7.41	6.07	4
49.62	44.92	40.21	35.51	30.91	26.46	22.27	18.40	14.89	11.79	9.12	6.91	5.13	5
55.83	50.95	46.09	41.27	36.54	31.94	27.50	23.24	19.20	15.44	12.01	9.04	6.59	6
...	...	...	...	...	...	...	...	...	...	...	...	...	7
...	...	...	...	...	...	...	...	...	...	...	...	...	8
50.13	45.52	40.94	36.38	31.90	27.57	23.41	19.48	15.91	12.54	9.64	7.17	5.06	9
53.21	48.49	43.77	39.08	34.47	30.00	25.70	21.59	17.68	14.02	10.74	7.97	5.50	10
...	...	...	...	...	...	...	...	...	...	...	...	...	11
...	...	...	...	...	...	...	...	...	...	...	...	...	12
...	...	...	...	...	...	...	...	...	...	...	...	...	13
...	...	...	...	...	...	...	...	...	...	...	...	...	14
41.70	37.90	33.60	29.40	25.20	21.40	17.80	14.20	11.10	8.60	6.20	4.50	...	15
45.60	41.00	36.40	31.90	27.70	23.70	19.90	16.50	13.20	10.60	8.10	5.90	...	16
...	...	...	...	...	...	...	...	...	...	...	...	...	17
...	...	...	...	...	...	...	...	...	...	...	...	...	18
41.64	37.92	34.23	30.56	26.92	23.37	19.91	16.57	13.45	10.30	8.63	7.00	...	19
45.49	41.25	37.10	33.01	28.99	25.00	21.13	17.50	14.16	11.42	9.29	7.78	...	20
...	...	...	...	...	...	...	...	...	...	...	...	...	21
...	...	...	...	...	...	...	...	...	...	...	...	...	22
...	...	...	...	...	...	...	...	...	...	...	...	...	23
...	...	...	...	...	...	...	...	...	...	...	...	...	24
...	...	...	...	...	...	...	...	...	...	...	...	...	25
...	...	...	...	...	...	...	...	...	...	...	...	...	26
...	...	...	...	...	...	...	...	...	...	...	...	...	27
...	...	...	...	...	...	...	...	...	...	...	...	...	28

(See notes at end of table.)

Continent, country or area, period and sex	Age (in years)								
Continent, pays ou zone, période et sexe	0	1	2	3	4	5	10	15	20

AMERICA, NORTH— (Cont.–Suite)
AMERIQUE DU NORD

Mexico – Mexique
1979
1 Male – Masculin	62.10	...	...	...	...	...	...	...	...
2 Female – Féminin	66.00	...	...	...	...	...	...	...	...

Netherlands Antilles –
Antilles néerlandaises
1981
3 Male – Masculin	71.13	71.39	...	...	...	67.50	62.63	57.78	53.09
4 Female – Féminin	75.75	75.99	...	...	...	72.11	67.18	62.29	57.39

Nicaragua
1990–1995
5 Male – Masculin	64.80	67.43	...	...	...	65.40	60.87	56.20	51.74
6 Female – Féminin	67.71	69.98	...	...	...	67.76	63.19	58.49	53.97

Panama
1985–1990 [4]
7 Male – Masculin	70.15	70.92	...	...	...	67.72	63.00	58.19	53.58
8 Female – Féminin	74.10	74.65	...	...	...	71.35	66.62	61.79	57.03

Puerto Rico – Porto Rico
1988–1990 [1]
9 Male – Masculin	70.17	70.25	...	...	...	66.40	61.47	56.56	51.86
10 Female – Féminin	78.53	78.46	...	...	...	74.59	69.67	64.73	59.85

Saint Kitts and Nevis –
Saint–Kitts–et–Nevis
1988
11 Male – Masculin	65.87	67.19	...	...	...	63.44	58.81	54.00	49.11
12 Female – Féminin	70.98	71.67	...	...	...	68.37	63.41	58.73	54.05

Saint Lucia – Sainte–Lucie
1986
13 Male – Masculin	68.00	68.70	...	...	...	65.10	60.20	55.30	50.60
14 Female – Féminin	74.80	75.20	...	...	...	71.40	66.50	61.50	56.60

Trinidad and Tobago –
Trinité–et–Tobago
1980–1985
15 Male – Masculin	66.88	67.34	66.53	...	...	63.78	58.97	54.10	49.39
16 Female – Féminin	71.62	71.64	70.87	...	...	68.01	63.18	58.27	53.44

United States – Etats–Unis
1989
17 Male – Masculin	71.80	71.60	70.70	69.70	68.70	67.80	62.80	57.90	53.30
18 Female – Féminin	78.60	78.30	77.40	76.40	75.40	74.40	69.50	64.60	59.70

AMERICA, SOUTH—
AMERIQUE DU SUD

Argentina – Argentine
1980–1981
19 Male – Masculin	65.48	67.20	66.43	65.53	64.59	63.64	58.83	54.00	49.29
20 Female – Féminin	72.70	74.13	73.37	72.46	71.51	70.55	65.70	60.84	56.03

Bolivia – Bolivie
1985–1990 [1]
21 Male – Masculin	50.90	...	...	...	...	...	...	...	...
22 Female – Féminin	55.40	...	...	...	...	...	...	...	...

Brazil – Brésil
1985–1990 [1]
23 Male – Masculin	62.30	...	...	...	...	...	...	...	...
24 Female – Féminin	67.60	...	...	...	...	...	...	...	...

Chile – Chili
1985–1990
25 Male – Masculin	68.05	68.43	67.57	66.64	65.69	64.72	59.87	55.03	50.27
26 Female – Féminin	75.05	75.29	74.42	73.49	72.54	71.57	66.69	61.80	56.93

22. Espérance de vie à un âge donné pour chaque sexe: dernière année disponible (suite)

(Voir notes à la fin du tableau.)

25	30	35	40	45	50	55	60	65	70	75	80	85	
...	...	...	...	...	...	...	...	...	...	...	...	...	1
...	...	...	...	...	...	...	...	...	...	...	...	...	2
48.41	43.84	39.04	34.41	29.91	25.52	21.50	17.44	13.92	10.83	8.45	6.32	4.27	3
52.56	47.67	42.81	38.08	33.38	28.77	24.62	20.41	16.51	13.06	9.88	6.97	4.50	4
47.41	43.04	38.66	34.30	30.01	25.84	21.83	18.02	14.53	11.37	8.73	6.62	...	5
49.56	45.13	40.69	36.27	31.90	27.63	23.51	19.55	15.86	12.46	9.55	7.16	...	6
49.09	44.53	39.96	35.43	31.02	26.76	22.65	18.80	15.25	12.06	9.21	6.93	...	7
52.28	47.55	42.88	38.28	33.72	29.25	24.94	20.81	16.96	13.45	10.33	7.66	...	8
47.38	43.09	39.02	35.04	31.00	26.96	23.05	19.40	16.11	13.10	10.47	8.23	6.39	9
55.03	50.28	45.55	40.85	36.21	31.62	27.18	22.94	18.96	15.26	12.03	9.19	6.86	10
44.53	39.91	35.25	31.00	26.51	22.22	18.37	14.97	12.07	9.12	7.03	5.79	4.75	11
49.52	44.86	40.35	35.69	31.13	26.57	22.71	18.66	15.56	12.43	9.77	7.44	5.84	12
45.90	41.60	37.20	33.00	28.80	24.70	20.80	17.10	13.80	10.70	8.40	5.60	3.80	13
51.80	46.90	42.50	37.90	33.30	28.90	24.80	17.20	20.60	13.80	10.80	7.40	5.10	14
44.80	40.23	35.60	31.13	26.86	22.88	19.22	15.84	12.78	10.13	8.05	6.18	...	15
48.64	43.86	39.14	34.55	30.17	25.90	22.03	18.42	15.02	12.05	9.38	7.07	...	16
48.70	44.10	39.60	35.10	30.70	26.40	22.30	18.60	15.20	12.10	9.40	7.10	5.30	17
54.90	50.10	45.30	40.50	35.80	31.30	26.90	22.70	18.80	15.20	11.90	9.00	6.60	18
44.65	40.02	35.43	30.95	26.69	22.71	19.00	15.58	12.52	9.77	7.41	5.23	...	19
51.26	46.52	41.83	37.22	32.71	28.31	24.05	17.95	16.07	12.46	9.28	6.55	...	20
...	...	...	...	...	...	...	...	...	...	...	...	...	21
...	...	...	...	...	...	...	...	...	...	...	...	...	22
...	...	...	...	...	...	...	...	...	...	...	...	...	23
...	...	...	...	...	...	...	...	...	...	...	...	...	24
45.66	41.13	36.67	32.30	28.11	24.07	20.40	16.84	13.77	10.95	8.65	6.96	5.76	25
52.08	47.27	42.51	37.81	33.25	28.81	24.57	20.58	16.66	13.29	10.36	7.87	6.33	26

22. Expectation of life at specified ages for each sex: latest available year (continued)

(See notes at end of table.)

Continent, country or area, period and sex / Continent, pays ou zone, période et sexe	Age (in years)								
	0	1	2	3	4	5	10	15	20
AMERICA, SOUTH— (Cont.–Suite) **AMERIQUE DU SUD**									
Colombia – Colombie 1980–1985									
1 Male – Masculin	63.39	66.24	65.79	65.07	64.27	63.42	58.72	53.97	49.50
2 Female – Féminin	69.23	71.50	71.04	70.30	69.48	68.63	63.87	59.05	54.31
Ecuador – Equateur 1985 [5]									
3 Male – Masculin	63.39	67.12	66.99	66.40	65.69	64.91	60.43	55.74	51.16
4 Female – Féminin	67.59	70.64	70.50	69.91	69.19	68.41	63.09	59.17	54.51
Guyana 1985–1990 [1]									
5 Male – Masculin	60.40	...	...	...	...	...	...	...	...
6 Female – Féminin	66.10	...	...	...	...	...	...	...	...
Paraguay 1980–1985									
7 Male – Masculin	64.42	67.10	66.82	66.19	65.46	64.67	60.10	55.37	50.75
8 Female – Féminin	68.51	70.97	70.55	69.83	69.02	68.17	63.54	58.76	54.04
Peru – Pérou 1990 [6]									
9 Male – Masculin	62.93	67.37	67.33	66.76	66.01	65.18	60.55	55.81	51.16
10 Female – Féminin	66.58	70.67	70.69	70.14	69.38	63.54	63.86	59.08	54.36
Suriname 1985–1990 [1]									
11 Male – Masculin	66.40	...	...	...	...	...	...	...	...
12 Female – Féminin	71.30	...	...	...	...	...	...	...	...
Uruguay 1984–1986									
13 Male – Masculin	68.43	69.67	68.79	67.84	66.88	65.91	61.03	56.18	51.40
14 Female – Féminin	74.88	75.89	75.01	74.07	73.11	72.14	67.24	62.34	57.46
Venezuela 1985 [6]									
15 Male – Masculin	66.68	68.45	67.77	66.87	65.94	64.99	60.31	55.53	50.92
16 Female – Féminin	72.80	74.16	73.49	72.60	71.67	70.72	65.90	61.02	56.23
ASIA—ASIE									
Afghanistan 1985–1990 [1]									
17 Male – Masculin	41.00	...	...	...	...	...	...	...	...
18 Female – Féminin	42.00	...	...	...	...	...	...	...	...
Armenia – Arménie 1989									
19 Male – Masculin	69.00	...	...	...	...	...	...	...	...
20 Female – Féminin	74.70	...	...	...	...	...	...	...	...
Azerbaijan – Azerbaïdjan 1989									
21 Male – Masculin	66.60	...	...	...	...	...	...	...	...
22 Female – Féminin	74.20	...	...	...	...	...	,...	...	...
Bahrain – Bahreïn 1986–1991 [7]									
23 Male – Masculin	66.83	...	...	...	...	...	...	...	...
24 Female – Féminin	69.43	...	...	...	...	...	...	...	...
Bangladesh 1988									
25 Male – Masculin	56.91	63.66	63.57	63.54	63.19	62.76	58.73	54.09	49.53
26 Female – Féminin	55.97	61.50	61.63	61.76	61.68	61.29	57.26	52.63	48.30

22. Espérance de vie à un âge donné pour chaque sexe: dernière année disponible (suite)

(Voir notes à la fin du tableau.)

						Age (en années)							
25	30	35	40	45	50	55	60	65	70	75	80	85	
45.40	41.34	37.15	32.89	28.72	24.68	20.87	17.28	14.02	11.39	9.00	7.39	...	1
49.64	44.97	40.35	35.77	31.39	27.13	23.11	19.29	15.83	12.85	10.23	8.38	...	2
46.66	42.23	37.86	33.57	29.40	25.34	21.43	17.76	14.34	11.24	8.59	6.38	4.91	3
49.92	45.36	40.81	36.32	31.92	27.60	23.41	19.43	15.68	12.35	9.44	7.04	5.26	4
...	...	...	...	...	...	...	...	...	...	...	...	...	5
...	...	...	...	...	...	...	...	...	...	...	...	...	6
46.19	41.61	37.03	32.51	28.11	23.90	19.95	16.31	13.03	10.14	7.72	5.80	4.33	7
49.35	44.69	40.50	35.47	30.97	26.60	22.40	18.41	14.71	11.40	8.61	6.39	4.68	8
46.58	42.04	37.53	33.06	28.68	24.45	20.43	16.69	13.31	10.34	7.82	5.78	4.19	9
49.70	45.09	40.51	35.94	31.42	26.96	22.61	18.46	14.59	11.12	8.14	5.72	3.89	10
...	...	...	...	...	...	...	...	...	...	...	...	...	11
...	...	...	...	...	...	...	...	...	...	...	...	...	12
46.70	41.99	37.30	32.68	28.25	24.01	20.19	16.65	13.46	10.68	8.35	6.35	4.99	13
52.60	47.76	42.98	38.27	33.68	29.23	24.97	21.01	17.30	13.95	10.95	8.51	6.63	14
46.36	41.86	37.42	33.07	28.86	24.81	20.93	17.30	14.17	11.42	9.08	7.21	5.71	15
51.44	46.68	41.95	37.31	32.77	28.39	24.22	20.30	16.68	13.48	10.66	8.28	6.13	16
...	...	...	...	...	...	...	...	...	...	...	...	...	17
...	...	...	...	...	...	...	...	...	...	...	...	...	18
...	...	...	...	...	...	...	...	...	...	...	...	...	19
...	...	...	...	...	...	...	...	...	...	...	...	...	20
...	...	...	...	...	...	...	...	...	...	...	...	...	21
...	...	...	...	...	...	...	...	...	...	...	...	...	22
...	...	...	...	...	...	...	...	...	...	...	...	...	23
...	...	...	...	...	...	...	...	...	...	...	...	...	24
45.01	40.47	35.98	31.58	27.07	23.12	19.24	15.50	12.21	9.63	7.40	...	...	25
43.93	39.76	35.51	31.44	27.38	23.62	19.71	15.76	11.98	8.00	6.23	...	...	26

(See notes at end of table.)

Continent, country or area, period and sex / Continent, pays ou zone, période et sexe	Age (in years)								
	0	1	2	3	4	5	10	15	20
ASIA—ASIE (Cont.–Suite)									
Bhutan – Bhoutan 1985–1990 [1]									
1 Male – Masculin	48.60	...	...	...	...	...	...	...	...
2 Female – Féminin	47.10	...	...	...	...	...	...	...	...
Brunei Darussalam – Brunéi Darussalam 1981									
3 Male – Masculin	70.13	70.32	...	...	...	66.68	61.90	57.12	52.44
4 Female – Féminin	72.69	72.65	...	...	...	68.96	64.08	59.26	54.48
Cambodia – Cambodge 1985–1990 [1]									
5 Male – Masculin	47.00	...	...	...	...	...	...	...	...
6 Female – Féminin	49.90	...	...	...	...	...	...	...	...
China – Chine 1985–1990 [1]									
7 Male – Masculin	68.00	...	...	...	...	...	...	...	...
8 Female – Féminin	70.90	...	...	...	...	...	...	...	...
Cyprus – Chypre 1985–1989									
9 Male – Masculin	73.92	73.89	...	...	...	70.04	65.16	60.25	55.45
10 Female – Féminin	78.33	78.13	...	...	...	74.23	69.32	64.37	59.46
East Timor – Timor oriental 1985–1990 [1]									
11 Male – Masculin	41.60	...	...	...	...	...	...	...	...
12 Female – Féminin	43.40	...	...	...	...	...	...	...	...
Georgia – Géorgie 1989									
13 Male – Masculin	68.10	...	...	...	...	...	...	...	...
14 Female – Féminin	75.70	...	...	...	...	...	...	...	...
Hong Kong – Hong–kong 1989 [3]									
15 Male – Masculin	74.25	73.83	72.87	71.90	70.91	69.93	64.98	60.04	55.15
16 Female – Féminin	80.05	79.60	78.63	77.66	76.67	75.69	70.74	65.79	60.88
India – Inde 1981–1985									
17 Male – Masculin	55.40	60.81	...	...	...	60.12	56.08	51.52	46.99
18 Female – Féminin	55.67	61.11	...	...	...	61.75	57.98	53.48	49.18
Indonesia – Indonésie 1985–1990 [1]									
19 Male – Masculin	58.50	...	...	...	...	...	...	...	...
20 Female – Féminin	62.00	...	...	...	...	...	...	...	...
Iran (Islamic Republic of – Rép. islamique d') 1976									
21 Male – Masculin	55.75	60.78	...	...	...	58.42	53.87	49.37	45.19
22 Female – Féminin	55.04	60.14	...	...	...	58.65	54.38	50.02	44.97
Iraq 1985–1990 [1]									
23 Male – Masculin	63.00	...	...	...	...	...	...	...	...
24 Female – Féminin	64.80	...	...	...	...	...	...	...	...
Israel – Israël [8] 1989									
25 Male – Masculin	74.54	74.31	73.38	72.42	71.45	70.47	65.54	60.60	55.76
26 Female – Féminin	78.09	77.83	76.89	75.92	74.95	73.97	69.04	64.09	59.18
Japan – Japon 1990 [9]									
27 Male – Masculin	75.86	75.24	74.30	73.34	72.37	71.40	66.47	61.53	56.71
28 Female – Féminin	81.81	81.15	80.20	79.23	78.25	77.27	72.32	67.36	62.44

						Age (en années)							
25	30	35	40	45	50	55	60	65	70	75	80	85	
...	...	...	...	...	...	...	...	...	...	...	...	...	1
...	...	...	...	...	...	...	...	...	...	...	...	...	2
47.83	43.17	38.51	33.87	29.41	25.06	21.05	17.27	13.67	10.55	7.60	5.68	4.22	3
49.68	44.87	40.14	35.44	30.92	26.63	22.68	19.19	16.13	12.86	9.97	7.23	5.22	4
...	...	...	...	...	...	...	...	...	...	...	...	...	5
...	...	...	...	...	...	...	...	...	...	...	...	...	6
...	...	...	...	...	...	...	...	...	...	...	...	...	7
...	...	...	...	...	...	...	...	...	...	...	...	...	8
50.79	46.04	41.25	36.51	31.83	27.37	23.22	19.32	16.04	12.97	10.39	8.25	...	9
54.54	49.65	44.76	39.91	35.13	30.48	25.98	21.61	17.48	13.76	10.65	8.02	...	10
...	...	...	...	...	...	...	...	...	...	...	...	...	11
...	...	...	...	...	...	...	...	...	...	...	...	...	12
...	...	...	...	...	...	...	...	...	...	...	...	...	13
...	...	...	...	...	...	...	...	...	...	...	...	...	14
50.31	45.48	40.68	35.93	31.30	26.87	22.65	18.74	15.13	11.89	9.16	6.83	4.95	15
55.98	51.08	46.22	41.40	36.60	31.90	27.35	22.97	18.80	14.94	11.48	8.50	6.04	16
42.55	38.09	33.70	29.39	25.27	21.38	17.84	14.61	11.97	9.68	...	...	...	17
44.93	40.70	36.42	32.12	27.89	23.78	19.97	16.42	13.55	11.01	...	...	...	18
...	...	...	...	...	...	...	...	...	...	...	...	...	19
...	...	...	...	...	...	...	...	...	...	...	...	...	20
41.24	37.27	33.22	29.19	25.23	21.46	17.89	14.58	11.58	8.97	6.81	5.02	3.81	21
42.12	38.30	34.39	30.47	26.51	22.46	18.92	15.39	12.16	9.34	7.02	5.24	3.88	22
...	...	...	...	...	...	...	...	...	...	...	...	...	23
...	...	...	...	...	...	...	...	...	...	...	...	...	24
50.99	46.20	41.39	36.62	31.94	27.40	23.05	18.96	15.20	11.85	8.97	6.59	4.72	25
54.28	49.40	44.52	39.67	34.89	30.20	25.65	21.32	17.27	13.58	10.34	7.62	5.43	26
51.92	47.10	42.29	37.52	32.85	28.33	23.99	19.95	16.16	12.60	9.44	6.82	4.82	27
57.53	52.63	47.75	42.90	38.12	33.41	28.80	24.29	19.92	15.76	11.95	8.60	5.90	28

22. Expectation of life at specified ages for each sex: latest available year (continued)

(See notes at end of table.)

Continent, country or area, period and sex Continent, pays ou zone, période et sexe	Age (in years)								
	0	1	2	3	4	5	10	15	20

ASIA—ASIE (Cont.–Suite)

	Jordan – Jordanie 1985–1990 [1]									
1	Male – Masculin	64.20	...	...	...	...	...	...	...	...
2	Female – Féminin	67.80	...	...	...	...	...	...	...	...
	Kazakhstan 1989									
3	Male – Masculin	63.90	...	...	...	...	...	...	...	...
4	Female – Féminin	73.10	...	...	...	...	...	...	...	...
	Korea, Dem. People's Rep. of – Corée, rép. populaire dém. de 1985–1990 [1]									
5	Male – Masculin	66.20	...	...	...	...	...	...	...	...
6	Female – Féminin	72.70	...	...	...	...	...	...	...	...
	Korea, Republic of– Corée, République de 1989									
7	Male – Masculin	66.92	66.66	65.76	64.84	63.90	62.96	58.18	53.33	48.56
8	Female – Féminin	74.96	74.75	73.85	72.92	71.98	71.05	66.23	61.37	56.54
	Kuwait – Koweït 1985–1990 [1]									
9	Male – Masculin	71.20	...	...	...	...	...	...	...	...
10	Female – Féminin	75.40	...	...	...	...	...	...	...	...
	Kyrgyzstan – Kirghizistan 1989									
11	Male – Masculin	64.30	...	...	...	...	...	...	...	...
12	Female – Féminin	72.40	...	...	...	...	...	...	...	...
	Lao People's Dem. Rep. – Rép. dém. populaire Lao 1985–1990 [1]									
13	Male – Masculin	47.00	...	...	...	...	...	...	...	...
14	Female – Féminin	50.00	...	...	...	...	...	...	...	...
	Lebanon – Liban 1985–1990 [1]									
15	Male – Masculin	63.10	...	...	...	...	...	...	...	...
16	Female – Féminin	67.00	...	...	...	...	...	...	...	...
	Macau – Macao 1988									
17	Male – Masculin	75.01	75.02	...	...	...	71.20	66.27	61.33	56.42
18	Female – Féminin	80.26	80.11	...	...	...	76.20	71.28	66.34	61.38
	Malaysia – Malaisie 1985–1990 [1]									
19	Male – Masculin	67.50	...	...	...	...	...	...	...	...
20	Female – Féminin	71.60	...	...	...	...	...	...	...	...
	Peninsular Malaysia – Malaisie Péninsulaire 1990									
21	Male – Masculin	69.46	69.40	...	...	...	65.67	60.83	56.00	51.26
22	Female – Féminin	73.85	73.66	...	...	...	69.93	65.07	60.20	55.34
	Maldives 1985									
23	Male – Masculin	62.20	65.58	...	...	...	63.69	59.06	54.26	49.66
24	Female – Féminin	59.48	62.63	...	...	...	60.87	56.19	51.37	46.91
	Mongolia – Mongolie 1985–1990 [1]									
25	Male – Masculin	60.00	...	...	...	...	...	...	...	...
26	Female – Féminin	62.50	...	...	...	...	...	...	...	...

22. Espérance de vie à un âge donné pour chaque sexe: dernière année disponible (suite)

(Voir notes à la fin du tableau.)

						Age (en années)							
25	30	35	40	45	50	55	60	65	70	75	80	85	
...	...	...	...	...	...	...	...	...	...	...	...	...	1
...	...	...	...	...	...	...	...	...	...	...	...	...	2
...	...	...	...	...	...	...	...	...	...	...	...	...	3
...	...	...	...	...	...	...	...	...	...	...	...	...	4
...	...	...	...	...	...	...	...	...	...	...	...	...	5
...	...	...	...	...	...	...	...	...	...	...	...	...	6
43.90	39.33	34.80	30.30	26.09	22.13	18.40	14.87	11.68	9.02	6.70	5.01	...	7
51.74	46.97	42.20	37.50	32.90	28.42	24.05	19.87	15.88	12.28	9.20	6.60	...	8
...	...	...	...	...	...	...	...	...	...	...	...	...	9
...	...	...	...	...	...	...	...	...	...	...	...	...	10
...	...	...	...	...	...	...	...	...	...	...	...	...	11
...	...	...	...	...	...	...	...	...	...	...	...	...	12
...	...	...	...	...	...	...	...	...	...	...	...	...	13
...	...	...	...	...	...	...	...	...	...	...	...	...	14
...	...	...	...	...	...	...	...	...	...	...	...	...	15
...	...	...	...	...	...	...	...	...	...	...	...	...	16
51.53	46.63	41.76	36.92	32.16	27.64	23.38	19.48	15.86	12.52	9.54	6.62	...	17
56.46	51.55	46.62	41.75	36.93	32.26	27.77	23.32	18.91	14.82	11.32	7.80	...	18
...	...	...	...	...	...	...	...	...	...	...	...	...	19
...	...	...	...	...	...	...	...	...	...	...	...	...	20
46.60	41.93	37.29	32.68	28.15	23.85	19.86	16.20	12.88	10.01	7.39	5.45	...	21
50.51	45.69	40.90	36.17	31.50	27.01	22.69	18.59	14.74	11.50	8.47	6.22	...	22
45.10	40.64	35.90	31.28	27.42	23.30	19.53	15.63	11.88	8.35	6.10	4.88	...	23
42.69	38.45	34.14	29.54	25.95	21.75	17.86	14.40	10.81	8.47	5.46	4.59	...	24
...	...	...	...	...	...	...	...	...	...	...	...	...	25
...	...	...	...	...	...	...	...	...	...	...	...	...	26

22. Expectation of life at specified ages for each sex: latest available year (continued)

(See notes at end of table.)

Continent, country or area, period and sex Continent, pays ou zone, période et sexe	Age (in years)								
	0	1	2	3	4	5	10	15	20

ASIA—ASIE (Cont.–Suite)

Myanmar
1978 [10]
1 Male – Masculin	58.93	61.01	...	...	...	59.05	54.87	50.30	45.86
2 Female – Féminin	63.66	65.30	...	...	...	63.58	59.42	54.77	50.30

Nepal – Népal
1981
3 Male – Masculin	50.88	56.57	...	...	...	55.76	51.67	47.28	43.13
4 Female – Féminin	48.10	54.13	...	...	...	54.73	50.98	46.89	43.01

Oman
1985–1990 [1]
5 Male – Masculin	62.20	...	...	...	...	...	...	...	...
6 Female – Féminin	65.80	...	...	...	...	...	...	...	...

Pakistan
1976–1978
7 Male – Masculin	59.04	66.46	...	...	...	65.24	61.34	56.80	52.30
8 Female – Féminin	59.20	65.58	...	...	...	64.81	60.68	56.26	51.98

Philippines
1989
9 Male – Masculin	62.50	65.27	64.80	64.07	63.27	62.42	57.85	53.16	48.63
10 Female – Féminin	66.10	66.26	67.78	67.04	66.22	65.36	60.74	56.02	51.41

Qatar
1985–1990 [1]
11 Male – Masculin	66.90	...	...	...	...	...	...	...	...
12 Female – Féminin	71.80	...	...	...	...	...	...	...	...

Saudi Arabia –
Arabie saoudite
1985–1990 [1]
13 Male – Masculin	61.70	...	...	...	...	...	...	...	...
14 Female – Féminin	65.20	...	...	...	...	...	...	...	...

Singapore – Singapour
1980
15 Male – Masculin	68.70	68.60	67.70	66.70	65.70	64.80	59.90	55.00	50.20
16 Female – Féminin	74.00	73.90	73.00	72.00	71.10	70.10	65.20	60.30	55.40

Sri Lanka
1981
17 Male – Masculin	67.78	68.99	...	...	...	65.69	60.99	56.23	51.64
18 Female – Féminin	71.66	72.67	...	...	...	69.46	64.75	59.94	55.36

Syrian Arab Republic –
République arabe
syrienne
1981
19 Male – Masculin	64.42	68.48	...	...	...	65.89	61.18	56.46	51.69
20 Female – Féminin	68.05	71.73	...	...	...	69.16	64.12	59.58	54.85

Tajikistan – Tadjikistan
1989
21 Male – Masculin	66.80	...	...	...	...	...	...	...	...
22 Female – Féminin	71.70	...	...	...	...	...	...	...	...

Thailand – Thaïlande
1985–1986
23 Male – Masculin	63.82	66.31	...	...	...	62.88	58.28	53.48	48.86
24 Female – Féminin	68.85	70.91	...	...	...	67.27	62.68	58.01	53.43

Turkey – Turquie
1985–1990 [1]
25 Male – Masculin	62.50	...	...	...	...	...	...	...	...
26 Female – Féminin	65.80	...	...	...	...	...	...	...	...

22. Espérance de vie à un âge donné pour chaque sexe: dernière année disponible (suite)

(Voir notes à la fin du tableau.)

					Age (en années)								
25	30	35	40	45	50	55	60	65	70	75	80	85	
41.52	37.27	33.04	28.88	24.93	21.32	17.85	14.63	11.82	9.20	6.95	5.05	3.84	1
45.94	41.65	37.33	33.07	28.88	24.88	21.04	17.40	14.06	10.87	8.16	5.95	4.17	2
39.22	35.30	31.40	27.58	23.87	20.30	16.95	13.82	11.01	8.52	6.36	4.49	...	3
39.32	35.68	32.07	28.46	24.83	21.19	17.72	14.42	11.48	8.81	6.53	4.54	...	4
...	...	...	...	...	...	...	...	...	...	...	...	...	5
...	...	...	...	...	...	...	...	...	...	...	...	...	6
47.85	43.39	39.04	34.77	30.57	26.55	22.76	19.25	16.08	13.08	10.30	7.44	4.37	7
47.80	43.62	39.42	35.23	31.04	27.03	22.95	19.27	15.71	12.72	9.79	7.12	4.34	8
44.24	39.81	35.40	31.04	26.80	22.75	18.94	15.44	12.27	9.48	7.09	5.09	...	9
46.91	42.44	38.00	33.60	29.27	25.06	21.03	17.19	13.65	10.49	7.80	5.59	...	10
...	...	...	...	...	...	...	...	...	...	...	...	...	11
...	...	...	...	...	...	...	...	...	...	...	...	...	12
...	...	...	...	...	...	...	...	...	...	...	...	...	13
...	...	...	...	...	...	...	...	...	...	...	...	...	14
45.50	40.70	36.00	31.30	26.80	22.60	18.70	15.20	12.20	9.70	7.40	5.60	4.00	15
50.60	45.70	40.90	36.20	31.50	27.00	22.80	18.80	15.10	11.80	9.00	6.50	4.40	16
47.24	42.77	39.23	33.19	29.49	25.39	21.46	17.74	14.25	11.07	8.37	5.81	...	17
50.81	46.20	41.56	36.96	32.44	28.01	23.70	19.57	15.69	12.19	9.17	6.43	...	18
47.06	42.42	37.83	33.28	28.83	24.53	20.46	16.61	13.03	9.74	6.88	4.45	...	19
50.09	45.40	40.72	36.07	31.49	26.97	22.58	18.32	14.31	10.61	7.39	4.59	...	20
...	...	...	...	...	...	...	...	...	...	...	...	...	21
...	...	...	...	...	...	...	...	...	...	...	...	...	22
44.30	40.01	35.68	31.34	27.07	22.99	19.09	15.52	12.53	9.69	7.49	5.20	...	23
48.84	44.24	39.63	35.05	30.62	26.23	22.12	18.56	15.15	12.03	9.33	6.17	...	24
...	...	...	...	...	...	...	...	...	...	...	...	...	25
...	...	...	...	...	...	...	...	...	...	...	...	...	26

22. Expectation of life at specified ages for each sex: latest available year (continued)

(See notes at end of table.)

Continent, country or area, period and sex / Continent, pays ou zone, période et sexe	Age (in years)								
	0	1	2	3	4	5	10	15	20

ASIA—ASIE (Cont.–Suite)

Turkmenistan –
Turkménistan
1989

1 Male – Masculin	61.80	...	...	...	...	...	...	...	...
2 Female – Féminin	68.40	...	...	...	...	...	...	...	...

United Arab Emirates –
Emirats arabes unis
1985–1990 [1]

3 Male – Masculin	68.60	...	...	...	...	...	...	...	...
4 Female – Féminin	72.90	...	...	...	...	...	...	...	...

Uzbekistan –
Ouzbékistan
1989

5 Male – Masculin	66.00	...	...	...	...	...	...	...	...
6 Female – Féminin	72.10	...	...	...	...	...	...	...	...

Viet Nam
1979 [3]

7 Male – Masculin	63.66	65.70	65.45	64.00	64.44	63.77	59.66	55.01	50.39
8 Female – Féminin	67.89	69.99	69.73	69.27	68.69	68.01	63.85	59.20	54.57

Yemen – Yémen
Former Dem. Yemen –
Ancienne Yémen dém.
1985–1990 [1]

9 Male – Masculin	49.40	...	...	...	...	...	...	...	...
10 Female – Féminin	52.40	...	...	...	...	...	...	...	...

Former Yemen Arab Rep. –
Ancienne Yémen
rép. arabe
1985–1990 [1]

11 Male – Masculin	50.00	...	...	...	...	...	...	...	...
12 Female – Féminin	50.00	...	...	...	...	...	...	...	...

EUROPE

Albania – Albanie
1988–1989

13 Male – Masculin	69.60	...	...	...	...	...	...	...	...
14 Female – Féminin	75.50	...	...	...	...	...	...	...	...

Austria – Autriche
1990 [3]

15 Male – Masculin	72.50	72.11	71.16	70.19	69.22	68.25	63.32	58.37	53.64
16 Female – Féminin	79.02	78.59	77.64	76.66	75.69	74.71	69.76	64.80	59.90

Belarus – Bélarus
1989

17 Male – Masculin	66.80	...	...	...	...	...	...	...	...
18 Female – Féminin	76.40	...	...	...	...	...	...	...	...

Belgium – Belgique
1979–1982 [3]

19 Male – Masculin	70.04	69.99	69.05	68.09	67.12	66.15	61.26	56.36	51.64
20 Female – Féminin	76.79	76.61	75.68	74.72	73.75	72.78	67.88	62.95	58.08

Bulgaria – Bulgarie
1988–1990 [3]

21 Male – Masculin	68.12	68.33	67.44	66.51	65.57	64.62	59.78	54.91	50.14
22 Female – Féminin	74.77	74.75	73.85	72.91	71.96	71.00	66.12	61.21	56.35

Czechoslovakia –
Tchécoslovaquie
1990 [3]

23 Male – Masculin	67.25	67.14	66.19	65.22	64.23	63.25	58.35	53.43	48.62
24 Female – Féminin	75.81	75.54	74.59	73.62	72.64	71.66	66.73	61.79	56.90

22. Espérance de vie à un âge donné pour chaque sexe: dernière année disponible (suite)

(Voir notes à la fin du tableau.)

						Age (en années)							
25	30	35	40	45	50	55	60	65	70	75	80	85	
...	...	...	...	...	...	...	...	...	...	...	...	...	1
...	...	...	...	...	...	...	...	...	...	...	...	...	2
...	...	...	...	...	...	...	...	...	...	...	...	...	3
...	...	...	...	...	...	...	...	...	...	...	...	...	4
...	...	...	...	...	...	...	...	...	...	...	...	...	5
...	...	...	...	...	...	...	...	...	...	...	...	...	6
45.83	41.30	36.79	32.33	27.92	23.63	19.61	16.02	12.87	10.14	7.88	6.15	4.55	7
49.94	45.33	40.80	36.33	31.93	27.60	23.33	19.39	15.88	12.72	9.96	7.60	5.65	8
...	...	...	...	...	...	...	...	...	...	...	...	...	9
...	...	...	...	...	...	...	...	...	...	...	...	...	10
...	...	...	...	...	...	...	...	...	...	...	...	...	11
...	...	...	...	...	...	...	...	...	...	...	...	...	12
...	...	...	...	...	...	...	...	...	...	...	...	...	13
...	...	...	...	...	...	...	...	...	...	...	...	...	14
48.98	44.24	39.56	34.90	30.41	26.10	21.92	18.09	14.65	11.57	8.78	6.57	4.98	15
55.00	50.11	45.24	40.43	35.73	31.11	26.61	22.28	18.07	14.19	10.58	7.59	5.35	16
...	...	...	...	...	...	...	...	...	...	...	...	...	17
...	...	...	...	...	...	...	...	...	...	...	...	...	18
47.01	42.32	37.62	32.98	28.44	24.09	20.02	16.26	12.95	10.03	7.62	5.74	4.23	19
53.23	48.39	43.57	38.82	34.14	29.58	25.17	20.93	16.90	13.16	9.84	7.11	5.04	20
45.44	40.77	36.15	31.66	27.32	23.26	19.50	15.97	12.80	9.90	7.58	5.53	3.98	21
51.49	46.64	41.83	37.06	32.37	27.81	23.40	19.18	15.23	11.61	8.68	6.16	4.31	22
43.92	39.19	34.53	30.01	25.69	21.69	18.03	14.69	11.78	9.27	7.05	5.20	3.74	23
52.01	47.11	42.26	37.45	32.75	28.21	23.81	19.59	15.62	12.10	9.13	6.44	4.47	24

22. Expectation of life at specified ages for each sex: latest available year (continued)

(See notes at end of table.)

Continent, country or area, period and sex / Continent, pays ou zone, période et sexe	Age (in years)								
	0	1	2	3	4	5	10	15	20

EUROPE (Cont.–Suite)

Denmark – Danemark [11] 1989–1990 [3]									
1	Male – Masculin	71.98	71.60	70.70	69.70	68.70	67.80	62.80	57.90	53.10
2	Female – Féminin	77.70	77.20	76.30	75.30	74.30	73.40	68.40	63.50	58.60
Estonia – Estonie 1990									
3	Male – Masculin	64.72	64.65	63.75	62.85	61.91	60.95	56.16	51.33	46.74
4	Female – Féminin	74.94	74.70	73.81	72.91	71.97	71.00	66.12	61.23	56.40
Faeroe Islands – Iles Féroé 1981–1985									
5	Male – Masculin	73.30	73.10	...	...	...	69.20	64.50	59.60	55.00
6	Female – Féminin	79.60	73.40	...	...	...	75.50	70.60	65.70	60.80
Finland – Finlande 1989 [3]									
7	Male – Masculin	70.85	70.33	69.37	68.38	67.39	66.41	61.48	56.56	51.87
8	Female – Féminin	78.90	78.33	77.37	76.40	75.42	74.44	69.48	64.51	59.62
France 1990 [3]									
9	Male – Masculin	72.75	72.36	71.41	70.45	69.47	68.49	63.56	58.63	53.87
10	Female – Féminin	80.94	80.44	79.49	78.51	77.53	76.55	71.61	66.66	61.77
Germany – Allemagne [12]	...	...	...	...	...	...	...	...	...
Germany, Federal Rep. of – Allemagne, République fédérale d' 1985–1987 [3]									
11	Male – Masculin	71.81	71.52	70.57	69.60	68.62	67.65	62.73	57.80	53.01
12	Female – Féminin	78.37	77.97	77.02	76.05	75.07	74.08	69.15	64.20	59.30
Former German Democratic Republic – Ancienne République démocratique allemande 1988–1989 [3]									
13	Male – Masculin	70.03	69.65	68.71	67.75	66.79	65.81	60.90	55.98	51.19
14	Female – Féminin	76.23	75.76	74.82	73.86	72.89	71.91	66.97	62.02	57.13
Greece – Grèce 1980 [3]									
15	Male – Masculin	72.15	72.82	71.89	70.95	69.99	69.02	54.13	59.26	54.48
16	Female – Féminin	76.35	76.78	76.05	75.09	74.13	73.15	68.24	63.32	58.43
Hungary – Hongrie 1990									
17	Male – Masculin	65.13	65.22	64.26	63.30	62.33	61.36	56.45	51.53	46.78
18	Female – Féminin	73.71	73.69	72.75	71.78	70.80	69.82	64.91	59.98	55.10
Iceland – Islande 1989–1990 [3]									
19	Male – Masculin	75.71	75.19	74.24	73.26	72.26	71.26	66.32	61.40	56.66
20	Female – Féminin	80.29	79.69	78.73	77.73	76.73	75.75	70.82	65.87	60.98
Ireland – Irlande 1985–1987 [3]									
21	Male – Masculin	71.01	70.67	69.72	68.75	67.77	66.80	61.88	56.98	52.18
22	Female – Féminin	76.70	76.28	75.33	74.36	73.39	72.41	67.46	62.52	57.60
Italy – Italie 1988 [3]									
23	Male – Masculin	73.18	72.92	71.96	70.99	70.01	69.03	64.09	59.16	54.37
24	Female – Féminin	79.70	79.35	78.39	77.42	76.43	75.45	70.50	65.55	60.63
Latvia – Lettonie 1989									
25	Male – Masculin	65.30	...	...	...	...	...	...	...	...
26	Female – Féminin	75.20	...	...	...	...	...	...	...	...

22. Espérance de vie à un âge donné pour chaque sexe: dernière année disponible (suite)

(Voir notes à la fin du tableau.)

					Age (en années)								
25	30	35	40	45	50	55	60	65	70	75	80	85	
48.30	43.60	38.90	34.30	29.80	25.40	21.30	17.50	14.10	11.20	8.60	6.50	4.80	1
53.70	48.80	44.00	39.20	34.50	30.10	25.80	21.70	17.90	14.40	11.10	8.20	5.80	2
42.32	37.88	33.52	29.22	25.21	21.47	17.94	14.77	12.15	9.71	7.50	5.58	4.00	3
51.59	46.76	41.94	37.22	32.63	28.15	23.78	19.59	15.67	12.21	9.24	6.79	4.83	4
50.30	45.60	40.80	36.00	31.20	26.90	22.60	18.60	15.00	11.60	8.70	6.60	...	5
55.80	50.90	46.10	41.20	36.40	31.90	27.10	22.60	18.40	14.50	10.80	7.80	...	6
47.21	42.55	37.97	33.43	29.05	24.81	20.77	17.08	13.82	10.85	8.33	6.20	4.52	7
54.72	49.83	44.98	40.19	35.47	30.84	26.31	21.89	17.68	13.79	10.35	7.45	5.27	8
49.27	44.65	40.05	35.51	31.08	26.81	22.77	19.02	15.56	12.29	9.37	6.85	4.88	9
56.90	52.05	47.22	42.45	37.73	33.11	28.59	24.19	19.91	15.80	12.01	8.68	6.03	10
...	...	...	...	...	...	...	...	...	...	...	...	...	
48.27	43.51	38.76	34.07	29.32	25.15	21.05	17.26	13.78	10.67	8.05	5.99	4.49	11
54.41	49.52	44.66	39.87	35.15	30.53	26.04	21.72	17.61	13.78	10.34	7.46	5.28	12
46.46	41.73	37.08	32.49	28.03	23.76	19.77	16.16	12.82	9.84	7.36	5.34	3.88	13
52.24	47.36	42.53	37.73	33.04	28.45	24.03	19.79	15.79	12.14	9.01	6.40	4.43	14
49.74	45.01	40.29	35.58	30.94	26.42	22.13	18.17	14.59	11.48	8.84	6.68	4.95	15
53.54	48.66	43.79	38.95	34.15	29.46	24.93	20.63	16.69	13.17	10.12	7.58	5.54	16
42.13	37.53	33.10	28.84	24.83	21.12	17.74	14.72	11.99	9.47	7.17	5.27	3.67	17
50.23	45.41	40.67	36.05	31.56	27.21	23.02	19.02	15.16	11.81	8.78	6.27	4.22	18
52.01	47.32	42.49	37.74	33.04	28.54	24.08	20.01	16.07	12.76	9.86	7.36	5.60	19
56.05	51.17	46.26	41.43	36.67	32.08	27.59	23.29	19.31	15.33	11.83	8.98	6.20	20
47.44	42.65	37.87	33.12	28.46	23.98	19.79	15.98	12.64	9.71	7.26	5.31	3.85	21
52.68	47.76	42.88	38.05	33.30	28.68	24.25	20.06	16.20	12.61	9.46	6.78	4.75	22
49.64	44.88	40.11	35.36	30.71	26.23	21.97	18.07	14.56	11.38	8.56	6.29	4.57	23
55.72	50.82	45.93	41.09	36.32	31.63	27.07	22.65	18.44	14.49	10.87	7.82	5.48	24
...	...	...	...	...	...	...	...	...	...	...	...	...	25
...	...	...	...	...	...	...	...	...	...	...	...	...	26

(See notes at end of table.)

Continent, country or area, period and sex / Continent, pays ou zone, période et sexe	Age (in years)								
	0	1	2	3	4	5	10	15	20
EUROPE (Cont.–Suite)									
Liechtenstein 1980–1984 [3]									
1 Male – Masculin	66.07	65.80	64.80	63.80	62.95	61.95	57.07	52.44	47.56
2 Female – Féminin	72.94	73.11	72.11	71.31	70.31	69.31	64.31	59.47	54.77
Lithuania – Lituanie 1990									
3 Male – Masculin	66.55	66.27	65.38	64.46	63.50	62.53	57.69	52.83	48.14
4 Female – Féminin	76.22	75.97	75.05	74.08	73.11	72.14	67.26	62.36	57.51
Luxembourg 1985–1987 [3]									
5 Male – Masculin	70.61	70.13	69.16	68.19	67.22	66.24	61.37	56.51	51.86
6 Female – Féminin	77.87	77.50	76.52	75.53	74.55	73.56	68.63	63.70	58.82
Malta – Malte 1989									
7 Male – Masculin	73.79	73.69	72.72	71.72	70.72	69.72	64.77	59.79	55.05
8 Female – Féminin	78.04	77.72	76.75	75.75	74.75	73.78	68.80	63.80	58.85
Netherlands – Pays–Bas 1989–1990 [3]									
9 Male – Masculin	73.67	73.81	72.29	71.33	70.35	69.37	64.44	59.51	54.66
10 Female – Féminin	79.88	80.01	78.42	77.44	76.47	75.48	70.53	65.60	60.70
Norway – Norvège 1990 [3]									
11 Male – Masculin	73.44	73.06	72.11	71.15	70.17	69.19	64.27	59.35	54.58
12 Female – Féminin	79.81	79.27	78.30	77.32	76.34	75.36	70.42	65.49	60.58
Poland – Pologne 1990									
13 Male – Masculin	66.51	66.69	...	...	...	62.87	57.97	53.06	48.32
14 Female – Féminin	75.49	75.53	...	...	...	71.68	66.76	61.83	56.93
Portugal 1990									
15 Male – Masculin	70.13	70.05	...	...	...	66.28	61.41	56.56	51.97
16 Female – Féminin	77.17	77.01	...	...	...	73.18	68.30	63.40	58.53
Republic of Moldova – République de Moldova 1989									
17 Male – Masculin	65.50	...	...	...	...	...	...	...	...
18 Female – Féminin	72.30	...	...	...	...	...	...	...	...
Romania – Roumanie 1988–1989									
19 Male – Masculin	66.56	67.54	66.78	65.91	65.04	64.12	59.35	54.53	49.80
20 Female – Féminin	72.65	73.34	72.57	71.68	70.83	69.91	65.10	60.21	55.36
Russian Federation – Fédération Russe 1989									
21 Male – Masculin	64.20	...	...	...	...	...	...	...	...
22 Female – Féminin	74.50	...	...	...	...	...	...	...	...
San Marino – Saint–Marin 1977–1986 [3]									
23 Male – Masculin	73.16	72.92	71.95	70.98	70.00	69.02	64.07	59.12	54.26
24 Female – Féminin	79.12	78.94	77.97	77.00	76.03	75.05	70.52	65.19	60.27
Spain – Espagne 1985–1986 [3]									
25 Male – Masculin	73.27	73.00	72.07	71.10	70.13	69.16	64.26	59.35	54.57
26 Female – Féminin	79.69	79.32	78.37	77.41	76.43	75.45	70.53	65.60	60.70
Sweden – Suède 1990 [3]									
27 Male – Masculin	74.81	74.31	73.34	72.37	71.39	70.41	65.47	60.52	55.70
28 Female – Féminin	80.41	79.84	78.87	77.88	76.90	75.90	70.95	66.01	61.09

22. Espérance de vie à un âge donné pour chaque sexe: dernière année disponible (suite)

(Voir notes à la fin du tableau.)

	25	30	35	40	45	50	55	60	65	70	75	80	85	
Age (en années)														
	43.49	38.68	34.54	30.57	26.34	22.47	18.51	15.17	12.33	9.42	7.32	5.74	4.00	1
	50.06	45.06	40.28	35.71	31.58	27.44	23.03	19.00	14.91	11.20	8.63	6.23	4.30	2
	43.63	39.16	34.80	30.61	26.65	22.96	19.46	16.28	13.27	10.63	8.38	6.51	4.97	3
	52.64	47.78	42.99	38.30	33.77	29.36	24.98	20.84	16.97	13.40	10.20	7.46	5.22	4
	47.27	42.62	37.88	33.19	28.62	24.24	20.19	16.44	13.06	10.09	7.51	5.32	3.71	5
	53.93	49.02	44.18	39.38	34.66	30.08	25.61	21.31	17.19	13.32	9.80	6.75	4.61	6
	50.25	45.36	40.59	35.74	31.06	26.60	22.18	18.22	14.75	11.52	8.97	6.69	5.44	7
	53.93	48.99	44.07	39.26	34.50	29.70	25.04	20.73	16.84	12.95	10.00	7.11	4.96	8
	49.84	45.03	40.21	35.44	30.76	26.21	21.89	17.91	14.25	11.06	8.40	6.23	4.55	9
	55.81	50.91	46.04	41.21	36.46	31.81	27.31	22.96	18.79	14.88	11.31	8.21	5.70	10
	49.83	45.07	40.34	35.66	31.05	26.56	22.23	18.24	14.59	11.37	8.65	6.41	4.64	11
	55.66	50.78	45.91	41.10	36.34	31.69	27.11	22.73	18.57	14.62	11.08	8.08	5.68	12
	43.71	39.10	34.59	30.22	26.04	22.15	18.56	15.31	12.40	9.80	7.48	5.59	4.18	13
	52.04	47.16	42.33	37.58	32.97	28.47	24.10	19.96	16.08	12.56	9.44	6.84	4.87	14
	47.42	42.82	38.25	33.73	29.31	25.03	20.97	17.21	13.75	10.64	7.95	5.65	3.90	15
	53.68	48.83	44.01	39.25	34.56	29.98	25.50	21.15	16.97	13.10	9.67	6.73	4.49	16
	...	...	...	...	...	...	...	...	...	...	...	...	...	17
	...	...	...	...	...	...	...	...	...	...	...	...	...	18
	45.15	40.53	36.01	31.58	27.35	23.37	19.65	16.19	13.01	10.10	7.57	5.42	3.80	19
	50.55	45.76	41.02	36.34	31.75	27.28	22.96	18.82	14.92	11.40	8.33	5.77	3.90	20
	...	...	...	...	...	...	...	...	...	...	...	...	...	21
	...	...	...	...	...	...	...	...	...	...	...	...	...	22
	49.42	44.69	39.95	35.12	30.34	26.90	21.76	17.78	14.23	11.10	8.36	6.14	4.10	23
	55.40	50.46	45.55	40.66	35.82	31.08	26.46	22.05	17.64	13.54	10.04	7.05	4.77	24
	49.87	45.16	40.43	35.76	31.19	26.79	22.61	18.69	15.10	11.82	8.98	6.66	4.87	25
	55.81	50.92	46.05	41.22	36.45	31.76	27.17	22.71	18.43	14.42	10.79	7.73	5.39	26
	50.93	46.16	41.40	36.66	32.02	27.50	23.13	19.08	15.30	11.86	8.93	6.56	4.68	27
	56.19	51.30	46.43	41.60	36.85	32.20	27.63	23.27	19.04	15.06	11.42	8.29	5.81	28

(See notes at end of table.)

Continent, country or area, period and sex	Age (in years)								
Continent, pays ou zone, période et sexe	0	1	2	3	4	5	10	15	20

EUROPE (Cont.–Suite)

Switzerland – Suisse
1989–1990 [3]

1	Male – Masculin	74.00	73.60	...	...	...	69.70	64.80	59.90	55.10
2	Female – Féminin	80.00	80.40	...	...	...	76.50	71.50	66.60	61.70

Ukraine
1989

3	Male – Masculin	66.10	...	...	...	...	...	...	...	...
4	Female – Féminin	75.20	...	...	...	...	...	...	...	...

United Kingdom – Royaume–Uni
1987–1989

5	Male – Masculin	72.42	72.16	71.21	70.24	69.26	68.28	63.35	58.43	53.63
6	Female – Féminin	78.03	77.63	76.67	75.70	74.72	73.74	68.79	63.85	58.94

Yugoslavia – Yougoslavie
1988–1990 [3]

7	Male – Masculin	68.64	69.42	...	...	...	65.62	60.78	55.88	51.07
8	Female – Féminin	74.48	75.20	...	...	...	71.45	66.55	61.62	56.73

OCEANIA—OCEANIE

Australia – Australie
1990 [3] [13]

9	Male – Masculin	73.86	73.54	72.58	71.63	70.66	69.68	64.76	59.84	55.09
10	Female – Féminin	80.01	79.60	78.65	77.68	76.70	75.71	70.76	65.82	60.93

Cook Islands – Iles Cook
1974–1978

11	Male – Masculin	63.17	65.24	...	...	...	61.78	57.02	52.16	47.80
12	Female – Féminin	67.09	68.94	...	...	...	65.68	60.78	55.99	51.27

Fiji – Fidji
1976 [3]

13	Male – Masculin	60.72	62.04	62.02	61.51	60.82	60.01	55.51	50.88	46.46
14	Female – Féminin	63.87	64.72	64.51	63.90	63.14	62.29	57.70	52.99	48.47

Guam
1979–1981

15	Male – Masculin	69.53	69.36	...	...	...	65.53	60.63	55.75	51.10
16	Female – Féminin	75.59	75.64	...	...	...	71.78	66.85	61.89	57.12

Marshall Islands –
Iles Marshall
1989

17	Male – Masculin	59.96	62.54	...	...	...	...	60.95	56.54	51.95
18	Female – Féminin	62.96	65.50	...	...	...	...	63.65	59.17	54.53

New Zealand –
Nouvelle–Zélande
1988–1990

19	Male – Masculin	71.94	71.75	...	...	...	67.94	63.04	58.14	53.55
20	Female – Féminin	77.96	77.61	...	...	...	73.74	68.81	63.88	59.06

Papua New Guinea –
Papouasie – Nouvelle–
Guinée
1985–1990 [1]

21	Male – Masculin	53.20	...	...	...	...	...	...	...	...
22	Female – Féminin	54.70	...	...	...	...	...	...	...	...

22. Espérance de vie à un âge donné pour chaque sexe: dernière année disponible (suite)

(Voir notes à la fin du tableau.)

					Age (en années)								
25	30	35	40	45	50	55	60	65	70	75	80	85	
50.60	46.00	41.30	36.60	32.00	27.50	23.20	19.10	15.40	12.10	9.20	6.80	10.80	_1_
56.80	52.00	47.10	42.30	37.50	32.90	28.30	23.90	19.60	15.50	11.80	8.50	12.60	_2_
...	...	...	...	...	...	...	...	...	...	...	...	...	_3_
...	...	...	...	...	...	...	...	...	...	...	...	...	_4_
48.85	44.05	39.26	34.51	29.85	25.36	21.11	17.21	13.77	10.77	8.27	6.26	4.71	_5_
54.03	49.13	44.26	39.44	34.71	30.10	25.65	21.44	17.56	13.99	10.79	8.00	5.75	_6_
46.33	41.61	36.92	32.35	27.91	23.72	19.84	16.33	13.14	10.25	7.82	5.75	4.13	_7_
51.85	46.98	42.14	37.36	32.67	28.12	23.72	19.50	15.57	12.00	8.95	6.40	4.40	_8_
50.45	45.79	41.09	36.38	31.73	27.19	22.85	18.82	15.19	11.95	9.15	6.80	4.91	_9_
56.07	51.19	46.32	41.49	36.71	32.04	27.51	23.14	18.99	15.12	11.62	8.56	6.02	_10_
43.58	39.38	34.59	29.83	25.79	21.77	17.83	14.52	12.09	9.33	7.26	5.40	6.04	_11_
46.56	41.99	37.29	32.86	28.13	23.68	19.63	16.04	12.89	9.75	7.26	5.54	3.53	_12_
42.22	37.97	33.72	29.50	25.35	21.34	17.52	13.94	10.76	7.99	5.79	4.15	2.74	_13_
44.09	39.70	35.31	30.96	26.67	22.49	18.50	14.73	11.34	8.35	5.96	4.20	2.73	_14_
46.61	42.10	37.55	32.81	28.38	24.31	20.43	16.78	13.72	11.07	8.20	6.27	3.88	_15_
52.28	47.51	42.65	37.98	33.25	28.50	24.18	20.19	16.46	13.37	10.67	8.03	6.35	_16_
47.62	43.47	39.29	35.09	30.91	26.79	22.80	18.96	15.36	12.07	9.17	6.78	4.95	_17_
50.11	45.85	41.55	37.24	32.95	28.71	24.57	20.58	16.79	13.27	10.12	7.45	5.37	_18_
49.07	44.43	39.73	35.04	30.43	25.95	21.72	17.80	14.29	11.22	8.63	6.68	5.17	_19_
54.23	49.38	44.54	39.75	35.05	30.50	26.14	21.94	18.00	14.36	11.10	8.22	5.93	_20_
...	...	...	...	...	...	...	...	...	...	...	...	...	_21_
...	...	...	...	...	...	...	...	...	...	...	...	...	_22_

22. Expectation of life at specified ages for each sex: latest available year (continued)

(See notes at end of table.)

Continent, country or area, period and sex / Continent, pays ou zone, période et sexe	Age (in years)								
	0	1	2	3	4	5	10	15	20
OCEANIA (cont.) — OCEANIE (suite)									
Samoa 1976									
1 Male – Masculin	61.00	...	...	...	...	...	...	...	...
2 Female – Féminin	64.30	...	...	...	...	...	...	...	...
Solomon Islands — Iles Salomon 1980–1984									
3 Male – Masculin	59.90	...	...	...	...	...	...	...	...
4 Female – Féminin	61.40	...	...	...	...	...	...	...	...

GENERAL NOTES

Average number of years of life remaining to persons surviving to exact age specified, if subject to mortality conditions of the period indicated. For limitations of data, see Technical Notes, page 87.

FOOTNOTES

* Provisional.
1 Estimates prepared in the Population Division of the United Nations.

2 For Mauritian population only.
3 Complete life table.
4 Excluding tribal Indian population.
5 Excluding nomadic Indian tribes.
6 Excluding Indian jungle population.
7 For Bahrain population only.

NOTES GENERALES

Nombre moyen d'années restant à vivre aux personnes ayant atteint l'âge donné si elles sont soumises aux conditions de mortalité de la période indiquée. Pour les insuffisances des données, voir Notes techniques, page 87.

NOTES

* Données provisoires.
1 Estimations établies par la Division de la population de l'Organisation des Nations Unies.
2 Pour la population Mauricienne seulement.
3 Table complète de mortalité.
4 Non compris les Indiens vivant en tribus.
5 Non compris les tribus d'Indiens nomades.
6 Non compris les Indiens de la jungle.
7 Pour la population du Bahraïn seulement.

22. Espérance de vie à un âge donné pour chaque sexe: dernière année disponible (suite)

(Voir notes à la fin du tableau.)

Age (en années)													
25	30	35	40	45	50	55	60	65	70	75	80	85	
...	...	...	...	...	...	...	...	...	...	...	...	...	1
...	...	...	...	...	...	...	...	...	...	...	...	...	2
...	...	...	...	...	...	...	...	...	...	...	...	...	3
...	...	...	...	...	...	...	...	...	...	...	...	...	4

FOOTNOTES (cont.)

8 Including data for East Jesuralem and Israeli residents in certain other territories under occupation by Israeli military forces since June 1967.

9 For Japanese nationals in Japan only.
10 For urban population only.
11 Excluding the Faeroe Islands and Greenland.
12 All data shown pertaining to Germany prior to 3 October 1990 are indicated separately for the Federal Republic of Germany and the former German Democratic Republic based on their respective territories at the time indicated. See explanatory notes on data pertaining to Germany on page 4.

13 Excluding full-blooded aborigines.

NOTES (suite)

8 Y compris les données pour Jérusalem—Est et les résidents israéliens dans certains autres territoires occupés depuis juin 1967 par les forces armées israéliennes.
9 Pour les nationaux japonais au Japon seulement.
10 Pour la population urbaine seulement.
11 Non compris les îles Féroé et le Groenland.
12 Toutes les données se rapportant à l'Allemagne avant le 3 octobre 1990 figurent dans deux rubriques séparées basées sur les territoires respectifs de la République fédérale d'Allemagne et l'ancienne République démocratique allemande selon la période indiquée. Voir les notes explicatives sur les données concernant l'Allemagne à la page 4.
13 Non compris les aborigènes purs.

23. Marriages and crude marriage rates, by urban/rural residence: 1987 – 1991

Mariages et taux bruts de nuptialité, selon la résidence, urbaine/rurale: 1987 – 1991

(See notes at end of table. – Voir notes à la fin du tableau.)

Continent, country or area and urban/rural residence Continent, pays ou zone et résidence, urbaine/rurale	Code [1]	Number – Nombre					Rate – Taux				
		1987	1988	1989	1990	1991	1987	1988	1989	1990	1991
AFRICA—AFRIQUE											
Botswana	...	1 862	...	...	...	...	1.6	...	...	...	...
Libyan Arab Jamahiriya – Jamahiriya arabe libyenne	U	17 862	16 989	...	...	...	4.9	4.5	...	...	...
Mauritius – Maurice Island of Mauritius – Ile Maurice [2]	+C	11 201	11 283	11 040	11 252	*11 295	11.2	11.1	10.8	10.9	*10.6
Rodrigues	+C	191	170	157	173	...	5.2	4.7	4.2	4.6	...
Réunion	...	3 001	3 354	3 553	3 831	...	5.3	5.8	6.0	6.4	...
St. Helena ex. dep. – Sainte–Hélène sans dép.	...	28	32	23	...						
Tristan da Cunha	...	...	1	...	...						
Sao Tome and Principe – Sao Tomé—et—Principe	U	56	49	...	...						
Seychelles	+C	622	...	777	1 037	*931	9.4	...	11.6	15.4	*13.5
Swaziland [3]	...	2 270	2 556	3 115	...	...	3.2	3.5	4.1	...	...
Tunisia – Tunisie	...	49 452	50 026	55 163	55 612	...	6.5	6.4	7.0	6.9	...
AMERICA,NORTH— AMERIQUE DU NORD											
Antigua and Barbuda – Antigua—et—Barbuda	+C	343	...	...	...	...	4.5	...	...	...	...
Aruba	C	380	390	...	...	...	6.3	6.4	...	...	...
Bahamas	C	1 888	2 167	2 131	2 182	...	7.9	8.9	8.6	8.6	...
Barbados – Barbade	C	1 523	1 856	2 047	...	...	6.0	7.3	8.0	...	...
Belize	C	1 074	1 089	1 138	...	*1 202	6.1	6.1	6.2	...	*6.3
Bermuda – Bermudes	+C	786	868	877	907	...	13.7	14.6	14.6	15.0	...
British Virgin Islands – Iles Vierges britanniques	+C	189	176	...	...	...	15.5	14.2	...	...	...
Canada	C	182 151	187 860	190 640	...	...	7.1	7.2	7.3	...	...
Cayman Islands – Iles Caïmanes	+...	279	254	267	274	...	12.2	10.5	10.3	10.0	...
Costa Rica	C	21 743	22 918	22 984	22 703	...	7.8	8.0	7.9	7.6	...
Cuba [2]	C	78 146	82 431	85 535	101 572	*161 160	7.6	7.9	8.1	9.6	*15.0
Dominica – Dominique	+C	...	...	...	225	...	...	...	...	2.7	...
El Salvador [2]	...	22 327	21 314	20 787	23 167	...	4.4	4.2	4.0	4.4	...
Greenland – Groenland	C	385	376	396	...	...	7.1	6.9	7.1	...	...
Guatemala	C	44 669	46 155	...	...	...	5.3	5.3	...	...	...
Jamaica – Jamaïque	+C	...	10 429	11 145	13 037	...	...	4.4	4.7	5.4	...
Martinique	C	1 527	1 558	1 571	1 572	...	4.4	4.4	4.4	4.3	...
Mexico – Mexique	+C	604 425	625 919	628 162	633 424	...	7.4	7.6	7.4	7.4	...
Netherlands Antilles – Antilles néerlandaises	C	1 283	1 275	1 226	1 267	...	6.7	6.7	6.5	6.7	...
Nicaragua	+C	11 703	...	...	...	...	3.3	...	...	...	...
Panama [2] [4]	C	11 188	11 060	11 173	12 467	...	4.9	4.8	4.7	5.2	...
Puerto Rico – Porto Rico	C	33 285	32 214	31 642	33 080	...	9.7	9.3	9.1	9.2	...
Saint Lucia – Sainte–Lucie	C	414	402	396	...	...	2.9	2.8	2.7	...	...
St. Vincent and the Grenadines – Saint–Vincent—et—Grenadines	+C	...	462	...	...	...	...	4.1	...	...	...
Trinidad and Tobago – Trinité—et—Tobago	+C	7 602	7 327	6 794	...	...	6.3	6.0	5.6	...	...
United States – Etats–Unis	C	2 403 378	2 395 926	2 404 000	2 448 000	*2 371 000	9.9	9.8	9.7	9.8	*9.4
United States Virgin Islands – Iles Vierges américaines [5]	C	1 906	...	...	...	2 855	18.0	...	...	...	24.2
AMERICA,SOUTH— AMERIQUE DU SUD											
Argentina – Argentine	C	...	...	...	186 337	...	...	...	...	5.8	...
Brazil – Brésil	U	930 893	951 236	827 928	...	...	6.6	6.6	5.6	...	...

23. Marriages and crude marriage rates, by urban/rural residence: 1987 – 1991 (continued)

Mariages et taux bruts de nuptialité, selon la résidence, urbaine/rurale: 1987 – 1991 (suite)

(See notes at end of table. – Voir notes à la fin du tableau.)

Continent, country or area and urban/rural residence / Continent, pays ou zone et résidence, urbaine/rurale	Code [1]	Number – Nombre					Rate – Taux				
		1987	1988	1989	1990	1991	1987	1988	1989	1990	1991
AMERICA, SOUTH— (Cont.–Suite) AMERIQUE DU SUD											
Chile – Chili [2]	+C	95 531	103 484	103 710	98 702	...	7.6	8.1	8.0	7.5	...
Ecuador – Equateur [6]	U	61 301	66 468	62 996	64 532	...	6.2	6.5	6.0	6.7	...
Falkland Islands (Malvinas)— Iles Falkland (Malvinas)	+...	...	17	...	...	...					
Paraguay	+U	17 741	...	...	...	...	4.5	...	...	...	...
Uruguay	C	22 728	21 528	...	...	...	7.5	7.0	...	...	...
Venezuela [7]	C	105 058	113 125	111 970	...	...	5.8	6.1	5.9	...	...
ASIA—ASIE											
Armenia – Arménie	C	30 259	26 581	27 257	...	...	8.8	7.9	8.3	...	...
Azerbaijan – Azerbaïdjan	C	68 031	68 887	71 874	...	...	9.9	9.9	10.1	...	...
Bahrain – Bahreïn	...	2 919	3 110	3 033	2 942	...	6.4	6.6	6.2	5.8	...
Bangladesh [2]	...	1 177 019	1 183 710	...	...	...	11.5	11.3	...	...	...
Brunei Darussalam – Brunéi Darussalam	...	1 845	1 794	1 783	...	...	7.9	7.4	7.2	...	...
Cyprus – Chypre [2][8]	C	5 954	3 304	5 597	*6 500	*7 000	8.7	4.8	8.1	*9.3	*9.9
Georgia – Géorgie	C	39 157	38 100	38 288	...	...	7.4	7.1	7.0	...	...
Hong Kong – Hong–kong	C	48 561	45 238	43 947	47 168	...	8.6	8.0	7.6	8.1	...
Iran (Islamic Republic of – Rép. islamique d') [2]	+U	346 652	361 945	458 708	454 963	...	6.8	6.9	8.5	8.3	...
Iraq	...	95 534	145 885	...	...	...	5.8	8.5	...	...	...
Israel – Israël [2][9]	C	30 116	31 218	32 303	32 500	...	6.9	7.0	7.1	7.0	...
Japan – Japon [2][10]	+C	696 173	707 716	708 316	722 138	*742 281	5.7	5.8	5.8	5.8	*6.0
Jordan – Jordanie [2][11]	+C	23 208	28 247	31 508	...	...	6.4	7.5	8.1	...	...
Kazakhstan	C	160 909	162 962	165 380	...	...	9.8	9.9	10.0	...	...
Korea, Republic of— Corée, Rép. de [2]	U	366 937	368 119	309 872	...	...	8.8	8.8	7.3	...	...
Kuwait – Koweït	C	9 842	10 283	11 051	...	...	5.3	5.2	5.4	...	...
Kyrgyzstan – Kirghizistan	C	40 161	40 490	41 790	...	...	9.6	9.5	9.7	...	...
Macau – Macao	...	2 472	2 282	1 728	1 794	...	5.8	5.2	3.9	3.7	...
Malaysia – Malaysia [12] Peninsular Malaysia – Malaisie Péninsulaire	U	42 456	44 904	...	...	...	3.1	3.2	...	...	...
Maldives	...	...	...	...	2 280	...	...	...	...	10.6	...
Mongolia – Mongolie [2]	...	19 100	21 800	15 600	...	...	9.7	10.8	7.5	...	...
Philippines	U	400 760	393 514	302 109	...	...	7.0	6.7	5.0	...	...
Qatar	...	1 349	1 333	1 330	1 370	...	4.1	3.1	2.9	2.8	...
Singapore – Singapour [13][14]	+C	23 404	24 853	...	...	*24 791	9.0	9.4	...	...	*9.0
Sri Lanka	+U	129 571	130 889	141 533	...	...	7.9	7.9	8.4	...	...
Syrian Arab Republic – République arabe syrienne [15]	+...	102 626	99 323	102 557	91 346	...	9.4	8.8	8.8	7.5	...
Tajikistan – Tadjikistan	C	46 233	46 933	47 616	...	...	9.5	9.3	9.2	...	...
Thailand – Thaïlande	C	...	391 124	406 134	461 280	...	...	7.2	7.4	8.2	...
Turkey – Turquie [2][16]	+U	436 065	448 144	450 763	...	...	8.2	8.2	7.9	...	...
Turkmenistan – Turkménistan	C	31 484	33 008	34 890	...	...	9.2	9.4	9.8	...	...
Uzbekistan – Ouzbékistan	C	189 557	193 856	200 681	...	...	9.8	9.8	10.0	...	...
EUROPE											
Albania – Albanie [2]	C	27 370	28 174	27 655	...	...	8.9	9.0	8.6	...	...
Andorra – Andorre [2]	...	125	125	66	153	...	2.6	2.5	...	3.0	...
Austria – Autriche [17]	C	76 205	35 361	42 523	45 212	*43 960	10.1	4.7	5.6	5.9	*5.6
Belarus – Bélarus [2]	C	102 053	96 064	97 929	...	...	10.1	8.9	9.6	...	...
Belgium – Belgique [18]	C	56 770	59 093	63 528	64 658	*60 832	5.8	6.0	6.5	6.6	*6.2
Bulgaria – Bulgarie [2][19]	C	64 429	62 617	63 263	59 874	*48 820	7.2	7.0	7.0	6.7	*5.4
Channel Islands – Iles Anglo–Normandes	C	1 099	1 140	1 103	...	*1 050	8.1	8.2	7.7	...	*7.4

(See notes at end of table. – Voir notes à la fin du tableau.)

Continent, country or area and urban/rural residence / Continent, pays ou zone et résidence, urbaine/rurale	Code [1]	Number – Nombre					Rate – Taux				
		1987	1988	1989	1990	1991	1987	1988	1989	1990	1991
EUROPE (Cont.–Suite)											
Channel Islands – Iles Anglo–Normandes											
Guernsey – Guernesey	C	447	445	452	403	*403	8.1	7.5	7.6	6.8	*6.8
Jersey	+C	652	695	651	...	*647	8.1	8.7	7.9	...	*7.7
Czechoslovakia – Tchécoslovaquie [2]	C	122 168	118 951	117 787	131 388	*104 692	7.8	7.6	7.5	8.4	*6.7
Denmark – Danemark [20]	C	31 132	32 088	30 780	31 293	*30 747	6.1	6.3	6.0	6.1	*6.0
Estonia – Estonie [2]	C	13 434	12 973	12 644	11 774	...	8.7	8.3	8.1	7.5	...
Faeroe Islands – Iles Féroé	C	205	260	230	...	...	4.4	5.5	4.9	...	...
Finland – Finlande [2][21]	C	26 259	25 933	24 569	24 150	*23 573	5.3	5.2	4.9	4.8	*4.7
France [2][22]	C	265 177	271 124	279 900	287 099	*281 000	4.8	4.9	5.0	5.1	*5.0
Germany – Allemagne [23]	C	523 847	534 903	529 597	516 550	*453 253	6.7	6.8	6.7	6.5	...
Germany, Federal Rep. of – Allemagne, République fédérale d'	C	382 564	397 738	398 608	414 475	*400 794	6.3	6.5	6.4	6.6	*6.5
Former German Democratic Republic – Ancienne République démocratique allemande	C	141 283	137 165	130 989	...	...	8.5	8.2	7.9	...	...
Gibraltar [24]	C	724	739	754	781	...	24.6	24.6	24.6	25.3	...
Greece – Grèce	C	62 899	52 414	59 955	59 125	...	6.3	5.2	6.0	5.9	...
Hungary – Hongrie [2]	C	66 082	65 907	66 949	66 405	*60 348	6.3	6.3	6.4	6.4	*5.7
Iceland – Islande [2][25]	C	1 160	1 294	1 176	1 154	*1 280	4.7	5.2	4.7	4.5	*5.0
Ireland – Irlande	+C	18 309	18 382	18 174	...	...	5.2	5.2	5.2	...	...
Isle of Man – Ile de Man	C	430	446	483	...	...	6.7	6.7	7.1	...	...
Italy – Italie	C	305 328	318 296	311 613	311 739	...	5.3	5.5	5.4	5.4	...
Latvia – Lettonie	C	25 477	25 296	24 496	...	...	9.6	9.5	9.1	...	...
Liechtenstein	C	338	...	315	...	...	12.3	...	11.3	...	...
Lithuania – Lituanie [2]	C	35 122	34 906	34 630	36 310	*34 241	9.7	9.6	9.4	9.8	*9.2
Luxembourg [25]	C	1 958	2 079	2 184	2 312	...	5.3	5.6	5.8	6.2	...
Malta – Malte [26]	C	2 437	2 531	2 485	2 609	...	7.1	7.3	7.1	7.4	...
Netherlands – Pays–Bas [2]	C	87 400	87 843	90 248	95 649	*95 500	6.0	6.0	6.1	6.4	*6.3
Norway – Norvège [27]	C	21 081	21 744	20 755	21 926	...	5.0	5.2	4.9	5.2	...
Poland – Pologne [2]	C	252 819	246 791	255 643	255 369	*237 000	6.7	6.5	6.7	6.7	*6.1
Portugal	C	67 948	71 098	73 195	71 654	*71 808	6.9	7.2	7.4	7.3	*6.8
Republic of Moldova – République de Moldova	C	39 084	39 745	39 928	...	...	9.1	9.2	9.2	...	...
Romania – Roumanie [2]	C	168 079	172 527	177 943	192 652	...	7.3	7.5	7.7	8.3	...
Russian Federation – Fédération Russe	C	1 442 622	1 397 445	1 384 307	...	...	9.9	9.5	9.4	...	...
San Marino – Saint–Marin	C	198	181	169	...	...	8.7	8.0	7.4	...	...
Spain – Espagne	C	210 098	214 898	...	*214 805	...	5.4	5.5	...	*5.5	...
Sweden – Suède	C	41 223	44 229	108 919	40 477	*40 000	4.9	5.2	12.8	4.7	*4.7
Switzerland – Suisse [2]	C	43 063	45 716	45 066	46 603	*46 000	6.6	6.9	6.8	6.9	*6.9
Ukraine [2]	C	512 985	455 770	489 330	482 800	...	10.0	8.8	9.5	9.3	...
United Kingdom – Royaume–Uni	C	397 937	394 049	392 042	...	...	7.0	6.9	6.8	...	...
Yugoslavia – Yougoslavie [2]	C	163 469	160 419	158 544	149 498	...	7.0	6.8	6.7	6.3	...
OCEANIA—OCEANIE											
American Samoa – Samoa américaines	C	319	342	...	...	...	8.6	9.1	...	...	...
Australia – Australie	+C	114 113	116 816	117 176	116 959	...	7.0	7.1	7.0	6.8	...
Cook Islands – Iles Cook	+C	91	122	...	...	...			6.9	...	...
Fiji – Fidji	+C	6 039	6 892	...	...	...	8.4	9.3	...	...	...
French Polynesia – Polynésie française	...	1 246	1 264	1 093	...	...	6.8	6.7	5.7	...	...
Guam [28]	C	1 512	...	...	...	...	12.0	...	...	...	...

492

23. Marriages and crude marriage rates, by urban/rural residence: 1987 – 1991 (continued)

Mariages et taux bruts de nuptialité, selon la résidence, urbaine/rurale: 1987 – 1991 (suite)

(See notes at end of table. – Voir notes à la fin du tableau.)

Continent, country or area and urban/rural residence Continent, pays ou zone et résidence, urbaine/rurale	Code [1]	Number – Nombre					Rate – Taux				
		1987	1988	1989	1990	1991	1987	1988	1989	1990	1991
OCEANIA—OCEANIE(Cont.–Suite)											
New Caledonia – Nouvelle–Calédonie	...	729	...	...	...	...	4.6	...	...	...	...
New Zealand – Nouvelle–Zélande [2]	C	24 443	23 485	22 733	23 341	*23 065	7.5	7.1	6.9	7.0	*6.8
Niue – Nioué	...	10	...	...	...	...					
Norfolk Island—Ile Norfolk	+...	...	25	...	...	...					
Northern Mariana Islands – Iles Mariannes septentrionales	...	...	...	713	...	...	...	...	28.5	...	...
Tonga	...	573	347	592	696	...	6.0	3.6	6.2	7.3	...

(See notes at end of table. – Voir notes à la fin du tableau.)

Continent, country or area and urban/rural residence / Continent, pays ou zone et résidence, urbaine/rurale	Code [1]	Number – Nombre					Rate – Taux				
		1987	1988	1989	1990	1991	1987	1988	1989	1990	1991
AFRICA—AFRIQUE											
Mauritius – Maurice Island of Mauritius – Ile Maurice	+C										
Urban – Urbaine		4 494	4 326	4 244	4 289	...	10.9	10.4	10.2	10.2	...
Rural – Rurale		6 707	6 957	6 796	6 963	...	11.3	11.6	11.2	11.3	...
AMERICA,NORTH— AMERIQUE DU NORD											
Cuba	C										
Urban – Urbaine		68 172	71 746	73 989	...	...	9.2	9.5	9.6	...	...
Rural – Rurale		9 974	10 685	11 546	...	...	3.5	3.7	4.1	...	...
El Salvador	...										
Urban – Urbaine		17 268	...	16 146	...	...	7.8	...	6.9	...	...
Rural – Rurale		5 059	...	4 641	...	...	1.5	...	1.3	...	...
Panama [4]	C										
Urban – Urbaine		7 599	7 348	6 859	...	...	6.4	6.1	5.5	...	...
Rural – Rurale		3 589	3 712	4 314	...	...	3.3	3.3	3.8	...	...
AMERICA,SOUTH— AMERIQUE DU SUD											
Chile – Chili	+C										
Urban – Urbaine		81 660	88 668	89 318	85 067	...	7.8	8.3	8.2	7.6	...
Rural – Rurale		13 871	14 816	14 392	13 635	...	6.8	7.3	7.1	6.7	...
ASIA—ASIE											
Bangladesh	...										
Urban – Urbaine		100 508	95 469	...	...	...	...	...	...	...	...
Rural – Rurale		1 076 511	1 088 241	...	...	...	...	...	...	...	...
Cyprus – Chypre [8]	C										
Urban – Urbaine		4 100	2 172	3 958	...	...	...	...	...	...	...
Rural – Rurale		1 854	1 132	1 639	...	...	...	...	...	...	...
Iran (Islamic Republic of – Rép. islamique d')	...										
Urban – Urbaine		225 566	239 095	295 982	309 438	...	...	...	...	...	...
Rural – Rurale		121 086	122 850	162 726	145 525	...	...	...	...	...	...
Israel – Israël [9] [29]	C										
Urban – Urbaine		26 610	...	...	...	...	6.9	...	...	...	...
Rural – Rurale		3 122	...	...	...	...	6.4	...	...	...	...
Japan – Japon [10]	+C										
Urban – Urbaine		...	...	...	592 125	...	...	...	...	6.2	...
Rural – Rurale		...	...	...	130 013	...	...	...	...	4.6	...
Jordan – Jordanie [11]	+C										
Urban – Urbaine		14 747	18 539	20 972	...	...	...	...	...	...	...
Rural – Rurale		8 461	9 708	10 536	...	...	...	...	...	...	...
Korea, Republic of— Corée, République de	U										
Urban – Urbaine		246 227	252 997	225 388	...	...	8.6	8.6	7.5	...	...
Rural – Rurale		120 710	115 122	84 484	...	...	9.4	9.1	6.8	...	...
Mongolia – Mongolie	...										
Urban – Urbaine		10 700	12 500	8 900	...	...	...	...	7.6	...	...
Rural – Rurale		8 400	9 300	6 700	...	...	...	...	7.6	...	...
Turkey – Turquie [16]	+U										
Urban – Urbaine		249 915	261 317	...	...	...	8.4	8.2	...	...	...
Rural – Rurale		186 150	186 827	...	...	...	8.0	8.1	...	...	...

23. Marriages and crude marriage rates, by urban/rural residence: 1987 – 1991 (continued)

Mariages et taux bruts de nuptialité, selon la résidence, urbaine/rurale: 1987 – 1991 (suite)

Data by urban/rural residence

Données selon la résidence urbaine/rurale

(See notes at end of table. – Voir notes à la fin du tableau.)

Continent, country or area and urban/rural residence / Continent, pays ou zone et résidence, urbaine/rurale	Code [1]	Number – Nombre					Rate – Taux				
		1987	1988	1989	1990	1991	1987	1988	1989	1990	1991
EUROPE											
Albania – Albanie	C										
Urban – Urbaine		10 063	9 927	9 683	...	...	9.3	8.9	8.4	...	...
Rural – Rurale		17 307	18 247	17 972	...	...	8.7	9.0	8.8	...	...
Andorra – Andorre	...										
Urban – Urbaine		78	81	62	96	...					
Rural – Rurale		47	44	4	57	...					
Belarus – Bélarus	C										
Urban – Urbaine		...	66 613	...	...	...	...	...	...	...	...
Rural – Rurale		...	29 451	...	...	...	...	...	...	...	...
Bulgaria – Bulgarie [19]	C										
Urban – Urbaine		44 121	43 309	43 369	42 979	*35 006	7.5	7.2	7.2	7.0	*5.7
Rural – Rurale		20 308	19 308	19 894	16 895	*13 814	6.7	6.5	6.8	5.8	*4.8
Czechoslovakia – Tchécoslovaquie	C										
Urban – Urbaine		...	90 046	99 734	87 691	...	...	8.8	9.7	8.5	...
Rural – Rurale		...	28 905	18 053	43 697	...	...	5.3	3.4	8.2	...
Estonia – Estonie	C										
Urban – Urbaine		11 449	11 037	10 899	10 110	...	10.4	9.9	9.7	9.0	...
Rural – Rurale		1 985	1 936	1 745	1 664	...	4.5	4.4	3.9	3.7	...
Finland – Finlande [21]	C										
Urban – Urbaine		18 430	18 343	17 013	...	...	6.0	6.0	5.6	...	...
Rural – Rurale		7 829	7 590	7 556	...	...	4.2	4.0	4.0	...	...
France [22]	C										
Urban – Urbaine		190 164	193 797	200 799	...	...	...	...	...	...	...
Rural – Rurale		75 013	77 327	79 101	...	...	...	...	...	...	...
Hungary – Hongrie [29]	C										
Urban – Urbaine		39 263	39 086	41 877	41 182	...	6.1	6.1	6.5	6.4	...
Rural – Rurale		26 433	26 368	24 599	24 533	...	6.5	6.6	6.2	6.2	...
Iceland – Islande [25]	C										
Urban – Urbaine		...	1 224	1 108	1 080	...	...	5.4	4.8	4.7	...
Rural – Rurale		...	70	68	74	...	...				
Lithuania – Lituanie	C										
Urban – Urbaine		25 509	24 396	23 743	25 259	*23 965	10.6	9.9	9.5	9.9	*9.4
Rural – Rurale		9 613	10 510	10 887	11 051	*10 276	8.0	8.8	9.2	9.4	*8.7
Netherlands – Pays–Bas	C										
Urban – Urbaine		77 134	77 200	79 648	84 764	...	10.3	10.3	10.6	11.2	...
Rural – Rurale		10 266	10 643	10 600	10 885	...	6.1	6.2	6.3	6.5	...
Poland – Pologne	C										
Urban – Urbaine		152 447	149 498	155 768	140 976	...	6.7	6.4	6.7	6.0	...
Rural – Rurale		100 372	97 293	99 875	114 393	...	6.8	6.6	6.8	7.8	...
Romania – Roumanie	C										
Urban – Urbaine		95 853	99 342	104 265	110 382	...	8.1	8.3	8.5	8.8	...
Rural – Rurale		72 226	73 185	73 678	82 270	...	6.5	6.6	6.8	7.8	...
Switzerland – Suisse	C										
Urban – Urbaine		26 352	27 994	27 492	28 227	...	6.7	7.0	6.9	7.0	...
Rural – Rurale		16 711	17 722	17 574	18 376	...	6.5	6.8	6.6	6.8	...
Ukraine	C										
Urban – Urbaine		366 033	327 767	...	...	...	10.6	...	...	...	...
Rural – Rurale		146 952	128 003	...	...	...	8.7	...	...	...	...
Yugoslavia – Yougoslavie	C										
Urban – Urbaine		79 852	79 321	79 140	...	...	...	...	...	...	...
Rural – Rurale		83 617	81 098	79 404	...	...	...	...	...	...	...
OCEANIA—OCEANIE											
New Zealand – Nouvelle–Zélande	C										
Urban – Urbaine		18 485	17 973	...	...	...	...	...	...	...	...
Rural – Rurale		5 958	5 512	...	...	...	...	...	...	...	...

23. Marriages and crude marriage rates, by urban/rural residence: 1987 – 1991 (continued)

Mariages et taux bruts de nuptialité, selon la résidence, urbaine/rurale: 1987 – 1991 (suite)

GENERAL NOTES

Rates are the number of legal (recognized) marriages performed and registered per 1 000 mid–year population. Rates are shown only for countries or areas having at least a total of 100 marriages in a given year. For definitions of "urban", see end of table 6. For method of evaluation and limitations of data, see Technical Notes, page 89.

Italics: data from civil registers which are incomplete or of unknown completeness.

FOOTNOTES

* Provisional.
+ Data tabulated by date of registration rather than occurrence.

1 Code "C" indicates that the data are estimated to be virtually complete (at least 90 per cent) and code "U" indicates that the data are estimated to be incomplete (less than 90 per cent). For futher details, see Technical Notes.
2 For classification by urban/rural residence, see end of table.
3 Marriages solemnized by Christian rite only.
4 Excluding tribal Indian population.

5 Based on marriage licenses issued.
6 Excluding nomadic Indian tribes.
7 Excluding Indian jungle population, estimated at 100 830 in 1961.
8 For government controlled areas.
9 Including data for East Jerusalem and Israeli residents in certain other territories under occupation by Israeli military forces since June 1967.

10 For Japanese nationals in Japan only, but rates computed on total population.

11 Excluding data for Jordanian territory under occupation since 1967 by Israeli military forces. Excluding foreigners, but including registered Palestinian refugees. For number of refugees, see table 5.
12 Non–Moslem civil marriages and Christian ritual marriages only.

13 Rates computed on population excluding transients afloat and non–locally domiciled military and civilian services personnel and their dependants.

14 Registration of Kandyan marriages is complete; registration of Moslem and general marriages is incomplete.
15 Excluding nomads; however, rates computed on total population.

16 For provincial capitals and district centres only; however, rates computed on total population.
17 Excluding aliens temporarily in the area.
18 Including armed forces stationed outside the country and alien armed forces in the area unless marriage performed by local foreign authority.

19 Including Bulgarian nationals outside the country, but excluding aliens in the area.
20 Excluding Faeroe Islands and Greenland.
21 Marriages in which the bride was domiciled in Finland only.
22 Including armed forces stationed outside the country. Rates computed on population including armed forces stationed outside the country, but excluding alien armed forces living in military camps within the country.
23 All data shown pertaining to Germany prior to 3 October 1990 are indicated separately for the Federal Republic of Germany and the former German Democratic Republic based on their respective territories at the time indicated. See explanatory notes on data pertaining to Germany on page 4.

24 Rates computed on population excluding armed forces.

25 For the de jure population.
26 Computed on population including civilian nationals temporarily outside the country.
27 Marriages in which the groom was domiciled in Norway only.
28 Including United States military personnel, their dependants and contract employees.
29 Including marriages in the Condominium of Canton and Enderbury Islands and Tuvalu.

NOTES GENERALES

Les taux représentent le nombre de mariages qui ont été célébrés et reconnus par la loi pour 1 000 personnes au milieu de l'année. Les taux présentés ne se rapportent qu'aux pays ou zones où l'on a enregistré un total d'au moins 100 mariages dans une année donnée. Pour les définitions des "régions urbaines", se reporter à la fin du tableau 6. Pour la méthode d'évaluation et les insuffisances des données, voir Notes techniques, page 89.
Italiques: données incomplètes ou dont le degré d'exactitude n'est pas connu, provenant des registres de l'état civil.

NOTES

* Données provisoires.
+ Données exploitées selon la date de l'enregistrement et non la date de l'événement.
1 Le code "C" indique que les données sont jugées pratiquement complètes (au moins 90 p. 100) et le code "U" que les données sont jugées incomplètes (moins de 90 p. 100). Pour plus de détails, voir Notes techniques.
2 Pour le classement selon la résidence, urbaine/rurale, voir la fin du tableau.
3 Mariages célébrés selon le rite chrétien seulement.
4 ancienne Zone du Canal, qui fait l'objet d' une rubrique Non compris également les Indiens vivant en tribus.
5 D'après le nombre d'autorisations de mariages délivrées.
6 Non compris les tribus d'Indiens nomades.
7 Non compris les Indiens de la jungle, estimés à 100 830 en 1961.
8 Pour les zones contrôlées par le Gouvernement.
9 Y compris les données pour Jérusalem—Est et les résidents israéliens dans certains autres territoires occupés depuis juin 1967 par les forces armées israéliennes.
10 Pour les nationaux japonais au Japon seulement, toutefois les taux sont calculés sur la base de la population totale.
11 Non compris les données pour le territoire jordanien occupé depuis 1967 par les forces armées israéliennes. Non compris les étrangers, mais y compris les réfugiés de Palestine immatriculés. Pour le nombre de réfugiés, voir le tableau 5.
12 Mariages civils non musulmans et mariages célébrés selon le rite chrétien seulement.
13 Taux calculés sur la base d'un chiffre de population qui ne comprend pas les personnes de passage à bord de navires, les militaires et agents civils domiciliés hors du territoire et les membres de leur famille les accompagnant.
14 Tous les mariages de Kandyens sont enregistrés; l'enregistrement des mariages musulmans et des autres mariages est incomplet.
15 Non compris la population nomade; toutefois, les taux sont calculés sur la base de la population totale.
16 Pour les capitales de provinces et les chefs—lieux de districts seulement; toutefois, les taux sont calculés sur la base de la population totale.
17 Non compris les étrangers se trouvant temporairement sur le territoire.
18 Y compris les militaires nationaux hors du pays et les militaires étrangers en garnison sur le territoire, sauf si le mariage a été célébré par l'authorité étrangère locale.
19 Y compris les nationaux bulgares à l'étranger, mais non compris les étrangers sur le territoire.
20 Non compris les îles Féroé et le Groenland.
21 Mariages où l'épouse était domiciliée en Finlande seulement.
22 Y compris les militaires nationaux hors du pays. Taux calculés sur la base d'un chiffre de population qui comprend les militaires nationaux hors du pays, mais pas les militaires étrangers en garnison sur le territoire.
23 Toutes les données se rapportant à l'Allemagne avant le 3 octobre 1990 figurent dans deux rubriques séparées basées sur les territoires respectifs de la République fédérale d'Allemagne et l'ancienne République démocratique allemande selon la période indiquée. Voir les notes explicatives sur les données concernant l'Allemagne à la page 4.
24 Taux calculés sur la base d'un chiffre de population qui ne comprend pas les militaires.
25 Pour la population de droit.
26 Calculés sur la base d'un chiffre de population qui comprend les civils nationaux temporairement hors du pays.
27 Mariages où l'époux était domicilié en Norvège seulement.
28 Y compris les militaires des Etats—Unis, les membres de la famille les accompagnant et les agents contractuels des Etats—Unis.
29 Y compris les mariages célébrés dans le condominium des îles Canton et Enderbury et Tuvalu.

24. Marriages by age of bridegroom and by age of bride: latest available year

Mariages selon l'âge de l'époux et selon l'âge de l'épouse: dernière année disponible

(See notes at end of table – Voir notes à la fin du tableau.)

Continent, country or area and year / Continent, pays ou zone et année	Age [1]	All ages Tous âges	–15	15–19	20–24	25–29	30–34	35–39	40–44	45–49	50–54	55–59	60+	Unknown Inconnu
AFRICA—AFRIQUE														
Algeria – Algérie														
1980 [2]														
Groom – Epoux	...	128 424	*–	5 966 –*	40 731	47 811	15 035	5 955	3 657	2 735	*——	5 284	——*	1 250
Bride – Epouse	...	128 424	283	54 867	45 276	16 722	4 631	1 934	1 403	869	*——	513	——*	1 926
Botswana														
1986														
Groom – Epoux	...	1 638	–	–	35	502	519	251	137	*——	—	194	——*	–
Bride – Epouse	...	1 638	–	82	597	536	223	89	*——	——	111	——*		–
Egypt – Egypte														
1986+ [3]														
Groom – Epoux	18	405 830	*–	24 000 –*	108 803	142 004	70 770	24 494	10 120	7 680	5 376	4 862	7 577	144
Bride – Epouse	16	405 830	*–	163 980 –*	141 440	58 064	19 204	9 373	4 123	2 850	1 637	1 165	3 961	33
Mauritius – Maurice														
Island of Mauritius – Ile Maurice														
1990+														
Groom – Epoux	16	11 252	–	172	2 449	4 325	2 238	1 020	466	225	148	93	116	–
Bride – Epouse	16	11 252	2	2 439	4 302	2 482	1 078	500	221	100	60	33	35	–
Réunion														
1990*														
Groom – Epoux	...	3 716	–	44	1 034	1 390	560	293	130	78	57	43	87	–
Bride – Epouse	...	3 716	–	464	1 503	978	385	157	82	52	35	17	43	–
Tunisia – Tunisie														
1989+														
Groom – Epoux	20	55 163	–	239	11 246	23 864	12 603	3 376	1 040	671	614	478	1 032	–
Bride – Epouse	17	55 163	–	11 845	24 756	12 080	3 906	1 381	485	224	162	152	169	–
AMERICA, NORTH— AMERIQUE DU NORD														
Bahamas														
1989														
Groom – Epoux	15	2 131	–	18	471	715	378	223	136	82	40	32	30	6
Bride – Epouse	15	2 131	3	152	672	621	339	154	94	51	21	11	7	6
Barbados – Barbade														
1989														
Groom – Epoux	18	2 047	–	5	260	625	447	291	170	82	44	47	76	–
Bride – Epouse	16	2 047	–	34	490	711	386	167	108	73	30	17	31	–
Canada														
1989														
Groom – Epoux	(4)	190 640	2	2 203	44 839	67 302	32 113	16 138	9 824	5 997	3 793	2 804	5 243	382
Bride – Epouse	(4)	190 640	7	10 335	66 788	56 854	24 766	12 497	7 541	4 470	2 513	1 695	3 012	162

24. Marriages by age of bridegroom and by age of bride: latest available year (continued)

Mariages selon l'âge de l'époux et selon l'âge de l'épouse: dernière année disponible (suite)

(See notes at end of table – Voir notes à la fin du tableau.)

Continent, country or area and year / Continent, pays ou zone et année	Age [1]	All ages Tous âges	−15	15–19	20–24	25–29	30–34	35–39	40–44	45–49	50–54	55–59	60+	Unknown Inconnu
AMERICA, NORTH — (Cont.–) AMERIQUE DU NORD (Suite)														
Costa Rica														
1990														
Groom – Epoux	15	22 703	3	1 689	8 428	6 472	2 765	1 316	639	404	269	177	386	155
Bride – Epouse	15	22 703	152	6 156	8 132	4 261	1 796	880	473	258	134	80	159	222
Cuba														
1989														
Groom – Epoux	16	85 535	−	7 079	28 296	20 424	8 146	5 300	3 616	2 899	2 264	1 875	5 305	331
Bride – Epouse	14	85 535	809	20 016	27 866	14 832	5 767	3 865	3 085	2 520	1 973	1 522	2 972	308
Dominican Republic – République dominicaine														
1984+														
Groom – Epoux	16	30 985	9	831	6 336	8 273	5 414	3 226	2 120	1 454	898	598	755	1 071
Bride – Epouse	15	30 985	*−	4 400 —*	8 955	6 825	4 121	2 315	1 307	827	441	212	207	1 375
El Salvador														
1989 [5]														
Groom – Epoux	16	20 816	−	1 292	6 757	5 116	2 799	1 653	1 048	686	482	336	517	130
Bride – Epouse	14	20 816	200	4 394	6 988	4 030	1 989	1 143	708	429	280	164	198	293
Guadeloupe														
1986 [6]														
Groom – Epoux	20	1 692	*−	5	295	652	331	158	57	46 *——		148 ——*		−
Bride – Epouse	19	1 692	*−	142 —*	653	443	187	93	48	36 *——		90 ——*		−
Guatemala														
1988														
Groom – Epoux	16	46 155	32	7 288	17 262	8 469	4 228	2 557	1 717	1 302	1 015	789	1 496	−
Bride – Epouse	14	46 155	1 394	17 751	12 310	5 243	3 115	1 975	1 394	1 052	743	498	680	−
Honduras														
1983+														
Groom – Epoux	14	19 875	15	1 518	9 034	3 901	2 340	1 192	754	419	309	177	216	−
Bride – Epouse	12	19 875	760	4 798	9 229	2 407	1 244	627	350	199	129	63	69	−
Martinique														
1988 [6]														
Groom – Epoux	...	1 558	−	2	173	556	352	173	88	56 *——		158 ——*		−
Bride – Epouse	...	1 558	−	52	466	492	231	130	59	38 *——		90 ——*		−
Mexico – Mexique														
1986+														
Groom – Epoux	18	578 895	208	96 078	244 172	135 654	47 301	20 654	11 041	6 986 *——		15 959 ——*		842
Bride – Epouse	18	578 895	9 843	213 125	210 399	82 201	28 635	13 192	7 140	4 644 *——		8 140 ——*		1 576
Panama														
1989 [7]														
Groom – Epoux	14	11 173	−	401	2 999	3 150	1 675	898	577	416	289	230	453	85
Bride – Epouse	12	11 173	113	1 628	3 693	2 542	1 180	631	443	289	221	163	168	102

24. Marriages by age of bridegroom and by age of bride: latest available year (continued)

Mariages selon l'âge de l'époux et selon l'âge de l'épouse: dernière année disponible (suite)

(See notes at end of table – Voir notes à la fin du tableau.)

Continent, country or area and year / Continent, pays ou zone et année	Age [1]	All ages Tous âges	–15	15–19	20–24	25–29	30–34	35–39	40–44	45–49	50–54	55–59	60+	Unknown Inconnu
AMERICA, NORTH— (Cont.) AMERIQUE DU NORD–(Suite)														
Puerto Rico – Porto Rico														
1989														
Groom – Epoux	18	31 642	–	3 604	10 832	7 312	3 464	1 968	1 333	963	628	*– 1	538 –*	–
Bride – Epouse	12	31 642	394	7 105	10 521	6 023	2 833	1 679	1 125	715	475	*–	772 –*	–
Trinidad and Tobago – Trinité–et–Tobago														
1989														
Groom – Epoux	(4)	6 794	–	191	1 826	2 223	1 072	498	332	182	140	116	213	1
Bride – Epouse	(4)	6 794	36	1 195	2 337	1 611	666	377	197	143	97	44	89	2
United States – Etats–Unis														
1988 [8] [9] [10]														
Groom – Epoux	(4)	1 852 275	7 765	75 961	497398	503901	292072	*– 280	301 –*	*– 110	117 –*	50 087	34 673	–
Bride – Epouse	(4)	1 852 275	50 893	167465	583641	447175	243678	*– 233	438 –*	*– 77	767 –*	29 189	19 029	–
United States Virgin Islands – Iles Vierges américaines														
1987														
Groom – Epoux	...	1 906	1	18	245	486	424	285	197	248	*———	2	———*	–
Bride – Epouse	...	1 906	2	83	435	535	375	226	134	*———	—	115	———*	1
AMERICA, SOUTH— AMERIQUE DU SUD														
Argentina – Argentine														
1981														
Groom – Epoux	16	161 422	34	9 141	63 783	51 188	16 794	6 143	3 134	1 965	1 752	1 527	4 199	1 762
Bride – Epouse	14	161 422	1 128	39 937	65 075	30 103	10 024	4 128	2 323	1 667	1 589	1 348	2 163	1 937
Brazil – Brésil														
1989														
Groom – Epoux	...	827 928	40	65 897	360160	244924	83 102	29 403	13 985	8 608	6 488	5 053	10 268	–
Bride – Epouse	...	827 928	6 212	281152	309425	140513	45 717	19 614	9 999	6 054	3 855	2 345	3 042	–
Chile – Chili														
1990+														
Groom – Epoux	14	98 702	1	4 826	38 728	33 271	11 852	4 138	1 862	1 160	754	566	1 544	–
Bride – Epouse	12	98 702	416	19 632	40 619	23 188	8 024	2 998	1 400	849	564	372	640	–
Colombia – Colombie														
1986+ [11]														
Groom – Epoux	14	70 350	142	2 689	22 912	22 207	9 444	3 800	1 807	1 151	960	781	4 214	243
Bride – Epouse	12	70 350	497	15 180	27 089	14 071	5 126	2 020	1 070	737	603	533	3 289	135
Ecuador – Equateur														
1989 [12]														
Groom – Epoux	14	62 996	22	7 673	24 019	16 586	7 022	3 087	1 608	919	713	475	872	–
Bride – Epouse	12	62 996	1 116	20 136	22 327	10 585	4 212	1 908	1 085	644	390	268	325	88

24. Marriages by age of bridegroom and by age of bride: latest available year (continued)

Mariages selon l'âge de l'époux et selon l'âge de l'épouse: dernière année disponible (suite)

(See notes at end of table – Voir notes à la fin du tableau.)

Continent, country or area and year / Continent, pays ou zone et année	Age[1]	All ages Tous âges	−15	15–19	20–24	25–29	30–34	35–39	40–44	45–49	50–54	55–59	60+	Unknown Inconnu
AMERICA, SOUTH— (Cont.) **AMERIQUE DU SUD–(Suite)**														
Paraguay														
1987+														
Groom – Epoux	14	17 741	–	672	6 117	5 313	2 452	1 159	703	453	264	200	397	11
Bride – Epouse	12	17 741	359	5 674	5 399	2 858	1 399	801	483	281	176	124	172	15
Uruguay														
1987														
Groom – Epoux	14	22 728	*– 1 552 —*		7 936	6 128	2 776	1 316	*– 1 304 –*		*—— 1 708 ——*			8
Bride – Epouse	12	22 728	*– 5 472 —*		7 908	4 296	1 940	1 028	*– 1 024 –*		*—— 1 036 ——*			24
Venezuela														
1989[13]														
Groom – Epoux	21	111 970	18	12 991	41 088	29 356	13 188	6 826	3 436	1 930	1 202	825	1 110	–
Bride – Epouse	18	111 970	2 571	32 713	37 505	21 059	9 137	4 459	2 122	1 083	586	353	382	–
ASIA—ASIE														
Armenia – Arménie														
1989														
Groom – Epoux	...	27 257	6	731	11 313	9 682	2 795	909	432	328	395	257	407	2
Bride – Epouse	...	27 257	393	8 883	11 185	3 578	1 415	676	305	231	233	157	201	–
Azerbaijan – Azerbaïdjan														
1989														
Groom – Epoux	...	71 874	18	829	29 164	28 656	7 170	2 151	939	634	805	598	909	1
Bride – Epouse	...	71 874	422	17 418	33 012	12 923	4 022	1 572	677	403	534	346	541	4
Bahrain – Bahreïn														
1990														
Groom – Epoux	...	2 942	–	52	966	1 087	388	187	80	40	*—— 111 ——*			31
Bride – Epouse	...	2 942	40	732	1 255	507	238	68	27	15	*—— 18 ——*			42
Brunei Darussalam – Brunéi Darussalam														
1986														
Groom – Epoux	(4)	1 673	–	73	628	552	252	80	40	19	9	5	15	–
Bride – Epouse	(4)	1 673	12	181	523	534	312	82	9	13	2	2	3	–
Cyprus – Chypre														
1989[14]														
Groom – Epoux	17	5 597	–	47	1 752	2 195	910	283	149	80	66	45	70	–
Bride – Epouse	15	5 597	*– 996 —*		2 428	1 264	441	211	116	74	23	15	29	–
Georgia – Géorgie														
1989														
Groom – Epoux	...	38 288	131	2 068	13 431	11 929	5 068	2 358	952	578	581	453	739	–
Bride – Epouse	...	38 288	1 015	9 615	14 609	6 721	2 849	1 272	587	359	451	368	442	–

500

24. Marriages by age of bridegroom and by age of bride: latest available year (continued)

Mariages selon l'âge de l'époux et selon l'âge de l'épouse: dernière année disponible (suite)

(See notes at end of table – Voir notes à la fin du tableau.)

Continent, country or area and year / Continent, pays ou zone et année	Age[1]	All ages Tous âges	−15	15–19	20–24	25–29	30–34	35–39	40–44	45–49	50–54	55–59	60+	Unknown Inconnu
ASIA—ASIE (Cont.–Suite)														
Hong Kong – Hong–kong														
1989														
Groom – Epoux	16	43 947	–	259	5 373	16 868	10 207	3 143	1 269	729	900	1 429	3 770	
Bride – Epouse	16	43 947	–	1 447	12 452	16 648	5 249	1 580	821	689	1 119	1 628	2 314	
Israel – Israël [15]														
1989														
Groom – Epoux	(16)	32 303	*–	1 090 —*	11 640	12 232	4 143	1 540	656	302	208	157	306	29
Bride – Epouse	(16)	32 303	*–	7 432 —*	15 135	6 162	1 886	851	335	149	104	79	126	44
Japan – Japon														
1990+ [17]														
Groom – Epoux	18	653 415	*–	7 704 —*	120572	282951	143637	51 997	24 058	10 229	5 569	3 463	3 228	7
Bride – Epouse	16	653 415	*–	22 457 —*	236677	283370	62 761	22 340	12 411	6 930	3 532	1 760	1 175	2
Jordan – Jordanie [18]														
1989+														
Groom – Epoux	18	31 508	–	1 566	12 038	11 512	3 249	1 125	614	496	359	228	317	4
Bride – Epouse	16	31 508	–	12 655	12 690	4 427	1 005	356	184	84	43	30	18	16
Kazakhstan														
1989														
Groom – Epoux	...	165 380	20	6 242	83 301	42 420	14 104	6 605	3 379	2 218	2 603	1 449	3 004	35
Bride – Epouse	...	165 380	2 989	40 015	72 013	24 288	10 565	5 418	2 616	1 810	2 204	1 193	2 213	56
Korea, Republic of– Corée, République de														
1989														
Groom – Epoux	18	309 872	–	865	40 247	198541	53 245	7 871	3 597	2 166	1 411	*–	1 929 –*	–
Bride – Epouse	16	309 872	–	8 328	156497	120911	15 109	4 192	2 062	1 349	743	*–	681 –*	–
Kuwait – Koweït														
1989														
Groom – Epoux	18	11 051	*–	356 —*	4 113	3 562	1 446	567	295	239	148	138	177	10
Bride – Epouse	15	11 051	71	3 377	4 705	1 624	616	305	143	52	72	41	37	8
Kyrgyzstan – Kirghizistan														
1989														
Groom – Epoux	...	41 790	–	918	23 127	11 294	2 753	1 247	569	448	481	330	611	12
Bride – Epouse	...	41 790	416	12 034	19 887	4 996	1 862	878	408	294	363	243	400	9
Macau – Macao														
1990														
Groom – Epoux	...	1 794	–	1	193	760	536	178	70	17	13	13	13	–
Bride – Epouse	...	1 794	–	25	496	796	353	79	17	12	7	5	4	–
Philippines														
1988														
Groom – Epoux	16	393 514	–	32 708	149876	124482	46 855	17 994	7 809	4 790	*——	9 000	——*	–
Bride – Epouse	14	393 514	1 108	101178	155057	85 048	28 793	11 087	4 663	2 617	*——	3 947	——*	16

(See notes at end of table – Voir notes à la fin du tableau.)

Continent, country or area and year / Continent, pays ou zone et année	Age [1]	All ages Tous âges	–15	15–19	20–24	25–29	30–34	35–39	40–44	45–49	50–54	55–59	60+	Unknown Inconnu
ASIA—ASIE (Cont.–Suite)														
Qatar														
1990														
Groom – Epoux	...	1 370	*–	66 —*	502	479	186	64	31	10	11	7	12	2
Bride – Epouse	...	1 370	*–	451 —*	569	234	71	29	8	3	2	–	–	3
Singapore – Singapour														
1988														
Groom – Epoux	(4)	24 853	–	97	4 908	11 607	5 500	1 640	558	233	136	73	101	–
Bride – Epouse	(4)	24 853	–	1 266	10 773	8 895	2 633	816	272	105	49	20	24	–
Sri Lanka														
1985+ [19]														
Groom – Epoux	...	128 858	1	669	41 434	46 880	25 141	9 250	2 635	1 157	652	463	576	–
Bride – Epouse	...	128 858	408	20 494	65 680	26 658	10 061	3 380	967	560	295	202	153	–
Tajikistan – Tadjikistan														
1989														
Groom – Epoux	...	47 616	31	963	30 954	10 390	2 190	1 058	483	398	415	294	423	17
Bride – Epouse	...	47 616	225	18 362	21 675	4 201	1 430	630	282	194	234	126	242	15
Turkey – Turquie														
1988+ [20]														
Groom – Epoux	17	448 144	–	38 062	190855	149091	38 892	12 372	5 428	3 626	2 661	2 947	4 159	51
Bride – Epouse	15	448 144	1 553	160437	188270	65 041	17 440	6 575	3 137	1 811	1 312	1 165	1 355	48
Turkmenistan – Turkménistan														
1989														
Groom – Epoux	...	34 890	50	1 006	22 170	8 317	1 665	682	289	219	182	113	191	6
Bride – Epouse	...	34 890	271	5 336	20 713	6 171	1 221	470	193	153	142	78	138	4
Uzbekistan – Ouzbékistan														
1989														
Groom – Epoux	...	200 681	295	4 266	135880	39 552	8 628	4 213	2 035	1 551	1 575	1 011	1 621	54
Bride – Epouse	...	200 681	13 982	62 079	93 126	17 697	6 420	2 785	1 191	845	989	569	922	76
EUROPE														
Albania – Albanie														
1989														
Groom – Epoux	18	27 655	*–	331 —*	7 670	13 951	4 261	859	287	141	*——	154	——*	1
Bride – Epouse	16	27 655	*–	5 521 —*	15 644	5 078	1 017	246	69	33	*——	43	——*	4
Austria – Autriche														
1990 [21]														
Groom – Epoux	18	45 212	–	877	11 784	16 656	7 268	3 053	2 001	1 601	895	457	620	–
Bride – Epouse	16	45 212	–	3 385	18 178	13 082	4 882	2 146	1 525	1 054	536	200	224	–

24. Marriages by age of bridegroom and by age of bride: latest available year (continued)

Mariages selon l'âge de l'époux et selon l'âge de l'épouse: dernière année disponible (suite)

(See notes at end of table – Voir notes à la fin du tableau.)

Continent, country or area and year / Continent, pays ou zone et année	Age [1]	All ages Tous âges	−15	15–19	20–24	25–29	30–34	35–39	40–44	45–49	50–54	55–59	60+	Unknown Inconnu
EUROPE (Cont.–Suite)														
Belarus – Bélarus														
1989														
Groom – Epoux	18	97 929	435	3 594	51 555	21 597	8 327	3 982	2 295	1 454	1 492	981	2 212	5
Bride – Epouse	18	97 929	2 986	22 687	40 465	14 000	3 915	3 607	2 004	1 306	1 425	867	1 664	3
Belgium – Belgique														
1985 [22]														
Groom – Epoux	18	57 551	*–	1 258	—*	28 389	16 479	4 815	2 514	1 260	953	*–	1 212 –*	671	–
Bride – Epouse	15	57 551	*–	7 826	—*	31 873	10 039	3 393	1 771	946	670	*–	760 –*	273	–
Bulgaria – Bulgarie														
1990 [10] [23]														
Groom – Epoux	18	59 874	401	3 115	31 723	14 136	5 005	2 365	1 352	649	397	278	453	–
Bride – Epouse	18	59 874	–	22 765	24 627	6 379	2 636	1 437	842	492	236	203	257	–
Czechoslovakia – Tchécoslovaquie														
1990														
Groom – Epoux	16	131 388	–	9 934	65 514	30 235	9 767	5 880	3 990	2 469	1 313	972	1 314	–
Bride – Epouse	16	131 388	–	42 479	56 441	15 002	6 207	4 149	3 135	2 011	975	472	517	–
Denmark – Danemark* [24]														
1989														
Groom – Epoux	18	30 894	–	131	3 925	9 969	6 413	3 673	2 495	1 464	891	517	472	944
Bride – Epouse	15	30 894	–	666	7 498	10 334	5 089	2 603	1 829	1 149	541	246	238	701
Estonia – Estonie														
1990														
Groom – Epoux	...	11 774	–	836	4 782	2 409	1 238	809	578	311	295	213	302	1
Bride – Epouse	...	11 774	–	2 731	4 222	1 682	1 027	676	509	303	270	169	185	–
Finland – Finlande														
1989 [25]														
Groom – Epoux	18	24 569	–	316	5 609	9 399	4 402	2 105	1 198	671	354	240	275	–
Bride – Epouse	17	24 569	–	1 237	8 515	8 200	3 115	1 558	924	473	265	128	154	–
France														
1990 [6] [26]														
Groom – Epoux	18	287 099	–	1 200	63 643	113564	49 494	23 393	15 007	7 650	4 959	3 374	4 815	–
Bride – Epouse	15	287 099	1	9 552	108065	91 533	35 728	18 018	11 327	5 406	3 405	1 865	2 199	–
Germany – Allemagne [27]		...		...	...	...	...	...	...	...	...	...	...	...
Germany, Fed. Rep. of – Allemagne, Rép. fédérale d'														
1990														
Groom – Epoux	18	414 475	*–	3 018	—*	81 586	158052	79 666	34 901	19 624	14 701	10 809	5 008	7 110	–
Bride – Epouse	18	414 475	*–	18 247	—*	143111	140537	52 460	22 904	13 741	10 575	7 089	2 815	2 996	–

24. Marriages by age of bridegroom and by age of bride: latest available year (continued)

Mariages selon l'âge de l'époux et selon l'âge de l'épouse: dernière année disponible (suite)

(See notes at end of table – Voir notes à la fin du tableau.)

Continent, country or area and year / Continent, pays ou zone et année	Age [1]	All ages Tous âges	−15	15–19	20–24	25–29	30–34	35–39	40–44	45–49	50–54	55–59	60+	Unknown Inconnu
EUROPE (Cont.–Suite)														
Former German Democratic Republic – Ancienne République démocratique allemande														
1989														
Groom – Epoux	18	130 989	–	2 484	45 799	42 252	14 525	9 289	4 764	5 045	3 363	1 703	1 765	–
Bride – Epouse	18	130 989	–	12 765	60 469	28 177	11 216	6 990	3 671	3 817	2 330	871	683	–
Greece – Grèce														
1985														
Groom – Epoux	18	63 709	7	1 065	16 537	24 529	11 312	4 584	1 843	1 282	889	641	1 017	3
Bride – Epouse	14	63 709	342	16 089	24 476	12 870	4 645	2 209	1 005	808	515	373	374	3
Hungary – Hongrie														
1990														
Groom – Epoux	16	66 405	–	3 751	31 920	14 569	6 097	3 679	2 067	1 459	921	693	1 249	–
Bride – Epouse	16	66 405	2	18 257	29 261	7 513	3 891	2 823	1 647	1 205	711	448	647	–
Iceland – Islande														
1990 [28]														
Groom – Epoux	18	1 154	–	5	219	459	239	82	50	36	25	25	14	–
Bride – Epouse	18	1 154	–	20	383	418	161	65	46	30	18	7	6	–
Ireland – Irlande														
1989+														
Groom – Epoux	14	18 174	–	207	4 689	8 432	3 090	978	356	144	67	48	126	37
Bride – Epouse	12	18 174	–	680	7 326	7 326	1 866	559	168	67	46	35	62	39
Italy – Italie														
1988														
Groom – Epoux	16	318 296	–	3 195	77 923	144471	56 022	17 559	7 463	4 026	2 506	1 832	3 299	–
Bride – Epouse	16	318 296	–	31 961	145 618	95 358	25 711	8 971	4 070	2 437	1 612	1 146	1 412	–
Latvia – Lettonie														
1989														
Groom – Epoux	...	24 496	166	1 438	10 762	4 784	2 324	1 456	1 014	798	611	438	705	–
Bride – Epouse	...	24 496	631	4 920	9 044	3 652	2 015	1 255	852	744	521	357	504	1
Lithuania – Lituanie														
1990														
Groom – Epoux	...	36 310	*–	2 672	—*	17 913	7 512	2 972	1 469	1 035	766	643	444	883	1
Bride – Epouse	...	36 310	*–	8 791	—*	15 688	4 824	2 463	1 353	939	685	592	399	573	3
Luxembourg														
1989 [28]														
Groom – Epoux	18	2 184	–	32	489	830	397	198	102	56	35	23	22	–
Bride – Epouse	15	2 184	–	153	771	719	287	108	66	42	28	8	2	–
Malta – Malte														
1989 [26]														
Groom – Epoux	16	2 485	–	52	748	1 164	347	91	43	22	8	6	4	–
Bride – Epouse	14	2 485	–	243	1 229	715	176	58	36	15	6	4	3	–

24. Marriages by age of bridegroom and by age of bride: latest available year (continued)

Mariages selon l'âge de l'époux et selon l'âge de l'épouse: dernière année disponible (suite)

(See notes at end of table – Voir notes à la fin du tableau.)

Continent, country or area and year / Continent, pays ou zone et année	Age [1]	Age (in years—en années)												
		All ages Tous âges	−15	15–19	20–24	25–29	30–34	35–39	40–44	45–49	50–54	55–59	60+	Unknown Inconnu
EUROPE (Cont.—Suite)														
Netherlands – Pays–Bas														
1990														
Groom – Epoux	18	95 649	*–	459	—*	19 349	38 357	18 404	7 858	4 561	2 586	1 647	1 020	1 408	–
Bride – Epouse	18	95 649	*–	2 926	—*	35 936	31 216	12 722	5 369	3 227	1 984	1 105	493	671	–
Norway – Norvège														
1990 [6] [29]														
Groom – Epoux	16	21 926	–	149	4 140	8 191	4 639	2 110	1 268	665	330	209	225	–
Bride – Epouse	16	21 926	–	806	7 779	7 318	3 082	1 387	750	440	184	80	100	–
Poland – Pologne														
1990														
Groom – Epoux	21	255 369	–	12 400	124 619	69 619	22 541	9 552	5 091	2 553	2 423	2 244	4 327	–
Bride – Epouse	16	255 369	–	56 195	130 718	34 148	13 792	7 530	4 475	2 396	2 140	1 682	2 293	–
Portugal														
1990 [30]														
Groom – Epoux	16	71 654	74	2 927	29 142	24 706	7 079	2 500	1 327	865	771	646	1 617	–
Bride – Epouse	16	71 654	1 339	12 310	32 607	15 651	4 239	1 802	1 028	746	610	483	839	–
Republic of Moldova – République de Moldova														
1989														
Groom – Epoux	...	39 928	110	1 435	21 653	8 793	2 956	1 589	761	603	582	411	1 029	6
Bride – Epouse	...	39 928	1 269	11 331	16 354	4 594	2 334	1 319	656	558	530	349	623	11
Romania – Roumanie														
1990														
Groom – Epoux	18	192 652	*–	7 769	—*	106 039	40 250	17 028	8 395	4 185	2 459	2 241	1 574	2 712	–
Bride – Epouse	16	192 652	*–	57 323	—*	94 857	16 698	8 759	5 466	3 104	2 086	1 711	1 152	1 496	–
Russian Federation – Fédération Russe														
1989														
Groom – Epoux	18	1 384 307	12 168	68 288	628 115	297 586	136 124	76 740	43 879	28 576	32 736	20 022	39 974	99
Bride – Epouse	18	1 384 307	61 891	317 626	477 429	200 405	115 820	67 813	38 251	26 855	30 246	17 792	30 075	104
Spain – Espagne														
1983 [31]														
Groom – Epoux	14	196 155	80	8 611	80 387	73 606	17 686	5 732	2 500	1 754	1 417	1 234	3 148	–
Bride – Epouse	12	196 155	320	33 245	102 816	40 287	8 797	3 465	1 639	1 384	1 244	1 047	1 911	–
Sweden – Suède														
1990 [5]														
Groom – Epoux	18	43 442	–	201	5 399	13 291	9 319	4 796	3 211	2 208	1 113	590	686	2 628
Bride – Epouse	18	43 442	–	1 120	10 349	13 906	6 511	3 382	2 473	1 482	644	279	331	2 965
Switzerland – Suisse														
1990														
Groom – Epoux	18	46 603	–	107	7 002	17 837	10 371	4 459	2 673	1 791	1 015	676	672	–
Bride – Epouse	17	46 603	1	1 111	14 266	17 373	6 904	3 021	1 744	1 108	563	285	227	–

24. Marriages by age of bridegroom and by age of bride: latest available year (continued)

Mariages selon l'âge de l'époux et selon l'âge de l'épouse: dernière année disponible (suite)

(See notes at end of table – Voir notes à la fin du tableau.)

Continent, country or area and year / Continent, pays ou zone et année	Age [1]	All ages Tous âges	−15	15–19	20–24	25–29	30–34	35–39	40–44	45–49	50–54	55–59	60+	Unknown Inconnu
EUROPE (Cont.–Suite)														
Ukraine														
1989														
Groom – Epoux	18	489 330	3 633	23 073	247585	96 156	40 149	22 545	13 062	9 919	11 245	6 297	15 648	18
Bride – Epouse	17	489 330	43 007	117985	168661	59 754	32 855	19 364	11 469	9 447	10 121	5 424	11 229	14
United Kingdom– Royaume–Uni														
1989+ [19]														
Groom – Epoux	16	392 042	–	8 234	113813	123491	56 442	29 582	21 829	13 348	8 981	6 015	10 307	–
Bride – Epouse	16	392 042	–	29 863	152804	100531	41 989	22 914	17 376	10 785	6 387	3 198	6 195	–
Yugoslavia – Yougoslavie														
1989														
Groom – Epoux	18	158 544	1	3 528	59 386	55 493	20 709	7 836	3 320	1 955	1 624	1 358	3 163	171
Bride – Epouse	18	158 544	9	37 499	68 857	29 892	9 714	4 631	2 231	1 486	1 301	970	1 767	187
OCEANIA—OCEANIE														
Australia – Australie														
1990+														
Groom – Epoux	18	116 959	24	1 460	30 278	38 702	19 358	9 850	6 320	3 913	2 458	1 640	2 956	–
Bride – Epouse	15	116 959	10	7 288	44 201	31 678	14 473	7 365	4 718	3 032	1 717	861	1 612	4
Fiji – Fidji														
1987+														
Groom – Epoux	18	6 039	–	397	2 421	1 726	704	319	186	110	63	44	68	1
Bride – Epouse	16	6 039	–	1 870	2 456	915	400	187	85	57	40	19	9	1
Guam														
1987 [32]														
Groom – Epoux	17	1 512	–	9	415	454	259	158	100	43	30	24	19	1
Bride – Epouse	17	1 512	1	43	538	447	252	135	49	19	19	5	4	–
New Zealand – Nouvelle–Zélande														
1989 [19]														
Groom – Epoux	16	22 733	–	280	5 882	7 458	3 760	1 821	1 228	732	511	390	671	–
Bride – Epouse	16	22 733	–	1 261	8 890	6 124	2 649	1 365	956	574	328	198	388	–

24. Marriages by age of bridegroom and by age of bride: latest available year (continued)

Mariages selon l'âge de l'époux et selon l'âge de l'épouse: dernière année disponible (suite)

<table>
<tr><td>

GENERAL NOTES

Data are legal (recognized) marriages performed and registered. For method of evaluation and limitations of data, see Technical Notes, page 92.

Italics: data from civil registers which are incomplete or of unknown completeness.

</td><td>

NOTES GENERALES

Les données représentent le nombre de mariages qui ont été célébrés et reconnus par la loi. Pour la méthode d'évaluation et les insuffisances des données, voir Notes techniques, page 92.

Italiques: données incomplètes ou dont le degré d'exactitude n'est pas connu, provenant des registres de l'état civil.

</td></tr>
<tr><td>

FOOTNOTES

* Provisional.
+ Data tabulated by date of registration rather than occurrence.

1 Age below which marriage is unlawful or invalid without dispensation by competent authority.
2 For Algerian population only.
3 Including marriages resumed after "revocable divorce" (among Moslem population), which approximates legal separation.
4 Varies among major civil divisions, or ethnic or religious groups.

5 Including residents outside the country.
6 Age classification based on year of birth rather than exact date of birth.

7 Excluding tribal population.
8 Marriages performed in varying number of states. These data are not to be considered as necessarily representative of the country.
9 Based on returns of sample marriage records.
10 For under 18 and 18–19 years, as appropriate.
11 Except for Bogotá, data are not to be considered as necessarily representative of the country.
12 Excluding nomadic Indian tribes.
13 Excluding Indian jungle population.
14 For government controlled areas.
15 Including data for East Jerusalem and Israeli residents in certain other territories under occupation by Israeli military forces since June 1967.

16 No minimum age has been fixed for males.
17 For Japanese nationals in Japan only. For grooms and brides married for the first time whose marriages occurred and were registered in the same year.

18 Excluding data for Jordanian territory under occupation since June 1967 by Israeli military forces. Excluding foreigners but including registered Palestinian refugees. For number of refugees, see table 5.

19 For under 16 and 16–19 years, as appropriate.
20 For provincial capitals and district centres only.
21 Excluding aliens temporarily in the area.
22 Including armed forces stationed outside the country and alien armed forces in the area unless marriage performed by local foreign authority.

23 Including Bulgarian nationals outside the country, but excluding aliens in the area.
24 Excluding Faeroe Islands and Greenland.
25 Marriages in which the bride was domiciled in Finland only.
26 Including armed forces stationed outside the country.
27 All data shown pertaining to Germany prior to 3 October 1990 are indicated separately for the Federal Republic of Germany and the former German Democratic Republic based on their respective territories at the time indicated. See explanatory notes on data pertaining to Germany on page 4.

28 For the de jure population.
29 Marriages in which the groom was domiciled in Norway only.
30 For under 17 and 17–19 years, as appropriate.
31 Civil marriages only. Canonical marriages are void for males under 16 years of age and for females under 14 years of age.
32 Including United States military personnel, their dependants and contract employees.

</td><td>

NOTES

* Données provisoires.
+ Données exploitées selon la date de l'enregistrement et non la date de l'événement.
1 Age en–dessous duquel le mariage est illégal ou nul sans une dispense de l'autorité compétente.
2 Pour la population algérienne seulement.
3 Y compris les unions reconstituées après un "divorce révocable" (parmi la population musulmane), qui est à peu près l'équivalent d'une séparation légale.
5 Varie selon les grandes divisions administratives ou selon les groups ethniques ou religieux.
5 Y compris les résidents à l'étranger.
6 Le classement selon l'âge est basé sur l'année de naissance et non sur la date exacte de naissance.
7 Non compris les Indiens vivant en tribus.
8 Mariages célébrés dans un nombre variable d'Etats. Ces données ne sont donc pas nécessairement représentatives de l'ensemble des Etats–Unis.
9 D'après un échantillon extrait des registres de mariages.
10 Pour moins de 18 ans et 18–19 ans, selon le cas.
11 Sauf pour Bogotá, les données ne concernent que les mariages inscrits sur les registres des églises catholiques romaines.
12 Non compris les tribus d'Indiens nomades.
13 Non compris les Indiens de la jungle.
14 Pour les zones contrôlées pour le Gouvernement.
15 Y compris les données pour Jérusalem–Est et les résidents israéliens dans certains autres territoires occupés depuis juin 1967 par les forces armées israéliennes.
16 Il n'y a pas d'âge minimal pour les hommes.
17 Pour les nationaux japonais au Japon seulement. Pour les époux et épouses mariés pour la première fois, dont le mariage a été célébré et enregistré la même année.
18 Non compris les données pour le territoire jordanien occupé depuis juin 1967 par les forces armées israéliennes. Non compris les étrangers, mais y compris les réfugiés de Palestine immatriculés. Pour les nombres de réfugiés, voir le tableau 5.
19 Pour moins de 16 ans et 16–19 ans, selon le cas.
20 Pour les capitales de province et les chefs–lieux de district seulement.
21 Non compris les étrangers temporairement sur le territoire.
22 Y compris les militaires nationaux hors du pays et les militaires étrangers en garnison sur le territoire, sauf si le mariage a été célébré par l'autorité étrangère locale.
23 Y compris les nationaux bulgares à l'étranger, mais non compris les étrangers sur le territoire.
24 Non compris les îles Féroé et le Groenland.
25 Mariages où l'épouse était domiciliée en Finlande seulement.
26 Y compris les militaires nationaux hors du pays.
27 Toutes les données se rapportant à l'Allemagne avant le 3 octobre 1990 figurent dans deux rubriques séparées basées sur les territoires respectifs de la République fédérale d'Allemagne et l'ancienne République démocratique allemande selon la période indiquée. Voir les notes explicatives sur les données concernant l'Allemagne à la page 4.
28 Pour la population de droit.
29 Mariages où l'époux était domicilié en Norvège seulement.
30 Pour moins de 17 ans et 17–19 ans, selon le cas.
31 Mariages civils seulement. Les mariages religieux sont nuls pour les hommes ayant moins de 16 ans et pour les femmes ayant moins de 14 ans.
32 Y compris les militaires des Etats–Unis, les membres de leur famille les accompagnant et les agents contractuels des Etats–Unis.

</td></tr>
</table>

25. Divorces and crude divorce rates: 1987 – 1991

Divorces et taux bruts de divortialité: 1987 – 1991

(See notes at end of table. – Voir notes à la fin du tableau.)

Continent and country or area / Continent et pays ou zone	Code [1]	Number – Nombre					Rate – Taux				
		1987	1988	1989	1990	1991	1987	1988	1989	1990	1991
AFRICA—AFRIQUE											
Libyan Arab Jamahiriya – Jamahiriya arabe libyenne	U	2 889	2 264	...	...	...	0.79	0.60	...	...	...
Mauritius – Maurice Island of Mauritius – Ile Maurice	+C	842	740	711	692	...	0.84	0.73	0.69	0.67	...
Réunion	+...	694	629	780	753	...	1.23	1.10	1.35	1.27	...
St. Helena ex. dep. – Sainte–Hélène sans dép.	...	7	13	17	5	...					
Seychelles	+C	...	...	45	47	*86					
Tunisia – Tunisie	...	8 381	10 395	12 695	...	...	1.10	1.34	1.60	...	...
AMERICA,NORTH— AMERIQUE DU NORD											
Antigua and Barbuda – Antigua–et–Barbuda	C	43	...	...	...	...					
Aruba	+C	214	196	...	...	...	3.57	3.22	...	...	...
Bahamas [2]	...	425	364	275	...	...	1.77	1.49	1.10	...	...
Barbados – Barbade	C	363	385	416	...	...	1.43	1.51	1.63	...	...
Belize	+C	82	91	114	...	*95			0.62	...	
Bermuda – Bermudes	C	186	183	172	...	...	3.24	3.08	2.86	...	...
British Virgin Islands – Iles Vierges britanniques	...	15	9	...	...	...					
Canada	C	78 160	...	80 716	...	...	3.05	...	3.08	...	...
Cayman Islands – Iles Caïmanes	...	...	...	76	91	...					
Costa Rica	C	2 899	2 482	2 916	3 282	...	1.04	0.87	1.00	1.10	...
Cuba	C	32 600	35 668	37 647	37 284	*43 485	3.16	3.42	3.58	3.51	*4.05
Dominica – Dominique	...	...	...	...	29	...	...	...	...	...	...
El Salvador	...	2 519	2 316	2 239	...	...	0.50	0.45	0.43	...	...
Greenland – Groenland	...	151	95	132	...	...	2.79		2.38	...	...
Guatemala	+C	1 502	1 614	...	...	...	0.18	0.18	...	...	...
Jamaica – Jamaïque	C	920	863	672	...	...	0.39	0.36	0.28	...	...
Martinique	+...	357	374	297	264	...	1.03	1.07	0.83	0.73	...
Mexico – Mexique	+C	45 323	47 671	47 963	54 012	...	0.56	0.57	0.57	0.63	...
Netherlands Antilles – Antilles néerlandaises	+C	471	438	416	409	...	2.47	2.30	2.19	2.15	...
Nicaragua	...	842	1 547	1 891	866	...	0.24	0.43	0.50	0.22	...
Panama [3]	C	1 505	1 731	1 872	...	...	0.66	0.74	0.79	...	...
Puerto Rico – Porto Rico	C	14 611	13 930	13 838	13 695	...	4.26	4.02	3.96	3.80	...
Saint Lucia – Sainte–Lucie	C	35	44	44	...	...					
Trinidad and Tobago – Trinité–et–Tobago	C	1 163	1 074	1 075	...	...	0.96	0.89	0.89	...	...
United States– Etats–Unis [4]	...	1 166 000	1 154 764	1 163 000	1 175 000	*1 187 000	4.80	4.71	4.70	4.70	*4.73
United States Virgin Islands – Iles Vierges américaines [5]	C	263	...	...	...	*332	2.48	...	...	...	*2.81
AMERICA,SOUTH— AMERIQUE DU SUD											
Brazil – Brésil	...	30 772	33 437	66 070	...	...	0.22	0.23	0.45	...	...
Chile – Chili	...	5 152	5 413	5 337	6 048	...	0.41	0.42	0.41	0.46	...
Ecuador – Equateur [6]	...	4 075	4 424	5 663	...	...	0.41	0.43	0.54	...	...
Falkland Islands (Malvinas)– Iles Falkland (Malvinas)	+...	...	4	...	...	...					
Uruguay [7]	+C	4 611	6 376	...	...	...	1.51	2.08	...	...	...
Venezuela [8]	...	22 665	24 774	21 876	...	...	1.26	1.34	1.16	...	...

25. Divorces and crude divorce rates: 1987 – 1991 (continued)

Divorces et taux bruts de divortialité: 1987 – 1991 (suite)

(See notes at end of table. – Voir notes à la fin du tableau.)

Continent and country or area / Continent et pays ou zone	Code [1]	Number – Nombre					Rate – Taux				
		1987	1988	1989	1990	1991	1987	1988	1989	1990	1991
ASIA—ASIE											
Armenia – Arménie	C	4 240	3 997	4 134	...	...	1.23	1.18	1.26	...	...
Azerbaijan – Azerbaïdjan	C	8 511	9 226	11 436	...	...	1.24	1.32	1.61	...	...
Bahrain – Bahreïn	...	626	615	726	590	...	1.37	1.30	1.49	1.17	...
Brunei Darussalam – Brunéi Darussalam	...	198	190	190	...	...	0.85	0.79	0.76		...
Cyprus – Chypre	C	326	312	335	350	*300	0.48	0.45	0.48	0.50	*0.42
Georgia – Géorgie	C	6 766	7 082	7 358	...	...	1.28	1.32	1.35	...	...
Hong Kong – Hong–kong	...	5 055	...	...	5 551	...	0.90	...	...	0.96	...
Iran (Islamic Republic of – Rép. islamique d')	+ ...	33 433	33 114	33 943	37 827	...	0.65	0.63	0.63	0.69	...
Israel – Israël [9]	C	5 218	5 592	5 829	6 000	...	1.19	1.26	1.29	1.29	...
Japan – Japon [10]	+C	158 227	153 600	157 811	157 608	...	1.29	1.25	1.28	1.27	...
Jordan – Jordanie [11]	+C	3 709	4 646	4 694	...	...	1.02	1.24	1.21	...	...
Kazakhstan	C	46 466	45 942	45 772	...	...	2.84	2.78	2.75	...	...
Korea, Republic of— Corée, Rép. [12]	U	38 283	36 479	32 474	...	...	0.92	0.87	0.77	...	...
Kuwait – Koweït	C	2 697	2 834	2 987	...	...	1.44	1.45	1.46	...	...
Kyrgyzstan – Kirghizistan	C	7 810	8 207	8 231	...	...	1.86	1.92	1.90	...	...
Macau – Macao	...	37	33	70	95	...					
Maldives	...	...	...	...	1 706	...	...	...	...	7.93	...
Mongolia – Mongolie	...	1 000	1 700	1 000	...	...	0.51	0.84	0.48	...	...
Qatar	...	337	385	406	359	...	1.03	0.90	0.89	0.74	...
Singapore – Singapour	...	2 339	2 536	...	...	*4 419	0.89	0.96	...	...	*1.60
Sri Lanka	U	3 194	2 732	...	...	...	0.19	0.16	...	...	...
Syrian Arab Republic – République arabe syrienne [13]	+ ...	7 249	8 486	8 568	8 335	...	0.66	0.75	0.73	0.69	...
Tajikistan – Tadjikistan	C	7 344	7 509	7 576	...	...	1.50	1.49	1.46	...	...
Turkey – Turquie	C	18 305	22 513	25 376	...	...	0.34	0.41	0.45	...	...
Turkmenistan – Turkménistan	C	4 909	4 956	4 940	...	...	1.44	1.42	1.38	...	...
Uzbekistan – Ouzbékistan	C	29 169	30 965	29 953	...	...	1.51	1.57	1.49	...	...
EUROPE											
Albania – Albanie	C	2 537	2 597	2 628	...	...	0.82	0.83	0.82	...	...
Austria – Autriche [14]	C	14 639	14 924	15 489	16 282	...	1.93	1.96	2.03	2.11	...
Belarus – Bélarus	C	30 507	32 111	34 573	...	...	3.02	2.98	3.38	...	...
Bulgaria – Bulgarie [15]	C	11 687	12 359	12 611	11 341	...	1.30	1.38	1.40	1.26	...
Channel Islands – Iles Anglo–Normandes	C	358	403	358	...	*382	2.63	2.88	2.60	...	*2.67
Guernsey – Guernesey	C	153	165	172	196	*173	2.76	2.77	2.89	3.29	*2.94
Jersey	+C	205	238	186	...	*209	2.55	2.97	2.25	...	*2.48
Czechoslovakia – Tchécoslovaquie	C	39 522	38 922	39 680	40 922	*37 259	2.54	2.49	2.54	2.61	*2.39
Denmark – Danemark [16]	C	14 381	14 717	15 152	...	...	2.80	2.87	2.95	...	...
Estonia – Estonie	C	6 128	5 924	5 916	5 785	...	3.96	3.80	3.77	3.68	...
Faeroe Islands – Iles Féroé	C	45	43	52	...	...	...	...	...	...	...
Finland – Finlande [17]	C	10 110	12 146	14 365	...	...	2.05	2.45	2.89	...	...
France [18]	C	106 527	106 096	105 295	105 813	...	1.91	1.90	1.87	1.87	...
Germany – Allemagne [19]		...	...	...	...	...	...	...	...	...	...
Germany, Federal Rep. of – Allemagne, République fédérale d'	C	129 850	128 729	126 628	122 869	...	2.12	2.09	2.04	1.94	...
Former German Democratic Republic – Ancienne République démocratique allemande	C	50 640	49 380	50 063	...	...	3.04	2.96	3.01	...	...
Hungary – Hongrie	C	29 846	23 853	24 935	24 863	...	2.85	2.28	2.40	2.40	...
Iceland – Islande [20]	C	477	459	520	479	*580	1.94	1.84	2.06	1.88	*2.25
Isle of Man – Ile de Man	C	305	183	190	...	...	4.75	2.74	2.80	...	...
Italy – Italie	...	27 072	25 092	30 314	27 836	...	0.47	0.44	0.53	0.48	...

25. Divorces and crude divorce rates: 1987 – 1991 (continued)

Divorces et taux bruts de divortialité: 1987 – 1991 (suite)

(See notes at end of table. – Voir notes à la fin du tableau.)

Continent and country or area — Continent et pays ou zone	Code [1]	Number – Nombre					Rate – Taux				
		1987	1988	1989	1990	1991	1987	1988	1989	1990	1991
EUROPE (Cont.–Suite)											
Latvia – Lettonie	C	10 709	10 890	11 249	...	...	4.05	4.08	4.19	...	...
Liechtenstein	...	...	...	29	...	...					
Lithuania – Lituanie	C	11 726	11 682	12 295	...	...	3.24	3.20	3.33	...	...
Luxembourg	C	739	779	855	...	...	1.99	2.09	2.27	...	...
Netherlands – Pays–Bas	C	27 788	27 870	28 250	28 419	*28 300	1.89	1.89	1.90	1.90	*1.88
Norway – Norvège	C	8 417	8 772	9 238	10 170	...	2.01	2.08	2.18	2.40	...
Poland – Pologne	C	49 707	48 211	47 189	42 436	*35 000	1.32	1.27	1.24	1.11	*0.91
Portugal	C	8 948	9 022	9 657	9 216	*10 649	0.90	0.91	0.98	0.93	*1.01
Republic of Moldova – République de Moldova	C	11 598	12 085	12 401	...	...	2.70	2.80	2.85	...	...
Romania – Roumanie	C	34 110	36 775	36 008	32 966	...	1.49	1.59	1.55	1.42	...
Russian Federation – Fédération Russe	C	580 106	573 863	582 500	...	...	3.98	3.90	3.94	...	...
San Marino – Saint–Marin	C	22	23	22	...	...	...	...	...	...	...
Spain – Espagne	...	...	...	...	...	*23 063	...	...	...	...	*0.59
Sweden – Suède	C	18 426	17 746	18 862	19 357	*19 000	2.19	2.10	2.22	2.26	*2.20
Switzerland – Suisse	C	11 552	12 731	12 720	13 183	...	1.76	1.93	1.91	1.96	...
Ukraine	C	184 720	185 357	193 676	192 800	...	3.60	3.59	3.74	3.71	...
United Kingdom – Royaume–Uni	C	164 208	165 043	163 942	165 658	...	2.88	2.89	2.86	2.88	...
Yugoslavia – Yougoslavie	C	22 907	23 127	22 761	19 418	...	0.98	0.98	0.96	0.81	...
OCEANIA—OCEANIE											
American Samoa – Samoa américaines	C	...	42	...	...	...					
Australia – Australie [21]	C	39 725	41 007	41 383	42 635	...	2.44	2.48	2.46	2.49	...
Guam [22]	C	1 279	...	...	...	...	10.12	...	...	...	...
New Caledonia – Nouvelle–Calédonie	...	166	...	...	...	...	1.05	...	...	...	...
New Zealand – Nouvelle–Zélande	C	8 709	8 674	8 555	9 036	*9 133	2.65	2.63	2.58	2.70	*2.70

GENERAL NOTES

Data exclude annulments and legal separations unless otherwise specified. Rates are the number of final divorce decrees granted under civil law per 1 000 mid–year population. Rates are shown only for countries or areas having at least a total 100 divorces in a given year. For method of evaluation and limitations of data, see Technical Notes, page 94.

I⁻ lics: data from civil registers which are incomplete or of unknown completeness.

NOTES GENERALES

Sauf indications contraires, il n'est pas tenu compte des annulations et des séparations légales. Les taux représentent le nombre de jugements de divorce définitifs prononcés par les tribunaux pour 1 000 personnes au milieu de l'année. Les taux présentés ne se rapportent qu'aux pays ou zones où l'on a enregistré un total d'au moins 100 divorces dans une année donnée. Pour la méthode d'évaluation et les insuffisances des données, voir Notes techniques, page 94.
Italiques: données incomplètes ou dont le degré d'exactitude n'est pas connu, provenant des registres de l'état civil.

FOOTNOTES

* Provisional.
+ Data tabulated by date of registration rather than occurrence.

1 Code "C" indicates that the data are estimated to be virtually complete (at least 90 per cent) and code "U" indicates that the data are estimated to be incomplete (less than 90 per cent). For further details, see Technical Notes.
2 Petitions for divorce entered in courts.
3 Excluding tribal Indian population, numbering 62 187 in 1960.

4 Estimates based on divorces and annulments reported by a varying number of states.
5 Including annulments. High numbers attributable to divorces among non–permanent residents.
6 Excluding nomadic Indian tribes.
7 Including annulments.
8 Excluding Indian jungle population.
9 Including data for East Jérusalem and Israeli residents in certain other territories under occupation by Israeli military forces since June 1967.

10 For Japanese nationals in Japan only; however, rates computed on total population.
11 Excluding data for Jordanian territory under occupation since June 1967 by Israeli military forces. Excluding foreigner but including registered Palestinian refugees. For number of refugees, see table 5.
12 Excluding alien armed forces, civilian aliens employed by armed forces, and foreign diplomatic personnel and their dependants.

13 Excluding nomads; however, rates computed on total population.

14 Excluding aliens temporarily in the area.
15 Including Bulgarian nationals outside the country, but excluding aliens in the area.
16 Excluding Faeroe Islands and Greenland.
17 Including nationals temporarily outside the country.
18 Rates computed on population including armed forces stationed outside the country, but excluding alien armed forces living in military camps within the country.
19 All data shown pertaining to Germany prior to 3 October 1990 are indicated separately for the Federal Republic of Germany and the former German Democratic Republic based on their respective territories at the time indicated. See explanatory notes on data pertaining to Germany on page 4.

20 For the de jure population.
21 Excluding full–blooded aborigines estimated at 49 036 in June 1966.
22 Including United States military personnel, their dependants and contract employees.

NOTES

* Données provisoires.
+ Données exploitées selon la date de l'enregistrement et non la date de l'événement.
1 Le code "C" indique que les données sont jugées pratiquement complètes (au moins 90 p. 100) et le code "U" que les données sont jugées incomplètes (moins de 90 p. 100). Pour plus de détails, voir Notes techniques.
2 Demandes de divorce en instance devant les tribunaux.
3 Non compris également les Indiens vivant en tribus, au nombre de 62 187 en 1960.
4 Estimations fondées sur les chiffres (divorces et annulations) communiqués par un nombre variable d'Etats.
5 Y compris les annulations. Les divorces parmi les résidennon permanents ont contribué au relèvement des chiffre
6 Non compris les tribus d'Indiens nomades.
7 Y compris les annulations.
8 Non compris les Indiens de la jungle.
9 Y compris les données pour Jérusalem–Est et les résidents israéliens dans certains autres territoires occupés depuis juin 1967 par les forces armées israéliennes.
10 Pour les nationaux japonais au Japon seulement; toutefois, les taux sont calculés sur la base de la population totale.
11 Non compris les données pour le territoire jordanien occupé depuis juin 1967 par les forces armées israéliennes. Non compris les étrangers, mais y compris les réfugiés de Palestine immatriculés. Pour le nombre de réfugiés, voir le tableau 5.
12 Non compris les militaires étrangers, les civils étrangers employés par les forces armées ni le personnel diplomatique étranger et les membres de leur famille les accompagnant.
13 Non compris la population nomade; toutefois, les taux sont calculés sur la base de la population totale.
14 Y compris les étrangers se trouvant temporairement sur le territoire.
15 Y compris les nationaux bulgares à l'étranger, mais non compris les étrangers sur le territoire.
16 Non compris les îles Féroé et le Groenland.
17 Y compris les nationaux temporairement hors du pays.
18 Taux calculés sur la base d'un chiffre de population qui comprend les militaires nationaux hors du pays, mais pas les militaires étrangers en garnison sur le territoire.
19 Toutes les données se rapportant à l'Allemagne avant le 3 octobre 1990 figurent dans deux rubriques séparées basées sur les territoires respectifs de la République fédérale d'Allemagne et l'ancienne République démocratique allemande selon la période indiquée. Voir les notes explicatives sur les données concernant l'Allemagne à la page 4.
20 Pour la population de droit.
21 Non compris les aborigènes purs, estimés à 49 036 personnes en juin 1966.
22 Y compris les militaires des Etats–Unis, les membres de leur famille les accompagnant et les agents contractuels des Etats–Unis.

Index

Subject—matter index (continued)

(See notes at end of index)

A

Subject—matter	Year of issue	Time coverage
Abortions, Legal	1971	Latest
	1972	1964–72
	1973	1965–73
	1974	1965–74
	1975	1965–74
	1976	1966–75
	1977	1967–76
	1978	1968–77
	1979	1969–78
	1980	1971–79
	1981	1972–80
	1982	1973–81
	1983	1974–82
	1984	1975–83
	1985	1976–84
	1986	1977–85
	1987	1978–86
	1988	1979–87
	1989	1980–88
	1990	1981–89
	1991	1982–90
—by age of mother and number of previous live births of mother	1971–1975	Latest
	1977–1981	Latest
	1983–1991	Latest
Annulments	1958	1948–57
	1968	1958–67
	1976	1966–75
Annulment rates	1958	1948–57
	1968	1958–67
	1976	1966–75

B

Subject—matter	Year of issue	Time coverage
Bibliography	1948	1930–48
	1949/50	1930–50
	1951–1952	1930–51 [1]
	1953	1900–53
	1954	1900–54 [1]
	1955	1900–55 [1]
Births	1948	1932–47
	1949/50	1934–49
	1951	1935–50
	1952	1936–51
	1953	1950–52
	1954	1938–53

Subject—matter	Year of issue	Time coverage
Births (continued):	1955	1946–54
	1956	1947–55
	1957	1948–56
	1958	1948–57
	1959	1949–58
	1960	1950–59
	1961	1952–61
	1962	1953–62
	1963	1954–63
	1964	1960–64
	1965	1946–65
	1966	1957–66
	1967	1963–67
	1968	1964–68
	1969	1950–69
	1970	1966–70
	1971	1967–71
	1972	1968–72
	1973	1969–73
	1974	1970–74
	1975	1956–75
	1976	1972–76
	1977	1973–77
	1978	1974–78
	1978HS [2]	1948–78
	1979	1975–79
	1980	1976–80
	1981	1962–81
	1982	1978–82
	1983	1979–83
	1984	1980–84
	1985	1981–85
	1986	1967–86
	1987	1983–87
	1988	1984–88
	1989	1985–89
	1990	1986–90
	1991	1987–91
—by age of father	1949/50	1942–49
	1954	1936–53
	1959	1949–58
	1965	1955–64
	1969	1963–68
	1975	1966–74
	1981	1972–80
	1986	1977–85
—by age of mother	1948	1936–47
	1949/50	1936–49
	1954	1936–53
	1955–1956	Latest
	1958	Latest
	1959	1949–58
	1960–1964	Latest

Subject—matter	Year of issue	Time coverage
Births (continued): —by age of mother (continued):	1965	1955–64
	1966–1968	Latest
	1969	1963–68
	1970–1974	Latest
	1975	1966–74
	1976–1978	Latest
	1978HS [2]	1948–77
	1979–1980	Latest
	1981	1972–80
	1982–1985	Latest
	1986	1977–85
	1987–1991	Latest
—by age of mother and birth order	1949/50	1936–47
	1954	Latest
	1959	1949–58
	1965	1955–64
	1969	1963–68
	1975	1966–74
	1981	1972–80
	1986	1977–85
—by age of mother and sex	1965–1968	Latest
	1969	1963–68
	1970–1974	Latest
	1975	1966–74
	1976–1978	Latest
	1978HS [2]	1948–77
	1979–1980	Latest
	1981	1972–80
	1982–1985	Latest
	1986	1977–85
	1987–1991	Latest
—by age of mother and urban/rural residence (see: by urban/rural residence, below)		
—by birth order	1948	1936–47
	1949/50	1936–49
	1954	1936–53
	1955	Latest
	1959	1949–58
	1965	1955–64
	1969	1963–68
	1975	1966–74
	1981	1972–80
	1986	1977–85

(See notes at end of index)

Subject—matter index (continued)

(See notes at end of index)

Subject—matter	Year of issue	Time coverage	Subject—matter	Year of issue	Time coverage	Subject—matter	Year of issue	Time coverage
Death rates (continued):	1990	1986–90	Death rates (continued):			Death rates (continued):		
	1991	1987–91	—by marital status, age			—estimated:		
—by age and sex..............	1948	1935–47	and sex (continued):	1985	Latest	(continued):		
	1949/50	1936–49	—by occupation, age and			for regions.....................	1949/50	1947
	1951	1936–50	sex..................................	1957	Latest		1956–1977	Latest
	1952	1936–51					1978–1979	1970–75
	1953	1940–52	—by occupation and age,				1980–1983	1975–80
	1954	1946–53	males.............................	1961	Latest		1984–1986	1980–85
	1955–1956	Latest		1967	Latest		1987–1991	1985–90
	1957	1948–56						
	1961	1952–60	—by urban/rural			for the world.................	1949/50	1947
	1966	1950–65	residence......................	1967	Latest		1956–1977	Latest
				1968	1964–68		1978–1979	1970–75
—by age and sex and				1969	1965–69		1980–1983	1975–80
urban/rural residence......	1967	Latest		1970	1966–70		1984–1986	1980–85
	1972	Latest		1971	1967–71		1987–1991	1985–90
	1974	1965–73		1972	1968–72			
	1975–1979	Latest		1973	1969–73	—of infants (see: Infant		
	1980	1971–79		1974	1965–74	deaths)		
	1981–1984	Latest		1975	1971–75			
	1985	1976–84		1976	1972–76	Density of population:		
	1986–1991	Latest		1977	1973–77			
				1978	1974–78	—of continents..................	1949/50	1920–49
—by cause......................	1951	1947–49		1979	1975–79		1951–1991	Latest
	1952	1947–51 [4]		1980	1971–80			
	1953	1947–52		1981	1977–81	—of countries....................	1948–1991	Latest
	1954	1945–53		1982	1978–82			
	1955–1956	Latest		1983	1979–83	—of major areas...............	1964–1991	Latest
	1957	1952–56		1984	1980–84			
	1958–1960	Latest		1985	1976–85	—of regions......................	1949/50	1920–49
	1961	1955–60		1986	1982–86		1952–1991	Latest
	1962–1965	Latest		1987	1983–87			
	1966	1960–65		1988	1984–88	—of the world...................	1949/50	1920–49
				1989	1985–89		1952–1991	Latest
	1967–1973	Latest		1990	1986–90	‡		
	1974	1965–73		1991	1987–91	Divorces..........................	1951	1935–50
	1975–1979	Latest					1952	1936–51
	1980	1971–79	—estimated:				1953	1950–52
	1981–1984	Latest	for continents.................	1949/50	1947		1954	1946–53
	1985	1976–84		1956–1977	Latest		1955	1946–54
	1986–1991	Latest		1978–1979	1970–75		1956	1947–55
				1980–1983	1975–80		1957	1948–56
—by cause, age and sex.....	1957	Latest		1984–1986	1980–85		1958	1940–57
	1961	Latest		1984–1986	1980–85		1959	1949–58
				1987–1991	1985–90		1960	1950–59
—by cause and sex............	1967	Latest					1961	1952–61
	1974	Latest					1962	1953–62
	1980	Latest					1963	1954–63
	1985	Latest					1964	1960–64
							1965	1961–65
—by marital status, age			for macro regions............	1964–1977	Latest		1966	1962–66
and sex.........................	1961	Latest		1978–1979	1970–75		1967	1963–67
	1967	Latest		1980–1983	1975–80		1968	1949–68
	1974	Latest		1984–1986	1980–85		1969	1965–69
	1980	Latest		1987–1991	1985–90		1970	1966–70

Index

Subject—matter index (continued)

(See notes at end of index)

Subject—matter	Year of issue	Time coverage	Subject—matter	Year of issue	Time coverage	Subject—matter	Year of issue	Time coverage
Divorces (continued):	1971	1967–71	Divorces (continued):			Divorce rates		
	1972	1968–72	—by number of children			(continued):		
	1973	1969–73	involved..........................	1958	1948–57	—by age of wife...............	1968	Latest
	1974	1970–74		1968	1958–67		1976	Latest
	1975	1971–75		1976	1966–75		1982	Latest
	1976	1957–76		1982	1972–81		1987	1975–86
	1977	1973–77		1990	1980–89		1990	Latest
	1978	1974–78						
	1979	1975–79	Divorce rates....................	1952	1935–51	—for married couples........	1953	1935–52
	1980	1976–80		1953	1936–52		1954	1935–53
	1981	1977–81		1954	1946–53		1958	1935–56
	1982	1963–82		1955	1946–54		1968	1935–67
	1983	1979–83		1956	1947–55		1976	1966–75
	1984	1980–84		1957	1948–56		1978HS [2]	1948–77
	1985	1981–85		1958	1930–57		1982	1972–81
	1986	1982–86		1959	1949–58		1990	1980–89
	1987	1983–87		1960	1950–59			
	1988	1984–88		1961	1952–61	E		
	1989	1985–89		1962	1953–62			
	1990	1971–90		1963	1954–63	Economically active		
	1991	1987–91		1964	1960–64	population (see:		
				1965	1961–65	Population)		
—by age of husband..........	1968	1958–67		1966	1962–66			
	1976	1966–75		1967	1963–67	Economically inactive		
	1982	1972–81		1968	1920–64 [3]	population (see:		
	1987	1975–86			1953–68	Population)		
	1990	1980–89		1969	1965–69			
				1970	1966–70	Emigrants (see:Migration)		
—by age of wife...............	1968	1958–67		1971	1967–71			
	1976	1966–75		1972	1968–72	Ethnic composition		
	1982	1972–81		1973	1969–73	(see: Population)		
	1987	1975–86		1974	1970–74			
	1990	1980–89		1975	1971–75	Expectation of life		
				1976	1957–76	(see: Life tables)		
—by age of wife classified				1977	1973–77			
by age of husband..........	1958	1946–57		1978	1974–78	F		
	1968	Latest		1979	1975–79			
	1976	Latest		1980	1976–80	Fertility rates:		
	1982	Latest		1981	1977–81			
	1982	Latest		1982	1963–82	—general..........................	1948	1936–47
	1990	Latest		1983	1979–83		1949/50	1936–49
				1984	1980–84		1951	1936–50
—by duration of marriage..	1958	1948–57		1985	1981–85		1952	1936–50
	1968	1958–67		1986	1982–86		1953	1936–52
	1976	1966–75		1987	1983–87		1954	1936–53
	1982	1972–81		1988	1984–88		1955–1956	Latest
	1990	1980–89		1989	1985–89		1959	1949–58
				1990	1971–90		1960–1964	Latest
—by duration of marriage				1991	1987–91		1965	1955–64
and age of husband,							1966–1974	Latest
wife...............................	1958	1946–57	—by age of husband..........	1968	Latest		1975	1966–74
	1968	Latest		1976	Latest		1976–1978	Latest
	1976	Latest		1982	Latest		1978HS [2]	1948–77
	1982	Latest		1987	1975–86		1979–1980	Latest
	1990	Latest		1990	Latest		1981	1962–80

520

Index

Subject–matter index (continued)

(See notes at end of index)

524

Subject–matter index (continued)

(See notes at end of index)

Subject–matter	Year of issue	Time coverage
Migration (international): (continued): –arrivals, by major categories (continued):	1954	1948–53
	1957	1951–56
	1959	1953–58
	1962	1956–61
	1966	1960–65
	1968	1966–67
	1977	1967–76
	1985	1975–84
	1989	1979–88
–continental and inter–continental............	1948	1936–47
	1977	1967–76
–departures....................	1970	1963–69
	1972	1965–71
	1974	1967–73
	1976	1969–75
	1977	1967–76
	1985	1975–84
	1989	1979–88
–departures, by major categories............	1949/50	1945–49
	1951	1946–50
	1952	1947–51
	1954	1948–53
	1957	1951–56
	1959	1953–58
	1962	1956–61
	1966	1960–65
	1968	1966–67
	1977	1967–76
	1985	1975–84
	1989	1979–88
–emigrants, long term:		
by age and sex................	1948	1945–47
	1949/50	1946–48
	1951	1948–50
	1952	1949–51
	1954	1950–53
	1957	1953–56
	1959	1955–58
	1962	1958–61
	1966	1960–65
	1970	1962–69
	1977	1967–76
	1989	1975–88
Migration (international): (continued): –emigrants, long term: (continued): by country or area of intended residence........................	1948	1945–47
	1949/50	1945–48
	1951	1948–50
	1952	1949–51
	1954	1950–53
	1957	1953–56
	1959	1956–58
	1977	1958–76
	1989	1975–88
–immigrants, long term		
by age and sex................	1948	1945–47
	1949/50	1946–48
	1951	1948–50
	1952	1949–51
	1954	1950–53
	1957	1953–56
	1959	1955–58
	1962	1958–61
	1966	1960–65
	1970	1962–69
	1977	1967–76
	1989	1975–88
by country or area of last residence.............	1948	1945–47
	1949/50	1945–48
	1951	1948–50
	1952	1949–51
	1954	1950–53
	1957	1953–56
	1959	1956–58
	1977	1958–76
	1989	1975–88
–refugees, by country or area of destination:		
repatriated by the International Refugee Organization..............	1952	1947–51
resettled by the International Refugee Organization..............	1952	1947–51
Mortality (see:Death(s), Death rates, infant deaths, infant mortality rates, Foetal death(s), Foetal death ratios, Life tables, Maternal deaths, Maternal mortality rates, Neo–natal deaths, Neo–natal mortality rates, Perinatal mortality, Post–neo–natal deaths, Post–neo–natal mortality rates)		
N		
Natality (see: Births and Birth rates)		
Natural increase rates........	1958–1978	Latest
	1978HS [2]	1948–78
	1979–1991	Latest
Neo–natal mortality:		
–by sex............................	1948	1936–47
	1951	1936–50
	1957	1948–56
	1961	1952–60
	1963–1965	Latest
	1966	1961–65
	1967	1962–66
–by sex and urban/rural residence................	1968–1973	Latest
	1974	1965–73
	1975–1979	Latest
	1980	1971–79
	1981–1984	Latest
	1985	1976–84
	1986–1991	Latest
Neo–natal mortality rates:		
–by sex............................	1948	1936–47
	1951	1936–50
	1957	1948–56
	1961	1952–60
	1966	1956–65
	1967	1962–66

Index

Subject–matter index (continued)

(See notes at end of index)

Subject–matter	Year of issue	Time coverage	Subject–matter	Year of issue	Time coverage	Subject–matter	Year of issue	Time coverage
Population (continued):			Population (continued):			Population (continued):		
–by literacy, age and sex (see also: illiteracy, below)............	1948	Latest	–by locality size–classes and sex (continued):	1973	1965–73 [4]	–by school attendance, age and sex (continued):	1983	1974–83
	1955	1945–54		1979	1970–79 [4]		1988	1980–88 [4]
	1963	1955–63		1983	1974–83			
	1964	1955–64 [4]		1988	1980–88 [4]	–by sex:		
	1971	1962–71	–by major civil divisions.....	1952	Latest	enumerated...................	1948–1952	Latest
				1955	1945–54		1953	1950–52
–by literacy, age and sex and urban/rural residence.......	1973	1965–73 [4]		1962	1955–62		1954–1959	Latest
	1979	1970–79 [4]		1963	1955–63 [4]		1960	1900–61
	1983	1974–83		1971	1962–71		1961	Latest
	1988	1980–88 [4]		1973	1965–73 [4]		1962	1900–62
				1979	1970–79 [4]		1963	1955–63
–by localities of:				1983	1974–83		1964	1955–64
				1988	1980–88 [4]		1965–1969	Latest
100 000 + inhabitants....................	1948	Latest					1970	1950–70
	1952	Latest	–by marital status, age and sex (see also: married and single, below)............	1948	Latest		1971	1962–71
	1955	1945–54		1940/50	1926–48		1972	Latest
	1960	1920–61		1955	1945–54		1973	1965–73
	1962	1955–62		1958	1945–57		1974–1978	Latest
	1963	1955–63 [4]		1962	1955–62		1978HS [2]	1948–78
	1970	1950–70		1963	1955–63 [4]		1979–1982	Latest
	1971	1962–71		1965	1955–65		1983	1974–83
	1973	1965–73 [4]		1968	1955–67		1984–1991	Latest
	1979	1970–79 [4]		1971	1962–71			
	1983	1974–83		1973	1965–73 [4]	estimated........................	1948–	
	1988	1980–88 [4]		1976	1966–75		1949/50	1945 and Latest
				1978HS [2]	1948–77		1951–1954	Latest
20 000 + inhabitants....................	1948	Latest		1982	1972–81		1955–1959	Latest
	1952	Latest		1987	1975–86		1960	1940–60
	1955	1945–54		1990	1980–89		1961–1969	Latest
	1960	1920–61					1970	1950–70
	1962	1955–62	percentage distribution....................	1948	Latest		1971	1962–71
	1963	1955–63 [4]					1972	Latest
	1970	1950–70	–by religion and sex..........	1956	1945–55		1973	1965–73
	1971	1962–71		1963	1955–63		1974–1991	Latest
	1973	1965–73 [4]		1964	1955–64 [4]			
	1979	1970–79 [4]		1971	1962–71			
	1983	1974–83		1973	1965–73 [4]	–by single years of age and sex....................	1955	1945–54
	1988	1980–88 [4]		1979	1970–79 [4]		1962	1955–62
				1983	1974–83		1963	1955–63 [4]
–by locality size–classes and sex.........................	1948	Latest		1988	1980–88 [4]		1971	1962–71
	1952	Latest					1973	1965–73 [4]
	1955	1945–54	–by school attendance, age and sex...................	1956	1945–55		1979	1970–79 [4]
	1962	1955–62		1963	1955–63		1983	1974–83
	1963	1955–63 [4]		1964	1955–64 [4]		1988	1980–88 [4]
	1971	1962–71		1971	1962–71	–cities (see: of cities, below)		
				1973	1965–73 [4]			
				1979	1970–79 [4]			

Subject—matter index (continued)

(See notes at end of index)

(See notes at end of index)

Subject–matter index (continued)

(See notes at end of index)

(See notes at end of index)

533

(See notes at end of index)

Subject—matter	Year of issue	Time coverage	Subject—matter	Year of issue	Time coverage	Subject—matter	Year of issue	Time coverage
Special text of each Demographic Yearbook: (continued): —Population (continued): "Notes on Availability of National Population Census Data and Methods of Estimating their Reliability"..............	1962	..	Special text of each Demographic Yearbook: (continued): —Population (continued): "Statistical Definitions of Urban Population and their Use in Applied Demography"	1972	..	Special text of each Demographic Yearbook: (continued): —Population (continued): "Dates of National Population and/or.......... Housing Censuses taken during the decade 1975–1984 and taken or anticipated during the decade 1985–1994".................	1988	..
"Availability and Adequacy of Selected Data Obtained from Population Census Taken 1955–1963"........	1963	..	"Dates of National Population and Housing Census carried out during the decade 1965–1974"	1974	..	"Statistics Concerning the Economically Active Population:.................... An Overview"	1984	..
"Availability of Selected Population Census Statistics: 1955–1964"	1964	..	"Dates of National.......... Population and/or Housing Censuses taken or anticipated during the decade 1975–1984"	1979	..			
"Statistical Concepts and Definitions of Urban and Rural Population".....	1967	..						
"Statistical Concepts and Definitions of 'Household'"..................	1968	..	"Dates of National Population and/or Housing Censuses........... taken during the decade 1965–1974 and taken or anticipated during the decade 1975–1984"	1983	..			
"How Well Do We Know the Present Size and Trend of the World's Population "...................	1970	..						
"United Nations Recommendations on Topics to be Investigated in a Population Census Compared with Country Practice in National Censuses taken 1965–1971"..................	1971	..						

General Notes

This cumulative index covers the content of each of the 42 issues of the Demographic Yearbook. "Year of issue" stands for the particular issue in which the indicated subject—matter appears. Unless otherwise specified, "Time coverage" designates the years for which annual statistics are shown in the Demographic Yearbook referred to in "Year of issue" column. "Latest" or "2—Latest" indicates that data are for latest available year(s) only.

Footnotes

1 Only titles not available for preceding bibliography.
2 Historical Supplement published in separate volume.
3 Five—year average rates.
4 Only data not available for preceding issue.

(Voir notes à la fin de l'index)

Sujet	Année de l'édition	Période considérée
Décès (suite):	1991	1987–91
—d'enfants de moins d'un an (voir: Mortalité infantile)		
—selon l'âge et le sexe.......	1948	1936–47
	1951	1936–50
	1955–1956	Dernière
	1957	1948–56
	1958–1960	Dernière
	1961	1955–60
	1962–1965	Dernière
	1966	1961–65
	1978HS [1]	1948–77
—selon l'âge et le sexe et la résidence (urbaine/rurale)..............	1967–1973	Dernière
	1974	1965–73
	1975–1979	Dernière
	1980	1971–79
	1981–1984	Dernière
	1985	1976–84
	1986–1991	Dernière
—selon la cause...............	1951	1947–50
	1952	1947–51 [2]
	1953	Dernière
	1954	1945–53
	1955–1956	Dernière
	1957	1952–56
	1958–1960	Dernière
	1961	1955–60
	1962–1965	Dernière
	1966	1960–65
	1967–1973	Dernière
	1974	1965–73
	1975–1979	Dernière
	1980	1971–79
	1981–1984	Dernière
	1985	1976–84
	1986–1991	Dernière
—selon la cause, l'âge et le sexe..........	1951	Dernière
	1952	Dernière [2]
	1957	Dernière
	1961	Dernière
	1967	Dernière
	1974	Dernière
	1980	Dernière
	1985	Dernière

Sujet	Année de l'édition	Période considérée
Décès (suite):		
—selon la cause, l'âge et le sexe et la résidence (urbaine/rurale)..............	1967	Dernière
—selon la cause et le sexe..........................	1967	Dernière
	1974	Dernière
	1980	Dernière
	1985	Dernière
—selon la résidence (urbaine/rurale)..............	1967	Dernière
	1968	1964–68
	1969	1965–69
	1970	1966–70
	1971	1967–71
	1972	1968–72
	1973	1969–73
	1974	1965–74
	1975	1971–75
	1976	1972–76
	1977	1973–77
	1978	1974–78
	1979	1975–79
	1980	1971–80
	1981	1977–81
	1982	1978–82
	1983	1979–83
	1984	1980–84
	1985	1976–85
	1986	1982–86
	1987	1983–87
	1988	1984–88
	1989	1985–89
	1990	1986–90
	1991	1987–91
—selon l'état matrimonial, l'âge et le sexe................	1958	Dernière
	1961	Dernière
	1967	Dernière
	1974	Dernière
	1980	Dernière
	1985	Dernière
—selon le mois..................	1951	1946–50
	1967	1962–66
	1974	1965–73
	1980	1971–79
	1985	1976–84

Sujet	Année de l'édition	Période considérée
Décès (suite):		
—selon la profession et l'âge (sexe masculin).......	1957	Dernière
	1961	1957–60
	1967	1962–66
—selon le type de certification et la cause:		
nombres........................	1957	Dernière
	1974	1965–73
	1980	1971–79
	1985	1976–84
pourcentage...................	1957	Dernière
	1961	1955–60
	1966	1960–65
	1974	1965–73
	1980	1971–79
	1985	1976–84
Décès, taux de.................	1948	1932–47
	1949/50	1932–49
	1951	1905–30 [4]
		1930–50
	1952	1920–34 [4]
		1934–51
	1953	1920–39 [4]
		1940–52
	1954	1920–39 [4]
		1946–53
	1955	1920–34 [4]
		1946–54
	1956	1947–55
	1957	1930–56
	1958	1948–57
	1959	1949–58
	1960	1950–59
	1961	1945–59 [4]
		1952–61
	1962	1945–54 [4]
		1952–62
	1963	1945–59 [4]
		1954–63
	1964	1960–64
	1965	1961–65
	1966	1920–64 [4]
		1951–66
	1967	1963–67
	1968	1964–68
	1969	1965–69
	1970	1966–70
	1971	1967–71
	1972	1968–72
	1973	1969–73

Index

Index par sujet (suite)

(Voir notes à la fin de l'index)

Sujet	Année de l'édition	Période considérée
Décès, taux de (suite):		
	1974	1965–74
	1975	1971–75
	1976	1972–76
	1977	1973–77
	1978	1974–78
	1978SR¹	1948–78
	1979	1975–79
	1980	1971–80
	1981	1977–81
	1982	1978–82
	1983	1979–83
	1984	1980–84
	1985	1976–85
	1986	1982–86
	1987	1983–87
	1988	1984–88
	1989	1985–89
	1990	1986–90
	1991	1987–91
–d'enfants de moins d'un an (voir: Mortalités infantile)		
–estimatifs:		
pour les continents...........	1949/50	1947
	1956–1977	Dernière
	1978–1979	1970–75
	1980–1983	1975–80
	1984–1986	1980–85
	1987–1991	1985–90
pour les grandes régions (continentales)...............	1964–1977	Dernière
	1978–1979	1970–75
	1980–1983	1975–80
	1984–1986	1980–85
	1987–1991	1985–90
pour les régions..............	1949/50	1947
	1956–1977	Dernière
	1978–1979	1970–75
	1980–1983	1975–80
	1984–1986	1980–85
	1987–1991	1985–90
pour l'ensemble du du monde....................	1949/50	1947
	1956–1977	Dernière
	1978–1979	1970–75
	1980–1983	1975–80
	1984–1986	1980–85
	1987–1991	1985–90

Sujet	Année de l'édition	Période considérée
Décès, taux de (suite):		
–selon l'âge et le sexe.......	1948	1935–47
	1949/50	1936–49
	1951	1936–50
	1952	1936–51
	1953	1940–52
	1954	1946–53
	1955–1956	Dernière
	1957	1948–56
	1961	1952–60
	1966	1950–65
	1967	Dernière
	1972	Dernière
	1974	1965–73
	1975–1978	Dernière
	1978SR¹	1948–77
	1979	Dernière
	1980	1971–79
	1981–1984	Dernière
	1985	1976–84
	1986–1991	Dernière
–selon la cause................	1951	1947–49
	1952	1947–51
	1953	1947–52
	1954	1945–53
	1955–1956	Dernière
	1957	1952–56
	1958–1960	Dernière
	1961	1955–60
	1962–1965	Dernière
	1966	1960–65
	1967–1973	Dernière
	1974	1965–73
	1975–1979	Dernière
	1980	1971–79 ⁴
	1981–1984	Dernière
	1985	1976–84
	1986–1991	Dernière
–selon la cause, l'âge et le sexe..........	1957	Dernière
	1961	Dernière
–selon la cause et le sexe..........	1967	Dernière
	1974	Dernière
	1980	Dernière
	1985	Dernière
–selon l'état matrimonial, l'âge et le sexe..............	1961	Dernière
	1967	Dernière
	1974	Dernière

Sujet	Année de l'édition	Période considérée
Décès, taux de (suite):		
–selon l'état matrimonial, l'âge et le sexe (suite)	1980	Dernière
	1985	Dernière
–selon la profession et l'âge (sexe masculin).......	1961	Dernière
	1967	Dernière
–selon la résidence (urbaine/rurale).............	1967	Dernière
	1968	1964–68
	1969	1965–69
	1970	1966–70
	1971	1967–71
	1972	1968–72
	1973	1969–73
	1974	1965–74
	1975	1971–75
	1976	1972–76
	1977	1973–77
	1978	1974–78
	1979	1975–79
	1980	1971–80
	1981	1977–81
	1982	1978–82
	1983	1979–83
	1984	1980–84
	1985	1976–85
	1986	1982–86
	1987	1983–87
	1988	1984–88
	1989	1985–89
	1990	1986–90
	1991	1987–91
Densité de population:		
–des continents................	1949/50	1920–49
	1951–1991	Dernière
–des grandes régions (continentales)...............	1964–1991	Dernière
–des pays ou zones..........	1948–1991	Dernière
–des régions....................	1949/50	1920–49
	1952–1991	Dernière
–du monde....................	1949/50	1920–49
	1952–1991	Dernière

Index

Index par sujet (suite)

(Voir notes à la fin de l'index)

544

Index par sujet (suite)

(Voir notes à la fin de l'index)

Index par sujet (suite)

(Voir notes à la fin de l'index)

N

Index

Index par sujet (suite)

(Voir notes à la fin de l'index)

Sujet	Année de l'édition	Période considérée
Naissances (suite):		
—légitimes......................	1948	1936–47
	1949/50	1936–49
	1954	1936–53
	1959	1949–58
	1965	1955–64
	1969	1963–68
	1975	1966–74
	1981	1972–80
	1986	1977–85
—légitimes selon l'âge de la mère..........................	1954	1936–53
	1959	1949–58
	1965	1955–64
	1969	1963–68
	1975	1966–74
	1981	1972–80
	1986	1977–85
—légitimes selon l'âge du père..........................	1959	1949–58
	1965	1955–64
	1969	1963–68
	1975	1966–74
	1981	1972–80
	1986	1977–85
—légitimes selon la durée du mariage...................	1948	1936–47
	1949/50	1936–49
	1954	1936–53
	1959	1949–58
	1965	1955–64
	1969	1963–68
	1975	1966–74
	1981	1972–80
	1986	1977–85
—selon l'âge de la mère.....	1948	1936–47
	1949/50	1936–49
	1954	1936–53
	1955–1956	Dernière
	1958	Dernière
	1959	1949–58
	1960–1964	Dernière
	1965	1955–64
	1966–1968	Dernière
	1969	1963–68
	1970–1974	Dernière
	1975	1966–74
	1976–1978	Dernière
	1978SR [1]	1948–77
	1979–1980	Dernière
	1981	1972–80

Sujet	Année de l'édition	Période considérée
Naissances (suite):		
—selon l'âge de la mère (suite):	1982–1985	Dernière
	1986	1977–85
	1987–1991	Dernière
—selon l'âge de la mère et le rang de naissance.....	1949/50	1936–47
	1954	Dernière
	1959	1949–58
	1965	1955–64
	1969	1963–68
	1975	1966–74
	1981	1972–80
	1986	1977–85
—selon l'âge de la mère et la résidence (urbaine/rurale) (voir: selon la résidence (urbaine/rurale), ci–dessous)		
—selon l'âge de la mère et le sexe...........................	1965–1968	Dernière
	1969	1963–68
	1970–1974	Dernière
	1975	1966–74
	1976–1978	Dernière
	1978SR [1]	1948–77
	1979–1980	Dernière
	1981	1972–80
	1982–1985	Dernière
	1986	1977–85
	1987–1991	Dernière
—selon l'âge du père........	1949/50	1942–49
	1954	1936–53
	1959	1949–58
	1965	1955–64
	1969	1963–68
	1975	1966–74
	1981	1972–80
	1986	1977–85
—selon la durée de gestation......................	1975	Dernière
	1981	1972–80
	1986	1977–85

Sujet	Année de l'édition	Période considérée
Naissances (suite):		
—selon la durée du mariage (voir: légitimes selon la durée du mariage)		
—selon la profession du père.............................	1965	Dernière
	1969	Dernière
—selon la résidence (urbaine/rurale).............	1965	Dernière
	1967	Dernière
	1968	1964–68
	1969	1964–68
	1970	1966–70
	1971	1967–71
	1972	1968–72
	1973	1969–73
	1974	1970–74
	1975	1956–75
	1976	1972–76
	1977	1973–77
	1978	1974–78
	1979	1975–79
	1980	1976–80
	1981	1962–81
	1982	1978–82
	1983	1979–83
	1984	1980–84
	1985	1981–85
	1986	1967–86
	1987	1983–87
	1988	1984–88
	1989	1985–89
	1990	1986–90
	1991	1987–91
—selon la résidence (urbaine/rurale) et l'âge de la mère......................	1965	Dernière
	1969–1974	Dernière
	1975	1966–74
	1976–1980	Dernière
	1981	1972–80
	1982–1985	Dernière
	1986	1977–85
	1987–1991	Dernière
—selon le poids à la naissance........................	1975	Dernière
	1981	1972–80
	1986	1977–85

(Voir notes à la fin de l'index)

Index

Index par sujet (suite)

(Voir notes à la fin de l'index)

(Voir notes à la fin de l'index)

(Voir notes à la fin de l'index)

Index par sujet (suite)

(Voir notes à la fin de l'index)

Index

Index par sujet (suite)

(Voir notes à la fin de l'index)

Sujet	Année de l'édition	Période considérée	Sujet	Année de l'édition	Période considérée	Sujet	Année de l'édition	Période considérée
Texte spécial de chaque Annuaire démographique (suite):			Texte spécial de chaque Annuaire démographique (suite):			Texte spécial de chaque Annuaire démographique (suite):		
—Migration (suite):			—Natalité (suite):			—Population (suite):		
"Statistiques des migrations internationales"	1977	..	"Evolution récente de la fécondité dans le monde"	1969	..	"Disponibilité et qualité de certaines données statistiques fondées sur les recensements de population effectués entre 1955 et 1963"	1963	..
—Mortalité:			—Population:					
"Tendances recentes de la mortalité"	1951	..	"Tendances démographiques mondiales, 1920–1949"	1949/50	..	"Disponibilité de certaines statistiques fondées sur les recensements de population: 1955–1964"	1964	..
"Développement des statistiques des causes de décès"	1951	..	"Mouvements d'urbanisation et ses caractéristiques"	1952	..			
"Les facteurs du fléchissement de la mortalité"	1957	..	"Les recensements de population de 1950"	1955	..	"Définitions et concepts statistiques de la population urbaine et de la population rurale"	1967	..
"Notes sur les méthodes d'évaluation de la fiabilité des statistiques classiques de la mortalité"	1961	..	"Situation démographique mondiale"	1956	..			
"Mortalité: Tendances recentes"	1966	..						
—Natalité:			"Ce que nous savons de l'état et de l'évolution de la population mondiale"	1960	..	"Définitions et concepts statistiques du ménage"	1968	..
"Presentation graphiques des tendances de la fécondité"	1959	..	"Notes sur les statistiques disponibles des recensements nationaux de population et méthodes d'évaluation de leur exactitude"	1962	..	"Ce que nous savons de l'état et de l'évolution de la population mondiale"	1970	..
"Taux de natalité: Tendances récentes"	1965	..						

Sujet	Année de l'édition	Période considérée	Sujet	Année de l'édition	Période considérée	Sujet	Année de l'édition	Période considérée
Texte spécial de chaque Annuaire démographique (suite):			Texte spécial de chaque Annuaire démographique (suite):			Texte spécial de chaque Annuaire démographique (suite):		
–Population (suite): "Recommandations de l'Organisation des Nations Unies quant aux sujets sur lesquels doit porter un recensement de population, en regard de la pratique adoptée par les différents pays dans les recensement nationaux effectués de 1965 à 1971"	1971	..	–Population (suite): "Dates des recensements nationaux de la population et de l'habitation effectués ou prévus, au cour de la décennie 1975–1984"	1979	..	–Population (suite) "Dates des recerecensements nationaux de la population et/ou de l'habitation effectués au cours de la décennie 1975–1984 et effectués ou prévus au cours de la décennie 1985–1994"....	1988	..
"Les définitions statistiques de la population urbaine et leurs usages en démographie appliquée"	1972	..	"Dates des recensements nationaux de la population et/ou de l'habitation effectués au cours de la décennie 1965–1974 et effectués ou prévus au cours de la décennie 1975–1984"	1983	..	"Statistiques concernant la population active: un aperçu"...........................	1984	..
"Dates des recensements nationaux de la population et de l'habitation effectués au cours de la décennie 1965–1974"	1974	..						

Notes générales

Cet index alphabétique donne la liste des sujets traités dans chacune de 42 éditions de l'Annuaire démographique. La colonne "Année de l'édition" indique l'édition spécifique dans laquelle le sujet a été traité. Sauf indication contraire, lacolonne "Période considérée" désigne les années pour lesquelles les statistiques annuelles apparaissant dans l'Annuaire démographique sont indiquées sous la colonne "Année de l'édition". La rubrique "Dernière" ou "2–Dernières" indique que les données représentent la ou les dernières années disponibles seulement.

Notes

1 Le Supplément rétrospectif fait l'objet d'un tirage spécial.
2 Données non disponibles dans l'édition précédente seulement.
3 Titres non disponibles dans la bibliographie précédente seulement.
4 Taux moyens pour 5 ans.